Heinrich von Treitschke

Historische und politische Aufsätze

Vierter Band

Heinrich von Treitschke

Historische und politische Aufsätze
Vierter Band

ISBN/EAN: 9783743334212

Hergestellt in Europa, USA, Kanada, Australien, Japan

Cover: Foto ©Suzi / pixelio.de

Manufactured and distributed by brebook publishing software
(www.brebook.com)

Heinrich von Treitschke

Historische und politische Aufsätze

Historische

und

Politische Aufsätz

von

Heinrich von Treitschke.

Erstes bis drittes Tausend.

Vierter Band.

Biographische und Historische Abhandlungen,

vornehmlich aus der neueren deutschen Geschichte.

Leipzig
Verlag von S. Hirzel
1897.

Der Juristenfacultät

der

riedrich = Wilhelms = Universität

zu

Berlin

die Hinterbliebenen Heinrich von Treitschke's.

Der Juristenfacultät

der

riedrich = Wilhelms = Universität

zu

Berlin

die Hinterbliebenen Heinrich von Treitschke's.

Vorwort.

Wenn einer der Bekannten Treitschke fragte, warum denn der Nachruf auf Rochau und auf Duncker oder sogar der Pufendorf, in einer Zeitschrift verborgen, so schwer zugänglich sei, sagte er wohl: Warten Sie nur. Er setzte einem dann feierlicher, als es sonst sein Brauch, auseinander, er werde dermaleinst, wenn der Stoff für einen stattlichen Band beieinander sei, eine Sammlung seiner biographischen Abhandlungen veranstalten. Auf diesen Plan kam Treitschke gelegentlich im Gespräche zurück. So weiß ich aus seinem Munde, daß der Aufsatz über Gottfried Keller, den er als Fünfundzwanzigjähriger geschrieben, in das Buch aufgenommen werden sollte. Freilich wollte er ihn umformen und nach Maaßgabe der inzwischen erschienenen reiferen Werke des großen Schweizers vervollständigen. Manches in der Arbeit erschien ihm nämlich schon bald nach der Abfassung verfehlt: ohne Frage ist er z. B. von dem ablehnenden Urtheil über „Spiegel das Kätzchen", jenen köstlichen Schwank der Seldwyler Geschichten, zurückgekommen. Jedenfalls aber war er stolz darauf, dem Genius des Sprachgewaltigen, dessen Stil nicht ganz ohne Einfluß auf die eigene Schreibweise geblieben, als einer der Ersten — ein halbes Menschenalter vor Friedrich Vischer — gehuldigt zu haben.

In eben jenen Tagen, da der schweizer Poet gefeiert wurde und auch andere zeitgenössische Dichter Treitschke's Aufmerksamkeit auf sich lenkten, drängten die gemeinsamen Freunde den jungen Historiker, dem Verfasser von „Soll und Haben" und der „Bilder

aus der deutschen Vergangenheit" ein Denkmal zu setzen, wie nun
er es vermöge. Die „Fabier", die gerade erschienen waren, würden,
so meinte Rudolf Haym, dafür einen guten äußeren Anknüpfungs-
punkt abgeben. Ich weiß nicht, warum der also Bestürmte sich versagte, fest steht nur, daß er fortan jede Gelegenheit benutzte, auszusprechen, was ihm Gustav Freytag als Gelehrter und Künstler
gewesen sei.

Treitschke selbst freilich betrachtete jene Bekundungen herzlicher
Dankbarkeit — deren übrigens auch der vorliegende Band nicht
wenige aufweist — nur als Abschlagszahlungen an den Mann, der
ja uns allen, wie er es ausdrückte, so viele Freude bereitet hat. Als
dann nach dem Tode Freytag's von mehreren Seiten aus abermals
die Bitte an ihn herantrat, verhinderte ihn die Bürde der Fortführung
der Deutschen Geschichte, alsogleich an die Ausführung zu gehen.

Da dergestalt der Stoff für die biographische Sammlung nicht
ganz vollständig ist, empfahl es sich, die anderen noch nicht zu einer
Sonderausgabe vereinten publicistischen und historischen Arbeiten
diesem letzten Bande aus dem Nachlaß einzufügen. Zu dem Zwecke
war eine Auswahl zu treffen, bei der ich das Urtheil der Freunde
Treitschke's einholte, mir aber, weil ich die Verantwortung trage,
auch die endgültige Entscheidung vorbehielt. Es liegt mir ob, summarisch zu berichten, wie ich hierbei verfahren bin.

Bei der Zusammenstellung des Buches ging ich von der Voraussetzung aus, es werde über kurz oder lang unter allen Umständen
eine vollständige Ausgabe der Werke in Angriff genommen. Ich
fürchtete also nicht, daß größere oder kleinere Stücke, die hier fehlen,
endgültig aus der Sammlung der Schriften ausscheiden würden.
Nur durch diese Aussicht wurde ich bewogen, die drei umfänglichen
Abhandlungen, „Der erste Verfassungskampf in Preußen", „Preußen
auf dem Wiener Congreß" und „Die Anfänge des deutschen Zollvereins", die von 1872 an in den Preußischen Jahrbüchern (Band 29 ff.)
veröffentlicht sind, als Vorarbeiten für die Deutsche Geschichte im
Neunzehnten Jahrhundert einfach fortzulassen. Und ebenso wenig

dürfte man in einer Gesammtausgabe die Beiträge vermissen, die Treitschke zu dem Staatswörterbuch von Bluntschli und Brater, namentlich in der Leipziger Frühzeit, beigesteuert hat. Von dieser Gruppe von fünf Artikeln ist hier nur, ausdrücklicher Anordnung des Autors entsprechend, der über den **Freiherrn v. Stein** mitgetheilt. Hinsichtlich der Vorreden zu den früheren Auflagen des berühmten **Werkes**, **das durch** den vorliegenden Band abgeschlossen wird, wurde eine andere Auskunft **getroffen**. Diese jetzt schwer zu erreichenden leidenschaftlichen Zeugnisse einer großen kampferfüllten Zeit sollen in **der** nächsten Ausgabe der „Historischen und politischen Aufsätze", **die** nicht mehr lange auf sich warten lassen wird, ihre Stätte finden.

In Bezug auf die älteren Zeitschriftenartikel glaubte ich dem Grundsatz folgen zu sollen, zu dem sich Treitschke bei ähnlichem Anlaß (vergl. Nummer 32, S. 439) bekannt hat. Noch vor der Habilitation während des kurzen Göttinger Aufenthalts (im Jahre 1857) erhielt nämlich der damalige jüngste Mitarbeiter der Preußischen Jahrbücher von deren Herausgeber, Rudolf Haym, die Weisung, politische Broschüren, denen man in jener Zeit der Thatenlosigkeit eine der Gegenwart etwas befremdliche Bedeutung beilegte, für die Zeitschrift anzuzeigen. **Der** nicht unbeträchtliche Umfang der auf dem Felde entwickelten Thätigkeit des frühfertigen Publicisten läßt sich an **der Hand des** Creditorenbuches der G. Reimer'schen Verlagsanstalt und auf Grund der noch vorhandenen Briefe des Auftraggebers genau umgrenzen. **Da nun** aber gerade diese Correspondenz zeigt, daß **Haym mit Rücksicht auf den** einheitlichen Charakter seines Organs solche Beiträge **nach freiem** Ermessen redigirte, schien es mir in diesem einen Falle ein Gebot der **Pietät** zu sein, von dem Wiederabdruck jener Artikel abzusehen.

Anders verfuhr ich den Recensionen aus dem Literarischen Centralblatt gegenüber, deren ungewöhnlich große Zahl mir überraschend war. In Treitschke's Schriften kehrt oft der Gedanke wieder, dem ehrlich Schaffenden bleibe das Lob am liebsten, daß der Leser zu dem Ausruf genöthigt werde: **das ist er** elber! Bei der Ausmusterung

der Besprechungen für den vorliegenden Band habe ich also nur die
aufgenommen, die im Ausdruck oder im Gedanken das eigenartige
Gepräge der Treitschke'schen Persönlichkeit offenbaren. Allzu rigoros
durfte ich freilich nicht vorgehen, denn ich sagte mir, daß bei Werk-
stücken, die so zerstreut sind, Alles, was ausgelassen werde, thatsächlich für das Andenken des Verfassers verloren sei. Da die Recensionen meist anonym sind, wandte ich mich, damit der Bestand festgestellt werde, um Aufschluß an den gegenwärtigen Herausgeber des
Centralblattes. Herr Professor Zarncke hat mir daraufhin, wie ich
dankend erwähne, in seiner hülfbereiten Weise auf Grund der Rand-
notizen im Exemplar seines Vaters, ein vollständiges Verzeichniß
zukommen lassen.

Bei dem reichen Inhalt des Buches, der sich dergestalt von den
ersten publicistischen Versuchen bis zu dem Gefecht von Eckernförde
erstreckt, das eine Zierde des sechsten Bandes der Deutschen Geschichte
geworden wäre, konnte die Anordnung des Stoffes nur chronologisch
sein. So weit es anging, bin ich im Uebrigen selbstverständlich dem
Muster der früheren Theile gefolgt, indessen hielt ich für angemessen,
den Fundort, der manchmal ziemlich entlegen war, jedesmal anzumerken. Kleine stilistische Verbesserungen, denen man hier und da
begegnen wird, gehen auf Anweisungen Treitschke's zurück. Alle
Zusätze meinerseits sind, wie üblich, durch eckige Klammern hervorgehoben. Zum Schluß ist es mir eine angenehme Pflicht, Herrn
Dr. Cornicelius, der mich bei der Correctur unterstützt hat, hier den
verbindlichen Dank der Hinterbliebenen aussprechen zu dürfen.

Für mich war die Arbeit an diesem letzten Bande der Schriften
Heinrich v. Treitschke's eine Quelle reinen Genusses. Noch einmal
durchlebte ich in wehmüthiger Erinnerung die weihevollen Stunden
vom ersten Colleg an bis zum letzten schweren Gang, den ich antrat,
um von ihm Abschied zu nehmen. Auf Treitschke trifft zu, was er
so gern von seinen Helden rühmt: der Mensch war größer als sein
Werk. Das Herrlichste aber an ihm war doch sein Verhältniß zu
den Freunden. Da kamen alle die schönen Eigenschaften zur Gel-

tung, die den Grund seines Wesens darstellten: die neidlose Aner=
kennung fremder Größe, das Bedürfniß, mitzutheilen, was ihm das
Herz bewegte, vornehmlich aber jene willensgewaltigen Naturen so
widerstrebende Tugend, die gleichwohl den großen Mann erst zum
großen Menschen macht, eine Herzensgüte, die auch die unbewußten
Regungen des Egoismus ein für allemal fern hält.

Jede Aeußerung der Theilnahme, jede noch so selbstverständliche
Gefälligkeit empfand der Kampfgewohnte als eine Gutthat, die er
mit Dankbarkeit vergelten müsse. Wer ihm dauernde Neigung zu=
wandte, dem lohnte er mit der Innigkeit, die ihm eigenthümlich war.
Wen er also in sein Herz aufgenommen, den nannte er wohl seinen
Anhänger, jedenfalls aber zählte er da auf stete Bereitwilligkeit und
unbedingte Treue. Schied einer aus dem engeren Kreise, so verwand
er den Verlust nur schwer. Als ihm Rudolf Grimm, der ihm so viel
bedeutete, dahinstarb, fand er des Klagens kein Ende, welche Lücke in
sein Leben gerissen sei. Fühlte sich Treitschke von einem der älteren
Mitstreiter in Anschauungen, auf die er Werth legte, gefördert oder
auch nur gefestigt, so bekannte er sich laut als Schüler, wovon doch
ernstlich gar nicht die Rede sein konnte. Ueberhaupt setzte er bei allen
jenen tapferen und treuen deutschen Männern, in deren Lob er sich
nicht genug thun konnte, voraus, daß es ihnen gegeben sei, in vor=
nehmer Art Freundschaft zu üben. Beifällig bemerkt er einmal von
Max Duncker, daß er bei aller Milde nur Eines, den Verrath alter
Freundschaft, niemals verziehen habe. Wenn Treitschke ferner, wie
so häufig, von Gustav Freytag erzählte, dann schloß er, nachdem er
gar viel des Preiswerthen beigebracht, nicht selten mit den Worten:
Er ist ein guter Kamerad! Als endlich einmal in seiner Gegenwart
das Gespräch auf Goethe kam und der geziehen wurde, gar leicht mit
den Freunden gebrochen zu haben, wenn er ihrer nicht mehr bedurfte,
da brauste Treitschke auf und warf dazwischen: Immer nur, wenn sie
selbst daran Schuld waren!

Vergleicht man den Inhalt dieses Buches mit dem der anderen,
die Treitschke noch selbst in die Welt ausgesandt hat, so ergiebt sich

handgreiflich, daß in keinem von ihnen das Persönliche so stark hervor=
tritt. Treitschke hat im Leben nicht den Einfluß gehabt, der ihm
seiner Meinung nach zukam. Er war sich indessen bewußt, daß nach
seinem Tode sein Ruhm wachsen werde. Daß es so kommen würde,
daß seine Ideen so bald und so nachhaltig auf die Volksgenossen
einwirken würden, hat er schwerlich zu erwarten gewagt. Als ich vor
sechs Monaten die Vorbemerkung zu der Neuen Folge der Deutschen
Kämpfe abschloß, gab ich der Hoffnung Ausdruck, es werde ihnen
eine weite Verbreitung beschieden sein, bei diesem Buche ist der Wunsch
unnöthig, ich wünsche ihm vielmehr nur, daß es allen denen, die in
Treitschke vornehmlich den weitausschauenden Politiker und den großen
Geschichtsschreiber bewundert haben, die Freude an der Persönlichkeit des
adligen Mannes mehren möge.

Berlin, am 22. März 1897.

Erich Liesegang.

Inhalt.

Die Grundlagen der englischen Freiheit.[*]

Kaum zwei Jahrzehnte sind verflossen, seit die liberale Opposition der süddeutschen Kammern uns Freiheit auf Freiheit von jenseits des Rheins herüberbrachte, und Jeder für einen Reactionär galt, wer Dauer und Werth dieser Gaben zu bezweifeln wagte. Eine lange und **ernste** Erfahrung lehrte uns seitdem, wie unsere Minister aus der=selben Quelle die Kunstgriffe schöpften, welche die politischen Rechte zu Phantomen machten. Nach französischem Muster ward **unter dem** weiten und geduldigen Namen des constitutionellen Systems **das** Aristotelische Gesetz **umgekehrt** und die Herrschaft der **vielen Beamten** in die Herrschaft der wenigen Minister verwandelt.

Die Pariser Musterregierung brach schmählich zusammen. Der Verlauf der Dinge zeigte, wie unter ihrem Schutze eine tiefe Entsitt=lichung gereift war, ein eigensüchtiges Vortreten socialer Ansprüche, eine völlige Mißachtung der höchsten politischen Güter. Was Wunder, daß Presse und Kammerreden seitdem den Franzosen nur noch die undankbare Rolle des abschreckenden Beispiels zuweisen. Wir beginnen wieder, die Grundsätze der politischen Freiheit aus erster Hand zu holen. Wohl sträubt sich die deutsche Gemüthlichkeit, die den Balken im eigenen Auge nicht sieht, gegen den Materialismus des englischen Lebens. So mancher deutsche Flüchtling, gewohnt, mehr nach der raschen Empfindung eines galligen Gemüths als nach klarer Er=

[*] [Preußische Jahrbücher, Band 1 (Aprilheft 1858), S. 366 ff. Der Auf=satz ist noch 1857 entstanden und war ursprünglich für das Januarheft bestimmt.]

kenntniß zu urtheilen, und empört über die Vernachlässigung der niederen Classen in England, giebt uns abschreckende Bilder vom Verfalle des Inselvolkes. Der schutzzöllnerische Wehschrei über die Po-
lypenarme der britischen Flotte vereinigt sich mit den Warnungen
ängstlicher Seelen vor der räuberischen Politik des alten Feuerbrands.
Trotzdem benutzt jede unserer Parteien immer wieder das englische
Beispiel zur Begründung ihrer Behauptungen, und es scheint, als ob
diese Verfassung eine unwiderstehliche, unausbeugbare Macht und An-
ziehung ausübe. Freilich, welche Vorstellungen sind darüber im Um-
lauf! Man spielt mit Worten, schiebt ihnen die Begriffe unter, die
den vorgefaßten Parteimeinungen entsprechen. Besten Falls hat man
einen Theil des englischen Staatswesens wirklich studirt und stellt
ihn, herausgerissen aus dem Zusammenhange, als das Ganze hin.
Die Partei der Kreuzzeitung schreibt das church and crown der
Torys auf ihr Banner. Sie vertheidigen das göttliche Recht des
Königthums und glauben im englischen Geiste zu handeln, während
der Suprematseid seit Jahrhunderten schon die theologische Jurisprudenz aus England verbannt. Das englische Selfgovernment führen
sie im Munde, dessen Voraussetzung das gleiche Recht Aller ist —
und sie meinen die Emancipirung eines einzelnen Standes von der
staatlichen Aufsicht und dem gemeinen Rechte, die Ausübung obrigkeitlicher Functionen durch einen Stand kraft eigener Machtvollkommenheit oder gar als nutzbares Recht.

Aber schlimmer als das. Selbst die Wissenschaft des englischen
Staatsrechts liegt noch im Argen. Als die königliche Kunst der
Stuart's ihre blutigen Früchte getragen, fand die theologische Begründung des Königthums, die einst den dienstfertigen Federn der Filmer
und Wandalin gelungen war, keinen Boden mehr in England. Man
war froh, als Montesquieu in England das Taciteische Ideal auf-
fand: die Verschmelzung von Monarchie, Aristokratie und Demokratie.
Schmeichelte diese Lehre doch dem Nationalstolze, überhob sie doch
der harten Arbeit geschichtlicher Forschung! Durch diese Lehre erhielt
die unbestimmte politische Sehnsucht des Continents einen festeren
Halt an dem parlamentarischen Leben Englands. Und dies ist Montesquieu's bleibendes Verdienst. Prekärer sind seine wissenschaftlichen
Verdienste. Nach seinem Beispiel erklärten die Blackstone, Delolme
und ihre Nachfolger die Frucht eines verwickelten historischen Pro-
cesses für die einfache Ausführung einiger rechtsphilosophischer Sätze.

Erst mit dem Wiedererwachen der geschichtlichen Studien verlor diese Auffassung von Jahr zu Jahr an Boden. Schon Dahlmann ent= warf mit seiner maaßvollen Pietät vor dem geschichtlich Gewordenen ein lebensvolleres Bild der englischen Verfassung, und heute, bei der Abneigung gegen die Rechtsphilosophie überhaupt und die französische Staatsweisheit insbesondere, sind die strikten Anhänger Montes= quieu's gezählt. Wohl schlugen Einzelne einen fruchtbareren Weg ein. So Vincke in seiner Darstellung der großbritannischen Verwaltung. Aber eine Zeit, deren Hauptstreben darauf ging, das parlamentarische Leben in den Beamtenstaat einzuführen, war ebenso geneigt als be= rechtigt, die einseitige Hervorhebung der Verwaltung als Quietismus zu mißachten. So blieb Vincke's Schrift, ohnehin nur Fragment, von geringem Einfluß auf die öffentliche Meinung. Tüchtige Mono= graphien und gelegentliche Winke in größeren Werken (so noch jüngst in Mohl's Geschichte der Staatswissenschaft) zeigten schlagend die Mangelhaftigkeit unseres Wissens. Aber eine umfassende systematische Darstellung des englischen Staatsrechts, seiner Verfassung und Ver= waltung als Einheit, besitzen wir erst jetzt in dem Werke von Gneist, dessen erster Theil uns vorliegt.*) Seine Befähigung zu dieser schwie= rigen Arbeit hat der Verfasser der gehaltvollen Schriften [über Adel und Ritterschaft in England] über die Bildung der Geschworenen= gerichte u. s. w. längst dargethan. Wir betonen nicht die Freude, daß wiederum eines Deutschen scharfsinniger Fleiß eine alte Schuld der Gelehrsamkeit abzutragen begonnen hat. Unsere Nation hat alle Ursache, gleichgültig zu werden gegen derartiges Lob, dessen Kehr= seite der Vorwurf des Wissens und Nichtkönnens ist. Der un= befangene staatsmännische Geist, der keine gelehrte Stoffsammlung, sondern Belehrung giebt für unsere eigenen Nöthe — der natio= nale Stolz, der, bei aller Bewunderung eines glücklicheren Volkes, die gesunden Elemente des Vaterlandes würdigt und daraus Hoff= nung schöpft für die Zukunft — dies sind die in Deutschland so seltenen und darum so lobenswerthen Eigenschaften des Gneist'schen Werkes. Wer freilich, verwöhnt durch das leichtfertige Raisonne= ment der Tagesschriften, kein ernstliches Studium auf staatliche Dinge wenden mag, wird leicht in dem Buche nur ein juristisches

---

*) Gneist, das heutige englische Verfassungs= und Verwaltungsrecht. Berlin 1857. Theil 1.

1*

Compendium sehen. Dem ernsten Leser ist es eine Quelle der Selbsterkenntniß. Die stetige Vergleichung mit heimischen Zuständen ist
sein Hauptvorzug. Nicht nur, wie man gewöhnlich meint, einzelne
Anomalien, nein, das Ganze der englischen Verhältnisse ist uns so
frembartig, ist so gänzlich abweichend von den Einrichtungen und dem
Ideenkreise des Continents, daß uns Alles unverständlich bleiben
müßte, ohne fortwährenden Hinweis auf bekannte Zustände. Den
blinden Bewunderern Englands wird das Werk eine derbe Lection
sein; jede detaillirte Betrachtung fremder Zustände lehrt, wie Weniges
davon ohne Weiteres auf anderen Boden sich übertragen läßt. Wir
beschränken uns für diesmal auf die Betrachtung einiger Punkte; Gneist
wird ohnehin in Deutschland nur wenige Beurtheiler finden, die nicht
bei ihm in die Schule gehen müßten.

Das erste Gefühl, welches das Studium der englischen Geschichte
in Jedem hervorruft, ist die Bewunderung der überfreundlichen Schick-
salsgunst, die dem Römervolke der Neuzeit seine Größe möglich machte.
Selbst die bleibenden Geschenke der Natur veränderten Werth und
Bedeutung zu seinen Gunsten. Als die seegewohnten Völker des
Nordens die Meere beherrschten, machte gerade die Insellage England leicht zugänglich für dauernde fremde Einwanderungen; und so
entstand jene vielgerühmte Völkermischung, welche die frembartigsten
Elemente in so glücklichen Verhältnissen vereinigte. Und dieselbe
Insellage schützte später die werdende englische Freiheit vor dem Despotismus des Continents. Die geringe Ausdehnung der angelsächsischen Herrschaft schien der staatlichen Anlage der Germanen, die
von jeher in das Große ging, ein wenig günstiges Feld zu bieten.
Und doch machte nur diese Beschränkung es möglich, daß gerade hier
schon in sehr früher Zeit die erste Aufgabe jugendlicher Völker, die
politische Einheit durchgeführt ward. Erst als der staatliche Gedanke
in diesem kleinen Raume fest begründet war, erweiterte sich die Herrschaft der Briten, ohne Gefahr für ihren Ausgangspunkt, über andere
Völker. Das deutsche Kaiserthum dagegen scheiterte wegen seiner
weltumfassenden Ziele schon an dieser ersten Vorbedingung des staatlichen Lebens. Wir wurden in die politische Kindheit embryonischer
Staaten zurückgeschleudert; die Landesherren der einzelnen Territorien übernahmen die Aufgabe, auf lächerlich kleinem Raume den
staatlichen Gedanken durchzuführen; ein Volk, das die gewaltigsten
geistigen Kämpfe durchgefochten, erhielt alles Ernstes eine patriar-

chalische Verfassung. England hat eine lange Zeit schrankenloser
Selbstherrschaft ertragen, — gerade in jener normannischen Periode
jedoch, wo der Despotismus allein die Verschmelzung der Sachsen
und Normannen ermöglichte. Bei uns konnte die absolute Fürsten=
gewalt damals nicht durchdringen, wo sie uns die Einheit des Reiches
geschaffen hätte; später schenkte uns zwar der Absolutismus der Landes=
herren den deutschen Staat, aber vollendete auch den Zerfall des
Reiches. Selbst jenes so viel beklagte nationale Unglück, der Ver=
lust der Eroberungen in Frankreich, erscheint dem unbefangenen Blicke
des heutigen Briten als ein Segen. Hätte England jene Provinzen
behalten — (man erinnert sich der Ausführungen Macaulay's in der
Einleitung seines Geschichtswerkes) —, so wäre es selbst zur fran=
zösischen Provinz geworden. — Der Kampf ferner gegen Rom war
in England nicht wie bei uns das Werk einer tief innerlichen, das
ganze Volk durchdringenden Ueberzeugung, sondern die politische Be=
rechnung eines launischen Herrschers. Aber als der spanische Des=
potismus und die pflichtvergessenen Herrschgelüste der einheimischen
Dynastie sich mit dem Katholicismus verbanden, drang auch in Eng=
land die protestantische Ueberzeugung tief in das Volk. Die englische
Kirche hat zwar den Makel ihres äußerlichen, weltlichen Ursprungs
noch heute nicht abgelegt; aber mehr als bei irgend einem anderen
Volke ward in England der Kampf um die politische, zugleich ein
Kampf um die religiöse Freiheit, der Sieg der einen ein Sieg der
anderen. — Und die Namen endlich, an welche sich die englische Ver=
fassungsgeschichte knüpft! Das ist der merkwürdige demokratische Zug
in den Annalen der mächtigsten Aristokratie der Welt: die großen
Männer, an denen sie ziemlich reich sind (wenn auch weit ärmer als
Deutschland), glänzten meist nach Außen; die britische Verfassung ist
wesentlich das Werk der Gesammtheit der höheren Stände. — Für=
wahr, eine wunderbare Reihe glücklicher Ereignisse! Manch' Einer
mag dadurch entmuthigt werden: was solle unser Ringen um staat=
liche Größe; könne es ja doch nur durch so unberechenbare Zufälle
zum Ziele kommen. Wer aber weiß, daß die Geschichte keine Wunder
kennt, daß Völker wie Einzelne in letzter Instanz doch ihres Glückes
Schmiede sind, den wird gerade die Betrachtung dieser Schicksalsgunst
zum tieferen Eindringen in das englische Staatswesen treiben.

Der Ruhm einer Erbweisheit ohne Gleichen ist für die Eng=
länder kein leeres Wort. Durch ihre ganze Geschichte zieht sich neben

dem zähesten **Rechtssinn** und der kecksten Unabhängigkeit eine tief
bescheidene Mäßigung, ein Zurücktreten **der** socialen Classeninteressen
vor den gemeinsamen staatlichen Pflichten. Welch' ein Gegensatz
gegen die deutschen Landstände mit ihrem Pochen auf das Recht des
Besitzes, ihrem selbstischen Trotz, der **nur** Rechte **statt** des Rechts,
nur Ansprüche statt der Pflichten kannte! Welcher **Gegensatz auch**
gegen diejenigen, welche bei uns noch heut zu Tage **diesen** land-
ständischen Geist wieder heraufbeschwören! Diese Entfesselung **aller**
socialen und confessionellen Gegensätze ist kein Fortschritt, sondern das
stärkste Hinderniß des politischen Lebens. Im Vergleich hiermit wirkte
selbst das unklare Wünschen **und Sehnen der** vierziger Jahre minder
schädlich, weil es eine reelle Macht weder war, noch eine **solche** hinter
sich hatte. Auch England hat seine **socialen Kämpfe** gehabt; **unter**
den Normannen waren sogar die Elemente des Kleinstaates schon
vorhanden. Aber sehr früh, theils durch die Energie gewaltiger Könige,
theils durch die Mäßigung der höheren Classen selbst, bildete sich
dort der Grundgedanke jedes richterlichen Staatslebens: gleiches Recht
für Alle, größere Macht für die, welche die größeren Pflichten über-
nehmen. Mit diesem praktischen, auf die tägliche Erfüllung öffentlicher Pflichten gerichteten Sinne erklärt es sich auch, daß das britische Recht dem Staate die Hausstände und staatlich anerkannten
Corporationen gegenüber **stellt**, nicht, nach der abstracten Weise des
Continents, das einzelne Individuum. Daher auch der Satz des
Junius, der zu einem nationalen Gemeingut geworden: die Gesetze
wollen sich nicht auf das verlassen, was die Menschen thun werden,
sondern gegen das verwahren, **was** sie thun könnten. Es liegt dem
Briten weniger an einem großen Umfange seines Rechts, als an
dessen Sicherheit und rechtlichen Begrenzung. Diese drei Grundgedanken: das gemeine Recht für Alle — als Voraussetzung jedes
geordneten Staatslebens — die corporativen Grundlagen der Verfassung und die gerichtliche Beschränkung des Verwaltungsrechtes
nennt Gneist das wesentlich Wahre und Uebertragbare der englischen
Institutionen.

Das gemeine Recht für Alle — und doch hat England einen
mächtigen Adel, dessen Würden und Grundbesitz nur auf den ältesten
Sohn übergehen? Aber das Erbrecht des Erstgeborenen ist in England gemeines Recht. Die Würde des Pairs haftet nicht an einem
Besitzthum. Schon das Interesse der großen Barone bewahrte sie

davor, kraft Besitzes einen Sitz im Oberhaus anzusprechen; denn da
die Grenze zwischen den großen und kleinen Thronvasallen von jeher
nur thatsächlicher, nicht rechtlicher Natur war, so hätte die Begrün=
dung der Pairie by tenure die Berufung aller Thronvasallen zur
Folge gehabt. Der modus acquirendi der Würde des Adels ist die
Einnahme des Sitzes im erblichen Staatsrath der Krone das ge=
meine Recht kennt nur einen politischen Adel, das Wappenrecht hat
nur conventionelle Geltung. Um jede Abschließung der höheren
Classen zu verhindern, hat die Krone das Recht der Pairscreirung.
Auch die Geschlossenheit des Grundbesitzes ist kein Vorrecht des Adels.
Schon seit Eduard I. darf jeder Grundbesitzer Familienstiftungen er=
richten; doch verbietet das gemeine Recht jede Perpetuität. Der
Grundbesitz darf nur auf die Lebenszeit einer lebenden Person oder
bis zur Mündigkeit ihres Erben gefesselt werden, und die Stiftungen
haften für alle Schulden. Also keine ständische Gliederung. Die
Macht der Pairs beruht auf ihrer politischen Stellung als erbliche
Räthe der Krone und auf dem traditionellen Familiensinn, der ohne
Standesprivilegien durch eigene Sorge sich sein Eigen zu erhalten
weiß. Die sogenannten Privilegien der Lords sind nur eine Folge
ihrer amtlichen Stellung; die schottischen Pairs allein haben ihr
Schuldenprivilegium festgehalten, wie denn in Schottland die stän=
dische Gliederung immer einen breiten Boden gefunden hat. Im
schroffsten Gegensatze dazu umfaßt — dies Beispiel liegt am nächsten —
das preußische Herrenhaus nach seinen wesentlichen Bestandtheilen
gerade die wenigen Personen, deren Besitz= und Familienrecht eine
Ausnahme bildet von dem gemeinen Rechte des Landes. Hier wie
in den Kreis= und Provinzialständen wird der größere staatliche Ein=
fluß denen eingeräumt, die von der Gemeindeverfassung, zum Theil
auch von der Steuerpflicht exirt sind, also die wenigsten politischen
Pflichten erfüllen. Die englische Gentry übt einen überwiegenden
Einfluß auf die Parlamentswahlen und bildet den weitaus größten
Theil des Unterhauses. Der Landadel verdankt dies seinem festen
Zusammenhalten mit den Städten. In Frankreich faßte die absolute
Königsgewalt zuerst festen Fuß, als der Adel feig genug war, ihr
die Besteuerung des dritten Standes zu gestatten, wenn nur er steuer=
frei bliebe. In Deutschland bildete den Hauptinhalt der landstän=
dischen Verhandlungen das Sträuben gegen die allgemeine Rechts=
ordnung, das Abwälzen der Steuern von den Rittern auf Bürger

und Hinterfassen; die Städte mußten sich vom platten Lande ab=
schließen, um nicht zu unfreien Dorfschaften herabzusinken. In Eng=
land dagegen schieden weder die Städte, noch der adelige Grundbesitz
aus dem Graffschaftsverbande; der niedere Abel sah früh ein, daß er
ohne Hülfe der Städte den großen Baronen unterliegen würde. So
blieb der Unterschied zwischen Stadt und Land, den wir in den Rhein=
landen, wo er kaum verschwunden war, durch Decrete neu geschaffen,
in England immer nur ein socialer. Die Könige begünstigten diese
Verschmelzung, weil sie daraus ihre stärkste Stütze, einen kräftigen
Mittelstand, erwachsen sahen. So weit war man von einer Begün=
stigung des Landadels entfernt, daß unter Eduard I. vierundsiebenzig
Ritter aus siebenunddreißig Grafschaften und zweihundert Abgeordnete
aus den Städten zum Unterhause berufen wurden — in einer Zeit,
wo der ländliche Besitz sechs Siebentel des Nationalvermögens aus=
machte! Die Städte waren es, welche den größten Theil der Ritter
ins Parlament schickten. — Allerdings liegt die Orts= und Graf=
schaftsverwaltung fast ganz in den Händen der Gentry. Aber wie
schon im Mittelalter der Abel nicht sowohl ein Recht hatte auf die
Ritterwürde, als vielmehr verpflichtet war, sich die Ritterwürde er=
theilen zu lassen: so ist auch jetzt die Besetzung der Aemter der Graf=
schaft aus den Reihen der Gentry wohl eine Quelle großen Ein=
flusses, aber mehr noch eine kostspielige, die mannigfachsten Opfer
erheischende Pflicht. Die Isolirung der Stände, das Trotzen auf
ständische Vorrechte, hat in Deutschland dem Absolutismus den Weg
gebahnt; in England rächt es sich an der Kirche; sie zog sich aus
dem Parlament in ihre Convocationen zurück und unterlag deshalb
im sechzehnten Jahrhundert der königlichen Gewalt. Dem entgegen=
gesetzten Verhalten verdankt die Gentry ihre Macht. Wohl sind es
vorwiegend Rittergutsbesitzer, welche die Aemter der Grafschaften ein=
nehmen, aber nicht Rittergutsbesitzer von Besitzeswegen, sondern durch
königliche Ernennung; nicht Rittergutsbesitzer von Standeswegen,
denn die Rittergüter sind schon seit der Magna Charta frei veräußer=
lich; nicht steuerfreie Rittergutsbesitzer, sondern solche, die von den
50 bis 60 Millionen Thalern Kreis= und Localsteuern die größere
Hälfte tragen; Rittergutsbesitzer endlich, die gleiches Vermögensrecht,
Familienrecht und Gericht mit den übrigen Classen haben und haben
wollen (Gneist S. 631). Mit demselben politischen Tacte leistete die
Gentry der Emancipation der niederen Classen keinen Widerstand:

die Frohnden schafften die Grundbesitzer selbst ab; die Leibeigenschaft, schon zur Zeit der Reformation nur in wenigen Resten vorhanden, hörte unter Elisabeth gänzlich auf. Durch den Einfluß der Kirche ward die Ungleichheit im Familienrecht beseitigt, gründlicher als bei uns, denen noch heute der Satz von der Unebenbürtigkeit der Ehen gilt. Somit stand schon am Ende des Mittelalters über den socialen Gegensätzen die Rechtsgleichheit im Privatrechte und die Staats= gewalt der Krone. Obgleich das Mittelalter nie ganz den Gedanken überwunden hat, daß die Gesetze auf Verträgen beruhen, so finden sich doch in England sehr früh die Anfänge einer staatlichen Denk= weise. Das Fehderecht, der ärgste Gegensatz gegen die staatliche Ord= nung, hat dort nie so maaßlose Geltung gehabt wie auf dem Continent; an seine Stelle trat das Recht der Privatanklage für Jedermann. Der Begriff des Hochverraths, der nur in Gemeinwesen, welche die Vertragstheorie abgeschüttelt haben, zur Geltung kommt, ward schon im Jahre 1352 in das englische Recht eingeführt: darum erhielt er auch nur in einer kurzen Periode eine so übermäßige Ausdehnung wie in Deutschland, mit den verderblichsten Folgen, das crimen laesae majestatis.

Aber die Staatsgewalt der Krone schwebt nicht als ein ab= stracter Begriff in der Luft. Die Krone ist der gleichgestaltete Gipfel= punkt des ganzen Staatslebens, die Corporation der Corporationen. Auf Corporationen beruht das ganze Staatswesen. Das Unterhaus ist eine Vertretung von Corporationen und ähnlichen Verbänden: aber nicht von Ständen, Beruf= und Besitzclassen, wie das continen= tale Ideal der Interessenvertretung verlangt, sondern von Gemeinden und Grafschaften, die alle socialen Gegensätze umschließen und durch ein jahrhundertelanges Zusammenleben ausgeglichen haben. Gewerbs= innungen, in welche die christlich=germanische Weisheit auch die „Stände der Intelligenz" aufnehmen möchte, giebt es, sofern sie local sind, gar nicht, nur genossenschaftliche Verbindungen zu gewerblichen Zwecken über das ganze Land; aber schon seit Elisabeth ohne das Recht der localen Ausschließung. Die deutschen Corporationen mußten von der werdenden Staatsgewalt vernichtet werden, weil sie in der Maaß= losigkeit ihrer Ansprüche nach Autonomie strebten. Die englischen haben sich durch ihre Mäßigung stark erhalten: sie waren stets auf die Selbstverwaltung beschränkt; auch ihre Selbstbesteuerung hat enge Grenzen. England hat das vielgepriesene Ziel erreicht, wo die kleinen juristischen Personen lebenskräftig fortbestehen, aber der Staatsgewalt sich unbedingt gebeugt haben. Bei so starkem Corporationswesen würde der Staat in seine Atome zerfallen, hätte sich nicht in Wechsel= wirkung mit den Corporationen ein Gerichtswesen entwickelt von einer Macht und Festigkeit wie nirgends sonst. Beides steht im engsten Zusammenhange; das Hauptergebniß der Kämpfe am Ende des Mittelalters war die Selbstständigkeit der Corporationen und die Einrichtung fester Gerichtscollegien. Die Corporationsrechte stehen der Staatsverwaltung und dem Privatmanne gegenüber unter ge= richtlichem Schutz, sowie umgekehrt Letzterer gegen die Uebergriffe der Corporationen rechtlich geschützt wird.

Noch mehr. Die ganze Verwaltungsordnung ist rechtlich beschränkt und dadurch erst das öffentliche Recht gesichert. Auch hier ist Alles auf die thätige Theilnahme der Staatsbürger berechnet. Die discretionäre Befugniß der Friedensrichter ist sehr groß, eine Controle durch einen verwickelten Instanzenzug findet in den meisten Theilen der Verwaltung nicht statt: aber es steht Jedem, auch dem Unbetheiligten, frei, seine Beschwerden gegen die Beschlüsse der Verwaltung gerichtlich geltend zu machen. Daher das öffentliche Auslegen der Armenrechnungen, der Vermögensnachweise der Candidaten des Friedensrichteramtes u. s. w., dergestalt, daß Jedermann sich von der Gewissenhaftigkeit der Behörden überzeugen kann. Nur das Recht der Privatanklage giebt die Bürg= schaft, daß die Gesetze über Presse, Vereine u. s. w. auch gegen die herrschende Partei in's Werk gesetzt werden. Der verfassungsmäßige Gehorsam ist seit Jahrhunderten eine Thatsache; mit Recht preist ihn Macaulay als den letzten Hort der englischen Freiheit. Keine Ver= waltungsbehörde kann ihre Befehle anders als mit Willen der be= troffenen Privaten durchsetzen; Widerstand wird nur auf gerichtlichem Wege gebrochen. Der Satz von der Allmacht des Parlaments ist nur eine theoretische Behauptung, sie besteht nicht vor den Thatsachen. Nimmt man dazu die angesehene und gesicherte Stellung der Richter und den Grundsatz: jeder Beamte, auch in den Corporationen, der eine strafrichterliche Gewalt ausübt, wird nicht durch Wahl, sondern durch königliche Ernennung bestellt — so leuchtet die Sicherheit des **öffent=** **lichen** Rechts von selbst ein. — Wie anders in Deutschland! **Unsere** **Privat=** und Strafrechtspflege können wir allerdings getrost **neben** die englische stellen. Unsere Civilgerichte sind nicht blos dem Reichen zu= gänglich wie **in England**. Wir kennen nicht **jene** barbarischen britischen

Strafgesetze, die nur auf Schutz des Besitzes gegen die Armuth zu zielen scheinen. Daß unsere alten Schöffengerichte den Beamtengerichten weichen mußten, war ein Segen: denn sie ruhten auf dem Grundsatz der Isolirung der Stände. Neuerdings haben wir auch auf dem Gebiete der Strafrechtspflege entschiedene Fortschritte gemacht. Von der Sicherung unseres öffentlichen Rechts dagegen können wir nur mit tiefer Beschämung reden. Als die Hohenzollern die Macht der autonomen Herrlichkeiten brachen, brachten sie ihren Unterthanen mit dem gemeinen Landesrechte eine richterliche Verfassung der Verwaltungs=behörden, welche das öffentliche Recht genügend sicherte. In dieser Hinsicht hat gerade in Preußen das letzte Jahrzehnt die unseligsten Folgen gehabt. An Stelle gerichtlicher Verwaltungsbehörden hat man dem Lande nur französische Präfectenordnung unter dem Namen constitutioneller Verwaltung gegeben. Französischen Ursprungs ist das Anklagemonopol der Staatsanwaltschaft, französisch die Ausdehnung der Polizeigewalt auf das Rechtsgebiet, französisch der Grundsatz: die sittliche und politische Selbstständigkeit der Beamten ist mit einem verantwortlichen Ministerium unverträglich, französisch das künstliche Interpretiren unzweifelhafter Verfassungsbestimmungen, französisch das ganze christlich=germanische System des Beeinflussens und der gouverne=mentalen Autorität. In der That — mit wenigen Ausnahmen, welche das Obertribunal mit der alten Bravheit des preußischen Richterstandes geschützt hat — entbehrt jedes öffentliche Recht der Preußen der recht=lichen Garantie, die verfassungsmäßigen Rechte so gut wie die schon länger bestehenden. Sämmtliche Verwaltungsbeamten, sogar die rein technischen, stehen in der unbedingten Abhängigkeit vom Ministerium. Mit der Abhängigkeit von Oben steht die rechtlich unbeschränkte Macht=befugniß nach Unten in Wechselwirkung. Das Recht der Privatanklage ist Unbetheiligten gar nicht, selbst den Betheiligten nur in seltenen Fällen gewährt. Ein Widerstand gegen die Polizeibehörden ist fast unmöglich: wer die Vorschriften derselben nicht erfüllt, kann dazu im Executions=wege gezwungen werden durch Geld= und Gefängnißstrafe, selbst wenn jene Vorschriften auf Irrthum beruhen, oder geradezu gesetzwidrig sind. Eine rechtliche Klage wegen solcher Execution findet durchaus nicht statt. Selbst die Klage auf Schadenersatz in solchen Fällen ist aus=geschlossen durch das Gesetz vom 13. Februar 1854, das den Artikel 97 der Verfassungsurkunde, statt ihn auszuführen, thatsächlich vernichtet hat. Das Ministerium hat das Recht, in Fällen der Gefahr, eine

Anzahl der wichtigsten Verfassungsartikel zeit= und districtweise außer Kraft zu setzen (Art. 111), und es giebt keinen rechtlichen Weg, den Mißbrauch dieser Befugniß zu hindern. Finden die Kammern die Suspension ungerechtfertigt, so hört damit der Ausnahmezustand nicht auf. Nach einer Erklärung des Ministers des Innern wäre dies ein Eingriff in die Regierungsexecutive, es bleibe dem Landtag Nichts übrig, als die Minister in Anklagezustand zu setzen, — **was ihm** bekanntlich unmöglich gemacht ist! Die preußische Verfassung sichert das Vereinsrecht: aber ob ein Verein als politischer anzusehen ist, darüber entscheidet die Polizeibehörde. Die Freizügigkeit war schon lange vor dem parlamentarischen Leben ein Recht jedes Preußen: aber wenn die Polizeibehörden nach ihrem Ermessen auf Niederlassungs= gesuche die Bestimmungen über die Fremdenpolizei anwenden, so giebt es kein Rechtsmittel dagegen. Artikel 5 und 6 gewährleisten die persönliche Freiheit und die Unverletzlichkeit der Wohnung: aber die Polizei darf ohne richterliche Erlaubniß in die Wohnungen eindringen, wenn sie glaubt, daß durch Angehung des Staatsanwalts oder des Gerichts der Zweck der Untersuchung vereitelt werde. Bin ich durch Fahrlässigkeit eines Beamten meiner Freiheit beraubt, so habe ich gar keine Klage; bin ich verhaftet durch böse Absicht des Beamten, so habe ich nur dann eine Klage, wenn die vorgesetzte Behörde es nicht für gut findet, den Competenzconflict zu erheben. Kein Gericht schützt hier den Staatsbürger, wenn ein Ministerialerlaß durch Veränderung des Wahlkreises ihm die Ausübung der ersten staatsbürgerlichen Pflicht unmöglich macht. Der Genuß der staatsbürgerlichen Rechte ist unab= hängig vom religiösen Bekenntniß: aber kein Jude kann sich durch rechtliche Mittel gegen die Logik des Ministers wehren, der den Juden zwar die Berechtigung, nicht aber die Befähigung zu den öffentlichen Aemtern zuerkennt. Und so könnten wir all' die köstlichen Früchte der Verfassung aufzählen, um die wir Tantalusqualen leiden, weil sie vom Scharfsinn **der** Verwaltung so hoch gehängt werden. So lange die Grundrechte **nicht unter** gerichtlichen Schutz gestellt sind, steht der Interpretation der Regierung nichts im Wege, welche die prägnantesten und wichtigsten Verfassungsbestimmungen kurzweg für allgemeine Grundsätze und darum für nicht bindend erklärt. So lange ist es den bestehenden Zuständen ganz angemessen, wenn in den Kammern mit antiker Offenheit gesagt wird: es handelt sich nur darum, ob dieser Artikel formell geändert oder im Verwaltungswege umgangen werden

soll. Es ist quälend, dies Thema zu berühren: bei solchen Fragen
verläßt man unwillkürlich das politische Raisonnement und beginnt zu
moralisiren. Ueber die Nothwendigkeit der Preßfreiheit und ähnlicher
Rechte in Preußen läßt sich streiten, da ja die Lehren der Geschichte
jedem Ohre anders klingen. Aber die Zulässigkeit, klare Aussprüche
des Staatsgrundgesetzes im Verwaltungswege illusorisch zu machen,
sollte unter ehrlichen Männern kein Gegenstand des Streites sein. —
Auch die Rechte der Volksvertretung sind ohne jede rechtliche Garantie.
Die gesetzgebende **Gewalt der Kammern** ist ein Schein, so lange die
Gerichte nicht die Unverbindlichkeit eines ohne die Kammern erlassenen
Gesetzes aussprechen dürfen. Diese für jeden Unbefangenen selbstverständliche Forderung kann allein die Verfassung vor dem Schicksale
bewahren, ein todter Buchstabe zu werden, und doch ist sie in unserem
Staatsrechte nicht anerkannt; selbst viele liberale Staatslehrer meinen,
das heiße die Gerichte in revolutionärer Weise über die Gesetzgebung
stellen! Die Regierung darf ohne Beistimmung der Häuser keine Steuern
auflegen. Thut sie es dennoch, oder überschreitet sie das Budget, so hat
Niemand das Recht, sich der Eintreibung der ungesetzlichen Steuern zu
widersetzen, kein Gericht schützt ihn. Nicht anders in anderen deutschen
Staaten. Als in dem vielgerühmten „deutschen Sardinien“, in Baiern,
die Regierung erklärte, sie werde die von den Kammern abgelehnte
Erhöhung des Militärbudgets dennoch durchführen, erlaubten sich die
Kühnsten der Kammer ihre sittliche Entrüstung auszusprechen — **und**
dies war das Ende. Endlich das dritte Hauptrecht des Parlaments,
die Controle über die Staatsverwaltung, besteht in Preußen nur in
der Befugniß, Anträge zu stellen, deren Erfolg vom Belieben der
Minister abhängt. Damit ist Verfassung und Verwaltung völlig aus-
einandergerissen. Dies hat man in England wohl eingesehen. Dort
ward das Recht, gegen die Uebergriffe der Verwaltung einzuschreiten,
schon von dem alten ehrwürdigen Sir Roger Twysden als wesentlicher Zweck des Parlaments angesehen, während die materialistische
Auffassung des Continents das Wesen des Parlaments noch **immer**
in seiner finanziellen Thätigkeit sucht.

Gneist giebt eine genaue Uebersicht von Personalbefugniß und
Bedeutung sämmtlicher großbritannischer Behörden, zum ersten Male
vollständig auf Grund der Finanzetats zusammengestellt. Sie berichtigt
im Zusammenhange eine Reihe landläufiger continentaler Vorurtheile,
die bisher nur vereinzelt und unsicher widerlegt wurden. Sehen wir,

wie der Etat der Gehalte des gesammten preußischen Beamtenthums
weit geringer ist, als die Summe der Gehalte der beiden englischen
Generalämter allein — wie in London allein so viel Polizeibeamte
leben, als in Berlin Beamte überhaupt — finden wir dazu ein be=
deutendes Pensionswesen, sogar (S. 598) Ministerpensionen: so glauben
wir die preußische Büreaukratie im vergrößerten Maßstabe wieder=
zufinden. Wohl ist das Beamtenthum bedeutend vermehrt worden,
wohl haben sich seine Verhältnisse denen des Continents sehr genähert:
zu Beidem hat die lange Vernachlässigung besonders der polizeilichen
Pflichten des Staats in England gezwungen. Trotzdem bleiben zwei
wesentliche Abweichungen vom Continent bestehen. Zunächst die Unter=
scheidung des permanenten und parlamentarischen Dienstes. Nur etwa
60 Beamte: die Minister, die Chefs mehrerer Oberbehörden, einige
Staatssecretäre und Hofbeamte sind über ihre politischen Grundsätze
einig und dem Wechsel der Parteien im Parlament unterworfen. Den
permanenten Beamten (etwa je 1000 auf einen parlamentarischen Be=
amten) ist der Mißbrauch ihrer Amtsgewalt durch die strenge Disciplin
und durch das Recht der Privatanklage abgeschnitten, insbesondere der
Mißbrauch der Amtsgewalt zum Beeinflussen der Parlamentswahlen
schon durch ein Gesetz Eduards I. vom Jahre 1303. Im Uebrigen
ist ihre Stellung factisch lebenslänglich; eine Entlassung ohne die
dringendsten Gründe ist fast unerhört, die Absetzung eines Briefträgers
kann zu den heftigsten Debatten im Parlamente führen. Von einer
Gleichheit der politischen Gesinnung oder gar von einem Zwang zur
Bethätigung derselben ist keine Rede. Zum Ueberfluß ist der Civil=
dienst in vier Hauptclassen getheilt, die politischen Aemter, die staff
appointments, die clerks und die Subalternen; ein Aufsteigen von
der einen dieser Classen in die andere findet nicht statt; damit ist jede
Versuchung, **sich durch Willfährigkeit** in politischen Dingen ein rascheres
Aufrücken **zu sichern,** beseitigt. Und in Preußen bringt jede Kammer=
wahl sämmtliche Verwaltungsbeamte bis zum Ofenheizer der untersten
Behörde herab — ja wohl gar jene Handwerker, deren Schild das
Prädicat „**Hof**" schmückt — in den ernstesten Conflict zwischen ihrer
politischen Ueberzeugung und den Interessen ihrer Subsistenz.

Der zweite, viel wichtigere und schwerer verständliche Unterschied
ist dieser: England hat einen Amtsorganismus auf dem Boden einer
corporativen Gentry, Deutschland eine Gentry auf dem Boden eines
Amtsorganismus. Das will sagen: In England besteht die erste Be=

hörde, der erbliche Staatsrath der Krone, aus der Elite der Gentry; das **Parlament** ist der dauernde Organismus des Staates, während der Theorie nach der König der einzige Magistrat ist, die Functionen des Beamtenthums mit der Person des Königs verlöschen. Die höchsten Staatsmänner sind parlamentarisch, dadurch ist die Patronage in den Händen der Gentry. Der Schwerpunkt der Grafschaftsverfassung endlich liegt in den Quarter sessions der aus der **Gentry** hervorgegangenen Friedensrichter; auch hier hat der Adel **die** Patronage. Die **perma=** nenten Beamten sind vorwiegend auf die technische Ausführung be= schränkt; **sie spielen eine** so untergeordnete Rolle, daß **ihre niedersten** Classen sogar vom Wahlrechte zum Parlament ausgeschlossen **sind.** In Preußen dagegen sind die Kreisstände immer dem Beamtenthum untergeordnet gewesen. Das parlamentarische Leben ist noch jung **und** macht **jetzt die ersten** Versuche, sich mit dem bisher herrschenden Be= amtenthum abzufinden. Unsere regierende Classe ist das Beamtenthum, **nicht** der Adel. Der Adel als solcher hat keine Regierungsrechte; das Herrenhaus ist eine Anomalie in unserer Geschichte. Der preußische Adel als Stand hat seit drei Jahrhunderten nur Unheil gewirkt: er widersetzte sich den erleuchteten Centralisationsplänen der Monarchen; er störte die nothwendigsten Reformen, indem er für sich Exemtionen von dem Rechte und den Pflichten aller Staatsbürger festhielt oder erlangte. Dagegen hat eine große Anzahl seiner Mitglieder sich bleibende Verdienste um unseren Staat erworben: diejenigen nämlich, **welche dem** socialen Standesinteresse entsagten und sich dem monarchischen Beamten= thum einfügten. Der Stand vergaß und **versäumte** über der socialen Abschließung seinen politischen Beruf und findet heute die uralte Lehre der Geschichte an sich vollzogen: es giebt entweder einen politischen Adel oder es giebt gar keinen! Seht doch hin auf das englische Oberhaus, ihr Verehrer des gothaischen Almanachs und ihr deutschen Barone, deren Ahnen „urkundlich" schon zu einer Zeit Ritter waren, wo nach der unbequemen Behauptung der Geschichtschreiber der niedere Adel noch gar keine Geschlechtsnamen führte: — ist es nicht ein Anblick zum Erbarmen? Da sind nur zwölf Pairs von mittelalterlicher Creirung, 196 erst aus unserem Jahrhundert; Viele darunter haben einen sehr unsauberen Ursprung von königlichen Buhlerinnen und dergleichen, und Aller Stammbaum **ist** durch unzählige Mißheirathen befleckt! Der englische Adel hat seine politische Macht nur erlangt durch die jahr= hundertelange thätige Ausübung politischer Pflichten; das Lebensziel

der Mehrzahl des englischen Adels ist das politische Wirken. Er hat
die Selbstbewirthschaftung seiner Güter aufgegeben und lebt von Grund-
renten. Dadurch erlangte er die Muße für seinen politischen Beruf
und die Unparteilichkeit, welche unserem, in die mannigfachsten Nachbar-
schafts- und Herrschaftsverhältnisse verwickelten Landadel abgeht. —
Dies ist kein Tadel für den preußischen Staat. Nur theoretische
Abstraction vertritt die Nothwendigkeit eines Erbadels für jeden gesunden politischen Zustand. Preußen hat sich monarchisch entwickelt,
wie England aristokratisch; darum konnte dort eine regierende Classe
sich nur durch und unter den Monarchen bilden. Die preußische Amts-
gentry ist social besser organisirt als die englische. Sie ist für die
Capacitäten aller Stände in weit höherem Maaße geöffnet; sie hat nicht,
wie die englische Gentry, sich die Ausübung ihres Berufs ermöglicht
durch Beschränkung des freien Bauernthums; ihrer ökonomischen Un-
eigennützigkeit ist eher ein Zuviel als ein Zuwenig vorzuwerfen. Und
was haben unsere Monarchen und ihr monarchisches Beamtenthum
geschaffen? „Die Blüthe unseres Ackerbaues und unserer Industrie;
die heutige Stellung unserer freien Bauern, unserer 400,000 Bauern
und einer Million kleiner Freeholders an Stelle der 225,000 Pächter
in England; unsere starke Landesvertheidigung; unseren confessionellen
Frieden, unsere Volkserziehung und unser geistiges Leben, — in Summa:
die dem Gemeinwesen wohlthätigste Vertheilung des Vermögens, die
gesundesten gesellschaftlichen Verhältnisse, die weiteste geistige Entwicklung, die in einem Großstaat Europas vorkommt" (Gneist S. 692).

Seitdem ist der mächtige Fortschritt zum parlamentarischen Leben
geschehen; kein Wunder, daß bisher nur wenige seiner Consequenzen
verwirklicht sind. Es gilt jetzt, die Keime des Segens, die hierin liegen,
zu zeitigen, ohne die Früchte des alten Regiments zu zerstören. Dazu
gehört zuerst die rechtliche Begrenzung der Verwaltungsordnung und
die Beseitigung der heterogenen feudalen Reste, welche eine übertriebene
Duldsamkeit gegen die ständischen Ansprüche des Adels erhalten oder
gar geschaffen hat. Also Beseitigung der obrigkeitlichen Rechte kraft
Besitzrechts und gänzliche Reform der Kreis- und Provinzialstände, denn
sie ruhen auf einer Sonderung der Stände, welche in dieser Weise in der
deutschen Geschichte nie bestanden hat. — Dazu gehört ferner die Ausbildung der Selbstverwaltung in den kleinen Kreisen des öffentlichen Lebens.
Auch hierzu ging in Deutschland der Anstoß von oben aus. Stein's Städteordnung kann allen anderen Ländern, England nicht ausgenommen, als

unerreichtes Muster gelten. Ihre theilweise Ausführung hat bewiesen, daß der gute Wille zur Theilnahme an der örtlichen Verwaltung bei dem deutschen Mittelstande in hohem Grade vorhanden ist. Neuerdings sind die bedenklichsten Rückschritte gemacht worden. Die Bestätigung der Bürgermeister u. s. w. durch die Regierung hat den politischen Parteihader auch in die Localverwaltung eingeführt; die polizeiliche Allgewalt hat den Associationsgeist der Privaten aus der Verwaltung in das sociale Gebiet getrieben. Darum kann es nicht oft und laut genug wiederholt werden: ein freies Staatswesen ist unmöglich ohne die freiwillige Uebernahme politischer Pflichten, ohne schwere tägliche Opfer an Zeit, Geld und Arbeit. Wenn der Selbstherrscher unserer rheinischen Nachbarn in Wahrheit sagen kann: „in meinem Lande erwartet die Gesellschaft den Anstoß zu jedem Fortschritt von der Regierung" — da und dann hat sich der Despotismus politisch gerechtfertigt.

Wenn diese beiden Punkte, die Hauptausbeute des Gneist'schen Werkes, den Leser überzeugen, so können wir es der Zukunft überlassen, zu entscheiden, inwiefern Gneist's Polemik gegen den Begriff der verantwortlichen Minister begründet ist. Von den Ausstellungen, die wir an Einzelnheiten zu machen hätten, heben wir nur diese eine principielle hervor. Auf diesen Begriff concentrirt Gneist seinen gerechten Unwillen über die große Krankheit unserer Tage, die Ausbeutung der Regierungsgewalt zu Parteizwecken. Dies scheint uns in der That ein Luftkampf. Die Minister in unseren deutschen Staaten unterliegen weder rechtlich noch politisch einer ihnen eigenthümlichen Verantwortung. Wenn jener Name im bonapartistischen Geiste gemißbraucht wird, so ist die Sache selbst daran unschuldig. Wohl hat das englische Cabinet nur durch Usurpation im achtzehnten Jahrhundert die Macht des alten Geheimen Rathes erlangt, aber, wenn auch jünger, ist es doch ein nicht minder wesentlicher Factor der Verfassung, als die übrigen. Wenn in England die Parteiregierung nothwendig folgt aus dem Wegfall der jurisdictio extraordinaria des Königs, so werden in den deutschen Staaten, in denen natürlich nur, die wirklich Staaten sind, ähnliche Ursachen auch ähnliche Wirkungen, also ein wahrhaft verantwortliches Parteiministerium, bringen. Ein politisches Dogma soll die Parteiregierung so wenig werden, als irgend ein anderer Grundsatz. Aber der einfache Gang der Dinge wird sie herbeiführen, sollen nicht Verfassung und Verwaltung einander widersprechen — was die schlimmste Gefahr für jeden Staat ist. Ihre bedenklichen Folgen können auch bei uns durch jene oben angeführten Schranken beseitigt werden. Diese Aussicht ist freilich noch im Weiten, so lange sich unser politisches Leben nur um Vorfragen bewegt, um das Abweisen unberechtigter socialer Ansprüche, so lange wir nur die Elemente wirklicher politischer Parteien besitzen. Solche Parteien bilden sich aber nur durch die praktische Ausübung der Regierungsgewalt, durch das Bestehen des parlamentarischen Systems, und wenn endlich in dem größten rein deutschen Staate, in Preußen, schon wegen seiner monarchischen Ge= schichte die Krone nicht ein bloßes Ehrenamt wie in England werden kann, so ist dies gerade ein Vorzug, eine Garantie mehr gegen die Gefahren der Parteiregierung.

Einige Abschnitte des Gneist'schen Werkes machen einen sehr trüben Eindruck. Frappant ist besonders die Aehnlichkeit der englischen Restau= rationszeit mit der unseren. Und wie mit tausend Zungen spricht jedes Blatt der englischen Geschichte die ernste Lehre, daß selbst in diesem gesicherten Inselreiche innerer Frieden und äußere Macht immer Hand in Hand gingen. Um wie viel mehr in unserem, von Feinden rings umdrohten Vaterlande! Als Hans v. Held seine Kassandraworte gegen die wahren Jacobiner des preußischen Staates schleuderte, da brachte wenig mehr als ein Jahrzehnt den Baseler Frieden und den Tag von Jena. Und in der jüngsten Vergangenheit erlebten wir nicht nur den Kampf gegen das Königthum auf der einen, das trotzige Er= wachen staatsfeindlicher ständischer Ansprüche auf der anderen Seite, sondern auch das Preisgeben Schleswig=Holsteins, den Tag von Olmütz, das „Zurückweichen des Starken" und jene Neutralität, die nach Herrn Stahl den orientalischen Krieg „bestimmt und gemäßigt" hat.

Gottfried Keller.[*)]

Zwei köstliche Geschenke findet der Schweizer in seiner Wiege, welche das Reifen echt-menschlicher Bildung und darum auch das Gedeihen der Kunst mächtig fördern müssen. Von Kindesbeinen an umfängt ihn der Zauber einer **wunderbar** reichen und vielgestaltigen Natur, zugleich einer mächtigen Natur, welche nicht duldet, daß der Mensch sich ihr entfremde und das fromme Bewußtsein seiner Abhängigkeit verliere; und sein Leben sodann verbringt er unter den Segnungen einer uralten politischen Freiheit. Dennoch hat der **rüstige** Stamm, welcher die Sehnsucht des großen Mutterlandes, die Einheit, bereits in beglückender Erfüllung besitzt, zu dem königlichen Reichthum deutscher Kunst kaum ein ärmliches Scherflein beigetragen. Nur zweimal mit bedeutendem Erfolge wußten die Schweizer die Vortheile ihrer Lage für die Literatur zu benutzen.

Als die Eroberungsgelüste der Nachbarfürsten an dem Todesmuthe der Schweizerbauern gescheitert, da schollen die Sempacher Lieder und die Burgundischen Kriegsgesänge von den Alpen nieder, und die hochgemuthe Weise „der Stier von Uri hat scharpffi Horn, kein Herr ward ihm nie zhoch geborn" fand frohen Widerhall unter den Marschenbauern, die im Norden zu gleichem Kampfe sich schaarten, und unzählige Nachahmer in den sangeslustigen Haufen der Landsknechte. Die Reformation zog in der Schweiz sowenig wie in Deutschland einen Aufschwung der Dichtung nach sich. Seltsam **genug**: trug doch jene Bewegung in der deutschen Schweiz einen freieren, weltlicheren Charakter als bei uns; ist doch „unser Landskraft Zwingli" und sein staats-

---

*) [Erschienen unter der Ueberschrift „Zeitgenössische Dichter. II. Ein Schweizer Poet". Preuß. Jahrb., Band 5 (Januarheft 1860), S. 70 ff. Der Artikel ist von Haym aus Mangel an Raum stark gekürzt.]

männisches Wirken, sein kühner Reitertod ein ganz anders lohnender
Stoff für die Kunst als Luther's gewaltigere aber mehr innerliche
Größe. Erst lange nachher, zur Zeit der Wehen, welche dem Glanze
unserer Dichtung vorausgingen, sprachen die Schweizer wieder ein
entscheidendes und gutes Wort, als ihr natürlicher Sinn, ihr treu
bewahrtes germanisches Wesen sich auflehnte gegen den Zwang französischer und Gottschedischer Regeln. An jener Blüthezeit selbst haben
die Schweizer nur insofern einen bedeutenden Antheil, als ihre Geschichte ein Gegenstand unserer Dichtkunst ward, und vielleicht mehr
als irgend ein anderes neueres Ereigniß hat Schiller's Tell das Gefühl der Gemeinsamkeit des Zweiges mit dem großen Stamme unter
ihnen wieder angefacht. Auch neuerdings, während ihr Staatswesen
so frisch und rüstig fortschreitet und der Aufschwung des Verkehrs den
beschränkten Gesichtskreis der abgeschiedenen Alpengaue täglich mehr
erweitert, ist das Land von den Bewegungen auf dem Gebiete der Kunst
ziemlich unberührt geblieben. Zwar die französischen Schweizer haben
durch die Farbenpracht ihrer unvergleichlichen Landschaftsmalerei bewiesen, daß der Hochländer ein offenes Auge, ein empfängliches Herz
hat für die Herrlichkeit seiner Berge. In der schönen Literatur jedoch
war es um so stiller. Die naturwüchsige Kraft des wackeren Berner
Pfarrherrn in Ehren: wir verargen es doch keinem seiner Landsleute,
wenn er sich ernstlich verwahrt gegen die Unterstellung, daß die Erzählungen Jeremias Gotthelf's ein getreues Bild vom Schweizerleben
böten. Nur eine Seite der Schweizer Art weiß er zu schildern: die
Härte, den Trotz, die örtliche Beschränktheit, das zähe Beharren der
Bauern; aber statt des unbefangenen, allem Guten hell entgegen-
blickenden Auges, das wir von dem Bürger eines tüchtigen Freistaates
erwarten, finden wir kleinlichen Sinn, einen unerträglich engherzigen
Haß gegen Alles, was unser Jahrhundert groß macht; und statt der
lieblichen Bilder, die ihm ein Gang in's Freie zeigen konnte, führt er
uns nur zu oft eine kümmerliche, häßlich-enge Welt vor die Augen.

Unter den Lebenden ist doch ein Schweizer Poet, der sein Land
mit Ehren vertritt. Das Glück ist dem Erfolge von Gottfried Keller's
Schriften wenig günstig gewesen, und auch während des Schaffens hat
ihm nicht immer die gleiche freundliche Sonne gelächelt. Wenn wir
trotzdem auch seine halbvergessenen Jugendschriften in den Kreis unserer
Betrachtung ziehen, so geschieht es, weil eine lebendige Kritik nur dem
möglich ist, der den Entwicklungsgang des Künstlers übersieht. Die

Ueberfülle seichten poetischen Schaffens hat allmählich in den Reihen der Kritik einen unwürdigen Ton handwerksmäßiger Rohheit eingeführt: Kritik und Kunst leiden gleich sehr, wenn ein begabter Dichter sein Fleisch und Blut als Nummer 59 unter „Fünf Dutzend neuer Romane" besprochen findet. Was der Kritik gegenwärtig vor Allem noth thut, ist ein wenig Pietät vor der individuellen Eigenthümlichkeit der Künstler. Wer nicht einzusehen vermag, daß in jedem Kunstwerke außer seinem absoluten ästhetischen Werthe und seiner historischen Bedeutung noch ein höchst persönliches Element liegt, das gebieterisch Verständniß fordert, der ist für Kunstbetrachtungen verdorben. Von Schiller kennen wir das bezeichnende Wort: „den Schriftsteller überhüpfe die Nachwelt, der nicht größer war als seine Werke." Lassen wir dies Eingeständniß uns einen Fingerzeig sein; suchen wir hinter jeder Dichtung, die uns erquickt, den freien und wohlgeordneten Dichtergeist zu entdecken, dem wir sie verdanken. Das Suchen wird selten unbelohnt bleiben, am wenigsten, wenn es sich um einen deutschen Dichter handelt. Denn das Bewußtsein unserer Volkseinheit ist bei den Meisten von uns nicht ein Werk der Reflexion und gelehrter Forschung, sondern ein Ergebniß persönlicher Erfahrung, der Erinnerung an so viele starke Männer, aus allen Ländern deutscher Zunge, die wir aus ihren Werken oder von Angesicht zu Angesicht kennen und in denen allen wir die Spuren Eines Volksgeistes wiederfinden. Darum ist uns jeder ganze und tüchtige Mann, in dem wir eine gute Seite deutschen Wesens erkennen, eine Freude: er ist uns ein Unterpfand mehr für die Erfüllung unserer heiligsten Hoffnungen.

Sie bildeten eine sehr gemischte Gesellschaft, die „Gedichte", mit denen Gottfried Keller im Jahre 1846 hervortrat. Immer wieder, wenn eine solche bunte Sammlung von Gutem und Verfehltem erscheint, ertönt die Klage über den Mangel an Selbstkritik, und immer wieder vergißt man, wie tief diese kritiklose Redseligkeit in der Natur des Alters, das zur lyrischen Dichtung besonders neigt, und wohl auch in der Natur der Lyrik selbst begründet ist. Es waren damals die Tage, wo die langen und erbitterten Parteikämpfe, welche die Neugestaltung des Schweizer Gemeinwesens ankündigten, ihrem letzten gewaltsamen Ausbruche sich nahten, es schien die Schweiz „der Freiheit Werkstatt, wo zornig ihre Essen sprüh'n und rauchen." Zugleich erfüllten Heine'scher Weltschmerz, ausschweifende Lehren von der Emancipation des Fleisches und der fanatische Christenhaß des Daumer'schen Hafis die Köpfe unserer

Jugend. Unser Schweizer Poet stürzt sich mit Leidenschaft in das be=
rauschende Treiben der Zeit, und so stehen in dem seltsamen Büchlein
schwungvoll phrasenhafte Freiheitslieder im Herwegh'schen Stile und
bitterböse Angriffe gegen die Glaßen der Christenpfaffen friedlich neben
Gedichten, deren wohllautende Verse in heiliger Andacht die Größe der
Natur feiern, oder in denen der Dichter mit rührender Offenherzigkeit
über den Sünden seiner Jugend zu Gericht sitzt. Das ist das Eigene
an solchen Sammlungen: je mehr lyrisch die Gedichte sind, je mehr sie
nur die Stimmung des Augenblickes wiedergeben, desto verwirrter der
Eindruck, den das Ganze dem Leser hinterläßt. Die Meisten sind
befriedigt, wenn sie nur das Gefühl mit hinwegnehmen, daß der Poet
ein jedem Hauche der Zeit geöffnetes Herz und die Gabe besitze, seine
Empfindungen stark und schön auszusprechen. Aus diesen Gedichten
war es doch nicht schwer, ein Mehreres herauszulesen, — eine tüchtige
durchaus eigenartige Natur. Leicht ließ sich erkennen, daß der Zorn
dieses Dichters Muse nicht ist: seine tendenziösen Lieder sind selten tief
empfunden, und je überzeugender die einfache Plastik seiner Bilder uns
vor die Seele tritt, desto tiefer verletzt uns der Cynismus in dem
„Apostatenmarsch," dem „Pietistenwalzer" oder wie sonst diese weder
singbaren noch witzigen Spottgedichte heißen. Der junge Republikaner
ist sehr wohl fähig, seine gute Sache poetisch zu vertreten; aber nicht
der Kampf ist es, der seinem Wesen zusagt: „Voran, voran, ihr Bittern
in fegenden Gewittern! wir ziehen heilend, segnend nach mit klar ge=
stimmten Zithern" — so singt er in Augenblicken, wo er ganz er selber
ist. Das Ziel nur hat einen Reiz für ihn, das glückliche Gleichmaaß
eines freien mit Recht und Wohlwollen geleiteten Gemeinwesens; und
in diesem Sinne weiß er das Glück seiner Heimath mit einem Voll=
gefühle der Zufriedenheit zu preisen, um das wir ihn beneiden. Nicht
eine politische Doctrin führt ihn in das demokratische Lager, sondern
jene Tugend, deren sich die echte Demokratie mit größerem Rechte
rühmen darf, als irgend eine andere politische Richtung, die vorurtheils=
freie, alles Menschliche achtende Humanität:

> Hernieder laßt uns dringen,
> Demüthigen Herzens bringen
> Licht in der engsten Hütte Nacht!

Noch mehr gefällt uns der Dichter, wenn er mit wenigen klaren
und sicheren Strichen ein einfaches Bild der Natur nachzeichnet, wenn
er den Knaben besingt, der im Walde liegt, durch die Zweige gen

Himmel blickend, und gern und ruhig duldet, daß eine Eidechse über
seinen Hals schlüpft — oder das Mädchen, wie sie eine Rose in den
Brunnen wirft und das Wasser schlau in Wellen schlägt, bis der
Knabe den Blumengruß gewonnen hat. Diese Einkehr in die Natur
bleibt bei Keller frei von aller Sentimentalität; es ist die kerngesunde
Lust am Einfachschönen, nicht eine mürrisch-trübe Flucht vor den
Stürmen der Welt. Recht derb vielmehr weiß er die „Goethephilister"
abzufertigen: — wer spricht von Anmuth, wenn die Berge wanken?
Und dann gerade erklingt sein Lied am schönsten, wenn er die rein
menschliche Lebenslust und seine Liebe zu seiner großen rastlos vor=
wärts strebenden Zeit zugleich ausspricht. Allbekannt ist sein Gedicht
an Justinus Kerner. Als der alte Herr einmal einen poetischen Stoß=
seufzer ausstieß ob der dampfestollen Welt, die er nicht mehr ver=
stand, da wußte ihm der frohmuthige Schweizer so stolz, so jugend=
frisch zu antworten, daß der greise Sänger gewiß seinen Trost davon
gehabt hat:

> Und wenn vielleicht, nach fünfzig Jahren,
> Ein Luftschiff voller Griechenwein
> Durch's Morgenroth käm' hergefahren —
> Wer möchte da nicht Fährmann sein?
> Dann bög' ich mich, ein sel'ger Zecher,
> Wohl über Bord von Kränzen schwer
> Und gösse langsam meinen Becher
> Hinab in das verlass'ne Meer!

Ein Dichter von so jugendlicher Frische, so einfachem Natursinn
mußte die zeitgemäße Tendenz bald als unnützen Ballast über Bord
werfen. Reifende Einsicht mußte ihn abbringen von der Neigung
zum Seltsamen, Barocken, welcher er in den „Gedanken eines Lebendig=
begrabenen" und ähnlichen Gedichten, die sich schon durch ihre Auf=
schrift verurtheilen, gefröhnt hatte, mußte ihn zurückführen zu dem
Sinne für das Schlichte, Wahre, der in seinem Wesen lag und aus
seinen gelungenen Liedern sprach.

In der That zeigen Keller's „Neuere Gedichte" eine reifere Ge=
staltungskraft. Die Stürme des Jahres 1848 waren gekommen, und
in den deutschen Parteikämpfen steht der Schweizer natürlich auf
demokratischer Seite. Aber wie anders weiß er jetzt seine politischen
Ideen dichterisch zu verkörpern! Kurz entschlossen tritt der über=
müthige junge Plebejer vor das Fenster des Fürstenhauses und singt
sein „Ständchen an eine Prinzessin":

> In die Tiefe tauche kühn,
> Jugend und Liebe zu werben,
> Wo die Bäume des Lebens blüh'n'
> Und die Augen wie Sterne glüh'n!
> Droben bei dir ist Sterben,
> Liebliche Bürgerin Klara!

Das heißt doch die Idee der Brüderlichkeit praktisch und als
Künstler verstehen! Wer heute die Schriften liest, woraus damals
unsere Jugend ihre Staatsideale schöpfte, der erschrickt nicht blos vor
der Ideenarmuth, sondern mehr noch vor der trostlos langweiligen
Nüchternheit, die sich, bei aller phantastischen Ueberschwenglichkeit, in
ihnen brüstet, vor jener dürren Prosa, welche sich allemal einstellt,
wenn die Phantasie sich auf Gebiete wagt, die ihr verschlossen sein
sollten. Wahrlich, kein geringes Maaß von Kraft und Gesundheit
gehörte dazu, diese abstrakten Träume des socialen Radicalismus in
individuelle Gestalten umzubilden:

> Und wo flimmernd Schwan und Leier
> Und das Bild des Kreuzes sprüh'n,
> Wird dereinst in schönem Feuer
> Karoli Magni Krone glüh'n.
> Aber dann in tausend Wiegen,
> Hier in Gold und dort in Holz,
> Wird der junge Kaiser liegen,
> Freier Mütter Ruhm und Stolz,
> Wird als Hirt in Blumen weilen,
> Im Gebirg' als Jäger geh'n,
> Auf des Meerschiffs schwanken Seilen
> Als ein braver Seemann steh'n.

Sicher, das Bild einer schönen, menschlich=reinen Zukunft. Und
wer wollte mit dem lyrischen Dichter über politische Fragen rechten,
wenn er gethan hat, was er nicht lassen konnte, wenn er einen glück=
lichen Traum, der sein Herz bewegt, in tief empfundenen Worten
wiedergiebt? Die Frühlingsmonde der deutschen Revolution, die be=
rauschende Hoffnung, die wie ein Lauffeuer von Land zu Land eilte,
das erste mächtige Aufathmen nach einer langen Zeit dumpfen un=
natürlichen Schweigens — dies, bei all' seiner Verkehrtheit doch
wunderbar großartige Schauspiel lebt vielleicht nur denen ganz klar
und schön in der Erinnerung, welche damals zu jung waren, um an
dem Kampfe selbst theilzunehmen und die Sorgen und Gefahren des
Augenblicks zu würdigen. Die furchtbare Enttäuschung, welche dem
Rausche folgte, hat es begreiflich jedem Künstler unmöglich gemacht,

den überreichen Stoff zu benutzen, den jene Tage ihm bieten. Kaum daß wir einmal in einer Gemäldesammlung ein Genrebild treffen, wie den lustigen „Einzug des Reichsverwesers" von Oppenheim, das uns die Stimmung des bewegten Frühlings zurückruft. Unter all' den Gedichten, welche mit dem Sturme kamen und verschwanden, ist keines so ganz erfüllt von dem Pulsschlage jener Zeit, der fraglosen Hoffnungsseligkeit, wie diese politischen Gedichte von Keller. Freilich, nicht alle tragen diesen Charakter reiner Empfindung. Es sind manche darunter, welche in parteiischer Verschrobenheit Betteljungen und Tauge= nichtse als das eigentliche Volk verherrlichen. Doch aus den meisten redet ein echt humaner Freisinn, ein liebevolles Mitgefühl mit den Armen und Leidenden.

Auch in dieser Sammlung geben wir den einfachen Naturbildern den Preis, welche, frei von aller Wortmalerei, oft mit glücklicher Wahrheit die Seele einer Landschaft widerspiegeln oder als echte Idyllen den Menschen in einfach=frohem Dasein schildern. Natürlich stößt dies offene Auge auch oft auf Häßliches, und der Dichter hat nicht immer die Kraft, es zu verklären; solche Gedichte erscheinen, da seinem ehrlichen Wesen die kleinen Künste, das Widrige zu bemänteln, gänzlich fehlen, doppelt grell und abstoßend. Seine Weinlieder sind zwar keineswegs frei von jenen renommistischen Klängen, welche bei solchen Stoffen zum Handwerke zu gehören scheinen; aber der Grund= ton ist auch in ihnen ein gesunder: die einfache herzliche Dankbarkeit für die reichen Geschenke der Natur.

Mit dieser schönen Künstlertugend Gottfried Keller's hängt indeß eine wunderliche Grille zusammen, — ein grimmiger Haß gegen die Idee der Unsterblichkeit. Er wähnt, dieser Gedanke sei unverträglich mit dem Gefühle der Daseinsfülle, welches das Glück seines Daseins ausmacht, und er verfolgt ihn wieder und wieder mit dem bittersten Spotte. Wer unberührt ist von der Gehässigkeit, womit diese Idee seit alter Zeit und neuerdings wieder bald vertheidigt, bald angegriffen wird, der erstaunt billig darüber, wie grundverschiedene Dinge unter diesem Namen begriffen werden. Daß, wie wir das Schaffen großer Männer und ganzer Völker handgreiflich fortwirken sehen von Ge= schlecht zu Geschlecht, so auch der schwächste Sterbliche ein nothwen= diges Glied ist in der großen Kette der Geschichte — daß darum keine unserer Thaten ganz verloren geht, keine wieder zu vertilgen ist durch äußerliche Buße — dieser Gedanke ist allerdings die Grund=

lage jeder streng gewissenhaften Sittlichkeit. Diese Unsterblichkeit soll
der Mensch nicht glauben, — denn wer darf **beim** Glauben von einem
Sollen reden? — sondern ernst und klar erkennen. Und auch der
Dichter mag zu Felde ziehen gegen die Leichtfertigkeit oder die äußer=
liche Religiosität, welche diese Erkenntniß leugnet. Wie anders der
Glaube an ein bewußtes Dasein nach dem Tode! Wenn jetzt schon
jeder unbefangene Denker gesteht, daß unser Wissen über diese Frage
nichtig ist, so wird einst eine Zeit reinerer Menschlichkeit kommen,
wo alle Welt über die heute so arg verketzerte Wahrheit einig ist,
daß der Glaube an ein Jenseits mit unserem Glücke, unserer Tugend
an sich nicht das Mindeste zu thun hat. Für schwache oder gemeine
Naturen kann der Glaube an eine Fortdauer nach dem Tode eben=
sowohl eine Quelle der Unsittlichkeit werden, wie das Leugnen der=
selben; wenn es asketische Thoren giebt, welche sich „die köstliche Neige
der Zeit mit **dem** Gedanken der Ewigkeit verdünnen", so leben noch
weit mehr Menschen, welche zugleich mit dem Glauben an ein Jen=
seits jedes Lebensglück, jeden sittlichen Halt verlieren würden. Frei=
lich, wenn der ungeheure Gedanke der Ewigkeit von unreinen Lippen
gepredigt oder durch triviale Vorstellungen getrübt wird, dann soll
der Dichter dagegen, wie gegen alles Kleinliche und Unwahre, **sein**
lauteres Wort erheben. In dem glücklichen Gedichte „Wochenpredigt"
schildert Keller, wie am heißen Erntetage die lebensmüden Alten in
der Kirche sitzen und der Priester ihnen verkündigt, daß wir im ewigen
Leben „von einem Stern zum andern hupfen und endlich in den Ur=
quell schlupfen". Dann geht das Pfäfflein heim, und, um die Zeit
bis zu einem abendlichen Feste todtzuschlagen, verschläft es den Nach=
mittag.

> O Pfäfflein, liebes Pfäfflein sag':
> Ist dir zu lang der eine Tag,
> Was willst du mit all' den Siebensachen,
> Den Millionen Sternen und Jahren machen?

Gewiß, das muß ein arger Pedant sein, dem dieser lustige Ein=
fall keinen Beifall entlockt. An sich aber ist der Glaube an ein Jenseits
weder sittlich noch unsittlich, weder schön noch unschön; er mag von
Dichtern mit gleichem Glücke verherrlicht oder verworfen werden. Wer
darf dem wie Sphärengesang tönenden Schwunge der von diesem Glauben
durchaus getränkten Oden Klopstock's oder Hölderlin's sein poeti=
sches Recht **bestreiten?** Und wieder, wer darf das echt künstlerische

Gefühl verkennen, welches Keller treibt, die Blumen und die irdische Herrlichkeit ringsumher also anzureden: „ich wende mich vom Schranken= losen zu Eurer Anmuth froh zurück?" Nur sollte es kaum der Be= merkung bedürfen, wie wenig eine dauernde Beschäftigung mit so form= losen abstracten Stoffen der Dichtkunst frommen kann. Wir lächeln, lesen wir heute, wie Klopstock's seraphische Ueberschwenglichkeit sich sogar die Freude an einem Johanniswürmchen durch die Frage ver= bittert: „Du bist vielleicht, ach! nicht unsterblich?" Aber nicht blos lächeln müssen wir über den Luftkampf, welchen die materialistischen Poeten von heute führen; auch die ernste Frage können wir ihnen nicht schenken, wie es sich mit dem Wesen der heilenden und versöh= nenden Kunst verträgt, einen Glauben zu verspotten, der für Unzählige den Inbegriff alles Heiligen bildet? Lesen wir vollends Cynismen wie das Lied: „ich hab' so manchen Narren gekannt, der wollte ewig leben" oder manche der „Gaselen", so gestehen wir, daß dieser materia= listische Fanatismus der Verketzerungssucht der „Christenpfaffen" völlig ebenbürtig ist. —

Inzwischen hatte Keller seine Kraft zu einem größeren Werke ge= sammelt, zu dem Romane „der grüne Heinrich". Es bedarf keines Tief= blicks, um zu erkennen, daß gar Manches in diesem Buche von dem Poeten selbst erlebt ist, daß er in langer und liebevoller Arbeit die Früchte einer mannigfach bewegten Jugend zusammengetragen hat. Aber hier ist nichts von jener Schönseligkeit, jener Selbstvergötterung, die seit Rousseau's Tagen solchen Confessionen anhaftet. Das Gedicht ist entstanden aus dem natürlichen Bedürfnisse, mit einer erfahrungs= reichen Zeit, die der Dichter überwunden hat, völlig abzuschließen. Freilich verliert so das Werk an Einfachheit und Abrundung der Compo= sition, was es an Wahrheit und Lebhaftigkeit gewinnt. Keller hat das naturgemäßeste Thema des Romans gewählt: er schildert den Werdegang eines Charakters; und wir wüßten aus den letzten Jahren kaum eine Dichtung, welche einen jungen Mann in dem Alter, wo man zuerst beginnt, auf sein Leben zurückzuschauen, so tief und dau= ernd fesseln könnte. Aber nicht blos der stoffliche Reiz zieht uns zu dem Buche, auch der Kunstwerth der ersten Bände ist hoch anzuschlagen. Die gleichmäßige Heiterkeit seiner Natur, sein für alle, auch die kleinsten Schönheiten der Außenwelt geöffnetes Auge, seine frohe zuversichtliche Weltanschauung, der die Geschichte als ein großes Lustspiel erscheint, worin die überlegene, unbedingte Einsicht schließlich Alles versöhnt: —

das Alles mußte Keller von selbst zur epischen Dichtung führen. Wie wahr weiß er die verborgensten Falten in dem Charakter seines Helden aufzudecken, und doch sind diese Schilderungen nicht peinlich=genau, nach Art englischer matter-of-fact-Novellen, sondern poetisch wahr. Zu den gelungenen Theilen dieses Romanes möchten wir die kritischen Klopffechter des Idealismus und Realismus führen: hier, wie an jedem Kunstwerke, könnten sie lernen, daß lebendiger Schönheitssinn zum charakteristischen Stile so nothwendig gehört, wie der Anker zum Schiff. Keller besitzt nicht jenen leeren abstracten Formensinn, den ästhetische Feinschmecker an Paul Heyse und Geibel bewundern, sondern ein kräf= tiges, angeborenes, aber durch Bildung geadeltes Schönheitsgefühl. Auch wenn die Fabel des Romanes das Geheimniß nicht verriethe, würde uns die Darstellungsweise auf die Vermuthung bringen, daß ein Stück von Maler in ihm liegen muß. Könnte der arme Mann von Toggenburg diese lachenden Schilderungen vom Schweizerlande lesen, wie herzlich würde der Gute seine Landsleute um Verzeihung bitten, daß er ihnen das Verständniß der Naturschönheit abgesprochen. So recht an seiner Stelle ist Keller's Talent, wenn er die echt epischen, durch ihre Einfachheit großen Empfindungen ausdrückt: wenn er schildert, wie der Jüngling mit befangenem Staunen zum ersten Male seiner Großmutter begegnet und das seinem Dasein Vorangegangene groß und unvermittelt ihm gegenübertritt — oder wenn er uns einführt in das heilige Schweigen der Nacht, wo das Glück der Erde seinen Rundgang zu halten scheint über die schlafende Welt. Keller's Sprache ist von jener anschaulichen Kraft, die dem Sohne des Volkes zu er= werben leicht wird, und sie wird mit der Freiheit gehandhabt, welche nur die Frucht gewissenhafter Arbeit ist. Keller hat sich das schöne Vorrecht des Epikers, daß er scheinbar absichtslos und ohne Rücksicht auf den Leser schreiben darf, nicht entgehen lassen: er erregt von Hause aus unsere Theilnahme für den Helden, aber nirgends reizt er uns durch jene prickelnde Neugierde, die den Kunstgenuß zerstört. Sein Buch ist, wie die Weisheit des Brahmanen verlangt, „ein Ganzes, das besteht aus tausend kleinen Ganzen."

Die Mängel des Romanes lassen sich meist darauf zurückführen, daß der Poet seinem Stoffe nicht frei genug gegenübersteht. Bezeich= nend dafür ist, daß die Kindheitsgeschichte des Helden weit unbefan= gener und klarer dargestellt wird, als seine späteren Erlebnisse, von denen manche des Dichters persönliches Interesse noch allzu nahe be=

rühren mochten. Wir lernen den grünen Heinrich kennen, wie er von seiner Mutter und seiner Schweizer Heimath sich trennt, um in München Landschaftsmaler zu werden. Aber schon nach den ersten Reiseaben= teuern wird die Erzählung abgebrochen, und wir erhalten die Jugend= geschichte des Helden in der Darstellung, die er, um sich selber Rechen= schaft zu geben, aufgesetzt hat. Stört diese Zerspaltung der Fabel ohnehin den harmonischen Eindruck, so führt sie noch schwerere Nach= theile mit sich. Die Form des Tagebuches giebt dem Dichter Gelegen= heit, sich in behaglicher Weitschweifigkeit zu ergehen und seiner Neigung für das Absonderliche, die er trotz aller ästhetischen Bildung doch nicht hat ablegen können, die Zügel schießen zu lassen. In der Absicht, uns mit dem Charakter des Helden vertraut zu machen, giebt er uns dessen Betrachtungen über alles Erdenkliche, Herzensergießungen, so derb= ehrlich, so verzweifelt=naiv (denn der grüne Heinrich verdient seinen Namen nicht blos um der Farbe seines Rockes willen), daß ein gesetzter Leser sich bekreuzen möchte. Schlimmer ist, daß diese Betrachtungen oft die Wahr= heit der Erzählung zerstören. Das langsame Erwachen des Menschen aus kindischem Traumleben zu hellem Bewußtsein ist vielleicht der zarteste Gegenstand, den ein Dichter berühren kann: nur die allerruhigste, unbefangenste Erzählung kann uns hier überzeugen. Eine Reihe kleiner kindischer Sünden, die uns, einfach erzählt, ganz natürlich erscheinen würden, erregen unser Befremden, weil der zwanzigjährige Tagebuch= schreiber sich die Motive seiner alten Missethaten nachträglich zu er= klären sucht. Jedoch solche Mißgriffe sind nicht häufig. Im Ganzen ist es eine Lust, diese Kindheitsgeschichte zu lesen. Selbst das un= befangen Thierische im Menschen wird uns gezeigt, seine natürliche Grausamkeit, seine schamlose Selbstsucht; wir sehen, wie die erste Wurzel der Unwahrheit, die falsche Scham, sich bildet, wir werden an jene haarscharfe Grenze geführt, welche das naturgemäße Erwachen einer lebendigen Einbildungskraft von der bewußten Lüge scheidet: und doch geht über dieser Fülle des Charakteristischen nicht der wehmüthige Zauber verloren, der über dem Dämmerleben des Kindes schwebt. Durchaus bewährt sich des Dichters sittlicher Tact: er hütet sich wohl, den gedankenlosen Dieberein des Kindes mit dem Strafgesetzbuch in der Hand entgegenzutreten: aber sein Künstlerzorn erwacht, wenn er den Helden bei einem kleinlichen, engherzigen Gebahren findet. Die ersten bewußten Jahre verlebt der Held in engen Verhältnissen unter der liebevollen Zucht einer ernsten, genauen Mutter. Dann beginnt

der unreife Spieltrieb **allmählich umzuschlagen** in die Lust an wirk=
licher Thätigkeit.   Heinrich beschließt, sich zum Künstler zu bilden.
Da sehen wir mit Rührung, wie hülflos die arme Wittwe dem fremd=
artigen Treiben des Sohnes gegenübersteht: kann sie doch den Lieb=
ling ihres Herzens kaum anders unterstützen, als **indem** sie Strümpfe
für ihn strickt.   Und **wie** ergreifend erscheint das unselige **Streben**
des Autodidakten, der, **bald** führerlos, bald mißleitet **von** unfähigen
Lehrern, haltlos seiner unfertigen Erfindungslust, seiner knabenhaften
Neigung für das Sonderbare preisgegeben ist.   Ein Landaufenthalt
seines Helden giebt Keller Anlaß zu Schilderungen des Volkslebens
von so viel Schönheit und Farbenpracht, daß wir uns erstaunt fragen,
ob dies dieselben Menschen sind, welche in Bitzius' Erzählungen unser
ästhetisches Gefühl so oft schwer beleidigen.   Diese Bauern sind weder
malerisch noch großartig, sie sind schroff und engherzig, soweit in jenem
harten materiellen Leben der Mann **es** sein muß, um auf eigenen
Füßen zu stehen; es **sind starke** aufrechte Männer, sonderthümliche,
eigenartige Charaktere, wie sie in **freier** Unabhängigkeit sich bilden.
Aber wie ehrwürdig erscheinen uns hier die köstlichen Güter des Land=
manns, das frische Brod und der junge Wein; und wie tüchtig und
beneidenswerth das Volksfest der Tellfeier mit all' seiner Derbheit,
seinem naiven Ungeschick; denn über all' dem bunten Treiben sehen
wir ein naturwüchsiges, freies Gesammtleben, dem der Staat noch
nicht als eine dem Volk entfremdete mechanische Amtsordnung gilt.
Dort auf dem Dorfe empfängt des Helden Charakter die ersten dau=
ernden Eindrücke **der** Leidenschaft.   Seine romantische Neigung, seine
unklare Schwärmerei wird durch ein zartes junges Mädchen gefesselt,
aber sein Künstlerfeuer, seine lebendige Sinnlichkeit liegen in den Banden
eines gereiften **Weibes.**   Die schöne Judith ist eine jener sicheren,
naturfrischen **Frauen, die** auch in unseren frommen Tagen nimmer
aussterben **werden:** schön und stark, heißblütig und mit heidnischer Un=
befangenheit **jeder Leidenschaft** folgend, aber durchaus wahr und eine
harmonische Natur, der man nicht grollen kann.   Dies Doppelleben
des Helden ist mit ergreifender Wahrheit geschildert, aber auch mit
einer naiven Offenherzigkeit, wie wir sie nur dem grünen Heinrich
verzeihen können.   Wir sind die Letzten, die verbildete Prüderie unserer
Frauen, welche ihnen die edelsten Kunstgenüsse verdirbt, zu vertheidigen,
und wir wissen sehr wohl Keller's kräftige Sinnlichkeit von der fauni=
schen Lüsternheit der Franzosen zu unterscheiden: dennoch bedauern

wir, daß manche schöne Hand den Roman aus der Hand legen wird, erschreckt **durch** diese Darstellung des Nackten, für welche ein künstlerischer Zweck nicht zu finden ist. Das zarte Mädchen stirbt, von Judith reißt Heinrich sich los in einem gewaltsamen Ausbruche unreifen Tugendstolzes. Endlich zieht der zuversichtliche junge Held in die Fremde, um — Alles zu vergeuden, was er besitzt, sein und seiner Mutter Leben.

Von hier hebt die eigentliche Erzählung wieder an, und sie sticht auch dadurch von dem Tagebuche in sehr störender Weise ab, daß von den vielen in diesem angeknüpften Fäden kaum einer von der Erzählung wieder aufgenommen wird. Mit des Helden Eintritt in das Münchener Kunstleben beginnt auch der Dichter sich eingehender mit der Kunst zu beschäftigen. Sein Buch ist das herbste, unbarmherzigste Verdammungsurtheil über den Dilettantismus. Nur der Meister, nur wer seinen Beruf gründlich versteht, ist glücklich, mag er auch einen Stiefel zurechthämmern — dies der Kern der Kunstanschauung Gottfried Keller's. Eine goldene Wahrheit, die dem Sohne eines starken und regsamen Volksstammes wohl ansteht; ein Kind mag sie fassen, aber Tausende unserer Gebildeten gehen zu Grunde, weil ihnen der sittliche Muth, ihr zu folgen, mangelt! Die Standrede, welche der Maler Erikson seinem Freunde, dem grünen Heinrich, hält, über die mächtige Gesellschaft der „Wollenden" in der Kunst, über die nahe schöne Zukunft, wo die Städtebewohner sich an dem Gruße: Dichter? Dichter! Künstler? Künstler! erkennen werden, und ein Senat geprüfter Buchbinder **und** Rahmenvergolder zu Gericht sitzen wird über den **Werken des reinen** Fleißes — dieser Scherz ist eine meisterhafte Satire, die jeder junge Künstler einmal lesen **sollte.** In solchem Geiste frischen vollkräftigen Künstlerthums bekennt sich Keller auch zu jener Auffassung des geistigen Eigenthums, die zu Recht bestehen wird, so lange es rüstige Künstler giebt: der ohnmächtige Schwächling, dem eine gute Idee über Nacht gekommen, hat nicht das mindeste Recht zur Klage, wenn ein schöpferischer Kopf sie seiner unfähigen Hand entreißt und lebendig gestaltet. Wiederum eine sehr einfache, selbstverständliche Wahrheit; aber haben uns nicht die tragikomischen Erlebnisse des Schulmeisters von Possenhofen gezeigt, wie wenig unsere tonangebenden Schriftsteller diesen braven Künstlersatz begreifen? — So gern der Dichter über künstlerische Dinge redet, so wenig wird die Schrift dadurch zum Kunstroman. Weder stellt sich hier die Kunst eitel vor den Spiegel, noch treten wir in jene Kreise der Aristokratie des Geistes, welche mit ihrem vorherrschend innerlichen Leben der Dichtung einen noch weit minder dankbaren Stoff bieten, als der Adel. Das Buch bleibt ein einfacher bürgerlicher Roman; der Dichter hat es verstanden, diese besonderen Erlebnisse zu einem Bilde des Allgemeinen zu erweitern. Seine Verachtung des künstlerischen Dilettantismus ist lediglich der Haß des tüchtigen Menschen gegen alles Halbe und Schwächliche. Der Held bleibt ein epischer Charakter, er läßt die ganze Fülle der Welt der Erfahrung bildend auf sich wirken. Der Maler Ferdinand Lys schließt sich an ihn an, einer jener unselig begabten Menschen, an denen die Gegenwart reich ist: durchaus geistreich, fähig, von Allem die höchsten und kühnsten Begriffe zu fassen, auch nicht gerade unproductiv, aber mit einem Ueberwiegen des kritischen Denkens über die schöpferische Begabung, welches ihn am dauernden, beglückten Schaffen hindert. Oft genug geräth der gescheite Skeptiker mit dem unreifen jungen Freunde in Streit, bis einmal der Junge, stolz auf den willkürlichen Gottesglauben, den er sich aus den Trümmern der Dogmatik allein noch gerettet, ihm mit schwer beleidigenden Worten seinen Atheismus vorwirft. Da folgt eine Katastrophe, wie sie im Jugendleben nicht selten ist, lächerlich und tief traurig zugleich: seinem Herrgott zu Ehren verwundet der verblendete junge Mensch den Freund im Zweikampfe, und Ferdinand stirbt einige Jahre darauf an den Folgen der Wunde. Heinrich erkennt endlich, daß er zum Maler verdorben ist, er zeigt sich gänzlich ungeschickt zum Erwerben, er geräth in bittere Noth. Eine ehrenwerthe und doch falsche Scham entfremdet ihn gänzlich seiner Mutter, und die unglückliche Frau stirbt vor Sehnsucht und Gram um den verlorenen Sohn.

Hier nun muß es sich entscheiden, ob Heinrich ein wahrer Romanheld ist, ob er fähig ist, seine inhaltlose, gutmüthige Jugendbegeisterung mit einer kräftigen, durch geistigen Schwung geadelten Lebensthätigkeit zu vertauschen. Aber hier erfahren wir, wie selten jene behagliche Heiterkeit des Gemüths, die Keller befähigte, seiner Erzählung einen ruhigen epischen Fluß zu geben, sich verbunden zeigt mit der dramatischen Energie, welche zum Abschlusse jedes Kunstwerks unerläßlich bleibt. Und noch klarer zeigen sich die schlimmen Folgen davon, daß der Held zu viel von des Dichters Fleisch und Blut hat. Heinrich faßt zwar den männlichen Entschluß, der Malerei zu entsagen, aber er meint sich berufen, im lebendigen Menschenstoffe zu schaffen. Nein, junger Freund, wenn du, so derb geschüttelt durch schwere Erfahrungen, noch nicht helleren Auges in dein Inneres blicken kannst, so bist du noch immer der „grüne" Heinrich. Zum Maler taugt dieser Mensch freilich nicht, denn er ist unfähig, nur mit einem Sinne die Welt zu erfassen, er hat seine Lust an der sprossenden Frühlingssaat, während seine Malergenossen den giftigen Ton der Farbe beklagen; aber zum handelnden Leben taugt er darum noch minder. Ein ästhetischer Widerwille war es ja, der schon den Knaben von dem Mysterium des Abendmahls zurückstieß, dichterisch ist die **üppige Erfindungslust**, welche sein Malerwirken so bitter störte — mit einem Worte, in **Heinrich steckt ein Poet.** Aber Keller hat nicht den Muth, diesen Entwicklungsgang aufzudecken, er vernachlässigt darum das fruchtbare Motiv, das in Heinrich's ästhetischer Lebensanschauung — diesem Urgrunde seines Glücks und seiner Schuld zugleich — enthalten ist. Er weiß sich schließlich nur so zu helfen, daß er Heinrich, während **wir noch auf dem vorletzten Blatte das Beste hoffen, auf der letzten Seite sterben läßt.** Diese Rathlosigkeit über den Ausgang des Helden verdirbt den letzten Band durchaus; er ist gewandter geschrieben **als der Anfang,** aber in der Composition und der dichterischen Wärme steht er weit zurück. Er ermüdet uns durch lange, völlig zwecklose Schilderungen und Betrachtungen. Ja, es gelingt dem Dichter sogar einmal, unsere Theilnahme dem Helden gänzlich zu entfremden, da Heinrich im Elend in eine unerträglich weinerliche Gramseligkeit verfällt. Am Schlusse indeß erhebt sich die Erzählung noch einmal zu regerem Leben. Heinrich schüttelt die letzten Spuren seines **Jammers von sich,** er erstarkt zu neuem Selbstgefühle, und zum ersten Male **kommt die Macht einer tiefen Liebe gewaltig über ihn.** Aber sein Tod zerreißt des Lesers kaum wieder erwachte Hoffnungen. Es bleibt ein Mißgriff, der nicht wieder gesühnt werden kann, daß der Dichter Heinrich's Freund und Mutter zum Theil durch seine Schuld sterben ließ. Solche Verschuldungen, die mehr dem Ungeschick des Kopfes als der Schlechtigkeit des Herzens entspringen, bilden immer einen gefährlichen Stoff für die ernste Dichtung. Es ist hart, daß Heinrich um dieser Sünden willen, welche ja nicht das Werk seines freien Willens waren, zu den Verdorbenen und Gestorbenen gehören soll. Und doch würden wir es noch minder ertragen, wenn Heinrich auf dem Grabe seiner Mutter lustig Hochzeit hielte. Im Leben freilich ist es nicht nur möglich, ja wir dürfen sogar verlangen, daß ein Mensch mit so unseliger Vergangenheit noch ein wackerer und glücklicher Mann werde. Aber so

Großes bewirkt im Leben nur jene Macht, welche selbst für die freieste
und gewaltigste der Künste kaum darstellbar ist — die Macht der
Zeit! So ist denn die Achillesferse aller Romane, der Schluß hier
besonders schwach. Das Buch endet mit einem grellen Mißlaute.

Wir durften wohl erwarten, daß ein so stark gährender Most
endlich zu einem reinen und edlen Wein werde. Nicht gänzlich haben
die Erzählungen von den „Leuten von Seldwyla" die Hoffnungen
erfüllt. Wie in jenem Romane breite, ermüdende Reflexionen sich
neben den schönsten Bildern bewegten Menschenlebens ausdehnten, so
stehen in dieser Schrift einige gänzlich verfehlte Erzählungen neben
Novellen, die aus dem Schatz unserer Dichtkunst, will's Gott, nie
wieder verschwinden werden. Die Leute von Seldwyla sind, was
schlechte Künstler „ein poetisches Völkchen" nennen. Gegen dieses
selige Lumpenthum, das die Gemüthlichkeit für seine besondere Kunst
hält, wendet sich der Dichter mit der lustigsten und doch bittersten
Ironie. Keller hat sehr richtig gefühlt, daß solche flache Lustigkeit,
die schließlich in's Elend versinkt, zu gehaltlos ist, um der Kunst
einen Stoff zu bieten. Das verkommene Volk giebt ihm nur den
Hintergrund, von dem sich die Schilderungen einiger origineller
Menschen abheben.

Freilich, wie ganz hat den Dichter sein guter Genius verlassen,
als er seinen „Pancraz, den Schmoller" schrieb. Uns ist, als müßte
der lange Erikson hervortreten, dem Poeten auf die Schulter klopfen
und ihn fragen, ob auch er nach so mannhaftem Kampfe gegen das
Dilettantenwesen für die mächtige Genossenschaft der Wollenden sich
habe werben lassen. Es scheint des Dichters Absicht, zu schildern,
wie oft gerade seine kleinen Eigenschaften des Menschen Schicksal bestimmen, ihn fast wider Wissen und Willen in ein schweres Schuld-
verhältniß zu seiner Umgebung bringen. Und wieder scheint es, er
wolle in dem nichtig-eitlen Charakter der Lydia das unheimliche Geheimniß der Schönheit, das schon Vater Homer geahnt, enthüllen.
Aber er versucht nicht einmal, diese Motive auszuführen. Kurz und
gut, die Geschichte entbehrt jeder Pointe — so sehr, daß wir nicht
einmal sicher sind, ob die Vermuthungen, welche wir vorhin über
des Dichters Plan äußerten, in Wahrheit zutreffen.

Kaum anders steht es mit dem Mährchen „Spiegel das Kätzchen."
Hier ersteht der ideenlose Humor der alten Romantik aus dem Grabe,
jener leere Humor, der sich nicht begnügt, die Poesie von falschen

moralischen Zwecken zu säubern, sondern auch die künstlerischen Zwecke aus der Kunst verbannen möchte, jener Scherz, dem der Halt eines gedankenvollen Ernstes fehlt. Der Dichter weiß den alterthümlichen Ton der Mähre vortrefflich anzuschlagen, und einige Stellen der Erzählung erinnern an die schönheitssatte Einfachheit der alten italienischen Novellen; auch die Hexengeschichten sind phantastisch und lustig genug — aber wir ahnen nicht einmal, wo hinaus der Poet mit dem Ganzen will. Wir sehen hier zwar nicht den in vollkommener Tendenzfreiheit, im reinen Dasein sich ergehenden Fleiß des Dilettanten, aber eine sehr verwandte Verirrung: den Uebermuth des Künstlers, der sich bewußt ist, schön zu erzählen und nun meint, jede grundlose, willkürliche Erfindung thue es auch. Dabei geht die Eintracht zwischen der Phantasie und dem schlichten Verstande verloren, welche doch in einem rechten Künstlerkopfe fein brüderlich zusammen hausen sollten.

In dem Schwanke von den „drei gerechten Kammmachern" hat Keller durch die That gezeigt, was wahrer Humor ist: drollig genug ist die Erzählung, recht, was man bei uns daheim eine pudelnärrische Geschichte nennt; aber hinter den muthwilligsten Einfällen schaut ein ernstes und starkes Gefühl hervor, eine rüstige Verachtung jener Laster, welche dem Künstler die hassenswürdigsten der Sünden sein müssen, der Engherzigkeit und Heuchelei. Nach dem verlumpten Neste Seldwyla kommen drei gerechte Gesellen in ein Kammmachergeschäft. Ein Jeder in der Absicht, des Meisters Nachfolger zu werden, machen sie sich durch ihren wüthenden Fleiß, ihre makellose Gerechtigkeit das Leben zur Hölle. Das Ende ist, daß die Gerechten um den Preis des Meisterrechts und der Hand einer alten Jungfer unter dem Jubel der Narren und Lumpe der Stadt einen aberwitzigen Wettlauf halten. Der Scherz ist lustig genug, das elende Dasein dieser Menschen mit einer Wahrheit geschildert, welche freilich oft bis zu den Grenzen des Erträglichen, ja dann und wann darüber hinaus schreitet. Leider siegt zuletzt des Dichters warmes Herz über seinen Kunstverstand. Wir verargen ihm nicht, daß er dieser widerwärtigen Rotte eine derbe Züchtigung zudachte; wir finden es ganz in der Ordnung, daß er den Dietrich unter den Pantoffel jener schrecklich tugendhaften Schönen bringt; aber wenn er seinen Jobst am ersten besten Baum aufhängt und Fridolin in's Elend stürzt, so hat einfach der Spaß ein Ende.

3 *

Gar eigen hebt sich von diesem tollen Treiben die tief-ernste Erzählung von „Frau Regel Amrain" ab. Die allereinfachste Geschichte: eine herrliche junge Frau, die ihren jüngsten Sohn erzieht, um es kurz zu sagen — ein solches Weib, wie wir unsere Mütter uns vorstellen. Keller betritt hier ein Gebiet, wo er besonders heimisch, besonders reich ist an feinen Beobachtungen — das Kinderleben; und Niemand wird ungerührt bleiben von der schlichten Einfalt dieser Erzählung. Freilich, eine reine Novelle ist sie nicht. Denn nicht nur führt sie — was der Novelle nicht zusteht — den ganzen Entwicklungsgang eines Charakters an uns vorüber; sondern sie ist auch — befremdlich genug bei diesem freisinnigen Dichter! — nicht ohne einen gewissen moralisch erbaulichen Beigeschmack. Die Versicherung mindestens, daß seine Geschichte authentisch sei, hätten wir ihm, im Interesse der Kunst und des Dichters, gern geschenkt: Frau Amrain lebt sicherer und leibhaftiger in dieser Novelle als in einem „wirklichen" Schweizerstädtchen.

Aber einen glücklichen Dichtersonntag hat Gottfried Keller gefeiert, als er die Novelle schrieb: „Romeo und Julia auf dem Dorfe." Um den Tadel, der uns drückt, nur gleich vom Herzen zu nehmen: welcher böse Geist trieb den Dichter, uns am Schlusse dieser wunderschönen Novelle durch ein tendenziöses Nachwort aus allen Himmeln der Poesie in die bare Prosa herabzustürzen? Er schreibt alles Ernstes eine Apologie seiner Fabel, als müßte der Leser nicht von selbst empfinden, daß Alles gar nicht anders kommen konnte. Nun gar die Behauptung, solche gewaltige Leidenschaften seien nur noch unter dem „eigentlichen Volke" möglich — eine Parteiverirrung, welche Keller in Goethe's Schule hätte verlernen sollen — dreifach unbegreiflich am Ende einer Erzählung, welche ausgesprochenermaaßen nur ein Gegenbild ist zu einer Geschichte aus der vornehmen Welt! Dieser Vorwurf ist jedoch der einzige Tadel, den wir gegen das schöne Gedicht zu erheben wissen. Etwa einige Dichtungen Groth's und Hebel's abgerechnet, hat uns keine der modernen Dorfgeschichten so schlagend gezeigt, wie schön das arme Volk ist, wenn sich das offene Auge findet, es zu schauen. Der Vergleich mit Shakespeare's Tragödie, zu dem der Titel herausfordert, schadet der Novelle nicht allzusehr, denn die bescheidene Form der Erzählung und die kleine Welt, wohin sie uns führt, stimmen unsere Ansprüche von Anfang an herab. Um zu schweigen von dem unendlich Vielen, das den großen Briten über alle modernen Poeten hoch emporhebt — schon um der Form der Darstellung willen muß die glühende Sinnlichkeit der Fabel in der Novelle mehr stofflich, mehr unmittelbar auf uns wirken, als in der idealen durchgeistigten Atmosphäre des Dramas. Aber wie schreckhaft auch diese starke Leidenschaft verwöhnte Nerven berühren mag, sie bleibt doch lauter, sie bleibt die welterhaltende Macht der Liebe. Echt tragisch ist das Loos der Liebenden; denn was sie heraushebt aus der Gemeinheit ihrer Umgebung, die Tiefe ihres, reinem Ehrgefühle und wahrer Leidenschaft zugänglichen Wesens — das begründet zugleich ihre Schuld.

Es bleibt ein mißlich Ding, mit den heiteren harmonischen Menschen, denen es wohl ist in ihrer eigenen Haut, zu rechten: sind sie doch im Stande, auf jeden Vorwurf die unwiderlegliche Antwort ihres großen Altmeisters zu geben: „Ich habe mich nicht selbst gemacht." Wir wollen es darauf wagen. Wie wacker er auch das Seldwyler Völkchen an den Pranger gestellt hat: es fließen doch ein Paar ansehnliche Tropfen Seldwyler Blutes durch Keller's eigene Adern. Nur so ist es zu erklären, daß sein schönes Talent so ganz Verfehltes schaffen konnte, wie jene beiden Novellen. Versteht er es, solche Schwachheit mit der Kraft eines rechten Künstlerwillens zu bändigen, so dürfen wir noch schöne Gaben von ihm hoffen. Eine lange Reihe von Jahren liegt noch vor ihm, und wir preisen ihn in seiner schweizer Heimath glücklich, daß die Bitterkeit des deutschen politischen Elends nicht unmittelbar verstimmend auf seinen künstlerischen Gleichmuth wirken kann. Vergessen hat er Deutschland darum nicht; davon hat er noch jüngst Zeugniß abgelegt, als er auf dem Züricher Festschießen die nordischen Gäste mit dem Liede begrüßte:

> Erzwungen ist der Haß und Groll,
> Ein sündlich Narrenspiel — — —
> — Es giebt ein stolzes Fürstenwort,
> Das heißt: vom Fels zum Meer.
> Doch wird es einst der Völker Hort,
> Wiegt's noch einmal so schwer.
> Dann eint ein glücklicher Geschlecht
> Vom Firnenrand
> Zum Meeresstrand
> Ein Denken und Ein Recht.

3.

Das Selfgovernment.*)

R. Gneist. Das heutige englische Verfassungs- und Verwaltungsrecht. Zweiter Band. Berlin, Springer 1859.

Wiederholt haben diese Blätter auf die Fülle historischen Wissens und politischer Gedanken hingewiesen, welche in Rudolf Gneist's begonnenem Werke über das englische Staatsrecht niedergelegt sind. Der zweite Band, der die englische Communalverwaltung darstellt, ist vielleicht noch lehrreicher als sein Vorgänger, er beleuchtet die Frage von der Selbstverwaltung in Kreis und Gemeinde, deren glückliche Lösung jetzt wohl von allen Einsichtigen als die Vorbedingung des constitutionellen Lebens angesehen wird. Aber je reicher das Werk ist an durchaus neuen, beherzigenswerthen Lehren, je mehr wir Mangel leiden an irgend brauchbaren Schriften über das Thema, je lieber wir daher Gneist's Werk auch in den Händen des großen Publikums sehen möchten — um so bedauerlicher erscheint uns die überaus unglückliche Form des Buches. Wir freuen uns, daß unser Landsmann unvergleichlich tiefer und einsichtiger in das Wesen der Selbstverwaltung eingedrungen ist, als selbst jener Autor, der bisher diese brennende Frage am glücklichsten behandelt hat; nur in Einem ist ihm Tocqueville's ancien régime entschieden überlegen: in der Kunst zu wiederholen und einen massenhaften Stoff übersichtlich zu gruppiren. Scheint es doch oft, als habe der Verfasser die Darstellung absichtlich erschwert, um den Ernst, die Nüchternheit, die Schwierigkeit des Gegenstandes recht handgreiflich fühlbar zu machen. Nicht als ginge Gneist darauf aus, nach der schlechten alten Juristensitte das lebendige Leben in ein möglichst künstliches System hineinzuzwängen; nein, er weiß

*) [Preuß. Jahrb., Band 6 (Juliheft 1860), S. 25 ff.]

sehr wohl, daß ohne fortwährende Vergleichung und Beziehung auf
heimische Zustände die Darstellung einer fremden Verfassung nicht
blos unnütz, sondern unverständlich bleibt. Trotzdem ist das Buch
für englische Leser zu systematisch, für die Mehrzahl der Deutschen
zu weitschweifig. Nicht dringend genug können wir unsere Leser
bitten, sich durch diesen Mangel nicht von dem Studium des beden=
tenden Werkes zurückschrecken zu lassen. Denn leider ist mit dem
Buche bereits der übliche wohlfeile Mißbrauch getrieben worden. Die
Augsburger Zeitung und andere Blätter dieses Schlages haben ein=
zelne Abschnitte aus dem Werke herausgerissen, nach denen es scheinen
sollte, als stimme Gneist mit ein in den tollen Chor derer, die des
Wehegeschreis über Englands Verfall nicht müde werden.

Gneist selbst spricht mit geringer Hoffnung von dem zu erwar=
tenden Erfolge der Schrift, und allerdings liegt ihr Hauptwerth in
dem, was die Leser verletzen oder befremden wird. Ehe an eine Ver=
ständigung über die Durchführung der Selbstverwaltung in Deutsch=
land gedacht werden kann, gilt es, eine Reihe tief eingewurzelter Lieb=
lingsmeinungen von Grund aus zu beseitigen. Gneist versucht dies
mit einer Methode, welche sich streng an die Thatsachen hält und
darum jeder thatsächlichen Berichtigung zugänglich ist, und mit einer
Sachkenntniß, die nur von denen vollkommen gewürdigt werden kann,
welche aus eigener Beschäftigung wissen, daß es sich hier um Fun=
damentalsätze der gesammten Staatslehre handelt. In dem wüsten
Durcheinander der Parteiforderungen ist heute vielleicht nur ein ein=
ziger Punkt, in welchem sich Alle zu begegnen scheinen: Die Klage
über die Vielregiererei. Nur eine Classe mag in diesen Jammer
nicht mit einstimmen, die Classe, welche seit Jahrhunderten unseren
Staat wirklich regiert und in politischen Fragen nimmermehr blos
als Partei gelten kann: das monarchische Beamtenthum. In der That
ist jene Klage vag und unklar genug. Es handelt sich nicht darum,
die Mannigfaltigkeit der Staatszwecke zu beschränken, etwa, wie viele
Apostel der sogenannten Gesellschaftswissenschaft verlangen, die Schule,
die Kirche, ja sogar die Besitzclassen als selbstständige Corporationen
neben den Staat zu stellen und die wichtigsten Staatsaufgaben durch
die freiwillige Association der Bürger zu erfüllen. Dieser „volun=
tarism“, d. h. die freiwillige Thätigkeit von Privatgenossenschaften,
hat vielmehr eine zweifache, nie zu überschreitende Grenze. Ueberall,
wo die wirthschaftlichen Interessen von Privatvereinen in Collision

gerathen mit den Forderungen des Gemeinwohls, ist der voluntarism
unanwendbar **oder doch nur dann möglich,** wenn die Zwangsgewalt
des Staates ihn **beschränkt** und beaufsichtigt. Ein warnendes Beispiel **bietet hier die** Geschichte der englischen Eisenbahnen, die in einem
hochgebildeten, an Selbstthätigkeit gewöhnten Volke unter den Händen
jenes Freiwilligkeitssystems in den Zustand sündlichster Verrottung
geriethen und lediglich durch das Eingreifen des Staates gerettet
werden konnten. Und wieder: die Beschaffung von nothwendigen,
für die Existenz der Gesammtheit unentbehrlichen Gütern kann nimmermehr dem Belieben der Privaten anheimgegeben werden. Die Wehr-
haftigkeit, **die** geistige Bildung unseres Volkes sind die Voraussetzung,
die unerläßliche Vorbedingung für unseren Staat. Hier erwächst ihm
die Pflicht positiver, befehlender und zwingender Thätigkeit. Es hieße
geradezu, **unsere** gesammte Cultur auf's Spiel setzen und der schwer
errungenen Segnungen des Staates verlustig gehen, wollten wir die
Mannigfaltigkeit der **Staatszwecke** beschränken; jeder Culturfortschritt
des Volkes erweitert sie nothwendig — eine Thatsache, welche beiläufig zur Genüge **die** wunderliche Klage über die Kostspieligkeit des
constitutionellen Systems erklärt. **Zwei** Forderungen also sind es,
eine negative und eine positive, welche sich in dem berechtigten Ver-
langen nach einer Minderung des Vielregierens zusammenfassen. Ein-
mal: auch auf den Gebieten, welche der Wirksamkeit des Staates von
Rechtswegen zukommen, soll der Staat seine Thätigkeit auf das unbedingt Nothwendige beschränken, nicht selbst administriren, wo eine
Oberaufsicht, nicht befehlen, wo eine Belehrung genügt u. s. f. So-
dann — und diese positive Seite der Sache behandelt Gneist ausschließlich — die Aufgaben des Staates sollen nicht allein durch ein
besoldetes Beamtenthum erfüllt werden, sondern durch ein Zusammenwirken **mit,** theils freiwillig übernommenen, theils zwangsweise auf-
gelegten, Ehrenämtern der Bürger.

Leichteren Eingang würde diese Auffassung finden, wenn die
deutsche Lehre von den Corporationen nicht in so heilloser Verwirrung
läge. Jene Ehrenämter der Bürger im Dienste und für die Zwecke
des Staates sind nur in denjenigen Corporationen möglich und statthaft, welche mit dem Staate wesentlich gleichartiger politischer Natur
sind, wie er, auf territorialer Grundlage ruhen, wie er, alle ständischen
Gegensätze umfassen: in Kreis und Gemeinde. In Deutschland aber
sind die Nachwehen der staatsfeindlichen ständischen Bestrebungen des

Mittelalters bis auf den heutigen Tag so stark, daß man diesen durchgreifenden Unterschied, der Kreis und Gemeinde von allen anderen Corporationen unterscheidet, noch immer nicht begreifen will. Die Einen, um nur dem Staate sein gutes Recht zu retten, läugnen kurzerhand jede selbstständige Berechtigung der Corporationen; die Anderen, welche richtig fühlen, daß die Basirung der Staatsverfassung auf Wahlen nach der Kopfzahl ein Unding ist, daß es vielmehr zwischen dem Staate und dem Individuum noch ein mittleres Binde=glied geben muß, wollen Zünften, Adelsgenossenschaften, Actiengesell=schaften, kurz, jeder Incorporation socialer Sonderzwecke gleiche Rechte zustehen, wie den Gemeinden. Hier, wenn irgendwo, thut es der deutschen Jurisprudenz noth, von ihrer englischen Schwester zu lernen, welche für das öffentliche Recht der modernen Völker eine ähnliche typische Bedeutung hat, wie die römische für das Privatrecht. Das englische Recht unterscheidet scharf die für Staatszwecke bestimmten, mit staatlicher Zwangsgewalt ausgestatteten öffentlichen Corporationen von den gemischten und den Privatcorporationen. In jenen, in Kreis und Gemeinde allein, ist die Ausübung obrigkeitlicher Pflichten durch Ehrenämter möglich. In Deutschland aber will man diesen Unterschied der politischen und der nicht=politischen, zur Erfüllung staatlicher Pflichten schon wegen ihrer Einseitigkeit, ihrer nothwendigen Parteilichkeit und wegen der mangelnden territorialen Grundlage durchaus ungeeigneten Corporationen nicht sehen, man begnügt sich mit der vieldeutigen Definition, welche in einer moralischen Person die juristische Personification eines „gemeinnützigen“ Zweckes sieht, und erkennt nicht, daß die Gemeinnützigkeit einer ständischen Sonder=genossenschaft eine dem Umfange und der Art nach verschiedene ist von der einer politischen Communität.

Ebenso unklar sind die Meinungen bei uns über die Befugnisse der Corporationen. Man kann sich keine selbstständige Corporation vorstellen ohne die Autonomie, ohne ein Genossenschaftsgericht. Ge=rade die Geistvollsten unserer Juristen, die Anhänger jener großen historischen Schule, der wir die Einsicht verdanken in den Werdegang des Rechts ohne den Staat: — sie am wenigsten können sich von der Meinung frei machen, daß die Autonomie ein nothwendiges Attribut einer Genossenschaft bilde. Vielleicht mahnt zu schärferem Nachdenken die Thatsache, daß in England, dem Lande, wo die mittelalterlichen Corporationen sich anerkanntermaßen am lebenskräftigsten erhalten

haben, Gesetzgebung und Gericht von jeher in den Händen des Staates
centralisirt waren. Selfgovernment bedeutet lediglich Selbstverwal=
tung. Wie alle Corporationen Englands allein durch königliche Ge=
nehmigung entstehen, wie sie alle unbedingt durch Parlamentsbeschluß
aufgehoben werden können, so haben sie auch nur das Recht Statuten,
bye-laws, zur Ordnung ihrer Verwaltung zu erlassen nach den Ge=
setzen des Landes, in Uebereinstimmung mit dem gemeinen Rechte
und beschränkt auf die vom Staate anerkannten Zwecke der Corporation.
Wer irgend gelernt hat öffentliches und Privatrecht, Rechtserzeugung
und Rechtsanwendung scharf zu sondern, der wird eine solche Be=
fugniß schwerlich Autonomie nennen. Um der Klarheit willen wird
man sich dem Geständniß nicht entziehen können, daß der moderne
Staat, der so ungeheure Pflichten gegen das Volk erfüllt, die Ge=
setzgebung allein in Händen haben muß, daß er den Corporationen
und Privaten nie die Befugniß, das Landesrecht abzuändern zugestehen
kann. Auch die Gerichte sind in England durchgängig königlich, es
giebt keine Standesgerichte. Ebenso ist das Gewohnheitsrecht, dessen
üppiges Wuchern in Deutschland neben einigen guten so viele böse
Früchte getragen hat, in seiner Geltung auf's Aeußerste beschränkt:
es ist nur anerkannt, wenn es dem gemeinen Rechte nicht widerspricht
und in die Zeit vor Richard Löwenherz hinaufreicht. Wer hier eine
allzu harte Beschränkung der „Freiheit" sehen möchte, der bedenke,
daß bei der Verschlungenheit des heutigen Verkehrs jedes Genossen=
schaftsgericht nothwendig in die Lage kommt, über Ungenossen zu
richten und dann selbst Partei wird. Nur die Beschränktheit ihrer
Rechte hat die englischen Corporationen erhalten, während in Deutsch=
land und Frankreich, gegenüber den schrankenlosen Rechten der Cor=
porationen, der zum Bewußtsein seiner Pflichten erwachte Staat zum
Kampfe gezwungen war, zu einem Kampfe, welcher mit der Ver=
nichtung eines großen Theiles der alten Corporationen endete. Auch
hier hat sich das Wort bewährt: par requerre de trop grande liberté
chet-on en trop grand servaige. Auch hier geziemt es, ehe wir an
die Freiheitsrechte der Bürger denken, zunächst dem Staate zu geben,
was des Staates ist.

Aus dem Vorstehenden ergiebt sich von selbst, wie wenig es zu=
trifft, wenn man immer wieder die „Naturwüchsigkeit" des englischen
Staates preist. Die Geschichte Englands hat nichts von jener viel=
gerühmten „organischen Entwicklung", bei welcher das Köstlichste des

Menschen und des Staates, der Wille, verloren geht. Allerdings reichen die Anfänge des heutigen britischen Staatswesens in eine graue Vergangenheit hinauf; seine beste sittliche Stütze, der lebendige Gemeinsinn der Nation, ist sogar schon in dem germanischen Genossen=schaftsleben der angelsächsischen Zeit gefestet worden. Aber jene Com=munalsteuern und Ehrenämter, welche das Wesen der Selbstverwaltung ausmachen, entstehen offenbar nicht von selbst, sondern durch positiven Befehl des Staates. In der That sind es königliche Gesetze, welche das englische Selfgovernment eingerichtet und anbefohlen haben. Die grundlegenden Gesetze wurden bereits in dem durch seine legislative Fruchtbarkeit berühmten Jahrhundert der drei ersten Eduards gegeben (1272—1377). Die weitere Ausbildung ist dann ein Werk ununter=brochener bewußter Thätigkeit der Gesetzgebung. Daß freilich jene Gesetze wirklich ausgeführt worden, daß sie in Fleisch und Blut des Volkes übergegangen sind, ist allein das Verdienst dieses tüchtigen, selbstständigen und streng=disciplinirten Volkes selbst. Letzteres scheint uns von Gneist, der in einem etwas einseitigen Monarchismus be=fangen ist, bei Weitem nicht laut genug betont. Juristisch steht frei=lich fest, daß die gesammte englische Verwaltung auf königlichen Er=lassen beruht. Historisch jedoch ist es nicht minder unzweifelhaft, daß sehr viele dieser königlichen Willensäußerungen durch das Volk er=trotzt und erzwungen wurden, und noch klarer scheint es, daß nur ein so stolzes, reiches und ordnungsliebendes Volk eine Verwaltung ertragen konnte, die dem Bürger so schwere Lasten auferlegt.

So wunderlich es ist, ein Werk jahrhundertelanger gesetzgebe=rischer Thätigkeit als ein „naturwüchsiges“ zu bezeichnen, so wenig ist man im Rechte, wenn man England beneidet, weil dort so wenig regiert werde. Die discretionäre Gewalt ist vielmehr dort noch heute sehr groß, sie war es schon zu einer Zeit, wo der Continent von einer Staatspolizei keine Ahnung hatte. Aber die Polizeigewalt wird nicht blos durch besoldete Beamte, sondern zum größten Theil durch ein Ehrenbeamtenthum ausgeübt, und sie ist nicht enge, aber fest be=grenzt durch die Möglichkeit, jeden Beamten vor den Landesgerichten zu verklagen wegen Verletzung von Corporationsrechten oder Grund=rechten der Bürger. Und diese feste Einhegung der Polizeigewalt ist nur dadurch möglich geworden, daß der Staat schon frühzeitig alle Befugnisse besaß, die ihm zukommen. Hätte schon im vierzehnten Jahrhundert, wie in England, bei uns ein Ritter klagen können:

„ich darf nicht einmal meinen Jungen prügeln, ohne daß der königliche Friedensrichter sich einmischt," — so würden wir heute schwerlich
über die Allgewalt der Polizei zu seufzen haben.

Nicht minder schief ist die weitverbreitete Meinung, als sei England das klassische Land der „Decentralisation". Nur weil Gesetzgebung und Gericht immer in den Händen des Staates centralisirt
blieben, ward eine Decentralisation der Verwaltung möglich. Und
auch diese ist keineswegs vollständig. Um vorläufig zu schweigen von
der schwerbedenklichen Umwandlung, welche im Laufe des neunzehnten
Jahrhunderts auf diesem Gebiete sich vollzogen hat, so galt immer
der Grundsatz: Kreis und Gemeinde können nur diejenigen Angelegenheiten selbst verwalten, deren Kosten sie durch Communalsteuern selbst
aufbringen. Dieser Satz bewährt sich mit der Sicherheit eines mathematischen Gesetzes in der gesammten Geschichte des englischen Selfgovernment. Leistet der Staat auch nur einen Zuschuß für irgend
einen Communalzweck, so beginnt er sofort, die Anstellung von Staats-
beamten zu fordern, es folgt eine Zeit des Haders und der Unzufriedenheit, und nicht eher endet der unfriedliche Uebergangszustand,
als bis entweder der Staat oder die Commune Beides, die Kosten
und die Verwaltung, erhalten hat.

So reicht das Recht der Commune genau so weit wie ihre
Pflichten. Ueberhaupt ist das Gleichgewicht von Rechten und Pflichten
der Grundgedanke des englischen Staatswesens. Englands Staat ist
genau das Gegentheil der „ständischen Gliederung". Das Familienrecht, das Erbrecht u. s. f. aller Stände ist das gemeine Landesrecht;
die politischen Vorrechte der nobility und der ungeheuere politische
Einfluß der gentry sind nicht das Vorrecht eines Standes und noch
weniger **haften** sie an der Scholle. Sondern dem Adel gebührt seine
Macht, **weil er** die größten politischen Pflichten erfüllt, weil er den
größten Theil der Communalsteuern trägt und den größten Theil
der Verwaltung des Landes selbst besorgt — mit einem Worte, weil
er die in Wahrheit regierende Classe ist. Auch dies Gesetz bewährt
sich durchgehends in der Geschichte, und die heutige Zersetzung der
englischen Verwaltung beruht wesentlich auf der Verletzung desselben.

Wir müssen uns jetzt, nachdem wir so viele gern gehegte Lieblingsvorstellungen bekämpft, noch gegen eine letzte wenden, die populärste
von allen. Die wüsten Tage freilich sind vorüber, wo man z. B. in
Sachsen die Geschwornen aus Volkswahlen hervorgehen ließ, also das

Gericht grundsätzlich zur Parteisache entwürdigte. Aber noch immer kann man sich eine Selbstverwaltung von Kreis und Gemeinde nicht anders als in den Händen gewählter Beamten vorstellen. In England dagegen ist Regel, daß die Communalämter, welche Strafjustiz und Polizei, also eigentliche obrigkeitliche Gewalt, ausüben, durch königliche Ernennung besetzt werden. Das mag Vielen befremdlich erscheinen, die, durch die Gewohnheit der socialen Genossenschaften verleitet, das Princip der Wahl als das Zeichen der Selbstständigkeit betrachten. Und doch ist die königliche Ernennung die einzige Bürgschaft dafür, daß die Verwaltung der Kreise nicht systematisch in das, für den constitutionellen Staat unvermeidliche Parteitreiben hineingezogen werde. Gewählte Beamte kennt das englische Selfgovernment nur in den Verwaltungszweigen, die vorwiegend ökonomischer Natur sind, bei welchen also die Wahrung der Interessen der Steuerzahler sich von selbst versteht; und ferner in den engen innigen Verbänden der Ortsgemeinde, des Stadtviertels, wo das nachbarliche Band zu stark, das locale Bedürfniß zu handgreiflich ist, als daß die Wahl zu politischen Parteizwecken mißbraucht werden könnte.

Die bedeutungsvollste Wahrheit aber, die Gneist auf jeder Seite beleuchtet, ist die Einsicht in den Zusammenhang von Verfassung und Verwaltung. Allerdings zählt Niebuhr's Wort, das die Verwaltung kurzweg für unvergleichlich bedeutender als die Verfassung erklärt, heute wohl ebenso wenig Anhänger, wie die weiland allein seligmachende Lehre der Altliberalen, welche, allzu befangen in dem gerechten Kampfe gegen das Bevormundungssystem des büreaukratischen Absolutismus, von der Einführung einiger constitutioneller Formen sofort eine Verwandlung des gesammten Staates erwarteten. Aber doch selten genug ist die Erkenntniß, daß die Verfassung eines Staates sich mit Nothwendigkeit aus seiner Verwaltungsordnung ergiebt, und daß Staatskrankheiten entstehen, wo beide sich nicht decken. Meint doch selbst der treffliche Vincke, der Vater, eine ausgedehnte Theilnahme der Bürger an den öffentlichen Geschäften sei mit jeder Verfassung, außer mit der Despotie, vereinbar. Eine Zeit lang gewiß; aber ebenso unzweifelhaft würde, wenn diese Theilnahme der Bürger an der Verwaltung dauernd, gewohnheitsmäßig geworden wäre, das Verlangen nach Theilnahme an der Gesetzgebung laut werden und der Staat wird nicht eher zum Frieden gelangen, bis jenem Verlangen gewillfahrt worden. Preußens Geschichte seit Stein's Städteordnung belegt

dies zur Genüge. Deutlicher noch spricht Englands Beispiel, dessen Ver=
fassung noch vor einem Menschenalter ein Abbild seiner Verwaltungs=
ordnung war. Die parlamentarischen Wahlkreise sind einfach die Ver=
waltungskörper, die Communitäten des Selfgovernment; die Mehrzahl
der Abgeordneten sind Männer, welche in der communalen Verwaltung
thätig sind; das Haus der Lords endlich umfaßt die Spitzen der in
den Gerichten, der Grafschaftsverwaltung, der Kirche wirklich regierenden
Classen. Diese Erkenntniß des Zusammenhanges von Verfassung und
Verwaltung ist darum so heilsam, weil sie viele ungerechte Beschuldi=
gungen gegen die deutsche Staatsgeschichte aufhebt, weil sie den Wahn
vernichtet, als **sei das späte** Aufkommen constitutioneller Verfassungen
in unserem Vaterlande durchaus nur eine Folge von Tyrannei und
Verblendung. Es **ziemt** dem Historiker nicht, jenem blutlosen Fata=
lismus zu huldigen, der, wenn er das Nothwendige der Thatsachen
begriffen, sie auch gerechtfertigt glaubt. Aber auch das empfindlichste
sittliche Urtheil wird gestehen müssen, daß die Einbürgerung constitu=
tioneller Formen in Deutschland so lange unmöglich war, als das
besoldete Beamtenthum allein die persönlichen Dienstpflichten für den
Staat, die niederen Stände fast allein die ökonomische Staatspflicht
der Steuerzahlung erfüllten. Denn darin liegt ja das Charakteristische
des Staats als eines Lebendigen, als einer sittlichen Institution, daß
er — zum Trotz den nationalökonomischen Lehren von der Arbeits=
theilung — mit den materiellen Leistungen seiner Bürger sich nicht
begnügen kann, sondern auf ihre persönlichen Dienste, auf sittliche
Factoren, rechnen muß.

Die Betrachtung englischer staatlicher Zustände ist für den Deutschen
darum so schwer, weil wir, bewußt oder unbewußt, den Maaßstab
heimischer Verhältnisse an die fremden anlegen und die englischen In=
stitutionen **den** deutschen vielfach entgegengesetzt sind. Um es kurz zu
sagen, diejenigen Elemente des Staats, auf denen Preußens Stärke
bis jetzt beruht, sind in England meist verkümmert und verbildet —
und umgekehrt. Die tüchtigen und ausgewachsenen Glieder des deutschen
Großstaats sind etwa die Krone, das Beamtenthum und das Heer,
die Verwaltung der Ortsgemeinde, die Verhältnisse von Schule und
Kirche — alles Dinge, welche in England weit minder glücklich ge=
ordnet sind. Und wieder, unser unfertiges Parlament, unser staats=
feindlicher oder mindestens unpolitischer Adel, unsere Provinzial= und
Kreisverwaltung kann sich mit den entsprechenden glänzendsten Seiten

des englischen Staates nicht entfernt vergleichen. Für beide Staaten in gleichem Maaße ein Hort der Zukunft ist die unangetastete **Ehre** der Gerichte, — doch auch hier besteht der tiefgreifende Unterschied, daß England den wohlfeilen Schutz der Privatrechte in Preußen ebenso **wenig** kennt, wie Preußen den gerichtlichen Schutz der öffentlichen Rechte in England. Bei so starken Gegensätzen ist es den Deutschen leicht, in den englischen Institutionen nur einen Beleg für vorgefaßte Parteimeinungen zu erblicken. Es bildet Gneist's **bestes Lob,** daß er von solcher Befangenheit unberührt geblieben: ist er doch **nach** seinem eigenen Geständniß zu seinen letzten Resultaten **fast wider sein Er-**warten gelangt. Von manchen Einseitigkeiten ist das Buch **trotzdem** nicht freizusprechen. Als tüchtiger Systematiker vergißt der Verfasser in seinem Eifer für den nothwendigen Zusammenhang von Verfassung und Verwaltung nur zu oft die tröstliche Wahrheit, in wie unlogischen und unharmonischen Institutionen ein tüchtiges Volk sich zurechtzufinden vermag. Noch mehr leidet er an einem Fehler, worein gerade die besten Staatsgelehrten, jene, die den ganzen Menschen für ihre Wissen-schaft einsetzen, am leichtesten verfallen. Er generalisirt nicht selten Wahrheiten, welche, durch die Nöthe des Augenblicks hervorgerufen, auch nur für diesen Augenblick gelten können. Die Erkenntniß, daß der Desorganisation des heutigen England kaum anders als durch das Eingreifen des verfassungsmäßigen Königthums abgeholfen werden kann, verleitet ihn, auch der englischen Vergangenheit eine hyper-monarchische Färbung zu geben, welche sie in Wahrheit nicht **hat.** Solche kleine Mängel wird eine **neue Bearbeitung, deren das formlose** Buch ohnehin dringend bedarf, leicht beseitigen.

Nach dieser vorläufigen Verständigung wird es möglich sein, den Fundamentalsatz des Buches, der in jedem Worte seine wohlerwogene Bedeutung hat, zu verstehen. „Selfgovernment heißt in England die Verwaltung der Kreise und Ortsgemeinden nach den Gesetzen **des** Landes durch Ehrenämter der höheren und der Mittelstände mittelst Communalgrundsteuern."

Betrachten wir jetzt das englische Selfgovernment im Einzelnen, so wird sich ergeben, daß die wachsende Desorganisation desselben seit den zwei letzten Menschenaltern wesentlich zusammenhängt mit dem Verlassen der obigen leitenden Grundsätze.

Die ursprünglichen Verwaltungsbezirke von England und Wales sind die Grafschaften — Kreise von durchschnittlich 60 Quadrat-

meilen mit 450,000 Einwohnern in England, 30 Quadratmeilen mit
84,000 Einwohnern in Wales. Sie sind in ihrer Mehrzahl bereits in
der angelsächsischen Zeit gebildet, und eine Vergleichung mit deutschen
Verhältnissen wäre möglich, wenn etwa die Kurmark, Altmark, Mittel-
mark sich bis heute ihre alte landschaftliche Selbstständigkeit bewahrt
hätten. In einem Staate, der so früh zur territorialen Einheit gelangte,
konnte diese uralte Kreisverfassung die Jahrhunderte überdauern. Ja,
so völlig hatte sich allmählich bis zum achtzehnten Jahrhundert die
gesammte Verwaltung in den Grafschaften concentrirt, daß das selbstständige Leben der Ortsgemeinden darüber gänzlich verkümmerte. In
Deutschland ist ziemlich genau das Gegentheil der Fall. Da die Grenzen
der deutschen Staaten fortwährend wechselten, da es die schwere Aufgabe zu lösen galt, zersplitterte und entfremdete Länderfetzen zur staatlichen Einheit zusammenzuschweißen, so mußte die Gestalt der Provinzen
und Kreise sich wiederholt ändern, ihre Selbstständigkeit immer mehr
schwinden. Um so tüchtiger und kräftiger haben sich unsere Dorf-
und Stadtgemeinden erhalten.

Ueberall nun bildet in England eine Communalsteuer die Grund-
lage der Selbstverwaltung. Von jeher wurden, wo es nöthig war,
eine Communalverwaltung zu schaffen oder zu erweitern, zuerst die
Bedürfnisse der neuen Commune erforscht und bestimmt, dann die
Aufbringung der dazu nöthigen Mittel festgesetzt, und aus diesen Mitteln
und den zu ihrer Erhebung und Verwendung bestimmten Aemtern
ergab sich endlich die Gestalt der Communalverfassung. Die Zwecke
und die Art der Communalsteuern sind also ein für allemal vom
Staate festgesetzt: der Commune selbst steht nur die Ausschreibung,
Verwaltung und Verwendung zu. Die Grafschafts- und Gemeinde-
steuern sind ohne Ausnahme Grundsteuern. Während der Staat für
seine Finanzen überwiegend auf indirecte Steuern angewiesen ist, die
Einkommensteuer erst seit dem neunzehnten Jahrhundert kennt und den
Grundbesitz direct nur mäßig besteuert, zahlt der Grundbesitz für
Communalzwecke **von den 417** Millionen Thalern seines Durchschnitts-
ertrags jährlich 50 bis 70 Millionen Thaler, also durchschnittlich
15 Procent des Ertrags. Und zwar ist die Belastung des großen
Grundbesitzes eine unverhältnißmäßig hohe. Obwohl nämlich die alte
Steuerfreiheit der niederen Classen gesetzlich längst beseitigt ist, so lebt
doch die Ueberzeugung von der Ehrenpflicht der Besitzenden zu un-
verhältnißmäßiger Steuerzahlung **so** mächtig in der Gentry, ist die

traditionelle Nachsicht gegen die Armen so groß, daß die Beiträge der
cottages der Unvermögenden oft zu Hunderten durch die steuerausschrei=
benden quarter sessions der Friedensrichter von den Listen gestrichen
werden. Deshalb, und wegen der natürlichen Ungleichheit der Bedürfnisse
der einzelnen Communen, gilt es als ein „sehr gewöhnliches“ Verhältniß,
daß der große Grundbesitz 35 Procent seines Ertrages als Staats= und
Communalgrundsteuer zu entrichten hat. Der Grundbesitz bestreitet
also den weitaus größten Theil der gesammten Landesverwaltung, und
so wird es erklärlich, daß der Staat in der Regel weniger als ein
Achtel seiner Einnahme für die innere Verwaltung verwendet. Der
Grundsatz, mit den Communalsteuern ausschließlich die local visible
profitable property zu belasten, und unter diesen Begriff außer dem
Grundeigenthum höchstens noch Gewerbe= und Handelsvorräthe zu
subsumiren, — dieser Grundsatz hat sich über die gesammte Communal=
verwaltung verbreitet, weil er erfahrungsmäßig die gerechteste und
mildeste Besteuerungsweise angiebt. Die Grundsteuer ist die gerechteste
Communalsteuer, denn die Gemeinde hat kein Recht, Vermögen und
Einkommen, die außerhalb ihres Gebietes gelegen sind oder erworben
worden, zu besteuern. Sie ist die mildeste Communalsteuer, denn eine
verständige Communalverwaltung erhöht den Werth der in ihr belegenen
Grundstücke, und so wird dem Grundbesitzer ein Theil der Steuerlast
ersetzt. Sie entspricht ferner dem alt=englischen Grundsatze, daß alle
Staatslasten nicht auf die Individuen, sondern auf die Haußstände zu
vertheilen sind. Sie beschränkt endlich die übermäßige Belastung des
Grundbesitzes mit Hypotheken, denn offenbar wird ein Realeigenthum,
das so schwere öffentliche Pflichten trägt, nicht leicht als bloßes Ver=
mögensobject betrachtet, nicht leicht mobilisirt werden. Natürlich konnte
der Grundbesitz unmöglich eine so ungeheuere, wechselnde, ja steigende
Communalgrundsteuer und gleichzeitig eine in ihrem Betrage ebenfalls
schwankende Staatsgrundsteuer ertragen. Daher hat man seit 1798
versucht, die letztere zu fixiren und abzulösen, so daß gegenwärtig etwa
zwei Fünftel derselben abgelöst sind und nur noch gegen acht Millionen
Thaler an Staatsgrundsteuer entrichtet werden. Es leuchtet ein, daß
der Grundbesitz in Deutschland nicht im Entferntesten im Stande ist,
eine so unverhältnißmäßige Belastung zu ertragen wie die, welche die
Grundlage der politischen Macht des britischen Adels bildet. Eines
aber bleibt dunkel: ob die Ignoranz oder die Frechheit derer mehr zu
bewundern ist, welche Angesichts solcher Thatsachen sich unterfangen,

Englands Beispiel anzuführen, als einen Beweis für die Nothwendigkeit der Minderbelastung oder der Steuerfreiheit des großen Grundbesitzes!

Die Grundsteuern, durch welche die Mittel der **Selbstverwaltung** beschafft werden, sind folgende vier. Die Kosten der Strafgerichts= und Polizeiverwaltung der Grafschaften werden bestritten aus der **County** Rate. (Einzelne Bezirke und die Städte, welche von der Grafschafts=Polizeigewalt der Friedensrichter eximirt sind, bringen die **Kosten der** Friedensbewahrung auf durch die der County Rate entsprechende Borough Rate). Die Armenverwaltung der Ortsgemeinden wird **bestritten** durch die Poor Rate. Da bei dem bekannten verwahrlosten **Zustande der** niederen Classen in England diese Steuer von jeher **unnatürlich hoch war**, so sind eine Reihe anderer Ortsgemeindelasten **dazugeschlagen worden**, und sie bildet gegenwärtig die Hauptsteuer der Ortsgemeinden. Ihr Betrag ist höher, als der aller übrigen Grafschafts= und Ortsgemeindesteuern zusammengenommen: in diesem Jahrhundert schwankend zwischen 34 und 62 Millionen Thalern jährlich. Die Erhaltung der Kirchen geschieht, soweit sie nicht gedeckt ist, durch **die** Zehnt=Ablösungsrenten, aus der Church Rate. Daran schließt **sich** endlich die Highway Rate zur Erhaltung der Brücken und Wege in den Grafschaften.

Aber diese Steuerlast bezeichnet nur einen Theil der Pflichten, welche dem Grundbesitz gegen die Commune obliegen. Noch wesentlicher ist die persönliche Dienstpflicht der gesammten Grundbesitzer **in den Ehrenämtern der Commune**.

Der Sheriff zunächst, weiland der allmächtige Landvogt der normannischen Könige, der Inhaber der gesammten finanziellen und polizeilichen **Gewalt**, gilt noch immer als der erste Beamte **der** Grafschaft. Seine **Amtsgewalt ist jedoch** heute eine sehr beschränkte, er hat die Verantwortlichkeit für einen Theil der Untergerichtsgeschäfte. Er hat die Ladungen **vor** die Civilgerichte und die Vollstreckung der Executionen, endlich die Bestellung der Juries zu leiten. Alle diese Geschäfte besorgt er jedoch nicht **in Person**, sondern durch einen von ihm ernannten Untersheriff, gewöhnlich **einen** Anwalt, der **ein** zahlreiches Büreau unter sich hat. Zu diesem **steht** der Sheriff in einem ähnlichen Verhältniß, wie dereinst der deutsche Gerichtsherr zu **seinem** Gerichtshalter. In **Person** hat er nur die Leitung der Parlamentswahlen und die Repräsentation der Grafschaft vor den reisenden Richtern u. dgl. aus=

zuführen. Dies wegen der bedeutenden Repräsentationskosten sehr
lästige Amt geht wie ein Reihedienst unter den großen Grundbesitzern
der Grafschaft um, welche zur Uebernahme desselben verpflichtet sind.
Die Bestellung der Sheriffs erfolgt durch königliche Ernennung auf
ein Jahr, ohne Rücksicht auf die Parteistellung. Im Uebrigen ist die
Civiljustiz der Grafschaften zwar neuerdings (1846) verbessert worden
durch die Errichtung der 60 Kreisgerichte (Einzelrichter) für kleinere
Civilklagen; doch beschränkt sich die selbstthätige Theilnahme der Grafschaftseinsassen an der Civiljustiz auf die Functionen des Sheriffs und
auf den Geschworenendienst in der Civiljury, welche aus den Mittel-
ständen ernannt wird. Und zwar sind gerade die tüchtigsten Elemente
der Mittelstände von diesem Dienste befreit, so daß das Ansehen der
Civiljury gegenwärtig bedeutend gesunken ist, und die Civiljustiz der
Grafschaft den schwächsten Theil des alten Selfgovernment bildet.

Um so großartiger sofort ist die Selbstthätigkeit der Grafschaftseinsassen auf dem Gebiete der Strafjustiz und Polizei. Hier ist die
glänzendste Seite des Selfgovernment, das Bereich der Friedensrichter.
Ein altes prahlerisches englisches Wort sagt, daß nichts auf der Welt
sich mit einem englischen Friedensrichter vergleichen lasse, und auch Vincke
erklärt dieses Amt für die vielleicht vollkommenste Institution irgend
eines Landes, da es alle Vorzüge der collegialen Verwaltung ohne
ihre Mängel in sich vereinige. Aber es ist keineswegs die Form
seiner Einrichtung, welche dies Amt zu solchem Ansehen gebracht und
es in England so populär gemacht hat, daß im Volksmunde der
Friedensrichter als der Magistrate, der Beamte par excellence gilt.
Vielmehr ist des Verkehrten und Unbehülflichen nothwendig sehr viel
in einer Institution, welche einen großen Theil der inneren Verwaltung
in die Hände von 18,300 Gentlemen legt (worunter etwa 8200 wirklich im Amte thätige). Ja, es ist ihnen sogar ein Theil der Strafjustiz anvertraut, da England jene scharfe Scheidung von Justiz und
Verwaltung nicht kennt, die für den reinen Beamtenstaat unentbehrlich
ist. Bekannt ist endlich, wie jene Werke, aus denen der englische
Friedensrichter seine technische Belehrung schöpft, mit Recht als das
Ideal der Geschmacklosigkeit und handwerksmäßigen Compilation gelten.
Das Bewundernswürdige der Einrichtung liegt also nicht in der technischen Form, sondern in dem Geiste der Gerechtigkeit und Mäßigung,
der sich in der Gentry gebildet hat durch das traditionelle Ausüben
der obrigkeitlichen Pflichten dieses wichtigsten Ehrenamtes — seit jenem

denkwürdigen Jahre 1360, wo das stürmische Verlangen der Graf=
schaften nach Wahrung des Friedens die Krone endlich zur Einsetzung
dauernder Friedensrichter nöthigte. Bis in das achtzehnte Jahrhundert
hinein wurden in die „Friedenscommission" (d. h. die Liste der vom
König zu diesem thatsächlich lebenslänglichen Amte Ernannten) regel=
mäßig einige rechtsgelehrte Beamte mit aufgenommen. Erst seit die
Friedensrichter auf ihre Sporteln gewohnheitsmäßig verzichteten, seit
es unter den höheren Classen zur Regel ward, den Söhnen eine
liberale Erziehung zu geben, sind die Sessionen der Friedensrichter
zu dem geworden, was sie heute sind: Collegien von unbesoldeten
Gentlemen unter dem Ehrenvorsitze des custos rotulorum, des Lord=
Lieutenants der Grafschaft, der in der Regel ein Pair des Reichs ist.
Das Amt verlangt persönliche Thätigkeit; Stellvertretung ist unstatthaft.
Möglich wird diese Verwaltung durch Grundbesitzer erst dadurch, daß
die Gentry sich der Selbstbewirthschaftung ihrer Güter entschlagen hat
und von Pachtrenten lebt. Denn es ist Grundsatz, daß der Friedens=
richter in keiner Angelegenheit amtlich thätig sein darf, wobei er irgend=
wie als Grundherr oder Geschäftsherr vermögensrechtlich betheiligt ist.
Die Söhne der vornehmsten Classen suchen gemeinhin schon nach
erlangter Mündigkeit um Aufnahme ihres Namens in die Friedens=
commission nach, während Advocaten, Geistliche, Capitalisten sich meist
erst in späteren Jahren darum bewerben. Das Ansuchen wird, wenn
der Candidat die gesetzlich vorgeschriebenen Eigenschaften besitzt, regel=
mäßig gewährt. Erst seit der Zeit der Königin Anna ist ein Census
für das Amt festgesetzt (100 Pfd. Sterl. Grundrente) — eine unwesent=
liche Bestimmung, da der Zeitaufwand und die Kosten der Würde nur
von Vermögenden getragen werden können. Die Frage, wie eine
Verwaltung durch eine so große Zahl zum Theil sicherlich träger oder
unfähiger Gentlemen möglich sei, ist in sehr unlogischer aber zweck=
mäßiger Weise dadurch gelöst, daß die Friedensbewahrung von allen
Friedensrichtern der Grafschaft concurrirend geübt wird. Die einzelnen
Friedensrichter haben auf Anrufen der Betheiligten die Straf= und
Polizeigesetze zu handhaben, sie lassen sich bei drohender Ungesetzlichkeit
Friedensbürgschaft stellen, sie haben ein Voruntersuchungsrecht für
Vergehungen, sie sind endlich sogar Polizeistrafrichter ohne Jury über
Unfug aller Art — eine von den besseren englischen Juristen sehr
angefeindete, aber bei der Bequemlichkeit des Publicums beliebte Be=
fugniß. Ferner sind die Grafschaften seit 1829 in Divisionen ein=

getheilt, deren laufende Verwaltungsgeschäfte durch die petty **sessions** der Friedensrichter der Division besorgt werden. Die wichtigsten Ge= schäfte der Grafschaft endlich werden durch die vierteljährlichen general **quarter** sessions geleitet, bei denen in der Regel alle „gewöhnlich thätigen" Friedensrichter erscheinen. Diese Quartersessionen sind zu= gleich das Appellationsgericht und die Beschwerdeinstanz für die Ent= scheidungen der einzelnen Friedensrichter und der petty sessions und ein Strafgericht mit Zuziehung einer Jury für Vergehen. Die Masse der sicherheits=, sitten= und gewerbspolizeilichen Geschäfte ist sehr groß. Annähernd läßt sich sagen: der Geschäftskreis der Friedensrichter ent= spricht etwa der größeren Hälfte der Geschäfte unserer Regierungen und Landräthe, doch so, daß die Arbeitslast unseres Einen Landraths von mindestens zehn bis zwölf wirklich thätigen (usually **attending**) Friedensrichtern getragen wird.

Natürlich wäre es thöricht, die freiwillige Uebernahme so aus= gedehnter Geschäfte allein aus dem politischen Sinn und dem Pflicht= eifer der Gentry zu erklären. Vielmehr hat die Gesetzgebung Alles gethan, um das Amt des Friedensrichters zu erleichtern und wünschens= werth zu machen. Die concurrirende **Gewalt** aller Friedensrichter stellt es jedem Einzelnen frei, ob er sich an den Geschäften betheiligen will. Mit eigentlichen Büreauarbeiten hat der Friedensrichter wenig zu thun, da die meisten Geschäfte durch Ausfüllung gedruckter For= mulare geschehen und den Quartersessionen ein besoldeter **clerk of the peace**, den petty sessions ebenfalls besoldete Secretäre für die mechanischen Geschäfte beigegeben sind. So gewöhnt sich die Gentry schon in der Grafschaftsverwaltung, das besoldete Beamtenthum als ein subalternes Element zu betrachten; dies erklärt die ähnliche, von den continentalen Zuständen grundverschiedene Stellung, welche die **Gentry** des **Parlaments** gegenüber den Soldbeamten der Central= verwaltung einnimmt. — Auch die Verantwortlichkeit des Friedens= richters ist so ermäßigt, daß ein gebildeter Mann dadurch nicht ab= geschreckt werden kann. Er unterliegt keiner disciplinarischen **Gewalt**, sondern allein einer civilrechtlichen Regreßpflicht und einer strafrecht= lichen Verantwortlichkeit. Auch diese tritt nicht ein wegen materieller Unrichtigkeit seiner Entscheidungen, sondern lediglich, wenn ihm eine interessirte oder gehässige Handlungsweise vorgeworfen wird. Das Recht des Publikums bleibt demnach zur Genüge gewahrt, indem die Reichsgerichte die Entscheidung über Grundrechte der Bürger oder

allgemeine Rechtsprincipien an sich ziehen. Zu diesen Erleichterungen
tritt endlich, als das für die Meisten entscheidende Motiv zur Uebernahme des Amtes, das allgemeine Ansehen und der tiefgreifende
politische Einfluß, welche mit der Würde verbunden sind. — Nur
in einigen starkbevölkerten städtischen oder Fabrikdistricten sind an
die Stelle dieses Ehrenamtes besoldete Polizeirichter getreten, zuerst
in London 1792, weil die Honoratioren solcher Bezirke meist weder
die Neigung, noch die Muße haben zur Uebernahme der hier besonders großen Geschäftslast, und überdies diesen Fabrik= und Ge-
schäftsherren die unparteiische Stellung der Landgentry fehlt.

Außerdem betheiligen sich die höheren Stände durch die Anklage=
jury, die Mittelstände durch die Urtheilsjury für Strafsachen persönlich an der Handhabung der Strafjustiz. Dagegen ist das uralte
Ehrenamt der constables, der den Friedensrichtern untergebenen
ausführenden Polizeibeamten in den Kirchspielen, mehr und mehr
verkümmert. Das gesunkene Ansehen des Amtes und die höheren
Ansprüche, welche gegenwärtig an die Polizeibeamten gestellt werden
müssen, vereinigten sich, um die Uebernahme des Amtes den Mittel-
ständen zu verleiden. Ein Versuch, die Mittelstände in Fällen der
Noth in Masse zum Constablerdienste zwangsweise herbeizuziehen,
ist nicht durchgeführt worden. Vielmehr hat sich die besoldete police,
welche Robert Peel in London 1830 einführte, rasch über die Hälfte
des Landes verbreitet. Seit 1856 ist sie sogar in einzelnen Grafschaften zwangsweise durch den Minister des Innern eingeführt worden.
Allerdings war eine Reform dieses arg vernachlässigten Gebiets unerläßlich, allerdings lassen sich manche technische Vorzüge des neuen
Systems nicht verkennen, und glücklicherweise stehen die neuen besoldeten Polizeidiener noch immer unter dem Oberbefehle des Friedens=
richters und können wegen Ueberschreitung der Amtsgewalt von diesem
verklagt werden. Dennoch bleibt diese Einführung eines massenhaften
besoldeten Polizeibeamtenthums ein bedenklicher Schritt auf der abschüssigen Bahn der Zerstörung des alten Selfgovernment, welches
wesentlich auf der persönlichen Dienstpflicht der Bürger beruht. In
den so „reformirten" Grafschaften beschränkt sich die Theilnahme der
Grafschaftseinsassen an der polizeilichen Executive auf — die Bezah-
lung des Zuschlags zur County Rate, von welchem die Kosten der
neuen Polizei bestritten werden. Und bereits bezahlt die Staats-
kasse einen Zuschuß zu diesen Kosten, so daß eine immer wachsende

Centralisation der Polizeigewalt in den Händen des Ministers des Innern zu befürchten steht.

Während das Friedensrichteramt nur die höheren Stände, der Jurydienst nur diese und die Mittelclassen, der alte Constablerdienst nur die letzteren trifft, besteht endlich noch eine schwere Zwangspflicht, welche alle Bürger zur Handhabung der Strafjustiz heranzieht: die unbedingte Verpflichtung zur Anklage, welche in **England** ebenso unumgänglich ist, wie bei uns die Zeugenpflicht. **In der Regel** wird ein **Privatmann** — meist ein Zeuge **oder der Damnificat** — von dem die Voruntersuchung leitenden Friedensrichter **als Ankläger verpflichtet.** Die technischen **Nachtheile,** welche aus dem **Mangel** eines amtlichen Organs für die Anklage hervorgehen, haben zwar schon zu mannigfachen Reformvorschlägen geführt. Der Vorschlag aber, **daß** die Popularklage beseitigt werde und die zu bildende Staatsanwaltschaft **das** ausschließliche Recht der Anklage erhalte — dieser Vorschlag, dessen Durchführung mit ihren schwer bedenklichen Folgen wir bei uns zu Lande alltäglich vor Augen sehen, ist in England auch von den eifrigsten Bewunderern französischer „Logik und Klarheit" noch nicht gewagt worden.

Die englischen Militärverhältnisse sind, **wie im Mittelalter,** so noch heute anomaler Natur. Durch die bitteren Erfahrungen aus der Zeit der Stuart's ist das Vorurtheil, welches in dem stehenden **Heere** nur eine Vormauer des Absolutismus sieht, tief in **das Volk** eingedrungen. Und leider hat diese, in dem Lande der allgemeinen Wehrpflicht unbegreifliche Meinung **auch** in Deutschland Eingang gefunden. Aber während bei uns die gesunde Einsicht **in** die unerläßlichen Bedürfnisse der Landesvertheidigung verhindert hat, daß die wiedererwachte päpstliche Lehre von dem natürlichen Hasse zwischen Fürsten und Völkern Eingang fand beim Volke — sind in England jene unglücklichen Vorurtheile in der That stark genug gewesen, **um** jede irgend genügende Organisation des Soldheeres und der Grafschaftsmiliz zu hemmen. Die Miliz schließt sich zwar genau **an die** Polizeiverwaltung der Grafschaften an, indem der Ehrenpräsident der Friedensrichter, der Lord-Lieutnant, zugleich das Ehrencommando der Grafschaftsmiliz führt. Sie war sogar **eine Zeit** lang ein Schooßkind des Adels, der in der Miliz **mit** ihren, aus der Gentry ernannten Officieren ein aristokratisches Gegengewicht gegen das monarchische Soldheer erblickte. Endlich hat man während der Gefahren der Napoleonischen Kriege 1802 eine neue Organisation durchgeführt. Aber nach dem Frieden ist das Institut gänzlich vernachlässigt worden. Die Zulässigkeit der Stellvertretung und die seit 1829 immer wiederholte Suspension der periodischen Enrollirung der Mannschaften haben den Grundsatz des persönlichen wirklichen Dienstes umgestoßen. So ist die Miliz heute nicht viel mehr als ein Schein: an schwache, besoldete Stämme schließt sich im Falle der Noth ein Haufe müßiger Leute. Auch der orientalische Krieg hat daran wesentlich nichts geändert.

Das bisher geschilderte System von Ehrenämtern, dessen Schwerpunkt in dem Friedensrichteramte liegt, hat zwei Eigenthümlichkeiten. Die Besetzung der Aemter nämlich erfolgt wesentlich durch königliche Ernennung, und ferner, diese gesammte Verwaltung erstreckt sich auf größere Bezirke, auf die Grafschaften. Zu diesem von Gneist sogenannten alten Selfgovernment steht vielfach im Gegensatze eine Reihe neuerer Institutionen. Das neue Selfgovernment bezieht sich auf die Ortsgemeinden; es localisirt die Verwaltung. Außerdem muß in solchen engen Verbänden das Princip der Wahl der Beamten das herrschende sein. — Hier wieder offenbart sich, daß es der Geist der Gentry war, der das alte Selfgovernment tüchtig und segensreich wirken ließ. In der technischen Form, der Schnelligkeit und Ordnung der Verwaltung sind viele der neuen Einrichtungen dem alten Selfgovernment entschieden überlegen. Aber der Geist der neuen Fabrikgentry ist in ihnen herrschend und hat auf verhängnißvolle Abwege geführt, — jener Geist der souveränen Nationalökonomie, der in aller Gemüthsruhe die Frage aufwirft, wie es mit der Freiheit der Baumwollproduction stehen werde, wenn die Franzosen das Vaterland erobert haben — jener materialistische Sinn, der nicht begreift, wozu die zeitraubende, dem Gesetze der Arbeitstheilung hohnsprechende, persönliche Dienstpflicht der Bürger in der Gemeinde nütze, da doch besoldete Beamte technisch tüchtiger administriren können. Auch Deutschland kennt Apostel dieser Denkart, aber noch immer hat das Pflichtgefühl und der tiefwurzelnde Idealismus unseres Volkes die Mehrheit selbst der Fabrikstädte davor bewahrt. In England dagegen begegnen sich in solcher Sinnesweise die Manchestermänner und eine junge büreaukratische Schule, die ihren Mittelpunkt in dem neuen Armenamte hat. Fast alle neuen Verwaltungseinrichtungen Englands sind dieses Geistes voll. Nicht ein persönlicher Dienst wird den Gemeindemitgliedern auferlegt — sie zahlen nur **Steuern** und freuen sich des behaglichen Rechtes, einen Ausschuß zu wählen. Und wieder dieser Ausschuß ist nur wenig persönlich thätig, er hat das zweischneidige Recht, so viel besoldete Beamte zu ernennen als ihm gut dünkt, und bereits herrscht in dieser Patronage der Gemeinde= ausschüsse ein ärgerer Nepotismus, als sogar im Parlamente. Dies ungefähr sind die Umrisse der **Formen**, in denen die neue Selbst= verwaltung sich bewegt, und es ist selbstverständlich, daß mit der wachsenden Entwöhnung der Bürger von dem persönlichen Dienste in der Gemeinde der Einfluß der Staatsgewalt auf die Commune immer mehr zunimmt.

Werfen wir weiter einen Blick auf die Städteverwaltung. Die Städte konnten natürlich der Grafschaftsverwaltung der Friedens= richter, die offenbar nur für das flache Land geeignet ist, niemals völlig unterworfen sein. Sie bildeten je einen von der Grafschaft exmirten Freibezirk für Municipal= und Polizeiverwaltung, und das Bürgerrecht war auf diejenigen beschränkt, welche Gemeindesteuern zahlten und Communaldienste leisteten (paying scot, bearing lot). Der einseitige ökonomische Charakter, welchen der Besitz ausschließ= licher Gewerbsrechte den deutschen Städten gab, fehlte den englischen. Dafür beginnt seit der Mitte des fünfzehnten Jahrhunderts eine fortschreitende Verbildung der **Städte** aus politischen Gründen. Der Antheil der **Städte** an den Unterhauswahlen überstieg weit ihre wirkliche Bedeutung; in einer Zeit, wo der Ackerbau drei **Viertheile** des nationalen Reichthums darstellte, saßen im Hause der Gemeinen neben 92 Grafschaftsabgeordneten 405 Abgeordnete der Städte. Daher haben der Absolutismus der Tudors, die „königliche Kunst" der Stuart's und die Aristokratie des achtzehnten Jahrhunderts wett= eifernd sich bestrebt, die Städte im oligarchischen Geiste umzugestalten und so zum Zwecke der Parlamentswahlen zu beherrschen. So fand das neunzehnte Jahrhundert Städte vor, welche meist durch einen sich selbst ergänzenden Rath geleitet wurden, mit einer geschlossenen Bürgerschaft, die an der Stadtverwaltung keinen nennenswerthen Antheil nahm und den Genuß nutzbarer Rechte (Zollfreiheit, Ge= meinheitsnutzung) als ihr wesentliches **Vorrecht** ansah. Längst ver= gessen war der alte gute Grundsatz, daß das paying scot bearing lot den **Bürger** mache; die Bürgerschaft bestand oft zum größten Theile aus **Auswärtigen**. Einen Begriff von diesen schmählich verrotteten

Zuständen mag die Stadt Portsmouth geben, welche in den dreißiger Jahren unter 146,000 Einwohnern **102 Bürger** zählte, unter diesen wieder nur 50 zur Parlamentswahl Berechtigte, meist Auswärtige. Eine solche Wählerschaft bot dem Einfluß der Gentry leichtes Spiel: die Städte wurden der Rückhalt der Adelsparteien des Parlaments. Der Gemeinderath ernannte wohl einen reichen Adeligen zum lebens= länglichen High Steward der Stadt, und der Patron deckte, zum Dank für die Willfährigkeit bei den Parlamentswahlen, großmüthig den Ausfall in der Stadtkasse. Fürwahr, es war die höchste Zeit, daß die Städteordnung vom 9. September 1835 dem Unwesen ein Ende machte. Das Gesetz, eine wenig glückliche Nachahmung der preußischen Städteordnung von 1830, legt die Municipalverwaltung in die Hände eines jährlich wechselnden Bürgermeisters (mayor), eines Magistrats von 4 bis 16 Mitgliedern (aldermen), endlich eines ge= wählten Gemeinderaths (common council) von 12 bis 48 Mitglie= dern. Der alte Satz, **der das** Bürgerrecht an das Tragen der Communalsteuern und Communaldienste knüpft, **kam** wieder zu Ehren, und der Hauptwerth des Bürgerrechts besteht, wie es sich gebührt, nicht mehr in dem Genusse nutzbarer Rechte, sondern **in der** Theil= nahme an der Verwaltung durch die Wahlen zum Gemeinderath. Auch die finanziellen Ergebnisse der **neuen** Ordnung sind durchaus **günstig.** Aber leider ward diese wohlgemeinte und dringend gebotene Reform getrübt und gestört durch zwei arge Mißgriffe. Der Magistrat hat nämlich das Recht, **für die** Ausführung der Verwaltung **so** viel **besoldete Beamte zu** ernennen, als ihm beliebt. Damit ist **der,** in **den Städten Englands ohnedies** weit verbreiteten Abneigung gegen **den persönlichen** Communaldienst Thür und Thor geöffnet. Sodann ist eine Hauptaufgabe der Commune, welche von den deutschen Städten so tüchtig erfüllt **wird,** die Armenverwaltung, **von der** Municipalver= waltung völlig getrennt. — Ganz einsam steht neben den 199 Städten, welche die Reform **bereits** angenommen, die altehrwürdige, ungeheuer= liche Verfassung der **City** von London, welche das Bürgerrecht von **der** Theilnahme an einer Zunft abhängig macht.

Noch mehr sogar als die Stadtverfassung haben sich die Ver= hältnisse der englischen Landgemeinden abweichend von den deutschen **entwickelt.** Dörfer in unserem Sinne kennt England nicht. Es fehlt **die Gutsherrschaft,** es fehlt der Bauernstand: der halben Million freier Grundeigenthümer, die einen Hort und Rückhalt Preußens bilden, kann England nur 17,000 Landeigenthümer und 224,000 Pächter entgegenstellen. Seit es dem Adel gelungen, die Bauernschaften völlig auszukaufen, konnte die Landgemeinde nicht, wie bei uns, eine, mit der Ordnung des gemeinschaftlichen Landbaues vorwiegend beschäftigte Bauernschaft sein. Den Mittelpunkt für die Landgemeinde bildet vielmehr die Kirche; das englische Dorf war ein Kirchspiel (parish), dessen Gemeindeversammlung (vestry) die zur Erhaltung der Kirche u. s. w. nöthige Kirchensteuer bewilligt. Seit der Reformation ward der Kirche die ungeheure Last der Armenverwaltung auferlegt; aber der Widerspruch, daß die Staatskirche für die weltlichen Angelegenheiten der, zur größeren Hälfte aus Dissidenten bestehenden Ortsgemeinden sorgen sollte, hat zur Ablösung der Armenpflege von der Kirche geführt. Heute dient das Kirchspiel wieder lediglich kirchlichen Geschäften, die von je zwei Church Wardens (Kirchenvorstehern) verwaltet werden.

Auch England hat die Wahrheit an sich erlebt, daß jede tüchtige Monarchie wohlwollend für das Loos des kleinen Mannes sorgt, während auch der besten Aristokratie ein positives Wirken für die niederen Classen schwer fällt. Mit großem Eifer hat sich die monarchische Gewalt der Tudors bemüht, die schwerste der von der Kirche des Mittelalters auf den Staat der Neuzeit übergegangenen Pflichten zu erfüllen — die Armenverwaltung. Aus diesem guten Geiste hervorgegangen ist das berühmte Armengesetz von 1601, welches die Armenlast den Kirchspielen aufbürdet und die Armenverwaltung in die Hände der Kirchenvorsteher und mindestens je zweier, von den Friedensrichtern ernannter Armenaufseher legt. Die Aristokratie jedoch, engherzig bestrebt, die Armenlast von ihrer Heimath nach Kräften abzuwälzen, erschwerte das Niederlassungsrecht der niederen Classen auf's Aeußerste, so daß diese Stände in Wahrheit in ihrem heimathlichen Kirchspiele confinirt blieben und auf die Dauer kurzer Dienstcontracte im Lande hin- und herzogen. Nehmen wir dazu den künstlich auf einem niedrigen Stande gehaltenen Tagelohn, die Vertheuerung der Lebensmittel durch die Kornzölle, endlich den gegen die Absicht des Armengesetzes allmählich zur Herrschaft gelangten Grundsatz, daß die Armenversorgung nicht durch Arbeit, sondern durch Geld erfolgen solle, so werden wir die unnatürliche Höhe der Armensteuer und die trotzdem menschenunwürdige Lage des Proletariats begreifen. Eine nothwendige und tiefgreifende Reform ward endlich vollzogen durch die poor-law-

amendment-act von 1834, welche für Stadt und Land gelten sollte
und heute im größten Theile des Reichs ausgeführt ist. Die Kirchspiele werden als Ortsarmenverbände organisirt, größere Kirchspiele
für die Zwecke des Armenwesens in mehrere Abtheilungen zerschlagen.
Die Steuerzahler und Eigenthümer in diesen Ortsarmenverbänden
wählen nach einem sechsfach classificirten Stimmrechte einen Armenrath
(guardians of the poor). Da aber die meisten Kirchspiele für eine
geordnete Armenversorgung bei Weitem zu klein sind, so werden durchschnittlich je vierundzwanzig Kirchspiele zu einem Kreisarmenverbande
(poor-law-union) vereinigt, der geleitet wird von dem board of guardians, d. h. den zusammentretenden guardians der Ortsarmenverbände
und den Friedensrichtern des Bezirks. Auch diese Reform mit ihrer
übersichtlich logischen Ordnung hat zu glänzenden finanziellen Ergebnissen geführt. In einiger Hinsicht ist auch das Loos der Armen
seitdem erleichtert worden, nur ertönen laut die Klagen aus den allzu
kleinen Kirchspielen, wo ein oder einige Grundeigenthümer über das
Loos des kleinen Mannes entscheiden. Aber rücksichtsloser als irgendwo
ist in dem Armengesetze der Grundsatz des persönlichen Communal-
dienstes verlassen worden; die Armenordnung ist der Kern und Mittelpunkt der büreaukratischen Mißbildungen des heutigen England. Die
guardians sowohl der Orts= als der Kreisarmenverbände haben
jenes bedenkliche und leider mit großem Eifer geübte Recht, nach Bedürfniß besoldete Beamte für die Armenverwaltung zu ernennen. Nur
zu viele boards of guardians sehen in ihrer Bürgerpflicht nur das
Recht zur Patronage, der Vergebung kleiner Versorgungsstellen an
heruntergekommene Subjecte. Die bescheidene und doch so unendlich
segensreiche Wirksamkeit der Armenvorsteher deutscher Stadtviertel, dies
tüchtige, selbstthätige Schaffen, das dem Pflichteifer und dem guten
Gemüthe unserer Mittelstände ein so fruchtbares Feld bietet — Ihr
würdet es im heutigen England vergeblich suchen. Jene Soldbeamten,
auf welche die Pflichten der Commune übergegangen, stehen sämmtlich
unter den Befehlen der Staatsbehörde, des poor-law-board, dessen
Seele der Minister des Innern ist. Das Ministerium hat damit einen
tiefgreifenden Einfluß auf die Commune erlangt, der einer Parteiregierung nicht zukommt. Zum Ueberfluß ist die Revision der Armenrechnungen Districtbeamten anvertraut, welche vom Staate ernannt
und besoldet werden. Und in diesem neuen Beamtenthum ist bereits
der ganze wohlbekannte Jammer büreaukratischer Schreibseligkeit ein-

gerissen, wie denn z. B. ein Streit über die Frage, ob ein Armenarzt für den Beistand bei einer schweren Entbindung höheres Honorar zu fordern habe, vom Minister entschieden wird! Die Künstelei des sechsfach abgestuften Stimmrechts und die staatsfeindliche Befugniß der Wähler, ihr Wahlrecht durch Stellvertretung zu üben, haben natürlich der bequemen Abneigung gegen den persönlichen Communaldienst allen Vorschub gethan.

Wie dem indeß sei: die blinden Verketzerer der auffälligen legislativen Fruchtbarkeit des heutigen Parlaments vergessen, daß mit diesen zahlreichen neuen Gesetzen nur die lang dauernde Versäumniß wichtiger Staatspflichten wieder gut gemacht wird. War doch das lebenskräftigste Ehrenamt des alten Selfgovernment ausschließlich für Strafjustiz und Sicherheitspolizei, nicht für die Wohlfahrtspolizei bestimmt. In der That, kaum war mit dem neuen Armengesetze der Staat einer ernsten Pflicht gerecht geworden, so erhob sich sofort das Verlangen, daß auch für andere, von den Communen bisher vernachlässigte Aufgaben der Wohlfahrtspolizei Sorge getragen werde. Diesem Wunsche kam man entgegen mit einer Reihe von Gesetzen, welche der Armenordnung ähneln, nur daß sie sogar noch mehr in geistlosem, mechanischem, büreaukratischem Sinne gehalten sind. Die richtige Einsicht, daß den heutigen Anforderungen an die Wohlfahrtspolizei der persönliche Ehrendienst der Gemeindegenossen allein nicht mehr genügen könne, wird hier verkehrt zu der, mit einer parlamentarischen Verfassung unverträglichen, gänzlichen Vernichtung des persönlichen Dienstes. Dieses neu-englischen Geistes voll ist die „Allgemeine Gesundheitsacte" von 1848. In jeder Commune wird durch Wahl nach classificirtem Stimmrecht ein local board für das Sanitätswesen ernannt, der — wesentlich nichts thut, als die Patronage führen über zahlreiche Soldbeamte. Der thätige Antheil der Gemeindegenossen an der Gemeindeverwaltung wird dabei so ganz zur lächerlichen Farce herabgewürdigt, daß die souveränen Wähler die Listen der für den local board Vorgeschlagenen in's Haus geschickt erhalten und durch Hinzuschreiben der Anfangsbuchstaben ihres werthen Namens ihre Bürgerpflicht erfüllen! Das Stimmrecht der Wähler freilich wird in den übrigen zahlreichen Gesetzen für ähnliche Zwecke verschieden geregelt, die Grundzüge der Verwaltung sind jedoch die gleichen: gewählte local boards, die durch Soldbeamte verwalten lassen, und folgerichtig ein tiefgreifender Einfluß der oberaufsehenden Staatsbehörden.

Die Verwaltung der Brücken und Wege — um auch dies schließlich zu berühren — liegt den Kirchspielen und Grafschaften ob. Sie ist offenbar vorwiegend ökonomischer Natur; deshalb und weil bei den veränderten Wirthschaftsverhältnissen der alte persönliche (Frohn-) Dienst der Gemeindeeinsassen unmöglich geworden, hat man billigerweise nach und nach eine große Zahl besoldeter surveyors of highways u. s. w. angestellt.

Auf den ersten Blick nun leuchtet ein, wie gänzlich unvermittelt das neue Selfgovernment dem alten gegenübersteht. Die Landgentry, welche dem Friedensrichteramte mit so rühmlichem Eifer obliegt, zieht sich mürrisch von der Armenverwaltung und ähnlichen Geschäften zurück, wo ihr kein überwiegender Einfluß zusteht. Hier ist eine Verschmelzung durchaus nöthig. Einerseits ist die Durchführung des persönlichen Dienstes auch in der Armenverwaltung unerläßlich, andererseits wird die Landgentry nach der gänzlichen Veränderung der socialen Verhältnisse auf ihr ausschließliches Recht zum Friedensrichteramte zu verzichten haben. — Noch auffälliger ist der Mangel jedes Zusammenhanges zwischen den einzelnen Zweigen der neuen Communalverwaltung. Die heutige City von London erfreut sich einer Straßenreinigung nach allgemeinem Stimmrechte, einer Armenverwaltung nach classificirtem Stimmrechte, einer Stadtverordnetenwahl nach Zünften, endlich einer Polizei nach dem Muster der Pariser Präfectur. Sicherlich das Bild einer vollkommenen Desorganisation, welche so nicht dauern kann. — Wie schwer immer diese und ähnliche Bedenken in's Gewicht fallen, so liegt doch in der Armenordnung der segensreiche Keim einer neuen Entwicklung. Der Hauptmangel der englischen Verwaltung seit Jahrhunderten lag darin, daß zwar eine tüchtige Grafschaftsverwaltung, aber keine lebensfähige Ortsverwaltung vorhanden war. Nun sind aber die alten Grafschaften bei der Dichtigkeit der heutigen Bevölkerung offenbar zu groß, um die regelmäßigen Verwaltungskörper zu bilden, während die Kirchspiele, welche oft nur 100 bis 200 Köpfe zählen, für diesen Zweck wieder zu klein sind. Daher bilden die neuen Kreisarmenverbände, die poor-law-unions (deren jetzt 624 bestehen mit durchschnittlich der Hälfte der Bevölkerung eines preußischen Kreises) den Schwerpunkt der heutigen und sicher auch der zukünftigen Selbstverwaltung. Die neuen Kreisgerichte und alle übrigen Zweige der Verwaltung beginnen bereits, sich in diese neuen Kreise einzufügen. So werden, wie wir sahen, die laufenden Ver-

waltungsgeschäfte der Friedensrichter in den petty sessions der Di=
visionen erledigt; diese friedensrichterlichen Divisionen aber decken sich
mit den poor-law-unions. Der alten Grafschaft bleibt sonach eine
allerdings geminderte, aber noch immer schwerwiegende Bedeutung als
Wahlkreis für das Parlament, als Untergerichtsbezirk, endlich als
Regierungsbezirk der friedensrichterlichen quarter sessions. Noch ist
Vieles an diesen neuen Bildungen embryonisch, aber die Möglichkeit,
daß die neuen Kreise durch Selbstthätigkeit der Insassen sich gedeihlich
weiter entwickeln und so dem Fortschreiten der Büreaukratie einen
Damm entgegensetzen — diese Möglichkeit wenigstens ist vorhanden.

Werfen wir schließlich noch einen vergleichenden Blick auf Deutsch=
land, so beginnt freilich jede solche Betrachtung mit dem A und O
des deutschen Jammers: — wir haben keinen fertigen, arrondirten
nationalen Staat. Und wir halten diese traurige Thatsache für so
unermeßlich wichtig, daß wir glauben: nur dann und nur deshalb
hat der Deutsche ein Recht, über fremde einheitliche Staaten zu ur=
theilen, wenn und weil er die klare Ueberzeugung in sich trägt, daß
auch sein Vaterland zu der Vorbedingung des modernen Staatslebens,
zur nationalen Einheit gelangen wird. Sehen wir jedoch hiervon ab,
so hat Deutschland — oder mindestens der deutsche Großstaat —
keinen Grund, blos mit Neid und Bewunderung auf das englische
Selfgovernment zu blicken. — Wir stimmen freilich nicht mit ein in
Gneist's übertriebene, ausschließliche Betonung des positiven Rechts
— eine Einseitigkeit, welche ihn verleitet, auf die allgemeinen, poli=
tischen Theorien allzu herablassend niederzublicken. Uns scheint viel=
mehr unzweifelhaft, daß die modernen Staatsverfassungen nicht blos
auf wirthschaftlichen und rechtlichen Thatsachen ruhen, sondern auch
eine ganze Welt politischer Ideen als Grundlage unter ihren Füßen
haben, welche als das allmählich angewachsene Erbtheil einer alten
Cultur eine sehr reale Bedeutung besitzt. Wir sehen daher in den
Staatslehren der Encyclopädisten und der deutschen Philosophen mehr,
weit mehr, als blos subjective Meinungsäußerungen „privatisirender
Gentlemen". Die eine Wahrheit aber versteckt sich hinter diesem
Grolle gegen die Theorie: die Staatswissenschaft muß endlich ablassen
von der dürftigen Auffassung der Politik als einer Klugheitslehre.
Nicht Fragen der Klugheit, sondern Fragen der Nothwendigkeit be=
handelt die Politik: es gilt, aus den vorhandenen socialen Thatsachen,
die durch die politische Logik gebotenen politischen Consequenzen zu

ziehen. Vergleichen wir Preußen und England in solchem Sinne,
so ergiebt sich zunächst, daß in Preußen mehrere Zweige der Selbstverwaltung besser und tüchtiger als in England vorhanden sind. Wird
doch eine hochwichtige Aufgabe, welche die englische Communalverwaltung gar nicht kennt, das Volksschulwesen, von unseren Gemeinden
besorgt. Unsere Landwehrverfassung ferner ist dem englischen Miliz-
wesen ohne Frage überlegen. Auch in der Städteverwaltung handelt
es sich nicht um die Aufnahme englischer, sondern um die Rückkehr
zu altpreußischen Grundsätzen. Ebenso können wir der Misère der
englischen Kirchspiele unsere Stadtviertel und das Schulzenamt in
den Dörfern getrost gegenüberstellen. Ueberall ist hier die persönliche
Dienstpflicht für die Commune bei uns rücksichtsloser aufgelegt. Die
Armenverwaltung endlich bedarf in Preußen nicht jener radicalen Um-
änderung wie in England; auch die Gesundheits= und die übrige
Wohlfahrtspolizei, deren lange Vernachlässigung jenseits des Canals
zu so bedenklichen Neuerungen geführt hat, ist bei uns längst im
Wesentlichen geordnet. Dagegen ist für die Kreise und Provinzen
die Anwendbarkeit der Selbstverwaltung für Preußen offenbar geringer,
und wir können hierin keinen Nachtheil sehen, da in den Ortsgemeinden,
dem Kerne des deutschen Selfgovernment, der persönliche Communaldienst in viel ausgedehnterem Maaße aufgelegt werden kann, als in
den Kreisen. Nicht nur kann die Einheit des Staates eine ausgedehnte
Selbstständigkeit dieser größeren Glieder bei uns nicht dulden, sondern
es darf auch unser monarchisches Beamtenthum, eng verwachsen, wie
es ist, mit der Geschichte des Landes, nimmermehr eine subalterne
Stellung einnehmen gegenüber den großen Grundbesitzern, welche den
persönlichen Communaldienst und die Communalsteuerpflicht größtentheils erst lernen sollen, und, da sie ihre Güter selbst bewirthschaften,
zur unparteischen Ausübung obrigkeitlicher Rechte wenig geeignet sind.
Die Verwaltung durch königliche Beamte unter dem Beirath von
Kreis= und Provinzialständen, welche England nicht kennt, bleibt für
Preußen das natürliche Verhältniß, vorausgesetzt freilich, daß die längst
verheißene radicale Reform dieser Stände endlich erfolgt. Dagegen
ist nothwendig, daß der große Grundbesitz zur Erfüllung jener persönlichen Dienstpflichten, die der Bürger und Bauer längst erfüllt,
gezwungen werde. Es ist zu wünschen, daß große Grundbesitzer kraft
königlicher Ernennung, sei es allein oder in Gemeinschaft mit rechtsgelehrten Beamten, die Handhabung der ländlichen Polizei, ja selbst

ein Polizeirichteramt übernehmen — natürlich mit festen Schranken
gegen das „Richten in eigener Sache". Offenbar ist ein solches Ehrenamt im königlichen Dienste ein ander Ding, als die von den Feudalen ersehnte, an der Scholle haftende, unverantwortliche gutsherrliche
Polizei, das will sagen, die Bildung von Staaten im Staate. An
der Criminaljustiz nehmen die Bürger bereits selbstthätig Theil durch
die Schwurgerichte, doch bleibt hier eine Anknüpfung der Geschworenen-
pflicht an die Stellung der Bürger in der Commune zu wünschen.
Eine Civiljury endlich ist in Deutschland, wenn überhaupt, sicher
nur innerhalb sehr enger Schranken möglich. Der obigen Erweiterung
der Selbstverwaltung entsprechend kann eine mäßige Decentralisation
der Finanzen erfolgen: die Uebertragung einiger Polizei- und Gerichts-
kosten, vielleicht auch des Wegebaues auf die Kreiscassen.

Man sieht, diese Vorschläge für eine Erweiterung der Selbstverwaltung in Preußen sind sehr mäßig. Um so entschiedener sind
zwei Forderungen zu betonen, ohne deren Erfüllung ein freies Staatswesen unmöglich ist: Sicherung der öffentlichen Rechte durch gerichtlichen Schutz und — Abschaffung der Exemtionen vom gemeinen
Rechte, insbesondere der Befreiungen von der allgemeinen Bürgerpflicht
der Steuerzahlung.

Am meisten vernachlässigt ist in dem constitutionellen Preußen
die Verbindung von Verfassung und Verwaltung. Die Geschichte
Englands, dessen Grafschaftsverwaltung erst dann gesichert ward, als
in der Zeit nach der Restauration sein parlamentarisches Recht wahrhaft
gefestigt war — dies Beispiel mag uns den nothwendigen Zusammenhang von Verfassung und Verwaltung lehren. Heben wir drei wesentliche Punkte hervor, welche deutlich zeigen, wie wenig im heutigen
Preußen dieser Zusammenhang beachtet ist.

Das Wahlgesetz, welches das Stimmrecht für die Wahlen zum
Hause der Abgeordneten gänzlich unabhängig macht von der Stellung
der Wähler in Kreis und Gemeinde, wird heute wohl von den meisten
Urtheilsfähigen als verfehlt anerkannt. Doch sehen wir diese Zustände
nicht mit gar so hoffnungslosen Augen an, wie Gneist. Denn wenn
es gewiß ist, daß die Versammlungen der Urwähler den General-
versammlungen einer Actiengesellschaft äußerlich ziemlich ähnlich sehen,
so ist nicht minder sicher, daß unser Wahlgesetz weder aus einer
ökonomischen Auffassung des Staats hervorgegangen, noch in solchem
Geiste vom Volke betrachtet wird. Und auch hier kann die sittliche

Tüchtigkeit der Nation den Mängeln der Institutionen auf einige Zeit die Waage halten. Einige Furcht vor **dem** rothen Gespenste, vor Allem aber der gänzliche Mangel an Erfahrung darüber, wie das Unding des Bonapartistischen allgemeinen Stimmrechts zu vermeiden sei — dies waren die Motive, denen wir die Mißbildung des Wahl=gesetzes verdanken. Und eben deshalb wird noch eine längere Erfahrung, eine definitive Regelung der Communalpflichten abzuwarten sein, bevor an eine Reform zu denken ist.

Ungleich dringender **ist** eine andere, von Gneist mit schlagenden Gründen, wie uns scheint, befürwortete Reform: **die** wirkliche Bildung und Benutzung des verfassungsmäßigen königlichen Staatsrathes, dessen Thätigkeit, obwohl ein Stein sie verlangte, Preußen seit einem halben Jahrhundert schmerzlich vermißt. Halte es Niemand für einen Zufall, daß nicht blos Preußen, sondern auch Mittelstaaten, wie Hannover und Sachsen, wiederholte Versuche gemacht haben zur Wiederherstellung dieser altmonarchischen Institution. Allerdings haben wir kein eigent=liches Parteiministerium, aber doch ein Cabinet, das über ein gemein=sames politisches System einig ist und bei einem Regierungswechsel **oder** einem anderen Anlaß sofort durch ein entgegengesetztes System verdrängt werden kann. Und diese so jähem Wechsel unterworfenen Ministergewalten sind in Wahrheit schrankenlos. Unsere Minister haben nicht blos, was ihnen gebührt, die Organisations= und Etats=sachen ihres Departements zu leiten, sondern ein großer Theil der Jurisdiction über Fragen des öffentlichen Rechtes liegt in ihren Händen; ja, sie sind sogar Richter in eigener Sache, indem sie über die Grenzen zwischen Ministergewalt und Communalverwaltung ent=scheiden. Daher kommt bei jedem Ministerwechsel ein Theil der Staats= **und der** Communalverwaltung aus den Fugen. Noch mehr, ein mit so hochwichtigen Geschäften überladener Minister ist offenbar nicht im Stande, den Zusammenhang seines Departements mit den übrigen im Auge zu behalten. Daher wird der Recurs an das Gesammtministerium gewöhnlich zur Farce, zu einer Appellation von dem Minister an den Minister. Schwere, auf die Dauer unerträgliche Uebelstände, Uebel=stände in der That, die sich kaum anders beseitigen lassen, als durch **die** Thätigkeit des Staatsraths, des Collegiums der Spitzen des ge=sammten Militär= und Civilbeamtenthums. Mit ganz anderer Un=befangenheit als ein Fachminister würde ein solcher königlicher Rath die Jurisdiction üben über die öffentlichen Rechte von Communen,

Beamten und Privaten, und wir freuen uns, daß diese Meinung sich bereits Bahn bricht in entscheidenden Kreisen, wie der Commissionsbericht des Abgeordnetenhauses über die Riel'sche Petition wegen der Beamtengehalte beweist. Finden die Minister einen Rückhalt an einem stehenden Staatsrath, so werden die wichtigsten dauernden Staatsinteressen, wie die Angelegenheiten der Kirche und Schule, nicht mehr, wie heute, abhängig sein von der subjectiven Meinung eines Fachministers. Endlich wird der Zusammenhang zwischen den einzelnen Zweigen der Verwaltung nur von einem Collegium des gesammten **hohen** Beamtenthums richtig gewürdigt werden. Und man **bedenke,** daß jedes wichtige Verwaltungsgesetz in mehrere Zweige der Staatsverwaltung eingreift. Man bedenke ferner, daß sogar in England, **dem** klassischen Lande der Parteiregierung, ein durchgreifendes neues Verwaltungsgesetz — eine Gemeindeordnung u. dgl. — nicht durch Fachminister, sondern durch eine, ohne Parteirücksichten zusammengesetzte Immediat-Commission vorbereitet wird. In Preußen ist kein Zweig der Verwaltung aus dem Zusammenhange der übrigen so gründlich ausgeschieden, wie das Heer. Die eigenthümlichen Interessen dieser Stütze unseres Staates sind freilich von der Verfassung in sehr rücksichtsvoller Weise gewahrt, aber noch immer fehlt den Spitzen des Militärs, was sie gerechterweise beanspruchen dürfen — ein Antheil an der allgemeinen Staatsleitung. Eben deshalb steht das Heer halb außer der Verfassung, eben deshalb behauptet sich die Anomalie eines Militärcabinets, **eben deshalb ist jene einseitige** Standesgesinnung **groß geworden,** welche nur zu oft als der wahre militärische Sinn **angesehen und** gefördert **wird, wie denn die** sächsische Staatsrathsordnung die Generale des Staatsraths grundsätzlich von der Berathung nichtmilitärischer Fragen ausschließt. Und doch sind unzweifelhaft eine Reihe wichtiger militärischer Fragen zugleich bürgerliche Angelegenheiten — man denke an die Landwehr, die Rekrutirungssachen. **Dieser** Mangel eines innigen Zusammenhangs zwischen dem Heerwesen und der übrigen Verfassung und Verwaltung ist wahrlich nicht dadurch zu heben, daß man dem Landtage noch größere Befugnisse über das Heer zugesteht — ein heute in Preußen wohl nirgends mehr ernstlich gehegter Gedanke — sondern dadurch, daß man das hohe Militärbeamtenthum an der collegialen Thätigkeit **des** Staatsraths betheiligt. Dann ist es möglich, daß in der Schule dieser Arbeit für allgemeine Staatszwecke das Militär sich in die Verfassung einlebt und den

geheimen Widerwillen gegen das constitutionelle Wesen allmählich
aufgiebt. — Um es kurz zu sagen, der Zusammenhang und die Stetigkeit
der Staats- und Communalverwaltung verlangt eine stehende, collegiale
Oberbehörde neben den wechselnden Fachministern.

Nirgends tritt der Mangel eines Zusammenhanges zwischen
Verfassung und Verwaltung in Preußen klarer, schreiender hervor, als
in der Einrichtung des Herrenhauses. Man vergegenwärtige sich den
ganzen Widersinn dieser Institution. Der eine Factor der preußischen
Gesetzgebung ist bei aller äußerlichen Aehnlichkeit dem Wesen nach
das Gegentheil eines Oberhauses. Es ist nicht wie das Haus der
Lords die Vertretung der Classen, welche in Wahrheit das Land regieren,
sondern die Vertretung eines Standes, welcher an der Selbstverwaltung
einen sehr geringen Antheil nimmt, ja von wichtigen öffentlichen Pflichten
und mehreren Sätzen des gemeinen Rechtes eximirt ist — eine Körperschaft von nicht ganz unzweifelhafter Rechtmäßigkeit, welche grundsätzlich
aus Rücksicht auf eine **Partei** gebildet worden, — die Vertretung eines
Standes, welcher, erzürnt über den Verlust einiger überlebter Rechte,
unsere neuere Staatsgeschichte für eine Krankheit hält, eines Standes,
welcher von dem Umschwung der Ideen der Nation verhältnißmäßig
am wenigsten berührt worden, eines Standes, welcher, statt nach Art
echter Staatsmänner, die öffentliche Meinung zu prüfen, sich grund-
sätzlich in einem Kampfe gegen dieselbe und gegen die Regierung gefällt.
Der Urgrund des Uebels liegt darin, daß in Preußen der große Grund-
besitz nicht zugleich die höchsten Aemter im Staate übernimmt und nach
dem Verlaufe unserer Geschichte heute nicht mehr ausschließlich über-
nehmen kann. Um die Vertretung von Besitz und Amt im Herren-
hause herbeizuführen, macht Gneist den Vorschlag, den königlichen
Staatsrath durch königliche Ernennung in das Herrenhaus aufzunehmen.
Uns scheint dieser Gedanke nicht blos politisch richtig, sondern auch
rechtlich **begründet, denn das** Beamtenthum, das bis jetzt unseren Staat
wirklich regiert, hat sicher nicht minder, als der große Besitz, ein wohl-
erworbenes Recht auf Theilnahme an der Gesetzgebung. Aber schon
bevor die Umbildung des Staatsrathes möglich sein wird, scheint uns
ein Eingreifen in die systematische Opposition des Herrenhauses durch
Benutzung des verfassungsmäßigen königlichen Ernennungsrechts uner-
läßlich. Allerdings hegen wir zu der alten Loyalität des preußischen
Adels das gute Zutrauen, daß er, einmal gewöhnt an den persönlichen
Ehrendienst in Kreis und Gemeinde, lernen wird, den Staat unter dem

Gesichtspunkte der öffentlichen Pflichten und nicht blos der ständischen Sonderansprüche zu betrachten. Für jetzt jedoch handelt es sich erst um die gleichmäßige Steuerpflicht, also um die Voraussetzung jenes künftigen Selfgovernment, in welchem der Adel, will's Gott, einst lernen soll, ein politischer Stand zu sein. Darum muß die Benutzung des königlichen Rechtes gegen die Opposition bald und entschieden erfolgen. Erst wenn dereinst der große Grundbesitz völlig auf dem Boden des gemeinen Rechtes stehen und die Pflichten der Selbstverwaltung tragen wird, kann jene Gehässigkeit schwinden, welche heute beide Häuser scheidet, erst dann ist eine regelmäßige Verbindung beider möglich durch den Uebertritt ausgezeichneter Mitglieder aus dem unteren Hause in das obere.

Diese kurze Berührung nur einiger von den vielen brennenden Fragen im preußischen Staate wird genügen, Gneist's Meinung zu bestätigen, daß für Preußen eine Zeit schwerer, ununterbrochener Arbeit gekommen ist, eine Zeit des Ausbaues halb fertiger Institutionen. Und schon das theoretische Verstehen der wirklichen Verfassung und Verwaltung eines Staates ist eine mühevolle Arbeit; dafür hat uns Gneist's Werk wieder einen redenden Beweis gegeben, dessen Mängel und Vorzüge den leichtfertigen politischen Dilettantismus gleich sehr zurückschrecken werden. Und noch gründlicher mag uns die thatsächliche Betrachtung des englischen Selfgovernment von der Thorheit heilen, in der gebrechlichen Einrichtung dieser Welt irgendwo die Verwirklichung vorgefaßter politischer Ideale zu suchen.

Eine süddeutsche Correspondenz.*)

(München. Mitte Juni.)

Ob man in Berlin wohl ahnt, wie unermeßlich Vieles Preußen in den letzten Wochen verloren hat? Ob man sich klar bewußt ist der beschämenden Thatsache, daß hier im Süden der gute Wille einer wohlmeinenden Regierung und die trotz alledem sichtbaren Anfänge eines neuen aufgeklärten Systems in Preußen vergessen, gänzlich vergessen sind über einigen kleinlichen und tiefgemeinen Schmutz= und Klatschgeschichten? Sie wünschen einen Bericht über süddeutsche Stimmungen und Zustände, und ich muß ihn beginnen mit dem traurigen Eingeständniß: in dem Einen, was uns vor Allem noth thut, in der Verständigung und Ausgleichung der deutschen Gegensätze, ist ein großer verhängnißvoller Rückschritt geschehen. Der kaum halb beschwichtigte Preußenhaß ist in voller Bitterkeit wieder erwacht, und mit unermüdlicher Geschäftigkeit tragen die Feinde Deutschlands alle die widrigen Einzelheiten der Berliner Skandale umher. In Baiern, meinte ein einflußreiches Blatt, ist die öffentliche Meinung stark genug, ein verhaßtes politisches System zu stürzen — exempla sunt gloriosa — in dem zurückgebliebenen Preußen bemüht sie sich umsonst, offenbare Verletzungen des Gesetzes zur Strafe zu ziehen. Und diese Auffassung ist hier verbreiteter, als man in Preußen meint. Die ultramontanen Blätter und die Augsburger Zeitung ist man im Norden gewöhnt zu ignoriren, obwohl sie doch einen sehr starken Bruchtheil des Volkes hinter sich haben. Die wenigen baierischen Blätter aber, welche ein Herz haben für Preußens Ehre, spiegelten in diesem Falle die öffentliche Meinung nicht ganz getreulich wieder; manches wohlverdiente scharfe Wort mußten sie unterdrücken, um die

---

*) [Preuß. Jahrb., Band 7 (Juniheft 1861), S. 544 ff.]

ohnedies steigende Fluth des Preußenhasses nicht noch höher anzu=
schwellen. Es ist eine alte Wahrheit, daß nur ein stetig eingehal=
tenes politisches System Staaten zu Ehren bringt, vereinzelte gute
Thaten aber der Vergessenheit verfallen, und sie hat sich nie so un=
erbittlich bewährt wie in dieser raschen Zeit. Kaum drei Jahre sind
verflossen, seit der edle Entschluß des Prinzregenten auch im Süden
das System der Reaction zum Wanken brachte, und heute schon lassen
sich in Süddeutschland die Männer zählen, welche noch ein Gedächtniß
haben für dies unvergeßliche Verdienst Preußens.

Eine leidliche Kenntniß der preußischen Dinge ist in Baiern
nicht häufig zu treffen. Sorgt doch schon unsere Erziehung, mag sie
nun vom Geiste des Clerus oder nach den Absichten der angestammten
Fürstenhäuser geleitet werden, weislich dafür, daß Vieles von dem
Herrlichsten der deutschen Geschichte der deutschen Jugend unbekannt
bleibe. Wie Viele aus dem Volke in Baiern mögen etwas vom alten
Blücher zu erzählen wissen, und wie Viele unter den Gebildeten
ahnen etwas von dem glorreichen Stück deutscher Geschichte, das einst
in Altpreußen in den Mauern der Marienburg gespielt hat? Und
nicht immer holt der Mann nach, was der Knabe versäumt; viel zu
selten erfüllen die Süddeutschen die Pflicht, den Norden des Vater=
landes kennen zu lernen. Und wie oft kehren süddeutsche Reisende
zurück, verstimmt und bestärkt in alten Vorurtheilen; denn die Herr=
lichkeit von Land und Leuten im Norden liegt einmal nicht auf der
Oberfläche, dem raschen Wanderer leicht erkennbar, während im Süden
das reiche Land und das festlich heitere Volk dem Fremden sogleich
gastlich entgegentritt. So hat man von Preußens heutiger Lage
meist nur oberflächliche Begriffe; mit Ausnahme des Herrn v. Vincke
weiß der Münchener von den Männern des Hauses der Abgeordneten
sicher noch weniger als der Berliner von den Völk, Cramer, Brater,
welche die baierische zweite Kammer zieren. Nur schreiende, in die
Augen fallende Begebenheiten sind es, welche die Aufmerksamkeit auf
Preußen richten, und wahrlich, die jüngsten Wochen ließen es daran
nicht fehlen. An sich schon fällt es dem Bürger eines Mittelstaates
schwer, die Heftigkeit des Parteienkampfes, das Aufeinanderplatzen
so starker Gegensätze zu begreifen, wie sie in dem reicheren Leben
des deutschen Großstaates unvermeidlich sind. Gar manches Organ
der Herren v. Beust und Pfordten preist es stolz, daß man in Baiern
und Sachsen eine solche Erbitterung der Parteien nicht kenne — und

gleicht damit jenem Manne ohne Waden, der mit gerechtem Selbst=
gefühl sich rühmte, er habe noch nie am Wadenkrampf gelitten. Aber
auch die Verständigen werden verstimmt, wenn sie immer und immer
keine Antwort finden auf die Frage, wer denn in Berlin regiere, das
Ministerium oder das Junkerthum? Seit wir vollends erleben mußten,
daß ein obscurer Winkelschreiber als „der Mann der rettenden That"
für Preußen gepriesen ward, seitdem wankt auch dem Muthigsten der
Muth für Preußen einzustehen. Unter dem überwältigenden Ein=
drucke dieser kläglichen Dinge ist man hier nur zu geneigt, alle
preußischen Verhältnisse mit mißgünstigem Auge zu betrachten. So=
gar die Depesche des Herrn v. Gruner und die wackere Haltung des
Hauses der Abgeordneten in dem Macdonald=Handel haben die freu=
dige Anerkennung nicht gefunden, welche sie verdienen Auch die
wenigen realen Ergebnisse der Landtagssession sind nicht geeignet, im
Süden große. Befriedigung zu erwecken. Von der Grundsteuerfrage
begreift hier Niemand, wie sie eine Frage sein konnte, und die ein=
mal Verstimmten fürchten, dieses eine Nachgeben des Herrenhauses
werde durch wiederholtes Nachgeben der Regierung aufgewogen werden.
Die heilsame Bedeutung, welche die Erhöhung der preußischen Militär=
macht für ganz Deutschland haben kann, wird zwar keineswegs über=
sehen; aber man schüttelt doch den Kopf über die unglückliche Form,
in der man diese Maaßregel durchgesetzt hat. Die Abstimmung end=
lich in der italienischen Frage hat zwar Beifall gefunden bei den
Wenigen, welche um Oesterreichs willen wünschen, daß das Aufgeben
Venedigs diesen Staat von einem tödtlichen Krankheitsstoffe befreie:
die große Mehrheit in Baiern ist jedoch leider bekanntlich anderer
Meinung.

Wahrhaft verhängnißvoll aber, und sogar noch tiefer verletzend
als die Berliner Polizeihändel, hat eine andere Erscheinung der letzten
Session in Süddeutschland gewirkt — das brutale Hervortreten des
preußischen Particularismus der feudalen Partei. In Preußen freilich
weiß man, wie ganz vereinsamt diese Gesinnung im preußischen Volke
dasteht; man lächelt nur über solche Aeußerungen bodenlosen Dünkels,
wie sie den Carlowitz und Reventlou geboten wurden, und ahnt gar
nicht, wie gerade jenen Nichtpreußen dabei zu Muthe wird, welche
alle ihre Hoffnungen für Deutschland auf Preußen setzen. Wir in
den Mittelstaaten werden von Kindesbeinen an, gemäß dem herrschen=
den Systeme, grundsätzlich mit Haß oder doch mit Mißtrauen gegen

Preußen erfüllt. Mag dann den Einen die Kenntniß der Geschichte zur besseren Einsicht führen, den Anderen die Sehnsucht nach einem wirklichen Staate, der uns nicht alltäglich die trostlose Frage aufdrängt: lohnt es sich auch der Mühe, für diesen Staat zu wirken? — jedenfalls dürfen wir uns das Zeugniß geben: wenn wir groß denken von Preußen und diesem Staate hohe Ziele stecken, so haben wir uns solche Liebe erst in schwerer Arbeit erworben. Und nun kommen diese pommerschen Junker, halten Reden, welche die Einfalt selbst beschämen, und erklären schließlich vor aller Welt, die eingewanderten Sachsen, Hessen, Schleswig-Holsteiner — oder wie sonst diese wilden Volksstämme heißen — seien gar nicht fähig, den Tiefsinn der preußischen Staatskunst zu begreifen!! Und das geschieht fünfzig Jahre, nachdem Niebuhr in einer preußischen Staatsschrift dem deutschen Volke verkündete, es sei Preußens Beruf, alles Edle und Tüchtige aus Deutschland an sich zu ziehen und für das gesammte Vaterland zu benutzen! Man muß in den Mittelstaaten leben, um zu begreifen, daß solche Worte nicht anders wirken als offener Verrath, daß sie die Reihen von Preußens Freunden mehr lichten als der schwerste Mißgriff der Regierung es thun könnte. Und leider wissen die Herren nur zu gut was sie sagen und wie ihre Reden in Deutschland wirken.

Mit einem Worte, die Mißstimmung des Südens gegen Preußen ist sehr, sehr stark. Und man thut Unrecht, den Grund davon allein in Vorurtheilen oder in den Berliner Skandalen oder in dem Mißgeschicke zu suchen, welches das Ministerium Hohenzollern unablässig verfolgt hat. Der Grund liegt tiefer, liegt in gewissen unglücklichen Eigenthümlichkeiten des preußischen Staates; und es ist wohlgethan, sich ehrlich darüber Rechenschaft zu geben. Denn es ist eine schwere Täuschung, wenn die „Realpolitiker" meinen, das süddeutsche Volk jemals zu überzeugen durch den kahlen Satz: Preußen hat die größte Macht in Deutschland, darum gebührt ihm die Führerschaft. Das Wort: „Preußen muß sich die Hegemonie erst verdienen" wird nicht blos von den politischen Kindern nachgesprochen, welche sich geberden, als säße das souveräne deutsche Publikum auf dem Throne und könne nach Gutdünken jenem Staate Macht und Ehre schenken, der sich am artigsten zeige. In der innersten Natur vielmehr unseres Volkes liegt es begründet, daß wir uns nicht wahllos vor der Macht als solcher beugen mögen. Preußen wird seine gebührende Stellung in Deutschland **erst** dann erlangen, wenn es ihm gelingt, die Achtung und Liebe der Deutschen dauernd an sich zu fesseln; und der Realpolitiker gerade soll diese Thatsache, diesen idealen Zug des deutschen Charakters, nicht übersehen. In der That darf Preußen nur dann seiner Macht sich rühmen, wenn es seines Volkes sicher ist, wenn es Ordnung hält im eigenen Hause. **Das aber ist es** — die Ordnung im eigenen Hause — was wir Freunde Preußens so schmerzlich vermissen. Das freudige Vertrauen der preußischen Bürger zu ihrem Staate ist tief erschüttert, **denn** Preußen krankt an einigen Mißständen, welche das südliche Deutschland längst überwunden **hat**. Und dieser Uebel größtes ist der ungebührliche Einfluß des Junkerthums. Ich sage nicht zu viel, wenn ich behaupte: Altbaiern wird durch sein Pfaffenunwesen nicht schroffer von Deutschland getrennt als der Nordosten **durch** seine Junkerwirthschaft. Der norddeutsche Protestant, dem **der Münchener** ultramontane Volksbote in die Hände fällt, sagt nicht trostloser sein: „das **verstehe** ich nicht", als der süddeutsche Bürger, **wenn** er von den Theorien der Kreuzzeitung hört. Es ist, **als ob** zwei Jahrhunderte uns von diesen Menschen trennten. Ein **Adel,** der eine so klägliche Geschichte hat wie der deutsche, kann an die Forderungen des modernen Rechtsstaates nur durch sehr rücksichts**lose Mahnungen** gewöhnt werden. Ueber den süddeutschen Adel **ist** der Sturm des Reichsdeputationshauptschlusses und der Napoleonischen Willkürherrschaft dahingegangen und hat gewaltig aufgeräumt unter seinen Vorrechten und Vorurtheilen. Der märkische und der pommersche Adel aber ist fast unberührt geblieben von dem großen Wandel der Zeiten, und heute noch könnte Stein seine berühmte Klage wiederholen: welch' ein Unglück für Deutschland, daß Berlin in der Kurmark liegen muß, wo ein begehrlicher, anmaaßender, in örtlicher Beschränktheit befangener Adel unmittelbar lähmend auf den Mittelpunkt des Staates wirkt. Auch Süddeutschland freilich leidet unter dem gemeinen deutschen Jammer, **daß** unser Adel, die Umgebung unserer **Fürsten,** dem nationalen Leben sich ganz entfremdet hat; und wie wenig der süddeutsche Adel den Beruf der Aristokratie begriffen, davon geben noch die jüngsten Verhandlungen der baierischen Reichsräthe über die kurhessische Frage ein beschämendes Zeugniß. Aber eine solche Unzahl kleiner landsässiger Adelsfamilien **wie Preußen** **besitzt** der Süden nicht; der alte reichsunmittelbare Adel **des** Südens steht den nationalen Ideen nicht ganz so feindselig gegenüber wie

das kleine Junkerthum des Nordostens; eine lange constitutionelle
Erfahrung hat ihn endlich gezwungen, wenigstens einige staatsbürger=
liche Lasten zu übernehmen; er besitzt kein Organ in der Presse zur
Vertretung der Ansprüche der Kaste; und ein Blick auf die Beamten=
listen der süddeutschen Staaten beweist, wie viel geringeren Einfluß
der Adel im Süden auf die Verwaltung ausübt. **Und in** wahrhaft
unseliger Weise wird durch dies ungebührliche Uebergewicht des Junker=
thums in Preußen eine ohnedies schon vorhandene tiefgreifende Ver=
schiedenheit des Volksthums von Nord und Süd noch **verstärkt.** Es
ist nicht heilsam, solche Gegensätze stark zu betonen: **handelt es sich**
doch dabei nur **um** ein Mehr oder Minder, um Verschiedenheiten
mehr der Geschichte als der natürlichen Anlage, und sorgen **doch**
Deutschlands Feinde ohnedies dafür, daß das Bewußtsein der Eigen=
art der deutschen Stämme recht gehässig genährt und erhalten werde.
Das Eine aber ist sicher: der Süden hat mehr demokratische Sitten
als der Norden. Die ganze Art der Menschen ist hier beweglicher
und harmloser, weniger schroff und leidenschaftlich als im Norden;
und die allüberall herrschende Sitte des Wirthshauslebens, worunter
die Frauen so schwer leiden, vermehrt noch die formlose Unbefangen=
heit des Umganges. Wie auf solche Menschen **das** rücksichtslose
Zurschautragen des Standeshochmuths wirken muß, läßt sich leicht
ermessen. Vermischt sich nun vollends der adelige Hochmuth mit
dem militärischen Kastengeiste, so wird der Zustand für süddeutsche
Augen unerträglich. Jene Ausschreitungen einzelner Officiere, wie sie
in Preußen gelegentlich vorkommen, erscheinen hier völlig unbegreiflich,
wo man alltäglich den Major und den Fuhrmann an einem Tische
die Geheimnisse des Nationalgetränkes ergründen sieht. Auch die
Klagen über das Beamtenthum hört man in Baiern seltener. Die große
Mehrzahl der Beamten ist zwar sicher minder gebildet als in Preußen,
und an Schlendrian und leerem Formalismus ist kein Mangel; aber
schreiende Fälle polizeilicher Willkür sind nicht häufig, und den Be=
amten trennt keine schroffe sociale Schranke von dem Volke. Daher
trägt man sich mit den wüstesten Vorstellungen von der preußischen
Bureaukratie. Als Einer meiner Bekannten aus Italien zurückkehrte
und in Nürnberg den unglaublichen Abfall des Volkes in Neapel
schilderte, da antwortete man ihm: „ja, **es** läßt sich begreifen. Ge=
rade so würd' es bei uns zugeh'n, wenn wir preußische Beamte hätten!"
— Dies also ist es, was den Süden dem preußischen Staate so sehr

entfremdet, mehr entfremdet als alle anerzogene Gehässigkeit und alle
Augsburger Lügen. Weil man in Preußen den dennoch unvermeid=
lichen Bruch mit der Vergangenheit, mit dem Junkerthume, nicht ge=
wagt hat, darum hat Preußen heute die bitteren Erfahrungen der
Jahre 1815 bis 1820 noch einmal kosten müssen. Wie damals, da
Preußen zuerst den Bürger und Bauer entfesselte, den Rechtsstaat
gründete und doch nicht den Muth hatte, das Werk der Stein und
Hardenberg durch eine Verfassung zu krönen: so hat auch jetzt wieder
Preußen den Anstoß zum Besseren gegeben, um — wenige Jahre
darauf — von anderen Staaten vielleicht überflügelt zu werden.

Aber alle diese gerechten Anlässe zur Unzufriedenheit mit Preußen
reichen nicht aus, um die Thatsache zu erklären, daß die nationalen Ge=
danken in Altbaiern so wenig Eingang gefunden. Auch der wohl=
wollendste Beobachter kann es nicht leugnen: Altbaiern ist noch immer
die feste Burg des Particularismus. Unwissenheit, gemeiner Neid und
jene behagliche Selbstzufriedenheit, welche in einem abgeschlossenen
Sonderleben so leicht entsteht, arbeiten den giftigen Einflüsterungen
der Ultramontanen und den Bestrebungen mittelstaatlicher Großmachts=
politik in die Hände. Ueberall sonst in Deutschland sind es nur noch
die Organe der Regierungen, welche den nackten Particularismus
grundsätzlich zu vertheidigen wagen, und auch sie hüllen ihre Herzens=
meinung gern in biedere Redensarten vom „ganzen Deutschland." In
Baiern allein — kein deutsches Land kann ihm diesen traurigen Ruhm
bestreiten — finden sich zahlreiche unabhängige Blätter, welche in
reiner, unbezahlter Begeisterung den schrecklichen Gedanken, daß es ein
Deutschland gebe, verfolgen und verschreien. „Wir können es **den**
Holsteinern nicht verdenken, meinte neulich ein Blatt dieses Schlages,
wenn sie lieber dänisch sein wollen, als unter preußischem Schutze stehen!"
Mit bewundernswürdiger Spürkraft wird Alles verfolgt, was den
Baiern den übrigen Deutschen annähern könnte. Nicht blos der Na=
tionalverein ist ein Abscheu; auch der volkswirthschaftliche Verein für
Südwestdeutschland will „Baiern preußisch machen." Kaum versucht
der deutsche Handelstag der deutschen Münzverwirrung ein Ende zu
machen, so wird, mit meisterhafter Benutzung des Satzes post hoc ergo
propter hoc, der Baier erschreckt durch die Versicherung, man wolle
„die preußischen Preise dem billigen Baierlande octroyiren." Noch
mehr, die „Mark" ist nur ein Versuch, Süddeutschland zu „vermärkern,"
die preußische Hegemonie auf Schmuggelwegen einzuführen! Wie schwer

es sein mag, über eine solche Publicistik ernsthaft zu reden, so täusche man sich doch nicht über die Bedeutung solcher Stimmen. Diese namenlosen Winkelblätter bilden die einzige politische Belehrung des baierischen Bürgers und Bauern und sie sind eben darum eine Macht, weil die gedankenlose Menge von dem wahren Sinne dieser frevelhaften Lehren nichts ahnt.

Wenn ein gemachtes, erkünsteltes Gefühl naiv sein könnte, so ließe sich sagen, es herrsche in Baiern noch ein naiver Particularismus: die Leute wissen es gar nicht anders, als daß sie Baiern sind. Nirgends ward und wird mit größerer Meisterschaft jene Politik geübt, wodurch die Mittelstaaten Deutschlands Zwietracht zu verewigen trachten, jener politische Taschenspielerstreich, welcher dem realen Begriffe „baierischer Staat" rasch den Wahnbegriff „baierischer Stamm" unterschiebt. Dieser Staatskunst sind die Bahnen gewiesen worden, als Max Joseph die neu erworbene Rheinbundskrone, den deutschen Länderfetzen, welchen der corsische Herr und Meister ihm zuwarf, mit den Worten ankündigte: „ich habe das alte Königreich der Baiern wiederhergestellt;" und weder die deutschthümelnden Sympathien Königs Ludwig's, noch die ehrenwerthe Neigung seines Nachfolgers für deutsche Wissenschaft haben an diesem Grundgedanken der baierischen Politik das Mindeste geändert. Kein Wechsel der inneren Politik hat je einen Wandel hervorgerufen in der „deutschen" Politik, welcher die Erhaltung eines königlich baierischen Sonderlebens um jeden Preis als das letzte Ziel erscheint. Die Rheinbundsgedanken freilich, welche in unserer nächsten Nachbarschaft sich wieder so vernehmlich regen, sind dem edlen Sinne des baierischen Monarchen sicherlich ganz fremd. Aber dieselben Menschen, welche dem Sturze des Pfordten'schen Ministeriums zujubelten, finden es ganz in der Ordnung, daß derselbe Pfordten die alte Politik der Zwietracht und des Preußenhasses in Frankfurt noch heute vertritt. Seit Jahrzehnten ist kein Mittel unversucht geblieben, um den „baierischen" Localpatriotismus groß zu ziehen, um die officielle Geschichtsverfälschung dem Volke in Fleisch und Blut übergehen zu lassen. Sogar die Kunst mußte solchen Zwecken dienen, ein gewaltiges Werkzeug in Altbaiern, wo die fröhliche Lust an schönen Bildwerken dem gemeinen Manne angeboren scheint. In der baierischen Specialwalhalla auf der Theresienwiese sind alle die großen Reichsbürger von Nürnberg und Augsburg versammelt und blicken gar verwundert nieder auf den baierischen Löwen, mit dem sie sich so oft gerauft und der sie jetzt

die Seinen nennt. In den Münchener Arkaden schaut das Volk, wie
„Baiern **die** Entscheidungsschlacht von Arcis sur Aube schlagen" (so
viel Worte so viel Lügen); ja, in dem Festsaalbau sind die scheußlichen
Metzeleien Wrede's im Tyrolerkriege malerisch verherrlicht! Die Mühe
ist nicht unbelohnt geblieben. Der Mensch ist einmal ein politisches
Thier, der Deutsche insbesondere **hat** das Bedürfniß, seinen Staat zu
lieben; und da man nun seit fünfzig Jahren in guten und bösen Tagen
bei einander ausgehalten, so bilden sich die Schwaben und Franken end=
lich wirklich ein, daß sie „Baiern" sind. Im vergangenen Sommer
ward zu Bayreuth das Jubelfest gefeiert zum Andenken an jenen Tag
vor fünfzig Jahren, wo Preußisch=Franken zum Lohne für treugeleistete
Rheinbunddienste der Krone Baiern zufiel. Man hat im Norden diese
widrige Feier bitter getadelt. Mit Recht: denn man stellt zwar einem
Staate ein Armuthszeugniß aus, wenn man ihm zumuthet, seine Ge=
schichte zu vergessen; wenn jedoch ein Staat eine Geschichte hat wie
das Königreich Baiern, so handelt er weise, sie in ein wohlthätiges
Dunkel zu hüllen. Aber man würde irren, wollte man in jener Feier
nur eine officielle Festlichkeit sehen. Es ist schrecklich, wie schnell ein
Volk das Unvergeßliche vergißt; daran wie Bayreuth baierisch geworden,
dachte Niemand mehr: aufrichtige Loyalität, schlichte Dankbarkeit für
die mannigfachen Wohlthaten der baierischen Herrschaften, das war es,
was die Stadt Bayreuth bewog, dem König Max II. eine Bildsäule
(die zweite bei seinen Lebzeiten!) zu setzen. In der Pfalz allein kann
und wird man es nicht lernen, sich als Baiern zu fühlen. Am stärksten
natürlich, genährt durch den uralten Gegensatz zu dem benachbarten
Oesterreich und durch die innige Anhänglichkeit an das Haus Wittels=
bach, ist das baierische Selbstgefühl in Altbaiern. Wer je seine Lust
gehabt hat an dem kernigen, mannhaften Volke dieses Gebirgs, hat
sicher bedauert, wie leer und arm seine Geschichte verflossen ist. Alle
seine großen Erinnerungen weisen hin auf die dynastischen Zänkereien
der Habsburger und Wittelsbacher; der glänzendste Tag dieses Stammes
war jenes Mordweihnachten von Sendling, wo der oberländer Bauer
verblutete, um den Wittelsbachern ihr Erbe zu schützen vor der Habgier
der Kaiserlichen. Dies gemüthlich patriarchalische Verhältniß des Volkes
zum Hofe besteht noch heute; jedem Fremden fällt es auf, wie das ge=
sammte Publikum sich erhebt, sobald der Hof seine Loge betritt. Dafür
verlangt aber der Münchener Bürger, daß sein König oft in den
Straßen sich zeige, mit dem Volke harmlos verkehre.

So treibt man dahin in behaglichem Sonderleben und schlägt sich die großen nationalen Gedanken um so lieber aus dem Sinne, da die inneren Zustände des Landes gesund und leidlich befriedigend sind. Die letzten Wahlen bewiesen wieder, daß dem Volke das Verständniß für die Fragen der inneren Politik keineswegs mangelt. In geschlossenen Schaaren erschienen die Bauern an den Wahlorten, das Ministerium Pfordten fiel, und seitdem herrscht ein Regiment, etwas schwankend freilich und langsam, aber gerecht und leidlich aufgeklärt. Auch Baiern zwar hat seine brennenden inneren Staatsfragen. Der König ist durch das Cabinet fast völlig von dem Ministerium abgesperrt. Ueber die pfälzer Revolution einen Schleier zu werfen, eine Amnestie zu erlassen hat man sich noch immer nicht entschließen können, und die Verhandlungen der Kammer über diese Frage gaben ein trauriges Bild von Halbheit und Schwäche. Die Händel mit der Pfalz, welche von ihren alten Institutionen nicht lassen will, nehmen noch immer kein Ende. Die Gewerbe verharren noch in einem wahrhaft mittelalterlichen Zustande — in demselben München, dessen der Kunst verwandte Gewerbe unter der Segnung der Freiheit eine so glänzende Höhe erreicht haben; und noch ist der Sieg der Gewerbefreiheit nicht gänzlich entschieden, da die „realen" Gewerbsmeister sich gar gewaltig dagegen regen. Am empfindlichsten aber für das Selbstgefühl der Baiern, welche ihr Land so gern den deutschen constitutionellen Musterstaat nennen, ist das unerhörte Gebahren des Kriegsministers. Unter frivoler Mißachtung der Verfassung ist das Militärbudget auf eine ungeheure Höhe gebracht worden, und die Vertheidigung des Kriegsministers gleicht dem Sinne nach völlig jener berüchtigten Rede Pfordten's, welcher vor einigen Jahren trocken erklärte, man werde den Militäretat, der Kammer zum Trotz, in seiner ganzen Höhe aufrecht erhalten. Diesmal wird unzweifelhaft die Kammer ihre Rechte wahren. — Solche und ähnliche Fragen stören den inneren Frieden; aber von einer weit verbreiteten Unzufriedenheit mit den inneren Verhältnissen ist nicht entfernt die Rede.

Und dennoch vollzieht sich im Laufe der letzten Jahre eine Umwandlung der Geister, eine sichtliche Annäherung an das übrige Deutschland, sehr langsam freilich, aber durchaus naturgemäß und hocherfreulich. Das unerträgliche Bewußtsein unserer Schutzlosigkeit dem Bonapartismus gegenüber drängt sich auch dem Gedankenlosen unabweisbar auf und ebnet den nationalen Ideen ihre Bahn. Auch die Sache Schleswig-Holsteins zählt selbst unter den Soldaten Baierns viele treue An-

hänger. Und sollte selbst — was auch der Leichtsinn nicht mehr zu
hoffen wagt — die Gefahr von Westen her vorübergehen, so beginnt
doch endlich auch der Stumpfsinn nicht blos einzusehen, sondern zu
fühlen, handgreiflich zu empfinden, daß das Verfassungsleben der
Einzelstaaten ein leerer Schein bleibt, so lange wir der deutschen
Verfassung entbehren. Wie der preußische Steuerzahler den Jammer
des Bundes-Heerwesens bereits als einen Pfahl im eigenen Fleische
empfindet, so regt sich auch unter den baierischen Particularisten die
schwere Frage: wohin es denn kommen solle mit den constitutionellen
Rechten, wenn immer auf's Neue die wichtigsten Angelegenheiten
des Handels, des Zoll- und Münzwesens durch Verträge der Regierungen, ohne Beirath einer Vertretung der Nation, entschieden werden? So dämmert endlich auch in dem Kopfe des Philisters die Einsicht, daß die deutsche Frage nicht mehr ein Gegenstand idealer Träume,
sondern eine eminent praktische Frage der unerbittlichen Nothwendigkeit
geworden ist. Gar mancher ruhige, nüchterne Baier beginnt endlich zu
verzweifeln an der politischen Weisheit jener „großdeutschen" Blätter,
deren ganze „nationale" Politik nur in einem ziellosen, höchst zweideutigen Zetergeschrei über den Bonapartismus besteht, und sieht sich
um nach positivem Rathe. So gewinnt die „Süddeutsche Zeitung" endlich an Boden, welche auf vorgeschobenem, nicht verlorenem, Posten
wacker für den nationalen Gedanken streitet. Wohl durfte sie ihren Gegnern zurufen, sie habe ein Recht darauf, sich die „süddeutsche" Zeitung
zu nennen. Und deutlicher noch als das Auftauchen der nationalen Gedanken läßt sich das Zurückgehen der ultramontanen Partei erkennen.
Der Hof hat seine Stellung an der Spitze eines paritätischen Staats
längst begriffen; bei der Anhänglichkeit des Altbaiern an sein Königs-
haus ist es keineswegs gleichgültig, daß Baiern nur protestantische
Königinnen gekannt hat. Aus dem Clerus selber ist — Döllinger's
Vorträge beweisen es — die alte trutzige Siegeszuversicht gewichen,
und die pfäffische Verstocktheit der Tyroler findet nirgends schärfere
Tadler, als in jenen specifisch-baierischen Winkelblättchen, welche noch
vor wenig Jahren in ganz anderem Tone redeten. Und wie die Pracht-
gebäude, welche König Ludwig zuversichtlich mittenhinein baute in das
freie Feld, endlich auch mit Wohnhäusern sich zu umgeben beginnen, wie
München aufhört eine gemachte Stadt zu sein und zur wirklichen Groß-
stadt heranwächst, so wird auch das reiche Leben in Kunst und Wissenschaft allmählich heimisch in der Stadt. Noch gehen hier ungemein starke

Gegensätze nebeneinander her. Gleichsam symbolisch konnte man dies er=
kennen, als wir neulich Fallmerayer beerdigten. Zuerst sprach der Clerus
seine lateinischen Gebete, dann feierte der Orientalist J. M. Müller in
markiger Rede den edlen Todten als einen Vorkämpfer gegen das Pfaffen=
thum, endlich traten die Gläubigen an das Grab und sprengten Weihwasser
darauf — Alles, als ob es gar nicht anders sein könnte. Aber schon
das ist ein großer Fortschritt, daß die Gegensätze sich zu ertragen lernen
Der lächerlich niedrige Kampf gegen die „Fremden" ist dem Ende nahe.
Vor einigen Monaten starb der erste in München geborene Protestant
und bereits hält an der Münchener Hochschule die protestantische Wissen=
schaft der katholischen das Gleichgewicht.

So bringt der deutsche Geist durch alle Fugen und Ritzen hinein
in die feste Burg des altbairischen Sonderlebens. Doch das sind nur
schwache Anfänge. Der Anstoß zu einem frischeren nationalen Leben in
Süddeutschland ist von einer regsameren Stelle, sie ist von dem kleinen
Baden gekommen. Eine geordnete sichere Volksbewegung stürzt dort
das Concordat und liefert den Beweis, daß der Geist einer unsauberen
Revolution gänzlich überwunden, die Früchte aber einer langen ehren=
reichen constitutionellen Erfahrung unverloren sind; ein entschieden frei=
sinniger Geist herrscht in Gesetzgebung und Verwaltung; das Volk ver=
gißt hochherzig manche bittere Erinnerung und erklärt sich für die natio=
nale Sache; und endlich bricht man entschlossen mit allen Traditionen
des mittelstaatlichen Particularismus, stellt einen Freund Heinrich Ar=
nim's, einen „radicalen Unitarier", an die Spitze der auswärtigen An=
gelegenheiten und sendet einen Reichsminister als heilsamen Störenfried
in die idyllische Beschaulichkeit der Eschenheimer Gasse. Damit ist ein
großer Schritt gethan, um dem Süden Deutschlands jenen starken An=
theil an unserer nationalen Arbeit zu erobern, welchen er mit seinem
beweglichen gebildeten Volke, seiner alten Cultur und seinem reichen
Verfassungsleben von Rechtswegen verlangen darf. Damit ist in über=
raschender Weise der Beweis geliefert, daß der Particularismus der
Mittelstaaten nicht unabänderlich dauern muß. Es läßt sich ändern nicht
durch Versöhnungsversuche von Seiten Preußens —, solche Versuche
werden nur immer auf's Neue die Erfahrung ernten, daß der Haß der
Höfe von Dresden und Hannover gegen Preußen allein überboten wird
von ihrer Furcht vor Preußen — aber er läßt sich brechen durch eine
geordnete, ihre Zwecke klar erkennende Bewegung im Volke.

An der Haltung aber, welche Preußen in der nächsten Zeit an= nehmen wird, hängt Deutschlands Zukunft. Es gilt die schweren Unter= lassungssünden der letzten Jahre gut zu machen, die argen Schäden auszubessern, welche Preußens Ruf erlitten hat, weil es schwankte zwi= schen unversöhnlichen Gegensätzen. Es gilt, jenes unheilvolle Element des preußischen Staates in seine Schranken zurückzuweisen, welches den Particularismus in Preußen selber nährt und die Herzen der übrigen Deutschen diesem Staate entfremdet — das Junkerthum. Es gilt, den= selben festen rücksichtslosen Willen zu zeigen, welcher das kleine Land im Südwesten so rasch zu verdientem Ansehen hervorgehoben hat: denn daß die gleichen Grundsätze im Ministerium Hohenzollern herrschen, be= bezweifelt kein Billigdenkender. Und nicht blos Preußens Regierung, mehr noch, sein Volk wird den Sporn und Stachel der jüngsten Vor= gänge im Südwesten empfinden. „Halb sind sie roh, halb sind sie kalt," — so hat ein unsterbliches Wort das Wesen des Philisterthums für alle Zeiten gezeichnet. Wie aber heute die deutschen Dinge liegen, haben wir weit weniger zu fürchten von der rohen Macht der Leidenschaft, als von der Kälte, der schlummersüchtigen Trägheit der thatlosen Verstim= mung. Auf die Wahlen des Herbstes sind die Blicke aller Freunde Deutschlands mit schwerer Sorge gerichtet. Gelingt es Preußen nicht, durch ein geordnetes, einheitliches und consequentes Regiment die alte Achtung wieder zu gewinnen, dann schwebt der nationale Gedanke halt= los in den Lüften, dann wird die kaum wieder erwachte nationale Be= wegung nur in neuer Verbitterung und Entzweiung endigen, und der noch ungebrochene Particularismus — wo nicht gar der Reichsfeind — einen neuen Triumph erleben.

5.

Aus Süddeutschland.*)

(München, im November 1861).

Als ich Ihnen vor vier Monaten meinen letzten Brief sandte, schrieb ich unter dem niederschlagenden Eindrucke, den die Berliner Polizeiwirren und die Don Quixoterien der Junker des Herrenhauses auf jeden Freund Preußens machen mußten. Seitdem hat sich in Preußen Vieles zum Besseren gewendet: Baiern aber ist um mehrere beschämende Erfahrungen reicher geworden. Wir sind sehr lebhaft daran erinnert worden, wie unendlich langsam sich die Verschmelzung des baerischen Sonderlebens mit der deutschen Cultur vollzieht; und oft bedarf es der ganzen Geduld, welche dem deutschen Patrioten heute so nöthig ist, um an der Wirklichkeit dieser trotz alledem doch vorhandenen Annäherung nicht zu zweifeln. Als im September mit allem Aufwande altkirchlichen Pomps die katholischen Vereine in den Glaspalast einzogen und die weiten überfüllten Räume wider= hallten von donnernden Kapuzinaden gegen die „cismontanen Ochsen," von Lobpreisungen der tyroler Glaubenseinheit und Flüchen über die Freiheit der Wissenschaft: da durfte man sich bitter fragen, ob wir wirklich eine Versammlung deutscher Männer vor uns sähen, oder ob der sechszehnte Gregor mit seinen Getreuen leibhaftig aus dem Grabe auferstanden sei. Es war baare Selbsttäuschung, wenn süd= deutsche Liberale über dies klägliche Schauspiel mit dem leidigen Troste hinweggleiten wollten, das Berliner Handwerkerparlament habe den modernen Ideen nicht minder stark in's Gesicht geschlagen. Nein, unter solchem Zudrange Beifall jauchzender Hörer konnten so rohe Ausfälle gegen die Grundgedanken deutscher Bildung, so cynische Schmähungen gegen Alles, was einem denkenden Volke das Leben

---

*) [Preuß. Jahrb. Band 8 (Novemberheft 1861), S. 510 ff.]

6*

erst des Lebens werth macht, heutzutage nur in Altbaiern ausge=
sprochen werden. Und es ist absurd, die Herzensergießungen einiger
beängstigter Zünftler mit dem Fanatismus hochangesehener einfluß=
reicher Prälaten — eine vereinzelte Lächerlichkeit mit dem Symptome
einer schweren Krankheit — zu vergleichen. — Zeigte uns diese Ver=
sammlung, wie großen Anklang die ultramontanen Bestrebungen noch
im baierischen Volke finden, so haben die schweren Verluste, welche
die Münchener Hochschule jüngst betroffen, bewiesen, wie die baierische
Regierung zu der freien Wissenschaft steht. Kurz nach Sybel's Ab=
gang hat man auch Professor Bluntschli mit schlecht verhehlter Freude
ziehen lassen, jetzt gerade, wo die socialen Anfechtungen, denen die
„Fremden“ früherhin ausgesetzt waren, allmählich zu verstummen be=
gannen. Nachdem man jahrelang das praktisch erprobte legislatorische
Talent Bluntschli's, dessen Liberalismus wahrlich die Mäßigung selber
ist, unbenutzt gelassen, wird jetzt offen zugestanden, der Grund seines
Weggehens sei ein politischer. Sicherlich ist beiden Männern nur
Glück zu wünschen, denn Beide treten in Wirkungskreise, wo man
ihre Kraft besser zu würdigen und zu benutzen verstehen wird. Für
Baiern bleibt ihre Entlassung ein beschämendes Ereigniß, tief be=
schämend besonders darum, weil Jedermann weiß, daß die ultramon=
tanen Kreise des Königs Ohr nicht besitzen. Jene politische Coterie
vielmehr, welche mit dem gegenwärtigen Ministerium in Verbindung
steht, sie ist es, die den Sturz jener Männer bewirkt hat und darüber
jubelt. Professor Giesebrecht hat, um der großen wissenschaftlichen
Unternehmungen willen, deren Schicksal auf dem Spiele steht, sich ent=
schlossen, Sybel's Nachfolger zu werden; und in den höfischen Kreisen
wird man voraussichtlich klug genug sein, ihm dies Opfer nicht noch
mehr zu erschweren. Gleichviel, wir wissen nun, daß selbst die „liberale“
baierische Regierung nicht im Stande ist, das Hinüberwirken der Wissen=
schaft auf das Leben — und das sagt heute: die Existenz der freien
Wissenschaft — zu ertragen.

Auch der Rückblick auf die abgelaufene Sitzung des Landtags
giebt Anlaß zu sehr ernsten Betrachtungen. Wohl sind bedeutende
Reformen im Rechtswesen vollzogen worden. Das Gesetz über die
Gerichtsverfassung vom Jahre 1848, welches Justiz und Verwaltung
trennt, der Polizei die Strafsachen abnimmt und das Notariat gründet,
ist endlich zur Wahrheit geworden, nachdem es zwölf Jahre lang
wider das Recht und unter großer Unzufriedenheit des Landes un=

ausgeführt geblieben. Nach sechs oder sieben, seit Decennien wieder=
holten vergeblichen Versuchen ist endlich ein neues Strafgesetzbuch
und ein Polizeistrafgesetzbuch eingeführt. Aber in der weit wichtigeren
Gewerbefrage ist für diesmal die Reform gescheitert. So wird man
es noch einige Jahre mit ansehen, daß in einem sittlichen Volke ein
volles Viertel der Kinder außer der Ehe zur Welt kommt; eine
hohe Polizei wird nach wie vor die Befugniß zum Betriebe des
Gewerbes und des Handels abhängig machen von dem Nachweise
der persönlichen Befähigung, des gesicherten eigenen Nahrungsstandes
und des ungefährdeten Nahrungsstandes der Concurrenten; Borten=
macher und Posamentierer werden noch eine Zeit lang zur Verzweif=
lung der Kunden ihre wilden Fehden kämpfen; und speculative Köpfe
werden auch fernerhin den Weg zu allen Freuden dieser Welt am
leichtesten finden, wenn sie einen Gesellschaftsvertrag abschließen mit
einem bürgerlichen Essenkehrermeister der guten Stadt München.
Kein Zweifel, die Sache der Reform wird und muß endlich durch=
dringen; der Zustand der Gewerbe wird binnen kurzem unerträglich,
wenn außer bei den Nachbarn in Ost und West auch in Thüringen
die Gewerbefreiheit durchgeführt sein wird. Aber schon diese Verzöge=
rung, schon dies nur zeitweilige Ablenken aus der großen Strömung
der deutschen Volkswirthschaft wird, bei dem ohnehin schwerfälligen,
dem Fremden abgeneigten Wesen der Altbaiern, großen Schaden
bringen. Sind doch schon jetzt die Folgen dieser Entfremdung nur
allzu fühlbar. Jene bedeutsame Bewegung der gewerblichen Associa=
tionen, welche die kleinen Städte der preußischen Provinz Sachsen
so rasch zu ungeahnter Wichtigkeit emporgehoben, sie ist an dem
baierischen Handwerkerstande bisher, man darf sagen spurlos, vorüber=
gegangen. Und wie wenig die Wahrheiten der Volkswirthschaftslehre
ein Gemeingut der höheren Gewerbtreibenden geworden, das hat uns
die Haltung vieler baierischer Industriellen auf den Congressen zu
Frankfurt und Stuttgart, das haben uns so manche Urtheile der
Gewerbtreibenden über die deutsche Münzfrage klärlich gezeigt. Wer
einen Blick wirft in die Verhandlungen baierischer Gemeindeausschüsse,
mag sich überzeugen, wie die kleinliche Engherzigkeit des Zunftgeistes
allmählich eindringt in die gesammte Behandlung der öffentlichen
Dinge durch die Bürger. Vor Zeiten, da in den Niederungen der
Nogat und der Havel noch der Wolf im Röhricht hauste, rühmte
sich Baiern schon einer alten reichen Cultur: heute erscheint in mancher

Hinsicht der Süden dem reisenden Volkswirthe als ein junges Land gegenüber dem Norden. — Ist so die große sociale Reform, die man von dem Landtage erwartete, mißlungen, so war er glücklicher in einer anderen socialen Frage, deren Bedeutung man nur in Baiern ganz begreift. Das Lotto — „dieses dem baierischen Nationalcharakter so ganz angemessene Spiel", wie ein greiser Häuptling des baierischen Adels jammernd rief — ist endlich wirklich aufgehoben; und die große Masse der Münchener will noch immer nicht an die Möglichkeit dieses revolutionären Schrittes glauben.

Sehr unerfreuliche constitutionelle Erfahrungen sind dem Landtage nicht erspart geblieben. Es gab eine Zeit, da Baiern sich gern das deutsche Piemont nennen hörte. Aber wie arm ist dies Verfassungsleben gewesen, wie wenig durchgefochten sind die ersten Grundsätze des constitutionellen Systems, wenn heute, nach vierzigjährigem Bestande der Verfassung, ein Minister die behagliche Theorie aufstellen kann: ein Posten im Budget, den die Abgeordneten gestrichen, die Reichsräthe gebilligt haben, bleibt stehen! Nun gar das Treiben im Kriegsministerium! Zwar der schuldige Minister ist entlassen. Aber sein Nachfolger hat sich nur zu einer geringen Ermäßigung des Militäretats verstanden, und die wirthschaftliche Verwaltung des Heerwesens erschien in den Debatten in so traurigem Lichte, daß auf manche Positionen die Kammer nur durch ein lautes Gelächter antworten konnte. Zudem weiß jedes Kind im Lande, was von den gewaltigen Truppenzahlen der amtlichen Listen zu halten ist, insbesondere von jenen 56,000 Mann, welche das Gesetz mit dem prunkenden Namen „Landwehr", das Volk mit dem mehr treffenden als schmeichelnden Namen „Frohnleichnamssoldaten" beehrt. Dazu trat noch jene trostlose Erwägung, welche die Militärdebatten in den Kammern aller Mittelstaaten vergiftet und verbittert, die Frage: wird all' dieser Aufwand, selbst wenn die Zahl der streitbaren Mannschaft größer, die Militärverwaltung besser wäre als sie ist, wirklich zur Sicherung Deutschlands dienen, so lange der Jammer des Bundesheeres besteht? Trotzdem hat die zweite Kammer die Forderungen des Herrn v. Spies im Wesentlichen bewilligt, ja, noch in der zwölften Stunde gewährte sie die letzten 800,000 Gulden, die ihr kurz zuvor als gänzlich überflüssig erschienen. Ein Führer der Opposition hat die Motive dieser Nachgiebigkeit offen ausgesprochen; und — berechtigt wie sie leider sind — zeigen sie klar, wie es mit dem

Liberalismus in diesem alten Verfassungsstaate steht! Man wollte Jenen, welche am Hofe „im Trüben fischen", nicht den leisesten Vorwand geben zu der Behauptung, es lasse sich nicht regieren mit den Liberalen. So gesichert ist das constitutionelle Regiment in Baiern! Die Selbstzufriedenheit mindestens hat ein Ende, womit man in Baiern vormals auf die Kinderkrankheiten der preußischen Verfassung herabzublicken pflegte.

Mit allen diesen Klagen ist keineswegs gesagt, eine irgend tief gehende Unzufriedenheit herrsche im Lande. ꝛ Vielmehr darf das Ministerium Schrenck sich mit einigem Grunde im Einklang glauben mit der öffentlichen Meinung. Aber für das Gedeihen des nationalen Gedankens in Baiern läßt sich etwas Gefährlicheres nicht erdenken, als gerade dies halbliberale Regiment im Innern, über dem die durchaus reactionäre Politik nach Außen fast vergessen wird. Ohne eine klare Scheidung der Parteien ist die nationale Reform unmöglich. Der ehrliche Liberalismus kann heute nur noch unter der nationalen Fahne kämpfen. Meint eine Regierung dennoch, im Innern den Weg der Reform gehen, in der deutschen Frage jeden Versuch einer Neugestaltung hindern zu können, so handelt sie entweder in arger Selbsttäuschung, was wir von Herrn v. Schrenck annehmen wollen, oder in bewußter Perfidie, was wir von Herrn v. Beust zu wissen glauben. In beiden Fällen verwirrt sie das ohnehin geringe Verständniß des Volkes für die nationale Sache nur noch mehr, und ist der deutschen Reform ein schlimmerer Feind als der gewaltthätige, der despotische Particularismus. Wenn ein Volk die blasphemischen Prahlereien des Welfenkönigs von der Ewigkeit der Welfenherrschaft anhören muß und dabei alltäglich den Druck der Willkürherrschaft an seinem Leibe empfindet, dann wird es auch dem Blöden klar, daß die Anarchie in den Einzelstaaten ihren letzten Grund hat in der Anarchie am deutschen Bunde. Hier aber, in Baiern, freut man sich noch des Sturzes der verhaßten Pfordten'schen Regierung, man sieht das Recht im Lande leidlich gewahrt, man sieht den Hof in humanen Formen mit den Bürgern verkehren, und wenn der gebildete Mann die Bauten der Maximiliansstraße erblickt, wie sie in dem „eigens dazu angefertigten" nationalen Baustile sich erheben, so zweifelt er auch nicht an den nationalen Gesinnungen des Königs. Daß diese humane Regierung für und für Alles thut, um die Grundbedingungen unserer nationalen Existenz zu hindern, darüber schließt man die Augen.

So ist diese halbliberale Regierung ganz dazu angethan, die öffentliche Meinung in Sicherheit einzuwiegen und den Bauer in seiner
Egartenwirthschaft, den Bürger in der Stille seines Landstädtchens
abzusperren von dem deutschen Leben. Schelten Sie diese Ansicht
nicht pessimistisch. Es ist eben eine grundverkehrte Gutmüthigkeit,
ein Regiment löblich und wahrhaftig zu nennen, welches den Pfordten
in München stürzt, um ihn in Frankfurt zu neuem Glanze empor-
steigen zu lassen.

Glücklicherweise wird diese Lage der Dinge von Vielen verstanden.
Im Verlaufe der Sitzung des Landtags hat sich eine Scheidung der
Parteien vollzogen, welche für die nationale Sache wichtiger ist als
alle die gescheiterten Versuche, in der kurhessischen und anderen brennenden deutschen Fragen eine günstige Entscheidung herbeizuführen.
Eine nationale Partei hat sich in der Kammer gebildet, eine Minderheit freilich, aber in der Debatte immer, und nicht selten auch in der
Abstimmung siegreich. In diesen Kreisen weiß man, was von dem
Liberalismus der Großdeutschen zu halten sei; man weiß dort, wen
die Hauptschuld trifft an Sybel's Entlassung und an der unnatürlichen Höhe des Militärbudgets. Und vielleicht zeigt uns schon die
nächste Session das erwünschte Schauspiel, daß die Lerchenfeldt und
Hegnenberg ihren natürlichen Platz einnehmen und mit den Ultramontanen im Bunde den Nationalen gegenübertreten. Leider fehlt
viel, daß diese Klärung der Meinungen auch in das Volk bereits
tief eingedrungen wäre. Baierns Presse, am meisten jene, welche
sich zum großdeutschen Liberalismus bekennt, wird, mit wenigen Ausnahmen, des Hetzens und Scheltens gegen Preußen noch immer nicht
satt. Nur das Attentat auf König Wilhelm brachte sie auf einen
Augenblick zur Besinnung und legte auch dem Verblendeten die Erwägung nahe, was Deutschland an diesem Fürsten besitzt. Seit aber
der König mit dem „zweiten December“ zusammengetroffen, seit gar
ein Berliner Winkelblatt Verse auf den Herzog von Magenta gebracht, seitdem ist die bonapartistische Verderbtheit der Preußen erwiesen. Ihre Zeitschrift, bisher dem großen Haufen der altbaierischen
Presse so gut wie unbekannt, ist zu unerwartetem Ansehen gelangt.
Die Correspondenzen der Jahrbücher müssen dem entsetzten Baiern
die Augen öffnen über Preußens teuflische Pläne; und was baierische
Blätter sich unterstanden, über die plumpe Tendenzlüge von dem
Handkuß in Compiegne zu sagen, daran läßt sich ohne Erröthen nicht

denken. Die Phrasen haben sich geändert: an die Stelle der Lob=
preisungen des Rheinbundes ist das gesinnungstüchtige Eifern wider
den Bonapartismus getreten. Aber der Geist dieser Presse ist noch
heute der gleiche wie in jenen Tagen, wo der selige Aretin zuerst
den Unterschied entdeckte zwischen der starken süddeutschen und der
schwachen norddeutschen Nation. Ihr höchster Zweck noch immer:
Zwietracht zu säen zwischen Deutschen und Deutschen, und das Mittel
das alte: Verdächtigen ohne Scham und Scheu. — Wahrlich, die
Antwort ist schwer, wenn Sie fragen, was denn in Baiern geschehen
sei, um Preußen in seinen Bestrebungen für die Sicherung unserer
nationalen Existenz zu unterstützen? Es wäre unbillig, die schwierige
Stellung der baierischen Kammeropposition in diesen Fragen zu ver=
kennen. Läuft sie doch Gefahr, durch ein unvorsichtiges Anregen
derselben das Gegentheil ihres Zweckes zu erreichen. Jeder Versuch
der Kammer, Rechenschaft zu fordern über die Instructionen des
Bundestagsgesandten, kann hier wie in anderen Mittelstaaten durch
die bekannte falsche Auslegung der Bundesgesetze zum Schweigen
gebracht, jeder Antrag auf einen Vertrag mit Preußen wegen des
Küstenschutzes würde von der Regierung und der großdeutschen Mehr=
heit nur zum Besten der luftigen Bundesflotte ausgebeutet werden.
Ist so die Stellung der Kammeropposition eine sehr beengte, so giebt
es keine, durchaus keine Entschuldigung für die passive Haltung, oder
den giftigen Hohn, womit ein guter Theil des baierischen Volkes der
deutschen Flottenbewegung zuschaut. Von Sachsen, dem wegen seiner
politischen Lethargie verrufenen Lande, ging die Anregung aus; sogar
in Prag wird für unsere Flotte gesammelt. In Altbaiern thut man
seinem Patriotismus Genüge, wenn man den 18. October feiert.
Es wäre boshafter als boshaft, wollte ich die Summe nennen, welche
eine Stadt wie München für unsere Seemacht geopfert hat. Ange=
sichts solcher Thatsachen darf man wohl fragen: sind es immer lautere
Motive, welche sich hinter dem fortwährenden Schelten auf Preußens
mangelhaften Liberalismus verbergen? Wurde doch kürzlich mit
heiligem Ernst die Behauptung verfochten, eine Theilnahme an der
Flottenagitation sei Niemandem zuzumuthen, so lange es im preußi=
schen Heere noch einen Herrn v. Sobbe gebe!

Hier ist es an der Zeit, von einem im Süden weit verbreiteten Miß=
verständniß über Preußens Stellung zu Deutschland zu reden. Sie
werden einem Nicht=Preußen das Wort gestatten; denn sagten Sie es

selbst, so würden Sie dem Vorwurfe preußischen Hochmuths nicht entgehen.   Gar oft hört man von süddeutschen Liberalen die Behauptung, Herr v. Vincke sei nicht weniger ein Particularist, als die
Herren Stüve und Lerchenfeldt, und in einer badischen Versammlung
des Nationalvereins durfte ein Mitglied ohne Widerspruch Berlin
und München für die Hauptsitze des deutschen Particularismus erklären.   Gewiß, es giebt auch einen preußischen Particularismus, er
steht den nationalen Ideen nicht weniger feindselig gegenüber als
die Würzburger, und der Süddeutsche übt nur sein gutes Recht,
wenn er laut protestirt, sobald die preußischen Junker ihre übermüthigen Declamationen anheben wider die nicht-preußischen Stämme.
Aber nimmermehr soll er darüber vergessen, wie ganz anders Preußen
zu Deutschland steht, als irgend ein anderer deutscher Staat.   So
lange Menschen über den Staat denken, hat die Unabhängigkeit, die
Fähigkeit auf sich selber zu stehen, für das Erste gegolten, was einen
Staat zum Staate macht.   Diese Fähigkeit besitzt Preußen und hat sie
bewährt in unvergeßlichen Zeiten; den Mittel- und Kleinstaaten geht sie
ab; und dies ist ein Unterschied nicht des Grades, sondern der Art.
Darum steht es mit dem preußischen Particularismus ganz anders
als mit jenem der Kleinstaaten.   Nur jener preußische Particularismus
ist der nationalen Sache gefährlich, welcher Preußen absperren will von
dem wahren Quell seiner Macht, von dem deutschen Leben, und jede Macht-
erweiterung des eigenen Staates mit Mißgunst betrachtet.   Wenn
aber unsere preußischen Brüder mit starkem Selbstgefühle auf ihren
Staat blicken und kein Titelchen seiner bereits vorhandenen Macht
einer bisher nur imaginären Centralgewalt opfern wollen, so sollen
wir ihnen diese gerechte und gut deutsche Denkweise nicht verargen.
Sie haben Grund zu solchem Selbstgefühle, denn es beruht auf dem
Bewußtsein einer großen Geschichte, welche von den Lichtpunkten der
deutschen politischen Geschichte während der letzten zwei Jahrhunderte
so ziemlich alle in sich begreift; und kein deutscher Stamm kann sich
dadurch beleidigt fühlen, denn Preußen hat längst aufgehört, der
Staat eines Stammes zu sein, hat längst Theile von beinahe allen
deutschen Stämmen unter seinem Scepter vereint.   Es ist lediglich
leichtfertige oder perside Spielerei mit Worten, wenn dies starke wohlberechtigte Selbstgefühl als preußischer „Particularismus" bekämpft
wird.   An ihren Früchten sollt Ihr sie erkennen!   Was jene liberalen Particularisten der Mittelstaaten, welche vorgeschrittene Natio-

nale heute Herrn v. **Vincke** zur **Seite** stellen, der deutschen **Sache** geschadet haben, **das** lebt noch in Aller Gedächtniß. Wer **anders** aber hat jenes Programm, worauf **der** Nationalverein heute noch fußt, in seinen Grundzügen zuerst entworfen und in den schwersten Zeiten am zähesten festgehalten? Wer anders als jene Männer, welche heute bereits wieder preußische Particularisten gescholten werden?

In süddeutschen Blättern ist die Behauptung fast zum Gemein= platze geworden, an ein Durchsetzen der nationalen Ideen sei nicht zu denken, so lange man nicht die Gewißheit habe, **Preußen** werde sich der künftigen Centralgewalt unterordnen. Das scheint uns ein äußerst unglücklicher Ausdruck für eine selbstverständliche Sache. Vor= derhand ist unser nächster Zweck, ein einheitliches deutsches Heerwesen zu gründen. In dieser militärischen Frage liegen die Dinge gegen= wärtig so, daß wir **Einwohner der Mittelstaaten** in jedem Falle der Gefahr — ehrlich gesprochen — zu Preußen sagen müssen: rettet uns, helft uns! Von einer Unterordnung Preußens kann hier also billiger= weise nicht die Rede sein, sondern lediglich davon, daß das preußische Heer den festen Kern bilden soll, an welchen die übrigen deutschen Streitkräfte sich anschließen. Die weitere Entwicklung wird uns hoffent= lich constitutionelle Formen bringen, welche dem übrigen deutschen Volke einen ähnlichen verfassungsmäßigen Einfluß auf die Politik der preußischen Krone einräumen, wie er der preußischen Volksvertretung dem Rechte nach **bereits** zusteht. Und gelingt **selbst das Höchste**, tritt die Idee des deutschen Kaiserthums einst in's Leben, so wird **wiederum** nicht ein unbekanntes „reindeutsches" Etwas Deutschlands Krone tragen, sondern **das Haus Hohenzollern**, welches seine preußischen Traditionen nicht abwerfen kann, wie ein vernutztes Kleid. Dann würde allerdings Preußen sich der deutschen Centralgewalt „unterordnen", aber die Krone Preußens würde das Recht haben, dem deutschen Parlamente ihr monarchisches Veto entgegenzustellen, und sie **würde** bei der Ausübung dieses Rechtes ihre preußischen Traditionen nicht verleugnen. Es ist nicht wohlgethan, vor diesen thatsächlichen Ver= hältnissen die Augen zu schließen. **Auf** den **ersten** Blick **mag** die süd= deutsche Lieblingslehre von Preußens „Unterordnung" **als** ein un= schuldiges Gerede erscheinen, **erfunden**, um jene kopfscheuen Gespenster= seher zu gewinnen, welche mit offenen Augen immer wieder träumen, es sei im Plane, „Deutschland preußisch zu machen", den Süden mit „halbrussischen" Landräthen zu überschwemmen u. s. f. Aber das Spiel mit Worten kann zu ernsten Folgen führen. Gelingt es vielleicht, durch solche tönende Reden der **nationalen** Sache einige Anhänger mehr im Süden zu gewinnen, so läuft man dafür Gefahr, eine un= endlich wichtigere Macht sich zu entfremden. Bei der streng=monar= chischen Natur des preußischen Staats hängt das Schicksal der natio= nalen Reform zunächst davon ab, daß es gelingt, die Krone Preußen für die nationale Idee gänzlich zu gewinnen. König Wilhelm aber ist stolz auf seinen Staat und sein erlauchtes Haus, er hat guten Grund zu diesem Stolze, **und er** weiß, daß seine Räthe wie die un= geheuere Mehrheit seines Volkes solche Empfindungen durchaus theilen. Unter diesen Umständen läßt sich wohl fragen: Ist es klug oder auch nur anständig, **mit** Emphase von einer Unterordnung Preußens zu reden, während wir doch in Wahrheit die Erhöhung der preußischen **Krone** über alle anderen deutschen beabsichtigen? Ist es klug, gerade jene **Männer** als preußische Particularisten zu verketzern, welche — **trotz** einiger, **bei der** Verworrenheit der deutschen Zustände beinahe unvermeidlicher, Häkeleien mit dem Nationalverein — der nationalen Sache bisher sehr wesentliche Dienste erwiesen haben, und durch ihre **Stellung** zu Preußens Krone vor Anderen dazu berufen sind, ihr fernerhin noch größere Dienste zu leisten? Ist es klug, immer das vieldeutige Wort im Munde zu führen: „Preußen muß in Deutsch= land aufgehen," während es sich zunächst darum handelt, Preußens Macht zusammenzuhalten und zu stärken? —

In **einzelnen,** unmittelbar praktischen Fragen begreift die öffent= liche Meinung diese von den Mittelstaaten grundverschiedene Stellung Preußens sehr wohl. Jedermann preist die Coburger Militärconvention **als** eine ehrenwerthe deutsche That, und Jedermann würde in einem gleichen Vertrage zwischen Sachsen und Altenburg nur ein particula= ristisches **Manöver belächeln.** Die Flottenprojecte Hannovers werden ebenso einstimmig verurtheilt, wie Preußens Schaffen für die deutsche Seemacht werkthätigen Beifall findet. Man erkennt: den Mittelstaaten mangelt gänzlich **jene** Expansivkraft, welche Preußen unter verstän= **biger** Leitung allerdings besitzt. Aber was in einzelnen Fragen em= pfunden wird, ist noch immer nicht eine klare Einsicht geworden: man hat im Süden noch nicht ganz gelernt, mit dem Staate Preußen wie er ist, **als** einer gegebenen Größe, zu rechnen. Vergessen wir nicht: die deutsche Reform ist vor zwölf Jahren gescheitert, allerdings zum guten Theile **durch** Preußens Schuld, aber wesentlich auch darum,

weil das deutsche Parlament der Krone Preußen gegenüber von An=
fang an eine falsche Haltung annahm. Daß die nationale Partei
Rücksicht zu nehmen habe auf die Gesinnungen der preußischen Krone,
diese Einsicht zu verbreiten scheint uns heute eine lohnendere Aufgabe
der nationalen süddeutschen Presse, als der in ihren Spalten immer
wiederkehrende Rath, Preußen möge sich ja nicht beikommen lassen,
selbstsüchtige Annexionspolitik zu treiben — **ein Rath,** welcher der
heutigen Berliner Regierung gegenüber wahrlich sehr überflüssig ist.

Sie sehen, wir täuschen uns keineswegs darüber, **daß auch die**
öffentliche Meinung im Süden noch Manches zu lernen habe. Der
Anstoß aber zur nationalen Reform kann nur von Berlin **ausgehen.**
Diesem weitverbreiteten Gefühle des noblesse oblige hat es die
preußische Regierung zuzuschreiben, wenn von allen Enden **Deutsch=**
lands Rathschläge und Vorwürfe oft in sehr unbequemer Weise auf
sie eindringen. Und diese Hoffnung auf Preußens Vorangehen in
der deutschen Sache ist — lassen Sie mich offen reden, wo Verschweigen
Unrecht wäre — durch die Königsberger Vorgänge nicht verstärkt
worden. Ich rede nicht von den unverbesserlichen Doctrinären des
französischen Liberalismus, welche nur Servilismus sehen **in der** loyalen
Freude des preußischen Volkes. Die verständigen Liberalen in den
Mittelstaaten wissen sehr wohl, daß diese Anhänglichkeit der Preußen
an ihr Herrscherhaus ein großer Vorzug ist, der Preußen auszeichnet
vor allen übrigen deutschen Staaten, eine starke Stütze **mehr für**
Preußen in den Tagen der Gährung, welche Deutschland bevorstehen.
Ich rede noch weniger von den Böswilligen, welche in **den Reden**
König Wilhelm's die klaren, verfassungstreuen Worte absichtlich über=
sehen, **um das** vieldeutige „**von Gottes Gnaden**" **nach** Kräften aus=
zubeuten. Ich meine die aufrichtigen, die begeisterten Freunde Preußens
im Süden. **Sie am** meisten waren verwundert, als in Königsberg
nicht ein ärmliches Wort Deutschlands erwähnte. Man meinte viel=
leicht, es sei nicht nöthig, jede Absicht **der** preußischen Staatskunst zu
jeder Stunde und an jedem Orte auszusprechen; und gewiß, **die** Feier
blieb auch dann noch eine reiche und bedeutungsvolle, wenn **sie** nur
der Thatsache galt, daß zum ersten Male ein constitutioneller König
Preußens Thron bestieg. Aber kennte man in Berlin die Stimmung
der Liberalen in den Mittelstaaten, wüßte man, wie ängstlich sie nach
jedem Worte haschen, das den Glauben an Preußens ernsten Willen
zur deutschen Reform wieder festigen kann: schwerlich hätte man die

Gelegenheit versäumt, in bedeutender Stunde ein gutes Wort zu reden
von Preußens Pflichten gegen Deutschland. Gar manchen warmen
Anhänger Preußens hörten wir die bitteren Worte sagen, nun sei es
klar, Preußen denke nicht mehr an seinen deutschen Beruf. Wir aber
meinen, solche krankhafte Reizbarkeit sei grundlos, sei nur ein Zeichen
mehr dafür, wie leidenschaftlich, wie unabweisbar in dem staatlosen
Leben der Mittelstaaten das Verlangen nach dem deutschen Staate
sich hervordrängt. Wir hoffen noch immer, König Wilhelm werde
auch jetzt wieder beweisen, daß er mehr leistet als er versprochen. In
der That, Graf Bernstorff findet seinen Weg ziemlich klar vorgezeichnet
Preußens Stellung zu den Mächten ist augenblicklich so ungebunden
als möglich. Der Widerhall, den die Compiegner Zusammenkunft in
England hervorgerufen, hat Preußen darüber belehren können, welchen
Werth man seiner Bundesgenossenschaft beilegt. Und jeder Verständige
wird es mit Freuden begrüßen, daß Preußen gegen seinen überrheinischen Nachbarn eine ruhige, ungereizte Haltung angenommen hat.
Allzu lange ist Deutschlands Stellung zu Frankreich eine unsichere,
eines großen Volkes wenig würdige gewesen; wir schwankten, durch
die Schuld der Regierungen wie des Volks, zwischen maaßlosem Haß
und maaßloser Bewunderung. Steht so Preußen frei von Verbind-
lichkeiten gegen die auswärtigen Mächte, so ist dagegen seine deutsche
Politik sehr bestimmt vorgeschrieben. Der Ernst gewichtiger noch nicht
eingelöster Versprechungen, das unabweisbare Bedürfniß des eigenen
wie des gesammten deutschen Volks, der Neid lächerlicher Feinde —
Alles, Alles drängt hier zum Handeln. Auch hat Preußens Regierung sich vor der Welt noch zu rechtfertigen wegen der schweren
Opfer, die sie dem Volke durch die Umbildung des Heeres auferlegt.
Wir haben nie der hämischen Meinung beigepflichtet, welche sagte,
nur die Lust am militärischen Pomp oder gar die Sorge für die
„Junkersöhne" habe diese Reform bewirkt. Wir meinen immer, eine
gewissenhafte Regierung werde so Schweres von ihrem Volke nur
dann verlangen, wenn sie den Willen habe, gestützt auf das verstärkte
Heer, eine active nationale Politik zu treiben. Der Beweis aber für
diese gute Meinung ist noch zu führen. Und während Preußens
eigene Lage zur Lösung seiner nationalen Aufgabe immer dringender
herausfordert, tritt der moralische Bankerott, die Rathlosigkeit seiner
Gegner stündlich nackter zu Tage. Alter und neuer Bundestag, einfache und complicirte Trias, Ministertag und habsburgisches Kaiser-

thum — diese und andere **Pläne** steigen aus dem kreißenden **Gehirn** der Würzburger Politiker wie aus der unerschöpflichen Tasche des Zauberers in **anmuthigem Wechsel empor**, um nach der Lebensdauer der Eintagsfliege wieder zu verschwinden — zum sichersten Beweise, **daß** der Gedanke der preußischen Centralgewalt allein eine ernste Prüfung aushält. Und was vor einem Jahre noch Niemand erwartete — die Stimmen aus Oesterreich mehren sich, **welche endlich das** Interesse der deutschen Oesterreicher begreifen und **um** ihretwillen **eine monar=** chische Gewalt in Deutschland verlangen. So günstig liegen die Aspecten. Und sind die Dinge noch nicht reif, um in Deutschlands erster Ehren= sache, **in dem** schleswig=holsteinischen Handel, ein rücksichtsloses **Vor=** gehen **zu ermöglichen:** so bleiben der hochwichtigen deutschen **Fragen** genug, **worin Preußen** zeigen kann, daß es ihm heiliger Ernst sei mit Deutschland. Es muß möglich sein, dem guten Rechte in Kur= hessen sogleich **zum Siege zu** verhelfen; **es muß möglich sein**, dem heuchlerischen Particularismus von Hannover die Maske abzureißen und ihm jene Jahdebahn abzuzwingen, deren Deutschland dringender noch bedarf, als die preußische Krone. Ein Schritt in dieser Richtung — und das Mißtrauen gegen Preußen wird schwinden, **das im Süden** heute wieder und wieder sich **regt**. Entschiedenes Vorgehen **in der** nationalen Frage — das ist es, **was die Liberalen der Mittelstaaten** von **dem** preußischen Landtage **erwarten**. Eben deshalb hoffen sie auch von ihm **eine klare Scheidung der Parteien**. Denn bis jetzt wird sich im gesammten Süden kaum Ein Liberaler finden, welcher den Wahlkampf der preußischen Altliberalen und Fortschrittsmänner begreift. Es ist kein gesundes Verhältniß, **wenn dieselben demokra=** tischen Blätter, welche Herrn v. Vincke als **Leisetreter bekämpfen, die** Herren v. Carlowitz und Stavenhagen den Wählern empfehlen. **Wir** Fernerstehenden finden in den Organen der Fortschrittspartei **ungern** eine gereizte Tadelsucht, welche Herrn v. Bernstorff, noch **bevor er sein** Amt angetreten, bitterböse Reden über seine Politik anhören läßt u. s. f. Und in Baiern, **wo man** weiß, wie auch eine schwächliche Verfassung gestärkt wird, wenn sie nie durch Staatsstreiche gestört **ward** — in Baiern am wenigsten begreift man, **wie die preußischen Fortschritts=** männer, statt den nothwendigen Pairsschub zu verlangen, **den Bestand** des Herrenhauses — **und damit der ganzen Gesetzgebung** — in Frage stellen können. Aber trotz dieser Neigung zum **Pessimismus** enthält **die** buntgemischte Fortschrittspartei der **ehrenwerten** berechtigten Ele=

mente so viele, daß von den süddeutschen Nationalen Niemand einsieht, wie doch Preußens officielle Presse diese Partei in Bausch und Bogen als eine erbitterte Opposition schildern und eben dadurch in die Opposition hineintreiben mag. Die schwere Arbeit der nächsten Session wird hoffentlich Ordnung in dies Chaos bringen. Dann, bei der Berathung der brennenden deutschen Fragen, werden die verschrieenen preußischen Particularisten wieder zeigen, daß sie ein Herz haben für Deutschland; sie werden — wir zweifeln nicht — den mißtrauischen Freunden im Süden durch die That beweisen, daß ein Gegensatz des preußischen und des deutschen Patriotismus längst nicht mehr besteht.

Die Zustände des Königreichs Sachsen unter dem Beust'schen Regiment.*)

(Aus Sachsen, 20. März 1862.)

Schwerer denn je lastet die Sorge wieder auf unseren Seelen, seit die jüngsten Vorgänge in Preußen die Aussicht auf entschlossene Heilung der preußischen und der deutschen Staatsleiden in weite Ferne gerückt haben. Fast könnte ich zweifelhaft sein, ob dies der rechte Augenblick sei, Ihrem Wunsche nachzugeben, und Ihren Lesern, insbesondere Ihren preußischen Lesern, die Lage unseres Ländchens zu schildern. Denn wahrlich, ich möchte nicht, daß man sich in Preußen behaglich an dem Troste wärmte, das deutsche Elend komme an anderen Orten noch kläglicher zu Tage. Wie dem jedoch sei: unter allen Umständen wird es lehrreich sein, zu sehen, wie die unversöhnlichsten Feinde Preußens ihr eigenes Haus bestellt haben, wie beschaffen die Mächte sind, von denen Preußen sich spotten läßt, wie wuchernd das Unkraut gedeiht, so lange Preußen vor seiner Aufgabe immer wieder zurückweicht und, statt vorwärts, vielmehr rückwärts tritt.

Sehr stattlich klangen die Lobsprüche, welche Graf Bernstorff trotz aller Gegnerschaft dem neuesten „geistreichen" und „interessanten" diplomatischen Kunststücke des Herrn v. Beust spendete. Wohl mag sie geistreich scheinen, diese Staatskunst; prunkt sie doch mit dem Reize der Neuheit, der aller Halbheit eigen ist; verschmäht sie doch vornehm jede schlichte Tüchtigkeit staatlichen Wirkens, welche so einfach zu Werke geht, daß die Welt an dem Vollbrachten nichts zu staunen findet. Auch interessant ist es, das Experimentiren mit ewig neuen und doch ewig gleichen Projecten, am interessantesten freilich für Jene, welche

*) [Preuß. Jahrb., Band 9 (Märzheft 1862), S. 344 ff.]

Kunde davon haben, daß die ſächſiſche Schlauheit diesmal zu Wien
ihren Meiſter gefunden. Denn was Sie ſicher längſt vermuthet, das
bin ich in der Lage Ihnen aus beſter Quelle zu beſtätigen: der Noten=
krieg gegen Preußen war mit dem Wiener Cabinette verabredet, doch
Graf Rechberg fand es ſchließlich angemeſſen, ſeinen eifrigen ſächſiſchen
Genoſſen mit dem bekannten „Dank vom Hauſe Oeſterreich“ zu be=
zahlen. Durch ſolche Fülle tragikomiſchen Mißlingens iſt die Meinung
Vieler von der Geſchicklichkeit des ſächſiſchen Miniſters beträchtlich ge=
ſunken. Und doch ſollte man die Bedeutung des Mannes nicht unter=
ſchätzen. Sie liegt darin, daß ſeine Staatskunſt und die Schwächen
ſeiner Zeit und ſeines Volksſtammes ſo glücklich und ſicher ineinander=
greifen, wie das Gezähne und Radwerk einer Maſchine. Der ſelber
nie an eine Idee geglaubt, nie für irgend etwas warm empfunden,
war auch berechtigt, nicht einmal zu glauben, daß Andere an Ideen
glauben könnten; und mit ſolchem Urtheile traf er das innerſte Weſen
jener Epoche des gröbſten Materialismus, welche in Sachſen dem
unnatürlichen Rauſche der Maibewegung folgte. Feſthalten an Recht
und Geſetz iſt von je ein ehrenhafter Zug des ſächſiſchen Staats=
weſens geweſen; ja ſogar ein pedantiſcher juriſtiſcher Formalismus iſt
weit verbreitet in dem gelobten Lande der Advocaten, in dem Lande,
deſſen Proceßordnung noch vor einem Menſchenalter in ganz Deutſch=
land ſtudirt ward. Und Herr v. Beuſt verſtand es, nicht nur ſeinen
Staatsſtreich nach Macchiavelli’s Lehre mit Einem Schlage zu vollenden;
er wußte ihn ſogar juriſtiſch zu rechtfertigen; und — die alte Unordnung
einmal wiederhergeſtellt — hat er mit rührender Treue den Buchſtaben
der harmloſen Verfaſſung gehalten. Er erkannte klar, wie wenig ſchroffe
reformatoriſche Naturen ſeit Thomaſius’ und Fichte’s Tagen in der
epidemiſchen Höflichkeit des ſächſiſchen Stammes Wurzeln ſchlagen
konnten. So hat er das Syſtem jenes lächelnden, ſchleichenden
Despotismus ausgebildet, welcher durch die Humanität der Form
auch manchen ernſten Mann über die Frivolität des Weſens zu täuſchen
weiß. Gewandt und ehrgeizig, von einer ungewöhnlichen Arbeitskraft,
welche ſelbſt durch den langjährigen Genuß der Freuden des Salons
nicht geſchwächt werden konnte, aber jedes ſchöpferiſchen Gedankens
baar, hatte Herr v. Beuſt die auswärtigen Angelegenheiten eines
Kleinſtaats in ſeine Hände genommen, der ſeiner Natur nach eine
auswärtige Politik nicht erträgt. Hatte ſich bei dem unmöglichen
Verſuche kleinſtaatlicher auswärtiger Politik einſt ſogar das gediegene

Talent eines Wangenheim in phantastische Trias=Pläne verirrt, so leistete Herrn v. Beust's leichtlebige Natur das Aeußerste in wohl= feilem politischem Dilettantismus. Ohne Herz für das deutsche Volk, aber auch ohne Glauben an die Fortdauer der kleinstaatlichen Sou= veränetät, begnügt er sich, durch Projecte die Nation hinzuhalten, erfreut den bewundernden Philister durch wohlklingende **Worte über** Deutsch= lands Zukunft: — selbst der altväterische Kreis **der** Dresdener Bogen= schützengesellschaft hat staatsmännische Herzensergießungen **dieser** Art mit anhören müssen. Mit jener Dreistigkeit, welche allein **der Ohnmacht** erlaubt ist, tritt **er dann und** wann sogar den Großmächten **gegenüber** als Kämpe auf für Deutschlands Selbstständigkeit, oder **erlaubt sich** ein mitleidiges Wort über die Jugendthorheiten des preußischen **Ver=** fassungslebens, **welche** das kerngesunde Alter der sächsischen **Freiheit** längst überwunden **hat.** Mit Einem Worte: er führt die hergebrachte Politik **der Mittelstaaten,** welche sich in dem Worte zusammenfaßt: „wir wollen **auch** etwas gelten." Ob der einzige glückliche Traum, den das Jahr 1848 dem Dresdener Hofe schenkte, der Gedanke einer Hegemonie in Thüringen, noch immer unvergessen ist, wagen wir nicht zu versichern; der einzige feste Punkt in dieser Staatskunst des vielgeschäftigen Ränkeschmiedens bleibt **der Haß gegen** Preußen.

Die gleiche Politik des Hinhaltens, der Halbheit, ward und wird im Innern geübt. So hat man die Patrimonialgerichte beseitigt, ohne doch den Muth zu haben, Rechtspflege **und** Verwaltung zu trennen. Die Oeffentlichkeit und Mündlichkeit des Gerichtsverfahrens ward eingeführt, doch das Schwurgericht **fehlt in** einem Lande, **wo es bei** dem hohen Stande der Volksbildung den bereitetsten Boden **finden** würde. Als die ganz moderne Entwicklung der Industrie des Landes mit der alten Zunftordnung in allzu schreienden Widerspruch trat, entschloß man sich endlich zu **einem** neuen Gewerbegesetze, doch **man** versuchte sogenannte „Gewerbegruppen" an die Stelle der historischen Zünfte zu setzen, und erst Oesterreichs Vorangehen gab den **Muth zur** Einführung der Gewerbefreiheit. Man versprach den Gemeinden Antheil zu gewähren an der Leitung der lutherischen „Staatskirche" (denn wie anders läßt sich eine von dem Cultusminister ausschließlich abhängige Kirche benennen?) — und man schlug vor eine Landessynode, welche nicht nur kein Gesetzgebungsrecht haben, sondern nicht einmal wissen sollte, über welche Dinge der Minister ihr Gutachten einholen müsse! Eine Zeit lang sprach Herr v. Beust gern von seiner Vorliebe für das

Selfgovernment — und er beglückte das Land mit dem todtgeborenen Institute der Friedensrichter, welche ganz einsam stehen in der rein büreaukratischen Ordnung der Verwaltung. Mit großem Lärm ward eine Reform des Wahlgesetzes angekündigt; eine dringende Nothwendigkeit, denn in diesem vorherrschend industriellen Lande gewährt die ständische Verfassung der Ritterschaft nicht nur die Alleinherrschaft in der ersten, sondern auch zwanzig Abgeordnete in der zweiten Kammer. Diesen zwanzig Rittern und fünfundzwanzig bäuerlichen Abgeordneten stellen die Städte nur fünfundzwanzig Abgeordnete und fünf Vertreter des Handels- und Fabrikstandes gegenüber! Die Reform, so pomphaft angepriesen, als gelte es, das alte ständische Princip durch die moderne Idee der staatsbürgerlichen Volksvertretung zu verdrängen, bestand in Folgendem: die Zahl der Vertreter des Handels sollte um fünf vermehrt und das Wahlrecht in den Städten — bisher so beschränkt, daß mehrere der Minister selbst nicht einmal zu den Urwählern gehören! — um ein Weniges ausgedehnt werden! Auch die vielgepriesene Humanität des Beust'schen Regiments trägt den gleichen Charakter der Halbheit. Zwar durch Kriegsgerichte die Maigefangenen zu verurtheilen, wagte man nicht; doch hielt man es nicht für unmenschlich, nach siebenjähriger Untersuchung einige Schuhmacher in das Zuchthaus zu schicken, weil sie gleich tausend Anderen im Mai 1849 den Beschluß — gefaßt, nicht durchgeführt hatten, den Dresdener Aufständischen zu Hülfe zu ziehen. Wie man die Begnadigung der Gefangenen an die unwürdige Bedingung band, daß sie ihre Reue erklärten; wie man den Letzten und Unbeugsamsten dieser Männer, Röckel, in der Stille frei ließ, obwohl er offen erklärte, er werde die vorgeschriebene Auswanderung nach Amerika nicht ausführen; wie endlich der Componist des Tannhäuser Deutschland wieder bereisen darf, doch mit sorglicher Vermeidung der grünweißen Grenzpfähle, während die übrigen Flüchtlinge noch immer einer Amnestie harren: das Alles sind bezeichnende Züge dieser Politik der halben Menschen.

Nach einer diplomatischen Laufbahn, welche ihm Gelegenheit gab, die unergründliche Langmuth der preußischen Staatsmänner in der Nähe zu beobachten, begann Herr v. Beust sein ministerielles Wirken mit der Einführung der deutschen Grundrechte. Bald darauf erklärte er sich wider die deutsche Reichsverfassung. Es folgte jene unsaubere Erhebung der particularistischen Demokratie unter dem Banner der Reichsverfassung. König Friedrich August — um mit einem loyalen

Dichter zu reden — „zog sich auf seinen Olymp zurück,“ d. h. aus
der k. sächsischen Mythologie in profanes Deutsch übertragen, er floh
auf den Königstein, und Herr v. Beust erflehte Preußens Hülfe. Wie
dann der Vielgewandte in der Union mit Preußen „den einzig möglichen Weg“ zur Einigung Deutschlands erkannte, und wenige Wochen
nachher, nachdem Preußens rettende Truppen das Land verlassen,
einen anderen einzig möglichen Weg entdeckte — nämlich die Union
gegen Preußen, und der Gefährlichste seiner Gegner, Herr v. Carlowitz,
im Ekel über dies treulose Treiben das Land verließ, das scheint in
Berlin heute bereits vergessen. Mit der neuen Kammer, der reichsten
an Talenten und Charakteren, welche Sachsen je gesehen, kam es zum
Bruche wegen der deutschen Frage. Denn der Minister erklärte: „es
fällt bedenklich“ schon jetzt zu sagen, ob der Bundestag wieder auf-
leben und dann ohne die Zustimmung der Kammern bindende Beschlüsse erlassen könne. Darauf „die rettende Junithat“ des Jahres 1850,
Auflösung der Kammern und Wiederberufung der rechtmäßig aufge-
hobenen alten Stände. Bezeichnend genug concentrirte sich der Kampf
des Ministers gegen das Rechtsgefühl und den Idealismus des Landes
in den Hallen der Leipziger Universität. Die Mehrheit des Senats,
welche die widerrechtliche Wahl zu den Ständen verweigerte, ward
ausgestoßen; die Minderheit — darunter jener Eine Jurist, dem die
Rechtsfrage mindestens „zweifelhaft“ erschien — ward von Regierungs-
wegen zur Mehrheit erklärt. Mit der Vorsicht eines besorgten Advocaten
bewog der Minister die alten Stände, jenes Wahlgesetz vom Jahre 1848,
durch dessen gewaltsame Aufhebung sie allein bestanden, noch einmal
aufzuheben. Ja, mit jenem gewaltthätigen Grimme, der der Feigheit
eigen ist, erklärte die zweite Kammer „annoch“ jene Abgeordneten,
welche den Eintritt verweigerten, des Wahlrechts „andurch“ verlustig.
Damals hat Sachsens constitutionelle Geschichte ein vorläufiges Ende
gefunden. Denn nur der dreiste Humor des Herrn v. Beust mag
diese Stände eine constitutionelle Volksvertretung zu nennen wagen
— ständische Corporationen mit Abgeordneten bäuerlicher und städtischer
Bezirke in einem Lande mit ganz moderner, ganz bürgerlicher Gesellschaft! Als die Stände „die Junithat“ guthießen, haben sie Herrn
v. Beust ihre Seele verschrieben. Mag immerhin durch Neuwahlen
einiges frische unschuldige Blut in die Stände einfließen — der Gesammtheit der ersten und der Mehrheit der zweiten Kammer ist durch
das Bewußtsein gemeinsam begangener Sünden jedes wahrhaft selbst-

ständige Auftreten gegen den Minister ein für allemal abgeschnitten.
Seitdem empfinden alle großen Höfe des Welttheils das großmächtige
Gebahren der sächsischen Kleinmacht; sogar Madrid hat die Macht=
entfaltung eines sächsischen Gesandten gesehen — als einmal ein reicher
sächsischer Cavalier eine Erholungsreise nach den Gärten der Hesperiden
anzutreten gedachte. Im Innern schaltet der Premier unumschränkt
so höflich, so wohlwollend, so überschwänglich liebenswürdig, daß er
uns lebhaft an seines Landsmanns Fichte derbes Kernwort gemahnt:
„eine Liebenswürdigkeitslehre ist vom Teufel."

Sie fragen gleich Vielen, wie es möglich sei, daß dieser in allen
Sätteln gerechte diplomatische Jongleur die ernsthafte gewissenhafte
Gelehrtennatur des Königs Johann beherrschen könne. Das viel=
geschäftige Intriguiren der auswärtigen Politik der Mittelstaaten ist
eben nicht Schuld der Personen, sondern liegt im Wesen dieser Staaten
selbst begründet, so lange ihnen die auswärtige Politik noch gestattet
ist. Und im Innern? Ein bequemerer, angenehmerer Minister als
Herr v. Beust läßt sich nicht denken. Dazu kommt: der Glaube an
die Fortdauer des eigenen Staates schwindet am Dresdener Hofe von
Tag zu Tag mehr zusammen, zumal seit der Anwesenheit der aus
Italien vertriebenen fürstlichen Verwandten. Daher ist der Diplomat
des Einhaltens, des ideenlosen Rechnens von heute auf morgen der
Mann der Situation. Auch unter seinen Amtsgenossen findet der
Premier keinen erfolgreichen Widerstand. Der Justizminister v. Behr
ist ein ehrenwerther Charakter und tüchtiger Fachmann, doch ohne
lebendiges Interesse für die große Politik. Herr v. Rabenhorst zählt
zu jenen Kriegsministern, denen auch für Staatsachen das Commando
des Kriegsherrn einzige Richtschnur bleibt. Selbstständiger steht der
Finanzminister v. Friesen, vortrefflicher Verwaltungsmann und Aristokrat
von weniger einschmeichelnden Formen als der Premier; seinem klaren
Verstande will es nicht immer einleuchten, daß man dem blinden
Preußenhasse die natürlichen Interessen des Landes opfern müsse.
Noch mehr, aber ganz in der Stille, ist der Cultusminister v. Falken=
stein dem Ministerpräsidenten entfremdet, derselbe, der als Minister
des Innern vor dem März 1848 den leidenschaftlichen Haß aller
Parteien auf sich lud. In seiner Jugend akademischer Lehrer, später
eine lange Zeit Regierungsbevollmächtigter an der Universität, empfindet
er die natürliche Abneigung des Gelehrten gegen das diplomatische
Wesen seines Genossen; aber zu schwach, um in seinem eigenen Departe=

ment seinen Willen durchzusetzen, persönlich der Orthodoxie abgeneigt und doch von einigen starr-gläubigen Kirchenräthen geleitet, ist er noch viel minder im Stande, in Fragen der großen Politik auf eigenen Füßen zu stehen. Unter diesen Ministern ist ein Beamtenthum herangewachsen, sehr zahlreich, schlecht besoldet, unbedingt abhängig. Dennoch **irrte** Herr v. Beust, wenn er sich rühmte, ein **Abfall wie jener** des Jahres 1848 sei unter seinen Beamten unmöglich. Sehr unheimlich, scheu und schleichend, wie das ganze System, regt sich **unter den** jüngeren Beamten eine giftige Unzufriedenheit. Das cynische Wort: „wir müssen — so lange es geht," läßt sich nicht selten hören; und wie **sollte Treue** dem Treulosen antworten? Weit sicherer darf der Minister auf die Armee zählen. Der Kriegsminister hat Viele verletzt durch barsches eigenwilliges Benehmen; als Artillerist ist er oft mit rücksichtsloser Gleichgültigkeit gegen die historischen Ueberlieferungen des Heeres vorgegangen, so, als er die alten Infanterieregimenter aufhob; er **ist** nicht frei von parteiischer Vorliebe für einzelne Personen; ja, mehrmals war er nahe daran, sein gesundes Urtheil gewissen politischen Tendenzen zu opfern, so vor einigen Jahren, als nur Kaiser Franz Joseph's Einspruch die Einkleidung der sächsischen Armee in die weißen Röcke des Hauses Habsburg verhinderte. Dennoch hat Rabenhorst von allen Ministern die unzweifelhaftesten Verdienste; er hat das Heer nach argem Schlendrian zu einer zwar nicht glänzenden, doch felddiensttüchtigen Truppe herangebildet; und wenige deutsche Truppen werden an beweglicher Schnelligkeit dem französischen Fußvolke **so** verwandt sein, wie die sächsische leichte Infanterie mit ihren gebildeten Officieren, ihren anstelligen, ausdauernden Jägern. Auch das Betragen des Heeres gegen das Bürgerthum ist so anständig, wie es sich von dem höflichen sächsischen Wesen erwarten läßt. Eines **aber** fehlt diesem tüchtigen Corps: jener patriotische Stolz, der nur unter den ruhmreichen Fahnen eines mächtigen Staates gedeiht. Vergeblich sucht man ihn dadurch zu ersetzen, daß die Erinnerung an die zweideutigen Lorbeeren des Bürgerkriegs mit Eifer rege gehalten wird. Einen besseren Ersatz bildet die systematisch großgezogene Eifersucht gegen das preußische Heer. Nicht blos die alten Officiere, welche die Theilung des Heeres noch mit angesehen, unterhalten den Preußenhaß; auch der Kriegsherr konnte sich die wohlfeile Freude nicht versagen, den Tag von Collin zu feiern, während man es in Preußen vornehm verschmähte, die Erinnerung an Hohenfriedberg, Pirna und

andere für das sächsische Selbstgefühl minder behagliche Tage aufzu=
frischen. Wirkliche und eingebildete Schroffheiten preußischer Officiere
haben die längst historisch gewordene Abneigung gesteigert, und so ist
es ein hundertmal wiederholtes Lieblingswort sächsischer Officiere
geworden, daß sie den Tag herbeisehnen, wo sie sich messen können
mit den anmaaßenden Preußen.

Das Hauptverdienst, worauf die Regierung zu pochen pflegt,
ist das materielle Wohlbefinden des Landes. Allerdings sind die
Finanzen in bester Ordnung; allerdings hat Herr v. Ehrenstein unter
den Beamten der Verkehrsanstalten jenen Geist der Pünktlichkeit und
des Anstands redlich erhalten, welcher in Sachsen durch die Leipziger
Kaufleute, die Gründer der Leipzig=Dresdener Eisenbahn, heimisch
wurde; und für die Interessen des Gewerbfleißes ist unter der kun=
digen Leitung des Geheimen Raths Weinlig manches Verständige
geschehen. Aber unter welchem denkbaren Regimente hätte diese Blüthe
des Wohlstands sich nicht entfaltet in einem rastlos thätigen Volke,
in einer Zeit des tiefsten Friedens? Das Volk hat emsig geschafft,
und die Regierung hat wenig gethan, dies Schaffen zu hindern,
Manches, es zu fördern. Noch ist das Eisenbahnnetz für den Haupt=
sitz des Gewerbfleißes, das Erzgebirge, in den ersten Anfängen, und
ein volles Jahrzehnt währte es, bis Herr v. Beust sich entschloß, das
hier zu Lande geradezu absurde Zunftwesen fallen zu lassen. Hören
wir freilich die officielle Presse, so möchte es scheinen, Herr v. Beust
habe mit der Wünschelruthe den Boden berührt, und sofort seien die
Schätze des Volkswohlstandes über Tag gekommen. Ist nämlich
das Beust'sche System dem Wesen nach nur eine Copie der alten
Metternich'schen Kunst des unproductiven Hinhaltens, so sind dagegen
seine Mittel modern, zumeist dem großen Pariser Vorbilde entlehnt.
Zwei rührige officielle Blätter bearbeiten die öffentliche Meinung,
die Leipziger Zeitung und das Dresdener Journal. Jene ist freilich
— eine Behauptung, welche das System vortrefflich charakterisirt —
nach Herrn v. Beust's Versicherung ein „unabhängiges" Blatt, ob=
gleich sie von einem allein dazu angestellten Regierungsrathe redigirt,
auf Staatskosten verwaltet und als Amtsblatt sämmtlicher Behörden
benutzt wird. Der Zweck dieses Mummenschanzes ist sehr einfach:
die Leipziger Zeitung darf gewisse grobe Sottisen gegen Preußen
und die deutsche Nation ungestraft sagen, welche, in dem „officiellen"
Dresdener Journal ausgesprochen, ernsthafte Beschwerden hervorrufen

könnten. Uebrigens geben wir Herrn v. Wüstemann, dem weiland sachsen-altenburgischen Minister, welcher die Leitartikel der Leipziger Zeitung mit der Selbstgefälligkeit des „praktischen Staatsmanns" schreibt, mit Vergnügen das Zeugniß: **die Weite des Horizontes** seiner theoretischen Staatskunst entspricht vollkommen dem Umfange seiner vormaligen praktisch-politischen **Erfahrungen.** Den Geist dieser beiden officiellen Blätter mag Ihnen **ein** kundiger Gewährsmann schildern. Als die freimüthige Sachsenzeitung, **ein Junkerblatt nach** dem Muster nicht der Kreuzzeitung, sondern **des Zuschauers,** vor einigen Jahren Todes verblich, erklärte sie ihr Fortbestehen **für** un= nöthig, da ihre Meinungen in den beiden amtlichen Blättern eine so vortreffliche Vertretung gefunden! — — Entfaltet nun **aber die Re**= gierung in ihrer Presse alle Mittel rühriger Publicistik, so fürchtet sie dagegen die wahrhaft freie Wissenschaft. Nirgends offenbart sich die frivole Flucht **vor** den Ideen so klar, als in der Behandlung der Universität. **Die** alte Corporationsverfassung **der** Hochschule ist beseitigt; die philosophische Facultät wird grundsätzlich vernachlässigt, während die Fachstudien sich ernstlicher **Förderung** erfreuen. Noch ist die quälende Erinnerung an Haupt, Jahn und Mommsen nicht verwunden, noch die Furcht nicht unterdrückt, die allgemeinen Wissen= schaften könnten stählend und befeuernd auf Charakter und Patriotis= mus der Studirenden einwirken. **Erlassen Sie mir, Ihnen** zu sagen, wer heute Gottfried Hermann's Lehrstuhl inne hat und wie die historischen Studien **im** Argen liegen. Noch in den jüngsten Tagen ist ein Herr in Dresden, der sich durch eine Jugendschrift den Bei= **fall** der lieben Kleinen erworben, zum ordentlichen Professor **der** Pädagogik ohne Vorwissen der Facultät ernannt worden. Auch **die** Fachstudien erfreuen sich nur so lange der hohen Gönnerschaft, als sie nicht hinüberwirken auf das öffentliche Leben, d. h. so lange sie nicht jene Stellung einnehmen, welche das Wesen der modernen Wissenschaft gebieterisch verlangt. Der deutsche Juristentag ward mit amtlichen Festlichkeiten erlustigt, bis er endlich einige Beschlüsse in nationalem Sinne faßte — und die Regierungsorgane sich in heiligem Entsetzen von ihm abwandten.

Fragen Sie, wie das Volk sich zu diesem Regiment verhalte, so müssen Sie billig einige particularistische Reizbarkeit entschuldigen, welche den Bewohnern heruntergekommener Staaten eigenthümlich ist: das Andenken der Flitter-Herrlichkeit von Sachsen-Polen ist noch nicht ganz

geschwunden. Auch lastet auf den **Sachsen das** schwere Unglück, daß
sie allein **an** der größten politischen That der Deutschen nicht nur
keinen Antheil genommen, sondern sogar eine bittere Erinnerung an
jene Tage des Ruhms davongetragen haben. Der alte Gassenhauer:
„die Preußen haben uns s'Land gestohlen, wir werden's uns schon
wieder holen," wird noch heute von manchen nicht-officiellen Lippen
wiederholt, wenn auch **die Zuversicht** auf die Erfüllung des trutzigen
Liedleins erheblich geschwunden ist. Endlich ist in dem altprotestantischen Lande unter einer katholischen Dynastie die confessionelle Eifersucht **des durchaus** rationalistisch-protestantischen Volks von jeher lebendiger gewesen, als der politische Sinn. Sie war zu Zeiten von krankhafter
Reizbarkeit, wie **das** schwere Unrecht beweist, das man in der vormärzlichen Zeit dem im edelsten Sinne duldsamen gegenwärtigen Könige
zufügte. **Noch heute** vermag alle politische Unwürdigkeit die Leidenschaften der Masse so stark nicht aufzuregen, wie gewisse glaubenseifrige Thorheiten teufelbannender Pastoren. Aber mit alledem ist
die grauenhafte Erstorbenheit des politischen Geistes bei leidlichem
materiellem Wohlbefinden nicht entschuldigt — grauenhaft nicht nur
im Vergleiche zu der wüsten Bewegung **des** Mai, sondern auch verglichen mit jenen vormärzlichen Tagen, da man einen Abgeordneten
auf gemeinsame Kosten die Schwurgerichtssäle des Rheinlandes **bereisen**
ließ u. s. f. Eine gouvernementale Partei besteht kaum — außerhalb
der **Kreise des** Beamtenthums und des Adels. Die weit überwiegende
Mehrheit des Volks hat sich mit Leib und Seele der Volkswirthschaft
ergeben und weist widerwillig jeden politischen Gedanken zurück, der
das Gleichmaaß des Umschwungs der Maschinen stören könnte. In
den Massen kann nur Eine Partei auf einen erheblichen Anhang zählen
— **jene** unverbesserlich particularistische Demokratie, welche in den
Jahren der Bewegung für eine königlich sächsische Republik schwärmte,
gegen den Abmarsch den sächsischen Truppen nach Schleswig-Holstein
protestirte und seitdem, unberührt von dem großen Wandel der Geschicke, in den Haufen des darbenden Volkes heimlich die Funken verderblichen Hasses schürt. Sehr schwach an Zahl dagegen ist die einzige
Partei, welche frisches Leben bringen könnte in das stagnirende Stillleben des Particularismus, die nationale Partei des letzten legitimen
Landtags vom Jahre 1849/50. Nur ein Theil der alten Demokratie
hat sich zu ihr geschlagen.

Am schwersten vielleicht liegt der politische Schlummer auf der

Hauptstadt. **Wer kennt** sie nicht, die liebliche Stadt, wie sie daliegt gleich einem freundlichen Mädchen, nicht allzu schön, nicht allzu geist= reich, **doch mit** leicht zugänglichen Reizen? Aber wer hat auch nicht **die** einschläfernde Kraft dieses Himmels empfunden, als schwirrte das gepuderte Geschlecht der alten Rococo=Paläste noch durch die Lüfte? Halb Residenz, halb großer Badeort entbehrt die Stadt des regsamen Bürgerthums; sie wird bewohnt von Beamten, reichen **Fremden** und von Kleinbürgern, welche von Beiden zehren. — Einige patriarcha= lische Anhänglichkeit an das königliche Haus mag noch bestehen auf den großen Rittergütern unter den Wenden der Lausitz. Das Erz= gebirge dagegen ist vollauf beschäftigt mit der Abwehr der dringendsten Nahrungssorgen. Jene wunderbaren Erdschätze, welche das tiefgesunkene Zwickau wieder hinaufgefördert **zu** der Größe althansischer Zeit und zahlreiche Dörfer in bevölkerte Städte verwandelt haben — sie kommen ja leider nur einer Minderheit zu Gute. Das arme Volk mit seiner verlorenen Hausindustrie macht dem eindringenden Großgewerbe noch verzweifelnd Zoll für Zoll des Bodens streitig. Auch das Voigtland, in den vierziger Jahren der Ausgangspunkt der politischen Bewegung, ist mit wirthschaftlichen Sorgen beladen. In einigen Theilen des Industrielandes, namentlich in den Schönburg'schen Standesherrschaften, welche einst der revolutionären Regierung willig gehorchten, mag noch ein Bodensatz ungesunder Demokratie zurückgeblieben sein. Weithin geht im Volke die unheimliche Rede, die Trauerfälle im königlichen Hause seien eine Strafe des Himmels für die Mißhandlung der Mai= gefangenen. Ganz einsam steht in dem verstummten Lande das **laute** Leipzig, der ästhetischen Reize baar, doch reich und rührig und selbst= bewußt. Eine musterhafte Gemeinde von aufopferndem Bürgersinn, in den Tagen der Bewegung allein maaßvoll und besonnen, ist **die** Stadt auch in der Zeit des politischen Schlafs allein wach geblieben. Die natürlichen Interessen der großen Handelsstadt an Preußens Grenze kann auch der schlichte Bürger nicht verkennen. Nur hier **darf die** nationale Partei auf eine starke Unterstützung zählen. Die Adresse des Leipziger Nationalvereins an Herrn v. Carlowitz war ein Zeichen ehrenhaften Muthes; denn keinen hassenswürdigeren Namen weiß sich das herrschende System. Doch bezweifle ich, daß sie außerhalb Leip= zigs erhebliche Zustimmung gefunden. Auch die Flottensammlung hat nur in Leipzig und in einigen, zum Theil exterritorialen Kreisen Dresdens bedeutende Resultate geliefert.

Bei dieser Stimmung des Landes und bei dem altständischen Wahlgesetze ist es kein Wunder, daß die Stände im Ganzen nur eine Satire sind auf den Culturzustand dieses hochgebildeten Volks. Der Adel der ersten Kammer, ohnehin zumeist wenig begütert und ohne natürliche Grundlage für seine bevorrechtete Stellung, hat bei dem denkenden Bürgerthume tiefe Verachtung geerntet, seit er im Jahre 1850 und später genau das Gegentheil seiner Beschlüsse vom Jahre 1848 verfocht. Die Führer der kirchlich-aristokratischen Partei sind zwei gewandte Redner, die Herren v. Welck und v. Friesen. Noch größeren Ruhmes erfreut sich Herr v. Erdmannsdorff, ein heiterer Herr, der gelegentlich die Pairs des Reichs zur Sammlung von Elsteraugen für sympathetische Curen in der Diakonissenanstalt auffordert und die Liebhaber unfreiwilligen Humors oft zu Dank verpflichtet hat. Der ehrwürdige Superintendent Großmann ist gestorben; und die Universität hat keinen einflußreichen Vertreter mehr nach Dresden geschickt, seit sich infolge des Staatsstreichs viele Professoren von den Angelegenheiten der Corporation gänzlich zurückgezogen. Nur einige Bürgermeister, namentlich Koch von Leipzig, vertreten die Sache des Liberalismus. In der zweiten Kammer bildete Jahre lang kirchliches Aergerniß fast den einzigen Gegenstand erregter Debatten. Erst durch die letzten Neuwahlen, namentlich durch den Eintritt der Leipziger Abgeordneten Eichorius und Heyner, ist das politische Interesse der Kammern ein wenig erregt worden; und diese beiden Männer des nationalen Liberalismus finden in manchen Fragen Unterstützung, u. A. häufig von Seiten des Märzministers Georgi, einer volkswirthschaftlichen Capacität. Doch ist von einer eigentlichen Parteibildung nicht die Rede. Die Abstimmungen der Bauern in der Wahlgesetzfrage bewiesen auf's Neue, welcher rohe Standesegoismus durch das ständische Princip großgezogen wird. Da man an das parlamentarische Princip nicht zu denken wagt, ja, nach den altständischen Grundsätzen sogar nicht denken darf, so begnügt man sich mit der alten Unsitte des vormärzlichen deutschen Constitutionalismus, der unfruchtbaren Einzelkritik der Verwaltung. Im Ganzen sind die Verhandlungen unerträglich langweilig und trivial, und finden den entsprechenden Widerhall in der vollkommenen Theilnahmslosigkeit des Landes. Herr v. Beust weiß sehr wohl, daß, seit die Deutschen ein deutsches Parlament gesehen, ein lebendiges Interesse nur noch durch die preußischen und einige ganz ausgezeichnete Landtagsverhandlungen anderer Staaten

erregt werden kann. Von ſeinen Ständen hat er ſolche Belebung der
Nation nicht zu fürchten; darum ſorgt er, daß der Hof ſie höflich be=
handle; und wollen die Dinge gar zu eintönig werden, ſo unterhält
er die getreuen Stände durch ein Seiltänzerſtückchen ſeines beneidens=
werthen Humors. So kürzlich, als er prahlte, die Regierung habe
das Verdienſt, daß in Sachſen, wo man nicht ſich ſo weit von bundes=
mäßigen Zuſtänden entfernt, eine Einmiſchung des Bundestags (1849!)
nicht ſtattgefunden habe!

Nur wenig erfreulicher ſind die Verhältniſſe der Preſſe. Zwei
größere Blätter, die Deutſche Allgemeine Zeitung von Brockhaus und
die Conſtitutionelle Zeitung des Advocaten Siegel verfechten ehren=
haft und verſtändig den nationalen Gedanken. Namentlich letzteres
Blatt hat in den niederen Schichten des Mittelſtandes ſelbſt zur Zeit
der rückſichtsloſen Reaction durch unermüdliches Rügen öffentlicher
Mißſtände einigen politiſchen Sinn wach zu halten gewußt. Aber,
wie eng auch die Schranken des Preßgeſetzes, — beide Blätter ver=
fahren viel zu zahm, zu rückſichtsvoll gegen das demoraliſirende Syſtem
des Particularismus; ſie kennen ihn nicht, jenen ſchneidenden Ton kalter
Verachtung, der auf gewiſſe Cynismen der officiellen Preſſe die einzig
mögliche Antwort iſt. Rühriger, ſchonungsloſer tritt die „Mitteldeutſche
Volkszeitung" auf, das populäre Organ der nationalen Fraction der
Demokratie. Mit ihr in beſtändigem Hader liegt „der Adler", das
Blatt des Profeſſors Wuttke, d. h. der particulariſtiſchen Demokratie,
welche in Einem Athem für die extreme „Freiheit" ſtreitet und Herrn
v. Schmerling als den Mann der deutſchen Zukunft preiſt. Bezeichnen=
der noch für die Stimmung des Landes iſt die Menge und die Popu=
larität jener Spaß= und Klatſchblätter, welche, nach dem Muſter des
„Dorfbarbiers", unter der Segnung des Beuſt'ſchen Regiments wie
Würmer nach dem Regen allerorten aus dem Boden ſteigen. Bedarf
es noch eines letzten Pinſelſtrichs zu dieſem traurigen Gemälde, ſo
erwähne ich die Thatſache, daß der ſächſiſche Lindenberg, ein gewiſſer
Schanz — ein Maigefangener, der ſich durch freche Denunciationen
die Freiheit erkaufte —, in der Hauptſtadt ein Halbdutzend kleiner
Blätter auf einmal redigiren und dadurch einen gewiſſen Einfluß aus=
üben darf!

Vor einem Jahrzehnt traf ich auf der Reiſe einen jungen Kur=
heſſen. Er klagte über den Jammer ſeines Landes; doch kaum hatte
ich meine Heimath genannt, ſo verbat er ſich alles Ernſtes das Mit=

leib des Blinden mit dem Schielenden. Meine „engere Vaterlands=
liebe" versuchte einige Einwendungen; endlich mußte ich ihm Recht
geben. Offener freilich liegt es zu Tage, das Elend des kurhessischen
Staats. Doch den Kurhessen sind in dem langjährigen Kampf gegen
das nackte Unrecht Bürgermuth und Rechtsgefühl, alle Tugenden des
Mannes, gehoben und gekräftigt worden. Den Sachsen aber — und
es sind nicht die Schlechtesten der Deutschen, diese muthigen, gescheidten,
wohlwollenden, unermüdlich thätigen Menschen, deren Lebenskraft selbst
das Jahrhundert der polnischen Auguste nicht zu brechen vermochte —
den Sachsen hat das jüngste Jahrzehnt geheime Wunden geschlagen,
welche, im Stillen forteiternd, erst in langer Frist die Heilung finden
werden. Sehr vielen ehrenwerthen, doch unkräftigen Männern ist der
Glaube verloren an die Zukunft des deutschen Volkes, der Glaube
an alle idealen Güter des Lebens. Und graut einst der Tag der
deutschen Reform herauf, so wird die Masse des Volks sich an poli=
tischer Bildung um ein Jahrzehnt zurückgeblieben finden hinter der
Mehrzahl ihrer deutschen Brüder. In Berlin sollte man ein wenig
den Jubel beachten, womit die Dresdener Hofkreise schon die Möglich=
keit eines conservativen preußischen Ministeriums begrüßten. Eine ehr=
liche Versöhnung des mittelstaatlichen Particularismus wird weder
einer liberalen, noch der neuen conservativen preußischen Regierung
durch gefügiges Entgegenkommen je gelingen. Wagt es aber die Krone
Preußen, früher oder später, wieder Frieden zu schließen mit ihrem
Volke, und dann den kleinen Störenfrieden den Ernst der Macht und
des guten Gewissens zu zeigen, so wird Herr v. Beust, wenn anders
der Unwille der öffentlichen Meinung ihn dann noch duldet, — sich
in die Rolle eines preußischen Alliirten ebenso geschmeidig finden, wie
in so viele andere Rollen seines wechselreichen Lebens. —

Ludwig der Baier.

Schauspiel von Paul Heyse.*)

In zwiefachem Sinne ist die Dichtkunst die Herzenskündigerin ihrer Zeit. Nicht nur bleibt dem Dichter das schöne Recht, herauszusagen, was die Gemüther der Zeitgenossen in ihren Tiefen bewegt: offener noch tritt das innerste Wesen einer Epoche zu Tage in der Gesinnung, welche Hörer und Leser dem Dichter entgegenbringen. Daß die Ideen unseres Jahrhunderts wirklich mit einer vordem unerhörten Raschheit sich verwandeln, daß wir wirklich binnen wenigen Jahrzehnten andere Menschen geworden sind: keine Thatsache der politischen Geschichte zeigt es so klar, wie die von Grund aus veränderte Stellung der Gebildeten zu den Werken der Poesie. Als nach einer langen Zeit ausschließlich literarischer Thätigkeit die ersten Keime freien politischen Lebens in Deutschland sich schüchtern aus dem Boden hoben, da galt es noch als ein Wagniß, dem ästhetisch verbildeten Publicum politische Geschäftssachen in nüchterner geschäftlicher Form vorzutragen, und Herr v. Benzel=Sternau kleidete weislich den trockensten aller Stoffe, einen Bericht über die ersten baierischen Landtage, in die phantastische Hülle eines Briefwechsels zwischen Hochwittelsbach und Reikiavik. Nur zwanzig Jahre vergingen, und jede Spur andächtigen Schönheitssinnes schien hinweggefegt von der politischen Leidenschaft. Alles jubelte, wenn die Meute gesinnungstüchtiger Zeitpoeten wider die vornehme Ruhe des Fürstenknechtes Goethe lärmte, und das Vaterland forderte, wie ein Heros jener Tage selbstgefällig sagt, „von der Dichterinnung,

---

*) [Grenzboten, 21. Jahrgang, in der Nummer vom 5. September 1862, S. 412 ff.]

statt dem verbrauchten Leiertand
nur **Muth** und bied're Gesinnung"

Von diesem Aeußersten unästhetischer Rohheit freilich, von diesem
Selbstmordsversuche der Poesie sind wir zurückgekommen. Der schwere
Ernst der staatlichen Arbeit lehrte uns die verschwommenen Phrasen
der Tendenzlyrik mißachten, und jener schlichte Sinn für das Wahre,
welcher das köstliche Gut der Gegenwart bildet, wandte sich mit Ekel
von poetischen Gestalten, die kein eigenes Leben lebten, nur das Mund=
stück waren für des Dichters politische Meinungen.

Aber, die Hand auf's Herz, haben unsere Männer in Wahrheit
jene banausische Denkweise überwunden, haben sie, inmitten aufreibender
wirthschaftlicher Arbeit und staatlicher Kämpfe, wieder gelernt, größer
von der Kunst zu denken? Wir wollen nicht allzubitter beklagen, daß
die gesammte Lyrik heute lediglich von den Frauen gelesen und geliebt
wird und nur selten ein Mann von Geist in verschämter Stille sich
an seinem Horaz oder an den römischen Elegien erquickt: die Auf=
regung, die Härte, der Weltsinn des modernen Lebens verträgt sich
wenig mit lyrischer Empfindsamkeit. Und wenn in sehr zahlreichen
und sehr ehrenwerthen Kreisen ein junger Mann, von dem man nur
weiß, er sei ein Poet, mit vornehmem Lächeln empfangen wird, wenn
man von ihm erwartet, er werde jenes Durchschnittsmaaß von Ver=
stand und Willenskraft erst beweisen, das wir bei allen anderen Sterb=
lichen voraussetzen: so sehen wir keinen Anlaß, sentimental und ver=
stimmt zu werden ob dieser nothwendigen Folge der poetischen Ueber=
production. Aber versucht es, in einem Kreise gebildeter Männer die
triviale Wahrheit zu verfechten, daß die Kunst für ein Culturvolk
täglich Brod, nicht ein erfreulicher Luxus sei: und Widerspruch und
Gleichgültigkeit wird Euch zeigen, wie sehr die politische und wirth=
schaftliche Arbeit den Formensinn verkümmert hat. Oder seht die Schlag=
worte der modernen Aesthetik, wie sie lediglich am Stoffe haften und
aus dem Bereiche der Aesthetik hinausfallen. Patriotische Stoffe, ruft
man, soll der Dichter wählen, nicht weil er durch die Empfindungen
seines heimathlichen Bodens den Leser am sichersten und tiefsten er=
schüttern wird, sondern weil auch die Kunst den prosaischen Zwecken
des nationalen Interesses dienen müsse. Politische Dramen, heißt es,
wollen wir schauen, nicht weil in den großen staatlichen Kämpfen die
Leidenschaft in den gewaltigsten Formen erscheint, sondern weil die
Bühne ihr Scherflein beisteuern müsse zur politischen Volksbildung.

Das Edle und Tüchtige einer solchen, von politischen Ideen durch= aus beherrschten Zeit begeistert zu empfinden, ihr Leben mitzuleben und dennoch von seinem künstlerischen Schaffen jede unästhetische Ein= wirkung dieser übermächtigen Zeitbestrebungen kalt und streng hinweg= zuweisen, das ist die unsäglich schwere Aufgabe des modernen Dichters. Vor diesem fortwährenden quälenden Kampfe schrecken feine Naturen von gebildetem Schönheitssinne leicht zurück, sie wenden sich ab von der prosaischen Arbeit der Zeitgenossen und verschmähen es, selbst jene Ideen der Epoche dichterisch zu verkörpern, die der künstlerischen Ver= klärung sehr wohl fähig sind. Dieses Weges ist Paul Heyse gegangen, und wir sind weit entfernt, mit einzustimmen in den Ruf der Ge= sinnungstüchtigen unserer Tage, welche jeden, der nicht sein gesammtes Dichten und Trachten der nationalen Bewegung verpfändet, als einen Mattherzigen verketzern. Wer unter Franz Kugler's Augen einer beneidenswerthen ästhetischen Bildung genoß und in frühen Jahren schon an den Werken der italienischen Kunst Herz und Auge sich er= quickte, dem verarge Keiner, daß die gothische Derbheit, die formlose Unbestimmtheit unserer politischen Kämpfe ihm nicht das ganze Herz erfüllt. Unser Volk ist reich genug, auch solche Naturen zu ertragen und zu würdigen. Aber ernstlich müssen wir protestiren, wenn die Bewunderer dieses Dichters so gern auf Goethe und die stolz ab= weisende Gemüthsruhe seines Alters hinweisen — auf ihn, der in seiner Jugend als ein Revolutionär in das Leben unseres Volkes trat, der in den Tagen seiner größten Dichterthaten so recht im Mittel= punkte jener Ideen stand, die seine Zeit erschütterten. Und eine starke, wuchtige Selbstständigkeit müssen wir verlangen von einem Dichter, der die Wege der Zeitgenossen geflissentlich vermeidet, an dessen Werken nur die Sprache verräth, weß Volkes Kind er sei. Er muß im Stande sein, aus dem Reichthum seiner Seele heraus das zu geben, was andere Dichter zum guten Theile der Gedankenarbeit ihrer Zeit ver= danken. Diese stolze Eigenart der Persönlichkeit haben wir in Paul Heyse's Schriften vergeblich gesucht. Ueberall trat uns ein seltener Adel des Formensinnes entgegen, der sich wahrlich in Größerem offen= bart als in der Glätte des Verses und dem Wohllaut der Perioden, ein großer Reichthum der Farben und ein ungemeines Geschick, die rechte Stimmung zu erwecken in dem Gemüthe des Lesers. Aber diese glückliche Beherrschung der Form ist in der That der Kern seines dichterischen Talentes. Sichtlich enthüllen sich seinem inneren Auge

zuerst die Umrisse und Farben seiner Gestalten und später erst die
Seele. Er bedarf der schönen farbenreichen Umgebung, wenn die echte
Dichterwärme sein Herz durchströmen soll; kein Zufall wahrlich, daß
die italienischen Stoffe sich am glücklichsten unter seiner Hand ge=
stalten. Auch das Innere der Menschenbrust erschließt sich diesem
Dichter, wenn es gilt, naive, vornehmlich weibliche Charaktere zu
schildern, solche Naturen, deren Erscheinung schon die einfältige Schön=
heit des Herzens wiederspiegelt. Darum werden die beiden Novellen
„Das Mädchen von Treppi“ und namentlich „La Rabbiata“ eine
Zierde unserer erzählenden Dichtungen bleiben und durch ihre maaß=
volle Kraft immer bekunden, daß Paul Heyse jener „weichliche“ Künstler
nicht ist, wofür seine Gegner ihn ausgeben. Rathlos jedoch tastet
sein Talent umher, wenn er ein reiches, widerspruchsvolles Mannes=
herz zu zeichnen versucht. In solchem Falle kann Paul Heyse in die
verzwickteste Künstelei verfallen, so in jener vielgerühmten Novelle
„Der Kreisrichter“, die eine erkältende Absonderlichkeit ist, mag ihr
immerhin eine „wahre“ Begebenheit zu Grunde liegen. Oder auch
seine Kraft erlahmt völlig, er versucht nicht einmal, die ernste psycho=
logische Aufgabe zu lösen. In der Novelle „Andrea Delfin“ begegnen
wir einem politischen Fanatiker, der Mord auf Mord wagt, um Venedig
vom Joche der Aristokratie zu befreien; doch vergeblich harren wir,
daß der Dichter uns zeigen werde, was diese vulkanische Seele erfüllt.
Wir werden gejagt durch Scenen des Grauens, wir zittern, wenn der
Mörder durch die Verstecke der finsteren Gassen sich windet — und
dieser sinnliche Reiz des Schreckens bildet den einzigen Inhalt der
Erzählung!

Dieses virtuose Formtalent hat in wenigen Jahren kaum ein
Gebiet der Poesie unbetreten gelassen, von der Römertragödie und
der in Wahrheit herrlichen Uebersetzung italienischer Volkslieder bis
herab zur Biergemüthlichkeit einer Schnaderhüpfl=Novelle. Mustern
wir die bunte Fülle dieser Schriften, so finden wir keine, die nicht ge=
schmackvoll geschrieben und angenehm zu lesen wäre, aber auch keine,
die der Herzschlag unserer Zeit und unseres Volkes durchzitterte, und nur
wenige, die der Hauch einer tiefen, gewaltigen Empfindung erfüllt, nur
wenige, bei denen wir, wie bei jenem „Italienischen Liederbuche“ freudig
rufen: dies mußte er schreiben. Die Reihenfolge der Werke bezeugt
das zunehmende technische Geschick, doch nicht die Vertiefung der Ideen
des Dichters und noch minder die Nothwendigkeit seiner Entwicklung.

Jenes Vorherrschen des Formensinnes in Paul Heyse erklärt es auch, daß er Stoffe bearbeiten konnte, welche der modernen Empfindung so fremd sind wie die Fabel der „Sabinerinnen". Ein Fehlgriff war diese Preistragödie, nicht weil der Stoff einige Jahrtausende alt ist, nicht weil der Romulus in so ganz modernen Worten redet — oder wie sonst der landläufige ungerechte Tadel lauten mag — sondern weil der Conflict modernen Augen nimmermehr tragisch erscheinen kann. Eine Welt, worin die Jungfern dutzendweise geraubt werden, ist nach unserem Gefühle so brutal barbarisch, daß der Dichter der Gegenwart sich mit Widerwillen davon abkehren müßte — gäbe es nicht einen sehr nahe liegenden Weg, selbst diese Situation für moderne Hörer poetisch zu idealisiren. Welchem modernen Menschen kann das sehr starke komische Element dieses Stoffes entgehen? Welch ein Reiz für einen schalkhaften Poeten, in einer munteren Novelle, die auch das Wagniß nicht scheute, zu schildern, wie der Ehestand das Widerstreben des Mädchenstolzes bricht. Die Frage, ob wohl unseren Mädchen das Ehebett eines römischen Helden gar so gräßlich dünken würde, ist in der That so unabweisbar, das komische Element der Fabel so auffällig, daß wir noch kein ehrliches Weltkind gefunden haben, welches der Aufführung dieses Trauerspieles, trotz seiner zahlreichen schönen Scenen, mit unerschüttertem Ernste zuschauen konnte.

Zu allgemeiner Ueberraschung bietet uns Paul Heyse jetzt die dramatische Bearbeitung eines Stoffes aus der deutschen Geschichte. Doch leider ist unter den deutschen Königen des Mittelalters kaum Einer, der das Interesse des Politikers in so hohem Grade und zugleich die ästhetische Theilnahme so wenig erregte wie „Ludwig der Baier". Das mißgünstige Urtheil des Theaterpublicums — desselben Publicums, welches die Philippine Welser des Herrn v. Redwitz bewundert — darf uns nicht hindern, das Schauspiel, und zunächst seinen geschichtlichen Stoff, zu betrachten. Zwei ganz verschiedene Arten historischer Stoffe bieten dem Dramatiker das dankbarste Feld. Wagt sich der Dichter auf jene glänzenden Höhepunkte der Weltgeschichte, welche jedem Hörer begeisternd in der Erinnerung leben, so wird er zwar Gefahr laufen, an dem prosaischen historischen Besserwissen seiner Hörer zu scheitern, doch diese leidenschaftliche Theilnahme der Zuschauer an dem Stoffe selber wird ihn zugleich fördern und heben. An einigen Scenen von Zacharias Werner's Luther mag man erkennen, wie auch die Kraft eines phantastischen unklaren Poeten durch die Großheit und

Tiefe eines welthistorischen Stoffes über ihr Maaß hinaus gesteigert
wird. Weit glücklicher aber wird sich der Dichter fühlen auf jenen
Gebieten der Geschichte, welche entweder — wie das Schicksal Wallen=
stein's und der Maria Stuart — einen sehr feinen und vieldeutigen
psychologischen Proceß darbieten, oder — wie die Geschichte des fal=
schen Demetrius — sich nur leise aus sagenhaftem Halbdunkel empor=
heben. Hier hat die schöpferische Phantasie den erwünschtesten freien
Spielraum. Keinen dieser Vorzüge besitzt die Geschichte Ludwig's des
Baiern. Sie ist wohl zu bekannt, als daß sie nicht der Erfindungslust
des Dichters ziemlich enge Schranken setzen sollte, und dennoch ent=
behrt sie jenes begeisternden stofflichen Reizes, der die Herzen der
Hörer zu liebevollem Entgegenkommen stimmt. Ein wohlmeinender
Herr von gesundem Verstande und gut deutschem Sinne, aber mehr
geschoben von der öffentlichen Meinung denn ein Führer seiner Zeit,
ein Charakter voll der seltensten Widersprüche, gutmüthig und doch
habgierig, mit nahezu ketzerischer Kühnheit vorschreitend wider die Kirche,
und doch unfreien Gemüths, sichtlich gebeugt und verschüchtert durch
Rom's geistliche Waffen — so das Bild des historischen Ludwig.
Dem Politiker ist sein Wirken lehrreich, weil unter ihm der alte Kampf
unseres Volkes wider die Herrschsucht der Päpste neue Formen an=
nimmt. Aus dem Schooße der Kirche selber erstehen dem Kaiser
Bundesgenossen: die Minoriten verfechten zum ersten Male die Lehre,
daß das Concil über dem Papste stehe, und eine gedankenreiche Schule
ghibellinischer Schriftsteller tritt ihnen an die Seite. Die populären
Mächte Oberdeutschlands schaaren sich um den Kaiser wider die ritter=
liche Macht des habsburgischen Gegenkönigs. Gegen Frankreich und
seinen Knecht, den Papst, vertheidigen die Kurfürsten mannhaft die
Freiheit der Kaiserwahl, bis endlich Ludwig selbst durch seine Länder=
gier sich die Genossen entfremdet und ein ruhmloses Ende nimmt.
Dramatische Gegensätze bietet dieses bewegte Leben in Fülle, aber
nirgends concentriren sie sich zu einem schönen Bilde, der erschütternde
tragische Abschluß fehlt, wie so oft in unserer Geschichte, und das ge=
sammte Culturleben dieser Zeit erkältet uns durch seine prosaische
Nüchternheit. In jenen oberdeutschen Städten, die, für Hab und Gut
besorgt, zum Kaiser hielten, lebt kaum der Schatten jener großen
wagenden Ehrsucht, die zur selben Zeit die Bürger der Hansa be=
seelte. Und nicht minder alles poetischen Zaubers baar ist die Ritter=
schaft der Habsburger mit ihrer Rohheit, ihrem krämerhaften Sinne,

der dem König **Friedrich** gewissenhaft jedes auf der Kriegsfahrt ver=
lorene Hufeisen in Rechnung stellte. Einen epigonenhaften Charakter
trägt die ganze Epoche; die Anfänge eines neuen Lebens sind so unreif,
so sehr beschränkt auf die innerliche Welt des Gedankens, daß sie den
Dramatiker nur wenig reizen können.

Wie ein so ganz unpolitischer Dichter sich gerade für diesen, lediglich
politisch interessanten Stoff erwärmen konnte, das ist wahrlich ein
Räthsel. Wir haben nicht zu fragen nach der Wahrheit der Behaup=
tung, Allerhöchsten Orts sei ein wirkliches und wahrhaftiges königlich
baierisches Nationaldrama gewünscht und darum wohl oder übel jener
Abschnitt der deutschen Geschichte gewählt worden, welcher ausnahms=
weise das Haus Wittelsbach einmal nicht im Kampfe gegen Deutsch=
lands Recht und Ehre zeigt. Sehen wir vielmehr, wie **Paul Heyse**
diesen spröden Stoff gestaltet hat. Wollte der Dichter sein gutes Recht
gebrauchen und herrisch mit den Thatsachen der Geschichte schalten,
um ihren Ideengehalt desto herrlicher hervortreten zu lassen, so war
es zwar sehr schwierig, doch keineswegs unmöglich, König Ludwig zu
einem tragischen Helden zu erheben. Er mußte erscheinen als der
Vorkämpfer der bürgerlichen und nationalen Gewalten wider den Adel,
den Reichsfeind und den Stuhl von **Rom**, er mußte, beseelt von
leidenschaftlichem Ehrgeiz, den schweren Kampf in sich durchfechten
zwischen diesem klar erkannten königlichen Berufe und der dynastischen
Habsucht, und in diesem Widerstreite endlich unterliegen. Ein solches
Drama hätte ungeheuere Hemmnisse überwinden müssen, zumal die
Zerrissenheit der Handlung; manche Scene würde die Nüchternheit
einer Staatsaction nicht ganz verleugnet haben; aber das Werk konnte
trotz alledem lebensfähig werden durch die Kraft und Größe seines
Helden. **Paul Heyse** hat alle diese Klippen umgangen, er schreibt
ein Drama der Freundschaft und wählt zu seiner Fabel die berühmte
„deutsche Treue“ **Friedrich’s** von Oesterreich — eine poetische, herz=
erwärmende Episode, ohne **Zweifel**, aber eine Verwicklung ohne alle
dramatische Kraft und Spannung, die dem **Dichter** nur zu einem kurzen
Gedichte, wie jene schönen Verse Schiller’s, oder zu einer Novelle
den **Stoff** bietet. Verlockend genug war dieser **Ausweg** für den An=
hänger jener abstracten Aesthetik, welche immer wieder versichert, der
Dichter könne nur das „Reinmenschliche“ schildern — als ob die staat=
lichen Gedanken unmenschlich wären. Aber wer es wagt, die harten
und rauhen Kämpfe der geschichtlichen Welt poetisch zu verklären, von

ihm fordern wir auch den Muth und die Kraft, daß er den politischen
Gehalt der Geschichte erfasse, den menschlichen, jedes Herz ergreifenden
Sinn des staatlichen Lebens verstehe und verkörpere. Will ein Dichter
in einem historischen Drama diese politischen Ideen ängstlich umgehen,
dann rächt sich die Geschichte, dann verfällt er nur um so sicherer
in die trockenste Nüchternheit, freilich nicht in die Prosa der klüglich
vermiedenen Staatsaction, aber in die Langeweile einer ärmlichen
Chronik. Für diese Wahrheit giebt Heyse's Ludwig der Baier ein
unwidersprechliches Zeugniß.

In den Mittelpunkt seines Dramas stellt Paul Heyse den Gegensatz der beiden Jugendfreunde, die um Deutschlands Krone hadern.
Beide Charaktere sind verständlich und folgerichtig gezeichnet, aber keiner
von beiden ist ein dramatischer Held. Aufgewachsen an einem ärmlichen Hofe, von klein auf gewohnt den Heller zu sparen, ist Herzog
Ludwig von Baiern der Herr eines armen Landes geworden. Ein
Wahrer des Rechts stützt er sich auf die schlichte Tüchtigkeit seiner
Städte, ein kalter Rechner steckt er seinem Ehrgeiz nahe Ziele und
war darum nie gezwungen, einen Plan aufzugeben. Sein ganzes Wesen
ist so kühl und nüchtern, so klar und bieder, daß von einem erschütternden Bruche und Kampf in der Seele dieses Mannes nicht die
Rede sein kann. Noch weit reizloser ist der Charakter des Gegenkönigs.
Wie nahe lag es, in dem schönen Friedrich von Oesterreich einen
jener Männer zu schildern, welche — was die Gegenwart theoretisch
zu leugnen liebt, aber thatsächlich immer anerkennt — durch den Glanz
und Adel ihrer Erscheinung das karge Maaß ihrer Begabung vergessen
machen. Aber von solchem bezaubernden Dufte dämonischer Liebenswürdigkeit ist an diesem Friedrich wenig zu spüren. Ein verwöhnter
Jüngling, der stolze Sproß des hochmüthigen Kaisers Albrecht, liebt
er den fürstlichen Prunk, hat eine gewisse schwächliche Vorliebe für
den Glanz des Ritterthums, läßt seine Phantasie fessellos in's Weite
schweifen und gefällt sich in knabenhaften Träumen von einem neuen
Kaiserthume Karl's des Großen. Dem nüchternen älteren Freunde
steht der weiche unreife Mensch sehr klein gegenüber, und wenn Ludwig
einmal erzählt, Friedrich sei der gebende Theil gewesen in ihrem
Freundschaftsbunde, so wird ihm dies kein Hörer glauben. Der leitende
Kopf des habsburgischen Lagers ist jene vielbesungene Blume der
Ritterschaft, Herzog Leopold sicherlich der interessanteste Charakter des
Dramas, herrisch nach der Weise seines Hauses, der Todfeind des

Bürgerthums und des Wittelsbachischen Bürgerfürsten. Es ist der
feinste Zug des Stückes, wie der Dichter verstanden hat, die politische
und die persönliche Leidenschaft dieses Mannes mit einander zu ver=
schlingen. Leopold liebt seinen Bruder grenzenlos und haßt in dem
Baiern zugleich den Freund, der ihm das Herz des Lieblings ge=
stohlen. In gleichem Sinne treibend und reizend wirkt auf Friedrich's
Ehrgeiz seine Gemahlin, die hochfahrende spanische Königstochter Isa=
bella. Auf Ludwig's Seite stehen nur einige sehr ehrenwerthe, aber
sehr gleichgiltige Nebenfiguren, der nicht ohne gute Laune gezeichnete
brave Schweppermann, der brave Bürgermeister von München, ein
braver Gerbermeister, dessen braver Sohn u. s. w.

Der erste Act ist der dramatisch wirksamste; denn hier allein
gelingt es dem Dichter, einen Aufruhr in der Seele seines Helden zu
erregen. Soeben ist ein glücklicher Krieg Baierns wider Oesterreich
beendet, Herzog Ludwig kommt an Friedrich's Hof, die Freunde ver=
söhnen sich und vertragen ihre Späne. Ludwig verspricht dem Freunde,
der die Kaiserkrone erstrebt, seinen Beistand. In diesem Augenblicke,
da Friedrich sich gerade entfernt hat, bringt der Bürgermeister von
München die Kunde, daß die Mehrheit der Kurfürsten den Vorsatz
hegt, Ludwig zum Kaiser zu küren, und in einer kurzen, mäßig er=
regten Scene spielt sich der einzige Kampf ab, den dieser Held in seinem
Herzen durchzufechten hat. Die Mehrzahl der Stimmen, das ist klar,
wird das im Reiche verhaßte habsburgische Haus nie gewinnen, das
Herzogthum Baiern, dem Ludwig's ganze Sorge gilt, wird furchtbar
leiden unter einem österreichischen Ritterkaiser, alle Guten im Reiche
rufen nach einem „ganzen Mann" — „hätt' ihn die Welt in Dir
gefunden, Friedrich?" Diese Gründe schlagen durch, und als die
weitere Kunde kommt, daß Herzog Leopold damit umgehe, den gehaßten
Baiern gefangen zu nehmen, rettet sich Ludwig durch schleunige Flucht.
Leopold will ihm nachsetzen, steht aber sonderbarerweise davon ab auf
die Bemerkung Isabella's „das wäre unser nicht würdig", obwohl er
soeben noch, weit unwürdiger, das Gastrecht zu brechen gewillt war.
Angesichts dieses niedrigen Verrathes schwört Friedrich dem kaum
wiedergefundenen treulosen Freunde seinen Haß. Die Weise, wie
Ludwig „aus Freundeshaus sich wie ein Dieb hinwegstiehlt", ist sehr
unwahrscheinlich und sehr häßlich, aber dramatisch gerechtfertigt. Denn
sie allein erklärt die blinde Erbitterung seines Feindes, und hier min=
destens hält der Dichter sich noch frei von jenem schwächlichen Idea=

lisiren, worin die folgenden Acte sich gefallen — wenn nur nicht die
entscheidende Bewegung in der Brust des Helden gar so matt und
leise sich vollzöge!

Nun erwarten wir zu schauen, wie des bescheidenen Baiernherzogs
innerstes Wesen erschüttert wird und sich wandelt, da das Schicksal
ihn aus der dürftigen Enge seiner Provinz hinausreißt in die ungeheuere Verwirrung der Reichspolitik. Und ferner, wir verlangen
theilzunehmen an den politischen Planen, die fortan Ludwig's Thaten
bestimmen. Jenes zu schildern, hat der Dichter kaum versucht, diese
Theilnahme zu erwecken, nimmt er mindestens einen Anlauf. Sollen
wir einen politischen Gedanken nicht blos mit dem Hirn verstehen,
nein, leidenschaftlich uns für ihn begeistern, dann müssen wir sehen,
wie sein Gegensatz entsittlichend auf die Menschen wirkt. Jedermann
mag diese dem Künstler wichtige Wahrheit alltäglich beobachten an
dem sicheren Gefühle der Frauen, die lediglich durch eine schöne sittliche Entrüstung zum Verständniß einer politischen Idee gebracht
werden. Will also der Dichter uns die politische Nothwendigkeit
poetisch erklären, daß Ludwig, der Freundschaft zum Trotz, festhalte
an der königlichen Würde, so soll er uns die sittliche Verwilderung
des meisterlosen Reiches zeigen. Er muß — mag sich dies noch so
schwer einfügen in den Bau des Dramas — uns schauen lassen, wie
das Reich, zerfleischt von seinen Söhnen, zuckend am Boden liegt,
aufschreit nach eines Königs starker Hand. Vielleicht hat Paul Heyse
dies gefühlt. Er führt uns zu Beginn des zweiten Aufzuges während der Kaiserwahl auf die Frankfurter Brücke. Kriegsknechte plün-
dern — — den Waffelnkorb einer Hökerin, zwölf Batzen an Werth,
und meinen lachend, das sei der Brauch in kaiserloser Zeit! O du
gewaltiges Mittelalter unserer Väter! Sind wir Nachgeborenen wirklich so lendenlahm, so nervenschwach, daß wir Deine unbändige Sinnen-
lust, Deine gräßliche Wildheit nur in der Form eines Waffelndieb-
stahles, zwölf Batzen an Werth, ertragen können? Lassen wir uns
belehren von diesem wohlerzogenen Poeten: wir irrten, wenn wir
meinten, es sei des Dichters schönes Recht, alle Kümmerniß und
Leidenschaft, die im Leben nur getrübt und gedämpft erscheint, zu
verstärken und zu sammeln in erschütterndem Bilde. — Währenddem
ist die Kaiserwahl vollzogen. Ludwig, von der Mehrheit gekürt, tritt
in Sachsenhausen in das Zelt des Gegners und mahnt ihn zur Unterwerfung. Friedrich hat das deutliche Gefühl seines Unrechts, aber die

Erinnerung an Ludwig's Verrath und das Zureden des Bruders und der Gemahlin hält seinen Trotz aufrecht. Er verlangt ein Gottes- gericht:

> Da liegt mein Handschuh. Wenn in Wahrheit Du
> nie an der Freundschaft fehltest — heb' ihn auf!

In diesem Augenblicke — beginnen die Glocken von St. Bartholo- mäi das Festgeläut, und die Bürger Frankfurts grüßen Ludwig als König. Also durch die handgreiflichsten Mittel an seine Würde er- innert weigert er den Zweikampf, und der Krieg ist erklärt.

Den ganzen dritten Act füllt mit undramatischer, eines Chro- nisten würdiger Breite die Entscheidungsschlacht vor Ampfing. Aber- mals versucht der Dichter eine dramatische Bewegung in der Seele des Helden hervorzurufen, aber diese Bewegung wird zu einer nüch- ternen politischen Betrachtung, weil der Dichter nicht vermag, das politische System des Helden in künstlerischer Weise als eine Leiden- schaft darzustellen. Ein Brief Leopold's an seinen Bruder wird von den Baiern aufgefangen: Friedrich solle keine Schlacht wagen, in drei Tagen erst könne der Bruder zu ihm stoßen. Sofort verlangt natür- lich Schweppermann, daß Ludwig die Schlacht anbiete, bevor Leopold dem Feinde zuzieht. Der König verweigert es, weil die verheißene Hülfe seiner baierischen Städte ausgeblieben ist:

> Ich schlage keine Schlacht, wenn Baiern fehlt.
> — — — — — Die Bund'sgenossen
> und Freunde schätz' ich wie ich soll. Doch wahrlich,
> mein bester Bund'sgenosse sei mein Volk.
> — — — — — Thor, wer im eignen Boden
> nicht feste Wurzeln schlug und davon träumt,
> mit seines Wipfels Krone fremdes Land
> zu überschatten.

Wie nun, wenn ein Zuschauer sich erhübe: „Mit Verlaub, König Ludwig! In der Weltgeschichte heißest Du zwar Ludwig der Baier und hast Dein bestes Glück Deinen Baiern verdankt. Aber was küm- mert mich auf der Bühne die Historie! Du bist deutscher König. Die Du Bundesgenossen nennst, sind Dein Volk. Nicht fremdes Land begehrst Du; das verwirkte Lehen eines aufsässigen Vasallen willst Du dem Reiche erhalten. Der brave Schweppermann versteht's, er räth zur Schlacht. Also schlag' los." Was wollte Ludwig ant- worten? Solchen unbequemen Fragen setzt der Dichter sich aus, wenn er zum Hirn statt zum Herzen der Hörer redet.

Dieser ganze Handel ist übrigens müßig; denn unmittelbar nachher erscheint das ersehnte Heer der baierischen Bürger, voran die braven
Münchener Sauerbecken. Der König schenkt den ehrenfesten Sauerbecken ein Haus, als welches der wißbegierige Wandersmann noch
heute im Thale zu München schauen mag. Dann bietet der Bedäch-
tige die Schlacht, und Friedrich, im blinden Ungestüm, nimmt sie an.
So geschehen am 28. September, wie der Münchener Gerbermeister
ausdrücklich bemerkt. Getümmel. Flucht der Ritter. Gefangennahme
Friedrich's. Jammerschade, daß der brave Schweppermann nicht noch
zum Schluß seine beiden welthistorischen Eier verspeist. Er ißt sie
leider erst im vierten Acte, und blos in der Erinnerung. Der dramatische Werth dieses Actes hätte durch solchen Abschluß keineswegs
verloren, die historische Treue aber erheblich gewonnen.

Nach diesem ganz verfehlten Höhepunkte der Handlung erwarten
wir, daß die Lösung des Streites durch die entsagende Großmuth
beider Könige uns menschlich nahe trete. Jede Theilnahme muß er-
lahmen, wenn wir nicht schauen, daß beide Theile sich zu dieser
Lösung erst nach schwerem Kampfe hindurcharbeiten. Die höchste Noth
muß Ludwig bedrängen, kein Weg der Rettung sich zeigen, denn
allein die Hinrichtung des gefangenen Feindes. Sehr glücklich hat der
Dichter dies empfunden, aber wie matt und arm ist die Ausführung.
Leopold, mit Frankreich verbündet, verlangt gebieterisch die Freilassung
des Bruders, doch spurlos geht diese trotzige Botschaft an den Zu-
schauern vorüber, die in den früheren Acten Leopold wieder und wieder
im selben Tone reden hörten. Ein neuer Feind des Königs tritt auf —
der Legat des Papstes, aber nochmals bewährt der Dichter seine Gabe,
den Ernst und die Macht der Geschichte verdünnend abzuschwächen.
Wer kennt sie nicht, jene furchtbaren Flüche Roms wider Ludwig —
das Gräßlichste vielleicht, was vermessene Gotteslästerung je gewagt?
Ein bloßes Abschreiben der Geschichte wäre hier poetisch wirksam gewesen, und mit unheimlichen Worten allerdings bereitet uns der Legat
auf das Grauen vor:

Meine Botschaft
ist wie des Himmels Donner. Irdisch Wort
verhallt nach ihr an den betäubten Ohren.

Und nun höre man den wohlgesetzten Kanzleistil der Botschaft
selber:

Zu Tage liegt,
daß Deiner Pflicht als Sohn der Kirche Du
abtrünnig wardst und des Gehorsams Fessel
zu sprengen trachtetst. — — Darum
ergeht an Dich die Mahnung, Herzog Ludwig:
thu' ab die angemaaßte Majestät. — —
Versäumt er Eins von diesen, spricht Johannes,
so fällt der große Bann auf seinen Scheitel.
Solches ward der gemeinen Christenheit
durch Anschlag ans Portal von Avignon
verkündet u. s. w. u. s. w.

Der König nimmt diese Botschaft mit der entsprechenden nüch=
ternen Gemüthsruhe entgegen, und auch als seine Stände Angesichts
solcher Gefahren auf Friedrich's Hinrichtung dringen, giebt er ihnen
zwar Recht, aber verharrt in einer so behaglichen Kühle, daß Jeder=
mann sieht: dieser furchtbare Gedanke ist seinem Herzen gar nicht nahe
getreten. Er wählt vorerst den Weg der Güte, und nun folgt der be=
wegteste Auftritt des Stückes. Ludwig besucht den Feind im Kerker,
er beweist ihm, daß Leopold durch den Bund mit Frankreich des
Reiches Ehre verrathen und bewegt ihn endlich zur Huldigung. Friedrich
verspricht, seine Brüder mit Ludwig zu versöhnen, wo nicht, zurück=
zukehren in die Haft. Leider tritt auch in dieser lebendigsten Scene
störend hervor, daß nicht ebenbürtige Gegner mit einander kämpfen.
Der großherzige Entschluß wird dem Habsburger abgerungen; sein
Wort: „Ludwig, halt ein! Du thust Gewalt mir an" bezeichnet die
unsichere Schwäche seines Wollens.

Um so nothwendiger war es, daß im letzten Acte dieser unfreie
Entschluß zur freien That geläutert werde. Wäre es doch sogar
möglich, die Fabel also zu behandeln, daß das höchste dramatische
Interesse sich auf jene Scenen concentrirte, worin Friedrich versucht
wird, seinen Eid zu brechen. Jetzt galt es daher alle Hebel anzu=
setzen, um dem Fürsten die Ausführung seines edlen Vorsatzes zu
erschweren. Der Dichter mochte seinem Friedrich den Sieg der habs=
burgischen Sache in lockender Nähe zeigen; oder auch er konnte, der
Chronologie zum Trotz, die Schlacht von Morgarten in diese Zeit
verlegen. Wenn Friedrich sein hohes Haus geschändet findet durch
die Schweizer Bauern, die Genossen Ludwig's, so muß sein Stolz
erwachen und ihn mahnen, sein Wort mit Füßen zu treten, Rache
zu nehmen für die Schmach des Bruders. Statt dessen hat der
Dichter unbegreiflicherweise sein Bestes gethan, dem Herzog seinen

Entschluß zu erleichtern. Die Beiden nämlich, welche früher seinen
Troß aufstachelten, findet Friedrich in ganz veränderter Lage. Isabella
ist erblindet vom vielen Weinen und hat allen hochfliegenden Gedanken
entsagt. Leopold aber liegt im Sterben, und es versteht sich von
selbst, daß die Raserei des Fieberkranken den Vorsatz des Bruders
nicht ins Wanken bringt. Nach diesen Scenen wissen wir ganz sicher:
der Sühneversuch ist mißglückt, also wird Friedrich unfehlbar am bestimmten Tage sich zur Haft stellen, wenn ihm nicht auf der Fahrt
ein Menschliches widerfährt. Paul Heyse jedoch wagt ein denkwür-
diges Mittel, um die eingeschlafene Spannung nochmals zu erregen.
Der entscheidende Tag bricht an, die Stände Baierns sind versammelt,
die Köpfe erhitzt durch das Gerücht, ein österreichisches Heer ziehe
drohend gegen München.

Da stellt König Ludwig den braven Schweppermann an's Fenster,
um zu schauen, ob ein weißes Fähnlein am Petersthurme Friedrich's
Ankunft verkünde. Während des Haders der Stände eilt der brave
Schweppermann zum Throne und meldet, das Fähnlein wehe, aber
leider — das rothe, die Kriegsfahne! Verrath, Verrath! Tumult.
Sturmglocken. Allgemeine Verzweiflung. Da — öffnet sich die Thür,
und ein Herold ruft:

> Friedrich, Herzog von Oesterreich, sammt seiner
> Gemahlin, Herzogin von Oesterreich.

Angenehme Enttäuschung. Aufklärung des Mißverständnisses.
Nun theilt Ludwig sein Herrscherrecht mit Friedrich, und unter den
üblichen Versicherungen, daß „dieses Reich, das herrlichste der Welt"
sieghaft stehen werde „furchtlos und gefürchtet, ein Hort des Rechts,
des Friedens und der Treue" — fällt der Vorhang. Sehr zur
rechten Zeit. Denn bliebe uns noch ein Augenblick zur Besinnung,
so würde dem Dichter der heftigste Widerspruch begegnen.

Die Würde und der Tiefsinn der dramatischen Kunst offenbart
sich am klarsten in der dämonischen Thatsache, daß vor der Bühne
alle Kräfte des Hörers zugleich aufgerüttelt werden, die Gluth der
Leidenschaft wie die Schärfe des kritisch ungläubigen Verstandes. Und
nimmermehr wird sich dieser unbarmherzige Verstand moderner Hörer
bei der Theilung der Kaiserkrone, „die bisher untheilbar schien", beruhigen. Hinweg mit dieser politischen Mystik, welche den Ludwig
von seinem Mitkaiser sagen läßt: „Er geht in mir, in ihm bleib' ich
zurück." Solche Phantasterei mochte sich begeben in einer Zeit un-

reifer verschwommener **Gesittung.** Unsere Tage der hellen Bildung ertragen **und glauben sie nur,** wenn sie von der erzählenden Dichtung in eine **duftige Ferne** gerückt wird. Vor den greifbaren Gestalten **der Bühne aber** rufen wir alle: „das ist unmöglich!", und hierin **liegt** abermals ein Grund, der diesen **Stoff von** der dramatischen Behandlung ausschließt. — Uebrigens **ist das Stück sehr** sorgfältig und, wenn der Ausdruck erlaubt ist, rhythmisch componirt, die Sprache zwar zumeist matt, aber correct und frei von jener Geschmacklosigkeit, wozu mittelalterliche Stoffe so leicht verleiten. Nur **das** häufige Gerede von „Wittelsbach's Gestirn" u. dgl. wirkt störend; denn dem Sinne des Mittelalters lag solche dynastische Vergötterung **sehr fern,** und modernen Menschen erscheint sie sehr komisch.

Paul Heyse hat sich rühmlich frei gehalten von der tendenziösen Verbildung der Gegenwart, welche die Poesie fast allein nach ihrem Stoffe zu schätzen weiß; das Schöne hat er schaffen wollen **und** Nichts als das Schöne. Um so tiefer müssen wir es beklagen, daß er seine Begabung so gänzlich verkannt hat. Solche historische Stoffe fordern einen Dichter, in dessen Seele der politische Gedanke sich zur persönlichen Leidenschaft gesteigert hat; eine unpolitische Natur darf ihnen nicht nahen. Wir beklagen diese Verirrung, weil sie das große Publicum nur bestärken wird in seiner tendenziösen, unästhetischen Sinnesrichtung. Denn wahrlich, tausendmal lieber ein derbes, gründ= lich unpoetisches Tendenzstück, als die wässerige Langeweile dieser vor= nehmen Mattherzigkeit, die nur durch rechtzeitiges Glockengeläute **und** rothe Fähnlein den Hörer vor dem Schlummer des Gerechten zu bewahren vermag. Als wir den Heinrich von Schwerin von G. v. Meyern über die Bretter gehen sahen, da verließen Hunderte das Haus in gehobener Stimmung. Eine ästhetische Erregung war **das** freilich nicht, aber wir hatten doch hineingeblickt in das edle Herz eines wackeren Mannes, dem die Schande seines Landes am Leben frißt, und bis zu einem gewissen Punkte kam solche **Wärme** des Herzens den Mangel der Phantasie ersetzen. Von diesem Ludwig dem Baiern aber scheiden wir mit der trostlosen Betrachtung: hätt' ich doch nimmermehr mir zugetraut, daß ich so ruhig mit ansehen könnte, wie Freunde im Zorne von einander gehen und sich befehden in gräßlichem Bruderzwist, wie Reiche wanken und sinken und Völker kämpfen **für die** höchsten Güter der Welt.

Das Schweigen der Presse in Preußen.*)

Ist es nothwendig, daß die Presse eines hochgebildeten, ruhmreichen Volkes grundsätzlich schweigt über die verhängnißvollen Fragen, die jedes Mannes Herz bewegen? Soll, so lange die Verordnung vom 1. Juni besteht, die Presse Preußens über die bedrängte Lage des Vaterlandes nichts Anderes zu Tage fördern als die unfläthigen Schimpfreden der reactionären Blätter, einige dürftige thatsächliche Notizen und, wenn es hoch kommt, ein paar ärmliche Brosamen, die von dem Tisch des reichen Mannes, der Presse in den kleinen deutschen Staaten, abfallen? Kein ehrlicher Liberaler in Deutschland, der nicht tiefbewegt diese ernsten Fragen in den letzten Wochen bei sich erwogen hätte. Und kein Wunder, daß die Antworten weit auseinandergehen. Wir sind alle groß geworden in den Begriffen des Rechtsstaates. An den Gedanken, daß für die Presse irgend ein Recht, wenn auch ein hartes, lästiges, bestehen müsse, sind wir gewöhnt wie an die Luft, die wir athmen. Nicht jedem fällt es leicht, sich in die Vorstellung einzuleben, daß wirklich das Eigenthum der preußischen Verleger, die Existenz der preußischen Journalisten lediglich dem Belieben der Regierungsbehörden preisgegeben ist. Befangen in diesen tiefeingewurzelten Rechtsbegriffen, befangen in dem wohlmeinenden Vertrauen, daß auch das Ministerium Bismarck das Recht der Presse achte, hat die Redaction der Preußischen Jahrbücher in zwei Artikeln ihres Juniheftes den Versuch gemacht, auch jetzt noch die Opposition gegen die Regierung fortzuführen. Wir ehren den Muth, den edlen Sinn, dem dieser Versuch entsprungen ist, aber wir halten es für die Pflicht dieses liberalen Blattes, den Preußischen Jahrbüchern unsere

---

*) [Grenzboten, 22. Jahrgang (Heft vom 17. Juli 1863), S. 111 ff.]

Meinung zu sagen: wenn die liberale Presse Preußens heute nicht anders **reden darf als** in dem Tone, welchen das Juniheft der Jahrbücher anschlägt, dann thut sie besser zu schweigen. Die Grenzboten haben seit Jahren mit diesen Jahrbüchern gute Freundschaft und Bundesgenossenschaft gehalten, und der diese Zeilen schreibt, hat selber seit der Gründung des Blattes an den Jahrbüchern treu und freudig mitgearbeitet. Wir haben willig hinweggesehen über manche Meinungsverschiedenheit, wir nahmen keinen Anstoß daran, daß die Berliner Correspondenzen der Jahrbücher, geblendet durch die achtungswerthe Pietät vor den **Führern der altliberalen Partei**, die große und nothwendige Umwandlung des **deutschen Parteilebens** in den jüngsten Jahren **niemals unbefangen zu würdigen vermochten. Wir meinten, die liberale Presse solle sich **nicht selber schwächen durch** häuslichen Hader, derweil die Macht der Reaction ihr noch geschlossen und drohend gegenübersteht. Und immer wieder wußten die Jahrbücher ihre Freunde außerhalb Preußens **zu versöhnen durch ihre** guten oft vortrefflichen historischen Aufsätze. Noch **das** Maiheft brachte aus der Feder des verdienten Herausgebers R. Haym einen Essay über Varnhagen, ein Muster strenger Gerechtigkeit, eine köstliche Verurtheilung jenes klatschsüchtigen dilettantischen Politisirens, mit welchem der echte durchgebildete Liberalismus sich nimmermehr vertragen darf. Jetzt aber sehen wir die Jahrbücher versinken in den alten so oft und bitter schon gebüßten Erbfehler der Altliberalen, wir sehen sie da Vertrauen zeigen, wo jedes Vertrauen verschwendet und verloren ist, und darüber in die Gefahr gerathen, auszuscheiden aus den Reihen der liberalen Partei. Nur um dies **zu** verhindern, um unserer Partei ein mit Recht geachtetes Organ zu erhalten, sagen wir jetzt den Preußischen Jahrbüchern: Ihr redet von dem Ministerium Bismarck in einer Weise, die für ein liberales Blatt **sich** schlechterdings nicht geziemt.

Will ein liberales Berliner Blatt über die Verordnung vom 1. Juni sprechen, so muß es beginnen mit der Constatirung einer Thatsache, die jedem verfassungstreuen Preußen unzweifelhaft ist, es muß rundweg erklären: „die Verfassung ist verletzt in **ihren** wesentlichen Bestimmungen", und dem Schicksal anheimstellen, ob der Berliner Polizeipräsident in diesen Worten eine Gefährdung des Gemeinwohles erblicken will. Wohl mag der preußische Stolz sich sträuben gegen ein so tief beschämendes Eingeständniß, und wir sind die Letzten, dies Gefühl zu verhöhnen. Wir haben sie ja selber redlich mitge-

kostet, die brennende Empfindung der Scham, wir von der preußischen
Partei außerhalb Preußens, die wir unsere stolzesten deutschen Hoffnungen auf diesen Staat auch dann noch stützen werden, wenn ein
Bismarck der Zehnte in Preußen regierte, die wir heute umhergehen
gleich dem Schlafwandler, dem die gesunden Leute schwindelnd nach-
schauen auf seiner halsbrechenden Bahn. Aber aller Stolz des Patrioten darf den preußischen Politiker nicht dahin führen, den Kopf
in die Erde zu stecken wie der Vogel Strauß, offenkundige Thatsachen
hinwegzuleugnen, wie die Preußischen Jahrbücher thun, wenn sie rufen:
„Man wird doch auf Preußen nicht die Schmach laden wollen, daß
irgend eines seiner Ministerien, um sich in Autorität zu erhalten, der
Freiheit noch engere Schranken ziehen müsse, als die Regierung eines
Parvenü dies zu thun gezwungen ist?" Müßige Frage, vorlängst
beantwortet durch Thaten, die nackt vor Aller Augen liegen! Jawohl,
das gegenwärtige preußische Ministerium hat bereits der Preßfreiheit
engere Schranken gezogen, als Napoleon III. oder der weiße Czar
oder irgend ein Beherrscher irgend eines civilisirten Staates der Gegenwart. Und nimmermehr frommt es der guten Sache, diese ernste
Thatsache dadurch zu mildern, daß man über die Beweggründe der
Regierung gutmüthige Vermuthungen aufstellt, wie diese: „keine Frage,
die über die Presse verhängten Maaßregeln sind nicht etwa aus despo-
tischem Gelüst, sondern aus Wohlmeinung für den Thron und das
Land hervorgegangen." Wir gäben viel darum, wenn ein Satz wie
dieser niemals Eingang gefunden hätte in die Spalten eines liberalen
preußischen Blatts. Auch Carl I. von England, auch Carl X. von
Frankreich haben im guten Glauben gehandelt, und wie damals Engländer und Franzosen, so sollen heute die Preußen kalt und stolz von
sich weisen jedes beschwichtigende Wort, das sie ablenken könnte von
dem einen allein rettenden Gedanken: Das Recht des Landes ist verletzt und wer ein guter Bürger ist, der wirke, daß es wiederhergestellt
werde. Noch einen anderen Grund der Hoffnung finden die Jahrbücher in den Worten der Einleitung zu der Preßverordnung selber,
welche ja nur die Absicht hat, „die Preßfreiheit selbst auf den Boden
der Sittlichkeit und der Selbstachtung zurückzuführen!" Also, die
Minister versichern in derselben Verordnung, welche die von ihnen
beschworene Verfassung verletzt: „wir stehen auf dem Boden der Sittlichkeit," und die Preußischen Jahrbücher glauben ihrem Worte und
leben der Hoffnung, die Regierung werde nur die Verletzung der Sitt-

lichkeit durch Verwarnungen bestrafen! Wir haben es nie für möglich
gehalten, daß die menschliche Vertrauensseligkeit einer so grenzenlosen
Ausdehnung fähig sei. Gewaltsam unterdrücken wir die starken Worte,
welche sich unwillkürlich in unsere Feder drängen und fragen die Jahrbücher nur: wie hat die Regierung bisher ihr Wort gehalten? Wir
greifen aus den zahllosen Beispielen einer Verwaltungspraxis, welche
nicht mehr deutschen, sondern russischen Grundsätzen huldigt, nur das
Wichtigste heraus und fragen: Also, die Redactionen der Berliner
Journale haben den Boden der Sittlichkeit und der Selbstachtung
verlassen, als sie in den maaßvollsten, den würdigsten Worten, die der
Ruhigste der Sterblichen erfinden konnte, ihre gewissenhafte Ueberzeugung aussprachen, die Verfassung sei geschädigt? Und was ist
erreicht mit diesen Fictionen, die ein liberales Blatt nie aufstellen
durfte? Wie denken die Jahrbücher zu wirken auf die Seele ihrer
Leser? Die Heißblütigen werden das Blatt mit Hohnlachen zur Erde
werfen, und der Gutmüthigste unter den Gutmüthigen wird fragen:
wie ist es nur möglich, daß ein ehrenhaftes Blatt im Namen der
Wahrheit sich selber so gröblich täuschen konnte? Und die Regierung?
Wir maaßen uns nicht an, das schlechthin Unberechenbare, die Laune
des Herrn v. Bismarck, vorherzubestimmen, aber wir müßten uns sehr
irren, wenn er nicht nach der Lectüre der Jahrbücher mit befriedigen-
dem Lächeln gesagt hat: das konnte ich nicht erwarten, daß diese
Herren Liberalen mir glauben würden, ich stehe auf dem Boden ihrer
Sittlichkeit! Und wie nun, wenn die Jahrbücher geneigtes Gehör
fänden bei diesen Ministern? Da würden sie die Verschuldung tragen,
aus der edelsten Absicht die Minister getäuscht zu haben über die
Lage des Landes. Denn eine Täuschung ist es, zu sagen, „wir wollten
eine Verständigung auf dem Grunde der unbeschädigten Verfassung.“
Mit diesen Ministern, welche die Verfassung selbst beschädigt — nimmermehr. Eine Täuschung ist es, zu sagen, die Minister hätten dem König
blos „nicht weise“ gerathen. Nicht durch Fictionen, nicht durch höf-
liche Worte läßt sich die Thatsache verhüllen, daß das Recht des
Landes gebrochen ist. Sollen wir verschweigen, jetzt verschweigen,
daß die ganze Zukunft des Hauses Hohenzollern in Frage steht, daß
eine unheimliche, finstere Verbitterung, die Verzweiflung an dem Bestande jedes Rechts, sich täglich wachsend der Gemüther der Nation
bemächtigt, daß wir einer Revolution entgegengehen, die nicht mehr
blos durch ein Verlassen des betretenen Weges, sondern allein durch

eine strenge ernste Sühne abzuwenden ist? Jetzt ist es Zeit, die Krone zu mahnen **an ein Wort, das** Einer der Besten und Bestverleumdeten **aussprach, da das** deutsche Parlament im Sterben lag, an das Wort Carl Mathys: „es ist leichter möglich, daß ein Preußen ohne einen Erbkönig bestehe, als ein Preußen ohne Deutschland." Unser Volk ist seit langen Jahren nicht so frei gewesen wie heute von republikanischer Phantasterei, doch wer ist so vermessen, bestimmt zu glauben, die Verfassung werde auf **die Dauer von untenher** gehalten werden, wenn sie von obenher verletzt wird?

Wohl keiner unserer Leser wird bestreiten, daß die liberale Presse Preußens dem Beispiele der Jahrbücher nicht folgen darf. Ist das Weiterführen der Opposition wirklich unter der Bedingung möglich, daß die Presse die wohlmeinenden Absichten des Herrn v. Bismarck oder gar des Herrn v. Roon anerkennt, der bereits mit unveränderter Meinung in dem dritten Cabinette sitzt: dann bleibt der liberalen Presse **nur der** eine Weg des Schweigens offen. Fern sei es von uns, zu behaupten, die Redaction der Preußischen Jahrbücher glaube im Herzen nicht an jene Wohlmeinung des Ministeriums, die sie mit dem Munde anerkennt. Wir wissen, daß **wir** zu thun haben mit Männern **von** Ehre, mit Männern, die dann am wenigsten eine Unwahrheit zu sagen im Stande sind, wenn sie ihren Aufsatz mit dem Spruche schließen: gedient **ist** niemals Keinem mit der Lüge. Doch um so bestimmter müssen wir den Jahrbüchern vorwerfen, daß sie unbewußt in einen schweren politischen Fehler verfallen **sind,** den die übrige liberale Presse nimmermehr nachahmen **darf. Das** ist der köstlichste **Gewinn** der herben Erfahrungen des letzten Jahrzehnts, daß aus den alten Parteien des Centrums und der Demokratie die rührigsten Elemente **zu** einer neuen Partei zusammengetreten sind. Wohl ist **es** eine **junge Partei,** noch sehr unfertig und der Fortbildung bedürftig, **aber es** ist ein guter, ein nothwendiger Bund, nicht durch **den** Zufall zusammengeweht und so leicht nicht wieder zu lösen. **Das Tüchtige und** Erprobte ist von den Parteien des Frankfurter Parlaments auf diese neue nationale als ein Erbtheil herübergekommen, von dem Centrum der Grundsatz, daß **der** Neubau **des deutschen** Staats an Preußen sich anschließen muß, von der Linken die Beweglichkeit und Opferwilligkeit und **das heilsame** wache Mißtrauen **gegen** die noch unerstorbenen Mächte **des** Absolutismus. Und **wie die** Demokratie unter allen Parteien der Gegenwart wohl

das Meiste gelernt und manche banausische Gewohnheit ihrer alten
Tage männlich abgeschüttelt hat, so sind auch jene Männer des alten
Centrums, welche heute zu der nationalen Partei zählen, inzwischen
frei geworden von manchen Schwächen ihrer Vergangenheit, vornehmlich von jener Vertrauensseligkeit, die den Thaten des Absolutismus als „rettenden Thaten" zujubelte. Widerwillig hat ein kleiner
Theil der Altliberalen in Preußen diesem Wandel der Dinge zugeschaut. Noch war in ihnen allzuviel lebendig von dem Demokraten-
haß einer überwundenen Epoche. Von einem Minister der neuen
Aera kennen wir das bezeichnende Wort, die Regierung des Herrn
v. Roggenbach werde zu einer neuen Revolution in Baden führen!
Den jüngeren Genossen stand es eine Zeit lang wohl an, zu dieser
Zurückhaltung der älteren zu schweigen, wie schwer mußte es doch
diesen fallen, alten tiefeingewurzelten Antipathien zu entsagen. Aber
auch die hochachtungsvolle Rücksicht hat ihre Grenze, und wir meinen,
diese Grenze ist jetzt erreicht. Auch dem Ministerium Bismarck Vertrauen entgegenzubringen in seine guten Absichten: — das ist mehr,
weit mehr als ein liberales Blatt sich erlauben darf. Um solchen Preis
ist die „Freiheit der Rede für die preußische Presse" zu theuer erkauft.

Doch mit Alledem ist die Frage noch nicht beantwortet, ob es
nicht möglich sei, in der preußischen Presse das herrschende System
zu bekämpfen, ohne die Fiction von den guten Absichten des Herrn
v. Bismarck auszusprechen. Die Verordnung vom 1. Juni bildet
zwar nicht, wie die Preußischen Jahrbücher unverzeihlicherweise sich
ausdrücken, „bis auf Weiteres den gesetzlich bestehenden Zustand",
wohl aber den thatsächlich bestehenden, durch die Macht aufrecht erhaltenen Zustand. Die Presse muß allerdings von diesem Zustand
ausgehen. Ist sie nun wirklich, wie die Jahrbücher ihr vorwerfen,
„noch hinter die Grenzen des Erlaubten zurückgewichen?" Wenn
nur die Redaction der Jahrbücher, wenn nur irgend ein Sterblicher
uns sagen könnte, wo die Grenzen des Erlaubten für die preußische
Presse gegenwärtig liegen! Erlaubt ist, was nach der Meinung der
Regierung des Bezirks das Staatswohl nicht gefährdet, und mit dem
besten wie mit dem schlechtesten Willen wird es keinem Redacteur
gelingen, diese Meinung des Regierungspräsidenten und seiner Räthe
im Voraus zu errathen. Die preußische Presse steht dem schlechterdings Unberechenbaren gegenüber, ihr Schaffen ist ein Würfelspiel
geworden, und nur eine Phrase sehen wir in der Behauptung der

9*

Jahrbücher: „nicht darum handelt es sich, unter allen Umständen das Schicksal der Verwarnungen und der Verbote zu vermeiden, sondern darum, es so wenig wie möglich zu verdienen". Verdient werden kann eine Verwarnung der heutigen preußischen Art unter keinen Umständen, und so lange die preußische Presse noch „Selbstachtung" besitzt, darf sie die Möglichkeit gar nicht zugeben, daß eine Verwarnung verdient sein könne. Was die Regierung unter „Sittlichkeit und Selbstachtung" versteht, davon haben die bereits erfolgten Verwarnungen ein ebenso verständliches Zeugniß gegeben, wie die Geständnisse der reactionären Presse. Auch dies scheint uns ein schwerer Irrthum der Jahrbücher, daß sie das Ministerium „auf's Strengste" von der reactionären Presse scheiden. Welches Recht haben wir, Herrn v. Bismarck für so kindisch zu halten, daß er aus Staatsmitteln Journalisten besolden sollte, welche nicht seine eigene Meinung aussprechen? Die Herren von der Norddeutschen Allgemeinen Zeitung sind allerdings gegenwärtig die literarischen Vertreter der Ansichten der preußischen Regierung. Wir wollen es einem preußischen Patrioten verzeihen, wenn er Gründe zu haben glaubt, mit Stillschweigen über diese Thatsache hinwegzugehen; sie abzuleugnen, ist nicht wohlgethan.

Die unerhörte Bedrängniß der preußischen Presse hat zu den wunderlichsten Vorschlägen der Abwehr geführt. Der Plan ist ausgesprochen worden, zwanzig, dreißig liberale Blätter sollten gleichzeitig denselben Artikel bringen, die gesammte liberale Presse könne die Regierung doch unmöglich verbieten. Wir fragen: warum nicht? was ist unmöglich, so lange die Verordnung vom 1. Juni noch besteht? Vergesse man doch nicht, daß Verwaltungsbeamte nicht zu der Unparteilichkeit des Richters verpflichtet sind. Wer steht dafür, daß in jenem Falle nicht einzelne aus den schuldigen Blättern herausgegriffen und allein verboten werden? Kann man im Ernste von einem Blatt fordern, daß es auf ein blindes Ungefähr hin sein Dasein wage? Und wäre nur irgend ein Nutzen mit dem Wagniß erreicht! Aber man bedenke, daß neben dem neuen System der Verwarnungen noch das alte System der gerichtlichen Verurtheilungen ungestört fortgeht. Die Staatsanwälte sind unbedingt abhängig, sie haben die strengsten Instruktionen und werden jedes Blatt, das einen ernstlich oppositionellen Aufsatz enthält, sofort confisciren lassen. Möglich, daß das Gericht das confiscirte Blatt wieder freigiebt — aber nach Monaten, wenn es Maculatur geworden; der erste Zweck der Presse also, gelesen zu werden und zu wirken auf die Leser, ist vereitelt. Ueber jene Angelegenheiten, welche vor allem anderen die Herzen der Preußen mit Sorgen erfüllen, über das budgetlose Regiment und die Preßverordnung, kann ein liberales Blatt in Preußen heute unmöglich reden. Denn spricht es wie es soll, so muß das A und das O seiner Betrachtungen der Satz bilden: Die Verfassung ist verletzt. Dann aber ist „der Boden der Sittlichkeit und Selbstachtung" unzweifelhaft verlassen, und Confiscation, Verwarnung, Verbot unvermeidlich. So bleiben der preußischen Presse nur die Staatsfragen zweiten und dritten Ranges übrig, und wir verargen es keiner Redaction, wenn sie verschmäht, über diese Dinge unter fortwährendem ängstlichen Lauschen auf die Ansicht des Regierungspräsidenten zu reden, während sie doch schweigen muß über das, was jedes Herz bewegt. Endlich, der gegenwärtige Zustand ist nur ein Provisorium. In wenigen Monaten, wenn das Haus der Abgeordneten zusammentritt und seine Genehmigung versagt, muß er enden. Jedenfalls muß die Presse auf das Eintreten dieses gesetzlich nothwendigen Falles rechnen, und darf man von einem alten angesehenen Blatte mit festem Leserkreis verlangen, daß es für diese kurze Frist sein Dasein auf das Spiel setze, daß es das Publikum eines geachteten Organes beraube, während doch das Vorhandensein gesicherter Parteiorgane von größter Wichtigkeit ist für den Fall, daß die Möglichkeit des Redens wieder beginnt? Sollte die Preßverordnung auch gegen den Widerspruch der Abgeordneten aufrecht erhalten werden, dann freilich würden Zustände in Preußen eintreten, welche jeder Voraussicht spotten, Zustände so fragwürdiger Art, daß man sie erst erleben muß, um einen Entschluß darüber zu fassen. Auch wir bedauern mit den Jahrbüchern, daß die preußischen Zeitungen nicht Parteiorgane im strengsten Sinne, sondern buchhändlerische Unternehmungen sind. Wer aber einen Begriff davon hat, daß neue Zeitungen nicht über Nacht entstehen, wer bedenkt, daß die Parteien den einmal bestehenden Zeitungen eine wohlverdiente Rücksicht schuldig sind, den wird es nicht befremden, daß die Parteien Preußens vor dem Zusammentritte des Landtags nicht versuchen wollen, neue, redende Zeitschriften neben den alten, schweigenden in's Leben zu rufen. Die preußische Presse litt vor dem 1. Juni noch an manchen natürlichen Mängeln der Jugend. Sie war dem Volke noch nicht in solchem Maaße tägliches Brod geworden, wie dies bei Völkern mit älterem Parteileben der Fall ist; die Haltung des preußischen Volks nach der Preßverordnung gab dessen ein Zeugniß. Auch des Unverständigen haben wir Vieles in der Presse vor dem 1. Juni gelesen, vornehmlich über die Militärfrage und die polnische Sache; aber wer denkt so leichtsinnig groß von den Menschen, um unter achtzehn Millionen in einer Zeit politischer Erregung nur verständige Worte zu erwarten? Im Ganzen und Großen hat die preußische Presse ihre Pflicht gethan. Wer darf diesen Publicisten, die so lange mit Muth und Mäßigung für ihre Ueberzeugung gestritten, nachsagen, daß sie mit einem Male Mann für Mann von feigen und niederträchtigen Motiven sich leiten lassen? Den Geknebelten den Vorwurf des „feigen Verstummens“ zuzurufen, das mögen wir billig den Schreibern der Reaction überlassen, uns hat es geschmerzt, diesen Vorwurf auch in den Preußischen Jahrbüchern zu finden.

Alles in Allem meinen wir: auch jene preußischen Zeitungen erfüllen heute ihre Pflicht, welche über die inneren Fragen und Thatsachen, zahlreich und wohlgeordnet, ihren Lesern berichten und, in Erwartung des Landtags, ihre selbstständige Kritik vorläufig auf die auswärtigen Angelegenheiten beschränken. Das gehässige Geflüster freilich wird dauern und anwachsen, da das ehrliche laute Urtheil verstummt: zahlreicher, giftiger immer werden jene boshaften Geschichten aus dem Boden schießen, welche die öffentliche Meinung verderben und vergiften. Wir beklagen ihn tief, diesen unseligen Zustand, aber nicht die Presse ist es, die ihn hervorgerufen. Will eine preußische Zeitschrift noch mehr wagen, und auch jetzt noch den Widerspruch gegen das herrschende System fortführen: wohlan, sie wage es, wir freuen uns des Muthes der Redaction und der hingebenden Aufopferung des Verlegers. Aber dann rede sie auch ohne Selbstüberhebung gegen ihre Genossen, welche der unberechenbaren Macht gegenüber einen anderen Weg vorziehen. Und vor Allem, dann rede sie, ohne unseren Gegnern Zugeständnisse zu machen, die ein Liberaler nicht über die Lippen bringen darf.

Etwas anders, etwas freier ist die Lage der nichtpreußischen Presse. Auch über den Grenzboten schwebt die Gefahr des Verbotes. Wir sind uns bewußt, den Boden der Sittlichkeit und Selbstachtung nie verlassen zu haben, aber wir wissen nicht, ob das Ministerium Bismarck diese gute Meinung theilt. Wir werden fortfahren, die Geschicke des Staates, der die Grundlage aller unserer deutschen Hoffmungen ist und bleibt, mit unserer Kritik zu begleiten. Wir werden sprechen so maaßvoll und besonnen wie ein Patriot reden kann An= gesichts der schweren Zukunft, der wir entgegengehen. Sollte das Uebelwollen des Ministeriums Bismarck auch die grünen Blätter er= eilen: wir werden es hinnehmen müssen wie einen Hagelschlag, der liebste Theil unserer Aussaat wäre verloren, doch unser Witz weiß kein Mittel, dem Schlage vorzubeugen. Aber von „dem sittlichen Rechte des Standpunktes" der gegenwärtigen preußischen Regierung sprechen, wie die Preußischen Jahrbücher thun, das wollen, das können wir nicht, und es ist uns eine traurige Pflicht, den Jahrbüchern zu sagen, daß an dieser Stelle unsere Wege sich scheiden.

Aus der Blüthezeit mittelstaatlicher Politik.*)

(Graf Heinrich Levin Winzingerode, ein Württemberger Staatsmann. Von Wilko
  Graf Winzingerode. Gotha, Fr. Andr. Perthes [1866].)

Wer mit strengem Urtheile die geistige Entwicklung des deutschen
Liberalismus in Bausch und Bogen überschlägt, gelangt zu der Ein=
sicht, daß die Ideen Montesquieu's, verarbeitet, erweitert und für die
Menge mundgerecht gemacht durch die Männer der Rotteck=Welcker'=
schen Schule, bis vor zwanzig Jahren die Alleinherrschaft über uns
behaupteten. Die tiefsinnigen Lehren der deutschen historischen Schule
sind jederzeit das Eigenthum von wenigen geistvollen Köpfen ge=
blieben. Die beiden einzigen wesentlichen Fortschritte, welche die con=
stitutionelle Theorie gewagt hat, fallen erst in die jüngste Vergangen=
heit. Man lernte einerseits, neben der Form des Staates auch seinen
Inhalt, neben seiner Spitze auch seinen Unterbau zu beachten. Es
genügt zu erinnern an die von Tocqueville und Gneist ausgebildete
Lehre der Selbstverwaltung, an die socialen Reformversuche, an die
neue Blüthe der Volkswirthschaftslehre, welche in Deutschland erst
seit wenigen Jahrzehnten aus einer Receptensammlung für angehende
Verwaltungsbeamte zu einer Wissenschaft geworden ist. Andererseits
ward durch die Erschütterungen des Jahres 1848 die Unmöglichkeit der
alten Bundesverfassung erwiesen und der Liberalismus seitdem ge=
zwungen, auch die Frage der nationalen Einheit, der politischen Macht
und Zucht ernsthaft in's Auge zu fassen. Die Gedankenarbeit, welche
sich heute in der politischen Wissenschaft wie in dem Leben der Par=
teien vollzieht, darf im Ganzen bezeichnet werden als ein Versuch,
diesen zwiefachen neuen Ideenkreis auszubauen und ihn zu ver=

---

*) [Preuß. Jahrb., Band 18 (Octoberheft 1866), S. 305 ff.]

schmelzen mit den probehaltigen Ergebnissen der alten constitutionellen Doctrin.

Auffällig genug ist das historische Urtheil über die neueste Geschichte Deutschlands von dieser Umwandlung unserer politischen Ideen bisher nur wenig berührt worden. Die Vorstellung, daß die constitutionellen Kleinstaaten in den Jahren 1815—40 im Vordergrunde des deutschen Lebens standen, Oesterreich und Preußen nur als todte Glieder dem Leibe der Nation anhingen, kehrt sogar in Gervinus' Geschichte des neunzehnten Jahrhunderts wieder. Jedermann kennt die glänzenden Vorzüge dieses Werkes. Die Abschnitte über die geistige Bewegung zählen zu den gedankenreichsten Blättern unserer historischen Literatur; und wer mehrere Bände rasch hinter einander durchfliegt, wird immer von Neuem die Kunst des Verfassers, einen massenhaften historischen Stoff zu gruppiren und zu beherrschen, bewundern müssen. Leider bilden die Abschnitte über die deutsche Geschichte den schwächsten Theil des Buches. Die Verwechslung von Kleinstaaterei und Decentralisation, die Abneigung gegen den „Mißgedanken des Einheitsstaats" verführen hier den geistreichen Historiker zu Urtheilen, welche sich nur wenig über das Niveau Rotteck-Welcker'scher Geschichtsauffassung erheben. Den Kleinstaaten bleibt der unbestreitbare Ruhm, daß in ihnen dem Volke ein bescheidener Antheil an der Gesetzgebung eingeräumt war zu einer Zeit, da in Preußen die politische Selbstthätigkeit des Volkes sich auf die Gemeinde und das Heer beschränkt sah. Doch es wird hohe Zeit, schärfer und bestimmter, als Gervinus dies gethan, die Schwäche, die Unfruchtbarkeit des kleinstaatlichen Parlamentarismus hervorzuheben. In Italien allein unter allen Ländern des Continents hat bisher das constitutionelle System sich mit einigem Schwunge, in einem großen Zuge des Lebens entfaltet. Selbst in Frankreich wird ein nur zu großer Theil der Kammerberichte des Julikönigthums angefüllt durch persönliches Gezänk, durch die Jagd nach den Ministerstellen, durch unfruchtbare Einzelkritik der Verwaltung. Vollends in unseren Kleinstaaten prägte die Enge der Verhältnisse den Kammerverhandlungen einen so abschreckenden Charakter armseliger Langeweile auf, daß von den Hunderten ehrenwerther rechtlicher Männer, welche einst durch Ständchen und Ehrenbecher als Vorkämpfer deutscher Freiheit gefeiert wurden, kaum zehn noch in der Erinnerung der Menschen leben, und anhaltende Beschäftigung mit der kleinstaatlichen Verfassungsgeschichte für lebhafte Geister fast zur physischen Unmöglichkeit wird. Ernsthafte politische Gedanken und Leidenschaften konnten in dieser kleinen Welt sich nur regen zur Zeit tiefeinschneidender Verfassungskämpfe, wie in Kurhessen. Von hundert Bänden der stenographischen Berichte behandeln neunzig den Streit um einzelne Posten auf dem Küchenzettel des Staates. Schon um das Jahr 1820 konnte der badische Minister v. Berstett dem Fürsten Metternich schreiben: man habe die Gefährlichkeit der constitutionellen Einrichtungen unbillig überschätzt; Wohlfeilheit der Verwaltung sei diesen Kammern wichtiger als irgend ein politisches Princip. Dieser kleinbürgerliche Liberalismus, emporgewachsen in kleinen Ständekammern, welche nie in die Lage kommen konnten, sich mit der großen Politik zu befassen, ward leider bekanntlich der Lehrmeister der preußischen Opposition; daraus erklärt sich zum Theil der unerfreuliche Gang des preußischen Verfassungslebens.

Noch auffälliger als die Kleinlichkeit ist die Unfruchtbarkeit der ganzen Richtung. Wenn nach einem halben Jahrhundert parlamentarischen Lebens keine Kammer der Kleinstaaten mächtig genug war, ihre Regierung von einem ruchlosen Bürgerkriege zurückzuhalten, so kann auch das mildeste Urtheil sich nicht verbergen, daß diese constitutionelle Entwicklung an unheilbaren Grundschäden leidet. Die nahe Verwandtschaft von Particularismus und seichtem Liberalismus ist unverkennbar, sie tritt auch in den preußischen Provinzen deutlich hervor. Nicht blos die kleinen Cabinette rühmten ihre Landesverfassung — wir reden hier abermals mit Berstett's Worten — als „unser sicherstes Palladium gegen jeden Eingriff der großen Staaten in unsere bedungene Unabhängigkeit" und freuten sich, daß „die abgesonderte Eigenthümlichkeit" jedes Staates durch die Verfassung schärfer ausgebildet werde. Auch die Führer der liberalen Opposition, die so gern von deutscher Einheit redeten, lebten und webten in einem engen landschaftlichen Horizonte. Man betrachte das Leben Rotteck's, dieses grundehrlichen, warmherzigen Mannes, von dem Tage an, da er den Kaiser Franz auf den Knieen bat, das alte landschaftliche Stillleben des vorderösterreichischen Breisgaues wiederherzustellen, bis zu der Zeit seines europäischen Ruhmes, da er, mitten unter großen Worten von Deutschlands Einheit, mit Abscheu den Gedanken zurückwies, das lichte Rheinland und das finstere Pommern unter Einer Verfassung zu vereinigen. Man mustere das Verhalten der Partei in den großen nationalen Fragen — das jahrzehntelange Ankämpfen gegen den Zoll-

verein, die aus berechtigten und thörichten Motiven so seltsam gemischte
Opposition wider den Bundestag, die endlich in dem naiven Satze
gipfelte: „die Landesverfassung steht über dem Bunde", desgleichen jene
unausrottbare Selbstgefälligkeit, welche in den Kleinstaaten des Südens
den Kern des deutschen Volksthums, in Preußen nur einen Außen-
posten Rußlands erblickte und gar nicht ahnte, daß die belobte Freiheit der Kleinstaaten immerdar von der Gnade der großen Mächte
abhing; und zu alledem in jüngster Zeit die Schwärmerei der Liberalen
für das Selbstbestimmungsrecht der deutschen Stämme! Dann wird
man gestehen, daß jederzeit nur eine kleine Minderzahl der kleinstaatlichen Liberalen ein Verständniß für nationale Politik besaß. Fürst
Metternich und seine Getreuen folgten einem richtigen Instincte, wenn
sie die Träume der deutschen Burschen für gefährlicher hielten, als den
Liberalismus der Kammern. Die Ungebundenheit des akademischen
Lebens stand in der That als eine Anomalie in dem deutschen Polizei-
staate, während die harmlosen Kammern der bureaukratischen Maschine
sich bald leidlich einfügten; und in dem wunderlichen Treiben der
Burschenschaft regte sich der nationale Gedanke mit einem Pathos,
einer Energie, welche er in den Ständehäusern nur selten zeigte.

Das historische Urtheil über die offenkundig vorliegenden Thatsachen unserer neuesten Geschichte bedarf einer gründlichen Revision.
Noch mangelhafter sind natürlich die landläufigen Vorstellungen über
die Haltung der Cabinette; hier fehlt oft sogar die genügende Kenntniß
der Thatsachen. Gewiß bildet das letzte Vierteljahrhundert der Regierung König Friedrich Wilhelm's III. einen der ödesten und reiz-
losesten Abschnitte der preußischen Geschichte. Was diese stille Zeit
in dem großen historischen Zusammenhange bedeutet, das läßt sich erst
seit dem Sommer 1866 gerecht beurtheilen, seit die politischen Kräfte,
welche damals gesammelt und geordnet wurden, so herrlich sich entfaltet haben. Der mühselige Proceß der Verschmelzung grundverschiedener Provinzen zu einem Staate, die segensreiche Einwirkung,
welche die Verwaltungsgrundsätze und das Heerwesen Preußens schon
damals auf das übrige Deutschland ausübten, haben ihren kundigen
Geschichtschreiber noch nicht gefunden. Auch die deutsche Politik
Friedrich Wilhelm's III. bedarf noch einer gerechten Schilderung. Es
ist nicht wahr, daß Preußen damals so ganz und vollständig ein Vasall
Oesterreichs gewesen sei, wie die landesübliche Meinung behauptet.
Vielmehr standen in der Regierung dieses Königs, von dem ersten

bis zum letzten Jahre, zwei Parteien am Hofe einander gegenüber:
auf der einen **Seite** gemeine Hofleute, Männer der gedankenlosen
bureaukratischen Routine, zitternd vor jeder Regung der nationalen
Kraft, sehr geneigt, um des Friedens und Behagens willen den Staat
einem fremden Willen unterzuordnen; auf der anderen Seite that=
kräftige Männer von bereitem Verständniß **für die Gegenwart, voll**
preußischen Stolzes. Derselbe Fürst Wittgenstein, der in den napo=
leonischen Tagen zu Stein's geheimen Widersachern zählte, war später
ein Führer der österreichischen Partei; und man darf ihm das Zeugniß
nicht versagen, daß er folgerichtig blieb in seiner Nichtigkeit. Von
der nationalen Partei am Hofe nimmt man gemeinhin an, daß sie
seit der Ministerkrisis des Jahres 1819, seit dem Ausscheiden von
Boyen und Humboldt, gänzlich aus der Regierung verschwunden sei.
Das ist ein Irrthum. Graf Bernstorff erkannte sehr wohl die fun=
damentale Verschiedenheit der Interessen Oesterreichs und Preußens;
nur fehlte seinem milden, versöhnlichen Wesen die Wucht des Willens,
um seine bessere Ueberzeugung zur Geltung zu bringen. Ihre festen
Stützen fand Preußens nationale Staatskunst damals in den obersten
Räthen der Ministerien, freies Feld zu schöpferischem Wirken allein
auf dem Gebiete der Handelspolitik. Mit vollem Rechte hat L. K. Aegidi
in seiner vielgescholtenen, trefflichen Schrift über die Vorzeit des Zoll=
vereins die planvolle Sicherheit der preußischen Handelspolitik her=
vorgehoben. Soweit unsere Kenntniß reicht, läßt sich freilich nicht
erweisen, daß schon im Jahre 1818, als das preußische Zollgesetz er=
lassen ward, ein vollkommen klarer Plan der deutschen Zolleinigung
in Berlin vorhanden **war**. Um so gewisser ist, daß bereits wenige
Jahre darauf die leitenden Grundsätze der preußischen Zollvereinspolitik
feststanden. Man hatte in dem berüchtigten Zollstreite mit Anhalt=
Köthen die Erfahrung gemacht, daß jede Einladung von preußischer
Seite dem Dynastendünkel der kleinen Höfe als ein Eingriff in die
Souveränetät erschien, und darum die unverbrüchliche Regel ange=
nommen, sich der Initiative zu enthalten und gelassen abzuwarten, bis
die wirthschaftliche Noth die kleinen Nachbarn zu Verhandlungen mit
Preußen drängen würde. Man lernte ferner schon aus den ersten
Unterhandlungen mit Darmstadt, daß Handelsverträge über einzelne
Zollerleichterungen bei dem wunderlichen Durcheinander der deutschen
Grenzen unfruchtbar bleiben mußten, und zog daraus den Schluß,
daß nur die vollständige Einverleibung der kleinen Staaten in das

preußische Zollsystem **den** Beschwerden des Handels Abhülfe bringen
könne. Eichhorn, der als Geheimer Rath im auswärtigen Amte ebenso
segensreich wirkte wie später unheilvoll als Minister, hat diese Ideen
in einer langen Reihe von Denkschriften entwickelt. Auf das Bestimmteste
tritt darin die Erkenntniß hervor, daß die nationale Politik in Oesterreich ihren unversöhnlichen Gegner finde, desgleichen die bewußte Absicht, Preußen zum Mittelpunkte der materiellen Interessen der Nation
und dadurch zur führenden deutschen Macht zu erheben. **Wenn wir**
diese meisterhaften Staatsschriften lesen und **damit andere** gleichzeitige
Erzeugnisse preußischer Staatsmänner vergleichen — etwa die Berichte
des Fürsten Hatzfeldt aus Wien, welche vor dem großen **Zauberer
an der** Donau in Bewunderung ersterben, oder jene zahllosen Briefe
des Ministers **v.** Schuckmann, welche mit feierlicher Salbung **den**
kleinen Höfen Kunde geben **von** einer beliebigen Studentenpaukerei in
Heidelberg **oder** Tübingen und die Bundesgenossen vermahnen, abzu-
lassen von der sträflichen Nachsicht gegen das staatsgefährliche Treiben
der jungen Weltverbesserer — dann begreifen wir kaum, wie so viel
Weisheit und so viel Thorheit innerhalb Eines Cabinets sich verbinden konnte. Im Ganzen darf man behaupten, daß beim Durchforschen der ersten Quellen die preußische Politik jener Zeit besser
erscheint als ihr Ruf; Preußen blieb trotz alledem der einzige deutsche
Staat, der mit einigem Ernst an der praktischen Einigung der Nation
arbeitete.

Genau das Gegentheil gilt von den kleinen Höfen. Jede neue
Quellenforschung verstärkt den Widerwillen gegen die vollendete Unwahrheit und Frivolität jenes Liberalismus, den die Mittelstaaten
im Kampfe wider die Großmächte zur Schau trugen. „Der ganze
Bodensatz des Rheinbundes kam damals zu Tage" — so urtheilte
bekanntlich Radowitz über die Blüthezeit der mittelstaatlichen Politik,
über jene Epoche, da Wangenheim die Opposition am Bundestage
leitete. Das **Wort ist** grausam, wenn es Männern wie Wangenheim
und Lepel gelten **soll,** deren redlicher Patriotismus trotz mancher
wunderlicher Schrullen sich nicht bezweifeln läßt. Auch über den
König Max Joseph von Baiern und den Großherzog Ludwig von
Baden dürfen wir milder urtheilen. Wenn diese beiden Männer der
alten Zeit, jener ein Schüler des aufgeklärten, dieser des unaufge-
klärten Absolutismus, in das neue landständische Wesen sich nicht
finden konnten und zwischen ihren Landtagen und den großen Höfen

ein unredliches Doppelspiel spielten, so mag man dies wenig ehren=
voll, doch immerhin menschlich finden. Aber in seiner ganzen er=
drückenden Schwere trifft Radowitz's Verdammungsurtheil jenen
Fürsten, den die liberale Welt als Schwert und Schild deutscher
Freiheit, als den Martin Luther unserer politischen Reformation
feierte: den König Wilhelm von Württemberg. —

Diese Betrachtungen werden uns rege beim Durchlesen der Bio=
graphie des württembergischen Ministers Winzingerode, welche dessen
Sohn, Graf Winzingerode-Bodenstein, herausgegeben hat. Die Schrift
ist veranlaßt durch den Aufsatz des Unterzeichneten über Wangenheim,
und ich kann nur mit Dank die ritterliche Haltung der Polemik an=
erkennen. Selten mag ein Sohn die Ehrenrettung seines Vaters so
unbefangen, so frei von jeder verzeihlichen Empfindlichkeit geführt
haben. Zwar das Verlangen des Verfassers, der Historiker dürfe
nur dann den Charakter der Handelnden vor sein Forum ziehen,
wenn er ihr ganzes Leben kenne — diese Forderung erscheint mir,
und sicher allen Sachkundigen, als unerfüllbar. Einmal muß der
lecke Versuch, neueste Geschichte zu schreiben, doch gewagt werden, und
ohne Urtheil über die handelnden Charaktere ist eine Geschichtschrei=
bung nicht möglich. Soll hier Mißgriffen vorgebeugt werden, so steht
zu wünschen, daß die Besitzer der zur Zeitgeschichte gehörigen Papiere
mit der Herausgabe nicht erst auf eine Veranlassung von Außen
warten. Nach Allem was bisher vorlag, konnte das Urtheil über den
Minister Winzingerode nicht anders denn ungünstig lauten. Er stand
in den Jahren 1819—1823 an der Spitze des auswärtigen Amts
zu Stuttgart und galt daher den Conservativen als der Urheber der
Oppositionspolitik der Krone Württemberg gegen die Großmächte. Im
Sommer 1823 erkannte er, daß ein Einlenken, ein Zugeständniß an
die großen Mächte geboten sei, er setzte die Abberufung Wangenheim's
vom Bundestage durch, und alsbald erhob sich in der liberalen Presse
der Vorwurf des Verraths. Dergestalt hatte er es mit beiden Par=
teien verdorben, mit seltener Einstimmigkeit brachen die Zeitgenossen
über ihn den Stab. Die Memoiren des hochconservativen Grafen
Senfft und die Gesandtschaftsberichte Blittersdorff's sprechen von ihm
mit ebenso schonungslosem Tadel wie Wangenheim und die gesammte
Presse des Liberalismus; Wangenheim insbesondere, tief gekränkt
durch seine Abberufung, erging sich in den heftigsten Ausfällen gegen
den alten Genossen und sagte noch nach Jahren in einem Buche:

„Wintzingerode nahm später ein ebenso verdientes als schmähliches Ende." Solchen Anfeindungen hat der Graf eine, wie mir scheint, übertriebene Gleichgiltigkeit, ein unverbrüchliches Stillschweigen entgegengesetzt; begreiflich daher, daß alle Historiker, ohne Ausnahme, das von beiden Parteien ausgesprochene harte Urtheil wiederholt haben.

Nach den Mittheilungen der vorliegenden Schrift muß dies Urtheil wesentlich gemildert werden, obgleich natürlich dem Fernstehenden Manches in anderem Lichte erscheint als dem Sohne. Ein klarer, nüchterner Kopf, konnte der Minister zwar die Schule der rheinbündischen Bureaukratie nicht verleugnen: die Freiheit der Universitäten galt ihm als eine schwere Gefahr. Indeß, er wußte sich in das Gegebene zu schicken, er erkannte das Verlangen nach Verfassungen als die „Krankheit der Zeit" die man ermäßigen, nicht hindern könne. Er forderte eine Adelskammer als Schirm des Thrones, ständische Vertretung des Grundbesitzes und der Gewerbtreibenden in der zweiten Kammer und, vor Allem, Einführung der Verfassung durch königlichen Befehl, nicht durch Vertrag mit den alten Ständen: — eine Ansicht, die sich leicht erklärt aus den widerwärtigen Erfahrungen des schwäbischen Verfassungskampfes. Die Großmachtspolitik, die phantastischen Triaspläne des Königs und Wangenheim's billigte er keineswegs. Ueberhaupt war damals das Bewußtsein der eigenen Ohnmacht in den besseren Köpfen der kleinstaatlichen Diplomatie lebhafter als man gemeinhin annimmt. In einer Denkschrift des Freiherrn v. Blittersdorff vom Jahre 1820 finden sich die trefflichen Worte: „An und für sich enthält es eine Art von Widerspruch, wenn man von der Politik eines kleinen Staates wie Württemberg redet. Hier sollte nur von Interessen des Staates die Rede sein. Man fühlt dies in Stuttgart und ist daher bemüht, das Particularinteresse Württembergs bis zur eigentlichen Politik zu steigern." Aehnliche Aussprüche bescheidener Selbsterkenntniß begegnen uns in Wintzingerode's Papieren; wiederholt versichert er dem Könige: ich weiß die Kosten des auswärtigen Departements nicht zu rechtfertigen. Der Bundestag galt ihm von Haus aus als „eine widersinnige Conception." Der Graf empfahl die Politik des harmlosen Particularismus: möglichste Unabhängigkeit der Kleinstaaten, gesichert durch festes Zusammenhalten der Kleinen unter sich und durch ein gutes Verhältniß zu Oesterreich. Der scharfsinnige Mann erkannte leicht, daß die Wiener Politik in Deutschland eine feste bündische Ordnung nicht schaffen, die Unabhängigkeit der

kleinen Kronen nicht ernstlich gefährden konnte; „beruhigend" erschien
ihm namentlich jene Rede des k. k. Bundesgesandten, welche den deut=
schen Bund ausdrücklich als Staatenbund, nicht als Bundesstaat be=
zeichnete. Dagegen hegte er eine sehr niedrige Meinung von der
Lebensfähigkeit und Thatkraft Preußens. Aber diese Ansichten, die
man als die normalen Anschauungen der kleinen Diplomatie bezeich=
nen kann, hielt der Graf nicht folgerichtig fest. Er verstand die Be=
amtentreue in einem Sinne, welcher, den Subalternbeamten geziemend,
für leitende Staatsmänner unzulässig, in Deutschland freilich auch
unter den Ministern der allgemein übliche ist. Er betheiligte sich auf
des Königs Befehl an den Thorheiten jener schwäbischen Großmachts=
politik, die er mißbilligte; er verfaßte selber jene berufene Circular=
depesche vom 2. Januar 1823, welche den großen Mächten napoleo=
nische Herrschaft vorwarf — obgleich er dringend von diesem Schritte
herausfordernden Uebermuths abgerathen hatte. Ja, als der König
hinter dem Rücken des Grafen eine unzweideutige Nichtswürdigkeit
begangen hatte (wir werden sie sogleich kennen lernen), da — erzählt
der Sohn — „hätte der Minister es für eine Schande gehalten,
seinen Fürsten in einem Augenblicke wirklicher Verlegenheit im Stich
zu lassen", und blieb auf seinem Posten. Er beging sicherlich keinen
Verrath, keinen Abfall, wenn er endlich erkannte, daß Wangenheim
durch seine vielgeschäftige Opposition am Bundestage unmöglich ge=
worden war, und dem Könige die Abberufung des Freundes vorschlug.
Doch Jedermann wird es in der Ordnung finden, daß die Großmächte
den Minister verantwortlich machten für die von ihm selbst geschrie=
benen Depeschen und ihn als den Genossen Wangenheim's behan=
delten. Der König entschloß sich zu einer weiteren Genugthuung an
Oesterreich und Preußen, und entließ, wenige Monate nach Wangen=
heim's Fall, auch den Grafen Winzingerode.

Die kleine Schrift hat den Charakter des Grafen Winzingerode
von den Vorwürfen des Verraths und des frivolen Ränkespiels voll=
ständig entlastet; dagegen bildet sie eine schwere, wohlbegründete An=
klageacte gegen König Wilhelm von Württemberg. Zur Charakteristik
dieses Helden der Opposition im deutschen Bunde und des kleinstaat=
lichen Cabinetsliberalismus überhaupt seien hier noch einige apho=
ristische Mittheilungen gestattet. Ich schöpfe dieselben zum Theil aus
der Winzingerode'schen Schrift, zum Theil aus den Acten des badischen
Ministeriums des Auswärtigen, deren Inhalt mit der Erzählung des

Grafen vollständig übereinstimmt. Betrachtungen wird man uns erlassen, da die Thatsachen so laut reden und wir Gottlob endlich in
der Lage sind, ohne Leidenschaft über die alte Bundespolitik zu
sprechen. Die Kleinlichkeit unserer Mittheilungen bedarf kaum der
Entschuldigung; wer in den Papieren unserer kleinen Diplomatie
blättert, weiß niemals recht, wo die Politik anfängt, wo der Klatsch
aufhört. —

Es ist bekannt, welches bunte Gemisch widersprechender Beweggründe die kleinen Höfe des Südens veranlaßte, alsbald nach der
Gründung des deutschen Bundes ihren Völkern die verheißene Verfassung zu geben. Einzelne süddeutsche Staatsmänner erkannten allerdings verständig die unabweisbare Forderung der Zeit. Vorherrschend
blieb doch der dynastische Dünkel: man eilte die Verfassung aus
eigener Machtvollkommenheit zu verleihen, aus Furcht, daß der Bund
die Einführung befehlen könne. Dazu kam die Eifersucht auf die
Nachbarn, welche zwischen **Baiern** und **Baden** zuletzt in ein Wett-
laufen um den Preis der frühesten und liberalsten Verfassung aus-
artete — endlich die Furcht vor Preußen. Sehr tief haftete in den
Herzen der kleinen Diplomaten die Erinnerung an jene kühne trotzige
Sprache, welche die preußischen Generale in den Tagen des zweiten
Pariser Friedens zum Schrecken des Fürsten Metternich geführt hatten.
Bis zum Jahre 1819 bestand an den kleinen Höfen der Wahn, daß
Preußen beherrscht werde von einer verwegenen Umsturzpartei militärischer Jacobiner. Und dieser revolutionäre Staat war in **Frank-
furt** vertreten durch **Wilhelm** Humboldt, der mit seinem preußischen
Stolze, seiner **abweisenden** Kälte und schneidenden Dialektik so gar
nicht zu den Genossen paßte. Die kleinen Leute standen vor ihm
mit ähnlichen Empfindungen wie der Hund vor einem Glase **Wein**.
Keine radicale Vermessenheit, die man dem großen „Sophisten“ **nicht**
zugetraut hätte. Immer wieder berichten die kleinen **Gesandten** von
ausschweifend liberalen preußischen Verfassungsplänen aus Humboldt's
Feder, welche „die opinion“ für **Preußen** gewinnen, **Preußens** Alleinherrschaft in Deutschland vorbereiten sollten. Der badische Bundestagsgesandte v. Berstett weiß **sogar** (20. December 1815), **daß** in dem
Humboldt'schen Parlamente, wie einst **zur Zeit** Oliver Cromwell's,
preußische Armeedeputirte erscheinen werden. Die Angst vor Preußens
Radicalismus geht durch alle **Geständnisse** der kleinen Diplomaten
jener Tage, sie war ein mächtiger Hebel zur Beschleunigung der süd-

deutschen Verfassungsarbeiten. Man weiß, wie hart bei diesem Werke die württembergische Krone mit dem Eigensinne ihrer alten Stände zu kämpfen hatte. Wenn wir tiefer auf diese Händel eingehen, wenn wir in einer Eingabe des Grafen Waldeck an den Bundestag Sätze lesen wie diesen: „die altwürttembergische Verfassung ist durch die einhellige Stimme Deutschlands und die Segnungen dreier Jahrhunderte so bündig als ein Werk menschlicher Vollkommenheit bewährt, daß die Vernichtung auch nur eines ihrer Bestandtheile eben ihrer künstlerisch zarten Zusammenfügung wegen ihr Ganzes und somit das Wohl des Volkes gefährden würde" — so scheint es allerdings als sei mit diesen Götzendienern des alten Rechts jede Unterhandlung unmöglich gewesen. Indeß war das Mißtrauen der Stände gegen die Krone keineswegs grundlos. König Wilhelm hatte zweimal vergeblich den Ständen liberale Verfassungsentwürfe vorgelegt; da überkam ihn im Herbst 1817 die Reue, und er beschloß, beim deutschen Bunde Hülfe zu suchen gegen seinen eigenen Liberalismus. Wangenheim in Frankfurt und Wintzingerode, damals noch Gesandter in Wien, erhielten den Auftrag, um authentische Interpretation des Artikel 13 der Bundesacte (über die Landstände) zu bitten, „damit allen übertriebenen Anforderungen eine feste und unerschütterliche Schranke gesetzt werde." Natürlich durften die Gesandten den wahren Grund der Bitte nicht verrathen; der König, versicherten sie, sei durch sein Wort an den Verfassungsplan gebunden, doch die unruhige Stimmung im Norden bedürfe eines Zügels, und — fügte der plauderhafte Wangenheim harmlos hinzu — das Verfassungsproject des Königs drohe für ganz Deutschland ein verhängnißvolles Beispiel zu werden! (So berichtet der badische Bundestagsgesandte v. Berckheim am [18. und]*) 23. November und am 19. December 1817, in Uebereinstimmung mit Wintzingerode's Aufzeichnungen.)   Fürst Metternich stand in jenem Augenblicke der constitutionellen Bewegung der Kleinstaaten noch planlos und gedankenlos gegenüber; er hatte soeben dem argwöhnischen Münchener Hofe versichert, von einer Einwirkung des Bundestags auf die Ausführung des Artikel 13 könne nie die Rede sein. Erst seit jenem Hülferufe des liberalen Königs ward in Wien der Plan rege, von Bundeswegen die Landesverfassungen zu verstümmeln; Metternich begann nunmehr jene stille Arbeit, welche auf den Carlsbader Con-

---

*) [Am Rande von Treitschke's Hand hinzugefügt.]

ferenzen ihren ersten großen Erfolg errang. Erinnern wir uns nun,
wie Württemberg in Carlsbad die Rolle des gesinnungstüchtigen
Opponenten spielte, nachher in Frankfurt gegen die Carlsbader Be=
schlüsse stimmte, und trotzdem gestattete, daß die Bundesprotokolle der
Welt die einstimmige Annahme jener Beschlüsse erzählten, und be=
denken wir, daß Württemberg selbst die allererste Veranlassung zu
der Carlsbader Verschwörung gegeben hatte — so stehen wir wahr=
lich vor einem Meere von Unwahrheiten und finden für dies com=
plicirte Lügensystem eine Erklärung allein in dem krausen Gewirre
der Stuttgarter Hofparteien. Da standen neben und wider einander:
Maucler und Weishaar, die Führer des eingeborenen „Herrenstandes“,
Malchus, der ausländische Bureaukrat, die Triaspolitiker **Wangen=**
heim und Schmitz=Grollenburg, der diplomatische Intriguant Trott,
der conservative Wintzingerode, endlich der König mit seiner persön=
lichen Politik, welche alle diese Karten im raschen Wechsel auszuspielen
verstand.

Um nichts redlicher erscheint Württembergs Haltung in den von
Preußen angeregten Verhandlungen über das Bundesheerwesen (1818).
Der preußische Plan, die kleinen süddeutschen Contingente dem öster=
reichischen, die norddeutschen dem preußischen Heere anzuschließen, war
sicherlich ein schwerer politischer Fehler; er hätte, durchgeführt, die
Stellung des fremden Donaureiches auf deutschem Boden befestigt,
er bedeutete die Mainlinie im schlechten Sinne. Jedoch eine klare
Würdigung der Stellung Oesterreichs zu Deutschland war damals
nirgendwo vorhanden, und der preußische Vorschlag darf zum Min=
desten gelten als ein wohlgemeinter Versuch, unsere Wehrkraft zu
verstärken, die kleinen Truppentheile zu brauchbaren Gliedern schlag=
fertiger Heere zu erheben. Den Werth dieses guten Willens lernen
wir erst schätzen, wenn wir die Geständnisse der mittelstaatlichen Diplo=
matie damit vergleichen: da regt sich nicht einmal der Gedanke, **daß**
es auf die Sicherung Deutschlands gegen das Ausland ankomme,
den einzigen Gesichtspunkt bildet die Sorge, daß die eigene Unab=
hängigkeit durch den heimischen Nachbarn nicht gefährdet werde. Schon
als die preußischen Vorschläge erst vorbereitet wurden, schrieb Berstett
(12. November 1816) jubelnd, alle Kleinstaaten seien darin einig,
auch nicht den Schein eines gefährlichen Einflusses zu dulden; auf
jeden preußischen Vorschlag müsse man sogleich mit einem Gegen=
projecte antworten, „denn dessen Unausführbarkeit muß erst bewiesen

werden, bevor man es verwerfen kann". Das Wiener Cabinet, dessen
Unfruchtbarkeit und Gedankenarmuth in den ersten Jahren der Bundes=
geschichte auf das Kläglichste hervortrat, war Anfangs dem preußischen
Plane nicht abgeneigt, bis die kleinen Staaten Oesterreichs Eifersucht
aufregten und den k. k. Gesandten beschworen, sich nicht von Preußen
schimpflich in's Schlepptau nehmen zu lassen (Bericht des badischen
Bundestagsgesandten v. Berckheim vom 8. April 1818). Nun tritt
Baiern auf mit dem Vorschlage, neben den Armeen der beiden Groß=
mächte eine dritte, rein=deutsche, selbstverständlich unter baierischem
Commando zu bilden. Sofort verwahrt sich Wilhelm von Württem=
berg dagegen; er will auch Baiern nicht als rein=deutschen Staat
gelten lassen, sondern neben den Heeren der drei größten Staaten
zwei kleinstaatliche Corps bilden; das süddeutsche muß besonders stark
sein, **als eine** Barriere zwischen Baiern und Frankreich. Auch dieser
Vorschlag **erregte** bei Baden Bedenken, denn es stehe zu fürchten,
daß England=Hannover in dem norddeutschen Corps ein gefährliches
Uebergewicht behaupte. Wie viel vertrauenerweckender war der Plan,
elf Corps zu bilden, mit dem endlich Metternich hervortrat. Damit
war freilich die militärische Unbrauchbarkeit des Bundesheeres ent=
schieden, doch die Souveränität der kleinen Kriegsherren gewahrt.
Auch dann noch erschien die Uebermacht der Großmächte bedenklich;
die Kleinen verlangten, daß Oesterreich und Preußen nur mit einem
geringen Theile ihres Heeres der Bundesarmee beitreten sollten.
Preußen erklärte sich nunmehr bereit, ebensoviel Truppen zu stellen
wie Oesterreich, und es ist lehrreich, welche widersprechenden Gefühle
dies **Erbieten** hervorrief: Berckheim war erschreckt über solchen Aus=
bruch preußischer Herrschsucht, der König von Württemberg aber zeigte
sich einverstanden: so werde „ein heilsames Gleichgewicht" zwischen
den Großmächten hergestellt (Berckheim, 10 Juli 1818). In diesem
Stile **schleppt** der Handel sinnlos, ziellos sich weiter, bis die Frage
der Bundesfestungen in den Vordergrund tritt. Durch die Bundes=
festung Ulm sieht Wilhelm von Württemberg seine Unabhängigkeit
schwer bedroht; in solcher Gefahr wendet er sich um Hülfe — an den
Czaren Alexander.

Der Haß der Liberalen gegen die deutschen Großmächte war in
jenen Jahren so heftig, daß man selbst diesen Hülferuf an das Aus=
land dem liberalen Könige selten ernstlich verdachte. Ja, die berufene
Reise nach Warschau, welche der König unternahm, um den Beistand

des Czaren gegen die Carlsbader Beschlüsse zu gewinnen, ward ihm
sogar zum Ruhme angerechnet: galt es doch, den Liberalismus zu
vertheidigen! Wie es in Wahrheit stand mit diesem mittelstaatlichen
Liberalismus, darüber geben die Berichte des badischen Geschäftsträgers
Freiherrn v. Blittersdorff mannigfache Aufklärung. Blittersdorff stand
gerade am Beginne seines ehrgeizigen Wirkens; seine Berichte, welche
sich schon damals durch Gedankenreichthum und feine Beobachtung
vor den gewöhnlichen Producten der kleinen Diplomatie glänzend
auszeichneten, lassen uns Schritt für Schritt verfolgen, **wie die kleinen
Höfe um die Gunst des Czaren warben**, wie sich Baden **von Kapo**=
distrias Verhaltungsmaaßregeln für die deutsche Politik geben ließ,
Baiern jeden seiner Gesetzentwürfe zuerst dem Czaren unterbreitete u. s. f.

Ein trauriger Anblick, dies Rathsuchen bei dem Rathlosen! Lau=
nisch und unstät wechselte die Stimmung des Czaren. Soeben hatte
er den polnischen Reichstag mit einem Schwall liberaler Versicherungen
eröffnet, kurz nachher wünschte er dem Kaiser Franz Glück, weil dessen
Weisheit den Polen in Galizien constitutionelle Einrichtungen ver=
sagt habe. Bald ermahnte er drohend den Großherzog von Weimar
zu scharfem Einschreiten gegen die Demagogen von Jena, bald mußte
der getreue Anstett in Frankfurt das Selbstgefühl der Kleinen auf=
regen und Kapodistrias in schwungvollen Depeschen den Widerstand
der constitutionellen Höfe gegen die beiden Großmächte aufstacheln.
Beständig in diesem unbeständigen Gebahren ist allein die altrussische
Politik des *divide et impera* gegen Deutschland. Mit warmem
Danke erkannten die kleinen Höfe die väterliche Fürsorge des Czaren.
Hatten sie doch schon zur Zeit der Gründung des Bundestags darauf
bestanden, daß die drei fremden Großmächte in Frankfurt durch Ge=
sandte vertreten würden, da — wie der badische Minister v. Hacke
schrieb — „diese Mächte für die deutschen Souveräne immer ein Schutz
und eine Stütze gegen Oesterreich und Preußen sind." **Es ist sattsam**
bekannt, mit welchem brutalen Hochmuthe die russische Welt **damals**
auf Deutschland herabschaute: man rühmte sich der Befreiung unseres
Landes, man stellte prahlend die erhabene Ruhe und Klarheit der
russischen Zustände der Verwirrung und fieberischen Aufregung des
deutschen Lebens gegenüber. Zur Zeit des Aachener Congresses hatte
Stourdza seine anmaaßende Schrift gegen die deutschen Universitäten
geschleudert, bald darauf traf Oken's ungeschickte Entgegnung in Peters=
burg ein und zur selben Zeit die Nachricht von der Ermordung Kotze=

bue's, welche Stourdza's schlimmste Anklagen zu bestätigen schien. Die Salons in Petersburg hallten wider von Schmähungen gegen die deutschen Jacobiner; und wenn Blittersdorff, dem es an nationalem Selbstgefühle nicht gebrach, sein Volk zu vertheidigen wagte, so beriefen sich die Russen auf einen Brief Wilhelm's von Württemberg an die Kaiserin Mutter, der in den schwärzesten Farben Deutschland schilderte als der Rettung bedürftig, als beherrscht von einer Rotte revolutionärer Fanatiker (Blittersdorff's Bericht vom 30. April 1818 u. ff.). Und diesen Fürsten, der zuerst seine Nation bei den Fremden verklagte und nachher gegen die Beschlüsse der deutschen Cabinette abermals die Hülfe des Auslandes anrief — ihn feierte unser gutherziges Volk als den deutschen Kaiser, ihn baten die schwäbischen Officiere in Ulm, daß er mit den Waffen in der Hand Schwabens Freiheit vertheidige gegen die fremden (das will sagen: gegen die deutschen) Höfe!

Der Patriotismus des Königs sollte noch glänzendere Proben ablegen. In das Jahr 1820 fallen bekanntlich zwei Denkschriften, welche die letzten Ziele, den unversöhnlichen Gegensatz der beiden streitenden Parteien mit dankenswerther Offenheit enthüllten. Am 4. Mai schrieb Fürst Metternich, auf den Wunsch des Großherzogs von Baden, jene berufene lehrhafte Denkschrift, welche „die Erhaltung des Bestehenden als den Punkt bezeichnet, mit welchem Alles gerettet, ja selbst das Verlorene zum Theil noch wiedergewonnen werden kann." Niemals war prägnanter die einzige Idee ausgesprochen worden, welche das Wiener Cabinet in seinem Vermögen hatte. Die unendliche Gedankenarmuth dieses Machwerks ist ebenso denkwürdig, wie der hohe Werth, welchen der Verfasser und die lernbegierigen kleinen Minister darauf legten. — In dem begleitenden Briefe an Berstett sagt der Fürst; Il n'y est pas un mot que je n'aie puisé dans le fond de ma pensée. Le calme que vous y voyez régner est celui de mon âme. J'aurai atteint un but bien cher, si je parviens par mes paroles — et le mot de paroles me semble bien faible pour exprimer la valeur de mon travail — à prouver à votre excellent maître ce que nous voulons, croyons et espérons. — Zur selben Zeit erschien das Manuscript aus Süddeutschland, das Programm der kleinstaatlichen Sonderbündelei. Heute, nach dem Feldzuge der Mainarmee, ist jedes Wort über die Phantasterei der Triaspolitik überflüssig, und im Jahre 1820 waren die realen Voraussetzungen für einen Bund der Mindermächtigen vielleicht noch weniger vorhanden als im Frühjahr 1866. Es währte eine gute Weile, bis die Welt sich wieder an den Gedanken gewöhnte, daß die Landesgrenzen un= antastbar seien. Lange nach dem Pariser Frieden tauchten in der Presse fortwährend die Projecte neuer Länderbildungen auf; am hef= tigsten wirkte die in den napoleonischen Tagen erweckte Ländergier an den Höfen des Südens nach. Das nachbarliche Verhältniß zwischen Baiern, Württemberg, Baden, Darmstadt war so unerträglich als mög= lich. Drei Jahre nach dem Frieden hatte Baden zu den Waffen greifen müssen wider Baierns Eroberungslust, bis Rußland versöhnend dazwischentrat; ununterbrochen zieht sich durch die Actenstücke der Epoche der Zank um die Flußzölle, die pfälzischen Schulden und tausend andere Fragen. Und ein Sonderbund von Kleinstaaten, die also zu einander standen, sollte den großen Mächten die Stange halten! Immerhin fand diese nebelhafte Politik in dem Manuscript aus Süd= deutschland eine sehr gewandte Vertheidigung. Hohn gegen die Groß= mächte, giftige Verleumdungen wider den Norden wechseln ab mit Schlagworten über das „von Gott eingesetzte demokratische Princip," mit Lobreden auf die Kernstämme des Südens; die Männer, „welche aus Liebe zu Deutschland Frankreichs Freunde wurden," finden eine beredte Vertheidigung. Dies widrige Gemisch von Bonapartismus, hohlem Radicalismus und dreistem Particularismus ist klug auf die Stimmungen der süddeutschen Liberalen jener Zeit berechnet, und Jedermann giebt heute zu, daß der Rheinbund niemals geschickter und niemals schamloser vertheidigt ward. Der pseudonyme Verfasser deutet in der Einleitung auf Baiern als die Heimath der Schrift. Man rieth anfangs auf Hörmann, und allerdings trugen die erbaulichen Dialoge zwischen dem kerndeutschen „Baiermann" und dem gecken= haften pommerschen Landwehrmann, welche dieser Mensch in seiner Neuen Alemannia veröffentlichte, den Stempel einer verwandten Ge= sinnung. Trotzdem erkannte man bald den schwäbischen Ursprung des Libells. Umsonst betheuerte Wangenheim auf den Darmstädter Handels= conferenzen feierlich das Gegentheil (Nebenius' Bericht vom 14. Nov. 1820). Endlich blieb ein dringender Verdacht auf Lindner in Stuttgart haften. Man kannte dessen Beziehungen zum Hofe; doch jede Mit= schuld des Königs an dem Buche wurde von Wintzingerode auf Be= fehl seines Herrn entschieden in Abrede gestellt, und sie schien in der That kaum denkbar. Der Fürst hatte als Kronprinz aus seinem Hasse

gegen Frankreich kein Hehl gemacht; wie sollte der Held des Feldzuges
von 1814 jetzt den Rheinbund verherrlichen, einen Montgelas als
unseren ersten Staatsmann feiern? Wie konnten die bitteren Hohn=
worte des Manuscripts wider die Studentenfurcht der deutschen Höfe
aus der Feder des Mannes stammen, der vor einigen Monaten selber
die deutschen Studenten bei dem Czaren verklagt hatte? Die beiden
Großmächte verlangten Untersuchung gegen Lindner. Winzingerode
billigte dies Verlangen, dessen Berechtigung in jenen Tagen der all=
gemeinen Preßverfolgung sich nicht bestreiten ließ; doch der König
weigerte sich beharrlich. Erneutes Drängen von Seiten des Ministers.
Aber „wie gerecht war das Erstaunen, als der König antwortete, daß
er Lindner nicht preisgeben könne, daß er selbst das Gerippe, Lindner
nur die **Füllung der** Arbeit geliefert habe, daß er selbst der Verfasser
des Manuscriptes sei." (Winzingerode S. 69.) Dies war der Augen=
blick, **wo nach unserem** Urtheile Winzingerode verpflichtet war, sein Amt
niederzulegen. Also Wilhelm von Württemberg der Verfasser des
Manuscripts aus Süddeutschland! Wir überlassen unseren Lesern zu
beurtheilen, mit welchem Rechte dieser Fürst im Jahre 1822 seinem
Minister die stolzen Worte schreiben konnte: „Mein Charakter und die
Verhältnisse meines Landes erlauben **mir** nicht, den chien couchant
zu spielen. Ich habe ihn nicht gegen Napoleon in einer weit gefähr=
licheren Zeit gespielt und will nicht jetzt, **wo** ich einen begründeten
Ruf habe, damit anfangen, einem Menschen gegenüber, den ich so
gründlich verachte, wie Metternich. Stark durch mein Gewissen, durch
die Liebe meiner Unterthanen, durch die öffentliche Achtung Deutsch=
lands, erwarte ich festen Fußes die geschlossenen Reihen des Machia=
vellismus des schwachen Metternich. Dies mein letztes Wort." Einige
Monate später war der Minister entlassen und die Haltung des schwä=
bischen Königs dem chien couchant nicht ganz unähnlich. Die „öffent=
liche Achtung Deutschlands" blieb dem patriotischen Könige noch lange
mit unbelehrbarer Gutmüthigkeit zugethan. Der entlassene Minister
aber widmete der schwäbischen Großmachtspolitik den Nachruf: „was
ist das für ein Gang eines Gouvernements, welches vorwärts stürzt,
ohne Noth verletzt, und welches zurückweichen muß, wenn es einem
Hinderniß begegnet!" —

Genug der kleinen Züge, die wir leicht verzehnfachen könnten.
Wir errathen jetzt leicht, warum es in der Nähe des begabten Fürsten,
trotz seiner unbestreitbaren Verdienste, Niemandem je recht wohl ward.

Selbst das scharfe Urtheil, welches jüngst David Strauß in seinem vortrefflichen Aufsatze über Wilhelm von Württemberg gefällt hat, bedarf **noch der** Verschärfung. Mit Unrecht hat man einen Widerspruch gefunden zwischen dem liberalisirenden Systeme der ersten und der bureaukratischen Starrheit der letzten Regierungsjahre des Königs. Ein geborener Geschäftsmann, ein praktischer Soldat, wollte er dem zerrütteten Staate eine straffe, moderne Ordnung geben; sein nüchterner Verstand sagte ihm, daß irgend welche Concessionen an die liberale Zeitstimmung unvermeidlich seien. Doch den Kernpunkt seiner Politik bildet der begehrliche dynastische Ehrgeiz: getragen von der liberalen öffentlichen Meinung, gedachte er sein Haus zu glänzender Machtfülle **zu** erheben. Darum lag kein sittlicher Ernst in seinen liberalen Bestrebungen, darum konnte der tapfere Soldat das Treiben der **Stu**denten nicht **anschauen** ohne mit den Wimpern zu zucken — denn allerdings dem Hause Württemberg kamen die Träume der Burschenschaft nicht zu gute. Als er dann die Zwietracht, den Eigensinn, **das** geschäftliche Ungeschick seines Völkchens näher kennen gelernt hatte, da wuchs sein Selbstgefühl bis zu krankhafter Verzerrung, und es traten die häßlichsten Züge seiner Natur hervor: jene kleinlich nachtragende Rachsucht, die beherzten Widerspruch nie verzieh, und jene lieblose Herzenskälte, die so mancher treue Freund schmerzlich erfahren mußte — unholde Züge, welche den Charakter seines brutaleren Vaters nicht befleckt hatten. Er regierte fortan als absoluter Herr; er wußte jetzt, daß die politische Unreife des Volkes sich mit der Form der Freiheit begnügte. Den Großmächten gegenüber spielte **er nach wie** vor den Liberalen, denn noch hoffte er auf große Tage für sein Haus. Es kamen die Jahre des Alters, der Enttäuschung; der gescheidte Fürst erkannte, daß das Haus Württemberg vorderhand nichts mehr erobern könne, und hielt nicht mehr für nöthig, der nicht-schwäbischen Welt die liberale Maske zu zeigen.

Aehnlich stand es mit seinem Patriotismus. An den Sünden dieses von Haus aus nicht gemein angelegten Mannes mag **man er**kennen, wie demoralisirend die unwahre, unmögliche Stellung eines souveränen Königs ohne Macht auf den Charakter des Herrschers wirkt; gerade unter den begabteren deutschen Fürsten sind nur sehr wenige aus so schwerer Prüfung rein hervorgegangen. Der Kronprinz war in den napoleonischen Tagen **ein** Gegner Frankreichs; sein dynastischer Stolz empörte sich gegen das demüthigende Vasallenthum,

und auch der Widerspruchsgeist wider den Vater mochte bei ihm, wie
bei den meisten Prinzen aus der kraftvolleren Zeit des Hauses Württem=
berg, eine Rolle spielen. In dem französischen Winterfeldzuge be=
währte er sich als tapferer General, und es ward von Bedeutung für
die Zukunft, daß sein Corps, mit den Oesterreichern zusammen kämpfend,
die Preußen kaum kennen lernte. Beim zweiten Pariser Frieden for=
derte er, vereint mit den preußischen Staatsmännern, Elsaß und Loth=
ringen zurück. Sein Soldatenverstand wies ihn hier auf die rechte Bahn,
seinem kräftigen Wesen widerstrebte die Halbheit; **auch** dürfen wir
nicht vergessen, daß eine Partei unter den deutschen Diplomaten dem
Kronprinzen von Württemberg die elsässische Krone zudachte, und daß
die Mittelstaaten damals den ersten tastenden Versuch machten, als
eine Gesammtmacht neben der Pentarchie aufzutreten. Vielleicht war
wirklich während dieser rühmlichen Jahre ein patriotisches Gefühl in
dem Prinzen lebendig. Stark kann es nicht gewesen sein; der Ver=
fasser des Manuscripts aus Süddeutschland zählte wahrlich nicht zu
jenen weichen Schwärmern, die später ernüchtert die Ideale ihrer
Jugend mit Füßen treten. Nun bestieg er den Thron, die Königs=
krone übte ihren bethörenden Zauber, er träumte Kaiserträume mit
seiner russischen Gemahlin, und der Scharfblick der dynastischen Ehr=
sucht reichte genau so weit, um immer die nächste Gefahr, die dem
Hause Württemberg drohte, zu erkennen. Der alte Herr, der in Bregenz
dem Kaiser von Oesterreich die Heerfolge zusagte und später das Wort
sprach „lieber unter Frankreichs Schutz, als ein Vasall der Hohen=
zollern“ — er war in nichts verschieden von dem jungen Fürsten, der
einst in Warschau und dann, nach Wangenheim's Fall, in Paris um
die Hülfe des Auslandes gebeten hatte. Nicht er, nur die Weltlage
hatte sich verändert: die Gefahr, welche einst von den verbündeten
beiden Großmächten zu drohen schien, drohte jetzt wirklich von dem
erstarkenden Preußen. Jene Gesinnung, welche an dem Stuttgarter
Hofe bestand und besteht, kann je nach Umständen den Fahnen Oester=
reichs, Frankreichs, Rußlands folgen; doch sie kann niemals deutsch
sein, wenn sie sich nicht selber aufgibt. Auch in den kleinen Zügen
des Privatlebens spiegelt sich diese schimpfliche Abhängigkeit von dem
Auslande wieder. Wenn eine protestantische deutsche Prinzessin (— un=
sere katholischen Höfe haben in diesem Punkte immer einen ehren=
werthen Stolz gezeigt —) von einem russischen Großfürsten heim=
geführt wird, dann wechselt sie ihren Glauben und ihren Namen. Doch

wenn ein stolzer deutscher König die Hand einer Großfürstin **errungen** hat, dann läßt der protestantische Gatte seine Leiche im griechischen Gotteshause beisetzen, und der Pope **liest die Messe** über dem deutschen Königsgrabe. Solche Betrachtungen wird Mancher grausam finden; wir konnten uns ihrer nicht erwehren, als wir in der griechischen Kapelle des Rothenbergs vor dem Grabe des Königs Wilhelm und der Königin Katharina Paulowna **standen**.

Die unsauberen Geheimnisse einer kleinen Vergangenheit zu enthüllen ist ein widriges Geschäft. Doch die Nation zeigt **noch wenig** Neigung, die zukunftsreiche Größe dieser neuen Zeit recht zu würdigen; es ist nicht müßig, daran zu erinnern, wie klein wir waren. Die Fürsten des Nordens sehen sich heute Gottlob in einer Lage, welche sie zwingen wird, deutsch zu werden; mindestens die Möglichkeit ist gegeben, daß wir wieder einen hohen Adel deutscher Nation erhalten. Auch der Liberalismus steht auf einem neuen Boden, in einem wirklichen, einem deutschen Staate; es wird sich zeigen, ob er die Kraft besitzt, alle jene kleinlichen, undeutschen Neigungen zu überwinden, welche ihm in der unfruchtbaren Schule der Kleinstaaterei angeflogen sind.

Kaiser Franz und Rotteck.*)

In dem Aufsatze „Aus der Blüthezeit mittelstaatlicher Politik"
(Preußische Jahrbücher, Band 18, S. 307)**) finden sich die Worte:
„man betrachte das Leben Rotteck's, dieses grundehrlichen, warmherzigen Mannes, von dem Tage an, da er den Kaiser Franz auf den
Knieen bat, das alte landschaftliche Stillleben des vorderösterreichischen
Breisgaues wiederherzustellen" u. s. w. Dieser Satz nimmt Bezug
auf eine Audienz, welche der Kaiser Franz mehreren Mitgliedern der
breisgauischen Stände im Jahre 1815 zu Basel während des Durch-
marsches der alliirten Armee ertheilte.

Nach der wiederholten Erzählung eines ausgezeichneten Mannes
aus der Breisgauer Ritterschaft, der selbst zu der Deputation gehörte,
hat damals **Rotteck** vor dem Kaiser Franz einen Fußfall gethan und
ihn gebeten, den Rückfall des Breisgaues an Oesterreich zu bewirken.
Die Wahrheitsliebe jenes mit Rotteck befreundeten Augenzeugen ist
über jeden Zweifel erhaben, auch läßt sich ein Mißverständniß seinerseits kaum annehmen, jedenfalls **nicht** mehr nachweisen, da der Erzähler nicht mehr lebt.

Andererseits **hat** uns die Familie v. Rotteck auf mehrere Umstände aufmerksam gemacht, welche allerdings Zweifel gegen die Richtigkeit der **Erzählung** wecken. Nicht daß **wir** Anstoß nehmen an
jenem Fußfalle als an einem unehrenhaften Schritte. Die Formen
des Umgangs mit gekrönten **Häuptern** haben sich seit fünfzig Jahren

---

*) [Preuß. Jahrb., Band 19 (Juniheft 1867), S. 733 und 734. Anonym,
auch im Register zu Band 25 fehlt die Angabe des Autors. Eine gütige Mittheilung des Herrn Geheimrath v. Weech, Treitschke habe ihm gesagt, er wolle
diesen Artikel schreiben, bestätigt die unabweisbare Annahme, daß er der Verfasser ist.]

**) [Vergl. oben S. 138.]

wesentlich geändert. Ein Fußfall vor einem Kaiser galt damals keineswegs als unziemlich für einen stolzen Mann. Sprach doch Rotteck selbst, als er am Schlusse des Jahres 1813 in Freiburg im Namen der Hochschule den Kaiser begrüßte, die Worte: „Die Nachwelt wird Ew. Majestät einst den Großen nennen" — eine Hyperbel, welche sich heute kein Liberaler mehr erlauben würde. Allein in einem noch erhaltenen (auch in der bekannten Biographie von dem ältesten Sohne abgedruckten) Briefe verwahrt sich Rotteck entschieden gegen das Gerücht, daß er in jener akademischen Rede um die Herstellung der österreichischen Herrschaft gebeten habe: wie dürfe man von einem freisinnigen Schriftsteller, einem Freunde der Preßfreiheit, glauben, daß er die Rückkehr des österreichischen Geistesdruckes wünsche?

Dieser Brief läßt sich in der That mit jener Erzählung kaum zusammenreimen; denn einem Manne von anerkannter Consequenz und Charakterstärke ist kaum zuzutrauen, daß er im Frühjahr 1815 gethan haben sollte, was er im December 1813 als eine verwerfliche Thorheit von sich wies. Außerdem steht fest, daß der damalige Regierungsdirector von Freiburg sein Amt verlor, weil er die Absendung jener Deputation nach Basel nicht verhindert hatte. Rotteck aber, gleichfalls Staatsdiener und keineswegs persona grata, blieb von der badischen Regierung unbelästigt. Ueberhaupt ist der Familie von einer Theilnahme Rotteck's an der Baseler Deputation nicht das Mindeste bekannt.

Es ist uns leider bisher nicht gelungen, aus anderen sicheren Quellen den Sachverhalt aufzuklären. Wir sind daher nicht im Stande, jene Erzählung als irrig zurückzunehmen, doch meinen wir uns verpflichtet, die gegen uns ausgesprochenen Bedenken hier mitzutheilen, damit eine immerhin anfechtbare Anekdote nicht kurzweg nacherzählt werde, und — damit unsere Leser an einem kleinen Probestück erkennen, welch' ein dorniges Geschäft es ist, zeitgenössische Geschichte zu schreiben. —

Stein.*)

Das Leben Stein's ist so eng verflochten mit der Geschichte der preußischen Verfassung und Verwaltung auf der einen, der deutschen und europäischen Politik auf der anderen Seite, daß ein einigermaaßen richtiges Bild davon sich nur in sehr ausführlicher Darstellung geben läßt. Raum und Zweck des Staatswörterbuches gestatten nur eine gedrängte Uebersicht.

Heinrich Friedrich Carl Freiherr vom und zum Stein wurde den 26. October 1757 zu Nassau an der Lahn „von sehr achtungswerthen Eltern geboren und — so erzählt er selbst — unter dem Einflusse ihres religiösen, echt deutsch-ritterlichen Beispiels auf dem Lande erzogen; die Ideen von Frömmigkeit, Vaterlandsliebe, Standes- und Familienehre, Pflicht, das **Leben zu** gemeinnützigen Zwecken **zu verwenden und** die hierzu erforderliche Tüchtigkeit durch Fleiß und Anstrengung zu erwerben, wurden durch ihr Beispiel und Lehre tief meinem jungen Gemüthe eingeprägt." Er lernte, nach aristokratischer Weise, sich der Gewalt des Hauses zu beugen; ein Beschluß der Eltern bestimmte ihn, den jüngsten Sohn, zum alleinigen Erben und Stammhalter des uralten, reichsfreien Geschlechts. Die Welt des Schönen ergriff ihn weniger mächtig als die meisten Söhne seines Jahrhunderts. Sein thatkräftiger, auf das Wirkliche gerichteter Geist versenkte sich früh in die historischen Dinge. Er sah in der Geschichte nicht blos eine Fundgrube politischer Erkenntniß, sondern vornehmlich **eine Schule des** sittlichen Ernstes **und** jener strengen, tief religiösen **Frömmigkeit,** die er sich in **den** Tagen der Aufklärung unwandelbar **bewahrte.** Als **die** sittlichen Vorbilder seines Lebens nennt er selbst

---

*) [Bluntschli und Brater, **Deutsches** Staatswörterbuch Band 10 (1867), S. 211 ff.]

seine Mutter (eine Langwerth von Simmern) und den Minister
v. Heynitz. Er besuchte Göttingen, Wetzlar, Regensburg, Wien, um
sich, nach dem Wunsche der Eltern, auf eine Laufbahn an den Reichs-
gerichten vorzubereiten. Mit Vorliebe trieb er während diesen akademischen Jahren das Studium der englischen Geschichte und Politik;
Adam Smith's Werke wurden bestimmend für seine politische Bildung.
In Brandes und Rehberg fand er gleichgesinnte Freunde, Männer,
ergriffen von den Ideen des philosophischen Jahrhunderts, doch zugleich auf das historisch Gewordene mit einer andächtigen Ehrfurcht
schauend, welche den meisten Zeitgenossen abging. Der sittliche Ernst,
der kräftige realistische Sinn des jungen Mannes fand keine Freude
an dem unwahren, verrotteten Treiben der Reichsgerichte. Ein Bewunderer Friedrich's des Großen und eifriger Protestant, entschloß er
sich im Jahre 1780, weit abweichend von den Gewohnheiten des
Reichsadels und seines eigenen Hauses, in preußische Dienste zu treten.

Er fand zunächst Anstellung im Bergdepartement unter dem
Minister v. Heynitz, dem Schöpfer des preußischen Staatsbergwesens.
„Verließ ich es gleich im Jahre 1793, berichtet er, so hatte doch das
Leben in einem auf die Natur und den Menschen sich beziehenden,
die körperlichen Kräfte zugleich entwickelnden Geschäfte den Nutzen,
den Körper zu stählen, den praktischen Geschäftssinn zu beleben und
das Nichtige des todten Buchstabens und der Papierthätigkeit kennen
zu lernen.“ Er ehrte die harte Zucht, die angestrengte Arbeitsamkeit
des altpreußischen Beamtenthums, aber er erkannte schon jetzt die
unseligen Folgen bureaukratischer Bevormundung. In solcher Ansicht
begegnete er sich mit den Ideen einer aufkommenden jüngeren Schule
innerhalb des preußischen Beamtenthums, mit Männern wie Kraus
und v. Schrötter, welche nach Englands Vorbild von dem freien
Spiele der socialen Kräfte die Stärke des Staats erwarteten. Wider
Willen ward er einmal aus der Verwaltungsthätigkeit herausgerissen,
als er (1785) den Auftrag erhielt, den Churfürsten von Mainz für
den Fürstenbund Friedrich's des Großen zu gewinnen. Er vollzog
die Sendung mit Glück und erbat rasch seine Zurückberufung; das
Gewirr kaiserlicher und preußischer, französischer und russischer Intriguen an dem geistlichen Hofe hatte ihm jenen tiefen Widerwillen
gegen die Diplomatie eingeflößt, den er zeitlebens nicht überwinden
konnte. Zurückgekehrt von einer längeren technologischen Reise durch
England, begann er im Jahre 1787 sein siebzehnjähriges großartiges

Wirken in der westphälisch-niederrheinischen Verwaltung, zuerst als
Kammerdirector und Kammerpräsident in Cleve und Hamm, seit 1796
als Oberpräsident in Hamm, später in dem neuerworbenen Münster.
Das Land dankte ihm die Anfänge moderner Verkehrsmittel, er ließ
die Ruhr schiffbar machen und die Straßenverbindung zwischen Rhein
und Weser vollenden. Trotz seiner herrisch durchgreifenden, rastlos
anfeuernden Weise verstand er die Selbstthätigkeit des Volkes zu för=
dern in diesem Lande, das von allen Provinzen Preußens sich allein
eine freie Gemeindeverfassung bewahrt hatte. Mit Zuziehung der
Stände führte er ein verbessertes Steuerwesen und vollständige Ge=
werbefreiheit auf dem flachen Lande ein und bereitete die Aufhebung
der Feudallasten vor. Die Bewohner lohnten ihm durch Verehrung
und Anhänglichkeit, sie grüßten ihn als den Wohlthäter des Landes,
einen andern Adolf von Böhmen[?]. Er selbst lernte Westphalen als
seine zweite Heimath lieben und erfüllte sich mit dem Stolze eines
preußischen Patrioten, daher er auch eine Ministerstelle in Hannover
von der Hand wies.

Die aufstrebenden Köpfe in den einflußreichen Kreisen Preußens
schauten längst auf den stolzen Reichsfreiherrn als auf eine Säule
des Staats. Im nicht=preußischen Deutschland ward sein Name zum
ersten Male im Jahre 1804 genannt. Er hatte die Revolutions=
kriege am Rhein in der Nähe beobachtet, der Einnahme Frankfurts
durch die Hessen und Preußen selber beigewohnt und die Ueberzeu=
gung gewonnen, die er später der Kaiserin von Rußland vor ver=
sammeltem Hofe aussprach, daß nicht die Nation, sondern die Nichtig=
keit ihrer Fürsten das ungeheure Unglück verschuldete. Nun sollten
die Folgen des Reichsdeputationshauptschlusses sein eigenes Haus
treffen. Der Herzog von Nassau unterwarf die Güter des Stein'=
schen Hauses eigenmächtig seiner Landeshoheit. Stein verwahrte sein
Recht in einem Briefe vom 10. Januar 1804 und verkündete darin
die Ideen einer hochsinnigen Vaterlandsliebe, die von den Zeitgenossen
kaum begriffen ward. „Deutschlands Unabhängigkeit und Selbstständig=
keit wird durch die Consolidation der wenigen reichsritterschaftlichen
Besitzungen mit denen sie umgebenden kleinen Territorien wenig ge=
winnen; sollen diese für die Nation so wohlthätigen großen Zwecke
erreicht werden, so müssen diese kleinen Staaten mit den beiden großen
Monarchien, von deren Existenz die Fortdauer des deutschen Namens
abhängt, vereinigt werden, und die Vorsehung gebe, daß ich dieses

glückliche Ereigniß erlebe. . . . Es ist noch härter, alle diese Opfer nicht irgend einem großen, edlen, das Wohl des Ganzen fördernden Zweck zu bringen, sondern um der gesetzlosen Uebermacht zu entgehen, um — doch es giebt ein richtendes Gewissen und eine strafende Gottheit."

In demselben Jahre ernannte ihn der König zum Minister für das Departement der indirecten Abgaben. Ein Fachminister, ohne Einfluß auf die große Politik, konnte Stein den unseligen Gang der Haugwitz'schen Staatskunst nicht hindern. In seinem Ressort bewirkte er die Aufhebung der Binnen- und Provinzialzölle, er vereinfachte den Geschäftsgang, ließ zum ersten Male statistische Tabellen für den ganzen Staat zusammenstellen, berief Niebuhr zur Reorganisation der preußischen Bank. Er beschaffte die Geldmittel, womit der Krieg von 1806 geführt wurde, stellte dringend vor, daß der Credit des Staats sich nur durch eine kraftvolle auswärtige Politik aufrechthalten lasse, und beschwor den König, im Verein mit mehreren Prinzen und Generälen, das geheime Cabinet und den Minister Haugwitz zu entlassen. Die Anmaaßung ward hart gerügt, die Katastrophe von Jena folgte. Stein rettete die Staatsgelder nach Königsberg und bewog den Hof zur Fortsetzung des Krieges. Jetzt endlich entschloß sich der König, einige seiner Räthe zu entlassen. Stein aber verlangte auch die Entfernung des Cabinetsraths Beyme, bevor er sich entschließen könne, die Leitung der Geschäfte zu übernehmen. Darauf empfing er den berufenen „unbegreiflichen Brief"; der König nannte ihn „einen excentrischen und genialischen Mann, der nur, durch Capricen geleitet, aus Leidenschaft und aus persönlichem Haß und Erbitterung handelt." Sofort nahm Stein seinen Abschied (März 1807) und kehrte nach Nassau zurück. Inzwischen wurde der Friede von Tilsit geschlossen, Napoleon bestand auf Hardenberg's Entfernung und schlug Stein als einen homme d'esprit dem Könige vor, um mit seiner Hülfe den Neubau des zertrümmerten Staats zu beginnen.

Stein erhielt die Aufforderung zur Rückkehr auf dem Krankenlager. Er nahm an, das Fieber verließ ihn, nach wenigen Tagen reiste er nach Memel ab (September 1807). Der König empfing ihn tiefgebeugt und legte vertrauensvoll die Leitung des gesammten Staatswesens in die Hände des Ministers, dessen Wirken nicht mehr durch die Ränke eines geheimen Cabinets durchkreuzt wurde. Man ging, sagt Stein, von der Hauptidee aus, einen sittlichen, religiösen, vater-

ländischen Geist in der Nation zu heben, ihr wieder Muth, Selbst-
vertrauen, Bereitwilligkeit zu jedem Opfer für Unabhängigkeit von
Fremden und für Nationalehre einzuflößen und die erste günstige
Gelegenheit zu ergreifen, den blutigen, wagnißvollen Kampf für Beides
zu beginnen." Die Ursachen des tiefen Falls und die Mittel der
Wiedererhebung schildert eine Denkschrift Stein's vom October 1807,
die man als das Programm des neuen Regimentes betrachten kann,
also: „Das zudringliche Eingreifen der Staatsbehörden in Privat-
und Gemeindeangelegenheiten muß aufhören, und dessen Stelle nimmt
die Thätigkeit des Bürgers ein, der nicht in Formen und Papier
lebt, sondern kräftig handelt, weil ihn seine Verhältnisse in das wirkliche Leben hinrufen und zur Theilnahme an dem Gewirre der menschlichen Angelegenheiten nöthigen.... Hat eine Nation sich über den
Zustand der Sinnlichkeit erhoben, hat sie sich eine bedeutende Masse
von Kenntnissen erworben, genießt sie einen mäßigen Grad von Denk-
freiheit, so richtet sie ihre Aufmerksamkeit auf ihre eigenen National-
und Communalangelegenheiten. Räumt man ihr nun eine Theilnahme daran ein, so zeigen sich die wohlthätigsten Aeußerungen der
Vaterlandsliebe und des Gemeingeistes; verweigert man ihr alles
Mitwirken, so entsteht Mißmuth und Unwille, der entweder auf man-
nigfaltige schädliche Art ausbricht oder durch gewaltsame, den Geist
lähmende Maaßregeln unterdrückt werden muß. Die arbeitenden und
die mittleren Stände der bürgerlichen Gesellschaft werden alsdann
verunedelt, indem ihre Thätigkeit ausschließend auf Erwerb und Genuß geleitet wird, die oberen Stände sinken in der öffentlichen Achtung
durch Genußliebe und Müßiggang oder wirken nachtheilig durch wilden unverständigen Tadel der Regierung. Die speculativen Wissenschaften erhalten einen usurpirten Werth, das Gemeinnützige wird
vernachlässigt und das Sonderbare, Unverständliche zieht die Aufmerksamkeit des menschlichen Geistes an sich, der sich einem müßigen
Hinbrüten überläßt, statt zu einem kräftigen Handeln zu schreiten."
     Diese Gedanken stehen in einem schneidenden Widerspruche zu
dem Geiste allfürsorgender Staatsgewalt, der in dem Staate Friedrich's des Großen vorherrschte, sie wollen allerdings die Revolution
mit ihren eigenen Waffen bekämpfen, doch sie enthalten in sich nur
den kleinsten, den probehaltigen Theil der sogenannten Ideen von 89.
Niemand hat den radikalen Bruch mit der Geschichte, den die Revolution vollzogen hatte, leidenschaftlicher bekämpft als Stein. „Eine

Verfassung bilden, schrieb er später an den Großherzog von Baden, heißt in einem alten Volke, wie das deutsche, nicht sie aus Nichts erschaffen, sondern den vorhandenen Zustand untersuchen, um eine Regel aufzufinden, die ihn ordnet; und allein dadurch, daß man das Gegenwärtige aus dem Vergangenen entwickelt, kann man ihm eine Dauer für die Zukunft sichern." Niemand durchschaute schärfer die Leerheit jener politischen Formen, worin das neue Frankreich das Wesen der Freiheit suchte: „In Frankreich ist die Nation nur zum Schein zur Theilnahme an den öffentlichen Angelegenheiten zugelassen, ihr gesetzgebender Körper ist nur eine der registrirenden Verwaltungs= behörden, das Maschinenwesen ihrer Bureaukratie ist zusammengesetzt, kostbar, in Alles eingreifend und wird von dem ungebundenen rück= sichtslosen Willen eines Einzelnen geleitet." Er wollte den Neubau des Staates von unten beginnen, der freie Staat sollte getragen wer= den von der freien Thätigkeit des Bürgers. Mit Stolz dürfen wir diese konservativ=liberale Politik als eine nationale der nivellirenden Staatskunst der Romanen gegenüberstellen. Zur Durchführung dieser Reformen fand Stein treffliche Gehülfen in Schön, Schrötter, Nie= buhr, Vincke, Stägemann, während er gleichzeitig alle Mittel auf= bot, die Contributionen an Frankreich abzuzahlen.

Zunächst vollzog der Minister in den anspruchslosesten Formen eine tiefgreifende sociale Revolution. Ein uraltes Leiden unseres Nordens, die Unfreiheit des Landmanns, ward beseitigt, die Eman= cipation des vierten Standes bewirkt durch das Edict vom 9. October 1807 über „den erleichterten Besitz und den freien Gebrauch des Grundeigenthums sowie die persönlichen Verhältnisse der Landbevöl= kerung", welches die Gebundenheit der bäuerlichen Grundstücke größ= tentheils beseitigte und vor Allem Jedem, ohne Unterschied des Stan= des, den Erwerb aller Art von Grundeigenthum freistellte. Die persönliche Leibeigenschaft und der Gesindezwang ward aufgehoben. Der Edelmann sollte fortan das Recht haben, ein Bauer zu werden und bürgerliche Gewerbe zu treiben — ein Recht, das zugleich als Ersatz galt für die bisherige Bevorzugung des Adels im Heere. Der= gestalt war die scharfe Scheidung der Stände, welche eine der Grund= lagen des fridericianischen Staates bildete, mit einem Schlage zer= stört, denn, Aristokrat von Grund aus und ernstlich gewillt, dem lebensfähigen Theile der Aristokratie eine einflußreiche Stellung im Staate nach englischem Muster zu sichern, verachtete Stein die Be=

gehrlichkeit und die kastenmäßige Absperrung des niederen Adels. „Der
Adel in Preußen, schrieb er damals, ist der Nation lästig, weil er
zahlreich, größtentheils arm und anspruchsvoll auf Gehälter, Aemter,
Privilegien und Vorzüge jeder Art ist." Die Kühnheit des Edictes
vom 9. October erhellt am klarsten aus dem Widerspruche Gneisenau's,
der von dem Gesetze die schwerste Beeinträchtigung des großen Grundbesitzes erwartete. Es folgten die Edicte vom 28. October 1807 und
vom 27. Juli 1808, welche die Erbunterthänigkeit auf den Domänen
aufhoben und den Domänenbauern in Altpreußen das freie Eigenthum ihrer Höfe gaben. Die großen Grundbesitzer wurden erleichtert
durch ein General=Indult — eine höchst gewagte Maaßregel, die, mit
Schonung und Umsicht gehandhabt, in der Bedrängniß jener Zeit sich
vortrefflich bewährte. Ein Edict vom 24. October 1808 gab den
Verkehr mit den Lebensmitteln frei, hob den Zunftzwang für Bäcker,
Schlächter und Höker auf. Diese Gesetze bildeten den Ausgangspunkt
für die neue Agrargesetzgebung in Preußen, obwohl Stein selbst sich
sehr hart und mißbilligend äußerte über die verwegene Fortbildung,
welche seine Werke durch Hardenberg erlitten. Sie beruhten auf der
selbstständigen, eigenthümlichen Anwendung von Grundsätzen, welche
in Frankreich und dessen Vasallenstaaten sich bereits verwirklicht hatten.

Eine durchaus schöpferische That, ohne jedes Vorbild in Europa,
war dagegen die Städteordnung vom 19. November 1808, die ihrem
Urheber den schönen Nachruf verdiente, er sei mit besserem Rechte
als König Heinrich der Städtegründer der Deutschen zu nennen. In
den Städten von Cleve und Mark hatte Stein die Ueberreste alter
Communalfreiheit achten gelernt. Das neue Gesetz gab den Städten
die Verwaltung der Finanzen und der Polizei, den Bürgern die Wahl
der Magistrate und Stadtverordneten. Es wurde die Grundlage alles
dessen, was seitdem in Deutschland für eine Selbstverwaltung im
deutschen Sinne geschehen; selbst in England ist es, mit wenig Glück,
nachgebildet worden. Ja, wenn wir den unreifen, zweifelhaften Zustand unserer parlamentarischen Institutionen betrachten, so erscheint
leider die Behauptung gerechtfertigt, daß die an Stein's Ideen an-
knüpfenden Gemeindegesetze bis zur Stunde den bewährtesten, best-
gesicherten Theil deutscher Volksfreiheit bilden. Dies Gesetz war ein
erster entscheidender Schlag gegen die Bureaukratie, deren Alleinherrschaft Stein bis an sein Ende mit unversöhnlichem Hasse bekämpfte.
„Unser Unglück ist, schreibt er im Alter, daß wir von besoldeten,

buchgelehrten, interesselosen, eigenthumslosen Buralisten regiert werden. Das geht so lange es geht. Diese vier Worte: besoldet, buchgelehrt, interesselos, eigenthumslos — enthalten den Geist unserer geistlosen Regierungsmaschine. Es regne oder scheine die Sonne, die Abgaben steigen oder fallen, man zerstöre alte hergebrachte Rechte oder lasse sie bestehen, man theoretisire alle Bauern zu Tagelöhnern und substituire an die Stelle der Hörigkeit an den Gutsherrn die Hörigkeit an den Juden und Wucherer — Alles das kümmert sie nicht. Sie erheben ihren Gehalt aus der Staatscasse und schreiben, schreiben, schreiben im stillen mit wohlverschlossenen Thüren versehenen Bureau und ziehen ihre Kinder wieder zu gleich brauchbaren Schreibmaschinen an."

Des Ministers Absicht ging auf eine umfassende Neugestaltung des Staates, und das von Schön verfaßte Rundschreiben vom 24. November 1808, bekannt unter dem Namen „Stein's politisches Testament", sowie die niemals vollzogene, von demselben Tage datirte Verordnung „über die veränderte Verfassung der obersten Verwaltungsbehörden" zeigen deutlich, in welchem großen Sinne die Reform gemeint war. Das Nebeneinander von Fachministerien und Provinzialdepartements war erträglich gewesen, so lange Fürsten von so riesiger Arbeitskraft wie Friedrich Wilhelm I. und Friedrich II. den lebendigen Mittelpunkt des Staates bildeten. An der Verwaltungsorganisation des ersten Consuls lernte Stein die Nothwendigkeit einer übersichtlichen Eintheilung der Staatsgeschäfte, wie er aus den Debatten der Nationalversammlung lernte, daß der moderne Staat eine Hauptstaatscasse als den Mittelpunkt des Cassenwesens erheische. Ein Cabinet von fünf Fachministern sollte fortan an der Spitze der Verwaltung stehen, in Sachen der Gesetzgebung aber nur eine Abtheilung der höchsten monarchischen Behörde, des Staatsrathes, bilden, der alle hervorragenden Kräfte des Staatsdienstes in sich zu vereinigen hätte. Der Plan war nichts Anderes als eine Rückkehr zu den alten Traditionen der preußischen und jeder anderen großen Monarchie des Welttheils. Die alte Dienstordnung, welche dem Verwaltungsbeamten das Recht der Unabsetzbarkeit, den Regierungscollegien die Stellung von Gerichtshöfen für das öffentliche Recht gab, war unhaltbar, seit die Städte Selbstständigkeit erlangt hatten; Stein verlangte Absetzbarkeit der Verwaltungsbeamten. Eine allgemeine Einkommens- und Vermögenssteuer, ohne Ansehen des Standes, sollte dieser kraftvollen

Regierung reiche Mittel zur Verfügung stellen. Alle Regierung und Gerichtsbarkeit sollte von der höchsten Gewalt ausgehen, daher Ab= schaffung der Gutspolizei und der Patrimonialgerichte, das will sagen: eine neue Gemeindeordnung für das flache Land. Das Edict vom 9. October, von seinem Urheber die Habeas-corpus-Acte Preußens genannt, muß gesichert werden durch die Abschaffung der Frohnden und eine neue Gesindeordnung. Reform des Adels, dergestalt, daß er sich nach englischer Weise durch die tüchtigsten Elemente aus dem Volke immer neu ergänze. Kräftigung des religiösen Lebens und des Volksunterrichts (eben jetzt geschehen die ersten Einleitungen für die Gründung der Berliner Hochschule). Reform des Heerwesens in dem Geiste, der die neue Militärreorganisations=Commission (Scharn= horst, Gneisenau, Grolman) beseelte und aus Blücher's militärischem Glaubensbekenntnisse sprach: „es ist vor einer Nationalarmee zu sorgen, Niemand in der Welt muß exximirt sein." Neben den Pro= vinzialbehörden Landstände. Zuletzt nach Vollendung dieses Unter= baues Reichsstände, zwar wesentlich auf dem Grundbesitze ruhend, aber mit dem Rechte der Steuerbewilligung und der Mitwirkung bei der Gesetzgebung, „denn auf diesem Wege allein kann der National= geist positiv erweckt und belebt werden."

Ein Gewaltstreich Napoleon's machte diesen Plänen ein Ende, welche, vollständig verwirklicht, unserem Vaterlande ein Menschenalter tastender politischer Versuche ersparen konnten. Mitten in der Arbeit der inneren Reform ging alles Dichten und Trachten des Ministers auf die Abschüttelung des fremden Joches, und wenn die neuen Agrar= gesetze die Anhänger v. d. Marwitz's unter dem brandenburgischen Landadel erbitterten und einen York zu Flüchen wider das Natter= gezücht der preußischen Jakobiner hinriß, so erregte Stein's Entschluß, den Kampf mit dem Eroberer zu wagen, Entsetzen unter der fran= zösischen Partei am Hofe, den Kalkreuth und Voß, und bei der Masse der Schwachen und Trägen. Stein galt in diesen Kreisen, wie Gnei= senau berichtet, „als ein Verzweifelter, der sich mit dem König auf eine Pulvertonne setzen wollte, um sich in die Luft zu sprengen." Bereits rüstete Oesterreich. Stein hoffte auf eine gleichzeitige Er= hebung Preußens, er gedachte, die französischen Satrapenländer im Norden zum Aufstande zu reizen und zählte auf die Kraft der Bauern und des Mittelstandes, während er Nichts hoffte von der „Weich= lichkeit der oberen Stände, und dem Miethlingsgeiste der öffentlichen

Beamten." Allerdings mochte Stein damals die hohe Leidenschaft, die seinen **Feuergeist** verzehrte, allzukühn in die Herzen der müden Masse übertragen. Schwerlich war der Haß gegen die Fremden bereits tief genug in das Volk **gedrungen**, um jetzt schon einen Ver= zweiflungskampf zu wagen. Noch weniger ließ sich erwarten, daß Kaiser Franz den Krieg **in jenem großen deutschen** Sinne, den Stein verlangte, beginnen und seine Truppen unter schwarzweißgelbem Bundesbanner — mit den Namen „der Befreier der Nation", **Her= mann** und Wilhelm von Oranien, auf den Fahnen — **in das Feld** schicken werde. **Ein** Brief Stein's, der den Fürsten Wittgenstein ermahnte, die Unzufriedenheit im Königreich Westphalen zu **schüren**, fiel den Spähern Napoleons in die Hände und erschien **am 8. Sep=** tember **1808 im Moniteur.** Der Congreß von Erfurt beseitigte **jede** Hoffnung auf Rußlands Beistand, und Stein sah sich gezwungen, seinen Abschied **zu** fordern. Er nahm mit sich das Lob seines Königs, durch die Wirksamkeit eines Jahres „den ersten Grund, die ersten Impulse zu einer erneuerten, besseren und kräftigeren Organisation des in Trümmer liegenden Staatsgebäudes gelegt zu haben." Am 16. December unterzeichnete Napoleon das Decret, welches le nommé Stein als einen Feind Frankreichs und des Rheinbundes ächtete und seine Güter einzog. „Sie gehören nun der Geschichte an" rief Gnei= senau dem Geächteten **zu.** Die Nation wußte jetzt, wen unter den Deutschen der Kaiser am Bittersten haßte. In tausend Herzen prägte sich jetzt das Bild **des** Reichsfreiherrn ein — die gedrungene Gestalt **mit** dem breiten Nacken, jäh und eckig in jeder Bewegung, **die fun=** kelnden braunen Augen und **die** Eulennase über den fest geschlossenen Lippen — ein Geist von deutscher Tiefe und Gründlichkeit, hoch= gebildet und dennoch schlicht und kernhaft, der seine schwerwiegenden Gedanken oft **in ungelenken Formen,** doch mit überzeugender Kraft und volksthümlicher Derbheit aussprach — ein Mann ohne Menschen= furcht, vornehm und herrisch und doch milden Sinnes um die **Leiden** der kleinen Leute besorgt — voll Feuers und heiligen Zornes, aber ein demüthiger Christ und klug besonnen inmitten der Aufregung, un= erschütterlich im Glauben an die Zukunft seines Volkes und an das Walten der Vorsehung — der ganze Mann **eine** wunderbare Ver= bindung von Naturkraft und Bildung, Thatkraft und Billigkeit, von glühender Leidenschaft und nüchterner Erwägung.

Stein's Nachfolger ward nicht Schön, den er vorgeschlagen, son=

dern Altenstein, **unter deſſen** Verwaltung der Staat, in tiefe Schwäche verſunken, den Geächteten nicht zu beſchützen wagte. In Brünn, Troppau, **Prag verlebte** Stein die nächſten Jahre, doch ſelbſt unter dem Miniſterium Stadion konnte man zu Wien ſich nicht entſchließen, **dieſe** gewaltige Kraft zum Kampfe gegen Napoleon zu verwerthen. Stein durfte dann und wann den öſterreichiſchen Staatsmännern einen Rath ertheilen, er verſuchte auch, als im Jahre 1810 Harden= berg ſein Miniſterium bildete, wieder auf Preußens Geſchicke ein= zuwirken, auf die innere Verwaltung wie auf die Vorbereitung **eines** Volkskrieges nach dem Muſter Spaniens und **der** Vendée. Im Ganzen blieb er ohne Einfluß. Es war die Zeit, da Gneiſenau die entſetzlichen Worte ſchrieb: „wir dürfen es uns nicht verhehlen, die **Nation** iſt ſo ſchlecht als ihr Regiment.“

Auch Stein, der ſoeben die Erhebung Oeſterreichs vom Jahre 1809 mit Bewunderung betrachtet, verlebte jetzt Augenblicke, da er an dem preußiſchem Staate und an dem unverbeſſerlichen „Phlegma der nördlichen Deutſchen“ verzweifelte. Endlich bei dem Herannahen **des ruſſiſchen** Feldzuges ſchien ihm die Stunde gekommen für einen großen Befreiungsverſuch. Er hatte ſchon im Jahre 1808 den Czaren Alexander zu einer ſelbſtſtändigen Politik ermahnt und bot ihm jetzt ſeine Dienſte an. Faſt gleichzeitig (Mai 1812) ereilte ihn die Ein= **ladung des** Czaren. Er blieb ohne amtliche Stellung, als ein ſelbſt= ſtändiger Rath, eine Macht durch ſich ſelber, an Alexander's Seite, und **ſoweit** die nun folgenden Ereigniſſe von dem Willen einzelner Sterblicher abhingen, hat Stein an der Befreiung Europas ein größeres Verdienſt, als irgend ein Menſch. Er war es, der den Kaiſer zu dem Entſchluſſe bewog, den Krieg bis nach Sibirien hinein fortzuſetzen, er erfüllte den ſchwachen, edelſinnigen Monarchen mit einem Hauche ſeiner eigenen Leidenſchaft, er beſtimmte ihn, nach dem Siege, den Wünſchen des Heeres zum Trotz, den Niemen zu über= ſchreiten. Je näher die Gefahr ſich heranwälzte, um ſo freudiger und zuverſichtlicher hob ſich alles Schneidige und Heldenhafte ſeines Weſens. Er verachtete die Oberflächlichkeit der meiſten gebildeten Ruſſen, doch er freute ſich an der religiöſen Begeiſterung, dem Opfer= muthe des Volkes, und auch unter den höheren Ständen fand er treffliche Helfer, ſo die Grafen Kotſchubey und Lieven. Er ſah in **dem** ruſſiſchen Kriege nur ein Mittel für ſeinen theuerſten Zweck, die Befreiung Deutſchlands. Stein ſtand an der Spitze des deutſchen

Comités in Petersburg, ließ Aufrufe unter den Rheinbundstruppen verbreiten, um sie zur Fahnenflucht zu verleiten, und durch die Schriften seines treuen E. M. Arndt auf die Herzen der Deutschen wirken, er bildete — mit geringem Erfolg — die deutsche Legion als den Kern des künftigen deutschen Heeres, er drang auf Verbindung mit England und zeigte der Regierung die Mittel, welche ihr nachher ermöglichten, 40 Millionen Rubel russischen Papiergeldes in Deutschland umzusetzen und also den Krieg fortzuführen. Während er also jeden Hebel in Bewegung setzte zur Bekämpfung Napoleon's, fand er doch Worte der Billigkeit für jene preußischen Officiere, welche, dem Fahneneide treu, im Heere des Imperators fochten.

Die Pläne, welche er in jenem Petersburger Winter für Deutschlands Umgestaltung entwarf, sind das Idealste und Verwegenste, was jemals über deutsche Politik gedacht worden. Und dies bildet, nächst seiner Theilnahme an der Umgestaltung Preußens und der Befreiung Europas, das dritte welthistorische Verdienst des Mannes: er hat früher und schärfer als irgend ein Staatsmann die Einheit Deutschlands, ohne Phrasen und Vorbehalte, als das höchste Ziel deutscher Politik aufgestellt, er war der Erste unter unseren Staatsmännern, der in jedem Wechselfalle unwandelbar und mit hellem Bewußtsein nur das Wohl des ganzen Vaterlandes in's Auge faßte. „Ich habe nur ein Vaterland, das heißt Deutschland — schrieb er an Münster, der ihn des einseitigen Preußenthums beschuldigte — und da ich nach alter Verfassung nur ihm und keinem besonderen Theile desselben angehörte, so bin ich auch nur ihm und nicht einem Theile desselben von ganzem Herzen ergeben." Wer ihm von Schonung der althergebrachten Zersplitterung redete, dem erwiderte er: „einen solchen Zustand wiederherstellen, ist gerade so, als wolle man darauf bestehen, daß ein todter Mann auf seinen Beinen stehen solle, weil er es thun konnte, so lange er noch lebte." Jede Rücksicht auf die Dynastien verwarf er: „als ob es in Deutschland darauf ankäme, ob ein Mecklenburg u. s. w. existirt, und nicht ob ein starkes, festes, kampffähiges deutsches Volk ruhmvoll im Krieg und Frieden dastehe!" Sein Ziel war die „Einheit, und ist sie nicht möglich, ein Auskunftsmittel, ein Uebergang." In jenem Augenblicke, da der gesammte Länderbestand Europas im Wanken war, schien ihm selbst das Höchste erreichbar: eine große Monarchie von der Weichsel bis zur Maas und den Vogesen, ebenso Italien zu einer geschlossenen Masse verbunden — ganz Mitteleuropa in jenem Zustande „der Kraft und Widerstandsfähigkeit", den er in seiner Lieblingszeit „unter den großen Kaisern vom zehnten bis zum dreizehnten Jahrhundert zu finden glaubte. Sei dies nicht möglich, so solle man Deutschland nach dem Laufe des Mains zwischen Oesterreich und Preußen theilen, die Rheinbundsfürsten als „betitelte Sklaven und Untervögte" des Eroberers behandeln und auch die von Napoleon verjagten Fürsten nicht als Bundesgenossen gelten lassen. Könne man auch dies nicht erreichen, so bleibe als letzter Ausweg, daß man jedem der beiden „verfassungsmäßigen Königreiche" Oesterreich und Preußen einige Kleinstaaten als Vasallen unterordne, etwa Baiern, Württemberg, Baden mit geschmälertem Gebiete der südlichen, Hannover, Hessen, Oldenburg, Braunschweig der nördlichen Macht. Man wird in diesen Plänen den hochherzigen Patriotismus eben so wenig verkennen, wie die leidenschaftlich unklare Erregung der Zeit und den Stolz des Mediatisirten, der nicht begriff, warum „man mit diesen Zaunkönigen so viel Umstände mache."

Als das Heer die deutsche Grenze überschritten hatte, nahm er die Leitung der ostpreußischen Angelegenheiten in die Hand, zog sich jedoch besonnen zurück, da er York und Schön und die Männer des preußischen Landtags voll Eifers für die große Sache, aber auch voll Sorge wegen der russischen Eroberungslust sah. Am 25. Februar 1813 erschien er mit Anstett in Breslau und beredete den zaudernden König, Scharnhorst in das russische Hauptquartier zu schicken — eine Sendung, welche den Abschluß des preußisch-russischen Bündnisses zur Folge hatte. Er folgte nunmehr dem Hauptquartiere der Monarchen, rastlos anspornend und ermuthigend, ein Todfeind aller halben Maaßregeln und „verderblichen Waffenstillstände", der feste Bundesgenosse des Blücher'schen Hauptquartieres. Zugleich leitete er den Verwaltungsrath, der die eroberten Länder, zunächst Sachsen, zu verwalten hatte, und seine kühne, schroffe Weise stieß hart zusammen mit der Unentschlossenheit „dieser weichen sächsischen Wortkrämer." Er betrieb eifrig den Abschluß der Allianz mit England. Nach dem Waffenstillstande trat der lähmende Einfluß Oesterreichs auf die große Allianz hervor. Die kühnen Gedanken jenes Petersburger Winters erwiesen sich als unausführbar. Stein's Zweifel an der Lebenskraft Preußens waren längst verstummt Angesichts der großen Erhebung, er fühlte sich unter dem begeisterten Volke Norddeutschlands „wie in einem unbekannten Lande." Andererseits sah er mit Trauer, daß in dem Oesterreich Metternich's der Geist von 1809 gänzlich verschwunden war, daß die Bevölkerung der Kleinstaaten den Dynastien noch eine sehr starke Anhänglichkeit entgegenbrachte und England in den Reichenbacher Verträgen sich für Hannover bedeutende Gebietserweiterungen ausbedang. Sonach war selbst der bescheidenste jener drei Petersburger Pläne unmöglich, und Stein hielt jetzt die Herstellung der Kaiserwürde, des Reichstages und der Reichsgerichte für nothwendig, damit eine monarchische Gewalt die kleinen Dynastien in Zucht halte und das halbdeutsche Oesterreich durch die Pflichten des Kaiserthums an Deutschland gekettet werde. Vergeblich versuchte er, in Böhmen während des Stillstandes der Kriegsoperationen nach der Schlacht von Kulm, diesen Plan bei den Monarchen durchzusetzen. Metternich erklärte seine Absicht, die deutschen Staaten nur durch ein System von Verträgen zu verbinden, bald darauf schloß Oesterreich die Verträge von Ried und Fulda und erkannte die Souveränetät der rheinbündischen Könige an. Seitdem war jede Aussicht auf eine gesicherte Verfassung Deutschlands versperrt, und wenn fortan die Ansichten Stein's über die Zukunft des Vaterlandes in jähen Sprüngen wechselten, so war dies nur die Folge der Unmöglichkeit, auf Grund der gegebenen Sachlage einen dauernden Rechtszustand zu schaffen.

Nach der Schlacht von Leipzig ward sehr fühlbar, daß Stein, beschäftigt mit der Organisation Sachsens und der definitiven Einrichtung der Centralverwaltung, dem Hauptquartier nicht gefolgt war. Erst nach seiner Rückkehr faßte man den Entschluß, den Krieg über den Rhein zu tragen. Stein entfaltete eine ungeheure Thätigkeit bei der Leitung des Lazarethwesens und der provisorischen Einrichtung der eroberten Länder. Die Centralverwaltung war bedeutsam für die öffentliche Meinung, weil sie der Welt wieder das Schauspiel einer Behörde für gesammtdeutsche Angelegenheiten gab. Im Feldzuge von 1814 wiederholte sich das alte Spiel; Stein und die Helden des schlesischen Heeres drängten vorwärts, während das österreichische Hauptquartier zauderte. Der Aufenthalt in Paris erfüllte Stein mit tiefem Mißmuth, man sah ihn stachliger und heftiger denn je. Sein Einfluß auf den Czaren begann zu sinken, umsonst forderte er bei den Friedensverhandlungen gesicherte Grenzen für Deutschland, umsonst verlangte er, daß Preußen die gute Stunde zur

Befriedigung seiner gerechten Ansprüche benutze. Die Wiedereinsetzung
der Bourbonen war ihm willkommen, als ein „Ruhepunkt“ für die
ermüdete Nation, obwohl er den Doktrinen der Legitimisten nicht
huldigte.

Von dem Wiener Congresse sagte er früh voraus, daß „das
Ganze auf eine flache und übertünchte Weise endigen werde“, er sah
„die Zeit der Kleinheiten, der mittelmäßigen Menschen“ gekommen.
In den Händeln über die Territorialfragen ragte er hervor als Ver-
theidiger der Einverleibung Sachsens, er warf Talleyrand und dessen
Genossen die treffende Beschuldigung zu, daß sie **es** seien, welche die
Zertheilung der Völker verlangten. Sein Vorschlag, das eroberte Land
durch einen trefflichen Statthalter, den Prinzen Wilhelm, zu gewinnen,
fand keine Erfüllung. Wie ihn einst Napoleon's Bulletins als einen
Demagogen geschildert hatten, so ward er jetzt in der Presse **als** ein
Borussomane und ein Spießgeselle der brutalen Gewalt angefeindet.
Er aber hielt noch im hohen Alter mit voller Ueberzeugung seine
wohlbegründete Meinung fest. Dagegen erkannte er die Unmöglich-
keit, ein unabhängiges constitutionelles Polen mit Rußland auf die
Dauer friedlich zu verbinden. Für die deutsche Verfassung hatte er
während des französischen Feldzuges in Chaumont einen neuen Plan
entworfen, wonach die beiden Großmächte mit Baiern und Hannover
als Directoren die executive Gewalt besitzen und den Bundestag leiten
sollten. Im Sommer darauf schlug er wiederum ein Directorium
der vier mächtigsten Staaten und eine Kreisverfassung vor, welche so
tief in die inneren Landesangelegenheiten eingreifen sollte, daß die
Großmächte sich ihr nicht völlig unterwerfen konnten; daher verfiel
er auf den Ausweg, daß Preußen nur mit den Ländern links der
Elbe, Oesterreich gleichfalls nur mit seinen westlichsten Provinzen beitreten solle. Wenn Stein's Meinungen über die Leitung Deutschlands nicht minder unsicher wechselten, wie die Ansichten der übrigen
Zeitgenossen, so bieten seine Pläne doch sämmtlich eine glänzende
Seite, die den großen Staatsmann bekundet; sie enthalten alle sehr
bestimmte Garantien für die Volksfreiheit: — Grundrechte für alle
Deutschen und ausgedehnte, von Bundeswegen garantirte, durch ein
Bundesgericht gesicherte Befugnisse für die Landstände. Desgleichen
verlangt er in allen seinen Entwürfen unbedingte Einheit der Gesetzgebung für den Verkehr im weitesten Sinne. Er wünschte, daß die
beiden Großmächte und Hannover die Vorberathung der deutschen

Verfassung auf dem Congresse allein in die Hand nähmen. Als statt dessen das Fünfercomité gebildet ward und das Werk schon im Beginn an dem Widerstande Baierns und Württembergs zu scheitern drohte, rief er den Czaren und den Verein der kleinen Fürsten zu Hülfe. Im Laufe des Winters kehrte er nochmals zu seinem Kaiserplane zurück. Als auch dieser verworfen ward, versuchte er nur noch, abermals umsonst, dem Artikel 13 der Bundesacte einen Inhalt zu geben, den Landständen der Einzelstaaten bestimmte Rechte von Bundeswegen zu gewährleisten. Das vollendete Werk erschien ihm gänzlich hoffnungslos. Er stand allein auf dem Congresse, ohne Vollmacht, ohne Stimmrecht, und sein persönlicher Einfluß war im Sinken, je mehr die Erinnerung an die großen Tage des Krieges verblaßte.

Nach Napoleon's Rückkehr brauste Stein's alter Haß wieder auf, ein Haß, dessen Gluth sich doch sehr wohl vertrug mit scharfsichtiger Würdigung des Feindes — wie denn Stein unter den Ersten den Zug der Gemeinheit in dem Wesen des Imperators durchschaute. Stein zuerst ersann den Gedanken, Napoleon zu ächten. Bei den Verhandlungen über den zweiten Pariser Frieden betrieb er rüstig die Rückführung der geraubten Kunstschätze, doch umsonst verlangte er, diesmal im Bunde mit den Staatsmännern Preußens und der kleinen deutschen Staaten, Elsaß und Lothringen für Deutschland zurück. Nachdem also fast alle Pläne, welche er an die Befreiung der Welt angeknüpft, gescheitert waren, zog er sich in das Privatleben zurück. Den Posten eines österreichischen und eines preußischen Bundestagsgesandten lehnte er ab, den einen, weil er sein Preußen nicht verlassen, den anderen, weil er nicht unter Hardenberg dienen mochte und von der Frankfurter Versammlung kein Heil erwartete.

Er verlebte ein reiches Alter auf seinen Gütern Kappenberg und Nassau, in lebhaftem brieflichem und persönlichem Verkehr mit bedeutenden Männern. Die persönlichen Erfahrungen dieser letzten Jahre verstärkten noch seine Liebe zu Preußen, da er in Nassau den kleinen Krieg der Bureaukratie wider die Mediatisirten ertragen mußte, während er in Kappenberg als Landtagsmarschall der Provinz Westphalen eine hochangesehene Stellung einnahm. Der Tod seiner Gattin, die erst in späterer Zeit seinem Herzen nahe getreten war, gab seinem Geiste eine streng religiöse Richtung. Im Eifer seiner Rechtgläubigkeit wünschte er wohl, der Staat möge „ein Dutzend Nationalisten extra statum nocendi versetzen". Sein Glaube war echt und ohne

Prunk, und obwohl er, nach der Weise dieser romantischen Tage, dem Katholicismus näher trat, so blieb er doch allen ultramontanen Bestrebungen feind: Stein wünschte, wie sein Freund Erzbischof Spiegel, nationale Selbstständigkeit unserer katholischen Kirche.

Die neuen politischen Zustände boten ihm wenig Anlaß zur Freude. Er sah auf der einen Seite die Bureaukratie mit ihrer „Wuth zu generalisiren" und überhäufte diese Classe mit schweren Vorwürfen, deren Härte sein alter Freund Kunth dem Aristokraten oftmals verwies. Der Adel andererseits schien ihm „in Selbstsucht, Einseitigkeit, Leerheit, Unbeholfenheit, Egoismus versunken". Stein suchte mit Montesquieu das Urbild freier Verfassung in England und „den deutschen Wäldern" und verwarf die durch neufranzösische Ideen befruchtete Richtung des süddeutschen Liberalismus als „seichten, rechtlosen Neologismus". Die neue demokratische Strömung schien ihm darauf hinauszulaufen „das Ganze in ein Aggregat von Gesindel, Juden, neuen Reichen, phantastischen Gelehrten zu verwandeln". Die rheinische Gesetzgebung bekämpfte er mit dem ganzen Hasse des Franzosenfeindes. Während er so alle vorherrschenden Richtungen im Staatsleben der Einzelstaaten bekämpfte, fand er die gesammtdeutsche Politik noch unglücklicher bestellt. Den Bundestag verachtete er als eine „vom Philistergeist durchdrungene politische Maschine", und sein Zorn wallte auf, als die Mainzer Centraluntersuchungscommission ihn selber als einen Haupturheber der demagogischen Umtriebe beschuldigte. Ebenso wenig wollte er Theil haben an dem neuen Teutonenthum „dieser unbärtigen fratzenhaften Studenten". Die Opposition am Bundestage galt ihm als eine neue Form der alten Rheinbunds-Bestrebungen; er verdammte schonungslos jeden Bund im Bunde und das gesammte Treiben der „Afterbündler".

Dem Kundigen fällt nicht schwer, in dieser Fülle des Tadels, die der Alternde nach allen Seiten hin ausspendete, einige große positive Gedanken zu erkennen, welche zeigen, daß Stein noch immer auf der Höhe der Zeit stand, während er zu Wien als ein Haupt der militärischen Jacobiner, unter den Alltagsliberalen als ein Junker verrufen war. Zunächst verlangte er immer auf's Neue Erfüllung der dem Volke gegebenen Verheißungen; denn „den durch die lautere Milch des Jesuitismus noch nicht getrübten Menschenverstand" werde man nicht überzeugen, daß es von dem Willen der Fürsten abhänge, ob und wie sie ihr Wort halten wollten. Die unheilvollen Folgen

der Ausschließung der **Nation** von der Leitung ihrer eigenen An=
gelegenheiten, die er schon in jenem Programme vom Jahre 1807
vorausgesagt, gingen Wort für Wort in Erfüllung. Jetzt wie da=
mals wollte er den Grundbesitz in den Reichsständen überwiegend
vertreten sehen, aber der Reichstag sollte wirksame Rechte haben:
„berathende Stände sind eine inerte Masse oder ein turbulenter
Haufe, der in's Blaue hineinschwätzt, ohne Würde, ohne Achtung".
Wie schroff und herrisch der Marschall oftmals die liberalen Redner
des westphälischen Landtags anließ — auf dem Verlangen nach
Reichsständen bestand der gewissenhafte Mann unverbrüchlich, auch
nachdem die Julirevolution alle conservativen Neigungen seiner Natur
mächtig aufgeregt hatte. Ueber alle Verstimmungen und Beschwerden
des Tages rettete er sich seine Anhänglichkeit an das Haus Hohen=
zollern und seinen Glauben an Preußen als den Hort unserer Zu=
kunft. Er nannte Berlin selbst in jenen stillen Jahren, da das öffent=
liche Leben fast erstorben war, „den interessantesten Ort Deutschlands"
und sah mit Stolz auf das preußische Heer; kriegserfahrene Officiere
waren dem streitbaren Manne die willkommensten Gäste. Unberührt
von den Modekrankheiten des neuen Liberalismus, hielt er den Blick
fest auf die Größe des ganzen Vaterlandes gerichtet. Auch da die
kleinen Staaten des Südens als die beneidenswerthen Stätten der
Freiheit gepriesen wurden, schaute er mit unwandelbarer, grenzenloser
Verachtung auf die unheilbaren Mängel des kleinstaatlichen Lebens.
Er wußte, die Zeit sei noch nicht gekommen, die Staatsbildungen
Napoleon's vom deutschen Boden hinwegzufegen, und begrüßte mit
Freuden jeden Anfang praktischer Einigung der Nation, so den wer=
denden preußisch=deutschen Zollverein. Auf die unverwüstliche Ge=
sundheit unseres Volkes baute er felsenfest; nur „das Land der Phäaken",
Oesterreich, schloß er in der Regel von seinem Lobe aus. Mit un=
vergeßlichen Worten rief er den Demagogenverfolgern zu, ein treues,
sittliches, gebildetes Volk, das soeben einen glorreichen Krieg bestan=
den, verdiene Vertrauen und wieder Vertrauen. In solchem hohen
patriotischen Sinne hat er auch das wissenschaftliche Unternehmen
der Monumenta Germaniae begründet und ihm einen guten Theil
seines Alters gewidmet. Radicale Blätter des Rheinlandes witterten
in dieser Sammlung der Geschichtsquellen unserer Vorzeit feudale
Bestrebungen. Der instinctive Widerwille aller Menschen ohne Vater=
land, vornehmlich der liberalen Particularisten, bildet den sichersten

Maaßstab für **Stein's Größe**. **Wer** einzelne Ausbrüche der hypo-
chondrischen Laune und der Tadelsucht des Staatsmannes außer
Dienst auszuscheiden weiß, findet in den Briefen seines Alters eine
unvergleichliche Quelle der Belehrung über die Zeitgeschichte und über
die wichtigsten Probleme der Politik, dazu in der ausdrucksvollen
Gewalt **der** eckigen, wuchtigen Sprache mit ihrer Fülle sich drängender Beiwörter ein getreues Charakterbild.

    Stein starb, und mit ihm sein Geschlecht, am 29. Juni 1831.
Sein Testament schließt mit der Mahnung an seine Erben, sich des
göttlichen Segens würdig zu erhalten ... „vornehmlich durch treue
und zu jeder Aufopferung bereite Liebe zum Vaterland". Auf der
Inschrift seines Grabes wird er genannt: „demüthig vor Gott, hochherzig gegen Menschen, der Lüge und des Unrechts Feind, hochbegabt
in Pflicht und Treue, unerschütterlich in Acht und Bann, **des ge-**
beugten Vaterlandes ungebeugter Sohn, in Kampf und Sieg Deutschlands Mitbefreier". — Die arge Verbildung unserer Zustände spie-
gelte sich wieder in der Theilnahmslosigkeit, womit die Nation die
Kunde von Stein's Abscheiden aufnahm. Erst zwanzig Jahre nach
seinem Tode ist Stein's Bild dem Volke wieder näher getreten. Der
größte Staatsmann der Deutschen dieses Jahrhunderts war ein stolzer
Preuße und ein Unitarier.

Vorwort zur Deutschen Geschichte von Ludwig Häusser.*)

(Heidelberg, 15. Mai 1869.)

Die Familie Ludwig Häusser's hat mich beauftragt, den Lesern zu erklären, warum die vorliegende vierte Auflage lediglich einen unveränderten Abdruck der dritten Auflage bietet.

Der Verfasser dieser deutschen Geschichte ist nicht darauf ausgegangen, eine Stoffsammlung, ein Nachschlagebuch für den Gelehrten zu schreiben, er hat ein höheres Ziel verfolgt und erreicht. Nachdem die Wissenschaft und die Parteischriften der Franzosen allzu lange das historische Urtheil der Deutschen bestimmt hatten, war Häusser's Buch das erste Geschichtswerk von durchschlagendem Erfolge, das uns wieder lehrte, unseren Befreiungskrieg mit deutschen Augen zu betrachten; ja, der Mehrzahl der Süddeutschen ist erst durch die Erzählung ihres Landsmannes eine lebendige Kenntniß des glorreichsten Abschnittes unserer neueren Vergangenheit erschlossen worden. Darum behauptet die Schrift einen gesicherten Platz nicht nur in der Literatur, sondern auch in der politischen Geschichte unseres Volkes. Wer dereinst zurückschaut auf jene müden fünfziger Jahre, da Häusser sein Werk schrieb, der wird diese Bände als eines der ersten Zeichen des wiedererwachenden nationalen Geistes begrüßen und schon aus ihnen allein sich die Frage beantworten: warum ein Volk, dessen namhafte Männer sich also zu unserer Vorzeit stellten, den Fesseln der alten Bundesverfassung entwachsen mußte. Das Buch war ebenso sehr eine politische That, als eine wissenschaftliche Leistung, und es dankte

---

*) [Ludwig Häusser, Deutsche Geschichte vom Tode Friedrich's des Großen, bis zur Gründung des deutschen Bundes. Vierte, unveränderte Auflage. Band 1, S. III bis V. Berlin 1869.]

einen guten Theil seines Erfolges der Persönlichkeit des Verfassers, die kraftvoll auf jedem Blatte heraustrat. Recht als ein Vertreter der schlichten Tüchtigkeit der Deutschen erschien den Lesern der Mann, der mit so edler Leidenschaft und doch so gerecht und mild von des Vaterlandes Ruhm und Schande sprach — der tapfere und treue Mann, dessen Werth wir jetzt erst ganz erkennen, da wir die weite Lücke sehen, die sein Tod gerissen hat.

Ein Werk von so scharf ausgeprägtem Charakter verbietet jede Zuthat von fremder Hand. So gewiß Häusser selbst heute mit dem alten Fleiße, der alten Bescheidenheit, die bessernde Hand an sein Buch legen würde, ebenso gewiß wäre eine durch einen Dritten gewagte Ueberarbeitung eine unziemliche Verletzung der Pietät.

Somit blieb nur noch die Frage offen: ob nicht ein kundiger Historiker die Ergebnisse der neuesten in diesen Zeitraum einschlagenden Geschichtswerke in kurzen Anmerkungen zusammenstellen solle? Die Literatur der letzten acht Jahre hat allerdings zahlreiche Sätze des Häusser'schen Buches zu widerlegen versucht; doch gerade die bedeutendsten dieser Berichtigungen können noch nicht als wissenschaftlich gesichert gelten. Der alte Streit über die Friedensschlüsse von Basel und Campo Formio ist soeben lebhafter denn je erneuert worden; Sybel's deutsche Geschichtsauffassung steht den österreichischen Darstellungen Hüffer's und Vivenot's gegenüber. Obwohl mir keineswegs zweifelhaft scheint, welcher Theil in diesem Kampfe schließlich das Feld behaupten wird, so ist es doch vorderhand unmöglich, mit wenigen Worten über die noch nicht ausgetragene Sache zu berichten. Man müßte mehreren Abschnitten der „deutschen Geschichte" längere selbstständige Untersuchungen anhängen; das hieße Häusser's Arbeit entstellen, das Ebenmaaß des Werkes zerstören.

Deshalb haben Häusser's Freunde nach reiflicher Erwägung beschlossen, das Buch in der alten Gestalt wieder in die Nation hinausgehen zu lassen, und sie wagen es mit gutem Muthe. Gewiß wird einst eine Zeit kommen, welche, gestützt auf eine reichere Quellenkenntniß, mit veränderter Gesinnung die Tage des Unterganges des heiligen Reiches betrachtet. Jedes Geschlecht hat das Recht, die Vergangenheit so zu schildern, wie sie seinen eigenen Blicken erscheint; das neue schönere Leben, das dem deutschen Staate angebrochen ist, muß unausbleiblich auch das historische Urtheil unseres Volkes bilden und umgestalten. Wie vor den Augen des bergan steigenden Wanderers die Thürme der Städte drunten im Thale sich verschieben, und eine Höhe, die vorhin noch seitab am Horizonte verschwamm, sich plötzlich beherrschend heraushebt — so wird auch einem späteren Geschlechte Manches hochbedeutsam scheinen, was Häusser nur leichthin berührte, manches Andere geringfügig, was er in den Vordergrund rückte. Aber mir scheint — und alle Unbefangenen werden mir beistimmen — daß diese Zukunft noch fern ist. Für jetzt und noch für lange Jahre wird Häusser's deutsche Geschichte ihr Ansehen bewahren. Die gehässigen Tadler, welche sich an dem Buche vergriffen, haben nur Einzelheiten berichtigt oder ergänzt, nicht die Grundanschauung des Werkes zu erschüttern vermocht. Auch das politische Urtheil des Verfassers ist von den besten Köpfen der Nation noch nicht überholt, von der Mehrheit noch kaum recht verstanden worden. — So möge denn das Buch in der neuen Ausgabe deutsche Männer belehren und erheben wie bisher, und den Namen Ludwig Häusser's nicht untergehen lassen im Vaterlande. —

12*

Kanzleistil aus den Napoleonischen Tagen.*)

In den Denkwürdigkeiten Joseph's und Hieronymus Bonaparte's wird erzählt, Napoleon I. habe die Originale der Briefe, die von den europäischen Souveränen an ihn gerichtet wurden, gewissenhaft dem kaiserlichen Archiv übergeben, doch eine vollständige Sammlung sorgfältiger Abschriften für sich aufheben lassen. Oft genug mag der gekrönte Plebejer, der harte Menschenverächter, sich an dem Anblick dieser unterthänigen Schreiben geweidet haben. Als er dann auf St. Helena seinen Federkrieg gegen die legitimen Höfe eröffnete, da wünschte er jene Sammlung drucken zu lassen. Jahrelang mußten seine Brüder danach suchen; der Kaiser trieb und drängte mit leidenschaftlichem Eifer. Aber die Kiste, die den Schatz enthielt, war während oder nach den hundert Tagen in Paris spurlos verschwunden — ein herber Verlust nicht blos für das Haus der Bonaparte's, sondern für die historische Wissenschaft.

Vor uns liegen zwanzig Briefe, welche vielleicht einst in jener Kiste verborgen waren. Die Versicherung Hieronymus Bonaparte's, daß die Sammlung seines Brudes nur Abschriften enthalten habe, braucht ja nicht wörtlich geglaubt zu werden. Unsere Briefe sind unzweifelhaft original, sie lagen lange in einer berühmten Kölner Handschriftensammlung, kamen von da in die Hände des Herrn Dr. S. Hirzel und wurden durch dessen Güte uns überlassen. Es sind sämmtlich Glückwunschschreiben aus den Jahren 1804 und 1805, zur Verherrlichung des neuen französischen Kaiserthrones und der italienischen Königskrone. Unseres Wissens sind sie nirgends gedruckt, jedenfalls längst vergessen. Neue thatsächliche Mittheilungen bringen sie nicht,

---

*) [Preuß. Jahrb., Band 29 (Januarheft 1872), S. 103 ff.]

doch werden Ton und Haltung manchen unſerer Leſer lehrreich ſein.
Man muß die Umgangsformen jener Tage, die unendliche Ergeben=
heit, welche Fürſten und Republiken wetteifernd dem Imperator ent=
gegentrugen, in allen Einzelheiten kennen, um die Entwürdigung
Europas und den Charakter Napoleon's ganz zu verſtehen. Manche
ſtarke Hyperbeln ſind freilich ſelbſtverſtändlich in einem Glückwunſch=
ſchreiben, doch darf auch nicht überſehen werden, daß dieſe Briefe
ſämmtlich vor den Tagen von Auſterlitz und Jena entſtanden ſind,
in einer Zeit, da Napoleon's Größe noch jung und neu war. Aus
den Briefen der deutſchen Fürſten redet überall die Dankbarkeit für
den Reichsdeputationshauptſchluß; man erkennt abermals, daß das
heilige Reich durch die Fürſtenrevolution von 1803, nicht erſt durch
den Rheinbund vernichtet worden iſt.

Obenauf liegt ein Brief von Carl Friedrich von Baden, ge=
ſchrieben unmittelbar, nachdem die Volksabſtimmung das erbliche Kaiſer=
thum genehmigt hatte. Er lautet:

Sire,

Votre Majesté Impériale connoit trop les sentimens d'admiration et de dévouement, par lesquels je Lui suis attaché, et la profonde reconnoissance, que les témoignages d'intérêt et de bienveillance, dont Elle n'a cessé de me combler, ont gravés ineffaçable-
ment dans mon coeur, pour pouvoir douter de la vive joye, qui
m'a pénétré en apprenant l'accomplissement de l'organisation du
gouvernement Français; par la quelle Votre Majesté Impériale
vient d'être investie du pouvoir souverain et héréditaire, d'une
manière conforme aux voeux et à la dignité d'une si grande
Nation, analogue à l'urgence des circonstances et proportionnée
au génie, à la gloire et aux éminentes qualités de Votre Majesté
Impériale.

Les heureux effets d'une si importante disposition en augmen-
tant encore davantage la force et la consistance de Votre Empire,
rendront par la même ses rapports politiques plus assurés et plus
invariables et affermiront d'autant la tranquillité de l'Europe et
la sûreté particulière de l'Allemagne. Agréez à cette époque,
Sire, un nouvel hommage de mes sincères félicitations, ainsi que
des voeux les plus vrais pour Votre précieuse conservation; et
permettez-moi, de compter toujours, avec une entière confiance,

sur l'affectueuse bienveillance de Votre Majesté Impériale et sur Son puissant appuy en faveur de tout ce qui peut concerner ma maison.

Je suis avec les sentimens de respect et de vénération, Sire, que je Vous ai voués,

De Votre Majesté Impériale

à Schwetzingen le 4 Juin 1804

Le très humble et très dévoué,
Charles Frederic Electeur de Baden.

Im November desselben Jahres sendet der Kurfürst zwei seiner Prinzen nach Paris, um der Kaiserkrönung beizuwohnen und schickt zugleich ein zweites Glückwunschschreiben. Darin ruft er auf's Neue Sa protection, Sa haute bienveillance pour ma famille an und unterzeichnet bereits als le très humble et très dévoué serviteur.

Kürzer, fürstlicher, faßt sich der Herzog Friedrich Franz von Mecklenburg. Er betet zum Allmächtigen, qu'il daigne combler Son Règne de ses plus précieuses bénédictions et le faire prospérer au bonheur de l'univers jusqu'au terme le plus réculé. Besser bewandert in byzantinischen Formen zeigt sich der Landgraf von Hessen-Rothenburg. Er schreibt:

Sire!

La Nation françoise vient d'ériger un des plus beaux monuments de l'amour et de la réconnaissance nationale, en conférant à Votre Majesté Impériale le titre et la dignité Impériale, déclarés héréditaires dans Sa maison — dignité, qui semble faite pour celui, qui ressemble tant au premier de nos Césars, par la supériorité de Son génie, et par Ses actions.

L'Europe, accoutumée depuis long temps à admirer les grandes qualités de son Pacificateur, qui Lui ont donné une des premières places au temple de la gloire, y applaudira, et c'est en y mêlant ma voix, que je m'empresse de présenter à Votre Majesté Impériale mes hommages et mes félicitations.

Permettez moi, Sire, d'y joindre l'expression des voeux les plus sincères pour la conservation des jours précieux de Votre Majesté Impériale, ainsi que pour la continuation de gloire et prosperité de son règne.

Je la prie de vouloir bien les accueillir, comme ceux d'une maison, attachée avec respect et fidélité à la France, qui lui a généreusement accordé Protection et garantie. J'ose encore réclamer l'une et l'autre de la grandeur d'âme de Votre Majesté Impériale.

Ma reconnaissance ressemblera à Sa gloire; elle sera sans égale, et passera à ma Postérité.

Je suis avec le plus profond respect,

Sire

De Votre Majesté Impériale

Le Très Humble et Très Obéissant serviteur

Emmanuel Landgrave de Hesse-Rottembourg.

à Rotembourg (sur le fulde en hesse) ce 10 Juin 1804.

Der Fürst von Hohenzollern-Hechingen bittet in einem eigenhändigen Briefe den Himmel, de prolonger à Sa Majesté Impériale des jours aussi brillants de gloire que précieux pour l'Empire Français, pour les Gouvernements voisins et particuliérement pour les Etats germaniques. Der Fürst von Leiningen stattet seine Glückwünsche ab in Gemeinschaft mit seinem Sohne:

Sire.

La rénommée qui ne se trompe jamais sur les grands hommes, nous apprend l'élévation de Votre Majesté à la dignité Impériale. La France que Vous rendez heureuse, le continent de l'Europe que Vous continuerez à pacifier, parleront assez de Votre gloire. Pour nous, animés d'un Sentiment plus doux, comblés de Vos bienfaits depuis l'acte mémorable des indemnités Germaniques, en réunissant nos félicitations aux plus illustres suffrages, nous parlons la langue qui est si chère à Votre coeur, la langue de la réconnaissance.

Daignez agréer l'hommage du très profond respect avec lequel nous sommes

Sire

De Votre Majesté Impériale

Amorbac le 1er Juin 1804.

Les très humbles et très obéissans serviteurs

Le Prince règnant de Linange.

Le Prince héréditaire de Linange.

Beiläufig, der Name Linange ist nicht zur Erhöhung der Feierlichkeit erfunden, wie der Laie glauben könnte, sondern die im Französischen übliche Bezeichnung des Hauses Leiningen. — Der Landgraf Joachim von Fürstenberg, Vormund des **Fürsten Carl**, spricht seine Freude **aus** über das glückliche **Ereigniß, qui assure de plus en plus la paix du continent et la conservation de la constitution germanique**, und bittet **um Sa haute protection** für seinen Mündel. Der Fürst von Isenburg schreibt: Daignez Sire m'accorder la continuation de Vos bontés; je me flatte de les **mériter** par le respectueux attachement et l'entier dévouement que j'ai consacré à jamais à **Votre Majesté Impériale et Royale**, dont je la supplie très respectueusement d'agréer l'assurance réitérée. Auch zwei fürstliche **Damen** sind in dem beglückten Chor vertreten. Die Fürstin-Vormünderin von Oettingen-Wallerstein sendet in einem eigenhändigen Briefe die inbrünstigen **Wünsche** ihres **Hauses** — heureux si en révange nous obtenons **une** protection **que nous** croyons déjà mériter par **notre** dévouement et les sentiments les **plus** respectueux. Die Fürstin-Regentin von Oettingen-Spielberg weiß ihre Begeisterung sogar in ein patriotisches Gewand zu hüllen: L'Allemagne en particulier bénit dans ce grand évènement la source d'où découle **la conservation et le perfectionnement** de l'état que la main puissante de Sa Majesté Impériale a fait succéder pour elle aux horreurs de la guerre. Allemande et appellée par mes devoirs à **soigner les intérêts** de mes fils mineurs, membres nés de cette constitution germanique **qui** révère dans Sa Majesté Impériale son protecteur **et son appui:** j'hazarde de porter aux pieds du trône de S. M. I. les sentiments de joie et de contentement dont je me **sens** pénétrée voyant le héros du siècle révêtu d'une puissance qui assure Son influence sur le bien-être de mes fils. Sie schließt endlich mit dem seul souhait qui me reste pour Elle et auquel Son génie ne saurait suffire: c'est que la carrière de Ses années **égale celle de Sa** gloire. C'est alors que mes arrière-neveux **jouiront encore** avec transport de Sa très haute et gracieuse protection.

Mit dieser frohen Aussicht verlassen wir die Reihen des fürstlichen Standes, nur um zu lernen, daß der deutsche Bürgerstolz jener Zeit dem Fürstenstolze nichts nachgab. Der Senat von Bremen schreibt:

Sire!

Plus les grands évènements en rapport avec la grande nation se suivent d'un pas rapide plus croit aussi l'admiration et d'elle et de l'auteur et de l'héros de ceux-là.

C'étoit **réservé** à Votre Majesté Impériale de ramener le calme et l'ordre dans les provinces d'une **vaste étendue, en** proye aux secousses terribles de la discorde et de l'anarchie; **il étoit** réservé encore a Elle de rétablir le throne renversé, **en cédant comme** Elle a fait aux voeux du peuple Français d'accepter **la dignité** Impériale qui lui fut offerte et qui va montrer **au monde dans** son plus grand lustre, la splendeur de la France.

Les voix des millions s'estimants heureux sous **Son sceptre** glorieux fendent les nues de cris d'allegresse, autant des voeux montent à l'Etre suprême pour que ce grand évènement tourne au bonheur de leur pays natal ou d'habitation, à mesure qu'il en augmente **la gloire.**

Liés étroitement aux intérêts de ce pays depuis un nombre de Siècles, y attachés plus fortement encore par les évènements **les** plus récents, nous nous sommes faits à regarder Son **bonheur** comme **un** accroit du notre; chaque augmentation **de celui-là** n'a donc pu laisser de nous remplir de la joye la **plus vive et** Votre Majesté Impériale jugera sans peine, quelle doive être la notre **de** la voir assurée en voyant briller le diadème à cet auguste front cint de tant **de lauriers.**

Qu'il plaise **au** Tout-Puissant de combler Votre **Majesté Im**périale de Ses bénédictions au même dégré qu' Elle a travaillé à en faire réjaillir sur les Français et sur les Etats qui ont reclamé Sa protection, de faire croitre la félicité du Peuple français également au moyen solide qu'il a choisi de l'affermir, en **déposant** Son autorité, sa force et sa gloire dans la main qui ne sera pas moins ferme à faire respecter le sceptre du gouvernement qu'elle ne se l'est **montré, à** tenir la balance de la politique et de la justice, qu'il lui plaise, de méner Ses jours à ce faix que Lui demandent ceux auxquels les bonheur des **peuples,** le contentement de ses contemporains et la prospérité d'un génération future tient vraiment à coeur; qu'il fasse éprouver enfin à Votre Majesté Impériale un repos égal à celui que Sa persuasion intrinsèque Lui assure de la pureté des intentions qui

ont dirigé Ses pas, dicté Ses volontés et La faire souscrire aux
instances du peuple Français. — Suppliants Votre Majesté Impériale de vouloir accorder à nous et à cette Ville Sa haute clé-
mence nous Lui demandons en même temps la permission de
nous dire avec le plus profond respect.

Sire

de Votre Majesté les plus soumis Serviteurs
Les Bourgemaitres Sénateurs de la Ville libre
et Anséatique de Breme.

Breme le 1er Juin 1804.

Henry Lampe
Bourgemaitre Président!

Der Senat von Augsburg, der schon nach der Entdeckung von
Cadoudal's Verschwörung seine unterthänige Freude ausgesprochen,
erschien von Neuem nach der Errichtung des Kaiserthums, priant au
reste très humblement de vouloir conserver à ce petit état la
haute protection dont Elle l'a honoré jusqu'à ce moment. Zehn
Monate darauf, als das italienische Kaiserreich errichtet worden, gab
er seinen Gefühlen folgenden Ausdruck:

Sire!

Parmi le nombre des grands évènements qui sous le glorieux
régne de Votre Majesté ont couvert la France de splendeur et
de puissance, celui de la formation du Royaume d'Italie, et de
Son avénement au trône de ce Royaume soutiendra un des pre-
miers rangs dans les annales de l'histoire.

L'Europe n'a qu' une seule voix sur les vues magnanimes
et prevoyantes qui brillent dans les actions de Votre Majesté,
depuis le tems, où de Sa main sûre et forte Elle avoit pris les
rènes du gouvernement, jusqu'à ce moment, où la providence
orna Son auguste tête de deux couronnes. Partout on ne voit
que des preuves éclatantes d'un génie sublime et bienfaisant; —
Objets d'une admiration muette.

Tel est l'époque présente, à laquelle tous les Etats de l'Europe s'empressent de témoigner à Votre Majesté Impériale et Royale
la part, qu'ils prennent à un si memorable évènement.

La ville libre d'Empire d'Augsbourg, comblée dans une espace
de peu d'années des marques les plus distinguées de la plus
haute et gracieuse bienveillance, — comment pourroit-elle ici

retenir **ses** respectueuses félicitations, et negliger une occasion, qui lui permet **de** réitérer à Votre Majesté Impériale et Royale l'hommage de la plus profonde et parfaite vénération? C'est avec ces sentiments, **que les** soussignés **au** nom des Magistrats de la ville d'Augsbourg, osent supplier Votre **Majesté,** qu' Elle veuille bien daigner les présentes lignes, n'ayant **pour leur** justification que le dévouement des coeurs qui les dicta, — **de** l'accueil clément, dont **se** réjouissent tous ceux qui ont **le bonheur de** s'approcher à Sa haute personne, et dont nous gardons **des preuves** suffisantes dans les assurances de protection et **de** bienveillance, avec laquelle Votre Majesté en plusieurs occasions avoit gracieusement répondu à **nos** humbles demandes.

La conservation de cette haute et puissante protection dans toutes les **circonstances qui** concernent le salut d'Augsbourg; voilà le bien inappréciable, dans lequel s'unissent nos désirs les plus ardents.

Nous avons **l'honneur d'être avec les** sentiments de la plus profonde soumission.

Sire

de Votre Majesté Impériale et Royale

le 4 May 1805

les très humbles et très obéissants: Pflegers, Bourgemaitres et Sénateurs **de la ville libre** d'Empire **d'Augsbourg.**

Paul de Stetten.

Jaques Ulric de **Holzapfel.**

Ebenso seltsam wie die altehrwürdige Zirbelnuß der freien schwäbischen Stadt auf diesem Briefe, erscheint der Doppeladler von Lübeck **auf** einem Glückwunschschreiben, das den Franzosen nachrühmt, sie hätten élevé la gloire immortelle à **la** cime d'un pouvoir bienfaiteur. Auch der Senat von Nürnberg feiert die Gründung des italienischen Königthums **und preist** daran besonders la conception admirable unique **et consolante pour les amis de** l'humanité d'y attacher la perspective d'une paix générale — acht Monate vor der Schlacht von Austerlitz. — Von nichtdeutschen Mächten sind in unserer Mappe nur vertreten: die Republik Ragusa, penetrata dal più vivo giubilo; die batavische Republik, tief durchdrungen von **der** Ueberzeugung, daß Napoleon's Größe weniger durch den italienischen Königstitel ge-

wonnen habe, als durch les principes magnanimes qu'Elle a mani-
festés dans cette circonstance solennelle; endlich König Ferdinand
von Neapel, der den Anstand noch am Besten wahrt, seinem Buon
Fratello, dem neuen Kaiser der Franzosen nur die üblichen Höflich-
keiten sagt und zugleich um den Abzug der französischen Truppen
bittet. — Und nun stelle man sich jene verschwundene Kiste vor, angefüllt mit Hunderten ähnlicher und ärgerer Schreiben — hat nicht
der gesammte Welttheil mitgearbeitet an dem berufenen „Größenwahn"
der Franzosen? Weitere Betrachtungen wird man uns erlassen. Die
alte Schmach ist gesühnt. Die Zeit, da wackere deutsche Männer,
wie Carl Friedrich von Baden und der alte Bremer Lampe ihren
Namen unter solche Briefe setzen konnten, erscheint uns heute wie
ein wüster Traum.

14.

A. L. v. Rochau.*)

(20. November 1873.)

Die Meisten aus dem älteren Geschlechte deutscher Liberalen, das heute am **Ende** seiner Tage steht, danken die bestimmenden Eindrücke ihres Lebens dem Reichthum unserer Kunst und Wissenschaft. Unendlich bildsam, **von** früh auf empfänglich für mannigfache Eindrücke, nach allen Seiten hin forschend und sinnend, aber auch leicht beirrt in der Kraft des Entschlusses durch die Vielseitigkeit historischer Erwägung, so erscheint jene Generation geistreicher zugleich und unsicherer neben der kurz angebundenen Weise, dem beschränkten und bestimmten Wollen der politischen und wirthschaftlichen Geschäftsmänner von heute. Nur Wenige aus dem Kreise jener Aelteren wurden durch Eigenart und Schicksal so **tief** hineingerissen in die Kämpfe des Staats, daß **ihnen die** Politik zur einzigen Arbeit, die Vaterlandsliebe zur einzigen Leidenschaft des Lebens ward. In der schroffen Einseitigkeit solcher Naturen verkörpert **sich der** ingrimmige Haß, die tiefe Erbitterung einer nahen Vergangenheit, die uns schon völlig fremd geworden. Zu ihnen zählte auch der treue tapfere Patriot, dessen Tod wir heute beklagen, A. L. v. Rochau. Er war und wollte nichts sein als ein deutscher Publicist, und die Mehrzahl der Blätter, die er mit rascher Feder in den Streit des Tages warf, wird dem Schicksal der Tagesschriften verfallen, denn nur der Genius eines Friedrich Gentz vermag dem, was der Stunde dienen soll, die Dauer zu sichern für ferne Zeiten. Aber einmal ist dem Wackeren doch gelungen, durch eine ungewöhnliche literarische Leistung bildend einzugreifen in die Entwicklung unseres politischen Denkens; und wie den Freunden die

---

*) [Preuß. Jahrb., Band 32 (Novemberheft 1873), S. 585 ff.]

ritterliche Erscheinung des aufrechten, gradsinnigen Mannes unvergeßlich bleibt, so wird wohl auch einem weiteren Kreise ein Wort
dankbarer Erinnerung an den Verfasser der „Realpolitik" willkommen sein.

August Ludwig v. Rochau wurde am 20. August 1810 in
Wolfenbüttel geboren. Ueber seiner Abstammung liegt ein Dunkel.
Als sein Vater galt ein Hauptmann v. Rochau, der gewöhnlich in
Paris lebte. Der Knabe wurde von der Mutter, einer Wolfenbütteler
Bürgerstochter, erzogen, er hing mit leidenschaftlicher Liebe an der
trefflichen Frau, und vielleicht ist aus trüben Jugenderinnerungen, aus
verworrenen Familienverhältnissen der eigenthümlich düstere Zug seiner
Natur zu erklären. Er war streng mit sich und Anderen, frauenhaft
empfindlich gegen alles Unedle; wo die Gemeinheit an ihn herantrat,
da brach aus seinem verschlossenen Wesen der helle Zorn in unbän-
diger Heftigkeit hervor. Auf den Universitäten Göttingen und Jena
ließ er sich's sauer werden mit dem Corpus juris; doch es bleibt ewig
wahr, daß der Mensch nur lernt, was er sich aneignen kann. Diesem
ganz auf das Wirken gerichteten thatkräftigen Sinne widerstand die
Theorie, er trug aus den Göttinger Pandektenheften nur einen tiefen,
oftmals ungerechten Haß gegen die Zunftgelehrsamkeit davon. Früh
eingetreten in die Zucht der Geschäfte hätte der willenskräftige nüchterne Mann sich vermuthlich zum bedeutsamen Staatsmanne ausgebildet. Die politische Verbildung der Zeit, die Ohnmacht des Vaterlandes, lenkten sein Leben in andere Wege.

Er trat in die Burschenschaft zur Zeit, da die Julirevolution die
Köpfe unserer Jugend entflammte und warf sich mit ungestümer
Leidenschaft in die patriotischen Träume und Pläne jenes aufgeregten
Geschlechts. Schwärmerische junge Freunde erinnerte er wohl an
Marquis Posa, wie er so trotzig unter den Genossen stand, ein schöner
Jüngling mit treuherzigen blauen Augen, stets bereit mit der Klinge
und dem Worte für die deutschen Farben der Burschenschaft einzu-
treten, dabei ohne jede Selbstsucht, völlig frei von der persönlichen
Anmaßung, die jene Brauseköpfe erfüllte, die angeborene aristokratische
Art auch in bürgerlicher Umgegend nicht verleugnend. Einer der
stolzesten Deutschen, die mir je begegnet sind, liebte er sein Vaterland wie ein alter Rittersmann; der weltbürgerliche Radicalismus
der Zeit widerte ihn an. Nur der Traum von Deutschlands Macht
und Größe, den er mit der ganzen Gluth eines südländischen Ver-

schwörers ergriff, führte ihn eine Zeit lang auf republikanische Ge=
danken; ein Demokrat im heutigen Sinne, sagte er späterhin, bin ich
auch in den Tagen meines politischen Wahnsinns nie gewesen. Er
nahm theil an der Tollheit der Göttinger Revolution und von dort
glücklich entronnen, stand er zwei Jahre darauf unter dem tobenden
Haufen, der die Wache auf der Zeil stürmte und den Bundestag
in's Herz zu treffen dachte. In Darmstadt wurde der Flüchtige von
den Verfolgern eingeholt. Er versuchte sich zu erschießen und als
die Kugel fehlgeht, zerschneidet er sich die Adern an beiden Armen.
Man ergreift den Ohnmächtigen, pflegt ihn sechs Wochen lang sorg=
fältig auf der Darmstädter Hauptwache und schickt ihn dann nach
Frankfurt in die Untersuchungshaft. Dort saß er vierthalb Jahre
hindurch unter den Fittichen des deutschen Bundes. Er las mit
eisernem Fleiße fast alle griechischen und römischen Classiker, entzückt
von der Willensstärke und dem Bürgersinn der Alten, und gestand
in späteren Tagen: Ich bedauere die lange Haft weniger als die
politische Thorheit, die mich dahin führte. Zuweilen sah ihn ein
vorübergehender Freund am Gitterfenster des alten Thurmes stehen,
wie er hinausschaute über den Hafenplatz in die sonnige Landschaft.
Die Thür stand ihm offen, der Schließer war von den Genossen
gewonnen und bereit, mit dem Gefangenen zu entfliehen. Er aber
blieb. Zwei falsche Zeugen beschuldigten ihn eines Verbrechens, das
er nicht begangen; er hoffte auf Freisprechung und ließ sich nicht
beirren durch den ersten Urtheilsspruch, der lebenslängliche Zuchthaus=
strafe über ihn verhängte. Erst als die zweite Instanz das erste Er=
kenntniß bestätigte, da brach er auf mit seinem treuen Wächter; er
entkam nach Frankreich, und in Paris umfing ihn die buntgemischte
Gesellschaft der deutschen Flüchtlinge.

Der Bund der Geächteten und der Bund der Gerechten, zwei
Geheimbünde unzufriedener deutscher Handwerker, trieben dort ihr
Wesen; der harmloseste aller Menschen, Jacob Venedey, galt als ihr
sichtbares Oberhaupt. „Kriegsnamen" verhüllten die Namen der Ver=
schworenen vor unberufenen Augen. Die geheimen Protokolle des
Bundestags lehren, wie viel Scharfsinn die Diplomatie der Eschen=
heimer Gasse aufgewendet hat, um diese Masken zu durchschauen, um
den unheimlichen Kriegsnamen „Schwarzkünstler", den Einer dieser
Demagogen führte, zu enträthseln; der unheilvolle Mann war seines
Zeichens ein Schornsteinfeger. Daneben die politischen Schöngeister,

die Heine und Börne, **und ein Gewölk von verlaufenen** Literaten,
Mancher darunter insgeheim im Solde der Polizei Ludwig Philipp's.
Rochau's gerader Verstand begann bald die Hohlheit und Unwahrheit des wüsten Treibens zu durchschauen. Sein schamhafter Sinn
wandte sich angeekelt ab von der Lüderlichkeit **dieser** Starkgeister.
Ein Aristokrat von Grund aus, ohne jede Ehrerbietung für den Glanz
der Höfe, hegte er eine gründliche Verachtung gegen die Kleinstaaterei
und fand mit Erstaunen, welche unverwüstliche Verehrung für **die**
angestammte hohe Obrigkeit hinter den Kraftworten der lärmenden
Genossen **sich** verbarg. **Doch** zumeist empörte ihn die Frechheit des
höhnischen Tadels gegen Deutschland, die in diesen Kreisen als das
Zeichen kühnen **Freisinns galt.** In wildem Zorne fuhr er auf, wenn
solche Töne **vor ihm** angeschlagen wurden oder gar der modische
Napoleonkultus **sich** herauswagte; noch als alter Herr hat er einmal **die** Sänger ausgepfiffen, welche Heine's Grenadierlied in einem
deutschen Concerte vortrugen. Es währte noch eine Weile, bis er
die radicalen Burschenträume überwinden lernte; eine kleine Schrift
über den Fourierismus zeigt, daß er sogar den socialistischen Ideen
nicht fremd blieb. Endlich brach sein nüchterner Verstand durch; er
blieb fortan ein gemäßigter Liberaler und hielt sich dem Flüchtlings-
treiben fern. Er correspondirte für deutsche Zeitungen, bereiste West-
europa, vornehmlich Spanien, lernte geläufig sieben Sprachen reden,
und **blieb doch** gänzlich unberührt von der in allen Farben schillern-
den Allerweltsbildung, welche deutschen Weltläufern anzuhaften pflegt.

Nach Jahren endlich legte sein Freund Dingelstedt bei dem
König von Württemberg ein Fürwort ein, und der Flüchtling durfte
heimkehren, wenige Monate bevor die Februarrevolution allen seinen
Schicksalsgefährten **die** Grenzen des Vaterlandes öffnete. In dem
Vorparlamente **hielt** er treu zu der Rechten, doch den Einen unbekannt, den Anderen verdächtig, konnte er einen Sitz in der Paulskirche nicht erlangen.

Er hat den Frankfurter wie den Erfurter Reichstag als Jour-
nalist begleitet und galt als eine der tapfersten Federn der Erbkaiserlichen. In Erfurt gerieth er hart aneinander mit Herrn v. Bis-
marck-Schönhausen. Der Heißsporn der Feudalen mußte bekanntlich
zum Kummer seiner Ahnen das Schreiberamt bekleiden in jener überwiegend bürgerlichen Versammlung; als eine Correspondenz Rochau's
ihn hart mitnahm, entzog er dem unbequemen Journalisten die Ein-

trittskarte, worauf fast alle Reporters ihre Karten dem Büreau zurück=
gaben. Der laute Zwist wurde bald vergessen über der Auflösung
des Parlaments. Noch einmal versuchte Rochau das sinkende Schiff
der Gothaer Partei zu halten, er übernahm die Redaction der Con=
stitutionellen Zeitung bis Herr v. Hinckeldey ihn aus Berlin auswies.
So hatte er nochmals die Tritte des Polizeiregiments empfunden.
Wie es in seinem Herzen kochte und tobte, das zeigt seine schonungs=
los scharfe Schrift über das Erfurter Parlament; das zeigt noch
greller sein vielgelesenes Italienisches Wörterbuch. Aesthetischen Ge=
nuß darf man nicht darin suchen; Rochau blieb in Sachen der Kunst
ein Naturalist von schwer berechenbaren persönlichen Neigungen, er
stellte Murillo über Raphael und vor dem Mailänder Dome kann
er dem stofflichen Reize dieses Marmorgebirges nicht widerstehen.
Sein Buch giebt ein Zeugniß von dem Umschwunge unserer natio=
nalen Bildung; er war der erste Deutsche, der aus dem Lande der
Schönheit nicht Kunstbetrachtungen und historische Notizen, sondern
ein lebendiges Bild der elenden Gegenwart heimbrachte. Er schildert
mit dem Zorne des ehrlichen Mannes die Herrschaft der Croaten
und der Schweizersöldner; dazwischen hinein erklingen immer wieder
grimmige Klagen über die Ohnmacht des eigenen schicksalsverwandten
Volkes: „Deutschland vermag und gilt und ist nichts."

Nach der Heimkehr schrieb er noch eine klare und sorgfältige
Schrift über die Moriscos in Spanien. Dann sammelte er sich zu
dem weitaus bedeutendsten seiner Werke, das eine Zierde der deutschen
politischen Literatur bleibt, und den Namen der Realpolitik in unserer
Sprache eingebürgert hat (1853). Ich weiß nicht, ob die gehaltvolle
kleine Schrift sehr viel gelesen wurde; daß sie tief einschneidend wirkte,
daß sie wie ein Blitzstrahl in die besseren Köpfe der Jugend ein=
schlug, kann ich aus eigener Erfahrung bezeugen. Ich war damals
ein blutjunger Student und gedenke noch immer mit Trauer, wie
uns die Sonnentage des Lebens durch die Schande unseres Landes
vergällt wurden. Die Einen prunkten mit erkünstelter altkluger Weis=
heit, sprachen mit erzwungener Herablassung von der Thorheit aller
politischen Leidenschaft. Den freieren Naturen war das Blut ver=
giftet durch Zorn und Schein; es schien, als ob der Haß gegen die
Männer von Olmütz das letzte Band sei, das uns an unsere Nation
ankette. Soeben war der rothe Danebrog wieder aufgehißt worden
auf den Wällen von Rendsburg; Hübner's Bild der trauernden Ger=

mania hing auf jeder Burschenkneipe. Und wenn wir vaterlandslosen
dummen Jungen fragten, ob solche Schmach dauern solle, dann schien
wieder wie zwanzig Jahre zuvor das Zauberwort „Revolution"
allein das Räthsel zu lösen. Da kamen die scharfen, knappen, klaren
Sätze dieses Buchs und lehrten uns mit unwiderstehlicher Beredsamkeit,
daß der Staat Macht ist. „Weder ein Princip, noch eine Idee, noch
ein Vertrag wird die zersplitterten deutschen Kräfte einigen, sondern
nur eine überlegene Kraft, welche die übrigen verschlingt." Das ließ
sich hören, und soviel leuchtete selbst einem Jünglingsverstande ein,
daß nur Preußens Bataillone diese überlegene Kraft sein konnten.
Was aber das Schönste war, der Verfasser täuschte sich selber, wenn
er mit der Nüchternheit des bekehrten Radicalen den politischen Idealismus als den Feind der Realpolitik bezeichnete. Er war selber politischer
Idealist; nur der von der Idee getragenen Macht weissagt er den
Sieg und er glaubt daran, bei aller Bitterkeit seines Grolles, mit
unzerstörbarer Hoffnung. „Kräfte dieser Art — sagt er von der Idee der
deutschen Einheit — spotten jeder Berechnung; sie kennen keine andere
Wahl als entweder ihren Zweck zu erringen oder sich in vergeblicher
Anstrengung aufzureiben." Ein großer und nicht der schlechteste
Theil der Jugend lernte aus diesem Buche die politische Phrase zu
verachten. Auch reifere Männer fühlten sich gepackt von der schonungslosen Wahrhaftigkeit der Schrift; Heinrich v. Arnim sagte zu einem
meiner Freunde: „so lange Sie das nicht gelesen haben, rede ich kein
Wort mit Ihnen über Politik." Als der Verfasser vierzehn Jahre
später, nach dem böhmischen Kriege, einen zweiten Band der Realpolitik folgen ließ, da erlebte er die sonderbare Genugthuung, daß
die Fortsetzung kaum noch Aufsehen erregte. Was im Jahre 1853
neu und befremdend gewesen, war nach der Schlacht von Königgrätz
die Meinung aller Welt, ganz Deutschland dachte oder bemühte sich
doch realpolitisch zu denken.

In demselben hart politischen Sinne ist auch Rochau's französische
Geschichte gehalten, eine klare verständige Erzählung von schmucklos
edler Sprache, lehrreich namentlich in den Capiteln, welche den
Radicalismus der Franzosen nach des Verfassers eigenen schmerzlichen
Erfahrungen schildern. In der praktischen Politik dagegen, wo die
heiße patriotische Leidenschaft des streitbaren Mannes in's Spiel kam,
blieb er seinen eigenen Grundsätzen nicht immer treu. War das noch
Realpolitik, wenn er zur Zeit des italienischen Krieges, entrüstet über

die unheimlichen Pläne des zweiten Kaiserreichs, den Eintritt Preußens
in den Kampf verlangte? Auch als Redacteur des Wochenblatts des
Nationalvereins hielt er zwar selber eine leidlich maaßvolle Richtung
ein; doch unter den Mitarbeitern lärmte der Liberalismus der Phrase.
Ihm mochte schwer fallen, dem preußischen Ministerpräsidenten gerecht
zu werden; hatte er doch selbst einst den schroffen Uebermuth des
gewaltigen Mannes erfahren. Nach und nach ward er doch besorgt
über das ziellose Reden der Genossen. Er vermied, über Preußens
Haltung hart abzusprechen, und sobald der böhmische Krieg ausbrach
und eine geniale praktische Realpolitik mit dröhnenden Schlägen den
deutschen Bund zerschmetterte, da stand er augenblicklich fest zu den
schwarzweißen Fahnen. Er begrüßte in den böhmischen Schlachten
die Auferstehung seines Vaterlandes.

Im Innersten erregt, faßte er jetzt einen Plan, dem seine Kraft
nicht gewachsen war. Er wollte in zwei Bänden der Nation den
politischen Inhalt ihrer Geschichte überzeugend darlegen. Ich theile
nicht den Hochmuth der Zunftgelehrten gegen die sogenannten epitomatorischen Geschichtswerke. Welchen Schatz besitzen doch die Italiener
an Caesar Balbo's Sommario; das kleine Buch mit all' seinen zahlreichen Schnitzern weckt der Jugend Italiens das denkende Bewußtsein ihres Volksthums. Für den Geschichtsschreiber Deutschlands ist
die gleiche Aufgabe leider fast unlösbar schwer, nicht weil unsere
Geschichte kein Ganzes bildet, wie Rochau meint, sondern weil dies
Ganze ewig wechselnd sich auseinanderfaltet in eine unendliche Vielheit
glänzender Theile. Das größte historische Genie wäre für solche Arbeit
gerade gut genug. Wer sie bewältigen will, der muß zu Hause sein
in jedem Gebiete der Kunst, der Wissenschaft, der Wirthschaft. Er
muß zu zeigen wissen, wie dies allezeit gleiche und allezeit einige
Volksthum, ein Proteus unter den Nationen, bald in diesem, bald in
jenem Bereiche des menschlichen Schaffens seine ursprüngliche Kraft
bewährte. Er muß aus gründlicher Kenntniß heraus die glänzenden
Fäden von hundert Landesgeschichten in das Gewebe der Reichs-
geschichte verflechten und auch die beispiellose Expansivkraft dieses
Volkes würdigen, das noch in den Tagen seiner Ohnmacht den neuen
russischen Staat gründen und die weite Welt mit seinen Landsknechten
versorgen konnte. Wer das nicht vermag, giebt nur ein Zerrbild
deutschen Lebens. Rochau geht mit der Befangenheit eines modernen
Politikers an den herrlichen Stoff heran, er bleibt blind für die

13*

wundervolle Wechselwirkung der geistigen **und der politischen Kräfte** unserer Geschichte, er schildert das alte hehre Kaiserthum **der Ottonen**, **als sei es schon** eine verlogene Fratze gewesen wie siebenhundert Jahre später. **Und doch,** wie wenig kannte die zünftige Kritik ihren **Mann,** wenn sie ihn als einen grämlichen Schulmeister darstellte. Die herbe Einseitigkeit dieser hart politischen Geschichtsbetrachtung entsprang nicht dünkelhafter Ueberhebung, sondern der glühenden Vaterlands= liebe eines tapferen Kämpen, **der** sein Lebtag um die Einheit seines Landes gerungen und **nun,** da das Traumbild leibhaftig vor ihm stand, geblendet von dem Glanze, die Zeiten, die gewesen, nicht mehr verstehen konnte. Die ihn kannten, haben auch von diesem Werke das Lob gesprochen, welches dem ehrlich Schaffenden das liebste bleibt; sie sagten: **Das ist er selber!**

Ihm wurde noch die **Freude,** einzutreten in den Reichstag des neuen Reiches. Mancher **alte** Kampfgefährte schüttelte ihm dort die Hände; auch die Gegner konnten **dem** geraden ritterlichen Manne nicht grollen. **Mir** klang, als ich die Kunde seines Todes vernahm, das Wort von Goethe durch den Sinn: Denn ich bin ein Mensch **gewesen, und das heißt ein Kämpfer** sein!

Noch eine Scholle welfischer Erde.*)

Im vorigen Sommer brachten diese Blätter einen kleinen Auf=
satz über die braunschweigische Erbfolgefrage.**) Ich hoffte nicht
unseren Lesern damit etwas Neues zu sagen; mein Zweck war nur,
den Sachverhalt ohne jede sophistische Bemäntelung klar zu legen.
Der Aufsatz erkennt das Erbrecht des hannoverschen Hauses mit einer
unumwundenen Bestimmtheit an, die selbst dem ergebensten Welfen=
herzen genügen mußte: „Nicht das Land Hannover oder sein Be=
herrscher, sondern das durchlauchtige Haupt der jüngeren Welfenlinie
ist der Erbe von Braunschweig, ex jure sanguinis.“ Aber ich schil=
derte auch die Unmöglichkeit, einem Hause, das sich noch im Stande
des Krieges gegen die Krone Preußens befindet, ein Reichsland ein=
zuräumen. Die Abhandlung kam zu dem Schlusse: „es liegt ein
Conflict vor zwischen dynastischen Rechtsansprüchen und der Sicher=
heit und Ehre des Reiches“; sie vertrat die Meinung, daß in diesem
Streite das welfische Erbrecht den Lebensinteressen des Reiches nach=
zustehen habe. Daß jene Zeilen im braunschweigischem Lande warmen
Beifall finden würden, konnte ich allerdings nicht erwarten. Da
meine Wiege nicht unter dem Schatten einer Welfenkrone gestanden,
so sprach ich über das Welfenhaus und Welfengeschichte in einer
heiteren Freiheit des Gemüths, die einem welfischen Unterthanen leicht
frevelhaft erscheinen mochte; und obschon ich die nationale Gesinnung
der Mehrzahl der Braunschweiger anerkannt, so mußte ich doch den
Zustand der öffentlichen Meinung des Ländchens als „wohlmeinende
kleinstaatliche Versumpfung“ bezeichnen. Hätte ich jemals gezweifelt,

---

*) [Preuß. Jahrb., Band 33 (Februarheft 1874), S. 205 und 206. Im Re=
gister zu Band 50 aufgeführt unter dem Titel: Zur braunschweigischen Successions=
frage in der Zeitschrift „Unsere Zeit“, Heft I, 1874.]

**) [Gemeint ist der Aufsatz Treitschke's (a. a. O. Band 31, S. 644 ff.):
„Die letzte Scholle welfischer Erde.“ Wiederabgedruckt in: Zehn Jahre Deut=
scher Kämpfe (2. Auflage), S. 423 ff.]

ob dieser **Ausdruck** allzuhart gewesen, so bin ich heute vollständig darüber beruhigt, seit ein Artikel über die braunschweigische Successions= frage (in der Zeitschrift „Unsere Zeit", Heft 1, 1874) sich nicht ohne sittliche Entrüstung gegen meinen Aufsatz gewendet hat. Aus jedem **Worte** dieses Artikels spricht dieselbe behutsame Unmaaßgeblichkeit, dieselbe kleinstaatliche Seelenangst, die den braunschweigischen Staat in seine heutige unsichere Lage gebracht hat; das Ganze gemahnt an das alte Studentenlied: „Auf dem **Dache** sitzt ein Greis, der sich nicht zu helfen weiß."

Der Verfasser scheint in allem Wesentlichen mit mir überein= zustimmen. Er hält, wie ich, das **Erbrecht** der hannoverschen Linie für **unanfechtbar**, nur daß er von dem ehrwürdigen Pactum Henrico-Wilhelminum mit einer festlichen Stimmung spricht, die mir bei solchem **Anlaß** nicht zu Gebote steht; er deutet auch mit Sanftmuth die Gefahren an, welche das Reich bedrohen, wenn dies Erbrecht je in **Kraft** träte; er bedauert, wie ich, daß in unserem Reiche kein an= erkanntes Tribunal für die Entscheidung solcher Fragen besteht. Zu= letzt spricht er die Hoffnung aus, es möge bei der schließlichen Lösung sowohl das **Erbrecht** gewahrt, als auch dem Reiche gegeben werden was des Reiches ist.

Hier vermag ich leider der Phantasie des Verfassers vorderhand nicht zu folgen — so lange das Mittel noch nicht erfunden ist, den **Pelz** zu waschen ohne ihn naß zu machen. An einer anderen Stelle des Artikels hört der Scherz auf. Da schreibt man mir die alberne Behauptung zu, der welfische Erbvertrag sei als ein gegen= seitiger **Vertrag** hinfällig geworden, seit das Haus Hannover den Staat Hannover nicht mehr beherrsche — während ich doch genau das **Gegentheil** gesagt und alle Rechtsbedenken gegen das Erbrecht des Hauses als unhaltbare Sophistercien zurückgewiesen habe. Ich bedauere, dem **Herrn Verfasser** sagen zu müssen, daß es einer ehren= haften Polemik übel ansteht, dem Gegner rabulistische Behauptungen anzudichten. In dem neuen Reiche leben bereits zahlreiche verderbte **Gemüther**, die ohne sonderliche Ehrerbietung auf die Geheimnisse des deutschen Privatfürstenrechts blicken. Will ein **frommer** Unterthan seines angestammten Fürstenhauses den Kampf wagen mit solchen **verhärteten Naturen**, so ist ihm, um seiner Gemüthsruhe willen, dringend zu rathen, daß er die Ruchlosigkeit der Gegner nicht noch vermehre durch freie Erfindungen seiner eigenen Laune.

Beim Erscheinen der Schlußnummer des 25. Bandes des Literarischen Central=blatts.[*]

Auf keinem **Gebiete des** literarischen Lebens wird der Umschwung unserer Sitten und Anschauungen so fühlbar, wie auf dem Felde der Kritik. Wie **fern** liegen uns die Zeiten der classischen und romantischen Literatur, da eine Kritik noch für eine That galt und die ersten Namen deutscher Wissenschaft sich nicht zu gut hielten für bogenlange Recensionen! Das rasche Leben der Gegenwart und **die schwere** Arbeitslast, die sie dem Gelehrten auferlegt, gewähren nur **noch selten** die Muße für kritische Arbeiten. Auch im wirthschaftlichen Sinne ist die Zeit kostbarer **geworden**; die Macht des großen Capitals auf der einen, **die** gesteigerten Löhne der Handarbeit auf der anderen Seite haben dem Arbeiter **des** Geistes eine schwere bedrängte Arbeit bereitet, er sieht sich **oft** außer Stande, seine Kraft einer wenig lohnenden Thätigkeit zu widmen. Allgemein **und** wohlberechtigt ist die Klage, wie sehr die deutsche Kritik heute im Argen liegt. Fast allein in Fachzeitschriften sind noch eingehende und sachkundige Be= sprechungen neuer Werke zu finden. Die besseren Wochen= und Monatsschriften bringen nur ausnahmsweise und unvollständig lite= rarische Notizen, weil kein tüchtiger Mitarbeiter sich dazu bereit findet. Man darf es als Regel aussprechen, daß der heutige Gelehrte nur

---

[*] [Preuß. Jahrb., Band 35 (Januarheft 1875), S. 102 ff. Der Artikel ist anonym und auch im Register zu Band 50 fehlt der Name des Ver= fassers. **Die** Autorschaft Treitschke's ergiebt sich **aus** einem Briefe an Fr. Zarncke vom 5. Januar 1875, den mir dessen Tochter, **Frau** Johanna v. Hase, freund= lich mittheilte.]

so lange Neigung fühlt zu kritischen Beiträgen, als er selbst noch nicht das Recht hat zu selbstständigem Urtheil; sobald er heranreift, wirft er sich auf die Production und verliert die Lust an der Kritik, wenn ihm nicht eine sehr gewandte Feder zu Gebote steht. Was unsere Zeitungen, selbst die größten und angesehensten, unter dem Namen literarischer Uebersichten bieten, ist in der Regel ein unerquickliches Gemisch von vereinzelten guten Beiträgen und oberflächlichen Bemerkungen, an denen die Papierscheere mehr Antheil hat, als die Feder.

Dem also abgewandelten Schriftsteller bleibt nur der Trost, daß solche Recensionen ebenso leichtsinnig gelesen werden, wie sie geschrieben sind. Die schöne Redensart von der belehrenden Einwirkung der Kritik ist fast zum Spotte geworden; der bedeutende Schriftsteller lernt heutzutage unzweifelhaft mehr von dem Urtheil einzelner einsichtiger Freunde, als von der Presse. Man muß diese Verhältnisse kennen, um mit Gerechtigkeit eine Zeitschrift zu beurtheilen, die es verstanden hat, eine Ausnahme von der Regel zu bilden und unter höchst ungünstigen Umständen der gesammten deutschen Wissenschaft als ein zuverlässiges Organ zu dienen.

Vor uns liegt die Schlußnummer von dem Jahrgang 1874 des Literarischen Centralblatts. Der Herausgeber, Fr. Zarncke, eröffnet sie mit einem Rückblick auf die fünfundzwanzigjährige Laufbahn seines Blattes: Im Jahre 1850 trat er als junger Docent, unterstützt von einigen ausgezeichneten älteren Gelehrten, mit seinem Unternehmen hervor; seitdem sind gegen 200 Mitarbeiter in jedem Jahre an dem Blatte thätig gewesen. Das Mitarbeiterverzeichniß nennt im Ganzen gegen 800, darunter die große Mehrzahl der guten Namen aus den letzten Generationen der deutschen Gelehrsamkeit. Der Herausgeber mußte den Muth haben, die Verantwortung zu übernehmen für 35,000 Besprechungen, da die Beiträge Anfangs anonym erschienen und erst späterhin zuweilen mit Chiffern bezeichnet wurden; er mußte den Kreis seiner Mitarbeiter unablässig erweitern, weil die Freude an kritischen Arbeiten selten lange aushält, und er hat seine dornige Aufgabe in dankenswerther Weise gelöst. Daß unter dieser Masse von Besprechungen auch Beiträge von sehr ungleichem Werthe sich befinden, versteht sich von selbst. Niemand kann von einem Blatte solcher Art die gedankenlose Gutmüthigkeit oder die tadelsüchtige Kleinmeisterei gänzlich fern halten. Aber ein ernster wissenschaftlicher Sinn, schonungslos gegen jede Art des Dilettantismus, und ein ehrenhaftes Streben nach Gerechtigkeit hat immer in dem Blatte gewaltet. Die Zeitschrift hat niemals den Künsten der Reclame gehuldigt, noch einer Doctrin gedient, sie hat auch in den bösen Jahren der Reaction eine freie Richtung in politischen und kirchlichen Dingen ehrlich vertreten, ohne zum Parteiorgane zu werden; und sie bleibt noch heute das einzige deutsche Blatt, das dem Gelehrten ein vollständiges und gewissenhaftes Bild giebt von dem Bestande unserer wissenschaftlichen Literatur.

Im Namen vieler älterer Gelehrten, die sich einst in den Spalten des Centralblattes ihre kritischen Sporen verdienten, wünschen wir dem Herausgeber gutes Glück für das neue Vierteljahrhundert seiner Zeitschrift und — gelassenen Gleichmuth gegen die Flüche von Hunderten gekränkter Schriftsteller.

17.

Samuel Pufendorf.

I.*)

(30. Mai 1875.)

Nahe dem Altar der alten Nicolaikirche, die inmitten des lauten Gewühls der deutschen Hauptstadt noch von den bescheidenen Tagen der ehrenfesten märkischen Landstadt Berlin erzählt, steht in dunkler Nische ein halbvergessenes Grab. Eine verblichene lateinische Inschrift unter einem grell bemalten Freiherrnwappen meldet, daß hier die Gebeine Samuel Pufendorf's ruhen: „seine Seele ist in den Himmel aufgenommen, sein Ruhm fliegt über den ganzen Erdkreis." Unter den Hunderten, welche im October 1694 diese offene Gruft umstanden — und was Berlin an Glanz und Macht besaß, der kurfürstliche Hof voran, war dort versammelt — blickte vielleicht Mancher mit Groll und Neid auf die Bahre des streitbaren Denkers; doch Niemand hätte jenes volltönende Lob der Prahlerei zu zeihen gewagt. Die Nation empfand: eine Größe unseres Landes und des Welttheils war geschieden. Im Laufe der Jahre ist der einst hochgepriesene und tödtlich gehaßte Name verschollen und vergessen. Der Masse der Ungelehrten erwacht bei seinem Klange wohl nur die unbestimmte Vorstellung von einem gravitätischen Professor in Goldbrokatkleid und Allongeperrücke, oder sie erinnern sich lächelnd der Verse Schillers:

> Drum laßt der wilden Wölfe Stand
> Und schließt des Staates dauernd Band!
> So lehren vom Katheder
> Herr Pufendorf und Feder.

Selbst in der Wissenschaft war das stattliche Bild des größten Publicisten der alten Reichszeit langehin dermaßen verdunkelt und

---

*) [Preuß. Jahrb., Band 35 (Juniheft 1875), S. 614 ff.]

entstellt, daß Häusser in seiner Pfälzischen Geschichte den furchtbaren
Störenfried der zünftigen Gelahrtheit geradezu als „einen charak=
teristischen Ausdruck dieser unermeßlich gelehrten, aber in ihrer patrio=
tischen Gesinnung so ganz leb= und farblosen Bücherzeit" schildern
konnte. Erst in der jüngsten Zeit hat Droysen dem Historiker, Bluntschli
dem Politiker Pufendorf die gebührende Ehre gegeben; seitdem be=
ginnt die gelehrte Welt dem Vergessenen wieder ihre Augen zuzu=
wenden, und es mehren sich die Stimmen, welche den Seherblick des
Severinus de Monzambano preisen. Indem ich zu schildern versuche,
was die Zeitgenossen an ihm bewunderten und fürchteten, fühle ich
schmerzlich die Armuth meines Wissens. Hat der stolze Mann, der
in Allem von dem Handwerksbrauche abwich, auch die Briefseligkeit
der Gelehrten seiner Tage verschmäht? blieb ihm bei dem Uebermaaße
der Arbeit und der Kämpfe keine Muße für vertraulichen Gedanken=
austausch? oder hat nur ein räthselhafter Unstern über seinem Nach=
laß gewaltet? Genug, bis auf wenige dürftige Bruchstücke ist uns
Alles verloren, was von den Herzensgeheimnissen dieses stürmischen
Geistes erzählen könnte. Mehr als von anderen Gelehrten gilt von
ihm, daß des Denkers Leben in seinen Werken liegt. —

Als Ernst Moritz Arndt im Frühjahr 1848 zu Frankfurt unter
den Vertretern der Nation erschien und den Schwergeprüften der
jubelnde Hochruf der Versammlung begrüßte, da ergoß sich sein über=
strömendes Gefühl in die Worte: „ich glaube an die Ewigkeit meines
Volkes." Wer diesen rührenden Ausspruch des Alten verstehen und
sich überzeugen will, daß wir wirklich, menschlich zu reden, auf die
unverwüstliche Dauer deutschen Volksthums bauen dürfen, der wird
den festesten Anhalt für solche frohe Zuversicht nicht in den Zeiten
deutscher Macht und Herrlichkeit finden, sondern in den jammervollen
Tagen nach dem dreißigjährigen Kriege. Durch die völlige Zerstörung
seiner alten Gesittung, durch eine beispiellose Verwüstung des Wohl=
standes und des sittlichen Lebens hatte das Vaterland der Refor=
mation dem Welttheil die Freiheit des Glaubens gerettet. Mit dem
stärksten Volke Europas spielten die Fremden. Jene Sprache, die
zu Luther's und Hutten's Zeiten zugleich im Glanze reiner Bildung
und in der gedrungenen Kraft volksthümlicher Derbheit geprangt,
war verwälscht und verschnörkelt, ein widriges Gemisch von Flachheit
und Schwulst, von Künstelei und Rohheit, so knechtisch, so unfähig,
das Edle und Erhabene in einfacher Großheit auszusprechen, daß auf

die Frage: welche deutschen Schriften jener Tage wir heute noch
lesen können? — die ehrliche Antwort lauten muß: außer einigen
Gedichten von Simon Dach, Logau, Paul Gerhard allein die schnur=
rigen Abenteuer des Simplicissimus und die gespaßigen Predigten
Pater Abrahams a St. Clara! Die Angst und Noth der Zeit, die
Herrschaft der rohen Gewalt und das Eindringen fremder Sitten
hatten das Gemüthsleben der Nation bis in seine Tiefen verwirrt
und gestört. Treu und Glauben war verschwunden, wie der stolze
Freimuth und die helle Lebenslust der Väter. Häßliche Geldgier
beherrschte Hoch und Niedrig; die prahlerische Hoffahrt üppiger Ver=
schwendung währte fort mitten in der allgemeinen Verarmung. Was
Allen gemein war, hatte für ehrenwerth gegolten in besseren Tagen,
jetzt war das Gemeine verächtlich. Schlecht und recht zu leben dünkte
den Alten rühmlich, jetzt ward das Schlechte zum Schimpfwort.
Und dennoch, in dieser entsetzlichen Verwüstung, die jedes schwächere
Volksthum vernichtet hätte, begann der große Werkeltag der neuen
deutschen Geschichte. Damals hat Kurfürst Friedrich Wilhelm den
Grund gelegt für den neuen Staat unseres Volkes; damals erhob
sich der Kampf des weltlich freien Gedankens gegen die theologische
Verbildung und den blinden Ueberlieferungsglauben einer verkom=
menen Wissenschaft, jener Kampf, der das Werk der Reformation
vollendete und, siegreich hinausgeführt, den Deutschen die Binde von
den Augen riß und die Zungen löste, also daß sie fähig wurden der
Welt die Ideale der Humanität zu verkündigen.

Wenn der Ruhm jener politischen Neubildung allein den Märkern
und den Preußen gebührt, so haben an den schweren ersten Anfängen
dieses Ringens der Geister kursächsische Männer den reichsten Antheil.
Der hochbegabte obersächsische Stamm, von jeher reich an hellen
Köpfen, hat seit Luther's Tagen nie wieder so entscheidend einge=
griffen in die Bildung unseres Volkes, wie damals, da er neben einer
Fülle kleinerer Talente rasch nach einander die drei reformatorischen
Denker der Epoche, Pufendorf, Leibnitz, Thomasius, in das verödete
deutsche Leben hinaussandte — drei Männer, die, allesammt ver=
stoßen von der Heimath, doch in Art und Unart immer echte Söhne
Obersachsens blieben.

Im Jahre der Schlacht von Lützen (8. Januar 1632) wurde
Samuel Pufendorf im Pfarrhause von Dorf=Chemnitz geboren, ein
Altersgenosse von Spinoza, Locke und Cumberland. Sein Geschlecht

zählte zu den alten Theologenfamilien; in langer Reihe erscheinen
die bibelfesten Elias, **David**, Jeremias, Samuel, Esaias Pufendorf
unter den Pastoren des Meißnerlandes. Zwei Jahre darauf wurde
der Vater nach Flöha versetzt. Dort **in den Bergen,** im malerischen
Thale der Flöha, ist der Knabe aufgewachsen, mitten unter den Trümmer-
stätten **des** großen Krieges; denn zweimal **hatten droben im** Erzgebirge die wildesten Söldner des wilden Jahrhunderts, die Holkischen
Jäger, gehaust. Die Almosen eines Edelmannes ermöglichten dem
armen Pfarrer, den kleinen Samuel auf die Fürstenschule nach Grimma
zu schicken. **Der Krieg hatte** die Schüler verscheucht; nur **zwei oder**
drei Tische waren noch besetzt in den vormals überfüllten Sälen.
Dann und wann streiften wohl brandschatzende Fouriere herüber **aus**
der schwedischen Garnison im nahen Leipzig. Unabänderlich ging inmitten der Schrecken des Krieges die alte geistlose Methode des Unter-
richts ihren Gang: strenge Unterweisung in Grammatik, Logik, Rhetorik und den Dogmen des rechtgläubigen Lutherthums. Aber dem
stämmigen Jungen mit den trotzigen Lippen und den großen braunen
Augen wollte die „Bärenhäuterei" nicht behagen. „Gott gab mir
zu Grimme ein", schreibt er in späteren Jahren zufrieden, „daß ich
denselbigen Quark fahren ließ und las sofort brave Autores." Wie
oft hat der gestrenge Conrector Brodkorb den Schüler geohrfeigt,
wenn er heimlich unter der Bank die historischen Werke der Alten
verschlang. So stand der Jüngling früh auf eigenen Füßen und trug
von der Schule heim, was die philologische **Pedanterei der Lehrer**
ihm nicht bieten konnte, eine umfassende Kenntniß der Geschichte und
der Gedanken des classischen Alterthums.

Als er die Leipziger Universität bezog, wurde soeben das prun-
kende Friedensfest gefeiert (1650); die Schweden zogen ab, und die
akademische Herrlichkeit reckte sich wieder behaglich aus in der alten
Musenstadt. Die Stadtsoldaten präsentirten wieder das Gewehr, **wenn**
der Rector Magnificus in seiner Pracht daherschritt; und derweil **die**
diplomatische Welt über den Excellenztitel der kurfürstlichen Gesandten
haderte — dem Leipziger Professor der Theologie, als einer festen
Säule von Staat und Kirche, wagte Niemand die **Excellentia** zu bestreiten. Der Name Leipzigs **hat jederzeit mit vollem** Rechte einen
guten Klang gehabt unter den deutschen Universitäten. Doch während fast jede unserer größeren Hochschulen irgend einmal belebend
und neuernd auf die Gesittung der Nation eingewirkt hat, und die

Namen Wittenberg, Heidelberg, Halle, Göttingen, Königsberg, Jena,
Berlin unzertrennlich verflochten sind mit der Geschichte der großen
Umwälzungen unserer Bildung, ja selbst kleinere Universitäten als
Bahnbrecher deutscher Cultur im bedrohten Grenzlande oder auch
durch die Umgestaltung einzelner Wissenschaften reformatorische That=
kraft bewährt haben: — blieb das **Athen** an der Pleiße immer eine
hochconservative Macht, mehr eine Wahrerin überlieferten Wissens
als eine Schöpferin neuer Gedanken.

Und niemals stand die Leipziger Gelehrsamkeit **den** lebendigen
Kräften der Zeit so **feindlich** gegenüber wie **in** jenen Tagen, da sie
mit hineingerissen ward **in den** Niedergang des kursächsischen Staates.
Unaufhaltsam **war der** Staat der Albertiner hinabgesunken von seiner
glänzenden Stellung **an** der Spitze der deutschen Protestanten. Seit
eine **blutige Verfolgung** die milden Anhänger Melanchthon's aus der
Landeskirche vertrieben, seit der Kanzler Nicolaus Crell den letzten
kecken Versuch, große protestantische Politik zu treiben, mit dem Leben
gebüßt hatte, erschien Kursachsen als das classische Land des alt=
lutherischen Episcopalsystems, das in dem Leipziger Benedict Carpzov
seinen theoretischen Verherrlicher fand. Unumschränkt schaltete in Staat
und Kirche der geistliche Stand verschwiegerter und verschwägerter
Theologengeschlechter. **Mit ihm** fest verbündet der politische Stand,
das Landjunkerthum, damals wie heute der hochmüthigste **Adel** des
deutschen Reichs: umsonst versuchte Graf Rochus Lynar seinen Stan=
desgenossen **zu** beweisen, **daß** die Arbeit des Architecten einem Edel=
manne nicht unziemlich sei; der Groll der Kaste blieb unbelehrt,
der geistvolle Baumeister mußte nach Brandenburg hinüberziehen, um
dort in Ehren seinem Künstlerberufe zu leben. Die Masse des Volkes
fand **bei der schwachen Gewalt des** Landesherrn keinen Schutz wider
die Willkür **dieser** beiden herrschenden Stände; dem vielgeplagten status
oeconomicus blieb **auferlegt**, in der Kirche die Heilswahrheit aus
dem Munde **der Heiligen** des Herrn zu empfangen, im Staate die
Beschlüsse des adlichen Landtags gehorsam zu befolgen.

Wie die Verfassung **der** Landeskirche der römischen Hierarchie
sich näherte, so kam die Politik des sinkenden Staates Schritt für
Schritt **den** Plänen der Habsburger entgegen Die Hofprediger
jubelten, **als** in der Schlacht am Weißen Berge **der** calvinistische
Pfalzgraf von der katholischen Liga niedergeworfen wurde; denn mit
dem abendländischen Antichrist zu Rom können sich die wahren Christen

zur Noth vertragen, nicht mit dem morgenländischen Antichrist, dem
Islam, — die reformirten Sacramentsschänder aber stehen den Muha=
medanern gleich! An jedem Sonntag flehte das Kirchengebet den
Himmel an, daß er das rechtgläubige Volk bewahre vor den Tücken
des Calvinismus, und noch heute erinnert das obersächsische Schimpf=
wort „Du Sakermenter“ an den alten Bruderzwist der Protestanten.
Während des dreißigjährigen Krieges focht die Vormacht des deutschen
Protestantismus nur vier Jahre hindurch für die evangelische Sache;
sechsundzwanzig Jahre lang verblieb sie im Lager des Kaisers oder
in kläglicher Neutralität und erwarb endlich den Besitz der Lausitzen
durch den Verrath an ihren schlesischen Glaubensgenossen. Als dann
beim Beginn der Friedensverhandlungen der junge Kurfürst von
Brandenburg dem zerrissenen Vaterlande den Weg der Rettung wies
und die unbedingte Amnestie, gleiches Recht für die drei großen
Glaubensbekenntnisse Deutschlands forderte, da widerstrebte das säch=
sische Lutherthum ebenso leidenschaftlich wie die Wiener Jesuiten; erst
nachträglich, nach vergeblichen Protesten, trat Kursachsen dem west=
phälischen Frieden bei.

Also hatten die Albertiner längst den abschüssigen Weg beschritten,
der sie schließlich zum Abfall vom evangelischen Glauben führen sollte.
Die Macht ihres Staates war gesunken trotz des vergrößerten Gebietes;
denn schon begann der deutsche Protestant in Berlin den Schutz zu
suchen, den man in Dresden schwach versagte. Voll Haß und Eifer=
sucht verfolgte der Dresdener Hof das Aufsteigen seines unruhigen
nordischen Nebenbuhlers, der soeben in dem Wettkampfe um Cleve
und Magdeburg die Albertiner geschlagen hatte; dort in den Marken
erhob sich der Staatsgedanke einer neuen Zeit, die absolute Monarchie,
ein unheimlicher Nachbar für die Libertät der sächsischen Stände.

An allen Sünden dieser ständisch=lutherischen Oligarchie hatte
die Leipziger Universität ihren reichen Antheil. Sie galt unbestritten
als die erste der deutschen Hochschulen, im Auslande als der Mittel=
punkt deutscher Bildung; ihre Lehrer führten gern das Wort im
Munde: extra Lipsiam vivere est miserrime vivere. Der kleinliche
Begriff des deutschen Auslandes war den Gelehrten jener Zeit noch
unbekannt; während heutzutage Preußen allein unter allen deutschen
Staaten seinen Studenten unbedingt gestattet, sich ihre Bildung
außerhalb der Landesuniversitäten zu suchen, verband damals eine
schrankenlose Freizügigkeit alle deutschen Hochschulen. So strömten

denn drei- bis viertausend Studenten **aus allen** Gauen des Reichs
an der Pleiße zusammen. Dies bewegte akademische Treiben und
der schwunghafte Fremdenverkehr der Messen gaben der Stadt, die
noch kaum fünfzehntausend Einwohner zählte, ein großstädtisches
Gepräge; die deutschen Buchhändler, die bisher in Frankfurt ihren
Markt gehabt, begannen bereits vor der gestrengen kaiserlichen Censur
sich nach dem Osterlande zu flüchten. Die wohlhabende Bürgerschaft,
allezeit empfänglich **für** geistiges Leben, bedachte ihre Hochschule mit
reichen Stiftungen; weithin im Reiche pries man die alamodische
Feinheit, die weltläufige Bildung des galanten Sachsens, die noch
in Lessing's Minna von Barnhelm der rauhen Schroffheit der Märker
überlegen gegenübertritt. Ein gewaltiger Wissensschatz lag in den
Hallen des Paulinums aufgethürmt; und es war kein Zufall, daß
auf diesem **Boden** Polyhistoren wie Pufendorf und Leibnitz erwuchsen.
Selbst dies Geschlecht, das schreibseligste der deutschen Geschichte,
wußte Wunder zu berichten von der riesigen Arbeitskraft der Leipziger Gelehrten; man erzählte von Professoren, die, um Zeit zu
sparen, sich niemals auskleideten. Die Ordinarien bildeten eine festgeschlossene Zunft und Vetterschaft. Einige große Gelehrtendynastien,
die nach Fürstenweise allen ihren Söhnen denselben Vornamen gaben,
die Benedict Carpzov, die Polycarp Lyser, beherrschten die Universität
— **zumeist** wohlhäbige Herren, verschwägert mit den reichen Kauf-
leuten, trefflich ausgestattet mit Sporteln **und** Naturallieferungen,
und wer ein Uebriges thun wollte, nahm Studenten in Kost oder
verband auch wohl mit seinem Collegium einen einträglichen Wein-
und **Bierschank.** Obwohl der sprichwörtliche Kindersegen der Leipziger Professoren späterhin den gelehrten Magister Fiebiger veranlaßte, **eine** tiefsinnige Abhandlung de polyteknia eruditorum zu
schreiben — für den Genossen dieser mächtigen Sippen blieb immer
noch ein Lehrstuhl frei.

Wohl gesichert wie das Einkommen der Ordinarien war auch
ihre politische Machtstellung. An der Entscheidung der Theologen
von Leipzig und Wittenberg hing das Heil jeder Seele im Lande;
die vier Leipziger Decane übten die Censur über alle neuen Bücher.
Der Schöffenstuhl der Juristenfacultät fällte unermüdlich seine blu-
tigen Sprüche, verfolgte mit frommem Eifer die argen Friedensstörer
der argen Zeit, die Hexen; und der alte Carpzov rühmte sich gern,
wie viele tausend Todesurtheile er schon unterzeichnet habe. Neben

den Ordinarien lehrte die lange Schaar der Magistri legentes, weit zahlreicher als unsere heutigen Privatdocenten, aber auch weit abhängiger als sie von der Gunst der Facultäten; selten einmal gelang es einem barbarus Doctor, der in Orleans oder Padua seinen Doctorhut erworben, einzudringen in diese scharf umgrenzten Kreise, wenn er sehr stark im Glauben war oder den goldenen Schlüssel, der in dem alten Kursachsen alle Thüren öffnete, zu handhaben verstand.

Unheimlich tritt hinter der anmaaßlichen Herrlichkeit dieser respectabeln Zunftgelehrten und alamodischen Studenten die Herzenshärtigkeit und Gedankenarmuth einer verkommenen Epoche hervor. Auf die naturwüchsige Centaurenplumpheit der alten Zeit war eine verfeinerte Rohheit gefolgt, prunkend mit allen Lastern der höher gesitteten Nachbarvölker. Ein Pennalismus, dessen abgefeimte Grausamkeit zuweilen sogar den Regensburger Reichstag zum Einschreiten zwang, erzog ein Volk von Knechten, vernichtete jeden männlichen Stolz; und mitten in dem gefeierten Sitze der deutschen Musen blühte der blöde Aberglaube: um jene Zeit zog der ewige Jude in Leipzig bettelnd von Thür zu Thür und erntete reiche Gaben. Unter dem Wust überlieferten Wissens erstickte der letzte Funke des prometheischen Feuers; die Erkenntniß, daß die Wissenschaft ein ewiges Werden ist, dieser Gedanke, der den Hochschulen der Gegenwart die Luft des Lebens bildet, blieb der theologischen Verstocktheit jener Tage unfaßbar.

Verfassung und Lehrweise der Universitäten ließen] noch überall erkennen, daß sie einst ausgegangen waren von der alten Königin der Wissenschaften; das Volk in Niederdeutschland nannte die Studenten noch Halfpapen. Die Glaubenseinheit des akademischen Körpers bestand überall als unverbrüchliche Regel, und für selbstverständlich galt, daß die Wissenschaft dem wahren Glauben niemals widersprechen könne. Wie der Theolog verpflichtet war, die Schrift und die symbolischen Bücher lauter und unverfälscht zu lehren, so wurde der Jurist auf das Corpus juris vereidigt, der Philosoph auf den Aristoteles; vier Professoren der aristotelischen Philosophie hatten zu sorgen, daß dem sächsischen Studenten die Weisheit des alten Griechen treu und ohne Zuthat überliefert werde.

Die alte Zanksucht dieser im Autoritätsglauben erstarrten Wissenschaft entbrannte eben jetzt in tobendem Zorne, seit der milde Georg Calixtus und seine Helmstädter Genossen die hadernden Confessionen wieder an den gemeinsamen Boden des ältesten Christenthums zu erinnern wagten. Calovius in Wittenberg und Hülsemann in Leipzig **donnerten wider die** synkretistischen Mameluken, verfluchten die ge=**mischte** Ehe zwischen Lutheranern und Reformirten als eine Todsünde. Nachdrücklicher als je zuvor wurde dem sächsischen Täufling der Teufel ausgetrieben, und wehe dem Leipziger Candidaten, der als ein neuernder Theolog, ein theologus novaturiens, erfunden ward! Das deutsche Reich hallte wieder von dem Schlachtgeschrei der Pro=testanten und der lauten Schadenfreude der Jesuiten, und Friedrich von Logau schrieb klagend:

> Ehr' mir Gott Religion, die zwar reinen Glauben giebt,
> Aber nichts als Haß und Neid wider ihren Nächsten übt!

Da untersagte Friedrich Wilhelm von Brandenburg seinen Geist=lichen **das** Lästern wider die evangelischen Brüder. Calov aber schrieb zornig: **schon gut,** daß man den Calvinern das Maul verbietet, denn einen Grundirrthum können sie uns nicht nachweisen; nur der ge=**treue** lutherische Wächter auf Zion muß frei reden dürfen, wenn der **Geist ihn** treibt! Und so zügellos ward fortan auf dem entweihten Lehrstuhl Martin Luther's gegen den brandenburgischen Ketzerfürsten gehetzt und gezetert, daß Friedrich Wilhelm endlich seinen Landes=kindern den Besuch der Wittenberger Hochschule verbieten mußte.

Dem Lutherthum jener Tage war von dem ursprünglichen Geiste **der** Reformation schlechthin nichts mehr geblieben. Als hätte Luther **niemals mit** seinen gewaltigen Fäusten unter die Scholastiker ge=schlagen, **feiern die Lutheraner den** Doctor angelicus Thomas von Aquino wieder als den Fürsten der Moralisten. Ehrfurchtsvoll wie in den Jesuitenschulen **wird „der Papst der Metaphysiker"** Suarez auf den sächsischen Kathedern gepriesen; Escobar und Mariana, alle die spanisch=italienischen Jesuiten, welche den Habsburgern die Waffen wider die Ketzer geschliffen, gelten dem verkommenen Lutherthum als Säulen der Kirche **so gut wie** „unser seliger Stahl", der gestrenge Glaubenswächter von Jena. Lutherische Theologen und Juristen gebrauchen wetteifernd das verstaubte Rüstzeug der scholastischen For=meln und Definitionen und trösten sich mit dem bequemen Vorwand: **nur** durch solche Waffen könne man das Papstthum bekämpfen! Die lutherische Wissenschaft ging an dem reichen Tische der Jesuiten zu **Gaste;** was Wunder, daß die alte Kirche noch immer mächtig um **sich** griff im protestantischen Deutschland, einen Reichsfürsten nach dem andern zum römischen Glauben zurückführte! Dabei verstanden

die sächsischen Theologen trefflich, ihre Herrschsucht hinter gleißnerischer
Unterthänigkeit zu verstecken; während sie den Staat ausbeuteten,
rühmten sie ihre Kirche, weil sie „die servilste von allen ist und mehr
als jede andere die Obrigkeit favorisirt", und forderten für sich im
irdischen Jammerthale nichts weiter als obsequii gloriam — ohne
den grimmigen Hohn zu ahnen, den Tacitus in jene Worte gelegt hat.

In diese verknöcherte Welt tritt jetzt der junge Pufendorf ein,
ein feuriger Jüngling mit dem ganzen Ungestüm des obersächsischen
Blutes — denn wohl kein anderer Stamm in diesem leidenschaft=
lichen Deutschland zählt so viel stürmisch aufbrausende Naturen —
derb und rücksichtslos, schnellfertig im Urtheil, ungewillt die rasche
Zunge zu bändigen. Seine gediegene classische Bildung läßt ihn
schnell die Leere der akademischen Wissenschaft erkennen, sein scharfer
Witz stößt sich an den pedantischen Formen des Zunftbrauches, und
bald liegt er in beständigem Kampfe mit seiner gesammten Umgebung.
So wächst er früh zu streitbarem Freimuth heran, wie nachher unter
verwandten Verhältnissen seine Landsleute Lessing und Fichte; den
Warnungen weltkluger Behutsamkeit antwortet er mit seinem Luther:
„ich kann nicht wider die Wahrheit." Er war sein Lebtag ein treuer
Lutheraner und bewahrte neben freiem, heiterem Weltsinn immer das
schöne Erbtheil seines frommen Vaterhauses, ein tiefes religiöses Ge=
fühl; die theologischen Studien aber verließ er angewidert schon nach
wenigen Wochen. Ihn empörte dieser geistliche Hochmuth, der über
der Rechthaberei des dogmatischen Parteigezänks den sittlichen Inhalt
des Christenthums ganz vergessen hatte. Exegese wurde in Leipzig
gar nicht gelesen, und der fromme Franke mußte einige Jahre später
in den Buchhandlungen der Meßstadt lange vergeblich nach einer Bibel
suchen. Schönere Kränze, als die Erklärung der heiligen Schrift sie
bot, winkten dem sächsischen Theologen, wenn er aus den tausend
Büchern über die Erbsünde das tausendunderste zusammenstellte oder
durch eine Dissertation „über das Gewicht der Weintrauben im Lande
Kanaan" einen im Weinberge des Herrn längst gehegten Zweifel be=
seitigte, oder wenn er gar die schwierige Frage beantwortete: „ob
Pythagoras ein Jude war oder ein Karmelitermönch?"

Die in den Kreisen der Gottesgelahrtheit empfangenen Eindrücke
hat Pufendorf nie verwunden; bis an sein Ende blieb ihm der recht=
schaffene Haß gegen „die Priester, die unter dem Namen des Gebets
nur die gräuliche Wuth ihres erbitterten Gemüthes ausschnauben."

14*

Also schied er von den Theologen und ist fortan allezeit als ein
rechter Bönhase fern von der geebneten Straße der Zünftler seines
eigenen Weges geschritten. Er warf sich mit planlosem Eifer auf alle
Zweige des Wissens, blieb dabei jugendfrisch und lebenslustig, ein
frohmuthiger Genosse des Collegium anthologicum, wo das junge
Volk „unter Liedern der Freundschaft die Wahrheit suchte." Außer
der Theologie und der Medicin ward ihm jedes Fach der Gelehrsamkeit vertraut; nur die Welt des Schönen blieb ihm verschlossen
wie allen Söhnen jenes prosaischen Geschlechts. Andere junge Männer
schwärmten wohl mit erzwungener Begeisterung für die leblosen Gebilde einer ohnmächtigen Dichtung, und ein Leibnitz konnte im Ueber-
schwang teutonischen Selbstgefühls jene unbegreiflichen Verse dichten:

> Was lobt man viel die Griechen?
> Sie müssen sich verkriechen,
> Wenn sich die teutsche Muse regt. —
> Horaz in Flemming lebet,
> In Opitz Naso schwebet,
> In Greiff Senecen's Traurigkeit.

Pufendorf's derbe Wahrhaftigkeit hat sich nie bemüht, Gefühle
zu erkünsteln, die ein gesunder Sinn nicht hegen konnte.

Als er in seinem fünfundzwanzigsten Jahre für kurze Zeit nach
Jena übersiedelte, fand er zum ersten Male einen Lehrer, der ihn
zu fesseln und seinen unstet schweifenden Sinn auf ein festes Ziel
zu richten verstand: den geistreichen Mathematiker Erhard Weigel.
Nur von der überlegenen Bildung des Auslandes konnte die verwilderte deutsche Wissenschaft den Anstoß zu neuem Schaffen empfangen. So war auch Weigel erst in der Schule des Cartesius
zum selbstständigen Denker geworden; er verstand nach der vielseitigen Gelehrtenweise der Zeit, die mathematische Methode des Meisters
auch auf das Naturrecht und die politischen Wissenschaften anzuwenden und ist vielen guten Köpfen, späterhin auch dem jungen Leibnitz,
ein Erwecker gewesen. In diesem Kreise zuerst ward mit der lutherischen Scholastik entschieden gebrochen; hier lernte Pufendorf, obgleich er niemals ein Cartesianer ward, wissenschaftlich zu denken und
allen Autoritäten unabhängig gegenüberzutreten. Er begann jetzt
sich zu sammeln, wurde durch seinen freundlichen Lehrer in die Werke
des Grotius und Hobbes eingeführt und sah beschämt, wie weit die
heimische Staatswissenschaft hinter dem voraussetzungslosen Denken
der Nachbarn zurückstand.

Wie lächerlich erscheinen ihm nun die leeren Wortgefechte der deutschen Professoren: Mars Germaniae perpetuus! Höhnisch fragt er, durch welche verhängnißvolle Vergünstigung (quo fatali favore) denn dieser Aristoteles dazu gelangt sei, für den Gipfel aller menschlichen Weisheit zu gelten. Er spottet der Rechtslehrer, die vor dem sanctissimum corpus juris die Knie beugen und ruft den Theologen zu: seit unsere Kirche in die Scholastik zurückfiel und die jesuitischen Sophisten verehrt, geht es abwärts mit ihr und das Papstthum steigt auf! Aus der Vernunft allein will er die Welt verstehen und eine christliche Philosophie so wenig anerkennen, wie eine muhamedanische; trotzig pocht er auf das Recht der Lebendigen und hält sich an jenen Ausspruch des Hobbes, der die innerste Ueberzeugung aller freien Köpfe dieser ringenden Zeit verkündigt: „sollen wir das Alter ehren, nun wohl, die Gegenwart ist älter als die Vorzeit." Er verschmäht den feilen juristischen Doctorhut zu kaufen; mit Mühe beredet ihn Weigel, daß er sich mindestens den unentbehrlichen Magistertitel erwirbt. So kehrt er als ein abgesagter Feind der zünftigen Gelehrsamkeit nach Leipzig zurück; zu arm und zu stolz um die Gunst der akademischen Machthaber zu erbitten, steht er bald rathlos in bitterer Noth.

Da nimmt sein Bruder Esaias sich des Verlassenen an. Geschwister zeigen häufig eine seltsame Verwandtschaft der Anlagen, die zugleich einen schroffen Gegensatz enthält; einzelne Charakterzüge ungewöhnlicher Männer finden wir oft bei ihren Brüdern bis zum Zerrbild gesteigert wieder. Wie jener mephistophelische Zug, den Friedrich der Große mit der Kraft des Genius zu bändigen wußte, in dem Prinzen Heinrich als die Grundstimmung der Seele auftritt, so wird Esaias Pufendorf durchaus beherrscht von den verneinenden und zersetzenden Kräften, die in Samuel's Geiste gährten. Ihm fehlt die Tiefe, die Vielseitigkeit und darum auch die Mäßigung des Bruders; Samuel's kritische Schärfe erscheint bei ihm als liebloser Spott, dessen tapfere Kampflust als kecker Abenteurermuth. Vier Jahre älter als Samuel, hatte Esaias gleich Jenem die Theologie bald verlassen und sich den politischen Wissenschaften zugewendet; auch er war ein eifriger Protestant, doch sein Haß wider Rom blieb nicht ohne einen Anflug weltmännischer Skepsis, vor allen anderen Denkern liebte er den feinen Spötter Erasmus. Um die Zeit, da Samuel die Universität bezog, eröffnete der Aeltere bereits als

Leipziger Magister staatswissenschaftliche **Vorlesungen**, ward **dem** jüngeren Bruder ein freundlicher Mentor und **machte** ihn zuerst mit **den** politischen Fächern bekannt. Aber das Katheder vermochte den rastlosen Thatendrang Esaias Pufendorf's nicht lange zu fesseln. Er **ging mit** einem Grafen Königsmarck auf Reisen, wurde durch ihn in **die Kreise** des schwedischen Adels eingeführt und trat bald selbst in **den** diplomatischen Dienst der nordischen Macht; das menschenarme **Land** bedurfte beständig deutscher Kräfte, um seine künstliche Groß= machtstellung zu sichern. **Seitdem** ist er in mannigfaltiger Wirksam= keit zu Paris und Stockholm, zu Königsberg **und** Wien als diplo= matischer Agent der Krone Schweden thätig gewesen, ein echtes Kind seiner gewissenlosen Zeit, mit unruhigem Ehrgeiz nach Macht und Einfluß strebend. Die Skandalsucht der Zeitgenossen wußte viel zu erzählen, **wie oft er den** Schweden Spionendienste geleistet und **als** Bauer oder **Handwerker** verkleidet das deutsche Reich durchwandert habe; der große Kurfürst ließ ihn einmal aus Ostpreußen ausweisen, denn warum mußte der Vielgewandte, angeblich in postalischen An= gelegenheiten, so lange in Danzig und Königsberg sich umhertreiben?

Seine Gesandtschaftsberichte zeigen den ganzen Mann: weiten, freien Blick, die boshafte Ironie **des** überlegenen Kopfes, scharfe Beobachtung und eine seltene Kunst lebendiger Erzählung. Wie meisterhaft hat er die Jesuiten am Hofe Kaiser Leopold's geschildert, **wie** sicher durchschaut er die Hohlheit jener habsburgischen Staats= kunst, **die** über ihren europäischen Plänen die Wohlfahrt des eigenen Landes vergißt: „die kaiserlichen Minister haben ihren Herrn schon von langer Hand her weis gemacht, daß sie sich **um die Kammer=** sachen nicht bekümmern dürften, sondern selbige Sorgen, als die mit ihrer Grandeur und Dignität nicht convenabel **und** dazu sehr ver= drießlich und schwer wären, denen so darüber bestellet, allerdings und absolute überlassen **und** also in diesem Stück nur mit fremden Augen sehen müssen." Er aber weiß, daß „die allerklügsten Consilia gute Gedanken bleiben, wenn sie nicht zuvor mit dem Beutel in Rath gestellet sind." Der skrupellose Realist schätzt nur die Macht, verachtet die Schwäche des zerrissenen deutschen Reiches und dient, gut schwedisch, **unbefangen** der ausgreifenden Herrschsucht seines Militärstaates; er **lebt in den** Ueberlieferungen der Politik Axel Oxenstierna's, will den deutschen Protestanten an den verbündeten Kronen Frankreich und Schweden einen Rückhalt geben und also den Habsburgern die Stange halten. An der Herrschaft der Fremden auf deutschem Boden nimmt er keinen Anstoß: die Eitelkeit der deutschen Fürsten soll sich nicht „flattiren, daß fremde Potentaten ihnen nothwendig umsonst und gleichsam ihres gelben Haares wegen zu Hilfe kommen müßten."

Mit seiner reichen Welterfahrung, seiner gewiegten Kenntniß der praktischen Staatskunst ist Esaias dem jüngeren Bruder immer ein unschätzbarer Lehrer gewesen; beherrscht hat er ihn niemals. Samuel war nicht der Mann, in die Fußstapfen eines Anderen zu treten; doch bei vielfacher Meinungsverschiedenheit blieb die herzliche Eintracht ungetrübt. Jeder Mensch verlangt nach einer Heimath; es war, als wollten die Brüder durch treue Zuneigung einander die verlorene Heimath ersetzen, die Beiden fortan nur Haß und Verfolgung gespendet hat. Immer wieder hat Samuel in Büchern und Briefen den Viel=verdächtigten dankbar gepriesen; er nennt ihn gern animae dimidium meae.

Durch Esaias Vermittlung erhielt der junge Magister die Stelle eines Hauslehrers bei dem schwedischen Gesandten Ritter Coyet in Kopenhagen. So trat er denn im Frühjahr 1658 seine Gelehrten=reise an, die peregrinatio academica, die damals noch von jedem angehenden Professor verlangt wurde; sie sollte ihm höchst unaka=demische Erfahrungen bringen. Es war der Fluch der Zeit, daß Theorie und Praxis des Staatslebens noch völlig unvermittelt neben einander hergingen. Während die deutschen Staatslehrer mit feier=lichem Ernst die hohlen Formeln des Reichsrechts erläuterten, wurde das Schicksal der Staaten bestimmt durch die neue Staatsraison,*) eine Politik der Gewaltthat und der Lüge, die sich trotzig zur Ver=achtung jedes Rechts und jeder Treue bekannte; im Volke sprach man entrüstet von dem Teufelskatechismus, den umgekehrten zehn Geboten der Politiker.

---

*) Beiläufig, es wäre lehrreich, festzustellen, wann dieser Ausdruck zuerst aufkam. Er stammt unzweifelhaft aus Italien, wie der Name „Staat" und wie die Gedanken des Macchiavellismus. Macchiavelli selbst kennt ihn noch nicht; doch schon um die Mitte des sechszehnten Jahrhunderts scheint das Wort ragione di stato geläufig gewesen zu sein. In der berühmten Prachtrede, die Giovanni della Casa (1547) im Auftrage des Papstes Paul III. an die Signorie von Venedig richtete, schildert er, wie bedrohlich die Weltherrschaftspläne Carl V. für die Freiheit Italiens würden, und fährt fort: se egli usa adunque la sua ragione, non riprendiamo lui, ma dell' ufficio suo ci dolghiamo.

Eine der frechsten Thaten dieser modischen Staatsraison sollte Pufendorf jetzt aus nächster Nähe beobachten. Die schwedische Groß= macht lebte vom Kriege, sie konnte nur durch neue Beute die un= erschwinglichen **Kosten** ihres Heeres bestreiten. Gleich einem See= könige der skandinavischen Urzeit war jener nordische Alexander, König **Carl Gustav**, urplötzlich in Polen eingebrochen, den Krieg entzündend, der sechs Jahre lang die weiten Lande des Nordens und Ostens mit Blut und Brand erfüllte; er hatte sodann in rascher Schwenkung sich gegen Dänemark gewendet und durch den verwegenen Zug über den gefrorenen Belt den überraschten Feind zum **Rocskilder** Frieden ge= zwungen. Pufendorf traf gerade in Kopenhagen ein, als Schweden mit den zaudernden **Dänen** über die Ausführung dieses Friedens unterhandelte, und bemerkte bald ein befremdliches verdecktes Spiel zwischen **den beiden schwedischen** Gesandten: Ritter Coyet hielt sich streng **an seine Instructionen**, sein vornehmerer Genosse Steno Bjelke, ein zweifelhafter Charakter, **vielleicht von den Dänen** bestochen, suchte die Verhandlungen zu Dänemarks Gunsten zu wenden. Da kam plötzlich **geheime Weisung** aus Stockholm, man **solle die Dinge** zum Bruche **treiben.** Carl Gustav **glaubte** zu bemerken, **daß der** geschwächte Geg= ner noch härtere Friedensbedingungen ertragen **könne,** und entschloß sich **sofort,** ohne Grund noch Vorwand einen **neuen Krieg zu** be= ginnen — **eine** frevelhafte Ruchlosigkeit, die selbst in jenen Tagen kaum ihres Gleichen fand. Mit **allen Mitteln** diplomatischer Grobheit suchte **nun** Coyet den Abbruch **der** Verhandlungen herbeizuführen, schon im August erklärt Schweden den Krieg. Coyet selbst hatte sich **zur** rechten Zeit geflüchtet; sein Amtsgenosse aber und das **Ge= folge** mitsammt **dem deutschen Hauslehrer wurden von den** erbitter= ten **Dänen in den** Kerker geworfen.

Unter **solchen** Erfahrungen gelangte der junge Denker zu jener vornehmen, **echt wissenschaftlichen Mittelstellung,** die er seitdem immer in der politischen **Theorie** behauptet **hat:** er **wollte** weder, wie die Zunftgelehrten daheim, **„auf die Rede des Meisters** schwören und **leere Worte machen, noch unter dem** Namen der ratio status die **sittlichen** Grundsätze der **Politik** umstoßen", wie jene Praktiker in **Kopenhagen.** Acht Monate **lang** sitzt er nun im dänischen Kerker, ohne Verkehr, ohne Bücher. **Jeder** andere deutsche Gelehrte jener **Zeit** hätte **in solcher** Lage sich **wie ein Fisch auf dem** Sande gefühlt; er aber faßt sich in der tiefen Einsamkeit **das** Herz, alle Krücken wegzuwerfen und der Kraft des eigenen Gedankens zu vertrauen. Er durchdenkt **noch einmal** Alles, was er von den Meistern des Aus= landes, von Macchiavelli und Bodin, von Grotius und Hobbes **über** das Wesen des Staates und des Rechtes gelernt, prüft und verwirft selbstständig und stellt endlich sein eigenes System der philosophischen Rechtslehre zusammen, die Elementa jurisprudentiae universalis. Das Bedeutendste an dem kleinen Buche ist der Plan, **der in** Deutsch= land noch niemals gewagte Versuch, die Grundsätze der Rechtsphilosophie nach dem Vorbilde des Grotius allein durch die Vernunft **zu** finden, ohne Rücksicht auf die zehn **Gebote** und das positive Recht. Die Ausführung zeigt überall noch die unsicher tastenden Hände **des** An= fängers. Er kommt noch nicht ganz los von den scholastischen For= meln; hatte doch selbst Grotius, um dem Verdachte dilettantischer Oberflächlichkeit zu entgehen, die hergebrachten Definitionen der Scholastik nicht völlig **aufgegeben.**

Endlich **aus** der Haft befreit, geht Pufendorf mit dem Ritter Coyet **zu längerem** Aufenthalt in die Niederlande, bewundert den Reichthum, die Freiheit und vor Allem die Duldung des glücklichsten Staates der protestantischen Welt und betheiligt sich eifrig an den historisch=philologischen Studien der classischen Lateiner von Leyden. Damals hat auch diesen tapferen Geist für kurze Zeit jener miß= trauische Kleinmuth angewandelt, der um die Mitte der zwanziger Jahre, in der schweren Zeit des Ueberganges vom Lernen zum Lehren, **den** gewissenhaften Gelehrten so leicht zu ergreifen **pflegt. Er wagt** sich nicht auf **den** Markt **hinaus** mit den Früchten seiner **Kerker=** Einsamkeit, bis **ein** frischer Brief **des** Bruders Esaias ihn ermuthigt, **„auf die Gunst des Jahrhunderts** zu hoffen." Die Elementa wer= werden gedruckt **und** dem gefeierten Gönner der Wissenschaft, dem Kurfürsten Carl Ludwig von der Pfalz zugeeignet; **ohne Fürstengunst** kann **in** jenen Tagen kein Deutscher sich durch's Leben schlagen. **Der** Pfalzgraf antwortet mit einem freundlichen Briefe und beruft den jungen Gelehrten bald nachher auf eine Professur des römischen Rechts. Pufendorf schlägt aus, ihm graut vor der landesüblichen geistlosen Erklärung der Pandecten. Da erbietet sich sein Gönner, in der Heidel= berger philosophischen Facultät ein neues Katheder für den Verfasser der Elementa zu gründen, **und so besteigt denn** der neunundzwanzig= jährige Magister, der noch immer den juristischen Doctortitel hart= näckig verschmäht, den ersten Lehrstuhl des Naturrechts in Deutschland, unter den Weherufen der gesammten Zunft der Rechtsgelehrten. Die frohesten Tage seines Lebens brachen an.

Ueberall in dem Garten des rheinischen Oberlandes erzählten noch beredte Trümmer von den Schrecken des großen Krieges: die verödeten Höfe in den Dörfern der Bergstraße, die zerschossenen Mauern des Dilsberges, die leeren Bücherschreine in der Heidelberger Heiligen= geistkirche; die schönste Büchersammlung Deutschlands, die Palatina, war durch Tilly's Soldaten geraubt und nach Rom entführt. Aber die frische Thatkraft der leichtlebigen Pfälzer begann bereits wieder in tapferer Arbeit sich zu tummeln, das kluge und sorgsame Regi= ment Carl Ludwig's brachte dem schwer heimgesuchten Lande, zum letzten Male unter dem alten Fürstenhause, eine kurze Zeit der Blüthe. Hier zuerst lernte Pufendorf den Segen der Monarchie schätzen. Unter grausamen Erfahrungen war Carl Ludwig früh zum Manne gereift. Er hatte den jammervollen Sturz der pfälzischen Macht erlebt, war heimathlos mit seinen Eltern umhergeirrt, hatte sodann unglücklich für die evangelische Sache gefochten und endlich mit eigenen Augen angesehen, wie das Haupt seines königlichen Oheims Carl unter dem Henkerbeile der Puritaner fiel. Nach solchen Erlebnissen blieb ihm ein tiefer Widerwille gegen die gehässige Leidenschaft religiöser Kämpfe. Ein nüchterner Weltmann, auf der Leydener Hochschule vielseitig unter= richtet, schnell bei der Hand mit einer fertigen Formel für jede Frage des Lebens, voll Verachtung wider „die Niaiserien und vulgären Opiniones" des ungebildeten Haufens, erscheint er als einer der ersten Vertreter jenes aufgeklärten Despotismus, dem das nächste Jahrhun= dert gehörte. Er schwelgte in dem Bewußtsein fürstlicher Macht= vollkommenheit so selbstgefällig, wie nur irgend ein Zeitgenosse Lud= wig's XIV In persönlichen Angelegenheiten kennt seine Selbstsucht keine Schranken; als ihn seine Gemahlin nicht in Frieden frei giebt, da ertheilt er sich selber die Erlaubniß zu der Doppelehe mit der schönen Raugräfin. Doch von den Pflichten des Landesherrn hat er immer groß gedacht. Als er heimkehrt in das Land seiner Väter, weiß er sich klug in das Unabänderliche zu schicken, tritt zu dem alten Feinde seines Hauses, dem kaiserlichen Hofe, in ein leidliches Verhältniß, also daß ihn Kaiser Ferdinand III. „mein politischer Kur= fürst" nennt, und deckt sich zugleich, nach rheinischem Fürstenbrauche, den Rücken durch die Freundschaft Frankreichs. Das Gold Ludwig's, das an allen deutschen Höfen umlief, ward auch in Heidelberg nicht

verschmäht, und zuweilen spielte der Kurfürst sogar mit dem Traum=
gebilde einer austrasischen Königskrone, das ihm von Versailles her
als lockender Preis gezeigt wurde. Seine beste Kraft galt dem
Wiederaufbau der verwüsteten Heimat; er wollte als der Hersteller
der Pfalz in dem Gedächtniß seines Volkes leben. Bald füllten sich
wieder die verlassenen Dörfer; bis herab zu dem großen Fasse im
Schloßkeller wurde mit treuer Sorgfalt und umsichtigem Fleiße Alles
wieder aufgerichtet was Kaiserliche und Schweden zerstört hatten.

Carl Ludwig schenkte dem Lande, was dieser Brandstätte des
Glaubenshasses vor Allem Noth that, den kirchlichen Frieden. Das
älteste rheinische Kurfürstenthum, der einzige größere weltliche Staat
an der langen Pfaffengasse des Reichs, war den geistlichen Herren
ringsum allezeit ein Dorn im Auge gewesen. Welch' ein Entsetzen
nun, da in der Pfalz Katholiken, Lutheraner und Reformirte in bun=
tem Gemenge friedlich neben einander leben durften und der cal=
vinistische Kurfürst seinen Lutheranern in Heidelberg die Providenz=
kirche erbaute. Bald riefen auch die sächsischen Theologen Wehe über
den pfälzischen Freigeist, der sich unterfing, in Mannheim eine Frie=
denskirche mit drei Kreuzen für alle drei Confessionen gemeinsam zu
errichten. Die alte Rupertina, hundert Jahre zuvor der Hort des
streitbaren Calvinismus, greift jetzt zum zweiten Male als die Trä=
gerin eines schöpferischen freien Gedankens in die Geschichte deutscher
Wissenschaft ein; sie zerbricht das Joch der Theologie, giebt die
Glaubenseinheit auf und erhebt, zuerst unter allen unseren Hochschulen,
das Banner der modernen weltlich freien Wissenschaft. „Ja wohl",
ruft Pufendorf den lutherischen Eiferern spottend zu, „dies ruchlose
Heidelberg, wo Lutheraner und Calvinisten einträchtig zusammen hau=
sen, einig in dem Glauben, daß der Wein noch besser schmeckt als
das Bier!" Carl Ludwig läßt die Professoren der drei weltlichen
Facultäten nur noch auf das Wort Gottes und die ältesten ökume=
nischen Symbole verpflichten; er geht bald noch weiter und versucht
Baruch Spinoza für Heidelberg zu gewinnen. Eine stattliche Schaar
tüchtiger Lehrer, zumeist jüngere Männer, finden sich am Neckar zu=
sammen. Die reformirte Theologenfacultät, geleitet von einigen freien
Köpfen wie Friedrich Spanheim und Mieg, läßt die Weltlichen ge=
währen; und in den Hallen, wo vor Kurzem noch, geschützt durch
die Hellebarden der baierischen Eroberer, katholische Priester ihre Kloster=
weisheit lehrten, wird jetzt mit herausfordernder Keckheit verkündet,

hier stehe die feste Burg akademischer Freiheit inmitten der Lande
des Krummstabs.

Aus Pufendorf's späteren Briefen tönt immer ein Klang der
Sehnsucht, so oft er der fröhlichen Pfalz gedenkt. Wie lieblich ging
ihm hier das Leben ein, in den ersten Jahren einer glücklichen Ehe,
in einer glänzenden akademischen Wirksamkeit. Seine feurige Bered=
samkeit fesselte bald einen dichten Zuhörerkreis; selbst die jungen Edel=
leute, die sonst der gelehrten Pedanterei lachend den Rücken drehten,
fühlten sich angezogen von der weltmännischen Feinheit des jungen
Professors und dem gesunden Realismus seiner Vorträge — was in
diesem Zeitalter der Adelsherrschaft sehr wichtig war. Pufendorf nahm
Theil an der Erziehung des Kurprinzen, verkehrte viel bei Hofe und
gewann im Gespräche mit Carl Ludwig manchen Einblick in das ge=
heime Getriebe der Reichspolitik. Auch dem feuchten Genius loci, der
über dem heiteren Neckarthale schwebt, wurde die gebührende Huldi=
gung geleistet, manche frohe Nacht beim Becherklang unter übermüthigen
Scherzen verbracht. Die freie Heiterkeit des Mannes hatte längst
wieder die Oberhand gewonnen; sein Name war berühmt, noch bevor
er irgend ein größeres Buch geschrieben. Alle Welt fürchtete seinen
scharfen Spott, und noch heute leben in den Heidelberger Juristen=
kreisen allerhand Geschichten von Pufendorf's schneidigem Freimuth.
Einmal besuchte Kaiser Leopold den Pfalzgrafen und empfing die
Juristen der Hochschule sehr ungnädig; die Urtheile des Spruchcolle=
giums in den zahlreichen Processen, womit der Wiener Hof seine ge=
treuen Reichsfürsten zu ängstigen liebte, waren selten zu Gunsten des
Kaisers ausgefallen. „Wie kommt es denn, Ihr Herren", fragte Leo=
poldus Gloriosus ärgerlich, „daß ich bei Euch immer Unrecht bekomme?"
— „Weil Kaiserliche Majestät immer Unrecht haben", war die blitz=
schnelle Antwort des Sachsen.

Er hatte um jene Zeit eine kleine Schrift über Philipp von Mace=
donien geschrieben; das wunderliche Buch sprach von seinem eigent=
lichen Gegenstande wenig, entwickelte vielmehr mit großer Zuversicht
eine Reihe völlig neuer Gedanken über den Begriff des unregelmäßigen
Staates und erregte abermals das Mißtrauen der Juristenzunft wider
den Bönhasen, zumal da die Nutzanwendung der ketzerischen Lehre auf
das heilige römische Reich sehr nahe lag. Als nun eine Professur
für Deutsches Staatsrecht zu besetzen war, überging man Pufendorf
und zog ihm den gelehrten Publicisten Bökelmann vor. Im Un=

willen darüber, so gesteht er selbst,*) faßte er den Plan zu jenem
übermüthigen Werke, das der Welt zum ersten Male die ganze Eigen=
art seines Geistes gezeigt hat. Er wollte den Juristen beweisen, wie
gründlich er **das** deutsche Reichsrecht kenne, er wollte der Nation die
unheilbare Krankheit ihres Staates enthüllen und endlich einmal mit
der Fackel wissenschaftlicher Kritik die gespenstische Fabelwelt der Reichs=
publicistik beleuchten; die Zunftgelehrten sollten sich winden unter dem
Spotte des Severinus de Monzambano.

Lügen, nichts als Lügen: — das bleibt doch der erste und der
letzte Eindruck, den der Anblick der verfallenden Reichsverfassung **jedem**
ehrlichen Betrachter hinterläßt. Das Vaterland der Reformation **in**
theokratischen Formen regiert; der gekrönte Schirmvogt der römischen
Kirche zugleich verpflichtet zum Schutze der Ketzerei; der Religions=
friede feierlich verkündigt und dabei an allen Kirchenthüren der Habs=
burgischen Erblande mit kaiserlicher Genehmigung jene päpstliche Bulle
angeschlagen, die den Friedensschluß verdammt; prahlerische Titel und
unbestimmte Ansprüche auf die Beherrschung der Christenheit, während
alle Nachbarmächte herrisch auf deutschem Boden schalten; alle ge=
sunden politischen Kräfte zu beständiger Opposition gezwungen, alle
verfaulten mit dem Kaiserhause treu verbunden; die Reichstagsmehr=
heit in der Hand der schwächsten Reichsstände — überall ein schreien=
der, unausgleichbarer Widerspruch zwischen den Formen des Rechts
und den lebendigen Mächten der Geschichte. Ueber diesem gespenstischen
Mummenschanz hängt ein dickes Gewölk von Phrasen, so unwahr wie
das Reichsrecht selber: salbungsvolle reichsväterliche Vermahnungen
des Kaisers, der die Macht der Nation für die Zwecke seines Hauses
mißbraucht; inbrünstige Betheuerungen altdeutscher Treue und fromme
reichspatriotische **Erbietungen aus dem** Munde derselben Fürsten, die
von Frankreich Pensionen beziehen.

Nicht minder verlogen als die Staatskunst des Reiches ist **auch**
seine politische Wissenschaft. Mit freudiger Uebereinstimmung **preisen**
alle deutschen Staatsrechtslehrer die elendeste Verfassung, **welche je ein**
großes Volk dem Gespött der Nachbarn preisgab, als das vollkommene
Werk ausbündiger Weisheit. Knechtischer Philistersinn **und gedanken=**

---

*) Conscriptus hic (liber) fuit impellente indignatione praereptae ab -
altero professionis quam sibi deberi crediderat autor. (Pufendorf's Vorwort
zur editio posthuma des Severinus.)

loser Buchstabenglaube hatten aus der Bibel, aus dem mißverstan=
denen Aristoteles und dem Corpus juris ein System des Reichsrechts
erklügelt, das, in jedem einzelnen Satze falsch, gleichwohl unangreifbar
schien, weil seine Fabeln einander gegenseitig trugen und stützten. Die
in Bildern denkende Methode der Scholastik beherrschte noch immer
die deutsche Staatswissenschaft. Wie einst die Anhänger des Thomas
von Aquino schlossen: Der Mond erhält sein Licht **von der Sonne,
folglich** empfängt der Kaiser seine Macht durch die Verleihung des
Papstes — so bewiesen jetzt Theodor Reinkingk und die Caesarianer:
Es steht geschrieben Danielis am siebenten: „Diese **vier großen** Thiere
sind vier große Reiche, so auf Erden kommen werden", darnach sind
auf Erden gekommen die assyrische, die persische, die griechische und
endlich die vierte, die römische Monarchie, das römische Reich aber ging
auf die Deutschen über, folglich ist unser Reich eine Monarchie, seine
Kurfürsten müssen von der Wissenschaft als die praefecti praetorio, die
obersten Beamten der Sacra Caesarea Majestas betrachtet werden; mit
dem Kaiserthum ist auch die geschriebene Vernunft, das römische Recht
zu den Deutschen gelangt, und durch ein Gesetz Kaiser Lothar's des
Sachsen im Reiche verkündigt worden. Die cäsarianische Doctrin er=
weckte, zumal seit Wallenstein sie zu verwirklichen versucht hatte, den
Widerspruch des Particularismus; die Schulen der Fürstenerianer und
Kurfürstenerianer priesen das heilige Reich als eine wundervolle
Mischung von Monarchie und Aristokratie. Einzelne fanden sogar noch
einen Zusatz von der dritten aristotelischen Staatsform, der Demokratie,
in dieser unvergleichlichen Reichsverfassung.

     Es war ein unfruchtbares Wortgezänk, die Lehren beider Parteien
ebenso barbarisch wie ihre Namen. Beide Theile wetteifern in unter=
thäniger Verherrlichung der bestehenden Unordnung, im geistlosen
Wiederholen der **überlieferten** aristotelischen Begriffe, beide reden mit
der gleichen stumpfsinnigen Gelassenheit von der Ohnmacht des Vater=
landes, und während sie mit massenhaften Citaten aus den Pandecten
und dem langobardischen Lehenrechte prunken, verstehen sie von Politik
und deutscher Geschichte „**so viel wie** der Esel **vom** Lautenschlagen"
— so lautet Pufendorf's unehrerbietiges Urtheil. Als das Orakel des
Staatsrechts galt der große Limnäus; Pufendorf rühmt ihm nach, sein
Werk übertreffe an Dickleibigkeit alle anderen. Auch dieser „Patriarch
und Erzvater" deutscher Reichsrechtswissenschaft **ließ** sich's wohl sein
auf der Lehre **vom** gemischten Staate, dem alten Lotterbette publi=

cistischer Gedankenarmuth), und entdeckte scharfsinnig, das Licht der
Aristokratie strahle im deutschen Reiche doch etwas heller, als das
Gestirn der Monarchie.

Bereits einmal hatte ein Störenfried das stille Behagen dieser
ruheseligen Wissenschaft erschüttert. Während der letzten Jahre des
großen Krieges hatte Philipp Bogislav v. Chemnitz, ein harter Kämpe,
der schon oft mit dem Schwert und der Feder gegen das Haus Habs=
burg gefochten, das trotzige Buch veröffentlicht: Hippolithus a Lapide
über die Staatsraison in unserem römisch=deutschen Reiche. Dies Pro=
gramm der schwedischen Partei verkündet ungescheut die letzten Hinter=
gedanken der deutschen Libertät, des reichsfeindlichen Particularismus.
Mit der Weltkenntniß des praktischen Staatsmannes werden die Hirn=
gespinnste der unterthänigen „Legisten" zurückgewiesen, wird der schön=
färbenden Wissenschaft ein entsetzlich treues Bild von Deutschlands
wirklichen Zuständen, von „dem unheimlich leichenhaften Angesicht Ger=
maniens" entgegengehalten und die Nation aufgefordert zum Kampfe
auf Tod und Leben wider das Haus Oesterreich. Immer wieder, in
schwungvoll beredten Worten, kehrt Hippolithus zurück zu seinem
caeterum censeo: exstirpandam esse domum Austriacam. Der
ganze wilde Haß des Religionskrieges tobt in seinen Worten: Der
Würfel ist geworfen, der Rubicon überschritten; sie können uns das
Leben nehmen, doch nicht den Himmel, das Vaterland, doch nicht
die Welt!

Die schneidige Schrift verfiel dem gewöhnlichen Schicksal der
Parteiwerke. Sie erregte auf kurze Zeit ungeheueres Aufsehen und
schadete, wie Ferdinand III. gestand, der kaiserlichen Sache mehr als
eine verlorene Schlacht; sie ist auch in späteren Tagen stets von
Neuem lebendig geworden, so oft die Nation den Druck des öster=
reichischen Joches unmuthig empfand — so unter Friedrich dem Großen
und zur Zeit des Rheinbundes; und noch nach dem Tage von Olmütz
habe ich manchen leidenschaftlichen Patrioten gesehen, der an dem
Hippolithus wie an einer politischen Bibel mit ingrimmiger Hoffnung
sich erbaute. Wissenschaftlicher Werth gebührt dem Buche nicht; die
glänzende Kunst der Rede vermag nicht über die tendenziöse Unwahr=
heit der Darstellung zu täuschen. So richtig Hippolithus die poli=
tischen Kräfte seiner Gegenwart würdigt, wenn er den Schwerpunkt
deutscher Macht in den größeren weltlichen Territorien sucht: ebenso
willkürlich stellt er die Thatsachen der Geschichte auf den Kopf, indem

er das Reich als eine ursprüngliche Aristokratie, die kaiserliche Gewalt
als eine beständige Usurpation schildert. Das Titelbild zeigt den kaiser=
lichen **Aar, wie er auf der Weltkugel** thront. Der König von Frank=
reich mit dem Lilienmantel und der schwedische Löwe rupfen ihm die
Federn aus den Schwingen, und ein geharnischter Mann, der deutsche
Reichsfürst, erhebt das Schwert, um den Kopf des Adlers zu zer=
schmettern. Auf solche Gedanken des Landesverraths läuft die Staats=
raison des feurigen Anwalts deutscher Libertät hinaus; Chemnitz schrieb
wahrscheinlich auf Befehl der Krone Schweden, schwerlich in gutem
Glauben. Nach dem westphälischen Frieden verlor das Buch viel von
seinem Ansehen. Zwar bestand noch eine schwedische Partei im Reiche;
Esaias Pufendorf hat an den Chemnitzischen Gedanken mit diploma=
tischer Behutsamkeit immer festgehalten. Doch der großen Mehrzahl
der Reichspublicisten galt Hippolithus als ein frecher Majestätsschänder,
gleich **den** englischen Königsmördern; die Facultäten frohlockten, als
das Libell von Reichswegen verboten wurde.

Ungleich wichtiger war eine große wissenschaftliche Entdeckung, die
etwa gleichzeitig mit der Calixtinischen Bewegung von der rührigen
kleinen Helmstädter Hochschule ausging. **Der** gelehrte Arzt Hermann
Conring unterstand sich, in seinem Buche Origines juris Germanici
(1643) der entsetzten juristischen Welt die Frage vorzulegen: ob es
denn wahr sei, daß das römische Recht schon seit 600 Jahren im
Reiche herrsche? — **und fand mit der** sicheren Intuition des Genies
aus seinen dürftigen, ungesichteten Quellen die überraschende Antwort:
die Rechtsbücher Justinian's sind niemals durch ein Reichsgesetz den
Deutschen auferlegt worden, sie haben erst seit der zweiten Hälfte des
fünfzehnten Jahrhunderts, seit die Schüler der Bologneser Juristen=
schule in unseren Gerichten die Oberhand gewannen, das alte nationale
Recht verdrängt. Mit dieser glänzenden Entdeckung war der Grund
gelegt für die neue Wissenschaft **der** deutschen Rechtsgeschichte und
zugleich der herrschenden Doctrin des Reichsrechts der Boden unter
den Füßen hinweggezogen; denn ganz von selbst ergaben sich nun die
Schlüsse, daß die Begriffe des römischen Rechts mindestens auf das
deutsche Staatsrecht nicht angewendet werden dürften, daß die alte
deutsche Königswürde mit dem römischen Kaiserthum nur äußerlich
verbunden sei u. s. w. Die juristische Zunft sträubte sich lebhaft wider
die unbequeme neue Wahrheit, und mit solchem Erfolge, daß Conring's
Gedanken bekanntlich erst durch Savigny's Forschungen zu einem an=

erkannten Gemeingute deutscher Wissenschaft geworden sind. Dem großen Helmstädter Polyhistor selber fehlte leider, wie ihm Pufendorf vorwarf, gänzlich jener Muth der Gesinnung, der dem Lehrer der Staatswissenschaften fast ebenso unentbehrlich ist, wie das Talent. Er nahm das Geld wo er es fand, bezog Pensionen von Frankreich und Schweden, suchte die Gunst des großen Ludwig zu gewinnen, indem er ihm die Besiegung der Türken und die Herrschaft auf dem Mittelmeere verhieß. Ein solcher Charakter konnte wohl den deutschen Protestanten auswärtige Bündnisse zum Schutze ihrer Libertät empfehlen, doch die Ergebnisse seiner tiefen historischen Forschung auf das bestehende Staatsrecht anzuwenden, mit freimüthigem Urtheil die Gebrechen der Reichsverfassung aufzudecken, kam ihm nicht in den Sinn.

Wie wenig productive Kritik von diesem Helmstädter Kreise zu erwarten stand, das lehrt die immerhin beste reichsrechtliche Schrift der Conring'schen Schule, die Abhandlung de statu regionum Germaniae (1661) von dem jungen Ludolph Hugo, der späterhin als welfischer Staatsmann eine Rolle spielte. Von der Weissagung Danielis und der vierten Monarchie ist hier freilich nicht mehr die Rede, aber welche unmaßgebliche Leisetreterei, welcher Mangel an juristischer Schärfe, welches Spielen mit unklaren Bildern! Mit glatten Worten gleitet Hugo über die ungeheuerlichen Widersprüche der Reichsverfassung hinweg: das Reich ist ein Staat, die Territorien desgleichen; der Oberstaat (summa res publica) besorgt die allgemeinen, die Unterstaaten die besonderen Angelegenheiten; die Einzelstaaten sind als analoga von Staaten aufzufassen, ihre Landeshoheit, die Nebenbuhlerin (aemula) der Reichsgewalt, muß nach der Analogie der Souveränität erklärt werden. Dieser Staatenstaat lebt in glückseliger Harmonie, wenn seine Glieder gleichsam ein Abbild (quasi effigiem) des ganzen Körpers darstellen. Natürlich werden dann auch die Bündnisse der rheinischen Fürsten mit Frankreich als ein nützliches Beispiel für die Nachwelt gepriesen. Kurz, überall zeigt das Buch neben einzelnen guten Gedanken jene mattherzige Neigung, den Aberwitz eines unwahren positiven Rechts theoretisch zu rechtfertigen, jene Kunst Feuer und Wasser zu verschmelzen, worin die Literatur des deutschen Reichs- und Bundesrechts stets so Wunderbares geleistet hat.

Wie ein reinigendes Gewitter fuhr nun im Jahre 1667 in die Stickluft dieser wissenschaftlichen Fabelwelt das kleine Buch: Severinus de Monzambano über den Zustand des deutschen Reiches. Pufendorf

fühlte, daß gegen die gespreizte Feierlichkeit gelehrter Gedankenarmuth
der Spott **die** beste Waffe sei; er nimmt gewandt die Maske eines
Ausländers vor und betrachtet die den Deutschen geläufigen Unge-
heuerlichkeiten des Reichsrechts mit den verwunderten Augen eines
vornehmen Veronesers.   Der geistreich frivole Weltmann Severinus
erzählt seinem Bruder Laelius, in dem man leicht den getreuen Esaias
wieder erkennt: er habe versucht, aus gelehrten Büchern die politischen
Zustände dieses gewaltigen Volkes kennen zu lernen, das dreißig Jahre
lang mit Hilfe der Fremden sich zerfleischte und selbst so entsetzliche
Schläge lebenskräftig überdauern konnte.   Aber die langweilige Breite
der deutschen ICti widert den feinen Italiener an, und nun wird mit
jenem überlegenen Hohne, der das Vorrecht aller großen Publicisten
bleibt, die unersättliche Schreibseligkeit unserer erstarrten Wissenschaft
verspottet.   Mehrmals kommt Severinus zurück auf ein schweres Gebrechen des deutschen Lebens, das damals noch kein anderer Deutscher
erkannt hatte, auf das unnatürliche Uebergewicht der gelehrten Berufe:
dies verwüstete Land bedarf derber wirthschaftlicher Arbeit, die Reihen
seines Bauernstandes sind gelichtet durch den großen Krieg, sein
Gewerbfleiß von den Nachbarn längst überflügelt, und doch widmen
sich Tausende dem unfruchtbaren Schaffen einer geistlos sammelnden
Gelehrsamkeit; „unter so Vielen, die den Lorbeer tragen, wird nur
selten ein Phöbus gefunden".   Der Italiener versucht nunmehr, durch
den Verkehr mit Staatsmännern sich zu belehren; er bereist das
deutsche Land, betrachtet in Regensburg das lächerliche Treiben des
Reichstags, trinkt sich durch an unzähligen geistlichen und weltlichen
Höfen, was dem mäßigen Südländer hart genug ankommt, lernt auch
Conring kennen, den einzigen deutschen Publicisten, der ihm Bewunderung einflößt, und berichtet dem Bruder, was er also erfahren.

   Zunächst **entwirft** er, oftmals den Spuren Conring's folgend, in
großen Zügen einen Abriß der deutschen Geschichte, der noch heute,
bis auf einige unwesentliche Irrthümer, der strengsten Prüfung Stand
hält; erst seit wenigen Jahrzehnten ist unsere historische Wissenschaft
von den Verirrungen romantischer Kaiserschwärmerei wieder zurückgekehrt zu jener nüchternen politischen Anschauung, die hier mit genialer
Sicherheit vertreten wird.   Ein ungeheures Wissen verbirgt sich hinter
dieser kurzen lebendigen Erzählung; Pufendorf war der erste Deutsche,
der die Ergebnisse schwer gelehrter Forschung in durchsichtiger, gemeinverständlicher Form wiederzugeben verstand.   Er schildert, wie erst

nach den Zeiten Carl's des Großen ein selbstständiges französisches Volksthum neben dem deutschen entstand, und widerlegt damit jene überrheinischen Geschichtsfälschungen, welche damals zuerst dem Reiche bedrohlich wurden. Einige Jahre zuvor hatte König Ludwig als legitimer Nachfolger Carl's des Großen seine Hand ausgestreckt nach der Kaiserkrone. Aubery und andere Pariser Hofpublicisten bewiesen in rechtsgeschichtlichen Abhandlungen „die gerechten Ansprüche des Allerchristlichsten Königs auf das Reich". Sodann bekennt sich Pusendorf zu seinem Staatsideale, der absoluten Monarchie. Nur diese härteste Form der Staatseinheit konnte die zuchtlose Selbstsucht der deutschen ständischen Libertät einer gerechten Ordnung unterwerfen; darum sind die freien Geister unter den Publicisten und Staatsmännern jener Generation, Leibnitz und Thomasius, Jena und Meinders, allesammt überzeugte Absolutisten gewesen. Nur in dem regnum rite compositum findet Severinus die dauernde Macht des Staates, gesicherten Rechtsschutz für Hoch und Niedrig und die entschlossene Thatkraft eines von Einem Geiste geleiteten Volkes. Dieser vollkommensten Staatsform hat Deutschland in den Anfängen seiner Geschichte sehr nahe gestanden; doch die alte nationale Monarchie verfiel durch die unselige Erblichkeit der Reichsämter — einen schweren politischen Fehler, den nur gelehrte Thorheit loben kann — und sie zerbröckelte völlig, seit das deutsche Königthum mit der römischen Kaiserwürde verbunden wurde. Schon der Name: heiliges römisches Reich deutscher Nation enthielt einen inneren Widerspruch; die Pläne kaiserlicher Weltherrschaft haben nur Unheil über das Vaterland gebracht, Ströme deutschen Blutes und Geldes wurden auf Italiens undankbarem Boden verschüttet, und die Macht der deutschen Krone ward zum Schatten. Gerade in der einseitigen Härte dieser Schilderung offenbart sich das politische Talent des Denkers; wer wie er noch mitten inne stand in dem gräulichen Verfalle des alten Reiches, der konnte und durfte kein Verständniß haben für die unvergängliche Herrlichkeit, die einst in den entgeisteten Formen des Kaiserthums gelebt hatte.

Dann wird mit einigen Meisterstrichen die Stellung Oesterreichs zum Reiche gezeichnet; das fromme Erzhaus hat durch allerhand Privilegien so trefflich für sich gesorgt, daß Oesterreich einem nichthabsburgischen Kaiser sofort den Gehorsam aufsagen kann. Die Dynastie benutzt Deutschlands Kräfte, ohne jemals selber eine Pflicht gegen das Reich zu erfüllen; in favorabilibus est membrum imperii, in

odiosis non item. Darum hat sie auch ihre burgundischen Lande
zum Schein in das Reich aufnehmen lassen, „damit die Deutschen
um so bereitwilliger für die Bewahrung fremden Gutes ihr eigenes
opfern sollen“. Auch die Angst vor dem erschrecklichen Großtürken,
die noch immer unser Volk beherrschte und Tausende in unterthäniger
Treue an das Haus Oesterreich fesselte, findet vor dem weltkundigen
Italiener keine Gnade. Spottend ruft er: durch solchen Schrecken
wissen die Pfaffen dafür zu sorgen, „daß die harmlosen Leute offenen
Leib und offenen Beutel behalten“; die Macht der Türken ist längst
gesunken und Oesterreich wohl im Stande sie aus Ungarn zu vertreiben — ein Seherwort, das nach einem Menschenalter durch die
Siege des Prinzen Eugen in Erfüllung ging. In den Händen dieser
fremden Macht dienen die leeren Formen, die inania simulacra des
Kaiserthums nur noch dazu, Eifersucht zwischen den deutschen Staaten
zu erregen, Cabinetsjustiz zu üben und mit deutschen Heeren die Kriege
der habsburgischen Hauspolitik auszufechten. Die Gerechtigkeit ist
aus dem Reiche geflohen: das Reichskammergericht fällt seine Urtheile
erst nach Jahrhunderten, beim Reichshofrath entscheidet Gunst und
Bestechung. Der Reichstag hat soeben die Berathung der ewigen
Wahlcapitulation begonnen und damit einen willkommenen Vorwand
für unendliches Zusammenbleiben gefunden und eine bequeme Antwort
auf die Frage: „was denn diese Masse von Gesandten so viele Jahre
lang treiben und warum sie Vormittags spanischen, Nachmittags Rhein-
und Moselwein trinken müssen?“

Die wirkliche Macht des Reiches liegt in den größeren weltlichen
Fürsten, nur daß auch sie durch beständigen Hader und durch Zettelungen
mit dem Auslande das Vaterland schwächen. Die Reichsstädte sind
zum Untergange reif, auch die Reichsritter bestehen nur noch durch
die gegenseitige Eifersucht der mächtigeren Nachbarn. Die volle Schale
seines Spottes ergießt der Italiener über die geistlichen Staaten.
Unter Eingeweihten darf das tiefe Geheimniß wohl ausgesprochen
werden, das so viele gelehrte und beredte Priester durch salbungsvolle
Reden vor dem frommen Haufen zu verbergen wissen: die römische
Kirche ist keine Glaubensgenossenschaft, sondern eine politische Macht,
mit der einzigen Aufgabe, die weltliche Herrschaft der Priester aufrecht-
zuerhalten. Diesem Zwecke dienen ihre Dogmen — denn wer sollte
sich nicht beugen vor einem Pfaffen, der Christi Leib und Blut hervor-
zuzaubern vermag? — diesem Zwecke die Orden, die nach den Gütern

der Weltlichen das Netz auswerfen. Das apostolische Gebot der Armuth hat vermuthlich nur für die älteste Kirche gelten sollen. Kein anderer Stand hegt soviel Ehrgeiz, Habgier, Neid, Zorn und Schmähsucht wie diese Priester; freilich ergießt sich auch der heilige Geist über ihren geschorenen Scheitel weit reichlicher, als über das volle Haar der Weltkinder. Und in keinem anderen Lande sind die Priester so mächtig, wie im heiligen Reiche; sie haben das ganze Mittelalter hindurch gegen die Kaiser gemeutert und nach und nach das reichste Drittel Deutschlands, die schönen Rheinlande, sich erworben; dort hausen sie behaglich in ihren Domcapiteln — der lästige Coelibat wird ja durch gefällige Mädchen um Vieles erträglicher — und der fromme Adel versorgt nach dem glorreichen Beispiele unseres geliebten heiligen Vaters seine Söhne und Vettern mit fetten Pfründen. Das deutsche Reich aber bleibt „zweiköpfig", rettungslos der Anarchie preisgegeben, so lange dieser hohe Clerus seine Macht behauptet; denn er dient einem auswärtigen Souverän, dem unfehlbaren Stellvertreter Christi, bildet einen Staat im Staate.

Mit scharfen Worten wird darauf die weltliche Staatskunst der geistlichen Herren gezeichnet: die wüste Fehdelust des Bischofs von Münster, Bernhard von Galen, und vor Allem die Großmachtspolitik des Mainzer Hofes. Ein großer Umschwung der europäischen Machtverhältnisse hatte sich soeben vollzogen: die spanische Krone sank seit dem pyrenäischen Frieden zu einem Staate zweiten Ranges herab, und auf den Trümmern ihrer Macht erhob sich das französische Königthum. Der großen Mehrzahl der Zeitgenossen blieb diese verhängnißvolle Aenderung noch lange verborgen. Die deutschen Protestanten lebten in den Anschauungen einer überwundenen Epoche, sie zitterten noch vor dem Schreckbilde des spanisch-österreichischen Weltreichs; erst ein oder zwei Jahrzehnte später, nach der Ueberrumpelung Hollands, nach dem Falle Straßburgs und der Verwüstung der Pfalz, begann die Mehrheit der Nation zu ahnen, welche Gefahr ihr von dem räuberischen Ehrgeiz des Versailler Hofes drohte. Zugleich mit dem Uebergewichte Frankreichs und beständig genährt durch französische Ränke erwuchs dem deutschen Reiche eine neue Macht des Unheils: die unruhige Großmannssucht der Mittelstaaten. Wenn die kleinen Höfe bisher in der Regel thatlos dem Gange der großen Politik zugeschaut hatten, so versuchen sie jetzt voll rastloser Eitelkeit eine europäische Rolle zu spielen, sie drängen sich ein in die Händel der Großmächte mit ungebetenen

Rathschlägen und benutzen das neu gewonnene Recht der Bündnisse zu einem unredlichen diplomatischen Spiele, das schließlich nur den Plänen Frankreichs zu gute kommt. Als die Ahnherren dieser neuen Mittelstaatenpolitik erscheinen der Mainzer Kurfürst Johann Philipp von Schönborn und sein Minister Freiherr von Boineburg, der Beust des siebzehnten Jahrhunderts.

Nirgends erklang die reichspatriotische Phrase so inbrünstig, so schwungvoll, wie in den wortreichen Depeschen des Erzkanzlers, der nach alter kurmainzischer Ueberlieferung sich stolz als den Führer des deutschen Fürstenstandes fühlte. Die aufgeklärte Welt rühmte die Duldsamkeit dieses geistlichen Hofes, die freilich den Uebertritt Boineburg's zur römischen Kirche nicht ausschloß. Die ersten Gelehrten der Zeit, Conring und Leibnitz, wetteiferten um die Gunst des freisinnigen Kurfürsten und seines geistreichen Ministers. Die irenische Politik des Mainzer Hofes vermaß sich, mit der gesammelten Macht der rheinischen Kleinfürsten den Weltfrieden zu wahren, den Bourbonen und den Habsburgern zugleich Ruhe zu gebieten. Meisterhaft verstanden die französischen Staatsmänner, die Eitelkeit des kleinen Nachbarn zu benutzen. Es war ja doch nur Frankreichs Vortheil, wenn der Mainzer durch die Wahlcapitulation dem Kaiser jede Einmischung in die spanischfranzösischen Händel untersagen ließ; zum Lohne durfte dann Boineburg theilnehmen an den Verhandlungen auf der Bidassoa=Insel, weilte monatelang als weiser Friedensstifter unter den Diplomaten der Großmächte, strich selbstgefällig den Dank Europas ein, den ihm seine deutschen Bewunderer aussprachen, und nicht minder bereitwillig die wohlverdienten französischen Gelder. Frankreichs Truppen rückten mitten im Frieden bis in das Herz von Deutschland, um dem irenischen Kurfürsten seine aufsässige Stadt Erfurt zu unterwerfen; Frankreich und Schweden entschieden, des Reiches ungefragt, die kleinen nachbarlichen Streitigkeiten zwischen Mainz und Pfalz. Als Oesterreich und Brandenburg, endlich einmal einig in einem großen nationalen Unternehmen, ihren ersten Siegeszug gen Düppel und Alsen begannen und die Schweden vom Boden des Reichs zu verdrängen suchten, da erscholl aus dem Kreise der Mainzer Patrioten, widerhallend an allen kleinen Höfen, der Weheruf über den Ehrgeiz Friedrich Wilhelm's, über „den immer tiefer in's Reich dringenden brandenburgischen Dominat"; und die rheinischen Fürsten, Mainz voran, schlossen den ersten Rheinbund, der unter Frankreichs Protectorat den Frieden des Reiches

sichern, den deutschen Reichsstand Schweden vor Vergewaltigung be=
wahren sollte.

Fast die gesammte Nation pries die irenische Weisheit; Pusen=
dorf allein unter ihren Publicisten durchschaute die Nichtigkeit dieser
Politik der edlen Worte und der verrätherischen Thaten. Er kannte
die Mainzer Herren aus seinen Heidelberger Erfahrungen, hatte so=
eben, in einem Gutachten über den bekannten pfälzischen Wildfangs=
streit, die Rechte seines Landesfürsten vertheidigt gegen die Ansprüche
des geistlichen Nachbarn. Sein unbarmherziger Realismus verachtete
die leere Vielgeschäftigkeit der prahlerischen Ohnmacht; noch in seinem
letzten Geschichtswerke sagt er spottend: der Kurfürst von Mainz war
der Ansicht, daß in der Politik Redensarten mehr ausrichten als das
Schwert (plura consilio quam vi molienda). So wird auch im Se=
verinus der Politik Frankreichs und seiner Verbündeten mit fester
Hand die Maske abgerissen. Der unförmliche Zustand des Reichs ist
den Franzosen hochwillkommen, sie wollen nicht unsere Verfassung
vernichten, sondern durch Geschenke und Pensionen, durch Sonder=
bünde und freundnachbarliche Vermittelung die deutschen, vornehmlich
die rheinischen Fürsten an sich fesseln: „ein Thor, wer nicht einsieht,
daß durch solche Mittel der Weg geebnet wird zur gänzlichen Ver=
nichtung der deutschen Freiheit" Zugleich wird Boineburg, der so=
eben bei seinem Herrn in Ungnade gefallen war, mit einer Fülle bos=
hafter Lobsprüche überhäuft, die dem Gepriesenen kaum minder peinlich
sein mußten, als dem Mainzer Hofe.

Unter einer starken Krone, fährt der Italiener fort, würde dies
Reich mit seinen Millionen wehrhafter Männer den Franzosen über=
legen, ja dem ganzen Welttheil furchtbar sein; überall in der Welt
bringt der deutsche Adel sein tapferes Blut zu Markte. Nur die elende
Verfassung hält die gewaltigen Kräfte der Nation darnieder; in einer
solchen Vielheit von geistlichen und weltlichen, großen und kleinen,
monarchischen und republikanischen Staaten kann Einheit des Ent=
schlusses nicht bestehen. Auch Handel und Wandel leiden unter der
Vielherrschaft; die zahllosen deutschen Münzen besitzen nur die eine
Tugend der Bescheidenheit, sie verrathen durch ihr Erröthen, wie sehr
sie sich ihres geringen Silbergehaltes schämen. Das Reich ist keine
Monarchie; lassen wir uns nur nicht täuschen durch den Genius der
deutschen Sprache, die mit leeren Ehrentiteln zu prunken liebt. Die
kaiserliche Majestät, die plenitudo potestatis, wovon die Hymnen der

kaiserlichen Hofdecrete (decretorum carmina) zu singen wissen, besteht
in Wahrheit längst nicht mehr — wenn man nicht etwa den straf=
losen Ungehorsam der Unterthanen als das eigentliche Kennzeichen
der Majestät betrachten will. Das Reich ist aber auch kein Bund, da
der Einfluß des Kaisers noch sehr weit reicht; es vereinigt in sich alle
Uebel eines lockeren Staatenbundes und einer schlecht geordneten
Monarchie, erscheint der Wissenschaft als ein unregelmäßiger und un=
geheuerlicher Körper (irregulare aliquod corpus et monstro simile),
der zwischen jenen beiden Staatsformen mitten innesteht und unter
keine der üblichen Kategorien des Staatsrechts fällt. Und wie man
einen am Abhang niederrollenden Stein mit leichter Mühe in die
Tiefe, doch nur schwer wieder auf die Höhe empor wälzen kann, so kann
auch die deutsche Verfassung nur durch die härtesten Erschütterungen
wieder zurückgeführt werden zu ihrer ursprünglichen monarchischen
Form. Sie eilt vielmehr, wie durch Naturgewalten getrieben, der
extremen Ausbildung ihrer heutigen föderalistischen Entartung ent=
gegen; das Reich wird sich verwandeln in einen Bund unabhängiger
Staaten.

Die Worte muthen uns an, als wären sie gestern geschrieben. Der
rollende Stein des deutschen Gemeinwesens „eilte" zwar noch durch
anderthalb Jahrhunderte bergab; doch die letzten Ziele dieses Nieder=
gangs hat Severinus mit wunderbarer Sehergabe voraus verkündigt,
und auch die Formen der künftigen Bundesverfassung sind ihm schon
klar: der deutsche Bund wird die republikanischen wie die theokratischen
Kräfte des heiligen Reichs beseitigen und nur weltliche Fürstenthümer
umfassen. Mit einigen kecken Streichen zerreißt der Italiener das
Lügengewebe, das die lutherischen Hoftheologen über die Geschichte des
jüngstvergangenen Jahrhunderts ausgespannt hatten. Er erklärt rund=
weg: die evangelische Lehre konnte, sich selber überlassen, sehr leicht in
ganz Deutschland zur Herrschaft gelangen; doch der geistliche Vor=
behalt des Augsburger Religionsfriedens verschloß ihr die geistlichen
Territorien, die Protestanten versäumten in Zwietracht und Kleinmuth
diese künstliche Fessel abzustreifen. Dann verkündet er zuversichtlich den
Gedanken der Säcularisation, jenen rettenden Gedanken, der seit Luther's
Tagen in allen großen Krisen unserer Geschichte wieder auftauchte, bis
endlich die Gewalt der Fremden ihn verwirklichte: verständen die
deutschen Fürsten ihren Vortheil, so würden die geistlichen Gebiete
evangelisch oder in weltliche Staaten umgewandelt und damit die

politische Macht des Papstthums im Reiche vernichtet werden. Aber, fügt der Veroneser mit schlauem Schmunzeln hinzu, unsere heilige Kirche mag ruhig sein, die Fürsten werden diesen Gedanken schwerlich fassen; denn Gottlob, **der Zufall der Geburt** verleiht die Herrschaft nur selten dem Klugen.

Also offenbaren sich in dem geistvollen Buche überall jene beiden Gaben, deren Verbindung den großen Publicisten macht: der Sinn für das Lebendige, das Wesentliche, der hinter **dem Scheine** der Macht und des Rechtes die Wirklichkeit der Dinge erkennt, **und die Sicherheit** einer mächtigen Phantasie, die in den unfertigen Gebilden der **Gegen-** wart schon das bleibende Ergebniß zu ahnen vermag. Und doch **wird** kein Deutscher heutzutage den Severinus ohne ein **Gefühl des Be-** fremdens, ja des Mitleids aus **der Hand** legen. Wer so unbarm- herzig die Blöße seines eigenen Landes vor der Welt aufdeckt, der speist **uns nicht ab mit noch so geistreichen Schilderungen einer fernen Zu-** kunft; will er uns nicht als ein frevelhafter Spötter erscheinen, so muß er uns sagen, was denn hier und heute **geschehen solle** gegen das Elend des Vaterlandes. Und auf diese Frage giebt Severinus nur eine resignirte, fast hoffnungslose Antwort. So lebhaft er die Einheit **seines** Landes ersehnt, in der Reichspolitik des Augenblicks ist er conservativ — und er muß es **sein,** weil **seine Nüchternheit nirgendwo** in der deutschen Gegenwart eine lebensfähige revolutionäre Kraft zu entdecken vermag; er muß es sein, **wie** ja alle besonnenen Reformer dieser letzten Zeiten des Reichs, auch Friedrich der Zweite und der große Kurfürst, die bestehende Reichsverfassung als eine vorläufig un- zerstörbare Ordnung hingenommen haben. Er redet nicht ohne Theil- **nahme von den** verwegenen Gedanken des Hippolithus a Lapide **und** verspottet dessen unterthänige Gegner als Faseler und Schmeichler; doch **den Rath,** das Haus Oesterreich zu vernichten, verwirft er durch- **aus.** Das sei die Meinung eines Scharfrichters, nicht eines Arztes. Nicht ohne fremde Hilfe können die Deutschen ein solches Unternehmen wagen, unter den gegenwärtigen Verhältnissen würde nur Frankreich Vortheil ziehen von der Vernichtung des Kaiserthums — eine Weis- sagung, die in den napoleonischen Tagen sich bewähren sollte. Kennt Ihr nicht, fragt Severinus, die Fabel von den Fröschen, die sich den Storch zum König wählten? und wer weiß denn, ob nicht nach dem Ausscheiden Oesterreichs auch andere Glieder das zerrüttete Reich ver- lassen würden? Wie heute die Dinge liegen, bleibt nur übrig, dem

Kaiser einen permanenten Rath von Gesandten der mächtigsten deutschen **Staaten** an die Seite zu stellen; so mögen dann die Angelegenheiten des Vaterlands in ehrlichem Einvernehmen zwischen den lebendigen Gliedern des Reichs berathen, willkürliche Schritte des kaiserlichen Hofes verhindert, alle Sonderbündnisse mit dem Auslande aufgehoben und dem Reiche ein leidlicher Zustand des Friedens vorläufig ge= sichert werden.

Sicherlich ein dürftiges positives Ergebniß nach so grausamer Kritik; eine nüchterne, maaßvolle Realpolitik, aber die Politik eines hoffnungslos darniederliegenden Staates! Nur in einem Falle hält Severinus eine **Reform des Reichs** an Haupt und Gliedern für möglich: wenn **der** Mannsstamm der Habsburger aussterben sollte. Dieser Fall schien **bekanntlich** in jenen Jahren nahe bevorzustehen, da dem Kaiser Leopold aus seinen beiden ersten Ehen kein Sohn am Leben blieb; **und auch hier** wieder bewährt sich der prophetische **Blick des** Denkers, denn in der That erst nach dem Aussterben des alten Erzhauses ist der erste ernstliche Versuch zur Umgestaltung des Reichs gewagt worden. Aber eine deutsche Macht, die dem Hause Oesterreich heute schon die Spitze bieten könnte, findet Severinus **nirgends**, auch er ahnt noch nichts **von** der großen Zukunft der Hohenzollern.

Elf Jahre, bevor das Buch erschien, hatten die blauen branden= burgischen Regimenter auf dem Felde von Warschau ihre geraden Klingen gekreuzt mit den polnischen Krummsäbeln und zum ersten Male den siegesfrohen Schlachtruf: Mit Gott! angestimmt. Neun Jahre zuvor war Friedrich Wilhelm gegen die Schweden ausgezogen und hatte der Nation die bodenlose Tiefe ihrer Schande schildern lassen in jener köstlichen Flugschrift „an den ehrlichen Deutschen". „Siehe an Dein edles Vaterland" — hieß es dort. „Es ist leider im letzten Kriege unter dem Vorwand der Religion und Freiheit gar jämmerlich zugerichtet und an Mark und Bein dermaßen aus= gesogen, daß von dem einst so herrlichen Körper schon nichts mehr **übrig** ist als das Skelett. Gedenke, daß Du ein Deutscher bist! **Was** sind Rhein, Elbe, Oder, Weserstrom heute anders als fremder Nationen Gefangene? Was ist unsere Freiheit und Religion mehr als daß Fremde damit spielen?" — Und solche Worte, die uns Nach= lebenden wie mächtiger Glockenklang am Morgen einer neuen besseren Zeit das Innerste erschüttern, konnten in dem wüsten Parteigezänke

jener Tage so spurlos verhallen, daß der erste Publicist der Nation
sie nicht vernahm! Noch mehr. Vor wenigen Jahren erst hatte
Graf Georg Friedrich von **Waldeck** mit dem Großen Kurfürsten den
Plan einer Reichsreform erwogen, die den Gedanken des Severinus
sehr nahe kam: ein Bund der mächtigeren Reichsfürsten sollte das
Haus Oesterreich zwar nicht vom Reiche ausschließen, doch die Willkür der kaiserlichen Gewalt beschränken. **Von dem Allen** scheint
Pufendorf ebenso wenig gehört zu haben, wie die große Mehrzahl
der Zeitgenossen; er erwähnt **den** Brandenburger nur **einmal** mit
kühler Achtung als einen **mächtigen** Herrn, **der** zweihundert Meilen
weit im Reiche **reisen und dabei** täglich auf seinem **eigenen Gebiete**
übernachten könne. So langsam reisten Gottes Saaten; auch **Pufen-**
dorf sollte erst **nach langen Jahren**, hart geschüttelt durch **schwere**
Erfahrungen, **das Wesen der** jungen deutschen Großmacht verstehen
lernen.

Mit allen Mängeln, **die** er der unfertigen Bildung des Zeitalters verdankt, bleibt der Severinus doch ein glänzendes Werk, das
alle gleichzeitigen Schriften der Reichspublicistik einfach todt schlägt,
meisterhaft auch in der Form. Kein einziger deutscher Poet jener
Zeit vermag einen Charakter zu zeichnen; die dramatischen Helden
fallen beständig aus der Rolle, schreien mit polterndem Pathos die
Empfindungen **des Dichters** in die **Welt** hinaus. Wie kunstvoll
dagegen weiß Severinus den leichten **Ton der eleganten Reise-**
beschreibung **zu** treffen; die Reisenden dieser **nüchternen Epoche, noch**
unberührt von **der gefühlseligen** Landschaftsbegeisterung moderner
Touristen, ergehen sich ja allesammt in der Schilderung von Sitten,
Volkswirthschaft **und Verfassungsverhältnissen.** So natürlich klingt
die spöttelnde **Rede des** weltkundigen Italieners, der, selber glauben-
los, um der politischen Herrschaft **willen an** der römischen **Kirche**
festhält, daß noch heute die Erklärer des Buches manchen **ironischen**
Ausspruch des Severinus für Pufendorf's eigene Meinung halten.
Knapp und klar, scharf und streng sachlich eilt die Darstellung dahin,
seltsam abstechend von **der breitspurigen Förmlichkeit der Zeitgenossen,**
unwiderstehlich siegreich, also daß der **Leser hinter** jedem Satze ruft:
so ist es! Severinus redet mit **der ganzen** Zuversicht des eingeweihten Kenners, fertigt alle Einreden rasch ab mit einem entschiedenen
cordatioribus non difficulter subolet **oder** *stupidus sit qui non
animadvertat.* **Sein Latein ist** keineswegs elegant, doch überaus

lebendig und ausdrucksvoll; nur wer eine gebildete Sprache voll=
kommen beherrscht, kann ironisch sprechen, in deutscher Sprache war
ein Buch dieses Schlages damals noch unmöglich. Ergreifend bricht
zuweilen aus der leichten Rede ein starker Naturlaut politischer Leiden=
schaft, vaterländischen Stolzes hervor: auch der Veroneser hat seine
Freude an diesem ehrlichsten der Völker, an diesen treuen und tapferen
Menschen, die sich so leicht regieren lassen — was in dem Munde des
Absolutisten ein hohes Lob ist. Immer liegt ein eigenthümlicher Zauber
über dem Erstlingswerke eines bedeutenden Mannes, der während
der gährenden zwanziger Jahre enthaltsam geblieben und erst in der
vollen Reife des Geistes mit einer größeren Arbeit auf den Markt
hinaustritt; solche Bücher scheinen keinem Alter anzugehören. So
verbindet sich im Severinus der jugendliche Uebermuth eines zwei=
unddreißigjährigen Mannes mit reifer Welterfahrung und tiefer
Gelehrsamkeit.

Pufendorf hatte die Handschrift schon im Jahre 1664 vollendet
und legte sie seinem Kurfürsten vor. Der freute sich des feinen Spottes,
sah mit weltmännischer Gelassenheit darüber hinweg, daß der herbe
Tadel des Severinus wider die auswärtigen Verbindungen deutscher
Kleinfürsten auch den Pfälzer Hof traf, und hat vielleicht sogar einige
Pinselstriche hinzugefügt zu der getreuen Schilderung der geliebten
geistlichen Nachbarn. Von selbst versteht sich, daß auch Bruder
Laelius in Paris den Schatz seiner diplomatischen Erfahrungen ge=
öffnet und mit boshafter Geschäftigkeit allerhand kleine Züge aus
dem Hofleben beigesteuert hatte. Doch das Imprimatur für die
gefährliche Schrift konnte der Pfalzgraf vor kaiserlicher Majestät nicht
verantworten; er bestand darauf, das Buch solle im Auslande und
ohne den Namen des Heidelberger Professors gedruckt werden. So
mußte wieder der gewandte Esaias aushelfen. Er gab die Handschrift
einem Pariser Censor, dem Historiker Mezerai. Der aufgeklärte Franzose
vertheidigte jedoch, wie sein Rabelais, die Freiheit des Gedankens
nur jusqu'au feu — exclusivement, und erwiderte: „das Buch ist
vortrefflich, aber die Pfaffen würden mich in dieser Welt verdammen,
für das Jenseits fürchte ich sie nicht". Der Severinus erschien endlich
nach jahrelangem Umherwandern bei einem Haager Verleger, natürlich
unter einer falschen Firma, wie fast alle die verwegenen Schriften
der europäischen Opposition, die in Hollands freier Presse eine Zu=
flucht fanden.

Ein Aufschrei der Entrüstung empfing „das monströse Buch", das sich erdreistete, die vollkommenste Verfassung des Welttheils für ein Monstrum zu erklären. Die nächsten Jahre brachten eine Fluth von Gegenschriften. Bald wurde das anstößige Libell verboten, und sofort stieg der Absatz, wie Pufendorf vorausgesagt; Drucker und Nachdrucker überschwemmten den Markt mit vielen tausend Exemplaren. Alle Welt suchte nach dem Verfasser. Dem jungen Samuel Pufendorf wollte Niemand eine solche Fülle praktischer und theoretischer Kenntnisse zutrauen; für den unverkennbar jugendlichen Ton des Severinus hatten die Pedanten kein Ohr. Man rieth auf Esaias, auf Conring, auf den Kurfürsten von der Pfalz; die stumpfe Kritik der Gelahrtheit bemerkte nicht, daß die ketzerische Schrift weder schwedisch, noch französisch, noch pfälzisch, sondern deutsch war. Dem Freiherrn von Boineburg, so schreibt er selbst, „standen alle Haare zu Berge", da man auch ihn, wegen jener ironischen Lobsprüche des Severinus, als den Verfasser des Libells bezeichnete. Endlich geriethen die Spürer doch auf die rechte Fährte, und jeder Zweifel mußte schwinden, seit Pufendorf öffentlich den Severinus vertheidigte und kurzab aussprach: „die Schrift wird ihre Stelle in der Nation behaupten, so lange die Freiheit der Reichsstände und der evangelische Glaube bestehen!"

Und so geschah es. Als das Buch herauskam, hat allein Conring gewagt, den Lästerer zu vertheidigen; angezogen von der Wahlverwandtschaft des genialen Kopfes, gab er einmal seine natürliche Zaghaftigkeit auf und erklärte, dies herrliche Werk stehe in der deutschen Literatur ohne Gleichen da. Nach und nach verstummte das Gebell der kleinen Kläffer, und die Gedanken des Severinus fanden in der Stille ihren Weg. In den ersten Jahren des achtzehnten Jahrhunderts ließ Gundling den Severinus im Auftrage der neuen Berliner Akademie wieder drucken; auch Thomasius veranstaltete eine neue Ausgabe, die er seinen staatsrechtlichen Vorlesungen an der Universität Halle zu Grunde legte. Der Name des Geschichtschreibers des großen Kurfürsten war in Brandenburg längst zu hohem Ansehen gelangt. In diesen preußischen Kreisen blieb Pufendorf's Ansicht von deutscher Geschichte und Reichspolitik noch lange lebendig; ihre Nachwirkung ist noch in den Schriften Friedrich's des Zweiten erkennbar. Der große König hat den Severinus sicherlich nie gelesen und, nach hoher Herren Weise, Pufendorf wie so viele andere Helden des deutschen Geistes kurzweg unter die langweiligen Pedanten verwiesen. Doch

man kennt Friedrich's Vorliebe für Thomasius, der ganz in Pufen=
dorf's politischen Ideen lebte; und schlagen wir jene geistreiche Ueber=
sicht der deutschen Geschichte auf, die in die mémoires de Brandebourg
verwebt ist, so begegnen uns fast in jedem Satze die Gedanken des
tapferen Sachsen wieder, ohne wissenschaftliche Vertiefung, aber mit
staatsmännischer Berechnung auf ein praktisches Ziel hin gerichtet:
dieselbe rationalistische Gleichgiltigkeit gegen das alte Kaiserthum, die=
selbe Geringschätzung der leeren Formen des Reichsrechts, derselbe
Hohn wider die geistlichen Fürsten, derselbe Haß gegen Oesterreich,
neben der nüchternen Erkenntnis, daß nur eine ebenbürtige deutsche
Macht den Waffengang wider das Kaiserhaus wagen dürfe, dieselbe
stolze Abweisung aller auswärtigen Einflüsse, endlich dieselbe Ueber=
zeugung von der Lebenskraft der größeren weltlichen Staaten.

Weil Pufendorf die Dinge sah wie sie waren, darum konnten
seine Gedanken fortwirken, so lange das Reich bestand; und weil es
in dieser schattenhaften Reichsverfassung so schwer war, die Wirklich=
keit vom Scheine zu unterscheiden, darum blieb das alte Deutschland
so trostlos arm an großen Publicisten. Ueberblicken wir das ge=
sammte achtzehnte Jahrhundert, so finden wir treffliche Erforscher
des Reichsrechts in stattlicher Anzahl, von dem alten Moser bis auf
Pütter und die Göttinger Juristen; auch freimüthige Tadler einzelner
Mißbräuche, wie Schlözer und Carl Friedrich Moser, und geistvolle
Kenner des Volkslebens wie Justus Möser; doch wo ist in dieser
langen Reihe stattlicher Namen ein Publicist großen Stiles, der,
dem Severinus gleich, die Grundschäden des heimischen Staatslebens
aufgedeckt, den Finger in die Wunden seines Volks gelegt hätte? Ich
kenne nur Einen: Friedrich den Großen, dessen politische Schriften
mit ihrer grausamen Wahrhaftigkeit wie Eichen über niederem Gestrüpp
aus der Publicistik des Zeitalters emporragen — und allenfalls den
geistreichen Schüler des Königs, den Grafen Hertzberg. Erst als die
Stürme der Revolution die alte deutsche Welt aus den Fugen hoben,
da begann jener Geist schöpferischer Kritik, der in unserer Kunst und
Philosophie schon längst erwacht war, auch auf dem Gebiete der
politischen Theorie Funken zu schlagen, und in Friedrich Gentz er=
stand uns wieder ein mächtiger Publicist, der das Wirkliche zu sehen
vermochte.

Wer dem Severinus gerecht werden will, der vergleiche, was der
erste wissenschaftliche Kopf der Epoche, Leibnitz, über die Reichspolitik

geschrieben. Wie schwer hat sich doch die Gegenwart an diesem
Denker versündigt! Klingt es nicht unglaublich, daß unsere gelehrte
Nation noch keine Gesammtausgabe seiner Werke besitzt? Sollte
nicht endlich die Berliner Akademie die Ehrenpflicht fühlen, ihrem
Stifter das einzig würdige Denkmal zu setzen? Und ist es nicht
fast ebenso traurig, daß der unerfreulichste Theil seines Wirkens,
seine politische Thätigkeit, bisher nur von zwei so ganz unpolitischen
Köpfen, wie Guhrauer und Edmund Pfleiderer, eingehend geschildert
wurde? Die unverständigen Lobsprüche dieser wohlmeinenden historischen Dilettanten fordern geradezu den Spott heraus; Beide halten
für Gewissenspflicht, so oft sie vor Leibnitz auf die Knie fallen, zuerst an Pufendorf einen Fußtritt zu verabreichen. Leibnitz stand auf
einer Höhe, wo sich das Wort erfüllt: „Alles verstehen heißt Alles
verzeihen". Er wußte, wie kaum ein anderer schöpferischer Denker,
die revolutionäre Kraft des Genies mit überlegener Milde zu verbinden, und suchte die prästabilirte Harmonie, die er in dem Welt-
ganzen ahnte, auch in den endlichen Kämpfen des Menschenlebens
wiederzufinden. So mit der Stimmung des Vermittlers und Ver-
söhners trat er ein in die zerfahrene Welt der deutschen Politik, wo
nur die radicale Härte einseitigen Entschlusses frommte. Sein großer
Sinn strebte zum Ganzen, er wollte leben für das Allgemeine. Er
beneidet die Männer, denen Gott zum Verstande auch die Macht
gegeben, als „die principalsten Instrumente der Vorsehung", und
strebt mit brennender Sehnsucht hinaus aus dem Schatten der Forschung „in das Licht der Staatsgeschäfte". Und doch, dort im
Schatten hat er Unsterbliches gethan, hier im Lichte ward er von
kleineren Geistern übertroffen.

Der große Denker unterlag einer wunderlichen Selbsttäuschung,
wenn er sich zu politischem Wirken berufen wähnte. Das ehrgeizige
Verlangen nach einer Thätigkeit, die seiner Begabung widerstrebte,
verwickelte ihn in das gewissenlose Ränkespiel erbärmlicher kleiner
Höfe. Dies unstete Treiben hat seinem Charakter manche Sünden
der verkommenen Zeit, manche Untugend des zweideutigen Abenteu-
rers aufgeprägt; den Menschen Leibnitz rückhaltlos zu lieben ist ebenso
unmöglich, wie seinen Genius nicht zu bewundern. Keine der Kräfte,
die den großen Politiker bilden, war ihm beschieden. Ihm fehlt der
streitbare Muth. Er hat alle seine politischen Schriften namenlos
oder unter falschem Namen erscheinen lassen, um ihnen eine un-

befangene Aufnahme zu sichern und „sich nicht so viel Haß und
Neid zuzuziehen"; dieser vornehme Widerwille gegen „den wenig
liebenswürdigen Namen der Eris" ehrt den gelehrten Forscher, doch
der politische Mann will nur im Kampfe leben. Ihm fehlt auch die
Methode des politischen Denkens. Eine proteische Natur, ein Virtuos
in der Kunst des Anempfindens, wunderbar befähigt, den Standpunkt
zu wechseln und in grundverschiedene Anschauungen sich hineinzudenken;
zudem vielleicht der größte Weltbürger, **der je** gelebt hat, beständig
in regem Verkehre mit allen neuen Gedanken **des** Auslandes, das
seinem rastlosen Geiste reichere Nahrung bot, als sein verödetes Vater=
land: so konnte er fast auf allen Gebieten menschlichen Wissens eine
Saat ausstreuen, deren Früchte noch heute nicht alle eingeheimst
sind, **er mochte** auch wohl in geistsprühendem höfischem Gespräche
einem **andächtig** lauschenden Staatsmann eine Fülle neuer politischer
Gesichtspunkte eröffnen. Solche geniale Vielseitigkeit ist das genaue
Gegentheil von der Gesinnung des Publicisten, der auf den Willen
wirken, mit gesammelter Kraft alle Gedanken auf ein klar begrenztes,
erreichbares Ziel richten soll. Dem Philosophen fehlt sogar, wenn
wir schärfer prüfen, die tiefe, leidenschaftliche Theilnahme an dem
Leben des Staates; er steht zu hoch für einen Publicisten, seine Ge=
danken fliegen weit über den Staat hinaus. So lebhaft Ehrgeiz
und Vaterlandsliebe in dieser Seele sich regten, und so bedeutsam
Leibnitzen's reiche juristische Bildung auf die Entwicklung seiner Ideen
eingewirkt hat: der Mittelpunkt seiner Gedanken war doch nicht der
wirkliche Staat in seiner endlichen Bedürftigkeit, sondern, wie dem
Philosophen geziemt, „das Reich Gottes", die ideale Einheit des
Menschengeschlechts. **Nur als ein** Bruchtheil dieser allumfassenden
spiritualistischen Ordnung gewinnt ihm das staatliche Leben Werth
und Bedeutung; Staat und Kirche, Recht und Sittlichkeit vermischen
und verschlingen sich unzertrennlich in seinem Geiste, während das
praktische Bedürfniß der Zeit darnach drängte, die weltliche Natur
des Staats von theologischer Verbildung zu erlösen.

Auch Leibnitz hatte, wie Pufendorf, in jungen Jahren den eng=
herzigen Kleinsinn der Zunftgelehrten erfahren, als die Leipziger
Juristen um seiner Jugend willen ihm den Doctorhut versagten; er
sah sein Lebelang mit der Ironie des Hofmanns auf die akademischen
Pedanten herunter, wollte die Universitäten gern **in** die Hauptstädte
verlegen, um Gelehrsamkeit und Weltbildung zu versöhnen. So leiden=

schaftliche Kämpfe mit der zünftigen Wissenschaft, wie sie seinem
streitlustigen Landsmanne bevorstanden, blieben ihm doch erspart; er
hat niemals gebrochen mit den Anfängen seiner Bildung. Er war
aufgewachsen in den Anschauungen des rechtgläubigen Lutherthums
und bewahrte sich auch, als seine Kritik die höchsten Flüge wagte,
mitten **im** weltlichsten Leben eine innige Frömmigkeit; die Religion
allein vermochte seinem prosaischen Geiste zuweilen **einen** poetischen
Klang zu entlocken, wie jene tief empfundenen Zeilen:

Laß' die matte Seel' empfinden
Deiner Liebe süßen Saft.

Schon in früher Jugend war er mit den Werken der **alten** und
neuen Scholastik vertraut geworden, namentlich mit dem „Anker der
Papisten", Suarez; und wie denn gemeinhin Jugendeindrücke **in**
genialen Naturen **sehr fest** zu haften pflegen, so blieb ihm fortan
eine hohe Achtung für die alte Kirche. Für den großen Zweck der
Wiedervereinigung **der** Christenheit war er bereit, den conservativen
Mächten **der** lutherischen und der römischen Kirche sehr **weit** ent=
gegenzukommen, obgleich er sich selber immer seinen evangelischen
Glauben und die volle Freiheit der Forschung vorbehielt. Auch die
politischen Gedanken, die ihn in Leipzig umfingen, hat er niemals
gänzlich aufgegeben, er verstand **nur** nach seiner vielbeweglichen Art
ganz verschiedene Ideen damit zu verschmelzen. Der Kurfürst von
Sachsen blieb ihm noch lange sein verehrter „natürlicher Herr", die
alte kursächsische Ehrfurcht vor dem löblichen Hause Oesterreich und
dem Heiligthum der Reichsverfassung verließ ihn nie, so scharf er
auch die Gebrechen des Reichs durchschaute. **Sein Staatsideal** war
theokratisch; er träumte von einem heiligen römischen Reiche, das,
einmüthig geleitet vom Papst und Kaiser, die befriedete Christenheit
umschließen sollte.

Welch **ein** Verhängniß nun, daß dieser vielseitige Geist noch in
seinen bestimmbaren Jugendjahren an jenen irenischen Mainzer Hof
verschlagen wurde, wo man die Kunst verstand, den Vaterlandsverrath
mit schwungvoller nationaler Begeisterung zu betreiben. **Hier** unter
den Helden der reichspatriotischen Phrase ist Leibnitz **in** doctrinäre
Phantasterei versunken; er blieb seitdem außer Stande, Macht und
Ohnmacht in der Politik zu unterscheiden. Er begeistert sich für den
freisinnigsten aller Kirchenfürsten, der einst bei den Friedensverhand=
lungen zu Osnabrück so viel Duldsamkeit bewiesen und soeben eine

deutsche Bibelübersetzung im goldenen Mainz drucken ließ; er will in unterthäniger Verehrung sogar die Aufsicht über das gesammte deutsche **Bücherwesen** dem Mainzer Kurfürsten übertragen, auf daß fortan alle Angriffe gegen das Reich und die römische Kirche, gefährliche Bücher wie der Hippolithus und Severinus „mehr und mehr eingespannt" werden. Alle die windigen Projecte, die der vielgeschäftige geistliche Herr den großen Mächten aufdrängt, nimmt sein gelehriger Schüler für baare Münze; er redet sich ein, der Erzkanzler sei als vornehmster Reichsfürst auch der wichtigste und mächtigste. Er preist Johann Philipp, der auf seinen starken Schultern das Schicksal des Welttheils trägt, feiert Boineburg als den Hercules dieses Atlas und singt dem Kleinfürsten zu: „schirme den Frieden Europas und gieb ihm **dauernde Ruhe!"** Der Rheinbund, den Pufendorf als eine gefährliche Spielerei verdammt, erweckt die brünstige Bewunderung seines jüngeren Landsmanns; für jede Unart des Kleinfürstenthums findet **der Vielgewandte eine** bequeme Entschuldigung: „Sonderbünde sind **Gift** für einen gesunden Körper, Arznei für den kranken Leib **des deutschen** Reichs!" Dann hofft er selbst durch einen Sonderbund deutscher Fürsten den Häusern Bourbon und Habsburg Frieden **zu gebieten** und entwirft das bekannte Bedenken über die securitas **publica** des Reichs — eine Denkschrift, die mit allen ihren geistreichen Einfällen doch in der leeren Luft schwebt; nirgends verfällt der Philosoph auf die entscheidende Frage: ob ein solcher Bund ohnmächtiger, zwieträchtiger und zumeist von Frankreich bestochener Kleinfürsten nicht nothwendig ein Werkzeug des Landesverrathes werden müsse?

Als nun die begehrlichen Pläne des Versailler Hofes gegen Holland und die Rheinlande klarer und klarer hervortreten, da schreibt der Unermüdliche seinen „ägyptischen Plan", der für den weiten geschichtsphilosophischen Horizont des Denkers ein ebenso beredtes Denkmal bleibt wie für seine praktische Unfähigkeit. Leibniz hofft den allerchristlichsten König zu gewinnen für die Eroberung Aegyptens, für **einen** Vernichtungskrieg gegen Frankreichs natürliche Bundesgenossen, die Türken, und ihn also abzulenken von der lockenden Beute, die am Rheine dicht vor der Spitze seines Schwertes liegt. Er verheißt **ihm** nach der Niederwerfung der Osmanen die Herrschaft auf dem Mittelmeer, die Feldherrnschaft der Christenheit, das Schiedsrichteramt der Welt und die erbliche Kirchenvogtei — immer mit dem stillen

Hintergedanken, am letzten Ende werde der Kaiser diese seine alten
Rechte gegen den betrogenen Franzosen behaupten. Dann eilt er nach
Paris, seinen untrüglichen Plan der Krone Frankreich zu empfehlen,
empfängt die kühle Antwort, seit Ludwig dem Heiligen seien die Kreuz-
fahrten aus der Mode gekommen, und singt dem unbelehrten Könige
klagend zu: „Gelten Dir statt des Nils wirklich die Ill und die Saar?"

Das Verderben rückt näher, Holland wird von Ludwig's Truppen
überfallen, der Brandenburger allein unter den zaudernden und bestochenen Fürsten des Reiches erkennt den Ernst der Stunde,
wirft sein kleines Heer den Franzosen entgegen. Und in solchem
Augenblicke schickt Leibnitz seinen Mainzer Gönnern die Denkschrift
de castigando per Saxonem Brandenburgico, ein Meisterstück politischer Treulosigkeit, das Häßlichste, was je aus seiner Feder floß.
Der irenische Politiker zürnt, weil die groben Naturalisten in Berlin
den Tiefsinn seines ägyptischen Friedensplanes nicht verstehen wollen;
darum sollen sie gezüchtigt werden, an Brandenburg und Holland
soll die Welt erfahren, daß „man den König von Frankreich nicht
ungestraft beleidigt". Der Brandenburger ist der natürliche Feind
von Frankreich, weil er die Schweden bekämpft — von Mainz, weil
er die Führung der deutschen Protestanten an sich gerissen — von
allen größeren deutschen Staaten, weil seine Machtstellung Jedermann
bedroht. Also muß Kursachsen ihm in die Flanke fallen, so lange
sein Heer noch am Rheine kämpft; und der Schwärmer für die Einheit
der christlichen Kirche entblödet sich nicht, sogar den Glaubenshaß
der sächsischen Lutheraner gegen die reformirten Märker in die Waffen
zu rufen. Vielleicht gelingt es dann, dem Brandenburger einige
Provinzen abzunehmen und ihm möglichst entlegene Gebiete, etwa in
Holland, dafür zu geben, ut dispersior sit potentia. Dabei regt sich
immer wieder die Thatenscheu der Mainzer Ireniker; diesen politischen
Dilettanten ist es niemals ganzer, schwerer Ernst mit der Staatskunst. Wie drohend Leibnitz redet, er hofft doch, schon die Rüstung
Kursachsens, solus armorum terror werde genügen, die Franzosen
von dem dreisten Brandenburger zu befreien. Das Alles mit tiefer,
lauterer vaterländischer Begeisterung!

Man begreift, wie verletzend die schonungslose Schärfe des
Severinus diesen Mann der allbereiten Vermittlung berühren mußte.
In Leibnitz und Pufendorf verkörpern sich zwei Seiten des obersächsischen
Charakters: dort zu bezaubernd geistvoller Liebenswürdigkeit gesteigert

die glatte, schmiegsame Feinheit, die in dem Stamme überwiegt, hier
jener schroffe Wahrheitstrotz, der, in natürlichem Rückschlage, zuweilen
einzelne Söhne des Landes beherrscht hat. Leibnitz verdammte den
Severinus als ein freches Pasquill, schrieb bittere Noten dazu, die
er sich vorsichtig hütete herauszugeben, kam in Briefen und Schriften
häufig auf das verhaßte Buch zurück. Was er aber selber der Ketzerei
seines Landsmannes zu entgegnen weiß, ist überraschend schwach, auch
für das leidenschaftslose wissenschaftliche Urtheil. Um nur nicht auf=
gescheucht zu werden aus der holden Selbsttäuschung, die Pufendorf
mit grausamer Hand zerstörte, nimmt der tiefe Denker alle die hohlen
Schlagworte der politischen Scholastik wieder auf, die Jener gröblich
als Albernheiten verwarf. Wer mag es ohne Beschämung lesen,
wenn ein Mann von solchem Geiste feierlich niederschreibt, die Weis=
sagung Danielis von der vierten Monarchie sei „das Fundament"
des deutschen Reichs? Welch' ein faunisches Lächeln mag dabei
um seine feinen Lippen gespielt haben! Dem scharfen klaren Souveräni=
tätsbegriffe Pufendorf's hält er die Phrase entgegen: „Die Souveränität
besteht nicht in der Macht, sondern in der Ehre, die Majestät ist dem
Rufe ähnlich" (majestas est similis existimationi). So geht es fort
in unklaren bildlichen Redewendungen; die Sätze schillern in allen
Farben, schielen nach jeder Seite. Das Reich ist ein wirklicher Staat,
da dem Kaiser das dominium über die Fürsten zusteht, freilich ein
unregelmäßiger Staat, der eines Willens zwar bedarf, doch ihn nicht
immer hat. Die kaiserliche Gewalt scheint aus der päpstlichen Gewalt
zu entspringen, wie aus ihrer Ursache (tanquam causa), sie bedarf
der absoluten Machtvollkommenheit nicht. Vielmehr läßt sich Ein=
heit und Freiheit wohl verbinden, wenn nur Eintracht besteht zwischen
Haupt und Gliedern und „die uralte heilsame Mixtur" der Reichs=
verfassung getreulich bewahrt wird.

Während er also die Staatsgewalt des Reichs in leere Redens=
arten auflöst, träumt er zugleich überschwänglich von Deutschlands
ungeheurer Macht: die Schweizer und Niederländer werden zum Reiche
zurückkehren, auch die Italiener, unsere Vasallen, werden den Regens=
burger Reichstag beschicken, sobald sie ihren Vortheil recht erkennen.
In tiefer Ehrfurcht beugt er sich vor dem Hause Oesterreich; das alte
Anagramm pello duos, das die Wiener Jesuiten so oft zur Verherr=
lichung verschiedener habsburgischer Leopolde angewendet, kehrt bei
Leibnitz wieder: Kaiser Leopoldus wird Türken und Franzosen, die

beiden Todfeinde Deutschlands, zugleich verjagen; sein Oesterreich ist
unsere Vormauer gegen die Barbaren des Ostens, und „der Oesterreicher Treue um so mehr zu loben", da sie durch ihre Privilegien
der Reichspflichten entbunden sind. Das einzig Feste in diesem phantastischen Durcheinander ist die Ruheseligkeit, die sich mit sanften
Worten über die entsetzliche Fäulniß des heimischen Staates hinweg-
zureden weiß.

Ueberall bewährt sich, daß der große Philosoph kein Politiker
war; ungleich wichtiger als der irdische Staat bleibt ihm die **res
publica una** der Christenheit mit dem Papst als Primas **und dem**
Kaiser als Schwertträger. Bezeichnend für die wunderliche Allseitig-
keit des Mannes ist schon der Titel der Schrift, die er nachher im
Dienste der Welfen herausgab: Caesarinus Fürstenerius. Hier versucht
er, **dem Kaiser das Seine zu geben,** aber auch den Fürsten, — geißelt
die Sünden der deutschen Libertät und vertheidigt zugleich das unselige
Recht, worauf diese Libertät wesentlich ruhte, die selbstständige auswärtige
Politik der kleinen Höfe. Erfreulicher erscheint sein politisches Schaffen
in späterer Zeit, als die deutschen Dinge sich etwas klärten und die
Reichskriege gegen Frankreich begannen. Damals hat er in zahlreichen Flugschriften seine warme Vaterlandsliebe, seinen Haß gegen
den übermüthigen Friedensstörer ausgesprochen. Das Gewissen der
Nation zu packen gelang ihm doch niemals. Er lernte nie die Kunst
des Publicisten, ohne Umschweife auf das Ziel loszugehen, **und stets**
von Neuem überkamen ihn die alten phantastischen Lieblingsgedanken.
Noch immer hofft er die Macht Frankreichs vom Rheine **ab gegen**
die Türken zu **lenken,** noch immer preist er **den Jammer der deutschen**
Verfassung: „das Reich ist wohlgeordnet und in unserer Macht steht
es, glückselig zu sein". So ist die publicistische Wirksamkeit des großen
Mannes für das nationale Leben leider völlig unfruchtbar geblieben,
unschätzbar freilich für den Historiker, denn schlagender als an **den**
Irrfahrten dieses gewaltigen Geistes läßt sich der rettungslose Zerfall
des alten deutschen Staates nicht erweisen.

Von Pufendorf ist uns, so viel ich sehe, **kein einziges Wort über**
den rastlosen Gegner erhalten. Der streitbare Mann war völlig neid-
los, eine hochherzige Natur, bereit, jedes fremde Verdienst freudig anzuerkennen, ganz frei von jener mäkelnden Grämlichkeit, welche damals
mit dem einbrechenden Philisterthum den alten großen Sinn unseres
Volkes zu entstellen begann; er wußte **auch** in der Hitze des Streites

zur rechten Zeit die Stimme zu senken und zu heben, behandelte geist=
reiche Feinde ganz anders als pfäffische Eiferer. Daher dürfen wir
wohl vermuthen, daß er absichtlich vermieden hat sich zu messen mit
einem politischen Gegner, der auf anderen Gebieten so bewunderungs=
würdig war. Leibniz hingegen verfuhr kleinlich und unwahr wider
den verhaßten Neuerer. Er hat nicht nur höchst ungerecht über Pufen=
dorf's Werke abgeurtheilt, wollte ihm nichts zugestehen als etwas
Scharffinn und eine gewandte Feder; er scheute sich auch nicht, alle
die albernen Klatschgeschichten, welche die erbitterten Orthodoxen von
ihrem tapferen Feinde berichteten, geschäftig umherzutragen. Schon
in jungen Jahren erzählt er schadenfroh, die Elementa seien aus
Weigel's Heften abgeschrieben, der Severinus aus Conring's Werken
— abgeschmackte Märchen, worüber Weigel und Conring selbst nur
lächeln konnten. Und lange nach Pufendorf's Tode versichert er noch,
der arge Mann sei durch einen rechtzeitigen Tod dem Zorne seines
Königs entrissen worden — was sich wiederum als eine grobe Un=
wahrheit herausstellt. Darum verdient es auch wenig Glauben, wenn
Leibniz ein andermal, ohne Angabe der Thatsachen, behauptet, Pufen=
dorf habe sich treulos erwiesen bei einem Geschäft, das ihm der Philo=
soph für den Stockholmer Hof aufgetragen. Von Falschheit liegt gar
nichts in Pufendorf's herrisch schroffem Wesen, und wir müssen bis
auf besseren Beweis annehmen, daß auch hier wieder ein Mißverständniß
obgewaltet hat oder eine der zahllosen Zwischenträgereien, welche unter
dem klatschsüchtigen Gelehrtengeschlechte jener Zeit umliefen. Als
Publicist übertraf der Verfasser des Severinus den großen Denker
durch muthigen Gradsinn, Bestimmtheit der Rede, Schärfe der Be=
griffe; er übertraf ihn, gerade weil sein Geist minder reich, reizbar
und umfassend war, als das Genie des Philosophen. Da Leibniz die
politische Ueberlegenheit des Gegners im Stillen fühlen mochte, so hat
sich sein Widerwille gegen den Störer des Reichsfriedens bis zu
krankhafter Gehässigkeit verhärtet.

Unterdessen wimmelten die kleinen Ameisen der Reichsrechts=
wissenschaft, aufgestört durch den Fuß des Severinus, geschäftig hin
und her. Es lohnt der Mühe nicht, die abschreckend langweiligen und
geistlosen Schriften aufzuzählen, die jetzt in rascher Folge gegen das
monströse Buch in die Schranken traten. Ergötzlich nur, wie vornehm
diese kleinen Leute „den wälschen Sophisten" von oben herunter ab=
fertigen. Da giebt Andreas Oldenburger unter dem Namen Pacificus

a Lapide den Severinus noch einmal heraus und kanzelt den Ver=
faſſer in ſchulmeiſternden Anmerkungen mit verächtlichem ohe! und
mi homo! ab. Da fragt der pſeudonyme Teuteburg, wie nur dieſer
profane Wälſche über den leeren Titelprunk des Kaiſerthums ſpotten
könne: des Reiches Stände ſind doch, wie männiglich bekannt, ſehr
vornehme Herren, und der Kaiſer unbeſtreitbar noch viel vornehmer.
Da beweiſt der Leipziger Schaarſchmidt, die Souveränität ſei ein Wahn=
begriff (majestatem esse non-ens), und das heilige Reich mit ſeiner
unfindbaren ſouveränen Gewalt erfreue ſich blühender Geſundheit —
eine bequeme Theorie, die ſich nahe berührt mit dem Leibnitziſchen
Satze, die Souveränität beſtehe in der Ehre. Da zetert ein frommer
Lutheraner: der frivole Heidelberger hat ſeinen evangeliſchen Glauben
verrathen, indem **er** unter der Maske eines Papiſten ſchrieb! Ein
Regensburger **Juriſt** des Namens Praſch veröffentlicht gar geheime
Briefe des Severinus, läßt darin den Italiener reuig ſeine Ketzereien
zurücknehmen und demüthig bekennen: jetzt weiß ich's beſſer, das heilige
Reich iſt **wirklich** ein muſterhafter „gemiſchter Staat".

In zwei geharniſchten Diſſertationen hat Pufendorf ſolche An=
griffe zurückgewieſen*) und ſeine Auffaſſung wiſſenſchaftlich tiefer
begründet. Dieſe beiden Abhandlungen „über die Staatenverbin=
dungen" und „über den unregelmäßigen Staat" zählen noch heute
zu dem Beſten, was auf dem phraſenreichen Gebiete der Lehre von
den Föderationen geleiſtet worden iſt. Unerbittlich ſtellt er dem ver=
ſchwommenen Gerede vom gemiſchten Staate den ſchroffen Satz ent=
gegen: jeder geordnete Staat bedarf der Einheit des politiſchen Willens
(unitas voluntatis **publicae**), er bedarf einer höchſten **Gewalt, die
wie König Guſtav Adolf Niemanden über ſich anerkennt, als allein
Gott und das Schwert des Siegers (neminem nisi Deum et ensem).**

---

*) Wenn S. **Brie** (Geſchichte der Lehre vom Bundesſtaate S. 22) ſich ver=
wundert, **daß** Pufendorf **neben** ſo vielen unbedeutenden Gegnern **den** geiſtreicheren
Ludolph Hugo nicht erwähnt, ſo hätte **er** die Erklärung ſchon **aus** den Jahres=
zahlen entnehmen können. **Der** Verfaſſer des Severinus fertigt **nur die** Ein=
wendungen ab, welche gegen ſein Buch erhoben wurden; Hugo's Regiones aber
waren ſchon ſechs Jahre **vor** dem Severinus erſchienen. Auch konnte Pufendorf
trotz ſeiner Sehergabe doch unmöglich voraus wiſſen, daß der Verſuch des jungen
Helmſtädter Doctors, die verfallene Verfaſſung **des** alten Reichs theoretiſch zu
conſtruiren und zu rechtfertigen, zweihundert Jahre ſpäter unter dem neuen Reiche
von einem **gelehrten** Kenner des deutſchen Staatsrechts als **der** glänzende Aus=
gangspunkt der allein wahren Bundesſtaats=Theorie gefeiert werden **würde.**

In der Gliederung der Staatsbehörden und Verfassungsorgane kann wohl eine Mischung von monarchischen, aristokratischen und demokratischen Grundsätzen sich zeigen; aber die Frage: wer der Souverän sei, wem die höchste Gewalt zustehe, darf in einem gesunden Staate nicht zweifelhaft bleiben. Die Untheilbarkeit der Souveränität ist nicht ein scholastisches Dogma, sondern der allerwichtigste Lehrsatz der Staatswissenschaft. Darum sind nur zwei regelmäßige Formen des zusammengesetzten Staates möglich: das monarchische Reich und der Bund souveräner Staaten. Entweder sind unterthänige Gemeinwesen, die im Innern einige Selbstständigkeit behaupten, dem Befehle eines monarchischen Oberhauptes unterworfen: so im deutschen Reiche zur Zeit seiner Blüthe. Oder souveräne Staaten bilden für ihre gemeinsamen Zwecke eine Bundesgewalt, welche die einstimmigen Beschlüsse **der verbündeten Souveräne** ausführt, also unter den Bundesgliedern steht: **so in der Republik der Niederlande**, die Pufendorf **als ein** Schüler des Grotius durchaus im Sinne der particularistischen Staatenpartei beurtheilt.

Gleich allen seinen Zeitgenossen ahnt er noch nicht, daß noch eine **dritte** Form der Staatenverbindung möglich ist: der Bundesstaat, die Unterwerfung unterthäniger Territorien unter eine souveräne Bundesgewalt, die unter Mitwirkung der Territorialgewalten gebildet wird; diese kunstreichste Form der Föderation ist ja erst seit dem Entstehen der amerikanischen Union der Staatswissenschaft bekannt geworden. Auch verrathen seine Gedanken überall die Härte des Absolutisten, der die unbedingte Vereinigung aller Staatsgewalten in Einer Hand erstrebt. Er versäumt **den** dehnbaren Begriff der Souveränität zu zergliedern und nachzuweisen, welche Hoheitsrechte der Staat nicht aufgeben kann, ohne sich selber aufzugeben. Gleichwohl bleibt ihm der Ruhm, **daß er durch** seinen **harten** Souveränitätsbegriff für alle Zukunft den Weg gewiesen hat, der allein zum wissenschaftlichen Verständniß der Föderationen führt. Auch die historischen Voraussetzungen des bündischen Lebens, **wofür die** formalistische Staatswissenschaft jener Zeit noch gar kein Auge hat, werden von Pufendorf feinsinnig erörtert: er verlangt für einen kräftigen Staatenbund Gleichheit der Sprache, der Sitten, der Interessen, und erkennt bereits, **daß Republiken** leichter als Monarchien einer Bundesgewalt sich fügen können.

Das deutsche Reich, das die Souveränität weder dem Ganzen

noch den Theilen unzweifelhaft gewährt, ist und bleibt ihm ein Mon=
strum, muß über lang oder kurz in einen Staatenbund oder in eine
wirkliche Monarchie sich verwandeln, obwohl die Geschichte manche
langlebige Monstra kennt. Während Leibnitz die kaiserliche Macht
in Oesterreichs Händen wohl aufgehoben sieht und nur zugiebt, in
den Tagen Wallenstein's seien einige Mißbräuche vorgekommen, erklärt
Pufendorf rund heraus, ein natürlicher Gegensatz der Interessen trenne
den Kaiser von den Reichsständen, rückhaltlose Eintracht sei unmög=
lich in diesem Reiche. So, mit unbeirrtem Freimuth, hält er seinem
Lande den Spiegel vor und ruft: „es wäre Feigheit, wenn ich mich
schrecken ließe durch die Menge der Gegner!“ —

II. *)
(30. Juni 1875.)

Inzwischen gingen die frohen Heidelberger Tage zu Ende. Der
Vertheidiger der absoluten Monarchie war kein Hofmann, und der
aufgeklärte Kurfürst konnte sein launisches Stuartblut nicht ganz ver=
leugnen, er zürnte heftig, da Pufendorf einige Mißgriffe der pfäl=
zischen Verwaltung offen zu tadeln wagte. Zu einem erklärten Bruche
ist es nicht gekommen; Carl Ludwig wünschte seiner Hochschule den
glänzenden Namen des Sachsen zu erhalten. Aber die Verstimmung
des Hofes und der Haß der Collegen wider den Spötter Severinus
wurden in den engen Verhältnissen der kleinen Stadt sehr lästig, und
Pufendorf fühlte sich von peinlichem Drucke befreit, als er (1668)
nach Lund berufen wurde — sicherlich nicht ohne Zuthun des Bru=
ders Esaias. Es bezeichnet die deutschen Zustände, daß ein Mann,
der mit seinem bewußten nationalen Stolze unter den Zeitgenossen
fast einsam dastand, so ganz unbedenklich einem Rufe in's Ausland
folgen konnte. Der Staats= und Kriegsdienst begann erst allmählich
herauszuwachsen aus den Gewohnheiten des heimathlosen Söldner=
wesens. Sehr langsam hat sich der Große Kurfürst ein treues Be=
amtenthum erzogen, das unter dem rothen Adler heimisch blieb; auch
unter ihm geschah es noch zuweilen, daß ein Würdenträger mit einem
hohen Beamten des Nachbarlandes unbefangen tauschte, so wurden die
Generale Barfus und Schöning zwischen Kursachsen und Brandenburg
ausgetauscht. Vollends die Gelehrten, die überall ihre weltbürger=

liche Wissenschaft und die lateinische Unterrichtssprache wieder fanden,
lebten durchaus von der Scholle gelöst; häufig stand ein berühmter
Professor, wie Conring, als Geheimer Rath im Solde mehrerer
Fürsten, gab Rechtsgutachten und politische Denkschriften an drei oder
vier Höfe zugleich.

Der scandinavische Norden galt der deutschen Gelehrtenwelt nicht
als Ausland: sein Volksthum fing kaum erst an, der Uebermacht
deutschen Capitals und deutscher Bildung zu entwachsen. Wie in
allen Handelsplätzen des Nordens noch von den Zeiten der hansischen
Seeherrschaft her viele deutsche Kaufleute saßen, deutsche Sprache und
Sitte am dänischen Hofe überwog, deutsche Bergleute die Eisenwerke
Schwedens leiteten, so hatten auch die nordischen Hochschulen ihr
Lutherthum und die Methode ihrer Forschung von Deutschland em-
pfangen. Zahlreiche junge Männer aus den deutschen Provinzen
der Krone Schweden studirten in Lund, auch ein großer Theil der
Professoren stammte aus dem Reiche; das Leben dort am Sunde
unterschied sich nicht wesentlich von dem Tone der anderen Ostsee-
Universitäten. Noch bestand eine Gemeinschaft baltischer Cultur. In
Lund wie auf den beiden deutsch-schwedischen Hochschulen Greifswald
und Dorpat, in Rostock und Königsberg wie auf der neuen Kieler
Universität zeigte sich dieselbe eigenthümliche Mischung deutschen und
halbdeutschen Wesens, überall die unberührte Lutherische Bildung des
Nordens und eine streng aristokratische Gesellschaft, die feierliche Pracht
eines hochausgebildeten akademischen Ceremoniels neben den derben
Berserkersitten einer lebenskräftigen nordischen Jugend.

Pufendorf ahnte nicht, daß er in die Fremde zog, als er das
Neckarthal mit den Gestaden von Schonen vertauschte; er fühlte sich
geehrt durch den Ruf der mächtigen Krone, bei der schon Cartesius,
Grotius, Salmasius und so viele andere namhafte Gelehrte eine Zuflucht gefunden. Erst nach Jahren begann er zu empfinden, wie übermüthig der Schwede auf den Deutschen herabschaute. In jedem
Schlosse dieser stolzen Adelsgeschlechter hingen noch die Trophäen
aus dem deutschen Kriege. Ihr König trug die Schlüssel des Festlandes an seinem Gürtel, beherrschte von Bremen und Verden her
Elbe und Weser, von Stettin aus die Oder, von Riga die Düna,
nannte die Ostsee ein schwedisches Meer, da auch der Kieler Hafen
den treu verbündeten Gottorper Herzögen gehörte; und wie gewandt
immer die heitere schwedische Gastlichkeit ihre Herzensgedanken zu ver-

bergen verstand, das heilige Reich galt hier doch nur als ein offenes
Jagdgebiet für die sieggewohnten Heere der Wasa's, der einzelne
Deutsche **nur** als der geborene Diener des nordischen Herrenvolkes.

Die reichen Südküsten Schwedens, **die** Landschaften Halland,
Schonen und Blekingen waren erst **vor** wenigen Jahren durch die
Siege Carl Gustav's an das Reich der drei Kronen **gekommen**. Der
Stockholmer Hof unternahm die widerstrebenden neuen Provinzen,
die noch treu an Dänemark hingen, durch eine sorgsame Verwaltung
zu versöhnen. Um das alte Lund für seine verlorene Handelsgröße
zu entschädigen, wurde dort die neue Universität gegründet, und Pufendorf trat als hochbesoldeter professor primarius an die Spitze des
Lehrkörpers. Er war jetzt ein vornehmer Herr geworden; die kräftige
Gestalt, der große Kopf mit den feurigen Augen und dem scharfen
ironischen Zuge um die starken Lippen erschienen stattlich in der anspruchsvollen Gelehrtentracht. Wieder wie in Heidelberg kam ihm
die Begeisterung der Jugend entgegen; er muß, nach den Berichten
von Freund und Feind, die den meisten Obersachsen angeborene Rede-
gabe in seltener Vollendung besessen haben. Wenn er disputirte, so
drängten sich die nordischen Grafen und Barone, die Banér, Horn,
Flemming um die Ehre, ihm zu opponiren; auch mit dem Curator,
dem Admiral Graf Stenbock, stand er auf gutem Fuße. Und wieder
wie in der Pfalz umgab ihn die rastlose Thätigkeit einer absoluten
Fürstenmacht, die seiner Ueberzeugung entsprach. Mit eiserner Strenge,
hart und gewaltsam, doch nicht ohne einen Zug von Größe zwang
der junge König Carl XI. die Parteien des Adels zum Gehorsam,
beugte die Macht des hadernden Reichstags, zog das verschleuderte
Krongut in Massen an die Krone zurück, unterwarf die Landeskirche
seiner oberbischöflichen Gewalt.

Auf Augenblicke erwachte dem Gelehrten wohl die Sehnsucht nach
staatsmännischem Wirken, jene gefährliche Versuchung, die jedem bedeutenden politischen Denker einmal nahe getreten ist; „ich muß",
schreibt er dem Bruder wehmüthig, „mit schattenhaften Gedanken (um-
bratica speculatione) betrachten, was Du mitten in den Geschäften
durch die That vollführen darfst". Doch er verstand sich zu bescheiden;
er erkannte, nüchterner als Leibniz, daß die Gabe der Voraussicht
allein den Staatsmann noch nicht bildet, und begann mit unermüd-
lichem Fleiße, die politischen Gedanken, **die** seit dem Entwurfe der
Elementa ihn beschäftigten, zu einem geschlossenen Systeme auszu-

gestalten. In rascher Folge entstand eine Reihe von Dissertationen:*) so die beiden oben geschilderten über die Staatenbünde und eine Abhandlung **über die Pflichten gegen das Vaterland, die von der lebendigen** Staatsgesinnung des Mannes ein merkwürdiges Zeugniß giebt. Das historisch Gegebene unbefangen hinzunehmen, ist diesem Geschlechte **noch** unmöglich; Pufendorf sucht ängstlich nach einem Rechtsgrunde der Vaterlandsliebe und findet ihn in der väterlichen Gewalt, die dem Lande über seine Söhne zusteht. Aber wie frei und weit, wie anders als Grotius, versteht er die so künstlich begründete Verpflichtung: in Allem und Jedem soll der Bürger als ein Glied des Ganzen sich fühlen, auch an ungerechten Kriegen seines Landes soll er ohne Murren theilnehmen, nur in seltenen äußersten Fällen des Unrechts steht ihm frei, durch Auswanderung sein Gewissen zu retten.

Alle diese Schriften sind nur Nebenwerke und Vorarbeiten zu dem Buche, das ihm zuerst einen gesicherten Namen in der Wissenschaft verschaffte. Im Jahre 1672 erschien das Naturrecht, ein Jahr nachher ein Auszug daraus: über die Pflicht des Menschen und des Bürgers. Mit diesem Werke ward er für Deutschland der Vater des Naturrechts, wie **die** alte vergeblich angefochtene Ueberlieferung sagt. Als ein brauchbares Handbuch, das die gesammten staatswissenschaftlichen Kenntnisse der Zeit übersichtlich zusammenfaßte, ist das Buch fast in alle Sprachen, auch in das Russische auf Peter's des Großen Befehl, übersetzt worden und hat bis auf Kant, der zuerst wieder auf dem Gebiete der Rechtsphilosophie einen großen Schritt vorwärts wagte, die deutschen Katheder so unumschränkt beherrscht, daß jene lustigen Schiller'schen Verse von „Herrn Pufendorf" volle hundert Jahre nach seinem Tode noch reden, als stände **er heute** noch auf dem Lehrstuhl. Solche grundlegende, langlebige Schriften erscheinen der Nachwelt leicht trivial und geistlos, weil uns jeder Satz durch hundert Erklärungen und Nachbesserungen geläufig geworden; und es ist um so schwerer, über das Werk historisch zu urtheilen, da die Lieblingsvorstellungen des alten Naturrechts dem vulgären Liberalismus tief in's Blut gedrungen sind **und** auch heute noch unwillkürlich den Widerspruch reizen.

Der bleibende historische Werth dieser Richtung, die fast zwei Jahrhunderte hindurch den Gang der Staatswissenschaft bestimmte, liegt darin, daß sie einen Grundgedanken der Reformation theoretisch

---

*) Gesammelt **erschienen**: Upsala 1677.

verwirklichte. Sie befreite die Politik von der Theologie und schuf damit erst den festen weltlichen Boden für die Staatswissenschaft. Begreiflich daher, daß alle theologischen Juristen, wie der jüngere selige **Stahl**, mit unhistorischer Parteilichkeit über die befreiende Macht dieses „Rationalismus" wehklagen. Den Denkern des Mittelalters erscheint die sittliche Welt als eine festgeordnete sichtbare Einheit; Staat und Kirche, Kunst und Wissenschaft empfangen die sittlichen Gesetze ihres Lebens aus der Hand des Stellvertreters Christi. **Wie kühn auch** Dante und die tapferen Minoriten in den Tagen Ludwig's des **Baiern** für die Selbstständigkeit des Staates stritten, die Lehre des heiligen Augustin behielt doch die Oberhand: **die Kirche ist das Reich Gottes**, der Staat das Reich des Fleisches, sündhaft an **sich und** zu sittlichem Dasein nur berechtigt, **wenn** er der Kirche seinen dienenden Arm leiht, ihre Befehle vollführt. Erst Macchiavelli bricht entschlossen mit **dieser** Anschauung, er wagt die Lebensgesetze des Staates aus der Natur des Staates selber abzuleiten. Aber auch er steht noch mit Einem Fuße in der Welt des Mittelalters; eine Sittlichkeit, die nicht kirchlich gebunden ist, vermag er sich noch nicht vorzustellen. Indem er den Staat von der Kirche befreit, wirft er die Politik aus der Ethik heraus und leugnet, daß irgend ein sittliches Gesetz die Machtkämpfe der Staaten beherrsche. So durfte denn Luther mit vollem Rechte sich rühmen, daß er zuerst der christlichen Welt gezeigt habe, was Würde und Stand weltlicher Obrigkeit vor Gott sei. Schon in der Schrift an den christlichen Adel erklärte er den Satz: „weltliche Gewalt ist **unter der geist=** lichen" für die erste der drei Mauern der Romanisten. Er brach diese Mauer, gab dem Staate die Befugniß zurück, unabhängig seinen eigenen Zwecken nachzugehen, und suchte nun nach einem natürlichen Rechte, das dem Leben der Staaten die sichtliche Regel geben und selbst= verständlich mit der heiligen Schrift übereinstimmen sollte. **Als der** schmalkaldische Krieg herannahte, kam der Reformator **nach schweren** Gewissenskämpfen zu dem Schlusse: öffentliche violentia **hebt auf** allen Nexus zwischen Obrigkeit und Unterthan jure naturae.

Auf dieser Bahn, die Luther's tief religiöser Geist mehr gewiesen als selbst betreten hat, ist dann der Protestantismus weiter geschritten. Alle fruchtbaren politischen Denker der folgenden Zeit sind Pro= testanten, auch Bodinus stand unter dem Einfluß Hugenottischer Bil= dung. Den Streitern der alten Kirche fehlte der Glaube an die sitt= liche Berechtigung des Staates; er blieb ihnen das sündhafte Werk menschlicher Willkür, werthvoll nur als ein Diener der Kirche. Darum konnten die Jesuiten mit vollkommener Gemüthsfreiheit bald den Despotismus bald die Volkssouveränität für das Reich des Fleisches empfehlen. Allein die Protestanten, tief durchdrungen von dem sittlichen Berufe des Staates, suchten ernstlich nach einem vernünftigen **Gesetze des** politischen Lebens; lange vergeblich, da die Theologie auch ihre Gedanken noch in Banden **hielt**. Die kampflustigen Monarchomachen der Hugenotten und Puritaner wurden doch nicht **frei** von der Vorstellung, daß der Herr Zebaoth **mit** seinem gläubigen Volke einen ursprünglichen Vertrag geschlossen habe, einen covenant, dessen Satzungen den Staat beherrschten. Vollends das deutsche Lutherthum fiel auch mit seinen politischen Gedanken bald wieder ganz in die Scholastik zurück. Oldendorp, Henning, Benedict Winkler, alle die frommen Politiker, die man als Vorläufer des Grotius zu bezeichnen pflegt, reden zwar in unbestimmten Worten von einem natürlichen Rechte, doch in Wahrheit stellen sie die Rechtswissenschaft in **den** Dienst der Theologie, „die uns über den Willen Gottes belehrt"; das höchste aller Staatsgesetze ist das von Gott selbst verkündigte Recht der zehn Gebote.

Da erhob sich endlich die Lehre des Grotius in dem protestantischen Lande, das im Mittelpunkte der neuen Völkergesellschaft stand **und die** Zerrüttung aller überlieferten Rechtsbegriffe am schmerzlichsten empfand. Der Holländer begründete den Staat auf den Trieb des Wohlwollens, der die vereinzelten Menschen zur Geselligkeit führt, und unternahm durch die Vernunft allein, für diese weltliche Gemeinschaft Rechtsregeln zu finden, welche wahr bleiben „auch wenn es möglich wäre, daß es keinen Gott gäbe". Diese schlechthin weltliche Auffassung des Staates ward durch Pufendorf in die deutsche Wissenschaft eingeführt. Sie konnte sich nur durchsetzen im Kampfe mit der Ueberhebung der Theologie, die beständig meisternd eingriff in das Gebiet des Staates; doch sie war keineswegs der Theologie selber feind, sie fußte vielmehr auf der Ueberzeugung, daß die Gebote des natürlichen Rechts der recht erkannten, geoffenbarten Wahrheit niemals widersprechen können. Die maaßvoll versöhnliche Haltung der Wissen**schaft gegenüber** dem Glauben ergab sich nothwendig aus der Ge**sittung** eines paritätischen Volkes, das drei mächtige Glaubensbekennt**nisse neben einander** ertragen und ihren menschlichen Werth unbefangen würdigen mußte; sie ist das ganze achtzehnte Jahrhundert hindurch der unterscheidende Charakterzug der deutschen Humanität geblieben, während die englische und die französische Aufklärung dem Sensualismus und der Religionsspötterei verfielen.

Ueber die Gebrechen der Naturrechtslehre kann heute kaum noch ein Zweifel bestehen. Ihr fehlt, wie der gesammten Zeit, durchaus der historische Sinn. Sie versucht nicht die geschichtlichen Erscheinungen des Staatslebens zu verstehen, sondern sie befiehlt, was im Staate sein soll und nicht anders sein kann, da alle vernünftigen Wesen darin übereinstimmen müssen. So wird sie unfähig, die Bewegung des Staates zu erklären; in ungelöstem Dualismus stellt sie das allein wahre unwandelbare Naturrecht dem beweglichen positiven Rechte gegenüber, während die Wissenschaft vielmehr zeigen soll, wie die göttliche Vernunft durch eine unendliche historische Entwicklung in den Verfassungsgebilden der Menschheit sich offenbart und entfaltet. Die Naturrechtslehrer wollen, wie Cartesius, die Welt aus dem Selbstbewußtsein des denkenden Ich verstehen; aber diese tiefe Wahrheit führt sie zu dem Trugschlusse, daß der Staat durch die freie Willkür der unabhängigen Einzelnen entstanden sei. Unfähig, den Menschen als das Glied einer uranfänglichen Gemeinschaft, den Staat und die Familie als ursprüngliche Vermögen der Menschheit zu begreifen, stellen sie also den Staat als ein Werk des Zufalls hin, das auch nicht sein könnte, und erniedrigen ihn, der einer der großen Zwecke der menschlichen Freiheit ist, zu einem Mittel für die Lebenszwecke des Einzelnen. Durch die Fiction eines weder denkbaren noch historisch nachweisbaren staatlosen Naturzustandes wird der spielenden Phantasie Thür und Thor geöffnet; die Brücke, die von da hinüberführt zum Staate, der freie Vertrag, ist schon darum haltlos, weil die bindende Kraft der Verträge nur im Staate selber möglich wird. Auf den Vertrag als die einzige Schranke des freien Einzelwillens wird jede Verpflichtung der Menschheit zurückgeführt: die Familienpflichten entspringen einem Vertrage, der die Pflicht der Ernährung einerseits, die des Gehorsams andererseits festgesetzt hat; die Lüge ist verwerflich, weil nach einem ursprünglichen Vertrage jedes Wort einen bestimmten Sinn haben soll u. s. w. Die Väter des Naturrechts sind Aristokraten wie Grotius, oder Absolutisten wie Pufendorf; doch den letzten bündigen Schluß aus ihrer Lehre haben erst die radicalen Franzosen des nächsten Jahrhunderts gezogen. Der Satz nullum imperium sine pacto führt unaufhaltsam zur Volkssouveränität, zur Unterwerfung der Staats-

gewalt unter das Belieben der Bürger. Das Naturrecht vermag nicht,
dem **Leben** des Staates einen positiven Inhalt zu geben; der Staat
erscheint hier nicht als das nothwendige Gebilde einer nationalen
Geschichte, das durch die Weltstellung und die Gesittung des Volkes
bestimmte historische Aufgaben empfängt, sondern als ein Mechanismus
von Institutionen; er führt ein abstractes Dasein, verfolgt lediglich
den formalen Zweck der Sicherheit.

　　Gleichwohl waren die Lehren des Naturrechts eine nothwendige
und heilsame Entwicklungsstufe in der Geschichte der politischen Ideen.
Sie haben nicht nur das politische Denken von theologischer Vormund=
schaft befreit, sondern auch, so lange man **ihre** revolutionären letzten
Folgesätze noch nicht bemerkte, während eines Jahrhunderts unbegrenzter
Fürstengewalt eine sehr wirksame Schranke gebildet gegen höfische
Willkür. **Sie** haben die Achtung vor der festen Rechtsordnung des
Staates in weiten Kreisen verbreitet und den Frevelmuth gewaltsamer
Staatsraison theoretisch so vollständig geschlagen, daß er bald nur
unter heuchlerischer Maske sich hervorwagen durfte. Friedrich der
Zweite namentlich war durchaus erfüllt von der Ueberzeugung, daß
die Menschen, nur um ihre Rechte zu sichern, sich der Obrigkeit unter=
worfen haben. Sein Ausspruch „der Fürst ist der erste Diener des
Staates", das strenge Rechtsgefühl des altpreußischen Beamtenthums
und die tiefgewissenhafte Auffassung des Fürstenthums als eines rein
politischen Berufes, die nach **dem** Vorbilde des großen Königs unter
den besseren deutschen Fürsten sich verbreitete, stehen in engem
Zusammenhange mit den naturrechtlichen Doctrinen. Der Rechtsstaat
dieser Theorie ist auch mit nichten so starr und unwandelbar, wie man
nach ihren Vorsätzen erwarten sollte; vielmehr betont sie mit glück=
licher Inconsequenz sehr entschieden die Befugnis des Staates, gemein=
schädliche **Privilegien aufzuheben**, und ebnet dadurch den Weg für
die Reformen des aufgeklärten Absolutismus.

　　So hat **auch Pufendorf seine** Lehre verkündigt mit dem stolzen
Bewußtsein, daß er einer menschlicheren Zeit als Herold diene. „Alle
Katheder, ruft er aus, **hallen heute** wieder von Ulpian und Papinian,
das ungleich schwerer zu verstehende ursprüngliche Gesetz des Schöpfers
selbst wird wenig beachtet; das natürliche Recht ist gleichen Alters
wie die Menschheit und beginnt doch erst in unserem Jahrhundert
wissenschaftlich begriffen zu werden" Doch erscheinen seine Gedanken
in diesem Buche weniger ursprünglich und selbstständig als im Seve=

rinus. Er lehnt sich im Ganzen an Grotius an, mildert, berichtigt, erweitert im Einzelnen, vermeidet vorsichtig abwechselnd die Extreme, da ihm vieljährige Beobachtung gezeigt hat, wie viele Kräfte und Gegenkräfte den Staat bewegen. Obgleich Pufendorf den wilden Haß des Hobbes gegen den antiken Staat nicht theilt, so fühlt er doch als ein moderner Mensch sich den Alten überlegen, er zerbricht die Fesseln des Corpus juris und wahrt dem Staate die volle Freiheit, seine Gesetze nach dem Bedürfniß der Gegenwart fortzubilden. Man erkennt leicht, wie diese Gedanken **in dem** preußischen Beamtenthum fortgewirkt haben. Er verwirft die einseitige Schroffheit des National-stolzes der Alten und behandelt ihre Republiken geringschätzig als unfertige Gemeinwesen ohne feste Einheit. Darum bekämpft er auch die politischen Theorien des Calvinismus: die fehlerhafte Verfassung dieser Kirche, „die dem Pöbel das Stimmrecht giebt", die republi-kanischen Gewohnheiten der Schweizer, sowie der Monarchenhaß der französischen und niederländischen Rebellen haben die Puritaner und **Hugenotten** zu „**dem** gefährlichen Irrthum" geführt, daß die Souve-ränität dem Volke gebühre; der rechte Staatsmann soll durch eine feste Rechtsordnung das Bestehende vor neuernder Willkür zu be-wahren suchen.

Ebenso entschieden verwirft er die modische theologisirende Ver-herrlichung des absoluten Königthums. Es war die Zeit, da Veit Ludwig von Seckendorff den Landesherrn erbaulich als den frommen Familienvater seines „Christenstaates" schilderte und Filmer die gött-liche Weihe der Stuart's bis auf Adam, den ersten der Könige, zurück-führte; mit verwandten Gründen pries bald nachher Bossuet die Machtvollkommenheit des Allerchristlichsten Königs. Solche politische Mystik erscheint Pufendorf's weltlichem Sinne lächerlich; er begnügt sich, die Monarchie als die gerechteste und kräftigste Staatsform zu loben. Das Königthum ist um nichts heiliger als die Würde des Senats in der Aristokratie, die der Volksversammlung in der Demo-kratie; das Wohl des Volkes zu fördern bleibt die höchste Aufgabe jeder Staatsgewalt. Auch der Alles verschlingende Leviathan, der Staat des Hobbes mit seiner schrankenlosen Macht, ist dem maaß-vollen deutschen Absolutisten unheimlich, obwohl er den Scharfsinn des englischen Denkers bewundert. Mit gutem Grunde schreibt er sich selber das Verdienst zu, daß er zuerst die Schwächen dieser Lehre aufgedeckt habe: der Bildungsgang des Mathematikers, die einseitige

Betrachtung des Gebotes der Selbsterhaltung, das allerdings für den
Staat hochwichtig ist, und vor Allem die Furcht vor den Gräueln
des Bürgerkrieges, erklären den „eigenthümlich unheiligen Geist" des
englischen Sensualisten (nescio quid profani sapiat); um nur das
Ganze zu sichern gegen die Willkür der Theile, unterwirft Hobbes
alle Rechte, ja selbst den Glauben der Bürger schutzlos dem Belieben
der Staatsgewalt. Noch weniger fühlt der praktisch geschulte Politiker
sich angezogen von dem speculativen Tiefsinn der Staatslehre Spinoza's; den großen Satz: „das Recht des Staates reicht soweit als
seine Macht" findet er bedrohlich für Recht und Sicherheit. Unter
den Zeitgenossen steht ihm Richard Cumberland am Nächsten, der
gleichzeitig mit dem „Naturrecht" sein Buch de legibus naturae
herausgab. Alle Gelehrten jener Tage bewachen eifersüchtig die Prio-
rität ihrer Gedanken, selbst Newton und Leibnitz führten den bekannten
unerquicklichen Streit über die Vaterschaft der Integralrechnung; Pufendorf aber denkt nur an die Sache und begrüßt den unerwarteten
Gesinnungsgenossen mit freudiger Anerkennung.

　　Die Uebereinstimmung der wahren Politik mit der christlichen
Religion hatte der Verfasser des Naturrechts schon in einer seiner
akademischen Dissertationen erörtert; sie gilt ihm als unanfechtbar,
da derselbe Gott, der uns die Offenbarung verkündigt, die Menschheit auch mit Vernunft und dem staatsbildenden Geselligkeitsbedürfniß
begabt hat. Aber die Wissenschaft des Naturrechts befaßt sich nur
mit dem äußeren Zusammenleben der sündhaften Menschen. Sie sieht
ab von den Glaubenssätzen, die aus der Vernunft sich nicht erweisen
lassen, überläßt den Theologen und Moralisten, den Weg zur Erlösung
zu zeigen, die Gesinnungen der Menschen vor den Richterspruch ihres
forum internum zu stellen; sie begnügt sich mit dem forum externum,
beurtheilt, salva S. Scripturae autoritate, durch die Vernunft allein
die aus den Handlungen der Menschen entstehenden Rechtsverhältnisse
und findet also politische Grundsätze, die ebenso unerschütterlich sind,
wie die Lehren der exacten Wissenschaften. Im Verlaufe der Darstellung hält Pufendorf freilich diese Grenzen nicht ein; ihm fehlt
die unerbittliche mathematische Folgerichtigkeit des Hobbes. Seine
reiche Geschichtskenntniß sagt ihm, daß der Staat doch mehr ist als
eine Rechtsordnung und auf die sittliche Gesinnung seiner Bürger
zählen muß. Daher wird als „das letzte und festeste Band des
Staates" die „natürliche Religion" gefordert, die allen Bürgern gemein-

same Ueberzeugung von dem Dasein Gottes und der Vergeltung nach dem Tode; sie **reicht nicht aus zur ewigen** Seligkeit, doch sie genügt, den Frieden im Staate zu sichern.

Alle **großen** politischen Denker hegen eine sehr bescheidene Vorstellung von der durchschnittlichen Begabung der Menschheit; ja ein gewisser cynischer Zug der Menschenverachtung scheint **zum Wesen** des politischen Kopfes zu gehören. Auch Pufendorf findet die **Lehre** des Grotius, die den Staat auf den Geselligkeitstrieb des Wohlwollens gründet, allzu überschwänglich. **Er sieht den natürlichen** Menschen unendlich bedürftig und von dem Triebe der Selbsterhaltung beherrscht, andererseits reizbar, **boshaft,** Andere zu schädigen geneigt. **Der Natur-** zustand — den Pufendorf einmal in genialer Ahnung nur für **eine** wissenschaftliche Fiction erklärt — der Naturzustand ist also zwar nicht ein roher Krieg Aller gegen Alle, wie bei Hobbes, wohl aber ein Zustand der Unsicherheit. Die gegenseitige Bedürftigkeit, die Nothwendigkeit, sich zu schützen gegen den bösen Willen, bewegt dann die Menschen, **durch** einen Vertrag sich zu einigen; durch einen zweiten Vertrag unterwerfen sie sich dem Staatsoberhaupte, ein Befehl der Staatsgewalt ordnet endlich die Verfassung des Gemeinwesens. Aus dieser Pufendorfischen Lehre sind nachher die berühmten drei Grundverträge des Naturrechts hervorgegangen, die pacta unionis, **sub-** jectionis, ordinationis, die dem gesammten gebildeten Deutschland hundert Jahre lang für unbestreitbar galten. So entsteht der Staat, eine moralische Person, deren Wille für den Willen Aller gehalten wird.

Damit ist keineswegs gesagt, daß das gesammte Volksleben im Staate **aufgehe, wie** in dem Leviathan des Hobbes, dessen Souverän von den Unterthanen beauftragt wird to bear their person. Nur der politische Wille aller Bürger wird durch die Staatsgewalt ausgesprochen. Seinen persönlichen Zwecken mag ein Jeder frei nachgehen; jedes Glaubensbekenntniß, das der natürlichen Religion nicht widerspricht, Gott und Unsterblichkeit nicht leugnet, darf Duldung fordern. Mit diesem Begriffe der Toleranz geht Pufendorf weit hinaus über die Hoffnungen der meisten Zeitgenossen. Die höchste Staatsgewalt kann der Idee nach nichts wollen, was dem Staatszwecke widerspricht, sie ist daher nothwendig unverantwortlich und steht über allen menschlichen und bürgerlichen Gesetzen, doch ist **es** sittlich wohlanständig (decorum), wenn sie ihre eigenen Gesetze befolgt; den Unterthanen kann nur in seltenen Fällen äußerster Gewaltthaten ein Recht des Widerstandes zukommen.

Diese harten Sätze verlieren in der weiteren Ausführung viel von ihrer Schroffheit. Die so hoch gestellte Staatsgewalt wird auch mit hohen Pflichten belastet. Der Monarch lebt allein dem Staate, nicht sich selber; er ist nicht befugt, die Güter des Staates zu verschleudern, jeder Nachfolger darf solche Geschenke zurückfordern. Ersichtlich haben hier die Lehren des Bodinus mit ihrer streng politischen Auffassung des altfranzösischen Königthums und der Anblick der schwedischen Domänenreduction auf den deutschen Denker eingewirkt. Da der Staat nur mittelbar von Gott herstammt, so sind seine Formen veränderlich; das Volk bleibt dasselbe unter veränderter Staatsverfassung. Auch eine vertragsmäßige Beschränkung der fürstlichen Gewalt ist zulässig; nur müssen die Landstände gleich dem Fürsten die öffentliche Wohlfahrt, nicht ihre Sonderinteressen im Auge haben. Beschränkt oder unumschränkt soll der Monarch die Sicherheit des Staates durch ein starkes Heer behüten, die Interessen der Bürger durch eine sorgsame Verwaltung fördern und Jedem gleichen Rechtsschutz gewähren. Aber alle Rechte der Einzelnen finden ihre Schranke an dem gemeinen Wohle; sie können und sollen beseitigt werden, wenn das gesammte Volk darunter leidet. Dieser verwegene Satz war wohl der folgenreichste der Naturrechtslehre. In ihm hat die aufsteigende absolute Monarchie eine scharfe wissenschaftliche Waffe gefunden, denn nur im Kampfe mit einem verlebten positiven Rechte, mit den „habenden Freiheiten" der Stände, der Landschaften, der Zünfte konnte sie ihr Ziel erreichen. Die persönliche Freiheit wird bereits als ein natürliches Recht gefordert; doch vermag Pufendorf noch nicht diesen kühnen Gedanken bis zum Ende zu verfolgen. Fast allen Theoretikern jener höfischen Epoche ist eine tiefe Verachtung der „Canaille" gemeinsam; so fällt auch er wieder zurück in die Meinung, daß für ganz rohe, unfähige Menschen die Leibeigenschaft unter dem Schutze Höhergebildeter der natürliche Zustand sei. Auch in seiner volkswirthschaftlichen Bildung steht er hoch über der Mehrzahl seiner Landsleute, verlangt entschieden das Recht der freien Auswanderung und die Steuerpflicht für Alle, selbst für den Fürsten persönlich.

Wenn Pufendorf dies Buch seinem jungen Könige widmete, so wollte er nicht blos dem allgemeinen Brauche der Zeit folgen und sich den Arbeitslohn verschaffen, den der Schriftsteller anders noch nicht erwerben konnte; er wollte zugleich eine principielle Huldigung dem Fürsten **aussprechen**, der den Staatsgedanken der weltlichen Monarchie verwirklichte. Aber noch weit näher als das Reich Carl's XI. stand die Monarchie des Großen Kurfürsten dem Staatsideale des Sachsen. Hier erschien Alles vereinigt, was Pufendorf forderte: eine absolute Fürstenmacht, die offen ihr weltliches Wesen bekannte, aber pflichtgetreu herrschen wollte „für Gott und das Volk"; eine feste Staatseinheit, die sich durchsetzte im Kampfe mit der ständischen **Libertät**, ohne die Landstände selbst aufzuheben; eine weitherzige Duldung, die das hart lutherische Schweden nicht **kannte; dazu ein starkes Heer**, geordnete Finanzen, sorgsame Verwaltung, Rechtsschutz für Jedermann und die Anfänge der allgemeinen Steuerpflicht. Pufendorf selbst ist sich dieser Verwandtschaft erst am Abend seines Lebens klar bewußt geworden; uns Rückblickenden erscheint sein Naturrecht als das wissen= schaftliche Gegenbild zu der praktischen Politik Friedrich Wilhelm's, wie ja alle bahnbrechenden politischen Theorien in Wechselwirkung stehen mit den großen Neubildungen der politischen Geschichte. Ver= letzend berührt uns die maaßlose Verherrlichung der von allen irdischen Gesetzen entbundenen souveränen Gewalt. Dies ganze Zeitalter be= rauscht sich an dem Gedanken der Herrschaft, seine Denker und Künstler thun sich nie genug im Preise fürstlicher Machtvollkommenheit; ganz unbefangen stellt Andreas Schlüter die Gestalten gefesselter Sclaven unter das Reiterstandbild seines milden und menschenfreundlichen Fürsten. Aber wie er mit solchen knechtischen Symbolen einfach die Herrschergröße Friedrich Wilhelm's veranschaulichen **wollte**, so um= schließen die harten absolutistischen Sätze von Pufendorf's Naturrecht nur wie eine stachlige Schale den reifen Kern einer modernen Staats= idee, die gerechter, menschlicher und darum freier war als der Krieg Aller gegen Alle und die Ausbeutung der Schwachen in dem versinkenden Gemeinwesen der altständischen Libertät.

Auch über dies neue Werk des alten Gegners hat Leibniz in Briefen und Notizen seinen Tadel ergossen; und hier auf rein wissen= schaftlichem Gebiete, wo er nicht vornehmen Gönnern nach dem Munde schreibt, zeigt sich der Philosoph ungleich größer als in der Publicistik. Die herbe Männlichkeit dieser Pufendorfischen Staatslehre, die den Gedanken der Macht so scharf hervorhebt, ist dem friedfertigen Denker zuwider, der die verträglichen Chinesen, das Volk der Pietät, den rauflustigen Europäern gern als ein leuchtendes Muster vorhält.

Seine harmonische Weltanschauung verwirft die schroffe Trennung von
Recht und Moral, die Pufendorf selber nicht überall aufrecht halten
konnte. Leibniz läßt den Staat hervorgehen aus dem Glückseligkeits=
triebe; damit sind bereits innere Pflichten gegeben. Die Gemeinschaft
wird erhalten durch die Gerechtigkeit, die von der Liebe unzertrennlich
ist; der Vernunft gehorchen und Gott gehorchen ist das Nämliche.
Die Gerechtigkeit umfaßt außer dem strengen Rechte, das Niemanden
verletzen will, noch zwei höhere Grade: die Billigkeit, die Jedem das
Seine giebt, und die Frömmigkeit des ehrbaren Wandels; sie gelangt
zu vollkommener Herrschaft nur in dem Universalstaate, in der Kirche
Gottes, die Gott selbst regiert. Tiefe, fruchtbare Gedanken, die, als
man ihren speculativen Sinn verstehen lernte, von der Philosophie
des neunzehnten Jahrhunderts wieder aufgegriffen wurden. Auf die
Zeitgenossen konnten sie nur verwirrend wirken; sie mußten jenem Ge=
schlechte als eine neue Vermischung von Theologie und Politik er=
scheinen. Die Staatswissenschaft rang aber danach, den Staat sich
selber zurückzugeben, der Theologie ein: bis hierhin und nicht weiter,
zuzurufen. Und dies zeitgemäße Werk — darüber soll uns kein schön=
färbender Heroencultus täuschen — diese That der Befreiung hat
Pufendorf gethan, nicht Leibniz. —

Abermals, und vollstimmiger noch als nach dem Erscheinen des
Severinus, erhob sich das Wuthgeschrei der rechtgläubigen Welt wider
den vermessenen Neuerer. Es giebt geborene Kämpfer, die den Wider=
spruch magnetisch anzuziehen scheinen. Noch während das Naturrecht
gedruckt wurde, traten einige Lunder Theologen zu einem geheimen
Glaubensgerichte zusammen: Jos. Schwartz und der Ditmarsche Nico=
laus Beckmann, zwei unwissende Pfaffen des gemeinen Schlages, und
der altersschwache Bischof von Schonen, Winstrup. Der Neid gegen
den hochbesoldeten, von den Studenten vergötterten Collegen beflügelte
den frommen Eifer. Schwartz hatte Pufendorf's Vorlesungen über
Naturrecht behorchen und einige der ärgsten Ketzereien aufschreiben
lassen. Aus diesen Aufzeichnungen stellte nun Beckmann, im Einver=
ständniß mit seinen theologischen Genossen, den Index novitatum zu=
sammen, eine für das verrottete Lutherthum der Zeit höchst charak=
teristische Schmähschrift, welche die Neuerungen des Naturrechts schon
im Voraus dem weltlichen und dem ewigen Richter zur Verdammung
empfahl. Das Pasquill ward an allen deutschen Hochschulen geschäftig
umher getragen, und bald erklang ein Echo aus jedem Winkel des

Reiches. Gesenius in Gardelegen, Zentgraf in Straßburg, Slevoigt
und unzählige Andere schlossen sich den Lunder Lutheranern an. Valentin
Veltheim, eine feste Säule der Barbarei, wie Pufendorf ihn nennt,
hielt im Hörsaal zu Jena eine Rede „zum Lobe der Scholastik", verlas
dabei die Stellen des Naturrechts, die sich gegen die Staatsanschauung
des Mittelalters und der Gesellschaft Jesu wenden, und rief nach jedem
Satze: so verletzt dieser profane Pufendorf das vierte Gebot und alle
Gebote Gottes! Sogar der gutmüthige Seckendorff ward von den
Eiferern aufgehetzt gegen den Heiden, der das Christenthum aus der
Staatswissenschaft vertrieben.

Am Lautesten tobte die Entrüstung in Pufendorf's Heimath. Man
fühlte zu Leipzig und Wittenberg sehr richtig, daß, sobald ein einziger
Zweig der Wissenschaft von der Vormundschaft der Theologie befreit
wurde, das gesammte Lehrgebäude des gelehrten Autoritätsglaubens
in's Wanken kam. Dazu der alte Haß gegen die beiden Brüder, die
man in Sachsen längst als Abtrünnige und Landesverräther ansah.
Valentin Alberti, der einst im Collegium anthologicum mit Pufendorf
zusammen gezecht und gesungen, ließ ein „der orthodoxen Theologie
conformirtes" Naturrecht erscheinen, das, unter heftigen Ausfällen
gegen den Jugendfreund, wieder nach der alten Weise die zehn Ge=
bote als das oberste Gesetz des Staatslebens feierte. Der Leipziger
Jurist Schaarschmidt stimmte ihm zu; die theologische Facultät aber
sendete den Index Beckmann's schleunigst nach Dresden und erwirkte
bei dem kursächsischen Consistorium ein Verbot des Naturrechts, noch
ehe es auf den deutschen Büchermarkt kam.

Ein Abgrund pfäffischer Unwissenheit und Niedertracht thut sich
auf in dieser Polemik. Die ganze rohe Schmähsucht der Zeit entlud
sich in wüsten Verleumdungen; der gute Name des tapferen Mannes
ist aber selbst aus diesem Kothregen rein hervorgegangen. Als die
schwedischen Waffen um jene Zeit unglücklich fochten, da mußte wieder
der bekannte Finger Gottes vorhalten; das sei die Strafe, rief Beck=
mann, für die Herrschaft der Pufendorf'schen Secte in den Landen
der drei Kronen. Es kam so weit, daß man ernstlich versicherte, der
Mann Gottes trachte seinem weltlichen Collegen nach dem Leben.
Die Vorwürfe der theologisirenden Juristen gipfeln allesammt in dem
gewichtigen Satze, daß Pufendorf nur die Gesellschaft der Menschen
nach dem Sündenfalle betrachte, von dem Stande der Gnade aber
in seiner Verstocktheit gar nicht rede. Schweren Anstoß gab auch die

Lehre von der Ehe — einer der schwächsten Abschnitte des Naturrechts, der in seiner Unfertigkeit deutlich zeigt, wie schwer es hielt, in solcher Zeit weltlich zu denken. Unbestreitbar waren mehrere achtungswerthe Culturvölker des Orients Jahrtausende lang in der Vielweiberei glücklich gewesen; ja sogar der alte Jehovah hatte, wenn man näher zusah, über diese Frage ziemlich lockere Grundsätze gehegt und seinen Patriarchen mehrere Weiber gestattet; anders ließen sich die massenhaften Zeugungen, die so viele Capitel des alten Testamentes füllen, doch kaum erklären. Angesichts dieser Thatsachen wußte sich Pufendorf selber nicht zu **helfen; statt** einfach zu sagen, was sich der historischen Bildung der Gegenwart von selbst versteht, daß die Monogamie die reinere, im Verlaufe der Geschichte allmählich ausgebildete Form der Ehe sei — kommt er nach langen Erwägungen zu einem non liquet und schließt: man könne nicht geradezu behaupten, daß die Vielweiberei dem natürlichen Rechte widerspreche. Grundes genug für die Feinde, um sein glückliches häusliches Leben mit widrigem Unflath zu bewerfen; das Capitel von der Polygamie blieb fortan auf lange hinaus das Prachtroß der Gegner des Naturrechts.

Die gesammte Gottes- und Rechtsgelahrtheit der deutschen Lutheraner war im Aufruhr. Den Kampf gegen dieses Heer von Feinden hat Pufendorf viele Jahre hindurch ganz allein geführt. Der Zorn war seine Muse. Das Naturrecht war ziemlich schwerfällig geschrieben; jetzt im Kampfe wuchsen ihm die Schwingen. Die von Geist und Witz sprühenden Streitschriften, die er nunmehr rasch unter die Gegner schleudert, **stehen** völlig einsam in der weiten Oede zwischen der gedankenreichen polemischen Literatur der Reformationszeit und den ersten Fehden des jungen Lessing. Sie sind nachher (Frankfurt 1686) unter dem Titel Eris Scandica gesammelt worden, und wir würden sie heute noch gleich dem Anti-Goetze als Blut von unserem Blute ehren, wenn uns das Latein nicht störte. Welchen Schatz besaßen doch unsere Nachbarn an dem reinen französischen Stile des Cartesius, an dem kräftigen Englisch der ersten Ausgabe des Leviathan! Die deutsche **Prosa**, die heute noch lebt, ist **nicht älter** als hundertunddreißig Jahre; **was** über Lessing's reifere Werke zurückreicht, gehört der gelehrten Forschung. Zwischen den Prosaschriften der Reformatoren und unserer Empfindung liegt die breite Kluft des dreißigjährigen Krieges: es bleibt unmöglich, daß irgend ein Buch Luther's, außer der Bibel, heute so massenhaft in Volksausgaben verbreitet würde wie etwa

Bacon's Essays, die dem heutigen Engländer kaum fremder sind als
sein Macaulay. Zur Zeit des Großen Kurfürsten mußten die besten
deutschen Gedanken in französische und lateinische Formen sich kleiden
oder in ein Deutsch, das uns noch ferner steht als jene fremden
Sprachen. Und doch war es ein deutscher Kampf, den Pufendorf
vom nordischen Sunde her in der weltbürgerlichen Sprache der Gelehrten führte; „an die Freunde in Deutschland" sind seine Apologien
und offenen Briefe gerichtet. Im Vaterlande wurzelte seine Kraft
fester als er damals selber wußte; die Führung deutscher Wissenschaft
den Theologen zu entreißen war sein Ehrgeiz.

Getrosten Muthes spricht er aus: der Stand der Unschuld im
Paradiese ist ein Zustand ohne Staat und Gesittung, ohne Bewegung;
nur die gefallene Menschheit führt ein historisches Leben, das dem
Urtheile des Naturrechts unterliegt. Und dies Urtheil kann nur
eines sein für Christen wie für Heiden; ob der politische Denker
den Islam bekennt oder das Evangelium, thut ebenso wenig zur
Sache, als ob der Musiker einen Bart trägt oder ein glattes Gesicht.
Das Naturrecht gehört der Menschheit. Die Staatswissenschaft hat
den heidnischen Römern mehr zu verdanken als dem Evangelium,
das von Staatseinrichtungen nichts weiß. Allerdings ist die menschliche Vernunft nicht der Maaßstab für die göttliche Allmacht, Gott
vermag Wunder zu thun; aber das Naturrecht prüft nur die Handlungen der Menschen und der Völker, ihm „ist es gleich, mit welchen
schmutzigen Kleidern die Theologen ihr Wissen umhüllen". Der also
geweckte Geist der Kritik führt den gläubigen Lutheraner unmerklich
weiter. Er wagt zu behaupten, einige der biblischen Wunder, wie
die Sonne Josua's, seien doch wohl nur aus der mangelhaften Natur-
kenntniß der Juden zu erklären — ganz wie Hobbes, der um der
bürgerlichen Ordnung willen „die Dogmen wie Pillen unzerkaut ver-
schlucken" wollte und dennoch zu dem Schlusse gelangte: da das
Deuteronomium den Tod des Moses erzähle, so könne mindestens
dies fünfte Buch nicht von Moses selbst geschrieben sein. Aber Pufendorf wirft solche Gedanken nur achtlos hin; er unterscheidet kurzab
den göttlichen Kern der Religion und die theologischen Zuthaten, die
aus Gründen des Staatswohles verboten werden können. Ihm ist
es genug, die Vernunftwahrheiten seiner Wissenschaft vor theologischer
Begriffsverwirrung zu behüten: — und es war genug, denn diese
weltliche Politik einzufügen in ein harmonisches Gedankensystem konnte

nur der langen Arbeit einer kühnen philosophischen Kritik gelingen, wofür in jenem Zeitalter noch jeder Boden fehlte.

Jede Waffe der Polemik steht diesem Streiter zu Gebote: pathetischer Ernst und dialectische Feinheit so gut wie die maaßlose Grobheit seines theologischen Zeitalters und eine possenhaft übermüthige Laune, die an die Briefe der Dunkelmänner erinnert. Spottend zeigt er den deutschen „ICtis, die gleich den Gänsen immer dasselbe Lied singen", welche Beschränktheit schon in dem **Namen Index novitatum** liegt: „in der Wissenschaft ist die Neuerung ruhmvoll". An den Primarius der Leipziger Theologen, Scherzer, richtet er die ergebene Bitte, ihm doch mitzutheilen, was denn die amtlich anerkannte politische Doctrin sei, und an welchem Tage, Monat und Jahre die kursächsische Wissenschaft eine solche Stufe der Vollendung erstiegen habe, daß sie nicht mehr weiter schreiten könne. Der deutsche Humor wird leicht grausam, weil er auf leidenschaftlicher Ueberzeugung ruht. Wie einst Luther den Rotzlöffel Cochläus, so zerzaust Pufendorf mit der Lust eines spielenden Kobolds „den Faseler Schaarschmidt"; den Asinius Tenebrio Beckmann verhöhnt er gar unter der Maske eines Lunder Unterpedellen. Gegen diese „schwarzen ABC-Schützen der schwarzen Schule" kommt es ihm nicht an auf ein: male pereas, infame caput! Verdiente Männer wie Zentgraf und Seckendorff werden milder behandelt; doch erklingt auf jedem Blatte der Eris Scandica ein Ton selbstgewisser geringschätziger Ironie, der um so tiefer verletzen mußte, weil noch kein anderer Deutscher solche Saiten anzuschlagen verstand.

Zuweilen überfällt ihn zwar der Ekel an diesem Kriege wider die baare Dummheit, „wo selbst der Sieg geringen Ruhm bringt und der dem Gelehrten geziemende Ernst sich nicht immer bewahren läßt". Doch er hält aus, und als die Gegner von ihren unsauberen Schmähungen nicht ablassen, da zeigt sich der helle Kopf, der so oft die Thorheit der Bücherverbote verspottet, zuletzt doch als ein Sohn seines gewaltthätigen Jahrhunderts. Gegen Lästerzungen scheint ihm jedes Mittel erlaubt; nur in der Schule der politischen Freiheit lernt man die Gemeinheit kalt zu verachten. Er erwirkt sich durch den Grafen Stenbock zwei Mal einen königlichen Befehl, der den Lunder Theologen Schweigen auferlegt, und da die Wüthenden gleichwohl weiter schelten, so wird endlich ein Pasquill Beckmann's auf dem Marktplatze zu Lund durch den Henker verbrannt und der elende Mensch aus dem Lande verwiesen. Der letzte Ausgang dieser wilden

Kämpfe war ein vollkommener Sieg, so durchschlagend, so entscheidend, daß wir heute selbst die Namen von Pufendorf's Feinden längst
vergessen haben und kaum verstehen, wie ein solcher Streit möglich war.
Nach drei Jahrzehnten wollte Niemand mehr etwas gegen das Naturrecht
gesagt haben; selbst in Kursachsen durfte das verketzerte Werk frei um-
laufen, und Seckendorff bot in Berlin dem Verfasser treuherzig Frieden und Freundschaft. Sobald man nur erst den revolutionären Grundgedanken des Buches, die Befreiung der Staatswissenschaft von der
Theologie, allgemein angenommen hatte, so erkannte man **auch, wie**
gemäßigt und behutsam der verrufene Himmelstürmer im Einzelnen
urtheilte. Diese vielseitige und eklektische Haltung hat sicher, neben
dem Stoffreichthum und der geschickten Composition, am Meisten dazu
beigetragen, dem Buche ein so langes Leben auf den deutschen Lehr-
stühlen zu sichern. Wir Heutigen wissen nicht mehr, was wir den
schmetternden Schwertschlägen der Eris Scandica verdanken.

Die Mitwelt wußte es, denn durch dies Buch wurde Christian
Thomasius für die Anschauungen des neuen Jahrhunderts gewonnen.
Der war vordem als ein frommer Leipziger Professorensohn gemäch-
lich auf der breiten Straße der Orthodoxie einhergewandert. Mißtrauisch nahm er die Streitschriften des Lunder Ketzers in die Hand;
da erkannte er, wie er selbst erzählt, „daß er sich bisher von Anderen nach Gefallen wie das Vieh hatte leiten lassen, und ihm war
zu Muthe, als **ob er aus** einer despotischen Monarchie **in eine Re-**
publik gekommen und zuerst die Freiheit gekostet hätte". Und sofort
begann er mit vierschrötiger Grobheit die Ideen seines verhaßten Landsmannes mitten in der festen Burg lutherischer Wissenschaft lärmend
zu verkündigen — massiv in Worten und Gedanken, keck bis zur Frechheit, jeder Anmuth baar, gänzlich unfähig zu dem feinen Spotte des
Severinus, aber auch ohne jede Menschenfurcht, von derbem Mutter-
witz und geradem Verstande. So ist er der erste deutsche Journalist
geworden und hat in seinem ungeschlachten und doch eindringlichen
Deutsch mit der Rastlosigkeit des geborenen Agitators jeden Unfug
der entarteten Kirche bekämpft: die Gehässigkeit der Lutheraner wider
die Reformirten, die Hexenprocesse, die Herrschaft der Theologie im
Staate wie in der Staatswissenschaft. Nach dem Rechte der Jugend
ging er bald weit über die Lehren des Meisters hinaus und gelangte
zu rein rationalistischen **Ansichten, denen der** Lutheraner Pufendorf
nicht mehr folgen konnte. —

Während dem war die französische Partei am Stockholmer Hofe nach langem Schwanken wieder an's Ruder gelangt; sie bewog den König zu dem verhängnißvollen Entschlusse, den am Rheine kämpfenden Franzosen durch einen Einbruch in die Marken Hülfe zu bringen (1674). Noch einmal zitterte der deutsche Norden vor dem Schrecken der schwedischen Waffen; wieder wie in Gustav Adolf's Tagen strömten Schaaren deutscher Freiwilligen unter die sieggewohnten Fahnen der drei Kronen, und in dem unglücklichen Brandenburg erneuten sich alle Gräuel der dreißig Jahre. Da fiel der Schlag von Fehrbellin, ein mißachteter Feind nahm dem nordischen Eroberer den Ruhm der Unbesiegbarkeit; die junge norddeutsche Großmacht erwachte zur Selbstständigkeit und entriß ihm in mächtigem Siegeszuge die letzte Scholle seiner deutschen Ostseelande, bis die Trümmer seines Heeres hinter den Wällen von Riga verschwanden. Zugleich trat Dänemark in den Kampf ein und versuchte die Südküsten Schwedens zurückzugewinnen. Das Volk von Schonen und Blekingen begrüßte frohlockend die Rückkehr des Danebrog, Banden von Schnapphähnen begannen den kleinen Krieg wider die schwedischen Herren. Vor den Thoren Lunds wurden die Dänen geschlagen, die alte Stadt ging in Flammen auf, Professoren und Studenten stoben auseinander. Pufendorf suchte mit den Seinen Schutz hinter den Festungsmauern von Malmö und mußte dort noch die Nöthe einer langen Belagerung überstehen. Dann wurde er (1677) von König Carl nach Stockholm berufen, um als Nachfolger des verstorbenen Loccenius das Amt des Historiographen und Staatssecretärs zu übernehmen.

Der Deutsche war tief verstimmt über den frevelhaft heraufbeschworenen Krieg. Doch er mußte den sittlichen Muth des jungen Königs bewundern, der ungebeugt die Schläge des Schicksals ertrug und nach so schweren Niederlagen beim Friedensschlusse alle seine verlorenen Provinzen zu behaupten verstand; und dieser Fürst forderte ihn auf, zu dem Ruhme des Publicisten und politischen Denkers noch den Kranz des Historikers hinzuzufügen und die Thaten Gustav Adolf's aus den ersten Quellen zu erzählen. Pufendorf folgte dem Rufe. Er war seit jenem Aufenthalt in Leyden an ernste Geschichtsstudien gewöhnt, sie bildeten den festen Unterbau des Severinus wie des Naturrechts, und von nun an hat er fast seine ganze Kraft der Historie gewidmet.

Sein Staatssecretariat war schwerlich viel mehr als ein Ehren-

poſten. Daß der deutſche Plebejer unter dieſen ſtolzen nordiſchen
Edelleuten eine bedeutende politiſche Rolle geſpielt haben ſollte, iſt
ſchon deshalb unwahrſcheinlich, weil während der nächſten drei Jahre
ſeine Gegner, die franzöſiſche Partei, noch im Rathe des Königs über=
wogen; erſt ſpäter gewann Bengt Oxenſtierna die Oberhand, und
Schweden begann ſich langſam von Frankreich zurückzuziehen. Auch
hätte ſelbſt die ungeheuere Arbeitskraft dieſes Mannes nicht ausgereicht,
um neben den maſſenhaften wiſſenſchaftlichen Arbeiten, die ihn einmal
auf das Krankenlager warfen, noch eine große praktiſche Thätigkeit
zu ertragen.*) Bei jener glücklichen Wendung der ſchwediſchen Politik
hat der Secretär des Königs allerdings mitgewirkt. Er überreichte
im Jahre 1680 ſeinem Herrn eine lateiniſche Denkſchrift „über die
Bündniſſe zwiſchen Frankreich und Schweden"; ſie iſt die einzige
ſeiner Staatsſchriften, die uns erhalten blieb (in einer franzöſiſchen
Ueberſetzung, Haag 1709). Da wird in kühnen Zügen geſchildert, wie
Schweden, ſeit Guſtav Adolf zuerſt mit Charnacé unterhandelte, von
den Franzoſen immer übervortheilt, niemals als gleichberechtigte Macht
betrachtet worden ſei; wie man verſäumt habe nach dem Weſtphäliſchen
Frieden zur rechten Zeit ein Bündniß zu löſen, das ſeinen Grund ver=
loren hatte und nur noch das Mißtrauen aller Welt gegen Schweden
erregen konnte; wie dann Frankreich den Staat in den jüngſten un=
glückſeligen Krieg hineinlockte, und jetzt endlich der gefährliche Bund
beſeitigt, das franzöſiſche Gold verſchmäht werden müſſe. Es iſt eine
hiſtoriſch=politiſche Abhandlung in großem Stile, ähnlich der Einleitung
zum Severinus; auf die Perſonen und Zuſtände des Augenblicks geht
ſie nicht näher ein. Man erkennt daran, welche Stellung Pufendorf
einnahm. Er beſaß das Vertrauen des Königs; bei wichtigem Anlaß,
wenn es galt große politiſche Geſichtspunkte aufzuſtellen, wurde der
berühmte Publiciſt wohl zu einem Gutachten aufgefordert, doch mitten
in den Geſchäften ſtand er nicht.

---

*) Carl Sam. Schurzfleiſch (Epistolae d. d. 16. Februar 1677) erwähnt in
einem Briefe an Heinrich von Frieſen, den Führer der öſterreichiſchen Partei am
Dresdener Hofe, daß Pufendorf ſoeben eine Arbeit für die Schweden übernommen
habe, da zeige ſich denn die knechtiſche Geſinnung des Schönredners u. ſ. w. Mit
den Worten Pufendorfii pro Suecionibus susceptus labor iſt ſchwerlich, wie man
vermuthet hat, irgend eine noch unbekannte Staatsſchrift gemeint, ſondern höchſt=
wahrſcheinlich die ſchwediſche Geſchichte, die genau **in jenen** Tagen begonnen wurde.
Der heftige Ausfall erklärt ſich leicht; der Haß dieſer kurſächſiſchen Kreiſe gegen den
abtrünnigen Freigeiſt war völlig blind.

Selbst die gelegentliche politische Wirksamkeit mußte ihm bei den heftigen Parteikämpfen des schwedischen Adels manche Feindschaft **erwecken**. Sein Bruder selbst stand unter den politischen Gegnern. Esaias hatte beim Ausbruch des Krieges als Gesandter in Wien eine Politik der Vermittlung einhalten müssen und dabei seine französischen Neigungen kaum verhehlt; er wurde dann Kanzler der Herzogthümer Bremen und Verden, besorgte dort mit der alten unbedenklichen Entschlossenheit die Einziehung der Krongüter. Nach wie vor verfocht er gegen den Bruder die Nothwendigkeit der französischen Allianz, blieb ein erklärter Feind Bengt Oxenstierna's. Auch die äußere Lage des Historiographen war wenig erfreulich. Er hatte sich in Lund gewöhnt, auf großem Fuße zu leben und beklagt nun bitter, daß ihm in der Hauptstadt die Mittel fehlen, sich ein Landhaus vor den Thoren zu kaufen. Immer lästiger wird ihm der schwedische Stolz und die Ungerechtigkeit **gegen** die Deutschen. Kaum ist sein historisches Werk erschienen, so fühlt er auch die Dornen, die den Darsteller zeitgenössischer Geschichte ritzen; die Großen des Hofes stellen ihn erzürnt zur Rede, weil er ihre oder ihrer Väter Verdienste nicht nach Gebühr hervorgehoben habe.

Es blieb doch ein ungesundes Verhältniß, erklärbar nur aus der trostlosen Verwirrung der deutschen Dinge: während die tapferen Bauern Brandenburgs und Preußens wider den fremden Landverderber kämpfen und Friedrich Wilhelm mit seinen Dragonern über das Eis des kurischen Haffs den geschlagenen Schweden nachsetzt, verweilt der Mann, der nächst dem Kurfürsten wohl der wärmste deutsche Patriot seines Zeitalters war, drüben in Stockholm und schreibt von Amtswegen die Geschichte des Staates, der vor Zeiten das Evangelium in Deutschland gerettet hatte, doch jetzt längst als der Todfeind norddeutscher Macht und Selbstständigkeit erschien! Nicht blos die Lutheraner, **die** Kursachsen und die Reichspublicisten ergingen sich in wohlfeilen Anklagen wider den Landesverräther. Auch mancher unbefangene Mann schüttelte den Kopf; seit den Siegen des Großen Kurfürsten begann man **da und dort** zu ahnen, daß Schwedens Macht im Sinken und Brandenburg sein Erbe sei. Wer mag errathen, was der Verfasser des Severinus empfunden hat, als die Trompeten von Fehrbellin über das befreite Norddeutschland erklangen? Nach dem Frieden ward es dem Fernstehenden fast unmöglich, den verschlungenen **Wegen der** Politik Friedrich Wilhelm's zu folgen. Preisgegeben von

Kaiser und Reich), **betrogen um den Lohn** seiner Siege, schloß **sich** der Kurfürst an Frankreich an. Er hatte dreimal, im diplomatischen und im Waffenkampfe, erfahren, wie ganz vergeblich es war, die beiden fremden Mächte, die sich auf dem Reichsboden eingenistet, zugleich zu bekämpfen; er dachte jetzt die Gegner zu theilen und, gegen Frankreich gedeckt, dereinst noch einmal um Pommern zu kämpfen, sein Vandalenkönigreich mit der Hauptstadt Stettin zu erobern. Pusendorf dagegen befestigte sich mehr und mehr in der Einsicht, **daß der** Ehrgeiz des exorbitanten Versailler Hofes der ganzen Welt bedrohlich und ein großer Krieg für „die Staatenfreiheit" gegen Frankreichs Uebermacht nothwendig werde. Wie sollte er also Friedrich Wilhelm's französische Allianz billigen oder gar verstehen, warum Brandenburg die Franzosen in Straßburg ruhig gewähren ließ?

Nach achtjähriger Arbeit (1685) war das große Werk über die schwedische Geschichte vollendet; es umfaßte die Zeit vom deutschen Kriege bis zur Thronentsagung Christinens. Gleich darauf verlangte **der König die** Fortführung der Erzählung bis zum Tode seines Vaters; so entstand in der unbegreiflich kurzen Zeit von kaum drei Jahren die Geschichte Carl Gustav's. Unzweifelhaft hatten die Vorarbeiten zu diesem zweiten, bedeutenderen Werke schon früher begonnen. Auf die Geschichte Carl Gustav's war der ursprüngliche Wunsch des Königs gerichtet; der Historiker überzeugte sich aber bald, daß er weiter ausholen und mit dem deutschen Kriege, der „ein neues Bild der schwedischen Dinge" eröffnete, anheben müsse. Für diese ältere Zeit lag eine unschätzbare Quelle vor: Chemnitz's Geschichte des deutsch-schwedischen Krieges, ein Buch, das der Verfasser des Hippolithus einst auf Axel Oxenstierna's Veranlassung aus den schwedischen Acten geschöpft hatte, um „scriptorum Irrthümer" zu widerlegen und den Ferdinandeischen Annalen des Grafen Khevenhiller, die das Haus Oesterreich verherrlichten, ein Bild des schwedischen Ruhmes gegenüberzustellen. Zwei Theile des Werkes waren gedruckt, der Rest der Handschrift lag im Stockholmer Archive. **Pusendorf** folgt der trefflichen Darstellung, soweit sie reicht, **bald excerpirend,** bald geradezu übersetzend, und fügt im Wesentlichen nur hinzu, was zum Verständniß der europäischen Politik gehört. Chemnitz schreibt deutsch für die Deutschen, Pusendorf lateinisch für die europäische Leserwelt. Erst in den letzten Büchern **der** schwedischen Geschichte, wo sein Vorgänger abbricht, wird Pusendorf's Erzählung ganz selbst-

ständig. Von da an und in der Geschichte Carl Gustav's folgt er
getreu den Acten, wie Chemnitz fühlt er sich stolz als den Bahnbrecher
einer neuen historischen Methode. Wie Jener sich rühmt, „nicht nach
den gemeinen Gerüchten und Advisen" zu berichten, so will auch er
nur ex indubiis documentis erzählen. Er stellt den Rohstoff der
Archive nicht, wie Khevenhiller, formlos und mit tendenziösen Aus=
lassungen zusammen, sondern hebt aus den Acten, freilich nicht immer
ohne Willkür, das Wesentliche heraus, um ein Bild von dem prag=
matischen Zusammenhange der Ereignisse zu geben. Streng hält er
sich an seine archivalischen Quellen und berichtet allein, was er dort
in Depeschen, Schlachtberichten, Proclamationen und Festprogrammen
gefunden. Darum giebt er nur die Geschichte der Kriege, der diplo=
matischen Verhandlungen und der großen Staatsactionen. Von der
Entwicklung der Verfassung und Verwaltung wird grundsätzlich nicht
geredet, weil „sie für ausländische Leser wenig Anziehendes bietet".

Er hat sich einen sehr bestimmten Begriff von den Pflichten
historischer Objectivität gebildet, ist ganz erfüllt von der Ehrfurcht vor
den Thatsachen, die den Historiker macht; aus jedem Satze spricht
die Ueberzeugung: not Heav'n itself upon the past has power. Des=
halb erzählt er nur, was er sicher weiß, er begnügt sich, zu schildern, wie
die europäischen Dinge in Stockholm erschienen, welche Pläne und
Ziele der schwedische Hof bei seinen Entschlüssen verfolgte (quibus
consiliis acta sint). So entsteht eine in ihrer Einseitigkeit doch völlig
zuverlässige Darstellung. Der Leser bleibt über den Standpunkt des
Erzählers nie im Zweifel; der Historiker, der das Buch benutzt, weiß
genau, welche Lücken zu ergänzen sind. Der Verfasser verschwindet
hinter seinen Gestalten. Er zeichnet zwar die Charaktere der Handeln=
den mit kurzen, kräftigen Strichen, mit einem unumwundenen Frei=
muth, der selbst für den Glaubenswechsel der Königin Christine die
rechten Worte findet. Indeß der große Gang der Ereignisse erscheint
gleichwie das nothwendige Walten elementarischer Kräfte: die Macht
kämpft wider die Macht, wie auf dem Titelbilde des einen Buches
die beiden Löwen Schwedens und Dänemarks in wüthendem Ringen
verbissen sind. Wo der Abfall des Großen Kurfürsten von dem schwe=
dischen Bündniß erzählt wird, da heißt es kühl: zwischen den beiden
Höfen entstand jetzt eine tiefe Erbitterung, „wie es zu geschehen pflegt
zwischen Männern, die aus Freunden zu Feinden geworden sind".
Daher konnte er, als ihn Friedrich Wilhelm in märkische Dienste

berief, unbefangen dem brandenburgischen Gesandten die halbvollendete
Handschrift des Carl Gustav zeigen: sie beweise genugsam, daß er
den Feinden des Schwedenkönigs nirgends zu nahe getreten sei. Uns
erscheint heute als das wichtigste Ergebniß der Kriege Carl Gustav's,
daß Schweden in den Besitz seiner natürlichen Grenzen gelangte, und
also durch seine Siege selbst die Abtrennung seiner fremdländischen
Besitzungen vorbereitet wurde. Von solchen geschichtsphilosophischen
Urtheilen ist in den beiden Werken keine Spur zu finden. Pufen=
dorf will nicht fragen, was die Ereignisse bedeuteten; er erzählt, was
geschah, wie die Thatsachen einander bedingten, welche Gedanken die
schwedische Krone dabei bestimmten; „nicht Redeblumen und Sen=
tenzen, sondern das feste Gefüge der Thatsachen", solida rerum, soll
man bei ihm suchen.

Der Methode entspricht der Stil. In ruhiger Größe, gemessen
und würdig, geht der Bericht dahin, von einem gleichmäßigen Pathos
getragen; man hört die schweren Falten des königlichen Purpurmantels
rauschen. Auf die Dauer erscheint eine solche den Humor grundsätzlich
verbannende Erzählung dem erregbaren modernen Gefühle sehr ein=
tönig; namentlich in der Geschichte Carl Gustav's wirkt die peinlich
genaue Ausmalung der großen Staatsactionen höchst ermüdend. Doch
giebt gerade diese feierliche Haltung ein getreues Bild von der Stimmung
einer Zeit, die ganz in dem Gedanken politischer Macht aufging und
den Kothurnschritt der Helden Corneille's nicht unnatürlich fand.
König Carl war hoch befriedigt, ließ die Geschichte Carl Gustav's
mit prächtigen Kupfern ausstatten, damit der Leser in Bild und Wort
die Majestät schwedischer Waffengröße vor sich sehe, von der Thron=
besteigung an bis zu dem zehn Fuß langen Bilde, das den Leichenzug
des nordischen Alexander's darstellt. In der gelehrten Welt stand
bald das Urtheil fest, daß das Jahrhundert seit dem Thuanus keinen
größeren Historiker gesehen habe; noch niemals, hieß es wohl, sei
„mit solcher Hardiesse und heroischem Stilo" Geschichte geschrieben
worden. Die üblichen schwungvollen Distichen wünschten dem Lehrer
des Naturrechts Glück zu dem neu erworbenen „zweiten Ruhme".
Selbst die alten unversöhnlichen Gegner in Kursachsen konnten ihre Be=
wunderung nicht verbergen; einer der Leipziger, Benedict Carpzov, sang:

Clarus Hyperboreae conditor historiae!

Der Gefeierte aber nahm alles Lob als eine gebührende Huldigung
mit ruhigem Selbstgefühle auf; in dieser Zeit trägt man den eigenen

Ruhm noch ganz so unbefangen zur Schau wie einst im Zeitalter
des Humanismus. In Pufendorf's späteren Werken findet sich häufig
eine Vignette mit der Inschrift gradatim ad sidera tollor: ein Mann
steigt über Berggipfel hinweg zum Himmel empor, eine Hand aus
den Wolken reicht ihm eine Krone entgegen.

Mitten in diesen großen Arbeiten fand der Unermüdliche noch
Zeit, die „Einleitung zur Historie der vornehmsten Reiche und Staaten"
(1682) niederzuschreiben. Das Buch ist offenbar aus Lunder Vor=
lesungen hervorgegangen und für angehende Staatsmänner bestimmt,
da „die Historie die anmuthigste und nützlichste Wissenschaft ist, welche
sonderlich Leuten von Condition und so in Staatsgeschäften gebraucht
werden, wohl anstehet". Unter den heutigen Geschichtsforschern nimmt
in erschreckendem Maaße eine kenntnißreiche Gedankenarmuth überhand,
die alle Ideen aus der Geschichte verbannen möchte: nur eine grau
in grau gemalte Aufzählung der Thatsachen, die auf jedes sittliche
und politische Urtheil verzichtet, soll noch des Historikers würdig sein.
Jener alte Denker sah schon weiter; er wußte, daß das unermeßliche
Gebiet seiner Wissenschaft grundverschiedene Formen der Geschichts=
schreibung erlaubt, ja fordert. Wie er in seinen großen Geschichts=
werken grundsätzlich nur die Thatsachen reden läßt, so tritt hier, in
einem propädeutischen Buche, überall die lehrhafte Absicht hervor.
Hier will er das Urtheil der Leser bestimmen, hier will er die Ent=
wicklung der Verfassungen, die er in jenen Werken überging, in ihrem
Zusammenhange verfolgen und zeigen, wohin „das Interesse" der
verschiedenen Staaten geht, wie groß ihre wirkliche Macht ist, wo sie
ihre natürlichen Gegner oder Bundesgenossen in der Staatengesellschaft
zu suchen haben. Also eine noch unfertige Verbindung von politischer
Geschichte und Staatskunde; „diese Wissenschaft ist momentanea und
unbeständig und muß dannenhero mehr aus eigener Praxi oder Re=
lationen vernünftiger Bedienten als aus Büchern erlernet werden".
Die Mitwirkung des vernünftigen Bedienten Esaias steht demnach wohl
außer Zweifel. Verwandte Schriften über einzelne Staaten waren
in der unermeßlich viel politisirenden Zeit nicht selten. Peter de la
Court's „Interesse von Holland" hatte vielfache Nachahmung gefunden;
die Staatsmänner der Epoche liebten aus gedrängten historisch=
statistischen Uebersichten sich über die Verhältnisse fremder Mächte
zu unterrichten. Doch das Unternehmen, die gesammte europäische
Geschichte für die Zwecke der praktischen Staatskunst anschaulich dar=

zustellen, war in Deutschland neu; und wie sicher greift der energische
Mann hier wieder das Wesentliche aus einem massenhaften Stoffe
heraus, wie klar und bestimmt treten die großen Wendepunkte der
Staatengeschichte hervor.

Leider wird dem modernen Leser jede Freude verdorben durch
die unausstehliche Sprache; dies einzige deutsch geschriebene Buch
Pufendorf's zeigt deutlich, wie unmöglich es noch war, bedeutende
Gedanken in deutscher Sprache würdig auszudrücken. Der gewandte
Lateiner bemüht sich, gleich Leibniz, die Fremdwörter spärlich zu ge=
brauchen, doch gleich Jenem spricht er seine Muttersprache wie ein
Ausländer. Er kennt nur die allgemeine Bedeutung der Wörter,
nicht die feinere Schattirung ihres Sinnes und fällt darum beharrlich
aus dem Tone; die Rede klingt bald greisenhaft, bald kindisch, die
gespreizten Formeln des Kanzleistils stehen dicht neben Ausdrücken
niedrigster Grobheit, auf dannenhero und sintemalen folgen „die Pfaffen,
die den evangelischen Fürsten papistische Weiber aufhenken". Trotzdem
hat die Schrift sehr tief und nachhaltig gewirkt. Sie ist nicht nur
selber noch nach Generationen als Lehrmittel benutzt worden; beliebte
Lehrbücher pflegen ja immer ein sehr zähes Leben zu haben; ich kenne
selbst noch eine geistreiche alte Dame, die vor fünfzig Jahren aus
Pufendorf neue Geschichte gelernt hat. Auch in der gesammten publi=
cistischen Geschichtsschreibung des achtzehnten Jahrhunderts ist Pufen=
dorf's Einfluß unverkennbar. Der Stammbaum seiner Ideen läßt
sich leicht verfolgen; sie gelangen zuerst in Halle, in dem Collegium
Thomasianum, zur Herrschaft und verzweigen sich von da in das
preußische Beamtenthum und in die Göttinger Publicistenschule.
Gatterer's Werke sind ganz von ihnen erfüllt, und Spittler's Geschichte
der europäischen Staaten konnte nie geschrieben werden, wenn nicht
Pufendorf hundertundzwölf Jahre zuvor ihr die Wege gebahnt hätte.
Dem größten Kopfe der alten Göttinger Historiker galt die Verfassungs=
geschichte als der eigentliche Inhalt der Historie; der Zeitgenosse der
Revolution ging überall darauf aus, die Entstehung eines dritten
Standes nachzuweisen. Darum urtheilte er sehr hart über Pufendorf's
schwedische Geschichtswerke, die „sich wenig um innere Reichs=Sachen
bekümmern". Diese anspruchslose Einleitung dagegen mit ihren be=
stimmten Urtheilen über die Ausbildung der Stände, der Parteien,
der Institutionen diente ihm selber zum Vorbilde; und er verstand,
zugleich den Gedankenreichthum einer reiferen Zeit in seine Darstellung

18*

aufzunehmen und die Staatskunde, die Schilderung der gegenwärtigen
Zustände, aus der politischen Geschichte auszuscheiden. In der That
hat diese Form der Geschichtsbehandlung ein gutes Recht, und es
bleibt ein Gebrechen unserer heutigen historischen Literatur, daß wir
kein Buch besitzen, das, ebenso wie Spittler's Werk, auf der Höhe
der neuesten Forschung stehend, mit großem und freiem Urtheile uns
eine Uebersicht gäbe über die entscheidenden Momente der neueren
politischen Geschichte. Statt diese Lücke zu verdecken durch jene hoch-
müthige Geringschätzung der „epitomatorischen Darstellungen", die
heute für vornehm gilt, sollten wir lieber bescheiden den Mangel ein-
gestehen. Er entspringt zum Theil aus der mächtig angewachsenen
Fülle des Stoffs, die dem Historiker auf Schritt und Tritt kritische
Bedenken vor die Füße wirft und ihn fast von selber in die Bahnen
der Einzelforschung treibt; er entspringt aber auch aus der verwahrlosten philosophischen Bildung unserer Tage. Sobald wir einst wieder
ein lebendiges System der Philosophie besitzen, wird auch unzweifelhaft
ein denkender Historiker sich finden, der den Versuch erneuert, die
wesentlichen Entwicklungsstufen der Menschheit, wie sie dem historischen
Bewußtsein der Gegenwart erscheinen, aus der Masse der Thatsachen
herauszuheben.

Das merkwürdigste Capitel der Einleitung ist der Abschnitt „vom
Papst". Thomasius hat ihn noch ein Menschenalter später als eine
selbstständige Schrift herausgegeben. Mit gutem Grunde; denn schärfer,
grimmiger hatte seit den ersten Jahrzehnten der Reformation noch kein
Lutheraner wider das Papstthum geschrieben. Alles, was Severinus
mit seiner Ironie über das Wesen geistlicher Staaten gesagt, wird
hier in schwerem Ernst, mit hahnebüchener Grobheit wiederholt. Gleich
zu Eingang stellt Pufendorf die Principienfrage: wer über den Staat
des römischen Stuhles urtheilen will, muß sich darüber klar sein, „ob
die christliche Religion eine äußerliche selbstständige Direction fordert".
Aus diesen äußerlichen Zwecken ist der Bau der römischen Kirche wie
die Politik des Kirchenstaates zu erklären. „Die Lehre wird im Papstthum nach'm Staat eingerichtet. Das päpstliche Reich hat eigentlich
diesen Zweck, daß die Clerisei von anderer Leute Mitteln mächtig und
reich werde". Sehr fein wird dann Macchiavelli's Gedankengang weiter
verfolgt und nachgewiesen, wie der Papst „die Jalousie zwischen Frankreich und Spanien" nähren müsse, um die Selbstständigkeit seines
Staates zu behaupten. Alles im Tone des bittersten Hohnes gegen

eine Macht, deren Dasein schon dem Wesen des Christenthums widerspricht: das Papstthum muß ein Wahlreich sein, „da es denn ganz
nicht klingen wollte, daß Einer, der noch auf'm Stecken ritte, Gottes
Statthalter heißen sollte". —

In der leidenschaftlichen Heftigkeit dieser Ausfälle verspüren wir
bereits den Hauch der tiefen Erbitterung, die in jenem Augenblicke
die protestantische Welt erfüllte. König Ludwig, längst schon den Nachbarn unheimlich durch die vermessenen Uebergriffe seiner Eroberungs-
politik, erschien jetzt dem gesammten Protestantismus als ein geschworener
Feind, seit er alternd der Maintenon und den Jesuiten in die Hände
fiel. Schon begannen bedrängte Hugenotten das Land zu verlassen,
schon hörte man die Kunde von den ersten Dragonaden. Da kam
das verhängnißvolle Jahr 1685. Jacob der Zweite bestieg den englischen
Thron und zeigte sich gewillt, an den Strängen des französischen Sieges-
wagens zu ziehen, wenn Ludwig ihm dafür Hülfe lieh gegen sein Parlament und die anglikanische Kirche; die katholischen Kronen der Bourbonen und der Stuart's drohten vereint, zu Land und zur See, den
Kampf zu beginnen wider die protestantisch-germanische Welt und das
Entsetzen der Glaubenskriege von Neuem über den Welttheil zu ver-
hängen. Zur nämlichen Zeit hob Ludwig das Edict von Nantes auf,
legte die Art an die Wurzeln der Glaubensfreiheit, worauf die Ueberlegenheit der französischen Bildung bisher beruht hatte, bereitete den
Boden für jene Mächte der Zerstörung, die hundert Jahre darauf
Thron und Altar stürzen sollten. Als nun die unglücklichen Söhne
der Märtyrerkirche des Evangeliums hinausströmten aus dem ver-
pesteten Staate, da erhob sich noch einmal, wo immer freie Männer
die Bibel lasen, der Geist des streitbaren Protestantismus, ganz so
wild und finster, wie hundertundzwanzig Jahre zuvor, als die Bilder-
stürmer der Niederlande unter den Klängen von Marot's Psalmen
den Baal aus der Kirche trieben.

Von Heidelberg bis Stockholm, von Amsterdam bis Königsberg
flog ein Ruf des Zornes durch die evangelische Kirche, und an der
Spitze dieser mächtigen protestantischen Bewegung stand Kurfürst
Friedrich Wilhelm. Niemals, auch nicht auf dem Felde von Fehrbellin, war er seinem Volke so groß erschienen wie jetzt, am Ende
seiner Tage, da der verspottete Monsieur de Brandebourg sich unterfing, dem Allerchristlichsten Könige vor aller Welt zu trotzen und die
Vernichtung der Hugenotten mit dem Potsdamer Edict beantwortete:

er sprach „der geläuterten Kirche, die so grausamer Verfolgung unter-
liege, sein gerechtes Mitleid" aus und bot den Glaubensgenossen,
die wider das Verbot des Königs ihr Land verlassen würden, Schutz
und Hülfe. In solcher Stellung hat die deutsche Nation das Bild
der beiden Herrscher fest gehalten: dort die glänzende und doch hohle
Größe des Bourbonen, der mit dem Zucken seiner majestätischen
Augenbrauen den Welttheil zu schrecken wähnt, hier der fromme
deutsche Held, der den treuesten und tapfersten der Franzosen eine
neue Heimath schenkt. Der Protestantismus hatte wieder einen ent-
schlossenen Schirmherrn gefunden, als Friedrich Wilhelm in seinem
Potsdam den einziehenden Hugenotten selber gastlich entgegenkam
und droben in den Alpenthälern die Waldenser für den nordischen
Fürsten beteten, der soeben eine „piemontesische Compagnie" von
landflüchtigen Ketzern in sein Heer einstellte. Friedrich Wilhelm hatte
das französische Bündniß noch nicht aufgelöst, doch er weigerte sich,
trotz den Beschwerden Ludwig's, irgend ein Wort von dem Potsdamer Edicte zurückzunehmen; sein Gesandter in Paris, Ezechiel
Spanheim, Pufendorf's alter Heidelberger Genosse, fuhr fort, die
Hugenotten mit Rath und That zu unterstützen. Behutsam zog sich
der Kurfürst Schritt für Schritt von dem unnatürlichen Bunde zurück, nahm die antifranzösische Politik seiner früheren Jahre und den
alten Verkehr mit Wilhelm von Oranien wieder auf. Unterdessen
trat der papistische Stuart mit der blinden Hast des Convertiten die
Gesetze seines protestantischen Staates mit Füßen; die evangelischen
Mächte begannen die gewaltsame Befreiung Englands zu erwägen,
geheime Verhandlungen in Potsdam, im Haag und an den größeren
norddeutschen Höfen bereiteten jene gemeinsame Schilderhebung des
protestantischen Nordeuropas vor, welche die Briten in ihrer Bescheidenheit als ihre glorreiche Revolution zu preisen pflegen.

Es waren Jahre schwerer Besorgniß, athemloser Spannung. Was
zusammen gehörte fand sich endlich zusammen. Auch Pufendorf wurde
durch die Wendung der europäischen Politik den verschrobenen Stockholmer Verhältnissen entrissen. Wie mochte dem alten Kämpfer jetzt
das Blut kochen, da dies Frankreich, das er so grimmig haßte, das
Banner des Papismus erhob, und ein deutscher Fürst die Dulder
des Evangeliums unter die Flügel seines Adlers nahm. Im Tiefsten
erregt, entwarf er die Schrift „über das Verhältniß der christlichen
Religion zum Staate" (1687) und widmete sie dem Großen Kur-

fürsten — das schönste literarische Denkmal, das jener europäische
Kampf der Nachwelt hinterlassen hat, und doch das bestvergessene
von Pufendorf's Werken. Unsere heutigen kirchenrechtlichen Schriften
erwähnen des Buches kaum, nur einzelne theologische Werke gedenken
seiner noch, aber ohne jedes Verständniß. Wie der fromme Lutheraner noch heute oft von den Theologen als ein Eudämonist geschildert wird, weil er weltfreudig behauptete, auch in der sündigen
Welt des Staatslebens sei eine relative Glückseligkeit möglich, so
pflegt man diese Schrift abzufertigen mit der grundfalschen **Bemerkung,**
sie versuche die Lehre vom ursprünglichen Vertrage auf **die Kirche**
anzuwenden. In Wahrheit hat Pufendorf mit erstaunlicher Klarheit
schon vor fast zweihundert Jahren jene Grundsätze der Kirchenpolitik
aufgestellt, zu denen die gebildete deutsche Welt nach schweren Kämpfen
heute wieder zurückgekehrt ist; sieht man ab von der veralteten Form,
von manchem Unfertigen, von mehreren hart absolutistischen Gedanken
und von einzelnen noch halbscholastischen Wendungen, so meinen wir
beim Lesen des Buchs, mitten in dem Streite unserer Tage zu stehen.
Die Schrift ist wie der Severinus eines jener bahnbrechenden Werke,
die erst in der Kette der Zeiten, in dem Zusammenhang der Jahrhunderte, ihren vollen Werth offenbaren.

In dem Widmungsbriefe an Friedrich Wilhelm wird wieder,
wie in der Staatengeschichte, die entscheidende Frage erhoben: hat
Christus eine staatbildende sacra potestas eingesetzt, einen alleinseligmachenden geistlichen Staat gegründet, der unter der Herrschaft des
römischen Bischofs steht? Wäre dies wahr, dann müßten wir uns
dem harten Joche, das unsere Väter abschüttelten, wieder fügen „und
auf den Knien uns demüthig heranwälzen, um die stolzen Füße des
Pontifex zu küssen"; dann gäbe die Verderbniß der römischen Clerisei
uns ebenso wenig ein Recht zum Abfall, wie die Fehler schlechter
Fürsten den Aufruhr rechtfertigen. Es gilt also die Burg zu stürmen,
die Usurpation von Jahrhunderten zu beseitigen und nachzuweisen,
daß „die protestantischen Fürsten aus frommen, ehrbaren und nothwendigen Beweggründen sich dem römischen Stuhle widersetzten, die
katholischen mit Recht ihre ursprüngliche Gewalt vom Papste zurückfordern dürfen". Allein aus der Vernunft und der heiligen Schrift
muß die Grenze gefunden werden zwischen Staat und Kirche, die
weder in Eines zusammenfallen, noch als zwei völlig unabhängige
Körper neben einander stehen dürfen.

Nun werden die beiden großen Grundsätze aufgestellt: Gewissensfreiheit für den Einzelnen und Unterordnung der Kirchen unter das
Aufsichtsrecht des Staates. Der Glaube ist persönliche Gewissens-
sache; den religiösen Sinn zu pflegen, gebührt ursprünglich dem
Hause, größere religiöse Genossenschaften sind an sich nicht nothwendig.
Hier allerdings verräth sich die Befangenheit des Naturrechtslehrers;
wie er den Staat aus dem Vertrage der Einzelnen hervorgehen läßt,
so vermag er auch nicht zu erkennen, daß der Trieb der Gemeinde-
bildung im Wesen jeder positiven Religion liegt. Die Thaten des
Gewissens, fährt er fort, die actus interni, sind von allen irdischen
Strafen frei. Folglich muß als ein Recht des Menschen die Freiheit jedes Bekenntnisses gefordert werden, die bisher allein in dem
gastfreien Handelsstaate der Niederlande, und auch hier nur thatsächlich bestand. Im scharfen Gegensatze zu Hobbes und unter zor-
nigen Anklagen gegen die Bourbonen zeigt er sodann, wie das Verbrechen der Ketzerei gänzlich aus dem Strafrechte verschwinden müsse,
wie der Unterthan für die Obrigkeit zwar das Leben, doch nicht die
Seele opfern dürfe und der Widerstand um des Gewissens willen
seit den drei Männern im feurigen Ofen allezeit rühmlich gewesen.
Eben deshalb darf kein Bekenntniß die anderen durch Ueberhebung
öffentlich beleidigen. Schon der Name „katholisch" enthält eine
Kränkung der übrigen Christen und soll von Amtswegen nie gebraucht
werden; er war auch bekanntlich durch die Reichsgesetze des sechszehnten Jahrhunderts verboten und erst in der Stille durch die
Jesuiten wieder in die erschlaffte protestantische Welt eingeführt
worden. Die Gewissensfreiheit findet ihre Grenze an „der natürlichen Religion"; diese bildet die Grundlage der guten Sitten und
ist darum auch dem Staate unentbehrlich, obgleich er selber nur für
das Recht und die äußere Wohlfahrt sorgt. Was der natürlichen
Religion widerspricht, ist unzulässig, auch wenn es sich selber mit
dem Namen des Glaubens schmückt: also die Anbetung des Teufels,
die Gotteslästerung, die fromme Unzucht. So wird in unreifer Form
die Wahrheit ausgesprochen, daß der Staat gemeinsamer sittlicher
Grundgedanken bedarf, die dem Belieben des Einzelnen Schranken
setzen.

Eine so weitherzige Auffassung der Gewissensfreiheit war bisher
unbedingt nur von einzelnen holländischen Arminianern verfochten
worden; selbst Milton, der kühnste Kopf der Independenten, hatte die

Papiſten von der Duldung ausgeſchloſſen, und in Deutſchland ging noch kein politiſcher Denker ernſtlich über die Satzungen des weſtphäliſchen Friedens hinaus. Ganz deutſch dagegen und zugleich ganz neu ſind die folgenden Abſchnitte des Buchs, die von der Kirche als Corporation handeln; ſie enthalten das wiſſenſchaftliche Programm der modernen deutſchen Kirchenpolitik, wie ſie aus Brandenburgs eigenartigen Zuſtänden ſich ergab. Das Reichsrecht gab den alten Grundſatz cujus regio ejus religio noch nicht unbedingt auf; und das Episkopalſyſtem der Lutheraner beruhte, wie gewandt man das auch verdecken mochte, doch auf der zwiefachen Vorausſetzung, daß die **große** Mehrheit des Volks zum wahren Glauben ſich bekennen und der Landesherr dieſer Landeskirche angehören müſſe, denn nur als vornehmſtes Mitglied der Kirche beſaß er die Gewalt des oberſten Biſchofs. **Dies** Syſtem ward in Brandenburg ſofort unhaltbar, ſeit die Hohenzollern dem Glauben der Minderheit ſich zuwandten. Mit Recht pries Thomaſius „als ein großes Geheimniß der Vorſehung, daß ſie den Lutheranern einen reformirten Landesherrn gegeben". Dies Fürſtenhaus über einem andersgläubigen Volke war gezwungen, nicht nur die Gewiſſensfreiheit **weit** über das Maaß des Reichsrechts hinaus zu gewähren, ſondern auch die Grenzfrage zwiſchen Staat und Kirche grundſätzlich zu entſcheiden und kraft ſeiner Souveränität das Aufſichtsrecht über die Kirche zu behaupten. Hier, zuerſt auf deutſchem Boden, wurde die Trennung von Staat und Kirche, ſoweit ſie berechtigt und möglich iſt, durchgeführt und dem Staate gegeben, was des Staates iſt.

Von dieſem rein politiſchen Standpunkte aus betrachtet auch Pufendorf die Frage. Er hebt wieder an mit ſeinem alten Kernſatze von der untheilbaren Souveränität. Zwei Souveräne im Staate ſind undenkbar. Chriſtus wollte nur ein Lehrer ſein; ſeine Weltkirche iſt nur ein corpus mysticum und beſitzt keinerlei politiſche Macht, auch nicht die Gerichtsbarkeit, denn durch die Vergebung der Sünden ſpendet ſie göttliche Gnade, nicht weltliches Recht. Sie ruht auf der Offenbarung; der Gläubige unterwirft ſich nicht einer prieſterlichen Gewalt, ſondern allein Gott und der heiligen Schrift, die ihm zu freier Forſchung offen ſteht. Der Staat dagegen ruht auf dem urſprünglichen Vertrage, auf der Unterwerfung Aller unter ſeine Souveränität und beſitzt darum ein Recht der Aufſicht über die Kirche wie über jeden anderen Verein. Iſt aber der Fürſt ein Chriſt, ſo gebühren ihm noch weitergehendere Pflichten und Rechte gegen ſämmtliche chriſtlichen

Confessionen. Er ist nicht Bischof, hat in Sachen der Lehre keine Autorität; doch er soll die Kirche schützen gegen lästerliche Angriffe profaner Menschen, obwohl in solchen Dingen der Zwang wenig fruchtet, soll für ihren Unterhalt sorgen und darüber wachen, daß die geistlichen Aemter nur mit ehrlichen und 'genügend gebildeten Männern nach den gesetzlichen Vorschriften besetzt werden. Er darf nicht dulden, daß die Kirchenzucht in das bürgerliche Leben übergreife; der Kirchenbann kommt bei einem christlichen Volke in seiner Wirkung der capitis diminutio gleich und kann also nur durch die Obrigkeit verhängt werden. Der Staat hat das jus reformandi gegen kirchliche Mißbräuche, darf die Canones der Kirchen seiner Durchsicht unterwerfen, und die staats= gefährlichen Sätze daraus streichen; bricht in der Kirche dogmatischer Zwist aus, so beruft der Landesherr eine kirchliche Synode, die den Streit beilegt. Am Allerwenigsten kann der Staat gestatten, daß ein fremder Priester durch willkürliche Machtsprüche die Spendung der Gnadenmittel störe; mit Befriedigung wird dabei der Signorie von Venedig gedacht, die einst (1606) trotz des päpstlichen Bannes ihren Geistlichen befahl, den Gottesdienst zu halten und bei den treuen Priestern unweigerlichen Gehorsam fand. Gegen dies Papstthum und die jesuitischen Lehren Bellarmin's, der die Kirche für einen sichtbaren Staat erklärt, müssen alle Obrigkeiten, welches Glaubens sie seien, zusammenstehen, um die Souveränität des Staates zu behaupten; sie finden in solchem Machtkampfe einen Rückhalt an dem ursprünglichen Christenthum, das eine unwandelbare äußere Ordnung der Kirche nicht kennt. Die Hure von Rom hat das Blut von hunderttausend frommen Christen vergossen; nicht von seiner Kirche, sondern von der babylonischen Hure sagt der Herr, daß sie trunken sei von dem Blute der Heiligen.

Man sieht, wie hier die Gedanken Paolo Sarpi's und die eben in jenem Zeitpunkt zur vollen Ausbildung gelangten Ideen der galli= kanischen Kirche sich verschmelzen mit dem altprotestantischen Hasse wider den römischen Antichrist und zugleich mit der humanen Welt= bildung eines neuen Zeitalters. Aus diesem Buche Pufendorf's hat dann Thomasius die Lehren seines „Territorialsystems" geschöpft, das im achtzehnten Jahrhundert dem alten Episkopalsystem siegreich ent= gegentrat. Der Schüler verfiel freilich in manche Irrthümer, die der Meister vermied, leitete die Kirche wie den Staat aus einem ursprüng= lichen Vertrage her. Auch die Staatskunst der Krone Preußen, die

auf die Theorie des Thomasius sich berief, entsprach nicht durchaus
dem Programme von 1687; die Fiction der oberstbischöflichen Gewalt
des Landesherrn, die Pufendorf verwarf, ward in Berlin niemals
gänzlich fallen gelassen. Aber die beiden Grundgedanken jener Kirchenpolitik, die unserem Staate ein volles Jahrhundert confessionellen
Friedens gesichert hat, sind von Pufendorf zuerst klar, scharf und kühn
als Forderungen der Wissenschaft begründet worden: das Recht des
Einzelnen auf freien Glauben und das Recht des souveränen Staats,
die Kirche zugleich zu schützen und in den Schranken des öffentlichen
Friedens zu halten.

In allen protestantischen Ländern traten literarische Kämpfer auf
wider den Bedränger der Hugenotten und seinen britischen Bundesgenossen. Gleichzeitig mit Pufendorf, der sein Vorwort vom 3. September 1686 datirt, bewies Pierre Bayle in der geistvollen Schrift
Contrains-les d'entrer das Unrecht und die Unfruchtbarkeit des Ge-
wissenszwanges. Drei Jahre darauf erschienen Locke's Letters con-
cerning toleration, die bei den Engländern als ein Werk der glorreichen Revolution noch heute hoch in Ehren stehen. Vergleicht man
unbefangen, so wendet Locke mit unaufhaltsamer Redseligkeit doch nur
den einen Gedanken der persönlichen Gewissensfreiheit hin und her;
die andere Seite der Frage, das Recht des Staates gegenüber der
Kirche, berührt er ebenso wenig wie Bayle. Wie viel roher und äußerlicher als der deutsche Lutheraner beurtheilt der britische Sensualist das
kirchliche Leben: der Kirchenbann soll statthaft sein, weil Niemand
ein Recht hat „auf den Genuß des mit fremdem Gelde gekauften Weines
und Brotes!" Und wie viel engherziger ist seine Duldsamkeit; die
wilden No-popery-Rufe, die dem fliehenden Stuart nachklangen, be-
thörten auch ihn, für die katholische Kirche bleibt kein Raum im
Staate Locke's. In der dichten Schaar protestantischer Schriften, die
der Gewaltthat König Ludwig's antworteten, behauptet Pufendorf's
Buch unzweifelhaft den ersten Platz; und es gereicht uns nicht zur
Ehre, daß wir über der englischen Schrift, die in jedem Lehrbuche
citirt und doch niemals bei uns gelesen wird, den Landsmann ganz
vergessen haben, der in solcher Zeit so frei und so besonnen, so streng
politisch und so tief religiös über Staat und Kirche zu reden vermochte.

Von dem Protestantenzorne jener Jahre erzählt auch eine kleine
Streitschrift, die Pufendorf gegen Varillas' Geschichte der religiösen
Revolutionen, ein Lieblingsbuch der französischen Papisten, richtete.

Grob und derb, wie immer, wenn er deutsch schreibt, geht er hier „des
Varillas' Tausendlügen" zu Leibe und zeigt die Armseligkeit einer
Geschichtsauffassung, die sich die Kirchenspaltung nur aus der weltlichen
Herrschsucht der deutschen Fürsten zu erklären wußte. Der wunderliche
Gönner Leibnißen's, Landgraf Ernst von Hessen-Rheinfels, ein geist-
reicher Convertit, sagte darauf dem Anwalt der Protestanten feierlich die
Freundschaft auf; es blieb Pufendorf's Schicksal, daß er überall mit
dem großen Philosophen feindlich zusammenstieß. Auch die sächsischen
Theologen regten sich wieder. Die Vertreibung der Hugenotten war
selbst von **den Lutheranern als ein Schlag gegen den** gesammten
Protestantismus empfunden worden; man entsann sich auf einen Augenblick der evangelischen Gemeinschaft und nahm sogar einen kleinen Theil
der Flüchtlinge in lutherischen Landen gastlich auf, während die große
Masse der Auswanderer bei den reformirten Häusern Brandenburg
und **Hessen Schutz fand.** Da erweckte die Schrift über Staat und
Kirche den alten Haß auf's Neue; man wußte nicht, was empörender
sei, die unbedingte Gewissensfreiheit oder die Unterwerfung der Kirche
unter die Souveränität des Staates. Wieder erdröhnten die Kirchen
und die Hörsäle Kursachsens von Flüchen und Klagen. Als sodann
ein des Atheismus verdächtiger Student in Wittenberg sich entleibte
und man bei der Leiche das neueste Buch Pufendorf's vorfand, da
wies der Finger Gottes nochmals auf den Erzketzer im Norden, und
die gläubige Heimath wendete sich schaudernd von dem verlorenen
Sohne. —

Als Pufendorf sein Buch an den Großen Kurfürsten schickte, war
bereits sein Uebertritt in Brandenburgische Dienste beschlossene Sache.
Schon vor zwei Jahren hatte der Gesandte Friedrich Wilhelm's ihn
eingeladen, als Geheimer Rath mit reicher Besoldung nach Berlin
zu kommen und die Geschichte des Kurfürsten zu schreiben. Seit dem
Sommer 1686 war man einig; und zuversichtlich ruft der Historiker
in jener Widmung seinem Helden zu: gelingt mein Werk, „dann wirst
Du ebenso groß, wie Du heute dastehst, das Jahrhundert mit dem
Ruhme Deines Namens erfüllend, fortan in dem Gedächtniß aller
Zeiten leben". Er hegt noch wie die Männer des Cinquecento den
stolzen Glauben, daß dem Humanisten die Macht verliehen ist, den
Männern der That unsterblichen Ruhm zu schenken. König Carl
indeß wollte seinen berühmten Secretär nicht ziehen lassen, auch das
Buch über Carl Gustav mußte noch vollendet werden. Erst zu An-

fang des Jahres 1688 wurde der Deutsche seiner schwedischen Verpflichtungen ledig, ließ die Handschrift seines Geschichtswerks in Stockholm zurück und segelte heim in's Vaterland. Drüben in Greifswald
empfingen ihn die Freunde mit ängstlichen Warnungen; sie fürchteten,
schwerlich ganz ohne Grund, daß der Kaiser auf Anstiften der Wiener
Jesuiten oder des Dresdener Hofes den Majestätsschänder aufgreifen
lassen würde. Erst als ihm sein Kurfürst eine Sauvegarde ausgestellt
hatte, wagte er sich über die schwedische Grenze und fand in Potsdam den alten Helden auf dem Todesbette. Seltsames Spiel des
Schicksals: er hat den Fürsten, für dessen Dienste er geschaffen schien,
niemals oder doch nur zum letzten Abschied gesehen! Aber der Sohn
hielt was der Vater versprochen; unter den vielgerühmten inepuisablen
Händen Friedrich's III. war gut wohnen für Künstler und Gelehrte.
Dies kampferfüllte Leben sollte doch noch einen schönen, versöhnen-
den Abschluß finden. So lange hatte das Geschick den Heimathlosen
umhergeschleudert und ihn nirgends feste Wurzeln schlagen lassen;
hier endlich ward der Sachse mit seinem Herzen heimisch, in dem
deutschen Staate, der die Gedanken des Naturrechts in's Leben führte.
So oft hatte er schelten und zürnen müssen; jetzt am Ende seiner
Tage ward ihm noch das dem deutschen Gemüthe so unschätzbare
Glück, mit gutem Gewissen zu loben und zu danken.

Wie war doch das deutsche Leben verwandelt in den zwanzig
Jahren, seit Pufendorf über den Sund gezogen; die Nation begann
zu erwachen und rieb sich den Schlaf aus den Augen. Auf seinem
Sterbebette hatte der alte Kurfürst die Parole ausgegeben: Amsterdam und London; nach wenigen Monaten wurden die Träume seiner
letzten Stunden zur Wahrheit. Wilhelm von Oranien wagte seinen
kühnen Zug gen England, und an Bord der Schiffe, die das hollän-
disch-deutsche Heer des Befreiers trugen, stand auch der Oberst v. d.
Marwitz mit den brandenburgischen Dragonern. Zugleich brachen
Ludwig's Heere in die Pfalz ein und begannen dort jene grauenhafte Zerstörung, die, nach Pufendorf's Worten, seit den Tagen des
Attila ihres gleichen nicht fand. Die Empörung darüber erweckte
in dem ermatteten deutschen Volke doch ein Gefühl, das dem Nationalstolze ähnlich sah. Selbst die weltbürgerliche Gelehrsamkeit blieb
während der nächsten zwei Jahrzehnte solchen Stimmungen nicht
fremd; als der Franzose Bouhours die höhnische Frage stellte: „ob
es möglich sei, daß ein Deutscher Geist habe?" — da antwortete der

Märker Cramer mit deutscher Derbheit. Der Reichskrieg brach aus;
einmüthiger als seit langen Jahrzehnten stand fast das gesammte
Deutschland gegen die Franzosen. Friedrich III. vor Allen hielt in
unwandelbarer **Treue** zu Kaiser und Reich, ließ seine tapferen Regi=
menter schlagen wo immer Ludwig's Heere und Bundesgenossen sich
zeigten, wider die Türken, die Franzosen, die Iren; vor den Wällen
von Venloo und Namur, wie in den Wiesengründen des Bohneflusses
und auf dem Felde von Salankemen floß das Blut der Märker,
klang der Ruhm der Waffen **Brandenburgs**.

Pufendorf hat nur diese ersten, besseren Jahre Friedrich's III.
erlebt, die Zeit, da Eberhard Danckelmann das Ruder des Staats
in Händen hielt. Neben dem einen großen Zwecke der Bekämpfung
Frankreichs verschwand ihm jede andere Rücksicht; er erkannte nicht
mehr, daß die blinde, „reichsfürstliche Devotion“ seines jungen Herrn
doch nicht große deutsche Politik war, daß Brandenburg nicht die
Aufgabe hatte, überall in der Welt auf entlegenen Schlachtfeldern
unfruchtbaren Kriegsruhm zu ernten, sondern vielmehr an Einer Stelle,
wo ein großes nationales Interesse auf dem Spiele stand, mit seiner
gesammelten Kraft die Entscheidung zu geben. Alle Schriften Pufen=
dorf's aus dieser letzten Zeit athmen glühenden Haß gegen Frankreich;
wie grimmig hat er jenen Melac geschildert, den Zerstörer seines ge=
liebten Heidelbergs.

In solcher Stimmung mag er den Tod seines Bruders wohl
als eine gnädige Fügung, die gänzlicher Entfremdung zuvorkam, em=
pfunden haben. Esaias war seiner französischen Gesinnung treu ge=
blieben, hatte deßhalb sogar mit der Krone Schweden gebrochen und
dänische Dienste genommen; er starb beim Ausbruch des Krieges (1689)
als dänischer Gesandter am Reichstage zu Regensburg. Als Samuel
in jenen Jahren seine vielgescholtene Jugendschrift wieder zur Hand
nahm und sich entschloß, „die Maske fallen zu lassen“, den Severinus
unter seinem wahren Namen neu herauszugeben, da mußte ihm Vieles
an dem Buche fremd erscheinen. Ich kann nicht finden, was man
oft behauptet hat, daß der Geheime Rath Pufendorf ein Anderer ge=
wesen sei, als der Heidelberger Professor. Nur die großen Gegensätze
der Politik und seine Stellung in der Welt hatten sich geändert.
Was er jetzt als ein angesehener Rath seines Fürsten schrieb, wollte
reiflicher erwogen sein, als vordem die kecken Worte des namenlosen
jungen Gelehrten. Er sah Oesterreich und Brandenburg einig in

einem großen Kriege, der ihm heilig war, und hielt für unrecht, den Verrath, der noch an den rheinischen Höfen umherschlich, jetzt durch Anklagen gegen das Kaiserhaus zu ermuthigen. Es war Recht und Pflicht des deutschen Publicisten, aus den zahllosen offenen Fragen deutscher Reichspolitik jedesmal die den Augenblick beherrschende hervorzuheben. Daher sind in der letzten Ausgabe des Severinus, die erst nach des Verfassers Tode erschien, mehrere scharfe Stellen über Oesterreich gestrichen: nicht zum Vortheil des Buches; wer die eigenthümliche Verwegenheit der Schrift rein genießen will, muß zu den älteren Ausgaben greifen. Aber von ängstlicher Behutsamkeit findet sich keine Spur; der schroffe nationale Stolz und der trotzige Freimuth des Severinus leben noch ungebrochen, sie wenden sich nur gegen ein anderes Ziel. Das Bitterste, was der Jüngling einst wider das Haus Oesterreich geschrieben, wird überboten durch die heftigen Anklagen des Mannes gegen Frankreich und die französische Partei im Reiche. Hier sucht er jetzt Deutschlands gefährlichste Feinde. Das Recht der Bündnisse, ruft er aus, darf nicht zum Untergange des Vaterlandes mißbraucht werden; und — kurz und gut — „wer es mit Frankreich hält, ist ein offenbarer Verräther an seiner Nation".

Also konnte er am Abend seines Lebens doch einmal mit dem Strome schwimmen, die Politik seines Hofes rückhaltlos billigen. Ihm blieb erspart noch zu erleben, wie die deutsche Einigkeit auch diesmal nicht vermochte die mangelnde Einheit zu ersetzen und Frankreich beim Friedensschlusse seinen Raub behauptete. Voll froher Hoffnung sah er dem Ausgange des Krieges entgegen. Und wie viel erfreulicher noch war der Anblick der neuen geistigen Bewegung in der Nation. Die Saat der Freiheit, wovon er selbst so manches Korn in den verwüsteten deutschen Boden geworfen, begann bereits in Halme zu schießen. Auf den meisten Hochschulen fanden die Ideen der weltlichen Staatslehre und der kirchlichen Duldung schon vereinzelte Vertreter. In Leipzig wuchs der Anhang des Thomasius von Tag zu Tag, und der verwegene Neuerer wagte bald auf dem Katheder deutsch zu reden, ja sogar die calvinischen Ketzer offen gegen die Angriffe des Wittenberger Theologen Caspar Löscher zu vertheidigen. Da beschloß man, das brandige Glied von der rechtgläubigen Hochschule abzuschneiden. Thomasius aber flüchtete vor den Verfolgern unter brandenburgischen Schutz, und die Leipziger Professoren ließen das Armesünderglöcklein auf der Paulinerkirche läuten, als der Ketzer mit seinen treuen Studenten nach Halle hinüber wanderte (1691). So stieß die ehrwürdige Alma Mater, die einst selber durch den Auszug der deutschen Studenten aus dem slawischen Prag gegründet worden, jetzt ihre streitbaren Kräfte von sich. Aus dem Hörsaal des Thomasius erwuchs binnen Kurzem die neue Friedrichs=Universität, lutherisch wie Leipzig, aber frei und duldsam, während des nächsten Menschenalters der Sammelplatz für die kühnsten Köpfe deutscher Theologie und Rechtswissenschaft. Die beiden Nachbarstädte standen einander gegenüber wie die alte und die neue Zeit; der ungesalzene Witz der Leipziger Orthodoxen spottete über die Hallenser, Halloren und Hallunken.

Ein denkwürdiger Augenblick preußisch=deutscher Geschichte: sobald der Schwerpunkt der protestantischen Politik sich gen Norden verschiebt, strömen alle Talente deutscher Kunst und Wissenschaft dem preußischen Staate zu; die alte Heimath der Gelehrsamkeit, Obersachsen, verliert ihre begabtesten Söhne an das Nachbarland. In Halle wirken Secken= dorff und Ludewig neben Thomasius; in Berlin findet Pufendorf seinen alten Spanheim wieder. Bald wird auch Leibnitz in die geistreichen Kreise der „republikanischen Königin" Sophie Charlotte gezogen; Schlüter und Nering erschaffen jene prächtigen Bauten, die den architektonischen Charakter Berlins für immer bestimmt haben. Mit vollem Behagen wiegte sich Pufendorf auf den Wellen dieses reich daher fluthenden geistigen Lebens; er genoß des Ruhmes und der Auszeichnungen die Fülle, und als er einmal zu einem kurzen Besuche nach Stockholm zurückkehrte, um den Druck seines Carl Gustav zu leiten, gab ihm König Carl den Freiherrntitel. Einige Jahrzehnte lang gewann es den Anschein, als ob der Staat, der Deutschlands Schwert in Händen trug, auch der Heerd der idealen Bestrebungen der Nation werden sollte. Da hat sich doch bald erwiesen, daß die Kraft der werdenden deutschen Großmacht dieser zweifachen Aufgabe noch nicht gewachsen war; die vorzeitige Blüthe der Künste und Wissenschaften zerstörte die genaue wirthschaftliche Ordnung, lockerte die Bande der politischen Mannszucht. Mit König Friedrich Wilhelm I. beginnt dann das sittliche Erstarken, die großartige Neubildung der Verwaltung, aber auch der Rückfall in das Banausenthum. Der lange Kampf um Preußens Dasein und die Entfremdung Friedrich's II. von der deutschen Bildung haben nachher den Staat noch lange in dieser einseitigen Richtung festgehalten. Es blieb ein Land der Waffen und des Rechts, des hausbackenen Schulunterrichts und der derben bürgerlichen Arbeit; das

claſſiſche Zeitalter unſerer Dichtung fand ſeine Bühne in den kleinen
Nachbarlanden. Erſt hundert Jahre ſpäter, etwa zur Zeit der Grün-
dung der Berliner Univerſität, errang ſich Preußen wieder eine glänzende
Stelle in dem Culturleben der Nation, wie einſt unter ſeinem erſten
Könige; Mars **und** die Muſen lernten ſich zu vertragen.

Zu den reformatoriſchen **Denkern**, welche damals, verſtoßen von
dem kurſächſiſchen Lutherthum, in Brandenburg **eine Freiſtatt** fanden,
zählten auch die Führer der jungen pietiſtiſchen Schule. Im ſelben
Jahre, da Thomaſius ſeinen Auszug hielt, ging Spener von Dresden
nach Berlin; dann kamen auch Franke und Anton, die in Leipzig
keine Stätte gefunden, nach Halle hinüber. Ganz unerwartet fanden
die Lehrer des Naturrechts Bundesgenoſſen im Lager der lutheriſchen
Theologie; der Pietismus rettete das erſtarrte deutſche Lutherthum
vor dem ſicheren Untergange. Die befreiende Lehre der Rechtfertigung
durch den Glauben hatte ſich unter den Händen theologiſcher Herrſch-
ſucht längſt in ihr Gegentheil verwandelt; was die entartete Kirche
predigte, war die Rechtfertigung durch unſeren Glauben. So ſchwelgte
ſie wieder in dem katholiſchen Gedanken der alleinſeligmachenden Kirche
und hätte früher oder ſpäter ihren Frieden mit dem Papſtthum ge-
ſchloſſen, wäre ſie nicht durch jene Stillen im Lande zurückgeführt
worden zu dem lebendigen Grunde des Glaubens, dem religiöſen Gefühle. Zugleich hielt Spener dem ſelbſtgewiſſen Dünkel der Rechtgläubigen jene berechtigte Werkheiligkeit entgegen, die zum Weſen der
Religion gehört, die Praxis pietatis. Jedes Wort dieſes herzloſen
Pfaffenthums war ein Hohn auf die Religion der Liebe. Nun endlich
erklang wieder eine evangeliſche Predigt, die in die Tiefen des Ge-
wiſſens niederſank; ſie mahnte die Gemeinde das Evangelium zu leben
in gemeiner, brüderlicher und chriſtlicher Liebe und wies die Glaubens-
ſicheren auf das Bibelwort: an ihren Früchten ſollt Ihr ſie erkennen!
Und wie lauter waren die erſten Früchte dieſes Glaubens. Wie werk-
thätig und opferfreudig erwies ſich das deutſche Gemüth, zum erſten
Male ſeit der Verkümmerung der dreißig Jahre, als Franke mit den
Scherflein ſeiner Frommen die großartige Stiftung des Waiſenhauſes
ſchuf; wie viel feiner, wärmer, trauliſcher ward der verwilderte geſellige
Verkehr unſeres Volkes, ſeit die Frauen in den Gemeinden der Erweckten wieder den Ton des Umgangs beſtimmten. Der Pietismus
iſt raſch geſunken, denn ihm fehlte der puritaniſche Muth, erweckend

einzugreifen in das öffentliche Leben; in der Stille des Hauses und der Conventikel verfiel er bald der weinerlichen Gefühlsseligkeit und der eitlen Selbstbespiegelung der schönen Seelen. Aber seine Anfänge sind echt und edel, seine ersten Lehrer Revolutionäre im besten Sinne. Für jeden freien und gesunden Gedanken der Zeit zeigen Spener und Franke bereites Verständniß, vor Allem für den alten Lieblingsplan der Hohenzollern, die Union der beiden großen Kirchen des deutschen Protestantismus. Diese tief ernste Auffassung des Christenthums mochte nicht als lutherische oder calvinische Secte ein mit den Namen sündiger Menschen geschmücktes Parteibanner schwingen; sie wollte evangelisch sein, nichts weiter. Es war doch ein bedeutsames Stück deutscher Culturgeschichte, das jetzt in den bescheidenen Hallen der Berliner Nicolaikirche sich abspielte: Propst Spener verkündete die Verbrüderung des gesammten evangelischen Namens, derweil am Neumarkt in St. Marien hartgläubige Lutheraner die Pietisten und Separatisten verfluchten; auch hier rang das neue mit dem alten Jahrhundert.

Pufendorf's helle Weltlust mag wohl an manchem trübselig krankhaften Zuge der neuen Schule Anstoß genommen haben; er konnte nicht in schwärmerischer Verzückung für das herzliebe Lämmlein Jesu schwärmen, nicht mit schmerzlicher Wollust die Sündenmale seines eigenen Herzens betrachten. Doch wenn selbst das weltlichste aller Weltkinder, Thomasius, die Männer des Waisenhauses als Bundesgenossen gegen die buchstabengläubigen Tenebriones warm begrüßte, um wie viel freudiger mußte er, der Lutheraner, das Recht des Pietismus anerkennen. Spener's werkthätiges Christenthum wirkte am stärksten auf die Lutheraner; denn die Kirche Luther's war am weitesten abgeirrt von der praktischen Pietät, die unter den Reformirten immer lebendig blieb. Wie Leibniz sich mit Spener zusammenfand in dem Gedanken: „keine Frömmigkeit ohne Liebe“, so ist auch Pufendorf dem Propst von St. Nicolai herzlich entgegen gekommen und der großen Frage der evangelischen Union näher getreten. Dieser Bund des rationalistischen Naturrechts und des Pietismus erscheint uns heute wunderlich, da wir nur die fratzenhaften Nachkommen der Erweckten kennen, und war doch für jene Zeit ebenso nothwendig, wie späterhin die Verbindung der Kantischen Philosophie mit der classischen Dichtung. Die Lehrer des Naturrechts schenkten dem verknöcherten deutschen Protestantismus wieder die Kraft des Gedankens, die Pietisten erschlossen ihm die Welt des Gefühls, und so haben sie beide den Boden bereitet für

die neue reifere Form protestantischer Bildung, für die Humanität
der Tage von Weimar. —

„Das Nachtgevögel aus der Unterwelt, das den deutschen Himmel
mit seinen ewigen Dogmenkämpfen verfinsterte", fing doch an, in seine
Höhlen zurückzuweichen. Pufendorf spürte den Athem einer freieren
Zeit. Gehobenen Herzens ging er an seine historische Arbeit, die
Freigebigkeit des Kurfürsten gewährte ihm eine völlig ungestörte Muße,
und schon nach fünf Jahren beendete er die Geschichte des Großen
Kurfürsten. Der alte Herr hatte ihm für die Erzählung der aller-
jüngsten Geschichte die Schätze der Archive ohne jede Bedingung zur
Verfügung gestellt — eine stolze Sicherheit des Selbstgefühls, die bis
zum heutigen Tage ohne Gleichen geblieben ist — und der gutherzig
duldsame Nachfolger fand kein Arg daran; noch weit freier als vordem in Stockholm durfte der Historiker „die unverderbte Wahrheit
aus den ursprünglichen Quellen getreu der Nachwelt überliefern".
Und er erreichte sein Ziel. Erst hundertundsiebzig Jahre nach Pufendorf's Werk hat die wissenschaftliche Erforschung der Zeiten Friedrich
Wilhelm's wieder einen großen Schritt vorwärts gethan: durch das
Buch von Droysen. Alles was zwischen diesen beiden Werken liegt,
lehnt sich an Pufendorf an, auch wenn die Verfasser über den Alten
vornehm schelten. Und vergleicht man ihn vollends mit seinen Vor-
gängern, mit Leutinger und den anderen stillvergnügten brandenburgischen
Curiositätensammlern, so erscheint der Abstand erstaunlich. Ueberhaupt
war noch niemals ein Zeitraum deutscher Geschichte so umfassend, mit
so tiefer Gelehrsamkeit und so einschneidendem politischem Urtheile
geschildert worden.

Wie großartig wird die Aufgabe erfaßt. Der königliche Mann,
der den meisten Zeitgenossen doch nur als ein vom Glücke begünstigter
deutscher Kleinfürst galt, erhält sofort die Stellung, die ihm gebührt,
in der Mitte der Staatengesellschaft; er tritt auf als der Schöpfer
einer neuen Macht, die dem Westen und dem Osten des Welttheils
zugleich angehört; man verfolgt, wie die Weltkämpfe am Rhein und
an der Weichsel den jungen Staat in ihre Wirbel hineinreißen, die
Geschichte Friedrich Wilhelm's erweitert sich zur Geschichte der europäischen Politik. Und wie mannhaft erklingt in dieser knechtischen
Zeit das freimüthige Vorwort an Friedrich III. So stolz hatte noch
kein Deutscher von dem Berufe des Historikers gesprochen; die Rede

des Alten wirkt noch heute erfrischend, da uns die flaue Mattherzig=
keit wieder, als ein Vorzug der Geschichtsschreibung gepriesen wird.
Die Historie setzt dem echten Ruhme ein Denkmal, das alle anderen
an Glanz und Dauer übertrifft, und sie darf dabei „den Haß nicht
scheuen, der die allzu nackte Wahrheit zu treffen pflegt“. Sie zeigt
aber auch den nichtigen Ruhm jener Fürsten, „die kein fremdes Recht
achten, über alle Anderen zu glänzen streben, wider Recht und Treue
die Nachbarn beleidigen; mögen sie den irdischen Strafen entrinnen,
dem freien Urtheil der Menschheit entfliehen sie nicht; mag das Volk
der Schmeichler ihre Missethaten schön färben, die Nachwelt mindestens
wird einem Jedem nach Verdienst Lob und Tadel zuwägen“. Es
war ein Protest des wiedererwachten deutschen Gewissens gegen die
Liebediener des großen Ludwig. Pusendorf wußte wohl, was es auf
sich habe, das durchtriebene Ränkespiel der jüngsten deutschen Politik
zu enthüllen; „mein Alter selbst, sagt er in einem vertrauten Briefe,
erhöht mir den Muth, die ganze Wahrheit auszusprechen“. In der
That wird selbst bei der pathetischen Charakterschilderung des Helden
am Schlusse des Werks kein Wort des Lobes zu viel gesagt, Friedrich
Wilhelm's Wesen erscheint wie es war, eine glückliche Verbindung
von Majestät und Güte, von Thatkraft und Ueberlegung, die Un=
beständigkeit seiner Staatskunst findet ihre Erklärung in der ein=
gepreßten Lage seines Staates, die ihm den geraden Weg oft ver=
sperrte.

Wieder wie in der Geschichte Carl Gustav's hält sich der Histo=
riker fast ausschließlich an die auswärtige Politik. Die Darstellung
wird oft trocken und einseitig, weil sie das innere Leben des Staates,
die Ausbildung der Verwaltung und des Heerwesens, fast ganz über=
sieht. Selbst die Schilderung der diplomatischen Action zeigt manche
Lücken. Der ungeheure Stoff ließ sich in so kurzer Zeit nicht ohne
Flüchtigkeit im Einzelnen bewältigen; zudem lag unterdessen die Hand=
schrift des Carl Gustav druckfertig in Stockholm, und es war nur
menschlich, daß der Historiker die Geschichte des nordischen Kriegs,
die er dort aus schwedischen Quellen erzählt hatte, nicht nach den
brandenburgischen Acten gänzlich umgestalten wollte. Am Auffälligsten
erscheint, daß der Verfasser des Severinus von den großen Reichs=
reformplänen des Kurfürsten so wenig sagt; hier, und hier allein,
mag wohl die Rücksicht auf den österreichischen Alliirten mitgespielt
haben. Durch die massenhaften Actenauszüge schwellen manche Capitel

zu formloser Breite an. Es rächte sich doch, daß Pufendorf in seinen
langen Kämpfen wider die Autorität des Aristoteles auch der Schönheit des classischen Alterthums sich entfremdet hatte; von der köstlichen prägnanten Kürze der Alten ist in den würdevoll dahin-
rauschenden Perioden des modernen Historikers keine Spur zu finden.
Noch strenger als in den schwedischen Geschichtswerken befolgt er hier
den Grundsatz, nur den Inhalt seiner Acten wiederzugeben, nur zu
sagen, wie die politischen Händel seinem Helden erschienen; er will
„des Herrn Sentimente exprimiren".

Dies erschwert uns Deutschen die unbefangene Vergleichung, da
die Sentimente des deutschen Kurfürsten uns so viel näher stehen, als
die Eroberungspläne Carl Gustav's; gleichwohl ist es nicht nationale
Parteilichkeit, wenn alle unsere Historiker den Friedrich Wilhelm für
das größte von Pufendorf's Geschichtswerken erklären. Man fühlt
doch rasch heraus, daß er in den deutschen Dingen besser zu Hause
ist als in Schweden; der Stoff ist reicher, die Darstellung gräbt
tiefer. Auch ein wärmerer Ton geht durch die Erzählung; von den
schwedischen Siegen berichtet er mit feierlicher Kälte, seine Brandenburger sind ihm die nostri. Dabei bewahrt er durchweg die epische
Haltung; nach der Schlacht von Fehrbellin drängt er sich nicht selber
mit seinen Betrachtungen vor, sondern erzählt, wie die Wiener Hofburg erstaunte, wie der französische und englische Hof mit Schrecken
eine neue Kriegsmacht aufsteigen sahen. Immer ist er mit seinem
Herzen bei dem Helden; er spricht zugleich seine eigene Ueberzeugung
aus, wenn er den Kurfürsten den Grundsatz verkünden läßt, „daß
Gott die Menschen richte nicht nach den Dogmen, sondern nach den
Früchten ihrer Frömmigkeit" Wärmer als sonst wird seine Rede,
sobald er das Ringen der Staatseinheit mit der particularistischen
Libertät, die Kämpfe Friedrich Wilhelm's mit den Ständen von Magdeburg und Preußen schildert. So unbefangen er sich selber seiner vornehmen Stellung in der Gesellschaft freute, gegen das zucht= und
vaterlandslose Junkerthum hegte er einen tiefen Haß; wie er einst
im Severinus gespottet: „die Enthaltsamkeit gilt diesem Adel für
ebenso schimpflich, wie die Gleichgiltigkeit gegen Pferde und Hunde",
so schildert er jetzt die thörichte Selbstsucht des Königsberger Landtags, der endlich gezwungen werden mußte, „weil er die Vernunft
nicht hören wollte". Diese Theilnahme des Herzens, wie spröde sie
sich zurückhält, bricht in den kritischen Augenblicken der Geschichte

Friedrich Wilhelm's immer durch; die Erzählung, wie im Nymwegener
Frieden ein Bundesgenosse nach dem anderen den Kurfürsten verräth,
ein **Meisterstück der Gruppirung, wirkt** in ihrer schmucklosen Einfach=
heit tief ergreifend.   Immer bleibt der Standpunkt des Urtheils streng
politisch; an dem Maaße der Macht wird jedes politische Unternehmen
gemessen.   Der böhmische Zug Friedrich's **von der Pfalz war eine**
Thorheit, weil die genügende Rüstung fehlte, der Prager Frieden
eine verderbliche Schmach, aber die nothwendige **Folge der Ohnmacht
Georg Wilhelm's, der noch** nicht den miles perpetuus seines Sohnes
besaß.   Zuweilen **schließt die** langathmige Einzelschilderung **mit** einer
kernigen taciteischen Wendung ab: das erste Verlangen des Kurfürsten
nach Parität im Reiche „hatte nur den einen Erfolg, daß es in die
Acten eingeschrieben wurde"; im Frieden von St. Germain „blieb
dem **Sieger nichts als die** Schande".

Die Neuheit des historischen Stoffes macht den Erzähler, wie
natürlich, zuweilen unfrei im Urtheile, doch sie giebt auch dem Werke
seinen größten Vorzug, den monumentalen Charakter; das Buch ist
seinem Helden congenial.   So und nicht anders, in dieser schwung=
vollen und doch geschäftlich nüchternen Form mußte Friedrich Wilhelm
sein **Leben** geschrieben wünschen; auch die ausführlichen Erwägungen
des **Für** und **Wider** vor jedem Entschlusse, die uns Neuere er=
müden, **hätten dem** Herrscher behagt, der noch nach altem deutschen
Fürstenbrauche lange Berathungen mit Bedenken und Gegenbedenken
liebte.   Das Geschichtswerk gehört ebenso nothwendig zu dem histo=
rischen **Bilde des Helden,** wie die prächtigen Kanonen und die reichen
Medaillen **mit den stolzen** Inschriften, die er zur Feier seiner Siege
schlagen **ließ, und wie das** Reiterbild auf der langen Brücke; mit
allem Roste der Zeiten ist es groß und ursprünglich wie dieses.   Unter
den brandenburgischen Landsleuten war auch nur Eine Stimme des
Lobes; Ludewig in Halle wollte außer der Bibel und den Kirchen=
vätern kein ähnliches Werk kennen.   In der alten Heimath aber er=
klang nochmals das gewohnte Wehegeschrei.   Profanus ille Pufen-
dorfius behauptete in Leipzig, Wittenberg und Jena noch den alten
Ruf, und jetzt waren dem Frevler nicht einmal die Geheimnisse seines
fürstlichen Brodherrn mehr heilig!   Am Reichstage zürnte man laut;
das scharfe Urtheil des Historikers hatte weder den Kaiser noch die
Fürsten verschont, das Unternehmen einer solchen zeitgenössischen Ge=
schichte erschien wie eine Störung des Reichsfriedens.   Ein Epigramm,

das in diesen Regensburger Kreisen umlief, tadelt bitter Pufendorf's Angriffe wider den Rheinbund und giebt dem Berliner Hofe den Rath, seine Heimlichkeiten besser zu verwahren!

Servat et **arcanum rectius Aula suum.**

Kurfürst Friedrich war hoch erfreut, ließ eine französische und eine deutsche Uebersetzung des Werkes veranstalten, schenkte dem Verfasser 10,000 Thaler — eine königliche Gabe nach damaligen Begriffen — und beauftragte ihn, die Erzählung fortzusetzen, eine Geschichte der gegenwärtigen Regierung zu schreiben. Unzweifelhaft hat Pufendorf's Stimme auch im Rathe des Kurfürsten viel gegolten; der Geheimrathstitel hatte damals noch einen Inhalt. Der Historiker stand in vertrautem Verkehr mit den leitenden Staatsmännern und ihren Familien. Er war mit Danckelmann befreundet und dankte wahrscheinlich ihm die unerhörte Freiheit in der Benutzung der neuesten Acten; eine der beiden Töchter Pufendorf's hat einen Jena geheirathet. Bot sich die Gelegenheit, so gab man dem Gelehrten auch diplomatische Aufträge. Als er zu jenem letzten Besuche nach Stockholm ging, erhielt er gleich die Weisung, den König von Schweden über die Berliner Politik zu unterrichten: „er ist", sagt das Beglaubigungsschreiben, „von meinen Actionibus dergestalt informirt, daß er Ew. K. Maj. die rechte idée davon und absonderlich, was ich von Ew. K. Maj. vor sentiments habe, am besten geben kann". Im Ganzen nahm er wieder eine ähnliche, dem Historiker angemessene Stellung ein, wie einst in Schweden: er stand den Geschäften nahe genug, um mit gründlicher Sachkenntniß die Geschichte der Gegenwart schreiben zu können; doch sie störten ihn nicht in seiner gelehrten Muße.

Drei Bücher der Geschichte Friedrich's III. hat der Rastlose dann noch vollendet. Das Fragment entbehrt der letzten Feile und ist darum noch formloser, als die früheren Geschichtswerke; mit seiner strengsachlichen Haltung, seinem schonungslosen politischen Urtheile schließt es sich würdig an die Geschichte Friedrich Wilhelm's an. Nicht blos die Politik Ludwig's XIV. wird mit unerbittlicher Strenge geschildert, auch die Mißgriffe des Kurfürsten selber treten uns völlig ungeschminkt entgegen; trocken berichtet der Hofhistoriograph, sein Herr habe sich als Kurprinz gröblich von Oesterreich mißbrauchen und verführen lassen, da er versprach, den Schwiebuser Kreis, den sein Vater zum Ersatz für die schlesischen Ansprüche der Hohenzollern erhalten,

wieder an den Kaiser zurückzugeben. Sehr ausführlich betrachtet der
Erzähler die europäischen Verhältnisse; es war ja die Schuld dieser
„genereusen" Regierung, daß unter ihr der Staat ganz außer sich
gerieth, seine Kräfte in den Händeln aller Welt verzettelte. Pathetisch
wird am Eingang der große Umschwung des Jahres 1688 geschildert,
den Pusendorf selbst bei seiner Rückkehr in's Vaterland beobachtet
hatte: wie damals die Pläne französisch=katholischer Weltherrschaft
zur Reife kamen und der Protestantismus sich zur Wehre setzte. Die
breite Erzählung von dem Befreierzuge des Oraniers, die nun folgt,
ist während anderthalb Jahrhunderten der einzige getreue Bericht von
der zweiten englischen Revolution geblieben, der einzige, der den inter=
nationalen Charakter dieses Kampfes, wie er wirklich war, vergegen=
wärtigt. Die Historiker der Whigs haben nachher den Dank, den das
parlamentarische England dem protestantischen Deutschland schuldet,
auf gut britisch dadurch abgetragen, daß sie die Mitwirkung der
Deutschen bei der Vertreibung der Stuart's ganz verschwiegen oder
in den Hintergrund stellten, und wir sprachen die englischen Märchen
bewundernd nach; erst in den jüngsten Jahrzehnten ist die deutsche
Geschichtsschreibung wieder zurückgekehrt zu jener thatsächlich richtigen
Auffassung, die der zeitgenössische Historiker vertrat.

Pusendorf's Urtheil über die glorreiche Revolution beweist zugleich,
wie frei und menschlich die alte preußische Monarchie das Wesen des
Staates verstand. Wie grundfalsch ist doch die Anschauung, die sich
unter der Alleinherrschaft der constitutionellen Doctrin bei uns ein=
genistet hat, als ob der englische Staat zu jener Zeit der alleinige
Träger der „Freiheit" gewesen sei. Hier dieser schroffe deutsche Abso=
lutist, der so entschieden Partei nimmt gegen die ständische Libertät
seiner Heimath und das Recht des Widerstandes auf wenige äußerste
Fälle beschränken will, er verdammt die meineidigen Stuart's so hart,
wie nur Macaulay, verwirft durchaus „die unredliche Schmeichelei"
der Juristen des Temples und ihre Lehre: a Deo rex, a rege lex.
Er billigt unbedingt die Erhebung des englischen Volks und urtheilt
wie die Whigs, daß König Jacob den ursprünglichen Vertrag zwischen
Fürst und Volk gebrochen habe. So weit ist Pusendorf's monarchische
Gesinnung von blinder Unterwürfigkeit entfernt. Der alte preußische
Absolutismus, der Hoch und Niedrig in den Dienst des Staates zwang,
war mit nichten unfreier, als jene englische Adelsherrschaft, die ihren
parlamentarischen Ruhm stützen mußte auf die himmelschreiende Miß-

handlung Irlands, auf die grundsätzliche Verwahrlosung der niederen
Classen, auf die Corruption der Wählerschaft und auf eine cynisch
gewaltthätige Handelspolitik. Die deutsche Dürftigkeit mochte die
glückliche Insel beneiden um ihre alte Cultur, ihren gesicherten Reich=
thum, ihre längst befestigte Staatseinheit, wie um den ungebundenen
Kampf der Meinungen in den höheren Ständen; doch der Gedanke
der Salus publica, das Regiment zum Besten Aller, ward in den
guten Tagen der preußischen Monarchie gerechter, unparteiischer ver=
wirklicht als durch England's parlamentarischen Adel. —

Bei herannahendem Alter ist Pufendorf, wie alle tieferen Gemüther,
häufiger in sein Inneres eingekehrt; der Umgang mit Spener lenkte
seine Gedanken, die bisher ganz nach Außen gerichtet gewesen, auf
die göttlichen Geheimnisse. Es drängte ihn bald, sein religiöses Be=
kenntniß auszusprechen und dem Hader der Confessionen einen Weg
zum Frieden zu weisen; mitten zwischen seinen historischen Arbeiten
schrieb er das kleine Buch: Jus feciale. Die berühmte Clausel des
Westphälischen Friedens, welche die Möglichkeit einer dereinstigen Bei=
legung der Kirchenspaltung offen ließ, wurde von den helleren Köpfen
der Zeit sehr ernst genommen; die gräßlichen Erinnerungen der
Glaubenskriege drängten zur Versöhnung. Jedermann weiß, wie viele
bedeutende Männer seit Grotius und Calixtus sich mit solchen Gedanken
trugen. Johann Matthiä, der geistreiche Lehrer der Königin Christine,
stand ihnen nahe; der milde Papst Innocenz XI. ließ den Bischof
Spinola an den protestantischen deutschen Höfen umherreisen und Land=
graf Ernst von Hessen schrieb sein Buch vom „wahrhaften Katholischen“,
um seine verlassenen protestantischen Glaubensgenossen für eine ge=
mäßigte katholische Anschauung zu gewinnen. Niemand hatte diese
Hoffnungen tiefer, großartiger erfaßt als Leibnitz. Der Philosoph
ahnte dunkel die große Umwälzung, die nach hundert Jahren herein=
brechen sollte; er fürchtete, daß die mächtig überhandnehmenden sensua=
listischen Ideen dereinst jede sittliche Ordnung zerstören würden, und
wollte alle conservativen Kräfte zu einem heiligen Reiche um das Banner
des Glaubens versammeln. So erhaben der Gedanke, ebenso unglücklich
war seine Ausführung. Der scholastisch=lutherische Bildungsgang des
Philosophen, seine irenische Neigung, das relative Recht jeder Meinung
herauszufinden, seine doctrinäre Geringschätzung der politischen Macht
— das Alles erschwerte ihm, die große Machtfrage, die in diesen
dogmatischen Streit hineinspielte, zu verstehen. Die tiefe Kluft, welche

die Kirche der Autorität **von** der Kirche des Gewissens trennt, hat er
viele Jahre hindurch nicht richtig erkannt; er hielt eine Unterordnung
unter den Papst für möglich, die gleichwohl das Gewissen nicht be=
schränken sollte, und versuchte sogar in seinem „Systeme der Theologie",
die berechtigten Gedanken der alten Kirche dem Verständniß der Prote=
standen näher zu bringen. Da mußte er endlich, in seinem Briefwechsel
mit Bossuet, die Erfahrung machen, daß selbst der geistreichste Anhänger
Roms, wenn er irgend folgerecht verfährt, **zuletzt** an einem Punkte
anlangt, wo das Opfer der Vernunft gefordert wird **und der Protestant**
nur noch protestiren kann; und hier hörte auch für **den Protestanten**
Leibniz jede Verhandlung auf.

   Anders, härter **und** nüchterner, sah Pufendorf die Frage **an.**
Die römische Kirche erscheint ihm durchaus nur als eine politische
Macht; „**wo für den Gott** Bauch gekämpft wird, **ist** Versöhnung unmög=
lich". Er verfolgte mit Besorgniß die zahlreichen Uebertritte an den
deutschen Höfen. Er wußte, **wie an** jeder protestantischen Hochschule
verkappte Jesuiten thätig waren, wie nahe die erstarrte lutherische Ortho=
dogie mit der römischen Kirche sich berührte, und sah, gleich seinen
pietistischen Freunden, in den Unionsbestrebungen der milderen Katho=
liken nur einen neuen Anlauf zur Wiederaufrichtung der päpstlichen
Weltherrschaft. Wenn Spener die Evangelischen vor Spinola's
papistischen Fallstricken warnte, so mochte er die Gesinnung des wohl=
meinenden Bischofs verkennen, in der Sache hatte er recht; denn
anders **als** durch Unterwerfung war selbst unter Papst Innocenz **die**
Versöhnung mit Rom nicht zu erlangen.

   Darum verzichtet Pufendorf von Haus aus auf die Vereinigung
der ganzen Christenheit und begnügt sich mit dem Gedanken der evange=
lischen Union, der in den englischen Latitudinariern und in den deutschen
Pietisten warme **Vertheidiger, in dem** Hause Hohenzollern seinen
natürlichen Beschützer fand. Friedrich III. wollte nur evangelisch
heißen und führte die versöhnliche Kirchenpolitik seines Vaters fort.
Mit herzlicher Freude erfuhr der alte Denker in Berlin, wie sein ge=
treuer Thomasius den Lutheranern praktische Duldsamkeit predigte.
Der lutherische Herzog Moritz Wilhelm von Sachsen=Naumburg hatte
sich soeben mit einer reformirten brandenburgischen Prinzessin ver=
mählt. Die Rechtgläubigen tobten; der Propst Philipp Müller in
Magdeburg verdammte die Todsünde in der Schrift: „Fang des edlen
Lebens durch ungleiche Glaubensehe". Wider dies „famose Scar=

tequgen" ging nun Thomasius vor; und der warme Hauch christlicher
Liebe macht uns selbst die unbändige Grobheit seiner Rede erträglich.
„Gott segne dies Eheband", ruft er zum Schlusse, „daß dadurch die
Herzen so vieler Christen in rechtschaffener Liebe zu einander geführt
werden". Der Streit erregte überall im deutschen Norden großes
Aufsehen und hat sehr wirksam dazu beigetragen, die Lutheraner an
Duldsamkeit zu gewöhnen; daß der Berliner Hof schließlich den
eifernden Magdeburgischen Propst nach Spandau **abführen ließ**, that
nach den Anschauungen der Zeit dem Siege des Menschenverstandes
keinen Eintrag. Pufendorf **lobte den wackeren Genossen**, sendete
ihm die Handschrift des Jus **feciale** zur Prüfung. Diesmal **aber**
widersprach der Schüler dem Meister und erklärte in seiner **unver=**
blümten Weise, „das Buch sei zum wenigsten zu drei Vierteln
γνησίως lutherisch".

Thomasius urtheilte richtig. Die lutherische Ueberzeugung des
sächsischen Pfarrersohns war wirklich in seiner jüngsten Schrift über=
mächtig durchgebrochen. Sein Leben lang hatte er mit den lutherischen
Orthodoxen gerungen, seine praktische Moral war ganz erfüllt von
jener mächtigen ethischen Gestaltungskraft, worin die Größe des Calvi=
nismus liegt; aber die starke Seite des Lutherthums, die tiefsinnig
mystische Dogmatik konnte er nicht aufgeben. Er will nicht, äußerlich
vermittelnd, einzelne Sätze der Glaubenslehre als wesentlich bezeichnen,
sondern erkennt bereits, daß der Offenbarungsglaube selber zusammen=
bricht, sobald man dies oder jenes Dogma für gleichgiltig oder zweifel=
haft erklärt. Darum unternimmt er, **aus** der heiligen Schrift **ein**
System der Theologie zusammenzustellen, das „in einer Kette zusammen=
hängend" allen Unbefangenen einleuchten soll. Und dies System **ist**
wesentlich lutherisch. Nicht blos die Lehre von der Gnadenwahl,
dieser Stein des **Anstoßes für die** Lutheraner, der bekanntlich in die
reformirte Kirche Brandenburgs niemals Eingang gefunden, wird unbe=
dingt verworfen; auch die Auffassung der meisten anderen **Dogmen**
schließt sich eng an die lutherische Kirche an. Auf solchem **Wege offen=**
bar war die Union nicht **zu** erreichen. „Kein **Reformirter**", sagte
Thomasius treffend, „kann dies Bekenntniß unterschreiben, und wer
es thäte, würde als Anhänger einer neuen Kirche angesehen werden".
Pufendorf verfiel der alten Selbsttäuschung der Theologen: er be=
merkte nicht, daß auch seine Glaubenslehre durch die Hand eines sündigen
Menschen aus der Bibel ausgehoben war. Ueberschwängliche Erwar=

tungen hegte er nicht; **er fand die** Zeit noch nicht reif für die völlige
Versöhnung: inzwischen, bis alle Protestanten jenen Kern der Christen=
lehre angenommen haben, sollen sie tapfer den gemeinsamen Feind
zu Rom bekämpfen, Nachsicht haben mit den Irrthümern ihrer evan=
gelischen Brüder (wozu freilich die Socinianer und Wiedertäufer nicht
gerechnet werden), und in brüderlichem Wetteifer „ihr Leben nach der
Lehre Christi gestalten". Wie dieser **Satz** unverkennbar an Spener's
Pia desideria erinnert, so klingt auch an anderen Stellen aus der
dürren dogmatischen Darstellung ein Ton tiefer Frömmigkeit hervor:
einige unerforschliche Fragen bleiben noch übrig, wobei der Mensch
nur staunend rufen kann: o altitudo, und — so schließt das Buch
— „ist hier irgend etwas gesagt gegen den ursprünglichen Sinn der
heiligen Schrift, so soll es ungesagt sein". — Also ringt in diesem
wahrhaftigen Menschen bis zum Ende der weltlich freie Gedanke mit
der dogmatischen Gebundenheit **einer** versinkenden Zeit; und wie sein
Name verbunden ist mit allen den neuen politischen Ideen, welche
Preußens Größe schufen, so hat er auch, suchend und irrend, den Pfad=
findern der evangelischen Union sich angeschlossen. —

Es war das letzte Buch, das Pufendorf beendete. Noch in voller
Kraft, mitten im rüstigen Schaffen, starb er am 26. October 1694;
ein unglücklicher Schnitt in einen Leichdorn am Fuße soll die kurze
tödtliche Krankheit herbeigeführt haben. Die Leiche ward in der Kirche
der Pietisten beigesetzt; nahe dabei, an der Außenwand von St. Nicolai,
hat Spener seine Ruhestätte gefunden. Dröhnend erklang auf allen
Kanzeln Obersachsens **die Posaune** des jüngsten Gerichts über den
armen Sünder; „die Dunkelmänner, die er so oft gezüchtigt, beeilten
sich", wie **der** wackere Leipziger Gottfried Thomasius sagt, „den
todten Löwen zu beißen". Kurfürst Friedrich aber empfand den schweren
Verlust mit aufrichtiger **Trauer.**

Erst mehrere Jahre nachher änderte sich die Stimmung des
Hofes. Pufendorf's Freund, Eberhard Danckelmann, wurde gestürzt,
und mit ihm brach die kühne Politik des Großen Kurfürsten zusammen.
Die drei bösen preußischen W, Wartenberg, Wittgenstein und Wartens=
leben, begannen ihr schlaffes Regiment, überall drängten sich die
kleinen Leute hervor, und was noch an jene besseren Tage erinnerte,
ward verfolgt und verleumdet. Jetzt trug auch jener Regensburger
Rathschlag seine Früchte; man fand die rücksichtslose Veröffentlichung
der Staatsgeheimnisse hochgefährlich, fürchtete die Verstimmung der

anderen Höfe. Zum Ueberfluß erwies der wohlmeinend beschränkte
Johann Friedrich Cramer in einer Eingabe an den neuen König, wie
viele Fehler Pufendorf's Geschichtswerk enthalte. Die anbefohlene
französische Uebersetzung kam in's Stocken, in der Stille suchte man
die Verbreitung der gefährlichen Schrift zu verhindern; schon in den
ersten Jahren des neuen Jahrhunderts klagen die Historiker, wie schwer
das Buch zu erlangen sei. Das hinterlassene Bruchstück der Geschichte
Friedrich's III. wurde im Archive verborgen; doch die nachlässige Verwaltung ließ es geschehen, daß Pufendorf's Wittwe ein Exemplar der
Handschrift zurückbehielt.

Zu den Gegnern des Historikers gesellte sich bald auch das neue
Beamtenthum mit seinem Standesstolze, seiner Sparsamkeit, seiner
Vorliebe für das handgreiflich Nützliche. Diese Kreise dankten dem
Lehrer des Naturrechts einen guten Theil ihrer Bildung, und eine
Zeit lang haben sie den Alten auch in Ehren gehalten; dann hat sich
der hereinbrechende banausische Haß gegen die Wissenschaft auch wider
ihn gewendet. Als die Stiftung der Akademie der Wissenschaften vorbereitet wurde, da warnte eine Denkschrift aus bureaukratischer Feder
den König vor der unnützen Ausgabe und beklagte bitter, wie viel
Geld man „zum Fenster hinausgeworfen für des Pufendorf's Schrei-
bereyen"; es sei bedenklich, „die Historien publique zu machen und
unter Professorhände kommen zu lassen". Diese Richtung gewann
die Oberhand unter König Friedrich Wilhelm I. Die Zeit drängte
nach einem Neubau der Verwaltung, und da jedes Geschlecht berechtigt ist, die Vergangenheit mit seinen eigenen Augen zu betrachten, so
verlor Pufendorf's Werk, das über die innere Entwicklung wenig
Auskunft gab, bei dem preußischen Beamtenthum schließlich jede
Achtung, und der sparsame König entzog der Wittwe des Historikers
die Pension.

Seitdem sank der Ruhm des tapferen Mannes unaufhaltsam.
Nicht einmal das Loos ist ihm geworden, das der Dichter allen politischen Kämpfern weissagt:

> Denn es werden einst Geschlechter,
> die auf unsern Siegen stehn,
> ungerührt im wunden Fechter
> nur ein prächtig Schauspiel sehn.

Schlechterdings, kein anderer Held des deutschen Gedankens hat eine
so grausame Mißachtung erfahren; eine unbeschreiblich abgeschmackte

Biographie (von Adlemannsthal 1710) ist Alles, was das achtzehnte
Jahrhundert über sein Leben zu schreiben wußte. Es kam die Zeit,
die Severinus vorausgesehen: die Habsburger starben aus, König
Friedrich unternahm den Versuch einer Reichsreform, und die Pläne,
die er mit seinem Schattenkaiser Carl VII. berieth, bewegten sich genau
in den Bahnen des monströsen Buches. Aber während die Gedanken
des Alten in den Thaten des neuen Jahrhunderts Fleisch und Blut
gewannen, stritten sich unsere gelehrten Zeitschriften, zur Zeit der
beiden ersten schlesischen Kriege, ernstlich über die Frage, ob nicht
Pufendorf vielleicht der Verfasser des — Hippolithus a Lapide sei!
Nur seine Lehrbücher lebten fort auf den Kathedern, und ganz wie
ein langweiliger Schulmeister erschien der Mann mit dem geistvoll
ironischen Lächeln vor den Augen des großen Königs. Ein= oder
zweimal mag Friedrich wohl in dem alten Folianten geblättert haben,
dann meinte er, abgeschreckt durch das Latein wie durch den mäch=
tigen Umfang: eine solche Stoffsammlung sei ebenso wenig eine Ge=
schichte, wie ein Haufe von Buchstaben ein Buch. Der Ausspruch
stellt sich dem bekannten Urtheil über Macchiavelli würdig zur Seite;
gerade die beiden politischen Denker, die ihm selber am nächsten stan=
den, hat Friedrich am ärgsten verkannt. Graf Hertzberg, damals un=
bestreitbar der beste Kenner der preußischen Geschichte, dachte anders.
Er beklagte laut, daß das verweichlichte Jahrhundert jenen Schatz
historischen Wissens nicht mehr lese, „fast das einzige wahrhaft prag=
matische und authentische Geschichtswerk außer Caesar's Commentarien".
Nachher verschaffte er sich durch seinen Freund Gutschmid das Manu=
script der Geschichte Friedrichs III., das unterdessen aus den Händen
der Wittwe nach Dresden gekommen war, und ließ es drucken (1784);
aber die Zeit war vorüber, da ein lateinisches Buch noch bemerkt
wurde. Das Unvergängliche von Pufendorf's Ideen lebte fort in
den Besten der Nation; von dem Manne, der jene Gedanken einst
dachte, war nirgends die Rede.

Erst die Gegenwart urtheilt gerechter. Sie blickt zurück auf
Jahrzehnte voll aufreibender Kämpfe, und die mächtige Gestalt des
alten Streiters rückt ihrem menschlichen Verständniß näher: wie er
so trotzig hereinbricht in seine schlaffe Zeit, keines Mannes Schüler,
ganz auf sich selber ruhend, und doch im Ganzen lebend, stets zur
rechten Stunde mit dem rechten Worte bereit; wie er sich durchschlägt
durch eine Welt von Feinden und jederzeit Recht behält; und immer,

wenn der Adler auffliegt und seine Schwingen im Lichte badet, dann flattern und krächzen die Raben; und dazu jener tragisch erschütternde Kampf mit der trotz Alledem geliebten Heimath, dazu die Schuld und das Unglück eines ruhelosen Lebens, das erst am späten Abend seinen Frieden findet. Er steht in der Reihe jener arbeitsfrohen Männer, die unsere zum Tode erschöpfte Nation langsam wieder einführten in den Kreis der Culturvölker; er war der erste Deutsche, der die rettungs= lose Fäulniß des alten Reichs klar erkannte; und er zuerst hat uns das Recht erobert, weltlich frei zu denken über die weltliche Natur des Staates. —

Pufendorfiana.*)

(1875.)

Hermann Baumgarten schildert in seinem Aufsatze über die deutschen Bibliotheken und Archive sehr anschaulich, wie es einem Historiker ergehen würde, der nach Pufendorfischen Briefen suchen wollte. **) Die Darstellung unseres verehrten Mitarbeiters ist nur allzuwahr; was er als möglich annimmt, hat sich bereits wirklich ereignet. Einer unserer namhaftesten Geschichtschreiber hat in der That schon vor Jahren in allen den Sammlungen, wo mit einiger Wahrscheinlichkeit ein Fund erwartet werden konnte, nach Briefen und Denkschriften der Gebrüder Pufendorf forschen lassen. Ohne jedes Ergebniß. Da ich dies wußte, so habe ich mir selbst eine Bemühung erspart, die nach Lage der Umstände nur ein unberechenbares Würfelspiel gewesen wäre.

Inzwischen sind doch in dem alten schwedischen Archive zu Stade, wo schon früher vergeblich gesucht wurde, einige Gesandtschaftsbriefe Esaias Pufendorf's aufgefunden und von Dr. E. Schlüter soeben veröffentlicht worden (in dem „Archiv des Vereins für Geschichte und Alterthümer der Herzogthümer Bremen und Verden zu Stade", Jahrgang 1875).

Esaias wurde im Jahre 1671, unmittelbar vor seiner bekannten Wiener Reise, an die welfischen Höfe und den westphälischen Kreistag gesendet, um für Schwedens vermittelnde Politik Boden zu gewinnen und zugleich im westphälischen Kreise „dem affectirten Kreiß-Obristen-Ampt" Kurbrandenburgs entgegenzutreten. Was er aus Hameln und

---

*) [Preuß. Jahrb., Band 36 (Decemberheft 1875), S. 725 und 726. Im Register zu Band 50 aufgeführt als „Pufendorfiana von H. Baumgarten".]

**) [„Archive und Bibliotheken in Frankreich und Deutschland" a. a. O. Band 36, S. 626 ff.]

Bielefeld berichtet, ist nicht so erheblich wie seine berühmte Schilderung des Wiener Hofes, giebt aber immerhin ein lehrreiches Bild von dem emsigen Ränkespiel der fremden Gesandten an unseren kleinen Höfen. Ich kann mir's nicht versagen, eine Stelle daraus abzuschreiben, die mit glücklicher Unbefangenheit den scrupellosen Sinn der Staatsraison des siebzehnten Jahrhunderts ausspricht. Esaias räth seinem Könige, zur Sicherung von Bremen und Verden mit den Welfen gute Freund= schaft zu halten, und sagt wörtlich: „Solten anderß Ew. K. Mst. mir allergnädigst Vergönnen wollen, daß Von dem foedere an sich selbst mit dem fürstlichen Hauße Braunschweig=Lüneburg ich meine zwar einfältige aber getreueste Meinung in alter Demuth sagen dörffe, so dünket mich selbiges sehr Vortheilhafftig, ja fast nothwendig zu sein, es sei gleich, daß Ew. Königl. Mst. in dem dividirten Europa die= jenige Partey hätte, welche conservationem praesentis status, Unnd alßo friede Unnd ruhe mit dem Degen zu maintenieren, oder daß sie beßer befinden auf derer seite zu tretten die andere auß der possession deß ihrigen werffen Unnd conque= reurs agiren wollen!"

Ueber die ersten Bände der Allgemeinen Deutschen Biographie und über die Badischen Biographien.*)

———

Die im Auftrag der Münchener historischen Commission von den Herren v. Liliencron und Wegele herausgegebene Allgemeine Deutsche Biographie (Leipzig, Duncker und Humblot) verspricht eine seit Langem schmerzlich empfundene Lücke unserer historischen Literatur auszufüllen. Das Unternehmen schreitet rüstig vorwärts und ist bereits am Ende des zweiten Bandes angelangt. Die schwierige Auswahl der Namen ist im Ganzen mit Geschick getroffen, und auch die Bearbeitung der meisten Artikel verdient Anerkennung.

Wir können aber, da es sich um ein Werk handelt, das der Nation als ein dauernder Besitz verbleiben soll, zwei Bitten nicht unterdrücken.

Für die Auswahl der zahlreichen Schweizer, Deutsch-Russen, Oesterreicher u. s. f., welche der deutschen Geschichte angehören, läßt sich allerdings eine feste Regel nicht aufstellen; der Tact der Herausgeber muß in jedem einzelnen Falle entscheiden. Wer sich irgendwie mit der Geschichte unseres neunzehnten Jahrhunderts beschäftigt hat, wird unzweifelhaft nach dem Namen des Freiherrn v. Anstett suchen; der Mann gehört als geborener Elsässer mindestens halb zu den Deutschen, und er hat durch den Abschluß des Kalischer Vertrags, wie durch seine vieljährige Wirksamkeit am Bundestage einen sehr fühlbaren Einfluß auf unsere Geschichte ausgeübt; doch wir finden seinen Namen ebensowenig wie die der beiden Alopeus.

Noch dringender müssen wir die Herausgeber bitten, die Artikel aus der neueren und neuesten Geschichte einer strengeren Aufsicht zu

———

*) [Preuß. Jahrb., Band 37 (Februarheft 1876), S. 207 ff. Anonym, auch im Register in Band 50 fehlt der Name des Autors. Daß Treitschke der Verfasser des zweiten und also auch des ersten Theils ist, wird durch einen Brief von ihm an Herrn v. Weech vom 20. December 1875 bestätigt.]

unterwerfen. Daß die einzelnen Beiträge zu einem ſo umfaſſenden Sammelwerke nicht alle von dem gleichen Werthe ſein können, verſteht ſich von ſelbſt; gerade die beſtberufenen Forſcher haben ſelten Zeit und Luſt zu ſo unſcheinbaren und mühſamen Arbeiten. Die Geſchichte des Mittelalters und der erſten Jahrhunderte der neueren Zeit iſt im Durchſchnitt würdig vertreten, desgleichen die Literaturgeſchichte; deſto mehr läßt die politiſche Geſchichte des **achtzehnten** und des neunzehnten Jahrhunderts zu wünſchen übrig. **Mehrere der Mitarbeiter**, welche dieſe **Zeit** behandeln, **haben es nicht einmal der Mühe werth gehalten**, in Häuſſer's Deutſcher Geſchichte **oder Pertz's** Leben von Stein nachzuſchlagen. Es **geht** doch über das Maaß erlaubter Unwiſſenheit hinaus, wenn für manche biographiſche Artikel über preußiſche Staatsmänner der biderbe — Cosmar-Klaproth als einzige Weisheitsquelle ausgebeutet wird. Von dem Grafen Philipp Carl v. Alvensleben erfahren wir wohl, daß er den ſchwarzen Adlerorden erhielt und ähnliche weltbewegende Thaten, aber kein **Wort** über ſeinen Antheil an der auswärtigen Politik Friedrich Wilhelm's II., über ſein Verhältniß zu der Pillnitzer Convention u. ſ. w. Solche Nachläſſigkeiten — ein milderer Ausdruck iſt unmöglich — ſtechen ſehr unerfreulich ab von einzelnen anderen trefflichen Artikeln, die über dieſelbe Zeit berichten. Die deutſche Gelehrtenwelt iſt im Stande eine nationale Biographie zu ſchaffen, welche die verwandten Werke aller anderen Völker übertreffen könnte. Soll aber dies hohe Ziel erreicht werden, ſo müſſen die Herausgeber ſich befreien von dem Vorurtheil, das leider noch in vielen hiſtoriſchen Seminaren gelehrt wird: als ob genaue Gründlichkeit nur für die älteren Epochen unſerer Vergangenheit nöthig ſei und für neuere Zeiten oberflächliche Fabrikarbeit genüge.

Das große Unternehmen gelangt in zwei ſtarken Bänden bis zu dem Namen „Bode". Damit iſt ſchon geſagt, daß jeder einzelne Name nur einen beſcheidenen Raum einnimmt, und neben dem nationalen Werke auch Provinzial-Biographien noch eine berechtigte Stelle behaupten können. Ein ſolches Werk — und ein im Weſentlichen glücklich gelungenes — bietet Friedrich v. Weech in ſeinen Badiſchen Biographien (Heidelberg, Baſſermann). Die heutigen ſogenannten deutſchen Staaten ſind ſo willkürlich gebildet, ſie durchſchneiden die althiſtoriſchen deutſchen Landſchaften mit ſo unberechenbar zufälligen Linien, daß die Frage: **wer** eigentlich hiſtoriſch als Württemberger

20*

oder Baier zu betrachten sei? große Schwierigkeiten bietet. Nichts lächerlicher als jene retrospective Eroberungslust, die in der amtlichen königlich baierischen Geschichtsmißhandlung ihr Wesen treibt. Wer bliebe ernsthaft, wenn er in der Münchener Ruhmeshalle den großen „Baiern" Sickingen und Dürer begegnet? Der preußische Staat wird vor solcher historischen Begehrlichkeit durch das ruhige Bewußt= sein der Größe geschützt; dahin kann es niemals kommen, daß Luther und Goethe nachträglich für Preußen annectirt würden.

In Baden ist die gleiche Verirrung ebenso unmöglich, weil das heutige Großherzogthum einen unbestreitbar modernen Charakter trägt. Die Person des Großherzogs Carl Friedrich bildet in der That, wie der Herausgeber treffend bemerkt, das einzige historische Band zwischen den alten Markgraffschaften Baden=Baden und Baden=Durlach und dem heutigen badischen Staate. Darum hat uns Herr v. Weech mit den „Badenern" Melanchthon, Reuchlin, Johann Casimir u. A. ver= schont und nur die Männer in seine Sammlung aufgenommen, welche in dem heutigen Großherzogthum Baden geboren und thätig gewesen sind. So erlangt das Buch Einheit und feste Begrenzung. Einzelne Wunderlichkeiten können dabei freilich nicht ausbleiben. Der alte Voß, der auch während seiner langen Heidelberger Wirksamkeit ein Urbild niederdeutschen Wesens blieb, nimmt sich unter diesen Ober= ländern etwas fremdartig aus; Schlosser dagegen gehört mit vollem Rechte in eine badische Biographie, obgleich er die norddeutsche Art nie verleugnete, denn der Schwerpunkt seines Wirkens lag im Süden. Doch da eine Grenze einmal gezogen werden mußte, so war die von dem Herausgeber gewählte die einzig mögliche. Ein so eng um= schlossener Kreis bietet begreiflich genug ein willkommenes Feld für die persönliche Pietät und die locale Ueberlieferung, und der Heraus= geber hat nach dieser Richtung zuweilen wohl des Guten zu viel gethan; einige heldenmüthige Majore und musterhafte Oberamt= männer konnten ohne Schaden für die Nachwelt füglich aus dem Werke hinwegbleiben.

Doch Alles in Allem hat die Sammlung keineswegs blos eine provinzielle Bedeutung, sie bietet weit mehr als der Titel erwarten läßt. Die Biographien der Staatsmänner des kleinen Landes (Berstett, Blittersdorff, Nebenius, Rotteck u. A.) sind, zumeist von dem Heraus= geber selbst, sehr sorgfältig gearbeitet und reich an neuen Mittheilungen. In dem Aufsatze über Nebenius wird nur leider nicht mit Bestimmt=

heit ausgesprochen, daß der treffliche Mann nicht „der Vater des deutschen Zollvereins" ist. Seine Denkschrift vom Jahre 1819 hat an dem wirklichen Zollverein der deutschen Geschichte weder mittelbar noch unmittelbar das allermindeste Verdienst; und gerade ein wissenschaftliches Werk, das sich zunächst an ein provinzielles Publikum wendet, sollte der Mythenbildung des selbstgefälligen Localpatriotismus mit rücksichtsloser Strenge entgegentreten.

Die Biographien der ausgezeichneten Gelehrten der beiden badischen Hochschulen stammen meist aus der Feder namhafter Schüler und Freunde der Verstorbenen; was Stintzing über Vangerow, Holtzmann über Rothe, Hausrath über Paulus, D. Meier über Rau berichtet, wird in weiten Kreisen mit Theilnahme gelesen werden. Besonders merkwürdig sind die Aufsätze über Vicari und die anderen Cleriker der Freiburger Curie; meist anonym, doch offenbar von einem tief eingeweihten Kenner verfaßt, geben diese Abhandlungen einen sehr dankenswerthen Beitrag zur Geschichte der deutschen ultramontanen Bewegung, und verdienen auch außerhalb Badens Beachtung.

Den längsten und nach unserem Gefühle trefflichsten Aufsatz der Sammlung erwähnen wir zuletzt: das schöne Denkmal, das Max Duncker seinem Freunde Carl Mathy gesetzt hat. Keinem der in den jüngsten Jahren verstorbenen namhaften Deutschen ist eine so lange Reihe warmer Nachrufe gefolgt, wie diesem vielverleumdeten Feind des zuchtlosen Radicalismus; wer dem tapferen Manne jemals nahe trat, den drängte das Herz, von dem Werthe des Todten zu sprechen. An das Buch von Gustav Freytag und die vielen kleineren Schriften, welche Mathy's Andenken gewidmet sind, schließt sich nun Max Duncker's Aufsatz an, eine echte historische Leistung, menschlich wahr und politisch klug, bei aller Wärme doch streng sachlich und unbefangen.

Der Herausgeber der Badischen Biographien veröffentlicht beiläufig soeben noch eine Frucht seiner archivalischen Studien: Die Beschreibung des schwedischen Krieges von dem Salemer Mönch Sebastian Bürster (Leipzig, S. Hirzel), die in ihrer naiven Einfalt ergreifende Erzählung eines treuen deutschen Mannes von den Schrecken der Schwedennoth in Oberdeutschland. Der schlichte gesunde Sinn des alten Mönchs berührt inmitten jener verkommenen Zeit ebenso wohlthuend wie seine verhältnißmäßig einfache und natürliche Sprache.

Königin Luise.

Vortrag, gehalten am 10. März 1876 im Kaisersaale
des Berliner Rathhauses.*)

In Wort und Schrift, in Bild und Reim ist die hochherzige
Königin, zu deren Gedächtniß ich Sie hier versammelt sehe, oft ge=
feiert worden; in der Erinnerung ihres dankbaren Volkes lebt sie fort
wie eine Lichtgestalt, die den Kämpfern unseres Befreiungskrieges,
den Pfad weisend, hoch in den Lüften voran schwebte. Wollte ich
dieser volksthümlichen Ueberlieferung folgen oder gar jener Licht in's
Lichte malenden Schmeichelei, die nach den Worten Friedrich's des
Großen wie ein Fluch an die Fersen der Mächtigen dieser Erde sich
klammert, so müßte ich fast verzweifeln bei dem Versuche, Ihnen ein
Bild von diesem reinen Leben zu geben, wie der Künstler sich scheut
das unvermischte Weiß auf die Leinwand zu tragen. Das ist aber
der Segen der historischen Wissenschaft, daß sie uns die Schranken
der Begabung, die endlichen Bedingungen des Wirkens edler Menschen
kennen lehrt und sie so erst unserem menschlichen Verständniß, unserer
Liebe näher führt. Auch diese hohe Gestalt stieg nicht wie Pallas
gepanzert, fertig aus dem Haupte Gottes empor, auch sie ist ge=
wachsen in schweren Tagen. Sie hat, nach Frauenart, in schamhafter
Stille, doch in nicht minder ernsten Seelenkämpfen wie jene starken
Männer, die in Scham und Reue den Gedanken des Vaterlands sich
eroberten, einen neuen reicheren Lebensinhalt gefunden. Dieselben
Tage der Noth und Schmach, welche den treuen schwedischen Unter=
than Ernst Moritz Arndt zum deutschen Dichter bildeten und dem

---

*) [Preuß. Jahrb., Band 37 (Aprilheft 1876), S. 417 ff. Auch erschienen
unter dem Titel: Königin Luise. Zwei Festreden von Th. Mommsen und
H. v. Treitschke. (Berlin, G. Reimer 1876.) S. 5 ff.]

Weltbürger Fichte die Reden an die deutsche Nation auf die Lippen legten, haben die schöne anmuthvolle Frau, die beglückende und beglückte Gattin und Mutter mit jenem Heldengeiste gesegnet, dessen Hauch wir noch spürten in unserem jüngsten Kriege.

Wie die Reformation unserer Kirche das Werk von Männern war, so hat auch dieser preußische Staat, der mit seinen sittlichen Grundgedanken fest in dem Boden des Protestantismus wurzelt, allezeit einen bis zur Herbheit männlichen Charakter behauptet. Er dankt dem liebevollen frommen Sinne seiner Frauen Unvergeßliches. Am Ausgange des dreißigjährigen Krieges blieb uns von der alten Großheit der Väter nichts mehr übrig als das deutsche Haus; aus diesem Born, den Frauenhände hüteten, trank unser Volk die Kraft zu neuen Thaten. Dem öffentlichen Leben aber sind die Frauen Preußens immer fern geblieben, im scharfen Gegensatze zu der Geschichte des katholischen Frankreichs. Ganz deutsch, ganz preußisch gedacht ist das alte Sprichwort, das jene Frau die beste nennt, von der die Welt am wenigsten redet. Keine aus der langen Reihe begabter Fürstinnen, welche den Thron der Hohenzollern schmückten, hat unseren Staat regiert. Auch Königin Luise bestätigt nur die Regel. Ihr Bild, dem Herzen ihres Volkes eingegraben, ward eine Macht in der Geschichte Preußens, doch nie mit einem Schritte übertrat sie die Schranken, welche der alte deutsche Brauch ihrem Geschlechte setzt. Es ist der Prüfstein ihrer Frauenhoheit, daß sich so wenig sagen läßt von ihren Thaten. Wir wissen wohl, wie sie mit dem menschenkundigen Blicke des Weibes immer eintrat für den tapfersten Mann und den kühnsten Entschluß; auch einige, nur allzu wenige, schöne Briefe erzählen uns von dem Ernst ihrer Gedanken, von der Tiefe ihres Gefühles. Das Alles giebt doch nur ein mattes Bild ihres Wesens. Das Geheimniß ihrer Macht lag, wie bei jeder rechten Frau, in der Persönlichkeit, in dem Adel natürlicher Hoheit, in jenem Zauber einfacher Herzensgüte, der in Ton und Blick unwillkürlich und unwiderstehlich sich bekundete. Nur aus dem Widerscheine, den dies Bild in die Herzen der Zeitgenossen warf, kann die Nachwelt ihren Werth errathen. Nach dem Tage von Jena mußte auch Preußen den alten Fluch besiegter Völker ertragen: eine Fluth von Anklagen und Vorwürfen wälzte sich heran wider jeden Mächtigen im Staate. Noch schroffer und schärfer hat in den leidenschaftlichen Parteikämpfen der folgenden Jahre die schonungslose Härte des norddeutschen Urtheils sich gezeigt; kein namhafter Mann in Preußen, der nicht schwere Verkennung, grausamen Tadel von den Besten der Zeit erfuhr. Allein vor der Gestalt der Königin blieben Verleumdung und Parteihaß ehrfürchtig stehen; nur Eine Stimme von Hoch und Niedrig bezeugt, wie sie in den Tagen des Glückes das Vorrecht der Frauen übte, mit ihrem strahlenden, glückseligen Lächeln das Kleine und Kleinste zu verklären, in den Zeiten der Noth durch die Kraft ihres Glaubens die Starken stählte und die Schwachen hob. —

Das gute Land Mecklenburg hat unserem Volke die beiden Feld= herren geschenkt, welche die Schlachten des neuen Deutschlands schlugen; wir wollen ihm auch die Ehre gönnen, diese Tochter seines alten Fürstenhauses sein Landeskind zu nennen, obgleich sie fern dem Lande ihrer Väter geboren und erzogen wurde. An dem stillen Darmstädter Hofe genoß die kleine Prinzessin mit ihren munteren Schwestern das Glück einer schlicht natürlichen, keineswegs sehr sorgfältigen Erziehung. Da sie heranwuchs, erzählte alle Welt von den wunderschönen mecklen= burgischen Schwestern. Jean Paul widmete ihnen seine überschwäng= liche Huldigung. Goethe lugte im Kriegslager vor Mainz verstohlen zwischen den Falten seines Zeltes hervor und musterte die lieblichen Gestalten mit gelassenem Kennerblicke; seiner Mutter, der alten Frau Rath, lachte die Kinderlust aus den braunen Augen, wenn die jungen Damen nach Frankfurt kamen und im Dichterhause am Hirschgraben Speckalat aßen oder an dem Brunnen im Hofe sich selber einen frischen Trunk holten.

So menschlich einfach wie die Kindheit der Prinzessin verlief, ist auch der Schicksalstag der Frau in ihr Leben eingetreten; dort in Frankfurt, am Tische des Königs von Preußen, fand sie den Gatten, der ihr fortan „der beste aller Männer" blieb. An lauten Huldigungen hat es wohl noch niemals einer deutschen Fürstenbraut gefehlt; das war doch mehr als der frohe Zuruf angestammter Treue, was die beiden mecklenburgischen Schwestern bei ihrem Einzug in Berlin begrüßte. In einem Augenblicke gewann die Kronprinzessin alle Herzen, da sie das kleine Mädchen, das ihr die üblichen Hoch= zeitsverse hersagte, in der Einfalt ihrer Freude, zum Entsetzen der gestrengen Oberhofmeisterin umarmte und küßte. Die unerfahrene siebzehnjährige Frau, aufgewachsen im einfachsten Leben, sollte sich nun zurecht finden auf dem schlüpfrigen Boden dieses mächtigen Hofes, wo um den früh gealterten König ein Gewölk zweideutiger Menschen sich schaarte, wo der geistvolle Prinz Ludwig Ferdinand sein unbändig leidenschaftliches Wesen trieb und der Kronprinz mit seiner frommen Sittenstrenge ganz vereinsamt stand; da fand sie eine treue und kundige Freundin an der alten Gräfin Voß. Wer kennt sie nicht, die strenge Wächterin aller Formen der Etikette, die in siebzig Jahren höfischen Lebens das gute Herz, das gerade Wort und den tapferen Muth sich zu bewahren wußte? Sie gab ihrer Herrin den besten Rath, der einer jungen Frau ertheilt werden kann: keinen anderen Freund und Vertrauten sich zu wählen als ihren Gemahl; und dabei blieb es bis zum Tode der Fürstin.

Für den edlen, doch früh verschüchterten und zum Trübsinn geneigten Geist Friedrich Wilhelm's ward es ein unschätzbares Glück, daß er einmal doch herzhaft mit vollen Zügen aus dem Becher der Freude trinken, die schönste und liebevollste Frau in seinen Armen halten, an ihrer wolkenlosen Heiterkeit sich sonnen durfte. Aber auch die Prinzessin fand bei dem Gatten was die rechte Ehe dem Weibe bieten soll: sie rankt sich empor an dem Ernst, dem festen sittlichen Urtheile des reifen Mannes, lernt manche wirre Träumerei des Mädchenkopfes aufzugeben. Unablässig strebt sie „sich zur inneren Harmonie zu bilden"; ihre wahrhaftige Natur duldet keine Phrase, keinen halbverstandenen Begriff. Etwas Liebenswürdigeres hat sie kaum geschrieben als die naiven Briefe an ihren alten freimüthigen Freund, den Kriegsrath Scheffner. Da fragt sie kindlich treuherzig, damals schon eine reife Frau und vielbewunderte Königin: was man eigentlich unter Hierarchie verstehe, und wann die Gracchischen Unruhen, die Punischen Kriege gewesen; „frägt man aber nicht und schämt sich seiner Einfalt gegen Jeden, so bleibt man immer dumm, und ich hasse entsetzlich die Dummheit". Sie lebt sich ein in die Geschichte des königlichen Hauses, theilt mit ihrem Gemahl die Begeisterung für Friedrich den Großen und wählt sich unter den Fürstinnen des Hohenzollernstammes ihren Liebling: jene sanfte Oranierin, die schon einmal den Namen Luise den Preußen werth gemacht, die erste Gemahlin des Großen Kurfürsten, die unserem evangelischen Volke das Lied „Jesus meine Zuversicht" sang. A.W.Schlegel hatte einst der einziehenden Braut zugerufen: „Du bist der gold'nen Zeit Verkünderin". Fast schien es als sollte der Dichtergruß sich erfüllen. Leicht und heiter flossen die Tage; wir Nachlebenden, die wir auch davon zu reden wissen, schenken der guten Gräfin Voß

willig Glauben, wenn sie in ihrem Tagebuche am 22. März 1797
vergnüglich von der Geburt eines Prinzen erzählt und weise hinzufügt:
„es ist ein prächtiger kleiner Prinz“. Wenn der Blick der glücklichen
Mutter auf der dichten Schaar ihrer schönen Kinder ruhte, dann rief
sie wohl: „die Kinderwelt ist meine Welt“!

Nach der Thronbesteigung ihres Gemahls lernte die junge Kö=
nigin auch die entlegenen Provinzen des Staates kennen; überall, selbst
bei den Polen in Warschau, derselbe jubelnde Empfang, wie einst in
der Hauptstadt. Sie war stets bereit, für den schweigsamen König das
Wort zu nehmen zu einer freundlichen Ansprache, doch jeden Ein=
griff in die Staatsgeschäfte des Mannes wies sie bescheiden von sich.
Jeder von uns hat wohl einmal aus dem Munde des alten Geschlechts,
das heute zu Grabe geht, vernommen, wie das Volk mit seiner schönen
Königin lebte. Als ich vor Jahren auf die Kösseine im Fichtelgebirge
wanderte, da erzählte der Führer, ein steinalter Mann, wie er einst
als junger Bursch mit dem König und der Königin desselben Wegs
gezogen; er fand des Schwatzens kein Ende, dann zerschnitt er ein
Farrenkraut, zeigte uns die dunklen Punkte auf dem Querschnitt des
weißen Stengels und meinte stolz: das sei der brandenburgische Adler,
und dies Adlerfarrenkraut wachse nur hier auf den alten preußischen
Fichtelbergen.

Ueberall in Preußen war die junge Fürstin behaglicher Ruhe,
warmer Anhänglichkeit begegnet, überall schien das Volk von der alten
Ordnung befriedigt; die getreuen Breslauer versicherten beim Einzuge:
„von Freiheit schwatze wer da mag“, der Preuße finde in dem geliebten
Königspaare sein höchstes Glück. Und doch schwankte der Staat, der
so sicher schien, längst haltlos einer entsetzlichen Niederlage entgegen.
Kein Zeitraum der preußischen Geschichte liegt so tief im Dunkel, wie
das erste Jahrzehnt Friedrich Wilhelm's III. Das furchtbare Unglück
und die glorreiche Erhebung der folgenden Jahre haben ihren breiten
Schatten über diese stille Zeit geworfen; Niemand bemüht sich sie zu
durchforschen. Man schließt aus den schweren Gebrechen, welche der
Tag von Jena bloßlegte, kurzerhand zurück und verdammt den Anfang
des Jahrhunderts als eine Epoche geistloser Erstarrung. Dies Urtheil
kann schon deshalb nur halb richtig sein, weil die Helden der Wieder=
erhebung, Stein und Hardenberg, Scharnhorst und Blücher, allesammt
schon vor dem Jahre 1806 dem Staate dienten, Manche bereits in
hohen Aemtern. Fast alle die reformatorischen Thaten, welche nachher

dem niedergeworfenen Staate neue Stärke brachten, die Befreiung des
Landvolks, die Neugestaltung des Heeres, die Stiftung der Universität
Berlin, sind schon **vor der** Jenaer Schlacht erwogen und vorbereitet
worden. Der König betrachtete die Bluttaten der **Revolution** mit
dem Abscheu des ehrlichen Mannes, doch über **den** berechtigten Kern
der furchtbaren Bewegung urtheilte **er** unbefangener als die Legitimisten
seines Hofadels. Schlicht und bescheiden, **arbeitsam und** pflichtgetreu,
ganz unberührt von adeligen Vorurtheilen, **wollte** er ein König der
Bettler sein nach der Ueberlieferung seines Hauses. „Er ist Demokrat
auf seine Weise — sagte einer seiner Minister zu dem französischen
Gesandten Otto: — er **wird die** Revolution, die Ihr von unten nach
oben vollzogen, bei uns langsam **von** oben nach **unten** durchführen;
er arbeitet ohne Unterlaß, die Vorrechte des Adels zu beschränken,
aber durch langsame Mittel; in wenigen Jahren wird es keine feudalen
Rechte mehr in Preußen geben". Aber keiner **dieser** wohlgemeinten
Entwürfe kam zur Reife; es lag **wie** ein Bann auf den Gemüthern.
Die Keime frischen jungen Lebens, die in dem **Staate sich** regen,
vermögen die Decke nicht zu sprengen; **die ganze Zeit, so** reich an ver-
borgenen geistigen Kräften, trägt jenen schwunglos philisterhaften Charakter, den wir Alle aus der kahlen Nüchternheit ihrer Bauten, **aus der**
Alten Münze und ähnlichen einst vielbewunderten Kunstwerken genugsam
kennen. Man blieb bei bedachtsam schüchternen Vorbereitungen, **die**
kaum für Tage tiefen Friedens genügten. Und währenddem wankte
die alte Welt in ihren Fugen, auf rollenden Rädern stürmte die neue
Zeit daher, ein kurzes Jahrzehnt warf **die Grenzen aller Länder durch-**
einander, erhob auf den Trümmern **der alten** Staatengesellschaft das
napoleonische Weltreich. Der preußische Staat verlor den Boden **unter**
seinen Füßen; das deutsche Reich kam in's Wanken, **und die waffen-**
losen Kleinstaaten des Südwestens, Preußens altes Werbegebiet, wurden
durch die gewaltige Faust des Eroberers zu größeren Massen zusammen-
geballt, bildeten sich selber ihre **Heere**, verschlossen ihr Land den preußischen Werbern.

Wie war es möglich, **daß in diesem** scharf urtheilenden, bis zur
Tadelsucht freimüthigen norddeutschen **Volke** so lange die Frage gar
nicht aufkam: ob denn unser Norden **immerdar** wie eine friedliche Insel
in dem **tosenden Meere des Weltkrieges ruhen**, ob Preußen allein unwandelbar bleiben könne in diesem großen Wandel der Zeiten? Die
Königin, die so oft das rechte Wort zu finden wußte, hat auch hier

die zutreffende Antwort gegeben: „wir waren eingeschlafen auf den Lorbeeren Friedrich's des Großen". Die Größe der fridericianischen Tage lastete lähmend auf diesem Geschlechte. Dieser Staat, kaum erst durch wunderbare Siege emporgehoben in die Reihe der großen Mächte, war noch vor wenigen Jahren der bestregierte des Festlandes gewesen; noch im letzten Kriege hatten seine wohlgeschulten Soldaten den verachteten französischen „Katzenköpfen" ihre Ueberlegenheit gezeigt. Nun ruhte er so wohlgeborgen hinter der Demarcationslinie des Baseler Friedens, den ganz Norddeutschland als eine Wohlthat pries; unter dem Schutze der preußischen Waffen blühten Handel und Wandel, die deutsche Dichtung sah ihre schönsten Tage. Dem Könige schien es ein Frevel, so vielen Segen leichtfertig auf das Spiel zu setzen. Wenn sein klarer Verstand zuweilen sich fragte: wie es doch zuging, daß die vielen kleinen Siege der rheinischen Feldzüge am Ende nur zu einer politischen Niederlage geführt hatten? und ob die neue Zeit nicht neue Formen fordere? — dann traten ihm die alten Generale, die noch die Kränze der fridericianischen Siege um die Stirn trugen, mit überlegener Sicherheit entgegen, und scheu verbarg er seine guten Gedanken wieder im Busen.

An einem großen Mißgeschicke des Gemeinwesens ist Niemand ganz schuldlos, und auch die Königin war es nicht. Sie wußte wohl, warum sie in den Tagen des Unglücks die rührende Klage: „wer nie sein Brod mit Thränen aß" in ihr Tagebuch schrieb und selbst den letzten herben Vorwurf sich nicht ersparte: „denn jede Schuld rächt sich auf Erden". Die unbewußte Selbstsucht des Glückes hatte auch ihr den Gesichtskreis verengert, so daß sie von den sittlichen Schäden des sinkenden Staates lange nichts ahnte. In der reinen Luft ihres befriedeten Hauses blieb ihr verborgen, welche wüste, überfeinerte Unzucht ihr Wesen trieb in diesem Berlin, das wenige Jahre später allen anderen deutschen Städten mit opferfreudiger Vaterlandsliebe voranging; sie selbst wie ihr Gemahl verkehrte leutselig und schlicht mit Jedermann, doch im Heere und in den höheren Ständen herrschte ein Ton geringschätzigen Uebermuthes gegen die kleinen Leute, der alle Grundlagen des bürgerlichen Friedens zu erschüttern drohte. Die Glückliche ahnte nicht, wie alles morsch ward in dem Staate, wie das Auge des großen Königs zürnend auf die Erben niederblickte.

Die Gräfin Voß hatte schon vor Jahren, da ihre Herrin um die Geburt eines todten Kindes trauerte, feinfühlend erkannt, wie dieser

Charakter durch das Unglück gehoben wurde. Erst als das Verderben dem Staate näher rückte, begann die Königin mit gespannten Blicken dem Gange der Ereignisse zu folgen, und Friedrich Gentz erstaunte, sie so genau und sicher unterrichtet zu finden. Seit der Besetzung Hannovers durch die Franzosen lag die Schwäche der Monarchie vor Aller Augen; nicht einmal ihren Stolz, die Sicherheit des deutschen Nordens, hatte sie zu hüten verstanden; seitdem ahnte die Königin, daß die Friedensliebe des Hofes zur Feigheit wurde. Ihr ganzes Wesen wird freier und größer in diesen sorgenvollen Jahren, auch ihr Geschmack edler und reiner: wenn sie vordem an den thränenseligen Romanen des Modedichters Lafontaine sich gern erbaute, so läßt sie jetzt nur noch das Echte und Tiefe gelten und erhebt sich das Herz an Herder und Goethe, wie an Schiller's mächtigem Pathos.

Das heilige Reich brach zusammen, die Fürsten des Südens und Westens traten als Vasallen unter Frankreichs Schutz. Da endlich wagte König Friedrich Wilhelm allzu spät die Ueberlieferungen seines Oheims wieder aufzunehmen und „die letzten Deutschen unter seinen Fahnen zu sammeln". Er versuchte, dem Rheinbunde einen norddeutschen Bund entgegenzustellen; diese Rückkehr Preußens zu seiner alten deutschen Politik führte den verhängnißvollen Krieg herbei. An Einem Tage stürzte der Waffenruhm des fridericianischen Heeres in Trümmer, und es folgte jene Zeit der Schmach und Schande, die uns noch heute, so oft und so glorreich gesühnt, in der Erinnerung empört. Die Königin hat noch später die Vorstellungen eines französischen Unterhändlers zurückgewiesen mit den Worten: „Die Frauen haben über Krieg und Frieden nicht mitzusprechen". Sie weilte fern im Bade zu Pyrmont, als in Berlin der Krieg beschlossen wurde; aber „ich würde — so gestand sie beim Ausbruch des Kampfes an Gentz — für den Krieg gestimmt haben, wenn man mich gefragt hätte, weil die Ehre gebot, aus unserer zweideutigen Haltung herauszutreten". Mit sicherem Instinct ahnte Napoleon die Kraft des Widerstandes, die in diesem schwachen Weibe schlummerte; wie er allezeit in den sittlichen Mächten des Völkerlebens die gefährlichsten Feinde seines Weltreichs sah und die „Ideologen" mit seinem wildesten Hasse verfolgte, so überhäufte er auch die fromme Frau auf dem preußischen Throne mit den pöbelhaften Schimpfreden der Wachtstube; er schildert sie in seinen Bulletins als die Kriegsfurie Preußens, als die Armida, die im Wahnsinn ihr eigenes Schloß anzündet: elle voulait du sang!

Die Königin bemerkte wohl die rathlose Verwirrung im Haupt=
quartiere, und zu dem zaudernden Feldherrn, dem alten Herzog von
Braunschweig, wollte sie kein Vertrauen fassen. Einen so jähen Fall,
wie er nun ihrer Krone bereitet wurde, hatte sie doch nicht erwartet.
Das glänzende Bild von dem Staate Friedrich's des Großen, daran
sie seit dreizehn Jahren bewundernd geglaubt, lag plötzlich in Scherben
vor ihren Füßen; weinend erzählte sie ihren Söhnen auf der Flucht:
„der König hat sich getäuscht in der Tüchtigkeit seiner Generale, seines
Heeres". Aber mitten im Unglück erhebt sie sich zu jener Ansicht des
Völkerlebens, welche der muthigste Mann immer mit dem frömmsten
Weibe theilen wird. „Die Zeiten machen sich nicht selbst, die Menschen
machen die Zeit" — und wieder: „es kann nur gut werden in der
Welt durch die Guten". Das ist die königliche Auffassung der Ge=
schichte; der gesammte Staatsbau der Monarchie ruht auf dem Gedanken,
daß Personen die Geschichte machen. In solchen Zeiten der höchsten
Noth darf die Stimme des natürlichen Gefühles mitreden im Rathe
der Staatskunst; die Königin übte Frauenrecht und Fürstenpflicht,
wenn sie jetzt dem tiefgebeugten Gemahl tröstend zur Seite stand und
ihn bestärkte in dem Entschlusse, den ungleichen Kampf fortzuführen
bis zum Schwinden der letzten Hoffnung. Alle Schrecken des Krieges
brachen über die Unglückliche herein. Krank und fiebernd flieht sie
aus Königsberg vor dem Feinde, denn „lieber in die Hände Gottes
fallen, als in die Hände dieser Menschen"; da sie in einem elenden
Bauernhause auf der Kurischen Nehrung übernachtet, jagt der Sturm
die eisigen Flocken durch das zerbrochene Fenster über das Bett der
kranken Königin. In Memel, auf der letzten Scholle deutscher Erde,
die noch frei und preußisch war, fand sie ein bescheidenes Obdach.
Damals lernte sie unter strömenden Thränen das Wort verstehen:
„Leid und Elend sind Gottes Segen".

Den Haß der Römerin hat das sanfte Herz der deutschen Frau
nie gekannt; nur ihre stolze Verachtung traf den großen Feind, der
ihr der Held der rohen Selbstsucht war, und niemals wollte sie
glauben, daß Gottes Weisheit diese Herrschaft der frechen Gewalt auf
die Dauer zulassen könne. Sie sah, wie der alte deutsche Helden=
muth wieder lebendig ward unter den tapferen Vertheidigern von
Colberg, Graudenz und Danzig; ihre tiefe Frömmigkeit und das gute
Zutrauen zu ihrem Volke begegneten sich in der Ueberzeugung, daß
dieser Staat nicht untergehen könne: „der politische Glaube ist wie

der religiöse, eine feste Zuversicht dessen, was man hoffet, aber nicht
siehet". Vor diesen Briefen der schmerzbeladenen, hoffnungsstarken
Königin wird uns ein uraltes Gefühl des Germanenherzens wieder
lebendig: die fromme Scheu vor dem Weibe: und wir verstehen,
warum unsere Ahnen einst im Dickicht der cheruskischen Wälder eine
heilige und weissagende Macht, sanctum aliquid providumque, an
ihren Frauen ehrten. Der Mann geht auf in den Kämpfen und
Sorgen des Augenblicks; das sichere gesammelte Gefühl des Weibes
vermag in schweren Tagen klarer als er die Zeichen der Zeit zu deuten,
hinter dem Glanze des Siegers die hohle Nichtigkeit, unter der Schmach
des Besiegten die ungebrochene Kraft zu ahnen. Als der König nach
der Schlacht von Eylau, der ersten, die der Unbesiegte nicht gewonnen,
die lockenden Friedensvorschläge Napoleon's zurückweist und sich weigert,
den russischen Bundesgenossen zu verlassen, da schreibt seine Gemahlin
einfältig wie ein gläubiges Kind: „das wird Preußen einst Segen
bringen!" So einfach, wie sie wähnte, sind Lohn und Strafe im
Leben der Völker nicht vertheilt; gleichwohl bleibt dem frommen Worte
seine Wahrheit: ohne den Sinn altpreußischer Ehre, den der König
bei jener schweren Versuchung bewahrte, hätte der Staat sich nie wieder
erhoben. Was die Preußen empfanden, da sie also den heldenhaften
Sinn ihrer schönen Königin kennen lernten, das wissen wir aus den
Versen Heinrich v. Kleist's:

> Denn eine Glorie in jenen Nächten
> Umglänzte Deine Stirn, von der die Welt
> Am lichten Tag der Freude nichts geahnt.
> Wir sah'n Dich Anmuth endlos niederregnen;
> Daß Du so groß als schön warst, war uns fremd.

Noch eine letzte, schmähliche Demüthigung stand der mißhandelten
Frau bevor. Czar Alexander gab seinen treuen Bundesgenossen preis
und schloß den Tilsiter Frieden; aus Rücksicht auf den neugewonnenen
russischen Freund verstand sich Napoleon dazu, die Vernichtung
Preußens, die längst beschlossene Sache war, aufzuschieben und dem
Könige die Hälfte der Monarchie zurückzugeben. Da ersann die frevel=
hafte Thorheit feigherziger Rathgeber den Vorschlag: die unvergeßlich
beleidigte Königin solle selber den Sieger um mildere Bedingungen
bitten. Auch dies Aeußerste nahm sie auf sich, in der frauenhaften
Hoffnung, es könne ihr vielleicht doch gelingen, das Herz des Er=
oberers zu rühren und ihrem Volke einige Erleichterung zu bringen.

Die Hoffnung trog. Mit rohem Spotte schrieb Napoleon an seine Josephine: „es hätte mir zu viel gekostet, den Galanten zu spielen"; und an Clarke: „Sie begreifen, daß der König von Preußen sehr unzufrieden ist, da er sein Bollwerk, Magdeburg, in meinen Händen lassen muß".

. In der entlegensten Provinz des verstümmelten und ausgesogenen Staates verbrachte nun der Hof zwei schwere Jahre. Man zeigt noch in dem alten Ordensschlosse zu Königsberg das bescheidene Eckzimmer mit dem dunklen Alkoven danebe, wo die Königin wohnte: ein kleiner Schreibtisch, ein mehr als einfaches Clavier; von der Wand blickt das Bildniß Scharnhorst's mit großen, tiefen Augen hernieder. Welche Zeiten! Ringsum auf Schritt und Tritt die Erinnerungen an Preußens Macht und Glück: von jenem Fenster da hatte Luise vor zehn Jahren den Jubel des Huldigungsfestes mit angehört; hier vor diesem Thore steht das Schlüter'sche Standbild des ersten Königs, von ihrem Gemahl einst „dem edlen Volke der Preußen gewidmet"; dort im Vorzimmer der Ofenschirm stammt noch aus den Hohenfriedberger Tagen, da der große König wie ein junger Gott von Sieg zu Sieg stürmte, irgend eine übermüthige kleine Prinzessin hat zierlich die Inschrift darauf gestickt: pour nous point d'Alexandre, le mien l'emporte! Und daneben diese jammervolle Gegenwart! Der Staat, ausgestoßen aus dem Kreise der großen Mächte, mitten im Frieden von feindlichen Truppen überschwemmt, verspottet und geschmäht von seinen Lands= leuten. Die deutsche Nation fand kein Wort des Mitleids, nur Hohn und Schadenfreude für die Besiegten. In Preußen aber lebte noch die alte Treue. Fürst und Volk traten einander näher, wie im ver= waisten Hause die Ueberlebenden sich inniger zusammenschließen; der ärmliche Hofhalt zu Königsberg und Memel empfing von allen Seiten rührende Beweise der Theilnahme, der König lud seine getreuen Stände als Pathen zur Taufe der jüngsten Prinzessin. Dies stolze und trotzige Ostpreußen, das Stiefkind Friedrich's des Großen, schloß in Noth und Trübsal, ohne viele Worte, den Herzensbund mit seinem Herrscher= geschlechte, der im Frühjahr 1813 seine Kraft bewähren sollte.

Die schwere Natur Friedrich Wilhelm's verwand nur langsam die Schläge des Unglücks; er glaubte oft, daß ihm nichts gelinge, daß er für jedes Unheil geboren sei. Da er einmal mit der Königin die Gräber der preußischen Herzöge im Chore des Doms zu Königs= berg besuchte, fiel sein Blick auf die Grabschrift: „meine Zeit in

Unruhe, meine Hoffnung zu Gott". „Wie entsprechend meinem Zustande!" rief er erschüttert und wählte sich das ernste Wort zum Wahlspruch für sein eigenes Leben. Nur das Pflichtgefühl hielt ihn aufrecht unter der Bürde seines schweren Amtes. Er begann mit Scharnhorst die Herstellung des zerrütteten Heeres und berief den Freiherrn vom Stein für den Neubau der Verwaltung. Mit herzlichem Vertrauen begrüßte die Königin den Mann „großen Herzens, umfassenden Geistes: Stein kommt, und mit ihm geht mir wieder etwas Licht auf". Sie war mit ihm und ihrem Gemahl einig in dem Gedanken, daß es gelte, alle sittlichen Kräfte des erschlafften Staates zu beleben; fast wörtlich übereinstimmend mit den allbekannten Worten, die der König seiner Berliner Hochschule in die Wiege band, schrieb sie einmal: „wir hoffen den Verlust an Macht durch Gewinn an Tugend reichlich zu ersetzen".

Die Acht Napoleons trieb den stolzen Reichsfreiherrn aus dem Lande, gerade in dem Augenblicke, da ein neuer Krieg des Imperators gegen Oesterreich sich vorbereitete und die Königin auf eine Erhebung des gesammten Deutschlands hoffte. Sie besaß nach Frauenart wenig Verständniß für die mächtigen Interessen, welche trennend zwischen den beiden Großmächten des altes Reiches standen, und sah in Oesterreich schlechtweg den stammverwandten Genossen. Mit der Mahnung, unsere leidenden österreichischen Brüder dereinst zu rächen, hatte sie vor Jahren ihren ältesten Sohn begrüßt, da er zum ersten Male den Officiersrock trug. Vor wie nach dem Kriege bekannte sie: „meine Hoffnung ruht auf der Verbindung Alles dessen, was den deutschen Namen trägt" — während der König, die militärische Lage richtiger schätzend, nicht ohne Rußlands Beistand den neuen Kampf wagen wollte. Jetzt aber fochten die Russen auf Frankreichs Seite; die Absichten des Wiener Hofes, der die Schlacht von Jena mit kaum verhohlener Schadenfreude begrüßt hatte, blieben in verdächtigem Dunkel. Das unfähige Cabinet, das die Erbschaft Stein's angetreten, fand in der schwierigen Lage keinen festen Entschluß; Oesterreich unterlag, und die kriegerische Begeisterung des deutschen Nordens verrauchte in einigen kecken Parteigängerzügen. Die Königin aber schrieb verzweifelnd: „Oesterreich singt sein Schwanenlied, und dann ade, Germania!"

Zwei Tage der Hoffnung waren ihr noch beschieden am Abend ihres kurzen Lebens. Sie kehrt zurück in ihr geliebtes Berlin, und

als sie durch das Königsthor einzog in dem neuen Wagen, den ihr
die verarmte Stadt verehrt, nahebei der König zu Roß und die bei=
den ältesten Söhne im Zuge ihres Regiments, da begrüßten die
dichtgedrängten Massen den Hof wie die Truppen mit herzlichem
Willkommruf; Preußens Volk und Heer, die einander so bitter ge=
scholten und angeklagt, feierten ihre Versöhnung, um fortan einig zu
bleiben für alle Zukunft. Bald nachher, wenige Tage bevor die
Königin ihre letzte Reise antrat, entließ Friedrich Wilhelm das
Ministerium Altenstein; er verwarf die Abtretung von Schlesien, die
ihm seine kleinmüthigen Räthe zumutheten, und berief Hardenberg
an die Spitze der Geschäfte. Mit dem neuen Staatskanzler kam
frisches Leben in die Verwaltung; er führte das Werk der Reformen
des Freiherrn vom Stein kühn und besonnen weiter und bereitete
durch ein vielverkanntes kluges diplomatisches Spiel die große Er=
hebung vor, während Scharnhorst die Waffen schärfte für den Tag
der Befreiung. Diesen Tag zu erleben hatte Luise nie gehofft. Ihr
zarter Körper erlag dem verzehrenden Kummer. In ihrer Heimath,
in den Armen des Gatten ist sie den Tod der Christin gestorben.
Die letzten Zeilen ihrer Feder lauteten: „ich bin heute so glücklich,
liebster Vater, als Ihre Tochter und als die Frau des Besten der
Männer“. Das gesammte Volk trauerte mit dem Wittwer; doch
auf dem Leben des schwergeprüften Fürsten blieb ein dunkler Schatten;
niemals, auch nicht in den Tagen der leuchtenden Siege, hat er das
starke, schwellende Gefühl des Glückes wieder gefunden.

Ohne jede Ahnung des eigenen Werthes, wie sie immer war,
hat die Königin einst selber ausgesprochen, was sie von dem Urtheil
der Geschichte erwartete: „die Nachwelt wird mich nicht zu den be=
rühmten Frauen zählen; aber möge sie von mir sagen: sie duldete
viel, sie harrte aus im Dulden und sie gab Kindern das Dasein,
welche besserer Zeiten würdig waren, sie herbeizuführen gestrebt und
endlich sie errungen haben“. Wie über alles menschliche Hoffen
hinaus ist diese demüthig=stolze Erwartung in Erfüllung gegangen!
Die historische Wissenschaft führt ihre denkenden Jünger zurück zu dem
schlichten Glauben, daß der Eltern Segen den Kindern Häuser baut;
denn sie lehrt, wie die Vergangenheit fortwirkt mitten in der lärmen=
den Gegenwart, und das Leben des Menschen nicht abschließt mit
dem letzten Athemzuge. Nur wenigen Glücklichen ist ein so reiches
Leben nach dem Tode beschieden gewesen, wie dieser deutschen Königin.

Die Hoffnung besserer Zeiten war in der That, wie Schleiermacher's Trauerpredigt sagte, ihr köstlichstes Vermächtniß. Wer noch deutschen Stolz im Herzen trug, gedachte ihres Ausspruchs: „wir gehen unter mit Ehren, geachtet von Nationen, und werden ewige Freunde haben, weil wir sie verdienen" Der alte Blücher meinte grimmig, da er die Nachricht ihres Todes empfing: „wenn die Welt in die Luft flöge, mir wär' es recht". Als endlich die Stunde der Erhebung schlug, da stiftete der König an Luisen's Geburtstage den Orden des eisernen Kreuzes, als ob er ihren Schutz anrufen wollte für den heiligen Krieg. Wer weiß es nicht aus den Liedern Theodor Körner's, wie das Verlangen, die zu Tode gequälte Königin an dem ungroß= müthigen Sieger zu rächen, die tapfere Jugend des Befreiungskrieges entflammte? Wer spürte nicht in dem gottesfürchtigen, menschen= freundlichen Sinne jener Heldenschaaren einen Hauch von dem Geiste der Verklärten? Da der Friede kam, zogen jahraus jahrein Tausende zu dem stillen Tempel in Charlottenburg, und wahrlich nicht blos um das Werk des Künstlers zu bewundern, dem die Todte einst selber den Weg zu großem Schaffen ebnete, sondern um sich das Herz zu erquicken an dem Anblick eines geliebten Menschenbildes. Die beiden gewaltigen Könige unseres achtzehnten Jahrhunderts wur= den geehrt und gefürchtet, wenig geliebt. Mit dem Hause der Königin Luise lebte und litt das Land; seitdem erst entstand zwischen den Hohenzollern und ihrem Volke jenes einfach menschliche Verständniß, das die Leidenschaften der Parteien nie zerstören konnten.

Wenn ich die Stimmung recht verstehe, welche an dem Gedenk= tage der Königin über unserer Stadt und über diesem Saale liegt, so ist uns Allen zu Muthe, als ob wir heute die ruhevolle Hoheit der lieblichen Gestalt mit eigenen Augen erblickt hätten. Zeiten des Glückes sind stark im Vergessen; diese Todte aber ward ihrem Volke nach jedem neuen Siege lieber und vertrauter. Die Mutter schrieb ihr klagendes: Ade Germania! Ihrem Sohne beschied ein wunder= volles Geschick, den Morgen eines langersehnten neuen Tages über sein Volk heraufzuführen, mit seinem guten Schwerte die Herrlichkeit des deutschen Reiches wieder aufzurichten. An dem Grabe seiner Eltern — wir Alle erlebten es ja mit tief erschüttertem Herzen — hat der Sohn sich Muth und Kraft gesucht für die Schlachten des großen Krieges, für den steilen Weg zur kaiserlichen Krone.

Fern sei es von uns, heute einen verjährten Haß gewaltsam zu beleben, der seinen Sinn verloren hat, seit Frankreich längst die Buße seiner Schuld gezahlt, oder dies und jenes Wort der Königin leichtfertig auszubeuten für die Parteizwecke der Gegenwart. Wir werden das Andenken der Mutter unseres Kaisers dann am Würdigsten ehren, wenn wir auch in den Tagen der Siege die Demuth des Herzens und die stolze Geringschätzung der endlichen Güter des Lebens uns erhalten, wenn wir in diesem männischen Jahrhundert, unter den Hammerschlägen haftiger Arbeit und dem Lärmen der politischen Kämpfe die alte deutsche ritterliche Ehrfurcht vor Frauensitte und Frauenanmuth uns bewahren, vor jenen menschlichen Tugenden, welche dem Ruhm und der Macht der Völker allein die Gewähr der Dauer geben. —

Knesebeck und Schön.*)

Unsere Leser sind in diesen Blättern der schlagfertigen Feder Max Lehmann's oft begegnet. Manche von ihnen werden aus den Ankündigungen des „Allgemeinen Vereins für deutsche Literatur" mit Freuden erfahren haben, daß dieser junge Historiker seit einigen Jahren an einem Leben Scharnhorst's arbeitet. Das wohlgemeinte, aber gänzlich verunglückte Werk von Klippel hat nur von Neuem gezeigt, wie nöthig es ist, daß endlich einmal ein tüchtiger Historiker sich der dankbaren und großen Aufgabe bemächtige. Aus den Vorarbeiten zu jener Biographie ist die Schrift entstanden: Knesebeck und Schön. Beiträge zur Geschichte der Freiheitskriege. Leipzig, S. Hirzel — ein Buch, merkwürdig durch neue wissenschaftliche Ergebnisse, noch merkwürdiger vielleicht als ein beredtes Zeugniß von der politischen Gesinnung und den historischen Anschauungen der jüngeren Generation. Unsere jungen Männer denken zum Theil radicaler, zum anderen Theile conservativer als der Durchschnitt der Vierzig= und Fünfzigjährigen. Sie kennen kaum noch jenen verstimmten Doctrinarismus, der uns Aelteren einst das Dasein verdüsterte. In die entscheidenden Jahre ihres Lebens fiel der Anbruch der deutschen Einheit; an dieser mächtigen Erfahrung messen sie, bewußt oder unbewußt, die Thatsachen früherer Zeiten Wer unter ihnen das neue deutsche Reich als ein Regiment der rohen Gewalt betrachtet, der kann in der gesammten modernen Entwicklung unseres Vaterlandes nur eine große Krankheitsgeschichte sehen; das Toben unserer Socialdemokraten gegen alle großen Erinnerungen der preußischen Geschichte geht weit hinaus über die radicalen Verirrungen der vierziger Jahre. Wer aber hoffnungsvoll auf dem Boden der

*) [Preuß. Jahrb., Band 37 (Aprilheft 1876), S. 451 ff.]

neuen Ordnung steht — und diese Gesinnung ist Gott sei Dank unter
unserer Jugend weit verbreiteter als der radicale Pessimismus — der
muß auch mit einiger Achtung emporblicken zu jener monarchischen
Politik, welche die Erfolge von 1740 und 1866 vorbereitete: er wird
die Oppositionsparteien unserer neuesten Geschichte skeptisch, ohne den
Autoritätsglauben des alten Liberalismus, ja zuweilen mit ungerechter
Schärfe beurtheilen. Unwillkürlich stellt das junge Geschlecht die
Frage, woher unserem Staate die Kräfte kamen, die in jenen Ent-
scheidungsjahren zur Ueberraschung aller Welt zu Tage traten. Kein
Zufall daher, daß die beiden bestverleumdeten unserer Könige, der
erste und der dritte Friedrich Wilhelm, die sorgsamen Haushalter und
Sammler der Staatsmacht, in der Achtung der jüngeren Historiker
sichtlich gestiegen sind. Diese conservative Geschichtsanschauung findet
in Max Lehmann einen ungewöhnlich streitbaren Vertreter. Mit Vorliebe wendet er sich der Geschichte des preußischen Heeres zu; ein
warmer militärischer Idealismus spricht aus seinen Schriften.

Der erste Aufsatz seines Buchs behandelt die in allen Geschichtswerken wiederkehrende Erzählung von den dreihundert preußischen
Officieren, die beim Ausbruche des russischen Krieges nach Rußland
gegangen sein sollen. Schon Droysen hatte nachgewiesen, daß Scharnhorst diesen Massenaustritt nicht veranlaßt habe; aber noch blieb das
Räthsel bestehen: warum ein so außerordentliches Ereigniß, das den
Bestand des kleinen Heeres zerrütten mußte, gleichwohl an unserer
Armee ebenso spurlos vorüberging, wie der Wiedereintritt der Aus-
geschiedenen? Der Verfasser zeigt nun sehr glücklich durch eine erschöpfende und durchschlagende Erörterung, daß die ganze Erzählung
weiter nichts ist, als ein Gedächtnißfehler des greisen Knesebeck. Ein
denkwürdiger Beweis für die Macht des mythenbildenden Geistes selbst
in den neuesten Zeiten! Daran schließt sich eine Untersuchung über
den russischen Operationsplan vom Jahre 1812, den Knesebeck bekanntlich als sein eigenes Verdienst in Anspruch nahm. Hier war leichteres
Spiel. In Max Duncker's Abhandlung „Preußen während der französischen Occupation" war bereits gezeigt, daß die Sendung des Obersten
nach Petersburg nicht den Zweck hatte, dem Czaren diesen Feldzugs-
plan vorzulegen; Duncker nahm aber noch an, der Abgesandte hätte
auf eigene Faust dem Kaiser seinen Plan empfohlen. Auf dem also
gewiesenen Wege geht Max Lehmann weiter und verweist den Knesebeck'schen Plan in das Reich der Fabeln. Seitdem hat der ältere

Forscher den jüngeren wieder abgelöst und in einem Aufsatze unseres Januarheftes, der den Lesern noch in guter Erinnerung sein wird, die Untersuchung zum Abschluß gebracht.*)

Umfangreicher ist die zweite Abhandlung: über Schön's Denkwürdigkeiten und die Königsberger Ereignisse vom Frühjahr 1813. Man wußte freilich in gelehrten Kreisen längst, wie bitter und ungerecht der alte Ostpreuße über die Besten seiner Zeitgenossen, über Stein, Eichhorn, Motz u. A. abzusprechen pflegte; man wußte desgleichen, daß seine zahlreichen mündlichen und schriftlichen Erzählungen aus der Zeit der Freiheitskriege überall die Einseitigkeit des liberalen Parteimannes und die Verachtung des Philosophen gegen den gewissenhaften „Notizenkram" der Historiker verriethen. Darum sind auch seine jüngst veröffentlichten Denkwürdigkeiten von der historischen Wissenschaft mit großer Vorsicht aufgenommen worden. Nach den Ergebnissen von Max Lehmann's Kritik können sie nur noch als eine sehr unzuverlässige Quelle gelten. Der Verfasser bestätigt mit neuen und guten Gründen, was noch alle unsere namhaften Geschichtschreiber angenommen haben, daß Stein in der That der Urheber der großen Gesetze von 1807/8 und Schön nur einer seiner Mitarbeiter war. Er widerlegt sodann vollständig die allbekannte Erzählung von Stein's gewaltsamem Auftreten zu Königsberg und von dem Widerstande, den Schön diesem moskowitischen Wesen entgegengestellt haben will. Er bringt endlich die alte Streitfrage über den Ursprung der Landwehr zum Austrag. Die schon vor Jahren von General Boyen und dem großen Generalstabe aufgestellte Ansicht kommt wieder zu ihrem guten Rechte: kein anderer Mann als Scharnhorst ist der Schöpfer der Landwehr, obgleich ihn Schön einen „großen Liniensoldaten" nannte. Wie die Convention von Tauroggen nur einen Entschluß voraus nahm, der im Kopfe des Königs bereits feststand, so sind auch die Beschlüsse des Königsberger Landtags über die Landwehr nur eine Ausführung der Pläne gewesen, welche der König mit Scharnhorst längst erwogen hatte. Der Urheber des Königsberger Landwehrplanes war Oberst Clausewitz, Scharnhorst's vertrauter Schüler. Das unvergängliche Verdienst jenes glorreichen Landtages der Altpreußen wird wahrlich in nichts geschmälert, wenn wir hier aus den Acten erfahren, daß der

*) [A. a. O. S. 34 ff.. Die Mission des Obersten von dem Knesebeck nach Petersburg.]

ständische Ausschuß sich nicht sogleich von allen altüberlieferten Standes-
anschauungen zu befreien vermochte, sondern die Stellvertretung für
die Landwehr forderte.

Da der Verfasser beständig mit Schön's Behauptungen zu rechten
hat, so widerfährt ihm zuweilen das menschliche Schicksal, daß er über
den Strang schlägt und allzu heftig wird. Der preußische Liberalismus
der vormärzlichen Tage verdient ein milderes Urtheil, weil seine Irrthümer durch die größeren Mißgriffe Friedrich Wilhelm's IV. mit
Nothwendigkeit hervorgerufen wurden; wer damals nicht schlechthin
servil war oder in den Träumen der politischen Romantik lebte, mußte
sich zur Opposition halten. Nicht blos Schön, sondern auch Dahlmann hat in jenen Jahren einen Johann Jakoby als Gesinnungsgenossen begrüßt. Auf S. 129 wird behauptet, Schön habe seine
oppositionelle Stellung „mit dem Märtyrerthum der Entlassung aus
dem Staatsdienste büßen müssen". Diese Worte können mißdeutet
werden und sind schon mißdeutet worden. Schön hat allerdings, wie
aus den Denkwürdigkeiten des Grafen Friedrich Dohna unzweifelhaft
hervorgeht, den Kampf wider das herrschende System einmal bis zu
offenbarem Ungehorsam gegen die Befehle des Königs getrieben, und
seine einst vielgerühmte Schrift „Woher und wohin?" kann heute
nicht mehr als ein staatsmännisches Meisterwerk gepriesen, sondern
höchstens noch aus ganz eigenartigen Zeitumständen heraus historisch
gerechtfertigt oder entschuldigt werden. Aber die Entlassung aus dem
Staatsdienste hat Schön nicht erhalten, sondern gefordert. Er verfuhr
dabei durchaus correct; er verlangte seinen Abschied, sobald er aus
den Briefen seines königlichen Freundes erkannte, daß seine Gesinnung
mit den Anschauungen des Hofes unvereinbar war, und erhielt ihn
erst auf wiederholtes Ansuchen von dem widerstrebenden Könige bewilligt. Seine Schrift „Staat oder Nationalität?" darf auch nicht,
wie hier (S. 122) geschieht, kurzweg als eine Vertheidigung der „Rechte
der unterdrückten Polen" bezeichnet werden. Schön war bekanntlich
ein entschiedener Gegner des Nationalitätsprincips und gelangte daher
in jenen Blättern, die schon überall die Spuren des Alters verrathen,
nur zu dem unbestimmten Schlusse, daß Polen „die Basis seines
Rechts sich selbst in geistiger Weise schaffen müsse".

Ueberhaupt ist der Charakter Schön's, wie mir scheint, um einige
Farbentöne zu dunkel gehalten. Er war keineswegs ein Mann der
kalten Berechnung; in seinem Geiste verband sich eine unruhige Ein-

bildungskraft seltsam mit dialectischer Schärfe. Wenn der alte Herr erzählte — oft viele Stunden lang mit unaufhaltsamer Lebendigkeit und starker Leidenschaft — dann überkam die Zuhörer bald das Gefühl, daß die Phantasie mit ihm durchgehe; so berichten übereinstimmend fast Alle, die ihn kannten. Aus dieser Eigenart seines Geistes, nicht aus bewußter Berechnung sind auch seine Erdichtungen zu erklären, obwohl sein überspanntes Selbstgefühl und die Rechthaberei des Philosophen unbewußt dabei mitgewirkt haben mögen.

Das Buch bringt auch über die allgemeinen Zustände der Monarchie viele treffliche Bemerkungen und stellt eine Reihe neuer Gesichtspunkte für das historische Urtheil auf. Sehr gut wird das Verhältniß zwischen Stein's und Hardenberg's Reformgedanken geschildert und zugleich gezeigt, wie sorgfältig diese Reformen schon seit den ersten Regierungsjahren Friedrich Wilhelm's III. vorbereitet waren. Von Friedrich II. wird gesagt, daß er das Heer in gewissem Sinne verschlechtert habe. Diese schon von Courbiere ausgesprochene Behauptung trifft in der That zu; der große König hatte für die sittlichen Kräfte des Heerwesens weniger Verständniß als sein derber Vater, er füllte die Reihen der Armee wieder mit den Ausländern, welche sein Vater gänzlich zu vertreiben wünschte. Ebenso richtig ist die Behauptung, daß der Reichsdeputationshauptschluß die Grundlagen der alten preußischen Heeresverfassung zerstörte; durch die Einführung der Conscription in den neugebildeten Mittelstaaten verlor Preußen seine besten Werbeplätze.

An Anfechtungen kann es dem streitbaren Verfasser nicht fehlen. Man entschließt sich schwer, althergebrachte historische Anschauungen aufzugeben, am schwersten, wenn sie mit einem vollberechtigten Provinzialstolze fest verwachsen sind. Wer ruhig prüft, wird, wenn auch oft mit peinlicher Ueberraschung, der bündigen Beweisführung durchweg beipflichten müssen. Damit ist freilich das Urtheil über Schön's Stellung in der preußischen Geschichte noch nicht gesprochen, und dies war auch sicherlich nicht die Absicht des Verfassers. Die Zahl der verdienten Männer, deren Denkwürdigkeiten eine scharfe Kritik nicht vertragen, ist ja leider ziemlich groß. Schön's Name wird trotz Alledem unter den Rathgebern Friedrich Wilhelm's III. für immer eine bedeutende Stelle behaupten. Die reiche Anerkennung, die er bei seinen beiden Königen, in seinem Heimathlande, bei Stein und Hardenberg und so vielen anderen edlen Männern gefunden hat, war mit nichten

unverdient. Wer ihm gerecht werden will, muß sein Wirken als Oberpräsident von Preußen betrachten. Hier liegt, wie mir scheint, der
beste Inhalt seines Lebens, und gerade hierüber hat sein literarischer
Nachlaß bisher gar keine Auskunft gegeben. Nur ein mit der altpreußischen Provinzialgeschichte genau vertrauter Mann kann die
Biographie Schön's schreiben. Ein solches Buch müßte mit schonungsloser Unparteilichkeit schildern, wie Bedeutendes der herrische Mann
für das Schulwesen, den Verkehr, die gemeinnützigen Anstalten seiner
geliebten Heimath gethan hat, und wie fest er mit den großen wissenschaftlichen Traditionen Königsbergs zusammenhängt: — **aber** auch,
wie schädlich das Beispiel seiner schroffen, anmaaßenden Tadelsucht auf
den öffentlichen Geist der Provinz einwirkte. Wenn **heute noch in**
unserer Ostmark die extremen Parteien von links und rechts ein un-
natürliches Uebergewicht behaupten, so trägt Schön's langjährige Verwaltung daran fast ebenso viel Schuld, wie die nachfolgende Epoche
roher Reaction. Mit zwei **Worten wird ein** so gemischter Charakter
nicht erschöpft. Das vorlaute Geschrei über den eitlen Lügner Schön,
das heute durch die Spalten der reactionären Presse geht, **ist** kaum
minder unerquicklich, als der gedankenlose Götzendienst seiner radicalen
Verehrer.

Zum 27. August 1876.

Briefe von B. G. Niebuhr und G. A. Reimer.*)

——

Der 27. August ist der hundertjährige Geburtstag zweier Freunde, deren Namen man nur zu nennen braucht, um eine reiche Epoche unserer neuen Geschichte leibhaftig vor Augen zu sehen: Barthold Niebuhr's und des alten Reimer. Zur Feier des Tages hat der ge= lehrte Herausgeber des Thukydides, Johannes Classen, der Lehrer von Niebuhr's Kindern, soeben ein warm empfundenes und verständniß= voll gezeichnetes Lebensbild seines väterlichen Freundes erscheinen lassen.**) Möge die kleine Schrift unsere rasch lebenden Tage daran erinnern, wie mächtig das Schaffen des Begründers unserer kritischen Geschichtsschreibung noch heute fortwirkt auf dem ganzen weiten Ge= biete der historischen und politischen Wissenschaften. Die Römische Geschichte zählt zu den classischen Werken, welche niemals überwunden werden, auch wenn sie in jedem einzelnen Satze widerlegt sind; sie bleibt unvergänglich durch die geniale Selbstständigkeit ihrer Forschung, die überall bis zu den letzten Quellen der Ueberlieferung vordringt, wie durch die Macht der historischen Phantasie, die das Ferne und Fremde aus dem Nahen und Vertrauten zu erklären weiß, und nicht minder durch die Ursprünglichkeit ihres Stiles, der in jeder Wendung die tiefe Bewegung einer großen Seele ergreifend widerspiegelt. An dem Politiker Niebuhr hat der stumpfe Witz der Radicalen lange seinen Muth gekühlt, weil das zartbesaitete Gemüth des reizbaren

——

*) [Preuß. Jahrb., Band 38 (Augustheft 1876), S. 172 ff. Die a. a. O. S. 175 ff. folgenden dreißig Briefe ꝛc. sind hier nicht wieder abgedruckt.]

**) Barthold Georg Niebuhr. Eine Gedächtnißschrift von Johannes Classen. Gotha, Perthes.

Mannes ein Grauen empfand vor den bildungsfeindlichen Mächten
der Revolution; und doch war es dieser hochconservative Mann, der
den Deutschen zuerst gesagt hat, was politische Freiheit ist. Auf seinen
Schultern ruht jene lebensvolle Staatsansicht, die in der Selbstver=
waltung den Eckstein der Freiheit sucht. Früher als irgend einer
unserer politischen Denker hat er uns gezeigt, wie nichtig aller Glanz
der Bildung und der Wohlfahrt sei, ohne die Einheit der Nation.
Wie Manchen auch der Leidenschaftliche kränkte durch ungerechten
Tadel, man muß es doch lieben, dies reiche, übervolle Herz, das selbst
so viel geliebt, so unzähligen edlen Männern, von dem Jugendfreunde
Moltke bis zu den Freunden des Alters Dahlmann und de Serre,
das Leben verschönt und die besten Kräfte des Geistes geweckt hat.

Wie kärglich ehren wir Deutschen doch unsere großen Todten!
Als ich einst von der Schule zur Universität abging, gab mir mein
lieber Lehrer, der allen seinen Schülern unvergeßliche Rector Klee,
die „Lebensnachrichten“ von Niebuhr und sagte, daraus würde ich
besser als aus langen Ermahnungen lernen, wie der Gelehrte sein
Leben einzurichten habe. Der Alte hatte recht. Ich kenne nur wenige
Bücher, die einen jungen Mann so mächtig im Gewissen packen, ihn
emporhebend aus der Welt der Gemeinheit in die reine Luft wissen=
schaftlicher Arbeit und patriotischer Selbstverleugnung. Und diese
köstliche Schrift, eine der schönsten Briefsammlungen aller Zeiten,
ist bei uns kaum über einen engen Gelehrtenkreis hinausgedrungen,
hat in achtundzwanzig Jahren nicht einmal eine zweite Auflage er=
lebt! Die erregten Parteien der dreißiger Jahre wußten mit Nie=
buhr's Tiefsinn nichts anzufangen. Bei den Liberalen galt die
„historische Schule“ als der Heerd aller Reaction, und den Dunkel=
männern blieb der freie Forschermuth des frommen Historikers immer
unheimlich; Niebuhr's Briefe konnten nicht, wie etwa die Biographie
von Friedrich Perthes, als ein weltliches Erbauungsbuch Eingang
finden bei den Stillen im Lande. Wie beschämend erscheint neben
dem Kaltsinne, den unser Volk den Lebensnachrichten Niebuhr's er=
wies, die lebendige Theilnahme des heutigen Englands an den Briefen
Macaulay's! Jeder gebildete Brite liest dies Buch, und unsere jour=
nalistische Kritik beeilt sich, den guten Deutschen zu versichern, die
Literaturgattung „Life and Letters“ sei den Engländern vor allen
anderen Völkern eigenthümlich. Hoffentlich wird man mich nicht des
Chauvinismus zeihen, wenn ich die Behauptung wage, daß the life

and letters of Barthold Niebuhr mindestens zehnmal reicher sind an Gedankengehalt und Fülle der Empfindung, als das Buch Trevelyan's über Macaulay. Die Lebensgeschichte des deutschen Historikers erzählt freilich nicht — was dem modernen general reader als der eigentliche Inhalt des Menschenlebens erscheint — wie viele tausend Pfund der Held jährlich „gemacht" hat; auch Niebuhr hatte seinen Antheil an der ehrenvollen Armuth seiner heldenhaften Zeit. Dafür zeigt sie uns einen Mann, der die ganze Bildung seines Zeitalters beherrscht, jeder Bewegung des politischen, des wissenschaftlichen und des künstlerischen Lebens im Welttheil mit einem allseitigen Verständniß folgt, wozu die nationale Beschränktheit der Engländer sich niemals aufschwingen wird. Und dafür führt sie uns auf die Höhen des historischen Lebens; die politische Arbeit, daran Niebuhr theilnahm, das Wirken der Stein und Schleiermacher, der Humboldt und Gneisenau ist für die Geschichte der Menschheit doch wohl etwas fruchtbarer gewesen, als die Parteihändel des englischen Parlaments zu Macaulay's Lebzeiten. Die glänzenden Erfolge der jüngsten Jahre haben da und dort unter uns Deutschen einen vorlaut polternden Hochmuth hervorgerufen; jener gesunde Nationalstolz, der das Heimische von Grund aus zu kennen strebt und getreulich ehrt, ist unter uns leider noch selten. Es fehlt noch viel daran, daß auch nur die besten und größten Männer der neuen deutschen Geschichte unseren Gebildeten wahrhaft vertraut wären.

Niebuhr hat das odi profanum volgus oft sehr herb ausgesprochen. Gemeinverständlicher als das vornehme Wesen des Historikers ist die herzerfreuende Erscheinung seines Berliner Freundes und Verlegers. In dem alten Reimer verkörpert sich die frische Thatkraft des deutschen Bürgerthums, das in jenen Tagen aus langer Erstarrung wieder zum hellen Leben erwachte. Ein Geschäftsmann im großen Stile, kühn im Wagen und klug im Rechnen, schafft er sich durch rastlosen Fleiß ein reiches Haus und einen großen Wirkungskreis. Immer ist er mit seinem ganzen Herzen bei seiner Arbeit; schwache Naturen wie Friedrich Gentz zittern vor seinem lauten Freimuth, wer aber ein Mann ist wie Ernst Moritz Arndt, hält den Treuen in Ehren. Merkwürdig früh erwacht in ihm die patriotische Leidenschaft. Gleich nach der Schlacht von Jena beräth er mit Schleiermacher, wie der gesunkene Staat wieder aufzurichten sei; im Sommer 1813 kämpft er mit der kurmärkischen Landwehr bei Großbeeren, eilt dann auf Urlaub heim, sein jüngstes Töchterlein über die Taufe zu halten, dann wieder hinaus zu seinem Bataillon. Und auch als die Niedertracht der Demagogenjagd sich an seinem Hause vergreift, bleibt er unbeirrt in seinem Gottvertrauen, voll guter Zuversicht zu seinem Volke und predigt dem krankhaft verstimmten Freunde Muth und Vertrauen. —

Was die Jahrbücher heute aus dem Briefwechsel der beiden Freunde mitzuteilen haben, ist leider nur eine ärmliche Nachlese zu den „Lebensnachrichten". Von Niebuhr's Briefen sind viele verloren, und manche der erhaltenen besprechen nur Familienangelegenheiten oder Geschäftssachen, die der Neugier der Nachlebenden besser vorenthalten bleiben, obwohl es immerhin einigen Reiz bietet, das menschlich schöne Verhältniß zwischen Schriftsteller und Verleger zu verfolgen. Wir begnügen uns, einige Stellen herauszuheben, die zur Charakteristik der beiden Freunde oder auch der Zeitstimmung einen Beitrag geben. Die Briefe sind alle noch ungedruckt, nur wenige Sätze daraus hat Förster in der Biographie von Cornelius benutzt. Auch der Aufruf aus den Anfängen des Befreiungskrieges (Nr. 2) scheint nur handschriftlich einem kleinen Kreise von Patrioten mitgetheilt worden zu sein; wenigstens ist es in der kurzen Frist, seit die Redaction diese Papiere erhielt, nicht gelungen, das Actenstück in den Berliner Zeitungen des Jahres 1813 aufzufinden.

23.

Aus den Papieren des Staatsministers v. Motz.*)

(30. März 1877.)

Der Güte des Herrn Oberstlieutenants v. Motz in Weimar verdanke ich die Kenntniß einiger Papiere aus dem Nachlasse seines Oheims, des Finanzministers v. Motz. Diese Actenstücke bestätigen nicht nur Alles, was ich vor Jahren**) über Motz's Antheil an der Stiftung des Deutschen Zollvereins berichtet habe, sie lassen den politischen Charakter und die Voraussicht des verdienten Staatsmannes sogar noch bedeutender erscheinen, als ich damals annahm. Es ist mir um so willkommener, hier über den historischen Inhalt dieser Papiere Bericht zu erstatten, da ich damit zugleich die Gelegenheit erhalte, mich mit W. Roscher auseinanderzusetzen, der neuerdings in seiner „Geschichte der Nationalökonomie in Deutschland" mein Urtheil über die Entstehung des Zollvereins angefochten hat.

In jener Abhandlung wurde geschildert, wie die preußische Regierung schon zur Zeit der Entstehung des Zollgesetzes von 1818 die Absicht aussprach, mit anderen deutschen Staaten „auf gleiche Berechtigung und Verpflichtung in einen gemeinsamen Zollverband zu treten". Nicht durch Bundesgesetze, sondern durch Verträge von Staat zu Staat sollten „übereinstimmende Anordnungen von Grenze zu Grenze weiter geleitet", erst die enclavirten und nächstbenachbarten Kleinstaaten, dann, je nach dem Laufe der Ereignisse, auch andere deutsche Staaten mit dem preußischen Zollsysteme verbunden werden

---

*) [Preuß. Jahrb., Band 39 (Aprilheft 1877), S. 398 ff.]
**) In der Abhandlung „Die Anfänge des Deutschen Zollvereins", Preuß. Jahrb., Band 30, Jahrgang 1872.

„zu dem **Zwecke**, die inneren Scheidewände mehr und mehr wegfallen
zu **lassen**". Darum wurden die Durchfuhrzölle, abweichend von dem
liberalen Geiste des Zollgesetzes, unverhältnißmäßig hoch angesetzt;
man wollte dadurch einen Druck ausüben auf die deutschen Nachbarn,
sie zur Verständigung mit Preußen zwingen. Doch die Hoffnungen
des **Berliner Cabinets** scheiterten **an der** leidenschaftlichen Verblen=
dung der öffentlichen Meinung, an dem gehässigen Widerstreben aller
deutschen Höfe, vornehmlich der nächstbenachbarten. Preußen sah **sich**
in die Defensive zurückgeworfen, bedurfte seiner ganzen Kraft, um
sein Zollsystem gegen die erbitterten Angriffe des Inlands wie des
Auslands aufrecht zu erhalten; und da man während mehrerer Jahre
nichts weiter erreicht hatte, als den Zollanschlußvertrag mit Sonders=
hausen im Jahre **1819** und zahllose unfruchtbare Streitigkeiten **mit**
den anderen Nachbarstaaten, so faßte die preußische Regierung **den**
nüchternen und, wie der Erfolg gezeigt, richtigen Entschluß, fortan
keinem deutschen Staate irgend ein handelspolitisches Anerbieten zu
machen, sondern vielmehr die Anträge **der Nachbarn** gelassen ab=
zuwarten. Es liegt in der Natur **der Sache**, daß bis dahin noch
mehrere Jahre vergehen mußten; nur **die** steigende Noth der Finanzen,
nur das Scheitern aller kleinstaatlichen Zollvereinsversuche konnte **den**
Souveränetätsdünkel der kleinen Höfe so weit demüthigen, **daß** sie
sich herbeiließen, eine **Vereinigung** mit dem verhaßten **Preußen** zu
suchen.

Aber auch in Preußen selbst waren noch zwei schwere Hinder=
nisse zu überwinden, bevor die Kugel in's Rollen kam. Eine kühne
Handelspolitik verbot sich von selbst, so lange der preußische Staats=
haushalt an einem beständigen **Deficit** krankte, und so lange man in
Berlin **den Gedanken** festhielt, **zunächst** mit den unmittelbaren Nach=
barn in Verbindung **zu treten** und nur „von **Grenze** zu **Grenze**"
vorzuschreiten; denn dieser **Plan**, so einfach natürlich er schien, blieb
doch völlig aussichtslos, **da gerade** die nächsten Nachbarstaaten,
Sachsen, Hannover, Kurhessen, dem preußischen Zollsysteme am **Ent=**
schiedensten widerstanden. Das ist nun das unvergängliche Verdienst
des **Ministers** v. Motz, daß er dies zweifache Hinderniß überwunden
hat. Er stellte das Gleichgewicht **des** Staatshaushalts her und gab
also der Monarchie erst die Fähigkeit, Zollverträge von zweifelhaftem
finanziellem Erfolge zu wagen. Er faßte sich das Herz, über Kur=
hessen und die **anderen** unmittelbaren Nachbarn hinweg mit den süd=

deutschen Staaten zu verhandeln; er schuf durch den Zollverein mit
Darmstadt und durch den Handelsvertrag mit Baiern=Württemberg
den festen Grund für den großen deutschen Zollverein. Er sah die
ungeheueren politischen Folgen dieser Handelsverträge mit erstaunlicher
Sicherheit voraus. In einer Zeit, da die gesammte amtliche deutsche
Welt den friedlichen Dualismus, **den** ewigen Bund zwischen Oester=
reich und Preußen für ein heiliges Gesetz ansah, erscheint er als der
einzige deutsche Staatsmann, der mit vollem Bewußtsein fridericianische
Politik trieb; gerades wegs ist er auf das Ziel losgegangen, **das** ge=
sammte Deutschland mit Ausschluß Oesterreichs unter der Führung
Preußens für immer zu vereinigen.

Motz war durch ein bewegtes Leben mit **dem Elend und der**
Hülflosigkeit der deutschen Kleinstaaterei auf das Genaueste vertraut
geworden. Er lernte **als** junger Mann die verrotteten Zustände
seiner kurhessischen Heimath kennen, kam nachher als preußischer Land=
rath auf dem Eichsfelde täglich in Berührung mit den thüringischen
Kleinstaaten, sah dann im Kriege von 1806 diese verkommene Welt
haltlos zusammenbrechen, sah die Willkürherrschaft der Fremden im
Königreich Westphalen. Als die Heere der Befreier nach der Schlacht
von Leipzig sich dem Staate König Jerome's näherten, war Motz
der einzige Beamte in den Departements **der Elbe, der** Saale und
des Harzes, der freiwillig seine Stelle **verließ, um sich** der deutschen
Sache anzuschließen; er war darauf in Halle und in Fulda bei der
provisorischen Verwaltung **der eroberten Gebiete thätig.** Nach dem
Frieden wurde er Vicepräsident **der Erfurter** Regierung. Dieser
kleinste der Regierungsbezirke Preußens, **ein Gebiet** von etwa 60 Ge=
viertmeilen, lag im Gemenge mit fünfzehn Nachbarstaaten, umfaßte
vormals westphälische, sächsische, sächsisch=hennebergische, französisch=
erfurtische, sondershausener, rudolstädtische, weimarische und hannö=
versche Landestheile. Aus den Trümmern von acht verschiedenen
Staaten mußte ein Verwaltungsbezirk gebildet werden; das Chaos
war so unübersehbar, daß noch im Jahre 1817 bei der Erfurter
Regierung 2141 unerledigte Rechnungen **aus** der Kriegszeit lagen.
(Motz, Denkschrift über **die** Vereinfachung der Verwaltung. Erfurt,
29. Juni 1820.) Unter solchen Erfahrungen ward der kühne Mann,
den einst der Ruhm der fridericianischen Thaten in den preußischen
Dienst **geführt, ein** geschworener Feind der Kleinstaaterei; unablässig
beschäftigte ihn die Frage, **wie** diese Ländersplitter zu einem festen

Ganzen zusammenzufassen seien, keinen Augenblick hat er an die
Lebensfähigkeit des Deutschen Bundes geglaubt.

Am 24. September 1817 schrieb er an Hardenberg: er habe
durch seinen Freund, Geheim=Rath v. Weise in Sondershausen, Einiges
erfahren von einem Plane, der durch Carl August von Weimar zur
Zeit des Wiener Congresses den thüringischen Staaten vorgelegt
wurde und die Vereinigung der thüringischen Truppen unter wei=
marischem Oberbefehl bezweckte; diese Mittheilungen und einige ver=
trauliche Aeußerungen des weimarischen Ministers v. Gersdorff hätten
ihn ermuthigt, seinerseits dem Staatskanzler eine Denkschrift vor=
zulegen: „Gedanken über die Militärverfassung des Deutschen Bundes,
insbesondere über Verträge mit den kleinen norddeutschen Staaten"
Die Arbeit beginnt mit einer drastischen Schilderung des Unsinns
der Bundesverfassung und ihrer Stimm=Ordnung. „Ein solcher
Staaten=Verein erscheint nur als ein politischer Nothbehelf, den die
Eifersucht der souveränen Fürsten Deutschlands unter sich im Drange
der äußeren Umstände und der Zeit erzeugt und die seit Jahrhun=
derten sich immer gleiche Politik des Nachbarstaates Frankreich und
vielleicht auch der großen Nachbarmacht im Nordosten von Europa
zur Geburt befördert hat, nicht um die zerstreuten Kräfte Deutsch=
lands wirklich in ein großes Ganzes zu versammeln (wodurch einzig
und allein Deutschland von jedem fremden Einfluß befreit und Europas
Gleichgewicht in der That begründet werden würde), sondern um es
in immerwährender Kraftzersplitterung zu erhalten". Darum muß
Preußen schon jetzt den Zeitpunkt ins Auge fassen, „wo das un=
haltbare Bundeswerk wieder in sich selbst zerfallen wird. Oesterreich
kann Vereinigung deutscher Volkskraft nicht aufrichtig wollen, weil
das vorherrschende Interesse seines Hauses und seiner großen im
Bunde nicht begriffenen Staaten das gerade Gegentheil erheischt".
Vorläufig, so lange ein einiges deutsches Heer noch nicht möglich,
bleibt nur übrig, die militärischen Kräfte von Nord= und Süddeutsch=
land in zwei große Heere zu versammeln — ein Gedanke, den be=
kanntlich Preußen in jenen Tagen am Bundestage eifrig vertrat.
Damit diese Idee Leben gewinne, ist es aber nöthig, die norddeutschen
Contingente durch Militär=Conventionen mit dem preußischen Heere
zu verbinden, und so wird denn im Einzelnen der Plan besprochen,
die thüringischen Truppen als eine Brigade der preußischen Armee
anzuschließen. Die Vorschläge sind nach unseren heutigen Begriffen

noch sehr bescheiden: die Subalternofficiere avanciren in ihrem Con=
tingent, nur die Stabsofficiere gehören gänzlich dem preußischen
Heere an u. s. w. Motz glaubt, nachdem er vor Kurzem sich in
Kassel umgesehen, auch der Kurfürst von Hessen sei bereit, eine ähn=
liche Convention mit Preußen zu schließen, zumal wenn man ihm
Fulda gegen einen bequemer gelegenen Ersatz wieder abnehme.

Dieser letztere Gedanke wird weiter ausgeführt in einer zweiten,
noch im selben Jahre dem Staatskanzler überreichten Denkschrift:
„Ueber die geographische Verbindung der Ost= mit der Westhälfte
des preußischen Staates“. Hatte sich die erste Denkschrift mit merk=
würdiger Sicherheit über die Nichtigkeit des Bundestags und die
feindseligen Absichten Oesterreichs ausgesprochen, so urtheilte die zweite
nicht minder treffend über die Gesinnung der rheinbündischen Mittel=
staaten: sie sind vergrößerungssüchtig, eifersüchtig auf ihre Souveränität,
leicht für Frankreich zu gewinnen; „scheint sie doch in Absicht Deutsch=
lands mit Frankreich fast einerlei Interesse zu beseelen, nämlich Zer=
splitterung und Isolirung der deutschen Volkskraft, Verhinderung
aller Einheit“. Darum erscheint es hochgefährlich, fährt der Hesse
fort, daß mehrere Staaten, die eigentlich zum Norden gehören, dem
„Drucke aus Süden“ blosgestellt sind. Preußen muß ein ununter=
brochen zusammenhängendes Gebiet erlangen, das sich zwischen die
Kleinstaaten des Nordens und des Südens einschiebt; es gilt am
Untermain wiederzugewinnen, was wir am Obermain, in Ansbach=
Baireuth, verloren haben. Und nun entwickelt er einen umfassenden
Tauschplan: die Saar= und Nahelande (aber ohne Saarlouis und
die militärisch unentbehrlichen Höhen des Hunsrücks), Paderborn und
Corvey, endlich Erfurt (doch mit Vorbehalt der Garnison für Preußen)
sollen abgetreten und dafür Oberhessen, Fulda und das Fürstenthum
Eisenach eingetauscht werden. Dann ist Norddeutschland ganz durch
preußisches Gebiet umklammert und die von Hardenberg längst erstrebte
Führerstellung im Norden uns gesichert; dann werden Baiern und
Hannover auseinandergehalten, die wichtigen Positionen des Kinzig=
thals gelangen in die Hände des einzigen Staates, der sie verthei=
digen kann, und die Haupthandelsstraße Deutschlands, die Straße
von Frankfurt nach Leipzig, wird von Preußen beherrscht.

Das ganze Wesen des Staatsmannes tritt uns schon aus diesen
Denkschriften des Einundvierzigjährigen entgegen: der weite, scharfe
Blick, der vorurtheilsfreie, hochherzige Patriotismus, aber auch ein

22*

Zug von genialem Leichtsinn, der nothwendig zu dem Bilde von Motz gehört. Ohne solche Lust am kecken Wagen und Pläneschmieden hätte er schwerlich die Kraft gefunden, in einer Epoche der Ermattung und Entsagung den Neubau des deutschen Staates vorzubereiten. Wilhelm v. Humboldt, dem die beiden Denkschriften mitgetheilt wurden, antwortete (Frankfurt, 18. März 1819): die beiden großen Gebrechen des Deutschen Bundes, die Uebermacht Oesterreichs und das abgeschlossene Staatensystem Süddeutschlands, seien zwar nur zu richtig geschildert; doch der Tauschplan scheine leider für jetzt ebenso unausführbar wie der Plan der Militärreform, da in der gegenwärtigen Lage keine europäische Macht so große Veränderungen durchsetzen könne; der preußische Staat selber trage die Schuld, daß er sich im deutschen Bunde eine so unwürdige Stellung habe geben lassen.

Inzwischen lernte Motz aus seiner amtlichen Erfahrung, daß es noch mildere und wirksamere Mittel zur Bekämpfung der Kleinstaaterei gab. Er kam durch sein Erfurter Amt und späterhin, seit 1821, als Oberpräsident der Provinz Sachsen mit den kleinen thüringischen und anhaltischen Höfen in mannigfachen Verkehr und wurde daher zu den Verhandlungen zugezogen, welche den Eintritt der mitteldeutschen Enclaven in das preußische Zollsystem herbeiführen sollten. Dies ergiebt sich aus den Aufzeichnungen seiner Tochter, Frau v. Brinken, und wird auch neuerdings durch L. A. v. Jordan bestätigt.*) Namentlich an der Vereinbarung mit Sondershausen vom Jahre 1819 — dem ersten und wichtigsten dieser kleinen Zollanschlußverträge, der schon den Grundsatz der Einnahmevertheilung nach der Kopfzahl aufstellte und das Muster wurde für alle späteren Enclaveverträge — hat Motz einen wesentlichen Antheil genommen. Die Angelegenheit mußte tief geheim betrieben werden, da man den Argwohn Oesterreichs und der anderen deutschen Höfe zu wecken fürchtete; die vertraute Bekanntschaft des Erfurter Präsidenten mit dem Sondershausener Geheim-Rath v. Weise und dessen Sohne bot nun den willkommenen Anlaß zu wiederholten harmlosen Reisen in's Wipperthal, und so, in vertraulichen Unterredungen wurde der Vertrag vorbereitet. Auch nach Kassel hat ihn der König einmal gesendet, um die ärgerlichen Streitigkeiten im kurfürstlichen Hause beizulegen; die Reise blieb natürlich

---

*) L. A. v. Jordan, Die Verwaltung der indirecten Steuern in der Provinz Sachsen. Magdeburg 1874. S. 9.

erfolglos, **der** Abgesandte gewann nur von Neuem einen tiefen Einblick in die hoffnungslose Zerrüttung des Kleinstaatlichen Lebens.

In Erfurt wie in Magdeburg beschäftigte sich Motz vielfach mit der Reform der Verwaltung. Die ungeheuere Macht der neuen Fachminister einerseits, der langsame Gang der Verwaltung in den collegialischen Regierungen andererseits erregten große Bedenken. Hardenberg selbst legte die neue Instruction für die Oberpräsidenten den höchsten Verwaltungsbeamten der Provinzen vor mit der Aufforderung zu freimüthigen Gutachten. Mehrere der tüchtigsten Oberpräsidenten, namentlich Schön und Vincke, fanden sich durch die neue Centralisation in ihrer freien Thätigkeit beengt und wünschten die Wiederherstellung von Provinzialministern neben den Fachministern; sie begegneten sich also wider Willen mit General v. d. Marwitz und seinen feudalen Genossen, die im Interesse der alten Landstände die Rückkehr zu **der** Verwaltungsordnung von 1806 verlangten. Motz dagegen hatte im westphälischen Dienst die technischen Vorzüge der schlagfertigen französischen Verwaltung kennen gelernt und sprach (in einer Denkschrift über die Regierungen 1818) den Grundsatz aus: für rein monarchische Staaten paßt die collegialische, für constitutionelle Staaten die bureaukratische Verwaltung; da Preußen im Begriffe steht, zu constitutionellen Formen überzugehen, so muß auch seine Verwaltung eine Mittellinie einhalten zwischen dem bureaukratischen und dem Collegialsystem. Diesem leitenden Gedanken blieb er immer treu; doch über die Ausführung im Einzelnen wechselte sein Urtheil oft und auffällig, **ganz** wie das Urtheil Hardenberg's und der meisten anderen preußischen Staatsmänner. Die Aufgabe, den „künstlichen" Staat durch eine Verwaltung, die doch nicht unfrei sein sollte, zusammen zu halten, erschien jener Generation bis zur Unlösbarkeit schwierig. Alle guten Köpfe der Verwaltung ergingen sich in mannigfaltigen **Projecten**, während der Staat doch ein aus collegialischen und **bureaukratischen** Formen sehr glücklich gemischtes Verwaltungssystem bereits besaß. Damals, 1818, verlangte Motz noch Beseitigung der Oberpräsidenten und an der Spitze jedes Regierungsbezirks einen Präsidenten mit sechs bureaukratisch geleiteten Abtheilungen, die nur in seltenen Fällen collegialisch berathen sollten. Als er selber Oberpräsident geworden, forderte er in einer neuen Denkschrift (Magdeburg, 9. October 1823): **die** Thätigkeit des Oberpräsidenten **müsse** sich beschränken auf die Aufsicht **und** Controle der Verwaltung, sowie auf die Leitung der ständischen Verhältnisse; er solle Alles erfahren, aber wenig oder nichts verfügen, sondern der Vermittler sein zwischen dem Ministerium und den Regierungen und darum drei Monate im Jahre zu Berlin leben; so würden sich die Vorzüge der Fachministerien mit denen der Provinzial= minister vereinigen lassen. Die Biographie „F. C. A. v. Motz"*) weiß endlich noch von einer dritten Denkschrift, welche umgekehrt große collegialische Gouvernements an die Spitze der Provinzen setzen und ihnen in den einzelnen Regierungsbezirken abhängige ausführende Mittelbehörden unterstellen will.

Ueberblicken wir diese frühere Thätigkeit, so gewinnen wir den Eindruck, den auch L. Kühne aus vieljährigem Umgang empfing: daß eine groß angelegte Natur, ein gedankenreicher, unruhiger, überaus productiver Kopf in allzu engem Wirkungskreise sich aufzureiben drohte. Der Mann bedurfte einer großen Thätigkeit, wenn die Ideen, die in seinem Geiste gährten, sich abklären, wenn sein starker Ehrgeiz und seine frohe Willenskraft sich frei entfalten sollten.

Die entscheidende Wendung seines Lebens kam, als der Finanz= minister v. Klewitz im December 1824 den Abschied forderte. Dieser rechtschaffene feingebildete Mann war kein schöpferischer Geist; er begnügte sich, das von dem Generalsteuerdirector Maassen entworfene Zollgesetz und die anderen Steuerreformpläne, welche Maassen mit dem unermüdlichen Kühne bearbeitete, im Staatsrath und Staats= ministerium mit zäher Ausdauer zu vertheidigen. Seine Wirksamkeit ward gelähmt durch die Generalcontrole, die über alle Ausgaben des Staates selbstständig verfügte, während der Finanzminister allein für die Einnahmen zu sorgen hatte. So gewann Niemand ein vollstän= diges Bild von der Lage des gesammten Staatshaushalts; übellaunig und mißtrauisch wie die Zeit war, gefiel sich die öffentliche Meinung darin, den Zustand der preußischen Finanzen in den dunkelsten Farben zu schildern. Die Cabinetsordre vom 17. Januar 1820 hatte die Veröffentlichung des Etats in jedem dritten Jahre angeordnet; doch die Zusage wurde nur einmal, 1821, gehalten, weil ein vollständiger Etat gar nicht mehr zu Stande kam. Die unnatürliche Zersplitterung des Finanzministeriums in zwei gleichberechtigte Departements führte zu peinlichem Streite, zumal, da der Leiter der Generalcontrole, Geheim= Rath von Ladenberg, ein Beamter der alten Schule von eisernem

---

.*) Erfurt 1832. Angeblich von v. Daniels.

Fleiße und steifem Eigensinn, die Steuerreformen hartnäckig bekämpfte und zu dem alten Accise=System zurückstrebte. Müde der ewigen Händel, erklärte sich Klewitz endlich außer Stande, unter den bestehen=den Ressortverhältnissen das Gleichgewicht der Finanzen herzustellen.

Ueber den weiteren Verlauf dieser Ministerkrisis haben kürzlich die Denkwürdigkeiten Schön's einige Mittheilungen gebracht;*) bessere Auskunft geben die Tagebücher des **Generals Witzleben**, die das Geheime Staatsarchiv verwahrt. Der Vertraute König Friedrich Wil=helm's hat leider im Drange der Geschäfte nur selten die Muße gefunden, die Erlebnisse des Tages aufzuzeichnen; seine Tagebücher enthalten oft viele Monate lang nur weiße Blätter, oft nur gleich=gültige Reisenotizen; wo sie aber über Politik reden, **da** bietet **der** freimüthige und sachkundige General sehr zuverlässige Belehrung. Witz=leben erzählt 'nun: **als am** 3. December Klewitz seine Entlassung eingereicht, schlug der Kronprinz Schön zum Nachfolger vor; Fürst Wittgenstein nahm, wie immer, doch minder eifrig als sonst, Partei für Ladenberg und die Generalcontrole; der König aber befahl, **es** solle an Vincke, Schön, Motz und den Präsidenten Schönberg **in** Merseburg der Einnahme=Etat für das nächste Jahr geschickt werden **mit der Frage, ob und wie sie ihn ausführen wollten. Keiner** der Vier dürfe von der Befragung der Andern wissen. **Am** 31. December waren die Erwiderungen eingelaufen: Schönberg's Antwort war sehr allgemein gehalten; Vincke verlangte Verminderung der Ausgaben um 5 Millionen Thaler, ohne die Mittel und Wege dazu anzugeben; Motz forderte Sitz und Stimme für den Finanzminister in der General=controle, ferner Centralisation des zersplitterten Kassenwesens und feste unüberschreitbare Etats; Schön endlich wollte die großen Geldinstitute, Bank, Seehandlung u. dgl. dem Finanzminister untergeben. So er=zählt Witzleben, der eifrig für Schön stimmte, und schließt nicht ohne Bitterkeit: „Der König entschied für Motz. Nach früheren Aeuße=rungen des Fürsten Wittgenstein war dies von ihm vorbereitet, da er eine große Abneigung gegen Schön hat". Wir aber **dürfen heute** mit Sicherheit **sagen, daß** der König bei seiner Wahl einen richtigen Blick bewährte. Schön hatte nämlich, **wie** er selbst angiebt, in seiner Antwort eine gründliche Veränderung der gesammten Staatsverwaltung gefordert, um „das Vertrauen des Volks" zu gewinnen; er kam

---

*) Aus den Papieren des Ministers v. Schön. III. 86. 110.

gleich darauf selbst nach Berlin, und es entspann sich über seine Reform=
vorschläge ein Schriftenwechsel zwischen ihm und Wilhelm Humboldt,
woraus einige Actenstücke noch erhalten sind. Sie beweisen, daß Schön
nichts Geringeres verlangte, als die Ernennung von acht Provinzial=
ministern neben sechs Fachministern (Schön's Denkschrift vom 22. Fe=
bruar 1825), während Humboldt in einer meisterhaften Abhandlung
vom 1. Februar, die sich an sein berühmtes Gutachten über die Pro=
vinzialstände anschließt, die Nothwendigkeit der Staatseinheit ver=
theidigte. Es bedarf kaum der Rechtfertigung, **daß der König einen
Mann nicht in das Ministerium berufen wollte, der den** Grund=
gedanken der neuen Verwaltungsordnung wieder in Frage stellte. Für
den Gang der deutschen Geschichte aber war der Entschluß des Königs
ein Segen; denn Schön hat bekanntlich den Zollverein allezeit mit
schnöden Worten verdammt, er hätte Deutschlands Handelseinheit
nimmermehr begründet. Auch Witzleben ist bald von seiner Ansicht
zurückgekommen; er wurde Motz's Freund und unterstützte ihn treu=
lich bei den Verhandlungen mit dem Süden.

Motz traf in seiner Antwort mit sicherer Hand den eigentlichen
Sitz des Uebels, den Dualismus der Finanzverwaltung. Er war über=
zeugt, das vielbeklagte Deficit sei gar nicht vorhanden, wenn nur erst
Einheit, Uebersicht, Ordnung in das Finanzwesen komme; „aber", sagte
er später zu seiner Tochter, „ich hütete mich wohl, Ueberschüsse zu
versprechen, man hätte mich für wahnsinnig gehalten". Am 1. Juli 1825
trat er sein neues Amt an, am 29. Mai 1826 wurde die General=
controle aufgehoben und die Leitung des gesammten Staatshaushalts
dem Finanzminister übertragen. Das Ergebniß war überraschend
günstig, obgleich die Entwerthung der Bodenproducte den Ertrag
der Domänen schmälerte und der plötzliche Fall mehrerer großer
Bankhäuser dem Finanzminister schwere Verlegenheiten bereitete. Am
30. Mai 1828 reichte **der** Minister den Verwaltungsbericht über
die Jahre 1825—27 dem Könige ein und wies darin nach, wie die
drei Jahre statt des gefürchteten Deficits einen Ueberschuß **von**
9,695,000 Thaler gebracht **hatten.** Bescheiden gab **er** zu, daß er
einen guten Theil dieses Erfolgs nur den Steuerreformen Klewitz's
und Maassen's verdanke: „ich habe es mit Dank anzuerkennen, daß
ohne diese vorgefundene Grundlage ich nicht im Stande sein würde,
Eurer Königlichen Majestät so erfreuliche Resultate, als die Jahre
1825—27 geliefert haben, vorzulegen". Nunmehr, seit 1829, konnte

der dreijährige Etat wieder regelmäßig veröffentlicht werden. In jedem Zweige des Finanzwesens spürte man die rüstigen Hände des neuen Leiters: die Domänenverwaltung wurde umgestaltet, die seit Langem erstrebte Einheit des Kassenwesens endlich durchgeführt, und währenddem ging die Erweiterung des Zollgebietes langsam und stätig vorwärts. Motz hatte im Jahre 1826 die Freude, zum ersten Male einen ganzen Staat, das Reich Anhalt-Bernburg, in das preußische Zollsystem aufzunehmen; er selber war in aller Stille auf ein Landgut bei Magdeburg gereist, um dort mit dem bernburgischen Bevollmächtigten Salmuth zu verhandeln. Wo er nur konnte, suchte er dem deutschen Handel freie Bewegung zu schaffen. Als er im Bade Driburg mit dem Braunschweiger v. Sierstorff zusammentraf, begann er sogleich Verhandlungen mit dem einflußreichen Manne, in der Hoffnung, eine transitfreie Handelsstraße durch Braunschweig zu gewinnen. (Motz an Humboldt 22. December 1827). Der Versuch scheiterte an dem Unverstand und der Bosheit des Herzogs Carl, und der Minister schrieb grimmig: „wohin wird noch der Souveränitätsschwindel dieser kleinen Fürsten in so übler Anwendung führen?"

Bei Alledem hielt man noch immer den bedachtsamen Grundsatz fest, zunächst mit den Nachbarstaaten sich zu verbinden. Im Jahre 1823 hatte Geheim-Rath v. Schütz den Plan entworfen, die thüringischen Staaten zwar nicht in die Zolllinie selber aufzunehmen, doch sie mit dem Regierungsbezirke Erfurt als „ein Vorland und Deckwerk" zum Schutze des Zollsystems im Hauptlande zu vereinigen. Im folgenden Jahre war eine Commission von Räthen der Ministerien des Auswärtigen, des Handels und der Finanzen schon zu der Einsicht gelangt, daß man den Mittelstaaten nicht, wie den kleinen Enclaven, die Unterwerfung unter die preußische Zollhoheit zumuthen könne, sondern ihnen größere Rechte einräumen müsse. Aber das Programm von 1819, das allmähliche Vorschreiten „von Grenze zu Grenze", galt im Finanzministerium noch als unverbrüchliche Regel, obwohl man die Zollvereinsversuche der süddeutschen Staaten mit gespannter Aufmerksamkeit verfolgte; man hoffte zunächst auf Kurhessen und Waldeck, wollte erst, wenn diese beigetreten, sich auf weitere Pläne einlassen. Wenige Tage, nachdem Motz ins Amt gekommen, erklärte Preußen auf eine Anfrage von Darmstadt, der König sei gern bereit, mit beiden Hessen einen Zollverein zu schließen, aber auch nur mit beiden zugleich. Als Kurhessen sich widerspenstig zeigte, ließ man die Sache fallen; und als Darmstadt im Februar 1826 für sich allein wiederum anfrug, gab man eine ablehnende Antwort, da das Großherzogthum jetzt nur gegenseitige Handelserleichterungen, nicht eine vollständige Zollvereinigung wünschte, und Preußen auf Differenzialzölle sich nicht einlassen konnte.

Da erfolgte im August 1828 die dritte Anfrage von Darmstadt aus, diesmal unter glückverheißenden Anzeichen: die Geldverlegenheit des Darmstädter Cabinets war bekannt, man konnte an seinen ernsthaften Absichten nicht zweifeln. Motz war gerade auf einer Dienstreise abwesend, als die Nachricht aus Hessen eintraf. Maaßen aber, der ihn vertrat, durfte als schlichter Amtsverweser — selbst wenn seine bedachtsame Natur zu kühnen Entschlüssen geneigt hätte — nur einfach wiederholen, was schon zweimal vom Finanzministerium erklärt worden war: ein Vertrag mit Darmstadt allein verspreche keine finanziellen Vortheile. Das Auswärtige Amt dachte freier; Eichhorn rieth dringend, „aus politischen Gründen" die Verhandlungen zu beginnen. Unterdessen kehrte Motz zurück und erntete jetzt den Lohn für die geordnete Verwaltung der jüngsten drei Jahre; er sah das Gleichgewicht der Finanzen gesichert und durfte sich auf eine Verhandlung einlassen, die zunächst vielleicht den Staatseinnahmen Schaden bringen konnte. Er stimmte zu, und im Januar 1828 erschien der hessische Bevollmächtigte Hofmann in Berlin — um wegen des Verkaufs der Kreuznacher Saline zu verhandeln, wie man an den Höfen aussprengte.

Hofmann hatte gemessenen Befehl, auf alle Fälle für Darmstadt die selbstständige Zollverwaltung zu retten, die seit dem Heidelberger Protokoll vom 19. November 1824 bei allen süddeutschen Höfen als die unerläßliche Voraussetzung jeder Zolleinigung galt. Motz dagegen wollte von geringfügigen Handelserleichterungen nichts wissen, sondern wünschte, daß Hessen sich den preußischen Zollgesetzen füge. Es liegt auf der Hand, daß die unter solchen Umständen begonnenen Verhandlungen entweder scheitern oder zu einem Compromisse führen mußten: zur Bildung eines Zollvereins unter Annahme des preußischen Zollgesetzes, doch mit selbstständiger Zollverwaltung für beide Theile. Ich habe früher gezeigt, daß diese glückliche Lösung sehr schnell, schon vor dem 11. Januar, in vertraulichen Unterredungen gefunden wurde. Heute kann ich noch den Beweis erbringen, daß Motz es war, der den ersten Vorschlag machte. Nach Beendigung der Verhandlungen nämlich schrieb der hessische Minister du Thil an Motz (28. Februar 1828), um den Geschäftsverkehr mit dem neuen Verbündeten zu eröffnen. Er erzählt, wie er sich zur Absendung Hofmann's nur deshalb entschlossen habe, weil er von Motz gewußt, daß dieser aus höherem, nicht blos aus finanziellem Gesichtspunkte urtheile; er schildert, wie er aus seinen hessischen Erfahrungen gelernt, daß ein Zollsystem nur auf großem Gebiete wirksam werde; er erinnert daran, daß Darmstadt allein unter allen Rheinuferstaaten, den holländisch-französischen Intriguen zum Trotz, den Kampf Preußens gegen die niederländischen Rheinzölle treulich unterstützt habe, weil wir einsahen daß Preußen hier „auf dem Wege war, der dem wahren Interesse Deutschlands entspricht". Dann bespricht er die jüngsten Verhandlungen und sagt: „Als Ew. Excellenz gegen den diesseitigen Bevollmächtigten äußerten, daß der Zweck, den man sich vorsetze, nur durch eine Zollvereinigung, nicht durch einen Handelsvertrag erreicht werden könne, sprachen Sie nur meine innerste Ueberzeugung aus; auch haben Sie uns nicht unvorbereitet für einen Gedanken gefunden, mit dem wir längst vertraut waren, und ich bekenne Ihnen mit aller Offenheit, daß wir nur deswegen nicht den ersten Vorschlag machten, weil wir fürchteten, auf Bedingungen zu stoßen, die S. K. H. der Großherzog ohne Aufopferung Seiner Selbstständigkeit nicht hätte eingehen können. Dadurch, daß dies unterblieb, haben Sie uns in den Stand gesetzt gesehen, einen Vertrag einzugehen, der gewiß von erfreulichen Folgen auch für die preußische Monarchie sein wird". Hier wird also unzweideutig anerkannt, daß Motz das Eis zuerst gebrochen hat.

Die beiden Verbündeten hofften bekanntlich auf Kurhessens Beitritt und dachten nachher, wie du Thil in jenem Briefe erzählt, auch über die Einheit von Maaß, Gewicht und Münze sich zu verständigen. Hofmann nahm den Rückweg über Kassel, um dort die ersten Fäden anzuknüpfen. Preußen aber sendete den General Natzmer hinüber, der zuvörderst den Kurfürsten mit seiner preußischen Gemahlin versöhnen und dann den besänftigten Despoten für den Zollverein gewinnen sollte. Motz gab dem General einige „vertrauliche Bemerkungen" mit — eine Instruction, deren fridericianischer Ton von der matten Diplomatensprache jener Zeit gar seltsam absticht. Es ist, als hätte der tapfere Hesse schon das Jahr 1866 vorausgesehen. Er bemerkt zunächst, der Anschluß an Preußen liege im eigenen Interesse Kurhessens; mit 600,000 Köpfen könne man kein eigenes Zollsystem

bilden. Der Anschluß an den finanziell unfruchtbaren bairisch-württembergischen Verein sei für Hessen ebenso unnatürlich wie der Zutritt
zu dem neu entstehenden mitteldeutschen Vereine. Dagegen bringt der
Anschluß an Preußen: eine bedeutende Einnahme von 20—24 Sgr. auf
den Kopf; sodann einen großen Markt **von 13 Millionen** Einwohnern
— nicht Verbote, sondern die Freiheit eines großen inneren Marktes
fördern die Industrie, wie Preußens Beispiel zeigt; endlich den Besitz
der großen Handelsstraßen. Schließt **Kurhessen sich** nicht an, so muß
Preußen eine Straße durch Hannover suchen **und den** Bremer Verkehr nach Süddeutschland von Minden aus zum Rheine **leiten.** Manche
Höfe, und namentlich Minister Marschall in Wiesbaden, behaupten
zwar, ein Zollverein sei eine Verletzung der Souveränität. Aber
der Großherzog von Hessen ist souverän geblieben, der Vertrag gewährt beiden Theilen gleiche Rechte. „In die neueren Ideen **der**
Souveränität ist überhaupt viel Schwindel gekommen. Ich frage
besonders: Ist Kurhessen souveräner in einem auf gleiche Souveränität
basirten Vertrage mit seinem mächtigsten unmittelbaren Nachbarn,
oder ist es souveräner ohne solche Verbindung, in **einer** unfreundlichen
Stellung diesem mächtigsten unmittelbaren Nachbarn gegenüber? ...
Es giebt Verhältnisse, mögen sie auch noch in der Zukunft liegen,
in welchen Preußen ein feindlich gesinnter Nachbar nützlicher sein
kann, als ein durch feste Verträge verbundener!"

Zur Unterstützung des Generals Natzmer sendete Motz seinen
getreuen Kühne nach Kassel und befahl ihm auch nach Braunschweig
zu gehen, um den dortigen Hof für den preußisch-hessischen Verein
zu gewinnen. Beide Versuche blieben bekanntlich ohne Erfolg.
Von Oesterreich beschützt, von Sachsen geleitet, bildete sich die große
Dynasten-Verschwörung gegen die deutsche Handelseinheit, der mitteldeutsche Handelsverein, der im **Namen** der Verkehrsfreiheit den Zweck
verfolgte, den preußisch-hessischen und den bairisch-württembergischen
Zollverein auseinanderzuhalten. Ueberall stießen die beiden verbündeten Staaten auf die Feindseligkeiten der Hofburg, die vor den unan-
ständigsten Mitteln nicht zurückschrak. Die k. k. Verpflegungsbeamten
in Mainz mißbrauchten die vertragsmäßige Steuerfreiheit der österreichischen Garnison, gaben massenhaft Steuerfreischeine aus für Tabak,
Zucker, Bier, mehr als ganz Rheinhessen verzehren konnte. (Witzleben
an Motz, 30. Mai 1828 nebst Bericht des Majors v. Rochow in Mainz
vom 21. Mai.) Motz entschloß sich sofort, die Mitteldeutschen kurzer-

hand als Feinde zu behandeln, ihren Verein zu sprengen. Sein An=
sehen war seit dem hessischen Vertrage hoch gestiegen. Seine Amts=
genossen hatten ihn Anfangs, da er nicht zu den preußischen Familien
gehörte, als einen Emporkömmling angesehen; jetzt fühlten sie, daß er
doch der einzige Staatsmann unter den Fachmännern dieses Ministeriums
war. Auf eigene Faust schrieb er an den Gesandten Bülow in London
(2. und 24. Mai), klärte ihn auf über die Absichten des mitteldeutschen
Vereins, wies ihn an, den Umtrieben Hannovers scharf entgegenzu=
treten. Mehr und mehr befreundete er sich mit dem Gedanken, daß
nur eine sofortige Verbindung mit dem baierisch=württembergischen
Vereine den Handelskrieg der Deutschen beendigen könne.

Solche Entwürfe trug er mit sich herum, als im September 1828
der Buchhändler Cotta in Berlin eintraf und vertraulich anfragte, ob
nicht eine Verständigung zwischen den beiden Zollvereinen des Südens
und des Nordens möglich sei. Mit Feuereifer ging der Minister auf
die Andeutung ein und entwickelte den Gedanken eines Handelsver=
trags, der späterhin, nach dem Beitritt der zwischenliegenden Staaten,
zu einem vollständigen Zollvereine führen könne. Cotta kehrte heim
und schrieb am 20. October aus München: er habe des Ministers
„gnädige Eröffnungen" den Monarchen in München und Stuttgart
mitgetheilt. Beide seien von der Nothwendigkeit des Planes überzeugt
und hätten bereits die Einladung, dem mitteldeutschen Vereine beizu=
treten, zurückgewiesen. Im November eilte der Unterhändler wieder
nach Berlin, diesmal mit einer förmlichen Beglaubigung versehen. Motz
gab ihm nach längeren Verhandlungen die Punktation des Vertrages
mit auf den Weg. Triumphirend meldete Cotta am 17. December
aus München: „Alles, was ich mitbrachte, war hier höchst erfreulich
und willkommen", bei König Ludwig wie bei dem Minister Armansperg.
„Beide sind von den großartigen Ideen ergriffen, die einer Verbindung
Preußens mit Baiern und Württemberg nach den von Hochdenselben
entwickelten Grundsätzen als Leitstern vorgehen und zur Richtschnur
dienen. . . Ich sehe schon im Geiste Ihre herrliche Idee in kurzer
Frist realisirt". Und am 20. December nochmals: „Wird auch Baden
gewonnen, so wäre der Grundstein im Süden Deutschlands zu dem
Gebäude gelegt, das Ihr verehrter König und Sie zum Wohle und
Gedeihen Deutschlands im Auge haben".

Motz erwiderte (Concept ohne Datum): er hoffe, „ein Werk zu
begründen, an welchem nicht nur wir und unsere Zeitgenossen, sondern

auch unsere Nachkommen Freude haben werden". Der mitteldeutsche
Verein müsse offen bekämpft werden; „denn was wir gemeinschaftlich
suchen, ein so viel möglich allgemeiner Markt in Deutschland, wird
für Baiern, Württemberg und Preußen durch die Grundsätze dieses
Vereins nicht nur nicht gefördert, sondern viele diesem Verlangen ent=
gegenstehende Hindernisse nur noch stabilirt". Um den mitteldeutschen
Verein zu durchbrechen, sei namentlich die unmittelbare Verbindung
zwischen Baiern und den östlichen Provinzen Preußens sicherzustellen;
darum wolle er die Verhandlungen mit der coburgischen Regierung
wegen der Straße Coburg=Suhl=Gotha eifrig fortsetzen. — Gleichzeitig
schrieb er an den Kronprinzen von Preußen, der sich gerade am Mün=
chener Hofe aufhielt, enthüllte ihm das Geheimniß der Mission Cotta's,
bat dringend um Unterstützung: der Vertrag sei politisch und volks=
wirthschaftlich hochwichtig, wenngleich die Zolleinnahmen wohl zunächst
einige Einbußen erleiden würden. Der Prinz, der dem geistreichen
Minister längst wohl wollte, hat sich denn auch, wie Cotta meldete,
der Verhandlungen eifrig angenommen.

Am 9. Januar 1829 konnte Cotta aus Stuttgart berichten, daß
auch König Wilhelm die Hauptgrundsätze der preußischen Punktation
gebilligt habe, und gegen Ende des Monats erschien der Unermüdliche
zum dritten Male in Berlin. Der preußische Minister verlor zuweilen
fast die Geduld bei allen den ängstlichen Vorbehalten, welche der süd=
deutsche Unterhändler stellen mußte; [er] schrieb vertraulich an Maaßen
(25. Januar): eine Sonderstellung für Rheinbaiern dürfe nicht zuge=
geben werden, und „mit gegenseitiger Freiheit für inländische Producte
und Fabrikate kann der projectirte Hökerkram nicht stattfinden, vielmehr
sind durchgreifende allgemeine Maaßregeln unerläßlich". Auch als im
März endlich die amtlichen Verhandlungen begonnen hatten und im
Mai der Handelsvertrag unterzeichnet war, ergaben sich noch immer
neue Schwierigkeiten, da die baierische Regierung den Widerstand ihres
Landtags fürchtete. Cotta bat inständig (14. Juni): „nicht zu ver=
gessen, daß wir selbst Vorurtheilen fröhnen müssen, um die höheren,
großen Zwecke zu erreichen, besonders den Verein". In gleichem
Sinne schrieb Armansperg (22. Juni) „das gewiß segensreiche Werk,
welches durch den Handelsvertrag nunmehr in das Leben treten wird,
verdankt Deutschland größtentheils der Großartigkeit ihrer Ideen und
der thätigen Sorgfalt, womit Ew. Excellenz die Unterhandlungen
leiteten und jede Einseitigkeit zu entfernen strebten. . . . Wenn dem

Geiste Ew. Excellenz Manches, wonach unsere Wünsche zielen, kleinlich
erscheinen wird, so mögen Sie in Erwägung ziehen, daß in den Hallen
der Stände manch Kleinliches hauset und nicht immer durch die Waffe
der Vernunft bekämpft und besiegt werden kann", — worauf dann
im Interesse der oberpfälzischen Hammerwerke gebeten wird, die groben
Eisenwaaren unter die Ausnahmeartikel zu stellen.

Unbeirrt durch die Peinlichkeit solcher Einzelverhandlungen hielt
Motz seinen Blick fest auf die großen Verhältnisse des Vaterlandes
gerichtet; er wußte, daß sich seinem Staate die Bahn zu einer stolzen
Zukunft geöffnet hatte. Im Juni 1829 überreichte er dem Könige ein
„Memoria über die Wichtigkeit der von Preußen mit den süddeutschen
Staaten geschlossenen Zoll= und Handelsverträge".*)   Das Concept
ist nach den Weisungen des Ministers vom Geh.=Rath Mentz ent=
worfen und von Motz eigenhändig stark umgearbeitet. Die Denk=
schrift wirft zuerst einen Rückblick auf die vollendete Unfähigkeit des
Bundestags, der niemals in förmliche Berathung über die Handels=
einheit getreten sei; selbst während der Noth von 1817 habe man in
Frankfurt nur genau so viel gethan, „um den föderativen Nachbar,
im buchstäblichen Sinne des Worts, nicht verhungern zu lassen. Wie
konnte dies auch anders sein, da dem deutschen Bunde ein großer Staat
an der Spitze steht, der das ihm eigenthümliche, seit fünfzig Jahren schon
bestehende, seinem privaten Interesse bis daher vermeintlich zusagende,
mit den Interessen der übrigen Staaten des deutschen Bundes aber
nicht vereinbarliche Zoll= und Prohibitiv=System aufzugeben nicht ge=
willt ist; da andere Bundesglieder die Handels=Interessen ihrer Haupt=
Staaten denen ihrer Bundeslande unterzuordnen nicht gemeint sind,
vielmehr letztere, natur= und sachgemäß, an die ersteren festgeknüpft
haben, und wo wieder andere den Gegenstand mehr aus fiskalischem wie
aus staatswirthschaftlichem Gesichtspunkte betrachtet wissen wollen. . . .
Der deutsche Bund gab damit ein Beispiel, wie die allgemeine Staaten=
geschichte bis dahin noch keines aufzuweisen hat"; es entstand ein
Handelskrieg Aller gegen Alle, „der weit schlimmer war als ein innerer
Krieg der Waffen nur je hätte sein können". Dann erinnert Motz an
die patriotischen Bestrebungen des deutschen Handelsstandes, an die
persönlichen Bemühungen der Souveräne von Baiern und Württem=

---

*) Es ist dasselbe Actenstück, woraus Droysen (Abhandlungen zur neuen
Geschichte, S. 6) einige Worte mitgetheilt hat.

berg. Als gleichzeitig der baierisch-württembergische und der preußisch-
hessische-Verein sich bildeten, **lag die Möglichkeit** zweier großer Zollvereine für ganz Deutschland vor. Da erhob sich unter Oesterreichs
Führung der neutrale Verein, der **den status quo**, d. h. das Unerträgliche aufrecht erhalten will; er zwang uns sogleich weiter zu **gehen**
und das große Handels-System zu begründen.

Dies System, fährt die Denkschrift fort, **bietet** erstens commer-
cielle Vortheile. Die Verbindung umschließt **schon** jetzt 20 Millionen
Einwohner, behauptet also den dritten **Platz unter den** europäischen
Staaten, da Oesterreich kein einiges Marktgebiet **bildet**; sie wird auf
25 **Millionen steigen**, sobald der mitteldeutsche Verein wahrnimmt,
„daß er ganz **und** gar einen eitlen Zweck verfolgt", und die süd- und
mitteldeutschen Staaten nebst Mecklenburg uns beitreten; **sie wird**
auf **27 Millionon** steigen, wenn auch die anderen Staaten (soweit sie
nicht Nebenlande sind), also Hannover, Braunschweig, Oldenburg und
die Hansestädte eintreten. Der innere Verkehr ist wichtiger als der
auswärtige Handel, jener schlägt dreimal, dieser einmal im Jahre das
Capital um. Manche deutsche Staaten erhalten durch das Handels-
system einen zwanzig- bis zweihundertmal größeren Markt für ihre
Producte. Dazu kommen zweitens die finanziellen Vortheile. Der
Satz: „je billiger die Abgabe, desto größer der Ertrag" wird sich
auch diesmal bewähren, wenngleich vielleicht die erste Uebergangszeit
einige Ausfälle bringen mag. Wichtiger ist drittens der politische
Gewinn. „Wenn es staatswissenschaftliche Wahrheit ist, daß Zölle
nur die Folge politischer Trennung verschiedener Staaten sind, so
muß es auch Wahrheit sein, daß Einigung dieser Staaten zu einem
Zoll- und Handelsverbande zugleich auch Einigung zu einem und
demselben politischen System mit sich führt". Folgt ein Citat aus
einer Mainummer des Constitutionnel: Si l'on reconnaît déjà l'unité
des intérêts commerciels de ces états, on ne tardera pas à s'aper-
cevoir qu'ils ont **aussi les** mêmes intérêts politiques, et ce sera
autant de gagné **contre** l'Autriche. Son premier ministre com-
mence déjà à se plaindre que les petits rois de l'Allemagne vien-
nent s'émanciper et échapper à sa tutèle paternelle.

Nun wird in großen Zügen die fridericianische Politik den
Wittelsbachern gegenüber geschildert: wie Friedrich den ersten Nicht-
Oesterreicher, Carl VII. auf den Kaiserthron erhoben, dann durch
den baierischen Erbfolgekrieg **und** den Fürstenbund Baiern dreimal

vom Untergange gerettet habe. Preußen hat bisher von alledem noch keine Frucht geerntet. Baierns feindselige Haltung zur Zeit des Rheinbundes und der ansbach=baireuther Händel erkärt sich nur aus „der totalen Verwirrung und Verirrung der Staatenpolitik" jener revolutionären Tage. Heute aber kann Preußen kein Mißtrauen mehr einflößen, sondern muß wünschen „mit allen den Staaten, die nur von wahrhaft deutschem Interesse geleitet und Preußen mit offenem Vertrauen ergeben sind, nicht aber etwa den Besitz deutscher Provinzen blos als Vehikel für Förderung der Interessen ihrer größeren auswärtigen, Deutschlands Interessen fremden Staatenkörper zu benutzen streben, in jeder Beziehung, politisch und commerciell, sich recht innig und recht enge zu verbinden". Möglich bleibt doch der für jetzt allerdings „nicht leicht gedenkbare" Fall, daß entweder ein allgemeiner Krieg ausbräche oder „daß der deutsche Bund in seiner jetzigen Gestalt sich einmal auflöste und mit Ausschluß aller hetero= genen Theile sich neu gestaltete"; dann würde unser Handelssystem ungeheuer wichtig werden. Viertens bringt uns das Handelssystem eine militärische Verstärkung um 92000 Mann. Baierns Zutritt entschied die Kriege von 1805 und 1806 zu Napoleon's Gunsten, desgleichen der Rheinbund den Krieg von 1809. Gegen Frankreich können wir unser Rheinland nur decken, wenn wir der baierischen Pfalz sicher sind; Oesterreich aber wird durch den Handelsbund in einem weiten Bogen umfaßt, kann von Schlesien und Altbaiern her zugleich bedroht werden. Die Denkschrift schließt: „In dieser, auf gleichem Interesse und natürlicher Grundlage ruhenden und sich noth= wendig in der Mitte von Deutschland erweiternden Verbindung wird erst wieder ein in Wahrheit verbündetes, von innen und von außen festes und freies Deutschland unter dem Schutz und Schirm von Preußen bestehen. Möge nur das noch Fehlende weiter ergänzt und das schon Erworbene mit umsichtiger Sorgfalt noch weiter ausgebildet und festgehalten werden!"

So der preußische Finanzminister, ein Jahr vor der Julirevolu= tion, zwei Jahre bevor Paul Pfizer den Briefwechsel zweier Deutschen erscheinen ließ! Ich kenne unter allen Aeußerungen deutscher Staats= männer aus jener Zeit keine, die so entschieden mit der Politik des friedlichen Dualismus bricht, die so rund heraussagt: los von Oester= reich! Und welche Sicherheit des Blicks in Allem und Jedem! Der Mann wußte schon 1829 bis auf einen geringfügigen Irrthum ganz genau, in welcher Reihenfolge bis zum Jahre 1866 die deutschen Staaten dem Zollvereine beigetreten sind.

Ueber das letzte Lebensjahr des Ministers geben die Papiere seines Nachlasses nur wenig erhebliche Auskunft. Hatte Maaßen durch das Zollgesetz die neue preußische Handelspolitik begründet, so bezeichnet der preußisch=hessische Vertrag den Anfang einer deutschen Handelspolitik im großen Stile. Durch ihn wurden die Hauptgrund= sätze der Verfassung des deutschen Zollvereins festgestellt: die Gleich= berechtigung der Mitglieder, die selbstständige Zollverwaltung nach den Vorschriften des preußischen Zollgesetzes, die Vertheilung der Einkünfte nach der Kopfzahl; durch ihn wurde den mißtrauischen kleinen Höfen bewiesen, daß Preußen um der deutschen Handelseinheit willen selbst finanzielle Einbußen nicht scheute; durch ihn ward end= lich, wie Eichhorn in der Instruction für die preußischen Gesandt= schaften (vom 25. März 1828) treffend bemerkt, die Möglichkeit eines gemeinschaftlichen Zollsystems für Staaten, die geographisch unab= hängig sind, erhärtet. Alle früheren Zollvereinsversuche begnügten sich, unmittelbar benachbarte Lande zu vereinigen; Motz aber wagte die hartnäckigen Gegner zu umgehen und zu umstellen, und dies kühnere Verfahren führte nach und nach zur Verbindung fast des gesammten Deutschlands. Er erlebte noch, wie die neuen Verträge rechtsgiltig wurden. Cotta meldete aus Stuttgart (24. Februar 1830), daß die Kammer dem Vertragswerke zugestimmt. Bereits schien auch auf anderen Gebieten des wirthschaftlichen Lebens die Einheit er= reichbar; sein Freund Maaßen sprach mit Armansperg über die Ein= führung der Thalerwährung im Süden (Maaßen an Motz, 29. Mai 1830). Durch die neuen Straßen über den Thüringerwald wurde die Verbindung zwischen Baiern und Preußen gesichert und damit der Haupt= zweck des mitteldeutschen Vereins vereitelt. Die kleinen Höfe begannen, wie Motz vorausgesehen, einer nach dem anderen zu erkennen, „daß sie ganz und gar einen eitlen Zweck verfolgt hatten“. Minister Carlo= witz in Gotha, einer der Urheber des mitteldeutschen Vereins, schrieb (7. Juni 1830) demüthig: „Ew. Exc. sind der Gründer eines großen Planes, welcher für die Handels= und Gewerbs=Angelegenheiten sich immer mehr entwickeln soll“.

Im preußischen Lager herrschte stolze Siegesfreunde. Der Ge= sandte Maltzan schilderte (10. September 1829), mit welchem Jubel man in Darmstadt den süddeutschen Handelsvertrag aufgenommen: „die

Restauration führte unverkennbar dem österreichischen Kaiserthrone die Gemüther zu, **die neuere Zeit** mit ihren Erfahrungen wandte sie ihm ab und giebt sie Preußen **zurück**. Dort getäuschte Hoffnungen, hier ein folgenreiches deutsches Wirken". Auch im Auslande begann man Preußen mit anderen Augen anzusehen. Der **alte** Beyme schickte dem Minister einmal seelenvergnügt eine Nummer der Edinburgh Review, worin mit jener englischen Bescheidenheit, die sich auch im Lobe nie verleugnet, gesagt war: „Die Handelspolitik von Preußen, die vielleicht der jeder anderen Regierung in der Welt überlegen ist und die Thorheiten unserer republikanischen **Brüder auf der anderen** Seite des Oceans beschämt, **verdankt** ihren Ursprung wahrscheinlich dem Selbstbereicherungstriebe eines absoluten Herrschers!" Motz versuchte durch Alexander Humboldt den russischen Finanzminister Cancrin zu einer Milderung der Grenzsperre zu bewegen; Humboldt empfing aber die Antwort **(22. November 1829)**: Rußland habe keine Differentialzölle und **könne** zu Gunsten Preußens, das so wenig von seinen östlichen Nachbarn kaufe, keine Ausnahme zulassen. „Die Handelssysteme sind ein Uebel der Welt, **aber im** Grunde nur eine Schminke der Fiscalität, aus Geldnoth entsprungen. Von der Wahrheit der Abstraction bin ich überzeugt". Ist es nicht lehrreich, diesen Weisheitsspruch des russischen Schutzzöllners **zu vergleichen** mit jener Stelle in Schön's Memoiren, wo der Schmähsüchtige sagt: die braven, gedankenlosen Ignoranten Motz und Maaßen **würden in** große Verlegenheit gekommen sein, **wenn sie mit** Cancrin oder vollends mit Necker über Finanzen hätten sprechen sollen —? Bis zu seinem Ende trug sich Motz mit großen, weitaussehenden Entwürfen; namentlich beschäftigte ihn der Plan, den Rhein mit dem Elbegebiete durch einen Canal oder eine Eisenbahn zu verbinden — und dies in demselben Jahre 1829, da die Aeltesten der Magdeburger Kaufmannschaft einstimmig beschlossen, eine Eisenbahn von Leipzig nach Magdeburg werde der Elbestadt nur Nachtheil bringen.*) Unternehmend, großartig, gehoben von frischem Selbstgefühl erscheint **er** überall, auch im täglichen Leben. „Macht es wie ich; **ich weiß, wo** der Has im Pfeffer liegt", sagte er lachend zu seinen Verwandten, als er sich Güter in Posen gekauft hatte, **um an** seinem Theile bei der Germanisirung des slavischen Landes mitzuhelfen.

---

*) Zwickel, fünfzig Jahre der Magdeburger Kaufmannschaft. S. 17.

Mitten im Schaffen und Hoffen wurde der Vierundfünfzigjährige hinweggenommen. Wenige Wochen nach seinem Tode brach die Juli= **revolution aus, der** Umschwung aller Verhältnisse bekehrte auch **die** feindseligsten der preußischen Nachbarn, Sachsen und Kurhessen. Seinem Nachfolger Maaßen blieb es beschieden, jene Hauptverträge **des** großen Zollvereins abzuschließen, die sich aus dem preußisch= hessischen Vertrage mit einer gewissen Nothwendigkeit ergaben.

Will man durchaus die Verdienste grundverschiedener Naturen abwägend vergleichen, so läßt sich über die drei Männer, die nächst Friedrich Wilhelm III. das Beste für den Zollverein gethan, etwa sagen: Maaßen war unter ihnen der größte Finanzmann, er schuf das Zollgesetz, das die Grundlage wurde für die gesammte **weitere** Entwicklung und von Haus aus auf die allmähliche Erweiterung des preußischen Zollgebietes berechnet war. Eichhorn hat seit dem ersten **Vertrage mit Sondershausen alle** die weitverzweigten diplomatischen **Verhandlungen, welche nach und** nach diese Erweiterung bewirkten, durch einundzwanzig **Jahre** geleitet, **mit** seltener Umsicht und mit der **bestimmten Absicht, daß** jeder neue Vertrag nur **die** Vorstufe zu anderen Verträgen bilden solle. Motz endlich setzte **den** preußischen **Staat** durch die Ordnung des Haushalts in den Stand, diese Ver= handlungen rascher und kühner zu führen und faßte den kecken Ent= schluß **mit** nichtbenachbarten Staaten sich zu verbinden — einen Ent= schluß, den Maaßen nach seiner erwägsamen Natur schwerlich je ge= faßt hätte, während Eichhorn allein in **seiner** abhängigen **Stellung** als Geheimer Rath ihn nie hätte durchsetzen können. Der freieste staatsmännische Kopf unter den Dreien war Motz; er hat durch die kurzen fünf Jahre seiner Finanzverwaltung der deutschen Politik Preu= ßens zuerst **wieder** einen stolzeren Charakter gegeben. Maaßen's Ge= danken sind über das Gebiet der Staats= und Volkswirthschaft, das er mit Meisterschaft beherrschte, nicht weit hinausgegangen; Eichhorn kam von den Ideen des friedlichen Dualismus niemals gänzlich los, be= kämpfte noch im Erfurter Parlamente die preußische Unionspolitik; Motz **allein** war sich der großen **historischen** Folgen des Zollvereins klar be= wußt und hoffte auf das reine Deutschland unter Preußens Führung. —*)

---

*) [Der folgende letzte Theil dieses Aufsatzes, in dem Treitschke Roscher gegen= über nachweist, daß Nebenius nicht **als** „Erfinder des Zollvereins" angesehen **werden dürfe, konnte** hier fortgelassen werden, da er mit unwesentlichen Zusätzen **bereits dem dritten** Bande der Deutschen Geschichte (S. 773 ff.) als 15. Bei= lage eingefügt ist.]

24.

Erinnerung an Alphons Oppenheim.*)

Ich lernte Alphons Oppenheim vor fünfundzwanzig Jahren kennen, als er von der Schule weg nach Bonn kam und in unsere Burschenschaft eintrat. Er gewann bald unser Aller Herzen, wie er sich so glückselig in die Freuden der akademischen Freiheit und des heiteren rheinischen Lebens stürzte, stets der Fröhlichste in unserer lauten Runde, unendlich empfänglich, sprudelnd von witzigen Einfällen, mit Vers und Prosa rasch bei der Hand. Vor seiner rückhaltlosen Aufrichtigkeit gab sich Jeder wie er war; er besaß eine glückliche Gabe, den übermüthigen Spott seiner Freunde herauszufordern und lachend zu ertragen, ohne sich je wegzuwerfen. Dabei ging er ganz und gar nicht in flacher Lustigkeit auf. Ich habe ihn auch in seinen ausgelassensten Studentenjahren nie anders als fleißig gesehen, tief dankbar gegen seine Lehrer, nach allen Seiten hin sich zu bilden bemüht; sein Gespräch kehrte von den Ausbrüchen muthwilliger Laune immer gern zu dem Ernsten und Bedeutenden zurück; und obwohl sein liebevolles Herz jeden irgend erträglichen Menschen gelten ließ und von der guten Seite nahm, so schloß er sich doch zu nahem Umgang nur an die Tüchtigsten seines Kreises an. In unseren Ansichten gingen wir Beide damals noch weit auseinander; er dachte über religiöse und politische Fragen durchaus radical und träumte gern von weltbürgerlichem Völkerfrieden; aber es war ein liebens-

---

*) [Abgedruckt in den Berichten der Deutschen chemischen Gesellschaft, Band 10, S. 2262 ff. und daraus bei Aug. Wilh. v. Hofmann, Zur Erinnerung an vorangegangene Freunde u. s. w. (1888), Band 1, S. 342 ff. Der Vortrag v. Hofmann's, in den Treitschke's Aufzeichnung übernommen ist, ist am 21. December 1877 gehalten. Da Oppenheim am 16. September desselben Jahres gestorben ist, muß also dieses kleine Denkmal in der durch die beiden Daten abgegrenzten Zeit entstanden sein.]

würdiger Radicalismus, der aus dem Herzen kam, ein ehrlicher Glaube an die Güte und Bildungsfähigkeit der Menschheit. Nachher habe ich in Göttingen und Paris wieder mit ihm zusammengelebt und seine hülfreiche Güte, sein theilnehmendes Verständniß, die feste Treue seiner Freundschaft an mir und Anderen oft erfahren; selten ist mir ein Mann begegnet, der so ganz frei von Selbstsucht, so ganz Hingebung an Andere war. In seiner wissenschaftlichen Laufbahn kam er langsam vorwärts. Sein unruhiger Geist lernte erst spät seine Kräfte auf ein fest begrenztes Ziel zu versammeln; sich in der Welt zur Geltung zu bringen, verstand er gar nicht, und was man Glück nennt, hat er nie gehabt.

Als ich ihn nach langer Zeit hier in Berlin wiedersah, fand ich ihn reifer und gemäßigter in seinen Meinungen, aber auch weit ernster und stiller als vor Jahren. Er hatte sich ein Haus gegründet, das sein bestes Glück war, und als Lehrer eine befriedigende Wirksamkeit gefunden. Wie oft während seines langen Verweilens im Auslande hatte er die Mißachtung des deutschen Namens bitter beklagt; jetzt, da das Jahr 1866 die Schmach unserer Zersplitterung beendet hatte, erkannte er dankbar das Glück, einem mächtigen und freien Staate anzugehören. Eigenrichtige Tadelsucht lag seinem bescheidenen Sinne fern, die bildungsfeindliche Rohheit des modischen Radicalismus widerte ihn an; so lernte er die erhaltenden Kräfte, welche den Bau des Staates und der Gesellschaft tragen, unbefangener würdigen und söhnte sich rasch mit der neuen Ordnung der deutschen Dinge aus. Herzlich und theilnehmend war er noch wie vor Alters, doch die glückliche Heiterkeit seines Wesens war nicht mehr ungetrübt, die Sorge um seine hoffnungslos erkrankte Frau lastete schwer auf ihm. Als wir im letzten Frühjahr zum Abschiedsfeste um ihn versammelt waren und ihm von allen Seiten so viele Zeichen der Achtung, der Anerkennung und Liebe entgegengebracht wurden, da ahnte ich wohl, daß unser scheidender Freund schweren Tagen entgegenging; ich hoffte aber, die neue selbstständige Thätigkeit in Münster werde ihm einigen Trost gewähren für den harten Verlust, der unvermeidlich bevorstand. Es sollte nicht sein.

Dies treue, freundliche, liebevolle Herz schlägt nicht mehr, und uns Allen, die wir ihm einst in sonnigen Jugendtagen nahegestanden, ist eine Lücke in unser Leben geschlagen.

Bücherschau.*)

1.

Ueber der biographischen Literatur der Deutschen waltet ein selt= samer Unstern. Sie hat sich spät entwickelt, und, abgesehen von einigen glänzenden Essays, geschah es nur selten, daß sich die Talente unserer historischen Schule den eigentlichen Größen der vaterländischen Ge= schichte zuwendeten.

Von den Helden des Zeitalters der Reformation hat bisher Ulrich von Hutten das beste Loos gezogen; denn das Werk von David Strauß bleibt doch ein bedeutendes Buch, obgleich ein eigenthümlich kühler Hauch darüber liegt und der Verfasser die treibende Kraft des Zeitalters, die religiöse Empfindung, nicht recht zu würdigen vermag. Von Luther dagegen besaßen wir bis jetzt, außer einigen verunglückten älteren Versuchen, nur ein Lebensbild: das unausstehliche Buch von Heinrich Lang, dem gerade das Eine fehlt, was den Biographen macht: die Ehrfurcht vor dem großen Gegenstande. Aus dem siebzehnten Jahrhundert hat uns Ranke ein treues und lebensvolles Bild von Wallenstein, dem großen Feinde der deutschen Nation, gegeben; aber der Bahnbrecher des neuen deutschen Staatslebens, Kurfürst Friedrich Wilhelm, wartet noch immer des Biographen, der das köstliche in den

---

*) [Preuß. Jahrb., Band 43 (Märzheft 1879), S. 334 ff., S. 339, S. 340 und S. 341. Diese Notizen sind anonym und auch im Register zu Band 50 fehlt der Name des Autors. — Daß Treitschke der Verfasser von Nummer 1 ist, bestätigt die mir gütig mitgetheilte Thatsache, daß er Herrn Prof. Köstlin die Be= sprechung zugesandt hat. Daß auch Nummer 2 von ihm herrührt, wird durch einen Brief an Herrn v. Weech am 17 Juli 1878 außer Zweifel gestellt. Num= mer 3 und 4 müssen von ein und demselben Verfasser sein; ohne daß ein positives Zeugniß vorliegt, ist es für jeden, der Treitschke's Schreibweise kennt, unzweifel= haft, daß beide nur aus seiner Feder geflossen sein können.]

Urkunden und Actenstücken zur „Geschichte des großen Kurfürsten" niedergelegte Material zu gestalten verstände.

Aus dem Zeitalter der classischen Literatur war Justi's Winkelmann lange die einzige ihres Helden durchaus würdige Biographie, bis uns endlich Herman Grimm sein schönes Werk über Goethe schenkte. Die Haltung dieser Historiker ist freilich so vornehm, ihre Gedanken reichen über den geistigen Horizont der Kritiker, welche in unseren belletristischen Zeitschriften das Richtbeil schwingen, so weit hinaus, daß viele gebildete Deutsche von dem Dasein der beiden Bücher noch gar nichts gehört haben und in vollem Ernst versichern, der deutscheste der Dichter sei doch nur von einem Engländer ganz verstanden worden!

Aus der Epoche der Befreiungskriege endlich besitzen wir ein biographisches Meisterwerk in Droysen's York. Das Buch steht in dieser Literaturgattung einzig da. Wie wenig sind neben dem alten Isegrimm bisher Stein, Scharnhorst, Gneisenau, ja selbst Hardenberg zu ihrem Rechte gekommen: denn daß Ranke's Hardenberg an künstlerischer Schönheit wie an Gerechtigkeit und Tiefe des historischen Urtheils den früheren Werken des Altmeisters weit nachsteht, ist doch unverkennbar.

Bei dieser Armuth unserer biographischen Literatur gereicht es uns zur Freude, daß wir die Leser der Jahrbücher auf zwei vortreffliche neue Bücher aufmerksam machen können: das ausführliche Werk des Hallenser Theologen J. Köstlin, „Martin Luther. Sein Leben und seine Schriften" (Elberfeld, zwei starke Bände), und die kleine Schrift von Dr. Friedrich Wigger, „Feldmarschall Fürst Blücher von Wahlstatt" (Schwerin 1878).

Das Buch von Köstlin entspricht allerdings nicht allen Anforderungen, welche der Historiker an die Behandlung dieses gewaltigen Stoffes stellen muß. Der Verfasser behandelt, wie begreiflich, mit Vorliebe die religiöse Wirksamkeit seines Helden und wird der politisch-nationalen Bedeutung der reformatorischen Bewegung nicht ganz gerecht. Dadurch entsteht nicht blos eine Lücke, sondern der Reformator erscheint auch nicht so groß, als er wirklich war. Doch was Köstlin bietet, ist in der That musterhaft: die Forschung gründlich und scharfsinnig; die Darstellung sehr einfach und zuweilen etwas farblos, an die Holzschnitte des sechszehnten Jahrhunderts gemahnend, aber würdig, ernst und edel; dazu eine tiefe Frömmigkeit, die sich nirgends anmaßlich

vordrängt. Mit kurzen Worten, es ist das erste Buch, das dem weiten
Kreise gebildeter Leser ein neues, wenn auch nicht ganz vollständiges
Bild von dem Wesen des Reformators bringt.

In engeren Bahnen hält sich die Schrift von F. Wigger. Der
Verfasser war bisher nur den Fachgenossen als ein tüchtiger Quellen-
forscher bekannt; auch sein Buch über Feldmarschall Blücher bildet ursprünglich nur einen Abschnitt aus einem gelehrten Werke „Geschichte
der Familie von Blücher". Er erkannte aber richtig, daß er diesen,
von seinen Biographen so schändlich mißhandelten Helden nicht mit
einigen genealogischen Notizen abfertigen durfte. Erst mit Varnhagen
v. Ense's ästhetischem Theewasser begossen und nachher gar von Herrn
Scherr in den Koth erzdemokratischer Kraftphrasen und Zoten herunter-
gerissen zu werden, das hatte der Marschall Vorwärts doch nicht um
Deutschland verdient! Die Arbeit von Wigger füllt nur 310 Quart-
seiten; der Verfasser hat jedoch Recht daran gethan, sie als selbstständiges Buch erscheinen zu lassen, denn sie giebt in einfacher, lebhafter und zuweilen tief ergreifender Erzählung eine höchst anschau-
liche Darstellung von dem Lebensgange des Helden. Neben den sorgfältig ausgebeuteten gedruckten Quellen sind auch viele noch unbekannte
Actenstücke verwerthet, namentlich die Briefe Blücher's an seinen allzu
früh verstorbenen Sohn Franz, die über die Jahre 1807 bis 1812
und die Aufstandspläne der preußischen Patrioten manche lehrreiche
Aufklärung bringen. Niemand wird die anspruchslosen Blätter aus
der Hand legen, ohne einen tiefen Eindruck mit hinwegzunehmen von
der wunderbaren Sehergabe, von dem königlichen Freimuth und der
unverwüstlichen jugendlichen Feurigkeit des alten Kriegsmannes.

<hr />

2.

Jahre lang pflegten die deutschen Kritiker, in Ermanglung eigener
Gedanken, bei der Besprechung einer neuen Sammlung vermischter
Aufsätze ernsthaft die Frage zu erörtern, ob der Schriftsteller überhaupt
das Recht habe, seine zerstreuten Abhandlungen als ein Buch herauszugeben, und es hat lange gewährt, bis das öffentliche Urtheil sich
endlich vereinigte in der einfachen Antwort: „gewiß, wenn die Aufsätze der Aufbewahrung werth sind". Eine solche Sammlung, die sich
durch ihren Inhalt rechtfertigt, bietet Friedrich v. Weech in dem Buche:
„Aus alter und neuer Zeit", Vorträge und Aufsätze, Leipzig, Duncker &

Humblot. Das Buch bringt zunächst einige Abhandlungen zur Ge=
schichte des deutschen Mittelalters, namentlich des Städtewesens, mit
dem der Verfasser durch seine mehrjährige Thätigkeit an dem Nürn=
berger Museum wohl vertraut ist. Den größten Theil des Bandes
füllen Aufsätze zur neuesten Geschichte Deutschlands, vornehmlich Ba=
dens; hier ist Herr v. Weech heimisch, wie wenige unter den lebenden
Historikern. Seine Abhandlung über „die Anfänge des constitutio=
nellen Lebens in Baden" sticht mit ihrem Stoffreichthum und ihrer
ruhigen objectiven Haltung erfreulich ab von der Einseitigkeit und
Dürftigkeit der Gervinus'schen Erzählung. Die Darstellung ist durch=
weg lebendig und anschaulich, das Urtheil freimüthig und sicher, ohne
unnützes moralisches Pathos, die politische Richtung gut preußisch und
deutsch. Unter den kleinen biographischen Aufsätzen hat uns besonders
die Charakteristik Johann Friedrich Böhmer's angesprochen; der in
weiteren Kreisen noch viel zu wenig gewürdigte große Geschichtsforscher
verdiente es wohl, daß seinem bei aller Eigenart durchaus edlen und
liebenswerthen Wesen von der Hand eines dankbaren politischen Geg=
ners ein Denkmal gesetzt würde.

3.

Wenn es unter allen Umständen dem Sohne schwer fallen muß,
das Wirken eines vielgefeierten und vielgelästerten Vaters unbefangen
darzustellen, so war Hans Blum in einer besonders peinlichen Lage,
als er, der gemäßigte Liberale, unternahm, das Leben seines Vaters
zu schildern. (Robert Blum. Ein Zeit= und Charakterbild für das
deutsche Volk. Leipzig, Keil.) Er kann die politische Haltung seines
Helden in den meisten Fällen nicht billigen und fühlt sich doch durch
die kindliche Pietät gedrängt, ihn zu vertheidigen; er erschwert sogar sich
selber und den Lesern die Aufgabe durch eine viel zu breit und heftig
gehaltene Polemik, die sich bald gegen namhafte Historiker, bald gegen
längst vergessene Parteischriften wendet. Die eigenthümliche Gabe
des merkwürdigen Mannes, das demagogische Talent großen Stiles,
die geradezu wunderbare Fähigkeit, die Massen zu beherrschen, läßt
sich zudem nur sehr schwer versinnlichen.

Gleichwohl ist das Buch ein werthvoller Beitrag zur neuesten
Geschichte Deutschlands. Wir sehen den armen Knaben unter harten
Entbehrungen aufwachsen und sich in ehrlicher Arbeit eine Bildung

erwerben, die doch immer lückenhaft bleibt; wir lernen das zerfahrene
Treiben des radicalen Literatenkreises, der sich in Leipzig ansammelte,
und die verächtliche Erbärmlichkeit des königlich sächsischen Polizeiregiments in anschaulicher Schilderung kennen. Wir gewinnen dabei
den Eindruck, daß der Mann, der einst selbst von besonnenen Gegnern
der ärgsten Pläne bezichtigt wurde, nicht nur ein durchaus ehrlicher
Patriot war, sondern auch eine schlicht bürgerliche, einfache Natur,
ganz frei von allem wüsten, phantastischen Wesen und eben durch
diese solide Art dem kleinen Bürgersmann lieb und verständlich.

Wenn sein politisches Wirken, Alles in Allem, mehr Unheil als
Segen gestiftet, so liegt der Grund dafür in der mangelhaften Bildung
des selfmade man. Er war, wie alle Führer der damaligen deutschen
Demokratie, ohne jede wirkliche politische Sachkenntniß und besaß,
trotz seines gesunden realistischen Verstandes, doch nicht genug Schulung
des Denkens, um die Leere der Phrasen, welche den Deutschen die
Luft verfinsterten, zu durchschauen. Erst der Anblick der Verwilderung des Radicalismus in der Paulskirche brachte ihn zur Erkenntniß;
es ist ergreifend, zu verfolgen, wie seine gute Natur sich von dieser
Rohheit abwendete, wie er dann, im Bewußtsein einer unmöglichen
Stellung, die verhängnißvolle Fahrt nach Wien antrat und dem
Deutschenhasse der k. k. Generale zum Opfer fiel. Unwillkürlich
drängt sich der Gedanke auf, wie ganz anders der warmherzige und
doch nüchterne Patriot in dem neuen deutschen Reiche sich zeigen
würde; auf der Seite der Feinde des Reichs stände er sicherlich nicht.

4.

Seltsames Spiel des Schicksals! Der Mann, der einst mit
Robert Blum zugleich vor dem österreichischen Kriegsgerichte stand
und nur durch eine Laune des k. k. Generals dem Tode entging,
sendet eben jetzt aus der Ferne ein geistreiches politisches Buch in
die Heimath. Welchen weiten Weg hat Julius Fröbel durchmessen,
seit er vor nahezu vierzig Jahren mit seiner „socialen Politik" auftrat! Wie wunderlich auch seine Gedanken oft hin- und hersprangen,
immer zeigte er sich als einen selbstständigen Kopf, als einen Mann,
der ehrlich an sich selber arbeitete und von den Erfahrungen eines
bewegten Wanderlebens zu lernen wußte. Das Jahr 1866 hat ihn
auch von seinen groß-deutschen Träumen geheilt, und heute vertritt

er das Deutsche Reich als kaiserlicher Generalconsul. „Die Schwächung
und aus dem Gefühle der Schwäche entsprungene Resignation der
Staatsgewalt, welche zur Kennzeichnung der liberalen Periode gehört,
hat die culturhistorische Bedeutung eines Uebergangszustandes, an
dessen Ende wir bereits angelangt sind, obschon die Epigonen noch
eine Zeit lang fortfahren werden, ihr Wesen zu treiben": — mit
diesen Worten bezeichnet der Achtundvierziger selbst einen leitenden
Gedanken seines Buches „Die Gesichtspunkte und Aufgaben der Politik"
(Leipzig, Duncker und Humblot). Das Werk ist eine schonungslose
Verurtheilung der Theorien des politischen Individualismus und um
so lehrreicher, da der Verfasser gänzlich außerhalb der heutigen deutschen
Parteien steht und ersichtlich durch seine amerikanischen Erfahrungen
zu seiner Ansicht vom Wesen des Staates gelangt ist. Außer Rümelin's
„Reden und Aufsätzen" ist während der letzten Jahre kein deutsches Buch
erschienen, das über die Grundfragen von Staatswissenschaft so viel
neue und eigenthümliche Gedanken aufstellte. Es steckt in diesem dünnen
Bande mehr wirklicher Inhalt, mehr fruchtbares Denken als in manchem
vielgerühmten, anspruchsvollen Werke, wie z. B. Jhering's „Zweck im
Recht" — einem Buche, das in einzelnen Capiteln doch nur wie ein
prächtiges Portal mit majestätischer Inschrift aussieht. —

Aus der Zeit der Demagogenverfolgung.*)

Durch zwei Freunde der Preußischen Jahrbücher werden uns einige Actenstücke zur Geschichte der deutschen Demagogenverfolgung mitgetheilt, welche der Veröffentlichung nicht unwerth scheinen. Nach Allem, was die Gegenwart über die ansteckende Kraft des politischen Verbrechens erfahren hat, geht es freilich nicht mehr an, alles Unrecht in jenen traurigen Jahren ausschließlich auf Seiten der Regierungen zu suchen. Es ist nicht wahr, daß die patriotische Schwärmerei der akademischen Jugend erst durch die Verfolgung ihren harmlosen Charakter verloren hätte; vielmehr traten schon in der ersten Zeit der burschenschaftlichen Bewegung, schon 1816, neben einer Menge unschuldiger Träumer einzelne entschiedene Revolutionäre auf, die, wie Carl Follen, gradeswegs auf den gewaltsamen Umsturz des Bestehenden losgingen. Der Mörder Kotzebue's, Carl Sand, hatte allerdings Mitwisser; desgleichen jener Löhning, der bald nachher einen Mordversuch auf den Präsidenten Ibell unternahm. Diese Thatsachen mußten unglaubhaft scheinen, so lange sie nur durch die Aussagen des elenden Denuncianten Wit v. Dörring bezeugt waren; heute lassen sie sich nicht mehr bezweifeln, seit Carl Follen's vertrautester Freund, der Deutsch=Amerikaner Friedrich Münch (Erinnerungen aus Deutschlands trübster Zeit, St. Louis 1873) sie mit dürren Worten zugegeben und dies Geständniß des ehrlichen Radicalen durch die Denkwürdigkeiten Wolfgang Menzel's eine überraschende Bestätigung gefunden hat. Man kann also nicht schlechtweg behaupten, die Carlsbader Beschlüsse seien nur ein Kampf mit Gespenstern gewesen. Darum bleibt doch unbestreitbar, daß die Regierungen die größere

---

*) [Preuß. Jahrb., Band 44 (Juliheft 1879), S. 1 ff.]

Schuld trugen an der Verwirrung und Verbitterung jener unseligen Zeit; sie unterlagen einer epidemischen Angst, wie einst das englische Volk in den Tagen der Papistenverschwörung unter Carl II. Von der tragikomischen Armseligkeit der Mittel, welche die Demagogenverfolger anwendeten, geben wir im Folgenden einige Proben.

Es ist bekannt, daß Schleiermacher's Predigten seit dem Sommer 1819 eine Zeit lang insgeheim durch Agenten der Polizei überwacht wurden. Einer der Berichte dieser Agenten lautet (die gesperrten Worte sind in der Handschrift unterstrichen und bezeichnen die Stellen, welche der Seelenangst des Spähers besonders staatsgefährlich erschienen):

Heute trat S. vor einem außerordentlich zahlreichen Auditorio nach seiner Abwesenheit wieder auf und predigte über Lucae Cap. VII, B. 18 und folgende, als Johannes Christus fragen ließ: bist du, der da kommen soll? und er seine Wunden zeigt, Sich darauf beruft und mit den Worten endet: Selig ist, der sich nicht ärgert an mir.

1. Enthalten diese Worte eine freudige Aeußerung. 2) Ein ernstes Wort.

1. Eine freudige Aeußerung. Christus verweist nicht die Jünger Johannis auf eine ferne Zukunft, sondern auf eine segenreiche Gegenwart. Sehet, sagt er, die Blinden, die da sehen, die Tauben, die da hören, die Aussätzigen, die zur menschlichen Gesellschaft zurückkehren, das Evangelium, was den Armen gepredigt wird, und so zeigt auch noch unser Herr und Meister jetzt die Göttlichkeit seiner Sendung durch die Befreiung aller geistigen Kräfte der Menschen, die wir seiner Lehre verdanken. Wenn diese Freiheit aber von den Menschen mißbraucht wird, so zeigt sich sofort die Strafe dadurch, daß diese geistigen Kräfte wieder Beschränkungen ausgesetzt sein müssen, die wir aber nicht der Lehre Christi zuschreiben können.

2. Ein ernstes Wort. Seelig, der sich nicht an mir ärgert, das heißt: Seelig derjenige, der nicht durch das, was er in der Welt in Absicht der Wirkungen des Christenthums sieht, bewogen wird, zu irrigen Ansichten oder einem falschen Verfahren. Es giebt zwei Klippen, für die wir uns hüten müssen: a) trotziger Uebermuth, wenn wir die Wirkungen des christlichen Glaubens zur Befreiung der geistigen Kräfte deutlich sehen, und nun glauben, es könne nie in der Welt anders sein und diese Kraft müsse sich immer mehr

und mehr offenbaren, ohne daß sie etwas hemmen könne — und b) die Zaghaftigkeit, die, wenn wir sehen, daß das Reich der Finsterniß über das Reich der Wahrheit sieget und wähnen, es sei alles verloren und nichts von dem Muth des wahren Anhängers Christi begreifen, der demungeachtet immer felsenfest auf Gott und Christus hofft und überzeugt ist: das Rechte müsse doch einst allein siegen, und es werde das Gute nur durch die Prü= fungen wie durch Feuer geläutert. —

Hinter dem Berichte über die Predigt vom 14. November 1819 findet sich eine unheimliche Nachschrift, die uns alle Schrecken der Studentenbärte vergegenwärtigt:

> Bei der hierauf erfolgten Communion, der ich leider nicht beiwohnte, war es, wenigstens bei evangelischen Gemeinden hiesiger Stadt eine auffallende Erscheinung, daß vier mit Bärten versehene Studenten nach erhaltenem Abendmahl knieend scheinbar inbrünstig beteten.

Sogar die geistlichen Lieder, welche Schleiermacher in der Drei= faltigkeitskirche singen ließ, entgingen dem Spüreifer der Agenten nicht. Die gefährlichsten Stellen wurden angestrichen, so z. B. die offenbar auf das Martyrium der Demagogen gemünzten Verse des alten Cramer'schen Liedes:

> Lobsingt! Nun ist er schon
> Zum Golgatha gegangen.
> Lobsingt! Nun hat er schon
> Am Holz ein Fluch gehangen.
> Lobsingt! wir sind versöhnt,
> Er hat das Werk der Macht,
> Der Liebe schwerstes Werk
> Er hats, er hats vollbracht.

Charakteristisch ist auch der amtliche Bericht über die Haus= suchung bei dem alten Reimer, namentlich durch den hochmüthigen Ton, den sich diese subalternen Commissarien gegen einen Mann wie Eichhorn erlauben:

Actum Berlin, den 11. Julius 1819. Während der bei dem Buchhändler Reimer heut vorgenommenen Versiegelung erschien der Geheime Legationsrath Eichhorn und bat, als Hausfreund der Reimer'schen Familie, von dem vorseienden Geschäfte ihn in Kenntniß zu setzen. Als dies mit der nöthigen Ausführlichkeit geschehen, ent=

fernte sich derselbe, kam **aber nach** etwa 1½ Stunden, und als das Geschäft beinah beendigt war, abermals zurück mit der Erklärung, er sei ein langjähriger Freund des Reimer'schen Hauses, der Buchhändler Reimer bekanntlich abwesend, und so halte er es für Pflicht, die verehelichte Reimer in dieser Angelegenheit zu vertreten, so weit sie es bedürfe.   In dieser Hinsicht ersuche er zuvörderst, ihm anzugeben, wodurch Kommissarii wegen der genommenen a u f f a l l e n d e n u n d g a n z u n g e w ö h n l i c h e n Maßregeln **sich zu** legitimiren vermöchten. Ob nun wol dies Verlangen hätte abgelehnt **werden können**, da der rc. Eichhorn dazu nicht befugt gewesen sein **dürfte**, so **konnte** man dennoch **erwarten, daß er in** gleichem Augenblicke solches durch die verehelichte **Reimer** wiederholen lassen würde, wenn der Ausweis der Legitimation ihm verweigert worden wäre.   Man gab ihm also **das** Kommissorium vom 4. Mai zur Einsicht, nach welcher er der verehelichten Reimer erklärte: **sie müsse bei so bewandten Umständen** zwar **allerdings das im Werk seiende Geschäft** geschehen lassen, jedoch sei sie ihrer und der Ehre **ihres** Mannes und ihres ganzen Hauses es schuldig, sich von dem Verdachte des schwärzesten **und schwersten Ver-** brechens durch Implorirung aller Behörden ausreichend zu reinigen. Es sei die vorgewesene Maßregel von **der Art, daß ihre Ehre** damit im hohen Grade angegriffen sei, und es **sollten** Staatsdiener und Behörden billig mit größerer **Behutsamkeit zu Werke** gehen und in Erwägung ziehen, **wie** gefährlich es sei, völlig reine und untadelhafte Unterthanen durch dergleichen Vorschritte **von ihrem geliebten Könige** zu entfernen.   Ex post erschien der rc. Eichhorn **nochmals mit der Er-** klärung, da er die Frau Reimer seit langen Jahren **kenne, so** wolle er hiermit **die seines Erachtens nöthige Versicherung** abgeben, daß sie seit **dem Tage der Arretirung der** rc. Jung **und Rödiger** gewiß kein einziges **Papier entfernt** und **damit der** heutigen Versiegelung entzogen habe, **worauf** demselben erwiedert ward, daß davon bis hieher noch nie die **Frage** gewesen, und man also um die nähere Veranlassung der Versicherung ersuche.   Diese soll, wie Herr rc. Eich- horn erklärte, nur allgemein in seiner Theilnahme für die Reimer'sche Familie beruhen.

       Vorstehendes ist pflichtmäßig heute registrirt und von den An- wesenden unterschrieben worden.

       Grano.   **Dambach.**
                          Eckert.

Unter den Abderitenstreichen der Berliner Censur erregte keiner größere Entrüstung und Beschämung als das Verbot der neuen Auflage von Fichte's Reden an die deutsche Nation. Der Censor Grano schrieb dem Verleger Reimer:

Nach meinem Dafürhalten sind die Reden an die deutsche Nation durch pp. Fichte, so gehaltreich ihr Inhalt ist und so zweckmäßig sie für die Zeit waren, in welcher sie gesprochen wurden und im Druck erschienen, doch für die heutige Zeit nicht passend, vielmehr nach Erledigung der Verhältnisse derentwegen sie an's Licht traten zwar als gelehrtes Werk sehr schätzbar, zugleich aber wegen der, aus der Verschrobenheit und Erhitztheit der jetzigen alten und jungen Jugend mit Grunde zu besorgen, daß solche mittelst derselben, vergessend wofür sie geschrieben wurden, ihre Philosopheme unterstützt, und auf diese fichtische Autorität gestützt sich noch dringlicher berufen fühlen möchten in ihrem unheilstiftenden, sie selbst als Märtyrer aufopfernden, also in jeder Hinsicht verderblichen Treiben beharrlich fortzufahren.

Ich bitte zur etwa nöthigen näheren Rechtfertigung des hiermit ausgesprochenen Non imprimatur das mir in allen Bogen mit einem male gesandte gedruckte Exemplar, worin ich alle betreffenden Stellen mir angezeichnet habe, als Zensur-Exemplar zu belassen, solchem aber annoch den Titelbogen nachzusenden, da der beigefügte, wie schon früher bemerkt, von 1808 lautet, das Imprim. aber für eine neue Auflage nachgesucht worden ist, also mit dem Uebrigen auch ohne Zweifel der Titel mit der Zahl dieses Jahres gedruckt seyn wird.

Grano.

Berl. 27. 2. 24.

NB. Oratores attici liegen d. Hrn. O. R. R. Notte zur Erklärung vor, ob Er solche nicht vor sein forum gehörig achten möchte.

Darauf Beschwerde an das Oberpräsidium und folgende Antwort:

Ewr. Wohlgeboren benachrichtige ich auf das gefällige Schreiben vom 1. v. M. und 13. d. M. nach erfordertem Gutachten des Censors, daß auch ich das Imprimatur für eine unveränderte Auflage der im Jahre 1808 erschienen Schrift:

Reden an die Deutsche Nation durch Johann Gottlieb Fichte zu autorisiren Bedenken trage.

Da nach Artikel XIV der Censur-Verordnung vom 18. Oktober 1819 und der Bekanntmachung vom 31. März 1823 (Seite 93 des Amtsblattes) neue Auflagen solcher Werke, die vor der Verordnung

vom 18. Oktober 1819 erscheinen, der Censur unterworfen sind; so
können Ewr. Wohlgeboren nach meinem Dafürhalten wegen Ver=
weigerung des Imprimatur der beabsichtigten neuen Auflage dieser
Schrift eben so wenig auf Entschädigung Anspruch machen, als solche
für ein ganz neues Werk, welchem das Imprimatur verweigert wird,
verlangt werden könnte.

Ewr. Wohlgeboren bleibt indeß unbenommen, sich über die Richtig=
keit meiner Ansichten die Belehrung des Königlichen Ober=Censur=
Collegii, als der in letzter Instanz entscheidenden Behörde, zu erbitten.
Berlin, den 30. April 1824.

Königl. wirklicher Geheimer Rath

und Ober=Präsident der Provinz Brandenburg.

v. Heydebreck.

Darauf nochmaliger Recurs an das Ober=Censur=Collegium, und
endlich die letzte Entscheidung:

Das Königliche Ober=Censur=Collegium ertheilet dem Herrn
Buchhändler Reimer auf seine Vorstellung vom 3. August, zum Be=
scheide, daß es bei der von dem Censor ausgesprochenen, von dem
Königl. Ober=Präsidenten bestätigten Weigerung der Druckerlaubniß
für: „Fichte's Reden an die Deutsche Nation" verbleibt, und
diese Weigerung auch vom Königl. Ober=Censur=Collegium hierdurch
bestätigt wird.
Berlin, den 8. September 1824.

Königlich Preußisches Ober=Censur=Collegium.

v. Raumer.

Die Weisheit des Censors Grano kann kein Befremden erregen;
der Mann trieb das Handwerk der Demagogenverfolgung mit der
Beflissenheit eines Schweißhundes. Oberpräsident v. Heydebreck war
ein wohlmeinender, ängstlicher Beamter der alten Schule, der sich
in die neue Zeit niemals finden konnte. Der Geh. Legationsrath
v. Raumer endlich, nicht zu verwechseln mit seinem Vetter Friedrich
und dem um Preußens Archive hochverdienten G. W. v. Raumer,
war ein Vertrauter des Fürsten Wittgenstein.

Uebrigens ist es lehrreich, im Einzelnen zu verfolgen, wie der
gute Kern des preußischen Beamtenthums immer eine stille Scham
empfand über die thörichte Verblendung der Demagogenjagd. Der
Anstoß zu dem unsauberen Treiben kam einerseits von einer Handvoll
gewissenloser Liebediener und beschränkter Fanatiker in Preußen selbst,

wie Wittgenstein, Tzschoppe, Dambach, Grano, andererseits von der in Mainz errichteten Central=Untersuchungs=Commission des Deutschen Bundes. Dort führte der Baier Hörmann das große Wort, ein Bonapartist, begierig, seinen alten Haß an den norddeutschen Patrioten und „Borussomanen" jetzt endlich zu kühlen. Die Berliner Behörden thaten oft nur widerwillig, was die Mainzer Commission ihnen auf= drängte. Zeugniß dessen folgender Erlaß der Minister Altenstein und Schuckmann an den wackeren Breslauer Theologen Gaß, den Freund und Gesinnungsgenossen Schleiermacher's:

Die beiden unterzeichneten Minister sehen sich veranlaßt, Ewr. Hochwürden zu eröffnen, daß durch die in den polizeilichen Unter= suchungen über staatsgefährliche Umtriebe gemachten Entdeckungen auch Sie compromittirt und mit ein Gegenstand der Verhandlungen der Central=Bundes=Commission in Mainz geworden sind, welche Ihre, aus den von ihnen in Beschlag genommenen Papieren hervorgehende Uebereinstimmung in zu mißbilligenden politischen Ansichten und Be= strebungen mit andern deshalb besonders in Anspruch genommenen Individuen, mit denen Sie in näheren Verhältnissen stehen, Ihre ebenfalls in jenen Papieren und auch in Schriften, besonders noch im zweiten Bande vom Jahrbuche des protestantischen Kirchen= und Schulwesens S. 162 zu einer Zeit, wo das Turnwesen schon ver= boten war, ausgesprochene Vorliebe für dieses und ihren Antheil an den in demselben dort eingerissenen Mißbräuchen, welche dem dortigen Consistorio im Jahre 1819 den Sie mit treffenden auf Allerhöchsten Befehl erlassenen Verweis zugezogen haben, und vornehmlich die Art, wie Sie sich in einem Briefe an den hiesigen Buchhändler Reimer vom 4. April 1818 über die Berufung und beabsichtigte Beförderung des durch die Wartburgfeier berüchtigt gewordenen Candidaten Maß= mann geäußert haben, und die Thätigkeit dabei, die Ihnen zur Last fällt, herausgehoben und gegen Sie geltend gemacht hat.

Ueber diese Aeußerungen haben Sie sich zwar unterm 5. April 1820 gegen den mitunterzeichneten Minister der geistlichen ꝛc. An= gelegenheiten erklärt, allein, statt das Tadelnswerthe derselben an= zuerkennen und zu bereuen, ihnen einen Sinn unterzulegen gesucht, welcher durchaus nicht zugegeben werden kann, da aus dem ganzen Zusammenhange derselben zu deutlich hervorgeht, daß in ihnen nur von einem auch gegen die Absicht der vorgesetzten höhern Behörde durchzuführenden Verfahren mit dem Maßmann die Rede ist.

24*

Wenn das letztere gerechte Besorgniß eines ähnlichen Verfahrens auch in andern Angelegenheiten, deren Verwaltung im dortigen Consistorio und in der dortigen Regierung mit in Ihren Händen ruht, vornehmlich soweit sie auf politische Grundsätze und Bestrebungen in Beziehung stehen, einflößt, so hat auch durch alles Uebrige Ihre Würde als Rath in Königl. Geistlichen und Unterrichtsbehörden so sehr gelitten, daß es ohne Nachtheil für diese Behörden nicht möglich ist, Sie mit solchen in Verbindung zu lassen.

Ihnen selbst kann überdem die Bitterkeit der Stimmung, worin Sie versetzt sind, und die sich auch hin und wieder in, von den dortigen Behörden erstatteten Berichten Ihres Departements ausspricht, nicht unbewußt sein. Sie wird genährt durch Ihr Verhältniß zu andern dortigen gleichgesinnten Personen. Nur eine Versetzung in ganz andere Umgebungen und einen neuen Wirkungskreis könnte Sie völlig lösen, Sie mit den öffentlichen Verhältnissen aussöhnen und Ihnen Unbefangenheit und Heiterkeit des Gemüths und der Ansichten wieder geben.

Es ist deswegen, wie Ihnen der mitunterzeichnete Minister der geistlichen Angelegenheiten auf Ihr Vorstellen vom 20. Septbr. v. Js. erwiedert, allerdings daran gedacht worden, Ihre Versetzung nach Königsberg i. Pr. wo möglich herbeizuführen.

In Königsberg ist nemlich noch eine theologische, den Fächern, welche Sie sich widmen, bestimmte Professur an der Universität, verbunden mit der Pfarrstelle an der Kneiphöf'schen Kirche, vacant. Das feste Einkommen beider Stellen ist auf 1400 Thlr. jährlich, eine mit der Pfarre verknüpfte zu 100 Thlr. berechnete freie Wohnung eingeschlossen, veranschlagt. Das Prediger=Gehalt aber zu vermehren hat die Gemeine, wenn sie einen ihr gefallenden Prediger erhielte, sich schon bereit erklärt, und ihre nähere Aeußerungen hierüber werden erwartet. Was dann noch fehlen sollte, um Sie für Ihre dortige feste Einnahme vollständig zu entschädigen, würde Ihnen von Sr. Majestät erwirkt werden.

Auf außerordentliche Einnahme, besonders von der Pfarrgemeine, wenn Sie sich deren Liebe erwürben, würde unfehlbar zu rechnen sein. Da Sie eine Thätigkeit als Prediger so sehr wünschen, so scheint diese Stellung Ihnen sehr angemessen, und ein freiwilliges Eingehen auf dieselbe würde mit allen den Rücksichten, welche Sie auf Ihre Ehre zu nehmen haben, am erwünschtesten bestehen.

Die Unterzeichneten fordern Sie, es wohlmeinend mit Ihrem wahren Besten, auf, diesen Antrag nochmals reiflich zu überlegen, indem Ihnen nur die Wahl zwischen seiner Annahme und der baldmöglichsten Versetzung in eine andere Predigerstelle außer Breslau gelassen werden kann. Das Erstere ist der mildeste Ausweg, Ihre Angelegenheit beizulegen. Ziehen Sie das Zweite vor, so muß Ihnen im Voraus eröffnet werden, daß die unterzeichneten Minister sich genöthigt sehen würden, dann gleich auf Ihre Dispensation von aller Theilnahme an den Geschäften des dortigen Consistorii und der dortigen Regierung bei des Königs Majestät anzutragen, indem durch Ihre Entfernung aus diesen Behörden die Ursach zu fernern Besorgnissen eines durch Sie auszuübenden, den Absichten der Staatsregierung nicht entsprechenden Einflusses ohne Weiteres gehoben werden muß. Zugleich müßten wir Sie in diesem Falle auffordern, sogleich selbst wegen Ihrer Versetzung Vorschläge zu machen.

Ihrer Erklärung sehen wir schleunig entgegen.

Berlin, den 26. April 1823.

Der Minister der geistlichen Unterrichts= und Medicinal=Angelegenheiten.	Der Minister des Innern und der Polizei.
Altenstein.	Schuckmann.

Jedes Wort verräth hier die Verlegenheit der beiden Minister, die sich offenbar schämten, einem angesehenen, unbescholtenen Gelehrten ein so sonderbares Ansinnen stellen zu müssen. Der Ausgang des Handels war denn auch lächerlich genug. Gaß weigerte sich einfach, seine Versetzung zu beantragen und — blieb fortan unbehelligt auf seinem Posten.

27.

Zur Geschichte der sächsischen Politik im Jahre 1806.*)

Obgleich ich nur ungern gegen einen so wohlwollenden Kritiker wie H. Ulmann einen Widerspruch erhebe und mit ihm über Fragen des historischen Urtheils und des Stilgefühls nicht rechten will, so halte ich es doch für meine Pflicht den Fachgenossen gegenüber, hier in Kürze nachzuweisen, daß die beiden einzigen thatsächlichen Berichtigungen, welche Ulmann gegen den ersten Band meiner Deutschen Geschichte vorbringt, unhaltbar sind.**)

Ich habe über die sächsische Politik im Jahre 1806 gesagt: „Sobald das Kriegswetter heraufzog, versuchte der geängstete Kurfürst ein ähnliches Doppelspiel zwischen Preußen und Frankreich, wie es Baiern ein Jahr zuvor zwischen Frankreich und Oesterreich durchgeführt hatte. Zu furchtsam und zu ehrlich, um dem Nachbarn die Bundeshilfe zu versagen, dachte er sich doch für alle Fälle sicherzustellen und bat um plötzlichen Einmarsch der preußischen Truppen, weil er vor Napoleon als ein unfreiwilliger Bundesgenosse Preußens erscheinen wollte". Und dann nochmals: „Mehrmals ließ Napoleon dem Dresdener Hofe erklären, er betrachte Sachsens Theilnahme an dem Kriege als erzwungen; der ängstliche Kurfürst wagte den offenbaren Verrath noch nicht, doch beließ er seinen Gesandten in Paris und sprach, schon bevor die Nachricht von der Jenaer Schlacht eintraf, dem französischen Kaiser seinen Dank aus für die freundschaftliche Gesinnung. Mit Sicherheit durfte Napoleon auf Kursachsens Abfall rechnen".

Ulmann findet diese Sätze ungerecht und beruft sich dawider auf Flathe's Sächsische Geschichte. Er scheint also ein neueres Buch nicht zu kennen, welches den Nachweis führt, daß die geheimen Verhandlungen zwischen dem Dresdener Cabinet und den Höfen der französischen Partei allerdings schon vor der Katastrophe noch weiter gediehen waren, als Flathe nach seinen Quellen annahm und als ich

*) [Sybel's Historische Zeitschrift, Band 42 (1879), S. 566 ff.]
**) [Die hier gemeinte Besprechung steht am a. O. S. 330 ff.]

selbst früher glaubte. Ich meine die Biographie des Grafen Marco=
lini von dem Kammerherrn Freiherrn O'Byrn in Dresden. Die kleine
Schrift giebt sich selber bescheiden nur als eine Dilettantenarbeit; aber
sie ist durchaus ehrlich und, wie auch A. Schäfer seinerzeit in dieser
Zeitschrift anerkannte, mit großem Fleiß aus meistentheils noch unbe=
nutzten Quellen zusammengestellt;*) sie verdient überall da vollen
Glauben, wo sie etwas zu Ungunsten des Dresdener Hofes aussagt,
denn der Verfasser zählt zu den wärmsten Verehrern Friedrich August's
und des sächsischen Fürstenhauses. Baron O'Byrn berichtet aus Mar=
colini's Papieren (S. 111), daß der Minister noch vor dem Eintreffen
der Nachrichten aus Jena beauftragt wurde, dem französischen Unter=
händler, dem primatischen Minister Grafen Beust, den Dank des Kur=
fürsten für Napoleon's freundschaftliche Gesinnung auszusprechen. Er
erzählt ferner, daß der Kurfürst, ebenfalls noch vor der Ankunft der
Unglücksbotschaft, den Kaiser der Franzosen wissen ließ: er habe sich
nur durch die Umstände gezwungen an Preußen angeschlossen und
hoffe, Napoleon werde in dem Verfahren des sächsischen Hofes nicht
eine Feindseligkeit gegen Frankreich sehen. Angesichts dieser That=
sachen sind die von mir gebrauchten Ausdrücke eher zu mild als zu
scharf; ich habe absichtlich eine schonende Form gewählt, weil es mir
unbillig schien, die Vorwürfe zu häufen gegen einen schwachen Hof,
dessen Bedrängniß sich doch nicht verkennen läßt.

Allerdings hat Preußen, wie Ulmann richtig bemerkt, zuerst in
Dresden die Erlaubniß zum Einmarsch seiner Truppen nachgesucht.
Es ist aber eben so richtig, daß die sächsische Regierung, nachdem sie
sich widerwillig zur Ertheilung dieser Erlaubniß entschlossen hatte,
nunmehr ihrerseits um Beschleunigung des Einrückens bat, weil sie
überrascht erscheinen wollte. So erzählt Marwitz (Nachlaß 2, 60)
und fügt hinzu: in Folge dieser Bitte erfolgte der Einmarsch so plötz=
lich, daß er die sächsischen Behörden ganz unvorbereitet traf und das
Volk in Sachsen allgemein glaubte, man werde von den Preußen
überfallen! Ich sehe nicht ein, warum Marwitz's Zeugniß hier nichts
gelten soll. Er war bekanntlich während jenes Feldzugs der Ver=
traute und tägliche Begleiter des Fürsten Hohenlohe, der zuerst die
Verhandlungen in Dresden führte und nachher den Einzug der preu=
ßischen Truppen leitete. Marwitz kannte also die Sachlage genau.

---

*) [A. a. O. Band 39, S. 151.]

Daß er aus Haß gegen Sachsen die Unwahrheit gesagt hätte, ist auch nicht anzunehmen; denn er würdigt ganz unbefangen die peinliche Lage des Dresdener Cabinets und sagt geradezu: nach Preußens früherem Verhalten könne man es den Sachsen nicht verdenken, daß sie gewünscht hätten, neutral zu bleiben.

Die zweite von Ulmann angefochtene Stelle bezieht sich auf die Reorganisation der sächsischen Armee vom Jahre 1810 und lautet: „Im Königreich Sachsen war sogar diese einzige Neuerung (die Conscription) nicht durchzusetzen; man begnügte sich, den nach alter Weise angeworbenen Truppen durch die Einführung neufranzösischer Reglements eine bessere militärische Haltung zu geben". Auch dieser Satz ist vollkommen richtig. Die Conscription mit Stellvertretung wurde in Sachsen erst durch das Mandat vom 25. Februar 1825 eingeführt, da der König die Industrie seines Landes zu schädigen fürchtete. Bis dahin bestand das alte sogenannte Werbesystem. Man deckte den Bedarf an Recruten zunächst durch freiwillige Werbung. Was dann noch fehlte, wurde, ähnlich wie im altbourbonischen Frankreich, durch eine tumultuarische Zwangswerbung aufgebracht: die Gerichtsämter erhielten Befehl, die nöthige Mannschaft zu stellen und benutzten in der Regel diese Gelegenheit, um sich ihrer Vagabunden und Strolche zu entledigen. Gesetzliche Vorschriften über die Dienstpflicht, über die Dauer der Dienstzeit u. s. w. fehlten gänzlich. Da die Armee unverhältnißmäßig schwächer war als in Preußen, auch der Dienst weniger streng, so fand sich in dem dichtbevölkerten Lande immer eine beträchtliche Zahl von Freiwilligen, und der weitaus größte Theil des Heeres bestand aus Landeskindern. Wenn Carl August von Weimar im Jahre 1806 die sächsische Armee einmal als die einzige Nationalarmee Deutschlands bezeichnete, so wollte er mit dieser starken Uebertreibung nur sagen, daß sie weit weniger Ausländer in ihren Reihen zählte, als das alte preußische Heer.*)

*) [Auf eine Antwort Ulmann's a. a. O. Band 43 (1880), S. 378 ff. erwiderte Treitschke (S. 381) Folgendes]: Meinerseits kann ich den obigen Bemerkungen nur hinzufügen: 1) Daß der sächsische Gesandte, „sobald das Kriegswetter heraufzog", nicht aus Paris abberufen wurde, sondern in der Hauptstadt des Feindes verblieb; 2) daß Napoleon in allen seinen Manifesten und Depeschen sich bemühte, den Kurfürsten von Sachsen als den gezwungenen Verbündeten Preußens darzustellen; der Kurfürst aber, noch bevor ihm die Nachrichten aus Jena zukamen, auf diese französische Erfindung ausdrücklich einging!

Luther und die deutsche Nation.

Vortrag, gehalten in Darmstadt am 7. November 1883.*)

Hochansehnliche Versammlung!

Mancher unter Ihnen hat vor einigen Wochen auf der Höhe des Niederwaldes gestanden, als unser greiser Kaiser das Bild der schwertumgürteten Germania enthüllen ließ, und dort das Glück genossen, mit allen Landsleuten von nah und fern das eine Gefühl dankbarer Freude zu theilen. Jahrhunderte lang ist uns Deutschen dieser Einmuth froher, neidloser Erinnerung, der zum Leben gesunder Völker gehört, versagt geblieben; denn jene Siege, die uns die neue Einheit unseres Reiches schufen, waren selber seit unvordenklicher Zeit die erste gemeinsame große That, zu der sich die ganze Nation in schönem Wetteifer zusammenfand. Wohl ist sie ruhmvoll, die Geschichte dieses Volkes, das so oft schon dem Welttheil den ersten Mann des Jahrhunderts geschenkt, so oft in den Kämpfen Europas das erweckende oder das versöhnende Wort gesprochen hat; doch fast alle ihre großen Namen waren in das Gewirr der Gegensätze, die unser inneres Leben zerrütteten, so tief verflochten, daß sie noch heute breiten Schichten des Volkes unverständlich bleiben und ihnen nur als die Vorkämpfer eines Stammes, einer Partei, eines Glaubensbekenntnisses, nicht schlechtweg als deutsche Helden erscheinen. Wir haben im achtzehnten Jahrhundert den letzten und größten Vertreter des alten unbeschränkten Königthums unter uns walten sehen, und seit seine Saat in Halme schoß, beginnen die Einsichtigen zu fühlen, daß er für Deutschland focht, als er gegen Oesterreich und das hei-

---

*) [Preuß. Jahrb., Band 52 (Decemberheft 1883). Auch besonders erschienen: 1. und 2. Abdruck, Berlin, G. Reimer. 1883.]

lige Reich seine Schlachten schlug; dennoch wird König Friedrich, gleich seinem Ahnen, dem großen Kurfürsten, immer zunächst der Liebling seiner Preußen bleiben und der Masse der Oberdeutschen niemals ganz vertraut werden. Wir haben ein Jahrhundert zuvor durch einen gräuelvollen Krieg der europäischen Welt die kirchliche Duldung gesichert, aber der Sieg ward um einen furchtbaren Preis, durch die Verwüstung unserer alten Cultur, erkauft, und der Held, der sich von jener finsteren Zeit als die beinahe einzige lichte Gestalt abhebt, Gustav Adolf, war ein Fremder; selbst seine Bewunderer können nicht leugnen, daß seine Siegeslaufbahn zu unserem Heile frühzeitig endete, eben in dem Augenblicke, da seine Macht unserem Vaterlande verderblich zu werden begann.

So ist denn auch die Gedächtnißfeier, zu der sich in dieser Woche unser protestantisches Volk überall gehobenen Herzens versammelt, leider nicht ein Fest aller Deutschen. Millionen unserer Landsleute stehen theilnahmlos oder grollend abseits; sie wollen, sie können nicht begreifen, daß der Reformator unserer Kirche der gesammten deutschen Nation die Bahnen einer freieren Gesittung gebrochen hat, daß wir in Staat und Gesellschaft, in Haus und Wissenschaft, überall noch den Athem seines Geistes spüren. Wer über ihn redet, der muß bekennen, wie er sich selber zu den großen sittlichen Aufgaben der Gegenwart stellt. Leidenschaftlich, als stünde der Reformator noch mitten unter uns, erklingen die Anklagen derer, die seine Größe nicht zu fassen vermögen.

Schon bei seinen Lebzeiten ist Martin Luther dem tragischen Geschick der Verkennung, das keinem großen Manne und am wenigsten dem Kämpfer erspart bleibt, nicht entgangen. In den hoffnungsreichen ersten Jahren seines öffentlichen Wirkens begrüßte ihn die Nation mit einer stürmischen Freude, wie sie der deutsche Boden erst in unseren Tagen wieder erlebt hat. Damals, als er zuerst der Katze die Schelle anband und dann kühn und kühner, fortgerissen von der zwingenden Macht des freien Gedankens und des wachen Gewissens, aus einem treuen Sohne der alten Kirche zum erklärten Ketzer ward, als er die Bannbulle des Papstes in das Feuer warf und in dem flammenden Aufruf „an den christlichen Adel deutscher Nation" seine Deutschen aufforderte zur Reform der Kirche und des Reiches, an Haupt und Gliedern: da stand er vor Kaiser und Reich als der Führer der Nation, heldenhaft wie ihr Volksheiliger, der

streitbare Michael; da jubelte das Volkslied: „zu Worms er sich
erzeiget, er stand wohl auf dem Plan, seine Feind' hat er geschweiget,
keiner durft' ihn wenden an"; da schien es wirklich, als sollten alle
die elementarischen Kräfte, die in der tief erregten Nation arbeiteten,
der Glaubensernst der frommen Gemüther, der Forschermuth der
jungen Wissenschaft, der Nationalhaß des ritterlichen Adels wider
die wälschen Prälaten, der Groll der mißhandelten Bauern, sich zu
einem mächtigen Strome vereinigen und gewaltig aufwallend alles
römische Wesen aus unserem Staate, unserer Kirche hinwegschwemmen.
Aber noch war unsere deutsche Königskrone fest verkettet mit der
weltumspannenden Politik des römischen Kaiserthums. Einen Zufall
dürfen wir es nicht nennen, daß in jenem verhängnißvollen Augenblick ein Fremdling unsere Krone trug, der unseres Herzens Schlag
nicht hören konnte und, während die Deutschen dem lauten Freimuth ihres Landsmannes zujauchzten, verächtlich lächelnd sprach: der
soll mich nicht zum Ketzer machen.

Sobald der Kaiser dem Rufe der Nation sich versagte, stand
nicht blos die politische Macht des spanischen Weltreichs wider den
Reformator, sondern auch eine gewaltige sittliche Macht, die feste
Kaisertreue unseres Volkes. Und nun trat auch die alte Todsünde
unserer Geschichte, der Haß der Stände, wieder hervor. Die Ritterschaft vergeudete ihren ungestümen Thatendrang in einer ziellosen,
unglücklichen Fehde. Die Bauern nahmen die Lehre der evangelischen
Freiheit fleischlich auf und erhoben sich zu einem wüthenden socialen
Kampfe. Luther aber meinte seine heilige Sache geschändet und ließ
die Gecken, die das Evangelium mit Hammern und mit Zangen in
den Kisten suchten, die ganze Wucht seines Zornes empfinden. Als
der gräßliche Aufruhr durch die unbarmherzigen Herren gräßlicher
bestraft war, da sah sich der Mann, den sein Volk soeben auf den
Schild gehoben, mit den Verwünschungen der kleinen Leute beladen.
Mittlerweile hatte sich auch der erste Gelehrte des Jahrhunderts,
Erasmus, von den Wittenbergern abgewendet; auch Luther's Lehrer,
Staupitz, der sinnige Mystiker, auch die geistreichen Humanisten Crotus
Rubianus und Eobanus Hessus traten erschrocken zurück. Mit ihrem
Abfall war entschieden, daß die neue Lehre selbst unter den Höchst-
gebildeten der Nation vorerst noch nicht überall Anklang finden konnte,
und da sie mit der Selbstständigkeit des Denkens auch den trotzigen
Eigensinn des deutschen Charakters entfesselte, so verfielen ihre An-

hänger bald einer gefährlichen Zersplitterung: zuchtlose Schwarm=
geisterei und dogmatischer Streit schwächten ihre Einheit.

Also von allen Seiten bedrängt und verlassen suchte Luther
seine Zuflucht bei dem deutschen Fürstenstande. Noch immer reich
an Erfolgen waren seine letzten Jahre, noch reicher an schmerz=
lichen Enttäuschungen. Er hatte einst gehofft, in der gesammten
Christenheit oder mindestens in seiner deutschen Nation das kirch=
liche Leben zu verjüngen. Nun mußte es ihm genügen, daß nach
und nach in den größeren weltlichen Fürstenthümern Deutschlands
kleine evangelische Landeskirchen entstanden; und wer in der Geschichte
nur die Erscheinungen des Tages obenhin betrachtet, mag es leicht
eine glückliche Fügung nennen, daß der durch übermenschliche Arbeit
früh Gealterte aus diesem Leben hinweggerufen wurde, unmittelbar
bevor die deutschen Protestanten im schmalkaldischen Kriege durch
Hader und planlose Schwäche den Waffen der Fremdherrschaft schimpf=
lich erlagen. Ja während sonst das Bild der geschiedenen Helden
sich im Gedächtniß der Völker zu verklären pflegt, erschien Luther
den Nachlebenden kleiner als er gewesen. In jenen müden Jahr=
zehnten der politischen Thatenscheu und des theologischen Gezänks,
welche den lichten Tagen der deutschen Reformation folgten, formte
sich ein kleines Geschlecht die Gestalt des Reformators nach seinem
eigenen Bilde, als wäre er auch nur ein bibelfester Prediger und
ehrsamer Hausvater gewesen, als hätte er wirklich nur eine Sonder=
kirche, die sich nach dem Namen eines sündhaften Menschen nannte,
stiften wollen. Erst die historische Wissenschaft unseres Jahrhunderts
hat sich wieder das Herz gefaßt, den ganzen Luther zu verstehen,
den centralen Menschen, in dessen Seele fast alle die neuen Gedanken
eines reichen Jahrhunderts mächtig wiedertönten; sie steht ihm fern
genug, um auch die mittelbaren Folgen seines zerstörenden und auf=
bauenden Wirkens zu würdigen, um alle die Keime einer neuen
Cultur, die er ahnungslos, nach der Weise des Genius, in den deut=
schen Boden senkte, wahrzunehmen und dankbar zu erkennen, wie
treu er sein Wort erfüllt hat: „für meine Deutschen bin ich geboren,
ihnen will ich dienen“. —

Im deutschen Gemüthe lag von jeher dicht neben der hellen
Weltlust ein beschaulicher Ernst, der die Vergänglichkeit aller irdischen
Dinge schmerzlich empfand, neben der wagenden Tapferkeit eine tiefe
Sehnsucht nach Erlösung von dem Fluche der Sünde. Die Ger=

manen allein unter allen Völkern Westeuropas haben schon in den
Tagen ihres Heidenthums etwas geahnt von dem dereinstigen Unter=
gange dieses frevelnden Geschlechts, von einer neuen Welt der Rein=
heit und der Klarheit, die da kommen solle. In einem solchen Volke
mußte die frohe Botschaft aus Jerusalem bereite Herzen finden, und
wie andächtig, wie innig die Deutschen **den neuen Glauben** auf=
nahmen, das erzählen die Wunderbauten unserer **alten Dome.** Gleich=
wohl hatte die christliche Lehre, **als sie bei uns eindrang, bereits** in
Rom eine Gestalt angenommen, welche dem deutschen Volke **niemals**
ganz vertraut **werden konnte.** Diesseits und Jenseits, alle Zeiten
und alle Völker **erschienen eingeschlossen** in der einen großen Gemein=
schaft der Heiligen, welche **die streitende Kirche** hienieden mit **der**
leidenden Kirche der armen Seelen im Fegefeuer und der trium=
phirenden Kirche **der** Seligen droben im Himmel verband. Aus dem
Gnadenschatze **der** guten Werke **der** Heiligen spendete die Kirche
ihren Gläubigen die Vergebung **der** Sünden durch den Mund eines
herrschenden Priesterstandes, **der** durch die geistige Zeugung der
Weihe befähigt war, Brot und Wein in den Leib und das Blut
des Erlösers zu verwandeln. Außer ihr war kein Heil; von der
Wiege bis zur Bahre, von der Taufe bis zur letzten Oelung umfing
und heiligte sie das **Leben** jedes Christen. Es war ein wunder=
barer großer Gedankenbau; lange Jahrhunderte hindurch hatten die
Weisheit und die Andacht so vieler heiliger Männer und eine seltene
Kunst der Menschenbeherrschung daran gebaut; festgefügt stand Stein
auf Stein, **die** unerbittliche Folgerichtigkeit dieser Lehre ließ dem
Christen nur die Wahl zwischen der Unterwerfung und der Ketzerei.
Doch die scharfe Logik der Romanen hat dem deutschen **Geiste** nie=
mals ganz genügt; nicht so von außen her, nicht allein **durch die**
Gnadenmittel der Kirche und durch vorgeschriebene gute Werke **konnte**
das rege Gewissen unseres Volkes seinen Frieden finden. Schon im
vierzehnten Jahrhundert erdröhnte das deutsche Land **von** den Kyrieleis=
Rufen der Geißler, und immer lauter, immer verzweifelter, fast so
herzzerreißend wie in den Anfängen **der** christlichen Geschichte, erklang
seitdem der Aufschrei **der** sündigen Creatur nach Versöhnung mit
ihrem Schöpfer.

Zugleich ward auch der kampfmuthige Weltsinn der Deutschen
an den Lehren der alten Kirche irr. So viele Kränze des Ruhmes,
so viele edle Freuden bot diese schöne Erde dem thatkräftigen Manne;

und das Alles sollte nichts gelten neben der höheren Heiligkeit der
begebenen Menschen, der Priester und der Mönche, die auf Alles
verzichteten, was Menschen menschlich an einander bindet, die mit
dem holden Glück auch die heiligen Pflichten des ehelichen Lebens
verschmähten! Kummervoll sann der größte Dichter unseres Mittel=
alters, Walther von der Vogelweide, diesem dunklen Räthsel nach
und klagte:

> Ach leider kann es nimmer sein,
> Daß Gottes Gnade lehre
> Mit Reichthum und mit Ehre
> Je wieder in dasselbe Herz.

Und dieser Priesterstand, der sich so unnahbar hoch über die
gehorchende Gemeinde erhob, der alle weltliche Arbeit so tief ver=
achtete, war selber längst einer schamlosen Weltlust verfallen, die ihn
den Weltlichen als ein Heuchlergezücht erscheinen ließ. Er besaß das
reichste Drittel Deutschlands, gab auf den Reichstagen durch seine
Ueberzahl den Ausschlag, und seine politische Macht ward von den
Deutschen als Fremdherrschaft empfunden; denn in der Kirche regierte
der Papst mit seinen italienischen Prälaten, und alle die Fülle von
Geist, Witz und Bildung, die sich in dem Lügenstübchen des Vaticans
gesellig zusammenfand, alle die Meisterwerke des Meißels und des
Pinsels, die in der Sonne päpstlicher Gnade reisten, konnten unser
Volk doch nicht darüber trösten, daß die Herrscherin der Christenheit
die ruchloseste Stadt der Erde war. Vergeblich hatten die Deutschen,
allen anderen Nationen voran, auf den Concilien des fünfzehnten
Jahrhunderts die Schäden der Kirche zu bessern versucht. Als Luther
auftrat, war die Nation in unheimlicher Gährung, von widersprechenden
Gefühlen stürmisch bewegt: hier die Gewissensangst der Frommen,
die über ihre Sünden und guten Werke peinlich Buch führten und
mit heiligem Schauer die volksthümlichen Bilder des Todtentanzes
betrachteten; dort der kecke Uebermuth eines sinnenkräftigen, lebens=
lustigen Geschlechts, das der derben Schwänke nicht satt ward und
sich dreist spottend an dem Zerrbild der verkehrten Welt erfreute;
dazu allen Deutschen gemein der Haß gegen das wälsche Wesen.

Die That der Befreiung ging aus den Kämpfen des ehrlichen
deutschen Gewissens hervor; aus seiner Demuth schöpfte Luther die
Kraft der höchsten Verwegenheit. Getrieben von einer leidenschaft=
lichen Angst um seine und seiner Brüder Seligkeit hatte er einst

Vater und Mutter verlassen und in seiner Klosterzelle durch alle
Qualen mönchischer Buße den Himmel stürmen wollen, doch immer
wieder klang es in seiner Seele: „o meine Sünde, Sünde, Sünde!"
— bis dann endlich das Wort des Apostels von der Rechtfertigung
durch den Glauben zündend in sein Herz schlug. Und nun kam sie
über ihn, die Wandelung des inneren Menschen, die μετάνοια des
Paulus; in demüthiger Erkenntniß der Unzulänglichkeit alles mensch=
lichen Verdienstes ergab er sich gläubig der Gnade des lebendigen
Gottes und er wagte, dieses seines Glaubens zu leben. Der ganze
Gegensatz romanischer und germanischer Empfindung tritt uns vor
die Augen, wenn wir diese Seelenkämpfe Luther's vergleichen mit
den inneren Anfechtungen, welche späterhin der Rittersmann der
wiederhergestellten alten Kirche, Ignatius von Loyola, zu überwinden
hatte. Der Spanier entledigt sich seiner Pein durch den Entschluß,
diese Wunden seiner Seele nie mehr zu berühren; der Deutsche be=
ruhigt sich erst, sobald sein Gemüth überzeugt ist und alle Zweifel
vor der Gewißheit einer innerlich erlebten Wahrheit schwinden.

Ohne jede Ahnung von der unermeßlichen Wirkung seiner That
beginnt er nun den Kampf gegen den häßlichsten Mißbrauch der ver=
weltlichten Kirche, und dann führt ihn Gott weiter wie einen Gaul,
dem die Augen geblendet sind. Aus jenem entscheidenden Gedanken
ergiebt sich ihm die Erkenntniß, daß Gott keinen erzwungenen Dienst
will und über die Gewissen Niemand richten kann denn Gott allein.
Kaum drei Jahre nach dem Beginne des Ablaßstreites sagt er sich
schon los von der gebundenen Sittlichkeit des Mittelalters durch jenen
mächtigen Hymnus der evangelischen Freiheit, das Buch von der
Freiheit des Christenmenschen: der Christ ist Niemand unterthan in
seinem Glauben und eben darum Jedermanns Knecht, dem gering=
sten seiner Brüder zum Dienst der Liebe verpflichtet, gute Werke
machen nimmermehr einen guten Mann, sondern ein guter Mann
machet gute Werke. Eine zugleich freiere und strengere Auffassung
des sittlichen Lebens, die wieder anknüpft an die Kämpfe Jesu wider
die starre Gesetzlichkeit der Pharisäer und den Schwerpunkt der sitt=
lichen Welt im Gewissen des Menschen findet. An diese Erkenntniß
wieder schließt sich die Forderung des Priesterthums der Laien und
der Gedanke der freien Gemeindekirche, die sich bescheidet, die äußeren
Formen der Kirchengemeinschaft wie alles Menschliche in den Fluß
der Zeit zu stellen, und dem mißdeuteten Worte „auf diesen Felsen

will ich meine Kirche bauen" das lebendig verstandene Wort ent=
gegenhält: „wo Zwei oder Drei von Euch versammelt sind in mei=
nem Namen, da bin ich mitten unter ihnen".

Gewiß war Luther's That eine Revolution, und da der religiöse
Glaube im innersten Kerne des Volksgemüths wurzelt, so griff sie in alles
Bestehende tiefer ein, als irgend eine politische Umwälzung der neuen
Geschichte. Es ist wahrlich kein Zeichen evangelischen Muthes, wenn
manche wohlmeinende Protestanten dies zu leugnen oder zu verhüllen
suchen. Nur ein Mann, in dessen Adern die ungebändigte Naturgewalt
deutschen Trotzes kocht, konnte so Vermessenes wagen. Die ganze
alte Ordnung der sittlichen Welt, die einem Jahrtausend heilig gewesen,
die lange Kette der ehrwürdigen Traditionen, welche das Leben der
Christenheit gebunden hielten, brach mit einem Schlage zusammen,
und lebhaft können wir heute dem Gegner des Reformators, dem
Elsasser Murner nachempfinden, wenn er beim Anblick der unge=
heueren Zerstörung jammernd ausrief:

> Alle Bücher sein erlogen,
> Die je beschrieben sind,
> Die Heilgen han betrogen,
> Die Lehrer sein all blind!

Die Größe der historischen Helden besteht in der Verbindung
von Seelenkräften, die nach der Meinung des platten Verstandes
einander ausschließen. So gewaltig die Kühnheit des schlichten Mannes,
der sich selber nur eine Gans unter den Schwänen nannte und
dennoch sich vermaß, gegen die stärksten politischen und sittlichen Mächte
der Zeit in die Schranken zu treten, ebenso erstaunlich erscheint von
Haus aus seine Mäßigung. Nie war er kühner, als da er den Bilder=
stürmern von Wittenberg die Mahnung der Liebe zurief: macht mir
nicht aus dem Frei sein ein Muß sein! Mit kindlichem Vertrauen
baute er auf die Macht des göttlichen Wortes allein. Und sein
Glaube trog ihn nicht; denn nachdem erst die wilden Zuckungen des
Bauernkrieges und der Wiedertäuferei überwunden waren, vollzog
sich der Sieg der Reformation in Deutschland fast überall friedlich,
frei aus dem Volke heraus. Bei allem Häßlichen, das sich mit an=
setzte, trug die große Bewegung doch jenen Charakter schlichter Treu=
herzigkeit und Kraft, der alle großen Epochen der deutschen Geschichte
auszeichnet; sie schenkte unserem Volke die Form des Christenthums,
welche dem Wahrheitsdrange und der unzähmbaren Selbstständigkeit

der deutschen Natur zusagt, gleichwie die römische Kirche der Logik und dem Schönheitssinne der Romanen, die orthodoxe Kirche der halborientalischen Gebundenheit der gräco-slavischen Welt entspricht. Und weit hinaus über den Kreis seiner Glaubensgenossen wirkte Luther's Wort; er war im Rechte, wenn er den deutschen Bischöfen zurief: „Ihr habt mein Evangelium verdammen lassen, habt es aber heimlich und in vielen Stücken angenommen". Mit gutem Grunde nennen wir ihn heute einen Wohlthäter auch der alten Kirche. Denn auch sie ward durch ihn gezwungen, ihre sittlichen Kräfte zusammenzuraffen, auch sie blieb nicht unberührt von der innigen, seelenvollen Auffassung des Glaubens, welche Luther der Christenheit wiedergab. Eine so sinnliche Ablaßlehre, wie sie Tetzel einst predigte, wäre auf deutschem Boden jetzt unmöglich; und sicherlich steht heutzutage der denkende deutsche Katholik dem deutschen Protestanten in seiner ganzen Weltanschauung näher als seinem spanischen Glaubensgenossen.

In **allen den** mächtigen Wandlungen unseres geistigen Lebens seitdem ist der Grundgedanke der Reformation, die freie Hingebung der Seele an Gott, unwandelbar das sittliche Ideal der Deutschen geblieben. Er kehrt, in's Weltliche gewendet, wieder in dem strengen Ausspruch Kant's, daß überall auf der Welt nichts für gut gehalten werden dürfe, als allein ein guter Wille; er tönt uns entgegen aus dem milden Gesange der Engel, die Faust's Unsterbliches gen Himmel tragen: „wer immer strebend sich bemüht, den können wir erlösen". Wir danken der Reformation das lebendige Nebeneinander der Glaubensbekenntnisse, - worauf die heutige deutsche Gesittung beruht, jene freie Duldsamkeit, die weder der Furcht noch dem Kaltsinn entspringt, sondern der Erkenntniß, daß das Licht der göttlichen Offenbarung, **wie** heute **die** Welt noch steht, nur gebrochen in vielen Strahlen dem Auge der Menschheit erkennbar ist; denn so gewiß kein Sohn des sechszehnten Jahrhunderts, auch Luther nicht, verstanden hätte, was wir heute Toleranz nennen, ebenso gewiß ist diese Duldung nur möglich geworden auf dem Boden des Protestantismus, der den hochmüthigen Wahn **einer** alleinseligmachenden Kirche grundsätzlich verwirft. Wir danken **ihr**, daß der Deutsche zugleich fromm und frei empfinden kann, daß keiner unserer großen Denker, wie kühn sich auch die Flüge ihres Geistes erhoben, jemals in den lästernden Spott eines Voltaire verfiel, **und** die Todsünde der Heuchelei unter uns eine seltene Ausnahme ist.

Denn das ist die Größe des Protestantismus, daß er einen Widerspruch zwischen dem Denken und dem Wollen, zwischen dem religiösen und dem sittlichen Leben nicht dulden will, sondern gebieterisch fordert: was du erkannt hast, das bekenne und darnach handle! Zu Luther's Zeiten standen die Italiener unserem Volke in Kunst und Wissenschaft weit voran. Bereits im vierzehnten Jahrhundert war unter ihnen Petrarca aufgetreten, der erste moderne Mensch, der ganz auf eigenen Füßen stand und die Binde sich von den Augen gestreift hatte; und nun gerade in den Tagen des deutschen Ablaßstreites schrieb Macchiavelli jene zwei Bücher vom Staate, die mit den überlieferten Vorstellungen des Mittelalters weit rücksichtsloser brachen als Luther. Jedoch den Romanen fehlte die Kraft, ihre eigenen Gedanken in vollem Ernst zu nehmen, sie brachten es über sich, ihr Gewissen zu theilen und einer Kirche, die sie verspotteten, zu gehorchen. Die Deutschen wagten das Leben nach der erkannten Wahrheit zu gestalten, und weil die historische Welt die Welt des Willens ist, weil nicht der Gedanke, sondern die That das Schicksal der Völker bestimmt, darum beginnt die Geschichte der modernen Menschheit nicht mit Petrarca, nicht mit den Künstlern des Quattrocento, sondern mit Martin Luther. Merkwürdig früh hat die europäische Welt dies erkannt. Nur hundertundvierzig Jahre nach Luther's Tode stellte der deutsche Historiker Cellarius die Behauptung auf, gegen den Ausgang des fünfzehnten Jahrhunderts sei eine alte, für uns abgeschlossene Zeit zum Ende gelangt, das Mittelalter. Bei allen Völkern hat sich seitdem Begriff und Name des Mittelalters eingebürgert, und dabei wird es bleiben, obwohl die Selbstverliebtheit unserer Tage zuweilen, ganz vergeblich, versucht, die Geschichte der neuen Zeit erst mit der französischen Revolution zu beginnen. —

Gleich allen echten Germanen hegte Luther ein tiefes Gefühl historischer Pietät, und er liebte, die große Neuerung, die er in der Kirche vollzog, sich nur als die Wiederherstellung der ursprünglichen Zustände des Christenthums zu denken. Dagegen wußte er wohl, daß er das politische Leben der Völker mit einem schlechthin neuen Gedanken befruchtet hatte. „So stund's aber dazumal," — sagt er über die Zeiten seiner Jugend — „es hatte Niemand gelehret noch gehöret, wußte auch Niemand von der weltlichen Obrigkeit, woher sie käme, was ihr Amt oder Werk wäre oder wie sie Gott dienen solle". In der That war der Staat noch niemals zu seinem vollen Rechte

gelangt, seit die schwere, der heidnischen Welt unbekannte Frage nach
den Grenzen geistlicher und weltlicher Gewalt zuerst in der Christenheit aufgeworfen wurde.   In ihren ersten Jahrhunderten hielt sich
die Kirche scheu von dem Staate zurück, weil er heidnisch war, und
als sie dann im Römerreiche die Oberhand gewann, entstand nach
und nach, eng verbunden mit der Verfassung und dem Dogma der
Kirche, das politische System der kirchlichen Weltherrschaft.   Das
ganze Leben der Christenheit erscheint als eine fest geordnete Einheit;
Staat und Volkswirthschaft, Wissenschaft und Kunst, alle Berufe der
Menschen empfangen ihre sittlichen Gesetze aus den Händen der Kirche;
die Kirche ist der Staat Gottes, der weltliche Staat das Reich des
Fleisches, ohne eigenen sittlichen Zweck und nur dann vor Gott gerechtfertigt, wenn er dem Schiedsrichter der Staatenwelt, dem Papste, seinen
starken Arm zum Dienste leiht.   Kein kräftiger Staat des Mittelalters hatte diese herrischen Ansprüche des Papstthums jemals vollständig anerkannt.   Seit Dante, seit Marsilius von Padua und den
tapferen ghibellinischen Schriftstellern, die sich um Kaiser Ludwig den
Baiern schaarten, war das Ansehen der kirchlichen Weltstaats-Lehre
auch in der Wissenschaft bereits tief erschüttert.   Sie ganz zu überwinden, konnte doch nur dann gelingen, wenn der Stier bei den
Hörnern gepackt und die Herrschaft des Priesterstandes in der Kirche
selbst verworfen wurde.

Erst Luther warf den Satz „geistliche Gewalt ist über der weltlichen", diese starke Mauer der Romanisten, in Trümmer und lehrte,
daß der Staat selber eine Ordnung Gottes ist, berechtigt und verpflichtet, seinen eigenen sittlichen Lebenszwecken, unabhängig von der
Kirche, nachzugehen.   Damit ward der Staat für mündig erklärt, und
da er wirklich schon zu seinen Jahren gekommen war, da die weltliche Gewalt überall an dem erstarkten Selbstgefühl der Nationen eine
sichere Stütze fand, so wirkte diese That der politischen Befreiung fast
noch gewaltiger, noch weiter in die Welt hinaus, als die Reformation
der Kirche.   Alle Kronen, ohne Ausnahme, katholische wie evangelische,
sagten sich los von der politischen Herrschaft des gekrönten Priesters.
Von einer Obedienzleistung, wie sie der Papst vordem den weltlichen
Gewalten zugemuthet, war fortan keine Rede mehr, und noch ehe
Luther's Jahrhundert zu Ende ging, begründete Bodinus den Gedanken der Souveränität des Staates zuerst mit wissenschaftlicher
Schärfe — eine neue Erkenntniß, die, einmal gefunden, das gemein-

25*

same Besitzthum der gesitteten Menschheit geblieben ist. Mochte die
Gesellschaft Jesu noch von der Weltherrschaft des Gottesstaates träu=
men, unaufhaltsam verwuchsen die Staaten Europas zu einer neuen
freien Völkergesellschaft und bildeten sich ein weltliches Völkerrecht,
das, gerechter als weiland die Urtheilssprüche der Päpste, in der
Interessengemeinschaft und dem Rechtsbewußtsein der Nationen seine
Wurzeln hat. Schritt für Schritt drängte der moderne Staat die
Kirche auf ihr geistliches Gebiet zurück; er nahm ihr die Rechtspflege,
die Schulverwaltung, das Armenwesen und bewies durch die That,
daß er diesen politischen Pflichten besser als sie zu genügen vermag.
Nichts zeugt so laut für die Gesundheit der politischen Gedanken der
Reformation, wie die unleugbare Thatsache, daß die politische Ent=
wicklung in den protestantischen Staaten fast durchweg friedlicher,
minder gewaltsam verlaufen ist, als in der katholischen Welt.

Keinem Volke brachte die Befreiung des Staates von kirchlicher
Herrschaft so reichen, so lang nachwirkenden Segen wie uns Deutschen,
denn nirgends war **die** alte Kirche fester mit dem Staate verflochten,
als in diesem römischen Reiche und allen den geistlichen Fürstenthümern,
welche seine Krone stützten. Unleugbar hat die Reformation den längst
schon beginnenden Zerfall des alten Reichs gefördert, die längst schon
vorhandenen politischen Gegensätze noch durch kirchlichen Haß verschärft.
Doch wer Wunden zu heilen vermag, darf sie auch schlagen. Nur aus
dem **Borne des** Protestantismus konnte dies sieche Reich den ver=
jüngenden Trank schöpfen. Nur wenn unser Staat wieder wahr wurde
wie seine Kirche, wenn er die zur Lüge gewordenen Ansprüche seines
heiligen römischen Kaiserthums aufgab und seine Krummstabslande
einer weltlichen Obrigkeit unterwarf, nur dann vermochte er wieder
zu wachsen **mit der wachsenden Zeit.**

Luther **selbst** hat diese letzten Schlüsse aus seinen Gedanken nie
gezogen. Ihm graute vor den Schrecken eines Bürgerkrieges: „ehe
man in Deutschland eine neue Weise des Reichs anrichtete, so wäre
es dreimal verheeret". Er wußte, daß er kein Staatsmann war, und
theilte mit seinem Volke die ehrfürchtige Scheu vor der kaiserlichen
Majestät, vor dem jung edlen Blut von Oesterreich; wie viele Zweifel
mußte er überwinden, bis er sich nur entschloß, den Widerstand gegen
kaiserliche Uebergriffe, der doch im alten Reiche Rechtens war, gut=
zuheißen. Die Natur der Dinge, die Vernunft der Geschichte, hat
schließlich dennoch vollendet, was in dem Heimathlande der Refor-

mation nicht ausbleiben konnte: unrettbar brachen die geistlichen Staaten
Deutschlands nach und nach zusammen, bis endlich im Anfang unseres
Jahrhunderts die letzten verfaulten Trümmer der römischen Theokratie
verweltlicht und mit ihnen auch die römische Kaiserkrone vernichtet
wurde. Nun erst, seit unser Staat sich ehrlich zu seinem weltlichen
Wesen bekannte, ward die Stätte geebnet für einen Neubau; und auch
an dieser letzten heilvollen Wendung unserer Geschicke hat der Reformator seinen Antheil durch eine That, deren ferne Folgen ihm ver-
hüllt blieben. Auf Luther's Rath entschloß sich der Hochmeister **des**
Deutschen Ordens, Albrecht von Brandenburg, den weißen Mantel
mit dem schwarzen Kreuze abzulegen, die falsche Keuschheit des Mönches zu meiden und „eine rechte ordentliche Herrschaft zu gründen,
die ohne Gleißen und falschen Namen vor Gott und der Welt angenehm wäre". So ward das Ordensland Preußen, die Pflanzung
des gesammten Deutschlands, in ein weltliches Herzogthum verwandelt
und vor der Begehrlichkeit des polnischen Nachbarn gerettet. Luther
aber schrieb dankbar: „Siehe dies Wunder! In vollem Laufe, mit
vollen Segeln, eilt jetzt das Evangelium durch Preußen!" Er ahnte
nicht, welche größeren Wunder unser Volk noch an seiner entlegenen
Ostmark erleben sollte. Aus diesem, der alten Kirche geraubten Lande,
das mit dem Protestantismus stand und fiel, ist in unvergeßlichen
Kämpfen die streitbare Großmacht unserer neuen Geschichte hervorgegangen und endlich, als die Zeiten sich erfüllten, der neue Staat
der Deutschen, der nicht heilig sein will und nicht römisch, sondern,
nach den Worten des Reformators, ohne Gleißen und falschen Namen
ein weltliches, ein deutsches Reich. —

Wie **die** Einheit des deutschen Staates erst möglich ward, seit
die letzten Staatsgebilde der römischen Kirche von unserem Boden
verschwanden, so verdanken wir auch den Kämpfen der Reformation
das köstliche geistige Band, das uns in den Tagen deutscher Zerrissenheit lange fast allein zusammenhielt, unsere neue Sprache. Was selbst
dem Zauber unserer ritterlichen Dichtung nicht gelungen war, den
deutschen Norden unter die Herrschaft der hochdeutschen Sprache zu
beugen, das gelang erst, als die schöne Lieblingsstätte des Minne-
sanges, die Wartburg, zum zweiten Male unserem Volke theuer ward
und von dort die ersten Bücher der deutschen Bibel ausgingen —
die heilige Schrift, übertragen mit strenger Treue durch einen wahl-
verwandten religiösen Genius und doch so ganz verdeutscht, so ganz

beseelt von dem Hauche deutschen Gemüthes, daß wir uns heute das
Bibelwort in anderer Fassung kaum noch denken können. Gleich den
Italienern **empfingen** wir unsere Schriftsprache mit einem Male durch
die That eines Mannes. Es **liegt aber** im Wesen des Genius, das
Nothwendige, **das** einfach Natürliche **zu** wollen. Wie Dante nicht
willkürlich neuerte, sondern nur **die** Volkssprache seiner toscanischen
Heimath adelte und durchgeistigte, so **hegte** auch Luther nur schlicht
und recht die Absicht, von seinem **ganzen** Volke verstanden zu
werden, damit Gott deutsch zu den Deutschen rede. Er benutzte daher das gemeinverständliche Mitteldeutsch, **das** schon überall, wo
Ober= und Niederdeutsche unter einem Herrscher zusammensaßen, in
dem Staate des deutschen **Ordens, in** den Kanzleien der lützelbur-
gischen Kaiser **und** der sächsischen Kurfürsten von der Obrigkeit geredet wurde.

Also wirkten gebend und empfangend alle Stämme der Nation
zu den Thaten der Reformation zusammen. Im Norden fand der
Protestantismus seinen festen politischen Rückhalt; die mächtige Sprache
aber, welche fortan das evangelische Deutschland geistig beherrschte,
kam aus dem Oberlande, **aus** jenen Gauen Süd= und Mitteldeutsch-
lands, die zu allen Zeiten das warme Nest unserer Dichtung und
also auch der Sprachbildung geblieben sind. Und dies Hochdeutsch
war die Sprache **von** Luther's Heimath; seine Laute klangen ihm
vertraut von Kindesbeinen an; so hatte er schon das Volk in den
Mansfelder Bergwerken, seines lieben Vaters Schlägelgesellen, **reden**
hören. Sprachgewaltig wie seitdem nur Einer noch, Goethe, ward er
der volksthümlichste aller **unserer** Schriftsteller. In seinen Schriften
vereinigt sich, **was sonst** unvereinbar scheint, der Tiefsinn, die gedrängte
Gedankenfülle **des Buchs und die** fortreißende Macht, der sprudelnde
Wörterreichthum **der Rede, so daß** der Leser immer die herzbewegende
Stimme des Predigers **zu hören** meint; dem Einfältigen geben sie
genug, und der Denkende **findet des** Nachsinnens kein Ende. In
Kämpfen geboren, kann diese Sprache des Freimuths und der Wahrhaftigkeit bis zum heutigen Tage **die** Zeichen ihres Ursprungs nicht
verleugnen. Gewaltig vermag sie **zu** zürnen, übermüthig zu spielen
in toller Laune, zu den Höhen des Gedankens steigt sie kühn empor,
für jedes holde Geheimniß des Herzens findet sie ein liebliches Wort;
doch wer sie zwingen will, ihre Meinung zu bemänteln oder tückisch
unter'm Zaum hervor zu beißen oder gar den überbildeten Geschmack

durch das Picante und Charmante zu reizen, dem schenkt sie wenig, den läßt sie betteln **gehen an** den Tischen der Fremden.

Mehr denn hundert Jahre hat es noch gewährt, bis dies neue Deutsch, das in der Predigt und dem Gemeindegesange der evangelischen Kirche kräftig erklang, zum Gemeingut unseres Volkes wurde, bis auch die Wissenschaft volksthümlich und weltlich ward und das Wort sich ganz erfüllte, das Ulrich von Hutten schon in den ersten Tagen überschwänglicher Hoffnung zuversichtlich in die Welt hinaus= gerufen hatte: „sonst waren **nur** die Pfaffen gelehrt, jetzt hat uns Gott auch Kunst bescheert, daß wir die Bücher auch verstahn". **Um** die Mitte des sechszehnten Jahrhunderts kam über **den lutherischen** Zweig des deutschen Protestantismus eine lange Zeit unheilvoller Erstarrung, da fast allein die weihevollen Klänge des evangelischen Kirchenliedes noch Kunde gaben von dem ursprünglichen Geiste der Reformation und in der neuen wie in der alten Kirche herrschsüchtige Theologen der weltlichen Wissenschaft Richtung und Grenze vor= schrieben. Nur der Heldenmuth seiner thatkräftigeren Schwesterkirche, nur der Kampf der Calvinisten Niederlands wider die spanische Krone, bewahrte damals das verkommene Lutherthum vor dem sicheren Unter= gange. Erst der Jammer des dreißigjährigen Krieges brachte auch uns die Selbstbesinnung. Die Pietisten von Halle erweckten unserem Volke wieder den lebendigen evangelischen Geist, den Geist der brüder= lichen Liebe, der das Evangelium leben wollte und über dem öden Buchstabengezänk der letzten Jahrzehnte ganz vergessen schien; Pufen= dorf vertrieb die Theologen aus den politischen Wissenschaften, Tho= masius wagte zuerst auf deutschem Lehrstuhl deutsch zu reden; und auf dem **also** bereiteten Boden erhob sich sodann unsere neue Wissen= schaft und Dichtung, ganz frei von confessioneller Härte, weltlich **von** Grund aus, weit kühner in ihren Gedanken, als Luther selbst jemals gebilligt hätte, und dennoch protestantisch. Alle ihre Führer gehörten dem Protestantismus an. Nur aus der Autonomie des Gewissens, die uns Luther errungen, konnte das neue Ideal der Humanität her= vorgehen. Mit Entsetzen vernahmen die baierischen Jesuiten das „lutherische Deutsch" dieser neuen Bildung; doch unhemmbar hielt sie ihren friedlichen Siegeszug auch durch das katholische Deutschland, bis sie schließlich Alles, was deutsch war, in den frischen Strom ihrer Gedanken hineingezogen hatte; und heute sehen wir mit Freude, wie selbst die Vorkämpfer Roms unter unseren Landsleuten längst lutherisch deutsch gelernt haben, wie sie wider uns streiten mit Waffen, die in unserer Schmiede gehämmert sind.

Seit die Kirche sich auf ihren geistlichen Beruf beschränkt sah, erhielt alles redliche weltliche Schaffen erst seine sittliche Rechtfertigung. Das Räthsel war gelöst, das jenem Dichter des Mittelalters so ganz unlösbar schien: wie Reichthum und Ehre sich mit der Gnade Gottes vertragen sollten. Die Ewigkeit trat dem Gläubigen mitten in sein Leben hinein, und er fühlte, daß er auch mit seiner Hände **Arbeit** dienen könne und solle. Selbst den Kriegsleuten gab Luther die tröstliche Gewißheit, daß sie auch in seligen Stand kommen würden, wenn sie ihres harten Handwerks in Treue warteten. Seit eine Kirche ohne Clerisei bestand, konnte auch in den rein katholischen Ländern der Clerus sich nicht mehr auf die Dauer als der erste Stand behaupten. In Deutschland aber wurden jene mittleren Schichten der Gesellschaft, **zu** denen Luther vornehmlich geredet hatte, mehr und mehr zum Kerne der Nation. Auch die sociale Macht, welche die gelehrte Bildung und mit ihr leider der Doctrinarismus im deutschen Leben behauptet, hat ihren ersten Ursprung in der Wirksamkeit des größten aller deutschen Professoren.

Der Protestantismus entstammt einem derben männischen Jahrhundert, das nach den Frauen wenig fragte, und die nüchternen Formen seines Cultus vermögen der frommen Sehnsucht des weiblichen Herzens nicht immer zu genügen. Und doch hat Luther die deutschen Frauen höher erhoben, als sie je vordem gestanden hatten in den Zeiten, da noch die gnadenreiche Mutter Gottes angerufen ward; er hat den Wirkungskreis des Weibes, das Haus wieder zu Ehren gebracht vor Gott und Menschen. Schwer mußte er kämpfen, ehe er sich das Herz faßte, um die Hand seiner Käthe zu werben; was zuletzt den Ausschlag gab, war doch nicht blos die Sehnsucht nach häuslichem Glück, sondern das Gefühl einer heiligen Pflicht. Wie oft hatte er den Klosterleuten zugerufen: „wer hat Dich etwas geloben und schwören heißen, was wider Gott und seine Ordnung ist, nämlich daß Du schwörest, Du seiest kein Mann und kein Weib?" War er berechtigt also zu fragen, war die Ehe wirklich ein heiliger Stand, Gott wohlgefälliger als die Gelübde der Beschorenen, dann mußte **er** selber mit seinem Leib und Leben Zeugniß ablegen für seine Lehre. **Er** wußte, welch' eine Schlammfluth ekler Verdächtigungen sich nun heranwälzen mußte gegen ihn, dessen makelloser Name bisher

einer großen Sache zum Schilde gedient und allen Pfeilen der Ver=
leumder widerstanden hatte. Freiwillig nahm er dies Kreuz auf sich;
denn überzeugender, siegreicher, konnte sich die sittliche Macht der
evangelischen Freiheit nicht erweisen, als wenn die Ehe des entlaufenen
Mönches und der entlaufenen Nonne zum Vorbild wurde für tausende
frommer Menschen.

Und sie ward es. Dies mit allen Flüchen der römischen Kirche
beladene Haus lebt in unser Aller Herzen. Wir denken seiner, wenn am
Weihnachtsabend vor dem Tannenbaume die hellen Stimmen unserer
Kinder die frohe Botschaft singen „vom Himmel hoch da komm' ich
her"; wir sehen ihn vor Augen, den alten Doctor, wie er, ein Ge=
wissensrath seiner lieben Deutschen, allen den Zweifelnden und Be=
ladenen, die von nah und fern zu ihm eilen, Lehre, Trost und Hilfe
spendet und immer mit seinem freien Gemüth Partei nimmt für das
Recht des Herzens, für die Stimme der Natur, für die Billigkeit und
die Liebe; wir hören sein herzliches Lachen, wenn er den zagenden
Melanchthon mit kräftigem Zuspruch aufrichtet oder in neidloser Freund=
schaft die Größe seines kleinen Griechen preist; wir freuen uns seiner
goldenen Laune, wenn er Abends um seinen gastlichen Tisch den
Becher kreisen läßt und die deutscheste der Künste, Frau Musica, zu
den fröhlichen Zechern ladet: „hie kann nicht sein ein böser Muth,
wo da singen Gesellen gut"; wir klagen mit ihm, wenn er, überwältigt
vom menschlichsten Schmerze, an der Bahre seines Lenchens weint.
So war das erste evangelische Pfarrhaus; und wie viele Thränen
sind seitdem von den Frauen unserer Landpfarrer getrocknet, wie
viele gute und hochbegabte Männer in diesen friedlichen Heimstätten
einer gelehrten und doch der Natur nicht entfremdeten Bildung er=
zogen worden.

All unser Thun ist Stückwerk, und in der Geschichte dauert der
Name keines Mannes, der nicht größer war als seine Werke. Das
köstlichste Vermächtniß, das Luther unserem Volke hinterlassen hat,
bleibt doch er selber und die lebendige Macht seines gottbegeisterten
Gemüths. Keine andere der neueren Nationen hat je einen Mann
gesehen, der so seinen Landsleuten jedes Wort von den Lippen ge=
nommen, der so in Art und Unart das innerste Wesen seines Volkes
verkörpert hätte. Ein Ausländer mag wohl rathlos fragen: wie nur
so wunderbare Gegensätze in einer Seele zusammen liegen mochten:
diese Gewalt zermalmenden Zornes und diese Innigkeit frommen

Glaubens, so hohe Weisheit und so kindliche Einfalt, so viel tief=
sinnige Mystik und so viel Lebenslust, so ungeschlachte Grobheit und
so zarte Herzensgüte, und wie derselbe ungeheure Mensch, der einen
Brief an Seine Fürstliche Ungnaden Herzog Georg von Sachsen
kurzab unterzeichnete „Von Gottes Gnaden Martin Luther, Evan=
gelist zu Wittenberg“, dann wieder zerknirscht vor Gott in den Staub
sinken konnte. Wir Deutschen finden in Alledem kein Räthsel, wir
sagen einfach: das ist Blut von unserem Blute. Aus den tiefen
Augen dieses urwüchsigen deutschen Bauernsohnes blitzte der alte
Heldenmuth der Germanen, der die Welt nicht flieht, sondern sie zu
beherrschen sucht durch die Macht des sittlichen Willens; und weil
er heraussagte, was im Gemüthe seines Volkes schon lebte, nur deshalb
konnte der arme Mönch, der soeben noch aus dem stillen Augustiner=
kloster am Monte Pincio demüthig hinübergepilgert war nach den Hallen
von St. Peter, in wenigen Jahren wachsen und wachsen und schließlich
der neuen römischen Weltmacht ebenso furchtbar werden, wie einst die
deutschen Cohortenstürmer dem Reiche der Cäsaren. Ein Menschen=
alter nach Luther's Tode bekannten sich schon vier Fünftel unserer
Nation zum evangelischen Glauben. In den meisten der **deutschen**
Landschaften, welche die römische Kirche heute beherrscht, verdankt sie
ihre Herstellung der Macht des Schwertes, und fast überall, wo das
Evangelium gewaltsam ausgerottet ward, kränkelt der deutsche Geist
noch heute, als wäre ihm eine seiner Schwingen gelähmt. Wo immer
deutsches und fremdes Volksthum feindselig auf einander stößt, da
war der Protestantismus allezeit unser sicherster Grenzhüter. In
unseren Nordostmarken gilt deutsch und evangelisch, polnisch und
römisch=katholisch längst als gleichbedeutend, und unter den deutschen
Stämmen Oesterreichs bewahrt sich keiner sein Volksthum so treu,
wie das evangelische Sachsenvolk Siebenbürgens. —

Wohl ziemt es uns, in diesen Tagen der Feier, da die Gestalt
des Reformators lebendig in unsere Gegenwart hineintritt, auch der
Warnung zu gedenken, die er einst seinen Deutschen zurief: „Gottes
Wort und Gnade ist ein fahrender Platzregen, der nicht wieder kommt,
wo er einmal gewesen ist. Er ist bei den Juden gewesen, aber hin
ist hin, sie haben nu nichts. Paulus bracht' ihn in Griechenland.
Hin ist hin, nu haben sie den Türken. Rom und latinisch Land hat
ihn auch gehabt: hin ist auch hin, sie haben nu den Papst. Und
Ihr Deutschen dürft nicht denken, daß Ihr ihn ewig haben werdet,

denn der Undank und Verachtung wird ihn nicht lassen bleiben. Darum greif zu und halt zu, wer greifen und halten kann, faule Hände müssen ein böses Jahr haben". Dieselben Mächte des Verderbens, welche einst die Reformation in ihrem natürlichen Fortgang hemmten, treiben in verwandelter Gestalt noch heute unter uns ihr Wesen: der lieblose Bruderzwist der Gläubigen, das fleischliche Evangelium der Rotten- geister und die dreiste Selbstgerechtigkeit der Epikuräer, wie Luther sie nannte.

Mächtiger als diese dunklen, erscheinen doch die lichten, die trost- vollen Zeichen der Zeit. Das Gefühl einer tiefen inneren Verwandt- schaft verbindet die Gegenwart mit den Zeiten Luther's, zwingt den Künstler unwillkürlich, die Bauformen des sechszehnten Jahrhunderts wieder aufzunehmen, den Gelehrten sich forschend in jene Zeit des Sturmes zu versenken. Vieles was Luther's Tage nur ahnen konnten, hat unser Jahrhundert erst gestaltet und vollendet. Die neue Welt, die damals entdeckte, tritt jetzt erst in die Weltgeschichte ein, und ihre zukunftreichsten Lande gehören dem evangelischen Glauben, fern am Stillen Ocean denken in diesen Tagen fromme Herzen des Landes, wo die Wiege Martin Luther's stand; die Buchdruckerkunst bewährt sich jetzt erst als eine völkerverbindende Macht; die Einheit Deutsch- lands und Italiens steht aufrecht, und nach unseren deutschen Krumm- stabslanden ist auch der letzte und schlechteste der geistlichen Staaten, der Kirchenstaat des Papstes, in's Grab gesunken; die Freiheit des Denkens und des Glaubens ist allen Völkern der gesitteten Welt gesichert, und in der evangelischen Kirche arbeitet noch immer die un- gebrochene Kraft eines starken Lebens. Der Unfriede, der sie erfüllt, beweist doch nur, daß die Religion in unseren Tagen die Herzen wieder tiefer und stärker ergreift, als einst im Zeitalter der Aufklärung. Und mitten im Hader sind ihr doch zwei Thaten des Friedens ge- lungen: sie hat die getrennten Schwesterkirchen des Protestantismus zur evangelischen Union verbunden, und eben jetzt ist sie überall am Werke, den so lange verkümmerten Gedanken der Gemeindekirche in den Formen ihrer Verfassung auszugestalten.

In so reicher Zeit soll kein guter Protestant die Hoffnung auf- geben, daß dereinst noch schönere Tage kommen werden, da unser gesammtes Volk in Martin Luther seinen Helden und Lehrer verehrt. Wir wissen Alle, vor Zeiten gereichte es unserem Vaterlande zum Heile, daß die Reformation nur einen halben Erfolg errang; vollkommen siegreich, allein herrschend, hätte die **evangelische Kirche** jenen Geist menschlicher weitherziger Duldung, der heute im deutschen Leben überwiegt, schwerlich aufkommen lassen. Doch die Tage, da die Kirchenspaltung Segen brachte, gehen zu Ende. Seit die römische Kirche mit der Unfehlbarkeit des Papstes ihr letztes Wort gesprochen hat, empfinden wir schmerzlicher denn je, welche Kluft die Glieder unseres Volkes trennt. Diese Kluft zu schließen, **das** evangelische Christenthum wieder also zu beleben, **daß es fähig wird** unsere ganze Nation zu beherrschen — das ist die Aufgabe, welche wir erkennen und spätere Geschlechter dereinst lösen sollen. Nie kann dies Werk gelingen, wenn wir feig den Berg wieder hinabsteigen, den unsere tapferen Väter im Schweiße ihres Angesichts erklommen haben. Denn nimmermehr wird eine Priesterkirche das Volk Martin Luther's um ihre Altäre versammeln. Solches vermag nur eine Kirche, welche die evangelische Freiheit des Christenmenschen, die Selbstständigkeit des gläubigen, bußfertigen Gewissens anerkennt und den sittlichen Mächten dieser Welt, vor Allem dem Staate, ihr gutes Recht gewährt. Schwerere Zeiten als die unseren hat der **Protestantismus** schon siegreich über= standen: wie Viele sind unter uns, deren Ahnen am Weißen Berge oder bei Lützen sich für das Evangelium schlugen oder das Brot der Verbannung aßen um ihres Glaubens willen. Getrost und dankbar dürfen wir am Geburtstage des Reformators sein hochgemuthes Lied anstimmen:

> Und ob es währt bis in die Nacht
> Und wieder an den Morgen,
> Doch soll mein Herz an Gottes Macht
> Verzweifeln nicht noch sorgen!

Zur Vorfeier des siebenzigsten Geburtstages des Fürsten Bismarck.

Ansprache auf dem studentischen Commers im Winter-
garten des Centralhotels zu Berlin am 27. Februar 1885.*)

————

Wenn es das schöne Vorrecht der Jugend ist, mit hellen Augen,
mit neidloser Bewunderung zu den Höhen der Menschheit emporzu-
blicken, so hoffe ich, daß ich mir durch den langen Verkehr mit der
Jugend noch etwas von dieser einfachen Empfindung bewahrt habe,
ja ich glaube, wir Aelteren fühlen viele der Erinnerungen, die uns
heute bei der Vorfeier des Geburtstags unseres Kanzlers bewegen,
tiefer im Herzen, als die Jüngeren unter uns, welche die Zeit deutscher Schmach nicht miterlebt haben. Die Jüngeren unter Ihnen
wissen gar nicht, wie es uns zu Muthe war damals in jenen finsteren
Zeiten, da Schleswig-Holstein geknebelt dem fremden Herrscher wieder
übergeben wurde.

Die Ahnung einer großen Zukunft war in unseren jungen Herzen
wohl lebendig, aber uns war doch dabei zu Muthe, als läge ein
Bann über unserem Vaterland, als wollte der Degen Friedrich's
des Großen niemals wieder aus der Scheide fahren; und wenn wir
einen der alten Leute von 1813 vor Augen sahen, da meinten wir,
jene Leute müßten einem übermenschlichen Geschlecht entstammt sein
und unsere neue Zeit werde solche Thaten niemals wieder sehen.

Da kam der große Tag des Schicksals, die Thronbesteigung
unseres Kaisers, und da fand er den Mann, der endlich durch eine

————

*) [Nach der ersten Beilage zur Post vom 1. März 1885. Die Berichte der
Zeitungen, wie z. B. der des Deutschen Tageblattes, gehen, so weit ich sie einsehen konnte, sämmtlich auf dieselbe nicht ganz lückenlose stenographische Niederschrift zurück.]

rettende That die stauende Masse des deutschen Volkes in Fluß brachte. In wunderbar rascher Folge schloß sich Ereigniß an Ereigniß, bis endlich in jenem Schlosse von Versailles, von dem so viel Schmach und Unheil über unser Volk ausgegangen, das neue deutsche Reich erstand.

Sie wissen es gar nicht, meine jüngeren Commilitonen, wie gut Sie es haben: Ihnen kommt es vor, als verstände es sich von selbst, daß man ein Vaterland habe, dessen Namen einen guten Klang hat, weithin über alle Nationen. Wir empfanden*) es anders: Wir glaubten für immer das**) Aschenbrödel zu sein unter den Völkern und die Wenigen, die noch hofften, das alte waffenstarke Preußen einmal wieder lebendig zu sehen, wie klein war ihre Zahl! Wie ist das Alles anders geworden, und nächst unserem Kaiser, nächst Moltke und unserem Heer verdanken wir das Alles dem großen Staatsmann, den Gott uns beschieden! In fünf Jahren sind hundert Jahre vergangen seit dem Tage des Sturmes auf die Bastille, dann wird noch einmal in Paris der große Phrasenschwall erschallen, noch einmal das alte Lied von der phrygischen Mütze ertönen; und wenn der Phrasenschwall vorüber und das Lied verklungen, dann wird das gesittete Europa einen großen Strich durch die Rechnung machen und wird sagen, daß jetzt die Zeit komme der deutschen politischen Ideale, daß das neue Jahrhundert, das ja jetzt schon langsam am Horizonte aufglüht, andere männlichere Ideale haben müsse, als jenes, das zu Ende***) geht.

Es ist wahrlich nicht das letzte Verdienst des Reichskanzlers, daß er der Welt gezeigt, daß die Freiheit nie besser gedeihen kann als unter einer starken Krone, daß keine Tyrannei fluchwürdiger ist als die Tyrannei der Partei, — und wie ein starker König von Gottes Gnaden darum gerechter sein kann und freier nach oben und nach unten als je eine herrschende Partei. Und es ist nicht minder das Verdienst unserer neuen deutschen Politik, daß die in Atheismus und Materialismus versunkene Welt sich anfängt, wieder zu bekehren zum christlichen Glauben.

Das neue Jahrhundert wird monarchisch sein und christlich, es wird ein königstreues, frommes, geordnetes Volk den Ton angeben

---

*) [Vorlage „empfinden."]

**) [Vorlage „die."]

***) [Vorlage „Grunde".]

in Europa, und daß das sein wird, das danken wir dem gewaltigen
Manne, in dem der gute Geist der alten preußischen Königstreue
und Tapferkeit sich verkörpert.

Der Redner erinnerte sodann an Bismarck's Socialpolitik, die dem geringen
Mann in die schwieligen Hände blickt und ihm die Erkenntniß nahe legen will,
daß er auf der Welt keinen besseren Freund hat, als seinen König und kam dann
auf die Colonialpolitik des Kanzlers zu sprechen.

Wer hätte sich träumen lassen noch vor zwanzig Jahren, daß
unser Banner heute schon in drei Welttheilen weht. Ja, wir wollen
mit dabei sein, wir wollen dafür einstehen, daß Deutschland seinen
gerechten Antheil nehme an der Beherrschung der heidnischen Welt
durch das europäische Christenthum, damit endlich auch auf dem
Meere erreicht wird, was auf dem Lande sich schon vollzogen, ein
wirkliches Gleichgewicht der Mächte, damit die an die Barbarei
früherer Jahrhunderte erinnernde Weltherrschaft Einer Macht auf dem
Meere gebrochen wird . . .*)

Es kommt mir nicht bei, hier eine Laudatio Bismarck's zu halten,
aber das muß man zugestehen, Jahrhunderte können vergehen, ehe
die Natur wieder einmal eine solche Mischung von genialer Kraft
und weiser Mäßigung schafft. Er zeigt uns, was es heißen will,
ganz dem Vaterland, ganz der Pflicht zu leben. Kein Gedanke beseelte sein Leben, der nicht gewidmet war, wie er selbst sagt, dem
teutonischen Teufel, der ihn besessen hielt. Nicht einen Augenblick
ist er hinausgegangen über die Vorstellung, „ich bin der erste Diener
meines Kaisers", und in der Beziehung ist er ein leuchtendes Vorbild auch für die Jüngeren unter Ihnen.

Und was für ein deutscher Mann ist er; demüthig vor Gott,
frohherzig vor den Menschen, verachtet er das lärmende Toben eines
Haufens, der mißleitet wird von Männern, die von längst überwundenen Idealen sich nicht trennen können.

Auch das können Sie von ihm lernen, zugleich ein vornehmer
und ein geringer Mann zu sein; stolz, wenn es sein muß, aber auch
menschlich theilnehmend, warmherzig für die Leiden der Geringen
Und endlich ist Ihnen Bismarck auch das Vorbild eines deutschen
Patrioten. Der deutsche Patriotismus ist nun einmal anders ge-
artet, wie der anderer Völker . . .**)

---

*) [Hier scheint ein Satz ausgefallen zu sein.]
**) [Hier scheinen einige Sätze zu fehlen.]

Lassen Sie mich hoffen, daß, wenn Sie älter werden und in das Leben eintreten, Sie empfinden werden, welch' eine große Erbschaft des Ruhmes und zugleich schwerer Pflichten auf Ihren Schultern liegt. Sie können die gewaltigen Aufgaben unseres Vaterlandes nur weiter führen, wenn Sie sich frei halten von der kleinlichen Tadelsucht des heutigen Tages, wenn Sie das Große groß nehmen, wie es ist, und sich nicht schämen, sich vor dem wirklich Gewaltigen zu beugen, dann werden die großen Gedanken unseres Kaisers, seines Kanzlers und seiner Feldherren, die ihren Schein in Ihre Jugend geworfen haben, auch im späteren Leben Sie begleiten. Und ich glaube, wir können mit guter Hoffnung in die Zukunft sehen; das junge Geschlecht fängt wieder an, die positiven Tugenden des alten Deutschthums hoch zu halten.

Unter begeisterter Zustimmung forderte der **Redner** nunmehr die Festversammlung auf, dem Fürsten Bismarck einen kräftigen Salamander zu widmen. Als Treitschke die Tribüne verließ, brach von neuem der Beifall los, der minutenlang den Saal durchbrauste.

Max Duncker.*)

Wer erst im höheren Alter eine Zeit weltverwandelnder Geschicke erlebt, dem widerfährt es leicht, daß er gleich dem am heimathlichen Strande erwachenden Odysseus das Land seiner Jugend nicht wieder erkennt. Wie mancher einst wohlverdiente Kämpe der deutschen Einheit hat auf seine alten Tage den Spott oder das Mitleid des jungen Geschlechts erregt, weil er der Geschichte nicht verzeihen konnte, daß sie nicht auf jedem Schritte den Plänen seines eigenrichtigen Kopfes gefolgt war. Aber auch an jugendlichen Alten fehlt es nicht, die lebendig blieben in lebendiger Zeit. Als Fürst Bismarck seinen siebzigsten Geburtstag feierte, übergaben ihm die überlebenden Mitglieder der alten Frankfurter Kaiserpartei einen Glückwunsch, der in bewegten Worten den Zusammenhang zwischen Einst und Jetzt schilderte. Die Unterzeichner rühmten sich, in stürmischen Tagen die Bahn betreten zu haben, welche allein die Nation zur Einheit führen konnte. Doch sie bekannten auch bescheiden, daß ihnen nur vergönnt gewesen sei, ihrer Ueberzeugung festen Ausdruck und bestimmte Fassung zu geben, und brachten ihren Dank „dem Manne, der unseren Glauben zur That gemacht und zum Ziele geführt hat: wer hat eindringlicher und schmerzlicher als wir erfahren, welche Kluft Streben und Erreichen, Gedanken und Vollbringen trennt?“ Diese Zeilen stammen aus der Feder Max Duncker's; sie geben treu die Gesinnung wieder, welche dem ernsten Manne den Abend seines Lebens mit stiller Heiterkeit verklärte.

Von den drei hochverdienten Historikern, die uns dieser grausame Sommer entrissen, hat Jeder auf seine Weise eine Zeit lang die poli=

---

*) [Preuß. Jahrb., Band 58 (Novemberheft 1886), S. 489 ff.]

tischen Geschäfte kennen gelernt und sich also die lebendige Anschauung
vom Staate gebildet, deren kein Geschichtsschreiber großen Stils ent=
rathen kann.   In weit höherem Maaße als Ranke oder Waitz war
Max Duncker eine politische Natur, ohne den derben Ehrgeiz des
Mannes der That, aber von seltener Schärfe des politischen Urtheils,
weit und sicher vorausschauend, ein Publicist ersten Ranges, so ganz
erfüllt von patriotischer Leidenschaft, daß er seine Theilnahme an den
Kämpfen um Deutschlands Einheit als den besten Inhalt seines Lebens
ansah.   Mochten sie siegen oder unterliegen, immer stand er in den
Reihen der Männer, welche die Zeichen der Zeit erkannten.   Schon
in der Paulskirche vertrat er die Ansicht, daß die deutsche Frage nicht
Freiheitsfrage, sondern Machtfrage sei.   Früher als die große Mehr=
zahl der alten Frankfurter Genossen erkannte er die nationalen Ziele
der Bismarckischen Politik und schloß sich ihr freudig an.   Als er
dann das deutsche Reich wieder aufgerichtet und mit der monarchischen
Macht auch die monarchische Gesinnung unseres Volkes neu gekräftigt
sah, da war ihm außer Zweifel, daß die ganze Zukunft der euro=
päischen Gesittung, der geordneten Völkerfreiheit auf dem Bestande
dieses deutschen Staates ruhe; für das Gezänk der Fractionen, für
die Unkenrufe der Undankbaren hegte er nur Verachtung.   Mit immer
neuer Freude, unablässig lernend, suchte er einzudringen in das Ver=
ständniß der Aufgaben, die in raschem Wechsel an das junge Reich
herantraten, und auch bei entlegenen gelehrten Forschungen blieb ihm
immer das Bewußtsein lebendig, daß er mit seiner Arbeit dem Vater=
lande biene.

    Max Duncker's Vorfahren sind durch mehrere Generationen im
preußischen Westphalen als Prediger und Schulmänner thätig ge=
wesen.   Sein Vater Carl besaß in Berlin die Buchhandlung Duncker
und Humblot, die sich durch ihren gediegenen wissenschaftlichen Ver=
lag bald einen geachteten Namen erwarb; der feurige, unternehmende,
lebensfrohe Mann galt auf den Leipziger Messen als eines der an=
erkannten Häupter der Corporation deutscher Buchhändler, in seinem
gastlichen Hause verkehrten mehrere der ersten Berliner Gelehrten und
Künstler.   So wuchs der Knabe in behaglichem Wohlstande auf, in
Umgebungen, wie sie für die Ausbildung eines jungen Gelehrten nicht
günstiger sein konnten.   Den Söhnen gelehrter Väter fällt es meist
schwer zu selbstständigem Denken zu gelangen, weil ihnen allzufrüh
fertige Urtheile eingeprägt werden; dies feingebildete Bürgerhaus bot

der Anregungen genug, ohne doch die Freiheit der Entwicklung zu
beengen. Geboren am 15. October 1811 war Max der älteste von
fünf Brüdern, die einander in den Jahren sehr nahe standen. Es
ging laut her in dem fröhlichen Kreise; der Aelteste zeigte aber frühe
schon seinen ruhigen Ernst, er sammelte sich rasch wieder nach dem
ausgelassenen Lärmen. Als ihn Dr. Wiese, der späterhin berühmte
Pädagog, zuerst in das Alterthum einführte, ließ er sich an den
Sprachregeln nicht genügen, sondern drang eifrig in den sachlichen
Inhalt ein und versuchte den inneren Zusammenhang des Gelesenen
zu beurtheilen. Auch seine politische Gesinnung empfing schon in der
Jugend ihr Gepräge. Im Hause des Vaters lebte die alte preußische
Königstreue als ein Vermächtniß der ravensbergischen Vorfahren.
Der mütterliche Großvater, Bankier Delmar, erzählte den Enkeln
gern von seiner Jugend, von den großen Tagen des alten Fritz; ein
Bruder der Mutter, der kürzlich vom Pariser Siegeseinzuge heim-
gekehrt war, erweckte ihnen die vaterländische Begeisterung der Befreiungskriege.

In seinem achtzehnten Jahre bezog Max Duncker die Berliner,
nachher die rheinische Universität. Böckh, Ranke, Löbell waren seine
Lehrer in Geschichte und Philologie. Zugleich hörte er mit Freude
die Vorlesungen Hegel's, obgleich er dem Kreise der zünftigen Eingeweihten sich niemals anschloß; er verdankte diesen philosophischen
Studien den weiten Gesichtskreis seines historischen Denkens und das
feine Verständniß für das Werden der Ideen. In Bonn wurde er
Burschenschafter zu einer Zeit, da die alte Burschenschaft schon in
mehrere feindliche Parteien zersplittert war. Die Bonner Verbindung
hatte sich, unberührt von dem Pariser Radicalismus jener dreißiger
Jahre, noch die teutonische Schwärmerei der Stifter bewahrt; die
jungen Leute stellten ihr Deutschthum der wälschen Verbildung der
Rheinländer trotzig entgegen und hegten eine warme Verehrung für
die Hohenzollern, zumal für die Königin Luise, daneben freilich auch
allerhand nebelhafte liberale Traumgedanken und den abstracten Ty-
rannenhaß der Jugend; alle ritterlichen Künste standen hoch in Ehren,
und glücklich, wer den deutschen Rhein hinüber und herüber durch-
schwommen hatte.

Dort am Rhein diente Duncker auch sein Jahr ab, bei den jedem
alten Bonnenser wohlbekannten siebenten Uhlanen. Das Regiment
war aus dem Stamme der sächsischen Clemensdragoner gebildet. Alle

26*

Unterofficiere hatten, die Einen für, die Anderen wider Napoleon, in
den Feldzügen seit 1806 mitgefochten, es war ja noch die Zeit der
alten Capitulanten; die Rittmeister trugen sämmtlich das eiserne Kreuz,
und von den beiden höchsten Vorgesetzten, den Generalen Borstell
und Hellwig, erzählten sich die Uhlanen tollkühne Reiterstücke. Der
junge Historiker fühlte sich so wohl unter dem Kriegsvolk, daß er nur
ungern Säbel und Lanze wieder mit den Büchern vertauschte; sein
Lebelang blieb ihm die Vorliebe für das edle Waffenhandwerk, die
Freude an kriegsgeschichtlicher Forschung. Im Sommer 1834 pro=
movirte er in Berlin. Die Doctordissertation über die Geschichte und
die verschiedenen Arten ihrer Behandlung bekundete schon die Viel=
seitigkeit seiner universalhistorischen Bildung, nur die Formeln der
Hegel'schen Philosophie hemmten ihm noch zuweilen die Freiheit der
Gedanken. Beim Disputiren vertheidigte er unter anderen die These:
Die Bildung der Jugend beruht mehr auf dem philologischen als auf
dem naturwissenschaftlichen Unterrichte — einen Satz, bei dem er bis
zum Tode unerschütterlich beharrte. Mittlerweile waren die Dema=
gogenverfolger auf die schwarzrothgoldenen Bänder der Bonner Burschen=
schaft aufmerksam geworden. Auch Duncker ward in eine Untersuchung
verwickelt, die sich durch vier Jahre hinzog, dann zu sechs Jahren
Festung verurtheilt und schließlich vom Könige begnadigt, nachdem er
sechs Monate fleißig arbeitend in leichter Haft auf dem verrufenen
Köpenicker Schlosse zugebracht hatte.

Die Unbill verbitterte ihn nicht. Seine Königstreue war so stark,
daß er bald zu der Einsicht gelangte, in einem edlen Staate müsse
der Bürger auch unvernünftigen Gesetzen unbedingt gehorchen; in
späteren Jahren sagte er über diese polizeilichen Quälereien kurzab:
mit Recht hatte ich zu büßen, daß ich gegen das Gesetz des Staates
gefehlt. Schwerer als die Haft empfand er die Störung seiner Lebens=
pläne. Nach der Begnadigung währte es noch zwei Jahre, bis ihm
endlich (1839) der Zutritt zur akademischen Laufbahn frei gegeben
wurde. Er habilitirte sich in Halle mit einer Abhandlung über die
Kelten in Oberdeutschland, versammelte bald einen Kreis anhänglicher
Schüler um sich, die mit wenigen Ausnahmen allesammt der Richtung
des Lehrers treu geblieben sind, und wurde nach drei Jahren zum
außerordentlichen Professor ernannt. Die Stadt Halle war ihm rasch
zur anderen Heimath geworden; ihm behagte die geistige Regsamkeit
und die tapfere preußische Gesinnung der Bürgerschaft.

Seit der Thronbesteigung Friedrich Wilhelm's IV. begann nun
der Parteikampf in Preußen zu erwachen. Duncker schloß sich den
Liberalen an, wie damals fast jeder gute Kopf, der der unleidlichen
bureaukratischen Bevormundung müde war. Freie Mitwirkung der
Nation bei der Leitung ihrer Geschicke, so lautete die berechtigte Losung des Tages; durch den gerühmten „belgisch=englischen Constitutionalismus" hofften die Besonnenen sie zu erlangen. Um seine Mit=
bürger über das Woher und Wohin der beginnenden Bewegung zu
belehren, hielt er in der Gesellschaft der protestantischen Freunde Vor=
träge über Luther, Kant, Friedrich den Großen, Scharnhorst. Im
Vorgefühl unheilvoller Wirren schrieb er alsdann das kleine Buch
„Ein Wendepunkt der Reformation" und schilderte warnend, wie die
nationale Erhebung unseres sechszehnten Jahrhunderts durch den
Sondergeist der Parteien und der Stände gehemmt, durch die Aus=
schweifungen der socialen Revolution verdorben und schließlich im
Sande des Particularismus verkommen war. Wenige Monate nach=
her gingen die gemäßigten und die radicalen Elemente der liberalen
Opposition bereits auseinander. Das Patent vom 3. Februar erschien
und Duncker sprach sich sofort dahin aus, daß die Stände zwar ihre
Rechte verwahren, aber dem Rufe des Königs zum Vereinigten Land=
tage unweigerlich folgen müßten. Er setzte durch, daß seine Hallenser
eine Dankadresse an den Monarchen sendeten, und ward hart ange=
feindet von den Gesinnungstüchtigen, die sich zu dem Wahlspruch:
Alles oder Nichts! bekannten. Der König verstand nicht, die Gunst der
Stunde zu benutzen, der Vereinigte Landtag ward in Ungnaden entlassen.
Als die Märzrevolution ausbrach, eilte Duncker alsbald nach
Berlin, trat in die Reihen der Bürgerwehr, bezog die Schloßwache,
um mindestens die Person des Königs gegen einen Handstreich schützen
zu helfen. Als erklärter Gegner der Demokratie wurde er dann vom
Saalkreise in die Frankfurter Nationalversammlung gesendet, gegen
die Stimmen einer kleinen Minderheit, die sich um den radicalen Pre=
diger Wislicenus schaarte. In der Partei des rechten Centrums fand
er alte und neue Freunde aus dem Norden, Dahlmann, Simson,
Beseler, Droysen, dazu die schon im parlamentarischen Leben geschulten
Redner aus den süddeutschen Landtagen, Mathy, Bassermann, Soiron;
aus tiefster Seele genoß er die Freuden jenes gedankenreichen und
warmherzigen Freundschaftslebens, das der Geschichte des ersten deut=
schen Parlaments einen so eigenen menschlichen Reiz giebt. Wie alle

seine Genossen sah er in der Bändigung des wüsten Radicalismus
die nächste, dringendste Aufgabe der Nationalversammlung; seine Ab=
stimmung gegen die Wiederherstellung Polens trug ihm eine grimmige
Mißtrauensadresse seiner radicalen Wähler — oder vielmehr Nicht=
wähler — ein, die er gelassen, und nicht ohne gutmüthigen Spott,
abfertigte.   In diesen Kämpfen wider die Anarchie erwarb sich Heinrich
von Gagern durch die Wucht und Würde seiner Persönlichkeit so große
Verdienste, daß er von der Mehrzahl der Freunde, nicht am wenigsten
von Dunder, überschätzt und dann mit einer Führerrolle, die über
seine Kräfte hinausging, betraut wurde.   Noch im Jahre 1850 ent=
warf Dunder in seiner Schrift „Heinrich von Gagern" eine stark
apologetisch gehaltene Charakteristik des Führers der Kaiserpartei,
und an diesem Idealbilde hielt er fest mit der tiefen, rührenden Pietät,
die ein Grundzug seines Wesens war.   Ueber alle anderen Erschei=
nungen jener stürmischen Jahre sprach er im Alter mit der Unbefangen=
heit des Historikers; doch niemals wollte er uns Jüngeren zugeben,
daß ein Mann, der nachher den größten politischen Gedanken seines
Lebens wie ein altes Kleid hinwegwarf und harmlos in das Lager
der Feinde überging, unmöglich den Namen eines großen Staats=
mannes verdiene.

Sobald die Macht der Demokratie durch die Niederwerfung des
Septemberaufstandes vorläufig gebrochen war und das Parlament
endlich in die Verfassungsberathung eintreten konnte, da war Dunder
unter den Ersten, welche den Weg zur Einheit erkannten.   Preuße
vom Wirbel bis zur Zehe, konnte er sich ein einiges Deutschland nur
unter dem Kaiserthum der Hohenzollern vorstellen.   Zum Reden im
Plenum fühlte er sich nicht berufen; um so thätiger war er in den
Parteiversammlungen.   Sein am 20. December der Partei erstatteter
Bericht über die Oberhauptsfrage gab dem dialectischen Proceß, der
sich in den Köpfen der Patrioten abspielte, zuerst einen klaren Ab=
schluß; er zeigte in knappen, schlagenden Sätzen, wie ganz unmöglich
die Trias, der Turnus, der Obmann, der Wahlkaiser und alle die
anderen vorgeschlagenen Verfassungsformen seien: außer der hohlen
Phrase bleibe schlechterdings nichts übrig als das Erbkaiserthum.   Der
Bericht übte in der Stille eine mächtige Wirkung aus; er wurde
nachher, wie es Recht und Brauch der Parlamente ist, von den be=
freundeten Rednern weidlich ausgeplündert; alle seine leitenden Ge=
danken kehrten in Vincke's berühmter Kaiserrede wieder.

Siegreich im **Parlamente** scheiterte die Kaiserpartei an dem Wider=
stande der Krone Preußen. Als König Friedrich Wilhelm sodann ver=
suchte, den Gedanken der preußischen Hegemonie in veränderter Gestalt
zu verwirklichen, da hielt sich Duncker verpflichtet, um der Sache willen
die Form zu opfern und stimmte **auf** der Gothaer Versammlung für
die Unterstützung der preußischen Unionspolitik. Im Herbst 1849
veröffentlichte er das Büchlein „Zur Geschichte der Deutschen Reichs=
versammlung in Frankfurt", eine musterhafte Parteischrift, nahezu das
Beste, was je zur Rechtfertigung der Erbkaiserlichen gesagt wurde.
Denn nichts ist unbilliger zugleich und wohlfeiler, als jener hoch=
müthige realpolitische Treppenwitz, der heute noch zuweilen gegen die
alten Gothaer seine Lanzen **bricht**. Nach den Erfahrungen von vier
Jahrzehnten vermag heutzutage freilich jedes Kind zu begreifen, in
welchem unlösbaren tragischen Widerspruche jenes Parlament **ohne**
Macht sich bewegte: ein Reichstag, dem **die** Oesterreicher als gleich=
berechtigte Mitglieder angehörten, konnte die Trennung von Oester=
reich **nicht** bewirken, und ein König, der von Haus aus „den Rede=
übungsverein von San Paolo Francofurziano" mit schnöder Ver=
achtung behandelte, mußte die Krone von Parlamentes Gnaden ab=
lehnen. Aber ebenso unbestreitbar und ebenso sicher **durch die** Er=
fahrung erwiesen ist auch die Wahrheit, daß es außer dem preußischen
Kaiserthum nur noch eine mögliche Form für den deutschen Gesammt=
staat gab: die Wiederherstellung des Bundestages. Wer also der
Nationalversammlung nicht einen freiwilligen Selbstmord **zumuthet**,
wird ihrer Mehrheit das Zeugniß nicht versagen, daß sie wirklich,
wie Duncker ihr nachrühmte, für die praktische Einigung der Nation
den Grund gelegt, den Kampf mit Oesterreich moralisch durchgekämpft
hat; und sie bewährte bei ihrer undankbaren Arbeit **mehr Geist und**
Bildung, mehr Besonnenheit und Selbstverleugnung **als** unsere heu=
tigen Reichstage mit ihrem sinnlosen Parteihasse. „Die Gegner —
sagte Duncker — welche uns vor dem schmerzlichen Ausgange kritisirten,
hatten damit allerdings das weite und bequeme Gebiet des Möglichen,
aber keinerlei Garantie besseren Gelingens für sich; die uns nach dem
Tode schmähten, konnten wohl auf unserem Scheitern, aber nicht auf
ihren Erfolgen fußen".

Noch immer nicht entmuthigt, hatte sich Duncker inzwischen in
die preußische zweite Kammer wählen lassen; er hoffte mit seinen
Freunden — so gesteht er selbst — der hereinbrechenden Reaction zu

wehren, Preußens Verfassung so weit und frei zu gestalten, daß sie
den Schwerpunkt des constitutionellen Deutschlands bilde „und Oester=
reich aus dem Kreise des politisch übereinstimmenden deutschen Lebens
ausgeschlossen sei". Nach schweren Kämpfen und Zweifeln erlebte er
die Freude, daß in der That ein entwicklungsfähiges Staatsgrund=
gesetz zu Stande kam, aber die Unionspolitik war verloren, weil sie
sich vor ihrem eigenen Siege fürchtete. Die freudige Bereitwilligkeit,
welche Duncker und die anderen Genossen der Gothaer Partei auf
dem Erfurter Reichstag den Unionsministern zeigten, vermochte den
Willenlosen nicht die Kraft des Entschlusses zu erwecken. Preußen
schwankte von einer Halbheit zur anderen und unterwarf sich endlich
dem Willen der Wiener Hofburg. Im Innersten empört, schrieb
Duncker nach dem Tage von Olmütz die werthvollste und wirksamste
seiner politischen Schriften „Vier Monate auswärtiger Politik", eine
schonungslose Verurtheilung der kläglichen Schwankungen der jüngsten
Monate. Er wußte nicht Alles, was uns heute bekannt ist; er ahnte
nicht, daß der König selbst keinen Augenblick an den Krieg gegen
Oesterreich gedacht und den General Gröben, als dieser zur Armee
nach Hessen abging, mit der Mahnung entlassen hatte: „Vermeiden
Sie nur den Kampf"; doch über die Unterlassungssünden des Kriegs=
ministers Stockhausen, über die unverantwortliche Vernachlässigung
der Kriegsrüstungen war er genau unterrichtet. Als in Berlin eine
Untersuchung gegen den Verleger eingeleitet wurde, nannte er sich so=
fort selbst als Verfasser der anonymen Schrift und erklärte, er werde
vor Gericht noch weitere Beweise beibringen. Da wurde das Ver=
fahren eingestellt; man wußte wohl, wie viel häßliche Geheimnisse
noch zu enthüllen waren.

Auch über diesen traurigen Wendepunkt der deutschen Geschichte
wird neuerdings, seit dem Erscheinen des Poschinger'schen Werkes, oft
sehr abschätzig geurtheilt. Man belächelt den patriotischen Schmerz,
der in jenen düsteren Herbsttagen so viele edle deutsche Herzen zer=
marterte, als eine thörichte Gelehrtenlaune, weil Herr v. Bismarck
diese Empfindung noch nicht theilte — und übersieht, daß der Reichs=
kanzler selber im Jahre 1866 mit blutigen Lettern eine vernichtende
Kritik der Politik von 1850 geschrieben hat. Damals stand er noch
mitten in den Lehrjahren, die den Parteimann zum Staatsmann
ausbilden sollten. Was Oesterreichs Herrschaft für unser nationales
Leben bedeutete, war ihm noch nicht klar geworden. Er irrte, wenn

er in der Kammer behauptete, die Ehre der Armee werde durch die
Räumung Kurhessens nicht verletzt. Der Rückzug nach dem Tage
von Bronzell und die höhnischen Briefe, welche der sieglose Sieger,
der baierische General Fürst Taxis, an den preußischen Commandirenden richtete, wurden von unseren Officieren allerdings, und mit Recht,
als eine Demüthigung empfunden, und der Mainfeldzug des Jahres
1866 war schon darum nothwendig, weil das Ansehen der schwarz-
undweißen Fahnen in Süddeutschland einer handgreiflichen Genugthuung bedurfte. Auch über Preußens kriegerische Kraft täuschten
sich die Hochconservativen, weil sie kleinmüthig den Prahlereien der
Wiener Hofblätter Glauben schenkten. Wohl war die militärische Lage
nicht mehr so günstig wie im Sommer 1849, als Preußens Fahnen
schon im Erzgebirge und auf dem Schwarzwald wehten, Oesterreich
und Rußland in Ungarn beschäftigt waren. Aber Preußens Truppen
hatten sich, wo sie zum Schlagen kamen, in Berlin und Schleswig,
in Dresden, in Baden und der Pfalz überall treu und tüchtig gehalten, wenngleich manche Mißstände des alten Landwehrsystems zu
Tage traten; die österreichische Armee dagegen war nicht einmal des
ungarischen Aufstandes Herr und nach einem jämmerlichen Feldzuge
nur durch Rußlands Hilfe gerettet worden, sie bestand zum guten
Theile aus grollenden Polen und Italienern, ungarischen und Wiene-
rischen Insurgenten, sie konnte, wenn in Berlin ein starker Wille
herrschte, schwerlich dem Loose entgehen, dem sie noch in allen ihren
Feldzügen gegen Preußen regelmäßig verfallen war. Aber dieser
Wille fehlte; bei dem Charakter und der Gesinnung des Königs war
ein Entscheidungskampf gegen Oesterreich unmöglich. Darum bleibt
Dunckers harter Tadel über den Umschwung der preußischen Politik
doch vollberechtigt; nach Allem was geschehen, konnte der Berliner
Hof nicht mehr in Ehren zurückweichen. Zur Ergänzung der „Vier
Monate" erschien bald nachher die Schrift „Vier Wochen auswärtiger
Politik"; sie war von C. Samwer, mit Beihilfe P. Forchhammer's,
verfaßt, auch Duncker gab einen Beitrag dazu. Nach der Schlacht von
Idstedt stellte er sich, wie Heinrich Gagern, der schleswig-holsteinischen
Statthalterschaft zur Verfügung; dort war aber Ueberfluß an Cavallerie-
Officieren, man bediente sich nur seiner Feder. In der Kammer hielt
er noch eine Weile aus und schilderte im Sommer 1851 in einem
Rechenschaftsberichte, wie zäh und tapfer die altliberale Minderheit
die neue Verfassung gegen die Angriffe der Feudalen vertheidigt hatte.

Es kamen die müden Jahre der Reaction. Das öffentliche Leben schien fast erstorben, nur in der Stille streute die historische Wissenschaft den Samen einer kräftigeren politischen Bildung aus. Auch Duncker kehrte zum Katheder zurück. Er hatte Jahre gebraucht, um im akademischen Lehramte sattelfest zu werden und wieder Jahre in politischen Kämpfen verbracht; als Geschichtsschreiber war er noch nicht aufgetreten, nur die neue Ausgabe von Becker's Weltgeschichte, dem beliebtesten Verlagswerke des Vaters, verdankte ihm die Bearbeitung einiger Bände. Jetzt legte er die letzte Hand an ein lang vorbereitetes großes Werk und veröffentlichte in rascher Folge die ersten vier Bände der Geschichte des Alterthums.

Das Buch erwarb ihm mit einem Schlage einen gefeierten Namen in der gelehrten Welt; seine Lehrthätigkeit gestaltete sich von Jahr zu Jahr erfolgreicher; das einfach glückliche Hauswesen, das ihm seine Gattin, eine Tochter des verdienten Hallenser Arztes Guticke, geschaffen hatte, wurde ein Sammelplatz für die beste Gesellschaft der Stadt. Aber auch erbitterte Feinde waren ihm aus den politischen Kämpfen erwachsen. Heinrich Leo, der jungen liberalen Collegen fast immer liebenswürdig entgegenkam, haßte die alten Gothaer mit dem ganzen Ingrimm des wälschen Blutes, dessen er sich so gern rühmte; er haßte vornehmlich Duncker und dessen treuen Kampfgefährten Rudolf Haym. Nicht anders dachten der Curator und mehrere ältere Professoren; man warnte die Studenten vor den gefüllten Hörsälen der beiden gefürchteten „Rothen". Preußen wurde in jenen Tagen, obgleich seine Verfassung noch kaum fest stand, zum ersten und hoffentlich zum letzten Male streng nach den Grundsätzen des Parlamentarismus regiert; die Minister stützten sich auf eine ergebene Mehrheit in beiden Kammern, besetzten alle irgend wichtigen Aemter ausschließlich mit ihren Gesinnungsgenossen und zeigten der Welt, wohin ein monarchischer Beamtenstaat geräth, wenn er dem Fluche der constitutionellen Parteiherrschaft verfällt. Auch der Cultusminister v. Raumer hörte allein auf die Rathschläge der Hochconservativen. Duncker hatte einen Ruf nach Basel kurzerhand abgelehnt, weil er sein Preußen nicht verlassen wollte, er war von der Universität Greifswald dem Minister mehrmals vergeblich für den Lehrstuhl der alten Geschichte vorgeschlagen worden; in seinem sechsundvierzigsten Jahre blieb er noch immer außerordentlicher Professor mit 400 Thalern Gehalt, ohne Aussicht auf Beförderung.

Schweren Herzens entschloß er sich im Herbst 1857 einem Rufe nach Tübingen zu folgen. Außer seinem Frankfurter Parteigenossen Rümelin fand er dort nur wenige Bekannte und bei Alt und Jung überall eine maaßlose Erbitterung gegen Preußen; sogar unter den Studenten hatten die Norddeutschen einen schweren Stand, die Eingeborenen verkehrten ungern mit den „gemüthlosen Nordkaffern". Für tapferen und geistvollen Freimuth sind aber die Schwaben immer empfänglich gewesen. Ueberraschend schnell gewann Duncker Boden, die kurzen anderthalb Jahre in Tübingen wurden die schönste Zeit seines akademischen Lebens. Großes Aufsehen erregte ein Vortrag über „Feudalität und Aristokratie", der nachher im Druck erschien; offenbar angeregt durch Gneist's Schriften, welche damals den Deutschen zuerst das Verständniß für den wirklichen englischen Staat erschlossen, zeichnete er hier in großen Zügen die Geschichte des englischen, des französischen, des deutschen Adels und gelangte zu dem Schlusse, der große Grundbesitz in Deutschland müsse ernsthaft die feudale Stellung mit der communalen vertauschen, wenn er in dem neuen Verfassungsleben obenauf bleiben wolle. Als Duncker in seinem letzten Tübinger Semester über neueste Geschichte las, war Alles, was die Stadt an geistreichen Männern besaß, im Saale versammelt; sogar Ludwig Uhland, der unverbesserliche Gegner Preußens, fehlte niemals. Die ganz frei gehaltenen Vorträge wirkten nicht durch hohen rednerischen Schwung, sondern durch tiefen Ernst und patriotische Wärme, durch die unerschrockene Selbstständigkeit des Urtheils, die sichere Beherrschung des Stoffs und, wie alle echten Reden, durch die Macht einer starken Persönlichkeit; die militärisch straffe Gestalt, die ausdrucksvollen von schneeweißem Haar und Bart umrahmten Züge, die leuchtenden Augen unter buschigen Brauen stimmten wohl zu den kräftigen Worten.

Er war auf dem Wege, sich in Schwaben eine politisch und wissenschaftlich ebenso fruchtbare Lehrerstellung zu begründen, wie sie Häusser zur selben Zeit in Heidelberg besaß. Da wurde er abermals, und nicht zu seinem Glücke, durch die Politik dem akademischen Berufe entfremdet. Während der letzten Jahre hatte er sich nur einmal an den Debatten der Tagespolitik betheiligt, durch eine Flugschrift „Preußen und Rußland", die während des orientalischen Krieges (1854) erschien. Sie war noch ganz erfüllt von dem begreiflichen, aber gefährlichen Irrthum, der seit der legitimistischen Tendenzpolitik

Metternich's überall die liberale Welt beherrschte, von der Meinung nämlich, daß die Gruppirung der Staatengesellschaft durch die inneren Zustände der Staaten bestimmt würde; darum sollte England „der einzige natürliche Alliirte" des constitutionellen Preußens und unser Staat verpflichtet sein, die Westmächte in ihrem Kriege gegen Ruß=land zu unterstützen. Als stolzer Patriot verwahrte er sich freilich dawider, daß dem französischen Heere der Durchmarsch durch Deutsch=land gestattet würde; doch er sah nicht, **daß** Preußen dann, **nach** seiner geographischen Lage, die ganze Last eines Krieges, **der unseren** Interessen fern lag, fast allein auf seine Schultern hätte nehmen müssen. Er sah noch weniger, daß es noch einen anderen Weg gab, um diese Händel zum Wohle Deutschlands auszubeuten: wenn Preußen, sobald Frankreichs Heere im Oriente festgenagelt waren, sich in kühner Schwenkung an Rußland anschloß und zur Befreiung Schleswig=Holsteins vorschritt. Diese Möglichkeit wurde von dem Publicisten nicht einmal erwogen, denn ein Bündniß mit dem czarischen Absolu=tismus erschien wie ein Hochverrath an der liberalen Sache.

Seitdem hatte sich die Lage der Welt verwandelt. Nicht Ruß=land, sondern das napoleonische Frankreich war jetzt die führende Macht Europas, und unabweisbar drängte sich die Frage auf, ob es nicht hohe Zeit sei, die Arbeit des Frankfurter Parlaments mit neuen Mitteln wieder aufzunehmen, dem unberechenbaren westlichen Nachbarn endlich eine festgeschlossene deutsche Macht entgegenzustellen. Für diesen Zweck mußte jeder Bundesgenosse, wo er sich auch fand, willkommen sein. In stillem Nachdenken riß Duncker sich los von den letzten Fesseln der liberalen Parteidoctrin, und die giftigen Schmähungen, mit denen die englische Presse jede Regung unseres nationalen Ge=dankens verfolgte, konnte ihn in der neugewonnenen freieren An=schauung der **europäischen Politik nur bestärken.** Er ging noch weiter, er erkannte — wohl zuerst unter den alten Frankfurter Freunden — daß die Lösung der deutschen Frage nicht nothwendig durch den Libe=ralismus allein erfolgen müsse. Ein fridericianischer Wille, der das **rettende Wort** „los von Oesterreich" unerschrocken aussprach und mit dem Schwerte durchsetzte, das war es, was den Deutschen fehlte. Faßte **die** Krone Preußen diesen Entschluß, so mußten alle Partei=rücksichten schweigen; dem geeinten Deutschland war dann ein hohes Maaß politischer Freiheit sicher, dafür bürgten der ganze Zug der Zeit und die rasch anwachsende **Macht** des Bürgerthums. Unter

diesem Gesichtspunkte betrachtete Duncker auch den Regierungswechsel
in Preußen. Er freute sich der **neu** erwachenden politischen Regsam=
keit und begrüßte dankbar die Verheißung des Prinzregenten: Preußen
solle moralische Eroberungen in Deutschland machen. Doch er kannte
jetzt die Stimmungen in Süddeutschland zu genau, um sich von solchen
Eroberungen große Erfolge zu versprechen, so lange nicht Preußen
durch die That den Zweifelnden seine **Macht erwiesen** hatte.

Für solche Entscheidungen schien im Frühjahr 1859 die **Stunde**
zu schlagen, als der italienische Krieg in Sicht stand; wenn **Preußen**
diese Verwicklung recht benutzte, so konnte ihm zum mindesten der
Oberbefehl über das deutsche Bundesheer nicht entgehen und die
deutschen Dinge **kamen** endlich in Fluß. **Eben** in diesen erwartungs=
vollen Tagen erhielt Duncker die Aufforderung, als Geh. Rath die
Leitung der Central=Preßstelle in Berlin zu übernehmen. Es war
nicht Ehrgeiz was ihn bewog, die beglückende Lehrthätigkeit für eine
unsichere Zukunft dahinzugeben, sondern sein altpreußisches Pflicht=
gefühl. Er wollte sich nicht versagen, wenn er vielleicht mit dazu helfen
konnte, seinen Staat wieder in die Bahnen Friedrich's des Großen
hinüberzulenken. In Berlin wurde er von dem Fürsten Hohenzollern
vertrauensvoll aufgenommen, er trat ihm rasch näher und gewann
eine tiefe Verehrung für die hochherzige vaterländische Gesinnung des
edlen Fürsten. Aber er erkannte nur zu bald, daß die Politik **der**
freien Hand, die es mit Niemand verderben wollte, nie ein großes
Ziel erreichen konnte. Der günstige Augenblick ward versäumt. Bevor
Preußen in den Kampf eingreifen konnte, wurde der Vertrag von
Villafranca geschlossen, Kaiser **Franz** Joseph opferte die Lombardei
und stieß Preußens dargebotene Hand zurück, weil er seine Herrscher=
stellung **im** Deutschen Bunde behaupten, den Hohenzollern die Führung
des deutschen Heeres nicht gönnen wollte. Duncker that was möglich
war, **um die** preußische Staatskunst vor der aufgeregten öffentlichen
Meinung zu vertheidigen. Er knüpfte Verbindungen an mit den
wenigen süddeutschen Blättern, welche sich in dem allgemeinen Taumel
österreichischer Kriegsbegeisterung noch ein Verständniß für Preußens
Selbstständigkeit bewahrt hatten; auf seine Veranlassung erschienen
die Schriften von Theodor v. Bernhardi über die Reform der Heeres=
verfassung, von Aegidi über **Preußen und** den Frieden von Villa=
franca. An guten Gedanken und gewandten Federn war kein Mangel,
und über die reinen Absichten der Regierung konnte sich Duncker aus

der Nähe unterrichten, als er im Juli 1860 im Gefolge des Fürsten Hohenzollern der Zusammenkunft von Baden-Baden beiwohnte. Dort verschwendete Napoleon III. seine freundlichsten Worte: er wisse wohl, Preußen allein habe den Vertrag von Villafranca verschuldet, er aber hege keinen Groll, sondern wünsche für Preußen eine Macht= erweiterung im Norden; für alle diese lockenden Andeutungen blieb Preußens Krone völlig unzugänglich. Doch mit Treu und Redlich= lichkeit allein war in dem deutschen Wirrwarr nichts auszurichten. Die Gehässigkeit der Hofburg, der Uebermuth der Mittelstaaten wuchs zusehends, allen wohlgemeinten Bemühungen des Berliner Hofes zum Trotz rückte weder die kurhessische noch die schleswig=holsteinische Frage von der Stelle.

Schmerzlich enttäuscht mußte Duncker sich gestehen, daß er das schwere Opfer umsonst gebracht habe und im Dienste dieses Cabinets seine Kraft nur vergeude. Im Jahre 1861 war er schon entschlossen, den Lehrstuhl Dahlmann's in Bonn, den ihm der Minister Beth= mann=Hollweg angeboten hatte, zu übernehmen; da ließ ihn der Kronprinz auffordern, als vortragender Rath sich seiner Umgebung anzuschließen. Er nahm an. Mehrere Jahre hindurch hat er dann durch regelmäßige Berichte und zahlreiche Denkschriften dem Thron= folger über die politische Lage Auskunft gegeben, während er zugleich eine Zeit lang wieder im Abgeordnetenhause thätig war. Sein poli= tisches Urtheil hatte sich jetzt völlig geklärt und gefestigt. In dem Streite über die Heeresreform stand er von Haus aus im Lager der Krone; er wollte das Schwert der deutschen Einheit scharf geschliffen sehen und hatte von der Mobilmachung des Sommers 1859 genug kennen gelernt, um die Mängel des alten Systems richtig zu würdigen. Auch als nachher die Militärfrage mit dem unseligen Zerwürfniß wegen des Budgetrechts sich verkettete, blieb er der festen Meinung, das höhere Recht, die reifere Einsicht sei auf Seiten der Krone, ob= wohl er die Verletzung des formalen Verfassungsrechtes bedauerte. In den Correspondenzen, die er vom April 1861 bis zum August 1862 allmonatlich für die Preußischen Jahrbücher schrieb, trat er der zunehmenden Verbitterung des Liberalismus scharf entgegen: er mahnte die leidenschaftlichen Ankläger des Junkerthums, es gelte nicht die preußische Aristokratie zu vernichten, sondern sie zu gewinnen und für die Selbstverwaltung des constitutionellen Staates zu erziehen; er warnte die Opposition, nicht durch maaßlose Tadelsucht den guten

Ruf Preußens zu zerstören, nicht über dem Verfassungsstreite die
großen Aufgaben der deutschen Politik zu vergessen, denn dieser Land=
tag sei keineswegs der Ausdruck einer dauernden Volksgesinnung,
sondern nur das Geschöpf augenblicklicher Erregung. Unbekümmert
um die Pessimisten ringsum sprach er schon die zuversichtliche Hoff=
nung aus, „daß der Ruf Vorwärts! heute wie 1813 für Preußen
genügt, um Alles einig und alle unsere Zustände gesund zu machen".

Aber wer sollte diesen Ruf erheben? Im Frühjahr 1862, als
das liberale Ministerium gefallen war, führte Duncker in mehreren
Denkschriften an den Kronprinzen aus: die deutsche Frage sei mit
liberalen Sympathien nicht zu lösen; durch bewaffnetes Einschreiten
in Schleswig=Holstein müsse sich Preußen die militärische Führung
Deutschlands erringen; zeige sich Graf Bernstorff, der neue Minister
des Auswärtigen solchen Aufgaben nicht gewachsen, so könne das
Cabinet an dem Gesandten v. Bismarck „eine politische und parla=
mentarische Capacität" gewinnen. Ein halbes Jahr später trat das
Ministerium Bismarck ins Amt. Mit heller Freude begrüßte Duncker
die erste schöne Waffenprobe des neugestalteten Heeres; nach der
Befreiung Schleswig=Holsteins sah er sogleich voraus, daß die deutsche
Nordmark nur als preußische Provinz ein gesichertes Glück finden
werde. Damals, in den schwülen Tagen, kurz vor dem deutschen
Kriege, lernte ich ihn näher kennen, und nie werde ich vergessen, wie
sein klares Urtheil, seine genaue Kenntniß der preußischen Zustände
mich befestigte in den politischen Gedanken, die ich aus dem entlege=
nen Freiburger Winkel heraus, mehr ahnend als wissend, aus=
gesprochen hatte.

Beim Ausbruch des Krieges ging Duncker im Auftrag des Grafen
Bismarck nach Kurhessen, um „die Beziehungen zwischen der preußi=
schen Occupation und dem Lande zu vermitteln", wie die Weisung
lautete. Im ersten Augenblicke schien es noch zweifelhaft, ob nicht
die eroberten Lande selber bei der provisorischen Verwaltung mit=
wirken würden; man erfuhr jedoch in Hessen wie in Hannover, daß
die Oppositionspartei nur bereit war, die Einverleibung zu ertragen,
nicht sie unmittelbar zu fördern. Preußen sah sich genöthigt, die Leitung
der Verwaltung allein in die Hände seiner eigenen Beamten zu legen.
Mit dem Erscheinen des Präsidenten v. Möller in Kassel war
Duncker's Aufgabe erledigt, und er wurde auf seinen Wunsch abbe=
rufen. In diesen Wochen erbat er sich auch die Entlassung aus

seiner Stellung beim Kronprinzen, da der Prinz bekanntlich mit dem
Systeme des Grafen Bismarck nicht überall einverstanden war. Dann
wurde ihm noch die Genugthuung, daß er als Mitglied des ersten
norddeutschen Reichstags, im Verein mit Simson und einigen anderen Getreuen der Kaiserpartei, den in Frankfurt zusammengebrochenen
Bau des deutschen Staates mit unter Dach bringen durfte.

Im Frühjahr 1867 erhielt er einen Ruf nach Heidelberg, an
Häusser's Stelle. Die Versuchung war groß, alle die freundlichen
Erinnerungen an die schwäbische Neckarstadt erwachten wieder. Doch
einen zweiten Abschied von seinem Preußen konnte er nicht über
das Herz bringen; er lehnte ab, sobald ihm in der Heimath das
Directorium der Staatsarchive und zugleich ein Sitz in der Berliner
Akademie angeboten wurde. Bis dahin galten die Archive für das
Stiefkind der preußischen Verwaltung; Dürftigkeit, Geheimnißkrämerei,
fiscalische Angst erschwerten die Benutzung für die wissenschaftliche
Forschung, zuweilen selbst für die praktischen Zwecke der Behörden.
Erst Duncker's durchgreifende Thätigkeit hat diesen Bann gebrochen,
also daß die Archive aus fiscalischen zu Landesanstalten wurden. Auf
dem Grunde, den er gelegt, hat sich dann unter seinem Nachfolger
H. v. Sybel das preußische Archivwesen zu einer reicheren, fruchtbareren Wirksamkeit erhoben. Er erließ alsbald Vorschriften für die
erleichterte Benutzung der Archive, legte den Vorständen die Pflicht
auf, für die Vermehrung ihrer handschriftlichen Schätze zu sorgen —
was bisher aus falscher Sparsamkeit fast ganz unterblieben war; er
vereinigte das Ministerialarchiv des alten Generaldirectoriums mit
dem Geheimen Staatsarchiv, sorgte für Verstärkung des Personals,
für die Vermehrung der Bibliotheken und fand bei seinem Chef, dem
Fürsten Bismarck, stets die Genehmigung seiner Vorschläge, so daß
sich die Ausgaben des Ressorts unter seiner achtjährigen Verwaltung
fast verdreifachten. Dazu große Neubauten in Berlin, Breslau,
Posen, Stettin, Düsseldorf. Zugleich mußte das Archivwesen der
neuen Provinzen mit dem altpreußischen verschmolzen werden. Die
Archive von Aurich und Idstein wurden ganz neugestaltet, die drei
hessischen gemeinsam in dem schönen alten Marburger Schlosse unter-
gebracht. In Schleswig=Holstein bestand noch kein Landesarchiv; die
wichtigsten Acten lagen in Kopenhagen; erst nach langwierigen Verhandlungen entschloß sich Dänemark, seine deutschen Papiere aus-
zuliefern; währenddem ward auch in der Provinz emsig gesammelt

und Alles, was sich zerstreut vorfand, in dem neuen Landesarchiv zu
Schleswig zusammengestellt.

Unter den **Benutzern** der also neugeordneten Actenschätze war
keiner fleißiger als der Director selber. Sein Amt führte ihn von
selbst zur Durchforschung der ersten Quellen preußischer Geschichte.
Mit unserem siebzehnten Jahrhundert **war er bereits näher** vertraut,
da er die Herausgabe der Urkunden zur Geschichte **des großen** Kurfürsten mit zu leiten hatte. Jetzt fesselten ihn vornehmlich **das** friede-
ricianische und das napoleonische Zeitalter. In einer langen Reihe
von Abhandlungen legte er die Ergebnisse dieser Untersuchungen
nieder; einige davon sind **unter** dem Titel: „Aus der Zeit Friedrich's
des Großen und Friedrich Wilhelm's III." gesammelt erschienen.
Auf die Dauer ward **ihm** das Einerlei der Verwaltungsgeschäfte **doch**
lästig; **er** sehnte sich nach gelehrter Muße und nahm zu Neujahr 1875
seinen **Abschied.**

Seitdem lebte er ganz der Wissenschaft, bearbeitete die Geschichte
des Alterthums von Neuem und setzte das Werk bis zum neunten
Bande fort, während **er** zugleich seine preußischen Forschungen weiter-
führte. An die Oeffentlichkeit trat er nur noch hinaus, wenn er in
der Akademie, zumeist über Streitfragen der griechischen Geschichte,
eine Abhandlung vortrug. Auch die Vorlesungen über neueste Geschichte, die er schon seit einigen Jahren **an der** Kriegsakademie hielt,
gab er nicht auf; er dachte sehr hoch von diesem Lehramt und sagte
oft, für die wissenschaftliche Ausbildung der deutschen Officiere sei **die**
beste gelehrte Kraft gerade gut **genug.** In seinem Hause versammelte **sich noch immer von Zeit zu Zeit ein** Kreis befreundeter Ber-
liner, unter denen der Hausherr in der Regel der einzige **wirkliche**
Berliner war; die alten Gefährten aus Frankfurt, Halle, Tübingen
sprachen **unfehlbar bei ihm** vor, so oft sie die Hauptstadt besuchten,
denn **er verstand wie Wenige,** die Herzen, **die er** gefunden, für das
Leben festzuhalten, **und das** Einzige, **was er** nie verzieh, war der
Verrath an alter Freundschaft. Unerschöpflich war seine Theilnahme;
ich darf es sagen, denn immer, wenn mir das Leben gar zu schwer
zu werden schien, habe ich den warmen Blick seiner Augen, den Druck
seiner treuen Hände gefühlt. Unter **seinen** Altersgenossen standen
ihm Carl Mathy und Droysen am **nächsten.** Beiden hat er nach
ihrem Tod ein schönes biographisches **Denkmal** gesetzt. Mit Droysen

verband ihn fast durch sein ganzes Leben die Verwandtschaft der uni=
versal=historischen Bildung und eine fast vollkommene Uebereinstim=
mung der sittlichen und politischen Gesinnung. Sie konnten einander
nicht entbehren, den Samstag Nachmittag hielt sich der rastlos arbei=
tende Droysen immer frei, um mit dem alten Freund in's Grüne
zu gehen. Dabei gingen ihre natürlichen Anlagen doch so weit
auseinander, wie es zum Bestande einer dauerhaften Freundschaft
nöthig ist: Droysen besaß eine künstlerische Ader, welche dem Freunde
fehlte, dafür war dieser unbefangener, milder im Urtheil über Men=
schen, und in der Politik empfänglicher für die neuen Gedanken der
verwandelten Zeit. An dem jungen Geschlechte ward er niemals
irr; er erkannte bald, daß in der Kaisertreue, in dem christlichen und
nationalen Enthusiasmus der Studenten der Idealismus der alten
Burschenschaft wieder auflebte, daß die alten Parteien sich zersetzten,
und die reformatorischen Gedanken jetzt meist unter conservativer Flagge
segelten.

Die Fruchtbarkeit von Duncker's Feder wuchs mit den Jahren,
seine Kraft war ungeschwächt, und fast schien es, als solle er zu den
Glücklichen gehören, die im hohen Alter ihr Bestes leisten. Als die
Berliner philosophische Facultät ihm zum fünfzigjährigen Jubelfeste
sein Doctordiplom erneuerte, ließ sie fast gleichzeitig — ein un=
erhörter Fall — bei ihm anfragen, ob er sich nicht entschließen
könne, die Professur Droysen's, dessen Titel als Historiograph von
Brandenburg er schon geerbt hatte, zu übernehmen; unter allen
Historikern, die in Frage kamen, schien keiner durch die Vielseitigkeit
seiner Bildung so ganz geeignet für diese Stelle. Duncker lehnte
ab, und wir wissen heute, daß er das Maaß seiner Lebenskraft
richtig geschätzt hat. Leidend, aber dem Anscheine nach nicht ernst=
lich erkrankt, trat er im Hochsommer eine Erholungsreise an; da
wurde er am 21. Juli unterwegs, im altbrandenburgischen Ansbach,
vom Tode ereilt.

In den historischen Schriften seiner reifen Jahre hatte Duncker
die beiden entgegengesetzten Forschungsmethoden zu bewältigen, welche
die alte und die neue Geschichte dem Bearbeiter auferlegt. Dort
gilt es, aus dürftigen, oft farblosen oder abgerissenen Nachrichten ein
lebensvolles und doch nicht willkürliches Bild zu gestalten; hier: den
massenhaften Stoff so lange zu sichten und zu durchdenken, bis die
entscheidenden Thatsachen aus der Fülle des Geschehenen mit über=

zeugender Klarheit heraustreten. Diese zweifache Kunst, aus Weni-
gem Viel und aus Vielem Wenig zu machen, besaß er in der That.
Seine Abhandlungen aus der neuen Geschichte geben stets, auch
wenn sie sich tief in Einzel-Untersuchungen verlieren, einen deutlichen,
Begriff von den wesentlichen, die Entwicklung bedingenden Ereignissen. Er hatte einst zu Ranke's Füßen gesessen und lernte gleich
allen denkenden Historikern unserer Tage auch in späteren Jahren
noch viel von dem Altmeister. Aber ein Schüler Ranke's war er
nicht, wie er denn überhaupt nichts wissen wollte von jenen stillvergnügten Seminar-Sprößlingen, welche ihr Leben lang ihre Windeln
mit sich herumtragen und den Spitznamen des Schülers wie einen
Ehrentitel führen. Mit seiner preußischen Auffassung der neuen deutschen Geschichte trat er sogar in bewußten Gegensatz zu den Ansichten
Ranke's, die sich von der alten kursächsisch-österreichischen Tradition
nicht sehr weit entfernten. Nach dem Rechte des Meisters stellte er
sich seine eigenen Ziele. Er suchte die Objectivität des Historikers
nicht im Verschweigen des eigenen Urtheils, sondern in der unerbittlich genauen Feststellung des Thatbestandes. Sparsam mit Betrachtungen, sprach er doch immer unzweideutig aus, auf welcher Seite
die treibenden Kräfte der Zeit recht erkannt worden seien. Dies Recht
des relativen Urtheils, des einzigen, das dem Historiker zusteht, ließ
er sich nicht nehmen; die absolute Sonderung der Böcke von den
Schafen überließ er als geistreicher Mann den Sittenpredigern und
dem jüngsten Tage.

Das wichtigste Ergebniß seiner archivalischen Forschungen war
die Abhandlung „Preußen während der französischen Occupation"
nebst ihrem Anhange über die an Frankreich gezahlte Milliarde. Sie
brachte unser historisches Urtheil über die napoleonische Kriegszeit zum
ersten Male seit Häusser's Werke wieder um einen großen Schritt
vorwärts und stellte die still den Befreiungskrieg vorbereitende Politik
Hardenberg's in das rechte Licht; auf ihr fußen alle neueren Darstellungen jener Epoche. Ebenso neu war zur Zeit ihres Erscheinens
die Untersuchung über die Besitzergreifung von Westpreußen; hier
wurde die Geschichte der ersten Theilung Polens zuerst ausführlich
vom Standpunkte der deutschen Politik aus dargestellt, was bisher
nur beiläufig in einzelnen Abschnitten größerer Werke versucht worden
war. Gegen die gehässigen Märchen, mit denen Prinz Heinrich und
sein Rheinsberger Kreis den Feldherrnruhm des großen Königs ver-

kleinert haben, wendete er sich in dem schönen Aufsatze über die Schlacht
von Kollin, und herzlich war seine Freude, als einige Jahre später
das Ansehen der einst hochgepriesenen Rheinsberger Fabelschmiede durch
das Buch seines Freundes Theodor v. Bernhardi den Todesstoß
empfing. In dem Aufsatze „eine Flugschrift des Kronprinzen Fried=
rich" führte er den Nachweis, daß die berühmten Considérations sur
l'état présent du corps politique de l'Europe nicht als ein politi=
sches Glaubensbekenntniß des Kronprinzen zu betrachten sind, sondern
als eine geschickte Gelegenheitsschrift, darauf berechnet, die Seemächte
zur Wachsamkeit gegen Frankreich zu mahnen. Auch unter den übrigen
Abhandlungen: über Hardenberg's Denkwürdigkeiten, über Napoleon's
englische Landungspläne, über Englands Politik im siebenjährigen
Kriege u. s. w. ist keine, die nicht durch neue Gedanken oder that=
sächliche Mittheilungen die Wissenschaft gefördert hätte. Wo Duncker
im Urtheil fehlgreift, da ist es fast immer die Pietät für die Hohen=
zollern, was ihn in die Irre führt. Die monarchische Gesinnung war
so fest mit seinem ganzen Wesen verwachsen, daß er, wo auf das
königliche Haus die Rede kam, zuweilen unwillkürlich die Sprache
des Anwalts, nicht des Richters führte.

Die ersten Bände der Geschichte des Alterthums erregten bei
ihrem Erscheinen allgemeines Erstaunen in der philologischen Welt;
denn seit vielen Jahren waren die Sprachforscher und die Geschichts=
schreiber des alten Orients, jede Zunft für sich, ihres Weges gegangen,
ohne nach einander zu fragen. Duncker zuerst wagte beide Forschungs=
kreise zu verbinden, die großen Ergebnisse der linguistischen Forschung
für die historische Erkenntniß zu verwerthen. Und dieser kühne Ver=
such gab sich keineswegs für eine harmlose Compilation aus, er erhob
den Anspruch, auch seinerseits die Arbeit der Orientalisten zu be=
fruchten: „die Wissenschaft ruht nicht minder auf der Sichtung der
Unterlagen, der Feststellung der Thatsachen, als auf deren Verständ=
niß, deren Zusammendenken; nicht nur in und durch die Theile ist
das Ganze, aus dem Ganzen empfangen die Theile Leben und Licht".
Da Duncker selbst kein Linguist war, so bedurfte er einer seltenen
Geduld und Selbstverleugnung, um jahrelang den Forschungen An=
derer zu folgen, die zahllosen Hypothesen einer noch jugendlichen
Wissenschaft vergleichend zu prüfen. Durch kritischen Scharfblick, pein=
liche Gewissenhaftigkeit und einen angeborenen Sinn für das Wahre
fand er sich doch zurecht, und verschmolz mit den probehaltigen Re=

sultaten der **Linguiſtik die** aus den griechiſchen Quellen durch eigene
Forſchung gewonnenen Ergebniſſe zu einem Geſammtbilde, das auf
der Höhe der modernen Wiſſenſchaft ſtand. **Selbſt Alfred v. Gut**-
ſchmid, der gefürchtete Kritiker, **bewunderte** den Tact, der hier faſt
überall die Spreu vom Weizen geſchieden hatte; wohl **nur** an wenigen
Stellen mag Duncker, wie Gutſchmid ihm vorwarf, halberwieſene Vermuthungen der Aſſyriologen vorſchnell **als geſichert angenommen haben.**
In der theokratiſchen Geſchichte des **Orients** tritt **das religiöſe Leben
in den Vordergrund, und** dabei **kommt** dem Erzähler **die ſtrenge philo**-
ſophiſche Schulung ſeiner Jugendjahre **zu ſtatten.** Mit Unrecht hat
man **aus dieſer** unbefangenen Schilderung der religiöſen Wandlungen
des Morgenlandes den Schluß gezogen, Duncker ſei ein **Geſinnungs**-
genoſſe **von Strauß und Renan** geweſen. Er war vielmehr **ein über**-
zeugter Chriſt und **bekannte ſich** dazu, ein evangeliſcher Chriſt, der **auf**
dem Proteſtantenrechte der **freien** Forſchung beſtand. Da er wie **alle**
ernſten **hiſtoriſchen Denker** die Kraft **des** gottbegeiſterten Willens ſehr
hoch anſchlug, **ſo konnte er** ſich die welterſchütternde Wirkſamkeit des
Chriſtenthums **nur** aus der Macht einer Alles überragenden Perſön-
lichkeit erklären, und hielt es für unwiſſenſchaftlich, die hiſtoriſche Ge-
ſtalt Jeſu im Nebel des mythenbildenden Princips zerfließen zu laſſen;
er betrachtete die ſelbſtgefällige religiöſe Gleichgiltigkeit der modernen
Bildung als ein Zeichen innerer **Schwäche,** die Kirchenfeindſchaft des
Radicalismus geradezu als ein Verbrechen wider die Grundlagen der
Geſittung.

Schon in der älteren **orientaliſchen Geſchichte** finden ſich einzelne
durchaus ſelbſtſtändig gehaltene Abſchnitte, **ſo** die Schilderung der
Zeiten Samuelis. Je mehr ſich die Erzählung **den** Grenzen des
Abendlandes **nähert, um ſo freier und** eigenthümlicher wird die Darſtellung, **und bei dem Perſerreiche, „dem** erſten hiſtoriſchen Verſuch
einer wirklichen **Regierung",** zeigt ſich Duncker ſchon in ſeiner Stärke,
als politiſcher **Hiſtoriker. Ganz und** gar politiſch iſt die griechiſche
Geſchichte **gehalten.** Die Energie des politiſchen Urtheils wirkt hier
ſo **ſtark, daß der Leſer** manche Mängel der Form, auch die übermäßige Breite der Darſtellung gern vergißt. Ueberzeugend für jeden
politiſchen Kopf wird das tragiſche Verhängniß der griechiſchen Geſchichte geſchildert, das **in** der ſeltſamen politiſchen Beſchränktheit des
helleniſchen Genius ſeine Erklärung findet: wie dies hochbegabte Volk
aus der Enge ſeines Stadtſtaates, ſeines cantonalen Lebens nie hinaus-

gelangen konnte; wie Gelon, als er mit seiner Bauernlandwehr Syrakus erobert hatte, doch sogleich die bezwungene Stadt zur Allesverschlingenden Hauptstadt seines Staates erhob; wie die Athener, sobald sie eine ionische Großmacht zu bilden versuchten, damit zugleich die sittliche Kraft des hellenischen Staats, die unmittelbare Mitwirkung des Bürgers beim Gemeinen Wesen, zerstörten, und also die Wurzeln ihrer Macht selber untergruben. Duncker's militärische Neigungen verblenden ihn doch nicht über die schreckliche Ideenlosigkeit des spartanischen Krieger-Staates. Seine Liebe gehört den Athenern, und mit scharfem politischen Verständniß weiß er selbst die uns Modernen unverständlichsten Institutionen der attischen Demokratie, den Ostrakismos und das Loosen, historisch zu erklären. Als der Held Attika's erschien ihm Themistokles, und gern gestand er, daß ihm bei der Schilderung dieses Gewaltigen, seiner genialen Findigkeit und Voraussicht, unwillkürlich das Bild des deutschen Reichskanzlers vorgeschwebt habe.

Als die schwere Arbeit sich immer weiter ausdehnte, klagte er zuweilen: ich blase immer noch auf der alten Flöte. Doch er hielt aus. Die letzten Bände brachten noch eine treffende Schilderung der militärischen Erfolge und politischen Mißgriffe Kimon's und schließlich eine sehr scharfe Verurtheilung der perikleischen Staatskunst. Rein politisch betrachtet, wird sich schwerlich bestreiten lassen, daß der große Führer des attischen Demos die Katastrophen des peloponnesischen Krieges mitverschuldet und vorbereitet hat. Aber der politische Maaßstab reicht nicht überall aus, und leicht kann der Historiker, wenn er die politische Kurzsichtigkeit der Handelnden tadelt, selber zu weitsichtig werden. Die menschliche Größe des perikleischen Zeitalters durchleuchtet die Jahrhunderte, und es erscheint fast grausam, von dem Urheber dieser Herrlichkeit auch noch die höchste Kühnheit des Feldherrn, die höchste Verschlagenheit des Diplomaten zu fordern; wenn die Blüthe nur kurze Zeit währte, so wogte doch durch diese einzig schönen Tage eine Fülle des Lebens, die mehr bedeutet, als die ganze Geschichte anderer, langlebiger Staaten. Doch was man auch wider das Buch einwenden mag, es ist ein Werk aus einem Gusse, das Werk eines starken, eigenartigen, wahrhaftigen Geistes, der seine Leser zwingt, sich ernsthaft mit ihm auseinanderzusetzen.

Max Duncker zählte noch zu dem alten Adel jenes begabten Geschlechtes, dem die deutsche Kalokagathia, die Universalität der

Bildung in die Wiege gebunden schien. Er hat in seiner Jugend die Sonne **der deutschen** Philosophie versinken, im Alter den jungen **Tag des deutschen Staates** aufsteigen sehen. Er wußte, was dies sagen will. Die Schmerzen des Lebens blieben auch **ihm nicht** erspart; aber dankbar pries er immer das gütige Geschick, **das ihn** gewürdigt **habe,** in diesem deutschen Jahrhundert **ein Deutscher** zu sein.

Das politische Königthum des Anti-Macchiavell.

Rede, gehalten am Geburtstage Seiner Majestät des Kaisers und Königs in der Aula der Friedrich-Wilhelms-Universität zu Berlin am 22. März 1887.*)

Wärmer, andächtiger als heuer, hat die deutsche Nation den Geburtstag Sr. Majestät unseres Kaisers und Königs noch nie gefeiert. Die großen in die Sinne fallenden Abschnitte des Menschenlebens üben zu allen Zeiten ihren Zauber auf die Gemüther. Auch der Gedankenlose empfindet heute, daß eine göttliche Macht, über alles irdische Verstehen und Berechnen hinaus, über den schweren Anfängen unseres neuen Reiches gewaltet hat; selbst die Fremden und die Feinde beugen sich in Ehrfurcht vor der menschlichen Größe eines reichen Lebens, das durch drei Menschenalter allein der Pflicht geweiht war. In langen Jahrhunderten der Vorzeit begegnet uns nur ein namhafter Fürst, der so bis an die letzten Grenzen des Alters sich die volle Kraft des Denkens und des Wollens bewahrt hat: jener gewaltige Herzog von Venedig, Enrico Dandolo, der mehr als neunzigjährig, halb erblindet, Constantinopel für die lateinische Christenheit eroberte. Aber noch niemals in aller Geschichte ward dem Herrscher eines großen Reiches, der sein Jahrhundert mit seinem Kriegsruhme füllte, der Segen eines solchen Alters beschieden. Der heutige Festtag ist einzig, wie so Vieles in dem hochbegnadeten Leben unseres Kaisers.

Wessen das Herz voll ist, davon geht der Mund über. Leicht wird es mir nicht, mich diesmal unserem alten akademischen Brauche, der für das Fest des Königs einen wissenschaftlichen Vortrag verlangt, zu fügen. Ein Glück nur, daß meine Wissenschaft mir gestattet einen Stoff zu wählen, der uns von selbst zurückführen wird zu den heute

*) [Preuß. Jahrb., Band 59 (Aprilheft 1887), S. 341 ff.]

jedes Herz bewegenden Gedanken. **Alles,** was deutsch ist, bringt heute **dem Kaiser seine Huldigungen dar, am lautesten** doch das junge Ge= **schlecht, das** den Siegesglanz von Sedan nur vom Hörensagen kennt. Gewöhnlichen Menschen fällt es nicht leicht, **wenn sie die Höhe** des Lebens überschritten haben, noch im Einklang **zu** bleiben mit den heranwachsenden Kindern einer neuen Zeit. Kaiser Wilhelm aber ist mit jedem Jahre seines hohen Alters der Jugend immer näher getreten. Immer fester und tiefer prägt sich sein ehrwürdiges **Bild** den jungen Seelen ein, die von der leidigen Erbschaft unserer alten deutschen Zerrissenheit, dem unfruchtbaren Parteizank, nichts mehr **hören wollen;** denn sie ahnen, daß noch auf lange hinaus die Politik unseres Reiches **in den Bahnen verbleiben** wird, welche sein erster Kaiser ihr **gewiesen.** Unter den brausenden Klängen aller der Jubellieder, **die** heute allüberall aus jugendlichen Kehlen erschallen, erscheint uns dieser Feiertag des hohen Greisenalters fast wie ein rührendes Fest der Jugend.

Unwillkürlich wendet sich an solchem Tage die Erinnerung den fer= nen Zeiten zu, da dies stolze preußische Königthum selber noch jung war, da diese Krone durch den Mund eines königlichen Jünglings der Welt zuerst mit bewußter Klarheit verkündete, was ihr Beruf sei und welche Stelle sie behaupten wolle in der Gesellschaft der Staaten. Wie leicht= hin wird doch der alte Vers nachgesprochen, den einst Goethe an den Eingang der Bekenntnisse seines Lebens setzte: ὁ μὴ δαρεὶς ἄνθρωπος οὐ παιδεύεται; man denkt dabei nur **an die** leichten Prüfungen, welche die glückliche Jugend des Dichters heimsuchten. Es giebt jedoch ein letztes Maaß **für** die Leiden, die ein junges Gemüth zu tragen ver= mag, und weit über dies Maaß hinaus hat Kronprinz Friedrich ge= litten in jenem tragischen, Mark und Bein erschütternden Ringen zwischen Vater und Sohn; die Narben, die er aus diesen Kämpfen davontrug, blieben noch an dem reifen Manne erkennbar. Aber aus der Fülle der Leiden rettete er sich eine sittliche Erkenntniß, die wie alle fruchtbaren Wahrheiten erlebt sein will, nicht bloß verstanden: der Gedanke der Pflicht stand ihm fortan fest mitten in allen den Zweifeln eines freien Geistes, der vor den kühnsten Fragen nicht zurück= schrak. Er hatte lernen müssen, seinen Eigenwillen dem Zwange des Gesetzes zu unterwerfen, und obwohl sein Trotz sich noch zuweilen auf= bäumte, er lernte auch den Vater zu verstehen aus seinen Werken, den Geist der Ordnung und Gerechtigkeit im Staate Friedrich Wilhelm's I.

zu bewundern. Er erkennt hinter den rauhen Formen des gestrengen
Zuchtmeisters den menschenfreundlichen Sinn eines königlichen Bürgers-
mannes, der, groß im Kleinen, sorgsam, sachkundig wie keiner unter
den Fürsten der Zeit, dem Landmann auf die harten Hände blickt;
und als er dann Ostpreußen betritt, die classische Stätte hohenzollernscher
Gastfreundschaft, das von Pest und Krieg verheerte Land, das durch
den Fleiß seiner Einwanderer neu aufblüht, da jubelt er auf: ich
habe das Non plus ultra der civilisirten Länder gesehen, und das
Alles hat ein Mann gethan, mein Vater!

Ein echter Sohn des achtzehnten Jahrhunderts, dieser selbstge-
fälligsten aller Zeiten, wiegt er sich stolz und sicher auf den hoch
dahergehenden Wogen der neuen Bildung, die von Frankreich ein-
strömt, und hofft auf die Tage des Lichtes und der Wahrheit, da der
Fanatismus und der Aberglaube barbarischer Jahrhunderte wie Wolken
vor der Sonne schwinden werden. In seinem Rheinsberg giebt er,
endlich der seligen Freiheit genießend, den Deutschen zuerst wieder
das Beispiel eines schönheitsfrohen Musenhofes. Tagelang sitzt er in
dem schönen Thurmzimmer, das nach drei Seiten hin über Wald und
See hinausschaut, und schreibt und dichtet und sinnt über das Woher
und Wohin der Menschheit; mit immer neuem Entzücken labt er sich
an den Werken und Briefen des Briareus, der mit tausend Armen
Dichtung und Wissenschaft umfaßt, jenes Voltaire, der die reifste der
Cultursprachen beherrscht und darum den goldenen Schlüssel zu allen
Schätzen der Bildung der Zeit zu besitzen scheint.

Aber so freudig der Kronprinz an die Macht der neuen Aufklärung glaubt, ebenso scharf und streng lautet sein früh geklärtes
Urtheil über die politische Lage Europas. Er sieht das von den
ludovicianischen Kriegen ermüdete neue Jahrhundert einem kleinlichen
diplomatischen Ränkespiel verfallen, das nur der ideenlosen Schlauheit
des Beherrschers der Franzosen, des Cardinals Fleury, Vortheile bringt;
er bemerkt, wie neue politische Kräfte, gebunden durch die Schlummer-
sucht einer friedensseligen Zeit, sich zum Licht empordrängen. Er betrachtet vor Allem sein Preußen, wie es noch zaudernd dasteht in seiner
gefährlichen und doch so vielverheißenden Weltstellung, Europa in
zwei Hälften zerspaltend, kein bescheidenes Reichsland mehr und doch
noch kein selbstständiges Königreich, starrend von Waffen und doch
noch nicht anerkannt als große Macht; in Berg und Jülich, in Ostfriesland und Schlesien, überall Erbansprüche des hohenzollernschen

Hauses, von langer Hand her vorbereitet durch die Umsicht der Alt=
vordern, und noch immer nicht erfüllt. Da überkommt ihn zuweilen
die Ahnung; ihm selber werde dereinst bestimmt sein, die schlummernde
Macht dieses Staates zu wecken, und in Augenblicken genialer Er=
regung hebt sich sein Geist wie ein Adler über die deutschen Lande,
mit flammenden Augen, ausspähend wohin er zuerst stoßen solle. Also
stand Friedrich noch mitten in seinem aufsteigenden Werdegange, einer
starken Ruhmsucht voll, als Philosoph noch ein jugendlicher Schwärmer,
als Diplomat schon reif und fertig — denn soeben hatte er bereits
seine publicistische Meisterschaft bewährt in den Betrachtungen über
die Lage Europas, einer Flugschrift, die ganz aus der Lage des
Augenblicks heraus gedacht, in jedem Worte klug auf den Willen
der Lesenden berechnet, die Seemächte warnen sollte vor Frankreichs
ausgreifendem Ehrgeiz. Um diese Zeit schrieb er sein erstes Glaubens=
bekenntniß vom Berufe der Monarchie, die Widerlegung des Fürsten
Macchiavelli's.

Der Anti=Macchiavell hat vornehmlich darum so grundverschiedene
Beurtheilungen erfahren, weil die Mehrzahl der Leser darin suchte,
was die Aufschrift verheißt und der Inhalt nicht bietet: eine kritische
Würdigung des großen Florentiners. Die heutige Wissenschaft vermag
längst die Schriften Macchiavelli's aus den Ideen ihrer Zeit zu erklären;
denn nur wenn diese mächtige Gestalt sich abhebt von dem tiefen
Hintergrunde eines ganzen Zeitraums, lassen sich ihre Umrisse klar
erkennen. Wir verstehen ihn heute als den unbedenklichen Wortführer
jenes überschwänglich begabten und doch tief unseligen sechzehnten
Jahrhunderts, da in Italien alle Bande des Rechts und alter Ueber=
lieferungen zerstört waren, da das befreite Ich nach allen Kränzen
des Ruhmes zugleich die Hände ausstreckte und mithin auch den
Staat nur als ein Kunstwerk betrachtete, als ein Werk der Willkür
des kalt rechnenden Menschengeistes. Die Macht stand wider die
Macht; in diesen Kämpfen entschied nur die virtù, die kluge Willens=
kraft, die geradeaus zum Ziele schreitet, ohne nach der Reinheit der
Mittel zu fragen. Wenn Macchiavelli mit vollendeter Kenntniß der
Nachtseiten der Menschheit, mit dem ganzen Zauber der soeben erst
zur Vollendung gelangten schönen Sprache von Toscana gelassen
lehrt, wie ein neuer Fürst durch Mord und Arglist seine Herrschaft
behaupten und erweitern solle und dann zu seiner Weisheit letztem
Schlusse gelangt: der Fürst erhalte nur sich und den Staat, die

Mittel wird Jedermann billigen — **so sagt er nur frei** heraus, was die Erfahrung jedes Tages lehrte. Dieser Politik der rein thatsäch=lichen **Gewaltherrschaft** verdankte Europa die Fülle des Schönen — **denn in bewußter** oder unbewußter Wahlverwandtschaft standen neben **den furchtbaren** Tyrannen Italiens, auch sie allein gestützt auf ihr mächtiges Ich, die Helden der neueren Kunst. **Doch** sie bewirkte auch, **daß in** dem Ringen um die Macht **das Ausland** zuletzt das Feld be=hauptete, daß die Monarchie auf der Halbinsel nur noch in der hassens=würdigen Gestalt der Fremdherrschaft erschien, **und der** politische Idea=lismus dieses Volkes bis **tief in unser Jahrhundert** hinein republi=kanisch blieb.

Macchiavelli schuf die moderne Wissenschaft vom Staate; er zuerst wagte **wieder nach** der Weise der Alten, ein Todfeind der Weltherr=schaft **des** dreimal gekrönten Priesters, die Aufgaben des souveränen Staates allein aus der weltlichen Natur des Staates selber zu erklären. Doch **gleich** allen seinen **Volksgenossen** hatte er nur gebrochen mit der kirchlich gebundenen Sittlichkeit des Mittelalters, ohne doch ein neues sittliches Ideal zu gewinnen — denn das vielfach mißverstandene und überschätzte classische Alterthum bot keinen Ersatz — und indem er den Staat von der Vormundschaft der Kirche befreite, warf er ihn **zugleich** aus der sittlichen Welt heraus. Die Macht ward ihm Selbst=**zweck.** Das Entsetzliche seiner Lehre liegt nicht in der Unsittlichkeit **der empfohlenen** Mittel, sondern in der Inhaltlosigkeit dieses Staates, **der nur** besteht um zu bestehen. Von allen den sittlichen Zwecken der Herrschaft, welche der schwer erkämpften Macht erst die Recht=fertigung geben, wird kaum gesprochen. Nur das Traumbild der Ein=heit Italiens, nur die unbestimmte Hoffnung, daß vielleicht einer dieser kleinen Principi alle **die anderen** überwältigen und die Fremden vom Boden des Vaterlandes vertreiben werde, durchleuchtet dann und wann das unheimliche Bild der Machtkämpfe mit dem Schimmer einer sitt=lichen Idee, obgleich ich nicht glauben kann, daß der Principe zu diesem vaterländischen Zwecke geschrieben wurde. So erscheint uns Macchiavelli zugleich als der Kampfgenosse Martin Luther's, der **gleich ihm** den Staat von der **Herrschaft** der Kirche losriß, und doch **im scharfen** Gegensatze zu dem Reformator; denn Luther wollte den **verweltlichten** Staat mit einem neuen sittlichen Inhalt erfüllen, **ihm** alle die Aufgaben der Volkserziehung und Volksbeglückung zuweisen, welche die Kirche des Mittelalters **einst** für ihn gelöst hatte. In den

politischen Gedanken der beiden Männer verkörpert sich uns die Schick=
salsverwandtschaft und zugleich der nothwendige Kampf der zwei großen
Culturvölker Mitteleuropas, **welche,** die Idealisten unter den Nationen,
das eine durch Erkennen und Bilden, das andere durch die Reform
von Staat und Kirche, der neuen Geschichte die Thore geöffnet haben.

Doch wie hätte das achtzehnte Jahrhundert solche Gedanken
fassen sollen? Es ist die Größe und die Schwäche jener Zeit, daß
sie, froh ihres eigenen unerschrockenen Wahrheitsmuthes, **in allem**
Vergangenen nur Weiß oder Schwarz, Wahr oder **Falsch, Gut oder**
Bös unterscheiden will und darum nie historisch **zu denken vermag.**
Und am wenigsten von dem jungen Feuergeist in Rheinsberg **ließ**
sich historische Unbefangenheit erwarten. Er las wie Helden **lesen,**
um über die Aufgaben seines Lebens ins Klare zu kommen, um durch
das Denken die Sicherheit des mit sich selber einigen Geistes zu er=
langen. Mit dem Bleistift in der Hand pflegte er seine Autoren
durchzugehen, **um** sich mit ihnen **in** bewegter Wechselrede auseinander=
zusetzen, wie er denn in jenem vornehm gleichgiltigen Tone, den er
gegen sich selber anzuschlagen liebte, alle seine Schriften zuweilen nur
als Tischgespräche bezeichnete. So behandelt er auch Macchiavelli wie
einen Lebendigen; er spricht ihn an und stellt ihn zur Rede, er
schüttelt ihn und entläßt ihn dann mit einem grimmigen Cartouche!
oder Scélérat! Unverkennbar redet aus diesem Zorne der beleidigte
Stolz des Königssohnes, der seinen hohen Beruf durch den Prediger
des Truges und des Meuchelmordes geschändet **sieht.** So konnte er
von dem großen Denker, der manchen **Zügen** seines eigenen Wesens
doch so **nahe stand,** kein treues Bild gewinnen; und auch um **die**
feine Grenze zu finden, welche die öffentliche von der privaten Moral
scheidet, reichte die Erfahrung des Prinzen noch nicht aus.

Doch seine Schrift enthält mehr. Sie enthält inmitten jugend=
licher Rhetorik **und** moralischer Gemeinplätze, wie sie das **Zeitalter**
der Aufklärung liebte, klar und bestimmt das Programm einer neuen
Form der Monarchie, deren großer Tag jetzt heraufgraute. Das
Werk des Florentiners muthete ihn fremd und unverständlich an, weil
er selber fest auf preußischem Boden stand, mit allen seinen politischen
Gedanken der deutschen Gegenwart und seiner eigenen großen Zu=
kunft zugewendet. Ein Principe italienischen Stils war in diesem
langsamen deutschen Leben, das nur allzu fest am historischen Rechte
hing, nie emporgekommen, einzelne Gewalthaber in demokratischen

Reichsstädten abgerechnet. Was frommte diesem legitimen, seines Thronrechts sicheren Hohenzollern die Tyrannenlehre, wie ein neuer Fürst einen städtischen Demos sich unterwerfen solle? Was sollte gar ein Kronprinz von Preußen empfinden bei dem Satze, daß der Fürst seiner Kriegsmacht bedürfe, um sich gegen sein eigenes Volk zu vertheidigen? Doch inzwischen hatten sich andere, großartigere Formen der absoluten Monarchie im romanischen Europa herausgebildet. An hundert Jahre lang kämpfte die halbe Welt wider den kirchlichen Despotismus der katholischen Könige Spaniens. Als der Stern von Madrid verblich, erhob sich die Sonne Ludwig's XIV., das Königthum des l'état c'est moi, der höfischen Pracht und Selbstvergötterung, und nur wenige Jahre, bevor Friedrich schrieb, fand die göttergleiche Allmacht der Bourbonen in Bossuet's biblischer Politik ihren salbungsvollen Anwalt. Deutschland aber, haltlos jedem Einfluß des Auslandes preisgegeben, nahm von allen diesen fremdländischen Staatsgedanken etwas in sich auf. Wir erlebten in dem Kaiserthum der Ferdinande, in der jesuitischen Staatskunst Maximilian's von Baiern eine Nachbildung hispanischer Herrscherkünste; auch die Hofprediger der kleinen lutherischen Betefürsten bemühten sich nach dem Maaße ihrer schwachen Kräfte die Politik der monarchischen Glaubenseinheit auf ihre Weise durchzuführen. Dann folgte die Zeit, da jeder kleine deutsche Fürst sich sein Versailles erbaute; vor Kurzem erst hatte Friedrich selbst am Dresdener Hofe ein Herrscherhaus kennen gelernt, das über dem sinnverwirrenden Prunk seiner höfischen Feste allen Ernst der politischen Pflicht vergaß. Und damit dem buntscheckigen deutschen Staatsleben auch die elendeste Form der entarteten Monarchie nicht fehle, fand auch das Regiment der Kirchenstaates ein Gegenbild in den bettlerreichen Krummstabslanden am Rhein und Main.

Den Staatsmännern der alten Zeit war es schon ein Gräuel, daß ein Fürstensohn sich unterfing, über die Geheimnisse der Kunst des Herrschens, über die Arcana imperii vor allem Volke zu reden; wie verwegen, wie revolutionär mußte ihnen gar der Inhalt des Buches erscheinen. Mit einer schneidenden Verachtung, die nur durch den leichten Spott, durch die Anmuth der Sprache gemildert wird, schreitet Friedrich über alle diese vorhandenen Formen der deutschen Monarchie hinweg; er fertigt sie ab mit kurzen Worten, als ob sie für den Denker gar nicht in Betracht kämen, und stellt der tyrannischen,

der kirchlichen, der höfischen Fürstenherrschaft die streng politische Auffassung des fürstlichen Berufs **entgegen, die in** allen großen Söhnen
seines Hauses lebendig gewesen war. Was einst der große Kurfürst
seinen Kindern einschärfte, **da er sie lehrte den Staat** zu betrachten
als die Sache des Volks, nicht als ihre eigene **Sache**; was Friedrich
in dem **harten** Arbeitsleben seines eigenen Vaters **täglich bewährt** sah,
das sucht der Prinz mit Hilfe der neuen Naturrechtslehre wissenschaftlich zu begründen.

Er leitet den Staat aus einem ursprünglichen Vertrage **ab. Durch**
einen Vertrag **haben die** freien und gleichen Menschen **eine Obrigkeit**
eingesetzt, nicht damit ein Jeder theilnehme am Regimente, sondern
damit ein Jeder geschützt werde in seinen Rechten und sittlichen Lebenszwecken, **damit das suum cuique** des schwarzen Adlers sich erfülle.
Darum ist der Fürst nur **der erste** Diener des Staates: le premier
domestique **de l'état, so lautet** der berühmte Ausspruch in seiner
ältesten Fassung. Niemand wird heute noch diese Formel ohne Vorbehalt nachsprechen. Wir haben die Krücken der naturrechtlichen Ver-
tragslehre **längst** von uns geworfen und erkennen leicht, daß Friedrich
hier den Fürsten, der kraft eigenen Rechtes herrscht, nicht scharf genug
unterscheidet von den Unterthanen, die nur in **seinem Namen,** kraft
übertragenen Rechtes die Gewalt **der Obrigkeit ausüben.** Aber wie
menschlich groß und frei klingt **dieses Wort in einer Zeit,** da die
deutsche Nation in Unterthänigkeit erstarb und die fürstliche Selbstüberhebung keine Scham mehr **kannte.**

Nicht als ob er damit **der fürstlichen Gewalt enge Schranken**
hätte ziehen **wollen.** Er verwirft vielmehr grundsätzlich die Theilung
der Gewalten, wie er auch in späteren Jahren dieser Lehre Montesquieu's, **dem er sonst** so gern folgte, immer widersprochen hat. **Sein**
Fürst soll vor Allem Richter sein, der Hort und Held aller Gerechtigkeit auf Erden, und sodann Feldherr. Ein weltlicher Herrscher,
soll er den Gewissen freien Lauf lassen und das frivole Gezänk der
Priester verachten. In ihm, dem Herzen und Haupte des Staates,
fließt das politische Leben der Nation zusammen; seine Herrschaft ist
nicht Glück und Genuß, sondern die schwerste aller menschlichen
Pflichten. An sein Pflichtgefühl werden Anforderungen gestellt,
denen nur der Genius ganz genügen kann. Denn alle Macht ist
nur Mittel zum Zweck — und hiermit wird die Lehre des Macchiavellismus an ihrer schwächsten Stelle getroffen — alle Macht soll

nur dazu dienen, die Wohlfahrt, die Ordnung, die Bildung zufriedener
und sittlicher Völker — mit einem fridericianischen Worte: die Hu=
manität, zu fördern. Der Prinz würdigt wohl die Macht der Furcht
im Staatsleben, doch er weiß auch, daß viele der größten Thaten
der Geschichte dem Geiste der Liebe und Hingebung entsprossen sind.
Er bewundert die Herrschaft des Gesetzes in wohlgeordneten Repu=
bliken und redet unbefangen über die Schwäche des Königthums,
das dem Zufall, der unberechenbaren Persönlichkeit des Fürsten, so
gar viel anvertrauen muß. Aber er sieht auch, wie hilflos die Re=
publik in Zeiten drängender Gefahr erscheint. Und weil er wie alle
Helden weiß, daß Männer die Geschichte machen, darum rühmt er
als den Vorzug der Monarchie, daß sie in ruhigen Tagen den Staat
nach den Gesetzen durch ihr Beamtenthum verwalten läßt, doch im
Augenblicke der Noth noch freien Raum behält für die rettende That
einer königlichen Entschließung. Mit besonderer Vorliebe betrachtet
er in allen Schriften und Briefen seiner Jugend die Könige von
Macedonien, von Preußen, von Sardinien=Piemont, denen die Be=
drängniß ihres Staates auferlegte, jederzeit einzutreten mit ihrer
Person — payer de sa personne.

In der auswärtigen Politik verwirft er rundweg jene falsche
Ruhmsucht, die nur Lärm in der Welt erregen will, den Abenteurer=
muth eines Carl's XII. Ein starker Staat unter schwachen Nachbarn
soll nicht sie zu verschlingen, sondern sie zu schützen und zu fördern
suchen und dadurch seine eigene Macht stärken — so wie er es selber
als Greis im baierischen Erbfolgekriege und bei der Stiftung des
deutschen Fürstenbundes bewährte. Wahrer Ruhm erblüht nur aus
gerechten Kriegen, und für diese läßt Friedrich nur einen dreifachen
Anlaß gelten: die Vertheidigung des eigenen Landes, die Behauptung
wohlbegründeter Ansprüche, endlich den Kampf, auch den angreifenden
Kampf gegen einen Staat, der durch seine Uebermacht der Freiheit
aller Staaten bedrohlich wird.

Steht es nun wirklich so, wie die Mehrzahl der Zeitgenossen
wähnte? Ist der Eroberer Schlesiens den Lehren des Anti=Macchia=
vell untreu geworden? Voltaire hatte schon, während er die Heraus=
gabe des Anti=Macchiavell vorbereitete, für seine Henriade einen neuen
Vers geschmiedet, um das Bild dieses tugendhaften jungen Fürsten
allen Monarchen der Zeit als ein erbauliches Beispiel vorzuhalten:
„Sie toben durch die Welt, Du bringst ihr Licht und Glück" — doch

er legte die Zeilen bedenklich zur Seite, als sein königlicher Freund plötzlich den Rubicon überschritt und der kriegerische Klang der preußischen Trommeln und Querpfeifen zu den elegischen Tönen nicht mehr recht zu stimmen schien. Der gute alte Abbé Castel de St. Pierre, der Apostel des ewigen Friedens, bekundete in einer eigenen Schrift seine Verwunderung über die Missethaten des aufgeklärten Königs; er belehrte ihn, zu Friedrich's Ergötzen, wie der löbliche König Numa durch die friedlichen Verhandlungen seiner sacialischen Priester alle Händel mit den Nachbarn Roms in Freundschaft ausgeglichen habe. Sie sehen sogleich, wie falsch hier die Frage gestellt wird. Die Politik ist Kunst, sie gehört dem Gebiete des Handelns an, wo der Wille herrscht und das Erkennen nur dient; niemals kann ein guter Vorsatz oder eine wohlersonnene politische Doctrin den gleichen sittlichen Werth beanspruchen, wie der kühne Entschluß des handelnden Staatsmannes, wenn er aus dem Gewirr der Kräfte und Gegenkräfte das Lebendige, das Nothwendige herausfindet. Wie leicht läßt sich erweisen, daß Friedrich bei den beiden bestgescholtenen Unternehmungen seiner auswärtigen Politik, bei der Besetzung Schlesiens, wie bei der Theilung Polens, genau nach den Vorschriften seines Anti=Macchiavell verfuhr: er hatte einen zweifachen rechtsgiltigen Anspruch, auf Berg und auf die niederschlesischen Herzogthümer, gegen das Haus Oesterreich zu behaupten, und wenn er nicht seine Hand auf Westpreußen legte, so ward ganz Osteuropa von der russischen Macht überfluthet. Doch wie wenig bedeuten solche äußerliche Rechtfertigungen weltumgestaltender Thaten! Um es kurz zu sagen, Friedrich war im **Handeln** größer als in den Doctrinen seiner Jugendschrift; er hat durch Erfahrungen, wie sie nur auf den Höhen der Geschichte gesammelt werden, gelernt, das Ideal des Königthums noch **edler und stolzer zu** gestalten, als er es in seiner Jugend ahnen konnte.

Wie seltsam erscheint uns heute seine dem Römer=Cultus der französischen Dichter entlehnte Verehrung für Marc Aurel. Wer darf denn **bestreiten, daß er** selber diesen Kaiser, den er so gern „mein Held, mein Vorbild" nennt, weit übertraf? Der tugendhafte Caesar, der im Lagerzelte an **der** Donau über der Weisheit der Stoa grübelte, konnte doch den Fall eines versinkenden Reiches nicht aufhalten. Friedrich aber ist mit der Geschichte aufwärts geschritten; er hat aus den Trümmern der zerfallenden alten deutschen Welt eine neue emporgehoben, dies neue Deutschland, das heute vollendet, uns dankbare

Enkel mit seinem Frieden, seinem Ruhme deckt; er hat, wie es das
Recht des Helden ist, Neubildungen im Völkerleben vollzogen, deren
tiefen Sinn er selber noch nicht ahnte. Was gelten uns die schlesischen Erbverträge, was die Berechnungen des Gleichgewichts in Osteuropa neben der entscheidenden Thatsache, daß Friedrich dem einzigen
lebensvollen deutschen Staate die Kraft selbstständigen Wollens gab,
daß er in den Piastenschlössern Schlesiens, in der Ordensburg der
deutschen Hochmeister deutsches Leben wieder erweckte, daß er die zer-
rissene Kette der Zeiten wieder anknüpfte und durch deutsche Kraft
aufbaute, was deutsche Schwäche und Zwietracht einst zerstörten?
Der Held, der seinen Namen neben Caesar und Alexander stellte,
der zwölf Jahre einer sechsundvierzigjährigen Regierung im Kriege
verbrachte und den Kriegerstand, den Schild Aller, jederzeit als den
ersten im Staate betrachtete, war doch ein Friedensfürst; auch auf
der Sonnenhöhe des Ruhmes vergaß er nie, daß des Krieges einziger
Zweck der Frieden ist. Eindringlicher als durch die Lehren des Anti-
Macchiavell zeigte er seinem Volke durch die ungeheure Arbeit eines
ganz dem Vaterlande dahingegebenen Wirkens, was es heiße, das
Königthum als ein hohes Amt zu verstehen. So lange preußische
Herzen schlagen, werden sie sein Selbstbekenntniß in Ehren halten:

> Doch ich, umdräuet vom Verderben,
> Deß' Schiff im Sturm zu scheitern droht,
> Muß kühn in's Auge sehn dem Tod,
> Als König denken, leben, sterben!
> (Penser, vivre et mourir en roi!)

Kaum elf Jahre liegen zwischen dem Sarge König Friedrich's
und der Wiege Kaiser Wilhelm's. Das Leben unseres Kaisers umfaßt beinahe den ganzen, uns so weit erscheinenden Zwischenraum,
der die Vollgewalt des fridericianischen Königthums von den freieren
Staatsformen unserer Tage trennt. In dieser Zeit hat sich unsere
Ansicht vom Staate von Grund aus verwandelt. Waren im achtzehnten Jahrhundert Engländer und Franzosen die Führer der Staatswissenschaft, so haben im neunzehnten wir Deutschen die Führung
übernommen. Seit uns Herder lehrte, daß nicht jedem Volke das
gleiche Maaß und Ziel der Glückseligkeit gesetzt ist, seit wir durch
Niebuhr und Savigny das Werden des Rechts verstehen lernten, seit
der Klärung und Vertiefung unseres historischen Erkennens, entstand
in Deutschland eine neue, wesentlich nationale Staatslehre. Sie steht

in bewußtem Gegensatz zu den weltbürgerlichen Theorien der Auf=
klärung und der Revolution, und wird darum von den Epigonen der
Naturrechtslehre reactionär gescholten. Sie vermißt sich nicht, die
Geschichte zu meistern nach den Regeln eines Vernunftrechts, das
irgendwo unwandelbar in den Sternen geschrieben stehen soll; sie sucht
zu verstehen, wie sich die Vernunft der Geschichte in der Mannigfal=
tigkeit der Staatsgebilde entfaltet, und gewinnt erst aus dieser Fülle
der Erfahrung wissenschaftliche Gesetze. Und weil wir historisch zu
denken gelernt haben, darum können wir auch den unverlierbaren
Kern der fridericianischen Staatsansicht für unsere Zeit bewahren;
denn Friedrich lehnt sich nur in der Form seiner Lehre an das Natur=
recht seines Zeitalters an, ihren Inhalt schöpft er mit dem Tacte des
Staatsmannes aus dem historischen Charakter seines monarchischen
Staates. Unaufhaltsam wenden sich die hellen und freien Köpfe
deutscher Wissenschaft von den republikanisch gefärbten Doctrinen der
älteren liberalen Schule heute wieder dem positiven Monarchis=
mus zu.

In der Entwicklung unseres Staates bestätigt sich immer von
Neuem das tiefsinnige Gesetz, das einst Macchiavelli entdeckte: das
ritornar al segno. Nur wenn er zurückkehrte zu dem Zeichen, unter
dem er geboren ward, nur durch das Königthum, das ihn geschaffen,
ist dieser Staat gewachsen und emporgeblüht. Die Zeit mußte kommen,
da bei steigender Volkszahl und entwickeltem Verkehre die Kraft eines
Mannes nicht mehr ausreichte, allen den Pflichten zu entsprechen,
welche Friedrich dem Könige aufgebürdet hatte; früher oder später
mußte dies Königthum, das nur um des Volkes willen herrschte, vor
der Frage stehen, wie das Volk selber zur Mitwirkung bei der Leitung
des Staates herangerufen werden solle.

Als unser Kaiser zuerst mit dem preußischen Degen umgürtet
wurde, sah er den Fall des alten Systems, aber bald darauf die
Befreiung des Landvolks, die Städteordnung, den Neubau des Heer=
wesens und der Verwaltung, alle die großen Reformen, welche das
Königthum durch die Entfesselung der Volkskraft verjüngten, dann
den Aufruf seines Vaters an sein Volk und jene Erhebung, die aber=
mals das fridericianische Wort bewährte, daß die größten Thaten der
Geschichte der Liebe und Hingebung entspringen. Als Mann nahm
er Theil an der treuen Arbeit der stillen Friedensjahre seines Vaters.
Damals ging unter den Deutschen der kleinen Staaten die Rede: das

bisher so kräftige Aufsteigen unseres Staates sei plötzlich in's Stocken
gerathen. Man schalt ihn künstlich, weil er die nothwendige Abrundung seiner Grenzen noch nicht erlangt hatte; und doch überstand er
eben jetzt, zum Heile für das ganze Vaterland, die hohe Schule der
praktischen deutschen Einheit, indem er Litthauer und Rheinfranken,
Thüringer und Niedersachsen zu gemeinsamer Staatsgesinnung erzog;
und schon schlang er, seinen nationalen Beruf endlich klar erkennend,
durch seine Zollverträge auch um die kleinen deutschen Nachbarn ein
Band der Einheit, das nicht mehr reißen konnte. Man schalt ihn
das Bleigewicht am deutschen Körper, weil seine Krone nicht von
Reichsständen umgeben war, weil das harte Gefüge dieser waffen-
starken Monarchie den constitutionellen Doctrinen der Zeit spröder
widerstand, als die Scheinstaaten rheinbündischen Ursprungs. Ein
junger Officier aber, der uns besser kannte als die süddeutschen Kammer-
redner, Helmuth v. Moltke, schrieb damals schon, im Jahre 1832, zuversichtlich: dieser Staat zeichne sich **aus** durch sein unaufhaltsames,
ruhiges **Fortschreiten**, durch eine stetige Entwicklung seiner inneren
Verhältnisse, „welche Preußen an die Spitze der Reformen, der Aufklärung, der liberalen Institutionen und einer vernünftigen Freiheit
— mindestens in Deutschland gestellt haben".

Nach dem Tode König Friedrich Wilhelm's III. bekundete sich
das Verlangen nach Reichsständen mit wachsender Kraft. Da war es
der Prinz von Preußen, der das schwere, unabweisbare Bedenken erhob:
was solle werden, wenn der künftige Landtag die Kriegsherrlichkeit
des Königs antaste, wenn er sein Steuerbewilligungsrecht mißbrauche
um das Heer zu schwächen, dies Heer, das unseren Staat seit dem
großen Kurfürsten von Stufe zu Stufe emporgetragen habe? Seine
Mahnung ward **überhört**, Preußen trat ein in die Reihe der constitutionellen Staaten; und sofort stellte sich der Prinz, treu, ohne Hintergedanken, auf den Boden der neuen Verfassung. Als er dann selber
den Thron bestieg, da ging Wort für Wort in Erfüllung, was er
als Prinz vorhergesehen. In einem langen Streite mit dem **Landtage** mußte er das Recht des königlichen Kriegsherrn behaupten; und
er behielt Recht, er gewann durch die Kraft unvergleichlicher Erfolge
selbst die Gegner, und noch **durch** die Wahlen der jüngsten Wochen
hat die deutsche Nation ihrem Kaiser abermals bezeugt, daß ein
monarchisches Heer wohl vereinbar ist mit den Rechten einer freien
Volksvertretung. Wir danken ihm, daß er, die Verfassung des Reiches

und des preußischen Staates gewissenhaft befolgend, doch den Faden unserer Geschichte nicht hat zerreißen lassen, daß er auch im constitutionellen Staate jene Rechte des alten fridericianischen Königthums, die in verwandelter Zeit noch lebendig und segensreich sind, mit fester Hand gewahrt hat: die Kriegsherrlichkeit, die freie Verfügung über die auswärtige Politik, endlich die letzte Entscheidung in allen großen Fragen des Staatslebens.

Ein freies Volk unter einem freien Könige — das nennen wir Preußen Freiheit, nach einem schönen Königsworte; und wie hoch auch oft die Wogen des Parteihasses emporschäumten, zuletzt haben sich bei uns doch immer König und Volk in Einmuth zusammengefunden. Das ist es, was die Fremden an unserer deutschen Freiheit so wenig begreifen: daß wir nichts wissen wollen von jener Lehre des Mißtrauens, die sich anderwärts der Freisinnigkeit rühmt, daß wir uns nicht fürchten vor einem starken Könige, sondern, stolz auf die hohen Herrschergestalten unserer Geschichte, der unbescheidenen Meinung sind: für diesen deutschen Thron sei der Stärkste und der Beste gerade der rechte Mann. Vor einem Menschenalter etwa versuchte uns eine theologisirende Staatslehre von einer göttlichen, aller irdischen Pflichten entbundenen Macht des Königthums zu reden. Diese Mystik der Jacobiten hat bei dem klaren Verstande unseres Volkes niemals Eingang gefunden. Aber wir wollen auch nicht unseren leibhaftigen König, der in und mit seinem Volke lebt, dahingeben für die dürre Abstraction eines Inhabers der ausführenden Gewalt. Unser Soldat will noch heute, wie zu Friedrich's Zeiten, in seinem Könige nicht blos den Kriegsherrn ehren, sondern auch den ersten und treuesten Kameraden lieben, der mit dem gemeinen Kriegsmanne Freud' und Leid des Kampfes theilt. Das fridericianische payer de sa personne werden die Preußen ihren Königen nie erlassen; sie wollen in den Tagen der Noth und des Zweifels die helle Stimme ihres Königs hören, und wahrlich, wenn Kaiser Wilhelm die seine erhob, so erklang sie immer nur zum Heile Deutschlands. Dem freien Willen der Krone verdankt Deutschland den großen Entschluß des Jahres 1866 und damit die wunderbare Wendung seiner neuen Geschicke. Unter allen den Geschenken, welche unser Staat dem jungen deutschen Reiche in die Wiege band, ist keines köstlicher als dies mächtige und doch so menschlich bescheidene preußische Königthum und die alte tapfere Königstreue des preußischen Volkes.

Nicht ganz so wolkenlos, wie wir Alle wünschten, strahlt der politische Himmel über diesem Tage. Wer darf sagen, wie früh oder spät wir Deutschen noch einmal aufgerufen werden, um unsere Westmark, die Thermopylen Deutschlands, wie Friedrich sie nannte, mit dem Schwerte zu schützen? Sollte dieser Kaiserruf je erschallen, so wird die Nation — das bedarf keiner Worte — sich wieder um die alten Siegesfahnen von Roßbach, Belle-Alliance und Sedan schaaren; sie weiß auch, daß sie dann kämpfen muß für alle Güter menschlicher Gesittung. Im Westen wie im Osten und bis tief in unser Reich hinein arbeiten heute dämonische Kräfte des Umsturzes, ruchlose Lehren der Verzweiflung, die allen Glauben, alles Recht, Alles was Menschen menschlich aneinander bindet, bedrohen. Alle diese Mächte der Zerstörung erkennen in der festen Ordnung der deutschen Monarchie den natürlichen, den einzigen furchtbaren Feind. Noch mehr als in Friedrich's Tagen gilt heute das Wort, daß die Freiheit des Menschengeschlechts hinter unseren Fahnen ihre Zuflucht findet.

Doch nicht mit düsteren Ahnungen **lassen Sie** uns dies Fest begehen, sondern in fröhlicher Hoffnung. Gottes Hand hat so **sichtbar** über unserem kaiserlichen Herrn gewaltet; **sie kann es auch,** das hoffen wir, fügen, daß der Frieden, den er durch die weise Ruhe seiner Staatskunst dem Welttheil so lange erhalten hat, ihm noch den späten Abend seines Lebens verklärt. Gott segne und erhalte uns noch lange den glorreichen Erben der Krone Friedrich's, den Helden und Mehrer des deutschen Reiches, Seine Majestät Kaiser Wilhelm den Ersten!

Vorwort zu Max Duncker's Abhandlungen.*)

(30. Mai 1887.)

Als Max Duncker vor elf Jahren die Sammlung „Aus der Zeit Friedrich's des Großen und Friedrich Wilhelm's III." veröffentlichte, hegte er den Wunsch, dereinst auch noch andere seiner Abhandlungen zur neuen Geschichte ergänzt und gesammelt herauszugeben. Zahlreiche Randbemerkungen auf seinen Handexemplaren beweisen, wie unermüdlich er die alten Forschungen fortführte.

Sein Tod hat diese Hoffnungen vereitelt. Die Wittwe, Frau Charlotte Duncker, mußte sich entschließen, aus den hinterlassenen, da und dort zerstreuten Aufsätzen und Vorträgen nach meinem Rathe einige auszuwählen, welche entweder neue wissenschaftliche Ergebnisse darbieten oder auf den Charakter, den Bildungsgang, die Geschichtsauffassung des theueren Verstorbenen ein helles Licht werfen.

Lieber zu wenig zu geben als zu viel, ist in solchen Fällen ein Gebot der Pietät. Da jede Umarbeitung von fremder Hand unziemlich wäre, so erscheinen die Abhandlungen sämmtlich unverändert wieder.

----

*) [Abhandlungen aus der neueren Geschichte. Leipzig, 1887.]

Beim Tode Kaiser Friedrich's.*)

Meine Herren! (19. Juni 1888.)

Mehr als eine ganz kurze Ansprache werden Sie heute, da wir tief erschütterten Herzens zum zweiten Male an einer Kaisergruft stehen, nicht von mir erwarten. Scheint es doch, als ob mit der Wiederaufrichtung unserer **alten kaiserlichen Größe** auch **jene** gigantischen Schicksalswechsel, an denen die Geschichte **der deutschen** Kaiser so reich ist, wieder sich erneuern sollten. Wir **haben nach** einander eine beispiellos glückliche und eine beispiellos unglückliche Regierung gesehen. In Kaiser Wilhelms Leben haben **wir** gesehen das Leben eines Mannes, der, unscheinbar beginnend, kaum geachtet, noch in **den** Jahren seiner volleren Mannesreife auf den Thron gelangt und **nun** unaufhaltsam aufstieg von Erfolg zu Erfolg, bis er endlich in welthistorischer Größe dastand und in Verklärung endigte.

Es kam der erschütternde Tag, da ein Kaiser starb und ein sterbender Kaiser kam, um das Erbe anzutreten. Welch' tragischer Gegensatz zwischen dem großen Vater und dem edlen Sohne!

Kaiser Friedrich's Leben begann unter **den** denkbar schönsten und glücklichsten Vorzeichen. Ganz Preußen jubelte, als der Thronerbe geboren wurde, **an jenem** verheißungsvollen Tage der Leipziger Schlacht. Für den Thron **erzogen und nach** menschlichem Ermessen

---

*) [Norddeutsche Allgemeine Zeitung, Morgenausgabe vom 20. Juni 1888. Einige Verbesserungen nach einer stenographischen Niederschrift, die mir Herr Privatdocent Dr. Wilhelm Naudé gütigst zur Verfügung gestellt hat. — Mit der nachstehenden Ansprache begann Treitschke am Dienstag den 19. Juni sein Colleg „Geschichte des Zeitalters der Reformation". Ich gebe sie, als ergreifendes Zeugniß jener Zeit, hier wieder, trotz des Anklangs an den einige Tage später entstandenen Aufsatz: „Zwei Kaiser", Deutsche Kämpfe, Neue Folge (1896), S. 363.]

für ihn geschaffen und geeignet wie kein Anderer, schien er einer großen und ruhmvollen Regierung sicher. Ihm ist es beschieden gewesen, die deutschen Heere zum Siege mitzuführen,*) und vor Allem Süd und Nord durch den Zauber seiner edlen Persönlichkeit und durch das Bild seiner männlichen Kraft zu verbinden. Und so sahen wir einer schönen Zukunft entgegen. Es ist anders gekommen!

Das Wesen der Monarchie, ihre Größe gegenüber der Republik liegt doch darin, daß sie menschlicherweise auf eine sehr lange Zukunft rechnen kann; wo aber dieser sichere Blick in die Zukunft fehlt, da ist ihr innerstes Wesen gelähmt. Und so ist es diesem edlen Herrscher nur vergönnt gewesen, in der Gewißheit des nahen Todes die Zügel der Herrschaft zu ergreifen. Und doch ist seine kurze Regierung nicht umsonst für uns gewesen. Wenn wir ihn früher bewundert haben als den tapferen Helden in der Schlacht, so haben wir an seinem Sterbebette lernen können, was es heißt, mit Gottvertrauen und sittlichem Muthe einem finsteren Schicksal entgegenzugehen und mitten im Leiden die auferlegte Pflicht zu erfüllen.

So sind wir denn zum zweiten Male in tiefe Trauer versenkt. Aber nunmehr können wir menschlicherweise hoffen, daß nach so wunderbarem Glück und nach so unerhörtem Unglück die ruhige Ordnung der Dinge sich wieder herstellen wird. Wer von Ihnen, die Sie doch auch noch jung sind, hat ohne tiefe Ergriffenheit die erhebenden Worte lesen können, die unser junger kaiserlicher Herr an sein Volk gerichtet hat! Es sind Worte, die in jedem Preußenherz ihren Wiederhall finden. Das ist die alte preußische Sprache des Staates, dessen dreifache Losung einst Boyen mit den Worten bezeichnete: „Recht, Licht und Schwert!"**) Dieses sind die Zierden unseres Staates, und unser junger Kaiser hat es uns gesagt, daß er alle diese Güter schützen wolle. An uns ist es nun, ihm zur Erreichung dieser Ziele mit allen Kräften zu helfen.

Möge diese neue Regierung eine gesegnete sein und glorreich und, um es mit einem Worte zusammenzufassen, möge sie würdig sein des großen und unvergleichlichen Namens: „Wilhelm".

---

*) [Naudé: mit sich zu führen.]
**) [Diese in der Norbb. Allgem. Zeitung verderbte Stelle nach Naudé.]

34.

Adresse an Gustav Freytag
zum 30. Juni 1888.*)

***

Hochgeehrter Herr!

Sie haben den lauten **Huldigungen Ihrer** begeisterten Leser sich immer bescheiden entzogen. Darum begnügt sich auch unsere Facultät

*) [Die Antwort des Herrn Dr. Gustav Freytag an den Decan der philosophischen Facultät der Königl. Friedrich=Wilhelms=Universität zu Berlin lautet folgendermaßen:

Hochwohlgeborener Herr!
Hochverehrter Herr Decan!

Für die ehrenvolle Erneuerung meines **Doctordiploms** durch die philosophische Facultät der K. Friedrich=Wilhelms=Universität zu Berlin, welche mir den 30. Juni zu einem Tage froher Erinnerung gemacht hat, sage ich Ihnen, **Hochverehrter Herr Decan,** und der philosophischen Facultät großen und innigen Dank.

Den größten Dank aber **Ihnen und** unserer Facultät für die Adresse, mit welcher Sie mich beehrt haben. Die gütige Würdigung meiner Lebensarbeit durch die stolze, gelehrte Körperschaft, welcher eine Reihe unserer erlauchten Namen angehören, und der ich selbst in meiner Jugend die Anfänge gelehrten Wissens und die Ehrfurcht vor wissenschaftlichem Forschen verdanke, war für mich, den bejahrten Mann, weit mehr, als ein froher Gruß. Ihre feierliche Zuschrift ist mir ein Zeugniß meiner Standesgenossen, daß ich, nach dem Maaße meiner Kraft, redlich und nicht fruchtlos für das deutsche Volk gelebt habe. Ein ehrenvolleres Zeugniß giebt es nicht.

Sie, Hochverehrte Herren, danken dem Dichter auch, daß er unternommen hat, die krause Art und den edlen Idealismus deutscher Professoren seiner Zeit in leichten Bildern abzuschildern. Manches davon mag schon der nächsten Folgezeit fremdartig erscheinen. Aber, liebe, Hochverehrte Herren, so lange es ein deutsches Volksthum giebt, wird es auch deutsche Professoren geben, Männer, denen das eigene Leben wenig bedeutet im Dienste ihrer Wissenschaft; oft wird den Helden und Opfern unendlicher Arbeit ein kleiner Zopf im Nacken hängen, und immer, so vertraue ich, wird das Volk der Deutschen mit Neigung, Ehrfurcht und zuweilen mit guter Laune auf sie schauen.

In Hochachtung und Verehrung verharre ich Ihnen und der Philosophischen Facultät

Siebleben, 10. Juli 1888.　　　　　dankbar ergeben
　　　　　　　　　　　　　　　. Dr. Gustav Freytag.]

an dem Tage, da ihr die Freude wird, Ihnen das vor fünfzig Jahren
ertheilte Doctor=Diplom zu erneuern, mit einem kurzen warmen Gruße.

Er gilt dem Dichter, der einst in Tagen verwilderten Geschmacks
den Wohllaut und die Formenreinheit unserer classischen Dichtung
zu erneuern, in **Zeiten der Tendenz** und der Parteisucht wieder
Menschen von Fleisch und Blut aus der Fülle deutschen Lebens
heraus zu schaffen wagte und seitdem den Deutschen das Vorbild
eines denkenden Künstlers **geblieben ist. Er gilt dem Historiker,** der,
schwere Forschung hinter lieblicher Hülle verbergend, sinnig **wie kein**
zweiter den Werdegang des deutschen Gemüths durch die Jahrhunderte
verfolgt hat. Er gilt dem Publicisten, der vielverkannt unter den
Fahnen des schwarzen Adlers tapfer gefochten hat, bis Preußens
Geschicke sich erfüllten.

Was Ihnen auf allen diesen Gebieten. Ihres Schaffens an
edlen Früchten herangereift ist, gehört der Nation.

Uns aber gestatten Sie noch ein Wort persönlichen Dankes. Sie
haben uns unseren Beruf verklärt durch den anheimelnden Zauber
Ihrer goldenen Laune. Sie wissen, wie viel Mühsal und Versuchung,
wie viel Ruhm und Forscherglück um die einsame Lampe des Ge=
lehrten webt; und wenn die Deutschen kommender Geschlechter aus
Ihren Dichtungen dereinst lernen werden, wie den Söhnen des neun=
zehnten Jahrhunderts zu Muthe gewesen, so werden sie auch ver=
stehen, warum es in unseren Tagen ein Stolz und eine Freude war,
ein deutscher Professor zu sein.

Mögen Sie noch lange Jahre, uns zur Ehre, den deutschen
Doctorhut tragen, der Ihnen so viel verdankt!*)

---

*) [Hier folgt die Unterschrift: Berlin 30. Juni 1888. Die philosophische
Facultät der Friedrich=Wilhelms=Universität.]

Moltke und das deutsche Heer.

Trinkspruch, ausgebracht bei dem Commers des Vereins Deutscher Studenten zur Vorfeier des neunzigjährigen Geburtstags Moltke's am 23. October 1890.*)

Meinen jungen Zuhörern, die mir soeben ihr freundliches Geleit gegeben haben, will ich auf ihren Wunsch einige Worte sagen.**) Als Goethe in seine alten Tage kam, da hat ein geistreicher Spötter gesagt: Selbst Cicero würde nicht die Unverschämtheit haben, diesem Manne eine Lobrede zu halten. Aehnlich ergeht es uns diesem Helden gegenüber, den es zu feiern gilt, der der Schrecken seiner Feinde ist und dabei so geistvoll und reich an wissenschaftlichen Gedanken, wie wenig Andere. Wer am Bosporus gestanden und sich die Klarheit und Feinheit von Moltke's Schilderungen vor Augen geführt, der weiß auch die Bedeutung Moltke's als Schriftsteller zu würdigen. Doch noch größer dünkt es mich, daß er, der ein so gewaltiges Schwert und eine ebenso gewaltige Feder führte, dabei doch der einfachste und schlichteste aller Menschen ist. Es wird mir un=

---

*) [Akademische Blätter, Verbands=Organ der Vereine deutscher Studenten, 5. Jahrgang, Berlin 1890/1891, S. 155, sowie mit unbedeutenden Abweichungen in der Schrift: Moltke's neunzigste Geburtstagsfeier am 26. October 1890. Ein Erinnerungsblatt. Als Handschrift gedruckt. Berlin, Ernst Siegfried Mittler & Sohn. 1891. Anhang, erste Rede.]

**) [Die Akademischen Blätter a. a. O. S. 155 schildern den Vorgang folgender=maaßen: „Bald nach dem Verlesen des von Moltke eingegangenen Telegramms bestieg, begleitet vom Präsidium und sämmtlichen Chargirten im Saale . . ., die sich im Hintergrund auf der großen Bühne vor den Büsten der Kaiser und des Feldmarschalls im Halbkreis mit gezogenen Schlägern ordneten, Heinrich v. Treitschke das Podium. Es war ein einzig schönes Bild, welches dieser Augenblick bot. Die akademische Jugend brachte durch dies Ehrengeleit dem großen Historiker eine Huldigung dar. . ."]

vergeßlich bleiben, wie ich vor neunzehn Jahren als ganz junges Mitglied des deutschen Reichstages ziemlich unbekannt und verloren in der großen Menge der Gäste bei einer der ersten Siegesfestlich= keiten stand und wie er, der weltberühmte General, kam und mir, dem kaum noch in der Oeffentlichkeit Bekannten, leise auf die Schulter klopfte, um mit mir anzustoßen.

Wie könnte ich ein Ende seines Ruhmes finden. Ich denke, in seinem Sinne zu handeln, wenn ich hier der großen Körperschaft gedenke, der zum Siegen und zum Ruhme zu verhelfen, der Inhalt seines Lebens gewesen ist. Das ist das Herrliche am kriegerischen Beruf, daß der Einzelne sich nur fühlen kann als Glied eines Ganzen, und daß nur der Soldat fähig ist, in vollem Sinne bescheiden zu sein. Wir Gelehrten und Künstler führen ein einsames Dasein und gerathen leicht in Gefahr, uns für den Mittelpunkt der Welt zu halten. Der Soldat lebt nur dem großen Ganzen und kann nicht anders, als sich als Glied eines mächtigen Gemeinwesens betrachten, dem er dienen soll bis an den Tod. Das ist seit Scharnhorst, Gneisenau, Boyen und Clausewitz ein Charakter= zug des deutschen Soldaten gewesen, bei keinem aber auffälliger als bei unserem Moltke, der mit der Fülle des Verdienstes diese Schlichtheit des Auftretens verbindet; und das ist auch eine Ursache, daß die Armee der akademischen Jugend so unendlich näher getreten ist, als in den Tagen, da ich jung war. Wenn man heute bei akademischen Commersen ganze Reihen militärischer Gäste sieht, so denke ich daran, wie sich doch die Welt geändert hat seit den Tagen, da ich in Bonn studirte. In der langen Friedenszeit schien das deutsche Schwert verrostet zu sein und das Volk war mit Mißtrauen erfüllt, ob das deutsche Heer des großen Aufwandes werth sei, der darauf verwendet wurde. Es waren Tage des Zweifels und der Furcht, die eines tapferen Volkes nicht würdig waren.

Wie ist das Alles anders geworden! Durch große und glorreiche Siege ist ein ehrlicher und gerechter Frieden erfochten. Wir wissen nun, daß das deutsche Volk nicht nur ein Volk der Denker und Dichter ist, sondern daß es auch das Schwert führen kann. Wo immer nur die Schwerter aufeinander schlugen, da waren auch die Deutschen dabei; doch seit den alten Heldentagen germanischen Kampfes hat die Deutschen nicht die Ruhmsucht und gemeine Kampfeslust in den Krieg geführt, sondern das edlere Gefühl der Mannestreue. Dem Deutschen ist der Krieg nicht ein Handwerk der Grausamkeit, sondern ihm offenbart sich im Kriege

die Liebe, die den Armen mit dem Reichen theilen läßt die letzte
Rinde Brot.   Diese Liebe hat auch Graf Moltke bewiesen, als er
Hunderte opferte, um Tausende zu schützen, als er Tausende opferte,
um Millionen zu schützen vor dem, was schlimmer ist als der Tod:
vor der Schande der nationalen Entehrung.   Aus solch einem Kriege
wird ein Gewinn **und** Segen **gewirkt, der** noch in Jahrtausenden
lebt.   Das habe ich in jenen Tagen empfunden, als die Tausende
in den Tod gingen für das Vaterland.

Nun, Kommilitonen, erinnere ich Sie daran, welches Glück es ist,
daß wir uns mit der Armee, mit unseren militärischen Gästen, einig wissen
können.   Die Liebe und Treue, die den Soldaten treibt, seiner glorreichen
Fahne zu ·folgen, soll auch den Gelehrten beseelen, dem alles irdische
Gut gleichgültig sein soll, wenn es die Frucht der Wissenschaft, die Wahrheit, gilt.   In derselben Zeit, als die Wiedergeburt der alten Volkswehr-
kraft erfolgte, wurde von unseren hohenzollernschen Fürsten die Berliner
Hochschule begründet, um die idealen Güter des Lebens zu pflegen.
In Armee und Universität zeigen sich die gesunden Kräfte unseres
Volkes, Armee und Universität finden wir heute nebeneinander in
dem lebendigen Gefühl, daß beide zusammenwirken müssen gegen
alles, was krank sein mag im deutschen Volksleben, gegen alle Zuchtlosigkeit, gegen alle Niederträchtigkeit, gegen allen Materialismus;
daß sie mit einander hoch zu halten haben den Gedanken der Pflicht
und der Vaterlandsliebe.   Ich bitte den Präses, einen kräftigen Salamander reiben zu lassen auf die deutsche Armee, der so viele Aka-
demiker angehört haben und angehören werden, auf **das** deutsche Heer,
das, wenn das Schicksal es will, auch wieder das Gleiche leisten
wird, was es einst mit dem Feldmarschall Moltke geleistet hat.

Volkes; der Holländer Wilhelm von Oranien sicherte ihnen ihre heutige parlamentarische Verfassung.

Auch Gustav Adolf's Heimath hat den Segen wie den Unsegen ausheimischer Gewalten von früh auf erfahren. Deutschland gewann einst diese unberührte nordische Heidenwelt für das Christenthum, für die Gemeinschaft der lateinischen Gesittung. Deutschlands Hansa erschloß die Küsten Skandinaviens zuerst dem Welthandel und hielt zugleich mit der Uebermacht ihres Capitals die wirthschaftlichen Kräfte dieser jungen Völker so herrisch darnieder, daß die drei alten Hauptstädte des Nordens, Stockholm, Kopenhagen, Bergen, zu deutschen Häfen, und eine Zeit lang selbst die drei Kronen des Nordens nur mit dem Willen des gemeinen deutschen Kaufmanns vergeben wurden. Im sechzehnten Jahrhundert, als die Macht der Hansa zerfiel, begann sodann der nothwendige Rückschlag gegen die deutsche Fremdherrschaft. „Alles durch Gott und die schwedische Bauernschaft" — unter diesem Schlachtrufe führte Gustav Adolf's Großvater, Gustav Wasa, seine Dalkarle zum Aufstand; er befreite sein Land von dem Joche der dänischen Unionskönige wie von der Vormundschaft der deutschen Kaufherren und gründete ein neues, nationales Königthum. Feurig, thatenfroh, hochgebildet, empfänglich für jeden neuen Gedanken, so ist dann seine wilde Wasabrut durch's Leben gestürmt, mancher sich selbst verzehrend in den Flammen der eigenen Leidenschaft. Mit unendlicher Liebe hingen die Schweden an dem Hause ihres Befreiers; sie wollten sich den Namen der Wasa's und das Aehrenbündel ihres Wappenschildes auch dann nicht nehmen lassen, als späterhin die Pfälzer und andere weibliche Nachkommen dem ausgestorbenen alten Mannesstamme folgten.

Aber zur selben Zeit, da unsere Handelsherrschaft in Skandinavien zusammenbrach, drangen noch einmal Deutschlands Gedanken siegreich in den Norden ein. Gustav Wasa bekehrte sich zu Luther's evangelischer Lehre und vertheilte das überreiche Gut der alten Kirche also zwischen der Krone und dem Adel, daß der Staat der Wasa's fortan mit der lutherischen Kirche stand und fiel. Der Protestantismus ging hier nicht wie in Deutschland frei aus dem Gewissen des Volkes hervor; er ward, wie in England, durch ein starkes Königthum der Nation auferlegt, die sich erst allmählich, dann aber mit aller Kraft ihrer Seele dem evangelischen Glauben zuwendete. Und so stand Deutschland, das kirchlich zerspaltene Vaterland der Refor-

mation, fortan mitteninne zwischen der katholischen Welt der Romanen
und dem strengen **Lutherthum des** Nordens. Der Bund zwischen **der**
schwedischen Krone und der lutherischen Kirche schloß sich noch fester,
als Gustav Wasa's Enkel, König Sigismund, zugleich erwählter König
von Polen, sich zur römischen Kirche zurückwandte und deshalb nach
einem verworrenen Bürgerkriege aus **dem Lande** vertrieben wurde.
Nun bestieg Gustav Adolf's Vater, der jüngste Sohn Gustav Wasa's,
als König Carl IX. den gewaltsam erledigten Thron, ein **strenger,**
harter Mann der Geschäfte, gleich seinem Vater ein König der armen
Leute, ein Schirmherr des Protestantismus. Alsbald brach ein drei=
facher Krieg über dies arme Land herein, das auf einem ungeheueren
Gebiete noch kaum eine Million Einwohner zählte, das seine wohl=
habenden Südprovinzen Schonen und Blekingen noch in den Händen
der feindlichen Dänen sah und nur aus einem einzigen Nordseehafen,
unbelästigt vom dänischen Sundzoll, frei mit dem Westen verkehren
konnte. Der vertriebene König in Krakau fordert seine geraubte Krone
zurück; Polen, Rußland, Dänemark beginnen den großen Kampf um
das Erbe der zerfallenen Hansamacht, um die Herrschaft auf der Ostsee.
In solcher Bedrängniß sagte der alte König, da seine Tage sich zum
Ende neigten, hinweisend auf den jungen Thronfolger: Ille faciet,
der wird es thun!

Den Völkern wie den hochbegabten Männern kommen Stunden,
da ihnen eine innere Stimme sagt: Jetzt oder niemals sollst du dein
Bestes, dein Eigenstes der Welt offenbaren. Von dem ersten Augen=
blicke der Regierung Gustav Adolf's an geht durch das schwedische
Volk, mächtig anschwellend, ein Gefühl heller, froher Siegesgewißheit.
Die tiefsinnige lutherische Lehre, **die sonst** ihre Bekenner so oft zum
leidenden Gehorsam, zur Abkehr von den Kämpfen des Staatslebens
führte, hier auf diesem jungen nordischen Boden ward sie streitbar,
wie ihre thatkräftigere Schwester, der Calvinismus; und bald erklang
von allen Kanzeln die Weissagung, dieser Gustavus solle der Augustus
des protestantischen Nordens werden. So recht als ein Mann nach
des Volkes Herzen erschien der siebzehnjährige Jüngling, blond, mit
strahlenden blauen Augen, die hochgewachsenen Nordländer um eines
halben Kopfes Länge überragend, heiter und lebensfroh, von altnordischer
Einfachheit — denn wie oft hat er in guter Laune mit den Gesellen
gewartet, bis der gefrorene Wein im Fasse aufthaute — ein Meister
in der Kunst des Gesprächs, und that es noth, dann kam auch die

herzerschütternde, volksthümliche Beredsamkeit seines Großvaters über ihn. Eine sorgfältige Erziehung hatte den frühreifen, lernbegierigen Knaben in den ganzen Umkreis der Bildung der Zeit eingeführt. Doch sein Herz, das sah man bald, war bei den Waffen. Bilder von Kampf und Sieg schritten durch seine Träume. Wie war er froh des reinen gothischen Heldenbluts in seinen Adern. Unzertrennlich, ununterscheidbar für sein eigenes Bewußtsein verflocht sich mit diesem kriegerischen Nationalstolze der Ernst des evangelischen Glaubens. Die großen Erinnerungen des Wasahauses, die nahe Verwandtschaft mit den altprotestantischen Geschlechtern von Brandenburg, Holstein, Hessen, Pfalz, der Kampf gegen den katholischen Vetter in Polen, die gesammte Weltstellung des Schwedenreichs drängten ihn in das pro= testantische Lager; und mit königlichem Blicke die religiösen Kämpfe der Zeit überschauend, forderte er nur, daß die Kirchen, die einander nicht mehr bezwingen konnten, vielmehr lernen müßten sich zu ver= tragen. Aber er sah auch nicht, wie Richelieu oder Wallenstein, in der Kirche blos ein Mittel für politische Zwecke; er lebte im evan= gelischen Glauben, er kannte die Kraft des Gebets, und aus vollem Herzen sang er sein Lied: Verzage nicht, du Häuflein klein! Die Wärme und Innigkeit seines religiösen Gefühls erinnert an die Männer einer längst vergangenen Zeit, an die Führer des Schmalkaldener Bun= des, Johann Friedrich von Sachsen und Philipp von Hessen, nur daß in ihm die Macht des Glaubens nicht den Duldermuth des Märtyrers, sondern den Thatenmuth des Helden erweckte.

Unterstützt von seinem jugendlichen Kanzler Oxenstierna, errichtete der König in seinem von Bürgerkriegen zerrütteten Staate binnen we= nigen Jahren die bestgeordnete ständische Monarchie des Zeitalters. Lagerquist=Lorbeerzweig, Örnflycht=Adlerflug, Erenrot=Ehrenwurzel, so lauteten die stolzen Namen der Adelsgeschlechter, die hier, wie überall in der hocharistokratischen Welt der baltischen Gestade, ihren steifen Nacken nur ungern unter die monarchische Gewalt beugten. Erstaun= lich schnell ward diese harthändige Aristokratie durch die lockende Aus= sicht auf Kriegsruhm und Beute für den Dienst der Krone gewonnen; jeder Edelmann, der in Kriegszeiten daheim blieb, den Kehricht zu hüten, verlor seine Kronlehen. Darum konnte auch der getreuen Bauern= schaft die harte Last der Wehrpflicht auferlegt werden; alljährlich ver= lasen die Pfarrer von der Kanzel herab die Namen der einberufenen jungen Mannschaften. Durch fünf große Centralbehörden leitete der

König die gesammte Verwaltung. Die vier Stände seines Reichstags ließ er frei berathschlagen; doch sobald die königliche Entscheidung gefallen war, dann forderte er unverbrüchlichen Gehorsam, denn
„es grünt kein kriegerischer Lorbeer unter diesem ewigen Zanken und
Streiten". Also seines Volkes sicher, unternimmt er die drei Kriege,
die ihm sein Vater hinterlassen, zu beendigen, und bildet sich in einer
neunzehnjährigen Kriegsschule ein sieggewohntes Heer. Gegen die
Dänen vermag er nur mühsam seine Machtstellung zu behaupten.
Dann wendet er sich, den gefährlichsten Feind umgehend, wider die
Moskowiter; er vertreibt die Russen aus ihrem Raubnest an der
Ostsee, unterwirft Ingermanland und Karelien, alle Umlande des
finnischen Meerbusens, und in der Nähe des heutigen St. Petersburg
errichtet er die Säule, die der Welt verkündet, daß hier Gustavus
Adolfus die Grenzen seines Reiches gesetzt habe. Darauf führt er
seine Getreuen wider Polen und tritt hier zum ersten Male den Heerschaaren der Gegenreformation gegenüber; er bereitet dem siegesfrohen
Polenreiche seit zweihundert Jahren die erste große Niederlage, er
erobert Livland, sichert der evangelischen Kirche ihren bedrohten
Besitzstand und nistet sich dann in den Häfen Preußens ein. Klarer
und klarer enthüllte sich der leitende Gedanke seines Lebens: der Plan
eines scandinavischen Großreichs, das alle Lande der Ostsee unter der
Herrschaft der blaugelben Flagge vereinigen sollte.

Alle diese Erfolge hatte Gustav Adolf errungen, ohne daß die
Mächte des Westens sich einmischten. Denn es gab noch kein Staatensystem. Das Land der Mitte Europas, dies Deutschland, das dereinst
berufen war, den Westen und den Osten Europas zu einer lebendigen
Staatengesellschaft zu verbinden, lag eben jetzt aus tausend Wunden
blutend darnieder, zerrissen von einem wüthenden Parteikampfe; und
erst als Gustav Adolf auf seinem Siegeszuge den deutschen Grenzen
näher kam, ward auch er in die Strudel des großen deutschen Krieges
hineingerissen. Dreiundsechzig Jahre lang hatte Deutschland wie
träumend dahingelebt unter dem Schutze des Augsburger Religionsfriedens, eines unwahren Friedens, der die Herzen nicht versöhnte und
alle die großen Streitfragen unseres Reichsrechts ungelöst ließ. Thatlos, ganz hingenommen von dem wüsten Gezänk der lutherischen und
calvinischen Theologen, hatten Deutschlands Protestanten mit angesehen, wie die Jesuiten mitten im Frieden durch List und Gewalt
weite Landstriche unseres Südens und Westens zur römischen Kirche

zurückführten, wie im burgundischen Kreise des Reichs, **an den Mün**=
dungen des deutschen Stromes, die Niederländer den Verzweiflungs=
kampf gegen die habsburgische Weltmonarchie wagten, und Wilhelm
von Oranien mahnend rief: Bleibt Deutschland der träge Zuschauer
unserer Trauerspiele, dann wird dereinst auf seinem Boden ein Krieg
entbrennen, der alle anderen Kriege in sich verschlingt! Jetzt erfüllte
sich die Warnung. Der gräßlichste aller Kriege hob an, gräßlich nicht
blos durch seine wilden Verheerungen, sondern auch **durch seine** Ideen=
losigkeit; denn in diesem zwischen vier Parteien hin und her geschleu=
derten Reiche verflochten sich die religiösen und politischen Gegensätze
zu einem unlösbaren Wirrsal, und von den hohen Leidenschaften **der**
ersten Zeiten der Reformation blieb fast nichts mehr übrig **als der**
finstere, boshafte kirchliche Haß.

Die beiden Linien des Hauses Habsburg, Oesterreich und Spanien,
finden sich zusammen zur gemeinsamen Bekämpfung der Ketzerei; sie
verbünden sich mit Max von Baiern, dem Haupte der katholischen
Liga Deutschlands, mit italienischen Fürsten, mit der Krone Polen.
Fast das gesammte katholische Europa, allein Frankreich ausgenommen,
stellt seine Söldner in die Dienste dieser kaiserlichen Politik, die ent=
schlossen, kühn, vom Glücke begünstigt, ihren Zielen zuschreitet, durch
die rücksichtslose Kraft ihres Willens selbst Gustav Adolf's Bewun=
derung erregt. **Der Kaiser, sagte er oft, ist ein großer** Politicus, **er**
thut, was ihm nützt. Schon sind alle Erblande des Kaisers, selbst
die alte Ketzerheimath Böhmen und das evangelische Bauernvolk Ober=
österreichs zur Glaubenseinheit der römischen Kirche zurückgegangen.
Schon ist Süddeutschland unterjocht, der Kurfürst von der Pfalz von
Land und Leuten vertrieben; Spanien gebietet über eine Kette fester
Plätze den Rhein entlang und kann also seine Söldner sicher von
Mailand über Tyrol durch Deutschland gegen die Niederlande senden.
Dann werden auch die kleinen Heere der protestantischen Parteigänger
des Nordens zertrümmert, zuletzt noch der dänische Herzog von Hol=
stein zurückgeschlagen. Die Heerschaaren des Kaisers dringen wie in
den Tagen der Ottonen bis nach Jütland vor. Seine Fahnen mit
den Bildern des Doppeladlers und der Jungfrau Maria wehen sieg=
reich an unseren beiden Meeren, und sein Oberfeldherr, der Czeche
Wallenstein, arbeitet schon an dem Plane einer kaiserlichen Seemacht;
er will durch einen Kanal zwischen Wismar und der Elbe Ost= und
Nordsee in eine Kette hängen und im Jahdebusen, da wo heute Wil=

helmshaven steht, dicht vor der Thüre der niederländischen Rebellen, einen kaiserlichen Kriegshafen gründen.

Im Jahre 1629 sprach die kaiserliche Politik ihr letztes Wort. Das Restitutions-Edict schloß die Reformirten von der Duldung des Augsburger Religionsfriedens aus und gebot, daß alle die geistlichen Stifter, die sich seit jenem Frieden der evangelischen Kirche zugewendet hatten, alle die großen reichsunmittelbaren Bisthümer der alten Germania sacra unseres Nordens, Magdeburg, Halberstadt, Bremen, Lübeck, desgleichen die Landesbisthümer Meißen, Brandenburg und unzählige andere der römischen Kirche ausgeliefert würden. Welch' eine Aussicht, wenn also die friedliche Entwicklung zweier Menschenalter durch einen Gewaltstreich aufgehoben, wenn das durch und durch protestantische Volk dieser vormals geistlichen Gebiete wieder dem Krummstab unterworfen wurde und ein Erzherzog als katholischer Erzbischof in Magdeburg einzog! Wenn das gelang, dann wurde der kirchliche wie der politische Bestand des deutschen Protestantismus in seinen Wurzeln zerstört; und er ward vollends vernichtet, wenn auch noch die erlauchten reformirten Fürstengeschlechter des Reichs, die Brandenburger, die Hessen, die Pfälzer, die anhaltischen Ascanier als Rebellen und Ketzer ihre Reichslehen verloren, wie ja schon die Mecklenburger, die Braunschweiger und viele andere protestantische Fürsten in's Elend gezogen waren und ihre alten Stammlande der Gewaltherrschaft der kaiserlichen Feldobersten überlassen hatten. Niemals war unser Vaterland dem Einheitsstaate so nahe; wir brauchen keine Fürsten und Kurfürsten mehr, sagte Wallenstein drohend. Aber die Einheit, also geschaffen durch die spanischen Priester der Gesellschaft Jesu, durch vaterlandslose Condottieri und Söldnerschaaren, hätte alle Freiheit unseres Geistes, recht eigentlich unser deutsches Ich vernichtet. Ein Schrei des Entsetzens ging durch die protestantische Welt. Doch wo fand sich ein Helfer? Die beiden einzigen Protestanten, die noch den Kurhut trugen, der Brandenburger und der Sachse, sahen ihr Land von kaiserlichem Kriegsvolk überschwemmt; sie waren gelähmt durch ihre Willensschwäche, gelähmt durch die alte, auch in der Verirrung noch achtbare deutsche Kaisertreue, gelähmt durch die Zuchtlosigkeit ihrer Landstände, die jede ernste Kriegsrüstung verhinderte. Es stand nicht anders; dahin war es durch die Zwietracht und die Thatenscheu der deutschen Protestanten gekommen, daß nur eine fremde Macht noch retten konnte.

Dem Schwedenkönig blieb keine Wahl mehr. Er erkannte den großen Zusammenhang der europäischen Dinge; er hatte sich schon längst vergeblich bemüht, die noch freien Mächte des protestantischen Nordeuropas, England, Niederland, Dänemark zu einem Bunde gegen die Habsburger zu bewegen, und schon einmal, während seines polnischen Feldzuges, auf der Stuhmer Haide mit kaiserlichen Schaaren unglücklich gefochten. Wenn jetzt die Herrschaft der **kaiserlichen Soldatesca** an der Ostsee sich **noch weiter ausbreitete, dann war nicht** nur seine erhoffte große septentrionalische Monarchie **vernichtet,** sondern auch sein kleiner heimischer Thron gefährdet; denn unzweifelhaft mußten dann die mit Oesterreich verbündeten polnischen Wasa's die schwedische Krone wiederzugewinnen suchen. Durch die Sicherheit unserer Nachbarn, so sagte er zu seinen getreuen Ständen, müssen wir unsere eigene Sicherheit erringen; und in feuriger Rede fügte **er,** der nie heucheln lernte, die Betheuerung hinzu: ich will die unterdrückten Religionsverwandten vom päpstlichen Joche befreien. Die politische und religiöse Pflicht wiesen ihn beide auf dasselbe Ziel. Den Ausschlag gab doch, wie bei allen weltgeschichtlichen Entschlüssen, der dunkle Drang des Genius, die geheime Ahnung ungeheurer Erfolge und einer göttlichen Berufung.

Im Juli 1630 landet er auf Rügen, gerade hundert Jahre, nachdem Deutschlands Protestanten vor Kaiser und Reich ihr Glaubensbekenntniß überreicht hatten. Die verwaiste Wittib, die Augsburgische Confession hatte endlich ihren Tröster gefunden. Aber noch **währte** es fast ein Jahr, bis die Fürsten Norddeutschlands die Scheu vor dem Kaiser, das Mißtrauen gegen die unberechenbaren Anschläge des Fremdlings ganz überwanden. Eine leuchtende Gestalt, ganz durchglüht von heldenhafter Zuversicht, tritt er unter die Zaudernden und Schwankenden. Ich sage Euch, geht nicht den Mittelweg — so klingt es wieder in allen seinen Reden — **der** Rubicon ist überschritten, der Würfel ist gefallen; hier streiten Gott und der Teufel, es giebt kein Drittes; was ist das für ein Ding, Neutralität? ich kenne es nicht! Langsam bohrend, in einem mühseligen Feldzuge, **der** nachher von Napoleon besonders **hoch** bewundert wurde, drang er nun mit seinem kleinen Heere in Pommern und den Marken vor, von Frankreich insgeheim mit Geld unterstützt und doch wachsam bemüht, diesen gefährlichen Nachbarn dem deutschen Kriege fern zu halten. Eine diplomatische Wendung am kaiserlichen Hofe brachte endlich Klarheit in die verworrene Lage. Wallenstein, der weltliche Held, der alle Teufel den Pfaffen in's Gedärm wünschte, wollte sich mit den Schweden abfinden, die deutschen Protestanten gewinnen durch schonende Ausführung des Restitutions=Edicts, und alsdann die ge= sammelte Macht Oesterreichs, Spaniens und des geeinten deutschen Reichs gegen das katholische Frankreich und die evangelischen Nieder= lande führen, um also die habsburgische Weltmonarchie über dem ge= sammten lateinischen Europa aufzurichten. Die katholische Liga dagegen und die Priesterpartei in der Wiener Hofburg forderten Ausrottung der norddeutschen Ketzerei und Kampf gegen ihren schwedischen Bundes= genossen. Kaiser Ferdinand stand zwischen seinem Feldherrn und seinem Beichtvater. Er entschied sich, wie er mußte, für den Priester. Wallenstein ward gestürzt, und in den dritthalb Jahren, da Gustav Adolf auf unserem Boden weilte, zeigte dieser wirrenreiche Krieg, der so oft die Farbe wechselte, ganz und gar das Wesen eines Religions= krieges. Jetzt ward wirklich gefochten um Sein oder Nichtsein des Protestantismus. An die Spitze des kaiserlichen Heeres trat der Wallone Tilly, der, minder unbarmherzig als der grausame Wallen= stein, doch unserem protestantischen Volke immer verhaßter blieb, weil sich der kirchliche Glaubenshaß der römischen Partei in ihm verkörperte. Dem Schlachtruf der Kaiserlichen: Maria, Mutter Gottes! antwortete das Heer Gustav Adolf's mit dem Rufe: Gott mit uns!

Erst als Magdeburg von den Kaiserlichen eingeäschert war und die papistische Welt den jammervollen Fall der treuen Märtyrerstadt des Protestantismus, die einst den Heeren Carls V. getrotzt, weithin mit lautem Hohnruf begrüßte, da erst entschloß sich Gustav Adolf, seinen immer noch zaudernden brandenburgischen Schwager zum Bünd= niß zu zwingen. Auch das geängstigte Kursachsen schloß sich an. Nun überschreitet der König die Elbe, und die Protestanten athmen auf, als er im Lager von Werben dem nie besiegten Tilly Stand hält. Darauf treibt ihn der Hilferuf Kursachsens südwärts, und dort auf dem Schlachtenboden Mitteldeutschlands, wo noch zweimal in diesem Kriege die eisernen Würfel rollen sollten, in der Leipziger Ebene bei Breitenfeld, fällt der entscheidende Schlag. Die kaiserlichen Reiter, die dem geschlagenen linken Flügel der Protestanten, den Sachsen, nachsetzen, sehen sich plötzlich von dem rasch einschwenkenden Centrum des schwedischen Heeres selber in der linken Flanke gefaßt; Tilly's unförmliche, dichtgedrängte Schlachthaufen erliegen den leicht

beweglichen, schnell feuernden Linien der Schweden. Der Unbesieg=
liche ist auf's Haupt geschlagen, und mit einem Male birst die Rinde
von den Herzen der verzweifelten Protestanten. Das treue Stral=
sund, die Besiegerin der Wallensteiner, sendet dem Helden den
Heilruf zu:

> Der Leu aus Mitternacht, den Gottes Geist verheißen,
> Der Babels Stolz und Pracht soll brechen und zerreißen!
> Wo's Fahnen in der Luft, wo's Sturm und Schlachten giebt,
> Das ist ein Freudenspiel, das unser Leu beliebt.

Zum ersten Male seit Martin Luther's Auftreten ersteht unserem
Volke wieder ein Mann, zu dem Jeder in Haß oder Liebe aufblicken
muß. Es war der Tag der Befreiung. Der deutsche Protestantis=
mus war gerettet, die Parität der Bekenntnisse gesichert. Von einer
Ausrottung und Beraubung der Protestanten, wie sie das Restitutions=
Edict geplant hatte, konnte fortan nicht mehr die Rede sein; und bei
dem Charakter dieses Krieges, der in einem Lande ohne Hauptstadt,
von kleinen Herren auf vielen Schauplätzen zugleich, vor den Mauern
unzähliger fester Plätze geführt wurde, ließ sich ein vollständiger Um=
schwung des Waffenglücks kaum noch erwarten.

Seine treuesten Freunde fand Gustav Adolf unter den warm=
herzigen Protestanten Süddeutschlands, die schon fast zu hoffen ver=
lernt hatten. Sie jauchzten auf in überschwänglicher Dankbarkeit, als
er sich jetzt nach Franken wandte, um auch hier überall die blinden
Pressuren der Papisten abzustellen. Wie drängte sich das Volk in
Nürnberg um den König und feierte seine heroische Person in Lied,
Bild und Rede; „Willst Du ihn sehen ganz, so schaue durch die
Welt!" Eine Gefolgschaft deutscher protestantischer Fürsten, voran
der vertriebene Böhmenkönig Friedrich von der Pfalz, sammelte sich
jetzt um ihn; zu den Schweden und Livländern, die er einst nach
Rügen geführt, traten neue in Deutschland geworbene Regimenter
hinzu, beide Nationen fügten sich seiner unerbittlichen Manneszucht.
Dann ging der Heerzug durch die schönen Weinlande der alten
Pfaffengasse des Reichs, den Main abwärts bis zum Rheinstrom,
und den rauhen Nordländern ward wohl beim edlen 1624er Weine.
Inmitten des Volksjubels, der ihn brausend umringte, verlor Gustav
Adolf doch nie das Gefühl, daß er unter Fremden stand, und sagte
einmal bei einem Zanke seiner deutschen Umgebungen: Ich will lieber
in meinem Lande die Säue hüten, als mit einer so thörichten Nation

verkehren. Vom Rhein zog der König gegen Baiern, die Hochburg
der katholischen Liga. In einer blutigen Schlacht am Lech verliert
Tilly den Sieg und das Leben. Kurfürst Max entflieht und überläßt sein München dem Eroberer. Die ewige Lampe, die so lange
vor dem Bilde der Patrona Bavariae, der Mutter Gottes am Resi-
denzschlosse, gebrannt hatte, mußte freilich verlöschen; aber frei ward
der Gottesdienst für Jedermann, und die Jesuiten zürnte der König
an: Ihr seid die Sünder, Ihr waret gesendet, Frieden zu stiften
und habt den Krieg gesät. Noch nie hatte sich die Macht seiner
Persönlichkeit so sieghaft gezeigt. Selbst dies tief verfeindete baierische
Volk begann ihn lieb zu gewinnen, wenn er allein im Reitermantel
und Schlapphut durch die Gassen schritt, Geld unter den Haufen
warf und mit den kleinen Leuten zutraulich verkehrte.

Er stand auf der Höhe seines Ruhmes und zugleich am tragischen
Wendepunkte. Auch an ihm mußte sich der Fluch erfüllen, der auf
jeder Fremdherrschaft lastet. Das Tagewerk seines Lebens, so weit
es uns Deutschen Heil bringen konnte, war gethan. Gewiß barg er
cäsarische Gedanken in seinem Haupte, und sie mußten mit seinen
Siegen wachsen. Ein kleiner Preis konnte dem heißen Wasablute nicht
genügen, und nicht zufällig prangten goldgestickte kaiserliche Doppeladler auf der Schabracke seines Paraderosses. Doch wahrlich nicht
die römische Kaiserkrone, nicht diese mit der katholischen Kirche unzertrennlich verbundene und durch die katholische Mehrheit des Kurfürsten-
rathes verliehene Würde konnte seinen Ehrgeiz reizen, der bei aller
Verwegenheit sich doch immer den Sinn für das Mögliche bewahrte.
Er blieb König von Schweden. Wie hätte er also Deutschlands Einheit wünschen können, in diesem Zeitalter der harten Staatsräson, da
jeder Nachbar den Nachbarn als Feind beargwöhnte? Auf meinem
Staate da unten ruhen alle meine Erfolge hier oben, so sagte er oft;
unwandelbar hielt er fest an dem Gedanken seines skandinavischen
Großreiches. Er wollte Pommern und was sich sonst noch von deutschen Küstenländern gewinnen ließ, an seine Krone bringen, seiner
armen Heimath den Unterhalt sichern aus der reichen vorpommerschen
Kornkammer; er wollte also das deutsche Reich vom Meere absperren
und Dänemark dermaaßen umklammern, daß früher oder später alle
Umlande des baltischen Meeres der Herrschaft der Wasa's anheimfallen
mußten. Wenn er in den eroberten fränkischen Bisthümern sich, bis
auf weitere Verfügung, huldigen ließ, so beabsichtigte er nur, diese

Stiftslande zum Theil an Bernhard von Weimar und die Getreuen der protestantischen Fürstenpartei als Lehen dahinzugeben, zum anderen Theile sie als Faustpfand zurückzubehalten, um sie beim Friedens= schlusse gegen deutsche Küstenländer auszutauschen. Mit diesem großen baltischen Besitzthum dachte er als Reichsstand in den deutschen Reichs= tag einzutreten, als Director eines Corpus Evangelicorum, das, ein Staat im Staate, eine geordnete Opposition, die Parität der Bekennt= nisse aufrecht halten sollte. Ein Theil dieser Entwürfe ist nachher durch die Hand seiner schwächeren Nachfolger im Westphälischen Frie= den verwirklicht worden; und wer kann heute noch bestreiten, daß sie wohl den Religionsfrieden im Reiche sicherten, aber unsere politische Macht schwer, verderblich bedrohten? Wir dürfen es aussprechen: ein gnädiges Geschick rief den Retter des deutschen Protestantismus hinweg gerade in dem Augenblicke, da er der Feind unseres natio= nalen Staatswesens werden mußte.

Erschreckt durch die Siege dieses Gothen entschloß sich der Kaiser, dem abgesetzten Wallenstein mit unbeschränkter Vollmacht wieder die Führung seiner Heere anzuvertrauen; und sobald die Werbetrommeln des glückhaften Friedländers erklangen, strömten in Massen die raub= und ruhmbegierigen Kriegsknechte herbei. Gustav Adolf sollte bald erfahren, daß ihm endlich ein ebenbürtiger Feind gegenübertrat. Er konnte die Vereinigung der Kaiserlichen mit dem baierischen Heere nicht hindern. Als sich dann Wallenstein in dem Hungerlager auf der Alten Veste bei Nürnberg tief in seine Schanzen vergrub, da stürmten und stürmten die Schweden vergeblich. Der König mußte die verwegenen Angriffe aufgeben, der Friedländer aber schrieb nach seiner prahlerischen Weise: hier hätte sich der Schwede hazzardosamento die Hörner abgelaufen. Jetzt zieht Wallenstein nordwärts gegen Mittel= deutschland. Sengend und brennend wüthen seine Croaten in Thürin= gen, die Holkischen Jäger im Erzgebirge. Gustav Adolf folgt ihm, um seinem Vaterlande desto näher zu sein; denn er sieht seine Rück= zugslinie gen Norden bedroht. Das ausgeplünderte thüringische Volk empfängt ihn frohlockend und küßt ihm die Kniee. Er aber sagt beim Anblick der Nackten und Elenden tief erschüttert: Gott wird mich strafen, diese Menschen ehren mich wie einen Gott! Auf dem Felde von Lützen, dicht neben der Stelle, wo er einst den herrlichsten seiner Siege erfochten, befiehlt er die Schlacht. Beide Nationen, Deutsche und Schweden, begrüßen den anreitenden Feldherrn mit lautem Waffen=

getöse, und er betet: Jesu, Jesu, Jesu, laß uns heute in Deinem heiligen Namen streiten! So mit einem Gebet auf den Lippen sprengt er in den dicken Herbstnebel hinein und findet den Heldentod.

Sein Wirken war das letzte Aufleuchten der Idee in diesem gräuelvollen Kriege. Rasch verwildernd nach dem Tode des gestrengen Zuchtmeisters, kämpften die schwedischen Heere nur noch um die elende Frage, wie viele Fetzen deutschen Landes ihnen als Satisfaction und Entschädigung zufallen sollten; mit ihnen vereint Frankreich, das jetzt erst, nach Gustav Adolf's Hinscheiden, freie Hand erhielt für seine deutschen Pläne. So furchtbar hauste das entartete Kriegsvolk, daß der niederdeutsche Bauer heute Alles, was über die Zeiten der Götterdämmerung hinaus liegt, ganz vergessen hat und jedes Hünengrab eine Schwedenschanze nennt. Doch schon hob sich aus der unverwüstlichen Kraft unseres Volkes ein neues Staatsgebilde empor. Gustav Adolf's Neffe, der große Kurfürst von Brandenburg, ward sein Erbe zugleich und sein Feind. Er ward sein Erbe; denn Kurbrandenburg errang auf dem Westphälischen Friedenscongresse den kirchlichen Ideen Gustav Adolf's den vollen Sieg; Kurbrandenburg erwirkte den ehrlichen Religionsfrieden, die unbedingte Gleichheit der Bekenntnisse. Auch im Innern des jungen preußischen Staates wirkten die schwedischen Ueberlieferungen noch lange nach. An dem Vorbilde seines Oheims lernte Kurfürst Friedrich Wilhelm die Macht seiner Landstände zu beherrschen und eine starke, kriegerische monarchische Gewalt zu behaupten. Durch die alten Schweden, die unter den Fahnen des rothen Adlers dienten, drang viel schwedischer Kriegsbrauch in dies junge Heer ein: die rasche Beweglichkeit und die Feuerkraft des Fußvolkes, auch der Kriegsruf Gustav Adolf's: Gott mit uns! Aber Friedrich Wilhelm hat auch — so zweischneidig sind alle historischen Dinge — zuerst die Zerstörung begonnen gegen das politische Werk seines Oheims. Einen furchtbar schweren Lohn ließen sich die Schweden für ihre Hilfe zahlen. An allen unseren Küsten saßen sie als Herren; Weser, Elbe, Oderstrom wurden fremder Nationen Gefangene, wie Friedrich Wilhelm klagte. Gegen diese schwedische Fremdherrschaft mußte Preußen fast zweihundert Jahre lang, seit dem ersten nordischen Kriege und dem Fehrbelliner Siegestage, bald mit dem Schwerte, bald mit der Feder ringen, bis endlich im Jahre 1815 ihre letzten Trümmer vom deutschen Boden verschwanden und Norddeutschland wieder Herr ward im eigenen Hause.

Von den drei Gewaltigen, welche damals die Welt mit dem Schrecken ihres Namens erfüllten, erscheint Wallenstein als die unheimlichste Gestalt: ein großer Kriegsfürst, gewiß, der Schöpfer des österreichischen Heeres, und doch nur ein Heimathloser, der sein Volksthum und Glauben gleichgiltig der Ehrfurcht opfert; ein genialer Abenteurer, der bald einen italienischen, bald einen deutschen Fürstenhut erhofft, bald von der habsburgischen Weltmonarchie träumt, bald von der heiligen Impresa gegen Konstantinopel oder auch von einer neuen Plünderung Roms, und bei allen diesen gigantischen Entwürfen immer nur an sein eigenes großes Ich denkt. Gott im Himmel, ich auf Erden — so sagt er frevelnd und stirbt den häßlichen Tod des Verräthers. Glücklicher war Richelieu. Denn dieser Bismarck Frankreichs stand auf dem festen nationalen Boden, worin alle staatsmännische Größe wurzelt. Er vollendete, was die Politik der französischen Könige seit Jahrhunderten bedachtsam vorbereitet hatte, die Einheit seines Vaterlandes. Durch Seelenadel und menschliche Hoheit überragt Gustav Adolf alle Beide. Ihm warb ein Loos bereitet wie jenem macedonischen Alexander, dem sein Leben auch durch die raschen Siege und das jähe Ende auffällig gleicht. Alexander's Weltreich fiel mit seinem Schöpfer, aber auf Jahrhunderte hinaus blieb, was er für die Gesittung der Menschheit geschaffen hatte. Er zwang die Griechen, den nationalen Beruf mit dem weltbürgerlichen zu vertauschen, er verwandelte das Hellenenthum in Hellenismus, er erfüllte ganz Vorderasien dermaßen mit griechischer Bildung, daß nachher das Evangelium Christi in griechischer Sprache den Völkern des Mittelmeeres verkündigt und von ihnen verstanden werden konnte. So ist auch Gustav Adolf's skandinavisches Großreich verschwunden. Die beiden künstlichen, auf zu schwachem Grunde aufgebauten Großmächte des siebzehnten Jahrhunderts, Niederlands Seemacht und Schwedens Landmacht vermochten sich nicht zu halten; sie wurden verdrängt durch England und das preußische Deutschland, die ihre Großmachtstellung mit ungleich stärkerer natürlicher Kraft behaupten konnten. Aber geblieben ist, und so Gott will für alle Zukunft, das freie evangelische Wort, das Gustav Adolf diesem Herzen Europas sicherte, geblieben das lebendige, duldsame Nebeneinander der Glaubensbekenntnisse in Deutschland. Und darauf beruht doch unser neues, kirchlich gemischtes und politisch einiges Reich; darauf der ganze Charakter unserer heutigen Cultur; darauf jene schöne Menschlichkeit, die dem Deutschen, dem Protestanten wie dem Katholiken, erlaubt, zugleich frei und fromm zu denken.

Darum wollen wir heute aus bewegter Seele dem stammver= wandten Nachbarvolke danken, das einst von uns den Segen der Re= formation empfing und uns dann den Löwen aus Mitternacht als Retter sendete. Nirgends erklingt dieser Dank herzlicher als hier in den jungen Coloniallanden des alten Deutschlands, die ein wunder= volles Geschick zur Vormacht des neuen Reichs erhoben hat. Nur dreihundert Jahre lang haben diese Marken der römischen Kirche an= gehört, und schon seit mehr denn dreihundertfünfzig Jahren be= kennen sie sich zur Freiheit des Evangeliums. Wir leben und weben hier in freier protestantischer Luft. Wahrhaftig nicht um alte Wun= den aufzureißen, sondern um Ehre zu geben, wem Ehre gebührt, hat das protestantische Deutschland die edle Stiftung, welche den bedrängten evangelischen Brüdern überall in der Welt Trost und Hilfe bringt, auf den Namen des Schwedenkönigs genannt. Er gehört nicht einem Volke allein, er gehört der gesammten evangelischen Christenheit.

Das Gefecht von Eckernförde 1849.*)

Der Bericht des Herzogs Ernst von Sachsen=Koburg über das Eckernförder Gefecht ist bekanntlich von mehreren Schriftstellern Trans= albingiens lebhaft angegriffen worden: von K. Jansen in einer eigenen Entgegnungsschrift, von dem kürzlich verstorbenen Rudolf Schleiden in seinen Erinnerungen, und neuerdings noch in einigen weniger er= heblichen Aufsätzen. Ohne jeden Zweifel haben die Schleswig=Hol= steiner in allem Wesentlichen Recht, wenn sie den Tag von Eckern= förde zunächst als einen Tag des Glücks und des Ruhms für ihre eigenen Waffen preisen. Der Ton freilich, den sie in dieser Fehde anschlagen, erscheint zuweilen als ein wunderlicher Anachronismus; sie reden, als ob zwei Nationen sich um eine Trophäe stritten. Seit sie die Ehre haben, Preußen zu sein, sollten sie doch endlich von unserem Officiercorps lernen, alle Deutsche schlechtweg als Landsleute zu behandeln und die Kriegsgeschichte ihrer Provinz ebenso gleich= müthig zu betrachten, wie unser Generalstab schon längst die Frage erörtert, was irgend ein pommersches oder badisches Bataillon in den Kämpfen an der Lisaine geleistet habe. So makellose Normalmenschen, wie die meisten der in Schleiden's Denkwürdigkeiten auftretenden Holsten, hat die gütige Natur in anderen Völkerschaften bisher noch nicht erzeugt. Aus den Lebensnachrichten und anderen hinterlassenen Papieren meines Vaters kann ich noch einige Mittheilungen geben, welche zwar an dem historisch feststehenden Gesammtbilde des Eckern= förder Gefechts nichts ändern, aber Einzelheiten berichtigen oder er= gänzen und zudem einen Einblick gewähren in die unglaubliche mili= tärische Anarchie jener Tage. Das Reichsheer von 1849 war in seiner Organisation um kein Haar breit besser als die eilende Reichs=

---

*) [Historische Zeitschrift, Band 76 (1896), S. 238 ff.]

armee von Roßbach, und es dünkt uns heute schon wie ein Märchen, daß solche Zustände kaum um ein halbes Jahrhundert hinter uns liegen.

Ein öffentliches Urtheil über meinen lieben Vater steht mir nicht zu. Nur so viel darf ich sagen — weil die ältere Generation in meiner Heimath dies noch weiß —, daß er einer der allertüchtigsten Officiere der sächsischen Armee war und dabei von einer anspruchs= losen Schlichtheit, wie ich sie bei so gescheidten Männern nur sehr selten wiedergefunden habe. Er hatte den Winter über als Oberst und Commandant eines sächsischen Infanterieregiments bei den Reichs= truppen gestanden, welche die Centralgewalt als fliegende Corps durch das unruhige Thüringen streifen ließ. Kaum war er von dort heim= gekehrt, um in Leipzig den Befehl über die Halbbrigade leichter In= fanterie zu übernehmen, so erhielt er einen Brief des Herzogs von Koburg vom 22. März. Der Herzog schrieb, die Centralgewalt habe ihm das Commando einer Brigade bei der mobilen Reichsarmee in Schleswig=Holstein übertragen, und bat meinen Vater, den er von der Dresdener Garnisonszeit her kannte, ihn als Freund und Rath= geber in diesem Feldzuge zu begleiten. Der Antrag war wenig ver= lockend: eine so unbestimmte Stellung mitten im Gewirr deutscher Bundescontingente und an der Seite eines jungen Fürsten, der nur wenige Jahre im sächsischen Gardereiterregiment gedient hatte, ohne je besondere militärische Talente zu bekunden! Aber wie konnte ein Soldatenherz nach so langer Friedenszeit dem Rufe zum Kriege wider= stehen? Seit mein Vater einst als siebzehnjähriger Freiwilliger an Bülow's niederländischem Winterfeldzug und der Belagerung von Antwerpen theilgenommen, hatte er kein Gefecht mehr gesehen. Den letzten Ausschlag gaben die bestimmt ausgesprochenen Wünsche des guten Königs Friedrich August, dem die Verbindung mit den ernestini= schen Höfen sehr wichtig schien. Mein Vater war einige Jahre lang sein Flügeladjutant gewesen und verehrte ihn von Herzen. So ent= schloß er sich denn, mit zwei anderen angesehenen sächsischen Officieren, Hauptmann v. Stieglitz und Rittmeister v. Fritsch, den sogenannten Generalstab des Herzogs zu bilden; beide wurden späterhin Generale Fritsch erwarb sich im Kriege von 1866 als Führer der Reiterei einen guten Namen.

Als der Herzog am 31. März mit seinem Stabe in Hamburg eintraf, erhielt er die Nachricht, daß seine Brigade bestimmt war, als

Reserve im Rücken der Reichsarmee die Ostküste Schleswig-Holsteins
zu decken. Mein Vater meinte: wir können da vielleicht die ersten
Schüsse in diesem Kriege thun, vielleicht auch gar keinen Feind zu
sehen bekommen. „Ja, wenn ich Glück hätte!" — erwiderte der Her=
zog Am nächsten Tage meldete er sich in Schleswig bei dem Ober=
befehlshaber General v. Prittwitz und empfing die Weisung, mit der
Reservebrigade die ganze weite Strecke von der Schlei bis zum Kieler
Meerbusen zu bewachen, jedem Landungsversuche der Dänen rasch
entgegenzutreten. Meinem Vater gefiel die kurze, klare, bestimmte
Sprache des Generals sehr, obgleich er, wie damals fast alle sächsischen
Officiere, eine tiefe Abneigung gegen die Preußen hegte. In der That
zählt Prittwitz zu den tragischen Gestalten unserer Kriegsgeschichte:
ein ernster, fester, zum Befehlen geschaffener Mann, so wie ihn Adolf
Menzel auf dem schönen Reiterbilde darstellt — und doch durch ein
finsteres Verhängniß hineingerissen erst in die Schmach der Berliner
Märztage, dann in den Jammer dieses Schleswigschen Scheinkrieges.
„Der unglückliche Prittwitz!" — sagte mir Feldmarschall Moltke ein=
mal mit dem Ausdruck tiefen Mitleids — „in solcher Zeit konnte
man ja Nichts leisten!"

Hier in Schleswig erfuhr der Herzog auch erst genau die Zu=
sammensetzung seiner Brigade. Es bleibt doch wahr, daß Deutschland
seit 1815 nie so uneinig gewesen war, wie in dieser Zeit, da die
Redner der Paulskirche das neue Reich schon vollendet wähnten.
Die unbrauchbare alte Bundeskriegsverfassung hatte auf dem Papiere
mindestens größere tactische Verbände vorgeschrieben; sie brach sofort
zusammen, als die Revolution hereinstürmte, und jeder Fürst, für
seinen Thron zitternd, seine Truppen ängstlich daheim zu halten suchte.
Die Erfüllung der einfachsten Pflichten gegen das große Vaterland
beklagte man jetzt als ein schweres Opfer; und um den Dynastien
diese Opfer zu erleichtern, beschloß die ohnmächtige Centralgewalt, die
mobile Reichsarmee so bunt wie möglich zusammenzusetzen. In dem
schleswig-holsteinischen Kriege waren nahezu alle deutschen Staaten
mit irgend einem kleinen Häuflein vertreten. Zu der Reservebrigade
gehörten fünf Bataillone Infanterie, je eines aus Württemberg, aus
Baden, aus Reuß, aus Gotha, aus Meiningen; dazu zwei leichte
Feldbatterien, je eine aus Nassau und aus Hessen-Darmstadt; dann
noch zwei Schwadronen hanseatischer Dragoner und schließlich der
königlich sächsische Generalstab. Neun deutsche Stämme oder Natio=

nalitäten, wie man damals zu sagen pflegte, bildeten also zusammen eine Brigade, die, als sie sich endlich ganz versammelt hatte, mit 3928 Mann, 12 Geschützen und 223 Cavalleriepferden ausrücken konnte, mithin nicht viel stärker war, als ein vollzähliges Regiment. Und neben dieser wundersamen Heerschaar standen noch, allein den Befehlen des Generals Bonin, des Commandirenden der Herzogthümer, unter= geben: zwei in der Bildung begriffene schleswig=holsteinische Reserve= bataillone in Kiel und Eckernförde, desgleichen die schleswig=holsteinische schwere Artillerie in der kleinen Feste Friedrichsort und in den Strand= batterien an den beiden Meerbusen. Vergeblich verlangte der Herzog das Commando auch über diese Truppen. Prittwitz vertröstete ihn auf die Zukunft und schärfte ihm nur wiederholt ein, mit den Schleswig= Holsteinern, die für jetzt noch selbstständig bleiben müßten, immer ein gutes Einvernehmen zu unterhalten. Der Herzog sollte also eine weite Küstenstrecke mit einem Häuflein zweifelhaften Fußvolks bewachen, doch über das wichtigste Vertheidigungsmittel, über die Festungsgeschütze der Strandbatterien, durfte er nicht verfügen.

Der Grund dieser widersinnigen Anordnungen lag in den diplo= matischen Wirren, welche bald den ganzen Feldzug verderben sollten. König Friedrich Wilhelm sah in den Holsten nur noch Rebellen und wünschte längst, herauszukommen aus diesem Kriege, den er vor'm Jahre fast wider Willen begonnen hatte. Beim Abschied von den Officieren der Garde sagte Prittwitz traurig: „Wünschen Sie mir nicht Glück zu diesem Commando!" Er deutete damit an, daß er geheime Weisungen besaß, deren Wortlaut freilich wohl nie bekannt werden wird. Ihr Sinn aber ergiebt sich für Unbefangene aus dem ganzen Verlaufe des Feldzuges; der Bundesfeldherr sollte nichts Ent= scheidendes wagen und die Dinge hinzuhalten suchen, bis die Ver= mittlung der Großmächte den ersehnten Frieden herbeiführte. Daher die lahme, mit Prittwitz's kräftigem Charakter so ganz unvereinbare Kriegführung, die volle drei Viertel des überlegenen Heeres zur Ver= theidigung der Seeseite verwendete, und nur ein Viertel zu schwachen Offensivstößen übrig behielt. In der jungen schleswig=holsteinischen Armee dagegen lebte, obgleich die letzten Ziele dieses gegen den König= Herzog und zugleich für ihn geführten Krieges immer dunkel blieben, doch ein kräftiger Dänenhaß und der ehrliche Wille, zu schlagen und zu siegen. Sie witterte bald heraus, daß dem Oberbefehlshaber dieser Wille fehlte; das alte, schon durch den kläglichen Malmöer Waffen=

ſtillſtand erweckte Mißtrauen gegen Preußen verſchärfte ſich mit jedem Tage; und **der** in ſolcher Lage allerdings entſchuldbare ſchleswig-holſteiniſche Particularismus trat bald ebenſo rückſichtslos auf, wie **der** Sondergeiſt aller anderen Bundesſtaaten. Bonin, obwohl ſelbſt preußiſcher General, gerieth mit Prittwitz in Mißhelligkeiten, welche bald faſt zur Unbotmäßigkeit **führten**; er weigerte ſich ſogar, Parole und Feldgeſchrei von dem Oberbefehlshaber anzunehmen. Unter dieſen Verhältniſſen mußte Prittwitz Bedenken tragen, **die** Strandbatterien den Befehlen des Herzogs zu unterſtellen und alſo die **Empfindlich-** keit der Schleswig-Holſteiner **zu reizen.**

Mißmuthig verließ der Herzog das große Hauptquartier. Er klagte über das kühle, ironiſche Weſen des Oberbefehlshabers. Nicht ganz mit Recht. **Einem** preußiſchen Generale ließ ſich doch kaum zumuthen, daß er dieſe Reſervebrigade und ihre neun Nationalitäten mit feierlicher Ernſthaftigkeit betrachten ſollte; und ₁wenn er **dann** äußerte, vielleicht würde gerade bei den Truppen des Herzogs der erſte Schuß dieſes Krieges fallen, ſo war auch dies nicht boshaft gemeint. Er ſagte damit nur dasſelbe, was mein Vater ſchon in Hamburg ausgeſprochen hatte und was jedem erfahrenen Soldaten als möglich erſcheinen mußte. Aber kühl hatte der General aller-dings geſprochen. Denn der Herzog, der ſich einige Monate nachher mit leidenſchaftlichem Eifer der preußiſchen Sache zuwendete, war damals — in den Tagen, da König Friedrich Wilhelm die Frank-furter Kaiſerkrone ablehnte — ein ebenſo leidenſchaftlicher Gegner Preußens und zeigte **ſeine Geſinnung** ſo unverhohlen, daß ſelbſt mein Vater, um der militäriſchen Manneszucht willen, ihn zuweilen warnen mußte. Darum hatte er ſich beim Könige von Sachſen die Erlaubniß erbeten, in dieſem Feldzuge als ſächſiſcher Generallieutenant aufzu-treten, und ſich nur mit ſächſiſchen Officieren umgeben. Das ward ihm von Prittwitz wie von dem Reichskriegsminiſter General Peucker ſehr übel vermerkt.

Am nächſten Tage, 2. April, begab **ſich** der Herzog über Rends-burg nach Gettorf, **das** an der großen, ſechs Stunden langen Kiel-Eckernförder Landſtraße etwa Mitte Wegs, etwas näher nach Eckern-förde zu, gelegen iſt. ₁Dieſe Straße bildet die Sehne des Bogens, den der Däniſche Wohld, die weit nach Oſten vorſpringende Halb-inſel zwiſchen den beiden Meerbuſen, beſchreibt. Hier war das ge-gebene Hauptquartier der Brigade. Ueber dem Kirchthurme ſtand

ein hohes Gerüst; da droben hing auf schwanker Leiter, vom Winde
geschaukelt, ein wackerer, seekundiger Mann, der Tischler Kalissen, mit
seinem Fernrohr und telegraphirte in der denkbar einfachsten Weise
— durch Kugeln, die an Querstangen hingen — wenn Kriegsschiffe
sich einem der beiden Meerbusen näherten. Von der Brigade waren
vorerst nur etwa 2150 Mann zur Stelle: die Bataillone Meiningen,
Gotha, Reuß und die nassauische Batterie mit sechs Geschützen. Von
dieser Kriegsmacht wurde verlangt, daß sie eine wellige, von Knicks
und Hohlwegen durchschnittene, an Mooren und Gehölzen reiche Halbinsel bewachen und an zwei Meerbusen zugleich den lächerlichen Kampf
des Hundes gegen den Fisch führen sollte, ohne jede Möglichkeit,
Fühlung mit dem Feinde zu gewinnen. Wie schwer es hält, vom
Lande her den Bewegungen der Kriegsschiffe zu folgen, das lernte
man vom ersten Tage an aus den immer unsicheren und widersprechenden Meldungen der Signalstationen. Ja noch heute steht nicht unzweifelhaft fest, welche Schiffe eigentlich an dem Gefechte des 5. April
theilgenommen haben. Die schleswig-holsteinischen Officiere in Eckernförde glaubten am Abend des 4. April, als die dänische Flottille in
den Meerbusen einsegelte, neben dem Linienschiffe und der Fregatte
auch eine Corvette zu bemerken; und der Commandant der Nordschanze, Jungmann, berichtete am 5. ganz bestimmt, daß eine Corvette
oder Brigg zu Anfang des Gefechts die beiden großen Schiffe unterstützt habe. Nach 1½ Stunden jedoch seewärts abgesegelt sei. Hieraus
entstand die von Jansen und Anderen vertretene Ansicht, die Corvette
„Galathea" hätte mitgekämpft. Die „Galathea" lag aber nachweislich
am 4. April um Mittag noch im Ekensunde, einer Nebenbucht der
Flensburger Föhrde, und wechselte dort bei Gravenstein Schüsse mit
einer deutschen Batterie; es scheint mithin fast unmöglich, daß sie
schon in früher Abendstunde in den Eckernförder Busen gelangt sein
sollte. Die amtlichen Berichte der Dänen erwähnen mit keinem Worte
ihrer Theilnahme an dem Gefechte; und warum sollten sie absichtlich
verschweigen, was doch der ganzen Flottille bekannt sein mußte? Auch
Moltke's Geschichte des dänischen Krieges nimmt an, daß die „Galathea"
nicht zugegen war. Ich glaube dasselbe; ich vermuthe, daß Jungmann in dem dicken Pulverdampfe des Gefechts sich getäuscht hat,
bin aber gern bereit, mich eines Besseren belehren zu lassen.

Was unter so wunderlichen Umständen geschehen konnte, geschah.
Von den drei vorhandenen Bataillonen der Reservebrigade wurde

das eine, Reuß, links in den Ortschaften dicht bei Eckernförde ein=
quartirt; das zweite, Meiningen, rechts am Eiderkanale, nahe bei Kiel
und Friedrichsort; das dritte, Gotha, nebst der nassauischen Batterie,
stand in der Mitte beim Hauptquartier zu Gettorf, um nöthigenfalls
nach dem einen oder dem anderen Meerbusen zu eilen. Am nächsten
Morgen, 3. April, sollten die Feindseligkeiten nach dem Waffenstill=
stande wieder beginnen. Der Herzog ritt mit seinem Stabe nord=
wärts, um den Eckernförder Busen, der zunächst bedroht schien, zu be=
sichtigen. Der Meerbusen erstreckt sich fast vier Meilen lang, über
eine Meile breit, von Ost nach West bis zur Stadt Eckernförde. Sie
liegt ganz ungedeckt auf einer Halbinsel zwischen dem Meere und
einem großen Salzwasserseebecken, dem Windebyer Noor, das, ähnlich
wie der bekannte Kleine Kiel in Kiel, durch einen kurzen, engen Meeres=
arm mit dem Meerbusen zusammenhängt. Jenseits dieses Meeres=
armes, auf dem nördlichen Ufer des Busens, lag das Seebad Borby,
dann weiter östlich, eine starke halbe Stunde von der Stadt entfernt,
die mit zwei Bombenkanonen und vier Vierundzwanzigpfündern be=
waffnete Nordschanze auf einer kleinen Landzunge dicht am Strande.
Mein Vater sah sogleich, daß diese Batterie zwar zur Bestreichung
des Hafens sehr günstig lag, doch von hintenher, von einer beherr=
schenden Waldhöhe aus, durch Landungstruppen leicht genommen wer=
den konnte. Man sprach darüber mit dem Commandanten Jungmann
— denn zu befehlen hatte der Herzog hier nichts — und beide Theile
stimmten dahin überein, daß schleunigst eine Verschanzung aufgeführt
werden müsse, um die Nordbatterie im Rücken zu decken. Schräg
gegenüber, mehr im Innern des Meerbusens, kaum eine Viertelstunde
von der Stadt, lag die Südschanze, mit vier schweren Geschützen aus=
gerüstet. Sie war durch eine nur für Infanterie brauchbare Redoute
leidlich gegen die Landseite hin gesichert. In der Stadt Eckernförde
stand nur eine Compagnie des von Hauptmann Irminger befehligten
schleswig=holsteinischen Reservebataillons; zwei andere waren zur Be=
obachtung des Strandes und zur Deckung der beiden Schanzen ver=
wendet, die vierte nach Friedrichsort abgegeben. Am 4. April besich=
tigte der Herzog die Feste Friedrichsort an der Kieler Föhrde, dann
zu Schiff die noch unvollendete Schanze bei Labö gegenüber und die
ganz unbrauchbaren Verschanzungen beim Düsternbrooker Gehölz, end=
lich die Mündung des Eiderkanals, wo sechs kleine schleswig=holstei=
nische Kanonenboote fertig lagen, sechs andere noch gebaut wurden.

Kaum war der Stab am späten Nachmittag von diesem Ritte heim-
gekehrt, da kam schon die Nachricht von der Küste, daß eine feindliche
Flotte im Eckernförder Meerbusen eingelaufen sei. Mein Vater eilte
sofort selbst nach Aschau am Südstrande der Bucht und sah hier bei
hellem Mondschein, wie das dänische Geschwader am Eingange des
Meerbusens, am südlichen Ufer, außerhalb des Bereichs der deutschen
Batterien, vor Anker lag.

So schien denn der feindliche Landungsversuch, von dem das
Gerücht in den Herzogthümern schon seit Wochen sprach, gleich am
zweiten Tage des Feldzugs sich zu verwirklichen. In der dänischen
Marine war der Uebermuth seit den wohlfeilen Erfolgen des Som-
mers 1848 sehr hoch gestiegen. Damals hatte sie das Meer beherrscht,
die Küsten des zur See waffenlosen Deutschlands blokirt, viele unserer
Handelsschiffe aufgebracht. Und das alles ungestraft. Denn das mit
Dänemark eng befreundete Hamburg bewirkte bekanntlich, daß der
sterbende Bundestag den Antrag Preußens, die dänischen Schiffe mit
Embargo zu belegen, im Namen des Völkerrechts und der Mensch-
lichkeit verwarf. Stolzer denn je wehte der Danebrog über den
Fluthen, weil er nie einen Feind zu bekämpfen fand. Jetzt prahlte
man in Kopenhagen mit einem kühnen Flottenzuge, der das einzige
Kriegsschiff Preußens, die „Amazone", die in Danzig zur Ausbesse-
rung in den Schlingen lag, plötzlich überfallen und nach Dänemark
entführen sollte. Man spottete über den alten Grundsatz, der in diesen
Tagen der Segelschifffahrt allgemein für ein Axiom galt, über den
Satz, daß Schiffe gegen Strandbatterien stets im Nachtheil sind.
Nur diese Ueberschätzung der Seemacht erklärt die widerspruchsvollen
Anordnungen, welche der Oberbefehlshaber der dänischen Streitkräfte,
General Krogh, für die ersten Tage des Feldzugs traf. Während
die Landtruppen zugleich von Alsen und von Jütland her das Reichsheer in Nordschleswig angriffen, sollte ein Theil der Flotte durch
einen Vorstoß gegen den Eckernförder Busen die Ostküste beunruhigen,
die Strandbatterien überfallen, Eckernförde nehmen, falsche Nachrichten
verbreiten, vielleicht auch die Nachhut der Reichsarmee im Süden festhalten. Für diese Aufgabe wurden dem alten Capitän Paludan das
schönste Linienschiff der Flotte, der „Christian VIII." mit 84 Kanonen,
und ihr bester Schnellsegler, die Fregatte „Gefion" mit 48 Kanonen,
zugewiesen; zur Unterstützung und nöthigenfalls zum Schleppen dienten
die beiden Dampfer „Hekla" und „Geyser" mit je acht Kanonen.

Also 148 schwere Geschütze gegen die zehn der Strandbatterien! Der eine Dampfer **führte** im Schlepptau drei Yachten, die zusammen eine starke Compagnie **von** 250 Mann Landungstruppen an Bord trugen — viel weniger, als die Deutschen erwarteten. Offenbar ein ganz zweckloses Unternehmen: für eine Alarmirung war die aufgebotene Macht viel zu **stark**, für einen ernsthaften Landungsversuch zu schwach. Im letzten Augenblicke, am 4. April, wurden diese Anordnungen widerrufen, da der Vormarsch des Landheeres unterbleiben sollte. **Paludan** aber erhielt die Gegenbefehle nicht mehr und gelangte mit **seinen sieben** Schiffen in den Meerbusen, ohne recht zu wissen, was zu beginnen sei.

Sobald mein Vater sich von der Anwesenheit der Schiffe überzeugt hatte, eilte er in das Hauptquartier zurück. Das Bataillon Reuß erhielt Befehl, sofort nach Eckernförde zu marschiren, das Bataillon Meiningen, **als** Reserve nach Gettorf nachzurücken. **Das** Bataillon Gotha **und die** Batterie Nassau führte der Herzog selbst um Mitternacht von Gettorf aus bis zu dem großen Schnellmarker Gehölz. Hier tritt die Kieler Landstraße an das Südufer des Meerbusens und führt dann, westwärts abbiegend, dicht am Strande hin an der Südschanze vorüber bis nach Eckernförde. Der Wald wurde im Dunkel der Nacht sorgfältig abgesucht; denn wer konnte wissen, ob nicht mittlerweile Dänen gelandet waren? Als sich nichts Verdächtiges vorfand, fuhr die nassauische Batterie am Strande vor dem Waldrande auf, in vortheilhafter Stellung, der Nordschanze schräg gegenüber, etwas weiter nach Osten. Das Bataillon fand am Walde genügende Deckung. Darauf ritt der Herzog mit seinem Stabe nach Eckernförde und besprach sich dort mit Hauptmann Irminger wegen der gemeinsamen Vertheidigung der Stadt.

Der Morgen graute; die Zeit, da eine Landung vielleicht gewagt werden konnte, war längst vorüber. Bald nach Tagesanbruch beobachteten die in Eckernförde am Ufer versammelten Officiere, wie die Schiffe fern bei Aschau sich zu bewegen begannen und dann seewärts nach dem östlichen Eingange des Meerbusens segelten. Alle glaubten nunmehr, die Dänen hätten das Unternehmen gegen Eckernförde aufgegeben und wendeten sich der hohen See zu. Aber wohin **dann?** Wahrscheinlich doch gegen den Kieler Meerbusen, und zu dessen Vertheidigung war die unglückliche Reservebrigade ja auch verpflichtet. Man beschloß, das Bataillon **Reuß** vorläufig in Eckernförde stehen zu lassen; der Herzog selbst blieb dort zurück, um den

vollständigen Abzug der Schiffe abzuwarten. Mein Vater aber sprengte
nach dem Schnellmarker Holze, sendete für alle Fälle zwei der nassauischen Geschütze nach dem anderen Ufer zur Unterstützung der Nordschanze und führte die übrigen vier nebst dem Bataillon Gotha nach
Gettorf, von wo sie bei drohender Gefahr nach der Kieler Föhrde
eilen konnten. Doch schon auf dem Marsche kam die Nachricht, daß
die Schiffe zurückgekehrt seien und den Angriff gegen die Nordschanze
begonnen hätten. Alsbald ward umgekehrt. Hauptmann Müller
führte seine vier Geschütze im Galopp zu dem kaum verlassenen Halte-
platz am Schnellmarker Holze, ließ abprotzen und alsbald feuern;
etwas später langte das Bataillon wieder am Walde an. So kam
es, daß diese Truppen erst nach Beginn des Gefechts in die Stellung
wieder einrückten, die ihnen schon in der Nacht angewiesen worden war.

Der Irrthum war sehr begreiflich. Paludan hatte früh vor
5 Uhr seine Capitäne zum Schiffsrath versammelt und wahrscheinlich
schon in der Nacht erfahren, daß Reichstruppen in der Nähe standen;
denn die Dänen besaßen am Lande viele Spione, vornehmlich unter
den alten Seeleuten, die ihres Danebrogs nicht vergessen wollten.
Genug, der Schiffsrath erkannte, daß eine Landung der 250 Mann
Infanterie aussichtslos war. Damit verlor eigentlich die ganze Unternehmung ihren Sinn. Gleichwohl ward sie nicht völlig aufgegeben.
Nach den Verhören vor dem dänischen Kriegsgerichte müssen wir annehmen, daß allein der reizbare Seemannsstolz den verhängnißvollen
Entschluß verschuldete. Als Capitän Aschlund von der „Hekla" sagte:
es wäre doch eine Schande, wenn wir mit dieser Masse von Kanonen
vor ein paar elenden Strandbatterien zurückwichen — da wollte Niemand kleinmüthig erscheinen, und der Schiffsrath beschloß, den Angriff auf die beiden Schanzen zu wagen. Bei Tagesanbruch fuhren
die drei Yachten mit den Landungstruppen rückwärts nach der hohen
See. Auch das Linienschiff und die Fregatte segelten anfangs gegen
Osten, als ob sie sich aus dem Meerbusen zurückziehen wollten, und
diese Bewegung verleitete die entfernten Beobachter am Eckernförder
Strande zu der Annahme, das ganze Geschwader verlasse die Föhrde.
Selbst Jungmann, der den Schiffen viel näher stand, glaubte anfangs, die Flottille wolle absegeln. Aber die beiden großen Schiffe
kreuzten nur, um sich klar zum Gefechte zu machen. Plötzlich, gegen
7 Uhr, wendeten sie sich in weitem Bogen und segelten, das Linienschiff voraus, vom frischen Ostwinde getrieben, bis auf Tausend

Schritt an die Nordschanze heran; links in zweiter Linie die beiden Dampfer.

Doch der rechte **Mann** stand auf der rechten Stelle: Eduard Jungmann, ein aus Polnisch-Lissa gebürtiger preußischer Artillerie-officier, der während der letzten Jahre in der Türkei als Instructor gedient und am Bosporus 450 Strandgeschütze befehligt hatte. Er allein unter allen deutschen Soldaten hier am Meerbusen besaß mit-hin Kenntniß vom Seewesen und von der Küstenvertheidigung. Erst wenige Tage vor dem Beginn des Feldzugs war er im Hauptquartier der schleswig-holsteinischen Armee erschienen, um seinen guten Degen der deutschen Sache anzubieten; der preußische Hauptmann v. Delius, der treffliche Generalstabschef der Schleswig-Holsteiner, hatte den Fremdling, **der** noch im Feß und halborientalischer Tracht einherging, sogleich **durchschaut**. Nach zwei Stunden schon war Jungmann zum Hauptmann ernannt **und** — so unfertig lag noch Alles — als ein-ziger Officier **mit** dem Befehle über die zehn Geschütze der beiden Strandbatterien beauftragt. Erstaunlich, wie der strenge, stolze, kleine Mann seine **Leute** jetzt scharf **in** die Schule **nahm und** in kurzem zu leidlichen Artilleristen ausbildete; es waren 55 Mann in der Nord-schanze, 37 in **der** Südschanze. Das Commando in der Südschanze übertrug Jungmann dem Unterofficier v. Preußer, einem jungen Land-wirth, der um des Vaterlandes willen freiwillig eingetreten war und hinter bescheidenem Wesen die unbeugsame niederdeutsche Willenskraft verbarg. Als die Schiffe gegen $\frac{1}{2}$8 Uhr zum ersten Male ihre Breit-seiten entluden, trat Jungmann auf die Brustwehr hinauf, um seiner jungen Mannschaft zu zeigen, daß nicht jede Kugel trifft. Die Dänen schossen lagenweise, so daß die Deutschen **in** den Zwischenzeiten ihre über Bank feuernden Geschütze immer bedienen konnten, **und** sie zielten unbegreiflich schlecht, obgleich die See noch nicht sehr hoch ging. Die Deutschen dagegen fanden an den mächtigen Schiffskörpern ein breites Ziel, und keine ihrer Kugeln ging fehl.

Bald griff auch die Südschanze kräftig in den Kampf ein, nach-her auch die vier nassauischen Geschütze am Schnellmarker Holze. Ihr Commandant, Hauptmann Müller, ein entschlossener alter Soldat, der schon bei Waterloo mitgefochten hatte, verfeuerte in einer Stunde 120 Kugeln und 28 Granaten, und er hatte Glück: eines seiner Ge-schosse schlug **trotz** der weiten Entfernung dem einen Dampfschiff in die Maschine, **die** fast im selben Augenblicke von einer Kugel aus der

Nordschanze getroffen wurde. Der Dampfer mußte, um den Schaden auszubessern, für einige Zeit den Hafen verlassen. Die Kartätschen der Dänen hingegen gingen allesammt zu kurz, ihre Kugeln und Granaten zu hoch, so daß die Nassauer in dem ungeheuren Getöse gar keine Verluste erlitten. Als das Gefecht sich westwärts, tiefer in den Hafen hinein, zog, da vermochten die schwachen Feldgeschütze den Feind nicht mehr zu erreichen, und mein Vater ließ sie vorläufig das Feuer einstellen; ihre Stellung durften sie natürlich nicht wechseln, da die Schiffe sich ja in jedem Augenblick wieder ostwärts wenden konnten. Mein Vater selbst blieb vor dem Gehölze halten, denn er sagte sich, daß sein Platz da war, wo der Haupttheil der Brigade stand; wie durfte er in Abwesenheit des Herzogs diese Truppen ganz ohne Leitung lassen? Etwas später, gegen 10 Uhr, hatten auch die beiden nach dem Nordstrande entsendeten nassauischen Kanonen endlich ihr Ziel erreicht. Des Weges unkundig, waren sie in dem schwierigen Terrain eine Weile umhergeirrt, bis ihnen Jungmann eine Aufstellung westlich von der Nordschanze anweisen ließ. Hier begannen sie, hinter den Knicks versteckt, sogleich ihr Feuer, und obwohl ihre kleinen Kugeln wenig Schaden anrichteten, so blieb ihre Beihülfe doch nicht ohne Folgen. Die längst durch den kräftigen Widerstand erschreckten Dänen glaubten in den armseligen zwei Feldkanonen eine starke Artilleriemasse zu sehen und richteten ihr Feuer eine Zeit lang gegen diese Knicks.

So gewann Jungmann etwas Luft und konnte seine bedrängte Nordbatterie zur Fortsetzung des Kampfes herstellen. Er hatte zwar an Mannschaft nur wenig verloren, doch zwei von seinen sechs Geschützen, zuletzt noch ein drittes, waren beschädigt. Trotzdem ließ er seine Leute ununterbrochen, wenn auch langsamer, feuern; mit dem Säbel in der Hand trieb er die zagenden jungen Infanteristen der Deckungsmannschaft aus ihrem Blockhaus heran. Das Pulvermagazin, das einmal nahe daran war, mitsammt der Schanze in die Luft zu fliegen, wurde noch rechtzeitig geschützt, und die herabgeschossene deutsche Fahne flatterte wieder hoch in den Lüften. Statt diesen nächsten und gefährlichsten Feind, die Nordschanze, zuerst gänzlich niederzukämpfen, ließ Paludan in seinem Seemannsstolze die Schiffe zwischen den beiden Schanzen hindurch segeln, um dann beide zugleich mit den Breitseiten zu beschießen. Der anhaltende, beständig wachsende Ostwind drängte die Schiffe weiter westwärts, als beabsichtigt war, bis nahe an die Stadt heran. Die „Gefion" gerieth

in's Treiben, ihre Anker schleppten am Grunde, sie drehte sich und
bot den Deutschen ihren Spiegel dar, so daß sie von zwei Seiten
her das ganze Deck entlang beschossen wurde, ohne selber ihre Breit=
seiten entladen zu können. Ein Vorstoß der Schiffe gegen die Süd=
schanze, der auch die Häuser der offenen Stadt nahebei mit einem
Kugelregen überschüttete, richtete nichts aus. Der wackere Preußer
verlor zwar zwei von seinen vier Geschützen, doch er hielt aus, uner=
schütterlich wie Jungmann gegenüber. Umsonst unternahmen die
Dampfer mehrmals, die Segelschiffe aus der Föhrde hinauszuschleppen.
Das Glück blieb den Deutschen treu; das Schlepptau zerriß, beide
Dampfschiffe mußten, selbst beschädigt, das Gefechtsfeld vorerst ver=
lassen. Auch ein Versuch, die Schiffe durch Warpen am voraus=
geworfenen Ankertau hinauszuziehen, blieb vergeblich. Gegen 1 Uhr
endlich hißte das Linienschiff die Parlamentärflagge.

Der Herzog war durch den unvermutheten Beginn des Gefechts
von seinem Stabe und dem größeren Theil seiner Brigade getrennt
worden und er versäumte die Zeit, da er noch schnell zu seinen Truppen
zurückkehren konnte. In einem geordneten Heere versteht es sich von
selbst, daß der Höchste im Range während des Gefechts ohne weiteres
den Oberbefehl übernimmt. Bei diesen Reichstruppen stand es anders;
sie sollten nur neben den Schleswig=Holsteinern thätig sein. Ihrem
General war ausdrücklich verboten, den Strandbatterien Weisungen zu
geben, und Jungmann würde solchen Befehlen im Falle der Meinungs=
verschiedenheit auch sicherlich nie gehorcht haben. Der Herzog mußte
sich also mit der Rolle eines Zuschauers begnügen, so lange eine
Landung nicht versucht wurde, und ritt mit Hauptmann Stieglitz
planlos hin und her. Er verweilte lange an der Windmühle von
Borby, wo er nichts nützen, nicht einmal den Gang des Gefechts
genau überblicken konnte. Dann ritt er nach Eckernförde zurück, eben
in dem Augenblicke, da die Schiffe der Stadt nahe zutrieben. Er
vermuthete, jetzt würde eine Landung gewagt werden — denn die
Deutschen wußten nicht, daß die beiden großen Schiffe gar keine
Landungstruppen an Bord hatten —, und führte daher das Bataillon
Reuß, das bisher hinter der Stadt gedeckt gestanden hatte, bei starkem
Kartätschenhagel an den Strand hinaus. Der Vormarsch erwies sich
sogleich als nutzlos, die Dänen dachten längst nicht mehr an eine
Landung. Für alle Einzelheiten kann ich hier nicht einstehen, da
mein Vater selbst nicht zugegen und ganz auf die nicht immer ge=

nauen Erzählungen des Herzogs angewiesen war. So viel ist sicher,
der Herzog fühlte endlich, daß er nicht länger in einem Winkel verweilen durfte, wo nur ein kleiner Theil seiner Brigade, das Bataillon
Reuß mit 560 Mann, stand; und dies war auch Jungmann's Meinung.
Doch wie nach dem Schnellmarker Holze gelangen? Der nächste Weg,
die Landstraße am Strande, war jetzt völlig gesperrt, seit der Angriff gegen die Südschanze begonnen hatte; der Straßenrand bildete
den Kugelfang für die fehlgehenden Geschosse von 70 schweren Kanonen,
der Damm war auf weite Strecken hin zerstört, von den Chaussee-
haufen lag kein Stein mehr auf dem andern. Selbst ein einzelner
Reiter konnte hier nicht durchkommen. Darum beschloß der Herzog,
mit Hauptmann Stieglitz einen weiten Umweg landeinwärts einzu-
schlagen; auf die Schnelligkeit seines schönen englischen Rosses konnte
er sich verlassen. Leider kannte er den Weg nicht. Er mußte zuerst
das weite Binnenwasser des Windebyer Noors umreiten, gerieth
dann zwischen den Knicks auf Querwegen in die Irre und gelangte
erst spät an den Goos-See hinter dem Schnellmarker Holze. Hier
sanken die Pferde in den nassen Wiesen ein; die beiden Reiter
mußten absitzen und das Moorland mühsam durchwaten. Erschöpft
und völlig durchnäßt trafen sie endlich gegen 1 Uhr bei den Truppen
am Südstrande ein. Wie die Dinge lagen, war der Ritt des Herzogs
unvermeidlich und sein widerwärtiger Verlauf mehr ein Mißgeschick,
als eine Schuld. Geborenen Kriegsmännern pflegen Unglücksfälle
solcher Art allerdings nicht leicht zu widerfahren.

Unterdessen blieb das Glück den kämpfenden Kameraden unverbrüchlich treu. Die Parlamentärflagge des Linienschiffes erschien den
Deutschen wie gerufen, da sie während der Unterhandlungen ihre
beschädigten Geschütze wieder herstellen konnten. Paludan übersendete
ein Schreiben „an die oberste Civil- und Militärbehörde von Eckernförde", das die Einstellung des Feuers und freien Abzug der Schiffe
forderte, widrigenfalls die Einäscherung der Stadt androhte. Wer
war befugt, dies Schreiben zu beantworten? Sicherlich nur Jungmann. Einen Stadtcommandanten für Eckernförde hatte das schleswig-holsteinische Armeecommando nicht ernannt, nur einen Etappen-
commandanten, Hauptmann Wigand. In den beiden Schanzen aber
befehligte Jungmann allein; er hatte das Feuergefecht geleitet, er
allein war berechtigt, es einzustellen oder fortzusetzen. Der Herzog
durfte nach seinen Instructionen bei dieser Entscheidung nur mitrathen,

nachdem seine sechs nassauischen Geschütze doch ein wenig mitgeholfen
hatten. Eine Entscheidung stand ihm nicht zu. Da er eben jetzt
auf seinem unglücklichen Ritte umherirrte, und man ihn nicht auf-
finden konnte, so fuhr Wigand mit den Eckernförder Stadtbehörden
zur Nordschanze, wo sie Jungmann und den Commandanten des
schleswig-holsteinischen Reservebataillons, Irminger, trafen. Die Antwort verstand sich für tapfere Männer von selbst, und es steht einer
großen Nation schlecht an, davon viel Aufhebens zu machen. Durch
das Parlamentiren hatten die Dänen den kläglichen Zustand ihrer
Schiffe, den man am Strande noch nicht vollständig übersah, selber
verrathen. Die Deutschen hielten den Sieg in der Hand; es wäre
Wahnsinn gewesen, die sichere Beute ohne jeden erdenklichen Grund
fahren zu lassen. Die angedrohte Beschießung von Eckernförde konnte
nicht schrecken, da die Dänen die Stadt schon vor den Unterhandlungen heftig, aber ohne nennenswerthen Erfolg beschossen hatten.
Die drei schleswig-holsteinischen Officiere erwiderten kurz, daß sie
das Gefecht fortsetzen würden und den Dänen die Verantwortung
für die Beschießung einer offenen Stadt überließen. Zur Mitunter-
zeichnung dieser Antwort wurde nachher in Eckernförde auch der
Commandant des Bataillons Reuß, Oberst v. Heeringen, aufgefordert,
ein kränklicher alter Herr, der nachher auf der Heimkehr im Bahn-
hof zu Altona gestorben ist. Er weigerte sich, zu unterschreiben.
Offenbar quälten ihn die Competenzbedenken, die in der alten Bundesarmee eine so wichtige Rolle spielten: wenn der Herzog selbst nicht
über die schleswig-holsteinischen Batterien verfügen durfte, so doch
noch weniger der Oberst der vereinigten Linien des Hauses Reuß.
Böse Zungen behaupteten nachher, der alte Knabe sei betrunken gewesen. Mein Vater erzählt nichts davon; er verachtete den Klatsch,
der manchen Historikern für Geschichte gilt. Daher vermag ich über
den Seelenzustand des reußischen Generalissimus nichts auszusagen.
Genug, die Wiederaufnahme der Waffen war beschlossen, aber beide
Theile suchten, wie in stillem Einverständniß, die Waffenruhe zu
verlängern, um sich für den letzten Kampf vorzubereiten.

Die Officiere am Schnellmarker Holz athmeten auf, als die
Parlamentärflagge erschien und der Geschützkampf schwieg. Sie sahen
jetzt wieder eine Möglichkeit, mit den Kameraden in den beiden Schanzen zusammenzuwirken. Sie Alle, auch der Herzog, stimmten dahin
überein, daß der Kampf fortdauern müsse. Den Herzog aber verließen

jetzt die Kräfte. Diese **36 Stunden** hatten ihm mehr zugemuthet, als **ein verwöhnter** Fürst ertragen kann. Er war den letzten Tag über, **bald zu Pferde, bald zu** Schiff, unterwegs gewesen, um die Kieler Strandbefestigungen **zu** besichtigen; dann gleich nach der Rückkehr zum nächtlichen Marsche aufgebrochen, dann Vormittags am Strande umhergezogen, endlich durch den unglücklichen Ritt und das Durch= waten der Sümpfe übel zugerichtet worden. **Nach** kurzem Verweilen **bei** seinen Truppen beschloß er, sie schon wieder zu verlassen; er fuhr **nach** Gettorf, um sich zu erholen und die Kleider **zu** wechseln. In seinem jugendlichen Leichtsinn hoffte er wohl, noch **vor** Ablauf der Waffenruhe zurückkehren zu können. Mein Vater, der sich über diesen unverzeihlichen Entschluß seines Generals begreiflicherweise nicht näher ausspricht, befehligte also wieder allein am Schnellmarker Holze. Er entsendete alsbald den Rittmeister Fritsch nach Eckernförde, um zu erkunden, wie es stehe und ob die Reservebrigade irgendwie mitwirken könne. Zur nämlichen Zeit schickte Jungmann aus der Nordschanze den Hauptmann Wuthenow herüber mit **der Anfrage**, ob die vier **Geschütze** des Hauptmanns Müller nicht **eine Aufstellung nahe der** Stadt nehmen könnten.

Die Entscheidung **war** nicht ganz leicht. Der Waffenstillstand **war nicht** auf eine bestimmte Zeit abgeschlossen. Die Dänen nahmen es mit dem Völkerrechte nicht genau, sie hatten soeben während **der** Waffenruhe den einen Dampfer wieder unter Parlamentärflagge her= beigerufen, **um die** Segelschiffe hinauszuschleppen. **Jederzeit konnten** sie also **das furchtbare** Feuer gegen die Südschanze wieder eröffnen. Dann aber vermochten die am offenen Strande hinziehenden Nassauer nach menschlichem Ermessen ihr Ziel schwerlich **zu** erreichen, **und die** Vernichtung einer herzoglich nassauischen Batterie **war** in jenen Tagen ein sehr verantwortliches Wagnis **für einen** sächsischen Obersten. Mein Vater erzählt jedoch, daß **er** nicht einen Augenblick gezweifelt hätte. Er sagte sich: Sollen die Schleswig=Holsteiner Alles allein thun? **und** sollen wir Nichts wagen, **da** das Glück uns bisher so günstig **war?** Er befahl dem Hauptmann Müller — so berichtet Müller selbst — **seine** Geschütze gegen Eckernförde hinzuführen, zwischen der Stadt und der Südschanze eine geeignete Aufstellung zu nehmen. Zum Ab= schied sagte er: „Gehen Sie mit Gott. Kommen Sie glücklich hin, so werden Sie **das** Ihrige thun, das weiß ich!" Gar zu gern, so gesteht er, wäre er selber mitgeritten, doch unmöglich konnte er sein

Commando verlassen. In seinem kurzen Berichte an das sächsische Kriegsministerium, woraus die Denkwürdigkeiten des Herzogs einige Stellen mittheilen, spricht mein Vater, indem er dieser Vorfälle gedenkt, nur ganz im Allgemeinen von den Beschlüssen „des Brigadecommandos“. Er wollte nicht sagen, daß er selbst allein zur Stunde das Brigadecommando vertrat; der Abwesenheit seines Generals zu erwähnen, hätte er für unritterlich gehalten. Einige Tage später sagte ihm der Herzog einmal: Wäre ich dagewesen, ich hätte die Nassauer nicht abgesendet. Auf solche hingeworfene Aeußerungen läßt sich nichts geben. Fest steht nur die Thatsache, daß der Herzog nicht zugegen war in dem einzigen Augenblicke, da das Commando der Reservebrigade in die Lage kam, einen für den Ausgang des Gefechtes wichtigen Entschluß zu fassen.

Die Nassauer fuhren ab. Seltsam genug sahen sie aus in ihren grünen Fräcken mit gelbem Lederzeug und den hohen altfränkischen Tschakos. Der winzige Zug, der aus der Ferne, wegen der nachfolgenden Munitionswagen, allerdings etwas länger erscheinen mochte, beunruhigte die Dänen sehr; sie glaubten wieder eine große Artilleriemacht nahen zu sehen; doch sie störten ihn nicht. Hauptmann Müller stellte nun seine zwei Haubitzen und zwei Sechspfünder im Süden der Stadt hinter den Dämmen am Strande wohlverdeckt auf, nur 450 Schritt von dem Linienschiff entfernt. Er sah ein, daß die Feinde, auf den Sieg verzichtend, nur noch aus der Zange, die sie umgriff, zu entkommen suchten. Diese Flucht zu verhindern, war seine Aufgabe. Darum richtete er, als die Deutschen nach 4 Uhr das Gefecht wieder begannen, seine Kartätschenladungen gegen das Verdeck und das Takelwerk des Linienschiffes; er fegte das Deck und zerstörte die Masten also, daß keine Segel mehr aufgesetzt werden konnten; dann fuhr das Schiff fest, und er feuerte nun auch gegen den Schiffskörper. Unterdessen hatten die beiden Strandbatterien ihr Vernichtungswerk wieder aufgenommen. Die Südschanze schoß nunmehr, auf Jungmann's Geheiß, mit glühenden Kugeln, und die Wirkung war furchtbar, da die Schiffe jetzt so nahe am Strande lagen. Umsonst versuchte der nothdürftig wieder hergestellte Dampfer „Hekla“ noch einmal Hülfe zu bringen, er mußte umkehren. Die „Gefion“ war schon seit Mittag fast wehrlos, ihre Mannschaft entmuthigt, ihre drei Masten zerschossen, ihre Boote alle bis auf eines zerstört. Gegen 6 Uhr strich sie die Flagge; nicht lange, und auch das von drei

Seiten zugleich beschossene Linienschiff ließ den Danebrog niedersinken. **Paludan** sendete an Hauptmann Müller die **Botschaft,** daß er sich ergeben müsse.

Bald nach dem Wiederbeginn des Kampfes war der Herzog aus Gettorf zurückgekehrt. Er beobachtete dann am Schnellmarker Holze lange den Gang des fernen Gefechts. Als **ihm** gegen $1/_2 7$ Uhr der heransprengende Feldwebel der Nassauer **die Siegesnachricht über-brachte,** bestieg er sogleich einen in der Nähe haltenden Wagen und fuhr zur **Stadt.** Dort am Strande umringte **ihn** die dichtgedrängte Masse der aus der Nachbarschaft Herbeigeeilten, frohlockend über den wunderbaren Sieg, und mit der heiteren Unbefangenheit **des** Fürsten nahm er die Glückwünsche der Dankbaren entgegen. Ihm, als dem vornehmsten **der deutschen Officiere,** übergab der alte Paludan seinen Säbel. Schon vor seiner Ankunft hatte sich der tapfere Preußer an Bord des Linienschiffes rudern **lassen, um die** Einschiffung der Ge-fangenen anzubefehlen. Sie vollzog sich langsam, weil die See bei dem anschwellenden Ostwinde hoch ging, **das** Menschengetümmel am **Strande** die Bewegungen erschwerte, **und nur** wenig Boote zur Stelle **waren.** Deshalb mußte auch die **zur** Besetzung des Schiffes herbei-gerufene Compagnie des Bataillons Reuß vorläufig noch am Strande **bleiben.** Von der Gefahr, welche dem Schiffe drohte, ahnte Preußer **nichts;** vom Lande her hatte man nur Rauch, aber keine Flammen über **dem Deck bemerkt.** Er verbot also alle Löschversuche, damit die Einschiffung der Gefangenen nicht verzögert würde, und in diesem Verhalten unterstützte ihn, wie es scheint, ein verzweifelter Feind, der dänische Kapitänlieutenant Krieger. Der mochte wohl wissen, was bevorstand — wer **kann** hier etwas Sicheres sagen? — Doch als treuer **Seemann wollte er sein** geliebtes Schiff nicht in den Händen des Feindes lassen. Ob eine Rettung noch möglich war, scheint sehr zweifelhaft. Der durch einen Bombenschuß der Nordbatterie verur-sachte Brand währte schon seit Stunden. Gegen $1/_2 8$ Uhr etwa flog **das** schöne Schiff in die Luft, den Strand weithin mit Trümmern **und** Leichen bedeckend. Unter den Todten waren auch Preußer und **Krieger.** Als das Dunkel hereinbrach, wurde das Bataillon Gotha **zur** Bewachung der Einfahrt an den Eingang des Meerbusens nach **Aschau** und Noer entsendet und die „Gefion" durch eine Compagnie des Bataillons Reuß besetzt. Dies genügte für die nächsten Stunden. Denn die Befürchtung ängstlicher Gemüther, daß die beiden schwer beschädigten **Dampfer** noch in der Nacht zur Befreiung der Fregatte zurückkehren würden, erwies sich bald als lächerlich, und schon **am** Morgen traf **eine aus** Kiel herbeigerufene Matrosenabtheilung ein, um das Schiff nach Seemannsbrauch nothdürftig zu sichern.

Es war ein beispielloser **Erfolg.** Die Dänen verloren außer den beiden Schiffen 44 Officiere und **981 Mann** an Gefangenen, dazu 131 Todte und 92 Verwundete, die Deutschen nach **einem Kugel**wechsel von etwa 10,000 Schüssen nur **4 Todte** und **14 Verwun**dete; davon entfielen ein **Todter** und **3 Verwundete auf die Reserve**brigade. Der Ruhm des Tages gebührte zuerst **dem Hauptmann** Jungmann, nach ihm **dem unglücklichen Preußer.** Da das Gefecht wesentlich ein Kampf zwischen schwerer Artillerie war, und **eine Lan**dung nicht einmal versucht wurde, so konnte die kleine Reservebrigade mit ihrer Infanterie gar nichts, mit ihren sechs leichten Feldgeschützen nur eine bescheidene Beihülfe leisten. Und dies geschah redlich. Die beiden nassauischen Kanonen neben der Nordschanze kämpften unter Oberlieutenant Werne den ganzen Tag hindurch kräftig mit. **Haupt**mann Müller half mit seinen vier Geschützen am Vormittag den einen Dampfer vertreiben, am Abend verhinderte er die Flucht des Linienschiffes. So heftete er eine wackere deutsche Waffenthat als letztes Blatt in die vordem so ruhmreiche Geschichte des kleinen nassauischen Contingents, das nun bald verschwinden sollte; und mit gutem Grunde führt eines unserer Feldartillerieregimenter noch heute den nassauischen Namen.

Der Herzog selbst hatte freilich keinen Grund, sich dieses Tages zu rühmen. Die Zeitungen aber nannten ihn fälschlich den Höchstcommandirenden — denn ihm hatte ja Paludan seinen Säbel übergeben — und da er fast allein unter den deutschen Fürsten ein warmes Herz für die Sache Schleswig-Holsteins zeigte, auch **im Rufe** liberaler Gesinnung stand, so wurde er über alles Maaß hinaus gefeiert. Das Gefecht, das uns heute **so** klein erscheint, **erweckte in** thatenarmer Zeit eine unbeschreibliche Begeisterung. Der stolze Danebrog gedemütigt, die Dänen auf ihrem eigenen Elemente besiegt! — das erschien wie der Sonnenaufgang der erträumten deutschen Seemacht — obgleich wir doch nur zu Lande gefochten hatten. In den Straßen Hamburgs rief das Volk den Herzog zum Deutschen Kaiser aus, die Kieler gaben „dem Sieger von Eckernförde" noch im Juni ein glänzendes Fest, ungezählte Gedichte und Adressen verherrlichten seine That. Ein Poet Wilibald sang:

Nicht Baiern, Sachsen, Preußen,
Nicht Baden, Nassau mehr,
Nicht Hanseaten, Reußen!
Es naht ein deutsches Heer!

Und doch hatte gerade dieser Glückstag unwiderleglich erwiesen,
daß es leider noch kein deutsches Heer, sondern nur Sachsen, Nassauer,
Reußen gab. Die Fülle des Lobes stieg dem jungen Fürsten zu
Kopfe, und in seiner schöpferischen Phantasie gestaltete sich nach und
nach das Idealbild der Kriegsereignisse, das er in seinen Lebenserinnerungen niedergelegt hat. Er mußte aber, wie Graf Beust und
mancher andere Memoirenschreiber, noch bei Lebzeiten erfahren, daß
Niemand im Stande ist, seine eigene natürliche Größe durch Selbst-
bekenntnisse auch nur um eines Zolles Länge zu erhöhen.

In unserem heutigen Heere wäre nach den Erfahrungen des
5. April sicherlich sofort ein tüchtiger General an die Stelle des
Herzogs berufen und mit dem unbedingten Befehle über alle deutschen
Streitkräfte, auch über die Strandbatterien, betraut worden. Daran
war in der alten Bundesarmee nicht zu denken. Als der schleswig-
holsteinische Kriegsminister, ein Civilbeamter Jacobsen, am 8. April
hinüberkam, um der feierlichen Bestattung der Gebliebenen beizuwohnen,
da stellten ihm der Herzog und die Officiere des Generalstabes dringend
vor: während des Gefechts hätte eigentlich Niemand befehligt, für die
Zukunft müßten also die schleswig-holsteinischen Truppen, auch die
Batterien, dem Brigadecommando untergeordnet werden. Jacobsen
sah das ein und gab die schönsten Worte, doch er that nichts. Auch
Prittwitz gab keine Antwort, als ihm der Herzog das nämliche Ansuchen stellen ließ. Denn mittlerweile hatte Jungmann, dessen Selbstgefühl durch den glänzenden Erfolg noch gewachsen war, über das
Verhalten des Herzogs berichtet, und wer will es dem tapferen Manne
verargen, daß seine Aussagen sehr scharf klangen? Delius antwortete:
dem Herzog muß man den Daumen auf's Auge halten. Bonin aber
ernannte Jungmann zum Major und Commandanten von Eckernförde;
er sagte ihm: Nehmen Sie keine anderen Befehle an, als von mir,
und folgen Sie keinem anderen Rathe, als dem Ihres tapferen
Herzens! Das Alles ließ sich menschlich wohl begreifen; doch die
Folge war, daß die alte Verwirrung fortdauerte und nach wie vor zwei
selbstständige Commandos auf engem Raume neben einander standen.

Mit Jungmann persönlich kam mein Vater immer gut aus; schon
am 6. April verabredete er sich mit ihm über die Befestigung des

Meerbusens. Die beiden Schanzen sollten verstärkt und am Südufer noch **eine** dritte erbaut werden, was auch in kurzer Zeit gut
gelang. Aber welch' ein widerwärtiger Zank tobte unterdessen um
die einzige Trophäe, deren wir uns in diesen verworrenen Tagen er-
freuten! Die Landmacht Deutschland war in der lächerlichen Lage,
die erbeutete „Gefion" durch Landtruppen beschützen zu müssen gegen
einen Angriff der dänischen Flotte, der damals **von** aller **Welt** mit
größerer Besorgniß, als meinem Vater recht **schien, erwartet** wurde.
Sie konnte das Schiff nicht bemannen; denn die **kleine, aus** Kiel
herbeigerufene Matrosenschaar genügte nicht von ferne, um die **Fregatte**
in See zu führen, und die gefangenen Matrosen, **auch die deutschen,**
weigerten sich, unter einer anderen Flagge als dem Danebrog **zu**
dienen. Sie konnte es nicht einmal gegen neutrale Mächte völker-
rechtlich schützen, denn die **neue** schwarz-roth-goldene Flagge der Frankfurter Centralgewalt wurde bisher nur von zwei Seemächten, Neapel
und Belgien, geachtet, von allen anderen als Piratenflagge angesehen.
Und wem gehörte die „Gefion" jetzt? Die Schleswig-Holsteiner, die
allerdings zu der Erbeutung weitaus das **Beste gethan,** forderten sie
für sich; sie hatten sich schon, troß der Schwärmerei für die deutsche
Seemacht, ein eigenes Marineamt und eine eigene Flotille geschaffen,
und sie verfuhren zur See ganz ebenso particularistisch, wie zu Lande.
Prittwiß dagegen beanspruchte die „Gefion" für die Centralgewalt,
und er war im Rechte, wenn anders das neue Deutsche Reich mehr
sein sollte als ein Name. Gleichwohl konnten die Schleswig-Holsteiner seinen Absichten nicht **trauen; rieth er doch damals dem Her-**
zoge vertraulich, die erbeutete Flagge der „Gefion" nicht der Statthalterschaft des Landes zu übergeben, sondern dem Reichsverweser,
weil die Herzogthümer wohl nicht aufhören würden, der Krone Dänemark anzugehören. Capitän Donner, ein geborener Holste, der die Kieler
Matrosen an Bord der „Gefion" befehligte, war von der dänischen zu
seiner heimischen Flotte übergetreten, aber eine Zeit lang im Frankfurter Marineministerium thätig gewesen und darum schon den schleswig-
holsteinischen Particularisten verdächtig. Sie sagten ihm nach — ganz
mit Unrecht — daß er das Schiff den Dänen wieder in die Hände spielen
wolle; sie enthoben ihn seines Amtes in der heimischen Flotte, und fortan
stand er als deutscher Reichscapitän, Macht gegen Macht, seinen eigenen
Landsleuten gegenüber. Jungmann drohte einmal: ich werde meine
Befehle an Bord der Fregatte mit der blanken Waffe durchsetzen.

Dieser Kampf zwischen Deutschland und Schleswig=Holstein be=
rührte die Reservebrigade wenig. Nur die Garnison in Eckernförde
machte Noth. Dort war inzwischen das württembergische Bataillon
eingerückt. Die Schwaben weigerten sich, dem Stadtcommandanten
Jungmann, der sie ja gar nichts anginge, ihren Wachenrapport ein=
zureichen, und was der Erbärmlichkeit mehr war. Da man die
„Gefion“ auf hoher See nicht gebrauchen konnte, so wurde sie als
Blockschiff in dem inneren Hafen festgerammt und gleich einer Strand=
batterie nur nach der Seeseite hin armirt. Ihre übrigen Geschütze
und die aus den Wellen emporgeholten Kanonen des Linienschiffs
gingen zum Heere ab, nach dem Sundewitt und nach Fredericia, wo
sie zum Theil von den Dänen wieder erobert wurden. Mehr als
ein Jahr hindurch hat sich der Streit um die „Gefion“, eine Schmach
für Deutschland, dann noch hingezogen, unter mannigfachen Wechsel=
fällen, bis das Schiff endlich unter dem Schutze der anerkannten
preußischen Flagge in einen sicheren deutschen Hafen eingeführt wurde.

Die Reservebrigade kam einige Tage nach dem Gefecht endlich
vollzählig zusammen. Der Herzog führte in den Hauptquartieren zu
Gettorf und Altenhof einen heiteren, gastfreien Hofhalt, der eine
Zeit lang durch den Besuch der Herzogin verschönt wurde; er war
als Wirth und Kamerad höchst liebenswürdig, aber kein Soldat, wenig
bekümmert um den täglichen Dienst und bei seiner fieberischen Er=
regbarkeit unfähig, rasche feste Beschlüsse zu fassen. Mein Vater,
der die königlich sächsischen Reglements theilweise selbst verfaßt hatte
und ganz in ihnen lebte, stand jetzt als Stabschef vor der schwierigen
Aufgabe, noch acht andere Contingente unter einen Hut zu bringen.
Sie waren allesammt verschieden in Bekleidung, Bewaffnung, Com=
mando, so sehr, daß selbst der gemeinsame Postendienst Schwierig=
keiten bereitete. Ihre Kommandanten zeigten alle den gleichen Stolz
auf die Souveränität ihres Kriegsherrn, doch keineswegs alle die
gleiche militärische Brauchbarkeit. Das Schmerzenskind der Brigade
blieb das badische Bataillon. Diese Truppe hatte zwar den ganzen
Winter über in den Herzogthümern gestanden, die vom Radicalismus
weniger als die meisten anderen deutschen Lande durchwühlt wurden.
Sie war jedoch schon vorher in der badischen Heimath durch das
Kneipenleben und das Geschrei der Volksversammlungen gründlich
verdorben worden. Das zuchtlose Volk trieb in den freien Stunden
Wilddieberei, brach die Wegweiser ab, zerknickte die jungen Bäume,

zerstörte die Thore der Knicks, trieb Unfug jeglicher Art. Der vor=
treffliche **Commandant,** Oberstlieutenant v. **Porbeck,** klagte bitter: Ich
habe so **viel Strolche** in meinem Bataillon! Als die Badener bei
einer Umquartierung der Brigade nach Noer verlegt werden sollten,
da verbat sich **der Prinz von** Noer flehentlich den Besuch der wüsten
Gäste, und der Herzog willfahrte seinem **Wunsche.** So gemüthlich
ging es in diesem Kriege zu. Nun kamen die Nachrichten von der
Revolution daheim; eine Verordnung lief **ein, unterzeichnet** „Kriegs=
ministerium. Eichler, Oberlieutenant"; **die Mannschaft hörte neidisch**
von den Kameraden, die in Rastatt zu Officieren befördert **waren;**
mehrere der Officiere selbst begannen irre zu werden an ihrer **Pflicht.**
Nicht das Ehrgefühl, nur die Macht der Umstände hielt dies einzige
badische Bataillon, das dem Großherzog treu blieb, bei der Stange
fest. Meutereien und Desertionen, die nach Prittwitz's Befehle **mit**
der äußersten Strenge verhindert werden sollten, wurden gar nicht
gewagt. Einige Sorge bereiteten auch die Hanseaten. Es war ein
Meisterstreich des alten Bundestags, daß **er** die Kraft der Hansastädte
nicht zum Küstenschutze verwendete, sondern ihnen die Stellung einer
Reiterschaar zumuthete. Für eine runde Summe von Mark und
Schilling Lübisch hatten die reichen Städte doch ein paar ganz brauch=
bare Schwadronen zusammengebracht: geworbene, altgediente Reiter auf
wohlgenährten Pferden. Aber im Officiercorps herrschte Unfrieden —
wenn man hier den stolzen Ausdruck Corps gebrauchen darf — und mein
Vater hatte Mühe, den **Bruderzwist der Hanseaten** zu beschwichtigen.

Nach einigen Wochen **zeigte sich schon, was der** unverwüstliche
deutsche Soldatengeist **vermag.** Diese so thöricht zusammengewürfelte
Brigade hielt in guter Kameradschaft, ohne jede Störung zusammen.
In **der ersten** Zeit **wurde sie** noch mehrmals durch Nachrichten von
der Küste alarmirt, **bald zum** Kieler, **bald zum** Eckernförder **Meer=
busen getrieben; doch** jedesmal verschwanden die dänischen Schiffe.
Nachher **befahl Prittwitz** der kleinen Schaar, auch noch das Land süd=
lich des Kieler **Busens,** die große wagrische Halbinsel, bis nach Neustadt
hin zu bewachen. **Wie** sollte nun **das andere** Ufer des Meerbusens
rasch erreicht werden? Man unternahm **einen Versuch,** ließ das
Bataillon Reuß auf Booten von Kiel **nach der Mündung der** Schwentine
übersetzen und kam zu der traurigen Erkenntniß, daß die Infanterie im
Nothfalle rascher zum Ziele gelangen **würde,** wenn sie einfach um die
innere Spitze des Meerbusens bei Dorfgarden herum marschirte; die

Zahl der vorhandenen Boote war zu gering, die Ueberfahrt währte zu lange.

Zum Glück kam die Brigade nie in den Fall, ihre Macht an den entlegenen Küsten Wagriens zu entfalten. Auf dem Meere ward es still und stiller, die Dänen sammelten ihre Kraft für die Schläge in Jütland. Der Krieg schlief ein, und bald fiel es schwer, die Truppen durch Exerziren, Feldübungen, Revuen genügend zu be= schäftigen. Im Hauptquartiere lebte man bequem, ja faul, so gesteht mein Vater selbst. Oesters wurde der Prinz von Noer auf seinem schönen, gleichnamigen Landsitze besucht; die unterhaltenden Erzäh= lungen des redseligen Schloßherrn fand mein Vater nicht immer ganz glaubwürdig — ein Urtheil, das heute, seit wir die Lebenserinnerungen des Prinzen kennen, wohl jeder denkende Historiker unterschreiben wird.

Auch an politischer Arbeit fehlte es nicht ganz. Der Herzog verhandelte mit meinem Vater lange wegen der Vereinigung seines Contingents mit der königlich sächsischen Armee. Er dachte dabei an den alten Plan einer sächsisch = thüringischen Staatengruppe, an eine engere Verbrüderung des Gesammthauses Wettin; seine Regierung und seine Landstände hingegen bezweckten, wie sie sehr naiv aus= sprachen, schlechterdings nur „finanzielle Erleichterung“, da ihnen die in Frankfurt beschlossene Verstärkung der Bundescontingente uner= schwinglich schien. Die Entwürfe blieben liegen, weil Meiningen und Altenburg Militärconventionen mit Preußen abschließen wollten und Gotha doch nicht allein vorgehen konnte. Am 27. Mai kamen die Statthalter Beseler und Graf Reventlow in's Hauptquartier, um ver= traulich anzufragen, ob die achtundzwanzig deutschen Regierungen, welche die Frankfurter Reichsverfassung anerkannt hatten, den Krieg gegen Dänemark allein weiter führen würden, falls Preußen Frieden schlösse. Natürlich konnte der Herzog nur eine ausweichende Ant= wort geben. Jedermann fühlte, daß der Waffenstillstand nahe bevor= stand. Der Müßiggang dieser zwecklosen Cantonirungen wurde für thätige Männer unerträglich, und mein Vater hielt sich verpflichtet, um Mitte Juni heimzukehren, als ihm der Befehl zukam, bei der Umgestaltung der sächsischen Armee den neuen Generalstab einzurichten.

Wir aber wollen das große, strenge Jahr 1866 in Ehren halten, das die Spukgestalten des alten Bundesheerwesens vernichtete. Eine Brigade von neun Nationalitäten werden wir nie wiedersehen und hoffentlich auch nie das häßliche Schauspiel eines Scheinkrieges. —

Anhang.

Recensionen

aus dem Literarischen Centralblatt.

Aus dem Jahre 1858.

Nr. 1.

Deutsches Staatswörterbuch. In Verbindung mit deutschen Gelehrten herausgegeben von Dr. J. C. Bluntschli, Prof. in München. Unter Mitredaction von K. Brater. (In 8—10 Bdn. von 10 Heften.) 1.—25. Heft. Stuttgart 1856—1858.*)

Nachdem von diesem vielbesprochenen Werke bereits die Hälfte des dritten Bandes erschienen, ist es möglich, sich ein Urtheil über das Unternehmen zu bilden. Der lange gehegte Irrthum, als solle das Staatswörterbuch der pseudoconservativen Richtung dienen, ist thatsächlich widerlegt durch die Entrüstung, mit der es von der feudalen Partei überall, selbst in Kammerreden, verfolgt wird. Von dem Rotteck-Welcker'schen Staatslexicon unterscheidet es sich weniger durch das Princip — denn beide Werke sind im Geiste des entschiedenen Liberalismus geschrieben — als durch die Methode. Das Staatslexicon ist populär gehalten und sucht in vielen seiner Artikel (so in den vortrefflichen Arbeiten von A. L. v. Rochau) direct auf die Gesinnung des Lesers zu wirken. Das Staatswörterbuch dagegen ist ein rein wissenschaftliches Unternehmen. Schon die Eintheilung des Stoffes in eine (mit Rotteck-Welcker verglichen) geringe Zahl von Artikeln, die darum viel tiefer eingehen und häufig sich dem Charakter von Monographien nähern, zeigt die Verschiedenheit des Planes. Von einer Concurrenz beider Unternehmungen kann höchstens im buchhändlerischen, nicht im wissenschaftlichen Sinne die Rede sein. Während das Staatslexicon vorwiegend in dogmatischer Weise die Lehren des Liberalismus verbreitet, ruht das Staatswörterbuch ganz auf historischer Forschung. So weit dies möglich ist in einer praktischen Wissenschaft, welche die Interessen und Leidenschaften so nahe berührt, hält es glücklich jenen Standpunkt der rechten Mitte ein, welcher über den Parteien steht, statt schwächlich zwischen ihnen zu vermitteln. Unverkennbar ist das Fortschreiten, die innere Läuterung des Werkes. Nicht nur hat sich die Zahl der Mitarbeiter fast verdoppelt, unter denen jetzt wohl die größere Hälfte der staatswissenschaftlichen Notabilitäten Deutschlands vertreten ist; nicht

---

*) [Literarisches Centralblatt für Deutschland (1858), Nummer vom 1. Mai, Spalte 285.]

nur ist der Prospect, dessen Eintheilung ebenso vortrefflich, wie sein
Inhalt lückenhaft war, sehr erheblich erweitert worden, auch die Aufsätze nehmen eine immer mehr sachliche, wissenschaftliche Haltung an;
Herausgeber und Mitarbeiter beginnen sich in das Unternehmen einzuleben.   So wird Mancher zu den Artikeln der beiden Herausgeber über
den Adel im ersten Hefte den Kopf schütteln.   Trotz des richtigen Grund-
gedankens: „der Adel ist ein wesentlich politischer Stand“, gelangen sie
doch nicht zu der letzten Consequenz, daß der deutsche Adel über seinem
Familiensinne seinen politischen Beruf versäumt hat, und verkennen die
Wahrheit, daß eine Aristokratie sich nicht organisiren läßt.   Dagegen enthalten die folgenden Hefte aus denselben Federn eine Reihe vortrefflicher
Arbeiten, von Brater über Auswanderung u. A., von Bluntschli über Ehe,
Christenthum u. A.   Letzterer Artikel ist besonders erfreulich durch den
feinen Tact, womit der Verfasser sich eben so fern gehalten hat von theologischer Salbung, wie von gewissen Lieblingsideen über Weltkirche und
Weltstaat, die in seinen früheren Werken stören.   Daß die Arbeiten so
vieler Gelehrter nicht alle gelungen sind, versteht sich von selbst.   Doch
ist nur sehr Weniges ganz verfehlt; über manches Schwierige und Anstößige helfen Bemerkungen der Redaction geschickt hinweg.   Wir dürfen
dreist sagen: das Werk ist ganz geeignet, einem Fremden einen hohen
Begriff von dem politischen Wissen und Denken der Deutschen, einem
Deutschen frohe Hoffnungen für unsere Zukunft zu erwecken.   Sehr bedenklich kann es auf den ersten Blick erscheinen, daß die Tendenz der Mitarbeiter nicht die gleiche ist.   In einem Punkte zwar sind Alle einig:
in der entschiedenen Opposition gegen unhistorischen Radicalismus und
stumpfe Vergötterung des Bestehenden.   Desto verschiedener sind die Ansichten über unsere nationale Einigung.   Doch lehrt ein kurzes Nachdenken,
daß ohne diese Verschiedenheit das Zusammentreten so reicher und viel-
seitiger Kräfte unmöglich war.   Wer hier den Artikel Bluntschli's über
baierische Politik mit seiner — unseres Erachtens — sehr überschwänglichen und unhistorischen Meinung von Baierns Berufe, sodann den anonymen Aufsatz über Bethmann-Hollweg mit entschieden preußischer Färbung, endlich die im nationalen Sinne vermittelnden Ansichten Aegidi's
über den deutschen Bund — wer diese grundverschiedenen Auffassungen
hier friedlich nebeneinander sieht, der kommt zu der Einsicht: gerade dieses
Unternehmen, wo Gelehrte aus allen Ländern deutscher Zunge mit ihren
besten Gründen auftreten, ist ein geeigneter Boden zur Verständigung über
das Verhältniß zwischen dem Einheitsstreben der Nation und ihren —
berechtigten und unberechtigten — Sonderinteressen.   Ohne eine solche
Verständigung bleibt diese nationale Frage immer — was sie nie hätte
werden sollen — eine Parteifrage.   An eine Kritik des reichhaltigen Werkes
ist auf diesem engen Raume nicht zu denken.   Wir heben nur Einiges
hervor.   Einzelne Specialfächer sind in den Händen anerkannter Autoritäten: so hat A. Weber die indischen, Löher die amerikanischen, Bodenstedt die russischen Artikel übernommen.   Die militärischen Aufsätze sind
aus einer anonymen Feder geflossen, von der wir hoffen, daß ein deutscher
Officier sie führt (Graf B. in München?).   Sie sind eben so sachkundig

wie schön geschrieben; ihr feuriger, waffenfreudiger Geist wird hoffentlich dazu beitragen, den Stolz auf unsere Wehrkraft zu beleben, der in der Gelehrtenwelt leider eine Seltenheit ist. B. A. Huber faßt in den Artikeln Association und arbeitende Classen auf klare und hoffentlich überzeugende Weise die Resultate seiner tiefgehenden socialen Studien zusammen. Dagegen vertritt Stahl (von Gießen) in gar zu ausschließlicher Weise die Concentration der „Armenpflege" im Staate, was auch die Redaction zu einem limitirenden Artikel genöthigt hat. Verfehlt scheint uns Riehl's „Bauernstand". Da finden wir den wohlbekannten angeblichen Gegensatz von Nationalökonomie und Socialwissenschaft, die ständische Gliederung, welche in dieser Weise nie und nirgends existirt hat — kurz, die Lieblingsansichten des zu belletristischen Arbeiten mehr als zur Politik geeigneten Verfassers. Sehr gut vertreten ist das deutsche Staatsrecht durch Arbeiten von Aegidi, Maurer, Zachariä; der Aufsatz des Ersteren über Austräge ist eine sehr gründliche Monographie, nur leidet die Klarheit etwas unter dem Uebermaaße des Stoffes. Den vortrefflichen Artikeln desselben Verfassers über den deutschen Bund möchten wir nicht, wie es von anderer Seite geschehen, unzufriedene Neuerungssucht, sondern eher allzu sanguinische Zufriedenheit mit dem Bestehenden vorwerfen. Ein großer Theil der statistischen Arbeiten ist von Schubert mit gewohnter Sachkenntniß geliefert. Unter den biographischen Artikeln sind viele vorzügliche. Zu bedauern bleibt, daß sich Ahrens durch seinen philosophischen Standpunkt hat verleiten lassen, die Encyclopädisten in unbegreiflicher Weise zu unterschätzen. Aehnliches ist Gundermann's Artikel über Bentham vorzuhalten. Wie man auch über Bentham's Ideen denken mag — so lange Consequenz des Denkens die Grundlage bildet für alles wissenschaftliche Wirken, so lange darf dieser Heros der unerbittlichen Logik von der Wissenschaft nicht herablassend behandelt werden. Das Urtheil, welches Mohl in seiner Geschichte der Staatswissenschaft über Bentham fällt, hätte den Verfasser eines Besseren belehren sollen. Biographien solcher Staatsmänner, die noch jetzt einflußreiche Stellungen einnehmen, sind grundsätzlich ausgeschlossen; gewiß mit Recht. Unseres Erachtens würde der wissenschaftliche Charakter des Werkes besser gewahrt sein, hätte man, dem ursprünglichen Plane getreu, alle Mitlebenden von der Besprechung ausgeschlossen. So wird Bluntschli in dem Artikel Dahlmann durch das lobenswerthe Bestreben, nicht zu verletzen, dahin gebracht, daß er über Dahlmann's bedeutendste Periode mit wenigen Worten hinweggeht und sich mit dem verbrauchten und nichtssagenden Vorwurfe des Doctrinarismus begnügt. Noch minder hätte man den an sich ganz guten Artikel über Bethmann-Hollweg aufnehmen sollen. Ein Mann, von dessen staatsmännischem Wirken der größere Theil wahrscheinlich erst der Zukunft angehört, kann jetzt noch nicht endgültig beurtheilt werden. Sehr erfreulich ist es, daß, dem Prospecte zufolge, die Schweiz eingehende Berücksichtigung finden wird. Bluntschli's frühere Leistungen und persönliche Beziehungen verbürgen eine sachkundige Besprechung dieses überaus wichtigen Gebietes, das den meisten unserer Staatsgelehrten noch immer eine terra incognita ist. Die Laune der Buchstaben hat freilich in den vor-

liegenden Heften erst den Artikel Calvin von Bluntschli erscheinen lassen.
Unter den nationalökonomischen Aufsätzen sind mehrere von Glaser (z. B.
Banken) etwas dürftig, während Mangoldt einige umfassende Arbeiten
bringt. Wir hätten diese Ausstellungen nicht gemacht, wären wir nicht
überzeugt, daß das Unternehmen von großer Bedeutung ist und für lange
Zeit jedem Staatsgelehrten unentbehrlich sein wird. Der Leser findet in
dem Werke reiche Belehrung und Anregung; die Mitarbeiter (besonders
die zahlreich und, im Ganzen, gut vertretenen jüngeren Kräfte) werden
infolge des lebendigen Meinungsaustausches manche vorgefaßte Meinung
von selbst ablegen. Schon die Thatsache, daß Männer, die dem baierischen Hofe theilweise sehr nahe stehen, so freie und kühne Worte in die
Welt schicken, giebt einem Norddeutschen Viel zu denken. Schließlich
nennen wir noch einige der bekannteren Namen, die, außer den oben angeführten, bisher auftraten: Arndts, Gumprecht, Heffter, E. Herrmann,
Kaltenborn, Marquardsen (in geschickten Biographien englischer Staatsmänner), Orelli, Pözl (der einen großen Theil der staatsrechtlichen Grund-
begriffe erörtert), Prantl (in einem beachtenswerthen Artikel über Aristoteles), Reimann, Richthofen, Sybel. Erst in den folgenden Heften werden
erscheinen: H. Arnim, Gneist, Häusser, Michelsen, Mohl, Roscher, Simson,
Stüve, Waitz und andere Namen von gutem Klange, die dem Werke
einen glücklichen Fortgang sichern.

Nr. 2.

Rochau, Aug. Ludw. v., Geschichte Frankreichs vom Sturze Napoleons bis
zur Wiederherstellung des Kaiserthums. 1814—1852. (In 2 Thln.) 1. Thl. —
A. u. d. T.: Staatengeschichte der neuesten Zeit. Herausgegeben von
Carl Biedermann. 1. Band: v. Rochau, Geschichte Frankreichs. 1. Thl.
Leipzig 1858. *)

C. Biedermann in Weimar als Herausgeber und S. Hirzel in Leipzig
als Verleger haben den Prospect einer Staatengeschichte der neuesten Zeit
veröffentlicht, welche in der Form einzelner selbstständiger Ländergeschichten
erscheinen soll. Das Unternehmen ist auch neben dem Werke von Gervinus durchaus berechtigt. Die Zertrennung des Stoffes in Ländergeschichten gewährt den Vortheil, tiefer in die nationalen Eigenthümlichkeiten einzudringen und besonders dem Verständnisse des großen Publicums
näher zu treten. Die Geschichte eines ganzen Jahrhunderts zu verstehen,
bei dem fortwährenden Wechsel des Schauplatzes und der Spieler die
leitenden Gedanken nicht aus den Augen zu verlieren, dazu gehört eine
Hingebung und eine historische Bildung, welche die Mehrzahl der Leser
nicht besitzt. Den weiteren Vortheil, daß die einzelnen Ländergeschichten
besonders berufenen Händen anvertraut werden konnten, hat die Redaction
umsichtig benutzt und z. B. in Wurm für die Geschichte Englands, in
Buddeus für Rußland, in Reuchlin für Italien Männer gefunden, deren
Befähigung für diese Gebiete anerkannt ist. Der vorliegende erste Band
enthält die Geschichte Frankreichs von 1814—1837, und man darf sagen:

*) [A. a. O., Nummer vom 13. November 1858, Sp. 726.]

wenn der Fortgang dem Beginne entspricht, so wird das Unternehmen
eine Bereicherung unserer geschichtlichen Literatur und in noch höherem
Maaße ein Mittel werden zur Verbreitung politischer Bildung. Herr
v. Rochau ist ein ganz moderner praktischer Kopf, dem die Geschichte
nur wegen ihrer Beziehung zur Gegenwart von Werth ist. Was bisher
nur in engeren Kreisen vermuthet ward, das wird durch den Geist und
Ton dieses Buches auch dem blödesten Leser zur Gewißheit werden; wir
haben hier die scharfe Feder, den klaren Verstand vor uns, denen wir
die viel besprochenen „Grundzüge der Realpolitik" verdanken. Daß
diese neue Schrift im Sinne jener älteren geschrieben ist, bildet ihr bestes
Lob. Von jener Neigung zum Macchiavellismus, die man fälschlich **in**
der Realpolitik suchte, findet sich in dem Geschichtswerke nichts. Es
schreitet ein sehr ernster, sittlicher Geist durch das Buch; niemals **ver-**
wechselt der Verfasser die Erklärung der Thatsachen mit ihrer Rechtfertigung; nur an vereinzelten Stellen setzt er dem natürlichen Gefühle
ein angeblich staatsmännisches Urtheil von sehr zweifelhaftem Werthe entgegen. Er hat ganz Recht, wenn er bestreitet, daß die heilige Allianz
ein beabsichtigter Bund gegen die Rechte der Völker gewesen. Was soll
es aber heißen, wenn er fortfährt, ein solcher Bund bestehe allerdings,
mit historischer Nothwendigkeit, als die Wirkung des Naturgesetzes der
Selbsterhaltung? Das ist eine Staatsweisheit für den Czaren, nicht
für die Monarchen gesitteter Völker. — Von jenen glänzenden geschichtsphilosophischen Ideen, jenen tiefen Blicken in das geistige Leben der Völker,
welche dem Werke von Gervinus seine Bedeutung geben, ist bei Rochau
nichts zu finden. Sein Buch ist reine Geschichtserzählung, nicht über-
wuchert von Conjecturalpolitik und subjectivem Raisonnement. Er hat
den Franzosen die übersichtliche Ordnung des Stoffes und die Kraft der
einfachklaren, anziehenden Erzählung abgelernt. Ueberall haben wir das
wohlthuende Gefühl der Sicherheit; wir sehen, daß ein durchaus unter-
richteter, einsichtsvoller Mann zu uns redet. Die Anschaulichkeit seiner
Darstellung erreicht er nicht durch Schwung der Phantasie, sondern durch
die unerbittliche Schärfe seines Verstandes. Mit einer drastischen Anti-
these bringt er uns verwickelte Situationen leibhaftig vor die Augen; die
Lüge des bourbonischen Legitimitätsprincipes läßt sich nicht schlagender
schildern, als durch die Erzählung von der Bestattung Ludwig's XVIII.,
wo ein Talleyrand die Oriflamme schwenkte. Seine Rede ist reich an
ungesuchten und witzigen epigrammatischen Wendungen, die nur selten
aus dem Tone fallen: „der wandelnde Juwelenschrein Esterhazy" ist dem
Ernste des geschichtlichen Stiles doch wohl **nicht** angemessen. Wer eine
fremde Geschichte schreiben will, welche fast nur eine Kette ist von maaßloser Selbstüberhebung, dem ist ein starkes nationales Gefühl unerläßlich.
Herr v. Rochau besitzt dies in hohem Grade, seine trefflichen Bemerkungen über die beiden Pariser Frieden werden hoffentlich allen Denen
ein Greuel sein, die in selbstvergessener Bescheidenheit die Tugend unseres Volkes erblicken. Wohl liest man zwischen den Zeilen eine warme
und tiefe Leidenschaft für die unveräußerlichen Rechte der Völker; aber
das Urtheil des Verfassers ist durchgehends eben so ruhig und unparteiisch

als unbarmherzig. Mit gleicher Strenge schildert er die Conservativen und ihr krankhaftes Verlangen nach Gewaltmaßregeln, „so oft ein ver- einzeltes Ereigniß ihnen den Vorwand giebt, den bestehenden Gesetzen und Einrichtungen nachzusagen, daß sie ungenügend seien", — die Kirche und ihre Fertigkeit, jedem politischen Systeme zu dienen, jedes auszu- beuten, — die wahnsinnige Ueberhebung der Gutgesinnten, welche einer ganzen Nation zumutheten, für den Königsmord Buße zu thun, — und auf der anderen Seite die feige und kopflose Haltung der Opposition in den Julitagen. Lafayette und seinem Anhange wird mit Recht die blei- bende Schuld aufgebürdet, daß nach ihrem Vorgange in Frankreich regel- mäßig „die Freunde der öffentlichen Freiheit in den Widersinn verfallen, die Förderung ihrer Sache von einem heimlichen Ränkespiele zu erwarten, dessen erste Bedingung der Verzicht auf den eigenen Willen und das eigene Urtheil ist". Diese Meinung steht in vortheilhaftem Gegensatze zu der übertriebenen Milde, womit neuerdings Lafayette in Guizot's Memoiren behandelt wird. Bei aller Strenge hat der Verfasser zu viel Geist und historischen Sinn, um einzelne Personen mit der Verschuldung eines ganzen Zeitalters zu belasten. Der Unsegen der Restauration wird in dem tiefen Risse gesucht, der durch die ganze Nation ging, in ihrem Bruche mit der Geschichte. Mit gleichem Rechte wird die Ohnmacht der Pairskammer der Macht der Verhältnisse zugeschrieben; sie sei, heißt es, mit gleich guten Gründen vertheidigt und angegriffen worden. Als guter Deutscher kommt der Verfasser immer wieder zurück auf die unnatürliche Ohnmacht der Provinzen als auf eine der tiefsten Quellen des nationalen Unglücks. Der Gesammteindruck dieser wirrenreichen Geschichte ist ein sehr trauriger, unser Interesse daran ein vorwiegend pathologisches. Daß Herr v. Rochau diesen Eindruck erreicht, daß er die Verwirrung der sittlichen Begriffe, die Verderbtheit des Volkes in so schreiendem Lichte zeigt, ist ein großes Verdienst. Die Mehrzahl deutscher Leser erblickt das Julikönigthum noch immer im Lichte der Schilderungen von Börne und Heine. Man lese hier die Bemerkungen über den Geist, der die französische Jury belebte, über das Betragen der Pariser nach dem Attentate Fieschis — und man wird sich nicht mehr wie aus einem Traume erwachend an die Stirn fassen, wenn man von Frankreichs heutigen Zuständen hört, man wird den Bonapartismus nicht mehr als ein unbegreifliches Wunder betrachten. Nach Art der meisten unabhängigen Köpfe gefällt sich der Verfasser mit sichtlichem Behagen darin, jene traditionellen Urtheile zu zerstören, die öfter aus sentimentaler Gemüthsregung als aus klarer Einsicht entstehen; es ist lustig zu lesen, wie er Louis Philipp gegen den Vorwurf ver- theidigt, daß er den zarten Herzog von Bordeaux in's Unglück gestürzt. Einem so nüchternen Beobachter ist natürlich die sittliche und die poli- tische Beurtheilung eines Ereignisses nicht gleichbedeutend, doch kommt er fast immer zu dem Schlusse, daß das Unsittliche auch das Thörichte war; man vergleiche, was er über die Besetzung Ancona's sagt, über die Verirrung, Hoffnungen in dem italienischen Volke zu erregen, an deren Erfüllung man nicht im Entferntesten dachte. Den größten Reiz des Buches bildet sein männlicher Freimuth. Jene englische Rücksichtslosigkeit, ohne

welche die Besprechung staatlicher Dinge unmöglich ist, steht bei uns noch
sehr vereinzelt da; wir begrüßen es als einen besonderen Vorzug, wenn
uns eine solche soldatische Geradheit **der** Meinung, eine so schlagfertige
Kühnheit des Ausdrucks entgegentritt. — Zweierlei vermissen wir in diesem
Bande, **und wir** hoffen, daß **die** Bearbeiter der folgenden Theile der
Staatengeschichte dies berücksichtigen werden. Besonders in der Geschichte
der Restauration **ist auf die** internationalen Verhältnisse **viel zu wenig**
eingegangen. **Weder die Furcht,** Dinge **zu** sagen, die **in späteren Bänden
ebenfalls** besprochen werden, noch die Abneigung **vor dem** Einerlei diplomatischer Verhandlungen berechtigt **den** Verfasser, jene innigen **Wechsel-**
wirkungen der europäischen Völker außer Acht zu lassen, welche das charakteristische Moment für die moderne Geschichte bilden. Hoffentlich wird
Wurm, der ja hierzu besonders berufen ist, dies in der Geschichte **Eng-**
lands wieder gut machen. Sodann ist die Verheißung des Prospectes,
der auch eine Darstellung der Culturgeschichte verspricht, nicht genügend
erfüllt **worden.** Der Verfasser lebt ganz in politischen Ideen; was Wunder,
daß das Capitel über die Literatur der Restauration zu vielen Bedenken
veranlaßt. Er giebt zuerst eine gelungene Uebersicht der politischen und
historischen Schriften; treffend ist besonders der Nachweis, daß Guizot
das germanische Wesen niemals verstanden hat; unglücklich aber der Versuch
einer Ehrenrettung Thierry's; die neuesten rechtshistorischen Untersuchungen
haben wiederum bewiesen, daß Thierry den Gegensatz der Rassen in der
englischen Geschichte übertrieben darstellt. Die Fachwissenschaften will der
Verfasser nicht berücksichtigen. Gut! Aber muß man einem Manne von
Rochau's politischer Bildung erst sagen, daß die Volkswirthschaft im
19. Jahrhundert keine Fachwissenschaft ist? Wenn er den Socialisten
ein eigenes Capitel widmet, warum hat er nicht ein Wort für die wissenschaftlichen Nationalökonomen, insbesondere für Say mit seiner minder
geräuschvollen, aber nicht minder tiefen Einwirkung auf die Ideen der
Franzosen? Ueber die Philosophie wird mit wenig Worten hinweg gegangen; mit Recht, denn es ist eine arge Verirrung, daß ein moderner
deutscher Kritiker uns für diese Schule ohne Kraft und Originalität Interesse
einflößen will. Aber wie unbegreiflich dürftig ist die schöne Literatur
bedacht! Gegen das Gegebene läßt sich wenig sagen, es hält sich frei
von jenem Naturalismus, der in Rochau's italienischer Reise in so para-
doxer Weise herrscht; aber es reicht bei Weitem nicht aus. Auch für
den rein politischen Blick bleibt die Restauration unverständlich ohne ihre
glänzende Seite, ohne das reich bewegte Treiben in den literarischen Salons.
— Für die Geschichte der hundert Tage ist auffällig genug das Werk
von Charras nicht benutzt. — Irrig ist die Bemerkung S. 287 über
das Privatvermögen der französischen Könige. Die capitis diminutio,
die mit dem Könige **bei** der Thronbesteigung vor sich ging, ist nichts
Patriarchalisches, sondern ein merkwürdiges Beispiel für das frühzeitige
Auftreten einer wahrhaft politischen Auffassung des Königthums. —
Wenn der Verfasser den Jammer des französischen Familienlebens auf
die Aufhebung der Ehescheidung zurückführt, so verwechselt er offenbar
Symptom und Ursache. — Vertrauensselige und ängstliche Gemüther

werden sich mit Rochau nie befreunden. Wer aber müde ist der blasirten
Kälte, womit man heute die heiligsten Angelegenheiten bespricht, der wird
sich erfrischen an der herben Männlichkeit dieses Buches und von seinem
reifen politischen Urtheile zu eigenem Nachdenken angeregt werden.

Nr. 3.

Vollmann, Carl, Vertheidigung des Macchiavellismus. Quedlin-
burg 1858.[*)]

Merkwürdig, auf wie verschiedene Weise **schwache** Köpfe ihr Bedürfniß, sich für irgend etwas zu begeistern, **befriedigen!** Herr Vollmann
— obgleich er sehr wohl weiß, daß es jederzeit **einige** gute Menschen
giebt, die jedoch ihrer geringen Anzahl wegen hier nicht in Betracht
kommen — tritt auf mit der Miene staatsmännischer Entschlossenheit und
grimmigen Menschenhasses und findet in Caesar Borgia das Ideal, dem
er die Fülle seiner unreifen, vertrauensseligen Schwärmerei zu Füßen
legt. Er glaubt, die Welt betrachte den Florentiner noch immer mit den
Augen des Antimacchiavell Friedrich's des Großen; er hält seine Schrift
für eine große nationale That und behält sich das Recht der Uebersetzung
vor. Unter einer Fluth von Schmähreden auf geistreiche liberale Privatdocenten, welche zu der nothgedrungenen Frage veranlassen, ob Herr Voll-
mann die Schrift des geistreichen liberalen Privatdocenten Gervinus gelesen? — unter wiederholten Herzenserleichterungen gegen „christelnde"
Frömmler, Schullehrer, „die nichts sind als potenzirte Schuljungen",
werden einige Sätze des Principe aus dem Zusammenhange gerissen und
mit Bewunderung übergossen. Die Hauptfrage: was ist Macchiavelli's
wahre Meinung? wird mit den Worten abgefertigt: „es giebt keinen ab-
geschmackteren Vorwurf, als den, daß Macchiavell in seinen verschiedenen
Schriften sich selbst widersprochen". Den größten Theil des Raumes
füllt ein vergnügliches Durcheinander staatsmännischer Betrachtungen über
die Gegenwart. Da erfahren wir, daß die meisten Völker ihr Souveräni-
tätsrecht jeden Augenblick wieder aufnehmen können, „wenn sie sonst die
dazu nöthige Courage besitzen". Da wird den Fürsten empfohlen, durch
billige illustrirte Zeitungen das Volk zu bearbeiten, den Clerus zu ver-
heirathen und dadurch der Curie zu entfremden. Da wird die banale
Behauptung, unser Staatsleben drehe sich um sociale, nicht um politische
Fragen, wiederholt. Endlich wird ein Bündniß Preußens mit Piemont
empfohlen und der bewaffnete Reformator erwartet, der uns, „und müßte
es selbst durch das rothe Meer eines allgemeinen Krieges sein, in das
gelobte Land nationaler Einheit und Unabhängigkeit führt". Dieser wird
in der inneren Politik die bürgerliche, in den auswärtigen Angelegenheiten
die politische Moral verfolgen; — gewiß, fügen wir hinzu, ein solcher
Wundermann wird auch zu verhindern wissen, daß seine innere und seine
auswärtige Politik sich gegenseitig vernichten. Der große Staatsmann,
der das wirkliche Deutschland so treffend geschildert, was würde er sagen,

---

*) [A. a. O., vom 11. December, Sp. 796.]

wenn er erführe, daß sein „Schüler" von dem alten Barbarossa und den Raben am Kyffhäuser träumt! Und welches faunische Lächeln würde über die Lippen des Dichters von „le nozze di Belfagor" gleiten, könnte er hier lesen, daß sein König der Zukunft „das Dornröschen nationalen Glückes zu freudevollem Erwachen auf den süßen Mund und die geschlossenen Augen küssen wird!"

Nr. 4.

Deutsches Staatswörterbuch. In Verbindung mit deutschen Gelehrten herausgegeben von Dr. J. C. Bluntschli. Unter Mitredaction von K. Brater. 26.—30. Heft. (Erbgüter — Friedrich d. Gr.) Stuttgart 1858.*)

Das Merkwürdigste in den vorliegenden Heften, mit denen das bedeutende Unternehmen zum Abschlusse des dritten Bandes gelangt, ist der Artikel Frankreich von Maurice Block. Darf man auch für den historischen Theil desselben eine minder ungleichmäßige Vertheilung des Stoffes wünschen, so sind doch der Abschnitt über Staatsrecht und Verwaltung und die statistische Skizze durch Klarheit und Vollständigkeit ausgezeichnet. Leider mußte diese gediegene erschöpfende Behandlung des Stoffes um einen hohen Preis erkauft werden. Nur ein Mann von Block's Stellung konnte über so reiches Material verfügen, aber auch nur ein französischer Beamter konnte die modernen französischen Zustände so farblos und matt darstellen. Wenn deutsche Staatsmänner hier die Behauptung lesen, Napoleon III. sei zwar kein parlamentarischer, aber ein constitutioneller Monarch, so mag dieser frappante Satz sie zu ernster Prüfung der Frage auffordern: was ist der Kern des Gegensatzes von parlamentarischem und constitutionellem Wesen? und was ist die Herzensmeinung Derer, welche den Parlamentarismus in Deutschland für unanwendbar erklären? Die Redaction hat gefühlt, daß sie solchen Anschauungen gegenüber nicht schweigen dürfe, und in einer politischen Anmerkung ihre eigenen Ansichten über das gegenwärtige Frankreich niedergelegt. Leider beschränkt sich dieser Zusatz auf eine Parallele zwischen Augustus und Napoleon III. und läßt die Grundmängel des Bonapartismus ganz unerörtert. — Als ein sauberes Miniaturbild tritt neben dies umfassende Gemälde die Arbeit von Pfefferkorn über Frankfurt a. M. Mit ihren militärischen Mitarbeitern hat die Redaction wieder viel Glück gehabt: Hörmann v. Hönbach bringt einen sehr gut geschriebenen Aufsatz über Prinz Eugen. Heffter stellt mit gewohnter prägnanter Klarheit die völkerrechtlichen Grundsätze über den Frieden dar; Bluntschli giebt in gehaltreicher Kürze eine geographisch-politische Skizze von Europa; Jasmund zeichnet ein nicht gerade originelles, aber wohlgetroffenes Porträt von Friedrich dem Großen nach der Anschauungsweise, welche jetzt wohl ein Gemeingut aller Unbefangenen ist. Volkswirthschaftliche Artikel von Makowiczka, Schäffle, Fischbach, völkerrechtliche von Kaltenborn, so wie die vortreffliche Arbeit Maurer's über die Familie, mit ihrer lustigen Polemik gegen Riehl — dies und vieles Andere ist geeignet, den Ruf des Unternehmens zu fördern. Wie

*) [A. a. O., vom 18. December, Sp. 811; vergl. oben Nummer 1.]

ein Prophet in der Wüste steht Ahrens' philosophische Betrachtung über die Freiheit in dieser Umgebung. Man mag der Krause'schen Philosophie nachrühmen, daß sie die Sprache weniger unbarmherzig mißhandelt, als ihre Schwestern: ihre Brauchbarkeit für die Staatswissenschaft ist auch durch diese Aufsätze von Ahrens nicht erwiesen. Somit wünschen wir dem Werke glücklichen Fortgang.

Nr. 5.
Mittheilungen aus den Papieren eines sächsischen Staatsmannes. Camenz 1859.*)

Der weitaus größte Theil dieser Schrift führt uns in einen zahlreichen Kreis braver und frommer Leute, welche sämmtlich eine erstaunliche Fruchtbarkeit im Anfertigen zärtlicher Familienbriefe und herrnhutischer Verse entwickeln. Für den Schauder, welchen in ihnen die Attentate auf Logik und Versbau dem Leser einflößen, wird er nur kärglich entschädigt durch die Versicherung, daß die Urheber derselben eines „ausgezeichnet seligen" Todes gestorben seien. Wir gönnen es ihnen von Herzen, denn ihr Leben war, nach dieser Beschreibung mindestens, ausgezeichnet langweilig. Der Held des Buches ist der 1817 verstorbene Joseph v. Zezschwitz, Geh. Finanzrath und Kreishauptmann, den Stein mit den Worten „ein wohlgesinnter Mann und guter Arbeiter" erschöpfend charakterisirt hat. Seine öffentliche Thätigkeit, deren merkwürdigsten Theil die Theilnahme an der sächsischen Immediatcommission vom Jahre 1813 bildet, bewegte sich in sehr beschränkten Kreisen und ist für den Historiker ohne erhebliches Interesse. Höchst lehrreich dagegen sind die hier zum ersten Male veröffentlichten Briefe des Ministers Grafen Senfft und des Generals v. Langenau, der beiden Lenker der sächsischen Politik in der ersten Hälfte des Jahres 1813. So naiv, so cynisch haben wir die Politik jener Männer noch nirgends ausgesprochen gefunden. „Schlagen die Preußen und Russen die Franzosen nicht, die man ihnen jetzt entgegen führt", schreibt Langenau am 27. März 1813, „so sind sie eines Kriegsruhmes unwerth, den sie dann nur der Thorheit ihres Gegners danken, der sich dessen wohl künftig hüten dürfte. Schlagen sie ihn, so muß er bis an den Rhein zurück, und dann — aber auch keinen Augenblick früher — müssen wir handeln und fremde Hülfe anrufen". Noch am 4. April will Senfft „nie zugeben", daß Preußen seine alten Besitzungen zurück erhalte. Von deutschem Nationalgefühle ist natürlich nirgends die Rede; die leitenden Gedanken dieser beiden Staatsmänner sind eine maaßlose Ueberschätzung der ihnen zu Gebote stehenden Macht und ein blinder fanatischer Haß gegen Preußen. Der Herausgeber, ein Sohn des Helden, Herr Woldemar v. Zezschwitz, belobt den Patriotismus dieser Männer, weil sie doch nicht die Stirn hatten, einen Bund mit Frankreich anzurathen. Höchst ergötzlich ist es, wie die gewaltige Natur Stein's diese kleinen Geister mit Entsetzen erfüllt, aber noch erbaulicher die wohlmeinende Herablassung, womit unser Kreishauptmann als prak-

*) [A. a. O., vom 25. December, Sp. 827.]

tischer Staatsmann sein Urtheil über Stein dahin abgiebt, er habe zwar ein hohes Ideal **angestrebt, aber** Menschen und Verhältnisse nicht berücksichtigt. Der Herausgeber hat den Fehler begangen, durch die Bezeichnung „sächsischer Staatsmann" sein Buch, statt in die Hände herrnhutischer Familienväter, an die falsche **Adresse** der Politiker zu geben. Diese werden davon Eindrücke anderer Art empfangen, als er beabsichtigte; sie werden ihm auch **die Frage nicht** erlassen: warum wird hier auf **20 Seiten** mit den Worten **einer** schon vor Jahren veröffentlichten Schrift **die** unselige Geschichte von der Theilung der sächsischen Armee, welche mit dem Helden gar nichts zu thun hat, **wieder erzählt?** Entspricht ein so nutzloses Wiederaufwecken längst vergessener **Gehässigkeit** der christlichen Liebe, die uns hier so salbungsvoll **gepredigt wird?**

Nr. 6.

Fröbel, Julius, Die deutsche Auswanderung und ihre culturhistorische Bedeutung. Fünfzehn Briefe an den Herausgeber der Allgem. Auswanderungs-Zeitung. Leipzig 1858.*)

Diese gehaltreiche Schrift kann als eine Ergänzung von Roscher's „Colonien" betrachtet werden. Es ist sicher kein Tadel gegen den verehrten Nationalökonomen, wenn wir das Capitel über die deutsche Auswanderung für den schwächsten Theil jenes vortrefflichen Werkes erklären. So ganz **praktische Fragen** können erschöpfend nur von einem Manne beantwortet werden, der nicht nur die Zustände der neuen Welt aus eigener Anschauung kennt, sondern auch die energische praktische Spannkraft des amerikanischen Wesens in sich aufgenommen hat. Fröbel besitzt diese Vorzüge und hat darüber den Reichthum und die Freiheit seiner deutschen Bildung nicht verloren. Er beklagt sich, daß man ihm sein Urtheil über den deutschen Volkscharakter nicht verzeihen könne. Wir gestehen: wenn von dem Deutschen behauptet wird, ihm sei das Gemüth, nicht der Charakter, das Höchste, er producire nur, um zu consumiren, er habe eine natürliche Leidenschaft für die Bildung statt für Energie und Raschheit, und in all diesen Punkten sei der Yankee sein Gegentheil — so finden wir in diesen bitteren Sätzen zwar viel Wahres, doch keineswegs die ganze Wahrheit. Aber weit entfernt, mit dem Verfasser deshalb zu rechten, danken wir ihm vielmehr für die werkthätige Vaterlandsliebe, welche den Muth hat, auch verletzende Worte zu sprechen. Hier wo es sich darum handelt, ob wir die Kraft haben, in Staat und Wirthschaft mit Völkern in die Schranken zu treten, die uns in politischer Selbstständigkeit und wirthschaftlicher Unternehmungslust weit überlegen sind, hier ist der Ort zu unbarmherziger Selbstprüfung. Von dem schmutzigen Behagen, womit so manche Deutsche ihr eigenes Volk verspotten, ist bei Fröbel nicht die Rede; er deckt beschämende Thatsachen auf und weist die Mittel, sie zu heben. Der Raum erlaubt uns nicht, in alle Einzelheiten dem Verfasser zu folgen, der bald mit der Genauigkeit des Geschäftsmannes Detailnachrichten giebt, bald sich zur Höhe umsichtiger cultur-

---

*) [A. a. O., vom 25. December, Sp. 830.]

historischer Betrachtung erhebt. Indem wir die Schrift allen Politikern dringend empfehlen, beschränken wir uns auf die Angabe einiger Hauptsätze. Der Verfasser bespricht zuerst die Interessen des Auswanderers und findet, daß Energie und Gesundheit an Leib und Seele bei dem raschen Wechsel der Beschäftigungen in Amerika eine bessere Mitgabe für den Auswanderer seien, als die technische Ausbildung für einen bestimmten Beruf; nur der Beruf des Bauern, in welchem eben jene allgemein menschlichen Eigenschaften das Bedeutendste leisten, und der des kosmopolitischen großen Kaufmannes machen eine scheinbare Ausnahme. Wie ein Einwanderer erfahrungsgemäß es selten zu etwas Rechtem bringt, bevor seine letzten europäischen Hülfsquellen erschöpft sind, so soll er der europäischen Genußsucht sich entschlagen und wesentlich Producent sein. Der Individualismus des deutschen Wesens, der in den beschränkten Verhältnissen der Heimath keinen Spielraum findet, ist der stärkste Antrieb zur Auswanderung und findet nirgends so glückliche Befriedigung, wie in dem Realismus des nordamerikanischen Lebens; der Deutsche mit geistigen Ansprüchen wird sich dort freilich nur dann wohl fühlen, wenn er sich dem Leben der Yankees nicht feindlich gegenüberstellt. Der Gedanke, in den Vereinigten Staaten einen deutschen Staat zu gründen, ist verkehrt; die Deutschen haben wohl die Kraft, auf die Anglo-Amerikaner einen heilsamen Cultureinfluß auszuüben, aber nicht in staatlichen Dingen ihnen selbstständig gegenüber zu treten. Der Beweis dieser unerquicklichen Wahrheit bildet einen der gelungensten Theile der Schrift. Nächstdem bilden Brasilien, insbesondere der Süden, und die Platastaaten das geeignetste Ziel; hier ist sogar die Möglichkeit einer politischen Entwicklung der deutschen Auswanderung gegeben. Auch Belize, Venezuela, Guatemala sind günstige Felder, doch wäre für jetzt, ohne bestimmte Veranlassung, eine massenhafte Auswanderung dorthin schädliche Zersplitterung. Die Länder an der Südsee soll der Deutsche nur dann wählen, wenn er den — bei der Masse sicher nicht vorhandenen — Muth hat, mit seiner ganzen Vergangenheit zu brechen. Der Einwanderung in Australien steht überdies der dort herrschende Grundsatz: billige Arbeit, theures Land, entgegen. Hier vermissen wir eine Erklärung darüber, warum der Verfasser meint, daß dieser Grundsatz, der bisher nur durch künstliche Mittel, der Natur der Dinge zuwider, sich erhalten konnte, dauern werde. Mit vollem Rechte wird der Auswanderer gewarnt, sich nach Ländern zu wenden, welche noch in Colonialabhängigkeit sind; so geht ihm die unermeßliche, anspornende Kraft des freien Bürgerthums verloren. Vor Allem verlangt der Verfasser von uns den Muth, den alle anderen europäischen Völker schon gezeigt haben; er belächelt die Angst vor dem tropischen Klima; es handle sich nicht darum, ob eine Natur uns zuträglich sei, sondern darum, sie technisch zu unterwerfen; er beleuchtet dies mit seinen culturhistorischen Bemerkungen. Im zweiten Abschnitte werden die Interessen Deutschlands an der Auswanderung betrachtet. Der Verfasser verwirft, im Wesentlichen mit Roscher übereinstimmend, die Auswanderung wegen „Uebervölkerung"; hier liege meist nicht ein Zuviel der Menschen, sondern ein Zuwenig der Production vor. Dagegen giebt es natürliche

Ableger eines Volkes, Menschen, welche durch die Geschichte der Nation
gezwungen sind, mit dieser Geschichte zu brechen. Internationale Nachtheile von der Auswanderung nach den Vereinigten Staaten könne nur
der monarchische Principienreiter befürchten. Die wirthschaftlichen Vortheile für Deutschlands Handel und Industrie würden sehr groß sein,
träte ihnen nicht die Zersplitterung der **deutschen Ansiedelungen** und noch
weit mehr die Unfähigkeit **entgegen, welche die deutsche** Industrie nur
zu oft auf dem amerikanischen **Markte** gezeigt hat. Die politischen Vortheile können höchst wichtig werden, die Auswanderung **kann ein** Surrogat
werden für die deutsche auswärtige Politik, **denn über sich** hinauszugehen
ist unabweisliches Bedürfniß für ein Volk **ersten** Ranges. **Hier** bleibt
das, auch durch die späteren Bemerkungen nicht widerlegte, **Bedenken,** ob
nicht die deutschen Großmächte durch die Germanisirung des **Ostens** dies
Bedürfniß theilweise befriedigen. Eine selbstständige deutsche **Colonie**
hält der Verfasser **für** möglich und nothwendig, wenn sie vom **Mutter-**
lande von **vornherein** unabhängig bleibe und die Möglichkeit selbstständiger herrschender Entwicklung des deutschen Volksthums habe. **Diese**
Möglichkeit findet der Verfasser in **einer** überaus interessanten Untersuchung in Brasilien und den Platastaaten **gegeben,** da das hispano-ameri-
kanische Element unfähig sei, das deutsche zu verzehren. Die hier an-
geschlossenen Bemerkungen über den Unterschied **von Beherrschung und**
Colonisation sind offenbar ungenügend, **aber sehr** anregend **für den den-**
kenden Leser. Nothwendige Voraussetzung **wäre** eine Verständigung
Deutschlands (d. h. Preußens) mit England. Die hier entwickelten Pläne
sind keineswegs utopisch, aber tief beschämend angesichts unserer maritimen
Streitkräfte. Der dritte Abschnitt, über das Interesse der Länder, nach
denen die Auswanderer ziehen, zeigt durch schlagende Belege, wie mächtig
das Bewußtsein der eigenen Unfähigkeit in den Hispano-Amerikanern ist,
hält aber eine gedeihliche deutsche Auswanderung erst dann für möglich,
wenn jene nicht im Interesse der großen Besitzer Tagelöhner und Peonen,
sondern im Interesse des Staates freie Eigenthümer anlocken wollen. Der
letzte Abschnitt, über das allgemeine Culturinteresse an der Auswanderung,
begnügt sich mit wenigen geistreichen Worten über diesen Vorgang innerhalb
des nationalen Lebens und verspricht, der Verfasser werde in einer ausführlichen Schrift das Thema wieder aufnehmen. Möge diese Zusage recht bald
erfüllt werden!

Aus dem Jahre 1859.
Nr. 7.

Rochau, Aug. Ludw. v., Geschichte Frankreichs vom Sturze Napoleon's bis
zur Wiederherstellung des Kaiserthums. 1814—1852. 2. Thl. Leipzig 1858. —
A. u. d. T.: Staatengeschichte der neuesten Zeit. Herausgegeben von
Carl Biedermann. 2. Band.*)

Dieser zweite Band steht seinem Vorgänger würdig zur Seite. Der
Verfasser betrachtet es als seine Hauptaufgabe, den furchtbaren Umschwung

*) [A. a. O., Nummer vom 7. Mai 1859, Sp. 290; vergl. oben Nummer 2.]

in den jüngsten Geschicken Frankreichs auf die Verschuldung der ganzen
Nation zurück zu führen. Wie trotz des löblichen Privatlebens des Hofes
eine tiefe Unsittlichkeit das Leben und die Schriften der Nation ver=
wüstete, wie die leicht bewegliche Menge jede Freisprechung, auch der nichts=
würdigsten Verschwörer, mit Jubel begrüßte, wie das krankhafte Be=
dürfniß der Erhitzung selbst in einem Mehemed Ali einen würdigen
Gegenstand der Begeisterung finden konnte, wie die maaßlose Eitelkeit der
Franzosen, als die Briten den von ihnen besiegten Soult freundlich auf=
nahmen, darin eine Anerkennung der französischen Ueberlegenheit erblickte,
wie kein einziges Blatt den Muth hatte, zu gestehen, jene Heldenthat,
welcher die rue Mazagran ihren Namen verdankt, sei eine lügnerische
Erfindung, wie die Verhandlungen der Kammern vorwiegend ausgefüllt
waren von kleinlichen Chicanen und Scandalen, wie das Volk, bei aller
Begeisterung für die Freiheit, immer nur von Rechten, nichts von Pflichten
wissen wollte; wie jeder abgelebte Officier seine Pensionirung als eine
Beleidigung, jeder Fabrikant das ungestörte Walten der wirthschaftlichen
Gesetze als eine Rechtsverletzung aufzufassen pflegte, und vor Allem, wie
die erste Vorbedingung der Freiheit, die Selbstständigkeit von Kreis und
Gemeinde, so kläglich im Argen lag, daß sich das communale Selbstgefühl
während der ganzen Dauer des Julikönigthums nur einmal kräftig regte
— als es galt, eine neue Häusersteuer zu verhindern; solche Thatsachen
werden von Rochau mit überwältigendem Ernste hervorgehoben. Das
ganze Buch ist ein Commentar zu den Worten, welche Odilon Barrot bei
dem ersten Reformbanquette sprach: „Seien wir aufrichtig, die Regierung
ist nicht allein schuldig; das Uebel liegt in uns selbst, in unseren öffent=
lichen Sitten, in unserer Scheu, den wahren Bedingungen der Freiheit
Genüge zu thun". Dennoch ist der Verfasser weit entfernt von jener
unbedingten Verdammung der modernen französischen Geschichte, welche
heute zu den Glaubensartikeln der Conservativen gehört; er vertheidigt
vielmehr mit Entschiedenheit die großen Errungenschaften der Revolution,
insbesondere ihre nationalökonomischen Segnungen. Die Schilderung der
allgemeinen Stimmung der Zeit, der großen Principien, welche sich be=
fehdeten, bildet die Glanzseite des Buches. Treffend werden die feind=
lichen dynastischen Interessen gewürdigt: „der Legitimismus war Schwär=
merei, der Orleanismus war Politik, und dem ersteren den Rang vor
dem letzteren zugestehen, heißt nichts Anderes, als die Forderungen des
Gefühles in Sachen der öffentlichen Wohlfahrt höher anschlagen, als die
Gebote des Verstandes". Eben so glücklich ist die Darstellung der wirth=
schaftlichen Verhältnisse, eine höchst prägnante Zusammenfassung ver=
wickelter Untersuchungen. Manche Einzelheiten werden spätere Enthül=
lungen berichtigen; das Gesammtbild der Epoche ist von Rochau un=
zweifelhaft richtig wiedergegeben. Weit minder gelungen ist in den ersten
Abschnitten dieses Bandes die Schilderung der einflußreichen Personen.
Ueber Louis Philipp's Charakter und politische Befähigung kann sich nach
dieser Darstellung kein Leser ein klares Urtheil bilden, wir dürfen nur ver=
muthen, daß der merkwürdige Brief des Herzogs von Joinville (S. 127 f.)
Rochau's eigene Meinung wiedergiebt. Eben so ist nicht klar zu erkennen,

warum Lamartine, dessen Verhalten im Frühling 1848 mit Recht auf's Wärmste gelobt wird, so bald zu völliger politischer Ohnmacht herabsank. Meisterhaft dagegen und ein glänzender Beweis für die Befähigung des Verfassers zum Geschichtsschreiber ist die Erzählung von der Laufbahn des gegenwärtigen Vertreters des Bonapartismus. Mit leidenschaftsloser Ruhe wird jeder seiner Schritte verfolgt, von der Fürbitte des Exkönigs von Holland für seinen „verirrten und verführten Sohn" bis zu den ersten Tagen der Präsidentschaft, wo es noch keinen Altbonapartisten gab, dem man anständiger Weise ein Portefeuille anvertrauen konnte. Nun folgt die erste Regung des régime personnel — die römische Expedition, von welcher der National sagte: „so wird denn die französische Regierung zum ersten Male das Schwert ziehen, und zwar, Dank der Regierung des Herrn Bonaparte, gegen die italienische Freiheit" — sodann das auf Wunsch des Präsidenten erlassene Wahlgesetz vom 31. Mai, welches das allgemeine Stimmrecht beschränkte (S. 293. 310) — eine von dem kurzen Gedächtnisse der Mitlebenden nur zu rasch vergessene charakteristische That-sache — dann die Reden, in denen der Präsident nach dem Ruhme eines ehrlichen Mannes geizte — endlich der Staatsstreich und die würdige Belohnung der Truppen, denen man den Dienst im Bürgerkriege gleich einem Feldzuge anrechnete. Diese Bogen sind geschrieben, mindestens ein Jahr, bevor die Gefahr des Augenblickes so manches blöde Auge öffnete. Herr v. Rochau darf von sich rühmen, er sei nie so geistreich gewesen, Schlauheit und Weisheit zu verwechseln, er habe sich nie blenden lassen von den augenblicklichen Erfolgen, deren in einer auf Recht und Sitte ruhenden Weltordnung der Gewissenlose sicher ist. Je mehr sich die Dar-stellung den Thatsachen der jüngsten Vergangenheit nähert, deren Beredt-samkeit die des Geschichtsschreibers übertäubt, desto einfacher und objec-tiver wird die Erzählung; ein schlagendes Epitheton, eine feine Rede-wendung genügt, des Verfassers Meinung zu veranschaulichen. Und wir freuen uns dieser keuschen Strenge der Schreibweise, sie spricht eindring-licher zum Herzen und erregt die Phantasie jedes nicht ganz stumpfen Lesers weit lebhafter, als die heute beliebte Entstellung des historischen Ernstes durch novellistische Kleinmalerei. — Wir haben noch manche Ein-wendungen. So scheint uns der Beweis, der Bonapartismus sei zur Zeit der Julitage fast verschwunden gewesen, eben so wenig geglückt, wie die Behauptung, der 15. December 1840 habe dem Götzendienste, den die Franzosen mit Napoleon getrieben, so empfindlich Abbruch gethan. Das Urtheil über die Confiscation der Orleans'schen Güter ist entschieden zu hart, denn mit dieser Verletzung des positiven Rechts that der Präsident doch nur dasselbe, was beinahe jeder seiner königlichen Vorgänger sich erlaubt hatte. Wir unterdrücken diese Ausstellungen gern, denn es giebt für den Geschichtsschreiber ein untrügliches Kriterium der Befähigung, jene sittliche Energie, ohne welche selbst die gründlichste Forschung den Eindruck des Halben und Mittelmäßigen macht; diese Probe besteht Herr v. Rochau vollkommen. Darum sei das Buch, das so manchen falschen Götzen unbarmherzig stürzt, warm empfohlen; darum sprechen wir der „Staatengeschichte" unsere Hoffnung aus, derselben Feder in dem einen

oder dem anderen der folgenden Bände des Unternehmens wieder zu
begegnen.

Nr. 8.

Deutsches Staatswörterbuch. In Verbindung mit deutschen Gelehrten herausgegeben von Dr. J. C. Bluntschli und K. Brater. 31.—40. Heft. (Friesen—
Hansestädte.) Stuttgart 1858, 1859.*)

Wir sind erfreut, daß unsere Wünsche für den fröhlichen Fortgang
des Staatswörterbuches so glücklich in Erfüllung gegangen sind. Bei aller
wissenschaftlichen Ruhe, bei aller den Mitarbeitern zugestandenen Selbstständigkeit nimmt das Unternehmen immer mehr, wie die Polemik der
conservativen Parteiorgane auf's Erfreulichste beweist, einen festen, klar
ausgesprochenen Standpunkt ein, es gewinnt an innerer Einheit. Mitarbeiter von ganz abweichender Parteianschauung, wie Riehl, scheinen gänzlich auf den Altentheil gesetzt, und auch in rein wissenschaftlichen Fragen
begegnen uns nicht mehr so diametrale Meinungsgegensätze, wie sie in
früheren Bänden, z. B. in den Artikeln Baco und Encyclopädisten, her-
vortraten. Nicht bloß die eigenen Arbeiten der Redactoren verdienen Lob;
Bluntschli entschädigt uns für das, was dem Artikel Gesellschaft und Gesellschaftswissenschaft an Klarheit und Bestimmtheit fehlt, reichlich durch
die vortrefflichen Aufsätze: „Gehorsam und Gesetzgebender Körper", worin
nur einzelne vage und vieldeutige Redensarten über die angebliche „orga-
nische" Staatslehre störend wirken, und besonders durch die feine biographische Skizze von Gentz; Brater's Arbeiten über Gemeinde und Anderes treten dem würdig zur Seite. — Noch rühmlicher ist die eigentlich
redactionelle Thätigkeit, das Bestreben, für jeden Artikel eine mit diesem
Stoffe speciell vertraute Kraft zu finden. Diesem Eifer verdanken wir
Gneist's Schilderung der großbritannischen Verfassung, wohl die bedeutendste Leistung in diesem Bande, ohne Frage das Beste, was über dieses
Thema in Deutschland geschrieben worden ist. Uns bleibt nur zu wünschen, daß der von dieser Skizze veranstaltete besondere Abdruck auch in
die Hände vieler Laien kommen möge; sie werden durch die sachkundige
Gründlichkeit eben so sehr belehrt, wie durch die prägnante, gedankenreiche Darstellung gefesselt werden. Auch die Aufsätze von Laboulaye über
die gallicanische, von Dove über die griechische Kirche und die etwas
philhellenische Arbeit Vischer's über Griechenland zeigen Umsicht und Sachkenntniß. Weniger glücklich war die Redaction mit einigen anderen Autoritäten für Specialfächer. Von einem so gründlichen Kenner der Geschichte
des 30jährigen Krieges, wie Helbig, war in dem Artikel Gustav Adolf
doch etwas mehr zu erwarten, als diese in der That äußerst harmlosen
Bemerkungen. Daß ein für das Staatswörterbuch so wenig geeigneter
Mitarbeiter, wie Lasaulx, gewonnen wurde, um aus dem reichen Schatze
seiner persönlichen Erlebnisse eine Biographie von Görres zu liefern,
finden wir ganz in der Ordnung; doch zu unserer Enttäuschung wird in
diesem Aufsatze zwar die wunderbare Lasaulx'sche Weltanschauung mit

---

*) [A. a. O., vom 16. September, Sp. 602; vergl. oben Nummer 1 und 4.]

mehr Zurückhaltung, als man erwarten sollte, vorgetragen, doch von neuen und eigenthümlichen Aufschlüssen über Görres ist nichts zu finden. Auch Bodenstedt war im Irrthume, wenn er als Poet sich berufen glaubte, Goethe gegen den Vorwurf undeutscher Gesinnung in Schutz zu nehmen. Goethe war eine so harmonische Natur, wie kaum ein anderer Sterblicher; darum erscheint uns selbst das Verletzende an ihm bei längerem Verweilen so begreiflich, so nothwendig, wie die knorrigen Aeste eines Baumes. Doch mit dieser individuellen Erklärung ist es nicht gethan. Die Gegenwart mit ihrem regeren politischen Leben ist im Rechte, wenn sie vom Manne verlangt, er solle nicht bloß im Goethe'schen Sinne seinem Berufe leben, sondern als Bürger mit seinem Herzen am Gemeinwesen hangen. Ein Dichter der Gegenwart soll diesen Fortschritt unserer Gesittung anerkennen, nicht in gereiztem Tone jenen Kaltsinn Goethe's, der selbst einem Carl August das herbe Wort entlockte: „Laßt ihn, er ist alt geworden", als politische Weisheit verherrlichen. Auch die Arbeit Stüve's über Hannover hat unseren Erwartungen nicht ganz entsprochen; zwar ihr statistischer Theil ist vortrefflich, um so weniger zureichend jedoch der historische. Wir begreifen zwar, daß es dem Verfasser widerstrebte, jetzt, wo die Thatsachen so laut reden, sich mit den Details des hannoverschen Staatswesens zu befassen; wie aber soll ein Ungelehrter aus diesen dürftigen Notizen erkennen, um was es sich in den dortigen Verfassungswirren handelt? — Die Nationalökonomie ist in diesem Bande gut vertreten durch Mangoldt und Schäffle. Letzterer behandelt die Fragen der praktischen Volkswirthschaftslehre, und seine Aufsätze über Gewerbe und Handelspolitik sind reich an umsichtigen, wenn auch, unserer Meinung nach, allzu zaghaften Bemerkungen. Erkenne man immerhin die Relativität der nationalökonomischen Lehren an, das hindert nicht, die Freiheit des Verkehres als absolute Forderung des Rechtes und des Interesses an die Spitze der Handelspolitik zu stellen und alle Beschränkungen lediglich als besonders zu begründende Ausnahmen aufzufassen. Besonders zahlreich sind Mangoldt's Arbeiten auf dem Gebiete der theoretischen Volkswirthschaftslehre; es erwächst daraus allmählich ein System der Grundlagen der Nationalökonomie. Nur zweierlei finden wir gegen diese gediegenen Aufsätze zu bemerken. Des Verfassers Streben nach streng logischer Ordnung ist um so ehrenwerther, als in dieser Wissenschaft, welche mathematischer Genauigkeit durchaus bedarf, das naive Verfahren, durch Beispiele zu beweisen, noch immer gang und gäbe ist; doch möge er sich hüten, in das andere Extrem, in dialectische Haarspalterei, zu verfallen. Sodann, je schwerer sich leider selbst der Politiker dazu entschließt, nationalökonomische Arbeiten zu lesen, desto nothwendiger ist ihnen eine prägnante und lebendige Darstellung, die wir bei Mangoldt oft vermissen. Es ist unmöglich, auf den reichen Inhalt des Bandes, der die Artikel Friesen bis Hansestädte umfaßt, näher einzugehen. So sei noch erinnert an die Artikel Fürst und Gesetz, welche der Namen Pözl und Mohl würdig sind; die statistische Skizze Großbritanniens ist von Schubert. Von historischen Arbeiten nennen wir: Gregor I. und VII., von Vogel; germanische Völker, von Maurer; Haller, von Risch; Habsburger, von Schulze;

Hörmann v. Hörbach's Aufsatz über Gneisenau ist des Verfassers früheren
Leistungen völlig ebenbürtig, während zu unserer Freude Ahrens' Skizze
von Grotius ganz frei ist von der philosophischen Schuleinseitigkeit,
welche seine Beiträge zu den ersten Bänden verunzierte. Hottinger hebt
in seiner Besprechung Guizot's zwar mit Recht das einseitige, dem Verständnisse germanischer Art völlig verschlossene Romanenthum seines Helden
hervor, doch hat der Aufsatz zu sehr das Ansehen eines Panegyricus.
Mit Freude lasen wir endlich die warmen und guten Worte Brater's
über jenen herrlichen „Mann der That", den das deutsche Volk in
Friedrich v. Gagern verloren hat.

Nr. 9.

Carné, Graf Louis, de, Die Begründer der französischen Staatseinheit.
Der Abt Suger. — Ludwig der Heilige. — Ludwig XI. — Heinrich IV. —
Richelieu. — Mazarin. Deutsch von Julius Seybt. Leipzig 1859. (Haus-
bibliothek 66. Band.)*)

Wir sind völlig außer Stande, uns die Motive zu erklären, welche
einen deutschen Verleger und einen deutschen Gelehrten bewegen konnten,
dies französische Machwerk durch Aufnahme in eine deutsche Hausbiblio-
thek zu ehren. Der Uebersetzer selbst gesteht, die hier und da einseitige
Betrachtungsweise des Verfassers müßte den deutschen und protestantischen
Leser verletzen, wenn sie nicht reichlich aufgewogen würde durch den wahrhaft staatsmännischen Scharfsinn, das sichere historische Urtheil u. s. w.
Die Wahrheit ist, jene gerügten Mängel sind im reichsten Maaße vorhanden, während wir von diesen Vorzügen durchaus nichts zu entdecken
vermochten. Schon das Inhaltsverzeichniß muß befremden. Man wirft
billig die Frage auf, wie ein Buch mit den Abschnitten: Der Abt Suger;
Ludwig der Heilige; Ludwig XI.; Heinrich IV.; Richelieu; Mazarin —
eine Geschichte der Begründung der französischen Staatseinheit geben
könne. Und zwar sind diese planlos und grundlos zusammengestellten
Bruchstücke durchaus nicht mit einander verbunden; der Verfasser bedurfte offenbar nur eines Titels, um einige Abschnitte der französischen
Geschichte, die ihn anzogen, unter einen Hut zu bringen. Unter diesen
Umständen ist es ziemlich gleichgültig, daß der Uebersetzer die beiden vom
Verfasser nachträglich zugefügten Abschnitte über Duguesclin und die
Jungfrau von Orleans als den harmonischen Eindruck des Werkes störende
hors d'œuvre weggelassen hat; uns scheint, diese beiden würden zu so
seltsam gemischter Gesellschaft mindestens eben so wohl gepaßt haben, wie
der Abt Suger. Auch in den einzelnen Abschnitten ist nur wenig des
Lobes werth. Carné bemerkt gelegentlich, er habe „weniger zum Zwecke,
die bekannten Ereignisse von Neuem zu erzählen, als die politischen Absichten hervorzuheben, durch welche diese Ereignisse bestimmt wurden";
die Darstellung entspricht dieser unklaren Absicht vollkommen. Bald wird
erzählt, und mit einer Unklarheit erzählt, welche bei einem Mitgliede der
„logischen" Nation doppelt befremden muß; bald ergeht sich Carné in

---

*) [A. a. O., vom 17. September, Sp. 615.]

weitschweifigen, von Gemeinplätzen wimmelnden Raisonnements. Die Biographie concentrirt das Leben der Jahrhunderte in einem Mikrokosmos, sie giebt den Eigenschaften des Historikers, welche er mit dem Künstler gemein hat, freien Spielraum. Aber auch diese Gelegenheit hat der Verfasser nicht benutzt; sein Werk erregt die Phantasie nirgends, seine Schreibweise zeichnet sich aus durch jene charakterlose, elegante Glätte, welche das gerade Widerspiel des wahrhaft historischen Stiles bildet. Noch trauriger ist es mit dem wissenschaftlichen Werthe bestellt; von selbstständigen Untersuchungen ist höchstens die Betrachtung über die sogenannte Pragmatik Ludwig's des Heiligen zu erwähnen, welche übrigens wenig Neues vorbringt; dagegen wird Richelieu's Testament als unzweifelhaft echt angesehen; von deutschen Geschichtsschreibern scheint der Verfasser nur Friedrich Schlegel zu kennen u. s. f. Wahrhaft widerwärtig aber ist die tendenziöse Voreingenommenheit Carné's in religiösen und politischen Dingen. Er äußert sich sehr hochtrabend über die geschichtsphilosophische Manier, die historischen Thatsachen zu construiren; was aber sollen wir zu seinem ultramontanen Fanatismus sagen, welcher in den Lehren der Albigenser „eine Ketzerei" sieht, „die nichts Geringeres als eine Negation des Christenthums war und eine philosophische Lehre an die Stelle eines Glaubens setzte?" Wahrlich, das ist nicht blos einseitige Parteimeinung, das ist der Stumpfsinn einer kleinen Seele, welcher das Verständniß für historische Größe mangelt. Wir Protestanten sind des Sieges unserer Sache so gewiß, wir halten es gar nicht der Mühe werth, die Größe der katholischen Heroen zu verkleinern; bei keinem protestantischen Schriftsteller der Gegenwart finden sich Urtheile, die ein Gegenstück wären zu dem, was hier über Luther und Calvin gesagt oder vielmehr geschmäht wird. Von diesem ultramontanen Standpunkte aus wird die gesammte Geschichte des Mittelalters construirt, denn wie anders soll man es nennen, wenn behauptet wird, Chlodwig's Feldzüge seien vorwiegend religiösen Veranlassungen entsprungen, oder die französischen Könige hätten eine zugleich hierarchische und kaiserliche Politik befolgt? Die vorgefaßte Meinung, daß Frankreich von jeher die Stütze des Papstthums gewesen, bildet die Grundlage der ganzen Auffassung. — Aehnlich ist Carné's politische Verblendung; die mechanische Einheit erscheint ihm als höchstes staatliches Problem, die glorreiche communale Bewegung Stephan Marcel's lediglich als ein Versuch, den Staat zu zerreißen; von Ludwig XI. wird allerdings gesagt, er habe den Nationalgeist verfälscht durch seine irreligiösen Bestrebungen, aber nicht erwähnt, wie sein Absolutismus gänzlich auf Sand gebaut war, da der dritte Stand, auf welchen er sich angeblich stützte, nicht ein kräftiges Bürgerthum war, sondern ein abgelebtes, spießbürgerliches Cliquenwesen. Nicht blos — was bei einem Franzosen leider sehr verzeihlich ist — Deutschland, sondern auch England wird über die Achseln angesehen, weil es, in Folge des Protestantismus und der allzu geringen Centralisation, den Sinn für bürgerliche Gleichheit und administrative Einheit nicht besitze. Nur Frankreich habe zur Zeit Ludwig's XIV. der Welt das Schauspiel harmonischer Größe gegeben. Uns scheint, die Früchte dieser harmoni-

Größe liegen heute klar zu Tage. Nur das ist uns dunkel, wie Herr v. Seybt in diesem seichten Geschwätze staatsmännischen Scharfsinn erblicken konnte, noch dunkler aber, wie er es über sich gewinnen konnte, die Aeußerungen einer wahrhaft blasphemischen, nationalen Selbstüberhebung zu übersetzen: „Gott bedurfte Frankreichs; für seine Pläne auf dieser Welt brauchte er ein Volk mit starkem Arm, mit logischem und entschlossenem Geiste, welches von einem Gedanken erfüllt war und seine Begeisterung und seine Hingebung aus **einer Quelle** schöpfte". Kein Zweifel, der Herrgott hätte die Weltgeschichte **nicht** zu Stande gebracht, wäre die große Nation nicht so mitleidig gewesen, ihm ein wenig unter **die Arme** zu greifen! **Daß** Frankreich wenigstens **den Rhein** erreichen muß, „um im Stande **zu sein,** seinen Beruf der **Versöhnung** und der **Harmonisirung** des germanischen Genius **mit dem Genius der Völker** romanischen Stammes zu erfüllen", wird hiernach Niemand Wunder nehmen. Merkwürdig ist bei diesem bornirten Hochmuthe nur, daß **Carns** wenigstens ein nationales Vorurtheil nicht theilt: er sieht in dem Nimbus, der heute das Haupt **des** ersten Napoleon umgiebt, mit Recht das Werk „einer beispiellosen **Verschwörung**". — Carns's Werk ist in jeder Hinsicht unnütz; dem Kundigen **bringt es** nichts Neues, den Unkundigen wird **es,** wenn er das Herz **auf der rechten** Stelle hat, **erbittern,** ist er aber schwach und ohne Urtheil, so wird es ihm durch seine dreiste Geschichtsverdrehung den Kopf verwirren. Traurig genug, daß die Schmutzarbeiten **der** Feydeau und Kock so massenhaft in's Deutsche übertragen werden; immerhin bleibt uns dabei der Trost, daß das Bedürfniß nach derartiger Unterhaltung leider in jedem Volke besteht, und daß es noch ein Glück ist, wenn wir dasselbe nicht durch eigene Production zu befriedigen vermögen. In der Wissenschaft dagegen ist ein Bedürfniß nach dem Oberflächlichen und Unwahren nicht vorhanden; um so energischer verwahren **wir uns** gegen den **Versuch, dies** Buch neben den Werken von **Ranke** und **Rochau** bei uns einzubürgern. — Die Uebersetzung ist so gewandt und fließend, wie es von Julius Seybt zu erwarten war. H. v. T.

Nr. 10.

Mohl, Robert v., Encyclopädie der Staatswissenschaften. Tübingen 1859.*)

Daß Robert v. **Mohl uns jetzt,** wo das große **Werk** der Geschichte der Staatswissenschaften kaum **vollendet vorliegt,** bereits wieder mit einer eben so umfangreichen als **bedeutenden Arbeit** überraschen konnte, verdanken wir — nach einer Bemerkung **in der Vorrede** — zunächst einem **Augenleiden, das** den Verfasser nöthigte, sich **mit dem** Durchdenken und **Fertigmachen** vorbereiteter Stoffe zu begnügen. So traurig die Veranlassung, so guten Grund hat die Wissenschaft, sich **über** das Resultat zu **freuen.** Wir stehen nicht an, zu erklären, daß vorliegendes Buch alle bisher erschienenen „äußerlich ordnenden" Encyclopädien der Staatswissenschaften völlig überflüssig machen wird. Und **zwar** ist es nicht —

---

*) [A. a. O., **vom** 22. October, **Sp.** 683.]

wie eine hämische Stimme neulich behaupten wollte — die liberale Parteistellung des Verfassers, welche seinem Werke einen großen Leserkreis
sichert. Darin vielmehr besteht ein Hauptvorzug des Buches, daß Mohl
mit derselben Selbstständigkeit des Urtheils, die ihn befähigte, so oft schon
neue, wissenschaftliche Streitfragen anzuregen, auch der Unfreiheit unserer
praktischen Politik und den seichten Lieblingsmeinungen des Alltagslibera-
lismus gegenübertritt. Wenn es keinen gewissenhaften Bearbeiter der
Staatswissenschaft giebt, der sich nicht schon die mißmuthige Frage vorgelegt
hätte: ist es möglich, diese Disciplin, tief verflochten, wie sie ist, mit den
Leidenschaften und Bedürfnissen des Tages, zu der kühlen Unbefangenheit einer wahrhaften Wissenschaft zu erheben? — so mag uns die überlegene Ruhe dieses Werkes den besten Trost gewähren. Ueberall sachkundiges, gemäßigtes Urtheil, überall des Staatsgelehrten beste Tugenden,
Muth der Meinung und streng gesetzlicher Sinn. Nur ganz vereinzelte
Stellen zeigen, daß auch das Urtheil des hellsten Kopfes sich nicht gänzlich
frei machen kann von dem Einflusse der Tagesmeinungen und persönlicher
Erlebnisse. So, wenn wir (S. 215) den Satz lesen, dem Ungehorsam
des Heeres sei selbst der Mißbrauch des Gehorsams zur Durchführung
ungesetzlicher Regierungshandlungen vorzuziehen, so ist diese schwer bedenkliche Behauptung allerdings erklärlich bei einem Manne, der die Misère
der badischen Soldatenmeuterei mit angesehen, aber sie führt zu dem ungeheuerlichen Folgesatze, daß die Miethlinge Ferdinand's von Neapel dem
Staate minder gefährlich waren, als die wackeren Truppen von Kurhessen
und Schleswig-Holstein! — Das Ziel, das der Verfasser sich steckte, und
sein System sind durch die Geschichte der Staatswissenschaften eben so
allgemein bekannt, wie seine klare, sorgsam-bedächtige Darstellungsweise,
welche einen lebhaften Leser zwar anfangs ermüdet, schließlich aber Jeden
fesselt und zu dem Geständnisse, daß kein Satz überflüssig sei, nöthigt.
Die besonders glückliche Behandlung der schwierigen Abschnitte über Entstehung und Aenderung der Staaten zeigt, daß der Verfasser auch der
dankbareren Aufgabe einer „organisch ordnenden" Staatslehre in hohem
Maaße gewachsen wäre; dennoch hat er sich mit einer „äußerlich ordnenden" Encyclopädie begnügt. Er giebt in den Paragraphen eine, zunächst für Anfänger bestimmte, doch für den Kundigen sicher noch lehr-
reichere, Uebersicht sämmtlicher politischer Disciplinen, während die Anmerkungen theils Controversen erledigen und den Leser so zugleich mit
der Literatur vertraut machen, theils umsichtig gewählte historische Beispiele bringen. Hier bleibt nur das Bedenken, ob nicht eine weitere Ausführung dieser Beispiele bei dem beschränkten Maaße der Geschichtskenntniß
angehender Studenten nothwendig gewesen wäre. Leider führt die Methode, die einzelnen Disciplinen gesondert neben einander zu stellen, nicht
blos zu manchen Wiederholungen, sondern auch zum Auseinanderreißen
zusammengehöriger Dinge, so, wenn wir die Frage: Erbfürstenthum oder
Wahlreich? in der Politik, die Betrachtung der Erbfolgeordnung zum
Theil im philosophischen Staatsrechte, zum Theil in der Politik abgehandelt
finden. Indeß, wenn wir uns auf den naturgemäßen, in unserer bücher-
satten Welt freilich nur von wenigen Lesern eingehaltenen, Standpunkt

stellen und ein gutes Buch wie einen lebendigen Menschen ansehen, dessen Charaktereigenschaften wir so lange als möglich anerkennen und hinnehmen müssen, so haben wir kein Recht, über diese, mit den Intentionen des Verfassers unvermeidlich gegebenen Mängel zu streiten. Schlimmer ist, daß in Folge der „äußerlichen Ordnung" das Buch stellenweise einen allzu doctrinären Charakter erhalten hat. Wenn (S. 8) die Lebenszwecke des Menschen in einer „für die Mehrzahl der Fälle als Norm dienenden Reihenfolge" aufgezählt und die Verkehrung des „natürlichen Verhält= nisses" derselben für unsittlich erklärt wird, so scheint uns unzweifelhaft, daß das Leben solcher abstracter Kategorien spottet, daß diese Lebens= zwecke lediglich relativen Werth haben. Ein Künstler lebt um so sitt= licher, je mehr Schönes er schafft; seiner ästhetischen Bildung gegenüber kommt die Sorge für Fortpflanzung gar nicht in Betracht — und so fort durch alle Lebenskreise. Auch liegt es im Wesen dieser Methode, welche nicht die politischen Erscheinungen von allen Seiten zugleich be= trachtet, sondern jeden einzelnen Fall unter eine bestimmte Rubrik eines streng geschlossenen Systems subsummirt, daß die Darstellung oft zur bloßen Aufzählung wird. So werden (S. 159) vier mögliche Fälle auf= geführt, in welchen ein Staat seinem Zwecke nicht entspricht, nämlich: 1) der Staat ist immer ungenügend gewesen, wofür der Deutsche Bund als Beispiel dienen muß; 2) er ist allmählich in Verderbniß übergegangen; 3) er fordert zu große Opfer; 4) die Lebenszwecke des Volkes haben sich geändert. Hier scheint zunächst einleuchtend, daß dies nicht vier verschiedene Fälle sind, indem z. B. Fall 2 und 4 nur verschiedene Seiten einer und derselben Sache bilden. Ferner ist die Krankheit und der Verfall der Staaten sehr oft durch das Zusammenwirken dieser Ursachen herbeigeführt worden. Scheint doch der Deutsche Bund wie ausdrücklich dazu geschaffen, um allen Fällen, in welchen der Staat seinem Zwecke nicht entspricht, als schlagender Beleg zu dienen: wegen Mangels einer starken Staatsgewalt von jeher ungenügend und der Anarchie preisgegeben, ist er allmählich verderbt worden, d. h. von einer immerhin schwachen Garantie der Volks= einheit zur bloßen Polizeianstalt herabgesunken; daß die mit ihm verbundene Erhaltung allzu vieler Höfe dem Volke allzu große Opfer auferlegt, ist von Mohl selbst angegeben; endlich haben sich die Lebenszwecke des Volkes geändert: die nationalen Ideen sind klar und scharf ausgebildet, und das Volk ärmlicher Kleinbürger ist zu einem reichen, aufstrebenden Handels= volke geworden. Dazu ein fünfter, von Mohl übersehener, Punkt: die Umwandelung der Weltstellung Deutschlands, die wachsenden Gefahren der auswärtigen Verhältnisse. So wenig läßt sich das historische Leben durch eine bloße Aufzählung möglicher Fälle erschöpfen.

Die Einleitung und die allgemeine Staatslehre bieten besonders die Eigenthümlichkeit, daß Mohl eine „Gesellschaftswissenschaft" von der Lehre vom Staate ausscheidet. Da der Verfasser seine früheren Ansichten im Wesentlichen aufrecht erhält, so ziemt es uns nicht, auf diese, vom Refe= renten anderwärts ausführlicher beleuchtete, Streitfrage hier näher ein= zugehen. Nur sei uns die Bemerkung gestattet: wenn nach des Verfassers eigenen Worten eine Encyclopädie die beste Gelegenheit zur praktischen

Erprobung eines neuen wissenschaftlichen Gedankens bietet, so hat unserer Meinung nach die Gesellschaftswissenschaft diese Prüfung nicht bestanden. Nicht nur finden wir keine Verbesserung; denn wenn der Verfasser rühmt, durch Aufstellung der Gesellschaftslehre verschwinde die bisherige Unklarheit über das Recht der Zünfte, die Gesetzgebung über die Organisation derselben u. s. w. falle dem Staatsrechte, die innere Disciplin der Genossenschaft u. dergl. dem Gesellschaftsrechte zu — so besteht dieser Fortschritt wahrlich blos in einem Worte. In allen leidlichen Collegienheften über deutsches Recht ist schon jetzt dieselbe Unterscheidung zu finden, nur daß die innere Disciplin der Genossenschaften nicht im Gesellschaftsrechte, sondern im Privatrechte vorgetragen wird. Noch mehr, in Folge der neuen Lehre entstehen empfindliche Lücken im Systeme. Unter hundert Lesern wird kaum einer zugeben, daß diese wenigen zerstreuten Bemerkungen über nationalökonomische Dinge (§ 36. 100 u. s. f.) ein nur annäherndes Bild der volkswirthschaftlichen Lehren geben, welche zur Staatswissenschaft im engsten Sinne gehören. Und angenommen selbst, die „Gesellschaft" bilde ein vom Staate gesondertes Rechtsgebiet, so war dadurch der Verfasser noch nicht berechtigt, die socialen Grundlagen der einzelnen Staatsformen, wodurch dieselben erst erklärt werden, mit Stillschweigen zu übergehen. Zwar das Eigenthum wird in einem glänzenden, an neuen und glücklichen Gedanken überaus reichen Abschnitte betrachtet; aber die Lehre von der Aristokratie ist dürftig, weil die Gesellschaftswissenschaft verbietet, auf das Wesen des Adels näher einzugehen; die Patriarchie und der Patrimonialstaat bleiben dunkel, weil das Nomadenleben, die extensive Landwirthschaft und die Naturalwirthschaft in die Gesellschaftslehre verwiesen werden; auch die Lehre von der Theokratie enthält einiges Unrichtige, weil das Wesen religiöser Genossenschaften nicht erörtert wird; endlich treffen die geistreichen Bemerkungen über Bundesstaat und Staatenbund doch nicht den Kern der Sache, weil auf den Begriff der Volksthümlichkeit und seine gemüthlichen Beziehungen, auf die Idee des Vaterlandes und die oft behauptete Möglichkeit, zwei Vaterländer zu besitzen u. s. f., nicht näher eingegangen wird. Am Klarsten aber zeigt sich die Unhaltbarkeit der Gesellschaftslehre daran, daß die Gemeinde nicht als eine politische Körperschaft begriffen wird. Seite 229 findet sich die Behauptung, in der Theokratie, dem absoluten Fürstenthume und der Despotie sei die Theilnahme der Unterthanen an Staatsangelegenheiten ganz unmöglich. Hier wird gerade der Anfänger, der unwissende Leser, die naive Frage aufwerfen: wie ist eine solche Unnatur denkbar, wenn wir nicht dem Menschen angeborenen Knechtsinn andichten wollen? Der Verfasser wird schwerlich eine Antwort finden; in der That sind ganz unfreie Staatsformen nur dadurch erklärlich, daß auch in der rohesten Gewaltherrschaft die Ausführung der politischen Gedanken in engeren Kreisen — in den Gemeinden — unter gewissen Beschränkungen dem Volke selbst zusteht. — Indem wir den Umstand, daß Mohl im Staate nicht das organisirte Volk, sondern lediglich einen Organismus von Einrichtungen zur Förderung der Lebenszwecke des Volkes erblickt, für diesmal übergehen, erlauben wir uns einen Zweifel an der Bemertung, der Staat sei lediglich **ein** Mittel für den Menschen ja sogar blos durch die Unzureichenheit der übrigen einfacheren Menschenverbindungen hervorgerufen. Uns scheint, dies Verhältniß ist zweiseitig: der Staat soll allerdings die Zwecke des Einzelnen fördern, doch zugleich ist an das Menschengeschlecht die in **der** Natur des Menschen begründete sittliche Forderung gerichtet, daß Staaten — und gute und schöne Staaten — bestehen und die Einzelnen sich ihnen beugen sollen; so ist der Staat für das Individuum eben sowohl Zweck als Mittel. — Auch das **ist** bedenklich, daß der Begriff der Souveränität, obwohl er später (S. 415) als der „keines Beweises bedürftige" Ausgangspunkt des Völkerrechts erscheint, von der Definition des Staates ausdrücklich (S. 81) ausgeschlossen wird. Verwandeln sich doch jene embryonischen Genossenschaften, **die dem** Staate vorausgehen, erst dadurch in Staaten, daß sie unabhängig, souverän werden. Die von Mohl angeführten Gegengründe sind nicht durchschlagend. Denn giebt es Staaten, denen die volle **Un**abhängigkeit fehlt, so giebt **es** nicht minder andere, in welchen die **von** Mohl verlangte „Gesammtkraft" nur auf dem Papiere vorhanden ist; die Unabhängigkeit **des** Staates, in der Wirklichkeit mehr oder minder unvollkommen, wird **von** der Idee verlangt. Auch die Möglichkeit einer **innig** geordneten Völkergesellschaft wird durch die Aufnahme der Souveränität in den Staatsbegriff nicht abgeschnitten, denn der freiwillige Verzicht auf einzelne Rechte ist keineswegs gleichbedeutend mit dem Aufgeben der Souveränität. — Als Staatsgattungen führt der Verfasser an: Patriarchie, Theokratie, Patrimonialstaat, antiker Staat, moderner Rechtsstaat (**ein** höchst unglücklicher Ausdruck, **der aber** — weil allgemein anerkannt — vom Verfasser mit Recht **beibehalten** worden ist), endlich Despotie; dieselben zerfallen wieder in **verschiedene** Staatsarten. Diese Eintheilung scheint in der That musterhaft, **wenn wir** auch für den „hausherrlichen Staat" (d. h. jene Unterart des Patrimonialstaates, bei welcher ein großer fürstlicher Grundbesitz **den** Mittelpunkt bildet) den Namen „Grundherrschaft", der zu keiner Verwechselung Anlaß giebt, vorschlagen möchten. Nur gegen **die** letzte Staatsgattung, die Despotie, haben wir eine Einwendung zu machen. Mit vollem Rechte unterscheidet sie der **Ver**fasser von der Tyrannis **und dem** unbeschränkten Fürstenthume; **wenn** aber (S. 223) sehr wahr bemerkt **wird**, der Grundsatz des blos verfassungsmäßigen Gehorsams bestehe durchaus **in allen** Staatsgattungen, so scheint eine Staatsform, worin die Willkür **eines** Einzelnen grundsätzlich als höchstes Gesetz gilt, aus dem Begriffe des Staates gänzlich herauszufallen. Glücklicherweise zeigt uns der Verfasser selbst den rechten Weg, **wenn** er erklärt: „die einzige **Gattung** von Vorschriften, welche **der** Willkür **des** Staatsoberhauptes entgegengestellt sein mögen, sind **Religionsgesetze"**. Dieser Satz scheint **uns** entscheidend: die Despotien **des** Orients sind historisch nur dann zu verstehen, **wenn** sie als eine besonders scheußliche Form der Theokratie begriffen werden, und auch rationell **ist** dies die einzig mögliche Erklärung, denn nur **ein** religiöser Wahn macht die dauernde blinde Unterwerfung eines Volkes unter das Belieben **einer** Person begreiflich. — So vortrefflich obige Eintheilung, so wenig ist sie die allein berechtigte. Vielmehr berührt die Unterscheidung der Herrschaft des Einen, der Mehreren und der Vielen keineswegs blos Aeußerlichkeiten, wie der Verfasser meint; sie eröffnet zum Theil überraschende Gesichtspunkte, wenn jene drei Formen zurückgeführt werden auf die Principien der Einheit, der Ausschließung und der Gleichheit, wie dies Roscher in einigen, allerdings fragmentarischen, Aufsätzen in „Schmidt's Zeitschrift für Geschichte" versucht hat. Eine vollständige Encyclopädie sollte auch diese Seite der Sache berücksichtigen. — Die gewählte Methode bringt es mit sich, daß vorwiegend das Normale der einzelnen Staatsarten beleuchtet wird, weniger jene mannigfachen Mischstaaten, welche sich unter einen fertigen Begriff schwer subsumiren lassen und doch in der Geschichte eine so wichtige Stelle einnehmen. So wird nach vorliegender Darstellung jeder Anfänger glauben, daß die Verfassung Belgiens und Englands wesentlich gleichartig sei, eine Meinung, welche der tiefblickende Verfasser sicher nicht hervorrufen wollte. Auch wird es schwerlich einem Leser gelingen, nach den hier gegebenen Kriterien zu entscheiden, ob das gute Land Mecklenburg dem Patrimonial= oder dem Rechtsstaate zuzuweisen sei. — Ferner wird nur die Vollendung, nicht die historische Entwicklung der Staatsformen geschildert; es bleibt also dunkel, wie die Staatsgattungen in einander übergehen, insbesondere fehlt die der dogmatischen Staatswissenschaft eben so unerläßliche wie für das praktische Staatsleben wichtige Betrachtung der Herausbildung des Rechtsstaates aus der Patrimonialherrschaft. Vielleicht läßt sich diese Erörterung in einer neuen Auflage, welche sicher nicht ausbleiben wird, neben den Abschnitten über die Entstehung und Aenderung der Staaten einfügen. Diese Abschnitte selbst sind meisterhaft behandelt, nur scheint es uns sehr fraglich, daß in Revolutionen nur der Sieg auch das Recht geben soll; ähnlich wie dem einzelnen Menschen in einem äußersten Falle der Selbstmord geboten sein kann, um seine sittliche Existenz zu retten, kann auch für ein Volk die Unternehmung einer erfolglosen Revolution zur unabweisbaren Pflicht werden, wenn des Lebens höchste Güter in Frage stehen. Die Belege dafür sind in der jüngsten Geschichte von Deutschlands Elbmarken und in den Kämpfen Böhmens gegen das Haus Habsburg zur Genüge zu finden.

Hierauf folgt das philosophische Staatsrecht, das wieder als ein allgemeines und ein besonderes erscheint. In letzterem hat der Abschnitt über die Theokratie unseren Erwartungen nicht ganz entsprochen. Hier war es unerläßlich, nicht gerade, wie Haller meint, auf die „Wahrheit", wohl aber auf den humanen Gehalt der Religionen einzugehen. Dann gelangt man zu dem entgegengesetzten Resultate wie Haller, zu der Einsicht: je reiner und menschlicher eine Religion, desto minder eignet sie sich dazu, die Grundlage einer Theokratie zu bilden. In der Theokratie erstarren die religiösen Vorstellungen zu dogmatischer Härte, im Wesen des Christenthums aber liegt der ewige Fortschritt begründet. Darum wird die christliche Theokratie nach kurzer Frist nothwendig zu einer Lüge, zu einer mit Bewußtsein gespielten Farce, darum ist sie die politisch unfähigste aller Theokratien, darum endlich sind die harten, gegen ihren

Geistesdruck erhobenen Vorwürfe, welche Mohl (S. 318) mit einer selt=
samen petitio principii zurückweist, durchaus begründet. Umgekehrt scheint
uns der classische Staat nicht mit jener Wärme anerkannt, welche diese
in ihrer Art vollkommene Gestaltung des menschlichen Zusammenlebens
in so hohem Maaße verdient. Wir vermissen besonders die höchst noth=
wendige Unterscheidung des römischen Staates, dessen ungeheure Expan=
sivkraft mit der localen Beschränktheit des hellenischen Staates doch nimmer=
mehr zusammengeworfen werden kann; wir vermissen ferner eine Er=
örterung darüber, wie die dorischen Staaten die eine Seite des hellenischen
politischen Gedankens, die Centralisation des gesammten Volkslebens im
Staate, eben so vollkommen zur Ausbildung brachten, als die Jonier die
andere Seite desselben, die active Theilnahme der Bürger an der Staats=
regierung. Noch mehr befremdet uns, daß auch bei Mohl die immer
und immer wiederholte Halbwahrheit sich vorfindet, bei den Alten bestehe
die Freiheit in der Theilnahme an der Regierung, bei den Modernen
im möglichst wenig Regiertwerden — als ob wir nicht einem Hellenen
die einzig erschöpfende, für alle Zeiten gültige Erklärung der politischen
Freiheit verdankten! — Aus der juristischen Betrachtung der Verwaltung
sei hervorgehoben, daß Mohl bei seiner bekannten Theorie über die Prä=
ventivjustiz beharrt. Jedoch werden sich die zahlreichen Gegner derselben
überzeugen, daß der staatsmännische Sinn des Verfassers weit davon
entfernt ist, diese, logisch sicherlich unanfechtbare, Lehre bis in die kleinsten
Details der Praxis durchzuführen. Minder glücklich scheint uns der Ab=
schnitt über die Staatsschulden, wonach die Aufnahme derselben rechtlich
unzulässig sein soll, wenn nicht durch die Schuld ein auf die Nachkommen
übergehender Vortheil erlangt wird. Diese Lehre steht der Wahrheit
allerdings weit näher, als die neuerdings wieder sehr beliebte, frivole
Behauptung, daß der Staat immer sein eigener Gläubiger sei. Doch
fragen wir billig: wo ist hier auch nur theoretisch eine haltbare Grenz=
linie zu finden? Was soll man vollends dazu sagen, daß die Contra=
hirung einer dauernden Staatsschuld für Eisenbahnbauten gebilligt wird,
während der Aufwand für einen Vertheidigungskrieg nothwendig von der
Generation der Handelnden selbst getragen werden müsse — als wäre
die durch einen Krieg gerettete Existenz des Staates nicht auch ein auf
die Nachkommen forterbender Vortheil! — In dem positiven Staats=
rechte hat sich der Verfasser auf Angaben über Begriff, Methode, Quellen
und Literatur beschränkt, und sicher ist diese Behandlung, welche ein in
sich abgeschlossenes Ganze liefert, der in Encyclopädien gewöhnlichen kritik=
losen Darstellung einzelner willkürlich ausgewählter Theile des positiven
Staatsrechts weit vorzuziehen. Dennoch können wir den Wunsch nicht
unterdrücken, es möge dem Verfasser gefallen, in einer späteren Auflage
an dieser Stelle jede Staatsgattung wenigstens durch eine genaue Schil=
derung eines positiven Staatsrechtes anschaulich zu machen. An Voll=
ständigkeit ist dabei freilich nicht zu denken; aber eine äußerlich ordnende
Encyclopädie gewöhnt den Anfänger, immer nur einzelne Theile des
Staatslebens zu betrachten; um so heilsamer für ihn, wenn ihm dann
das concrete Gesammtbild des öffentlichen Rechtes einiger Staaten ge=

schildert wird. Und daß der Herr Verfasser für diese Aufgabe wie wenige Andere der rechte Mann wäre, ist ja zur Genüge erwiesen. — Vielleicht den Glanzpunkt des Werkes bildet die Darstellung des philosophischen und positiven Völkerrechtes. Es ist dankbarster Anerkennung werth, daß die gedankenlose Eintheilung in Recht des Krieges und des Friedens verworfen und statt dessen aus den drei einfachen Grundsätzen der Souveränität, der Verkehrsnothwendigkeit und der Ordnung in der Gemeinschaft ein System abgeleitet wird, welches endlich einmal etwas Anderes giebt, als den vergeblichen Versuch, die internationalen Verhältnisse auf das Prokrustesbett des Privatrechtes zu spannen. Hier ist, was die Kritik längst gefordert, durch die That geleistet, das Völkerrecht auf seine eigenen Beine gestellt. Ueber Einzelheiten ließe sich streiten, im Großen und Ganzen wird diese Darstellung für lange Zeit bahnbrechend bleiben.

Es folgt die Staatsmoral. Gewiß, diese Darstellung giebt weit mehr und Besseres, als irgend eine bisher versuchte Bearbeitung dieses Stoffes. Trotzdem können wir noch immer nicht einsehen, daß eine besondere Disciplin der Staatsmoral möglich sei — einfach darum, weil die Politik in unseren Augen weit mehr ist, als eine bloße Klugheitslehre. Eine Verschmelzung dessen, was hier als Staatsmoral und als Politik erscheint, würde erst eine vollständige Darstellung der Politik ergeben, würde — im Gegensatze zu den festen Normen des Staatsrechtes — das Leben, die historische Bewegung der Staaten zeigen, würde nachweisen, wie die allgemeinen Staatsbegriffe durch das geschichtliche Volksleben einen concreten Inhalt erhalten. So gut Mohl auf eine besondere „religiöse Staatslehre" verzichtet hat, blos weil der Stoff dafür nicht hinreiche, eben sowohl konnte auch die Staatsmoral mit der Politik verbunden werden; denn es läßt sich nicht leugnen, das Gegebene — so vortrefflich an sich — bleibt dürftig, weil hinsichtlich der meisten praktischen Folgerungen auf die weitere Ausführung in der Politik verwiesen wird. Noch mehr, wo ist die Grenze zwischen Staatsmoral und Politik? Was aus dem Zwecke eines Staates mit logischer Nothwendigkeit sich ergiebt, ist doch wahrlich etwas Anderes, als ein Postulat bloßer Klugheit. Nicht die Klugheit, sondern die Sittlichkeit und Zweckmäßigkeit zugleich entscheiden über die Frage: Wahlreich oder Erbmonarchie? Denn es ist unsittlich, eine Staatsform zu bilden, die bei jedem Wechsel des Regenten den gesammten Staat auf's Spiel setzt und zur Quelle ewigen Haders wird. Sonach wird es wohl bei der bisherigen Gegenüberstellung von Staatsrecht und Politik bewenden müssen. Das hier als „Politik" Gebotene steht übrigens der Behandlung des Völkerrechtes würdig zur Seite. Da der Raum ein Mehr verbietet, so sei nur der Abschnitt über die auswärtige Politik hervorgehoben, der strenge und gerechte Tadel des Verfassers gegen die gewöhnliche Behandlung dieses Themas, die sich lediglich mit der Befriedigung von Eitelkeit und Habsucht, nicht mit der Erreichung hoher Culturzwecke durch den Völkerverkehr beschäftigt. — Dagegen scheint uns der auch von Mohl scharf hervorgehobene Gegensatz des Provinzial- und des Realsystemes in der Verwaltung, worüber die Franzosen so gern Lärm schlagen, großentheils auf einer Illusion zu

beruhen; mindestens wüßten wir nicht, welchem von beiden Systemen
die preußische Verwaltung nach den Reformen des großen Organisators
Friedrich Wilhelm's I. zuzuweisen war. Uns däucht, diesem Preußen=
könige — nicht der französischen Revolution — gebührt der Ruhm der
ersten Begründung einer streng rationellen Verwaltung im modernen
Staate. — Das Werk schließt mit den historischen Staatswissenschaften,
welche eben so behandelt werden, wie das positive Staatsrecht. Auch
hier bleibt uns der Wunsch, daß künftig eine Skizze der geschichtlichen
Entwicklung einiger Staaten von typischer Bedeutung eingeschaltet werde,
eine Arbeit, für welche einzelne Abschnitte aus Dahlmann's Politik als
Muster gelten können. Da der naturgemäße Bildungsgang eines an=
gehenden Staatsgelehrten von der Ansammlung des historischen Stoffes
zu den dogmatischen Staatswissenschaften fortschreitet, so scheint uns übri=
gens die Voranstellung der Geschichte und Statistik die zweckmäßigste An=
ordnung für eine Encyclopädie. — Mag man immerhin manche unserer
Ausstellungen überkritisch, unsere Wünsche für die künftigen Auflagen
allzu kühn finden: wir meinten, der Bedeutung des Werkes und des
Schriftstellers zu nahe zu treten, wenn wir uns auf einige panegyrische
Bemerkungen beschränkt hätten.   H. v. T.

Nr. 11.

Freytag, Gustav, Die Fabier. Trauerspiel in fünf Acten. Leipzig 1859.*)

Es ist sicher ein Beweis hohen Ernstes und seltener Selbstbeherr=
schung, wenn ein Dichter, der sich soeben durch ein im guten Sinne
zeitgemäßes Werk den Beifall der Massen erworben, nun mit einem Ge=
dichte hervortritt, welches dem Geschmacke der Menge gänzlich fern liegt
und auch unter den Gebildeten hartnäckigen Widerstand finden wird an
dem beliebten Gerede: antike Stoffe sind der Gegenwart ungenießbar.
Die Vielen, welche Gustav Freytag Dank schulden für manche Stunde
reinen Genusses, werden sich der Wahl dieses Stoffes auch darum freuen,
weil der sogenannte Verherrlicher des behaglichen Genusses und des pro=
saischen Alltagstreibens seine Gegner damit in eine gar wunderliche Lage
gebracht hat. Wir können uns allerdings des Gefühles nicht erwehren,
daß die heitere Dichtung der harmonischen Gemüthsfreiheit dieses Dichters
mehr zusage, als das gewaltig bewegte Wesen der Tragödie. Dennoch
erscheint dieser erste Versuch im historischen Trauerspiele als das Werk
eines Meisters, wohl geeignet, uns in dem Glauben zu bestärken, daß
ein Volk, welches einmal die Gabe der Dichtung besessen, dieser Segnung
erst mit seiner Lebenskraft selbst verlustig geht. Freytag hat aus den
politischen Kämpfen des alten Rom einen Conflict ausgewählt, welcher
zugleich eine reiche gemüthliche Seite bietet, den Streit um das Recht
der Ehe. So ist eine gefährliche Klippe, woran Staatsactionen so oft
scheitern, glücklich umgangen, und keineswegs episodisch erscheint der ein=
zige Frauencharakter, welcher einen sanft=elegischen Ton einführt in das
wilde Getöse des Männerkampfes; die Liebe der Patriciertochter zu dem

---

*) [A. a. O., vom 26. November, Sp. 768.]

Bauernsohne steht in engster Verbindung mit dem Kerne der Handlung. Der Geschichte gegenüber wahrt sich Freytag den Standpunkt, welcher dem Dramatiker allein zukommt; die einzelnen historischen Thatsachen werden mit vollkommener künstlerischer Freiheit behandelt, aber der Geist, die Stimmung der Epoche, ist getreu und lebendig geschildert. Kaum ein Gedanke ist in dem Drama, der nicht in einem Römerkopfe gelebt haben könnte — ein Vorzug, welchen das Stück selbst vor Shakespeare's Coriolan voraus hat, und welchen es dem weiten Gesichtskreise, der reichen historischen Bildung unserer Tage verdankt. Auch die Liebesgeschichte kann nur Denen allzu modern scheinen, die von jeder Römerin das Wesen einer Porcia erwarten und nicht glauben wollen, daß Gefühl und Sprache der Liebe ein den geistreichen Völkern aller Zeiten gemeinsamer Schatz sind. Die Diction löst mit Glück die schwere Aufgabe, den Laconismus der Römersprache mit den Anforderungen der Kunst zu versöhnen; nur an wenigen Stellen wird die Knappheit der Rede unschön oder tritt dem gewaltigen Ergusse der Leidenschaft hemmend in den Weg. Die Composition ist ein streng geschlossener Bau, im ersten Acte jedoch hat die Virtuosität des Dichters im Ausmalen kleiner heiterer Züge ihn zu undramatischer Breite verführt. Durch den Raum gezwungen, auf eine nähere Betrachtung der Schönheiten des Werkes zu verzichten, müssen wir uns mit der leichteren Arbeit begnügen, einige Bedenken auszusprechen. Der Tod der Fabier an der Cremera wird dargestellt als eine große Sühne für den Mord des Tribunen Sicanius, welche der Consul Kaeso Fabius seinem entarteten Geschlechte auferlegt. Vielleicht ist die behagliche Breite der Exposition daran schuld, daß jener gräuliche Mord uns unerwartet, ja unglaublich erscheint. Von diesen trotzigen, übermüthigen, doch immerhin kühnen und adeligen Patriciern, deren keckes Gebahren der erste Act uns enthüllt, versehen wir uns jeder wilden, verwegenen That; aber eines Meuchelmordes in hellem Haufen, eines Frevels, feiger noch als ruchlos? — Nimmermehr. Nach dieser Scene freilich ist eine Täuschung über das Wesen der Fabier nicht mehr möglich; das Blut übt seine unheimlich berauschende Macht, von jetzt an sind sie wirklich „die Wölfe Roms" Schwerer und sicher jedem Leser fühlbar ist ein Mißgriff zu Ende des Stückes. Als die Fabier dem sicheren Tode entgegengezogen, als der erschreckte Senat sich bereit erklärt, dem Volke das Recht der Ehe zu bewilligen, da kommt die Kunde, daß des Spurius Sohn den Fabiern nachgeeilt ist, und Spurius, der mannhafte Vertheidiger der Volksrechte, versäumt es, die Gabe anzunehmen; fassungslos stürmt er fort, den Sohn zu retten. Man hat dem Dichter schweres Unrecht gethan, wenn man meinte, in dieser Stelle offenbare sich sein, in der Stille des Herzens den Plebejern abgeneigtes, aristokratisches Wesen. Dieser Vorwurf scheint uns eben so sonderbar, wie die seiner Zeit ausgesprochene Behauptung, Freytag's letztes Lustspiel sei eine Persiflage des Journalistenwesens. Das Trauerspiel ist vielmehr das strengste Verdammungsurtheil gegen das Junkerthum, und von aristokratischen Neigungen enthält es nichts weiter, als jene, beinahe allen Künstlern eigenthümliche, wo nicht gar nothwendige Empfänglichkeit für den ästhetischen Reiz der vornehmen Art. Sollen

wir die niedrige Mordthat der Patricier auch nur erträglich finden, so
war es nothwendig, daß auch die Hände der Plebejer nicht schuldlos sind.
Sicanius ist ein Halbblut also von jenem Stoffe, woraus nach der alten
Meinung die Demagogen sich von selber bilden, und auch Spurius „heischt
für sich selber, Andere nennend“. Trotzdem sind sie den Fabiern sittlich
überlegen, denn sie kämpfen für „milde Sitten und ein menschlich Recht“,
und Spurius zeigt im Grunde nur das Gleichgewicht von Eigennutz und
Gemeinsinn, welches die derbe Grundlage bildet für das tüchtige politische
Schaffen. Somit scheint jene Scene nicht aus einer Abneigung des Dich=
ters gegen die Demokratie zu erklären, und noch weniger können wir
glauben, die Furcht, mit der Chronologie in Widerspruch zu gerathen,
habe hier den Dichter bestimmt, ihn, der seine Stellung zur Geschichte
so klar und sicher ermessen hat. Gleichviel — ein Mißgriff bleibt es.
Mit diesem einen Zuge wird der Charakter des Spurius dunkel und
unbegreiflich. Er, das Urbild römischer Bauernkraft, der dem Drohen
der Gefahr sein gleichmuthiges: „Hülfe lebt für Alles“ entgegenstellt —
er sollte sein Spiel verloren geben in dem Augenblicke, wo er nur die
Toga zu entfalten braucht, um die reife Frucht aufzufangen? Ja, mit
dieser einen Scene wird der versöhnende Abschluß des Dramas unmöglich,
die Idee des Stückes fällt zu Boden. Allerdings, jene vollkommene Ver=
söhnung, welche die ästhetische Doctrin zu fordern pflegt, ist in einer
vollendeten Tragödie weder vorhanden — wofür es genügen mag, noch=
mals auf Coriolan zu verweisen — noch darf sie von ihr gefordert
werden. Aber wir haben hier keine Charaktertragödie vor uns, welche
mit der Sühne der individuellen Schuld schließt, sondern ein historisches
Drama im strengsten Sinne, das nur mit dem Siege der historischen
Idee, um welche gekämpft wird, zum Abschlusse kommen darf. Kaeso
Fabius freilich wähnt, der Tod der Mörder werde die Manen des
Tribunen versöhnen, aber die Wahrheit liegt in Spurius' Worten·

> Das Recht der Ehe wird der theure Preis,
> Um den ein Volk des Todten Blut verzeiht.

Die Schlußworte laden uns selbst zum Ausblicke in die Zukunft ein. Wie
nun, wenn der gerettete Quintus Fabius, „heim wandelt und schwer
wird“, wenn eine neue arge Wolfsbrut ersteht und das unsittliche ver=
lebte Recht den alten Hader ewig neu gebiert? Der große Consul trägt
schwere Verschuldung; wider Willen hat er den Trotz seines Geschlechtes
groß gezogen, und als er das Beil auf das Haupt des Sohnes zückte,
ist seine Größe zu unmenschlicher Höhe gestiegen; aber der Kern seiner
Schuld liegt doch in seinem Ankämpfen gegen die Idee freier Menschen=
sitte, und nur, wenn diese Idee vollkommen siegt, können wir den Unter=
gang dieses Herrlichen mit Erhebung betrachten. Damit war es sehr
wohl vereinbar, daß der nicht völlig reine Vorkämpfer der Freiheit,
Spurius, die Früchte seines Thuns nicht selbst genießen darf. — Der
Antiquar wird oft Livianische Klänge aus diesen Jamben heraushören,
dem schlichten Leser werden sie rein menschliche Freude gewähren. Die
Kämpfe, welche sie darstellen, sind tief begründet in der Natur mensch=

licher Gemeinwesen und wiederholen sich ewig unter ewig neuen Formen. Mögen unsere Bühnen den hohen Anforderungen, welche das schöne Werk ihnen stellt, einigermaaßen gerecht werden. H. v. T.

Aus dem Jahre 1860.

Nr. 12.

Kleist, Heinrichs v., Briefe an seine Schwester Ulrike. Herausgegeben von Dr. A. Koberstein. Berlin 1860.[*]

Wir stehen den Sammlungen vertrauter Briefe, welche jetzt so häufig veröffentlicht werden — bekennen wir es aufrichtig — mit einer sehr ketzerischen Meinung gegenüber. Wir haben uns nie des Gedankens erwehren können, daß damit dem Briefschreiber ein schweres Unrecht geschieht. Wie selten wird ein Brief auch nur von dem Empfänger recht verstanden. Nun gar eine Briefsammlung giebt, je schöner, je mehr Kinder des Augenblicks die Briefe sind, desto mehr nur ein Zerrbild von dem Charakter des Verfassers; auch ein fester, aufrechter Mann erscheint so als willenlos abhängig von den Stimmungen und Erlebnissen des Tages. Freilich sind diese Klagen in den Wind gesprochen. Diese Unsitte solcher Publicationen hat bereits so sehr überhand genommen, daß nur noch der Wunsch übrig bleibt: sollen wir einmal vertraut gemacht werden mit dem Privatleben unserer literarischen Größen, so geschehe es mindestens vollständig, damit die Menge der Documente einigermaaßen ihre Zweideutigkeit aufwiege. In diesem Sinne hat der Herausgeber der vorliegenden Sammlung großen Anspruch auf den Dank des Publicums; diese Briefe werfen auf vieles, was die lückenhaften Publicationen von Tieck und Bülow im Dunkeln gelassen, helles Licht und gewähren einen erschütternden Einblick in die Kämpfe einer reichbegabten, schwer geprüften Menschenseele. — Was sich schon aus dem trockenen, doctrinären Tone der Briefe Kleist's an seine Braut errathen ließ, das wird durch die Briefe an Ulrike vollkommen klar: des Dichters Herz ist bei seinem Verlöbniß nur wenig betheiligt gewesen. Dennoch hat Heinrich v. Kleist jenes Glück genossen, dessen jeder Mann von seinem Gefühle bedarf: in seiner Schwester Ulrike fand er eine Freundin, deren Bild, mit allem, was groß und edel an ihm war, eng verbündet, in allen schönen Stunden vor seiner Seele stand. „Lieber die Gunst der ganzen Welt verscherzt, als die Deinige ... mein großes Mädchen ... Wenn ich in Deinen Augen Nichts mehr werth bin, so bin ich wirklich Nichts mehr werth". Von Ulriken's Hand bietet die Sammlung zwar nur ein schönes, stolzes Schreiben, das sie an den General Clarke richtete, um den Bruder aus der Gefangenschaft zu befreien; aber Heinrich's Briefe zeigen auf jeder Seite, wie viel sie für ihn gethan und gelitten und wie viel sie dem leidenschaftlich Unstäten zu vergeben hatte. Die mitgetheilte Correspondenz beginnt im Jahre 1795 und schließt, nach mehrfacher Unterbrechung, unmittelbar vor Kleist's Tode. Die ersten Briefe sind in der etwas pedantischen Redeweise abgefaßt,

---

[*] [A. a. O., Nummer vom 26. Januar 1860, Sp. 52.]

welche jenem unreifen Alter natürlich ist. Damals schreibt Kleist — noch stolz auf den kühnen Schritt, daß er dem Soldatenhandwerke Lebewohl gesagt, um die Laufbahn des Gelehrten zu betreten — er würde den unwürdigen Zustand, ohne Lebensplan zu leben, nicht ertragen, und wenige Jahre darauf muß er der Schwester gestehen, er habe den Beschluß, sein Zimmer nicht zu verlassen, bevor er über seinen Lebensplan in's Klare gekommen, nicht durchführen können. Bald wird ihm das gelehrte Treiben widerwärtig, er sagt darüber das treffende Wort: „diese Menschen sitzen sämmtlich wie die Raupe auf einem Blatte, jeder glaubt, seines sei das beste, und um den Baum kümmern sie sich nicht". Kleist hat sich in seiner Jugend vorwiegend mit mathematischen Wissenschaften beschäftigt; noch später findet er Karlsruhe „klar und lichtvoll wie eine Regel", und auch sein Glaube, daß die Musik die Grundlage aller Künste sei, mag mit diesem Bildungsgange zusammenhängen. — Seit der Reise nach Paris im Jahre 1801 wird die Unruhe seines Herzens immer qualvoller. Völlig gelöst wird das Räthsel jener furchtbaren Seelenkämpfe auch durch diese Briefe nicht; nur so viel ist klar: der geheime Zweifel an seinem dichterischen Berufe, das wiederholte Scheitern der Arbeit an Robert Guiscard bildet den Mittelpunkt dieser Leiden. Bald erhebt er sich in freudigem Dichterstolze: „Und ich schwöre Euch", schreibt er, als Kotzebue's Freimüthiger die Familie Schroffenstein gepriesen hatte, „daß ich noch viel mehr weiß, als dieser alberne Kauz, der Kotzebue. Aber ich muß Zeit haben, Zeit muß ich haben, o ihr Erinnyen mit Eurer Liebe!" Bald wieder versinkt er in die tiefste Verzweiflung, als das Gedicht, das er wie ein unseliges Geheimniß nicht einmal zu nennen wagt, immer nicht gelingen will: „Die Hölle gab mir meine halben Talente, der Himmel schenkt dem Menschen ein ganzes oder gar keines.... Ich bin nicht, was die Menschen von mir halten, mich drücken ihre Erwartungen". In vollem Maaße kostet er die Pein, die so manche „vielversprechende" Menschen zu Grunde richtet. Und wie in seinen Gedichten einzelne Metaphern und Redewendungen immer wiederkehren, so wiederholen sich in diesen Briefen einzelne Gedanken, die er mit denselben Worten jahrelang vorher oder nachher an seine Braut geschrieben. Dazwischen überkommen ihn offenbare Anfälle von Geistesstörung; von einem solchen giebt der furchtbare Brief Kunde, welcher der Sammlung im Facsimile beiliegt. Als er nach langer Irrfahrt nach Berlin zurückkehrt, wird ihm von dem Philisterthume des altpreußischen Beamtenstaates das Unvergängliche seines Wirkens ebenso sehr verübelt wie seine krankhaften Verirrungen. Der allmächtige Köckeritz sagt ihm: „ich hätte das Militär verlassen, dem Civil den Rücken gekehrt, das Ausland durchstreift, mich in der Schweiz ankaufen wollen, Versche gemacht (o meine theure Ulrike!)" u. s. w. Und diesem Menschen muß Heinrich Kleist das schwere Geständniß machen, manche seiner Schritte „gehörten vor das Forum des Arztes weit eher als des Cabinets". Sie sind sehr traurig, diese Briefe; auch in den heitersten redet Kleist fast immer von der Zukunft, ein sicheres Zeichen, daß die Freude des Augenblicks ihm fehlte. Endlich athmen wir freier auf, wir fühlen, daß ein frischerer Geist in diese zerriſſene **Bruſt** einzieht, ſobald das Unglück des Vaterlandes ihrem Schmerze einen poſitiven Gegenſtand giebt. Wie gewaltig regt ſich ſein preußiſcher Stolz: „vierzigtauſend Mann auf dem Schlachtfelde, und doch kein Sieg. Es iſt entſetzlich ..... Menſchen von unſerer Art ſollten immer nur an die **Welt** denken". Und wie unter dem Drucke der eiſernen Zeit ſeine Muſe zu froherem Leben **erwacht**, ſo findet er auch **die Men**ſchen „reicher und wärmer, ihre Anſicht von der **Welt** großherziger". **Die** froheſten und geſundeſten ſeiner Briefe ſind **in dem** Elende der franzöſiſchen Kriegsgefangenſchaft geſchrieben. Es folgen noch **einige** hoffnungsvolle Schreiben, die während des verhältnißmäßig glücklichen Aufenthaltes in Dresden 1807—1809 entſtanden ſind. Ein letzter **Brief, unmittelbar** vor Kleiſt's Tode, wünſcht der Schweſter: „möge Dir der Himmel einen **Tod** ſchenken, nur halb an Freude und unausſprechlicher Heiterkeit dem meinigen gleich". Ueber die Beweggründe der kläglichen That erhalten wir keinen neuen Aufſchluß. Uns ſcheint noch immer wahrſcheinlich, daß eine ganze Reihe von Motiven, der alte Lebensüberdruß, die Verzweiflung am Vaterlande, die gemeine Noth des täglichen Lebens, endlich der Kummer über das Fehlſchlagen ſeines liebſten Lebensplanes, zuſammengewirkt haben, um den ſchrecklichen Gedanken zur Reiſe zu bringen. Der Jammer der kleinen wirthſchaftlichen Sorgen ſpielt in dieſem Briefwechſel eine ſehr große Rolle, und unwillkürlich kommen wir auf die Vermuthung, welche auch Dahlmann in ſeinem ſchönen, von Jul. Schmidt mitgetheilten Aufſatze andeutet: „eine leidliche Wendung ſeiner materiellen Lage hätte vielleicht hingereicht, den Untergang des Dichters zu verhindern". Dies gequälte Herz, deſſen Nothrufe uns aus dieſen Briefen entgegenhallen, beſaß Kraft genug, inmitten ſchwerer Leiden Unſterbliches zu ſchaffen, und ſelbſt die Krankheiten dieſes Geiſtes, das einſiedleriſche Grübeln, das wiederholte Umherwälzen der Gedanken, ſind eng, ja untrennbar verbunden mit ſeinen edelſten Künſtlertugenden. Wo uns das Räthſel alles Lebens ſo wunderbar nahe tritt, da kann nur ein Pedant rund und nett ein Urtheil fällen. Wir wiſſen kein beſſeres Epigramm auf den Dichter, als das wehmüthige Wort, welches die Prinzeſſin von Oranien über ſein Ebenbild ſagt:

O was iſt Menſchengröße, Menſchenruhm! —

Niemand hat dem unglücklichen Dichter ſo nahe geſtanden wie ſeine Schweſter; kein Wunder, daß die Briefe an ſie das werthvollſte Selbſtbekenntniß bilden, welches wir von ſeiner Hand beſitzen. — Der Herausgeber hat ſich damit begnügt, einige erläuternde Anmerkungen zu geben und in einer kurzen, lichtvollen Einleitung auf den pſychologiſchen Zuſammenhang der Briefe und die darin enthaltenen neuen Thatſachen hinzuweiſen. Für die Umſicht und Sorgfalt dieſer Bemerkungen bürgt Koberſtein's bewährter Name. Die Verlagshandlung hat das traurige und doch ſo reiche Geſchenk, das ſie der Leſewelt bietet, würdig ausgeſtattet.

H. v. T.

Nr. 13.

Reuchlin, Dr. Herm., Geschichte Italiens von der Gründung der regierenden Dynastien bis zur Gegenwart. 1. Thl. Bis zum Jahr 1848. Leipzig 1859. — A. u. d. T.: Staatengeschichte der neuesten Zeit. Herausgegeben von Carl Biedermann. 3. Band.*)

Als dritter Band der Staatengeschichte der neuesten Zeit, welche mit Rochau's „Geschichte von Frankreich" so glücklich begonnen hat, folgt eine Geschichte Italiens. Sie ist zwar in Anlage und Ausführung von Rochau's Arbeit sehr verschieden, aber nicht minder tüchtig. Während Rochau mit journalistischer Gewandtheit die Ereignisse, in zeitlicher Folge geordnet, erzählt und mit kurzer Andeutung seines sicheren, klaren Urtheils ausstattet, führt uns Reuchlin die Zustände und Verhältnisse in einer Masse von Einzelnheiten vor, macht uns bald auf die provinziellen Eigenthümlichkeiten, bald auf die persönlichen Einflüsse und auf die diplomatischen Verwicklungen aufmerksam und beleuchtet die Dinge durch schlagende Bemerkungen, durch charakteristische Anekdoten, treffende Vergleichungen und Witzwörter. Der Verfasser kennt Italien aus eigener Anschauung, er hat ein tieferes Interesse an dem Volke und seinem politischen Geschicke gewonnen, er betrachtet seine Geschichte mit dem Mitgefühle eines Deutschen, ähnlicher Bestrebungen, Ziele, Hemmungen und Verirrungen des eigenen Volkes eingedenk, er hat sich mit der historischen und politischen Literatur des neueren Italiens vertraut gemacht und wohl auch durch persönlichen Verkehr von mithandelnden Zeitgenossen mündliche Aufklärungen erhalten und sich auf diese Weise wohl vorbereitet seiner Aufgabe unterzogen. Es ist ihm daher auch gelungen, dieselbe befriedigend zu lösen, indem er ein anschauliches, in's Einzelne ausgeführtes Bild des neueren Italiens gegeben hat, wie wir noch keines in der deutschen Literatur besaßen. Der größere Theil des vorliegenden ersten Bandes ist einleitende Vorgeschichte, welche den Zweck hat, die Entstehung der Zustände zu erklären, aus welchen die neuere nationale Bewegung hervorging. Besondere Aufmerksamkeit verdient Abschnitt V: „Italienisches Volk, Land und Regiment seit 1825". Wir lernen hier das österreichische Regiment in der Lombardei nach seinen Mißgriffen und Verdiensten näher kennen, sehen die Herzogthümer Modena und Parma in ihrer Abhängigkeit von dem österreichischen Systeme, bekommen ein Bild von den Uebelständen, an denen der Kirchenstaat durch seine Clerusregierung unheilbar krankt, erfahren, was in Neapel alles geschehen ist, um Volk und Regierung herunter zu bringen. Mit Vorliebe wird Piemont und Sicilien behandelt, besonders das letztere, dessen Volk der Verfasser an Begabung und politischer Ausdauer unter allen Italienern am höchsten stellt, und dem er gar gern die Losreißung und Befreiung von Neapel gönnen möchte. Dem statistischen Abschnitte folgt eine kurze Geschichte der Revolutionen von 1820 und 1821 und der darauf folgenden Reaction, welche die Mißstände und den Haß gegen Oesterreich vollends zur Reife brachte, der nur in Vertreibung der Oesterreicher das Heilmittel für

---

*) [A. a. O., vom 11. Februar, Sp. 83.]

Italien sieht. Mit dem Anfange der nationalen Bewegung des Jahres 1846 beginnt die eigentliche Erzählung, welche bis Januar 1848 geht und im zweiten Bande fortgesetzt werden soll. Es ist in der vorliegenden Darstellung ein großer Reichthum von Anschauungen und geschichtlichen Thatsachen zusammengedrängt, ein lebendiger, drastischer Ausdruck belebt den Stoff, ein gesundes, unbefangenes, politisches Urtheil durchdringt das Ganze und giebt uns manchen willkommenen Fingerzeig zur richtigen Auffassung der italienischen Frage. Weniger befriedigt die Anordnung, Gruppirung und die stilistische Form, die von Nachlässigkeiten des Aus= drucks, schiefen Bildern und Provinzialismen nicht frei ist. Auch ver= missen wir an entscheidenden Wendepunkten der Geschichte klare Ueber= blicke der politischen Lage, Hervorhebung der Resultate und Aufgaben. Der Verfasser ist, wie uns scheint, zu bescheiden oder zu vorsichtig, um aus seinen Thatsachen das Facit zu ziehen, er läßt das Ergebniß seine Leser oft nur zwischen den Zeilen lesen oder verdeckt es sogar durch Be= merkungen in anderem Sinne. Namentlich beobachtet er Oesterreich gegen= über eine große Zurückhaltung. Die Thatsachen, die er zusammenstellt, zeigen recht einleuchtend, wie verderblich die österreichische Politik für Italien gewesen ist, wie sie in Piemont, Toscana, Neapel und im Kirchen= staate einen höchst schädlichen Einfluß geübt hat, und wie berechtigt daher der Haß des Volkes gegen Oesterreich ist. Aber der Verfasser hütet sich, dieses Resultat seiner Darstellung offen auszusprechen und sich in Erörterungen über die Ursachen der italienischen Zerrüttung, über die Mittel und Wege der Abhülfe einzulassen. Er wollte objectiv und un= parteiisch erscheinen und seine Geschichte nicht für eine Parteischrift gegen Oesterreich angesehen wissen. Wir zweifeln aber, ob man diese Ent= haltsamkeit in Oesterreich sehr danken und seine Geschichte als eine un= parteiische wird gelten lassen, eher wird man einen versteckten Anhänger Cavour's in ihm ahnen. Wir sind überzeugt, daß ein dem Leser ent= gegenkommendes Hervorheben der Ergebnisse und zusammenfassende Be= trachtungen der gründlichen und an politischen Lehren sehr reichen Arbeit Reuchlin's sehr zu Statten kommen würden, und hoffen, er werde in dem zweiten Bande das Versäumte nachholen und mit seiner politischen Ansicht weniger hinter dem Berge halten.

Nr. 14.

Freytag, Gustav, Bilder aus der deutschen Vergangenheit. 2 Thle. Leipzig 1859.*)

Wie der historische Sinn überhaupt, so ist insbesondere die Neigung für die Culturgeschichte unseres Volkes in jüngster Zeit gewachsen. Freilich, wie grundverschiedene Dinge werden unter diesem Namen begriffen! Die Einen denken groß von ihrer Aufgabe, sie suchen den Ideengehalt der Geschichte zu begreifen, sie wollen das Werden unseres nationalen Cha= rakters verstehen, das Bleibende, die geistigen Mächte aus dem ver= wirrenden Getümmel historischer Thatsachen herausfinden, und sie wagen

*) [A. a. O., vom 5. Mai, Sp. 273.]

schon die kühne Frage nach den Gründen der Ereignisse. Dabei laufen
sie Gefahr, das Lebendige in der Geschichte zu verkennen, die Menschen
ihrer Persönlichkeit zu entkleiden und lediglich die willenlosen Träger von
Ideen in ihnen zu erblicken, ja sogar die Geschichte willkürlich zu construiren. Die Anderen versenken sich mit emsigem Sammlerfleiße in alle
Einzelheiten des Privatlebens unserer Altvordern; jede Tracht, jedes
Sprichwort ist ihnen heilig als ein Denkmal des Volksgemüthes. Doch
leicht vergißt sich über der Fülle der Detailforschung das große Ganze,
leicht entsteht dabei jene bornirte Andacht vor jeder particularistischen
Absonderlichkeit, die wir an vielen culturhistorischen Forschern belächeln.
Schlüsse wie dieser: „weil die Dirnen von Böblingen grüne Röcke tragen,
während die Wölblinger Schönen das Roth für eine kleidsamere Farbe
ansehen, darum kann das deutsche Volk keine einheitliche Staatsverfassung
ertragen" — solche und ähnliche Aeußerungen politischer Unschuld haben
bereits aus den culturgeschichtlichen Schriften den Weg in die Zeitungen
und das große Publicum gefunden. — Und doch wird kein heller Kopf
bezweifeln: jene beiden scheinbar so weit auseinandergehenden wissenschaftlichen Richtungen bilden nur zwei Seiten einer und derselben Aufgabe. In der Geschichte wie in der Kunst ist das Individuelle zugleich
das Allgemeine. Noch klarer oft als in den großen Staatsactionen spiegeln
sich die innersten und entscheidenden Eigenheiten einer Zeit wieder in der
Enge des häuslichen Lebens, in dem Verhältnisse von Mann und Weib,
in den stillen Kämpfen eines einsamen Herzens. Gustav Freytag hat
diese zwiefache Aufgabe geistvoll begriffen. Er giebt uns zunächst Aufzeichnungen von Privatleuten aus dem 15. bis zum Schlusse des 17. Jahrhunderts, welche für die Gesittung der Zeit bezeichnend sind. Diese
Memoiren, Briefwechsel und ähnliche Schilderungen von Selbsterlebtem
sind zwar zum größten Theile längst veröffentlicht, des Ungedruckten ist
nur wenig in der Sammlung. Aber die Auswahl ist nicht nur geschmack-
voll, sondern im höchsten Grade charakteristisch und zeugt von umfassender
Gelehrsamkeit. Und rechte Bedeutung erhalten die Urkunden erst durch
des Herausgebers eigene Zuthat, die er fälschlich selbst „anspruchslose
Erklärung" nennt. Vielmehr ist das Buch ein werthvoller Beitrag zur
Lösung der von ihm der Historik gestellten Aufgabe: „das Göttliche in
der Geschichte zu erkennen". Freytag versucht, oft in überraschend glücklicher Weise, den geistigen Gehalt der Geschichte zu heben, und unterbricht diese Darstellung durch Detailschilderungen von einer Wärme und
Anschaulichkeit, die sich von dem Verfasser von „Soll und Haben" erwarten ließ, oder durch Charakterzeichnungen einzelner großer Männer.
Von den letzteren hat uns die Charakteristik Gustav Adolf's besonders
erfreut, während in der Schilderung Luther's allerdings des Wahren und
Schönen viel enthalten ist, aber das Dämonische des Helden nicht gewaltig genug hervortritt. Die Wahl der Aufzeichnungen verräth überall
die Hand des Dichters; so sind die Briefe der Frankfurter Patricier-
braut nicht blos historisch bezeichnend, sondern ästhetisch fesselnd. Wenn
es erlaubt ist, an ein Werk, das sich selbst nur als eine Sammlung von
Bildern giebt, die Forderung der Vollständigkeit zu stellen, so vermissen

wir ungern ein Bild aus der Geschichte des deutschen Ordens in Preußen, der mit seinem Janusgesichte den Uebergang aus dem Mittelalter in hellere Tage so wunderbar deutlich bezeichnet. Andererseits scheint uns der Schlußabschnitt über den lustigen Wasunger Krieg schon über das Gebiet des Buches hinauszugreifen; er allein reicht nicht aus, dem unkundigen Leser ein Bild des 18. Jahrhunderts zu geben. Dagegen ist es gerechtfertigt, daß der Darstellung des dreißigjährigen Krieges, dessen verhängnißvolle Bedeutung für unsere gesammte Cultur noch immer nicht vollständig gewürdigt wird, fast der ganze zweite Band eingeräumt wurde. — Was uns das Buch so lieb macht, ist das warme, allem Großen und Schönen offene Herz, das aus jeder Zeile redet, der tapfere, frohmuthige Sinn, der wieder und wieder hervorhebt, wie stetig und sicher unser Volk aus der Dumpfheit der guten alten Zeit zum Besseren fortgeschritten ist, vor Allem aber der Geist der Versöhnung, der vielleicht sogar einzelne katholische Leser mit der Erkenntniß befreunden wird, daß die Thaten der Reformatoren ein heiliges Gemeingut unserer ganzen Nation bilden. Während der halbwahre Satz, welcher uns als das Muttervolk der Nationen Westeuropas darstellt, nur zu nebelhaften Folgerungen führt, vertritt Freytag die hoffnungsreiche Wahrheit, daß wir das jugendlichste der Culturvölker sind. — Wer in einer solchen Bildersammlung nur ein Werk des Dilettantismus sehen möchte, den verweisen wir nicht nur auf die gründlichen Forschungen, die dem Buche zu Grunde liegen, wir erinnern ihn noch an ein anderes, wie uns däucht, sehr dankenswerthes Verdienst der Schrift. Sie ist eines der seltenen Geschichtswerke, welche von Frauen verstanden und mit Freude gelesen werden können. Das ästhetische Gefühl für Harmonie ist bei den Frauen stärker, als der geschichtliche Sinn; es widersteht ihnen, für ein großes, scheinbar empörendes historisches Räthsel die Lösung erst in späteren Jahrhunderten zu finden. Hier aber sind Schilderungen, deren jede einen gewissen Abschluß hat, und während die Leserinnen sich der anziehenden Bilder erfreuen, versteht es der Erklärer, ihnen allmählich eine Ahnung einzuflößen von dem großen Zusammenhange der historischen Dinge.　　　　　　　　　　　　H. v. T.

Nr. 15.

Geschichte der deutschen Politik unter dem Einflusse des italienischen Krieges. Eine Kritik. Berlin 1860.*)

„Das Jahr 1859 hat uns, als Nation, keinen positiven, aber einen kritischen Gewinn gebracht. Der Moment, wo wir uns als eine Macht in Europa erweisen sollten, hat die volle Unmöglichkeit einer Gesammtverfassung enthüllt, welche mit gleich engem Bande deutsche und undeutsche Interessen verknüpft. ..... Niemand zweifelt mehr daran, daß unsere Zustände ein Provisorium sind". So der Verfasser im Vorworte, und er unternimmt es, diesen kritischen Gewinn einzubringen, das Unzweifelhafte herauszufinden aus dem Gewirr widerstrebender Meinungen und Gefühle, welche vor einem Jahre Deutschland erfüllten. Wenn einst

* [A. a. O., vom 2. Juni, Sp. 339.]
v. Treitschke, Aufsätze. IV.　　　　　　　　34

Lessing nur eine zeitgenössische Geschichte als ein wahres Geschichtswerk
gelten lassen wollte, so konnte ein solches Wort freilich nur gesprochen
werden in einer Zeit, wo unsere Gelehrten leidlos und freudlos dem Lärm
des politischen Lebens aus ihrem einsamen Stübchen zusahen. Heute ist
man umgekehrt mit Unrecht geneigt, in jeder Darstellung der Zeitgeschichte
ein Werk des Parteigeistes zu erblicken. Der Verfasser verleugnet zwar
seine Parteistellung nicht, er folgt **aber im Ganzen** der Richtung, welche
in der Presse die „Preußischen Jahrbücher" **vertreten.** Aber seine Kritik
ist so unbefangen als möglich, sein Buch **ohne** Frage die werthvollste
Schrift über das Thema, welches es behandelt; es hat mehr als ephemere
Bedeutung. Die Schrift wird eröffnet durch **eine** Darstellung der Ursachen des italienischen Krieges, die mit Recht sehr **weit** zurück verfolgt
werden. Daran schließt sich die Erklärung der Bedeutung des Krieges
für Deutschland und die Schilderung der von Preußen und vom Bunde
befolgten Politik. Den Schluß bildet der Abschnitt „die Nationalfrage,
Vergangenheit und Zukunft", ein Rückblick auf die Pläne von 1848 und
die preußische Unionspolitik und ein Ueberblick über die Verwicklungen
des Moments. Hier verfährt der Verfasser im besten Sinne „kritisch";
die verschiedenen Wege, welche sich Preußens Unionsbestrebungen boten,
werden so scharfsinnig und überzeugend dargelegt, daß jeder Leser — ob
Freund, ob Gegner Preußens — beistimmen kann. Seit Rochau's Realpolitik haben wir kein Buch gefunden, das brennende Zeitfragen so sicher,
umsichtig und mannhaft bespricht, wie dieses. Die Schreibweise mit
ihren scharf pointirten Sätzen zeigt, daß der Verfasser sich **die** Methode,
welche Droysen im 2. Bande seiner preußischen Geschichte befolgt, zum
Muster genommen hat.   H. v. T.

Nr. 16.

Tippelskirch, Aug. Wilh. Ferd. v., Ober-Staatsanwalt in Stettin, **Ueber die
alten Parlamente Frankreichs** und deren Einfluß auf die Staatsformen
der Gegenwart. Berlin 1859.*)

Eine **der** zahlreichen, ehrenwerthen Stimmen, welche sich heute, besonders **unter** dem preußischen Juristenstande, gegen das Eindringen
französischer Grundsätze in unsere Verfassungen und unser Rechtswesen
aussprechen. Doch hat der Verfasser bei aller Tüchtigkeit einer streng
rechtlichen Gesinnung weder eine wissenschaftlich werthvolle Schrift geliefert, noch seinen guten Zweck erreicht, „zu zeigen, daß die französische
Justizverfassung nur die der Revolution vorangegangenen Staatseinrichtungen beseitigen sollte", nicht aber als mustergiltig zu betrachten ist. Um
an dies Ziel zu gelangen, mußte der Verfasser (statt der überflüssigen
Betrachtungen über Frankreichs mittelalterliche Geschichte im Allgemeinen)
genau darstellen das Verhältniß des Parlaments zu den anderen aus der
Curia Regis hervorgegangenen großen Behörden, er mußte sodann eine
kurze Geschichte des Parlaments geben und besonders die nach dem still-
schweigenden Ableben der états généraux gänzlich veränderte Stellung

---

*) [A. a. O., vom 16. Juni, Sp. 380.]

desselben beleuchten. Von alledem enthält die Schrift Einiges, aber so verschwommen und zerstreut, daß nicht einmal das Charakteristische der parlamentarischen Geschichte Frankreichs scharf hervortritt — jene grenzenlose Unsicherheit des Rechts nämlich, welche uns völlig im Dunkel darüber läßt, auf wessen Seite in den Kämpfen zwischen Parlament und Krone das formelle Recht war. Noch weniger läßt sich der Charakter der einzelnen Regierungsperioden aus dieser Schrift klar erkennen, und doch war die parlamentarische Opposition unter Richelieu und Ludwig XIV. einer starken monarchischen Gewalt gegenüber eine ganz andere, als unter Ludwig XV., wo sie zum Werkzeuge höfischer Coterien erniedrigt ward. — Des Verfassers Ansichten über die Wirkungen der Revolution sind zumeist von Tocqueville entlehnt; doch hat er leider neben den großen Wahrheiten des hochverdienten Franzosen auch dessen Irrthümer nachgesprochen. Auch er huldigt dem Aberglauben, daß ein Adel für jeden tüchtigen Staat unentbehrlich sei; auch er meint, die Aristokratie zerstören heiße die Centralisation begründen, während er als Jurist doch wissen sollte, daß ein Stand als solcher in der Monarchie niemals der Träger einer Selbstverwaltung werden darf, niemals anders als im staatsfeindlichen Sinne verwalten kann. Und wie es dem Schüler zu gehen pflegt, er übertreibt die Ansichten seines Meisters, er unterschätzt die Bedeutung der Revolution. Es liegt doch ein sehr guter Kern in dem Glauben der Menge, daß die Revolution ein durchaus neues Zeitalter für Frankreich heraufgeführt habe. Ist es denn ein so Kleines, daß eine Nation, welche (nach den eigenen Worten des Parlaments) unter Ludwig XV. nur aus geschlossenen Corporationen bestand, heute einer unvergleichlichen socialen Freiheit genießt? Die vielverschrieene „Nivellirung der Gesellschaft" ist Frankreichs größtes Glück, und nicht hier sind die Gründe der heutigen Knechtschaft der Franzosen zu suchen. — Ueber die maaßlose Gewalt der Verwaltung in Frankreich sagt Herr v. Tippelskirch vieles Treffende; aber auch hier mußten die großen Verdienste der Revolution um die Einführung logischer Ordnung schärfer hervorgehoben werden. Das conseil d'état gewährt den Rechten des Bürgers der Verwaltung gegenüber allerdings nur eine schwache Garantie, aber doch eine Garantie, welche die deutsche Administrativjustiz nicht kennt. Vergessen wir nicht: wenn unsere Verwaltung an Rechtlichkeit und Billigkeit der französischen unendlich überlegen ist, so verdanken wir dies keineswegs besseren Institutionen, sondern allein den Tugenden unseres Beamtenthums. H. v. T.

Nr. 17.

Gneist, Dr Rud., Prof. der Rechte, das heutige englische Verfassungs= und Verwaltungsrecht. II. Haupttheil: Die Communalverfassung und Communalverwaltung. Berlin 1860. — A. u. d. T.: Die heutige englische Communalverfassung und Communalverwaltung oder das System des Selfgovernment in seiner heutigen Gestalt.*)

Je freudiger wir in diesem Werke eine bleibende Bereicherung der politischen Literatur begrüßen, um so nachdrücklicher müssen wir unser

---

*) [A. a. O., vom 23. Juni, Sp. 393.]

Bedauern aussprechen über die Formlosigkeit und **die** mangelhafte Ueber=
sichtlichkeit der Darstellung. Dieser Band enthält nur die weitere Aus=
führung von 9 Paragraphen des ersten Theiles. Der Stoff ist aller=
dings unendlich wichtig und massenhaft und bisher zum größten Theile
noch gar nicht wissenschaftlich bearbeitet worden; dennoch durften wir
von dem Talente des Verfassers erwarten, daß er das Material gründ=
licher verarbeiten und vergeistigen würde. Da in dem beschränkten Raume
dieses Blattes eine Kritik des Werkes nicht einmal versucht **werden kann,**
so begnügen wir uns, auf seine zwiefache Bedeutung hinzuweisen. Einer=
seits wird die Verwaltung der englischen **Communitäten** zum ersten Male
erschöpfend geschildert und der Grund **der** allmähligen Desorganisation
derselben aufgewiesen. Was Bucher in **seinem** wunderlichen Buche über
den Parlamentarismus zwar ahnte, aber, verblendet durch seine Leiden=
schaftlichkeit und durch den selbstgeschaffenen, unwahren Gegensatz von
statute law und common law, nicht sehen konnte, das wird von Gneist
klar und überzeugend aufgedeckt: der Gegensatz der alten politischen Land=
gentry und der neuen ökonomischen Fabrikgentry, das mit dem Sinken
des Communalsinnes zunehmende Eindringen bureaukratischer Institutionen
in die Verwaltung, die Zersetzung der alten großen Parteien und ihre
Verwandlung in Coterien u. s. w. Andererseits ist das Buch, **das** erst
durch die fortlaufende Vergleichung mit dem deutschen Großstaate ver=
ständlich wird, überreich an zum Theil durchaus neuen, allgemeinen poli=
tischen Wahrheiten. „Selfgovernment heißt in England die Verwaltung
der Kreise und Ortsgemeinden nach den Gesetzen des Landes durch Ehren=
ämter der höheren und Mittelstände mittelst Communalgrundsteuern".
Dieser vielsagende, **wie** ein Refrain immer wiederkehrende Satz wird nach
allen Seiten hin beleuchtet. Es knüpfen sich daran Untersuchungen über
die beiden Vorbedingungen aller Selbstverwaltung und alles verfassungs=
mäßigen Lebens, die Gleichheit des Rechts für alle Stände **und** die
Sicherung der öffentlichen Rechte durch die Gerichte; ferner **über das**
Gleichgewicht von Rechten und Pflichten im Staate, über den sonnen=
klaren und doch so selten begriffenen Unterschied zwischen **der** Incorpo=
ration gesellschaftlicher Interessen und politischen, alle Stände umfassenden
Communitäten; endlich über die der nationalökonomischen Befangenheit
so schwer einleuchtende Nothwendigkeit der persönlichen Dienstpflicht der
Bürger. Besonders scharf **wird der nicht** [nur] wünschenswerthe, sondern
nothwendige **und unvermeidliche Zusammenhang von** Verfassung und Ver=
waltung hervorgehoben. **Daraus** ergeben sich **Consequenzen** für **die** Bil=
dung der Wahlkreise, für **die** Zusammensetzung des Oberhauses, dessen
Kern eine Vertretung der **in** Wahrheit regierenden Classe sein soll, also
in den deutschen Monarchien **eine** Vertretung **nicht** unsers theils un=
politischen, theils staatsfeindlichen Adels, sondern **des** monarchischen Be=
amtenthums. Kurz, kaum **eine** wichtige Frage des inneren Staatslebens
bleibt unberührt. — Mit einer so scharfen und eigenthümlichen Auf=
fassung ist eine gewisse Einseitigkeit der Betrachtung fast unzertrennlich
verbunden. Mit Recht allerdings wünscht Gneist **dem** heutigen England,
daß das Königthum sich **seiner** verfassungsmäßigen Rechte wieder wirklich

bediene. Aber dieser Monarchismus verleitet ihn auch, der englischen Vergangenheit eine monarchische Färbung zu geben, welche sie in Wahrheit nicht hat. Juristisch mag das „tout fut en luy et rient de luy al commencement" auch für die jüngsten Jahrhunderte unanfechtbar sein; historisch ist es doch unzweifelhaft, daß die Mehrzahl jener königlichen Willensäußerungen, auf denen Englands Staat beruht, durch das Volk ertrotzt und erzwungen wurde. Auch auf die Betrachtung der Gegenwart ist der einseitige Monarchismus des Verfassers nicht ohne Einfluß geblieben. Sie ist sehr düster, weit hoffnungsloser, als die Anschauung des ersten Bandes, und vergißt ganz, in wie unlogischen und verkehrten Staatsformen ein tüchtiges Volk sich zurecht finden kann. — Möge es dem Verfasser vergönnt sein, mit dem dritten Bande über das Parlament das Werk zu schließen, und nachher, wenn er das Ganze genau übersieht, an eine gänzliche Umschmelzung des Buches zu gehen. Dann erst wird das bedeutende Werk die Verbreitung finden, die es in vollem Maaße verdient. **H. v. T.**

<hr>

Nr. 18.

Sybel, Heinr. v., Die Erhebung Europas gegen Napoleon I. Drei Vorlesungen, gehalten zu München am 24., 27. und 30. März 1860. München 1860.*)

„Ich wünsche, ein warmes Bild der Gesinnung zu zeichnen, durch welche Europa, durch welche vor Allem unser Vaterland sich aus tiefem Sturze wieder auf die Höhe der Ehren emporschwang". Diese Worte der Vorrede bezeichnen den Zweck der Schrift und die an dieselbe zu stellenden Forderungen. Nicht auf neue Forschungen, auf Enträthselung dunkler Punkte ist es abgesehen, sondern auf eine kurze, prägnante, vor Allem aber erwärmende und ergreifende Darstellung. Natürlich sind die Resultate der neuen Untersuchungen, welche die landläufigen Vorurtheile über die verhängnißvolle Epoche so gründlich beseitigt haben, geschickt verwerthet. Es ist nicht Jedem möglich, die trefflichen Werke, denen wir diese Aufklärung verdanken und von denen doch keines allein die Fragen zu völligem Abschlusse bringt, sämmtlich zu lesen. Um so dringender legen wir es dem großen Publicum an's Herz, sich an diesem Buche zu erfreuen. Denn während manche Schriften v. Sybel's eine allzu kühle Vornehmheit zur Schau tragen, hebt hier der Stoff den Redner. Von dem Feuer jener großen Tage glüht etwas in diesen Vorlesungen, deren erste den Halbinselkrieg behandelt und Wellington als ihren Helden feiert, während die zwei folgenden Kämpfe von 1809 und 1813 schildern und Stadion und Stein in den Mittelpunkt des Bildes stellen. Wir wiederholen, Niemand, der ein Herz hat für die gute Sache, sollte die treffliche Schrift ungelesen lassen. Nur zweierlei vermissen wir: ein etwas genaueres Eingehen auf die geistige Bewegung in Deutschland, die ja doch das Charakteristische unseres Freiheitskrieges bleibt, und eine schärfere Bezeichnung der Stellung Englands zu dem Kampfe. Auch der Kenner

<hr>

*) [A. a. O., vom 7. Juli, Sp. 421.]

wird seine Lust an der Schrift haben; resümirt sie doch eine Kette ver=
wickelter Untersuchungen in ähnlicher geschickter Weise, wie Bernhardi's
neuester Aufsatz in der Historischen Zeitschrift. Hoch erfreulich bleibt es,
daß eine solche Auffassung des Napoleonischen Zeitalters heute in dem
weiland Hauptstaate des Rheinbundes möglich, ja, wie der Verfasser
wohl etwas zu sanguinisch hinzufügt, die einzig mögliche ist.

Nr. 19.

Aegidi, Ludw. Carl, Die Schluß=Acte der Wiener Ministerial=Con=
ferenzen zur Ausbildung und Befestigung des deutschen Bundes. Urkunde,
Geschichte und Commentar. In 4 Liefgn. 1. Liefg. Berlin 1860.*)

Am 25. November 1819 eröffnete der Fürst Metternich die Con=
ferenzen der Minister eines Theiles der deutschen Bundesstaaten, welche
zusammentraten zum Zwecke, sich über die Ansichten ihrer Regierungen
hinsichtlich mehrerer wichtiger Angelegenheiten des deutschen Bundes
„freundschaftlich zu besprechen". Aus dieser Versammlung ging bekanntlich
die Wiener Schluß=Acte, das zweite Grundgesetz des deutschen Bundes,
hervor, da man es später für „unangemessen" und „überflüssig" zu
halten beliebte, daß die Ergebnisse der Conferenzen der Berathung und
Beschlußfassung des zu Recht bestehenden Bundestages unterworfen würden.
Die Actenstücke dieser denkwürdigen Verhandlungen treten jetzt endlich
zum ersten Male in die Oeffentlichkeit, da ein Exemplar der unter die
Mitglieder vertheilten lithographirten Abdrücke aus dem Nachlasse eines
der anwesenden Minister in die Hände des Herrn Professor Aegidi gelangt
ist. In der vorliegenden wie in der demnächst erscheinenden zweiten
Lieferung giebt der Herausgeber die Actenstücke, während die beiden
letzten Hefte die Geschichte und den Commentar der Schlußacte enthalten
werden. Mit Recht hat sich der Herausgeber darauf beschränkt, in dem
ersten Hefte blos den Text mit philologischer Genauigkeit in übersicht=
licher Form wiederzugeben und hier und da eine auf die Wortfassung
bezügliche Anmerkung zuzufügen. Nur an einigen Stellen, wo sein
juristisches Gewissen in gar zu harten Streit geräth mit der diploma=
tischen Behandlung unseres öffentlichen Rechts, macht er eine kurze Be=
merkung über die Rechtsfragen selbst. Wir wollen uns an dieser Zurück=
haltung ein Beispiel nehmen, die Besprechung des Buches bis zu seiner
Vollendung verschieben und für jetzt nur auf die Wichtigkeit der Publi=
cation hinweisen. Wer freilich pikante Enthüllungen von diesen Berichten
erwartet, wird sich getäuscht finden. Aber nicht nur enthalten sie einige
entscheidende Aufklärungen über wichtige Controversen des Bundesrechts
(wie denn die aus der kurhessischen Frage bekannte Aufhebung einer Ver=
fassung im sogenannten „bundesverfassungsmäßigen" Wege nach der Ver=
öffentlichung dieser Acten von keinem ehrlichen Manne mehr vertheidigt
werden kann), sondern es geben auch die Protokolle — wie farblos immer
Friedrich Gentz's gewandte Feder sie dargestellt hat — für jeden, der
zwischen den Zeilen lesen mag, ein anschauliches Bild der politischen

---

*) [A. a. O., vom 8. September, Sp. 566.]

Lage. Sie zeigen Metternich auf dem Gipfel seiner Macht, als fein und taktvoll auftretenden, aber der That nach unumschränkten Dictator unter einer Schaar allerergebenster Jasager. — Der Verleger hat die Anschaffung des nicht blos für den Juristen wichtigen Buches durch die Bestimmung eines ungewöhnlich niedrigen Preises erleichtert.

Nr. 20.

Liebert, Gustav, **Milton**. Studien zur Geschichte des englischen Geistes. Hamburg 1860.*)

Leider ist diese vom löblichsten Sinne eingegebene, und mit liebevollem Fleiße durchgeführte Schrift nicht im Stande, die überaus dankbare Aufgabe wirklich zu lösen, welche der Verfasser sich gestellt hat — die Aufgabe, Milton's oft mit den Lippen bewunderte und doch nur von den Wenigsten wahrhaft verstandene Größe den Deutschen vertraut zu machen und an seinem Beispiele zu zeigen, „wie ein Gelehrter, ein Philosoph, ein Dichter, seine Bürgerpflicht erfüllt". Sogar das Einfachste und wie uns scheint kaum zu Verfehlende, die Schilderung von Milton's Charakter, ist Herrn Liebert nicht völlig gelungen; denn was Milton's Entwicklung von dem Bildungsgange aller anderen großen Dichter durchaus unterscheidet, sein großartiger Gleichmuth, seine Selbstgewißheit von Haus aus, sein Vorwärtsschreiten fast ohne jeden inneren Kampf — dies Alles ist nur leichthin berührt. Noch minder glücklich ist der Verfasser in der Darstellung von Milton's Wirksamkeit als politischer Schriftsteller. Herrn Liebert mangeln offenbar die Kenntnisse, um zu zeigen, wodurch sich Milton's Lehren über die Berechtigung der Revolution unterscheiden von den, dem Wortlaute nach verwandten, dem Geiste nach grundverschiedenen Doctrinen der Jesuiten, und doch ist ohne diesen Gegensatz ein Verstehen der erhabenen Sittlichkeit der puritanischen Staatslehre nicht möglich. In der Schilderung der politischen Zustände der Zeit finden wir zwar zu unserer Freude den Rundköpfen die Gerechtigkeit erwiesen, welche ihnen heute kein heller Kopf mehr versagen sollte, jedoch wir vermissen jene unparteiische Anerkennung, worauf zwar nicht König Carl und seine unmittelbare Umgebung, wohl aber die Partei der Cavaliere vollen Anspruch hat. — Auch die ästhetische Betrachtung, obwohl sie manches gute Wort enthält, erscheint uns ungenügend. Hier gilt es, rückhaltslos wahr zu sein wie der Dichter selbst und ehrlich zu bekennen, daß die Weltanschauung des verlorenen Paradieses nicht blos für unsere Tage unverständlich ist, sondern auch in Milton's eigener Zeit nur eine subjective Wahrheit hatte. Statt dessen erhalten wir pathetische Ergüsse der Bewunderung ohne rechte überzeugende Kraft und viele überfeine Bemerkungen, wie die unglückliche grundfalsche Entdeckung, daß Milton unter seinem Satan — Cromwell gemeint habe. Vortrefflich dagegen ist die Kritik des Samson Agonistes, dessen in England oft verkannte Wahrheit und Größe hier endlich ihre Würdigung findet. — Seltsam gemischt wie der Inhalt, ist auch die Form des Buches; die

*) [A. a. O., vom 15. September 1860, Sp. 577.]

Diction erhebt sich bald zu schwülstigem, phrasenreichem Pathos, bald sinkt sie herab zur Plattheit alltäglicher Redeweise, nur an einzelnen Stellen ist das Gleichmaaß echten historischen Stiles getroffen. — Bei all' seiner Unfertigkeit bleibt das Buch dennoch die beste Schrift über Milton, die wir unseren Landsleuten zu empfehlen wissen. Mindestens giebt sie die Thatsachen ziemlich vollständig und ist begreiflicherweise ganz frei von jenen national-englischen Vorurtheilen, welche Macaulay's bekannten Essay für ungelehrte deutsche Leser zu einer sehr gefährlichen Lectüre machen. ———————— H. v. T.

Nr. 21.

Mill, John Stuart, **Ueber die Freiheit.** Uebersetzt von C. Pickford. Frankfurt a. M. 1860.*)

Es mag Vielen paradox, ja lächerlich klingen, aber es ist unzweifelhaft, daß diese schöne Schrift über die Freiheit nur von einem Briten geschrieben werden konnte, der bei den Deutschen in die Schule gegangen ist. „Der höchste und letzte Zweck jedes Menschen ist die höchste und proportionirlichste Ausbildung seiner Kräfte in ihrer individuellen Eigenthümlichkeit; die nothwendigen Bedingungen der Erreichung derselben: Freiheit des Handelns und Mannigfaltigkeit der Situationen" — diese Worte Wilhelm v. Humboldt's bilden das Motto der Abhandlung, welche sich die Aufgabe stellt, die freie Entwicklung des Einzelnen in ihrer Berechtigung zu zeigen und sie zu schützen vor der Vergewaltigung nicht blos von Seiten der Behörden, sondern auch von Seiten der vorherrschenden Meinung und Anschauungsweise der Gesellschaft. Der oberste Grundsatz freilich, von dem der Verfasser ausgeht, scheint klarer und sicherer als er in Wahrheit ist. „Die einzige Aufgabe, wofür rechtmäßiger Weise gegen irgend ein Mitglied einer gesitteten Gesellschaft Gewalt angewendet werden darf, besteht in der Verhütung einer Benachtheiligung Anderer." Dieser alten Meinung der Mehrzahl der deutschen Naturrechtslehrer wird offenbar die Spitze abgebrochen durch den anderen Satz, daß „zur Betheiligung an irgend einem gemeinsamen Werke, das für das Gedeihen der Gesellschaft, deren Schutz man genießt, unentbehrlich ist", ein Zwang stattfinden dürfe. Aber wer sucht überhaupt in einem englischen Werke allgemeine Grundsätze? Auch Mill's Schrift erhält ihren Werth durch die Anwendungen. Mill gesteht selbst, daß in seinem Lande zwar das Joch des Gesetzes leichter, aber das Joch der Meinung schwerer drücke als in irgend einem anderen Staate Europas, und verficht die innere Freiheit des Menschen, die „Eigenthümlichkeit der Persönlichkeit als eine der Grundbedingungen des menschlichen Wohles". Das Buch ist nicht blos ein Schatz tiefer und guter Gedanken, es ist eine That hohen, sittlichen Muthes, denn es reißt unbarmherzig den Schleier hinweg von dem Grundgebrechen der englischen Gesittung, von jener conventionellen Heuchelei, welche den Deutschen im Innersten empört. Aber auch wir, obwohl uns manche von Mill's Ideen als längst abgethan erscheinen

*) [A. a. O., vom 3. November, Sp. 697.]

mögen, haben unendlich viel zu lernen aus dieser warmen und folge-
richtigen Vertheidigung der Duldung im weitesten Sinne. Wir wollen
nichts weiter von dem Inhalte verrathen, sondern unsere Leser bitten,
sich selbst zu erfrischen an diesem Geiste rücksichtsloser Wahrhaftigkeit und
ausnahmloser Toleranz, welcher allein dem Menschen ein Recht giebt,
sich einen freien Mann zu nennen. Wer es liebt, das stille, geheimniß-
volle Fortwirken der Ideen in der Geschichte zu verfolgen, den machen
wir aufmerksam auf die mannigfachen Anklänge an Milton's Areopagitica,
besonders in dem Capitel über die Gedanken- und Redefreiheit. Die
Uebersetzung ist leider nicht besonders leicht und fließend, ja an einzelnen Stellen sogar unverständlich.

Aus dem Jahre 1861.

Nr. 22.

Arndt, E. M., Geist der Zeit. 4. Aufl. Altona, 1861.*)

Wir glauben nicht, daß das große Publicum von dieser, sicher in
guter Absicht unternommenen Veröffentlichung bedeutenden Vortheil haben
wird. Man muß die Geschichte jener Epoche und mehr noch Arndt's
eigene Bildungsgeschichte schon sehr genau kennen, um diesen ersten Theil
des Geistes der Zeit (geschrieben nach der Schlacht von Austerlitz) zu
würdigen. Ist doch das Buch entstanden in Tagen, da in Arndt selber
eine große innere Umwandlung vor sich ging, da er zurückkam von
seiner tiefen Bewunderung für Napoleon's Genius und von seinen alten
Meinungen wenig mehr übrig behielt, als eine gründliche Verachtung
der übergeistigen Bildung seiner Zeitgenossen. Erst aus dem zweiten
Theile des Buches (vom Jahre 1808) tritt uns der alte Arndt, der in
unserem Volke lebt, klar, fertig, gereift entgegen. Nur der Anfang und
der Schluß dieses ersten Bandes enthält Feuerworte, die auch für uns noch
dauern und gelten. Die Mitte des Buches füllen Betrachtungen über
Völkergeschichte, welche Arndt in den Werken seines Alters weit schöner
und geläuterter wiederholt hat. Eine zwiefache Bemerkung wird sich
dem Leser von selbst aufdrängen: einmal, wie Vieles von dem, was
heute gern als Parteierfindung verdächtigt wird, schon damals von den
helleren Köpfen begriffen ward; sodann, mit wie rastlosem Bildungs-
triebe der herrliche Mann an sich und seinen Meinungen gearbeitet hat.
Das ist es, was unsere Gebildeten noch so wenig gewürdigt haben;
denn unter all' den zahlreichen Biographien, die nach dem Tode des
Alten erschienen, war nur eine, welche seiner werth ist (im 5. Bande
der Preußischen Jahrbücher), und die Mehrzahl der Menschen stellt
Arndt noch immer mit dem alten Jahn in eine Reihe. Darum mag
diesen ersten Band Jeder lesen, der das innere Arbeiten Arndt's verstehen will; als ein Beitrag zur Zeitgeschichte ist der zweite Band ohne
Frage wichtiger.

*) [A. a. O., Nummer vom 5. Januar 1861, Sp. 5.]

Nr. 23.

Klopp, Onno, Der König Friedrich II. von Preußen und die deutsche Nation.
Schaffhausen 1860.*)

Herr **Klopp** hat sich durch den Anfang seiner Geschichte Ostfries-
lands den Ruf eines, wenn auch nicht gründlichen, doch geschickten Historikers erworben. Dies allein bewegt uns, in einem wissenschaftlichen
Blatte dies Buch zu besprechen, das nach Ton und Inhalt sich als das
Werk verbissener Parteileidenschaft ausweist. Der Verfasser will der Ansicht entgegentreten, daß **Friedrich der Große** (denn mit Erlaubniß des
Herrn **Klopp** bedienen wir uns noch immer dieses Beinamens, den die dummen
Deutschen ihrem großen Könige nun einmal **gegeben haben**) — daß **Friedrich
der Große** ein Träger der Ideen des Jahres 1813 gewesen sei. Wir sind
begierig, zu **erfahren**, bei welchem irgend namhaften Historiker Herr Klopp
diese Behauptung gefunden hat. Obgleich aber Herr Klopp gegen eine
unhistorische Auffassung zu Felde ziehen will, hält er es doch für **angemessen**, Friedrich deshalb anzuklagen und zu verurtheilen, weil unsere
heutigen nationalen Begriffe im Jahre 1740 überhaupt nicht, also auch
nicht in Friedrich's Haupte vorhanden waren. Sehen wir näher zu,
so bilden freilich nicht, wie Herr Klopp vorgiebt, die Ideen von 1813,
sondern die Gedanken einer mehrere Jahrhunderte weiter zurückliegenden
Zeit den Maaßstab, womit Friedrich gemessen wird. „Die große kirchliche Spaltung des 16. Jahrhunderts begründete in Deutschland einen
kirchlichen Dualismus, nicht einen politischen." So beginnt das Buch.
Herr Klopp hat schwerlich etwas von dem „heiligen römischen Reiche"
und seiner hierarchischen Verfassung gehört, sonst wäre ihm vielleicht der
Gedanke gekommen, daß ein gewandter Literat sich zwar leicht über die
Logik hinwegsetzen darf, daß es aber gegen den Gebrauch verstößt, **eine**
contradictio in adjecto an den Anfang eines Buches zu stellen. Der
30 jährige Krieg entstand — so werden wir hier belehrt — **weil der**
Kurpfälzer den Plan faßte, Deutschland zu zerstückeln; die Sache **des**
Protestantismus und die Vertheidigung gegen die despotischen Gelüste der
Habsburger **waren nichtiger** Vorwand, wie der große Hurter „ganz
unzweifelhaft" **erwiesen hat**. Auch nach dem Westphälischen Frieden war
Deutschlands Zustand erträglich, wie denn überhaupt nach Herrn Klopp's
Ansicht die Zeitgenossen des 30 jährigen Krieges glücklich zu preisen sind
im Vergleich mit den Unterthanen Friedrich's des Großen. Nur in den
Ahnen Friedrich's zeigen sich, wie man dies oft an den Vorfahren großer
Verbrecher beobachtet hat, **Spuren** sündlicher Regungen, nämlich: eine
erbliche Neigung zum Vatermord oder ähnlichen Dingen (über diesen
Punkt drückt sich Herr Klopp etwas geheimnißvoll aus), ferner ein erbliches
Neutralitätsgelüste, endlich immer wiederkehrende Versuche, dem frommen
Kaiserhause ungehorsam zu sein. Im Ganzen jedoch hatten die Habsburger Ursache, mit den Hohenzollern zufrieden zu sein. Ob die Hohen-
zollern das Gleiche von den Habsburgern sagen konnten, wird leider nicht
näher erörtert; von dem furchtbaren „exoriare aliquis" des großen

---

*) [A. a. O., vom 9. Februar, Sp. 85.]

Kurfürsten weiß Herr Klopp nichts. Da wird Friedrich geboren. „Er allein; er zerspaltete das Reich; er schuf den Dualismus". Von hier an nimmt die Darstellung einen höheren Schwung; Herr Klopp verfällt in den kurzathmigen, spannenden, Mark und Bein durchschauernden Stil jener Criminalgeschichten, welche in den Parterrelocalen mancher Zeitungen ihr gespenstisches Wesen treiben. Natürlich verfällt Friedrich schon als Jüngling in den Erbfehler vatermörderischer Neigungen und geberdet sich so ruchlos, daß sogar ein Grumbkow (den wir unsererseits, bis Herr Klopp uns das Gegentheil bewiesen haben wird, noch immer für einen bestochenen Verräther halten) ihm „die moralische Entrüstung des ehrlichen Mannes" zeigen muß. Nun sehen wir schaudernd den jugendlichen Verbrecher „nach und nach sich lösen von allen Banden, welche den Menschen mit der Menschheit einen". Er wird ungeduldig, „daß sein Vater ihm nicht den Gefallen thun will, zu sterben" (zu diesem Ausdrucke ist der Verfasser vollkommen berechtigt, da Friedrich ihn „mittelbar" (!) sehr deutlich selbst gebraucht). Um die Welt zu täuschen, schreibt er die heuchlerischen Phrasen des Antimacchiavell. Kaum hat er den Thron inne, so steigt „das schwarze Gewölk" der Raubsucht und des Ehrgeizes in ihm auf. Er wendet sich gegen das „Kaiserhaus" (das damals freilich den Kaiserthron nicht inne hatte), obgleich die Habsburger ihn selbst und seine Ahnen mit Wohlthaten überschüttet. Er erobert Schlesien — aus Raubsucht; die Schlesier hatten unter den Habsburgern vollkommene Religionsfreiheit genossen (der Verrath Johann Georg's I., die Thaten der „Seligmacher" und der Empfang Carl's XII. in Schlesien sind natürlich nur Erfindungen?) und fügten sich widerwillig unter das neue Joch. Aber „das böse Gewissen" läßt den Sünder nicht ruhen, er führt den zweiten schlesischen Krieg — aus Raubsucht; die österreichisch-sächsischen Pläne, Preußen zu zerreißen, vom Jahre 1745, bestehen für Herrn Klopp nicht. Er nimmt Ostfriesland — aus Raubsucht; er regiert sein Land elf Jahre lang nach einem „von Grund aus verderblichen Systeme". Dann beginnt er den siebenjährigen Krieg — aus Raubsucht; Beweis: dreiundzwanzig Jahre später (1779) erwägt Friedrich in einem Memoir voll weiser Rathschläge für seine Nachfolger die Frage, welche Gebietserwerbungen für Preußen besonders wünschenswerth seien, und nennt unter diesen auch Sachsen; „mithin" ist der siebenjährige Krieg nach Friedrich's eigenem Geständnisse geführt worden zum Zwecke der Eroberung „des armen Sachsenlandes". Er führte den Krieg ausschließlich gegen Oesterreich, hatte sogar die Frechheit, als seinen Feind „nicht den Kaiser, sondern nur die Königin von Ungarn" zu bezeichnen (merkwürdig nur, daß Kaiser Franz darin völlig mit Friedrich übereinstimmte; er nannte sich selber einen Privatmann am Hofe seiner Gemahlin). Die Franzosen hat Friedrich absichtlich geschont, und es ist nicht wahr, daß er Deutschland vor den Russen beschützt habe, denn sie haben ihm (vermuthlich durch die Occupation Ostpreußens?) im Grunde mehr genützt als geschadet, da sie die Bewegungen der Kaiserlichen hinderten. Nach dem Frieden verfällt der gewerbsmäßige Räuber sonderbarerweise in die erbliche Neutralitätspolitik seines Hauses, was ihn jedoch nicht hindert,

„ein Stück von Polen, das fortan Westpreußen hieß" zu stehlen und den
baierischen Erbfolgekrieg — wieder nur durch sein böses Gewissen getrieben
— zu beginnen. Im Uebrigen ermüdet er sein Volk durch „die lange
Dauer seiner Mißregierung" und macht sein Land „zu einer Brutanstalt
für Soldaten". Daß Friedrich's Heer zum Theil aus Fremden bestand,
wird auf's Bitterste getadelt, und doch der König angeklagt, daß er zuerst
einen deutschen Stamm gegen die anderen in's Feld geführt, während
die Aufrührer der alten Zeit (Bernhard von Weimar u. s. w.) mit fremden
Söldnern gegen den Kaiser zogen. Er verdarb sein Land, indem er
fremdes Gesindel unter dem Namen von Colonisten hereinzog, so daß
nirgends in Deutschland die Bettelei so arg war wie in Brandenburg.
Das Hauptziel seines Lebens war, Deutschland zu zerstückeln und eine
nation Prussienne von Deutschland abzureißen. Die Geschmacklosigkeit und die französische Bildung Friedrich's erfährt die gebührende Ab-
fertigung; das berühmte Wort Goethe's, unsere Literatur habe erst durch
Friedrich einen großen Inhalt empfangen, wird dahin verbessert: unsere
Literatur entwickelte sich ohne Friedrich, also „mittelbar gegen ihn".
Der gesammte Culturzustand des Mannes und seiner Zeit wird mit den
zermalmenden Worten gerichtet: „wie Friedrich's Zeughaus und sein
Schloß in Berlin sich verhalten zu dem Remter in Marienburg, so verhalten sich Friedrich's Ideen zu den Ideen der Zeit der gothischen Bau-
kunst". Zu unserem Bedauern hat Herr Klopp diesen geistvollen Einfall,
den Werth einer Zeit allein nach ihrer Kunst zu messen, nur zur Hälfte
durchgeführt. Wie nun, wenn wir die Dichtkunst in den Vergleich herein-
ziehen und fortfahren: „Friedrich's Gedanken verhalten sich zu denen
des 14. Jahrhunderts wie Lessing's Dichtungen zu den Gedichten des
Teichner und des Suchenwirt?" — Der Leser ist freilich längst erfüllt
von Entsetzen über den ruchlosen Charakter des Helden, dennoch überkommt ihn ein menschliches Mitgefühl, wenn Herr Klopp sich auf den
Richterstuhl setzt und den Angeklagten Friedrich einem regelrechten Kreuz-
verhöre unterwirft. Friedrich spricht sein berühmtes Wort: „so lange
Preußen nicht eine größere Ausdehnung und bessere Grenzen hat" —
da unterbricht ihn Herr Klopp mit der Frage: „aber warum und mit
welchem Rechte durfte der Staat dieses Königs das verlangen?" Auf
diesen tiefsinnigen Einwand vermag Friedrich natürlich nichts zu antworten,
sondern fährt fort: „so lange muß Preußen durch Fürsten regiert werden,
welche . . . . bereit sind, von einem Tage zum anderen sich gegen die verderblichen Pläne ihrer Nachbarn zu vertheidigen". Da schmettert Herr
Klopp den König zu Boden mit den Worten: „d. h. sie anzugreifen,
sobald politische Gründe den Moment ergeben". Endlich, endlich stirbt
der Tyrann, nicht ohne daß Herr Klopp die Vermuthung ausspricht,
seine Naschhaftigkeit habe seinen frühen Tod herbeigeführt. Natürlich
jauchzt das Volk, nur der eine, Feldmarschall Möllendorf, bricht auf die
große Kunde in Thränen aus. Das durch so viel Greuelgeschichten auf-
geregte Gemüth des Lesers muß durch einigen geistlichen Trost beschwichtigt
werden, und Herr Klopp bleibt uns das fabula docet nicht schuldig:
die Hohenzollern sollen sich an Friedrich ein warnendes Beispiel nehmen,

sie sollen begreifen, daß Preußen zu schwach ist, um eine selbstständige Rolle zu spielen, vielmehr die Aufgabe hat, Oesterreich gegen jeden Feind zu vertheidigen. Wozu der Wortschwall? In einer jener ultramontanen Schriften, womit uns der Verlag von Hurter in Schaffhausen und Manz in Regensburg alljährlich beglückt, ist diese tröstliche Wahrheit weit schöner und kürzer in den Worten ausgesprochen: „wenn der Kaiser befiehlt, müssen die Markgrafen folgen". — Leider hat Herr Klopp noch einige Fragen unbeantwortet gelassen, nämlich: 1) wie ist es denkbar, daß der alte Möllendorf, der doch notorisch ein braver Mann war, über den Tod eines solchen Scheusals Thränen vergossen hat? 2) Wie erklärt sich bei einem solchen Charakter die einzige menschliche Regung, welche Herr Klopp so gütig ist, dem großen Friedrich zuzugestehen, die Freund- lichkeit gegen seine Hunde? 3) Herr Klopp hat bewiesen: Friedrich war ruchlos, er war ein Feind Deutschlands, er verstand nichts von der Verwaltung, er mißhandelte sein Volk, er wußte nicht ein gutes Heer zu organisiren, und auch gegen sein Feldherrntalent regen sich erheb- liche Zweifel, wenn wir lesen, mit welcher Befriedigung Herr Klopp das unparteiische Urtheil des Prinzen Heinrich erwähnt, der den König aus der Reihe der Helden des 7jährigen Krieges ausdrücklich aus- schloß. Wohlan, worauf gründet sich denn Friedrich's Ruhm? Woher kommt es, daß wir Deutschen, die wir weder einen überspannten National- stolz noch die Neigung haben, vor falschen Götzen zu knien, von dem Bilde des großen Königs nicht lassen können, nicht lassen wollen? Warum flog das Lied von der Krücke Friedrich's des Großen durch die Reihen der Landwehrmänner, durch die Reihen des „mißhandelten" Volkes? Mag uns der Leser verzeihen, daß wir ihn bei einem solchen Werke so lange aufgehalten: immerhin bleibt es lehrreich, zu sehen, wie der blinde Preußenhaß mit Nothwendigkeit zu einer ultramontanen Auffassung unserer Geschichte führt. Die deutsche Wissenschaft hat an Friedrich noch manches Unrecht zu sühnen: mehr als ein bedeutender Mann hat an seinem Ruhme verloren durch den Versuch, da zu bemänteln und zu vertuschen, wo auch nach dem herbsten Tadel des Bewunderungs- würdigen noch die Fülle bleibt. Aber was wollen solche Verirrungen der Liebe und der Verehrung bedeuten gegen den unnatürlichen Ingrimm, womit Herr Klopp sich befleißigt, das Große und Herrliche unserer Ge- schichte in den Koth zu ziehen? H. v. T.

Nr. 24.

Vischer, Dr. Fr. Theod., Prof., Kritische Gänge. Neue Folge. 1. Heft. Eine Reise. Stuttgart 1860.*)

Der Verfasser hat Ursache, sich über unerhörten Undank zu beklagen. Das große Werk, mit dem er sich jahrelang beschäftigt, hat kaum eine eingehende Beurtheilung gefunden, nur Einzelheiten und Aeußerlichkeiten sind von kleinmeisterlicher Kritik getadelt worden, und das große Publikum ahnt gar nicht, wie viel wir Vischer verdanken. Wir dürfen ohne Ueber-

*) [A. a. O., vom 9. Februar, Sp. 98.]

treibung sagen: in den letzten zehn Jahren ist keine tüchtige Abhandlung über ästhetische Fragen erschienen, deren Verfasser nicht von Vischer gelernt oder — ihn bestohlen hätte. Um so mehr waren wir erfreut, als wir erfuhren, Vischer habe sich entschlossen, wieder populäre Aufsätze herauszugeben; wir hofften, jetzt endlich werde er auch in weiteren Kreisen den Ruhm und Dank finden, den er verlangen darf. Das vorliegende Heft führt jedoch in eine ganz andere Welt. Es giebt die Schilderung einer Reise durch Oesterreich und Oberitalien, welche der Verfasser im letzten Frühlinge in leidenschaftlicher Aufregung unternommen und in gleicher Stimmung beschrieben hat. Der Zweck der Schrift ist ein politischer, sie soll nachweisen, daß wir Deutschen zur Vertheidigung der italienischen Besitzungen Oesterreichs verpflichtet seien, und wir glauben, die österreichisch gesinnte Demokratie hat noch nie ein geschickteres und lebendiger anregendes Buch geschrieben. Bald erzählt der Verfasser von österreichischen Verhältnissen mit rückhaltloser Aufrichtigkeit, bald giebt er politische Bemerkungen voll Grolles gegen Preußens angebliche Schwäche und Treulosigkeit; nur dann und wann ruhen wir aus von der politischen Aufregung und erfreuen uns einer meisterhaften ästhetischen Betrachtung. Ein Urtheil über ein so ganz subjectiv gehaltenes Buch ist, noch dazu in einem nicht politischen Blatte, kaum möglich. — Auch der Gegner wird die Schrift nicht aus der Hand legen ohne Freude darüber, daß die großen Lebensfragen Deutschlands jetzt bereits den „Humanisten“ zur Herzenssache werden, und nicht ohne Bedauern, so wenig übereinstimmen zu können mit einem alten, bewährten Vorkämpfer der Freiheit des Geistes. Wie leidenschaftlich auch der Verfasser seine Meinung verficht, gehässig wird sein Ton nur an Einer Stelle, wo von dem Hochmuthe der Norddeutschen die Rede ist. Referent ist weder Preuße noch stammt er aus jener nördlichen Gegend, wo den Leuten „alle Dinge so entsetzlich klar sind“, er muß jedoch versichern, daß ihm nirgendwo im Vaterlande ein solcher provinzieller Hochmuth begegnet ist, wie in Schwaben. Aber so gewiß wir durch solche persönliche Erfahrungen uns nicht berechtigt glauben zu einem absprechenden Urtheile über die Schwaben, so gewiß sollte ein Mann wie Vischer es unter seiner Würde halten, auch nur ein Wort zu schreiben, das der leidigen Verhetzung unserer Stämme gegen einander Nahrung geben kann. — Die schwierige Aufgabe, so ganz heterogene Dinge, wie politische Bemerkungen, Naturschilderungen, Kunstbetrachtungen, zu einem harmonischen Ganzen zu verschmelzen, ist von dem Verfasser sehr glücklich gelöst. Ueberhaupt hat uns die Form des Buches in unserer Meinung bestärkt: die Tadler von Vischer's Stil wissen nicht was sie sagen. Wo er nicht nöthig hat, wie in der Aesthetik, eine Masse von Bildern und Gedanken in wenig Worte mühsam zusammenzudrängen, wo er sich frei ergehen kann, da schreibt er eine Prosa, deren Klarheit und eindringliche Kraft sich den Werken unserer besten Stilisten an die Seite stellt. — Die folgenden Hefte werden die bekannten Aufsätze über Shakespeare und David Strauß, ferner die „Vernünftigen Gedanken über die Mode“, endlich eine noch nicht veröffentlichte Arbeit über den Hamlet enthalten.

Nr. 25.

Milton's Comus. Ueberfeßt und mit einer erläuternden Abhandlung verfehen von Dr. Imman. Schmidt. Berlin 1860.*)

Der Ueberfeßer hat fich allzu treu an das Original gehalten, fo find manche Härten des Ausdrucks entftanden; und wenn fchon das Original einem deutfchen Lefer keinen ganz reinen Eindruck hinterläßt, weil in diefem Werke Milton's puritanifche Härte noch ganz unvermittelt fteht neben der bezaubernden Innigkeit und Zartheit feiner jugendlichen Empfindung, fo erfcheint in der Ueberfeßung jenes pedantifch-theologifche Element fogar noch ftörender, weil die heiteren Gefänge fich nicht frei und leicht genug davon abheben. Die erläuternde Abhandlung zeigt ein gefundes Urtheil, das nur leider nicht an einer Stelle zufammengefaßt wird, und weift mit großer Gelehrfamkeit die Dichtungen nach, an welche der Comus anklingt — eine fehr fchwierige Arbeit, da der Gelehrtefte aller Dichter es ja verftand, auf jeder Seite Reminiscenzen aus feiner ungeheueren Belefenheit anzubringen und dennoch vollkommen originell zu bleiben. — Wir wünfchten, daß Herr Dr. Schmidt fich einmal an Samfon Agoniftes verfuchen möchte. Wenn er fich dabei hütet, die Versmaaße des Originals genau zu copiren, fo würde ihm ficher eine gute Ueberfeßung gelingen, denn er weiß den Ausdruck des Erhabenen glücklicher zu treffen, als den der Heiterkeit. Ihm gebührt Dank, daß er den vielgenannten, aber in Wahrheit gar nicht gekannten großen Dichter dem deutfchen Publikum nahe zu bringen fucht. Doch er würde diefen Zweck ficherer erreichen, wenn er ein Werk aus Milton's reifem, gefättigtem Alter uns vorführte, als wenn er den unkundigen deutfchen Lefer verwirrt durch dies Jugendwerk, das bei aller Schönheit der Einzelheiten doch den Stempel unfertiger, dualiftifcher Bildung deutlich auf der Stirn trägt.

Nr. 26.

Vifcher, Dr. Fr. Theod., Prof., Kritifche Gänge. Neue Folge. 3. Hft. Stuttgart 1861.**)

Man muß des Verfaffers Bildungsgang in etwas kennen, von dem Zufammenhange feiner Beftrebungen mit denen Friedrich Strauß's und W. Zimmermann's Einiges wiffen, um das fehr ftarke Hervortreten der Subjectivität in diefer neuen Folge der Kritifchen Gänge zu entfchuldigen. Die Auffäße find nicht blos gedacht, fondern erlebt; auf jeder Seite fühlt der Lefer Erinnerungen heraus an Schwaben, an die Tübinger Theologenhändel u. f. f. Daher erlaubt fich auch der Verfaffer, diefen drei kleinen Heften drei Vorreden vorauszufchicken und darin feine Gedanken über „alle Dinge überhaupt" auszufprechen. In dem Vorworte zu diefem dritten Hefte, das mit der Politik durchaus nichts zu thun hat, verfucht er den Zufammenhang feiner politifchen

---

*) [A. a. O., vom 27. Juli, Sp. 486.]

**) [A. a. O., vom 3. Auguft, Sp. 506; vergl. oben Nummer 24.]

und ästhetischen Arbeiten nachzuweisen und kann sich's dabei nicht ver=
sagen, Herrn v. Vincke zu bedauern u. s. f. — Der erste Aufsatz des
Heftes „Friedrich Strauß als Biograph" führt zurück zu der vielgescholtenen
Arbeit, womit Vischer vor Jahren die Kritischen Gänge eröffnete. Wie
damals des Theologen, so wird jetzt des Historikers Schaffen mit vieler
Feinheit analysirt. Der Leser fühlt an dem Tone sehr deutlich, daß
der Freund über den Freund redet; überschätzt aber wird der Beurtheilte
nicht. Am Ausführlichsten natürlich wird Strauß's Hutten besprochen,
und da sich eine Kritik nicht wohl wieder kritisiren läßt, so genüge die
Bemerkung, daß Vischer die politische Katastrophe der Reformations=
geschichte unrichtig aufzufassen scheint. Wir meinen keineswegs, Hutten
habe „genau erkannt" was dem deutschen Staate noththat. Vielmehr,
wie klar er wußte was er nicht wollte, wie unwiderleglich seine Invec=
tiven: so ist doch damals, wie an so vielen anderen Wendepunkten unserer
Geschichte, die deutsche politische Reform daran gescheitert, daß ihren Führern
ein klarer, positiver Plan fehlte. — Der bedeutendste Aufsatz des Heftes
ist der zweite „Vernünftige Gedanken über die jetzige Mode". Es ist
eine Lust, hier denselben übermüthigen, unverwüstlich lustigen Schalk
wiederzufinden, der vor Jahren über die Nazarener die Geißel schwang
und noch immer mit lachendem Munde sehr ernstlich durchdachte Dinge
zu sagen weiß. — Den sehr seltsamen Schluß bildet die Arbeit „zum
zweiten Theile von Goethe's Faust" Der Verfasser giebt den detaillirt
ausgearbeiteten Plan einer Fortsetzung des Faust, so wie sie sich gestaltet
hätte, wenn Goethe jung geblieben wäre und mit dem Kopfe eines ganz
modernen Menschen hätte denken können. Natürlich denkt der Verfasser
nicht daran, den Plan auszuführen, und eben darum genügt es, zu
sagen, daß auch diese wunderliche Arbeit den geistreichen Mann zeigt.
Ein weiteres Wort ist von Ueberfluß, denn es hieße den Verfasser
beleidigen, wollten wir ihm auseinandersetzen, daß in der Kunst die
Ausführung Alles ist, und gerade ein energischer Poet am Wenigsten
an die Fortsetzung eines fremden Werkes denken wird. Vischer selbst
knüpft an diese Arbeit das etwas kleinlaute Geständniß, er sei eine
zwischen Kritik und schaffende Kunst in die Schwebe geworfene Natur.
Die böse Welt aber wird diese Naturanlage keineswegs so gar beklagens=
werth finden, sondern lachend meinen, ohne diesen stillen Drang zu
eigenem Produciren wäre der Verfasser nie ein großer Aesthetiker
geworden.

Nr. 27.

Aegidi, Lud. Carl, Aus dem Jahre 1819. Beitrag zur deutschen Geschichte.
Mit Benutzung ungedruckter Schriftstücke; nebst Beilage, die Registratur über
die geheim gehaltene Abstimmung der Bundesversammlung in der 35. Sitzung
zu § 220 vom 20. September 1819 enthaltend. Hamburg 1861.*)

Ein überaus lehrreicher Beitrag zur Geschichte des deutschen Bundes,
in lebendiger, eindringlicher Darstellung. Aber wie in seinen Aufsätzen

---

*) [A. a. O., vom 10. August, Sp. 513.]

über den deutschen Bund, welche vor einigen Jahren bei ängstlichen Gemüthern so großen Anstoß erregten, so wird auch in diesen Bemerkungen zur geheimen Geschichte der Carlsbader Conferenzen der Verfasser durch eine gewisse Gutmüthigkeit gehindert, ein scharfes und rücksichtslos einschneidendes Urtheil abzugeben. Er faßt seine Ansicht in den Worten zusammen: nicht das Jahr 48, sondern das Jahr 19 sei das „tolle Jahr" des 19. Jahrhunderts gewesen. Wir aber meinen, es zieme dem Historiker nicht, eine Phrase aus dem Lakaienzimmer in den Mund zu nehmen, sei es auch nur, um ein geistreiches Spiel damit zu treiben. Und ein Spiel mit Worten ist es doch, wenn der Verfasser von einem epidemischen Wahnsinne redet, welcher damals die mächtigeren deutschen Regierungen ergriffen habe. Vor Allem ist es nothwendig, das Verfahren der österreichischen Staatsmänner gesondert zu betrachten. Wir haben gleich dem Verfasser von der „überragenden Intelligenz" des Fürsten Metternich keine überschwengliche Meinung und behaupten dennoch: der Fürst wußte in Carlsbad sehr wohl was er wollte, und hätte er seinen Zweck vollkommen erreicht, so hätte sich die österreichische Staatskunst nie eines größeren Triumphs rühmen können. Den Schlüssel zu seinem Verhalten bietet die berühmte Denkschrift von Gentz über landständische Verfassungen. Uebersetzt man nämlich die Phrasen von Revolution u. s. f. in schlichtes Deutsch, so sagt Gentz mit dürren Worten: „Ein Bundestag, welcher nur Fürsten repräsentirt, ist absolut unverträglich mit Bundesstaaten, welche den Worten und der That nach constitutionell regiert werden. Aus diesem Widerspruche führen nur zwei Wege heraus: entweder Oesterreich scheidet aus dem Bunde und die Bundesverfassung wird in constitutionellem Geiste umgestaltet, oder die Verfassungen der Einzelstaaten werden von Bundeswegen umgestoßen". Das ist so wenig „toll", daß wir vielmehr gestehen: keine andere Schrift von Gentz hat uns so klar wie die unverbesserliche Logik dieses Memoirs gezeigt, welch' ein glänzendes, in diesem Falle wahrhaft prophetisches, politisches Talent in Friedrich Gentz unserem Volke verloren ging. Indem Gentz von jenen beiden Auswegen den zweiten vorzog, schlug er freilich dem Geiste des Jahrhunderts und den Bedürfnissen unserer Nation in's Gesicht; aber „toll" war er nicht, denn wer hat Herrn Professor Aegidi anvertraut, daß die österreichische Politik dem Verlangen des deutschen Volkes gerecht werden wollte? Nicht einmal das können wir dem Verfasser zugeben, daß Metternich über die Stimmung der Nation in schwerem Irrthume befangen gewesen sei. Mag ihn immerhin sein Temperament verleitet haben, Einzelnes allzu schwarz zu sehen, im Ganzen beurtheilte er von seinem Standpunkte die Lage richtig. Wir wissen, mit welcher Angst er schon im Jahre 1813 die nationalen Gedanken der preußischen „militärischen Jakobiner", der Blücher und Gneisenau, verfolgte; als nun auf dem Wiener Congresse die preußische Politik kläglich gescheitert war, siehe da, so erhob in populären Bewegungen der nationale Gedanke wiederum sein Haupt und „drohte Vernichtung" zwar nicht „Allem was besteht", wohl aber — was für Metternich ziemlich dasselbe war — dem

Metternich'schen Systeme. Darum mußte Metternich auch in den schüch=
ternsten und unklarsten Handlungen, welche, wie das Wartburgfest, zeigten,
der nationale Geist sei nicht erstorben, nothwendig „revolutionäre“ Acte
sehen. Er wollte Deutschland auf jener Stufe der politischen Bildung
und in jenem Zustande mangelnden nationalen Bewußtseins halten, worin
sein Oesterreich verharren sollte. Deshalb mußte man verhindern, „daß
eine Bundesregierung auf Kosten der anderen glänze oder dem Zeitgeiste
schmeichle“. Es galt, das Schicksal der deutschen Nation festzuketten
an die Politik eines halbdeutschen Mischstaates, und es hat diese Fremd=
herrschaft, wenn auch nur halb durchgeführt, darum so vergiftend gewirkt,
weil es ihr gelang, einen Theil des Volkes zu überreden, sie sei keine
Fremdherrschaft. Ein unmöglicher Plan, ganz gewiß, aber doch eine
keineswegs „tolle“ Staatskunst, welche während eines vollen Menschen=
alters sehr kräftig wuchern konnte, und wir wissen ja aus dem eigenen
Munde ihrer Urheber, daß sie selbst der Politik der kleinen Menschen
und der kleinen Mittel eine längere Dauer nicht zu verheißen wagten.
Diesen springenden Punkt der Carlsbader Verhandlungen hat der Ver=
fasser gar nicht berührt. — Professor Aegidi ist im Besitze geheimer Be=
richte über die Verhandlungen von 1819/20 — wie er zu verstehen
giebt, aus dem Nachlasse eines Bundestagsgesandten. Er bestätigt nicht
nur ausdrücklich die Echtheit der von Welcker veröffentlichten Urkunden,
sondern schildert auch nach den Briefen seines Gewährsmanns sehr
beredt und anschaulich, wie ganz despotisch die von dem Carlsbader
„Club“ ausgeschlossene liberale Minderheit der Bundesstaaten mißhandelt
ward. Der beglaubigte Gesandte eines deutschen Staates am Bundes=
tage erfährt zu Frankfurt „gerüchtweise“ Einiges von dem, was zu
Carlsbad eine unberechtigte Versammlung von Diplomaten eines Theiles
der deutschen Staaten über den Bund beschließt! Beißender läßt sich
die Politik nicht verspotten, welche jenes ganze Zeitalter charakterisirt:
starres Festhalten an der Souveränität der Einzelstaaten, wo es galt,
Deutschlands Macht gegen das Ausland zu schützen, und kleinmüthiges
Verzichten auf jeden eigenen Willen, wo es sich darum handelte, die
verbrieften Rechte der Nation polizeilich zu beschränken. — Aber auch
die kühnsten Erwartungen werden überboten von der, durch Prof. Aegidi
zum erstenmale veröffentlichten, Registrande über jene Bundestagssitzung,
worin die Carlsbader Beschlüsse zu Bundesgesetzen erhoben wurden.
Metternich beantragte in Carlsbad, wie wir schon aus Schaumann und
Welcker wissen, es sollten die von Carlsbad ausgeschlossenen „unzuver=
lässigen“ Bundesstaaten „angewiesen“ werden, daß sie ihre Bundestags=
gesandten bis Mitte September 1819 instruirten, die Carlsbader Be=
schlüsse anzunehmen. Wiederholt ist nun gefragt worden: der erste
Versuch, die Grundzüge der Bundesverfassung auszuführen, bestand darin,
daß man mehrere ihrer wichtigsten Bestimmungen provisorisch aufhob;
wie war es möglich, daß ein so unerhörter Beschluß einstimmig gefaßt
ward? Jene Registrande giebt die Antwort. Mit den Beschlüssen,
welche als „einhellig“ gefaßt veröffentlicht wurden, waren nicht einverstanden:
1) Königreich Sachsen, denn Graf Einsiedel hielt die Carlsbader Beschlüsse

für zu liberal und wollte ganz Deutschland mit der Segnung der damaligen sächsischen Censur beglücken; 2) Württemberg: dieser Staat stellte Gegenanträge in jenem gemäßigt liberalen Sinne, welchen bereits zu Carlsbad Wintzingerode vertreten hatte; 3) Kurhessen erhob Bedenken gegen die allzugroße Beschränkung der Souveränität der Einzelstaaten, welche durch die Centraluntersuchungs-Commission herbeigeführt wurde; ohne Instruction waren die Gesandten von 4) Luxemburg, dessen Gesandter überdies noch Ausnahmen zu Gunsten der „Eigenheiten" des Luxemburger Volkes verlangte; 5. 6. 7) Sachsen-Gotha, Meiningen, Hildburghausen, 8. 9) beide Schwarzburg, 10. 11) beide Hohenzollern, 12) Lichtenstein, 13) Reuß jüngerer Linie, 14. 15) beide Lippe, 16. 17. 18. 19) die vier freien Städte, deren Gesandter sich „der durch die bisherige Abstimmung bereits ausgesprochenen Einstimmigkeit" anschließt! So weit reicht unser actenmäßiges Wissen. Von zwei Gesandten, welche versicherten, instruirt zu sein, weiß Prof. Aegidi überdies, daß sie nicht instruirt waren. Durch solchen „Consens der Dissentirenden" oder „Dissens der Consentirenden" wurden die Ausnahmegesetze von 1819 beschlossen! Herr Aegidi hat Recht, die tumultuarische Art ihrer Aufhebung im Jahre 1848 war die Loyalität selbst verglichen mit der Art ihrer Entstehung. Erstaunen freilich wird über diesen Hergang Niemand, der Deutschlands neuere Geschichte einigermaßen kennt. Bereits früher hatte Metternich ein ähnliches Probestück geliefert, als er durch Gentz das gläubige deutsche Volk dahin belehren ließ, der zweite Pariser Friede sei ein durch die „einmüthigen" Bestrebungen der Mächte glücklich erreichtes Ideal! Wir aber wünschen dem Verfasser ein übermenschliches Maaß von Lebensmuth und guter Laune, damit er das überwältigende Gefühl des Ekels überwinde und die Kraft behalte, die Mysterien des Jahres 1819 weiter zu ergründen und diesem Vorläufer bald die versprochene Geschichte der Wiener Schlußacte folgen zu lassen.

Nr. 28.

Gentz, Fdr. v., Tagebücher. Mit einem Vor- und Nachwort von K. A. Varnhagen v. Ense. (Aus dem Nachlaß Varnhagen's v. Ense.) Leipzig 1861.*)

Diese Tagebücher sind des Lärmes nicht werth, der darüber erhoben worden ist. Mag immerhin eine gewisse Classe von Lesern sich daran erlaben, wie Gentz mit Therese und Carl badete oder an Madame Tragoff einige hundert Louisd'or verlor; der Historiker wird aus diesem widerwärtigen Buche nur Weniges lernen, was wir nicht bereits aus zuverlässigen Quellen wüßten. Eine unzuverlässige Quelle aber nennen wir solche flüchtige Tagebuchblätter schon darum, weil sie nothwendig ein Zerrbild von dem Charakter des Schreibenden geben. Denn in dem Wirrwarr der einander drängenden und widersprechenden täglichen Eindrücke scheint jeder Mann bestimmbarer, unselbstständiger als er ist — nun vollends eine so nervöse, weibisch reizbare Natur wie Gentz! Dazu kommt: Gentz führte außer dem Tagebuche über seine persönlichen Erleb-

---

*) [A. a. O., vom 17 August, Sp. 530.]

nisse noch ein politisches Journal, wovon hier nur wenige Proben mitgetheilt sind. Daher ist jenes Tagebuch in der Regel ganz dürftig und
langweilig, giebt nur trockene Namen, und das Treiben des Mannes
erscheint noch kleinlicher und äußerlicher, als es war. — Zu dem vielen
Räthselhaften in Gentz's Charakter tritt jetzt noch die neue Frage hinzu:
wie konnte er Tagebücher schreiben mit seiner Furcht vor dem Tode,
seinem Widerwillen gegen jede Erinnerung an Vergangenes? Die Erscheinung erklärt sich nur aus seiner vollendeten Schwäche und Halt-
losigkeit; diese Aufzeichnungen waren todt geboren, Gentz hat nicht einmal
im Ernste versucht, sich aus ihnen Rechenschaft zu geben über sein vergangenes Leben. Ueber viele der für ihn wichtigsten Ereignisse — so
über die Frage, wie und wodurch er eigentlich aus Preußen in österreichische Dienste gekommen? — ist nach Gentz's eigenem klatzenden
Geständnisse aus dem „frivolen Journale" gar nichts zu ersehen. Und
eben diese Fertigkeit im raschen Leben für den Augenblick bezeichnet den
Mann. — Zu solchen psychologischen Betrachtungen giebt das Buch
mannigfachen Anlaß. Historisch wichtig aber ist höchstens das politische
Journal vom Jahre 1809. Auch hier wenig neue Thatsachen — nur
zwei merkwürdige Gespräche Napoleon's mit Bubna; Napoleon: „on
ne peut jamais contenter le peuple". Aber die Fülle gemeiner Klatschgeschichten und boshafter Verleumdungen über Erzherzog Carl, Johann
und alle Welt, zeigt deutlicher, als der bitterste Historiker es vermöchte,
die gräßliche Auflösung aller Verhältnisse in Hof und Staat. Radetzky
gesteht schon damals, in der Armee sei die Meinung allgemein, nur
ein Wechsel der Dynastie könne den Staat retten. Und in hundert
kleinen Zügen verräth sich der Fluch des Despotismus, jene unheimliche
Erscheinung, welche in allen kritischen Epochen Oesterreichs immer wieder-
kehrt: die Unzufriedenheit Aller mit Allem, das dumpfe, thatlose, ziellose Grollen und Räsonniren. Von der heldenhaften Begeisterung des
österreichischen Volkes in jenem großen Jahre klingt natürlich in diesem
Tagebuche nicht der leiseste Nachhall wieder. Aber es ist ungerecht,
daraus, daß Gentz im Herbste 1809 für den Frieden arbeitet, den
Schluß zu ziehen, er sei abgefallen von seiner früheren Meinung. Seine
gleichzeitigen Briefe und mehr noch seine späteren Thaten beweisen vielmehr, daß er in diesem Einen Punkte — in dem Hasse gegen den Bonapartismus — sich immer treu blieb. Das Verfahren des Kaisers Franz
gegen die Tyroler war doch selbst einem Gentz anstößig, er meint:
wenigstens eine Fürbitte hätte der Kaiser einlegen sollen pour ces
gens-là. — Die Tagebücher von 1810—12 sind sehr kurz und erläutern
nur einige schon bekannte Thatsachen aus den Anfängen der Metternich'schen
Herrschaft. Wir wissen, daß Metternich den Finanzplänen des Grafen
Wallis entgegen war, dennoch mit ihm zusammen Minister blieb und
den Banquerott geschehen ließ. Hier erfahren wir näher, wie Metternich
sich von dem „Oppositionschef" Gentz Denkschriften gegen seinen Collegen
anfertigen ließ u. s. f. Aus dem Jahre 1813 erhalten wir nur unbedeutende Notizen, Aeußerungen des Triumphs untermischt mit schweren
Besorgnissen über das Treiben der preußischen Jakobiner. Das Journal

vom Jahre 1814 schließt mit einem Ausbruche cynischer Verachtung gegen „die albernen Wesen, welche die Welt regieren" — einem Worte, das dem „quantilla sapientia regatur mundus" Oxenstierna's würdig zur Seite tritt. Einige Jahre darauf nennt derselbe Gentz dieselben albernen Menschen — „große Männer". — In Carlsbad 1819 schreibt Gentz „in einer Art von Inspiration" die Erklärung des **Art.** 13 der Bundesacte; als diese im December zu **Wien** angenommen wird, feiert er einen Tag „wichtiger als den bei Leipzig". Varnhagen ergeht sich **in** pathetischen Worten über diesen „wahnsinnigen Uebermuth", wir aber vermögen den Wahnsinn nicht zu erkennen. Den Tag von Leipzig konnte Gentz billigerweise nicht mit ungemischter Freude sehen, denn dieser „Befreiungskrieg" sah allerdings „einem Freiheitskriege sehr ähnlich". Der Tag jedoch, wo der Entwicklung des deutschen constitutionellen Lebens Fesseln angelegt wurden, ward der österreichischen Staatskunst durch solche trübe Nebengedanken sicherlich nicht verbittert, mußte sie mit reiner, ungemischter Freude erfüllen. — In dem Tagebuche über seine Lectüre aus dem Jahre 1823 redet nicht mehr der geistreiche Mann, der große Publicist, sondern lediglich der k. k. Ober-Censor. Die liberalen Schriften sind ihm jetzt einfach „frevelhaft und strafbar", „ihre Erscheinung klagt die Nullität der Localcensur stark an". — Die Verwalter von Varnhagen's Nachlasse bitten wir dringend, es mit dieser einen Publication aus Gentz's Tagebüchern genug sein zu lassen. Dies Bruchstück genügt vollauf, **um** den Geist der Männer erkennen zu lassen, welche die Grundgesetze des **deutschen** Bundes schufen. Etwas Weiteres ist nicht **daraus** zu lernen.

Nr. 29.

Das Großherzogthum Posen und die Polen gegenüber dem Nationalitätsprincip und dessen neuesten Regungen. Von einem früheren Abgeordneten der Provinz Posen. Nebst einem Anhange, enth. die Denkschrift des Herrn Oberpräsidenten Flottwell: „Ueber die Verwaltung des Großherzogthums Posen vom Jahre 1830 bis zum Beginn des Jahres 1841". Berlin 1861.*)

Eine gewandte Vertheidigung des Verfahrens der preußischen Regierung in Posen, aus der Feder eines Mannes, der durch langjährige Wirksamkeit als Beamter die dortigen Zustände gründlich kennen gelernt hat. Die Darstellung ist lebhaft und pikant; doch verräth die Häufigkeit der Ausrufungszeichen und der lateinischen Sprichwörter den dilettantischen Schriftsteller. Der Verfasser ist keineswegs ein blinder Lobredner der Regierung, er sieht die Dinge einfach, wie sie einem guten Deutschen erscheinen müssen. Nur an wenigen Stellen verführt ihn sein heiliger Eifer, für eine gute Sache sehr unglückliche Argumente zu gebrauchen. Wie darf er den Polen einen Vorwurf daraus machen, daß durch ihre Intriguen Lothringen dem deutschen Reiche entfremdet worden, während doch leider unsere Vorfahren die Schuld dieses jammervollen Handels ganz und ungetheilt auf ihr Haupt zu nehmen haben? Wie mag er

*) [A. a. O., vom 31. August, Sp. 559.]

ferner sich in der idyllischen Geschichtsauffassung wiegen, daß nur die „Herzensgüte" Friedrich Wilhelm's III. den Polen nationale Institutionen gewährt habe? Wenn er endlich gar den Artikel 75 des preußischen Strafgesetzbuches gegen die Polen zu Felde führt, so geben wir ihm zu bedenken: wie sehr wir als Bürger wünschen müssen, daß der preußische Staat die polnischen Junker den ganzen Ernst des Gesetzes fühlen lasse, der Publicist soll mit anderen Waffen fechten. — Dagegen hat der Verfasser eine Reihe der wichtigsten historischen Thatsachen, welche für die deutsche Sache sprechen, gänzlich übersehen. Wollte er einmal bis zu der frühesten Vergangenheit zurückgehen — und gewiß war dies nothwendig — so mußte er mit wenigen drastischen Zügen den Kampf des Slaventhums gegen die Deutschen, die in der Natur begründete Todfeindschaft Preußens und Polens schildern. Er mußte die Bedeutung der uralten deutschen Colonisation in Posen noch viel schärfer hervorheben, mußte der in diesen Dingen unglaublich hartnäckigen Unwissenheit des großen Publicums entgegentreten durch den Nachweis, wie Friedrich des Großen Theilnahme an der ersten Theilung, diese Wiedereroberung altdeutschen Landes, im Zusammenhange steht mit der Politik des deutschen Ordens und des großen Kurfürsten. Vor Allem mußten in dem Zeitraume nach der vierten **und** fünften Theilung (1807 und 1815) die Verhältnisse von Preußisch-, Oesterreichisch- und Russisch-Polen scharf von einander **getrennt** werden. Der Verfasser citirt (S. 27) den zweiten Absatz von **Artikel** 1 der Schlußacte des Wiener Congresses. Warum nicht auch den durch den Gegensatz so Viel sagenden ersten Absatz dieses Artikels? Im ersten Absatze wird dem russischen Theile des Herzogthums Warschau **eine** „Constitution" versprochen, im zweiten Absatze werden den polnischen **Unterthanen** von Oesterreich, Preußen und Rußland nationale Institu**tionen** zugesichert, soweit die betreffenden Staaten sie zu gewähren für gut finden würden. Ein schlagender Beweis dafür, daß man für das nichtrussische Polen an eine selbstständige Verfassung nicht entfernt gedacht hat. Selbst eine Autorität wie Wheaton, der eine stille Vorliebe für Polen nicht ganz verleugnen kann, erkennt die Bedeutung dieses Satzes an (im 2. **Bande der Histoire** des progrès du droit des gens). Ueberhaupt konnte der **Verfasser** aus dem allbekannten Gange der Wiener Verhandlungen noch **viel klarer** nachweisen, daß die preußischen Staatsmänner von Anfang **an den** polnischen Träumen Alexander's I. gänzlich fremd blieben und **nie** daran dachten, die straffe Centralisation ihres Staates zu **Gunsten der Polen zu** lockern. Erklärte doch Hardenberg **schon** am 30. Januar 1815, sein König könne den nationalen Eigen**thümlichkeiten der Polen nur soweit** Zugeständnisse machen, als sich dies vertrüge „mit dem höchsten **Zwecke** jedes Staates, ein festes Ganzes **aus** seinen Theilen zu bilden". — Sehr gut hat der Verfasser die amtliche Statistik sowie die Denkschriften von Grolman und Voigts-Rhetz benutzt zu **einer** sorgfältigen Darstellung dessen, was Posen durch Preußens Verdienst geworden ist, und zu genauen statistischen Angaben über Religion, Nationalität u. s. w. der Bewohner. Die Schilderung **der Aufstände der** vierziger Jahre zeigt ein besonnenes Urtheil, und

sehr lehrreich sind des Verfassers Mittheilungen über die beiden Parteien, in welche heute das **revolutionäre** Polen zerfällt: die Demokraten
unter Mieroslawski's Führung und die Aristokraten, welche den Einzug
König Adam's I. von Napoleon's Gnaden ersehnen. — Eine dankenswerthe Zugabe bildet die verrufene Denkschrift **des** Oberpräsidenten
Flottwell über die Verwaltung Posens in den Jahren 1830—41 —
das glänzendste Zeugniß, welches das preußische Beamtenthum sich selber
ausstellen konnte. Sie beginnt mit dem mannhaften Geständnisse: es
sei vor der Hand unmöglich, die Neigung des unzufriedenen polnischen
Adels zu gewinnen, darum gelte es, ihm Achtung abzuzwingen durch
Gerechtigkeit und unverhohlene Beförderung des deutschen Lebens. Kläglicher konnte der kosmopolitische Radicalismus sich selbst nicht richten, als
damals, da er diese echt deutsche Staatsschrift als ein abschreckendes
Beispiel bureaukratischer Verworfenheit, als „das enthüllte Posen" veröffentlichte!

Nr. 30.

Mohl, Rob. v., **Staatsrecht, Völkerrecht und Politik.** Monographien.
1. Bd.: Staatsrecht und **Völkerrecht.** Tübingen 1860.*)

Leider verbietet uns der beschränkte Raum, diese bedeutende Sammlung vermischter Aufsätze, wodurch Herr v. Mohl die Staatswissenschaft
zu neuem Danke verpflichtet hat, nach Gebühr zu würdigen. Es ist
eben unmöglich, über die Resultate der Erfahrung und des Nachdenkens
eines ganzen reichen Lebens mit einigen Worten abzuurtheilen. Ohnedies ist ein Theil dieser 16 Monographien den Publicisten schon aus
verschiedenen Zeitschriften bekannt; und wenn auch der Verfasser diese
Arbeiten einer neuen sorgfältigen Durchsicht unterzogen, ja mehrere
gänzlich umgestaltet hat, so weiß doch das Publicum bereits, was man
davon zu erwarten habe. — Der Band zerfällt in drei Abschnitte: „Recht
und Politik der repräsentativen Monarchie", „Recht und Politik der repräsentativen Demokratie" und „Völkerrecht". Wir halten den kurzen zweiten
Abschnitt für den schätzbarsten Theil des Werkes, besonders darum, weil
er die deutschen Politiker in einen Gedankengang einführt, den die meisten
derselben allzu sehr vernachlässigen. Der Aufsatz über die Weiterent-
wicklung des demokratischen Princips im nordamerikanischen Staatsrechte
ist ein Meisterwerk, und schon die Thatsache, daß in kurzer Frist sehr
viele von diesen ernsten Voraussagungen bereits schrecklich sich erfüllt
haben, muß den Leser zwingen, den Gedanken des Verfassers mit prüfen-
dem Ernste zu folgen. Größere Anfechtung werden die in den beiden
anderen Abschnitten vorgetragenen Ansichten hervorrufen, so besonders
im ersten Abschnitte der Aufsatz über die rechtliche Gültigkeit verfassungs-
widriger Gesetze. Referent ist dadurch von der Richtigkeit der bekannten
Lehre, welche der Verfasser wiederholt auch durch die That verfochten
hat, vollständig überzeugt worden; aber auch Mohl's Gegner werden
durch diese klare, scharfsinnige Beweisführung wenigstens zu dem Ge-

*) [A. a. O., vom 2. November, Sp. 712.]

ständnisse gebracht werden, **daß es** ungerecht war, wenn sie in Mohl **wohl** den erfahrenen Politiker, aber nicht den juristischen Kopf anerkennen wollten. — Wohl **nur die** wenigsten Leser überzeugen wird der letzte Aufsatz dieses ersten Abschnittes: das Repräsentativsystem, seine Mängel und Heilmittel. Zwar der kritische Theil desselben ist vortrefflich, man kann die Mängel des deutschen constitutionellen Lebens nicht schlagender schildern. Auch dem ersten der beiden von Mohl vorgeschlagenen „Heil= mittel", der ehrlichen Durchführung **des** parlamentarischen Systems, wird jeder Einsichtige beistimmen. Um so unbegreiflicher ist der zweite Vorschlag: die Reform der Volksvertretung durch Zusammensetzung der= selben nach gesellschaftlichen Gruppen. **Wir** halten **es** für baar unmöglich, in der rastlos sich verwandelnden modernen Gesellschaft solche feste Gruppen zu bilden; der Vorwurf, daß sein Vorschlag die Einheit des Staats= gedankens aufhebe, scheint uns vom Verfasser nicht widerlegt; wir erinnern endlich an die alte Erfahrung, daß Wahlen, welche ausgesprochener= maaßen die Vertretung eines Standes herbeiführen sollen, regelmäßig den ständischen Particularismus in der gehässigsten Weise wachriefen. Selbst Stein, der doch wahrlich der Gliederung der Gesellschaft in Stände nicht abgeneigt war, mußte gestehen, daß nie der Kampf poli= tischer Parteien so gefährlich werden könne, wie der Haß socialer Gruppen. — Im dritten Abschnitte stellt Mohl zuerst die Pflege der internatio= nalen Gemeinschaft **als Aufgabe** des Völkerrechts dar, und es ist be= kannt, wie durch diese Auffassung das Völkerrecht erst einen positiven Inhalt erlangt hat. Daß der Verfasser **die** Souveränität der Staaten und **die** internationale Gemeinschaft einmal als Gegensätze auffaßt, wird Manchen befremden; bei näherem Zusehen läßt sich aber mit dem Ver= fasser nur über Worte rechten. — **Daran** schließt sich eine erweiterte Darstellung von **Mohl's** vielfach angefochtener Lehre vom Asyle. Er vertheidigt noch immer die wissenschaftlich richtige aber unpopuläre Meinung; doch ist er gemäßigt genug, das „kosmopolitische System" nicht bis in die äußersten Consequenzen zu verfolgen. — Wir können das Studium des Werkes den Fachgenossen nicht dringend genug empfehlen. So klar der Verfasser schreibt, so ist die Bewältigung des Buches doch eine anstrengende Arbeit — das beste Lob, das sich einem wissenschaft= lichen Werke sagen läßt.

———

Nr. 31.

Riehl, W. H., Die deutsche Arbeit. Stuttgart 1861.*)

Wir haben dies Buch mit großem Interesse in die Hand genommen, nicht gerade, weil die unparteiischen Organe der J. G. Cotta'schen Buch= handlung, altheiligem Handwerksbrauche getreu, das Werk bereits all= überall als eine „neue Perle" der deutschen Literatur anpreisen — wohl aber, weil wir hofften, die hohe Bedeutung des Gegenstandes werde dem Verfasser mehr wissenschaftlichen Ernst eingeflößt haben, als in seiner „Naturgeschichte des Volkes" zu finden war. In der That ist ein Fort=

---

*) [A. a. O., vom 9. November, Sp. 728.]

schritt unverkennbar. Herr Riehl ist nicht mehr so verschwenderisch wie sonst in halbwahren, blendenden Behauptungen, sein Haß gegen National= ökonomie und Statistik hat sich in Roscher's Schule erheblich gemindert, obwohl er noch immer von der luftigen Höhe seiner selbsterfundenen „Socialpolitik" mit starkem Selbstgefühle auf den großen Haufen der Nationalökonomen herabschaut; endlich steht er dem ungeheueren Um= schwunge der modernen Volkswirthschaft nicht mehr so feindselig wie ehedem gegenüber. Auch die Vorzüge seiner früheren Schriften, ein großes Talent zur Beobachtung des Volkslebens und eine gefällige Dar= stellung finden sich ungeschmälert wieder. Darzustellen „wie das deutsche Volk arbeitet, wie es über die Arbeit denkt und wie es sich zu einem immer reineren Ideale der Arbeit erzogen hat" — dieser Zweck des Buches ist ein eigenthümlicher und fruchtbarer Gedanke. Und mit wahrer Freude begrüßen wir den sittlichen Ernst des Verfassers, der nicht müde wird, dem materialistischen Erwerb= und Genußtriebe der Gegenwart wieder und wieder die Lehre von der moralischen Bedeutung der Arbeit zu predigen. — Aber hiermit ist auch unser Lob am Ende. Herrn Riehl's sittliche Begriffe sind zu unreif, als daß er seine Aufgabe lösen könnte. Ein falscher Idealismus beherrscht ihn und treibt ihn, einen idealen Gehalt in die Dinge zu legen, der nicht in ihnen enthalten ist. Es ist falsch, wenn er die Arbeit definirt als eine aus sittlichen Motiven entspringende, nach sittlichem Ziele ringende That u. s. w., während dieser Begriff an sich mit der Moral offenbar gar nichts zu thun hat. Des Verfassers Moral ist unklar, dualistisch. Was soll es heißen, wenn er meint, der Moralist müsse die Bedeutung des Erfolges, der National= ökonom die Bedeutung des Gewinnes der Arbeit in's Auge fassen, der Socialpolitiker aber beides? Der Moralist, der den Gewinn nicht zu würdigen weiß, ist ein ascetischer Narr, und der Volkswirth, welcher blind ist für den sittlichen Erfolg der Arbeit, ist eine Krämerseele. Wenn die „Socialpolitik" sich nur unter der Voraussetzung halten läßt, daß Moral und Nationalökonomie schlecht und einseitig betrieben werden, dann steht diese neue Wissenschaft auf gar schwachen Füßen. — Herr Riehl spricht über die Geistesarbeit manches so treffende Wort, daß es uns schwer wird, ihm einen zweiten Vorwurf nicht ersparen zu können. Seine Geistesarbeit ist noch immer dilettantisch. Der Verfasser erhebt in einem Abschnitte, welcher einer oratio pro domo freilich verzweifelt ähnlich sieht, bittere und gerechte Klagen gegen den Zunftgeist der Ge= lehrten, gegen ihren Standeshochmuth, der in genialer Vielseitigkeit nur allzu leicht dilettantische Leichtfertigkeit erblickt. Was aber mit Recht als Dilettantismus verurtheilt werde, hat Herr Riehl nicht erkannt. Wir erlauben uns, ihn darüber zu belehren. Dem Dilettanten mangelt jene Zucht des Geistes, jener sittliche Muth, welcher den rechten Gelehrten befähigt, sich selber über den Dingen zu vergessen, um der Wahrheit, der ganzen Wahrheit willen auch den widerwärtigen Thatsachen der Wirklichkeit auf den Leib zu gehen und sie zu ergründen. An solchen Erscheinungen, die seinen Neigungen widersprechen, geht der Dilettant entweder schweigend vorüber oder er fertigt sie mit der Bemerkung ab:

„das scheint in meine Lehre nicht zu passen". Herr Riehl hat eine ausgesprochene Vorliebe für den Landbau und die Geistesarbeit, während die moderne Fabrikthätigkeit seinem Geschmacke nicht zusagt, und Referent würde ihm darin vollkommen beistimmen, wenn es sich in der Wissenschaft überhaupt um Neigung und Abneigung handelte. Für Herrn Riehl aber ist diese Vorliebe entscheidend. Er macht das Unerhörte möglich und schreibt im 19. Jahrhundert ein Buch über „die deutsche Arbeit", welches gerade auf zwei Seiten die Fabrikarbeiter betrachtet und dabei zu dem tragikomischen Geständnisse gelangt, es scheine „als ob der Fabrikarbeiter ganz außerhalb des eben gezeichneten Rahmens der nationalen Arbeit stehe!" — So ist das Werk offenbar unvollständig, indem es die eine Hälfte der deutschen Arbeit kaum berührt. Aber auch von dem, was Herr Riehl wirklich bietet, sind nur jene Abschnitte gelungen, welche schildern, wie das Volk, d. h. bei Riehl der Bauer, in Lied und Spruch und Sitte über die Arbeit denkt. Die allgemeinen Lehrsätze dagegen sind fast durchgängig nur halbwahr, denn sie fußen auf dem groben Irrthume, daß „die vier großen S" Stamm, Sprache, Sitte, Siedelung den dauernden „Urgrund" des Volkslebens bilden sollen, während der Staat wandelbar sei. In diesem Satze liegt das πρῶτον ψεῦδος der gesammten sogenannten Socialpolitik, die dumpfe, unfreie Ueberschätzung der unbewußten Sitte gegenüber den Thaten der menschlichen Freiheit. Herr Riehl kämpft einfach mit der Luft, wenn er meint, seine Gegner hielten die stabile Sitte der altbaierischen Bauern, welche er verherrlicht, für ein Product der mittelalterlichen Leibeigenschaft. Nicht dieser Einwand ist gegen seine Lehre erhoben worden, sondern ein anderer, den er zu widerlegen nicht einmal versucht, der Einwand nämlich, daß die unbewußte Sitte abgelegener Alpenhöfe nothwendiger- und glücklicherweise allmählich dem Eindringen der bewußten vernunftgemäßen Sittlichkeit der modernen Bildung weicht und weichen wird. Auch ist Herr Riehl in arger Selbsttäuschung befangen, wenn er sich für eine absonderlich „poetische" Natur hält, welche die Prosa des modernen Städtelebens nicht ertragen könne. Bei der Frage, ob ein Volk ein „poetisches" Leben führe, handelt es sich für einen klaren Denker lediglich darum, welche poetische Thaten dies Volk vollbracht habe, und hier läßt sich billigerweise nicht leugnen, daß in der Prosa der deutschen Städte eine reinere, tiefere Poesie gedeiht als in dem Stillleben der baierischen Bauern. Diese Poesie wird in Deutschland auch dann nicht verschwinden, wenn einst das Ungeheure geschieht, daß ein Ramsauer Dirnd'l auch von einem Anderen als einem Ramsauer Bua heimgeführt werden kann. — Gänzlich mißlungen, obwohl sehr anregend und mit sichtlicher Vorliebe geschrieben, sind die Abschnitte über die geistige Arbeit. Was Herr Riehl hier bemerkt, ist nicht geradezu falsch, aber noch weniger wahr, nicht einmal als Regel wahr. Denn das Charakteristische der Geistesarbeit liegt darin, daß hier das Individuum Alles bedeutet, daß die „seligsten Augenblicke" des Geistesarbeiters je nach Charakter und Stimmung unendlich verschieden sind. Mit einem Worte, über das Wesen der geistigen Arbeit läßt sich wohl ein persönliches Bekenntniß ablegen, aber nicht eine wissenschaftliche Doctrin aufbauen. Diese klar erkannte Unmöglichkeit, nicht materialistische Befangenheit, hat die wissenschaftliche Nationalökonomie mit gutem Grunde bewogen, über das Thema der geistigen Arbeit sehr wenig und sehr bescheiden zu sprechen. — Wenn Herr Riehl endlich so gar herablassend von jenen Gelehrten spricht, welche blos Stoff sammeln, nicht durch die schöne Form ihrer Werke selber auf die Nachwelt zu kommen trachten, so vergißt er einen gewichtigen Unterschied. Es giebt eine schöne **Form der** Darstellung, welche aus der vollkommenen Beherrschung des **Stoffes** hervorgeht und dem Werke des Forschers **den Stempel der Vollendung** aufdrückt; aber es giebt **auch** eine Formfertigkeit, welche über die schwersten und erhabensten Dinge leicht und anmuthig hinweggleitet und den gutmüthigen Leser zu **dem Ausrufe** zwingt: „Curios! Ich hatte mir's so schwer vorgestellt, und nun kann ich's lesen zwischen Schlaf und Wachen!" Diese Gewandtheit besitzt Herr Riehl in bedenklichem Maaße, und wir wünschen aufrichtig, er möge sich durch dieselbe nicht davon abhalten lassen, seine eigenen Grundsätze vom Ernste der Arbeit auf sich selber anzuwenden. — Sein neuestes Buch hat uns an einzelnen Stellen wirklich ergriffen, oft haben wir uns des offenen Auges gefreut, das die poetische Sitte unseres Volkes so getreu aufzufassen weiß; aber der letzte Eindruck war ein sehr unerquicklicher. — Der wissenschaftliche Politiker, gleichviel welcher Partei er angehören mag, kommt immer wieder in die unangenehme Lage, den Mächtigen der Erde unliebsame Dinge sagen zu müssen. Herr Riehl dagegen versteht es, ohne seiner Gesinnung etwas zu vergeben, dennoch so leicht über die Dinge hinwegzugehen, daß seine Bücher ohne Anstoß in jedem Salon prangen können. Wir aber meinen, diese Art der Darstellung sei nicht der Weg, welcher die moderne Staatswissenschaft zum Heile führen wird.

Nr. 32.

Angerstein, Wilh., Friedrich Ludwig Jahn. Ein Lebensbild für das deutsche Volk. Berlin 1861.*)

Der alte Jahn ist eine jener Naturen, über welche die Urtheile auch der Nachlebenden immer sehr weit auseinandergehen werden. Das Närrische und Geschmacklose tritt in seinem Wesen so verletzend hervor, daß die Stärke des ästhetischen Gefühls der Beurtheilenden fast immer den Ausschlag geben wird. Von solcher ästhetischer Abneigung ist natürlich in dieser Festschrift für den deutschen Turnertag nicht die Rede; sie trägt begreiflicherweise einen etwas panegyrischen Charakter. Indeß liest sich das Schriftchen angenehm, giebt im Ganzen eine verständige Uebersicht über Jahn's Leben und ist auch nicht ganz blind für die Schwächen seines Helden, wie denn Jahn's grundverkehrte Haltung im Jahre 1848 ehrlich getadelt wird. Nach unserer Meinung mußte freilich der Verfasser weiter gehen, den Einfluß, welchen Jahn nach den Freiheitskriegen auf die Jugend ausübte, genauer betrachten und offen gestehen, was

*) [A. a. O., vom 23. November, Sp. 757.]

sich doch nicht leugnen läßt: es war ein Armuthszeugniß für ein geist= reiches Volk wie das deutsche, daß unsere Jugend in einem so unklaren Kopfe ihr Ideal verehren konnte. Die unzweifelhaften großen Verdienste des Mannes werden durch dies Urtheil keineswegs geleugnet. Auch hat der Verfasser nicht wohl gethan, den charakteristischen, und unseres Er= achtens keineswegs unehrenhaften Zug zu verschweigen, daß Jahn für den Zweck der Befreiung auch unsittliche Mittel nicht verschmähte; wir erinnern nur an die von ihm im Frühjahre 1813 ausgesprengte falsche **Nachricht von** der drohenden Aufhebung **des Königs.**

Nr. 33.

Heine's, Heinr., Sämmtliche Werke. Rechtmäßige Orig.=Ausg. (In 18 Bdn.) 1. u. 2. Bd. Hamburg 1861.*)

Leider läßt sich von dieser „rechtmäßigen Original=Ausgabe der sämmtlichen Werke" Heine's weder mit Sicherheit hoffen, daß sie die sämmtlichen Werke **enthalten werde,** noch ganz unzweifelhaft behaupten, daß sie eine rechtmäßige **Ausgabe** sei. Heine hat sich nämlich, wie die vorausgeschickte Ankündigung **erzählt,** von Herrn Campe „das feierliche Versprechen" geben lassen, **daß für die deutsche** Gesammtausgabe „die **von ihm selbst** getroffenen Anordnungen **genau** befolgt werden sollten" Nachdem Herr Campe sich vergeblich bemüht, Heine's Disposition zu der Ausgabe von dessen Wittwe und Universal=Erbin zu erlangen, hat er endlich das dem Dichter gegebene Versprechen gebrochen **und die Ge=** sammtausgabe begonnen ohne jede **Disposition** sowie ohne den in den **Händen der Frau Heine** verbleibenden **poetischen** Nachlaß. Wir sehen ab von den Rechtsansprüchen der **Universalerbin,** obwohl wir einen ärgerlichen Proceß für sehr wahrscheinlich **halten** müssen. Wir glauben **auch gern, daß Herr Campe** dann erst seine **Pflicht gegen** das Publicum der Verpflichtung gegen den Dichter und seine Erbin vorgezogen hat, nachdem er eingesehen, beide ließen sich schlechterdings nicht vereinigen. Jedenfalls bleibt es eine höchst auffällige Thatsache, **daß die Werke** eines großen Schriftstellers **in einer Weise** veröffentlicht werden, welche seinem eigenen Willen eingestandenermaßen widerspricht. Wollte **der** Verleger diesen sonderbaren Sachverhalt den Lesern überhaupt mittheilen, so mußte er **den** Hergang ausführlich genug erzählen, um Jedermann **von der** Berechtigung seines Verfahrens zu überzeugen. Dazu aber reichen die mitgetheilten **kurzen** Notizen nicht aus. Daß Frau Heine „**eine launenhafte Frau**" sein **soll und ein** hohes Honorar für den poe= tischen Nachlaß gefordert habe, genügt nimmermehr zur Rechtfertigung. Wir müssen also unser Urtheil **über** die Rechtmäßigkeit der Ausgabe **wegen** mangelhafter Kenntniß **der** Thatsachen vorläufig aussetzen. Da= gegen ist die anständige Ausstattung und der correcte Druck ebenso an= zuerkennen, wie die Pietät gegen Heine, welche den Herausgeber, Herrn Adolf Strodtmann, so weit es noch möglich war, geleitet hat. In Er= mangelung jener Disposition des Dichters hat man die von Heine selbst

----

*) [A. a. O., vom 14. December, Sp. 821.]

aufgestellte Anordnung der französischen Ausgabe (Paris 1855/59) zu Grunde gelegt. Die, zum Theil sehr bedeutenden, Censurlücken sind sorgfältig ergänzt. Das Werk ist auf 18 Bände berechnet und soll auch bisher gänzlich Unbekanntes bringen, den Briefwechsel Heine's mit Immermann und Heine's Briefe an Laube. Die Gedichte sind in die letzten Bände verwiesen, da man hofft, inzwischen von verschiedenen Seiten Beiträge dafür — vielleicht sogar noch jenen poetischen Nachlaß — zu erhalten. Die berüchtigten, von Steinmann herausgegebenen „Nachträge zu Heine's Werken" werden als Fälschung bezeichnet, woran wohl nie ein Einsichtiger gezweifelt hat. — Die zwei vorliegenden Bände enthalten die Reisebilder; die Ergänzungen darin sind nicht erheblich. Wir behalten uns vor, auf jene Bände zurückzukommen, welche etwas wesentlich Neues bringen.

Nr. 34.

Mohl, Rob. v., Staatsrecht, Völkerrecht und Politik. Monographien. 2. Bd. Politik. 1. Theil. Tübingen 1862.*)

Daß in den Schriften R. Mohl's immer der ganze Mensch redet und der Leser zu seinen Werken ebenso sehr durch den Charakter wie durch die Gelehrsamkeit und die Einsicht des Verfassers hingezogen wird — das sind allbekannte Dinge. Aber wohl noch nicht nach Gebühr gewürdigt ist seine seltene Bescheidenheit, welche, fern von doctrinärer Selbstzufriedenheit, niemals auslernt und jeder neuen Erscheinung des Völkerlebens mit vorurtheilsfreiem Blicke folgt. In keinem seiner Werke hat diese Tugend so schöne Früchte getragen wie in dem vorliegenden Bande. Ein großer Theil des Buches behandelt mit wissenschaftlicher Ruhe brennende Tagesfragen, welche die Wissenschaft bisher meist dem leidenschaftlichen Streite der politischen Parteien überlassen hat. So die Frage über die „allgemeine Abstimmung". Der Verfasser ist natürlich ein aufrichtiger Gegner des Bonapartismus, er spricht mit großem Ernste von der „Heiligkeit der Verträge", und dennoch haben ihn die neuesten Vorgänge in Italien belehrt, daß es Fälle einer nothwendigen radicalen Umwandlung des Bestehenden giebt, in denen nur eine allgemeine Abstimmung der Neuerung festen Bestand sichern kann. Er gesteht, was jeder Unbefangene zugeben wird, in der Paulskirche sei das Gefühl sehr verbreitet gewesen, daß eine constituirende Versammlung allein eine so eingreifende Staatsumwälzung nicht auf ihre Schultern nehmen könne. Und nicht blos in Fällen der Neugründung von Staaten scheint ihm die allgemeine Abstimmung anwendbar ; er betrachtet sie auch — wie sich von selbst versteht — als ein regelmäßiges Mittel in reinen Demokratien, ja sogar als unter Umständen nothwendig bei Verfassungs-Aenderungen in repräsentativen Demokratien und — in constitutionellen Monarchien. Wir finden in dem trefflichen Aufsatze nur eine Lücke. Herr v. Mohl vermeidet, trotz seines ausgebreiteten geschichtlichen Wissens, in der Darstellung historisch zu verfahren. Daher hat er das Thema

*) [A. a. O., vom 21. December, Sp. 833; vergl. oben Nummer 30.]

von der „Heiligkeit der Verträge" nur leise berührt. Hier galt es zu
zeigen, daß die Verträge, auf denen Europas Territorialbestand beruht,
in einer Weise abgeschlossen wurden, welche mit unseren heutigen inneren
Staatszuständen sich nimmermehr verträgt. Erst wenn die Kluft aufgedeckt worden, welche unser Völkerrecht und unser Staatsrecht trennt,
erst dann läßt sich ein Urtheil fällen über die allgemeine Abstimmung
bei der Gründung neuer Staaten. — Mit derselben Ruhe, die einen
Doctrinär des Legitimismus zur Verzweiflung bringen mag, und mit
gleicher Entschiedenheit wird die „Nationalitätsfrage" besprochen. Auch
hier vermissen wir die historische Betrachtungsweise. Es reicht nicht
aus, wenn der theoretische Satz von der Nothwendigkeit nationaler
Staaten beschränkt wird durch die zweifache Erwägung: der Staat um-
fasse nicht blos Menschen, sondern auch ein Gebiet, dessen Einheit zu
wahren sei — und es komme nicht blos die Abstammung der Völker
in Betracht, sondern auch ihre Zahl. Entscheiden kann hier nur der
historische Nachweis, daß eine Nation wirklich die Fähigkeit besitze, als
eine Person in der Völkerschaft aufzutreten. Eben deshalb urtheilt
Mohl, wie uns dünkt, zu hart über die Theilung Polens, zu sehr als
Jurist und Moralist, zu wenig als Historiker. — Niemanden wird es
befremden, daß ein Mann, der in diesen gefährlichen Fragen den Ideen der
freieren Gesittung der Gegenwart so offen huldigt, auch für „das Ordens-
wesen unserer Zeit", dessen Bedeutung er sehr nüchtern anerkennt, die
nothwendige einschneidende Reform fordert. Ebenso für die Frage von
der „Ebenbürtigkeit fürstlicher Ehen". Hier hätte sogar ein noch schär-
feres Wort wohlgethan; denn noch nicht lebhaft genug empfinden wir
die Schmach, daß in dieser Frage, welche die großen Culturvölker der
alten Welt schon beim Beginne ihrer Gesittung im humanen Geiste
entschieden, das deutsche Staatsrecht hinter allen anderen Nationen
kläglich zurückgeblieben ist. — Allen Parteien zum Aergerniß, allen zur
Belehrung werden die reichhaltigen „politischen Aphorismen" gereichen,
welche Mohl aus der Betrachtung der Zeitgeschichte geschöpft hat. Wir
heben hervor die scharfen, nur allzu wahren Worte über die deutsche
Zeitungsmisère, über den Geiz, die Tadelsucht, die Unentschlossenheit,
das Zurückbleiben der liberalen, die Rohheit und das irreligiöse Verhalten der demokratischen Partei. Dem ewig wiederkehrenden Vorwurfe,
daß man in Frankfurt kostbare Monde mit der unnützen Berathung
der Grundrechte vergeudet habe, stellt Mohl eine ruhige Erwägung entgegen. Er weist nach, daß man Zeit bedurfte, damit die Parteien sich
kennen und scheiden lernten. Er findet die Verkehrtheit der Grundrechte
nicht sowohl darin, daß man allgemeine Sätze aufstellte, als vielmehr
in der Verirrung, daß man dies an sich verständige System nicht ein-
hielt, sondern allgemeine und dennoch detaillirte Sätze aufstellte und
schon vor dem Erlasse von Gesetzen das Bestehende aufhob. Ueber die
deutsche Reform wird an verschiedenen Stellen gesprochen, und sehr
nüchtern das Unzweifelhafte gestanden, daß eine freiwillige Umbildung
eines Staatenbundes von Monarchien in einen Bundesstaat ganz undenkbar
sei. Doch begreifen wir nicht, wie ein so klarer Denker den Satz auf-

stellen kann, ein Bundesstaat von Monarchien sei praktisch schwierig durchzuführen, aber kein logischer Widerspruch. Allerdings lassen sich Monarchien, welcher einer wirklichen Staatsgewalt gehorchen, logischer= weise nicht denken, und das heilige römische Reich, das Mohl für sich anführt, beweist nur gegen ihn. — Schüchterne Naturen, welche nach diesen Andeutungen vielleicht ein ganz radikales Buch erwarten, mögen sich eines Besseren belehren an dem ausführlichen Aufsatze über „das Verhältniß von Staat und Kirche". Diese Arbeit ist entstanden aus jenem berühmten Commissionsberichte, der von Mohl in der ersten badischen Kammer in Sachen des oberrheinischen Kirchenstreits erstattet ward und zu dem glücklichen Ausgange des Handels wesentlich beitrug. Durch diese neue Herausgabe ist gottlob verhindert, daß jener Bericht das Schicksal unverdienter Vergessenheit mit so vielen anderen politischen Arbeiten unserer kleinstaatlichen Kammern theile. Mohl giebt zuerst eine Uebersicht der verschiedenen möglichen Stellungen der Kirche zum Staate. Wenn Mohl das System des reinen Dualismus für das logisch richtige hält, so erscheint uns dies als ein Irrthum, wie schon die sogleich fol= genden ganz unlogischen Worte: die Stellung der Kirchen „neben und im Staate", beweisen. Logisch unanfechtbar, doch allerdings in Deutsch= land vorläufig unmöglich, ist allein das voluntary system. Hierauf setzt Mohl das in den deutschen Kleinstaaten vorherrschende Verhältniß, das Bestehen zweier bevorzugter Kirchen, voraus, und findet für diesen Fall politische Grundsätze, welche dem Staate sehr weitgehende Rechte, sogar das placet und eine Umbildung der französischen appels comme d'abus, zugestehen. Wir haben im Einzelnen starke Bedenken, so gegen die Verwerfung der obligatorischen Civilehe (allerdings gilt dieses Urtheil nur für den vorausgesetzten Fall, also hoffentlich nicht für Preußen mit seinem unseligen belgischen „Dualismus"). Im Großen und Ganzen aber ist die den heutigen kirchlichen Zuständen gegenüber zu befolgende deutsche Politik wohl noch nie glücklicher vorgezeichnet worden. — Die zweite kleinere Hälfte des Bandes giebt unter der Aufschrift „Justiz= politik" ein längeres Bruchstück aus einem unvollendeten Werke des Ver= fassers („über die Abfassung der Rechtsgesetze"), sodann einen Aufsatz über „Begnadigung", welcher den Monarchen sehr eingreifende Rechte vindicirt, sogar die zweischneidige Befugniß, Moratorien zu erlassen. — Wäre es möglich, das Lebendige nach der Nummer zu ordnen, so würden wir sagen, daß von allen Büchern R. Mohl's der gegenwärtige Band uns am meisten belehrt und angeregt habe.

***

Nr. 35.

Umlauff v. Frankwell, Bict., Ritter, Leben und Wirken eines öster= reichischen Justizmannes. Ein biographisches Denkmal zur Erinnerung an den k. k. Oberlandesgerichts-Präsidenten Johann Carl Ritter Umlauff v. Frankwell. Wien 1861.

Das Leben eines verdienten Beamten aus der „alt=österreichischen" Schule, nicht arm an charakteristischen Zügen zur Geschichte des neuen

*) [A. a. O., vom 28. December, Sp. 847.]

Oesterreich. Umlauff war während der stürmischen Jahre 1846—50
Gerichtspräsident in Czernowitz, und that dort das Seine, um die Be=
wohner der Bukowina von der Bewegung fern zu halten und die k. k.
Generale in Ungarn mit Nachrichten über die Insurgenten zu versehen.
Nachher organisirte er das neue Justizwesen in Siebenbürgen. Aber
es waren damals die guten Tage der Sykophanten; Umlauff v. Frankwell
hatte, bei allem k. k. Pflichteifer, als ein humaner Mann mit seinen
Untergebenen immer auf gutem Fuße gestanden. So ward er von denen,
welche in den Jahren der Noth aus der Bukowina geflohen, als Re=
volutionär verdächtigt, und der Kaiser befahl 1851 seine „allsogleiche
Versetzung" an einen nicht selbstständigen Dienstposten. Obwohl Fürst
Schwarzenberg alsbald die grobe Täuschung durchschaute, so konnte doch
„das kaiserliche Wort nicht zurückgenommen werden". Bald aber lächelte
ihm wieder die kaiserliche Gunst, und Umlauff v. Frankwell erhielt die
Stelle als Gerichts=Präsident in Preßburg, nachher in Pesth, und wirkte
dort human, aber entschieden für das Bach'sche System der Centrali=
sation, für Einführung der deutschen Amtssprache u. s. f., obwohl er
im Stillen constitutionelle Formen für das centralisirte Reich wünschte.
Die alten Rechte Ungarns erschienen ihm verwirkt durch die Debracziner
Vorgänge; er galt den Magyaren als „der größte Germanisator Ungarns".
Recht klar erhellt aus dieser Schilderung, wie die vielgeschmähten deutschen
und czechischen Beamten in der That die Anfänge einer rationellen
Verwaltung in Ungarn erst geschaffen haben. Das unhaltbare System
brach zusammen. Das Octoberdiplom bedrohte seine Stellung und —
brach dem alten eifrigen Centralisten das Herz: ein Zug, der allein
schon den tüchtigen Büreaukraten hoch emporhebt über die frivole Schaar
der dienstbereiten k. k. Amts=Creaturen. — Einige Ueberschwenglichkeit,
die Mittheilung dilettantischer Verse u. dergl. wird man einer Lebens=
beschreibung aus der Feder des Sohnes um so mehr zu Gute halten,
da die Darstellung im Ganzen dem guten Geschmacke nicht allzu stark
in's Gesicht schlägt.

Aus dem Jahre 1862.

Nr. 36.

Raumer, Friedrich v., Lebenserinnerungen und Briefwechsel. 2 Thle. Leipzig
1861.*)

Verdunkelt von dem Glanze größerer Nachfolger ist Friedrich
v. Raumer von den jüngeren Zeitgenossen über die Gebühr vergessen
worden. Die kühnere rücksichtslose Art der neuen Zeit urtheilt oft
allzuhart über den milden Mann des juste milieu. Solche Meinung zu
berichtigen sind die vorliegenden Lebenserinnerungen ganz geeignet. Ein
durchaus ehrenwerther Mann tritt uns aus ihnen entgegen, gescheidt, rast=
los thätig, von unverwüstlichem Wohlwollen und vor Allem von einer
Selbstgewißheit, wie sie auch begabteren Naturen selten eignet. Ob ihn

* [A. a. O., Nummer vom 4. Januar 1862, Sp. 8.]

die Andern in den Himmel erheben oder unbarmherzig herunterreißen, er wird — das weiß er — immer wieder auf seine eigenen Raumer'schen Beine zu stehen kommen. Solchen Glaubens froh geht er den Weg der Pflicht, ein heiterer Lebemann, der Jedem gern das Seine läßt, nicht geschaffen für den Ernst des staatlichen Ringens, aber sehr wohl im Stande, wenn ihn das Schicksal in die politischen Stürme wirft, mit Ehren daraus hervorzugehen. Auch schwere innere **Kämpfe hat er** rühmlich bestanden, so 1811, da er — die Aussicht auf eine glänzende politische Laufbahn vor Augen — zum Lohn für die geleisteten Dienste sich von Hardenberg die Erlaubniß erbat, aus der Beamtenwirksamkeit auszuscheiden und ganz der Wissenschaft zu leben. — An eine regelrechte Erzählung ist nicht zu denken. Der alte Herr giebt bunt durcheinander Erinnerungen aus dem privaten und dem öffentlichen Leben, von sehr ungleichem Werthe natürlich, aber immer liebenswürdig und anziehend. Auf die sehr lebhafte Schilderung der Jugend folgt die Erzählung der ersten Beamtenthaten. Raumer war Commissar zur Ausführung der Säcularisationen der Klöster und Stifte im Eichsfelde (um 1803). Nach mannigfacher anderer Amtsthätigkeit tritt er (1810/11) in Berlin dem Staatskanzler nahe. Das Wirken des jungen Rathes („des Fremdlings" — aus dem Dessauischen! — wie die kurmärkischen Junker klagten) an Hardenberg's Seite für die preußische Reform bildet den Stoff des historisch lehrreichsten Abschnittes dieser Bände. Trotz seiner Gutmüthigkeit läßt der Erzähler hier einige berühmte Namen in ein grelles, keineswegs vortheilhaftes Licht treten. So Niebuhr, dessen Unfähigkeit für den praktischen Staatsdienst ohnehin Jeder errathen muß, der die krankhafte Reizbarkeit des großen Historikers aus seinen Briefen kennt. So Adam Müller, der hier wie überall als der erbärmlichste der Intriguanten erscheint. So leider auch Heinrich Kleist, dessen vielbesprochener Streit mit Raumer durch die Briefe Beider erläutert wird; sie offenbaren nur zu klar des Dichters unbeständigen, unselbstständigen Charakter. — Mit dem Jahre 1811 beginnt Raumer's stilles Gelehrtenleben in Breslau und Berlin. Von hier an wird die Lebensbeschreibung sehr kurz, ja der zweite Band besteht, bis auf zwanzig Seiten, nur aus Briefen. Doch auch diese kurzen Bemerkungen lassen uns oft tiefer hineinschauen in das Getriebe des alten Polizeistaats. Ueber Raumer's bekannten Austritt aus dem Censurcollegium erhalten wir Documente; desgleichen über einen minder bekannten, aber noch mehr (besonders für den Minister Kamptz) bezeichnenden Vorgang: die Geldstrafe, die über Raumer verhängt ward, weil er sich vertheidigte gegen den Vorwurf „oberflächlichen und unwürdigen" Urtheilens u. s. w. Die Briefe (von und an Tieck, Schlegel, Manso, Hagen, Loebell) sind nicht immer glücklich ausgewählt; doch bringen sie des Interessanten Vieles. Und nie in diesem langjährigen Briefwechsel verleugnet sich Raumer's milde, gütige Natur. Vielleicht nur zwei Menschen sind es, die er zu hart beurtheilt: Schlosser, dessen sittliches Pathos ihm freilich widrig sein mußte, der das Interesse der Geschichte in der menschlichen Theilnahme an den wechselnden Schicksalen mannigfacher Charaktere fand — und Niebuhr, dessen Schrift „Preußens Recht wider den sächsischen Hof" dem Manne der Vermittlung als eine unwürdige Parteischrift erschien. Der Briefwechsel reicht bis zum Jahre 1836; doch fehlen leider die interessanten Briefe aus Anlaß der Schrift über Polens Theilung 1830/32. — Wir empfehlen das Buch auf's beste, den Einen zur historischen Belehrung, den Andern zur Ergötzung an liebenswürdigem Geplauder.

Nr. 37.

Malortie, Dr. C. E. v., Oberhofmarschall, Geh.-R., König Ernst August. Hannover 1861.*)

Wir warnen die Historiker, sich mit diesem unnützen Buche zu befassen. Aus kundigstem Munde geringste und trivialste Kunde zu erhalten, ist immer eine ärgerliche Enttäuschung, am ärgerlichsten dann, wenn offenbar keine äußeren Gründe diese Zurückhaltung verschulden. Herr v. Malortie besitzt einen gewissen Freimuth, der, wie bescheiden immer, an einem Manne von seiner Stellung warmes Lobes werth bleibt; wie einst vor seinem königlichen Freunde, so gesteht er jetzt vor den Lesern unumwunden, er habe den Staatsstreich von 1837 nie gebilligt. Aber es ist ein niederschlagendes Schauspiel, wie über der Beschäftigung mit der byzantinischen Nichtigkeit höfischer Sitte auch einem verständigen und ehrenwerthen Manne der Sinn für das Bedeutende im Leben gänzlich verloren geht. Der Verfasser ahnt gar nicht, was der Leser in einer Biographie Ernst August's suchen muß. Ueber die wichtigsten Staatshandlungen geht er mit einigen flüchtigen Worten hinweg — und sichtlich kannte er von mehreren den geheimen Hergang, obwohl der König mit seinen Hofbeamten nicht von Staatssachen sprach. Die interessanten Charaktere aus des Königs Umgebung darzustellen wird nicht einmal versucht. Statt dessen muß sich der gelangweilte Leser durch die endlose Misère von Saujagden, Paraden, fürstlichen Besuchen, Welfen-Augenleiden u. s. w. hindurchwinden und kann nur selten erleichtert aufathmen, wenn der Verfasser seinen Wirklichen Geheimen Ober-Hof-Empfindungen in enthusiastischen Worten Luft macht. — Auch die überaus dankbare psychologische Aufgabe, den Charakter seines Helden anschaulich zu schildern, hat für den Verfasser keinen Reiz. Wir wissen nicht nur aus den Wuthausbrüchen der englischen Presse, sondern auch aus den Zeugnissen der ruhigsten und besonnensten Männer, daß der Ruf des Herzogs von Cumberland in England der denkbar schlechteste war; wir erinnern nur an jenes berüchtigte Wort, der Selbstmord sei das einzige Verbrechen, womit er sich nicht befleckt habe. Daß dies, man darf sagen, einstimmige Verdammungsurtheil über den Mann nicht billig war, hat der Greis bewiesen. Aber es ist absurd, diese Meinung der Zeitgenossen allein aus des Herzogs Parteistellung zu erklären. Und einen gar schlimmen Dienst erweist der Verfasser seinem Helden, wenn er gewisse weitverbreitete Anschuldigungen erwähnt, ohne sie anders als mit einem kurzen Nein zu widerlegen. Wollte er jene nächtliche Mordscene in St. James, welche so oft hämisch ausgebeutet worden, überhaupt erwähnen, so mußte er ausführlicher darauf eingehen; Niemanden

---

*) [A. a. O., vom 4. Januar, Sp. 9.]

kann es genügen, wenn gesagt wird, der Diener habe den Mordversuch aus Rachsucht unternommen, ohne daß wir den Grund dieser Rachsucht erfahren. Daß der Herzog, das Haupt und der bedeutendste Mann der Orange = Logen, von den Versuchen der Orangisten, die Thronfolge zu seinen Gunsten zu ändern, Nichts gewußt haben sollte, diese Behauptung klingt ganz unwahrscheinlich; und auch hier begnügt sich der Verfasser mit dem kahlen „man kann mit Bestimmtheit versichern". Von jenen Schritten des Königs, die sich mit seinem Souveränitäts = Stolze nicht vereinigen lassen, erhalten wir auch keine Kunde, nichts Näheres z. B. von jener Reise nach England, wo der Selbstherrscher als Unterthan seine Knie beugte, um seine Apanage sich zu erhalten. Am schmerzlichsten ver= missen wir Aufklärungen über die letzten Jahre, wo aus dem gewalt= thätigen Manne jener strenge, unerschütterliche Greis geworden war, der zwar nicht das Recht, wohl aber sein Recht fest und treu zu wahren wußte. Herr v. Malortie begnügt sich, die allerdings schwer wiegende Vermuthung auszusprechen, bei längerem Leben und festerer Gesundheit hätte Ernst August gethan, was Georg V. vollführte! — Wenn endlich ein Fürst, von dem wir Nichts weiter erfahren, als die allergewöhnlichsten Hofgeschichten und einige ganz unbedeutende Anekdoten, darauf hin mit dem Prunknamen „der große Mann seiner Zeit" u. ä. m. belegt wird: dann, wahrlich, gemahnt es uns recht bitter an das anmuthige Verslein aus einer der zahlreichen, hier mitgetheilten Huldigungshymnen: „traun, es ist kein Brite freier als der Deutsche sich bewußt". — Den ange= messenen Schluß bildet ein 180 Seiten langer Anhang, enthaltend: Ehren= diplome, Programme von Hoffesten, Verzeichnisse des gejagten Wildes u. s. w. — Höchstens für den Culturhistoriker späterer Zeiten mag das Buch einst einiges Interesse bieten; doch auch er wird in anderen mehr gelungenen Schriften des Verfassers eine mehr ausführliche und, so zu sagen, mehr systematische Belehrung finden.

Nr. 38.

Varnhagen v. Ense, K. A., Tagebücher. (Aus dem Nachlaß des Verfassers.) 1. u. 2. Bd. Leipzig 1861.[*)]

„Die Philister werden wieder zittern vor Schreck, die Reaction wird wieder schäumen vor Wuth, sich in ihrer Nichtswürdigkeit enthüllt zu finden; was liegt daran!" Wenn eine Dame in so renommistischem Tone redet, so begiebt sie sich der Vortheile ihres Geschlechts. Wir erlauben uns also Fräulein Ludmilla Assing zu sagen, daß sie in kind= lichem Irrthume befangen ist, wenn sie meint, mit diesem neuen Schatze aus dem unerschöpflichen Nachlasse ihres Oheims „eine vollständige Dar= stellung der preußischen Geschichte" gegeben zu haben. Die Heraus= geberin hat zur Abwehr ein Wort Varnhagen's vorangestellt: „Wer es unrecht findet, wenn Persönlichkeiten ohne Erlaubniß der Personen zur Schau gestellt werden, durch Briefe zum Beispiel, die man drucken läßt, der darf auch keine Kenntniß von dem nach seiner Meinung unrecht=

---

*) [A. a. O., vom 22. Februar, Sp. 134.]

mäßig Mitgetheilten nehmen, oder er macht sich der Schuld mitschuldig. Leset also dergleichen Bücher nicht! Geht nicht hin, wo Ihr die Sitte und Behandlung zu tadeln findet!" Eine sehr lahme Vertheidigung! Nicht die Unrechtmäßigkeit, sondern die zwecklose Leere des Mitgetheilten ist es, was uns anwidert. In diesen zwei starken Bänden (sie enthalten die Aufzeichnungen aus den Jahren 1836 bis 1844) findet sich außer einigen Anekdoten von Friedrich Wilhelm IV. schlechterdings nichts, was der Mittheilung werth wäre. Allerhand Bemerkungen Varnhagen's über seine Lectüre, darunter, wie sich von selbst versteht, einige geistreiche Worte, aber noch mehr längst abgethane Dinge; eine Reihe sehr uninteressanter persönlicher Erlebnisse, endlich Notizen über Tagesereignisse, so verworren, unsicher, urtheilslos, wie sie in aufgeregter Zeit auf das Papier geworfen werden: dies der Inhalt. Gewirkt wird durch das Buch nur das Eine, daß das blasirte Publicum sich noch mehr an leeren Klatsch gewöhnt und angesichts so schonungsloser und falscher Urtheile sich noch tiefer einlebt in trübe Verbitterung. Denn nicht leicht wird sich bei einem talentvollen Manne ein so lächerlicher Mangel an Menschenkenntniß finden: Bunsen und Radowitz werden als gemeine Gaumer geschildert, Gottfried Hermann als trockener Magister u. s. w. cum gratia in infinitum. Am sonderbarsten erscheint dieser Mangel, wenn Varnhagen über sich selber spricht: er findet als seine eigentliche Begabung die politische, er, der nicht im Stande ist, ein ernstes Buch über deutsche Politik — als zu „unfreundlich" — zu lesen, der in diesen acht Jahren nicht einmal den Versuch macht, eine der großen Staatsfragen nach der Weise Stein's in einer kurzen Denkschrift sich selber darzulegen, der in dieser Zeit über die Frage: ob Constitution oder nicht? zu keinem sicheren Resultate gelangt, der endlich bei jeder Aussicht auf seinen Wiedereintritt in den Staatsdienst in eine fieberhafte Aufregung verfällt! — Sind erst die verheißenen weiteren vier Bände zu den gegenwärtigen hinzugekommen, dann wird ein gerütteltes Maaß ungerechter Gehässigkeit die Seelen der gedankenlosen Lesermenge erfüllen, und der Buchhandel wird sich rühmen dürfen, daß wieder einmal eine Speculation auf die gemeine Neugierde des Publicums trefflich gelungen sei.

Nr. 39.

Freytag, Gust., Neue Bilder aus dem Leben des deutschen Volkes. Leipzig 1862.*)

Nachdem das Centralblatt die Bilder aus der deutschen Vergangenheit bereits ausführlich besprochen, möge für diese Fortsetzung eine kurze Anzeige genügen. Der neueste Band ist den früheren ebenbürtig durch Anmuth und Fülle der Schilderung, Gedankenreichthum, menschliches Wohlwollen und mannhaften Ernst. Doch liegt es in der Natur der Dinge, daß in einer Epoche reicher individueller Entwicklung (der Verfasser behandelt vorwiegend das 18. Jahrhundert) die Aufzeichnungen einzelner Personen nicht mehr ein so vollständiges Bild von dem Geiste

---

*) [A. a. O., vom 22. Februar, Sp. 135; vergl. oben Nummer 14.]

des Volkes geben, wie in Zeiten, welche dem Gattungsleben der Völker näher standen. Den Höhepunkt der Darstellung bildet die Charakteristik Friedrich's des Großen, welche den früher gegebenen Charakterbildern Luther's und Gustav Adolf's würdig zur Seite tritt. Unbeirrt durch die Verstimmung des Augenblicks hat der Verfasser die Nothwendigkeit und Stetigkeit der Entwicklung unseres Volkes froh und sicher nachgewiesen. So ist der letzte Eindruck ein hoch erfreulicher. Namentlich muß die schöne Schilderung, welche Carl Mathy am Schlusse des Bandes von dem süddeutschen Landleben giebt, auch den Kleinmüthigsten mit der Ueberzeugung erfüllen, um wie viel reicher die Seele unseres Volkes geworden. Seit Langem ist es überflüssig, dem großen Publikum ein Werk von G. Freytag zu empfehlen; aber auch dem gelehrten Kenner werden diese farbenreichen Schilderungen zur Belehrung und Erfrischung gereichen.

Nr. 40.

Demokratische Studien. 1861. Unter Mitwirkung von L. Bamberger, Mor. Hartmann, Frdr. Kapp, F. Lassalle u. s. w., herausgegeben von Ludw. Walesrode. Hamburg 1861.*)

Wir denken zu gut von der deutschen Demokratie, als daß wir glauben sollten, dieses Buch gebe einen Maaßstab für die Bildungsstufe der Partei. Denn sehen wir ab von einer eleganten, mit warmem Antheile und besonnenem Urtheile geschriebenen Schilderung Italiens zur Zeit der Einverleibung Mittelitaliens (von Moritz Hartmann), ferner von Friedrich Kapp's Erzählung von der ersten politischen Hinrichtung in den Vereinigten Staaten, endlich von einem vortrefflichen, nur leider in des Verfassers bekannter verworrener und paradoxer Manier gehaltenen Aufsatze Carl Grün's über die jüngste Literaturbewegung in Frankreich und die Einwirkung der deutschen Philosophie: so enthält das gesammte Werk nichts als — nichtssagende Phrasen. Und all' diese leere Rederei vorgetragen in jenem gehässig verbitterten Tone, mit jener Geringschätzung des Anstandes, welche den Radicalismus in seiner schlimmsten Zeit bezeichneten! Den Preis der Trivialität würden wir Herrn Stahr zuerkennen; dieser Herr hat Jakob Grimm's schöne Worte über Schiller's Erhebung in den Adelstand zu einem pathetischen Aufsatze breitgetreten und zu tendenziösen Ausfällen gegen die preußische Regierung benutzt. Doch leider belehrt uns Herr F. Lassalle, daß selbst dies noch überboten werden kann. Auch dem mildesten Leser muß die Geduld reißen, wenn er Auszüge (noch dazu sehr willkürlich ausgewählte Auszüge) aus Fichte's im Frühling 1813 niedergeschriebenem köstlichen Entwurfe zu seiner letzten politischen Schrift findet, Worte eines Fichte unterbrochen durch die pathetischen Exclamationen eines Herrn Lassalle! Uns war dabei zu Muthe, als stünde ein Marktschreier vor uns, dem zufälligerweise echte gediegene Waare in die Hände gerathen. Mit großem Interesse gingen wir an den, auch besonders abgedruckten, Aufsatz „Kurhessen unter dem Vater, dem Sohne und dem Enkel", der als ein gediegener Beitrag zur neuesten Geschichte gerühmt wird (dies

---

*) [A. a. O., vom 1. März, Sp. 152.]

überhaupt der Grund, warum wir das Buch in einem wissenschaftlichen
Blatte besprechen); doch wir fanden eine sehr mangelhafte Darstellung
der Thatsachen, umhüllt von einem Wuste gesinnungstüchtiger Phrasen,
welche bei einem so klaren und tiefernsten Gegenstande dreifach widerwärtig wirken.

Nr. 41.

Perthes, Clemens Thdr., Prof., **Politische Zustände und Personen in
Deutschland zur Zeit der französischen Herrschaft. Das südliche und westliche
Deutschland. I. II. Gotha** 1862.*)

Ein vortreffliches Buch, das sich dem „deutschen Staatsleben vor
der Revolution" des Verfassers würdig anschließt. Mit Benutzung von
Familienpapieren, Rathsprotokollen und zahlreichen mündlichen Mittheilungen wird hier die Geschichte des linken Rheinufers unter der französischen Herrschaft zum ersten Male in wirklich wissenschaftlicher Weise
behandelt. In der Darstellung bewährt sich des Verfassers bekanntes
Geschick zur anschaulichen Schilderung des Details. Das Urtheil ist
durchgehends gerecht und verständig, was sich namentlich in der Charakteristik von Forster und dem jungen Görres zeigt. Nur stört bei jener
das Anwenden eines kirchlichen Maaßstabes, der für Forster's Charakter
schlechterdings nicht anwendbar ist. Besonders lehrreich ist das 4. Capitel
des 1. Buches, welches das Wiedererwachen deutschen Lebens auf dem
linken Rheinufer, das stille Wirken von Weinmann, den Boisserées und
Görres schildert. Das 2. Buch schildert zunächst das Großherzogthum
Frankfurt oder vielmehr — was sich von selbst rechtfertigt bei einem
Staate, der nur um einer Person willen bestand — den Großherzog
Dalberg. Diese Charakterzeichnung erreicht das Beste, was sie erreichen
kann: der Leser hat das Gefühl, daß sie wahr sein müsse, obwohl an eine
wirkliche Ueberzeugung nicht zu denken ist. Denn daß ein Mann, der
als Schriftsteller sich in den plattesten Trivialitäten bewegte, dennoch
unzweifelhaft geistreich gewesen, das müssen die Nachlebenden den Berichten der Zeitgenossen auf Treu und Glauben entnehmen. Dieser Abschnitt berichtigt beiläufig die üblichen Verwechselungen Dalberg's und
seines Mannheimer Bruders. Die letzten Abschnitte behandeln die übrigen
Rheinbundsstaaten des Südwestens mit gleicher Sorgfalt, aber ohne wesentlich Neues zu bringen. Ganz kurz geht der Verfasser über das Königreich Westphalen hinweg. Das Buch bildet eine nothwendige Ergänzung
zu Häußer's deutscher Geschichte und ist insbesondere unentbehrlich zum
Verständniß der Gründung des deutschen Bundes. Der kirchliche und
politische Standpunkt des Verfassers hält ungefähr die Mitte zwischen
Savigny und Bethmann=Hollweg, welche beide sichtlich nicht ohne Einfluß auf seine Ideen geblieben sind. In dem Schlußabschnitte äußert
sich diese Denkweise in unklaren Worten über die „revolutionäre Lehre".
Die Behauptung, Stein und Fichte hätten im „schroffen Gegensatze" zu
den Ideen der französischen Revolution gestanden, ist, trotz des Scheins

*) [A. a. O., vom 1. März, Sp. 152.]

der Wahrheit, grundverkehrt. Ebenso unterschätzt der Verfasser bei Weitem
die praktische Bedeutung der politischen Theorien. Denn sind Revolutionen noch nie blos aus Theorien entstanden, so ist doch die theoretische
Färbung unserer politischen Bewegungen einer der eigenthümlichsten
Charakterzüge des 19. Jahrhunderts. Jedenfalls darf der Verfasser das
Lob, welches er Häusser spendet, in vollem Maaße für sich in Anspruch
nehmen: nie ist durch seinen politisch-kirchlichen Standpunkt die Zuver-
lässigkeit der thatsächlichen Angaben und selten die Gerechtigkeit und
Billigkeit des Urtheils geschmälert worden.

Nr. 42.

Gervinus, G. G., Friedrich Christoph Schlosser. Ein Nekrolog. Leipzig
1861.*)

Ein warmer Nachruf, dem Meister von dem Lieblingsschüler gewidmet. Die Darstellung fesselt nicht sowohl durch plastische Anschaulichkeit als durch Gedankenreichthum und Feinheit des psychologischen
Blicks. Vortrefflich wird namentlich die vielgeschmähte Formlosigkeit von
Schlosser's Geschichtsschreibung in ihrem Werden und ihrer Berechtigung
nachgewiesen. Das Urtheil, Schlosser's Geschichtsschreibung sei „mehr
fortlaufende Kritik der Quellen und Quellenbenutzung" gewesen, trifft
sicherlich das Rechte. Den Historiker müssen die geistvollen Winke über
Wesen und Aufgabe seines Berufs, die sich von dem Verfasser der Grundzüge der Historik erwarten ließen, zu mannigfachem fruchtbarem Nachdenken anregen. Uebrigens würde die Schrift einen reineren Eindruck
hinterlassen, wenn der Verfasser es verschmäht hätte, sehr bittere, dann
und wann fast gehässige Ausfälle gegen andere Richtungen der deutschen
Geschichtsschreibung einzuflechten, von denen Gervinus doch selber gesteht,
daß sie eine nothwendige Ergänzung der Schlosser'schen Richtung bilden.

Nr. 43.

Klopp, Onno, Offener Brief an den Herrn Professor Häusser in Heidelberg,
betr. die Ansichten über den König Friedrich II. von Preußen. Hannover 1862.
Häusser, Ludw., Zur Beurtheilung Friedrich's des Großen. Send-
schreiben an Dr. Onno Klopp. Heidelberg 1862.**)

Ludwig Häusser hat vor Jahresfrist in den preußischen Jahrbüchern
die bekannte Schmähschrift des Herrn Klopp wider Friedrich den Großen
einer ausführlichen Beurtheilung gewürdigt. Darauf folgte eine Er-
widerung, wie sie von Herrn Klopp zu erwarten stand. Wir finden
es ganz in der Ordnung, daß Häusser diese groben Ausfälle jetzt ge-
bührendermaaßen abfertigt; doch können wir dem verehrten Historiker nicht
verbergen, daß er selbst durch übel angebrachte Gutmüthigkeit die erste
Schuld an dem Handel zu tragen scheint. Denn das Reich der Wissenschaft ist allerdings ein Freistaat, aber ein gewisses geringes Maaß, des

*) [A. a. O., vom 3. Mai, Sp. 333.]
**) [A. a. O., vom 3. Mai, Sp. 333.]

Talents nicht sowohl als der Unbefangenheit, bleibt schlechterdings der Census, der allein zur Ausübung des wissenschaftlichen Stimmrechtes die Befugniß giebt. Nimmermehr durfte ein Mann von Häusser's Namen sich soweit herablassen, ein „mittelmäßiges Libell" Punkt für Punkt zu widerlegen, statt die gewissenlose Verdrehung der geschichtlichen That-sachen mit einem kurzen Worte der Verachtung von der Hand zu weisen. Was Wunder, daß Herr Klopp, stolz ob solcher unverdienten Ehre, die Gelegenheit benutzte, durch laute Gegenrede seinen Namen noch ruchbarer in der Welt zu machen? Mag Andere dieser sonderbare Streit belustigen, dies Kämpfen des sonnenklaren Rechtes wider die unzweifelhafte Verkehrt-heit; uns ist dabei quälend und beschämend die Unfertigkeit unserer Zu-stände vor die Seele getreten. Noch spürt Deutschland in jedem Athem-zuge seines staatlichen Lebens das Wirken seines großen Königs; und noch erlaubt die Unreife der öffentlichen Meinung, Friedrich's Größe zu bezweifeln!

Nr. 44.

Varnhagen von Ense, K. A., Tagebücher. (Aus dem Nachlaß des Ver-fassers.) 3. u. 4. Bd. Leipzig 1862.*)

Die vorliegenden Bände sind um Vieles interessanter als die vor-hergehenden. Zwar unnütze Klatschgeschichten von der zweifelhaftesten Wahrheit fehlen auch diesmal nicht; wie denn Referent mit Bestimmtheit glaubt versichern zu können, daß mehrere der von Heinrich Arnim er-zählten Histörchen schlechterdings unmöglich sind. Auch der Charakter des Verfassers erscheint keineswegs liebenswerther als früher; wie weit persönliche Abneigung ihn hinreißen kann, das möge man aus dem geradezu Ekel erregenden Zerrbilde abnehmen, das er von dem alten Schlosser ent-wirft. Das politische Urtheil ist oft von komischer Unsicherheit; nach der Schilderung des verbissenen Oppositionsmannes erscheinen die Posener Vorgänge im Jahre 1848 in solchem Lichte, als habe eine Rotte bos-hafter, gewaltthätiger Deutscher durch freche Mißhandlungen das harmlose Polenvolk aus seiner beschaulichen Ruhe gerissen! Trotzdem bieten die beiden Bände dem Historiker einige Ausbeute. Nicht nur weht uns die Luft einer von Grund aus anders gearteten Zeit aus diesen Blättern entgegen; jene — damals landläufigen — Urtheile über Polen und die widerwärtige Andacht, womit jedes hingeworfene Wort des elenden Tschech bewahrt und umhergetragen wird: wie vortrefflich bezeichnen sie die un-reife, unfreie Verbitterung jener Tage! Auch die Form der Darstellung wird etwas gerundeter. Varnhagen fühlt den schweren Ernst der Er-eignisse; schon im Jahre 1845 sieht er klar, daß man inmitten der preußischen Revolution stehe. Daher versucht er an mehreren Stellen das Geschehene zu resumiren; ja, aus dem Jahre 1848 erhalten wir sogar den Anfang einer zusammenfassenden Schilderung, welche die wider-sprechenden Gerüchte des Tags ausscheidet und uns lebhaft bedauern läßt, daß Varnhagen die Muße nicht fand, die ganze Sammlung seiner Notizen

---

*) [A. a. O., vom 3. Mai, Sp. 334; vergl. oben Nummer 38.]

in solcher Weise zu verarbeiten. Das krause Durcheinander kleiner Ge-
schichtchen lichtet sich, seit mit dem „vereinigten Landtage" ein größerer
Zug in die Ereignisse kommt, und wenigstens einzelne Factoren der weiteren
Entwicklung lassen sich allmählig klar unterscheiden. Namentlich ist das
Bestehen einer starken Opposition von Seiten der königlichen Agnaten
im Ganzen unverkennbar, obgleich in den Einzelheiten gerade hier sehr
Vieles gefabelt ist. Ebenso können wir es jetzt als erwiesen bezeichnen,
daß Friedrich Wilhelm IV. bereits bei der Huldigung die Absicht hatte,
die Einrichtung von Reichsständen zu verkünden, und erst in der zwölften
Stunde davon abgebracht ward. Am lehrreichsten vielleicht sind die
Unterredungen Varnhagen's mit dem in die Wiener Verhältnisse tief eingeweihten Minister v. Canitz. Erinnern wir uns der aus anderen sicheren
Quellen bekannten Thatsache, daß Fürst Hatzfeld und später Graf Maltzahn
ihre Wiener Gesandtschaftsberichte nur nach vorhergehender Berathung
mit Metternich zu schreiben pflegten, so erscheint eine hier (III, 4) gegebene Nachricht in eigenthümlichen Lichte. Während der griechischen
Wirren vom Jahre 1844 war Metternich so vertrauensvoll hingebend,
daß er seine Instruction für Prokesch v. Osten durch den preußischen
Gesandten schreiben ließ. Natürlich fand er sie vortrefflich und fügte nur
„ein paar Worte" hinzu; das Resultat der paar Worte war ebenso
natürlich, daß das Gegentheil der preußischen Wünsche geschah. Eine
solche entente cordiale gleicht allerdings auf's Haar dem Verhältnisse
von Lehnsherrn und Vasallen. — An Fräulein Assing erlauben wir uns
eine Frage, welche die Lectüre dieser Bände unabweislich aufdrängt. Daß
ihre tyrannenfeindliche Gesinnungstüchtigkeit jedes Wort des Unglimpfs
wider ihre preußische Heimath gewissenhaft wiedergegeben hat, wagen wir
nicht zu bezweifeln. Hat sie die gleiche Unerschrockenheit auch hinsichtlich
anderer Länder bewiesen? Oder hätte ihr Oheim wirklich Nichts über
die Leipziger August-Ereignisse vom Jahre 1845 aufgezeichnet?!

Nr. 45.

Kleist, Heinr. v., Politische Schriften und andere Nachträge zu seinen Werken.
Mit einer Einleitung zum ersten Mal herausgegeben von Rud. Köpke. Berlin
1862.*)

Bei dem Dunkel, das Kleist's Leben noch immer umhüllt, müssen
wir auch die Herausgabe dieser seiner kleinen, längst vergessenen und nie
lebhaft beachteten Aufsätze (zumeist aus den Zeitschriften: „Phöbus" Dresden
1808, und „Berliner Abendblätter" 1810) dankbar hinnehmen. In den
politischen Aufsätzen finden wir den Geist der Hermannsschlacht und der
patriotischen Gedichte getreulich wieder, oft sogar die Worte. Wohl durfte
Kleist seinen dialogischen Katechismus der Deutschen „nach dem Spanischen
abgefaßt" nennen; denn nicht mehr deutsch, sondern spanisch ist die Wildheit des Hasses wider die fremden Dränger, den er hier in den naiven
Reden eines Kindes sich aussprechen läßt. Am meisten bezeichnend für
den Mann sind die politischen Satiren, die Briefe eines rheinbündischen

---

*) [A. a. O., vom 10. Mai, Sp. 359.]

Officiers und eines märkischen Landfräuleins, voll schneidenden Hohns
und entsetzlicher Bitterkeit. Unter den Anekdoten und Erzählungen ver=
rathen einige durch rohen Cynismus und packende dramatische Kraft den
Verfasser sogleich; daneben stehen fremd und unerfreulich krasse Triviali=
täten und Wachtstubengeschichten, welche nur darum einiges Interesse
erregen, weil sie deutlich zeigen, daß Kleist im Herzen sein Lebtag
preußischer Officier der alten Schule blieb. Im Ganzen hinterläßt das
Buch einen traurigen, fast unheimlichen Eindruck. Auf eine Stelle in
der Literatur haben die flüchtigen Aufsätze keinen Anspruch; der Charakter
des Dichters aber enthüllt sich uns hier noch nackter sogar als in den
von Koberstein herausgegebenen Briefen Kleist's an seine Schwester; eine
unvergleichliche Energie des Vorstellungsvermögens, ein antiker Ernst der
patriotischen Empfindung neben sehr mangelhafter politischer Einsicht,
haltungsloser Leidenschaft und unseliger Verbitterung. — Die Echtheit
der, meist anonymen, ja zum Theil mit irreleitenden Chiffren versehenen
Aufsätze ist in den meisten Fällen unzweifelhaft. Nur in den Abschnitt
„gemeinnützige Aufsätze" haben sich unseres Erachtens einige apokryphe
Arbeiten eingeschlichen. Die Scherze „Aeronautik" und „Entwurf einer
Bombenpost" erinnern zwar durch gewisse Aeußerlichkeiten des Stils an
Kleist's Manier, ihr Geist dagegen macht die Autorschaft Achim v. Arnim's
wahrscheinlicher. Wir finden darin keineswegs mit dem Herausgeber den
Geist des „erfindungslustigen Planemachers", sondern einen harmlosen
Humor, der Kleist's scharfem satirischen Wesen ziemlich fern lag.

<hr>

Nr. 46.

Shakespeare's Gedichte. Deutsch von Wilh. Jordan. Berlin 1861.
Shakespeare's Sonette. In deutscher Nachbildung von Friedr. Boden=
stedt. Berlin 1862.*)

Nachdem die Dunkelheit des Originals und die Ungenießbarkeit der
Uebersetzungen von Lachmann und Regis Shakespeare's wunderbare Sonette
den Deutschen während langer Zeit völlig entfremdet und sie zum Gegen=
stande der sonderbarsten Vermuthungen gemacht hat, bringt uns endlich
ein Jahr zwei Uebersetzungen zugleich von anerkannten Formtalenten;
und es ist nicht leicht zu entscheiden, welcher dieser Arbeiten der Preis
gebühre. Bodenstedt's Uebersetzung ist die gereifte Frucht langer Jahre;
er beherrscht bekanntlich wie wenig Andere in Deutschland die Shakespeare=
Literatur, er bringt in den Noten ein reiches kritisches Material und hat
die offenbar grundfalsche Reihenfolge der Sonette in der englischen Aus=
gabe gänzlich abgeändert. Dadurch ist manches widrige Mißverständniß
beseitigt worden. Denn ist die enthusiastische Bewunderung männlicher
Schönheit, welche aus den Gedichten an den Grafen Southampton redet,
ohnedies dem stumpferen Formsinne der Gegenwart schwer verständlich,
so hat das prüde absichtliche Mißverstehen der edlen Gedichte dadurch
noch neue Nahrung gewonnen, daß man viele Sonette auf den Freund

*) [A. a. O., vom 24. Mai, Sp. 419.]

bezog, welche offenbar nicht ihm, sondern des Dichters „schwarzem Liebchen" gelten. Ein philologischer Beweis läßt sich hier nur selten führen, da viele englische Schmeichelworte (my love u. a.) das Geschlecht nicht verrathen; doch hat Bodenstedt unzweifelhaft in den meisten Fällen das Rechte getroffen. Weit rascher ist Jordan's Arbeit entstanden; die literarischen Mittheilungen seiner Einleitung sind nur aus Gervinus, Kreyßig und wenigen anderen der bekannteren Werke geschöpft; ja, er kennt nicht einmal Freiligrath's schöne Uebersetzung von Venus uub Adonis; auch behält er das tolle Durcheinander der englischen Reihenfolge arglos bei. Die Uebersetzung selbst aber verdankt gerade dieser schnellen, kurz angebundenen Weise des Arbeitens manchen glücklichen Wurf. Seine Verse fließen zumeist leichter und wohllautender dahin, als jene Bodenstedt's, der dann und wann eine Härte des Ausdrucks sich verzeiht, um die prägnante Schönheit des Urbildes nicht zu verlieren. Zur Charakteristik beider Uebertragungen vergleiche man zwei hochbedeutende und für Shake-speare's innerstes Wesen bezeichnende Gedichte, Nr. 66 (bei Bodenstedt 60) und 15 (bei Bodenstedt 108). Jenes, das an Hamlet's Monolog erinnert, hebt an: Tir'd with all these, for restful death I cry, as to behold — und nun folgt die finster eintönige Aufzählung aller irdischen Gebrech-lichkeiten, die sich endlich in den herrlichen Schlußzeilen zusammenfaßt und heiter auflöst: tir'd with all these, from these would I be gone, save that, to die, I leave my love alone. Bei diesem Gedichte ist offenbar strenges Einhalten der Form des Originals geboten; denn das scheinbar unschöne einförmige and—and, das jede Zeile eröffnet und eine neue menschliche Erbärmlichkeit aufzählt, bezeichnet wunderbar schön den schweren brütenden Charakter des Sonetts. Daher wird hier Jordan's elegante Leichtigkeit, die über diese „Härte" hinweghüpft, weit überboten von Bodenstedt's Treue. In Sonett 15 dagegen, jener berühmten Ver-gleichung des Menschenlebens mit der Vergänglichkeit der Schaubühne, ist der Vorzug des Wohllautes nicht nur, sondern auch der Treue ebenso unzweifelhaft auf Jordan's Seite. — Die ungemeine Schwierigkeit der Aufgabe und ihre glückliche Lösung durch beide Männer ermißt sich erst, wenn wir uns an Regis' Uebertragung erinnern mit Barbarismen, wie:

> Denn welcher Schönheit ungepflügter Schooß
> Verschmäht den Pflug wohl deiner Feldwirthschaft?

Wer diese neuen Uebertragungen beide zur Hand nimmt, wird darin eine Quelle des reinsten Genusses finden und das Erstaunen nicht unter-drücken können, wie lange doch die gebildeten Deutschen theilnahmlos an solchen Werken vorübergehen konnten. — Jordan's Buch enthält außer-dem noch Shakespeare's epische Gedichte. Hier ist der Uebersetzer noch freier verfahren — mit Recht, denn die Ueberladung dieser Gedichte läßt sich im Deutschen wortgetreu schlechterdings nicht wiedergeben, und die Schönheit des Verses wird durch den Verlust einzelner unreifer, oft barbarischer, Metaphern nicht allzu theuer erkauft.

Nr. 47.

Strauß, Dav. Friedr., Kleine Schriften biographischen, literar- und kunst-
geschichtlichen Inhalts. Leipzig 1862.*)

Wären sie noch zu belehren, jene blinden Zeloten, welche nicht müde
werden den „Ischariotismus" David Strauß's mit lautem Toben zu
verketzern: zu diesem Buche wollten wir sie führen, damit sie den ruchlosen Verfasser des Lebens Jesu als liebenswürdigen und liebevollen
Menschen kennen lernten. „Ich wollt', ich wäre der reine Verstand, wofür ich euch gelte", sagt Strauß im Vorworte, „so wäre mir manches
Ungemach im Leben erspart geblieben". Um jenem Doppelgänger seiner
selbst, der in der literarischen Welt spukt, zu Leibe zu gehen, um ein
getreues und allseitiges Bild seines Wesens zu geben, hat er diese Aufsätze gesammelt, welche, obwohl meistentheils schon gedruckt, ja in Vischer's
„Kritischen Gängen" bereits kritisirt, im großen Publicum noch nicht die
verdiente Beachtung gefunden haben. Auch ohne diesen persönlichen Grund
wäre die Herausgabe der Sammlung vollauf gerechtfertigt durch den
bleibenden Werth der Aufsätze. Die beiden Arbeiten über Spittler und
August Wilhelm Schlegel sind nach Form und Inhalt untadelhaft und
beweisen, daß die Deutschen im Essay es zwar der unsterblichen Lakonik
Bacon's noch nicht gleichgethan, Macaulay dagegen in der Eleganz der
Form erreicht, an Gedankengehalt bei weitem übertroffen haben. Das
Bild von Carl Immermann hätte an Wahrheit gewonnen, wenn der
Verfasser auf Immermann's praktisch-dramaturgische Thätigkeit ausführlicher eingegangen wäre. Wir können ihm nicht zugeben, daß Immermann ein trefflicher Bildner seiner Schauspieler war bloß „vermöge derselben Eigenschaften, die ihn unter anderen Umständen zum tüchtigen
Exerciermeister, Pädagogen und dergleichen gemacht haben würden" Fast
scheint es, Strauß's Urtheil über den Münchhausen wäre milder ausgefallen, wenn nicht Immermann darin der lieben schwäbischen Heimath
mit so bitterbösem Spotte zu nahe getreten wäre. Ist in diesem Aufsatze das Urtheil etwas zu streng, so zeigt sich dagegen der Verfasser in
der biographischen Skizze von seinem Jugendfreunde Ludwig Bauer als
warmherziger, wohlwollender Mensch. In ähnlichem Tone gehalten sind
die drei Aufsätze über bildende Kunst (über den Kunstfreund v. Uexkuell,
Eberhard Wächter und Gottlieb Schick), und Manchen wird es Wunder
nehmen, wie herzlich hier der schonungslose Kritiker sich in so ganz anders
geartete Naturen zu versenken weiß. Diesen umfassenderen Arbeiten voran
gehen zwei anmuthige literarische Genrebilder: „Brockes und Reimarus"
und „Klopstock am badischen Hofe". In jenem wird uns der stillvergnügte,
harmlose Poet des neunbändigen „Irdischen Vergnügens in Gott" nicht
ohne einige verzeihliche Schadenfreude enthüllt als heimlicher Anhänger
der Reimarus'schen Lehre. In diesem nimmt der moderne Ketzer den
frommen Dichter des Messias wider alte und neue Verkleinerer in Schutz.
— Den Schluß des Bandes bilden, außer Nachträgen zu den größeren
Werken über Frischlin und Schubart, einige Miscellen, darunter besonders

*) [A. a. O., vom 31. Mai, Sp. 442.]

hervorzuheben der Brief „eines beschränkten Kopfes" über Beethoven's neunte Symphonie, eine arge Ketzerei allerdings, aber hoffentlich ein fruchtbarer Wink für manche gedankenlose Nachbeter traditioneller Urtheile. Der kleine Aufsatz „die Asteroiden und die Philosophen" enthält eine scharf eindringliche Verwahrung wider die heute übliche Mißachtung der Philosophie — von demselben Manne, der unbefangen gesteht, „daß der Tag der Philosophie vorerst abgelaufen und der der Empirie angebrochen ist". Möge das schöne Buch dazu beitragen, daß David Strauß endlich unbefangen beurtheilt werde, von Jenen mindestens, welche noch unberührt geblieben von theologischer Verbildung; der Bann der auf diesem Manne lastet, entspricht wahrlich mehr englischen als deutschen Bildungszuständen.

Nr. 48.

Devrient, E., Geschichte der deutschen Schauspielkunst. 4. Bd. Das Hoftheater. Leipzig 1861. — A. u. d. T.: Dramatische und dramaturgische Schriften. 8. Bd.*)

Mit diesem Bande ist endlich das wichtige Werk geschlossen, und der Schluß bildet unzweifelhaft seinen bedeutendsten Theil. War der Verfasser in den früheren Bänden nur auf das literarische Material angewiesen, so konnte er in dieser Schilderung des „Hoftheaters" eine Fülle eigener Erfahrungen, persönlicher und thatsächlicher Eindrücke niederlegen. Er beginnt sein trauriges Gemälde mit dem verhängnißvollen Wendepunkte in der Theaterorganisation, der Intendanz des Grafen Brühl in Berlin. In dem Augenblicke, da man das Theater in die Hände standesfremder Führer gab, war der Verfall der deutschen Schauspielkunst entschieden, die einheitliche Leitung des Ensemble verschwand von der Bühne. Getragen von den bureaukratischen Traditionen der Zeit, nicht gehindert durch die Stumpfheit der deutschen Landtage, welche, in kleinlichen finanziellen Rücksichten befangen, den einzigen rettenden Gedanken einer staatlichen Leitung des Theaters nicht einmal zu fassen wagten — verbreitete sich die unselige neue Einrichtung bald durch ganz Deutschland. Diese Zeit, da auf den Trümmern des Ensembles sich das selbstsüchtige Virtuosenthum erhob, ohne daß an der Stelle der absterbenden bürgerlich-naturwahren Schule von Berlin und der idealistisch-rhetorischen von Weimar ein neuer Stil sich bildete — diese Zeit trügerischen Glanzes wird einer schonungslosen, nur allzuwahren, Kritik unterworfen. Die stark hervortretende Vorliebe des Verfassers für die realistische Schule der Schauspielkunst hat den ersten Bänden oftmals den Vorwurf der Einseitigkeit zugezogen. An dem gegenwärtigen Bande mag man sich von der Ungerechtigkeit dieses Tadels überzeugen. Der innere Zusammenhang des opernhaften Wesens, das unter der Herrschaft der Romantik einriß, mit der alten Weimar'schen Schule läßt sich nach dieser Darstellung nicht mehr ableugnen. Und wie fern der Verfasser von jeder Unterschätzung der Dramen der idealistischen Richtung sich hält, das beweist wohl am

*) [A. a. O., vom 14. Juni, Sp. 492.]

klarsten sein überraschendes Zugeständniß, sogar Tieck's Blaubart sei ein heute noch aufführbares Werk. — Die Detailschilderung der einzelnen Theater ist eine sehr undankbare Aufgabe; denn läßt sich über die allgemeine Auffassung mit Gründen für und wider streiten, so sind wir außer Stande die Versicherungen des Verfassers über das Spiel einzelner gestorbener Bühnengrößen zu prüfen; wir müssen sie hinnehmen auf Treu und Glauben. Und wir können es mit gutem Gewissen, wenn wir aus den folgenden Abschnitten über den Einfluß der Literatur auf die Schauspielkunst und die künstlerische Demoralisation das eindringende, unbestechliche Urtheil des Verfassers erkannt haben. Zum Schlusse wird Immermann's Düsseldorfer Direction mit gebührender Anerkennung besprochen. Schade nur, daß der allzu trübe, hoffnungslose Ton manchen jungen Künstler von der lehrreichen Lectüre zurückschrecken wird. Allzu trübe scheint uns der Ton, denn wenn der Verfasser selbst das gute Wort spricht, Shakespeare sei der Prüfstein für die Anschauung der Dramatik, so gründen wir gerade auf diesen Ausspruch die sichere Hoffnung, daß unserer Dramatik früher oder später ein neuer Tag aufgehen werde. Jede Vertiefung und Kräftigung unseres Volksgeistes — und wer darf leugnen, daß eine solche Wandlung heute unter schweren Wehen vor sich gehe? — muß am letzten Ende zurückwirken auf unsere Fähigkeit, die großen dramatischen Gebilde zu verstehen und darzustellen. — Den Aesthetikern empfehlen wir zu reiflichem Durchdenken des Verfassers wohlberechtigte Verwahrung gegen die Unsitte, die Schauspielkunst den „anhängenden", reproducirenden Künsten zuzuzählen. Geben alle in Wahrheit reproducirende Künste nur ein schwaches Abbild des Urbildes, so bringt umgekehrt die Schauspielkunst zu dem Werke des Dichters ein Neues hinzu. Nicht von dem geschriebenen Worte soll sie ausgehen, sondern von der ursprünglich schöpferischen Anschauung des Dichters, die er nur unvollständig durch Worte ausdrücken konnte. —

Nr. 49.

Heinrich Heine, Sämmtliche Werke. Rechtmäßige Original=Ausgabe. Bd. 4—8. Hamburg 1861, 62.*)

Der dritte Band enthält die bekannten englischen Fragmente, und eine zwar einmal schon gedruckte, aber in Deutschland fast gänzlich unbekannte Schrift „Shakespeare's Mädchen und Frauen", die ursprünglich den Commentar zu einer Galerie von Porträts bildete — ein wunderliches Gemisch leichter feuilletonistischer Plauderei und hochpoetischer tiefempfundener Schilderungen. Unwiderstehlich reizend und ein echtestes Zeugniß Heine'schen Geistes ist namentlich die Schilderung der Cleopatra. — Darauf folgen im vierten Bande die Novellistischen Fragmente, in Band 5—7 die, hier zuerst zu einem Ganzen abgerundeten, Aufsätze „Ueber Deutschland". Mit dem achten Bande endlich beginnt die Sammlung jener Correspondenzen über französische Zustände, welche Heine in die Augsburger Allgemeine Zeitung schrieb. Sie wird eingeleitet durch eine sehr

---

*) [A. a. O., vom 21. Juni, Sp. 518; vergl. oben Nummer 33.]

merkwürdige doppelte Vorrede. Wir brauchen nicht zu sagen, weshalb es bisher ungedruckt geblieben, dies mächtige Vorwort — ein furchtbarer Angriff wider das alte Preußen, ein mephistophelisches Durcheinander grober Lügen und schneidender Wahrheiten, zugleich eine enthusiastische Lobpreisung der verschollenen Lehre von der „heiligen Allianz der Völker".

Nr. 50.

Lassalle, Ferd., Herr Julian Schmidt der Literarhistoriker mit Setzer-Scholien herausgegeben. Berlin 1862.*)

Das Neue und Wahre in Julian Schmidt's Literaturgeschichte ist unserer beweglichen, jeden guten Gedanken erstaunlich rasch verarbeitenden Gesellschaft längst ein Gemeingut geworden. Nunmehr ist auf den ersten, in solchem Maaße nicht verdienten, Erfolg des Werkes der natürliche Rückschlag gefolgt. Schmidt's originelle Urtheile gelten bereits als gewöhnlich; um so auffälliger treten die häßlichen Schattenseiten seines Buches hervor. Aus allen Winkeln rufen jetzt die Schriftsteller, welche die Keule des gefürchteten Kritikers todtschlug, ihr vergnügtes „ich lebe noch"; und da J. Schmidt inzwischen durch das undankbare Amt eines conservativ-liberalen Publicisten auch den Grimm des souveränen Volkes auf sein schuldiges Haupt herabgerufen, so hält es Herr Lassalle für zeitgemäß, diese Stimmung der öffentlichen Meinung zu benutzen und an Julian Schmidt die Schindung bei lebendigem Leibe mit einer kaltblütigen Grausamkeit zu vollziehen, welche er offenbar durch aufmerksames Studium der Werke des Verbrechers selber sich angeeignet hat. Doch müssen wir Herrn Lassalle das Lob geben: während jede Härte und Ungerechtigkeit J. Schmidt's immer noch den denkenden, gebildeten Mann zeigt, so versetzt uns dagegen diese Lassalle'sche Polemik durchaus in die dunstige Luft jener Locale, worin Fischweiber und Sackträger sich von den Mühen des Daseins zu erholen pflegen. Wohlweislich vermeidet es Lassalle, seine Angriffe vorwiegend gegen den dritten Band von Schmidt's Werk zu richten, der den Zorn eines echten Literaten sicherlich am stärksten herausfordert, aber auch am schwersten zu widerlegen ist. Hauptsächlich aus dem ersten Bande vielmehr wird eine Reihe von Stellen aus dem Zusammenhange herausgerissen und mit einer Fluth der niedrigsten Schimpfwörter übergossen. Einige dieser Aussprüche hat Lassalle gröblich mißverstanden oder unehrlich verdreht; andere lassen sich mit Recht anfechten; die Mehrzahl aber sind schroffe Ausdrücke oder lapsus calami, welche sich aus der Derbheit eines nicht gerade zartbesaiteten Gemüths und aus der journalistischen Flüchtigkeit von Schmidt's Schreibweise leicht erklären. — Den Philologen mag es interessiren, sich durch mehr denn zweihundert Seiten voll Schimpfreden hindurchzuschlagen, um die Begabung unserer Sprache auch für das Gemeine zu verstehen. Die übrigen Leser aber warnen wir vor der Berührung dieses unsauberen Buches, das statt des Witzes nur die nackte Gemeinheit enthält und statt des Gelächters nur

---

*) [A. a. O., vom 12. Juli, Sp. 588.]

Efel erweden kann. Wir bedauern die unbegreifliche Verirrung des durch andere Arbeiten als talentvoll bekannten Verfassers.

Nr. 51.

Bed, Dr. Jos., Geh. Hofr., Freiherr J. Heinrich von Wessenberg. Sein Leben und Wirken. Zugleich ein Beitrag zur Geschichte der neueren Zeit. Auf der Grundlage handschriftlicher Aufzeichnungen Wessenberg's. Freiburg 1862.*)

Ein bewährter Kämpfer wider das ultramontane Wesen setzt in diesem Buche dem ehrwürdigen Altmeister der nationalen Richtung des deutschen Katholicismus ein ehrendes Denkmal. Mit Recht nennt sich die Schrift einen Beitrag zur Geschichte der neueren Zeit; denn nicht un- erheblich sind die hier gegebenen actenmäßigen Aufklärungen über eine Reihe der wichtigsten Ereignisse, so über das Pariser National-Concil vom Jahre 1811, ferner über die durch Baierns Souveränitätsdünkel vereitelten Verhandlungen am Wiener Congresse wegen der Reorganisation der katholischen Kirche Deutschlands u. a. Wird durch diese Aufschlüsse das Werk dem Historiker unentbehrlich, so empfehlen wir es noch dringender den gebildeten Protestanten überhaupt. Sie werden hier das lebendige Bild von einer gut katholischen und doch nicht päpstlichen Richtung er- halten, welche von den eigensten Zügen des deutschen Geistes sehr Vieles an sich trägt, im Westen Deutschlands eine gewaltige Macht bildet und doch von den Protestanten des Nordens selten in ihrer ganzen Bedeu- tung gewürdigt wird. Ganz folgerichtig freilich verfährt diese ehrenwerthe Richtung nicht; denn auch für diese hellsten Köpfe des Katholicismus giebt es eine Grenze, an welcher die Freiheit des Denkens in „Willkür" um- schlägt, und z. B. David Strauß geht ihnen schon über diese Grenze hinaus; aber sehen wir näher zu, so läßt sich derselbe Vorwurf der In- consequenz auch gegen die ungeheure Mehrzahl der protestantischen Theo- logen erheben. — Die Darstellung ist warm und lebendig, wenn auch etwas weitschweifig; das historische Urtheil — den Standpunkt des Ver- fassers einmal zugegeben — in den meisten Fällen sicher und wohl- begründet. Freilich Dalberg's Charakterschilderung ist sicherlich allzu freundlich gehalten, was wir dem Biographen seines Freundes wohl zu Gute halten müssen; und die unbegreifliche Ueberschätzung des charakter- losen Schönredners Münster, welche sich wie eine ewige Krankheit durch die meisten neueren Geschichtswerke hindurchschleppt, findet sich auch in diesem Werke wieder. Andererseits scheint uns das Urtheil über Niebuhr's Verhandlungen in Rom, obgleich es ebenfalls der Meinung der Mehr- zahl der Historiker entspricht, allzu hart; denn hatte es auch die schwersten praktischen Folgen, daß Preußen sich von den gemeinsamen Unterhand- lungen der protestantischen Staaten fern hielt, so dürfen wir doch nicht vergessen: theoretisch war der Standpunkt Niebuhr's, der ein Concordat grundsätzlich verwarf und nur auf eine Circumscriptionsbulle hinarbeitete, unzweifelhaft richtiger als die Meinung Wangenheim's und der anderen Staatsmänner vom Oberrheine, welche ja später von ihnen selbst wieder

---

*) [A. a. O., vom 19. Juli, Sp. 598.]

aufgegeben werden mußte. — Trotz solcher Mängel bleibt das Werk des wärmsten Dankes werth. Jeder Leser wird daraus die tröstliche Ueberzeugung entnehmen, daß die Gemeinsamkeit der deutschen Geistesbildung heute Gottlob tausendmal stärker geworden ist, als die trennenden Unterscheidungen des confessionellen Glaubens.

Nr. 52.

Fichte, J. H., Johann Gottlieb Fichte's Leben und literarischer Briefwechsel. 2., sehr vermehrte und verbesserte Auflage. Band 1 und 2. Leipzig 1862.*)

Wie die Flagge, welche das Werk am Maste trägt, eine andere, bekanntere geworden ist (die neue Auflage ist aus einer wenig gekannten Sulzbacher Handlung an den Brockhaus'schen Verlag übergegangen), wie die äußere Ausstattung sich verschönert hat, so ist auch der innere Werth des Buches in der neuen Ausgabe erheblich gestiegen. Eine interessante und erfreuliche Beschäftigung, in der That, an der Vergleichung der beiden Auflagen zu erkennen, wie der Streit der Philosophenschulen seit einem Menschenalter stiller und stiller wird, und — in demselben Maaße — das Charakterbild unserer großen Denker klarer und reiner vor die Augen unserer Tage tritt. Ueber Bord geworfen sind jetzt alle jene polemisch-theoretischen Excurse, deren der Verfasser in der ersten Ausgabe noch bedurfte, um mindestens die Grundzüge von Fichte's System und Charakter einer grundsätzlich befangenen Zeit zu erklären. Nicht als ob bei allen Fragen zweiter Ordnung das wissenschaftliche Urtheil über Fichte bereits abgeschlossen wäre. Hat doch der Verfasser selbst, wie uns scheinen will, über seines Vaters letzte Epoche keine ganz sichere Meinung: er mußte, schärfer als es geschehen, betonen, daß die religiöse Richtung von Fichte's letzten Jahren zwar seinen Charakter erst zur vollen harmonischen Entfaltung gebracht hat, aber vom philosophischen Standpunkte dennoch für eine Folgewidrigkeit erklärt werden muß. Doch wird im Allgemeinen Fichte's Bedeutung heute so übereinstimmend anerkannt, daß der Verfasser sich in der neuen Auflage wesentlich auf die Mittheilung von Thatsachen beschränken konnte. Und diese Thatsachen sind so zahlreich, so gewissenhaft geordnet, die neueren Schriften von Hase, Köpke, Varnhagen u. A. so sorgfältig benutzt, daß wir gern die Klage unterdrücken: warum doch der herrliche Stoff mit einem so mäßigen Darstellungstalente behandelt werden mußte? — sondern vielmehr der tüchtigen, sauberen Arbeit uns herzlich freuen, als der einzigen würdigen Biographie von Fichte, die wir besitzen. Der zweite Band enthält Fichte's literarischen Briefwechsel, welchem die früher besonders herausgegebenen Briefe an Schiller und Schelling eingefügt sind. Um Fichte's seltsames Verhältniß zu Schleiermacher zu begreifen, bleibt der Leser leider auf sein eigenes Ahnungsvermögen angewiesen. Auch des Verfassers Bemerkungen über seines Vaters politische Ideen — namentlich in den letzten Jahren — sind ziemlich dürftig.

---

*) [A. a. O., vom 2. August, Sp. 645.]

---

578 Anhang.

Nr. 53.

Stahr, Ad., Fichte, Der Held unter den deutschen Denkern. Ein Lebensbild. Zur Säcularfeier seines Geburtstages. Berlin 1862.*)

Mit seiner bekannten Federgewandtheit und seinem noch bekannteren vielseitigen Enthusiasmus giebt der Verfasser ein Excerpt aus Fichte's Biographie von seinem Sohne. Wir leugnen nicht, daß es auch solche Känze geben muß. Denn sicherlich, nur diese Schrift hat eine ganze Reihe von Fichterednern erst befähigt, über ihren Helden zu sprechen, von dem sie kurz zuvor wenig mehr als den Namen kannten. Einen wissenschaftlichen Werth besitzt das Büchlein nicht. Doch auch mit seinem letzten Zwecke populärer Belehrung stimmt Manches darin nicht überein. Nicht nur verletzt hie und da der Schwulst der Sprache — vergleichbar dem geschmacklosen Titel — sondern Herr Stahr wird auch durch seine sanguinische Begeisterung zu einigen groben Unrichtigkeiten verführt. So behauptet er u. A., Fichte's Demokratismus habe nur darin bestanden, daß er „lieber gar nicht sein mochte als der Laune unterworfen und nicht dem Gesetze", während doch ein guter Theil von Fichte's Größe in jenem verwegenen Radicalismus gelegen ist, der, über die Welt weg- schreitend, den Staat allein aus dem Gedanken heraus aufzubauen wagt. Solche Versuche zu beschönigen, wo in Wahrheit nichts zu bemänteln ist, berühren dreifach befremdlich in einer dem deutschen Nationalvereine gewidmeten Schrift. Denn daß die politischen Gedanken der Rochow und Genossen dem Fichte'schen radicalen Idealismus schnurstracks zuwider- laufen, das werden auch ihre Feinde nicht leugnen. Hier galt es also, muthig den Gegensatz unserer und der Fichte'schen Zeit hervorzuheben, statt in vager journalistischer Lobrednerei sich zu ergehen.

Nr. 54.

Häusser, Ludw., Deutsche Geschichte vom Tode Friedrich's des Großen bis zur Gründung des deutschen Bundes. 3. verb. u. verm. Auflage. 1. Bd. Berlin 1861.**)

Die Vorzüge des trefflichen Werkes, das sich bereits seine feste Stelle in unserer Literatur errungen, sind uns beim Vergleichen dieser neuen Auflage wieder sehr lebhaft vor die Augen getreten. Gewiß, jenen glänzenden Ideenreichthum, der die Werke von Mommsen, Gervinus, Sybel auszeichnet, suchen wir bei Häusser vergebens, und seine Schreib- weise erinnert oft daran, daß er einen guten Theil seiner Kräfte der journalistischen Thätigkeit gewidmet hat, welche jedes rasche Wort, wenn es nur zutrifft, ohne Rücksicht auf seine Schönheit sofort zu verwenden gebietet. Aber wie wohlthuend und erfrischend wirkt doch der strenge Geist der Wahrhaftigkeit in Häusser's Werken. Nicht nur ist nicht eine Thatsache gefärbt oder entstellt worden durch seine entschieden ausge- sprochene Parteigesinnung; auch die verführerische Neigung, die Dar-

*) [A. a. O., vom 2. August, Sp. 646.]
**) [A. a. O., vom 23. August, Sp. 717.]

stellung zu blendenden Pointen und Antithesen zuzuspitzen, steht seinem
hellen gesunden Verstande gänzlich fern. Mögen Andere über die Breite
von Häusser's Darstellung klagen; uns scheint, diese lebendige Lust am
Erzählen, an dem Kerne der Geschichte, ihrem epischen Elemente, bilde
eine wesentliche Tugend des Historikers und wirke ansteckend auf den
Leser, der nicht müde wird, dem behaglichen Flusse der Erzählung zu
folgen. Die neue Auflage, fast noch schöner ausgestattet als die früheren,
ist wesentlich umgearbeitet, da die preußische Regierung bekanntlich neuerdings „in liberalster Weise" die Benutzung des geheimen Staats= und
Cabinetsarchivs sogar zur Erforschung einer noch weit jüngeren Vergangenheit gestattet. Die Ergebnisse dieser Forschungen haben zwar die
allgemeine Auffassung des Ganges der Ereignisse nicht verändert; namentlich
erhält die von Häusser und Sybel zuerst aufgestellte verständige Erklärung
des Baseler Friedens aus den Papieren des Berliner Archivs eine neue,
glänzende Bestätigung. Aber im Einzelnen sind die Irrgänge der Berliner und Wiener Staatskunst so oft in ein anderes Licht gerückt, die
Urtheile der früheren Auflagen so häufig tiefer begründet, daß der erste
Band, trotz mannigfacher Kürzungen in den ersten Abschnitten, um 56
Seiten angeschwollen ist. Vortrefflich ist u. A. Häusser's letztes Wort
über den Tag von Pillnitz, das schon darum Beachtung verdient, weil
es sich der Tradition wieder etwas nähert, die Ueberlieferung aber nur
sehr selten das gerade Gegentheil der Wahrheit behauptet: „er hat den
Keim gelegt zu der Besorgniß vor bewaffneter Contrerevolution des
Auslandes, und dieser Keim hat in der entscheidenden Stunde mit einer
Raschheit und Macht sich entfaltet, die alle Berechnungen der Urheber
weit überstieg". Namentlich die Einwirkung der polnischen Frage auf
den Krieg im Westen (S. 350, 481, 557 ff.) wird hier zum ersten
Male von Häusser ganz selbstständig behandelt, während die früheren
Auflagen hinsichtlich dieses Punktes zumeist Sybel folgten. Manche
ältere Vermuthung erscheint gegenwärtig als Gewißheit, so die Thatsache, daß Kaiser Franz bereits beim Beginne des Feldzugs von 1794
zum gänzlichen Aufgeben des unbequemen „Belgischen Mühlsteins" im
Nothfalle entschlossen war. Noch schärfer als früher betont Häusser
diesmal — gleich Sybel — daß die Erwerbung Baierns den Mittelpunkt der Wiener geheimen Pläne bildete, bis mit Thugut's Regimente
die österreichische Habsucht einen noch vageren und vielseitigeren Charakter
annahm. Nur über sehr wenige, untergeordnete Punkte besteht noch
eine Meinungsverschiedenheit zwischen Sybel und Häusser, so über die
Frage, ob Haugwitz's Verfahren gegen Möllendorf nach dem Haager
Vertrage vom 19. April 1794 zweideutig oder, wie Sybel meint,
blos bequeme Trägheit gewesen sei. Wir glauben, daß Häusser in
diesem Falle nicht das Rechte trifft. — Besonders reichhaltig sind die
Ergänzungen zur Geschichte der Baseler Verhandlungen. Nach seinen
neu aufgefundenen Aufzeichnungen erscheint Hardenberg als der einzige
preußische Staatsmann, der damals Frankreichs Schwäche durchschaute,
leider ohne in Berlin Gehör zu finden — ein neuer Beitrag zu jener
milderen Beurtheilung Hardenberg's, welche, vornehmlich von Gervinus

verfochten, in der Wissenschaft sicherlich noch zur Herrschaft gelangen
wird, trotz der entgegenstehenden Meinung von Stein und also auch von
Pertz. — Auf den bereits erschienenen dritten Halbband kommen wir
zurück, wenn der zweite Band vollständig vorliegt.

Nr. 55.

Friedrich, Prinz von Schleswig-Holstein-Noer, Aufzeichnungen aus
den Jahren 1848—1850. 2. Aufl. Zürich 1861.*)

Ein stofflich überaus interessanter Beitrag zur Zeitgeschichte, aber
von sehr zweifelhaftem historischen Werthe, und überdies eine höchst
unerquickliche Lectüre. Denn mit wahrhaft homerischer Naivetät und
unerschöpflicher Geschwätzigkeit enthüllt sich hier ein selbstgefälliger, un-
großmüthiger Charakter. „Mein Vater war deutsch, beginnt das Buch,
meine Mutter dänisch, meine Großmutter englisch u. s. w. Daß bei
einer solchen Abstammung, Erziehung und Entwicklung von großem
Nationalgefühle nicht die Rede sein kann, wird Jeder einräumen müssen.
Hierauf mache ich daher gar keinen Anspruch und sehe darin mehr Beschränktheit als Ausbildung des menschlichen Geistes, bei dem jetzigen
Standpunkte allgemeiner Bildung und unbeschränkten Verkehrs". Getreu
dieser kosmopolitischen Sinnesweise, welche freilich durch den „jetzigen
Standpunkt allgemeiner Bildung" längst zum Anachronismus geworden
ist, erblickt der Verfasser in dem schleswig-holsteinischen Handel lediglich
die Rechtsfrage, die Frage nach der verfassungsmäßigen gemeinsamen
Gesetzgebung und Verwaltung beider Herzogthümer. Damit ist von
vornherein erklärt, daß wir auf eine staatsmännische Betrachtung des
Streites verzichten müssen. Denn eine vornehme, staatsmännische Behandlung des Handels ist nur denkbar, wenn der Kampf der Gegenwart im Zusammenhange betrachtet wird mit seiner großen, welthistorischen
Entwicklung, mit dem stetig fortschreitenden Zuge deutscher Gesittung
von Süden gen Norden — ein Weg, den bekanntlich Beseler in allen
seinen Streitschriften in glücklichster Weise verfolgt hat. So unabweisbar
drängt sich die nationale Bedeutung des Kampfes auf, daß selbst unser
kosmopolitischer Verfasser auf den letzten Seiten mit großem Pathos
von der „vaterländischen Sache" redet. Der größte Theil des Buches
behandelt die Wirksamkeit des Prinzen als Oberbefehlshaber der schleswig-
holsteinischen Armee im Sommer 1848. Nicht blos den nationalen
Ideen der Zeit, sondern auch den liberalen Neuerungen der provisorischen
Regierung tritt der conservative Soldat schroff entgegen. Manche seiner
schonungslosen Anklagen sind unzweifelhaft begründet. Solche Mißver-
hältnisse ergeben sich immer mit Nothwendigkeit, wo eine Regierung von
Civilpersonen in den Vertheidigungskrieg eines kleinen Landes unmittelbar
eingreifen will, ja muß. Wenn aber der Prinz Beseler, Reventlow-
Preetz und den Redacteur der schleswig-holsteinischen Zeitung Theodor
Mommsen mit Olshausen, ja sogar mit L. Stein kurzerhand in eine
Reihe stellt und „diese Menschen" allesammt als wüste Demagogen und

---

*) [A. a. O., vom 6. September, Sp. 765.]

unwissende Schreier schildert, so richtet er sich selbst. Denn Jedermann weiß, daß die schleswig-holsteinische Bewegung ihrem conservativen Ursprunge getreu und der rothen Demokratie im Ganzen fern geblieben ist. Und wie seltsam! Der Hauptvorwurf, welchen die Herzogthümer gegen den Prinzen mit großer Stimmenmehrheit erhoben und noch erheben, ist die Anklage der Unentschlossenheit, des Schwankens. Mit befremdlicher Reizbarkeit antwortet hierauf der Prinz, indem er solche Fälle in den Vordergrund stellt, wo sein Entschluß ein rascher, fast leichtsinniger war, und indem er pathetisch fragt: wie könne ein anerkannt kühner Rossebändiger, ein wetterfester Ruderer feig vor den Kugeln sein? Diese armselige Prahlerei wird den gehofften Eindruck gewiß verfehlen. Die kleinliche Intrigue, woraus der Prinz seinen Sturz herleitet, klänge sogar dann kaum glaublich, wenn die Männer der provisorischen Regierung wirklich jene Elenden wären, als welche er sie schildert. — Erfreulicher sind die späteren Capitel, welche die Ohnmacht der preußischen Staatskunst und die Kriegführung der Jahre 1849 und 1850 einer scharfen Kritik unterwerfen, höchst interessant u. A. die Mittheilung von jener großen Dislocirung der Armee am 6. August, wodurch Marschall Wrangel vermied, daß seine Truppen dem Reichsverweser den Huldigungseid leisteten. Leider blickt auch aus diesen Abschnitten die gehässige Absicht hervor, des Prinzen eigene Kriegsführung von dieser Folie um so glänzender sich abheben zu lassen. Gar eigen verwandelt sich der etwas herzlose Ton des Anfangs im Schlußcapitel in lebendige Wärme. Hier fällt der Prinz ein schonungsloses, doch gerechtes Urtheil über den glücklichen Beendiger des Kampfes, den Czaren Nikolaus; hier spricht er scharf und gut über das Unrecht des Londoner Protokolls. Nur ist er im Irrthume, wenn er das „Recht von Gottes Gnaden" in diesem Handel zum ersten Male verletzt meint. Dies „Recht" ist vielmehr mit Füßen getreten worden, solange die Welt steht, und niemals frecher als in der Zeit des reinen Absolutismus. Bezeichnend bleibt es für den formalen Rechtsstandpunkt des Prinzen, daß er ernstlich vorschlägt, das männliche Erbfolgerecht der Herzogthümer, das für Dänemark allerdings nur durch den, von den Agnaten nicht anerkannten, Gewaltstreich, der lex regia aufgehoben worden, wieder auf Dänemark auszudehnen — also daß nach dem Aussterben des gegenwärtigen dänischen Königshauses die Augustenburger das Erbe der Gesammtmonarchie antreten würden. Die Frage stößt ihm gar nicht auf: ob die bitterlich gereizte Demokratie von Kopenhagen die Herrschaft der tödtlich gehaßten Augustenburger ertragen würde? Ebenso wenig die andere Frage: ob nach den schrecklichen Erlebnissen der jüngsten zehn Jahre ein friedliches und glückliches Zusammenwohnen von Deutschen und Dänen in Einem Staate auf die Dauer überhaupt noch möglich ist? Indeß beherrscht den Prinzen formal-juristische Gesinnung nicht gänzlich. Sehr eifrig vielmehr zieht er Lord Palmerston's Plan, Schleswig nach der Sprachgrenze zu theilen, in Erwägung. Und dies, in der That, ist ein Gedanke, worüber die praktische Politik sich streiten mag: — obwohl wir nach dem historischen Verlaufe und nach den Mittheilungen Beseler's und anderer Kundiger nicht glauben können, daß er den Wünschen der Schleswiger entspricht. Dieser Plan wird über kurz oder lang eine bedeutende Rolle spielen unter den Aufgaben der deutschen Staatskunst. Möchte daher ein wahrhaft Berufener, ein minder Befangener als der Prinz von Noer die Deutschen durch ein eingehendes Urtheil darüber belehren und den Anstoß geben zu allseitiger Beleuchtung.

Nr. 56.

Gottschall, Rud., Die deutsche Nationalliteratur in der ersten Hälfte des 19. Jahrhunderts. Literarhistorisch und kritisch dargestellt. 3 Bände. 2. verm. u. verb. Aufl. Breslau 1860, 1861.*)

Da die Unsitte der Deutschen, Literaturgeschichten zu lesen, bevor sie die Literatur selber kennen, voraussichtlich so bald nicht schwinden wird, so müssen wir diese sehr verbesserte Auflage des bekannten Gottschall'schen Werkes willkommen heißen; denn sie ergänzt und berichtigt manche Einseitigkeit der Darstellung von Julian Schmidt. — Drei Eigenschaften des Historikers freilich mangeln dem Verfasser gänzlich. Zuerst der Stil, denn jener „Schwung", dessen Gottschall sich rühmt, offenbart sich lediglich in einem schwülstigen Feuilletonstile und unsinnigen Metaphern. Sodann die strenge Gewissenhaftigkeit; von einer großen Zahl der besprochenen Bücher wird dem halbwegs Eingeweihten sofort klar, daß der Verfasser sie nur flüchtig durchblättert hat. Endlich der Sinn für das Große: sein leichtblutiger Enthusiasmus behandelt A. Grün ziemlich in demselben Tone wie Byron, und daß Heine ein Genius war, Börne ein unfertiges Talent, wird Niemand aus Gottschall errathen. Müssen wir also das Buch aus der Reihe streng historischer Werke hinausweisen, so bleiben ihm doch einige Vorzüge, vornehmlich eine wohlthuende Liebe zur Sache. Der Verfasser führt häufig die Worte der Dichter an — mit Geschmack und nicht allzu oft — und beweist damit, daß er nicht ein selbstgefälliger Kritiker ist, sondern selbstthätiger Schriftsteller, der das Geheimniß aller Kunst errathen hat. Auch die Abschnitte des zweiten Bandes über Literatur und Publikum, sowie über die Bühne (wohl die besten des ganzen Werkes) zeigen den Mann vom Handwerk, der ein Herz hat für das Hinüberwirken der Kunst auf das Volk. Dagegen ist unser obiges Wort, daß Gottschall das Schmidt'sche Werk vielfach ergänze, nur mit Einschränkung zu verstehen. Der übertriebenen Verachtung der neuesten Kunst tritt hier eine noch entschiedenere Feindseligkeit gegen unsere classische Dichtungsepoche gegenüber. Während Schiller und namentlich Goethe sehr kühl behandelt werden und sich gefallen lassen müssen, daß Jean Paul ihnen als Dritter im Bunde zugesellt wird, ergießt sich im dritten Bande, dem verfehltesten des Buches, ein Strom des Lobes über Gerechte und Ungerechte vom jüngsten Datum. Natürlich bildet Herr Gutzkow den Glanzpunkt dieser neuesten Zeit. Der Gegensatz zu Julian Schmidt, in der Vorrede auf's breiteste entwickelt, tritt in der absichtlichsten Weise hervor; H. v. Kleist und G. Freytag leiden bitterlich

---

*) [A. a. O., vom 27. September, Sp. 848.]

darunter. Das Bedenkliche einer Literaturgeschichte der Gegenwart offenbart sich am klarsten bei der Eintheilung des Stoffes, bei diesen ohnmächtigen Versuchen, das lebendige Leben in Categorien einzuschachteln.
Die beiden Humboldt, Fürst Pückler, Chamisso und Varnhagen erscheinen
vergnüglich zusammen als „deutsche Originalcharaktere"; die „modernen
Anakreontiker" sind: Gaudy, Geibel, Kopisch, Holtei und Reinick! Von
der historisch-politischen Literatur versteht der Verfasser sehr wenig. Besser
durchdacht sind die Abschnitte über die Philosophie, bei welchen der Einfluß
von Rosenkranz sichtbar wird. — Obgleich manches einzelne Urtheil bei
Gottschall billiger und der Ton des Ganzen wärmer und erfreulicher ist
als in dem Werke J. Schmidt's, so bleibt doch der wissenschaftliche Werth
des letzteren bei weitem größer.

Nr. 57.

Andlaw, Franz Freih. v., Mein Tagebuch. Auszüge aus Aufschreibungen
der Jahre 1811—1861 zusammengestellt. 2 Bände. Frankfurt a. M. 1862.*)

Bei dem in der Natur wie in dem denkenden Menschen vorhandenen horror vacui ist es keine leichte Aufgabe, sich einen Begriff zu
bilden von dem Kopfe eines „Staatsmannes", der aus einer mehr als
dreißigjährigen Laufbahn als badischer Diplomat nichts Besseres mitzutheilen weiß, als das Nichts dieser zwei Bände. Der Freund und
Vetter des Fürsten Metternich erzählt mit nie versiegender Geschwätzigkeit von seiner Familie, von seinen Studien und den Professoren, die er
hörte, von seinen diplomatischen Reisen nach Paris, Frankfurt, Wien,
von den Staatsmännern, die er sah, den Schönheiten, mit denen er tanzte,
und auf dem Liebhabertheater spielte. Angenehm unterbrochen wird die
lange Kette dieser Fadaisen dann und wann durch einen Wuthausbruch
seiner ultramontanen Gesinnungen oder durch ein seichtes Urtheil über
einen Staatsmann. Charakteristisch ist namentlich die gehässige Aeußerung
des conservativen Diplomaten über Gentz; der Mann war ihm ersichtlich
zu genial. Außer einigen geringfügigen Personalnotizen lernt der Historiker aus dem Buche nur das Eine, wes Geistes Kinder die vielgewandten
Helfershelfer der Metternich'schen Staatskunst im Durchschnitt waren. —
Als Herr v. Andlaw als junger Mann vor Pius VIII. erschien und
Kniebeugung und Handkuß mit absonderlicher Inbrunst verrichtete, sagte
der heilige Vater lächelnd: Che galantuomo. Herr v. Andlaw schildert
seine Freude über das gnädige Wort und fügt wehmüthig hinzu: hätte
ich gewußt, wer heute diesen Beinamen führen würde, so hätte ich ge-
trauert. Der mitfühlende Leser wird die Berechtigung dieses Schmerzes
zu würdigen wissen und Herrn v. Andlaw das Zeugniß nicht versagen,
daß er allerdings nicht verdient hat, mit König Victor Emanuel denselben Beinamen zu führen.

---

*) [A. a. O., vom 22. November, Sp. 1036.]

Nr. 58.

Europa's Cabinette und Allianzen. Vom Verfasser der Pentarchie. Leipzig 1862.*)

Eine sehr merkwürdige Denkschrift von demselben räthselhaften Publicisten, der schon im Jahre 1834 das im Portfolio abgedruckte „Memoire über Deutschlands Gegenwart" schrieb und in den vierziger Jahren die Welt mit Erstaunen und die Russophoben mit neuer Angst erfüllte durch das scheinbar offenherzige Aussprechen der Hintergedanken des Petersburger Cabinets in der „Europäischen Pentarchie". Die Worte sind inzwischen andere geworden, doch auch wer nur leicht hinhört, wird bald den Klang derselben Stimme erkennen. Noch immer das alte Prahlen mit der unzerstörbaren Herrlichkeit des Russenthums, dem „stummgefaßten Martyrmuthe der anatolischen Kirche", noch immer die gleiche liebevolle Fürsorge für den Fortbestand der deutschen Kleinstaaterei, und noch immer — aber verstärkt durch die bitteren Erfahrungen des orientalischen Krieges — der alte unversöhnliche Groll gegen Oesterreich. Preußen ist, argumentirt der Pentarchist, durch die Gründung seiner Verfassung dem übrigen Deutschland näher getreten; denn obwohl eine Verfassung ein ziemlich werthloses Idol ist, so sind doch die in Deutschland herrschenden Juden und Demagogen entschlossen von diesem Traumbilde nicht zu lassen; daher bleibt es ein Glück für Preußen, daß es durch das Betreten des constitutionellen Weges seinen Einfluß auf Deutschland vermehrt hat. Dieser Einfluß jedoch soll sich nimmermehr verstärken durch eine Union, eine Reichsverfassung, die dem Rechtssinne des deutschen Volkes schnurstracks zuwiderlaufe, sondern lediglich durch ein freies, freundschaftliches Zusammenhalten der deutschen Fürsten, wie es sich schon einmal glorreich zeigte auf dem — Tage von Baden-Baden. Dies die lockende Aussicht, welche der Russe dem von ihm zärtlich geliebten deutschen Volke eröffnet! Oesterreich dagegen ist ein Donaureich, nicht bestimmt zur vorherrschenden Einwirkung auf Deutschland und Italien, sondern berufen, den Schwerpunkt seines Reiches nach Buda-Pesth zu verlegen, allen Germanisirungsgelüsten zu entsagen und einen Föderativstaat aller Völker der Donau bis zu ihrer Mündung zu gründen. Den Werth dieses aus Wahrheit und Lüge künstlich gemischten Vorschlags mag Jeder ermessen, der sich erinnert, wie unglaublich tief das Ansehen Oesterreichs im Oriente augenblicklich gesunken und wie aussichtslos darum jeder Versuch ist, die Grenzen des Reiches gen Osten zu erweitern. Den kräftigsten Einwand gegen seinen Rath weiß der Pentarchist mit heiligem Ernste zu widerlegen. Nur alte Weiber träumen von den Gelüsten Rußlands auf die Balkanhalbinsel. Vielmehr werden seine gottgeweihten Czaren ihre himmlische Mission dann vollendet haben, wenn die Gräuel des Islam aus der Hagia Sophia vertrieben sind; an eine politische Herrschaft über das illyrische Dreieck hat Rußland nie gedacht. Diese Versicherung giebt uns dasselbe Buch, welches den ausführlichen — und allerdings unwiderleglichen — Beweis führt, daß Staat und Kirche nach

*) [A. a. O., vom 22. November, Sp. 1037.]

dem Glauben der orientalischen Christen nothwendig zusammenfallen müssen! Rußlands Stärke im Oriente liegt vielmehr in seiner Stellung im Kaukasus; sein Plan ist die bestimmende Einwirkung auf Asien. Von da aus wird es seine Hand reichen der französischen Macht, die auf dem Festlande von Thessalien sich festsetzen soll. Beide Mächte werden endlich vereint die Oberherrschaft Englands im Mittelmeere brechen und dann — „Gott schaffe es" — mit der also auf ihr natürliches Maaß beschränkten englischen Macht eine herrschende Tripel-Allianz schließen. Oesterreich und Preußen können gegenüber diesen Universalmächten nur die Rolle des Zuschauers spielen. — Die Zeit ist gottlob vorüber, da solche phantastische Herzensergießungen des blinden Russenthums Furcht unter den Deutschen erweckten. Immerhin mag der Staatsmann einige Winke aus der sehr fein und kenntnißreich geschriebenen Schrift entnehmen, und der Historiker wird durch einige unbekannte, mit großer Zuversicht mitgetheilte Thatsachen (namentlich aus der Zeit der polnischen Revolution und der Besetzung Krakaus) zwar nicht eine positive Erweiterung seiner Kenntnisse, aber doch einige Fingerzeige für eigene weitere Nachforschung erhalten.

Nr. 59.

Marquardsen, Prof. Dr. Heinr., **Das** Oberhaus von England und die Wissenschaft. Rede beim Eintritt in den königl. akadem. Senat der Friedrich-Alexander-Universität am 29. März 1862 gehalten. Erlangen 1862.*)

Getreu dem ridendo dicere verum giebt Professor Marquardsen in anmuthiger unterhaltender Rede eine Darstellung der Vertretung, welche die Wissenschaft im Oberhause von England gefunden hat und noch findet. Er nennt und schildert nicht nur die lebenden Lords von wissenschaftlicher Bedeutung, den Erzbischof von Dublin, die Lords Brougham, Lyndhurst, Mahon, Orelstone, Russel, Rosse u. A., sondern deutet auch an, wie viele der stolzesten Adelshäuser ihre Stellung unter der Nobility der wissenschaftlichen Arbeit ihrer Väter verdanken, wie sogar die Wiege der Grafenkrone von Aberdeen in einem Advocatenbureau steht. Der Vortrag ist natürlich auf ein akademisches Publikum berechnet und ordnet seine Helden nach den vier Facultäten. Aber auch in weiteren Kreisen mag das interessante Büchlein zu ernstem Nachdenken auffordern über die Frage, ob unsere nach den Gesichtspunkten eines Hofmarschallamtes zusammengesetzten deutschen Herrenhäuser jemals auch nur entfernt der politischen und geistigen Bedeutung von Englands hohem Adel gleichkommen werden? — ob wir nicht vielmehr wohlthun, das sclavische Nachbeten der Montesquieu'schen Lehre endlich aufzugeben und auf das Zweikammersystem zu verzichten, weil uns ein politischer und mit der Nation verwachsener Adel fehlt? Noch mehr, was uns immer als der neidenswertheste Vorzug englischer Zustände erschienen ist, mag an diesem drastischen Beispiele auch dem selbstgefälligen Betrachter klar werden: die harmonische Ausbildung aller Seiten des Volkslebens. Denn durch eine lange, fast ausschließlich auf die höchsten politischen und wirthschaftlichen Ziele gerichtete Arbeit

*) [A. a. D., vom 20. December, Sp. 1136.]

der Geschichte sind in England alle geistigen Kräfte des Landes dem Staate dienstbar geworden und von ihm geachtet, während in Deutschland trotz einer ungleich tieferen und reineren wissenschaftlichen Arbeit die „praktischen" Staatsmänner noch immer auf die „Stubengelehrten" mit einem Cynismus herabblicken, wovon der vielgescholtene englische „Materialismus" nichts weiß. Wir können diese Notiz nicht schließen, ohne den Wunsch auszusprechen, es möge dem Verfasser gefallen, die Vorlesungen über englisches Staatsrecht, womit er in Heidelberg dankbare Zuhörer erfreute, zu einem Buche zu verarbeiten. Mit Professor Gneist ist Herr Marquardsen jetzt wohl der gründlichste Kenner englischer politischer Zustände in Deutschland, und er hat vor Jenem den Vorzug, daß er unberührt geblieben von den Einwirkungen des Urquhartismus.

Aus dem Jahre 1863.

Nr. 60.

Waitz, Georg, Grundzüge der Politik nebst einzelnen Ausführungen. Kiel 1862.*)

Auf 104 weit gedruckten Seiten „die Grundzüge der Politik" zu zeichnen, scheint ein so gewagtes Unternehmen, daß die meisten Leser nur mit zweifelhaftem Kopfschütteln an dies Buch herantreten werden. Aber auch bei diesem schwierigen Versuche hat der Verfasser seinen Ruhm bewährt. Die wenigen Seiten enthalten eine Fülle reifer Gedanken und ausgebreiteten Wissens, deren ganze Bedeutung nur von Wenigen, welche Aehnliches versucht, nach Gebühr geschätzt werden wird. Eben wegen dieses unübersehbar reichen Stoffes müssen wir hier auf eine eingehende Besprechung verzichten. Obwohl wir vornehmlich eine eindringende Erörterung der socialen Fragen vermissen, so glauben wir doch, daß diese „Grundzüge" fortan jedem Lehrer der Staatswissenschaften unentbehrlich sein und auch dem großen Publicum eine ernste und verständliche Belehrung bieten werden. Die zweite Hälfte des Buches füllen „einzelne Ausführungen", unter denen wir den Aufsatz: „das Wesen des Bundesstaats", besonders hervorheben. Diese bekanntlich schon vor nahezu zehn Jahren in Droysen's „Kieler Monatsschrift" veröffentlichte Arbeit macht den damals in Deutschland ersten Versuch, die Grundsätze des nordamerikanischen „Federalist" in streng wissenschaftlicher Form auf europäische Verhältnisse anzuwenden. Große Bedenken freilich lassen sich auch gegen diese vortreffliche Abhandlung erheben. Nicht blos außerordentlich schwierig, wie Waitz meint, sondern auf die Dauer unmöglich erscheint uns ein Bundesstaat von constitutionellen Monarchien. Denn der Bundesstaat entzieht schlechterdings den Einzelstaaten die auswärtigen und die militärischen Angelegenheiten; gerade diese Zweige des Staatslebens aber sind in constitutionellen Monarchien die einzigen, worüber der Monarch frei verfügt, ein Verzicht also auf diese Macht setzt eine vollendete Re-

---

*) [A. a. O., Nummer vom 10. Januar 1863, Sp. 33.]

signation voraus, welche sich, bei der Gebrechlichkeit der menschlichen
Natur, nimmermehr erwarten läßt. In dem gleichen maaßvollen, echt
historischen Sinne ist die Abhandlung geschrieben: „das Königthum und
die verfassungsmäßige Ordnung". Dagegen scheint uns der Aufsatz: „die
Wahlen zur Volksvertretung", die schwierige Frage über öffentliche oder
geheime Abstimmung nicht zum Abschlusse zu bringen. Jedes Wort des
Verfassers läßt sich unterschreiben, doch der eine entscheidende Einwand
bleibt unerledigt: Zweck jeder Wahlhandlung ist die wirkliche Meinung
des Wahlbezirks auszusprechen; der Verfasser selber aber kann nicht leugnen,
daß dies durch geheime Wahlen sicherer erreicht wird. Am wenigsten
vermögen wir uns mit dem Excurse „über die Unterscheidung der Staatsformen" zu befreunden, der ein doctrinäres Wesen nicht verleugnen kann.
Mohl ist, wie uns däucht, im Rechte, wenn er die Verschiedenheit des
antiken, des mittelalterlichen und des modernen Staates für stärker hält
als die Unterscheidung der Herrschaft des Einen, der Wenigen und der
Vielen. Sehen wir auch hiervon ab, so scheint es uns doch kein glücklicher Gedanke, daß Waitz an die Stelle dieser aristotelischen Unterscheidung
den Gegensatz von Königthum und Freistaat treten läßt. Das verfassungsmäßige Königthum steht nach dem Zeugnisse der Geschichte dem demokratischen Freistaate näher als der aristokratischen Republik. — Solche
Einwendungen sollen natürlich den Werth des bedeutenden Buches nicht
herabsetzen. Vielmehr ermuthigt uns das Werk, mit dem Danke für die
gewährte reiche Gabe einen Wunsch zu verbinden: den Wunsch, der Verfasser möge sich entschließen, seine Vorlesungen über europäische Verfassungsgeschichte weiteren Kreisen kund zu machen. Wie Wenige besitzt Waitz
das feine Verständniß für das Werden der politischen Dinge.

Nr. 61.

Kiesselbach, Wilh., Socialpolitische Studien. (Nach den in der Deutschen
Vierteljahrsschrift veröffentlichten Aufsätzen des Verfassers zusammengestellt und
neu durchgearbeitet.) Stuttgart 1862.*)

Ein interessantes, gedankenreiches Buch, wie sich von Herrn Kiesselbach erwarten ließ, aber keineswegs ein so außerordentliches Werk, wie
der Verfasser zu wähnen scheint. Mit erstaunlicher Selbstgefälligkeit stellt
er allen bisherigen politischen Theorien, deren Armuth und Schwäche er
nicht schnöde genug schildern kann, seine „Socialistik", seine Betrachtung
des „socialculturlichen" Lebens gegenüber. Diese neue Wissenschaft aber
ist ebenso gewiß eine alte, als die dafür gewählten Worte unglücklich sind
und den Sprachgesetzen Hohn sprechen. In Wahrheit giebt der Verfasser
nur eine Reihe staatswissenschaftlicher Aufsätze, welche die wirthschaftlichen
Verhältnisse ernsthafter berücksichtigen, als es die Mehrzahl der Historiker
und Politiker leider zu thun pflegt. In seinem Eifer jedoch gegen die
doctrinäre Einseitigkeit, welche in allen Verfassungskämpfen nur einen
Streit um politische Theorien erkennt, verfällt der Verfasser in den ent-

*) [A. a. O., vom 7. Februar, Sp. 133.]

gegengesetzten Fehler; er sieht **in den** wirthschaftlichen Verhältnissen die einzige **oder** mindestens die allerwichtigste Triebfeder des politischen Lebens. So stehen in dem Buche **dicht** nebeneinander manche neue, vortreffliche Gedanken **und** uralte, aber mit einigen „socialpolitischen" Redensarten ausgeschmückte Wahrheiten und arge, **aus** der Ueberschätzung der wirth= schaftlichen Dinge entstandene Irrthümer. Musterhaft, und offenbar der gelungenste Theil des Werkes, ist der Aufsatz „drei Generationen", der an dem häuslichen Leben den ungeheuren Umschwung der deutschen Cultur in den zwei letzten Menschenaltern nachweist, nur hätten wir gewünscht, daß die Rückwirkung dieser gesteigerten Freiheit und Bequemlichkeit im Hause auf das politische Parteileben ausführlicher gewürdigt wäre. Schon lebhafteren Widerspruch wird der Aufsatz finden: „das Gleichgewicht zwischen dem beweglichen und unbeweglichen Eigenthum". Doch wird der Leser einige unklare und zu keinem sicheren Schlusse gelangende Sätze über die nothwendige Gebundenheit des Grundeigenthums gern übersehen, da der Aufsatz wesentlich die wohlbegründete und ernstlicher Erwägung würdige Behauptung durchführt: „das Recht des beweglichen Eigenthums in Deutschland bedarf einer einheitlichen Ordnung, das Recht des Grund= eigenthums **aber muß** sich nach **den** Verhältnissen der einzelnen Land= schaften bestimmen". Die Aufsätze „zur socialen Anthropologie" und „die socialpolitische Macht des Krieges" bieten wenig Neues. Dagegen sind die Abhandlungen „der Rechtsstaat und die wirthschaftliche Gliederung der Gesellschaft" und „die modernen Berufsclassen und die national= staatliche Einigung Deutschlands" übervoll von ungerechten Anschuldigungen **gegen** die moderne Staatswissenschaft. Mag immerhin die Bedeutung der Volkswirthschaft für den Staat **noch** nicht hinreichend gewürdigt sein, **dem** schärferen Blicke entgeht **nicht**, daß die Theorie vom Rechtsstaate keineswegs **von reinen** Abstractionen, sondern von bestimmten national= ökonomischen Voraussetzungen ausgeht. Einen unseligen Rückschritt, glück= licherweise jedoch **eine** Unmöglichkeit, verlangt der Verfasser, wenn er mit Riehl die heutigen Parteigegensätze durch den Streit der Stände ver= drängen und damit thatsächlich — trotz aller Verwahrungen — unsere Cultur **um drei** Jahrhunderte zurückschrauben will. Seine Vorwürfe gegen das heutige **Parteiwesen** sind in der That ganz unbegründet; denn ist es widersinnig, daß **der** liberale Gutsbesitzer sich lieber mit dem libe= ralen Kaufmanne **als mit dem** reactionären Gutsbesitzer zur Erreichung politischer Ziele verbindet? Als verfehlt müssen wir den letzten Aufsatz bezeichnen: „die socialculturliche Aufgabe der Kirche in der Gegenwart", einen Versuch, gebildete Ungläubige mit dem „socialkirchlichen" Leben zu versöhnen und zur Theilnahme daran zu bewegen. Dieser wohlgemeinte **Versuch wird** durch die unwiderlegliche Antwort zu nichte gemacht: jede **Theilnahme am** „socialkirchlichen" Leben fordert von mir das Bekenntnen eines **Glaubens**, den ich nicht hege.

Nr. 62.

Häusser, Ludw., Deutsche Geschichte vom Tode Friedrich's des Großen bis zur Gründung des deutschen Bundes. 3., sehr veränderte und verm. Auflage. 2. Band. Berlin 1862.*)

Nachdem das Literarische Centralblatt sich schon bei Gelegenheit des ersten Bandes über den Charakter dieser neuen Auflage ausgesprochen hat, begnügen wir uns, die wesentlichsten Ergänzungen anzumerken, welche der vorliegende Band erfahren hat. Ergänzungen sagen wir, nicht Berichtigungen, denn es ist das beste Lob des verdienten Verfassers, daß auch nach der Benutzung sehr zahlreicher neuer Quellen, welche den gegenwärtigen Band um mehr als 100 Seiten verstärkt hat, die Grundzüge seiner Darstellung unverändert bleiben konnten. Während die Geschichte der Feldzüge einfach wieder abgedruckt wurde, ist die Schilderung der diplomatischen Verhandlungen nach den Acten des Berliner Staatsarchivs erheblich erweitert worden. Die Schwankungen der preußischen Staatskunst nach dem Baseler Frieden werden ausführlicher geschildert, namentlich wird eine merkwürdige, leider fruchtlos gebliebene Denkschrift des Unterhändlers bei jenem Frieden, Hardenberg's, mitgetheilt, welche die gesammte bisherige Politik Preußens verwarf. Ebenso ist das diplomatische Ränkespiel zwischen Oesterreich, Preußen und Frankreich seit dem Rastatter Congresse bis zum Reichsdeputationshauptschlusse genauer beleuchtet. Auch die Erzählung von der Besetzung Hannovers durch Mortier ist ergänzt, aber mit vollem Rechte hält der Verfasser sein früheres Urtheil über das Verhalten der hannoverschen Regierung in dieser Krisis aufrecht gegenüber dem mit wenig Witz und viel Behagen durchgeführten Rechtfertigungsversuche des Herrn F. v. Ompteda („Die Ueberwältigung Hannovers durch die Franzosen". Hannover 1862). Ueberaus bezeichnend für die preußische Politik der Zeit ist ein Brief König Friedrich Wilhelm's III., geschrieben unter dem Eindrucke der Ereignisse in Hannover am 9. Juni 1803: „wie die Sachen jetzt liegen, können nur wirkliche Feindseligkeiten Frankreichs gegen das preußische Gebiet mich bestimmen, zu den Waffen zu greifen. — Bis dahin habe ich gegen die kleinen Usurpationen nur die Waffen der Diplomatie". Am wichtigsten aber sind die neuen Aufklärungen über das Verhalten Preußens während und nach der Coalition von 1805. Für diese Zeit stand dem Verfasser eine im Berliner Archiv befindliche, wohlgeordnete Urkundensammlung zu Gebote, die es ihm ermöglichte, den Verhandlungen Tag für Tag zu folgen und — durch seine Darstellung in dem Leser einen unvergeßlichen Eindruck zu hinterlassen. Wir wenigstens gehören nicht zu Jenen, von denen der Verfasser fürchtet, seine Schilderung werde ihnen zu herb erscheinen. Vielmehr scheint uns des Verfassers letzter Schluß — der Charakter der preußischen Staatskunst von 1795 bis 1806 sei nicht raubsüchtige Ländergier, sondern haltlose Schwäche — auch durch diese neuen Enthüllungen vollkommen bewährt. Auch für die folgenden Bände verspricht der Verfasser werthvolle Zusätze; namentlich soll das Verhältniß zwischen Oesterreich und

*) [A. a. O., vom 30. Mai, Sp. 514; vergl. oben Nummer 54.]

Preußen in den Jahren **1811** bis **1813** nach den Wiener Gesandtschafts= berichten Humboldt's eingehend geschildert werden.

Nr. 63.

Sophokles, Tragödien, deutsch von W. Jordan. 2 Thle. Berlin 1862.[*)]

Nicht ohne Mißtrauen haben **wir** diese Uebersetzung zur Hand ge= nommen. Wir kannten Wilhelm Jordan's Formtalent aus seiner schönen Uebertragung der Shakespeare'schen Sonette; wir hatten aus dem dritten Bande seines Demiurgos ersehen, daß er sich ernsthaft und liebevoll mit dem Alterthume beschäftigt und sich tief eingelebt hatte in die reinen Formen der griechischen Dichtung. Ob er aber, ein im Guten und Schlimmen ganz moderner Mensch, im Stande sein werde, sein eigenes Wesen völlig zu verleugnen und die Dramen des Sophokles ganz treu und ohne moderne Zuthat wiederzugeben, das schien uns mehr als zweifel= haft. Nach der Lectüre **dieses** schönen Buches gestehen wir gern, daß unsere Zweifel gehoben **sind.** Wir halten dies Werk für die unzweifel= haft beste Uebersetzung des Sophokles, welche unsere Sprache besitzt. Sie ist **die einzige,** welche **Treue** mit poetischer Schönheit verbindet, die einzige welche auch denen, die das Original **nicht** kennen, ein lebendiges Bild von der Sophokleischen Dichtung gewährt. Alle bisherigen Uebertragungen sind entweder nur dem verständlich, der das Original zur Hand hat, oder sie verwischen durch willkürlich eingetragene moderne Züge den Charakter der Antike. Zwischen diesen beiden Irrwegen, wovon der erste immerhin der erträglichere ist, hat Jordan verstanden, sich in einer glücklichen Mitte zu halten. Der letzte Grund aber der Vorzüglichkeit seiner Arbeit ist einfach **dieser:** nur eine poetische Natur kann Dichtungen übersetzen. Eine handgreifliche Wahrheit, selbstverständlich für das unverbildete Gefühl, aber nahezu vergessen in unseren übergelehrten Tagen. Wir empfehlen **das Werk** allen Gelehrten und vornehmlich dem nicht klassisch gebildeten Theile des Publicums auf's Wärmste und begnügen uns hier, einige wesentliche Eigenthümlichkeiten der Arbeit hervorzuheben. Der Dialog ist in unserem modernen dramatischen Versmaaße, in fünffüßigen Jamben, wiedergegeben, und wir gestehen dem Uebersetzer zu, daß er damit das kleinste Uebel unter vielen unvermeidlichen gewählt hat. Der jambische Trimeter ist in unserer Sprache etwas Anderes als in der griechischen, er ist im Deutschen ein Vers des hohen lyrischen Pathos, nicht ein dra= matischer Vers. Daher läßt sich wohl Aeschylus in Trimetern über= tragen, nicht der ganz dramatische Sophokles. Mit Recht bemerkt ferner der Uebersetzer, daß der **lang** aushallende Trimeter des Sophokles durch die **Rücksicht** auf den ungeheuren Umfang des Zuschauerraumes geboten war, und daß unsere Sprache **die** gleiche Zahl von Begriffen durch eine geringere Zahl von Silben ausdrückt, als die griechische. Allerdings ist auch der Sophokleische Dialog reich an Stellen, die dem modernen Hörer rein lyrisch erscheinen und nur in der Form **des** Trimeters zur vollen Geltung gelangen. Aber diese Stellen treten zurück hinter dem wesentlich dramatischen Charakter der Sophokleischen Sprache. Eine Wahl mußte

---

*) [A. a. O., vom 6. Juni, Sp. 550.]

getroffen werden; der abwechselnde Gebrauch des Trimeters und des fünffüßigen Jambus verbot sich als eine Rohheit von selbst; so blieb nur der moderne dramatische Jambus als das annähernd Richtigste. Zum Beweise, daß der antike Charakter durch dies Versmaaß keineswegs verwischt wird, stehe hier gleich der Anfang des ersten Dramas:

Ihr Kinder, Knospen von dem Kadmosstamm,
Weswegen sitzt ihr, meiner harrend, hier,
Geschmückt mit Zweigen, wie zum Schutzgebet?
Von Weihrauchsdüften ist die Stadt erfüllt
Und tönt von Bittgesang und Klageruf.

Bei den Chorgesängen war natürlich eine Nachbildung des Versmaaßes der Urschrift — dieses großen unbekannten X unserer Philologie — unmöglich, noch weniger konnte an die neuerdings beliebte Unsitte der Uebertragung in ganz moderne Reimverse gedacht werden. Der Uebersetzer hat sich also nur bei den trochäischen und anapästischen Systemen, die unserer Sprache natürlich sind, an das Versmaaß des Originals angeschlossen, in anderen Fällen aber „einen vorwiegenden Rhythmus zum herrschenden gemacht" und auf den Tonfall seiner Versgruppen „die formgebende Kraft des Inhalts in freiem Walten einwirken lassen". Dies kühne Verfahren ist in den meisten Fällen so weit gelungen, als sich die schwierige Aufgabe überhaupt lösen läßt. Doch müssen wir dem ziemlich starken Selbstgefühle des Uebersetzers bemerken, daß er an einzelnen besonders schönen Stellen besonders unglücklich gewesen ist. Wer erkennt das herrliche πολλὰ τὰ δεινά, κοὐδὲν ἀνθρώπου δεινότερον πέλει in der steifen Wendung: „vieles Gewaltigen Allergewaltigstes ist der Mensch?" Die Einleitungen und Anmerkungen zeigen Geist und genaue Bekanntschaft mit dem Stoffe. Nicht selten hat den Uebersetzer sein feines ästhetisches Gefühl auf Conjecturen geführt, welche die Beachtung der Philologen verdienen. Die verwegenste dieser Vermuthungen bezieht sich auf die Trachinierinnen. Jordan meint, dies Drama sei von dem Dichter unvollendet hinterlassen und dann von ungeschickten Händen mit jenem Abschlusse versehen worden, der schon so viele moderne Herzen angewidert hat. Er beseitigt also das unser Gefühl Verletzende einfach durch Streichung der anstößigsten drei Verse 1225—27. Die Conjectur ist sicherlich des Durchdenkens werth, das Streichen jener Verse aber scheint uns nicht gerechtfertigt, denn der Charakter der Unfertigkeit und Unklarheit wird auch durch diese Streichung dem Schlusse der Tragödie nicht genommen. Eine große Zahl von anderen Bedenken gegen Einzelheiten müssen wir aus Rücksicht auf den Raum hier unterdrücken.

Nr. 64.

Jahn, Otto, Ludwig Uhland. Vortrag, gehalten bei der Uhlandfeier in Bonn am 11. Febr. 1863. Mit literarhistorischen Beilagen. Zum Besten des Uhlanddenkmals. Bonn 1863.*)

Die Rede, welche Otto Jahn zum Gedächtniß Uhland's in Bonn gehalten, ist sicherlich erheblich umgearbeitet worden, bevor sie die gegen-

---

*) [A. a. D., vom 20. Juni, Sp. 597.]

wärtige Gestalt angenommen. Denn von rednerischer Kraft zeigt dieser „Vortrag" nur wenig. Dagegen ist es ein vortreffliches Buch, was der verehrte Verfasser uns bietet. In einfacher, wohlgeordneter Erzählung stellt er das Wesentliche aus Uhland's Lebensgang sauber und sorgfältig zusammen, nennt gewissenhaft jede Quelle, läßt die Thatsachen zumeist selber reden und flicht nur selten ein, immer gerechtes und sachkundiges, Urtheil ein. So hinterläßt das Ganze — schmucklos und tüchtig, und doch warm und herzlich — einen sehr wohlthuenden Eindruck und wir glauben, eine solche — und nur eine solche — Biographie hätte sich der Verstorbene selbst gewünscht. Wir erlauben uns eine kleine Ergänzung. Otto Jahn bedauert, daß er die „Lieder vom Dichter des armen Gauls", welche in den vierziger Jahren Uhland zugeschrieben wurden, nicht habe erlangen können. Vor uns liegt der Jahrgang 1845 des „Volkstaschenbuches Vorwärts" von Robert Blum und Friedrich Steger, welches diese Gedichte enthält. Die Redaction bemerkt, sie habe dieselben von einem „süddeutschen bekannten Dichter", den sie nicht nennen dürfe. Es sind ihrer drei, überschrieben: „a horse, a horse, my kingdom for a horse", „des Schneiders Klage" und „Bitte". Wir wollen es nicht schlechterdings für unmöglich erklären, daß diese ungemein schwachen Lieder von Uhland herrühren, denn in der politischen Satire zeigt er nicht seine Größe; auch versichert die Redaction, daß die Lieder von dem Verfasser des „armen Gauls" geschrieben seien, und der „arme Gaul" ist erwiesenermaßen von Uhland. Aber unwahrscheinlich im allerhöchsten Grade scheint es uns, daß ein Meister der Form folgende „Bitte" (an Ludwig von Baiern) geschrieben haben sollte:

O großer Herr, der da ein Haus besitzet,
Worein ihr, wie in einem heil'gen Schrein,
Die, welche groß der Vorwelt einst genützet,
Auf ewig schließet rühmlich ein! —

Wir bitten ganz ergebenst Eure Gnaden,
O bauet noch ein festes Haus von Stein
Und setzet Alle, die der Mitwelt schaden,
Setzt Euch und Eure Jesuiten drein!

Nr. 65.

Hagen, Prof. Dr. A., Max von Schenkendorf's Leben, Denken und Dichten. Unter Mittheilungen aus seinem schriftstellerischen Nachlaß dargestellt. Berlin 1863.*)

Ein alter Kämpe der romantischen Schule, Einer von der nordischprotestantischen Richtung, sozusagen von der linken Seite der Romantik, schildert uns hier das Leben des frühverstorbenen Sängers, großentheils nach Mittheilungen des Generals Grafen v. d. Gröben und anderer Freunde des Dichters. Es ist ein wohlthuendes Bild, das der Verfasser uns vorführt, das Bild eines reinen, liebenswürdigen, warmherzigen und glücklichen Menschen, eines nicht sehr reichen, aber harmonischen Talentes, das die Grenzen seiner Kraft mit seltener Unbefangenheit und Sicherheit erkennt und darum in einem kleinen Kreise Vollendetes leistet. Auch in

*) [A. a. O., vom 27. Juni, Sp. 619.]

die geistige Bewegung der Zeit lassen diese Blätter uns manchen tiefen Einblick thun. Wie unwiderstehlich verlockend die katholisirenden romantischen Ideen auf die deutsche Jugend wirkten, das beobachten wir deutlicher an den Wunderlichkeiten dieses einfachen Mannes, als an den Ausschweifungen der Chorführer der Romantik. Ein Sohn der Heimath des Rationalismus, eine echt norddeutsche Natur, ein schlichter, bescheidener Mensch, dem alle falsche Geniesucht fern lag, spielte Schenkendorf doch schon früh mit dem Gedanken einer „volksthümlichen germanisch=katholischen Kirche", sang er Lieder an „Maria, süße Königin" und stellte später in seinem Zimmer die Büste Pius VII. auf, zu dessen Schutze er „Paul und Peter, die Kirchensäulen" herbeirief. Aus Schenkendorf's im strengsten Sinne ritterlichen Schlachtgesängen und aus jenen schönen Liedern, welche den Neubau des alten Kaiserthums verlangen, sind zwar die mittelalterlichen Sympathien des Dichters aller Welt bekannt; aber erst aus den hier mitgetheilten Briefen ersehen wir, wie stark diese Neigungen waren. Im politischen Parteileben freilich blieb er ein Liberaler und ärgerte sich an dem „ewigen Geschrei von Jakobinismus". Auch ist es wahrscheinlich, daß Schenkendorf's starker und gesunder Verstand ihn selbst dann noch bei dieser Richtung zurückgehalten haben würde, wenn er die schärfere Scheidung der Parteien und den Eintritt seiner Freunde Görres und Gröben in die „christlich=germanischen" Reihen erlebt hätte. Von kleinen Zügen zur Zeitgeschichte, die der Verfasser mittheilt, erwähnen wir, daß schon vor dem russischen Kriege Frau v. Krüdener auf die preußischen Hofkreise bedeutsam einwirkte, und ferner daß Napoleon in Königsberg sein Erstaunen nicht unterdrücken konnte über den Muth und die Lebenskraft eines Staates, der in jenen Tagen äußerster Noth noch die bedeutendsten Staatsbauten auszuführen wagte. Die Darstellung des Verfassers könnte gewandter und lebendiger sein; namentlich stört seine sonderbare Methode, einzelne Verse aus fünf, sechs Gedichten seines Helden hinter einander zu schreiben, wobei doch kein Leser einen Begriff von Schenkendorf's Dichtung erhalten kann. Eine ganz unbefangene Würdigung der romantischen Dichtung war natürlich von einem alten Anhänger der Schule nicht zu erwarten.

***

Nr. 66.

Wilbrandt, Dr. Adolf, Heinrich von Kleist. Nördlingen 1863.*)

In den jüngsten Jahren sind nicht nur mehrere Beurtheilungen des unglücklichen Dichters erschienen, sondern auch die von Koberstein herausgegebenen Briefe und die von Köpke gesammelten kleinen prosaischen Schriften desselben. Dadurch erst ist der Stoff gewonnen zu einer umfassenden Biographie des Dichters, und Dr. Wilbrandt hat seine Aufgabe mit Liebe und Geschmack durchgeführt. Allerdings haben wir von dem geistvollen Feuilletonisten der Süddeutschen Zeitung schon trefflichere Arbeiten gelesen als dies Buch; der erste Versuch einer größeren Darstellung ist ihm nicht ganz so glücklich gelungen, wie viele seiner kleinen Aufsätze.

***

*) [A. a. O., vom 11. Juli, Sp. 667.]

v. Treitschke, Aufsätze. IV.　　　　　　　38

Aber trotz mannigfacher Mängel bleibt das Buch eine gute dankenswerthe Arbeit. Zunächst hat der Verfasser durch sorgfältige Beachtung der Chronologie Ordnung in diese verworrene Lebensgeschichte gebracht. Da leider viele Werke Kleist's sich nur pathologisch erklären lassen, so treten sie erst durch die Vergleichung mit den gleichzeitigen Erlebnissen des Dichters in das rechte Licht. Namentlich hat der Verfasser festgestellt, daß die werthlosesten von Kleist's Novellen (Das Bettelweib, Der Zweikampf, Die heilige Cäcilie), die überall die Manier verrathen, erst in der letzten, schlimmsten Zeit des Dichters, nach dem unglücklichen Erfolge des „Prinzen von Homburg" entstanden sind. Ob dadurch Wilbrandt's Behauptung sich rechtfertigt, daß Kleist's schöpferisches Talent sich wirklich erschöpft habe, das müssen wir gleichwohl bezweifeln. Sehr richtig schildert der Verfasser, was kein aufmerksamer Leser der Koberstein'schen Briefsammlung bezweifeln wird, den Versuch, in dem „Robert Guiscard" ein unerreichtes Meisterwerk zu schaffen, als das tragische Verhängniß in Kleist's Leben. Ebenso ist hier zum ersten Male richtig erklärt, warum Kleist sagen konnte, er habe in der Penthesilea „den ganzen Schmerz und Glanz seiner Seele" niedergelegt. Auch verschiedene neue thatsächliche Mittheilungen von Freunden des Dichters sind beigebracht und geschickt verwendet; interessant ist insbesondere die Erzählung des Generals v. Pfuel über die leider verlorenen Scenen aus dem Drama Leopold von Oesterreich. Einigen Urtheilen des Verfassers aber müssen wir entschieden widersprechen. Wenn er in Kleist eine überraschende Aehnlichkeit mit Werther entdeckt, weil beide den unabweisbaren Trieb besaßen „alles an alles zu setzen", so erscheint uns dies tertium comparationis sehr äußerlich und ungenügend. So einfach war Kleist's Charakter nicht; es lag vielmehr in ihm ein Zug von spartanischer Härte, den wir bei Werther vergeblich suchen. Aehnliche überfeine Vergleichungen sind uns wiederholt aufgestoßen. So wird dem Verfasser Niemand glauben, daß Goethe in Kleist die Sünden seiner eigenen Jugend gehaßt habe. Und geradezu verkehrt ist seine Behauptung, Kleist's Hermann sei „der ästhetische Mensch deutscher Nation, der Ideolog"; daran ist nur das Eine richtig, daß der Dichter unwillkürlich seinem Helden einige Wendungen in den Mund gelegt hat, die einem Kleist besser anstehen als einem Arminius. Nicht völlig erwiesen, aber auch nicht ganz unwahrscheinlich scheint uns des Verfassers Vermuthung, der sonderbare Schluß des Kohlhas sei eine tendenziöse Wendung gegen König Friedrich August von Sachsen. — Mit Recht hat der Verfasser sich verpflichtet gehalten, die gesammte literarische Bewegung jener Zeit in Kürze zu schildern; da er jedoch einen hundertmal behandelten Stoff nicht in der alten Weise betrachten wollte, so ist es ihm widerfahren, daß er zwar aus vielen vergessenen Schriften der Romantiker einige sehr interessante Züge zusammengestellt, aber den Grundcharakter der Romantik nicht ganz sicher und treffend geschildert hat. Hätte er den gleichen Fleiß verwendet, um uns die politische Stimmung der Epoche und ihre Rückwirkung auf Kleist vor Augen zu führen, so würde der Leser ein noch klareres Bild von dem Dichter erhalten haben. Doch genug der Ausstellungen. Alles in allem wird der Verfasser durch dies Buch auf eine ehrenvolle Weise in die Reihe der literarhistorischen Gelehrten eingeführt, und wir empfehlen sein Werk allen Verehrern des Dichters.

Nr. 67.

Springer, Anton, Geschichte Oesterreichs seit dem Wiener Frieden 1809. In 2 Theilen. 1. Theil. Der Verfall des alten Reiches. Leipzig 1863. — A. u. d. T.: Staatengeschichte der neuesten Zeit. Herausgegeben von Carl Biedermann. 6. Band.*)

Während Rochau's französische Geschichte durch klare, knappe Darstellung, Reuchlin's italienische Geschichte durch eine Fülle neuer Mittheilungen sich auszeichnete, vereinigt der vorliegende Band der „Staatengeschichte der neuesten Zeit" beide Vorzüge. Was unsere Literatur bisher an Schriften über Oesterreichs moderne Geschichte besitzt — auch Adolf Schmidt's „zeitgenössische Geschichte" nicht ausgenommen — ist mit diesem Buche nicht zu vergleichen. Amtliche Quellen sind natürlich dem entschieden liberal und deutsch gesinnten Verfasser verschlossen geblieben, zumal, da er die landläufigen banalen Phrasen über Oesterreichs deutschen Beruf weit von sich weist. Aber sehr wichtige Privatmittheilungen hat er redlich benutzt, und die ungarischen Reichstagsprotokolle sowie die noch weniger genießbaren böhmischen und österreichischen Landtagsacten sind hier zum ersten Male in einem deutschen Geschichtswerke getreulich ausgebeutet. Namentlich eine der einflußreichsten Erscheinungen des modernen österreichischen Staatslebens, die chronische Finanznoth, mit ihrer unermeßlichen Einwirkung auf die Wirthschaft und — die Sittlichkeit des Volkes, schildert der Verfasser genau nach gründlichen Arbeiten kaiserlicher Finanzbeamten und mit einer Sachkenntniß, die nur Wenige von dem verdienten Kunsthistoriker erwartet haben werden. Desgleichen sind die ungarischen Verhältnisse sehr eingehend behandelt, natürlich mit der warmen Theilnahme, welche jenes edle Volk verdient, das von allen Völkern Oesterreichs die größte politische Bildung besitzt, aber auch mit strenger Unparteilichkeit. Der Verfasser erklärt z. B. mit Recht die lateinische Sprache für die naturgemäße Staatssprache in dem vielzungigen Königreiche — ein gerechtes Urtheil, das nur leider heute bereits zu einem frommen Wunsche geworden ist. Das Buch beginnt mit einem kurzen Ueberblicke über die zweite Hälfte des 18. Jahrhunderts, und wir gestehen, daß wir das unbarmherzig strenge Urtheil, welches der Politiker über Joseph's II. wohlgemeinte Reformen fällen muß, noch nirgendwo sonst so drastisch ausgesprochen fanden. Darauf folgt die Darstellung der französischen Kriege, und hier wird von Springer noch schonungsloser als von Häusser die Kehrseite der Feldzüge Oesterreichs in den Jahren 1809 und 1813 hervorgehoben, und sicherlich giebt diese Kehrseite ein getreueres Bild von den wirklichen Ereignissen als die landläufige Ueberlieferung. Den größten Theil des Buches füllt endlich die Schilderung des Metternich'schen Systems bis zu seinem Selbstmorde, der Einverleibung Krakaus. Schlagend wird hier nachgewiesen, daß dies „System" lediglich in einem trägen, gedanken-

*) [A. a. O., vom 25. Juli, Sp. 701.]

losen Rechnen von heute auf morgen bestand **und es den** romantischen
Doctrinären aus dem Reiche, den Pilat und **Schlegel**, überließ, für die
Gläubigen draußen im Reiche diese schlechthin principlose Staatskunst in
ein **theoretisches System zu bringen.** Ganz vollständig, natürlich, kann
diese Erzählung schon darum nicht sein, weil Springer's Buch nur einen
Theil eines umfassenden Unternehmens bildet. Oesterreichs deutsche Bundespolitik zu schildern, **soll der** „Geschichte Deutschlands" überlassen bleiben,
und für die italienischen Verhältnisse setzt der Verfasser voraus, daß die
Leser Reuchlin's Werk kennen, obgleich er auch auf diese Zustände manchen
lehrreichen Seitenblick wirft. Ueber Einzelheiten zu rechten verbietet uns
der Raum. Nur Eines wollen wir erwähnen: **in der** treffenden, aber
nicht knapp genug gehaltenen Charakteristik des **Kaisers** Franz hat der
Verfasser den bedeutsamen Zug übersehen, daß der **gute** Kaiser ein
Italiener, also seine gemüthliche Wienerische Grobheit nur eine Maske war.

Im Ganzen ist das Werk ein schönes Zeugniß nicht bloß für die
wissenschaftliche Gründlichkeit und die Darstellungsgabe des Verfassers,
sondern auch für seinen Freimuth. Denn natürlich werden **die** österreichischen Blätter (vornehmlich jene draußen im Reiche, welche österreichischer sind als Oesterreich selber) nicht verfehlen, ihm, dem Oesterreicher, Mangel an Vaterlandsliebe vorzuwerfen, obschon er ohne jede
Gehässigkeit, nur mit dem Ernste des Historikers, die offenen Wunden
seines Heimathlandes berührt hat. Um so lieber erfüllen wir vor dem
deutschen Publicum die Pflicht, auf dies Buch aufmerksam zu machen,
das zum Verständniß der Gegenwart des Kaiserstaates unentbehrlich ist.

Nr. 68.

Emminghaus, Dr. A., Entwicklung, Krisis und Zukunft des deut-
schen Zollvereins. Leipzig 1863.*)

Eine vortreffliche Schrift, der wir viele Leser wünschen. Sie wird
eröffnet durch **einen** raschen Ueberblick über die Geschichte des Zollvereins
bis zu seiner gegenwärtigen Krisis, **und wir** haben daran nur das Eine
auszusetzen, daß **bei der** Schilderung der Krisis von 1851/53 die halbe
Niederlage, welche Preußens Handelspolitik erlitt, nicht deutlich genug
hervorgehoben wird. Darauf folgt eine sehr gute, mit statistischen Notizen belegte Darstellung **der** erfreulichen volkswirthschaftlichen und der
unvortheilhaften finanziellen Ergebnisse des Zollvereins. Den wichtigsten
Abschnitt des Buches bildet die Betrachtung der **Mängel der** Organisation und der gegenwärtigen Krisis des Zollvereins; sie muß, klar und
gemeinverständlich wie sie ist, **jedem** Unbefangenen **die** Nichtigkeit der
Einwände **zeigen, welche** gegen den preußisch-französischen Handelsvertrag
erhoben werden. In dem letzten Capitel, über die Zukunft des Zoll-
vereins, gelangt der Verfasser zu einem Ergebnisse, das wir durchaus
billigen. Er meint, eine veränderte Organisation des Zollvereins sei
gänzlich fruchtlos, **da** ein Vertrag, welcher z. B. die Gültigkeit von Mehr-
heitsbeschlüssen **festsetzte,** von souveränen Staaten thatsächlich nicht ge-

*) [A. a. O., **vom 25. Juli, Sp.** 709.]

halten werden würde. Nur in einem Bundesstaate, wo es eine oberste
Gewalt gebe, sei eine solche Reorganisation möglich, welche den Gehorsam
der Bundesglieder voraussetze.

Nr. 69.

Vischer, Prof. Dr. Friedr. Theod., Kritische Gänge. Neue Folge. 4. Heft.
  Stuttgart 1863.*)

Seit der Verfasser seine „Aesthetik" vollendet hat, beginnt er leider
seine schöne Begabung auf eine Weise zu zersplittern, die uns beklagens=
werth erscheint und seinen Ruhm nicht fördern wird. Schon der Inhalt
der ersten Hefte dieser neuen Folge der kritischen Gänge war von sehr
ungleichem Werthe. Dies neueste Heft vollends ist im Großen und Ganzen
entschieden uninteressant. Es ließ sich entschuldigen, daß Herr Vischer
in einer Zeit fieberischer politischer Erregung, kurz nach der Schlacht von
Solferino, der Welt seine dilettantischen Ansichten über Oesterreich zum
Besten gab. Seinem neuesten „Schützengang" steht eine solche Entschul=
digung nicht zur Seite. Ein Mann von Vischer's Talent konnte wohl
etwas Gescheidteres schreiben, als diesen — trivialen Feuilletonartikel,
dem überdies jene Leichtigkeit und Anspruchslosigkeit fehlt, welche allein
solches Geplauder erträglich macht. Da hören wir die weise Lehre, der
Großdeutsche solle sich klar machen, daß auch ein guter Patriot zur preußi=
schen Partei gehören könne, der Kleindeutsche solle mit geringerer An=
maaßung über seine Gegner urtheilen. Da wird uns pathetisch aus=
einandergesetzt, kein verständiger Mann werde heute noch wie Robert Blum
sich in einen aussichtslosen Aufstand stürzen. Kurz Wahrheiten über Wahr=
heiten, die Jeder weiß und Niemand liest, und überall in dieser poli=
tischen Rederei ein Mangel an thatsächlichem Stoff, den wir heute keiner
mittelmäßigen Zeitung mehr verzeihen. — Der zweite Aufsatz „pro domo"
bringt eine sehr unerhebliche Vertheidigung eines sehr witzlosen „komischen"
Dramas, „dritter Theil des Faust", das der Verfasser, leider, leider,
vor kurzem herausgegeben hat. Wir halten Herrn Vischer in der That für
einen unserer geistreichsten Gelehrten, aber auch einem solchen Manne
verzeihen wir nicht dies gefallsüchtige Hervordrängen der eigenen Person.
— Mit dem letzten, sehr warm und herzlich geschriebenen Aufsatze über
Ludwig Uhland betritt der Verfasser wieder sein eigentliches Gebiet. Doch
auch hier stehen neben seinen ästhetischen sehr triviale politische Bemer=
kungen, und das Ganze wird verdorben durch den unglückseligen Schluß.
Eine in der Sache sehr gute Parallele zwischen Uhland und Heine wird
eingekleidet in die Form einer Vision. Wie der Verfasser der „Aesthetik"
nicht hat merken können, daß diese poetisch sein sollende Erzählung von
der betrunkenen Muse in Wahrheit die langweiligste Prosa ist, das be=
greife wer kann. Wir wollen schließlich Herrn Vischer um seines guten
Namens willen nur bitten, daß er künftighin seine Thätigkeit beschränken
möge auf die Dinge, die er versteht, und seine Gedanken uns vortragen
möge in der Form, die er beherrscht.

*) [A. a. O., vom 25. Juli, Sp. 714. Vergl. oben Nummer 69.]

Nr. 70.

Die braunschweigisch-hannoverschen Angelegenheiten und Zwistigkeiten vor dem Forum der deutschen Großmächte und der Bundes-Versamm-
lung. Mit Benutzung der diplomatischen Correspondenz der Großmächte und
Mittelstaaten, sowie der Bundes-Protokolle von 1827—1831. Berlin 1863.*)

Ein sehr interessantes, für die deutsche Bundesgeschichte unentbehr-
liches Buch, und dennoch ein musterhaft erbärmliches Machwerk. Dies
paradoxe Urtheil wird den kundigen Leser nicht mehr befremden, wenn
wir sogleich hinzufügen, daß vorliegendes Buch zu den zahlreichen Werken
gehört, welche Herr Professor Ilse aus dem reichen, ihm zu Gebote
stehenden Urkundenschatze zusammenstellt. Höchst wahrscheinlich hat er
blos vergessen, seinen Namen auf den Titel zu schreiben, wenigstens citirt
er in dem Buche mit großer Unbefangenheit „meine" Geschichte der
Bundesversammlung, „meine" Geschichte der Wiener Conferenzen u. s. w.
Im Vergessen ist der Herr Professor überhaupt stark; die „Vorrede",
welche er seine Leser zu vergleichen auffordert, hat er ebenfalls vergessen!
Auch alle anderen wohlbekannten Tugenden Ilse'scher Werke finden sich
in diesem Buche getreulich wieder: sechsfache Wiederholungen, ausführlicher Abdruck gleichgültiger Dinge, während oftmals das Wichtigste nur
auszugsweise mitgetheilt wird, ein unerträgliches Durcheinander von längst
bekannten und von neuen Urkunden, falsche Citate, massenhafte Schreib-
und Druckfehler, endlich eingestreute Declamationen des Herrn Verfassers,
die seine edle sittliche Entrüstung aussprechen sollen. Doch wer sich mit
dem deutschen Bunde befaßt, darf den Ekel nicht scheuen; mit gesunden
Nerven arbeitet man sich auch durch dieses Buch hindurch und — gesteht
am Ende, daß es des Lehrreichen Viel enthält. Der erste Theil behandelt die Zwistigkeiten zwischen Herzog Carl von Braunschweig und
seinem früheren Vormunde König Georg IV. Es ergiebt sich, daß
Preußen von vornherein in diesen Händeln dem jungen Despoten sehr
ernst und würdig entgegentrat, während Fürst Metternich Anfangs den
Herzog beschützte, nachher, namentlich durch die Vermittlung des königlich
sächsischen Cabinets, die Entscheidung dem Bundestage zu entwinden und
dem Wiener Hofe in die Hand zu legen suchte. Das Verhalten Preußens
erscheint im besten Lichte, und wir finden es, mit Herrn Ilse, unbegreiflich,
daß Preußen diesen Hergang, der ihm zur Ehre gereicht, so lange geheim gehalten hat. Doch würde der Leser von dem Verfahren des Berliner Cabinets einen noch wohlthuenderen Eindruck empfangen, wenn Herr
Ilse nicht durch seine zur Schau getragene Borussomanie gerade die verständigen Verehrer des preußischen Staates auf das Widerwärtigste ver-
letzte. Noch lehrreicher ist der zweite Abschnitt über den Verfassungsstreit
und den Thronwechsel in Braunschweig. Es erhellt daraus, daß Preußen
schon vor der Julirevolution die Anerkennung der braunschweigischen
Verfassung beim Bunde befürwortet hat, und nur zufällige Hindernisse
die Annahme dieses Antrags über die Julitage hinaus verschoben haben.
Es zeigt sich ferner klar, daß der Thronwechsel in Braunschweig lediglich

---

*) [A. a. O., vom 1. August, Sp. 721.]

ein Werk der Revolution war und vom Bunde nur nachträglich, noch dazu in sehr vieldeutigen Ausdrücken, bestätigt worden ist. Eine wichtige Frage wird endlich durch die vorliegenden Documente zwar nicht, wie Herr Ilse meint, endgültig, wohl aber mit annähernder Sicherheit beantwortet; nach diesen Urkunden hat Herzog Wilhelm die Regierung in Braunschweig übernommen nach seinem eigenen Ermessen und aus Rücksicht auf das Wohl des Landes, nicht nach vorheriger Verabredung mit der Krone Hannover. Es ist folglich sehr unwahrscheinlich, daß er, wie vielfach behauptet wird, den Stammvettern in Hannover das bestimmte Versprechen, nicht zu heirathen, gegeben haben sollte. — Schließlich im Interesse der Wissenschaft noch einen Vorschlag an Herrn Professor Ilse: Verehrter Herr, das urkundliche Material zur Geschichte des deutschen Bundes ist nun einmal leider in Ihren Händen. Sie haben daraus bereits fünf dicke Bände gebraut. Wie wäre es, wenn Sie die Herausgabe fortan beschleunigen? Bei Ihrer Weise zu arbeiten muß es mit Hülfe eines dauerhaften Copisten ein Leichtes sein, den Rest in weiteren fünfzehn Bänden binnen Jahresfrist zu veröffentlichen. Auf diese Weise würde sich das in Ihrem Actenschatze enthaltene Capital rasch und anständig verzinsen. Die Wissenschaft aber würde auch ihren Vortheil davon haben, denn vermuthlich findet sich dann ein wirklicher Gelehrter, der, was in Ihren zwanzig Bänden neu und brauchbar wäre, in einem mäßigen Octavbande zusammenstellte und dadurch den Historikern einen wirklichen Dienst erwiese.

Nr. 71.

Ruge, Arnold, Aus früherer Zeit. 2 Bände. Berlin 1862.*).

Wer Arnold Ruge nur als den radicalen Doctrinär kennt, der alle concreten Erscheinungen der Geschichte als aufgehobene Standpunkte betrachtet, dem wird diese Schrift eine angenehme Enttäuschung bereiten. Das Buch ist sehr unterhaltend, sehr liebenswürdig, es zeigt uns den Verfasser als gewandten, humoristischen Erzähler, als achtungswerthen Menschen, in dessen Seele gutmüthiges Philisterthum und wohlmeinender theoretischer Radicalismus sich die Wage halten. Einzelne, nicht allzu häufige Aussprüche dieser extremen Doctrin nimmt der Leser gern hin, wenn ihn im ersten Bande die köstliche Erzählung von dem kerngesunden Jugendleben unter dem Landvolke der Insel Rügen und manche lehrreiche kleine historische Züge so reichlich entschädigen. Noch interessanter für den Historiker ist der zweite Band, allerdings in einem anderen Sinne als Ruge selber meinen mag. Wir kennen kein zweites Buch, das die Sinnesweise der alten Burschenschaft so treu und lebendig schildert; denn — unglaublich genug — Arnold Ruge hat noch heute diese Gesinnung nicht überwunden, obwohl er dies nicht zugestehen will. Dem wunderlichen Manne mangelt gänzlich das Organ zur Unterscheidung von Scheinleben und Wirklichkeit. Er bewundert aufrichtig „die jungen republikanischen Staatsmänner" der Burschenschaft, er theilt als Proben echter

*) [A. a. O., vom 1. August, Sp. 722.]

Staatskunst die europäischen Reden mit, welche vor vierzig Jahren von ihm und seinen Freunden im Burschenhause zu Jena gehalten wurden, er sieht in den Debatten der Paulskirche nur eine parlamentarische Paukerei zwischen Corpsburschen und Burschenschaftern. Aber wenn diese Naivität der staatsmännischen Begabung des Verfassers ein Armuthszeugniß ausstellt, so giebt sie dafür seinen Schilderungen eine Frische und Lebenswahrheit, welche **bei einer reiferen** politischen Bildung sich nothwendig verlieren müßte. **Wir wünschen sehr,** daß das Buch fortgesetzt wird; es läßt sich Vieles daraus lernen, und es ist **eine Freude, einen** verrufenen politischen Charakter als einen liebenswürdigen und — trotz all' seiner kosmopolitischen Theorien — echt deutschen Menschen kennen zu lernen.

Nr. 72.

Stahl, Die gegenwärtigen Parteien in Staat und Kirche. Neunundzwanzig akademische Vorlesungen. Berlin 1863.*)

Wir wollen mit dem ungenannten Herausgeber darüber nicht rechten, daß er **eine Absicht** des verstorbenen Stahl ausgeführt und diese Vorlesungen dem **Drucke** übergeben hat. Dem Ruhme des Verstorbenen jedoch wird dies Werk sicherlich nicht zu Statten kommen. Nicht ein Satz auf diesen nahezu 400 Seiten, nicht einer, **der** sich nicht schon, anders gewendet, in der „Rechtsphilosophie" Stahl's vorfände. Was aber in der knappen, streng wissenschaftlichen Darstellung jenes Werkes auch den Gegner anzieht und fesselt, das erscheint in der behaglichen Breite dieser **Vorlesungen** entschieden langweilig. Gelehrten gegenüber ist somit über **das Buch kein** Wort weiter zu verlieren. Ungelehrte Leser aber warnen wir vor diesen unseligen, mit der Miene der Unfehlbarkeit vorgetragenen Trugschlüssen. **Eine** Eigenthümlichkeit der Theorie Stahl's scheint uns **noch nicht genug** beachtet — eine Thatsache von wahrhaft tragischer Ironie. Gleichwie Leo, der Todfeind des französischen Wesens, im Guten und im Bösen selber überall französischen Esprit zeigt, so hat auch Stahl, **der den Liberalen das** Nachbeten französischer Lehren vorwirft, sich durchaus erfüllt mit französischen Anschauungen. Was **er** redet über Bourgeoisie und vierten Stand, **das Alles ist entnommen** aus der Betrachtung der Zustände **der französischen Gesellschaft,** die mit der Lage des deutschen Bürgerthums **nicht viel mehr als gar Nichts gemein** haben.

Nr. 73.

Kühne, Gustav, Mein Tagebuch in bewegter Zeit. Leipzig 1863.**)

Der Verleger hat Herrn Gustav Kühne den Wunsch ausgesprochen, „Charakterskizzen und Aufsätze aus seiner Feder" herauszugeben. Wir bitten den **Herrn** Verleger dringend, derartige Wünsche künftig in seiner Brust zu **verschließen,** denn Herr Kühne entspricht ihnen leider mit einer **wahrhaft Schrecken** erregenden Bereitwilligkeit. Noch ganz ermattet vom **Durchlesen** dieser 800 langweiligen Seiten, wollen wir kurz unser Urtheil

---

*) [A. a. O., vom 1. August 1863, Sp. 732.]
**) [A. a. O., vom 8. August, Sp. 748.]

dahin zusammenfassen: wir geben auf Herrn Kühne's Befähigung zum Politiker genau so Viel wie auf seinen Beruf zum Dichter — nämlich gar Nichts. Die Götter wissen, durch welches Versehen eines Literarhistorikers Herr Kühne einstmals unter die Namen der Führer des „jungen Deutschlands" aufgenommen worden ist. Genug, ein Literarhistoriker nach dem andern hat seitdem diese wunderliche Fabel nachgebetet. So ist ein anständiger, wohlmeinender Mann von einem ungebührlichen Selbstbewußtsein aufgebläht worden; Herr Kühne giebt nicht nur seine sämmtlichen Werke heraus, sogar sein Tagebuch soll das deutsche Publicum interessiren. Dieser Anmaßung können wir nicht entschieden genug entgegentreten. Der dicke Band enthält Nichts, schlechterdings Nichts, was den Leser fesseln könnte. Wer sich ernstlich mit der Geschichte der Jahre 1848—1850 beschäftigt, findet in der ersten besten Zeitung aus jenen Tagen reicheren thatsächlichen Stoff und consequenteres politisches Denken. Wer aber nicht Zeit und Lust besitzt zu eingehenden Studien, den werden diese aphoristischen Bemerkungen nur verwirren. Nicht einmal der Ton der Zeit klingt aus dem Buche wieder; selbst in jenen wildbewegten Tagen hat Herr Kühne sich die angeborene Wohlanständigkeit und Langeweile zu bewahren gewußt. Nur an Einem erkennen wir die Denkweise jener Zeit vollständig wieder: an dem anmaaßenden Hin- und Herreden über tausend Dinge, wovon der Verfasser nicht das Mindeste versteht. Im Jahre 1848 ließ es sich verzeihen, wenn Jemand einen gewählten, in kurzen Fristen wechselnden „Obmann" über die deutschen Fürsten stellen wollte; unverzeihlich aber ist es, solche Einfälle kindlicher Unschuld nach 15 Jahren wieder abzudrucken. Das Beste in dem Buche sind die Bemerkungen über die polnische Frage, welche freilich zumeist nicht von dem Verfasser, sondern von Voigts-Rhetz, Olbrich u. A. herstammen. Es thut uns leid, einem offenbar wohlmeinenden Manne so harte Worte sagen zu müssen; aber Deutschland ist Gottlob noch nicht arm an anständigen Leuten, und welche literarische Sündfluth, wenn jeder anständige Deutsche seinen Papierkorb vor dem Publicum ausschütten wollte!

Nr. 74.

Häußer, Ludw., Deutsche Geschichte vom Tode Friedrich's des Großen bis zur Gründung des deutschen Bundes. Dritte verb. u. verm. Aufl. 3. u. 4. Band. Berlin 1863.*)

Die detaillirte Vergleichung zweier Auflagen eines Buches ist eine undankbare Aufgabe und erfordert mehr Raum, als das Centralblatt zur Verfügung stellen kann. Wir bemerken daher in Kürze über diese letzten Bände des berühmten Werkes, was bereits von den zwei ersten gesagt wurde, daß das Buch in seiner neuen Gestalt nicht nur in der Form erheblich gewonnen hat, zum Theil durch kleine aber entscheidende Aenderungen im Stile, sondern auch im Inhalte wesentlich bereichert worden ist. Vor Allem sind diesen Bänden die Briefe zu Gute gekommen, welche Wilhelm v. Humboldt als Gesandter am österreichischen Hofe vom 26. Sep-

*) [A. a. O., vom 31. October, Sp. 1037; vergl. oben Nummer 62.]

tember 1810 an bis zum Prager Congresse im Sommer 1813 schrieb. Sie zeigen den politischen Scharfblick des großen Staatsmannes in glänzendem Lichte. Sofort nach dem Amtsantritte Metternich's sagt ihm Humboldt eine lange Amtsdauer voraus und zeichnet die Grundzüge seines Charakters in Umrissen, welche von der Geschichte seitdem als völlig treffend anerkannt worden sind. Die Absichten Oesterreichs im Jahre 1811 durchschaut Humboldt gänzlich, wenn er sagt, das Wiener Cabinet wolle nach und nach eine festere Stellung gewinnen, um endlich mit Rußland und Preußen im Bunde eine ernstere Sprache gegen Napoleon führen zu können. Ebenso sicher erkennt er als den Zweck des Verhaltens Oesterreichs im Frühjahre 1813 diesen: die Dinge hinzuhalten, um dadurch den Werth seines Beitritts zu dem europäischen Bündnisse zu erhöhen und sich eine entscheidende Stimme beim Friedensschlusse zu sichern. Doch nicht blos treffende Urtheile, auch neue Thatsachen bringt diese Correspondenz. Das unberechenbare Schwanken des Wiener Hofes war so auffällig, daß im Jahre 1811 Schwarzenberg und Radetzky Denkschriften zu Gunsten eines Bundes mit Napoleon ausarbeiten konnten, während Oesterreich gleichzeitig den Petersburger Hof ermahnte, seine Kräfte nicht im Türkenkriege zu vergeuden, sondern sie aufzusparen für den Kampf gegen den gemeinsamen Feind. Und noch im Jahre 1813 meinten manche am Berliner Hofe, das Versprechen Illyriens, Italiens und eines Stückes von Bayern könne Oesterreich wieder in das französische Lager treiben. Neue Belege liefert diese Auflage auch für die bekannte verhängnißvolle Thatsache, daß Oesterreich schon während des Krieges von 1813 seine deutschen Pläne zäh und verschlagen im Auge behielt, derweil die preußische Regierung sich fast lediglich mit der Kriegführung beschäftigte. Humboldt's Vorschlag, die Mächte sollten sich schon im März 1813 über gemeinsame, gegen den Rheinbund zu befolgende Grundsätze einigen, fand bei seinem Cabinet keine nachhaltige Unterstützung. Dagegen rückte Metternich schon zu derselben Zeit mit dem Gedanken heraus, Preußen möge, um Baiern willfährig zu stimmen, auf Ansbach und Baireuth endgültig verzichten. — Einen kleinen Irrthum berichtigen wir im Vorbeigehen. Es ist unrichtig, daß die sächsischen Officiere in Marburg im Herbst 1814 den Alliirten einen Eid geschworen haben sollen, wie Häusser Band 4, S. 588 erzählt; auch haben sie ihre Adresse um Wiedereinsetzung des Königs nicht zurückgenommen, sondern nur in der Form gemildert. Siehe das Nähere und die Urkunden bei Holtzendorff, Geschichte der königlich sächsischen leichten Infanterie. Ueberhaupt wird zwar Häusser's Urtheil über die Theilung Sachsens heute von der ungeheueren Mehrheit der Verständigen unterschrieben werden; über die Stimmung der sächsischen Bevölkerung in jener Zeit jedoch scheint er sich leider im Irrthume zu befinden. Er verläßt sich allzusehr auf die Briefe der sächsischen Freunde Stein's, welche gern glaubten was sie wünschten. — Die neueste Literatur ist sorgfältig benutzt: doch konnte auf die Urtheile des Verfassers natürlich weder die Naivität des sogenannten „sächsischen Staatsmannes" Zezschwitz einen Einfluß ausüben, noch der crasse Bonapartismus, der den 18. Band von Thiers so traurig auszeichnet. Vollends die schärfsten Waffen zu seinen eigenen Gunsten findet der Verfasser in den albernen Schriften, welche der k. k. Major Thielen gegen Häusser gerichtet hat.

Nr. 75.

Bach, Dr. Theod., Theodor Gottlieb von Hippel, der Verfasser des Aufrufs: „An mein Volk." Ein Gedenkblatt zur fünfzigjährigen Feier der Erhebung Preußens. Mit einem Facsimile Th. G. v. Hippel's. Breslau 1863.*)

Hätte der Verfasser die Fülle seiner Mottos und unnützen Betrachtungen weggelassen und die Weitschweifigkeit seiner Darstellung ermäßigt, so konnte er auf dem dritten Theile des verwendeten Papiers eine recht lobenswerthe Schrift liefern. Wer sich durch diese Untugenden eines ungeübten Schriftstellers nicht abschrecken läßt, findet des Brauchbaren Vieles. Er lernt in dem Verfasser des Aufrufs an mein Volk einen sehr beherzten und einsichtsvollen Staatsmann kennen, der an dem Neubaue des preußischen Staates redlich mitarbeitete, obwohl er mit einem Theile der Hardenberg'schen Reformen, insbesondere mit dem berühmten „Gensdarmerie-Edicte" nicht einverstanden war. Begegnete er sich in dieser conservativen Gesinnung mit Stein, so war er doch, gleich den meisten anderen ostpreußischen Staatsmännern, nicht befangen in der Vorliebe Stein's für die ständische Gliederung. Er befreundete sich vielmehr im Laufe der Jahre mit den meisten Forderungen der constitutionellen Partei. Mit kurzen Worten: jenes Bild von dem Charakter Hippel's, welches dem nachdenkenden Leser aus seinen „Beiträgen zur Charakteristik Friedrich Wilhelm's III." entgegentritt, wird durch vorliegendes Buch bestätigt und vervollständigt. Unter den zahlreichen, mit mehr als philologischer Gründlichkeit mitgetheilten Actenstücken befinden sich manche unbedeutende, aber auch einige sehr werthvolle, namentlich ein Memoire Hardenberg's, das schon am 12. September 1807 die Grundzüge für die politische Umgestaltung Preußens zeichnete und offenbar von Stein vielfach benutzt worden ist. Der Gedanke der Volksvertretung wird darin auf sehr eigenthümliche Weise durchgeführt, so nämlich, daß bei jeder Verwaltungsbehörde „Repräsentanten" des Volkes mitwirken sollen. Ueberhaupt wird das Buch, gleich den „Erinnerungen" von F. v. Raumer, dazu beitragen, daß die Verdienste des Staatskanzlers gerechter, als es heutzutage üblich ist, gewürdigt werden. Auch die oft verhandelte Frage über den Urheber des Gedankens der Landwehr betrachtet der Verfasser mit Hülfe ungedruckter Urkunden. Die für Scharnhorst streitende Meinung erhält dadurch eine neue, durchschlagende Bestätigung.

Nr. 76.

Mojen, Jul., Sämmtliche Werke. 2 Bände. Oldenburg 1863.**)

Wir zählen uns nicht zu den Verehrern der „zehnten Muse", wie man die Menschenliebe genannt hat; es hat uns wenig gefallen, daß

------

*) [A. a. O., vom 31. October, Sp. 1039.]
**) [A. a. O., vom 31. October, Sp. 1053.]

viele deutsche Blätter auf sehr tactlose Weise zur Subscription auf die
gesammelten Werke des kranken Dichters aufforderten. Aber es scheint
uns ungehörig, heute noch mit kritischer Schärfe die Werke eines Schrift=
stellers zu beurtheilen, dessen Thätigkeit im Wesentlichen seit Langem ab=
geschlossen ist. Die vorliegende Gesammtausgabe ist vortrefflich aus=
gestattet, im Schillerformat. Einzelne ältere Gedichte, die vor dem Urtheile
der Gegenwart nicht mehr bestehen, sind weggelassen, so das berufene
Klagelied auf die meuterischen sächsischen Grenadiere, welche Blücher zu
Lüttich erschießen ließ. Neu hinzugetreten sind einige Gelegenheitsgedichte
auf Arndt, Uhland, Fichte u. A. Mosen's dichterische Kraft ist nicht
stark und selbstständig, doch besitzt er ein empfängliches warmes Herz,
und so giebt die Sammlung vermischter Gedichte, welche den ersten Band
füllt, ein zwar mattes, aber treues und ziemlich vollständiges Bild der
verschiedenen Empfindungen, welche in den letzten Decennien den reg=
sameren Theil des jüngeren Geschlechts erfüllten: Polenlieder und deutsche
Vaterlandsgesänge, Weltschmerz und Wein= und Liebeslieder drängen sich
in buntem Wechsel. Der zweite Band enthält die Epen „Ahasver“ und
den „Ritter Wahn“, wohl das gelungenste Werk des Dichters.

Nr. 77.

Weech, Privatdocent Dr. Fr. v., Baden unter den Großherzogen Carl
Friedrich, Carl, Ludwig 1738—1830. Acht öffentliche Vorträge. Frei=
burg im Br. 1863.*)

Der Verfasser dieser vor der Freiburger Universität gehaltenen Vor=
träge tritt im Vorworte sehr bescheiden auf. Nichtsdestoweniger hat er
sich durch seine Schrift ein wirkliches Verdienst erworben. Denn bei der
traurigen Vernachlässigung der neuesten deutschen Geschichte verdient auch
eine Darstellung Dank, welche weder unbekanntes Material beibringt, noch
neue Gesichtspunkte aufstellt, sondern lediglich die bekannten, aber an
hundert Orten zerstreuten Thatsachen übersichtlich und gewissenhaft zu=
sammenfaßt. Besäßen wir aus jedem deutschen Staate eine solche be=
scheidene Schilderung der jüngsten Vergangenheit, es stünde besser um
unsere politische Bildung. Der Verfasser erzählt einfach und natürlich,
obschon die Ausdrucksweise dann und wann den noch ungeübten Schrift=
steller verräth. Seine Urtheile sind in dem Geiste gehalten, der sich von
einem Schüler H. v. Sybel's erwarten läßt, aber so maaßvoll aus=
gesprochen, daß höchstens die extremen Parteien daran Anstoß nehmen
können. Das Material ist sorgfältig und verständig benutzt, auch ver=
wickelte Verhältnisse, wie der baierisch=badische Erbfolgestreit, werden klar
auseinandergesetzt, und der Verfasser erweckt das Vertrauen des Lesers,
indem er, wo es Noth thut, seine Unkenntniß offen eingesteht. Am wenigsten
gelungen scheinen uns die Abschnitte über Carl Friedrich. Nicht nur ist
die Bedeutung dieses vortrefflichen Fürsten ein wenig überschätzt, sondern
es fehlt hier auch oft jene Anschaulichkeit, welche nur aus langem Ver=

*) [A. a. O., vom 8. November, Sp. 1062.]

trautsein mit dem Stoffe hervorgeht; der Verfasser begnügt sich manchmal
mit der Aufzählung der Gesetze, wo eine eingehende Schilderung nothwendig war. Von Unterlassungssünden wissen wir nur Eine wesentliche
zu nennen: unerwähnt geblieben sind die Eintheilung des Landes in Fluß-
kreise und die zahlreichen Abänderungen derselben, welche das Regiment
des Rheinbundes doch so drastisch bezeichnen. Auch über den Tod der
Kinder der Großherzogin Stephanie hätte der Verfasser ausführlicher
sprechen sollen. Tausende haben Caspar Hauser für einen badischen
Prinzen gehalten, und schon durch die Thatsache, daß dieser Glaube bestand
und lange Zeit die öffentliche Meinung in weiten Kreisen erbitterte und
vergiftete, erscheinen die Familienverhältnisse des zähringer Hauses als
eine sehr wichtige Angelegenheit der neueren deutschen Geschichte, die eine
genauere Betrachtung verlangte. — Von ungedruckten Documenten ist nur
eines mitgetheilt: ein sehr charakteristischer Brief des Großherzogs Carl
an Napoleon. Selbst dieser indolente Fürst war von der Ländergier
der napoleonischen Tage so sehr angesteckt, daß er sich mit der Hoffnung
trug, die Schweiz, als das alte Erbtheil seines Hauses, wiederzugewinnen!
— Wohl den besten Theil der Schrift bildet die Schilderung der, bei
aller Kleinheit der Verhältnisse, für Deutschland hochwichtigen Anfänge
des constitutionellen Lebens in Baden. Wir können nur wiederholen,
daß wir dem lobenswerthen kleinen Buche zahlreiche Nachfolger in anderen deutschen Staaten wünschen.

Nr. 78.

Fock, Otto, Schleswig-holsteinische Erinnerungen, besonders aus den
Jahren 1848—1851. Leipzig 1863.*)

    Wir müßten uns sehr irren, wenn der Verfasser dieses merkwürdigen
Buches nicht auch die in Brockhaus' „Gegenwart" enthaltenen Aufsätze
über die schleswig-holsteinische Bewegung geschrieben hätte, welche seiner
Zeit Aufsehen erregten. Gruppirung und Beurtheilung der Thatsachen,
ja sogar die Ausdrucksweise, sind in beiden Schriften wesentlich gleich,
nur daß das vorliegende Buch, wie es „Erinnerungen" geziemt, eine
mehr persönliche Haltung hat und Vieles ergänzt und berichtigt, was vor
zehn Jahren noch in Dunkel gehüllt war. Wer jene Aufsätze kennt, wird
sofort errathen, daß wir es hier mit einer Parteischrift zu thun haben,
doch mit einer Parteischrift im guten Sinne. Der Verfasser war in den
Tagen der Bewegung, als Nachfolger Theodor Mommsen's, Redacteur
der schleswig-holsteinischen Zeitung, die später den Titel „Norddeutsche
freie Presse" annahm. Der Freund Theodor Olshausen's, das rührige
Mitglied der Linken in der Landesversammlung, hat sich noch heute die
alte demokratische Gesinnung bewahrt, und auch seine lebhafte, aber keineswegs gewählte Schreibweise mit ihrer Fülle schallender Schlagwörter,
wie „Entschiedenheit", „Vertrauensduselei" und dergleichen beweist, daß
er noch immer befangen ist in dem politischen Naturalismus jener Tage.

---

*) [A. a. L., vom 7. November, Sp. 1063.]

Aber ein massiver gesunder Menschenverstand, warmherziger Patriotismus und ehrliches Streben nach Gerechtigkeit treten überall hervor, und wir glauben, die Mehrzahl der Urtheile des Verfassers wird dereinst von der Geschichte zwar gemildert, aber im Ganzen bestätigt werden. Namentlich Personen weiß er treffend zu schildern, so den Herzog von Augustenburg und den Nationalökonomen L. Stein, und insbesondere gereicht es dem Referenten zur Freude, daß hier ein Eingeweihter durch eine eingehende, schlechthin vernichtende Kritik das Urtheil bestätigt, welches in diesem Blatte im vorigen Jahre über den Prinzen von Noer und seine „Aufzeichnungen" gefällt wurde (vergl. oben S. 580, Nummer 55). Ein Fehler des Verfassers ist die schonungslose Härte gegen die Statthalterschaft. Man mag alle seine Vorwürfe wider die Saumseligkeit der Regierung an sich billigen: unbeantwortet bleibt doch die Frage, ob es mitten im Drange des Krieges möglich war, jene umfassenden gesetzgeberischen Reformen durchzuführen, deren das Land allerdings bedurfte. Wenn er ferner nicht müde wird zu spotten über den von der Statthalterschaft verkündeten Krieg „gegen den unfreien Herzog für den freien Herzog", so hat er in dieser juristischen Fiction allerdings einen der wichtigsten Gründe des unglücklichen Ausgangs getroffen; aber er vergißt, daß die ungeheure Mehrheit des schleswig-holsteinischen Volkes wirklich nur für ihren Herzog und das Landesrecht kämpfen wollte, er vergißt nicht minder, was von den verschiedensten Seiten bestätigt wird, daß der König-Herzog, im Anfange des Krieges mindestens, wirklich unfrei war. Es scheint uns endlich sehr wohlfeil, den Männern der Statthalterschaft heute Vertrauensseligkeit vorzuwerfen, weil sie die Dinge für unmöglich hielten, welche wir selber noch in dieser Stunde nicht glauben würden, wenn wir sie nicht erlebt hätten. Der Verfasser selber freilich hat jenes Vertrauen nie getheilt, wie er mit großer Selbstgefälligkeit hervorhebt; aber wenn er beim Herannahen der österreichischen Executionstruppen vorschlug, Hamburg durch die Schleswig-Holsteiner zu besetzen, und von dieser That eine revolutionäre Erhebung in ganz Deutschland erhoffte, so verfiel er in die entgegengesetzte, schwere politische Sünde, in jenen burschikosen Leichtsinn, der sich die Welt nach seinen Träumen aufbaut. Dies führt uns auf den zweiten Hauptmangel des Buches. So genau der Verfasser in den inneren Verhältnissen Schleswig-Holsteins Bescheid weiß, ebenso oberflächlich ist seine Kenntniß der gesammten übrigen Zeitgeschichte. Goergey ist ihm kurzweg ein Verräther, die deutsche Union ein von Anfang an unredlich gemeintes Possenspiel, und über die Bestätigung des Malmöer Waffenstillstandes durch das Frankfurter Parlament weiß er nichts zu sagen als die landläufigen demokratischen Schlagwörter. Kein Wunder daher, daß er die diplomatischen Beziehungen Preußens zu den Großmächten mit wenigen flüchtigen Worten abfertigt, und doch liegt in ihnen nicht die Rechtfertigung Preußens, aber die Erklärung seines Verhaltens. Desgleichen wird die verhängnißvolle Frage gar nicht aufgeworfen, welche der Eigensinn unserer politischen Kinder standhaft von sich abweist, ob der Kampf einer Landmacht gegen eine Seemacht überhaupt ein glückliches

Ende nehmen kann. Ein drittes wesentliches Gebrechen des Buches ist der Mangel an Präcision in der Darstellung, der oft so auffällig hervortritt, daß der Verfasser das Gegentheil dessen zu sagen scheint, was er sagen will. Dies zeigt sich namentlich bei der Charakteristik des Generals Willisen. Trotz dieser Mängel — und sie sind sehr erheblich — ist das Buch ein dankenswerther Beitrag zur Zeitgeschichte und wird noch lange den Historikern unentbehrlich bleiben.

Nr. 79.

Kohlrausch, Dir. Fr., Erinnerungen aus meinem Leben. Mit dem Bildnisse des Verfassers. Hannover 1863.*)

Der verdienstvolle Veteran der deutschen Gymnasiallehrer giebt uns hier Aufzeichnungen aus seiner sechzigjährigen Wirksamkeit als Lehrer und Schulrath in Preußen und Hannover, die für den Pädagogen von Interesse sind. Für den Pädagogen, sagen wir — denn der Historiker findet wenig Bemerkenswerthes in dem Buche. Der Verfasser ist eine durchaus unpolitische Natur, obgleich er sich selber in historischen Arbeiten versucht, und einmal, gehoben von der Begeisterung der Befreiungskriege, „Reden über Deutschlands Zukunft" gehalten hat, ja sogar wegen seiner harmlosen deutschen Geschichte einer gelinden Demagogenverfolgung verfallen ist. Nicht oft genug kann er den Lehrern einschärfen, sich von jedem politischen Parteitreiben fern zu halten, und wenn er, der hannoversche hohe Beamte, aus dem Jahre 1837 zwar ausführlich zu berichten weiß von dem Studentenballe beim Jubelfeste der Georgia Augusta, aber kein Wort sagt über den Umsturz der Landesverfassung, so erscheint dies dem jüngeren Geschlechte ebenso unbegreiflich wie die gerührte Dankbarkeit des alten Herrn für jedes leutselige Wort König Georg's V. oder die immer wiederkehrenden Klagen der morosa senectus über die zunehmende Hoffart und Unzufriedenheit der neuen Zeit. Es ist eine versunkene Welt, die aus diesen Blättern redet, und wenn der Leser es vermag, aus dem Gedankenkreise der Gegenwart hinauszugehen, so wird er seine menschliche Freude haben an dem schlichten, gesunden, verständigen Wesen des ehrwürdigen Verfassers, manche anmuthige Anekdote kennen lernen und zu ernsthaftem Nachdenken angeregt werden durch die sachkundigen Erörterungen über Gymnasial- und Realbildung, Prima und Selecta, Maturitätsprüfungen u. dergl. Für den Politiker lehrreich ist die Charakteristik Hoppenstädt's, dem das gebührende Lob gespendet wird, und des Ministers Strahlenheim, dessen Bild freilich von einem sehr gutmüthigen Maler entworfen ist, desgleichen die Bemerkungen über die Hildesheimer Ritterakademie und die Erziehung des hannoverschen Adels. Im Ganzen ist das Buch mehr eine liebenswürdige Unterhaltungslectüre als ein Werk von wissenschaftlichem Werthe.

*) [A. a. O., vom 7. November, Sp. 1064.]

Nr. 80.

Notter, Friedr., Ludwig Uhland. Sein Leben und seine Dichtungen
mit zahlreichen ungedruckten Poesien aus dessen Nachlaß und einer Auswahl
von Briefen. Mit Uhland's photograph. Bilde. Stuttgart 1863.*)

Dies Buch ist eine weitere Ausführung des Nekrologes, welchen der
Verfasser im December 1862 für den Schwäbischen Mercur geschrieben.
Von allen Biographien des Dichters ist es die vollständigste. Neunund=
zwanzig ungedruckte Dichtungen und mehrere unbekannte Briefe Uhland's
werden mitgetheilt. Die politischen Urtheile des Verfassers sind maaßvoll
und verständig, aber leider erzählt er breit und ohne Leben, und gänzlich ver=
fehlt erscheinen uns seine ästhetischen Urtheile, die, um über das tausendmal
Betrachtete noch etwas Neues zu sagen, schlechterdings unhaltbare Behaup=
tungen aufstellen. Wir kennen im Himmel und auf Erden wenige so ganz
unzweifelhafte Wahrheiten, wie diese, daß die dem Volksliede nachgebildeten
Gedichte Uhland's das wahrhaft Unsterbliche in seinen Werken sind. Und
doch werden hier allerhand naive volksthümliche Wendungen in diesen
Liedern bemängelt, um den Beweis zu führen, Uhland sei als Kunstdichter
größer gewesen, denn als Volksdichter! An der ersten besten deutschen
Tafelrunde, wo die Lieder des schwäbischen Sängers ertönen, möge sich der
Verfasser eines besseren belehren.

Nr. 81.

Handschriftlicher Nachlaß des Freiherrn v. Pillersdorff. Mit Pillers=
dorff's Porträt. Wien 1863.**)

Diese Aufzeichnungen sind sehr lehrreich, freilich in einem anderen
Sinne, als die meisten unserer Leser vermuthen werden. Wenn das
Haupt des österreichischen Märzministeriums sich in vierzehn historischen
Aufsätzen über die Zustände Oesterreichs vor und nach dem März 1848
verbreitet, so erwartet man billig die Mittheilung unbekannter oder
mindestens eine selbstständige, eigenthümliche Darstellung bekannter That=
sachen. Diese Erwartung wird völlig getäuscht. Der Verfasser besitzt eine
wahrhaft unvergleichliche Gabe, über die concretesten Dinge in den
allgemeinsten Ausdrücken, in nichtssagender Breite zu reden. Worin aber
liegt der Werth des Buches? Es giebt mit seltener Naivität ein Bild
von dem Charakter und dem geistigen Horizonte des Verfassers. Ein
beschämendes Armuthszeugniß für das politische Leben in dem vormärz=
lichen Oesterreich fürwahr, daß ein solcher Mann in solcher Zeit an das
Ruder des Staats gerufen werden konnte. Pillersdorff war das Prototyp
des juste milieu im schlimmen Sinne, ein Mann voll Wohlwollens, nicht
arm an Kenntnissen und büreaukratischer Erfahrung, aber von erstaun=
licher Rathlosigkeit und unbegreiflicher Schwäche des Willens. Wie die
Octoberrevolution, diese ohne Zweifel räthselhafteste Erscheinung der
modernen Geschichte, entstanden ist, darüber läßt uns der Minister ohne
Aufklärung. Wie es aber möglich war, daß die Hauptstadt eines mächtigen

---

*) [A. a. O., vom 7. November, Sp. 1076.]
**) [A. a. O., vom 14. November, Sp. 1087.]

Militärstaates Monate lang im Zustande der gemüthlichen Anarchie ver=
harren und von einer Handvoll Studenten beherrscht werden konnte, das
verstehen wir erst völlig nach diesem Einblick in die Kopf= und Muth=
losigkeit des leitenden Ministers. Es wird zuletzt unerträglich, ihn immer
wieder mit redseliger Salbung versichern zu hören, ein entschiedenes Auf=
treten gegen den Unfug der akademischen Jugend hätte möglicherweise
den Bestand des Staates in Frage gestellt, die Person des Kaisers ge=
fährdet u. s. f. Daß ein solcher Mann später der brutalen Energie des
Fürsten Windischgrätz nicht die Spitze bieten konnte, versteht sich von
selbst. Anständig aber und ehrenhaft bleibt immerhin der, wenn auch
nur passive, Widerstand, den Pillersdorff der Reaction entgegenbrachte.
Charakteristisch für beide Männer ist der Bericht über Pillersdorff's ver=
trauliche Mission an Windischgrätz am 18. October. Er machte dem Fürsten
vergeblich den Vorschlag, sogleich Truppen in Wien einrücken zu lassen,
um die weitere Ausbreitung des Aufstandes zu verhindern. Vielleicht ge=
lingt es dereinst noch nachzuweisen, ob er die Stimmung Wiens richtig
beurtheilte (was Referent für wahrscheinlich hält); aber schwerlich wird
das lebende Geschlecht erfahren, ob der Weigerung des Fürsten wirklich
die Sorge um seine noch geringe Truppenmacht zu Grunde lag, oder
die bewußte Absicht, den Aufstand größere Ausdehnung gewinnen zu
lassen. In seltsamem Contraste zu der Schwäche des Ministers in der
inneren Politik steht seine, ziemlich stolze und selbstbewußte, Haltung in
den Unterredungen mit den Gesandten von England und Frankreich nach
dem Angriffe des „eidbrüchigen" Königs Carlo Alberto. Sie wird erst
erklärlich, wenn wir hier erfahren, daß Pillersdorff über die auswärtigen
Verhältnisse fast gänzlich in Unkenntniß blieb und namentlich von der
für Oesterreich so demüthigenden Mission des Barons Hummelauer nur
nachträglich Kunde erhielt. — Die zweite, minder interessante, Abtheilung
des Buches bilden neunzehn Aufsätze über Fragen der praktischen Politik,
wohl sämmtlich aus den letzten Lebensjahren des Ministers, alle ge=
schrieben im Geiste eines wohlmeinenden, überaus gemäßigten Liberalismus
und, was die auswärtigen Verhältnisse angeht, mit unverkennbarer Vor=
liebe für das System der freien Hand. Bemerkenswerth und den deutschen
Gemüthspolitikern zu eingehendem Studium dringend zu empfehlen sind
die Aeußerungen dieses gutmüthigen österreichischen Staatsmannes über
Preußen und das deutsche Parlament. Sie sind erfüllt von einem Geiste
giftigen Hasses, der den Widerwillen gegen die „meineidigen" Italiener
noch bei Weitem überbietet.

Aus dem Jahre 1864.

Nr. 82.

Strauß, Dav. Friedr., Lessing's Nathan der Weise. Ein Vortrag. Berlin 1864.*)

Unter allen kleinen Schriften David Strauß's sind wir geneigt, der
vorliegenden den Preis zuzugestehen. Es ist nicht möglich, anmuthiger

---

*) [A. a. O., Nummer vom 27. Februar 1864, Sp. 212.]

und geistreicher zu sprechen. Der Verfasser darf es sogar wagen, den Inhalt des Nathan ausführlich anzugeben, und diese Erzählung des Allbekannten fesselt den Leser wie ein spannender Roman. Wir empfinden es rasch, daß der Verfasser des Lebens Jesu diesen Stoff mit bewegter Seele, in der Erinnerung an seine eigenen Kämpfe und Leiden, und mit dem Verständnisse einer congenialen Natur behandelt. Die Vertheidigung der historischen Treue des Nathan scheint uns etwas zu weit zu gehen. Mitten in das Schwarze aber trifft der vortreffliche Schluß, der gegen Vischer's Behauptung, dem Stücke fehle die rechte dramatische Spannung, gerichtet ist. Strauß giebt die ästhetische Berechtigung dieses Vorwurfs zu, beweist aber, daß es noch einen anderen, vornehmeren Maaßstab gebe, um die Größe des Nathan zu ermessen. Wer sich frei hält von theologischer Gebundenheit des Denkens und in den geistlichen Schriften des Verfassers unbefangen den zugleich milden und scharfen Geist bewundert hat, der kann nur mit Widerwillen die unausrottbaren Vorurtheile des gebildeten Pöbels gegen David Strauß betrachten. Um so erfreulicher ist es, daß jetzt durch die gemüthliche Wärme und die künstlerische Anmuth der kleinen Schriften auch harte Köpfe belehrt werden müssen über den Werth des Zerrbildes, das unsere Zeloten von David Strauß entworfen haben.

Nr. 83.

Erinnerungen an Eugen und Moritz von Hirschfeld aus Deutschland und Spanien. Zusammengestellt von einem 80jährigen Veteranen des York'schen Corps vom Leib-Regimente. Der Ertrag ist zum Besten hülfsbedürftiger Veteranen bestimmt. Berlin 1863.*)

„Unsere Armee hat eben nicht zahlreiche Schriften dieser Art; es ist zu lange üblich gewesen, Regimentsgeschichten und Theorien von allerlei Art zu schreiben, und zu vergessen, daß wie in aller Geschichte, so am meisten in der der Kriege, die Charaktere das Wichtigste und am wenigsten Erlernbare sind". Mit diesen treffenden Worten Droysen's leitet der ungenannte Herausgeber sein Buch ein; in ihnen ist zugleich das Urtheil über den Werth der Schrift enthalten. Die beiden Söhne des Generals Hirschfeld, des Siegers in der ersten Landwehrschlacht bei Hagelberg, trugen, nachdem der ältere, Eugen, an dem Schill-Dörnberg'schen Unternehmen Theil genommen, ihren Haß gegen den Landesfeind über das Meer, und traten in das spanische Heer. Eugen, der Begabtere der beiden, fiel schon im Jahre 1810, sein Bruder, Moritz, focht die nächsten Feldzüge in Spanien mit durch, und konnte erst nach dem Ende des Krieges von 1814 seine Entlassung aus der spanischen Armee erlangen. Er trat dann wieder in sein vaterländisches Heer, erfocht im Jahre 1849 den Sieg von Waghäusel über die badischen Insurgenten und starb 1859 als commandirender General der Rheinlande, wo er, gleichwie im badischen Oberlande, noch heute im besten Andenken steht. Von beiden Brüdern wird das Tagebuch aus dem spanischen

---

*) [N. a. D., vom 2. April, Sp. 316.]

Feldzuge mitgetheilt. Als Reiterofficiere im Regimente Alcantara können sie natürlich über den Gang des Krieges im Großen nichts Neues berichten, aber sie geben in einfacher, militärisch klarer und schmuckloser Darstellung ein höchst lebendiges Bild von dem ruhmvollen englisch-spanischen Heere und unbewußt ein Bild von sich selber. Es ist ein Stolz und eine Freude, diesen tapferen preußischen Officieren zu folgen durch die Mühsal der Führung einer fremdländischen Truppe, durch Schlachten und Entbehrungen und die Noth der Gefangenschaft. Niemand wird es ohne Rührung lesen, wenn plötzlich die einfache Erzählung unterbrochen wird durch einen Ausruf der Sehnsucht nach der Heimath oder des Hasses gegen Napoleon. Schade, daß aus den späteren Jahren des Generals Hirschfeld nur Weniges mitgetheilt wird. Ueber den Jammer des Bundeskrieges in Baden fällt er das treffende Urtheil: „lieber eine ganze Hälfte als ein getheiltes Ganzes". Wir wünschen dem Buche viele Leser, das in anspruchsloser Weise ein sehr stattliches und ehrenhaftes Charakterbild uns vorführt. Es mag in der unseligen Verwirrung der Gegenwart daran mahnen, welchen Schatz, trotz alledem und alledem, Deutschland an dem preußischen Officiercorps besitzt, welche Fülle von Muth und Thatkraft sich zu allen Zeiten um die schwarzweiße Fahne geschaart hat.

Nr. 84.

Stieglitz, Heinrich, Erinnerungen an Charlotte. Aus Tagebuchblättern und sonstigen Handschriften des Verstorbenen ausgewählt und herausgegeben von Louis Curtze. Marburg 1863.*)

Herr Curtze hat seinem Helden durch die Herausgabe dieser Tagebuchblätter einen schlimmen Dienst erwiesen. Unsere nach ewig neuer nervöser Aufregung jagenden Zeitgenossen sind nur zu geneigt, jede That zu bewundern, von der sie sich selber sagen müssen: „ich wäre dessen nicht fähig". So konnte der Selbstmord der Charlotte Stieglitz sogar einem Böckh den Vers entlocken:

οἰχομένην ὑπὲρ ἀνδρὸς ἑκούσιον εἰς Ἀΐδα
οἷάπερ Ἄλκηστιν τήνδε θέμις σεβέμεν.

Daß aber die unselige That und mehr noch das Entzücken darüber nur das Zeichen einer weitverbreiteten Zeitkrankheit waren, das muß aus diesen Tagebuchblättern Jedem einleuchten, und insofern, als eine unfreiwillige Aufklärung der mißleiteten öffentlichen Meinung, heißen wir dies Buch willkommen. Um den Gatten der gegenstandslosen Selbstquälerei zu entreißen und für große poetische Schöpfungen zu begeistern, hatte die edle Frau den entsetzlichen Schritt gewagt, und, — Jahre lang schreibt der Wittwer Tagebuchblätter voll schmerzlicher Anrufungen der Todten und voll guter Vorsätze: „daß ich vollende meinen Lauf mit Freuden und das Amt, das ich empfangen habe". Das endlose Einerlei dieser Klagen wirkt zuletzt ekelerregend, denn weder aus der Prosa noch aus den mittelmäßigen Versen spricht eine starke Leidenschaft, ja, sogar die Wahrheit

*) [A. a. O., vom 2. April, Sp. 317.]

der Empfindung wird uns endlich zweifelhaft, wenn er seine eigene Seele
also anredet: „Herz, großes blutiges Tintenfaß!" Die Impotenz ist
der Charakter dieser Aufzeichnungen, und Keiner, der sie gelesen, wird
sich wundern, daß Stieglitz als Schriftsteller nichts Bedeutendes leistete.
„Ihre letzten Zeilen sind fortan mein Diplom, meine höhere Promotion",
ruft der unglückliche Mensch, und wieder: „ich mag lieber Resultate geben
als Versprechungen"; aber die Resultate sind nie gegeben worden. Stolz
und fest wiederholt er fortwährend, ein Mann dürfe sich nicht verhätscheln,
und doch ist sein eigenes Tagebuch nichts als eine endlose Selbstver-
hätschelung. Vielen mag es hart scheinen, also zu reden über einen
Todten, den das Schicksal so furchtbar heimsuchte. Aber noch sind die
falschen Götzen aus jener jungdeutschen Epoche nicht alle gestürzt; noch
ist es nicht überflüssig zu erinnern an die Krankheit einer überästhetischen
Zeit, welche die Dichtung als den höchsten Zweck eines jeden Mannes-
lebens betrachtete, statt sie bescheiden als eine Gnade zu verehren, womit der Himmel einzelne Glückliche beseligt.

Nr. 85.

Sybel, Heinr. v., Ueber die Entwicklung der absoluten Monarchie in Preußen. Rede. Bonn 1863.*)

„Unser Verfassungsstaat ist keineswegs improvisirt, sondern aus
festem Boden, langsam, aber unaufhaltsam erwachsen. Er ist nicht der
Sturz, sondern die Blüthe des starken Baumes, dessen Wurzeln durch
die Jahrhunderte reichen". Diese Sätze bilden das Resultat des vorliegenden Vortrags. Der Nachweis, daß die constitutionelle Staatsform
sich mit Nothwendigkeit aus der preußischen Geschichte ergiebt, ist von
dem Verfasser meisterhaft geführt. Ueber einzelne Urtheile in einer
solchen zusammenfassenden Darstellung werden die Meinungen natürlich
immer getheilt bleiben. So scheint uns die desultorische Behauptung,
der große Kurfürst sei der Gründer des preußischen Staats, nur halbwahr und ebenso wenig durchschlagend wie das heut zu Tage übliche
Urtheil, das Leopold I. den Gründer des österreichischen Staats nennt.
Wir meinen, die Bedeutung der älteren Geschichte der beiden Großmächte könne nicht leicht überschätzt werden. Auch halten wir es für
richtiger, Friedrich den Großen an das Ende (statt, wie Sybel thut, an
den Anfang) einer Geschichtsepoche zu stellen. Doch es liegt im Wesen
der historischen Entwicklung, daß jede höchste Blüthe einer Staatsform
zugleich den Keim der Neubildung in sich schließt; der Streit über Fragen
dieser Art wird also niemals gänzlich geschlichtet werden. Die kleine
Schrift mit ihrer geistreichen lebendigen Darstellung empfehlen wir namentlich dem großen Publikum auf's Wärmste; sie wird dazu helfen, manche
unbestimmte Meinung in klares Urtheil umzuwandeln. Der Vortrag ist
übrigens inzwischen mit einigen Erweiterungen in die Sammlung von
H. v. Sybel's Kleinen historischen Schriften aufgenommen worden.

*) [A. a. O., vom 9. April, Sp. 342.]

Nr. 86.

Diplomatische Geschichte der Jahre 1813, 1814, 1815. Zwei Theile.
1. Thl. Vom Brande Moskaus bis zum ersten Pariser Frieden. 2. Thl. Vom
Wiener Congresse bis zum zweiten Pariser Frieden. Leipzig 1863.*)

Dies Buch bringt zwar weder neue Thatsachen, noch stellt es eigenthümliche Gesichtspunkte auf, aber es giebt eine recht brauchbare Zusammenstellung der diplomatischen Verhandlungen und empfiehlt sich
namentlich Jenen, welchen die umfassenden Sammlungen von Klüber u. A.
nicht zur Hand sind, durch den Abdruck zahlreicher, mit Umsicht gewählter
Urkunden. Der Verfasser ist ein redlicher Patriot und ein warmer
Fürsprecher der Hegemonie Preußens in Deutschland. Sein Urtheil ist
in der Regel verständig und gemäßigt, doch fehlt ihm der sichere historische Blick. Er liebt es, die Ereignisse aus der sittlichen Verschuldung
einzelner Menschen, statt aus der Nothwendigkeit der politischen Machtverhältnisse herzuleiten. Dieser moralisirende Idealismus, der in Deutschland unsterblich zu sein scheint, verleitet ihn oftmals gerade da zu gemüthlichen Betrachtungen, wo es gilt, die unerbittliche Nothwendigkeit
eines welthistorischen Gegensatzes zu verstehen. Man mag all' seine Vorwürfe gegen die Ränkesucht des Fürsten Metternich zugeben: wer darf
es leugnen, daß auf dem Wiener Congresse der Fürst der Mann der
Situation war und seinem Staate die größten Dienste leistete? Die
gutmüthige Hoffnung des Verfassers, Oesterreich werde dereinst freiwillig
die Unhaltbarkeit seiner Herrschaft über Deutschland einsehen, wird von
allen österreichischen Staatsmännern, mögen sie Schmerling oder Golu-
chowsky heißen, nur mit sardonischem Lächeln betrachtet werden. Ueberhaupt ist der Verfasser allzu empfänglich für die salbungsvollen Redensarten diplomatisirender Biedermänner. Die durchaus reactionäre Haltung
des Cabinets von St. James vermag er nicht zu durchschauen; die berühmte Münster'sche Note vom 21. October 1814, die schon so viele
Leichtgläubige getäuscht, entlockt auch ihm Worte des Lobes. Ist es
denn so schwer, aus diesen tönenden „constitutionellen" Phrasen die Un-
verbesserlichkeit des hannoverschen Junkers zu erkennen, der von der
Selbstherrlichkeit der lüneburgischen und grubenhagener Provinzialstände
nichts wissen wollte? — Im Ganzen und Großen verdient das Buch
Anerkennung; vornehmlich die Verhandlungen über die Theilung Sachsens
sind sehr gut dargestellt.

Nr. 87.

Wie ward der letzte Orientalische Krieg herbeigeführt? Eine historische Untersuchung. Leipzig 1863.**)

Diese sogenannte historische Untersuchung ist offenbar das Machwerk eines russischen Lohnschreibers und gehört in die Classe jener Libelle,
durch welche seit den Tagen des Pentarchisten das Petersburger Cabinet

---

*) [A. a. O., vom 16. April, Sp. 367.]

**) [A. a. O., vom 16. April, Sp. 368.]

die öffentliche Meinung in Deutschland zu gewinnen trachtet. Natürlich
tritt der Verfasser mit der Miene parteiloser Unbefangenheit auf und
tadelt freimüthig manche Fehlgriffe der russischen Regierung, freilich nur
solche, die offen vor Aller Augen liegen und nicht mehr abgeleugnet
werden können. Auch versteht er es, manche gehässige Urtheile, die in
den Tagen des Kampfes von der Presse der Westmächte ausgingen, zurückzuweisen, so das kindische Geschrei über den Paletot des Fürsten
Mentschikoff und den ungerechten Tadel über die Schlacht von Sinope.
Und sehr geschickt deckt er die Blößen jener napoleonischen Staatskunst
auf, die lediglich „im Interesse der Civilisation" den orientalischen Krieg
begann. Aber wenn er das Verhalten der Westmächte lediglich auf die
Eroberungslust des Bonapartismus und die Gespensterseherei der öffentlichen Meinung zurückführt, so wird ihn heute kein verständiger Deutscher
ohne Lächeln anhören. Wir wissen so gut wie unser russischer Freund,
daß das Testament Peter's des Großen eine Fälschung ist, aber wir
kennen auch die wirklichen Pläne Katharina's, Alexander's und Nikolai's
auf die Hagia Sophia, wovon unser unschuldiger Verfasser keine Ahnung
hat. Desgleichen ist uns der verwahrloste Zustand des osmanischen
Reiches nicht unbekannt. Doch wir Deutschen sind und bleiben „Heiden"; so nannte uns ja unser „aufrichtiger und treuer Freund" Czar
Nikolaus selber in seinem Manifeste vom Jahre 1848. Unsere heid-
nische Verstocktheit glaubt es dem rechtgläubigen Rußland noch immer
nicht, daß jener Ausdruck „Heiden" ein Uebersetzungsfehler gewesen sei;
und wenn ein Russe den letzten Grund des Leidens der Türken in dem
Koran und in der orientalischen Vermischung von Staat und Kirche
findet, so antworten wir mit heidnischer Frechheit: „wir halten den
Sultanismus für eine menschlichere Staatsform, als den Caesaropapis-
mus des weißen Czaren, und den Islam für eine sittlichere Religion
als jenen Fetischdienst, der in Rußland Christenthum genannt wird".
Es lohnt der Mühe nicht, noch ein Wort über die Schrift zu verlieren.
Die Zeit ist vorüber, wo die Petersburger Pamphlete eine Macht in
Deutschland waren. Immerhin ist es lehrreich, daß man in Petersburg
noch glaubt, den Deutschen mit so plumpen Lügen imponiren zu können,
wie die Behauptung ist, Rußland habe durch den Frieden von Kutschuk-
Kainardsche das Oberaufsichtsrecht über die anatolische Kirche erworben.

Nr. 88.

Pabst, Prof. Dr. Carl Rob., Theodor Müller's Leben und Wirken in
der Schweiz. 2. Abth. Von Müller's Rückkehr aus Paris bis zu seinem
Tode: 1830—1857. Mit dem Grundplan der hofwyler Gebäude. Aarau
1863. *) — A. u. d. T.: Der Veteran von Hofwyl. III. Theil.

Wer dies Buch lesen will ohne zu verzweifeln, muß wenigstens
zehn Jahre lang in einem deutschen Bundesstaate gelebt haben; nur
dann wird er die zur Bewältigung dieses literarischen Ungethüms noth-

---

*) [A. a. O., vom 16. April, Sp. 317.]

wendige Geduld besitzen. Referent hat nie ein formloseres, weitschwei=
figeres Werk unter den Händen gehabt. Auch wird kein Leser den Schick=
salen des wunderlichen Helden dieses Buches mit Theilnahme folgen,
wenn er nicht einige jener Flugschriften kennt, welche dem Sonderbunds=
kriege vorausgingen (z. B. „Rothstrumpf's Erwachen", „Die Religion
is i Gfahr" u. dergl.), und also aus Erfahrung weiß, daß die Sprache
schweizerischer Parteimänner oftmals dem Brüllen des Stieres von Uri
gleicht. Theodor Müller, aus Norddeutschland gebürtig, war durch lange
Jahre ein getreuer Mitarbeiter Fellenberg's an der Schule zu Hofwyl,
also ein Todfeind der Ultramontanen, und starb 1857 als Schulinspector
des Cantons Bern. Von der Gesinnungstüchtigkeit des originellen Gro=
bians mag folgende Briefstelle Zeugniß geben (Referent wählt eine der mil=
desten, aus Rücksicht auf ängstliche Gemüther): „Man möchte in finsteren
Augenblicken sich einbilden, es gehe — besonders unter der Aegide einiger
gekrönter Bestien — mit der ungehinderten zweifüßigen Thierwelt wieder
auf geraume Zeit ärschlings dem Mittelalter zu. Ehe nicht aus dem
Christenthume $9/_{10}$ weggeräumt sind, ehe es nicht gereinigt ist vom drei=
fachen großen Mist: 1) vom Judenmist, dem ältesten, 2) vom Pfaffen=
mist, sensu latissimo, 3) vom Stündlermist, dem jüngsten, ist an eine
Emancipation und ächte Verchristlichung des Menschengeschlechts nicht zu
denken". Th. Müller, ein Freund Kortüm's und Döderlein's, hat sich
um das Volksschulwesen der Schweiz unzweifelhafte Verdienste erworben.
Auch sein Kneipgenie war wahrhaft staunenswerth, und Referent muß
das Verzeichniß der von Müller besuchten Tübinger Kneipen als über=
raschend vollständig anerkennen und vermißt nur mit Befremden „die
Neckartyrannei". Wie aber ein Mann von Bildung diesen „Kneip=
läufen" seines Helden und den Schäkereien mit den Kellnerinnen Setti
und Lisbethli viele Bogen widmen kann, das übersteigt unsere Fassungs=
kraft. Das Buch, ohne jeden literarischen Werth, gewährt dem deutschen
Leser doch einen lehrreichen Einblick in manche Eigenheiten des schwei=
zerischen Parteitreibens, und mancher demokratische Theoretiker mag sich
daraus über die Frage belehren: warum kann die Tüchtigkeit und Mittel=
mäßigkeit des schweizerischen Staatslebens niemals ein Ideal werden für
ein großes Culturvolk?

Nr. 89.

Mémoires du Comte de Senfft ancien ministre de Saxe L'empire. Orga=
nisation politique de la Suisse. 1806—1813. Avec portrait. Leipzig 1863.*)

Die historische Wissenschaft ist der Verlagshandlung und dem un=
genannten Herausgeber zu großem Danke verpflichtet für die Veröffent=
lichung dieses merkwürdigen Buches. Unter den specifisch sächsischen
Patrioten ist es gebräuchlich, die starken und wohlbegründeten Anklagen,
welche Niebuhr, Pertz, Häusser, Varnhagen und unzählige Andere gegen
Sachsens Haltung während der rheinbündischen Zeit erhoben, aus einer
blinden Vorliebe für Preußen herzuleiten. Nun denn, hier redet der

_____

*) [A. a. O., vom 4. Juni, Sp. 536.]

Minister König Friedrich August's, ein argwöhnischer Feind des „jako-
binischen" Geistes unserer Freiheitskriege, und seine Aufzeichnungen bestätigen nicht blos, nein, sie verstärken alle Beschuldigungen, welche je
gegen die sächsische Politik jener Zeit erhoben worden, und wir wollen
doch sehen, wer jetzt noch die Stirn hat, die armseligen Fabeln einer
patriotisch gemeinten Mythologie nachzusprechen. Graf Senfft, bekanntlich ein Neffe Stein's, und bei seinem genialen Verwandten als rhein-
bündischer Staatsmann keineswegs wohl angesehen, war von 1806—1809
sächsischer Gesandter in Paris, dann Minister des Auswärtigen in Dresden.
Lange empfand er unwillig den Druck des fremden Jochs, doch glaubte
er nicht, daß die Befreiung von Rußland oder gar von jenem Preußen,
das er ganz verloren gab, ausgehen könne. Er hoffte vielmehr auf
einen von England und der Türkei unterstützten Bund zwischen Oesterreich, Schweden, einem Theile Deutschlands und namentlich Polen, in
welchem natürlich König Friedrich August als Großherzog von Warschau
eine hervorragende Rolle spielen sollte. Ebenso wenig staatsmännisch
wie diese Hoffnung, war sein Verhalten im Frühjahre 1813. Er wollte
Sachsen theilnehmen lassen an der bewaffneten Mediation, welche Oesterreich durchführte; den Anschluß an Preußen verwarf er, weil Sachsen
die Suprematie des Nachbars in Norddeutschland nicht dulden könne.
Er setzte also im Jahre 1813 getreulich jene Politik fort, welche man
am Dresdener Hofe schon im Jahre 1806 getrieben, als man, aus
Furcht der Souveränität etwas zu vergeben, den Beitritt zu Preußens
norddeutschem Bunde verweigerte und wenige Monate später unter die
Vasallen Napoleon's aufgenommen wurde. Mit der Losreißung von
Frankreich jedoch war es dem Grafen bitterer Ernst; er nahm seinen
Abschied, als der König nach der Schlacht von Lützen unter die französischen Fahnen zurückkehrte. Nach der Schlacht von Leipzig bot er
dem Könige wiederum seine Dienste an, ward aber kalt aufgenommen.
Er trat dann in die österreichische Diplomatie, schrieb zu Anfang 1814
die vorliegenden Memoiren, convertirte später und blieb durch lange
Jahre k. k. Gesandter in München. Freien staatsmännischen Blick zeigt
der Graf nirgends; auch ihm, gleich allen damaligen sächsischen Staatsmännern, erschien (nach Stein's treffendem Urtheile) die Sprengung
der Dresdener Brücke („la catastrophe du pont") als das wichtigste
Ereigniß des Frühjahrs 1813. Aber er beobachtet die Menschen scharf
und sicher. Seine Erzählung trägt durchaus das Gepräge der Wahrhaftigkeit. Nirgends eine Spur von Bitterkeit, überall vielmehr aufrichtige Verehrung für den Charakter des Königs und überschwängliches
Mitleid mit seinem Unglücke. Um so stärker ist der Eindruck des einfachen Berichts. Wir schauen nicht nur tief hinein in die wohlbekannte
Schwerfälligkeit des altsächsischen Staatslebens, sondern auch in die
Corruption des Beamtenthums, welche freilich dem Kundigen längst kein
Geheimniß war und sich auch leicht erklärt; denn um den von den polnischen Augusten im sächsischen Staate aufgehäuften sittlichen Schmutz
hinwegzufegen, dazu bedurfte es einer gewaltigeren Faust, als der wohlmeinende Friedrich August besaß. Ueberaus lehrreich sind die zahlreichen

Details, welche die Stellung des sächsischen Hofes zu dem Protector des Rheinbundes anschaulich machen. Nur einige Beispiele. Auf die Nachricht von Stein's Aechtung durch Napoleon wurde sein Gut Birnbaum sofort durch die Warschauer Regierung sequestirt, ohne daß die französische Regierung darum angesucht hatte. Der Dresdener Hof gerieth in schwere Angst, als man hörte, Graf Senfft habe in Paris seine Verwandte, Stein's Schwester, bei sich beherbergt. Auf ein hingeworfenes Wort des französischen Gesandten entschloß sich Friedrich August alsbald zur Reise nach Paris, um dem Protector seine Ehrfurcht zu bezeugen, und Graf Senfft ward von Napoleon's Ministern mit unverhohlener Verachtung aufgenommen, als er diesen Entschluß seines Fürsten meldete. In Paris mußte der König seinem württembergischen Genossen, der eine ältere Rheinbundskrone trug, überall nachstehen. Im Jahre 1812 lud Napoleon, als Gast des Königs im Dresdener Schlosse, den Kaiser Franz täglich zu Tische, während sein Wirth als eine Person von niederem Range nur einen Tag um den anderen dieser Ehre gewürdigt wurde. Napoleon's Geburts= und Hochzeitstage feierte man in Sachsen von Staatswegen und konnte sich nicht entschließen, diese Feier dem französischen Gesandten zu überlassen. Gegen den verlassenen Bundesgenossen Preußen verfuhr der Minister Bose absichtlich so schroff und gehässig als möglich, um Frankreich eine Freude zu bereiten. Die beabsichtigte Vermählung der Prinzessin Auguste wurde auf Befehl Napoleon's rückgängig gemacht. Zu dem russischen Feldzuge stellte man mehr Truppen als ausbedungen war, weil der sächsische Generalstab möglichst viele Regimenter an den napoleonischen Siegen theilnehmen lassen wollte. Sehr interessante Einzelheiten erzählt Graf Senfft über den bekannten, schon von Niebuhr beim rechten Namen genannten Bayonner Vertrag, kraft dessen König Friedrich August dem Protector die von diesem confiscirten Schuldforderungen preußischer Unterthanen an Warschauer Grundbesitzer ablaufte. Als Friedrich August sich dem Imperator zuerst unterwarf, kannte er die Capitulation der sächsischen Armee vom Herbst 1806, in welche Napoleon eine Clausel aufgenommen hatte für den Fall, daß den Officieren von ihrem Souverain zugemuthet würde, ihr Ehrenwort zu brechen! Als Friedrich August unter die Fahnen Napoleon's zurückkehrte, kannte er dessen in Warschau 1812 an einige polnische Große gerichtetes Wort: „Das Großherzogthum wird erhalten werden, gleichviel ob der König von Sachsen oder ein Anderer es regiert"; er wußte auch, daß der französische Commandant in Dresden die an die sächsischen Minister gerichteten Briefe erbrechen ließ. Nehmen wir zu Alledem den Charakter des allmächtigen Grafen Malcolini, dem Graf Senfft sehr richtig „das Wesen mehr eines Großveziers als eines Edelmanns" zuschreibt, und des Warschauer Ministers Weglinski, der den schönen Namen „polnische Wirthschaft" wieder zu Ehren brachte: so haben wir einige Züge, und keineswegs die stärksten, zur Charakteristik des sächsisch=warschauischen Regiments, und wundern uns nicht mehr, daß Friedrich August auf die erste Nachricht von der Ankunft eines Kosakenpulks an der sächsischen Grenze sich

alsbald auf die Flucht begab. Die politische Haltung des Königs be=
zeichnet sein Minister mit den Worten: „er verstand es nicht, aus dem
Feudalgeiste sich zu erheben zu den Gefühlen des Hauptes einer Nation,
zu dem Stolze einer Macht". Der Historiker wird freilich fragen, wo
denn in aller Welt die sächsische „Nation" zu finden sei, und wie es
möglich war, im Zustande vollendeter Ohnmacht sich stolz zu zeigen.
Das Urtheil über die unglaubliche Schwäche des gutherzigen Monarchen
wird fortan noch strenger denn bisher lauten müssen; keine Frage,
Friedrich von Württemberg erscheint Napoleon gegenüber ungleich selbst=
bewußter. Anhangsweise folgt ein kurzer Bericht über die bekannte Sen=
dung des Grafen in die Schweiz zu Ende 1813. Oesterreich gedachte
dort auf den Wunsch der Berner Herren die alte Unordnung herzu=
stellen, ward aber, wie bekannt, durch Laharpe, der das Ohr des Czaren
Alexander besaß, daran gehindert. — Ergötzlich ist der Stil des Grafen.
Er schreibt zwar klar, und man ist nie im Zweifel über seine Meinung.
Aber er versucht, den weitbauschigen Mantel des bekannten sächsischen
Kanzleistils um die französische Sprache zu schlagen; fort und fort fallen
ihm die Falten der langen Perioden herab; gewaltsam muß er sie mit
einem dis-je wieder aufgreifen. — Von der glänzenden Ausstattung sticht
die Ueberzahl der Druckfehler sehr häßlich ab.

<hr>

Nr. 90.

Scherr, Prof. Dr. Joh., Blücher. Seine Zeit und sein Leben. Zwölf Bücher
in drei Bänden. Leipzig 1862, 63. — I. Bd.: Buch 1—4. Die Revolution.
(1740—1799.) II. Bd.: Buch 5—8. Napoleon. (1800—1812.) III. Bd.:
Buch 9—12. Blücher. (1813—1819.)*)

Im Nachworte sagt Herr Scherr in seiner bescheidenen Weise: „Was
meine Gegner angeht, so stehen diese entweder so fern von mir, daß
jede Verständigung unmöglich, oder so tief unter mir, daß ich mich allzu=
sehr bücken müßte, wollt' ich mich mit Gesellen befassen, von denen ge=
schrieben steht: kein Talent und kein Charakter". Wir rechnen uns zwar
nicht zu den Gegnern des Herrn Scherr, überlassen ihm jedoch mit Ver=
gnügen die Wahl, ob er uns der ersten oder der zweiten dieser Classen
oder auch beiden zugleich zuzählen will. Selten haben wir ein Buch
mit so tiefem Widerwillen aus der Hand gelegt, und jeder ernste Mann,
dem die Keuschheit der historischen Wissenschaft heilig ist, wird diese
Empfindung billigen. Nicht der allerdings bodenlose Radicalismus des
Verfassers stößt uns ab — Referent bekennt sich selber zu einer poli=
tischen Meinung, die der Mehrzahl unserer Gelehrten als „radical"
gilt — wohl aber die sittliche Rohheit des Buches, diese ekle, einen
Vehse noch weit überbietende Lust am Schmutz und Skandal, diese pöbel=
hafte, von „Schweinereien" strotzende Sprache. (Wir bitten die Leser
des Centralblattes um Verzeihung, wenn wir ein widriges Ding auch

*) [A. a. O., vom 11. Juni, Sp. 556.]

mit widrigem Namen nennen.) Der Titel „Blücher, seine Zeit und sein Leben" ist wenig zutreffend. Herr Scherr giebt eine Unmasse kleiner — möglichst schmutziger — Züge zur Charakteristik des 18. Jahrhunderts und der Napoleonischen Zeit, und berücksichtigt dabei Blücher etwas mehr als andere handelnde Personen. Er entfaltet dabei eine reiche Belesenheit, hat auch handschriftliches Material benutzt, das er „Blücher=Papiere" nennt, doch achtet er es schließlich „der Mühe unwerth", die verheißene Vorrede zum dritten Bande zu schreiben, welche uns über Werth und Ursprung dieser Handschriften aufklären sollte. Unter solchen Umständen sind die Citate aus den „Blücher=Papieren" nur mit größter Vorsicht aufzunehmen, zumal da Herr Scherr sich nicht gescheut hat, Briefstellen und Aussprüche, die wir aus guten Quellen kennen, durch eingeflickte Kraftworte zu verstärken. Der Kenner, wenn er sich überwinden kann, diese Verhöhnung jedes echten historischen Stils zu ertragen, mag da und dort einen wenig bekannten anekdotischen Zug mit Nutzen lesen; das große Publicum, für welches das Werk bestimmt ist, wird dadurch noch mehr als durch die Schriften der Frau Luise Mühlbach verderbt und der historischen Wissenschaft entfremdet werden. In Herrn Scherr's Augen ist Carlyle der ideale Historiker, dessen französische Revolution das schönste „historische Epos" der neueren Zeit. Doch leider fehlt Herrn Scherr durchaus der geistvolle Witz, welchem Carlyle einen guten Theil seines zweifelhaften Ruhmes verdankt. Herrn Scherr's Meinung ist die beste, sein Urtheil, wenn er nicht auf Schmutzereien zu reden kommt, oftmals recht verständig; so wird über Lafayette, über Humboldt's Briefe an Varnhagen u. A. mit einer ehrlichen Strenge geurtheilt, die einem so bitteren Königshasser zur Ehre gereicht. Ueberhaupt ist das Buch mit Fleiß und aus vollem Herzen geschrieben. Aber diese guten Eigenschaften reichen nicht aus, ein krauses Durcheinander von Anekdoten und breiten, polternden Reflexionen zu einem Geschichtswerke zu machen. Der erste Band beginnt mit einer Masse Schmutzgeschichten aus dem ancien régime; sogar von Peter dem Großen werden — in einem Werke über Blücher! — ausführlich allerhand obscöne Anekdoten erzählt. Nun folgt das endlose Schimpfen auf den „deutschen Geduldmichel" und die „Franz Metternichigkeit", auf den „König Infinitiv", Friedrich Wilhelm III., den man durch einen „König Definitiv" hätte ersetzen sollen u. s. w. „Aber — ach Herr Cheses — wir gebildeten sächsischen Deutschen sind ja nur zum allerunterthänigsten Gehorchen geschaffen", heißt es über das sächsische Volk. Das römische Kaiserthum der deutschen Könige ist Herrn Scherr einfach eine „kosmopolitische Windbeutelei", das Mittelalter eine Zeit, da „dickwanstige Bonzen" in der großen Pfaffengasse des Rheins hausten, die romantische Schule „ein schnell vorüberhuschendes Spektakel". Trotzdem meint er sich berechtigt, über die „unhistorische" Weise anderer Historiker sehr vornehm abzuurtheilen. Doch genug der Kraftstellen (die stärksten haben wir absichtlich weggelassen); sie könnten leicht eine allzu ungünstige Meinung über das Buch hervorrufen. Die Abschnitte über den Krieg von 1813 sind erträglich, dagegen die Darstellung des Wiener Congresses

Nichts als eine ganz gewöhnliche Klatscherei. — Wenn Herr Scherr, was wir freilich bei seinem überstarken Selbstbewußtsein bezweifeln müssen, noch die Fähigkeit zur Selbstkritik besitzt, so bitten wir ihn, einmal die Werke der Alten, die er ja bewundert, mit dem gepfefferten Feuilleton-stile seines Buches zu vergleichen; vielleicht erräth er dann, warum sein Buch, trotz der guten patriotischen Absicht, bei ernsten Männern nur Widerwillen erregen kann.   Schriften dieses Schlages sind heute leider ihres Publikums sicher.   Um so mehr bitten wir alle Kundigen, die Halbgebildeten vor dem Werke zu warnen.   Denn Nichts verdirbt sicherer den Geschmack des Volkes als diese unwahre Vermischung von Poesie und Prosa, Nichts untergräbt leichter die politische Bildung als dies ab-sprechende Schmähen auf unsere Vorzeit.

Nr. 91.

Ruge, Arnold, Aus früherer Zeit. 3. Band. Berlin 1863.*)

Dieser dritte Band bestätigt das Urtheil, das in diesem Blatte be-reits über die beiden ersten Bände gefällt wurde.   Der Leser weiß nicht ob er mehr lachen soll über den unbelehrbaren politischen Unverstand des Verfassers oder mehr seine Lust haben soll an Ruge's menschliche Liebenswürdigkeit und treuherziger Ehrlichkeit.   Die erste Hälfte des Bandes erzählt, wie Ruge sieben schöne Jugendjahre durch die Dema-gogenverfolgung verlor — oder vielmehr nicht verlor, denn Niemand wird es ohne Freude lesen, wie mannhaft er sich inmitten unwürdiger Quälereien Gesundheit des Leibes und der Seele, Arbeitslust und gute Laune zu erhalten wußte.   Diese Erzählung bildet ein Seitenstück zu dem, was Fritz Reuter einige Jahre später in seiner „Festungstid" er-lebt hat, sie giebt einen leider nicht unwichtigen Beitrag zur neuesten Ge-schichte Deutschlands und zeigt auf's Neue, wie unglaublich nachlässig Herr Ilse seine Geschichte der Demagogenverfolgungen zusammengeschrieben hat.   Der unübertrefflichen Einfalt eines Kamptz gegenüber erscheint übri-gens sogar der radicale Schwärmer Ruge als ein politischer Kopf.   Von geringerem allgemeinen Interesse ist die zweite Hälfte des Bandes.   Hier sehen wir, wie Ruge in dem Studium des „freiesten Deutschen" Hegel einen Mittelpunkt seiner geistigen Arbeit findet, und begleiten ihn dann auf seiner fröhlichen Hochzeitsreise durch Italien.   Seltsamerweise ist gerade dieser Theil weniger anziehend geschrieben als der frühere; es scheint, als habe die Wirklichkeit für Ruge nur dann einen starken Reiz wenn sie in unmittelbarer Beziehung steht zu seinen radicalen Theorien. Wir wünschen dem Buche viele Leser.   Sein Radicalismus ist zu derb und zu wohlwollend, um irgend Jemanden zu verletzen oder zu verführen. Das lebendige Bild eines wackeren Menschenlebens und einer bewegten Zeit wird Jeden erfreuen.

*) [A. a. O., vom 11. Juni, Sp. 557; vergl. oben Nummer 71.]

Nr. 92.

Sybel, Heinr. v., Kleine historische Schriften. München 1863.*)

Diese Sammlung der da und dort zerstreuten kleinen Schriften des berühmten Verfassers wird im Publicum bald viele Freunde finden. Wir erhalten hier einen neuen Abdruck der bereits als selbstständige Schriften erschienenen Vorträge über Prinz Eugen und die Erhebung Europas gegen Napoleon, welche beide das große Talent des Verfassers, gewaltige historische Massen wirksam zu gruppiren, glänzend zeigen. Einige Erweiterungen hat die bereits in diesem Blatte besprochene Rede über die absolute Monarchie in Preußen erfahren. Wenig befriedigt hat uns, wenn wir das noblesse oblige bedenken, der erste, noch ungedruckte Aufsatz „Politisches und sociales Verhalten der ersten Christen", und noch weniger der folgende, gleichfalls neue „Die Deutschen bei ihrem Eintritt in die Geschichte" Auch hier, natürlich, gewandte lichtvolle Darstellung und einige feine Gedanken; aber ein Mann wie Herr v. Sybel sollte Nichts drucken lassen, was allenfalls ein Anderer auch schreiben könnte. Den Hörern mögen diese beiden Vorträge einen bedeutenden Eindruck hinterlassen haben, obwohl das rhetorische Talent des Verfassers nicht allzu groß ist; aber wer kennt nicht die grundverschiedene Wirkung des geschriebenen und des gesprochenen Wortes? In seinem eigensten Elemente bewegt sich dagegen der Verfasser in den meisterhaften Aufsätzen über Katharina II., de Maistre und Burke. Das älteste Stück der Sammlung ist die Abhandlung über den zweiten Kreuzzug, worin der edle historische Stil des Verfassers sich noch unbeholfen und halbentwickelt zeigt. Eine Ueberarbeitung hat Herr v. Sybel leider bei der Mehrzahl der Aufsätze unterlassen; so sind denn auch einzelne akademische Schlußwendungen stehen geblieben, die, am Geburtstage des Königs von Baiern oder des Kurfürsten von Hessen ausgesprochen, sich von selbst rechtfertigen, aber in einer Sammlung historischer Schriften seltsam ausschauen. Zu alledem treten noch zwei geistvolle Aufsätze „Die christlichgermanische Staatslehre" und „Ueber den Stand der neueren Geschichtsforschung" mit dem bekannten, scharfen, doch nicht ungerechten Urtheile über Schlosser. Das Buch als Ganzes verdient warmen Dank und wird hoffentlich dazu beitragen, dem historischen Essay in Deutschland jenes Ansehen zu erobern, dessen er in England sich längst erfreut. Die höchsten Kränze wird der Historiker auf diesem Gebiete natürlich nie erringen; aber der Essay bleibt schon darum wohlberechtigt und unentbehrlich, weil in dieser freien Form die Persönlichkeit des Historikers kecker hervortritt und viele schätzbare Aperçus und Winke gegeben werden können, welche die keusche Einfachheit der ausgeführten Geschichtserzählung nicht zuläßt.

*) [A. a. O., vom 2. Juli, Sp. 630.]

Nr. 93.

Adami, Friedr., Vor fünfzig Jahren. Nach den Aufzeichnungen von Augenzeugen und den Stimmen jener Zeit. Berlin 1863.*)

„Es ist weniger ein Buch über jene Zeit von 1812 und 1813, als vielmehr eines aus jener Zeit, fast nur aus gleichzeitigen Schriften und Blättern, sowie aus den Erinnerungen von Augenzeugen zusammengestellt". Mit diesen Worten charakterisirt der Verfasser sein Buch sehr richtig. Mit großem Fleiße hat er eine Fülle von interessanten kleinen Zügen zusammengetragen, und bei seiner Stellung in der conservativen Partei konnte es ihm an wichtigen Beiträgen von Seiten hochgestellter Personen nicht fehlen. Er schreibt wortreich und keineswegs elegant, aber lebhaft und anschaulich. Von König Friedrich Wilhelm III. wird nach zuverlässigen Berichten eine Reihe von Thatsachen mitgetheilt, welche den Fürsten doch in einem etwas günstigeren Lichte erscheinen lassen, als man heutzutage gemeinhin annimmt. Eine Bemerkung des Königs in seinem Handexemplar von Segur's Geschichte von 1812 beweist, daß Friedrich Wilhelm York's That gerecht zu würdigen wußte, wenn er auch die Abneigung gegen den selbstständigen Mann nicht ganz bemeistern konnte. Seine bekannte Unentschlossenheit wich doch auf Augenblicke; im Jahre 1812 war er einmal drauf und dran, mit Napoleon zu brechen und einen Krieg nach spanischer Weise zu beginnen. Ueber sein Privatleben erfahren wir eine Menge anziehender Einzelheiten, und sie werden mit besserem Geschmack vorgetragen, als man von einem Verehrer des Bischofs Eylert erwarten sollte. Sehr interessant ist auch der Briefwechsel zwischen Friedrich Wilhelm IV. und Knesebeck aus dem Jahre 1843, der die überschwengliche Weise des romantischen Königs sehr klar veranschaulicht. Der Verfasser ist eifriger preußischer Royalist, er hält sich unter den Dichtern der Freiheitskriege mit Vorliebe an die altpreußischen Sänger Stägemann und Schenkendorf, und wir finden es in der Ordnung, daß er der Deutsch-Russen gern gedenkt und eifrig die Verdienste seiner Parteigenossen Marwitz u. A. hervorhebt. Nur an einzelnen Stellen bricht der Parteieifer in einer Weise hervor, die einer für das ganze Volk bestimmten Jubelschrift schlecht ansteht. Es ist einfach kindisch, mit pathetischem Hohne von dem „liberalen" Johannes Müller zu reden und dessen Abfall von der deutschen Sache mit dem „Liberalismus" in Verbindung zu bringen. Nun gar, die breite Erzählung von der französischen Schreckensherrschaft ist überaus geschmacklos und gehört sicherlich nicht in dieses Buch. Im Ganzen gewährt die Schrift eine anziehende Lectüre, die uns lebhaft in die große Zeit zurückversetzt.

---

*) [A. a. O., vom 2. Juli, Sp. 631.]

Nr. 94.

Ufinger, Dr., Docent, Kurze Geschichte des Freiheitskrieges von 1813. Zur rechten Würdigung der wahren Bedeutung dieser Kämpfe. Coburg 1863.*)

Eine populäre Darstellung des großen Kampfes, mit verständiger Kritik nach den besten Werken bearbeitet. Der Verfasser will weder durch neue Gesichtspunkte noch durch schwunghafte Rhetorik blenden. Die schmucklose und doch lebendige Darstellung läßt den schweren Ernst der Ereignisse zum vollen Rechte kommen. Da Sybel's Vorlesungen über die Erhebung Europas gegen Napoleon für das große Publicum doch etwas zu knapp gehalten sind, so giebt diese Schrift die beste uns bekannte kurze Uebersicht über das stürmische Jahr. Der Verfasser ist ein warmer Patriot und blickt in die Zukunft unseres Landes mit einer fröhlichen Zuversicht, welche freilich nicht mehr von Allen getheilt werden wird, nachdem der jüngste Winter so manche Unreife unserer politischen Bildung an den Tag gebracht hat.

Nr. 95.

Heine, Heinr., Briefe. 2 Theile. Hamburg 1863. (Heine's Werke. 19. u. 20. Band.)**)

Die vorliegenden Bände enthalten Heine's Briefwechsel bis zum Jahre 1843. Obgleich die Familie des Dichters den Herausgeber Ad. Strodtmann nicht unterstützt hat, so ist dennoch ein bedeutendes, zum größten Theile noch ungedrucktes Material gesammelt worden. Wir finden Briefe an Immermann, Simrock, Laube, Lewald, an Heine's jüdischen Jugendfreund Moses Moser, an den Verleger Campe u. A. Die Verehrung des Herrn Strodtmann für seinen Helden ist so groß, daß er jedes Blättchen von dessen Feder für hochwichtig hält, und zugleich so blind, daß er nicht begreift, wie ein noch so beschämendes Geständniß aus Heine's Munde dem Rufe desselben schaden könne. Daher dürfen wir annehmen, daß nichts irgend Erhebliches aus dieser Sammlung absichtlich ausgelassen worden. Andererseits verdient Herr Strodtmann das Lob, daß er den Leser nicht oft durch Mittheilung ganz werthloser Briefe ermüdet. Füglich wegbleiben konnte freilich Heine's Doctordiplom nebst der vom Herausgeber hinzugefügten deutschen Uebersetzung und der Erörterung der hochwichtigen Frage, welche Censur Heine erhalten habe. Noch überflüssiger sogar ist der Abdruck einer langen Reihe elender Klatschcorrespondenzen aus deutschen Zeitungen über die berühmte Ohrfeige, welche Heine von Herrn Straus empfangen haben soll, und leider scheint dem Referenten der wirkliche Sachverhalt durch all' diese Schreiberei noch keineswegs unzweifelhaft festgestellt. Im Ganzen hat der Herausgeber das Rechte getroffen. Indeß werden diese Briefe dem unbefangenen Leser einen ganz anderen Eindruck machen als Herr Strodtmann meint. Wohl zeigen sie einzelne männliche, ehrenhafte Züge: den lächerlichen Maaß-

---

*) [A. a. O., vom 2. Juli, Sp. 631.]

**) [A. a. O., vom 2. Juli, Sp. 644; vergl. oben Nummer 39.]

regelungen der Censur gegenüber verfährt Heine immer mit Muth und
Selbstgefühl. Auch tritt da und dort der Genius des Dichters glänzend
zu Tage, so in den Correcturen zu Immermann's Tulifäntchen, die ein
wunderbar feines Verständniß der Sprache bewähren und deutlich errathen lassen, mit welch' eisernem Fleiße Heine an seinen eigenen Versen
gefeilt hat. Auch menschlich liebenswürdig erscheint der Dichter manchmal, vornehmlich in den Briefen an Simrock, Immermann, Laube,
Männer, die er unbedingt achtete. Aber neben diesen Lichtseiten offenbart sich doch überwältigend die Zerrissenheit und Gemeinheit des Charakters. In den Jugendbriefen an Moses Moser muß der verbissene
jüdische Haß gegen das Christenthum (diese „Ideenwanze", die, vor
Jahrtausenden zertreten, noch heute stinkt) Jeden anekeln, desgleichen die
kindische Eitelkeit, die Empfindlichkeit gegen jede unfreundliche Recension,
die Sorge dafür, daß seine Werke von den Freunden in den Zeitungen
angepriesen werden u. s. f. Herr Campe konnte allerdings unbesorgt
die an ihn gerichteten Briefe Heine's, die von groben Beleidigungen
wimmeln, abdrucken lassen. Sein Ruf wird darunter nicht leiden, denn
Heine's Urtheil zeichnet sich überall aus durch unwahre Gehässigkeit.
Dazu des Dichters unglaubliche Selbstüberhebung (man vergleiche den
Brief, worin er dem selbstsüchtigen Lebemanne Goethe sich selber als
den begeisterten Apostel der Idee gegenüberstellt), endlich und vor Allem
die erbärmliche Klatschsucht. Die Briefe sind nicht bloß lehrreich zum
Verständniß von Heine's Charakter, sie geben auch ein lebendiges Bild
der Schattenseiten der Epoche des jungen Deutschlands. Der Historiker
wird die beiden Bände mit Nutzen lesen und — schließlich, gleich dem
Referenten, den Göttern danken, daß unser Volk diese unselige Zeit des
souveränen Feuilletons überstanden hat.

Nr. 96.

Arndt, F., Hardenberg's Leben und Wirken. Nach authentischen Quellen.
Berlin o. J.*)

Ein gutes Buch über Hardenberg wird von der Wissenschaft seit
Langem schmerzlich vermißt. Das Werk von Klose ist niemals brauchbar gewesen, und neuerdings erscheint es sehr nöthig, den landläufigen
harten Urtheilen über den Staatskanzler durch eine sorgfältige Lebensbeschreibung entgegenzutreten. Man betont gemeinhin ausschließlich die
vornehme Leichtfertigkeit und Schwäche, welche Hardenberg in der sächsischen Frage und zur Zeit des Aachener Congresses zeigte, und vergißt,
daß die preußischen Reformen zum weitaus größten Theile von ihm,
nicht von Stein, herrühren. Leider entspricht das vorliegende höchst
mittelmäßige Buch auch den bescheidensten Erwartungen nicht. „Nach
authentischen Quellen" ist die Schrift gearbeitet. Das will sagen: Herr
Arndt hat die Werke von Pertz, Marwitz u. A. benutzt, vornehmlich
aber Häusser's neueste Forschungen, welche Hardenberg's Wirken in einer

---

*) [A. a. O., vom 10. December, Sp. 1203.]

neuen, sehr günstigen Beleuchtung zeigen. Auf S. 273 erwähnt der Verfasser, daß ihm auch eigenhändige Briefe des Staatskanzlers vorgelegen haben; doch sind dies vermuthlich die bereits von Varnhagen benutzten Schriftstücke, wenigstens haben wir in diesem Buche nichts Neues gefunden. Immerhin konnte ein dem Staatskanzler wahlverwandter Kopf aus dem gedruckten Materiale ein bedeutendes Lebensbild schöpfen. Ein altfranzösischer Edelmann der liberalen Richtung, leichtfertig, ja frivol, aber durch und durch geistvoll, human, vorurtheilsfrei, liebenswürdig — ein solcher Mann kommt neben der wuchtigen Größe Stein's nur dann zu seinem Rechte, wenn ein freier und feiner Geist ihn mit Anmuth, gelegentlich mit leichter Ironie schildert. In der Zeit des Hinhaltens und Lavirens war Hardenberg der beste Minister des Auswärtigen, den Preußen finden konnte, in den Tagen des Kampfes und des Ringens um den Siegespreis ward er durch seine Vorzüge wie durch seine Schwächen dem Staate verderblich. Statt diesen tragischen Widerspruch in dem Leben seines Helden aufzuweisen, begnügt sich Herr Arndt mit einem gewöhnlichen Panegyricus; er schildert den Staatskanzler in trivialen Worten als einen Mann des „Fortschritts". Im Jahre 1792 ermahnte Hardenberg die ansbacher Behörden zur Aufmerksamkeit auf revolutionäre Schriften: „Eure Vorsicht muß zwar gegen die Verbreitung gefährlicher Grundsätze verdoppelt werden, sie muß aber mit einer vernünftigen Freiheit zu denken und seine Meinung öffentlich zu äußern Hand in Hand gehen". Dieser Erlaß, der mit hundert Verordnungen aus der Zeit des aufgeklärten Despotismus fast wörtlich übereinstimmt, versetzt Herrn Arndt alsbald in eine glückselige Stimmung. „Es ist wunderbar", ruft er aus, „welch' großartiger, die Verhältnisse durchschauender und zugleich beherrschender Geist aus dieser Verfügung spricht. Der Staatsmann hat darin seine Pflicht gethan" ꝛc. ꝛc. In diesem Tone seichter Lobhudelei ist das ganze Buch gehalten. Nur Hardenberg's Leichtsinn mit den Weibern entlockt seinem Biographen gelegentlich einige Worte philisterhaften Tadels. Ueber die großen Sünden des Staatsmannes dagegen geht der Verfasser leicht hinweg; die unverantwortliche Abtretung Ostfrieslands wird gar nicht erwähnt, sondern bloß angedeutet durch einige Worte über „große Zugeständnisse". Auch an groben Unrichtigkeiten fehlt es nicht: S. 41 wird behauptet, Preußen habe im Baseler Frieden die Grafschaft Mark abgetreten. Dazu an allen Ecken und Enden triviale Fortschrittsphrasen und ein wässeriger, nicht selten incorrecter Stil. Als Probe stehe hier der Schluß: „Es ist richtig, daß in der Entwicklungsgeschichte des preußischen Volkes die Hohenzollern eine hervorragende Rolle gespielt haben. In vergangenen Zeiten durch sie, in diesem Jahrhundert durch sich selbst ist das Volk auf seine jetzige Höhe erhoben worden. Es hat aber, wie es scheint, die früher in ihm gesetzten Hoffnungen seiner Erzieher weit übertroffen, deren Eigensinn leicht gefährlich werden könnte, da ihre feudal geliebkosten Anschauungen mit ihnen selbst zu altern begonnen haben"

Nr. 97.

Lamartine, Alphonse de, La France parlementaire (1834—1851). Œuvres oratoires et écrits politiques. Précédés d'une étude sur la vie et les œuvres de Lamartine par Louis Ulbach. Première série: 1834—1840. II Tomes. Brüssel 1864.*)

Wir sind längst daran gewöhnt, in einem französischen Éloge Nichts erstaunlich zu finden; trotzdem wurden wir überrascht durch die ausführliche Étude des Romanschreibers Louis Ulbach über Lamartine und seine Zeit, welche dieser Sammlung der parlamentarischen Reden Lamartine's voransteht. Ueberschwänglicher, phrasenreicher hat nie ein Biograph seinen Helden gepriesen. Prophet, Staatsmann der Zukunft, Genius der Freiheit — mit solchen und anderen Hyperbeln wird der Leser überschüttet. Von einer ruhigen Würdigung des Mannes ist dabei selbstverständlich nicht die Rede. Das Beste, was über Lamartine, den Dichter und Politiker, geschrieben worden, bleibt noch immer Kreyssig's geistreicher Essay in den Preußischen Jahrbüchern vom Jahre 1862 Es ist bekannt, daß Lamartine unter der Julidynastie sich in einer bequemen Stellung außerhalb der Parteien gefiel. Solche großartige Einsamkeit gewährt den doppelten Vortheil, daß man nie gezwungen ist, mit der Selbstbeherrschung des Patrioten auf persönliches Besserwissen zu verzichten, und mit dem Scheine der Ueberlegenheit die Sünden aller Parteien geißeln kann. So bieten denn diese unter dem anmaaßlichen Titel la France parlementaire zusammengestellten Reden manche treffende Kritik der Fehler des Julikönigthums und der Opposition. Fragen wir freilich nach dem Werthe der positiven politischen Meinungen des Dichters, so finden wir nicht nur, daß seine isolirte Stellung unfruchtbar und ein schlechtes Zeugniß für seine staatsmännische Befähigung war, wir sehen ihn auch durchaus befangen in den verderblichsten Irrthümern seiner Nation. Nur von einer verhängnißvollen Neigung der Franzosen bleibt er frei: den Napoleonscultus, welcher sich an Thiers u. A. so furchtbar rächen sollte, verwirft er durchaus. Er will, daß auf Napoleon's Sarg geschrieben werde: à Napoléon seul! — zum Zeichen, daß die Aera der Cäsaren geschlossen sei. Sein Glaubensbekenntniß ist ein seltsames Gemisch legitimistischer und republikanischer Grundsätze. Dagegen hat er keinen Begriff von der unerläßlichen Grundlage dauernder Freiheit, von der Selbstverwaltung. Die Allmacht der Staatsgewalt verherrlicht er mit Worten, die auch ein Ludwig XIV. oder Napoleon unterschreiben könnte: je freier das Volk, desto straffer soll die Centralisation sein, desto eifriger soll die Regierung sich in alle Geschäfte der Nation einmischen. Daher vertheidigt er ein centralisirtes Netz von Staatseisenbahnen. Er verlangt Freiheit des Verkehrs, und trotzdem singt er Loblieder auf die „sociale Partei", welche doch die vollendete Unfreiheit, den Communismus, verlangte. Diese Fraction ist ihm eine Idee, nicht eine Partei. Er verwirft die Militärherrschaft in Algier; daß aber ein Volk ohne Selbstverwaltung nur durch militärischen Zwang, nicht durch

*) [A. a. O., vom 17. December, Sp. 1222.]

freie Ansiedelungen colonisiren kann, kommt ihm **nicht in den Sinn**. Die beiden Bände, welche bis zum Jahre 1840 reichen, sind ein interessanter Beitrag zur Geschichte des Julikönigthums; sie lehren uns ein sehr bedeutendes Rednertalent kennen, dessen feierlicher Schwung auf Augenblicke auch deutsche **Leser** hinzureißen vermag. Uebrigens thäte man Unrecht, den Staatsmann **Lamartine allein** aus diesen Reden zu beurtheilen; wir dürfen nicht vergessen, daß der Urheber dieser wortreichen Dithyramben in furchtbaren Augenblicken **der** Februarrevolution **durch** praktisches Geschick und bewunderungswürdigen Heldenmuth sein Land gerettet **hat**. Die Studie von **Ulbach**, worin offenbar Lamartine's eigene Ansichten niedergelegt sind, hinterläßt **einen** niederschlagenden **Eindruck**. Sie zeigt, daß die großen Erfahrungen **des** jüngsten Jahrzehnts an einem guten Theile der französischen Demokratie schier spurlos vorübergegangen sind. Nicht die Nationalwerkstätten waren ein **Unheil** für Frankreich, sondern ihre gewaltsame Auflösung — solche ungeheuerliche Behauptungen, geschrieben im Jahre 1864, sind das Zeugniß eines **unbelehrbaren** radicalen Doctrinarismus. So lange die Demokratie der Franzosen noch **vor** solchen communistischen Götzenbildern kniet, und die Ideen echter Freiheit, welche Tocqueville und Laboulaye ihrem Volke gepredigt, nur ein kleines Häuflein von Gläubigen finden — ebenso lange ist der **Cäsarismus** für Frankreich eine Nothwendigkeit.

Nr. 98.

Riehl, Prof. **Dr. W. H.**, Ueber den Begriff der bürgerlichen Gesellschaft. Vortrag. München 1864.*)

Und sie bewegt sich doch! — Wo sind sie hin, die glücklichen Jahre der Reaction, da Herr Riehl noch Wunderdinge von dem Berufe des deutschen **Adels** zu erzählen wußte **und** mit herber Verachtung herabschaute auf Volkswirthschaftslehre und Statistik, diese materialistischen Störenfriede **der** „socialen Gliederung?" Die liberale Luftströmung der jüngsten Jahre hat sogar auf den Münchener Socialpolitiker eingewirkt; er redet mit Verehrung von **dem** Verfassungsstaate und **dem** freien Verkehre, mit Hochachtung **von** der Macht des Bürgerthums. **Auch** die Form seiner Darstellung nähert sich jetzt der Weise **der vielgescholtenen** Stubengelehrten. Der oberflächliche Leser kann in der **That** auf die Vermuthung kommen, **er** habe eine streng-wissenschaftliche Abhandlung vor sich. Wer schärfer zuschaut, entdeckt freilich **nur** die alten wohlbekannten Feuilleton-Phrasen hinter dem ehrbaren akademischen Feierkleide. Der Vortrag enthält **nichts als** unfruchtbare, schillernde Halbwahrheiten. Erträglich lautet der Anfang: „Die bürgerliche Gesellschaft ist das Volk unter dem Gesichtspunkte seines Gemeinlebens in Arbeit und Besitz **und** in **der** hieraus erwachsenen Gesittung. Die Staatsgesellschaft dagegen ist das Volk unter dem Gesichtspunkte seines Rechtsbewußtseins und Rechtswillens und des ganzen auf Grund dieser Rechtsgemeinschaft entwickelten Gesittungslebens". Aber Referent ist mit seiner Logik am

---

*) [A. a. O., vom 17. December, Sp. 1229.]

Ende, wenn der Verfasser also fortfährt. „Man kann darum wohl sagen: der Staat ist das organisirte Volk, oder auch: die bürgerliche Gesellschaft ist das organisirte Volk; nicht aber: der Staat ist die (rechtlich) organisirte bürgerliche Gesellschaft". Das ist, mit Verlaub, Unsinn; denn soll jener erste Satz irgend einen Sinn haben, so kann er nur bedeuten: die bürgerliche Gesellschaft ist das Volk, insoweit es nicht rechtlich organisirt, nicht zu einem politischen Ganzen zusammengefaßt ist. In dieser Weise geht es weiter. Die Gleichheit soll ein socialer, die Freiheit ein politischer Begriff sein — als ob nicht die Gleichheit der oberste politische Grundsatz aller Demokraten aller Zeiten gewesen wäre! Ebenso willkürlich wird ferner behauptet, man wähle einen Beruf, während man einen Stand nicht wählen, sondern nur darin stehen könne. Wahrhaft ergötzlich aber, wie Herr Riehl sich dreht und windet, um für den Adel in seinem doctrinären Systeme eine Stelle zu finden. So lange die Welt steht, hat ohne erbliche politische Vorrechte, ohne politische Macht noch nie ein lebensfähiger Adel bestanden; ein Adel, der dieser hervorragenden politischen Stellung ermangelt, geht unvermeidlich langsam zu Grunde. Statt diese politische Natur des Adels unbefangen anzuerkennen, gelangt Herr Riehl mühselig zu der künstlichen Lehre, der Adel sei ein „verbindendes Uebergangsgebilde" u. s. w. In den Familiengesetzen, durch welche ein Theil unseres hohen Adels sich thöricht abgesperrt hat von der freien Bewegung der Volkswirthschaft, sieht der Verfasser eine hocherfreuliche Errungenschaft des „an gesunden inneren Entwickelungen so reichen Jahrzehnts von 1849—1859". Wann endlich werden unsere Politiker die unfruchtbaren Silbenstechereien über den Begriff der Gesellschaft getrost an den Nagel hängen und sich bei dem einfachen Satze beruhigen: die gesammte Staatswissenschaft ist socialpolitisch —?

Aus dem Jahre 1865.

Nr. 99.

Gustav Schwetschke's ausgewählte Schriften. Deutsch und Lateinisch. Halle 1864. *)

Wir glauben vielen Lesern des Centralblattes einen Dienst zu erweisen, wenn wir sie bitten, in einer heiteren Stunde zu diesem feinen geistvollen Buche zu greifen. Wer kennt nicht die novae epistolae obscurorum virorum und die novae epistolae clarorum virorum, welche die Männer der Frankfurter Linken und der preußischen Reaction so überaus witzig verspotteten? Wer nicht den sächsisch-hannoverschen Grundriß der Logik, diese Verherrlichung des Verhaltens der Mittelstaaten gegenüber der Union? Diese und andere köstliche Scherze — so das berühmte recta via ex taberna, die boshafte Uebertragung des Liedes „Grad aus dem Wirthshaus komm' ich heraus" — sind in der zweiten Hälfte des Buches zu einer ergötzlichen Sammlung zusammengestellt. Die erste Hälfte enthält Gedichte, worunter einzelne von geringem Werthe,

---

*) [A. a. O., Nummer vom 1. Januar 1865, Sp. 20.]

aber auch mehrere sehr feine. Besonders angesprochen hat uns der Oberon von Sanssouci, eine geistreiche Verherrlichung Friedrich's des Großen. Poesie kann man diese zierlichen Verse kaum nennen, aber sie sind durchweht von einem dem fridericianischen verwandten Geiste. An diesen attischen Scherzen, diesem dem Lichte zugewandten Sinne hätte der große König sicher seine Freude gehabt. Wohlthuend und ergreifend bricht aus den leichten Reimen der Zorn des tapferen Patrioten hervor, die Klage:

Daß auch Thersites Kränze trägt, wo einst Apollo Sieger war.

Den Schluß des ersten Theiles bilden formgewandte Uebersetzungen aus Spenser's Feenkönigin, Pope's Lockenraub, Scarron's Typhon u. A. Der Verfasser ist eben ein origineller Kauz, der sich fernab vom breitgetretenen Heerwege seine Lieblingsplätzchen sucht, und der Leser kann sich darauf verlassen, daß dieser seine Schalk ihn nur an lachende, freundliche Stellen führen wird. Vornehmlich unter feingebildeten Gelehrten darf die Schrift warmen Beifalls sicher sein.

Nr. 100.

Rey, Rodolphe, Histoire de la renaissance politique de l'Italie 1814—1861. Paris 1864.*)

Das brüderliche Gemeingefühl der race latine, wovon unsere überrheinischen Nachbarn so viel zu reden wissen, ist doch kein leeres Wahngebilde. Die jüngste Entwicklung Italiens hat in Frankreich nicht blos bei der Staatsgewalt, sondern auch im Volke ungleich mehr Beachtung gefunden, als in Deutschland. Unter den Deutschen hat fast allein H. Reuchlin den neuesten Zuständen der Halbinsel anhaltende Theilnahme gewidmet und gründliche Kenntniß derselben bewährt; W. Rüstow's Annalen des Königreichs Italien und vollends die oberflächlichen Bücher von Gustav Rasch sind durchaus Parteischriften. Die französische Literatur dagegen weist in den letzten Jahren inmitten einer Fluth von Flugblättern auch einige Werke von wissenschaftlichem Ernst und, soweit dies möglich ist, unparteiischer Haltung auf. Wir erinnern an das gute, an interessanten Urkunden reiche Buch von Jules Amigues, L'état Romain depuis 1815. Vornehmlich in Genf hat der große Staatsmann Italiens durch wiederholte Besuche einen tiefen, dauernden Eindruck hinterlassen. Aus Genf stammt der Biograph Camillo Cavour's, William de la Rive. Ein Genfer ist auch der Verfasser des vorliegenden vortrefflichen Buches, das man, wie billig, im Kirchenstaate bereits verboten hat. Rodolphe Rey kennt Italien aus langjährigem Aufenthalte, er hat die einschlagende Literatur sorgfältig benutzt und konnte leicht seine umfassenden Studien in einem mehrbändigen gelehrten Werke verwerthen. Er hat vorgezogen, in knapper, gedrängter Darstellung zu allen Gebildeten zu sprechen. Klar und übersichtlich, ruhig und ohne Phrasen führt er seine Erzählung durch. Der geistreiche Mann zeigt sich besonders in den Abschnitten über die Literatur. Der Bewunderer Cavour's verleugnet sich nicht, doch ist das Buch im Ganzen mit anerkennenswerther Unbefangenheit

---

*) [A. a. O., vom 7. Januar, Sp. 37.]

geschrieben. Rey's Werk bildet eine unentbehrliche Ergänzung zu den Schriften Reuchlin's, ohne sie überflüssig zu machen, und es ist kein schlechtes Zeugniß für die Sorgfalt beider Forscher, daß ihr Urtheil und ihre Darstellung in den wesentlichsten Punkten übereinkommen, obgleich Keiner von dem Werke des Anderen Kunde hatte. Die Ereignisse von der Schlacht von Novara bis zum Tode Cavour's, welche bekanntlich in Reuchlin's italienischer Geschichte nicht dargestellt sind, haben in Rodolphe Rey zuerst einen ernsten, sachkundigen Erzähler gefunden. Wir können bei diesem Anlaß den Wunsch nicht unterdrücken, daß sich endlich ein Uebersetzer finden möge für die Lettere di Daniele Manin a Giorgio Pallavicino, Torino 1859. So manches werthlose Product der italienischen Radicalen ward bereits in's Deutsche übertragen; aber dies in seiner Art classische Buch, das wie kein zweites einen Einblick gewährt in die Geschichte der Entstehung der italienischen Nationalpartei, ist unter uns so gut wie unbekannt!

Nr. 101.

Fischer, Kuno, Lessing's Nathan der Weise. Die Idee und die Charaktere der Dichtung. Stuttgart 1864.*)

Auch nach David Strauß' schönem Essay wird man diese seine Abhandlung über den Nathan mit Interesse lesen. „Nicht die Handlung, sagt K. Fischer mit Recht, sondern die Idee ist im Nathan die Hauptsache. Nicht aus jener, sondern aus dieser wollen die Charaktere des Stückes erklärt sein. Lessing kannte diesen Mangel seiner Dichtung sehr gut und bezeichnete deshalb den Nathan auch nicht als eigentliches Drama, als Schauspiel, sondern als ein dramatisches Gedicht". Den weitaus größten Theil der Schrift füllt die sehr einsichtige Analyse der Charaktere. Die Darstellung ist ziemlich breit. Nach der Weise beliebter akademischer Festredner liebt der Verfasser einen Ton großartiger Feierlichkeit, welcher zu dem Gedankengehalte seiner Sätze nicht immer im richtigen Verhältniß steht.

Nr. 102.

Briefe an Ludwig Tieck. Ausgewählt und herausgegeben von Carl v. Holtei. 1. und 2. Band. Breslau 1864.**)

Der Herausgeber tritt im Vorworte so bescheiden auf und hat sich bei seinem Werke so offenbar von reiner Pietät gegen den liebenswürdigen Dichter leiten lassen, daß es uns schwer ankommt, ihn zu tadeln. Dennoch hält sich Referent verpflichtet, dies Unternehmen für ganz verfehlt zu erklären. Ein rechter Brief kann nur der Ausdruck einer augenblicklichen Stimmung sein. Wie oft werden Briefe an unsere nächsten Freunde von diesen mißverstanden. Ja, nach wenigen Jahren weiß manchmal der Briefschreiber selber sich seine eigenen Schreiben nicht

---

*) [A. a. O., vom 14. Januar, Sp. 73.]
**) [A. a. O., vom 4. Februar, Sp. 151.]

mehr zu erklären. Zudem tritt in Briefen der Widerstreit der Motive, die den Schreiber bewegten, besonders scharf hervor, und auch ein fester, tapferer Mann erscheint dem Leser, der rasch hintereinander dessen Briefe durchblättert, wie ein Rohr, das im Winde schwankt. Nach alledem kann ein Menschenkenner das heute übliche Veröffentlichen von Briefen nur mit getheilter Empfindung betrachten. Immerhin bleibt die Herausgabe der Briefe unserer großen Schriftsteller ein nothwendiges Uebel; wir haben ein Interesse daran, die jüngste glänzende Literaturepoche bis in die geheimsten Falten ihrer Seele hinein zu kennen. Was aber soll man sagen, wenn nun gar die Briefe an Tieck veröffentlicht werden! Der Herausgeber glaubt dadurch einem Herzenswunsche des Dichters zu entsprechen, da Tieck selber sich mit dem Plane trug, eine Auswahl der an ihn gerichteten Briefe drucken zu lassen. Tieck meinte damit, wenn wir ihm nicht eine unerhörte Anmaaßung zutrauen wollen, nur jene Briefe, welche für die Literaturgeschichte lehrreich sein könnten. Carl v. Holtei aber will durch dies Buch zeigen, in welchem Lichte Tieck seinen Zeitgenossen erschien; er verfolgt also offenbar einen anderen Zweck, als jenen, den der Dichter selbst bei seinem Plane im Auge hatte. Die Familienbriefe, welche auf den Bildungsgang des Dichters ein helles Licht werfen, sind grundsätzlich weggelassen: mit gutem Grunde, denn R. Köpke hat sie in seiner Biographie Tieck's bereits benutzt, und das Publicum hat kein Recht, in diese Familienverhältnisse tiefer einzudringen. So bleibt nur noch ein unerquickliches Durcheinander von nichtssagenden Billets und interessanten Geständnissen aus der Feder vieler gänzlich unbekannter und einzelner bedeutender Menschen. Freundnachbarlich beisammen stehen haarsträubende Knittelverse von einer unbekannten Auguste und ein werthloses Brieflein von dem werthlosen Böttiger und eine leidenschaftliche Herzensergießung von einer gewissen C. (wozu der Herausgeber bemerkt, er vermöge nicht, diese Blüthe zu enträthseln: „ist doch jegliche Blüthe ein Mysterium!") und wieder geistvolle Zeilen von Eduard Devrient mit seinen Bemerkungen über den Charakter des Tasso. Die entsetzlich cynischen Briefe des jungen Grabbe bieten ein großes psychologisches Interesse; aber was in aller Welt sollen uns diese Billets, welche Tieck zu Tische bitten, oder ihm Beileid aussprechen zum Tode einer Verwandten, oder dem Dramaturgen die Tugenden eines namenlosen jungen Schauspielers anpreisen? Sehr unglücklich sind des Herausgebers biographische Notizen über die einzelnen Briefschreiber; bald geben sie kaum das Allbekannte, bald überschütten sie uns mit einer Fülle gleichgültiger Einzelheiten. Einige der noch lebenden Correspondenten haben in der That das Aeußerste geleistet in freigebiger Mittheilung der Thatsachen ihres eigenen unschätzbaren Lebens. An einzelnen Stellen rührend, öfter noch befremdend, wirkt jener Ton des überschwänglichen Enthusiasmus, welchen der Herausgeber, nach der Weise wohlmeinender Dilettanten, in diesen biographischen Vorbemerkungen anschlägt. Elise Bürger, das bekannte Schwabenmädchen, sagt von Tieck: „dessen Augensterne ich wohl einmal funkeln sehen möchte, wenn ihn Begeisterung erfüllt", und Herr v. Holtei ergeht sich deshalb in bewundernden Worten

über dies geniale Weib, das, ohne den Dichter zu kennen, sein Wesen
so trefflich schilderte. Referent aber gesteht, roh genug, daß er in diesen
Worten nichts weiter sehen kann, als eine werthlose Redefloskel jenes
schwülstigen Bänkelsängerthums, worin das Schwabenmädchen glänzte.
Noch schlimmer ist der Vorwurf grober Indiscretion, den Herr v. Holtei
auf sich ladet durch das Herausgeben von Briefen Lebender. Der geistvolle Uebersetzer Shakespeare's, Graf Wolf Baudissin, hat sich bisher
den Augen des Publicums entzogen mit einer edlen Bescheidenheit, welche
selten ist in unseren eitlen Tagen. Jetzt werden plötzlich veröffentlicht
einige unbedeutende Billets von ihm, wie sie zwischen nahebefreundeten
Männern im Drange des Augenblicks gewechselt werden. Wir meinen,
das sei die Weise nicht, bedeutende Männer zu ehren. Es gereicht Herrn
v. Holtei zur Ehre, daß er ernstlich bestrebt war, literarischen Skandal
zu vermeiden. Alle kränkenden Aeußerungen über Lebende hat er sorgfältig gestrichen — wenn nur dies Streichen seinen Zweck erreichte!
Von einem namhaften lebenden Dichter wird ein schöner Brief vom
Jahre 1847 mitgetheilt. Er beklagt darin, daß er unter den jüngeren
Dichtern keine echte Künstlerseele finde; darauf folgen viele bedeutsame
Gedankenstriche. Der Leser zählt sich alsbald an den Fingern ab, daß
an der Stelle dieser Striche im Originale einige wenig schmeichelhafte
Bemerkungen über zeitgenössische Poeten gestanden haben. Der Scandal
also ist nicht vermieden, der Brief ist eben nur seiner lebendigen Wahrheit beraubt worden. Solche Fälle hätten Herrn v. Holtei zeigen sollen,
daß Worte, die in einem Privatbriefe als Ausbrüche augenblicklicher
Stimmung oder als Aeußerungen berechtigten Selbstgefühls ganz unan-
stößig sind, vor dem Publicum sogleich ein anderes Aussehen gewinnen.
Die große Mehrzahl der Schreiben bietet gar kein Interesse, das Ganze
aber hinterläßt einen unerquicklichen Eindruck. Solche Briefe, welche
lediglich Kunst und Literatur behandeln, ohne die großen Fragen des
öffentlichen Lebens auch nur zu berühren, wirken nur dann erhebend,
wenn sie von Meistern herrühren und das Wesen der Kunst eingehend
betrachten. Dagegen dies Hin- und Herreden Halbberufener und Un-
berufener, diese Ausbrüche einer grünen unverständigen literarischen Begeisterung müssen den modernen Leser langweilen und in dem bedenklichen Wahne bestärken, als sei die härtere Gegenwart jenen romantischen
Tagen unbedingt überlegen, während sie doch in Wahrheit Vieles von
ihnen lernen kann. — Die vorliegenden zwei Bände enthalten erst die
Hälfte der Sammlung. Wir bedauern, dem fleißigen und wohlmeinenden
Herausgeber kein milderes Urtheil sagen zu können. Große Dichter ehrt
man dadurch, daß man ihre Werke liest und liebevoll zu verstehen sucht;
doch das Verständniß von Tieck's Schriften wird durch diese Briefe
nicht im Mindesten gefördert. Unser literarhistorisches Zeitalter hat
leider ein sicheres Mittel gefunden, das Publicum zu verscheuchen von den
Werken unserer Dichter: man schüttet ihre Papierkörbe auf dem Markte
aus, und unsere grundprosaische Lesewelt freut sich also wohlfeilen Kaufs
etwas von dem endlichen Leben der Künstler zu erfahren, sie hält es dann
nicht mehr für nöthig, das Unsterbliche dieser Männer kennen zu lernen.

Nr. 103.

Gervinus, G. G., Geschichte des neunzehnten Jahrhunderts seit den
Wiener Verträgen. Siebenter Band. Innere Zustände der europäischen Staaten
im dritten Jahrzehnt. Erste Hälfte. Leipzig 1865.*)

Während der dritte und vierte Band des berühmten Werkes mit
den romanischen Staaten, der fünfte und sechste mit Griechenland ausschließlich sich beschäftigen, bietet der vorliegende Band einen mannig-
faltigeren Inhalt: er schildert die inneren Zustände aller europäischen
Staaten während des dritten Jahrzehnts. Die erste Hälfte behandelt
den Osten, Deutschland, die Schweiz und Italien. Der kühne Wurf,
die durchdachte Anlage des Unternehmens tritt also in diesem Bande
besonders bedeutsam hervor. Diese großartige, planvolle Gruppirung
eines ungeheuren Stoffes bildet überhaupt das größte Verdienst des
Buches; sie ist es, welche noch auf lange hinaus alle Bearbeiter der
neuesten Geschichte zu Gervinus' Schuldnern machen wird; sie mag auch
entschuldigen, daß der Verfasser mit sehr großem Selbstgefühle von sich
selber spricht, wie er daher fahre „auf nicht zu verfehlendem Wege, die
Zügel unverschlungen in der Hand haltend". Ganz so planvoll und
gesetzmäßig, wie der Verfasser annimmt, ist die Bewegung der Geschichte
denn doch nicht. Referent kann nicht zugeben, daß die Julirevolution
sich vollzogen habe mit dem hellsten Bewußtsein der historischen Folgen.
Gerade diese Revolution offenbart vielmehr niederschlagend die Blödig-
keit menschlicher Voraussicht. Sie trug in ihrem Schooße den Staatsstreich vom 2. December, aber auch der Weiseste der Franzosen hat in
jenen Jahren von dieser letzten Consequenz der Alleinherrschaft der
Bourgeoisie sich Nichts träumen lassen. Gervinus' Buch gehört ohne
Zweifel zu den gedankenreichsten Geschichtswerken, welche je erschienen
sind. Eben darum unterliegt der Verfasser oft der Versuchung, die Geschichte zu construiren. Nicht blos die „Einleitung" verrieth diese Neigung, auch der vorliegende Halbband enthält eine lange Reihe von allgemeinen Behauptungen, welche ernsthaftem Widerspruche begegnen müssen.
Uns scheint unrichtig, daß die russische Politik regelmäßig im bewußten
Widerspruche zu der westeuropäischen Staatskunst gestanden habe, und
noch weniger können wir den Hauptbeweis für diesen Satz gelten lassen:
den angeblichen Gegensatz der Politik Alexander's II. und Napoleon's III.
Ebenso unhaltbar ist die Versicherung, in den zwanziger Jahren habe
sich die neue Politik der deutschen Großmächte angebahnt: das wett-
eifernde Ködern der Kleinstaaten durch Wohlthaten. Oesterreich wenigstens hat sicherlich erst in den Tagen des Frankfurter Fürstencongresses
diesen Weg eingeschlagen. Doch es ist unrecht lange bei Ausstellungen
zu verweilen, da jeder Leser dem Verfasser danken muß für reiche Belehrung. Von neuen Quellen hat Gervinus nur Einiges aus dem preußischen Archive benutzt, aber das gedruckte Material ist mit bewunderungs-
würdiger Umsicht und Sachkenntniß verwerthet. Man mag dem an
seinen Antithesen reichen Stile manchmal mehr plastische Anschaulichkeit

*) [A. a. O., vom 8. April, Sp. 396.]

wünschen: jedoch ist es sicher nicht möglich, anregender, geistreicher zu
schreiben über einen spröden Stoff. Noch seien einige Bedenken gegen
Einzelheiten hervorgehoben. Es ist ein Irrthum, daß die Bundesacte
„die deutschen Staaten" als Glieder des deutschen Bundes bezeichnen
soll; auch sie nennt, gleich der Wiener Schlußacte, nur „die souveränen
Fürsten und freien Städte". Viel zu hart scheint uns Gervinus' Urtheil über die Haltung des sächsischen Hofes gegen die Katholiken. In
den Katholikenhändeln der zwanziger Jahre lastet die größere Schuld
unzweifelhaft auf dem sächsischen Volke, das in confessionellen Fragen
jederzeit dem katholischen Hofe eine krankhafte Reizbarkeit gezeigt hat.
Die Bigotterie der beiden Könige Friedrich August und Anton war für
das Land wenig gefährlich, und der Oberhofprediger Ammon verdient
den Namen eines Achselträgers nicht. — Wangenheim's Aufsatz über
die heilige Allianz war nicht ironisch gemeint, obgleich die geschraubten
Sätze eine solche Deutung allerdings zulassen. Wenn man die starken
Schmeicheleien gegen den Czaren aufmerksam liest und erwägt, daß in
jenem Augenblicke im württembergischen Lager bereits zum Rückzuge ge-
blasen ward, so gelangt man zu der Einsicht, daß der württembergische
Staatsmann ernstlich versuchte, den Urheber der heiligen Allianz mit
der Opposition am Bundestage zu versöhnen. Der Verfasser der sogenannten Langenau'schen Note ist in der That, wie Referent von einem
Eingeweihten weiß, selbst den Nächststehenden gänzlich verborgen geblieben, was freilich dem Scharfsinne der Bundestagsgesandten kein
glänzendes Zeugniß ausstellt. — Den schwächsten Theil des Halbbandes
bildet die sehr dürftige Schilderung der volkswirthschaftlichen Zustände
Deutschlands. Wir wünschen aufrichtig, daß der Verfasser diesen Verhältnissen größere Aufmerksamkeit schenken möge; sie bleiben für die Cultur des neunzehnten Jahrhunderts von entscheidender Wichtigkeit. Ein
Meisterstück dagegen ist die Charakteristik König Ludwig's von Baiern,
welche allerdings schwachen Gemüthern entsetzlich hart scheinen wird.
Leider erfahren wir nichts Näheres über die verfassungsfeindlichen Bestrebungen am baierischen Hofe kurz vor dem Tode des ersten Königs,
wovon Lerchenfeldt in seiner Geschichte Max Joseph's so geheimnißvoll
spricht. Die Unmöglichkeit, aus den Staaten des Südwestens eine geschlossene Oppositionspartei zu bilden, hätte der Verfasser stärker hervorheben sollen. — Die berufene preußische Denkschrift vom Jahre 1822
hat schwerlich den Grafen Golz, eher den Geheim-Rath Eichhorn zum
Verfasser.

Nr. 104.

Beißle, Dr. H., Geschichte des Jahres 1815. Erster Band. Berlin 1865.*)

Es ist sicher kein schlechtes Zeugniß für die Wahrhaftigkeit und
das Rechtsgefühl der Deutschen, daß gerade der begeisterte Geschichtsschreiber der deutschen Freiheitskriege mit einem Buche hervortritt, welches
das Verhalten Napoleon's während der hundert Tage milder, billiger

*) [A. a. O., vom 15. April, Sp. 420.]

beurtheilt, als irgend ein anderes, nicht dem bonapartistischen Lager ent-
sprungenes Geschichtswerk. Das Buch zeigt die bekannten Eigenthümlichkeiten aller Schriften Beitzke's. Der Verfasser arbeitet nicht hinter
einem so mächtigen Gerüste von Quellenstudien, wie der Historiker von
Fach, und er gesteht dies mit edler Bescheidenheit zu; aber er verwendet
sein Material mit Fleiß und Scharfsinn. Die Darstellung ist nicht sehr
gewählt, stellenweise breit, ja sogar incorrect, aber höchst lebhaft und
anschaulich und von einer so schönen Wärme sittlicher und patriotischer
Gesinnung durchglüht, daß auch der grilligste Leser unwiderstehlich angezogen und mit dem wackeren Verfasser befreundet wird. Im Allgemeinen kann Referent des Verfassers Urtheil über die hundert Tage nur
billigen. Unzweifelhaft ist Napoleon's Rückkehr von Elba nächst dem
siebenjährigen Kriege jenes Ereigniß der modernen Geschichte, welches
am stärksten zum Carlyle'schen Heroencultus verführt. Nie hat die Macht
des Genius einen glänzenderen Triumph gefeiert, als damals, da der
„Kaiser der Plebejer" ohne Schwertstreich mit einer Handvoll Menschen
sich ein Reich eroberte, und „eine Revolution der Souslieutenants und
des gemeinen Volkes" den Thron der Bourbonen stürzte. Mit vollem
Rechte bewundert der Verfasser Napoleon's Auftreten während dieser
ganzen Zeit, auch auf dem vielverhöhnten Maifelde. In dem trefflichen
Buche von Charras redet doch häufig der Todfeind Napoleon's III.
Ja, wer sich über den Parteikampf des Augenblicks zu erheben vermag,
wird noch weiter gehen und bekennen, daß unter allen Staatsformen
Frankreichs im 19. Jahrhundert das Kaiserreich die einzige nationale
war, die einzige, welche den guten und schlimmen Neigungen der Mehrheit des Volkes entsprach und sich nicht bloß auf einen Stand stützte.
Auch das ist unbestreitbar und von vielen deutschen Historikern längst
anerkannt, daß der Feldzug von 1815 ein Cabinetskrieg war und nur
durch den grenzenlosen Haß der Völker gegen die Person des Despoten
etwas von dem Charakter eines Volkskrieges erhielt. Der Zorn der
Franzosen über den zweiten Pariser Frieden ist sehr erklärlich; denn die
Aechtung Napoleon's bleibt eine schreiende Verletzung des Völkerrechts,
und daß man einen gegen die Person Napoleon's geführten Krieg con-
sequenterweise nicht mit der Beraubung Frankreichs beenden durfte, leuchtet
ein. Desgleichen steht fest, daß der bourbonische Hof die Verpflichtungen
nicht hielt, welche er gegen den Souverän von Elba übernommen hatte.
Freilich über den Plan, Napoleon nach St. Helena zu führen, hätte der
Verfasser vorsichtiger reden sollen; von Alledem ist nur soviel erwiesen,
daß Ludwig XVIII. diesen Gedanken durch Blacas bei den italienischen
Höfen anregen ließ. Auch von Beitzke's scharfen Urtheilen über Marie
Louise und die Bourbonen wünschen wir kein Wort hinweg. Trotzdem
geht der Verfasser zu weit, wenn er die Kriegserklärung gegen Napoleon als eine legitimistische Grille behandelt. Der Kaiser hatte ein Jahr
zuvor erklärt, seine Ehre erlaube ihm nicht, die Grenzen von 1792 anzunehmen, und Referent hält dies, trotz Beitzke, für eine verhängnißvolle
Verblendung. Derselbe Cäsarenstolz würde nach menschlichem Ermessen
den Kaiser in einen neuen Krieg gestürzt haben, zumal da er seinen Thron

doch in erster Linie dem kampfluſtigen Heere verdankte. Bedenken wir vollends, daß die italieniſchen Unzufriedenen ſchon auf Elba mit dem Kaiſer verhandelt hatten, daß Murat ſogleich auf die Kunde von Napoleon's Landung losſchlug und in ganz Südeuropa ein ungeheurer Zündſtoff aufgeſpeichert lag, der nur der Lunte harrte, um in hellen Flammen emporzuſchlagen: — ſo wird man geſtehen, daß Napoleon's Erhebung allerdings für Europas Ruhe verhängnißvoll werden konnte. Die Unbefangenheit des Verfaſſers wird ein wenig getrübt durch den Widerwillen des liberalen Parteimanns gegen die conſervative Tendenzpolitik. Es iſt falſch, daß die Deutſchen „für die Bundesacte“ in den Krieg gezogen ſeien; als die Heere ſich verſammelten, exiſtirte der deutſche Bund noch gar nicht. Auch darin irrt der Verfaſſer, daß er die Ausnahmebeſchlüſſe vom 28. Juni 1832 für eine Additionalacte der Bundesacte hält. — Im Ganzen iſt das Werk ein treffliches, auch den Gelehrten warm zu empfehlendes Volksbuch. Wir ſehen mit Freude dem zweiten Bande entgegen, welcher den Verfaſſer auf ſein eigenſtes Gebiet, zur Darſtellung der Kriegsereigniſſe führen wird. — Beiläufig, wenn der Verfaſſer längere Zeit in den Staaten des Rheinbundes gelebt hätte, ſo würde er das grün-rothe Band in den Knopflöchern ſehr vieler alter Herren geſehen und ſich mit Trauer überzeugt haben, daß die Abneigung gegen die Helenamedaille in den kleinen Staaten keineswegs ſo ſtark iſt, wie man in Preußen meint.

Nr. 105.

Honegger, Dr. J. J., Literatur und Cultur des neunzehnten Jahrhunderts. In ihrer Entwicklung dargeſtellt. Leipzig 1865.*)

Faſt jede Seite dieſes Buches enthält Behauptungen, welche zu lebhaftem und berechtigtem Widerſpruche reizen. Trotzdem iſt das Ganze eine ſehr gehaltreiche verdienſtliche Schrift, das Ergebniß ſorgfältiger Studien und — was bei einem modernen Literarhiſtoriker viel ſagen will — ſelbſtſtändigen Urtheils. Wir halten uns an eine Andeutung in der Vorrede und nehmen das Buch als den Vorläufer eines größeren Werkes. Der Verfaſſer beſitzt in der That Talent und Bildung genug, um eine Culturgeſchichte des 19. Jahrhunderts im großen Stile zu wagen. In einer breiteren Ausführung werden hoffentlich von ſelbſt gewiſſe kurze, abſprechende Urtheile hinwegfallen, welche der Mannigfaltigkeit der vielverſchlungenen modernen Bildung nicht gerecht werden. Wer den überſchwänglichen Reichthum des Lebens kennt, wird nimmermehr Sätze gelten laſſen, wie dieſen: „in Zeiten wie die unſere, giebt es für den idealen Sinn nur eine große Erhebung, die Wiſſenſchaft“. Da Referent von dem größeren Werke des Verfaſſers Tüchtiges erwartet, ſo erlaubt er ſich die weſentlichen Mängel des vorliegenden Verſuches kurz zu bezeichnen. Zuvörderſt wird die franzöſiſche Literatur unbillig bevorzugt. Von den Dithyramben auf V. Hugo, „den Denker der Zukunft“, oder gar auf Merimée, deſſen Novellen doch ſammt und ſonders zuletzt im Sande

---

*) [A. a. O., vom 22. April, Sp. 443.]

verlaufen, sticht das harte Urtheil über viele deutsche Dichter und mehr noch die stiefmütterliche Behandlung der englischen Werke unerfreulich ab. Namentlich die letzteren empfehlen wir dem Verfasser zu tieferem Studium. Dann wird er finden, daß Bentham's Schriften keineswegs dem 18. Jahrhundert angehören. Die gesammte neueste Gesetzgebung Englands und die Entwicklung mehrerer der besten Köpfe dieses Landes (so J. St. Mill's) ist ohne ein näheres Eingehen auf Bentham gar nicht zu verstehen. Auch der entschieden liberale, fast radicale Parteistand= punkt des Verfassers beeinträchtigt oft die Freiheit seines Urtheils. „Po= litische Gaukelei und Schaukelei" ist kein billiger Ausdruck für Guizot's staatsmännisches Wirken. Nicht minder muß die romantische Schule den Widerwillen des Parteimannes empfinden. Ganz verfehlt erscheint uns der letzte Abschnitt. Als eine Zeit „schwachsinniger Literatur" darf eine Epoche nicht bezeichnet werden, welche auf dem Gebiete deutscher Wissen= schaft eine lange Reihe tüchtiger und im besten Sinne liberaler Werke hervorgebracht hat. Auch Hebbel's schönste Werke, die Herr Honegger übergeht, fallen in diesen Zeitraum. Die Darstellung ist geistreich und lebendig; aber der Stil des „langplanirten" Werkes krankt an einer Un= masse häßlicher Fremdwörter und geschraubter Wendungen, namentlich seltsamer Superlative, wie „reichst poetisch". Eine Menge Bedenken gegen Einzelheiten hervorzuheben, verbietet der Raum. Möge der be= gabte Verfasser Muth und Muße finden, seine Skizze auszuführen, und in dem größeren Werke auch die volkswirthschaftlichen Zustände, welche er insgemein mit glücklichem Blicke übersieht, gründlicher betrachten. Inzwischen wird auch dieser Versuch wahrhaft gebildeten Lesern viel= fache Anregung gewähren: Halbgebildete freilich werden wohl thun, das Buch nicht zu berühren. Schon der kühne Gedanke, die Cultur der neuesten Zeit in einem Gesammtbilde zusammenzufassen, verdient warme Anerkennung.

Nr. 106.

Gervinus, G. G., Geschichte des neunzehnten Jahrhunderts seit den Wiener Verträgen. 7. Band. 2. Hälfte. Leipzig 1865. *)

Eine der stärksten Seiten von Gervinus' Talent zeigt sich in den historischen Rückblicken, wo es gilt, einen großen, die Jahrhunderte durch= ziehenden historischen Gegensatz in starken Zügen gedankenreich zu schil= dern. Zu solchen Rückblicken giebt der vorliegende Halbband zwei Mal Gelegenheit, und sowohl bei der Schilderung der englisch=irischen Wechsel= beziehungen, als bei der Darstellung des Verhältnisses zwischen Holland und Belgien bewährt der Verfasser seine Meisterschaft. Ueberhaupt rech= nen wir diesen Halbband zu den glücklichsten Theilen des großen Werkes. Nach einem raschen Ueberblicke über die Zustände Spaniens und Por= tugals erzählt Gervinus die Ereignisse in Großbritannien und den Nieder= landen vor der Julirevolution. Beide Abschnitte enthalten vortreffliche

---

*) [A. a. D., vom 16. September, Sp. 996: vergl. oben Nummer 103.]

Charakterbilder, so die Charakteristik Wilhelm's I. von Holland und
O'Connel's. Selbst Robert Peel, eine dem Verfasser offenbar antipathische
Natur, wird mit voller Unparteilichkeit gewürdigt. Manchmal vermissen
wir die Fülle anschaulicher Details. Die Reise Georg's IV. nach Irland
und das unvergleichlich würdelose Verhalten des Königs dabei verdiente
wohl eine ausführlichere Schilderung, die den Hof wie die Provinz erst
im rechten Lichte gezigt haben würde. Die letzten 150 Seiten nimmt
die Darstellung der französischen Zustände ein. Auch hier ist der Ver=
fasser in der Charakterzeichnung sehr glücklich. Royer=Collard und na=
mentlich Martignac — wie seine Tugenden und seine Schwächen so gar
nicht in die gegebene Situation passen wollten — sind wohl noch nie
so wahr und lebendig geschildert worden. Die Erzählung geht mit großen
Schritten der Krisis des Jahres 1830 entgegen. In diesem Schlußab=
schnitte tritt recht deutlich jener Geist hervor, der dies Werk zu einer
so ungewöhnlichen Erscheinung macht. Es gehört keiner Partei, ja im
Grunde keiner Nation an: der Verfasser faßt mit festem Blicke das Ideal
einer kosmopolitischen freien Bildung in's Auge. Diese hohe, freie, im
besten Sinne humane Weltanschauung entschädigt uns für manche Irr=
thümer im Einzelnen und für die Befangenheit, die in den schwächsten
Abschnitten des Buches, in den Capiteln über die deutsche Geschichte,
dann und wann sich verräth.

———————

Nr. 107.

Aegidi, L. K., Aus der Vorzeit des Zollvereins. Beitrag zur deutschen
Geschichte. Hamburg 1865. *)

　　Diese verdienstliche Schrift erscheint im passendsten Augenblicke. Eben
jetzt, da der Zollverein eine schwere Krisis überstanden hat und in eine
neue Epoche tritt, ist es erfreulich, endlich zu erfahren, wer eigentlich als
der Urheber dieser größten That der neueren nationalen Politik Deutsch=
lands anzusehen sei. Diese Frage hat Aegidi zum ersten Male auf
Grund authentischer Actenstücke beantwortet. Es ist bekannt, daß das
preußische Zollgesetz vom 26. Mai 1818 die Grundlage der Zollvereins=
verträge bildet, desgleichen, daß dies musterhafte Gesetz von sämmtlichen
kleinen deutschen Regierungen, sowie von der gesammten liberalen Presse
während eines vollen Jahrzehnts auf das gehässigste angegriffen wurde,
bis die Widerstrebenden endlich sich selber der verhaßten preußischen
Zollordnung fügten und also zu einem neuen Aufschwung ihrer Volks=
wirthschaft gelangten. Das historische Urtheil über die Kurzsichtigkeit
dieser Opposition gegen Preußen steht heute bei allen Einsichtigen fest.
Dagegen huldigte man bisher durchgängig der Meinung, der preußische
Staat habe mindestens vor dem Ende der zwanziger Jahre nicht daran
gedacht, sein Zollsystem weiter auszudehnen, er sei vielmehr wider Willen
durch seine Bundesgenossen bewogen worden, seine volkswirthschaftliche

———————

*) [A. a. O., vom 16. September, Sp. 997.]

Isolirung aufzugeben. Noch der Verfasser der neuesten und gründlichsten Geschichte des Zollvereins, **Gustav Fischer**, ist dieser Ansicht; er sieht in Nebenius den geistigen Vater des Zollvereins, während Andere, freilich mit sehr schwachen **Gründen**, F. List diese Ehre zusprechen. Daß Herr v. Viebahn in seiner Statistik des zollvereinten Deutschlands den Zollverein als **eine** preußische Schöpfung bezeichnete, ward von allen Kritikern scharf getadelt. Als kürzlich der **Minister v. Mühler** den Zollverein „den eigensten Gedanken Friedrich Wilhelm's III." nannte, da ergossen **alle** gelehrten und ungelehrten Federn der Presse Spott und Hohn über diese neue preußische Anmaßung und Prahlerei. Die vorliegende Schrift liefert den Beweis, daß der preußische Minister, wenn auch etwas übertreibend, die Thatsache **richtig** dargestellt hat. Der Verfasser theilt die Instruction mit, welche dem **Grafen Bernstorff** für die Wiener Ministerconferenzen von 1819—20 gegeben ward und worin es wörtlich heißt: „Man kann daher die Sache nur darauf zurückführen, daß einzelne **Staaten**, welche durch den jetzigen Zustand sich beschwert glauben, mit denjenigen Bundesgliedern, woher nach ihrer Meinung die Beschwerde stammt, sich zu vereinigen **suchen**, und daß so übereinstimmende Anordnungen von Grenze zu Grenze weiter **geleitet** werden, welche den Zweck haben, **die inneren Scheidewände mehr und** mehr fallen zu lassen". Das Berliner **Cabinet** hegte mithin schon **damals** die Absicht, sein Zollsystem ganz **oder** theilweise durch Verhandlungen mit den Einzelstaaten über **das** Gebiet anderer Bundesglieder auszudehnen. Aber auf den Wiener Conferenzen erfuhr das preußische Zollgesetz so leidenschaftliche Anfeindungen, seine Aufhebung wurde von allen Seiten so bestimmt als die Vorbedingung der deutschen Zolleinigung gefordert, daß Preußen sich in die Defensive zurückgeworfen sah und vorläufig auf weitergehende Pläne verzichten **mußte**. Durch solche Erfahrungen belehrt, vermied **Preußen** fortan, die Bundesgenossen zur Zolleinigung aufzufordern, und wartete weislich, **bis die** steigende Noth die Kleinstaaten bewog, sich in Berlin selber um ein Zollbündniß zu bewerben. **Den Hauptinhalt der** Schrift bildet die Darstellung der Wiener Verhandlungen, welche die Unklarheit der volkswirthschaftlichen Begriffe jener Zeit, sowie die **baare** Unmöglichkeit, von Bundeswegen und in Gemeinschaft mit Oesterreich eine deutsche Zollordnung zu gründen, auf überzeugende Weise zeigt. Auch der urkundliche Nachweis, daß damals schon, früher als in irgend einem kleinen Cabinete, Pläne einer Erweiterung des preußischen Zollsystems in Berlin bestanden, ist dem Verfasser gelungen. Ungedruckte diplomatische Actenstücke, welche Referent eingesehen hat, bestätigen diese Thatsache. Insofern ist jene Aeußerung des Ministers v. Mühler nicht unrichtig, da ja in der Monarchie jeder politische Gedanke in letzter Instanz dem Könige zugeschrieben zu werden pflegt. Dagegen ist durch Aegidi nicht erwiesen und wird sich auch, wie wir glauben, nicht erweisen **lassen**, daß der deutsche Zollverein in der Form, welche er später erhielt, **schon damals** in Berlin beabsichtigt wurde. Die preußischen Minister **dachten** vielmehr in jener Zeit **nur** daran, die kleineren Nachbarstaaten in **Zollsachen** einfach als preußische Provinzen **zu** behandeln, den größeren einige Erleichterungen des Grenzverkehrs zu gewähren. Die verwickelten Formen des Zollvereins zu finden, blieb der Erfahrung späterer Jahre und nicht zum Wenigsten dem Talente von Nebenius vorbehalten. Wir empfehlen die warm und geschickt geschriebene Abhandlung allen Historikern; sie verbreitet über das Wesen der deutschen Bundesverfassung, nicht blos in volkswirthschaftlicher Hinsicht, mehr Licht, als manches dickleibige Compendium. Nur wird das gesunde Urtheil des Verfassers oftmals durch sanguinische Gutmüthigkeit getrübt. Er hofft, daß die militärische Einigung Deutschlands, wie die handelspolitische, auf dem Wege freiwilliger Verträge mit Preußen erreicht werden könne. Und doch liegt auf der Hand, daß aus der einen Thatsache ein Schluß auf die andere sich keineswegs ziehen läßt. Denn ein Staat, der sich in Handelssachen einigen Beschränkungen durch die Nachbarn unterwirft, hört darum nicht auf, souverän zu sein; ein Staat ohne Militärhoheit ist nicht mehr souverän. Ferner, die handelspolitische Einigung kam zu Stande, weil jeder Staat seine Finanzen und seine Volkswirthschaft in Folge der Binnenmauthen leiden sah. Dagegen die unseligen Folgen der Zersplitterung unserer militärischen Kräfte können erst im Falle eines unglücklichen Krieges greifbar und fühlbar werden — also unter Verhältnissen, welche freiwilligen Verträgen nicht günstig wären. Es ist nicht rathsam, sich über solche bittere Wahrheiten mit einigen gutmüthigen Worten zu trösten oder gar, wie unser Verfasser es thut, einen höchst abgeschmackten Ausspruch des Fürsten Metternich als Gegenbeweis anzuführen. Noch ernstlichere Bedenken hegen wir gegen die Form von Aegidi's Schrift. Der Verfasser würde auf nüchterne Leser eindringlicher wirken, wenn er etwas weniger pathetisch reden, nicht jedes dritte Wort unterstreichen, und mit nicht mehr unbekannten Citaten aus Schiller und Goethe etwas sparsamer umgehen wollte. Die Instruction für den Grafen Bernstorff wird an unrichtiger Stelle, zum Schlusse, mitgetheilt. Ein solches Verfahren geziemt wohl dem Novellisten, der eine spannende Intrigue zuletzt durch einen überraschenden Effect aufklären mag, nicht dem Historiker, der in chronologischer Ordnung erzählen und uns gleich von Anbeginn über die Motive und Absichten der Unterhandelnden belehren soll, damit wir ihren Schritten mit Verständniß folgen. — Vor einigen Jahren ließ der Verfasser seine kleine Schrift „Aus dem Jahre 1819" erscheinen, die alsbald von der liberalen Presse mit Beifall überschüttet ward, weil ihre Mittheilungen der nationalen Parteiagitation dienten. Wir halten die gegenwärtige Abhandlung für bedeutender und lehrreicher — trotz der Ausstellungen, die wir uns erlaubten — und empfehlen sie um so angelegentlicher, weil heute das Schimpfen auf Preußen zum guten Tone gehört und eine Schrift, die ein großes Verdienst Preußens in helles Licht setzt, nicht auf den Beifall der Wortführer der Tagesblätter zählen kann.

Nr. 108.

Huhn, Dr. E. H. Th., Politik. Grundzüge der praktischen Staatskunst. 1. Hälfte. Leipzig 1865. — A. u. d. T.: Der Staat oder die Staatswissenschaften im Lichte unserer Zeit ꝛc. Von einem Staatsmanne a. D. 7. Theil.*)

Da der Verfasser den deutschen Stubengelehrten bei jeder Gelegenheit seine Verachtung auszusprechen liebt, so wird er sich wohl auch nicht gekränkt fühlen, wenn wir hier constatiren, daß sein Buch jedes wissenschaftlichen Werthes baar ist. Als Lectüre für das große Publicum dagegen ist die Schrift nicht ganz unbrauchbar. Herr Huhn schreibt zwar ungewöhnlich breit und langweilig, aber wenigstens verständlich; er ist sehr arm an eigenen Gedanken, dafür giebt er die Ideen Anderer, namentlich R. v. Mohl's, mit großer Unbefangenheit wieder (man vergleiche den Abschnitt über das Eigenthum mit Mohl's Encyklopädie der Staatswissenschaften). Er steht auf dem Standpunkte des sich so nennenden entschiedenen Liberalismus, redet übrigens in der Regel maßvoll und besonnen. Nur an einzelnen Stellen verfällt er in plumpe radicale Vorurtheile, die wir einem gebildeten Manne nicht zugetraut hätten: so wenn er behauptet, die Republik, ja sogar die constitutionelle Monarchie sei in einem katholischen Volke nicht ehrlich und auf die Dauer zu halten. — Wem seine geistigen oder materiellen Mittel das Lesen eines wirklich wissenschaftlichen Werkes über Politik nicht erlauben, der mag diese Huhn'sche Compilation immerhin nicht ohne Vortheil studiren, für das Literarische Centralblatt besteht kein Grund, ausführlicher auf die Schrift einzugehen. Den pomphaften Titel „Staatsmann a. D." hätte der Verfasser besser weggelassen; denn mit vollem Rechte verhöhnen uns die Fremden, weil wir mit dem Namen Staatsmann gar so freigebig sind und diesen Titel Jedem geben, der einmal in Bückeburg oder Waldeck ein wirkliches geheimes Ober-Aemtchen bekleidet hat.

Nr. 109.

Pertz, G. H., Das Leben des Feldmarschalls Grafen Neithardt von Gneisenau. 1. Band. 1760—1810. Berlin 1864.**)

Die wissenschaftliche Welt ist dem berühmten Verfasser für dies Werk zu großem Danke verpflichtet. Ein wohlabgerundetes historisches Kunstwerk zu schreiben, ist freilich nicht des Verfassers Weise. Sein neues Buch ist in derselben Weise componirt oder nicht componirt, wie das Leben Stein's. Eine Masse thatsächlichen Stoffes, Briefe, Urkunden aller Art sind lose aneinandergereiht; aber dieser Stoff ist so lehrreich und zum Theil so neu, daß Niemand ein Recht hat, mit dem Verfasser über seine Schreibweise zu rechten. Es giebt eben verschiedene, in ihrer Art gleichberechtigte Methoden, Geschichte zu schreiben. Das beste Lob, das man dem Buche nachsagen kann, ist dieses: es bildet ein würdiges

----

*) [A. a. O., vom 16. September, Sp. 1005.]
**) [A. a. O., vom 23. September, Sp. 1033.]

Gegenstück zu dem Leben Stein's. Wesentlicher Lücken in der Dar=
stellung wissen wir nur zwei zu nennen. Die Jugendgeschichte des Hel=
den ist sehr kurz behandelt. Unwillkürlich kommt der Leser auf die
Vermuthung, daß der Verfasser in diplomatischer Zurückhaltung über
das verworrene stürmische Jugendleben Gneisenau's weniger mitgetheilt
hat, als er wußte. Und doch würde der Charakter des Mannes uns
nur um so großartiger, achtunggebietender entgegengetreten, wenn wir die
Verirrungen des Jünglings näher kennten. Zu welchem ergreifenden
Bilde hat nicht Droysen die mannigfach verwandten Schicksale des jungen
York gestaltet! Schmerzlicher noch vermissen wir genauere Angaben über
Gneisenau's Verhandlungen mit der englischen Regierung im Jahre 1809.
Hieran trägt die Illiberalität Lord Russel's die Schuld. Es ist be=
greiflich, daß man sich in Downingstreet nicht gern jener Tage erinnert,
da der Prinzregent als uneigennütziger Befreier Europas über dem
Plane eines großen nordwestdeutschen Welfenreiches brütete; trotzdem
bleibt die Geheimhaltung dieser Entwürfe nach so langen Jahren unver=
antwortlich. — Der Charakter Gneisenau's erscheint in den hier ver=
öffentlichten Actenstücken fast noch imponirender und bedeutender, als in
den bisherigen Geschichtsdarstellungen; er war nächst Schön unter den
großen Männern des Freiheitskrieges der Anlage nach wohl die genialste
Natur. Das Buch von Pertz wird noch auf lange hinaus von den
Historikern ausgebeutet werden. Wir begnügen uns daher, einige der
Punkte anzudeuten, worüber dieser bis zum Jahre 1810 reichende Band
neues Licht verbreitet. Am wichtigsten sind natürlich die Aufklärungen
über den Verfall und die Reform der preußischen Armee. Kurz nach
der Schlacht von Jena schreibt Gneisenau eine merkwürdige Denkschrift
über die Ursachen der Katastrophe. Daran schließen sich Details über
die Commission zur Untersuchung der im Feldzuge begangenen Pflicht=
verletzungen sowie über die Reorganisationscommission. Bezeichnend für
den neuen Geist, der mit Scharnhorst an das Ruder gelangte, ist die
drakonische Instruction für Festungsgouverneure, desgleichen Gneisenau's
berühmte Denkschrift über die Freiheit der Rücken und ein noch unge=
drucktes „militärisches Glaubensbekenntniß" Blücher's vom Jahre 1807
— nur zwanzig Zeilen, aber in nuce alle militärischen Reformgedanken
des Jahres 1813 enthaltend: es sei „vor eine Nationalarmee zu sorgen,
Niemand in der Welt muß excimirt sein" u. s. w. Die tiefe Kluft,
welche damals Militär und Civil schied, ermessen wir erst, wenn wir
hier im Einzelnen erfahren, wie selbst in Colberg, wo doch Garnison
und Bürger in schönem Wetteifer zusammen gefochten hatten, gleich nach
dem Frieden die gehässigsten Händel ausbrachen. Schill erscheint hier
in einem günstigeren Lichte, als man neuerdings anzunehmen pflegte.
— Auch über rein politische Verhältnisse erhalten wir vielfache Be=
lehrung, namentlich im dritten Abschnitte des zweiten Buches, der die
noch ganz unbekannten Denkschriften Schön's, Rhediger's, Vincke's über
die Reichsstände vom Jahre 1808 und Stein's Bemerkungen dazu bringt.
Die ungeheure Kühnheit von Stein's agrarischer Gesetzgebung wird recht
anschaulich, wenn wir sehen, wie selbst Gneisenau gegen das Edict vom

9. October 1807 murrte und die schlimmsten Folgen für die schlesischen Rittergutsbesitzer davon befürchtete. — Diese raschen Bemerkungen sollen nur andeuten, welchen Reichthum historischen Stoffes der Band enthält.

Nr. 110.

Dunoyer, Charles, de l'Institut de France, Le second empire et une nouvelle restauration. Deux tomes. London 1864.*)

Das vorliegende, in mehreren Abschnitten nicht vollendete Werk ist aus dem Nachlasse des berühmten Verfassers der Liberté du travail zusammengestellt, von dem wir hier beiläufig erfahren — was in Deutschland die Wenigsten wissen werden — daß er es war, welcher nach den Juli-Ordonnanzen in den Kreisen der oppositionellen Presse zuerst die Losung zum Widerstande austheilte, also zu der Juli-Revolution den ersten Anstoß gab. Leider ist das Buch keineswegs dazu angethan, den Ruhm des trefflichen Verfassers zu erhöhen; es bestätigt vielmehr auf's Neue die alte Erfahrung, wie leicht auch wohlmeinende, einsichtige Männer in der Verbannung die Fühlung verlieren für das politische Leben der Heimath. Das Werk durfte nicht in Frankreich erscheinen, und doch hätte die kaiserliche Regierung im Grunde dem Verfasser danken sollen; denn ein schlagenderer Beweis für die völlige Rathlosigkeit und Zersetzung der alten Parteien konnte kaum geliefert werden. Dunoyer, bekanntlich vormals ein warmer Freund der Julidynastie, ist durch die Erfahrungen des Jahres 1848 zu der Ueberzeugung gelangt, daß die Zerrüttung des Rechtssinnes die schwerste Krankheit seines Vaterlandes sei und darum die Herstellung der legitimen Dynastie den Anfang der Heilung bilden müsse — kurz, er ist aus dem orleanistischen Lager in das der legitimistischen Fusionisten übergegangen. Wir unsererseits sind der Meinung, daß der Verfasser den schwersten Schaden des französischen Staatslebens richtig erkannt hat, und wir finden neben manchen Uebertreibungen doch viel Wahres in seiner Betrachtung der französischen Geschichte, welche die systematische Zerstörung der Rechtscontinuität mit all' ihren unseligen Folgen überzeugend darlegt. Aber wir sind weit entfernt, die Schlußfolgerung des Verfassers zu unterschreiben, wir glauben vielmehr, daß das Recht der älteren bourbonischen Linie für die ungeheure Mehrheit der Franzosen ebenso gewiß todt und durch eigene Schuld verwirkt ist, wie dereinst die Stuart's ihr Recht auf den englischen Thron verwirkt hatten. Die klügeren Orleanisten wissen dies sehr wohl, sie werden sich hüten, auf die Fusionsgedanken einzugehen, welche Dunoyer in dem fünften Buche seines Werkes — überschrieben: une nouvelle restauration — entwickelt. Die vier ersten Bücher betrachten von diesem starr-legitimistischen Standpunkte den Verlauf der französischen Geschichte seit der Präsidentschaft des Monsieur Louis Bonaparte — wie der Verfasser zu sagen pflegt — und zwar mit einer krankhaften Leidenschaft

---

*) [A. a. O., vom 14. October, Sp. 1110.]

41*

und gehäffigen Ungerechtigkeit, die wir einem Dunoyer nicht zugetraut
hätten. Es ist recht heilsam, daß unsere rasch vergessenden Tage an die
Verbrechen erinnert werden, womit der Urheber des Staatsstreiches vom
2. December sich befleckt hat. Aber der Verfasser zerstört den Eindruck
seiner eigenen Darstellung, indem er eine Apologie der Nationalversammlung der Jahre 1850—51 schreibt. Jedermann weiß, daß die Majorität
dieser Versammlung ebenso wenig an die Republik glaubte und ebenso
systematisch an der Zerstörung der neuen Verfassung arbeitete, wie nur
der Präsident der Republik selber. Dunoyer vertheidigt sogar die Can-
didatur des Prinzen von Joinville und findet selbstverständlich, daß dieser
Prinz als Präsident seine Macht hätte benutzen müssen, um auf gesetz-
lichem Wege die Monarchie herzustellen. Wer so denkt, hat offenbar
kein Recht, Ludwig Bonaparte anzuklagen, weil dieser auf seine Weise
dasselbe that, was Dunoyer von Joinville verlangte. Ebenso einseitig
und parteiisch ist die Schilderung der Politik des Kaiserreichs. Dunoyer
hat gar kein Auge für die großen Verdienste Napoleon's III. um Europa;
er will nicht sehen, daß die Zerstörung der russischen Uebermacht und
die Befreiung Italiens Thaten sind, woran die kleinliche und engherzige
Politik der Orleans sich nie gewagt hätte. Er meint den Krimkrieg
wie den italienischen Krieg durch die ewige höhnische Wiederholung des
Wortes l'empire c'est la paix verdammen zu können. Desgleichen die
Darstellung der inneren Politik giebt nur die Schattenseiten. Viel Wahres
wird gesagt über die große Lüge des allgemeinen Stimmrechts und die
Corruption des Beamtenthums, aber kein Wort über den gewaltigen
Aufschwung der Volkswirthschaft, den Frankreich dem zweiten Kaiser-
reiche dankt. Es ist sehr wohlfeil, den unwissenden Leser zu verblüffen
durch die großen Zahlen, welche die Zunahme des Ausgabebudgets in
den Städten veranschaulichen. Die Gerechtigkeit forderte, auch die noch
weit stärkere Vermehrung der Einnahmen zu zeigen. Wäre dem Verfasser vergönnt gewesen, das heutige Lyon oder Rouen mit eigenen Augen
zu sehen, so hätte er sich überzeugen müssen, daß die auf die Vergröße-
rung dieser Städte verwendeten Gelder in der That productiv angelegt
sind. Zum Ueberfluß sind gerade diese Abschnitte des Buches unvollendet
und skizzenhaft. Kurz, das Werk ist eine reine Parteischrift, auch als
solche ungeschickt in Folge ihres gehäffigen Tones. Wir bedauern aufrichtig, daß der Name eines so bedeutenden Gelehrten und edlen Patrioten
durch ein so unglückliches Buch der Welt in's Gedächtniß gerufen wird.

Nr. 111.

Kreyßig, Fr., Studien zur französischen Cultur- und Literatur-Ge-
schichte. Berlin 1865.*)

Soweit die geistige Cultur des zweiten Kaiserreichs überhaupt Charakter hat, zeichnet sie sich aus einmal durch die Rührigkeit der national-

---

*) [A. a. O., vom 21. October, Sp. 1135.]

ökonomischen Literatur im weitesten Sinne, sodann durch zahlreiche Versuche, das deutsche Geistesleben den Franzosen zu vermitteln — Versuche, deren Ernst und edle Meinung durch die Namen Laboulaye, Scinguerlet, Dollfus u. A. zur Genüge bewiesen wird. Weit weniger ist neuerdings **bei uns** geschehen, **um** den Deutschen **das** Verständniß des **französischen** Lebens zu erschließen. **Zu den** tüchtigsten **Arbeiten** in dieser **Richtung** zählen wir das vorliegende **Werk,** eine Sammlung von neubearbeiteten **Aufsätzen** aus **den** Preußischen Jahrbüchern, **ein Buch, das wir** für bedeutender halten, **als** desselben Verfassers **Vorlesungen über** Shakespeare. Der Verfasser giebt nicht **eine** vollständige **Literaturgeschichte**, sondern erläutert **vor den** Bildern einzelner hervorragender Schriftsteller **die großen** Wandlungen des französischen Culturlebens in den zwei letzten Menschenaltern. Er schildert zunächst **in** Béranger und Scribe die Vertreter der Durchschnittsmeinungen der französischen Mittelclassen, dann in **de** Maistre, Lamennais und Chateaubriand das letzte Ankämpfen der Ideen des alten Regimes gegen die Revolution, in Frau **von** Stael und Guizot die Vertreter eines mehr germanisch-protestantischen Liberalismus. Dann folgt George Sand, die echtnationale, von den demokratischen Thorheiten der Zeit nicht gänzlich verderbte Dichterin, und Victor Hugo **in der** Verbannung, **als der** glaubenseifrige und überzeugungstreue, aber unverbesserlich doctrinäre Vertreter des Radicalismus. Zum Schluß ein Essay über den Schriftsteller Ludwig Napoleon. Die jüngste Literatur, **der** Versuch einer Wiederbelebung des echten Liberalismus, bleibt **einer** späteren Darstellung vorbehalten. — Wir halten die von dem Verfasser getroffene Auswahl **für** sehr glücklich **und** vermissen nur mit Bedauern einen Vertreter **der** wirthschaftlichen Utopien, etwa St. Simon oder Fourier. Im **Ganzen** steht der Verfasser auf demselben Standpunkte, den Julian Schmidt **in** seiner französischen Literaturgeschichte einnimmt. Aber Kreyßig **ist** eine weit mehr ästhetische Natur, er erzählt sehr lebendig **und** anziehend, sucht liebevoll das individuelle Leben seiner Helden zu verstehen. Wohlthuend berührt **uns** das gute Zutrauen, das **der** Verfasser, ein Kenner des schönen **Frankreichs**, trotz Alledem zu **der** Zukunft dieses großen Volkes **hegt.** Am wenigsten gelungen scheinen **uns** die Aufsätze über die Stael **und** Guizot. Hier urtheilt der Verfasser **zu** mild. Er hätte die Unwahrheit und Aussichtslosigkeit dieses schablonenhaften Liberalismus noch schärfer hervorheben und besonders betonen sollen, wie gänzlich Guizot als praktischer Staatsmann seinen Grundsätzen untreu **wurde und** wie schwer der alternde Mann sich alltäglich versündigt durch seine bornirte Parteinahme für das Papstthum und die geistloseste Orthodoxie, sowie durch den grenzenlosen Dünkel, der aus seinen Memoiren spricht. Die schriftstellerischen Arbeiten Ludwig Napoleon's stellt **der** Verfasser mit Recht sehr hoch; der gewaltige literarische Rückschritt, **den der** erlauchte Schriftsteller inzwischen mit seinem Leben Cäsar's gemacht hat, war unserem Verfasser, als er diese Studien schrieb, noch unbekannt. Dieser Essay über Napoleon III. ist **wohl das** Unbefangenste und Wohlwollendste, was in deutscher Sprache **über den** Kaiser geschrieben worden, und doch hat die französische Polizei das Werk verboten! Wir empfehlen das treffliche Buch auf das wärmste. Es bildet einen achtungswerthen Beitrag zur Verständigung zwischen zwei großen Culturvölkern, namentlich zur Berichtigung der unberechtigten absprechenden Urtheile über Frankreich, welche heutzutage bei uns im Schwange sind.

Nr. 112.
Briefwechsel zwischen Varnhagen von Ense und Oelsner nebst Briefen von Rahel. Herausgegeben von Ludmilla Assing. 3 Bände. Stuttgart 1865.*)

Daß Fräulein Ludmilla Assing ihren Oheim als eine milchende Kuh betrachtet und mit wenig Kritik und viel Behagen die unerschöpflichen Briefschätze seines Nachlasses buchhändlerisch verwerthet, ist eine anerkannte Thatsache. In der langen Bänderreihe, welche also entstanden, befindet sich aber keine so gänzlich zwecklose und unberechtigte Publication, wie die vorliegende. Es ist in der That eine starke Zumuthung an die Leser, sich durch drei Bände hindurch zu arbeiten, die wesentlich nichts, gar nichts Bemerkenswerthes bieten. Die Briefe Oelsner's, der den wichtigsten Theil seines Lebens unter der diplomatie volante in Paris zubrachte, erzählen hauptsächlich allerhand Kleinigkeiten über die Zustände Frankreichs unter den Bourbonen. Dann und wann verräth sich der gescheidte politische Schriftsteller durch ein feines Aperçu. Ueberwiegend ist doch die gewöhnliche Klatscherei. Dazu ein süßlich blumenreicher Stil, den wir kaum noch ertragen. „Von der weiblichen Hand meiner Genien habe ich seit dem 5. September Nichts mehr gesehen. Lassen Sie doch bisweilen einen Tropfen Ihres Balsams auf mein Haupt rinnen" — in diesem Tone schließen die meisten Briefe Oelsner's. Auch die Briefe Varnhagen's und Rahel's, welche übrigens bei Weitem die Minderzahl bilden, verdienen schwerlich gedruckt zu werden. Nur über die Anfänge des badischen Verfassungslebens giebt Varnhagen Mittheilungen aus erster Hand; aber diese Thatsachen sind längst schon in Varnhagen's Denkwürdigkeiten zu selbstständiger Darstellung verwerthet. Aus Berlin weiß der Diplomat außer Dienst natürlich nur allerhand Gerüchte und Redereien zu berichten. Ist somit der Gehalt an zuverlässigen thatsächlichen Mittheilungen sehr dürftig, so bieten auch die Betrachtungen der Correspondenten wenig Merkwürdiges. Manchmal sagt Varnhagen ein witziges Wort, so wenn er über Castlereagh's Selbstmord äußert, das sei Kotzebue und Sand in einer Person. Doch die Freude daran wird uns sofort verdorben durch den unmäßigen Beifall, womit Oelsner seinen Freund überschüttet: um dies Wort, ruft er pathetisch, könne Varnhagen von Shakespeare beneidet werden. Die Urtheile der Correspondenten über Personen sind im Ganzen unsicher und werthlos. Man vergleiche die gehässige Härte gegen Wilhelm v. Humboldt und die kritiklose Milde gegen Hardenberg, der doch wenige Seiten nachher ein König der Bureaukratie genannt wird. Der Charakter Varnhagen's

---

*) [A. a. O., vom 21. October, Sp. 1152.]

zeigt auch in diesen Briefen seine schneidenden Widersprüche. Wenn er über den Voß-Stolberg'schen Handel redet, so freuen wir uns an dem ehrenhaften Freisinne des Mannes; gleich darauf lächeln wir über seine Eitelkeit: der Zähringer Löwenorden, der in den Denkwürdigkeiten eine so große Rolle spielt, wird hier abermals mit allen militärischen Ehren vorgeführt. Jetzt befriedigt uns der sichere politische Instinct des Mannes, der frühe schon in Görres den Ultramontanen erkennt; dann wieder erstaunen wir über die Kurzsichtigkeit, die Rußlands Einmischung in den badisch-baierischen Streit ganz in der Ordnung findet. Doch all' diese widersprechenden Charakterzüge Varnhagen's sind aus seinen übrigen Schriften längst bekannt. Auch von dieser Seite lag also kein Grund vor, diese drei unnützen Bände herauszugeben.

<hr>

Nr. 113.

Lamartine, A. de, La France parlementaire (1834—1851). Œuvres oratoires et écrits politiques, précédés d'une étude sur la vie et les œuvres de Lamartine par Louis Ulbach. Deuxième Série: 1840—1847 Tome 3. 4. Paris 1865.*)

Wir haben schon früher unser Urtheil über diese Sammlung der Reden Lamartine's abgegeben und können hier nur hinzufügen, daß auch die vorliegenden Bände, welche den Zeitraum von 1840—1846 umfassen, einen sehr gemischten, überwiegend unerfreulichen Eindruck hinterlassen. Durchgängig zeigt sich ein außerordentliches Rednertalent, aber auch phrasenhaftes Pathos, Unsicherheit des politischen Urtheils, maßlose Eitelkeit. Die stärkste Seite der Reden bilden die kritischen Ausfälle gegen die parlamentarischen Parteien. Bekanntlich zerfiel in der letzten Zeit des Juli-Königthums die französische Kammer in eine Menge kleiner Fractionen, welche im Wesentlichen derselben politischen Ueberzeugung huldigten und nur durch die persönliche Eifersucht ihrer Führer, der Guizot, Thiers, Odilon Barrot, getrennt wurden. Diesem Gewirr kleinlicher Ränke gegenüber hat natürlich ein Mann leichtes Spiel, der sich rühmte, außerhalb der Parteien zu stehen. Treffend sind namentlich Lamartine's Bemerkungen über die Lehre von den vollendeten Thatsachen, „diese caudinischen Pässe der Julirevolution". Das schrittweise Zurückweichen der Liberalen von ihrem ursprünglichen Programm weist er sehr richtig nach. Fragen wir aber nach seinem eigenen Programme, so werden wir mit den hohlsten Phrasen abgespeist. Er nennt sich seul comme la France, er will „ein Princip und keine Parteien", und zwar das Princip, welches die Revolution in ihren ersten angeblich unschuldigen Epochen angeblich verfochten haben soll. Die Nation soll demokratisirt, sämmtliche Aemter nur durch Wahl auf kurze Zeit vergeben werden; an der Spitze des Ganzen ein König, der nichts denken und thun kann als was das Volk will und im Grunde selber nichts ist als le peuple couronné. Das wird die beste der Republiken sein —

<hr>

*) [A. a. O., vom 28. October, Sp. 1165; vergl. oben Nummer 97.]

ein Staat, der die Gewohnheit mit den Neuerungen versöhnt! An einzelnen Stellen bricht ein gesundes Urtheil durch, so vornehmlich in den gegen den Socialismus gerichteten Reden über das Recht auf Arbeit. Im Ganzen zeigen diese Bände sehr unheimlich die Zersetzung der alten monarchischen Parteien und die vollkommene Unfähigkeit der Demokratie, etwas Neues zu schaffen. Wer den kläglichen Verlauf der Februarrevolution verstehen will, wird in diesen Reden manche Belehrung finden.

Nr. 114.

Briefe an Ludwig Tieck. Ausgewählt und herausgegeben von Carl v. Holtei. 3. u. 4. Band. Breslau 1864.*)

Wir können das Urtheil, das wir bei Besprechung der ersten beiden Bände fällten, nicht zurücknehmen und auch jetzt noch diese Sammlung nicht für einen glücklichen Gedanken erklären. Indeß hat es der Zufall der alphabetischen Reihenfolge so gefügt, daß diese letzten Bände die weitaus interessanteren Briefe enthalten, die Briefe der Männer, welche Tieck am nächsten standen. Höchst charakteristisch ist ein väterlich ermahnender Brief Nicolai's vom Jahre 1797, der Tieck dringend bittet, aus Rücksicht auf das buchhändlerische Geschäft seine excentrische Laune etwas zu mäßigen. Auch die Briefe der beiden Schlegel verdienten wohl, der Vergessenheit entrissen zu werden. Daß August Wilhelm Schlegel noch im Jahre 1836 so jugendlich liebenswürdig und einfach herzlich schreiben konnte, wird manchen Leser überraschen. Die Briefe Friedrich Schlegel's beschäftigen sich viel mit den Anfängen unserer altdeutschen und Sanskritstudien. „Aelter aber als die Poesie — heißt es an einer für die Geschichtsphilosophie der Romantiker bezeichnenden Stelle — ist die Religion und die Oekonomie, wenn man es so nennen darf; Ackerbau und Ehe, beide aber ganz als gottesdienstliche, durchaus unnütze und blos symbolische Handlungen, die früheste Art der noch körperlichen Gebete". Auch Wackenroder's überschwänglich herzliche, stürmische Schreiben geben manchen schätzbaren Beitrag zur Geschichte der Romantik. Aus späterer Zeit nennen wir die geistreichen und liebenswürdigen Briefe von Julie Rettich, die unruhig leidenschaftlichen verbitterten Zeilen von Ludwig Robert, ferner ein Schreiben des bekannten Dichter-Ministers v. Schenck, das Tieck in die Dienste des Königs Ludwig locken sollte. Auch den holländischen Minister Thorbecke finden wir unter den jugendlichen Verehrern des deutschen Dichters und lernen ihn kennen als einen warmen Kunstfreund und etwas doctrinären Kunstphilosophen. An unbedeutendem Zeug ist auch in diesen Bänden kein Mangel. Doch überwiegt das Interessante. Namentlich erscheint Tieck in einem sehr schönen Lichte als wohlwollender Freund und Gönner junger Talente.

*) [A. a. O., vom 4. November, Sp. 1186; vergl. oben Nummer 102.]

Nr. 115.

Springer, A., Geschichte Oesterreichs seit dem Wiener Frieden 1809.
In 2 Theilen. 2. Theil. Die österreichische Revolution. Berlin 1865. — A.
u. d. T.: Staatengeschichte der neuesten Zeit. 10. Bd.*)

Auf dem engen Raume einer Spalte den Inhalt dieses reichen
Bandes eingehend besprechen zu wollen, wäre lächerlich. Wir glauben,
selbst in Oesterreich lebt heute Niemand, der befähigt wäre, sämmtliche
Abschnitte dieses Buches mit gleichmäßiger Sachkunde zu beurtheilen.
Einzelnen Theilen des Werkes stehen wir Alle nur als Lernende gegenüber und danken im Stillen dem Himmel, daß der Verfasser für uns
die harte Mühsal höchst langweiliger Detailstudien übernommen hat, die
zum Verständniß der Ereignisse in den abgelegenen Kronländern unerläßlich sind. Der erste Band schloß mit der Schilderung des moralischen
Bankerotts der vormärzlichen Gerontokratie. Der zweite beginnt mit
der Darstellung des erwachenden Kampfes der sogenannten Nationalitäten und führt die Geschichte der österreichischen Revolution bis zum
Ende, bis zur Niederwerfung der ungarischen Revolution. Zahlreiche
Mittheilungen von Augenzeugen haben den Verfasser in den Stand gesetzt, seiner Erzählung Wahrheit und Fülle zu geben. Daß dies möglich war, daß ein von der österreichischen Partei in Deutschland so gründlich verleumdeter Mann bei seinen österreichischen Landsleuten solche
Unterstützung fand, scheint uns ein gutes Zeichen. Wir sehen darin eine
neue Bestätigung der alten Wahrnehmung, daß die Oesterreicher selber
ihre heimischen Zustände vorurtheilsfreier betrachten und ihre wahren
Freunde besser kennen als die sich so nennenden Parteigenossen Oesterreichs draußen im Reich. Der Verfasser versteht sehr wohl, lebhaft und
spannend zu erzählen, wir verweisen unter Anderem auf die Schilderung
der Ermordung Latour's und des Prager Slavencongresses. Der wirksamste Reiz des Buches liegt jedoch in dem unbestechlichen kritischen Verstande, der schonungslos die tausend Märchen zerstört, welche revolutionäre Phantasterei und reactionärer Parteigrimm im Wetteifer gebildet
haben. Sentimentalen Lesern mag der Verfasser oft grausam erscheinen,
wenn er so viele glorreiche Erhebungen in ihrer kläglichen Blöße zeigt.
Namentlich jene Deutschen, welche sich auf einer Ferienreise, beim Genusse der trefflichen Backhändel und beim Betrachten der schönen Aussicht vom Kahlenberge ihr politisches Urtheil über die Kaiserstadt gebildet haben, müssen sich entsetzen, wenn der Verfasser nachweist, daß
der entscheidende Charakterzug des Wiener Philisters, die Servilität,
sich auch während der vielgepriesenen Barrikadentage keinen Augenblick
verleugnete. Man kroch vor den Studenten und Volkshelden, wie man
dereinst vor den k. k. Polizeibeamten sich geneigt hatte. Stärkeren Naturen werden gerade diese Abschnitte über die Wiener Bewegung ein
rechtes Labsal sein; der Zorn des Verfassers stammt aus einem tapferen
Herzen und einem hellen Kopfe. Dem Referenten gereicht es zur Freude,
daß des Verfassers Urtheil über die vollendete Nichtigkeit Pillersdorff's
vollkommen übereinstimmt mit der Ansicht, welche wir in diesem Blatte

---

*) [A. a. O., vom 25. November, Sp. 1275; vergl. oben Nummer 67.]

bei der Besprechung von Pillersdorff's handschriftlichem Nachlasse ausgesprochen haben. Den Preis des Muthes, der Vaterlandsliebe und
politischen Bildung giebt der Verfasser unter allen Nationen des Kaiserstaates mit Recht den Magyaren. Ebenso bestimmt und ebenso richtig
weist er in Radetzky's Feldlager die physischen und moralischen Kräfte
nach, die den Staat retteten, und das politische Programm, wonach
das sogenannte verjüngte Oesterreich regiert wurde. — Der Eindruck,
den die treue Schilderung dieser chaotischen Zustände hinterläßt, ist ein
sehr trüber und wird noch mehr verdüstert durch die etwas skeptische
Haltung des Verfassers. Wie die Einleitung des ersten Bandes begann
mit einer Variation über das Thema: das liebe, heil'ge Oesterreich,
wie hält's nur noch zusammen? — so mag man auch im zweiten Bande
höchstens zwischen den Zeilen lesen, daß der Verfasser an das Ausein-
anderfallen des Donaureichs nicht geradezu glaubt. Aber welche Form
des Zusammenlebens er den Völkern des Kaiserstaates wünscht oder für
wahrscheinlich hält, das wird selbst in dem beredten Schlußworte nicht
angedeutet. Es läßt sich nicht leugnen, diese Zurückhaltung wirkt mehrmals niederschlagend auf den Leser, jedoch wir dürfen den Verfasser
darum nicht tadeln. Vielmehr meinen wir, Oesterreichs Lage werde am
besten dadurch charakterisirt, daß ein so gründlicher Kenner der dortigen
Zustände über die Zukunft des Reiches nicht einmal eine Vermuthung
wagt. Nur über eine Hauptfrage der österreichischen Politik stellt er
ein bestimmtes Programm mit rücksichtsloser Offenheit auf über Oesterreichs Verhältniß zu Deutschland. Er weiß, daß ein nationaler deutscher
Staat mit Oesterreich ein Ding der Unmöglichkeit ist, desgleichen, daß
man einem großen Staate nicht zumuthen darf, freiwillig auf seine Machtstellung zu verzichten, endlich, daß alle diese Pläne in das Reich der
Träume gehören, so lange die Stimmung der Nation sich nicht von
Grund aus verwandelt hat. „Denn", sagt er mit erschreckender Wahrheit, „die deutsche Frage war und ist keine ernste, so lange das deutsche
Volk nur fromme Wünsche für die deutsche Einheit, aber nicht den ernsten
Willen besitzt und die harte Arbeit scheut, dieselbe durchzuführen". Wir
kennen kein Werk, das über das wirkliche Oesterreich und sein wirkliches Verhältniß zu Deutschland eine solche Fülle der Belehrung böte.
Wir würden das treffliche Buch warm empfehlen, wüßten wir nicht,
daß bei der Verhärtung und Verbitterung unserer Parteigegensätze jedes
Wort des Lobes verloren ist. Eine kleine Minderzahl von Denkenden
wird von Springer lernen. Die große Masse der klugen Leute draußen
im Reich wird achselzuckend fragen, was denn dieser Gothaer, dieser
Freund Dahlmann's, über Oesterreich lehren könne; sie wird das Buch
ungelesen lassen und nach wie vor fortleben in dem Glauben, daß irgendwie doch einmal das Siebzigmillionenreich der Mitte entstehen wird,
und daß die unerschöpfliche Wunderkraft des Himmels auch fernerhin
jedem Czechen, Hannaken, Goralen, Raitzen, Wallachen und Ruthenen
die glühende Liebe zum deutschen Vaterlande in die Wiege binden wird.
In Oesterreich wird schon heute, in Deutschland erst nach Jahren das
Werk Springer's die verdiente Anerkennung weiterer Kreise finden.

116.

Correspondenzen und Actenstücke zur Geschichte der Ministerconferenzen von Carlsbad und Wien in den Jahren 1819, 1820 und 1834. Herausgegeben von Fr. v. Weech. Leipzig 1865.*)

Ein sehr dankenswerther, dem Historiker unentbehrlicher Beitrag zur neuesten deutschen Geschichte. Das Buch ist nicht blos eine Urkunden= sammlung, wie der bescheidene Titel andeutet, sondern der Verfasser flicht vielfach eigene Bemerkungen ein, ja, der dritte Abschnitt verarbeitet den Stoff der Actenstücke zu einer zusammenhängenden historischen Dar= stellung. Die eigenen Zuthaten des Herausgebers zeugen durchweg von historischem Sinne und sicherem Urtheil. Sein Liberalismus treibt mit der Macht und Einheit Deutschlands kein phrasenhaftes Spiel, er weiß die angeblich freisinnige Opposion der Mittelstaaten am Bundestage so sehr nach ihrem wahren Werthe zu würdigen, daß die Schrift manchem gesinnungstüchtigen Manne als ein reactionäres Buch erscheinen wird. — Der erste Abschnitt giebt zur Geschichte der Carlsbader Conferenzen eine Denkschrift des Bürgermeisters Smidt, welche die überaus zahmen Hoffnungen eines Patrioten vor den Conferenzen ausspricht, sodann einen Brief des baierischen Ministers Lerchenfeldt an Wangenheim — einen Verzweiflungsruf aus dem liberalen Lager nach der Niederlage — end= lich mehrere russische Denkschriften, welche für das zweideutige und hoch= müthige Verhalten des Czaren, den deutschen Cabinetten gegenüber, sehr lehrreich sind. Neu ist darin unter Anderem die Mittheilung, daß der König von Württemberg am Bundestage erklären ließ, er gebe seine Zu= stimmung zur Sanction der Carlsbader Beschlüsse nur aus persönlicher Rücksicht für den Grafen Buol — eine Thatsache, die selbst in der be= rufenen geheimen Registrande vom September 1819 verschwiegen wird und zur Charakteristik des schwäbischen Schirmherrn deutscher Freiheit einen willkommenen Beitrag giebt. — Ausführlicher behandelt der zweite Abschnitt die Wiener Ministerconferenzen von 1819—20. Hier sind zumeist die sehr subjectiv gehaltenen Berichte des badischen Ministers Berstett mit Vorsicht benutzt. Unter den Actenstücken dieses Abschnittes heben wir hervor einen lehrhaften Brief des Fürsten Metternich an den Gesandten Trautmannsdorff über die Unmöglichkeit, zwischen Wahrheit und Irrthum zu vermitteln, und die tiefe Verschiedenheit des deutschen und des französischen Liberalismus. Schade, daß der Herausgeber nicht auch den classischen Brief an Berstett aufgefunden hat, worin der Staats= kanzler seine eigene berühmte Note über das alleinseligmachende Stabi= litätsprincip mit beneidenswerther Selbstgefälligkeit bespricht: „Le mot de paroles me semble bien faible pour exprimer la valeur de mon travail. Le calme que vous y voyez régner est celui de mon âme" etc. Hinsichtlich der Verhandlungen über die Handelsfreiheit (Artikel 19 der Bundesacte) und der ersten Keime des Zollvereins gelangt Weech zu ähnlichen Ergebnissen wie Aegidi. Zur Bestätigung dieser heute viel bestrittenen Meinung sei dem Referenten eine Bemerkung gestattet. Die

---

*) [A. a. O., vom 25. November, Sp. 1277.]

Behauptung, daß Nebenius kurzweg als der **Vater des Zollvereins** anzusehen sei, stützt sich bekanntlich zumeist auf eine preußische Note **vom Jahre 1832**, woraus Bekk in seinem Aufsatze über Nebenius einige Worte mitgetheilt hat. Diese Zeilen sind aber unvollständig aus dem Zusammenhange herausgenommen. **Baden** hatte soeben in Berlin eine Anfrage gestellt wegen seines Beitritts zum Zollvereine und, um seine wohlmeinende Gesinnung zu beweisen, die alte Denkschrift von Nebenius vom Jahre 1819 beigelegt, worin der Gedanke eines deutschen Zollvereins in allgemeinen Umrissen entwickelt war. Das preußische Cabinet, das Badens Beitritt ernstlich wünschte, antwortete mit einer sehr zuvorkommenden Note, worin zuletzt artig bemerkt wird, Herr Nebenius werde mit Genugthuung sehen, wie vollständig nunmehr die Gedanken sich verwirklicht haben, welche er „nach der Anlage" schon im Jahre 1819 ausgesprochen habe. Damit war nur anerkannt, was Niemand je bestritten hat, daß Nebenius diese Gedanken zuerst öffentlich ausgesprochen habe, doch keineswegs zugestanden, daß seine Denkschrift der Leitfaden der preußischen Staatsmänner gewesen sei. Das Memoire von Nebenius war in den zwanziger Jahren gänzlich verschollen. Die preußische Regierung erhielt erst durch jene badische Anfrage wiederum davon Kenntniß; sie ist selbstständig, durch die Erfahrungen, welche sie bei den Verträgen mit den Enclaven sammelte, auf einen Weg geführt worden, der mit dem von Nebenius vorgezeichneten beinahe zusammenfiel. So gewiß in solchen Fragen die That entscheidet, nicht das Wort, ebenso gewiß ist Preußen der **Schöpfer des Zollvereins.** Die ganze Controverse rührt daher, daß man gemeinhin eine zu geringe Meinung hegt von den Staatsmännern **Friedrich Wilhelm's III.** Man vergißt — was freilich noch in keinem Geschichtswerke genügend dargestellt ist — daß während der letzten zwanzig Regierungsjahre dieses Königs zwei Parteien am Berliner Hofe sich bekämpften, die eine an Oesterreich und Rußland unwürdig hingegeben, von kindischer Demagogenfurcht niedergedrückt, die andere voll preußischen Stolzes, mit Verwaltungsfragen vorwiegend beschäftigt, zusammengesetzt aus den besten Talenten des Staatsdienstes. Diese letztere aber hat auf dem **Gebiete der Handelspolitik** zuletzt immer das Feld behauptet. — Weitaus am gehaltreichsten ist der **dritte Abschnitt** unseres Buches. Er behandelt die **Wiener Conferenzen vom Jahre 1834,** von denen man bisher nur das Schlußprotokoll und Fragmente aus der Einleitungsrede Metternich's kannte. Die Protokolle selber abzudrucken, lag nicht in der Macht des Herausgebers. Der Schaden ist jedoch unerheblich, denn diese Protokolle sind ein Musterstück nichtssagender diplomatischer Redeweise, ja geradezu unverständlich ohne die Beilagen, deren wesentlicher Inhalt hier vollständig wiedergegeben ist. Der Verfasser giebt eine ausführliche Erzählung des Herganges, meist nach den sehr umsichtig und objectiv gehaltenen Berichten des badischen Ministers Reitzenstein, und hebt besonders hervor, wie Baierns beharrlicher Widerstand eine Abschwächung der Beschlüsse herbeiführte — bis endlich die Natur der Dinge dafür sorgte, daß der größte Theil des Schlußprotokolls ein todter Buchstabe blieb. Von Einzelheiten heben wir hervor eine für die Gesinnung der Mediatisirten sehr bezeichnende Eingabe des unvermeidlichen Prinzen Constantin Löwenstein und Metternich's Bemerkungen über die Presse, welche die Möglichkeit von Repressivmaaßregeln schlechthin ableugnen und nur die Wahl lassen zwischen absoluter Freiheit und Prävention. — Um schließlich auch den griesgrämischen Pflichten der Kritik zu genügen, bemerken wir, daß die Anmerkung auf S. 263 doch wohl ein lapsus calami ist. Die Ansicht Metternich's, daß die Garantie der Besitzungen der deutschen Staaten durch ihren Beitritt zum Bundesverband bedingt sei, halten wir, abweichend von dem Herausgeber, für rechtlich begründet. In den ersten, besseren Tagen des Wiener Congresses bestand über diesen Punkt zwischen den beiden Großmächten und dem Vereine der 29 übrigen Fürsten vollkommene Uebereinstimmung. Die Haltung Baierns im Jahre 1834 erscheint uns keineswegs so lauter, wie dem Herausgeber. Wenn wir uns erinnern, daß König Ludwig kurz vorher seine pfälzischen Eroberungsgelüste wieder einmal verrathen und gegen jede Unterordnung baierischer Truppen unter einen „fremden" Bundesgeneral protestirt hatte, so begreifen wir, daß er zu Wien für nöthig hielt, sich gegen den Verdacht sonderbündlerischer Bestrebungen zu verwahren. Wir wissen in der früheren Geschichte schlechterdings keinen Zeitpunkt, wo die Opposition der Mittelstaaten gegen die Großmächte lediglich durch löbliche Beweggründe bestimmt worden wäre. Irrig ist auch die Behauptung, daß das Auftreten des Bundes gegen die Einmischung Englands und Frankreichs den Beifall der Liberalen gefunden habe. Damals wie heute war in Deutschland der Parteigeist stärker als der Nationalstolz, die vielgelesenen Oppositionsblätter des Südens stellten sich in der Mehrzahl sehr unbefangen auf die Seite des Auslandes.

Nr. 117.

Aus dem Nachlaß Varnhagen's von Ense. Briefe von Stägemann, Metternich, Heine und Bettina von Arnim, nebst Briefen, Anmerkungen und Notizen von Varnhagen von Ense. Leipzig 1865.*)

Endlich einmal ausnahmsweise ein interessanter Band aus Varnhagen's Nachlaß. In einem Buche aus der literarischen Fabrik des Fräulein Assing können freilich einige überflüssige Blätter nicht fehlen, die nur dazu dienen, den Band zu füllen. Selbst längst gedruckte Dinge, wie das allbekannte Gedicht Fouqué's an Heine: „Du lieber herzblutender Sänger", werden zu diesem löblichen Zwecke benutzt. Auch eine grobe literarische Ungeschicklichkeit haben wir zu rügen. Im Jahre 1827 hat Leopold v. Ranke einmal einige ungewöhnlich schlechte Verse zur Vertheidigung Bettina's an Rahel gerichtet, die mit anderen nicht minder schlechten beantwortet wurden. Diese Zeilen werden, unzweifelhaft ohne die Erlaubniß des Verfassers, hier mitgetheilt, obgleich an ihnen blos das Eine merkwürdig ist: wie doch ein Mann von Ranke's Geist so schwächlich dichten konnte. Die edle Absicht der Herausgeberin, einen

---

*) [A. a. O., vom 2 December, Sp. 1316.]

gefürchteten politischen Gegner **durch** diese Publication lächerlich zu machen, ist jedoch schwerlich erreicht **worden.** — Im Ganzen bieten die Briefe mannigfache Belehrung zur Zeitgeschichte **sowie** zur Charakteristik der Correspondenten. Namentlich Varnhagen, **dessen** Anmerkungen die Rolle des antiken Chores spielen sollen, läßt die Leser oft in die geheimsten Falten seiner Seele blicken. Von drastischer Wirkung sind die Worte höchster sittlicher Entrüstung, wodurch Varnhagen den von Stägemann ihm zugeschleuderten Vorwurf ungeheurer Eitelkeit zurückweist. — Die frischen, derben Briefe Stägemann's enthüllen die wahre Gesinnung **des** Mannes, dessen politische Meinungen vom großen Publicum zumeist nur nach seiner Thätigkeit als Redacteur der preußischen Staatszeitung be**messen** werden. Es fehlt hier nicht an scharfen oppositionellen Urtheilen. Die deutsche Bundesversammlung nennt Stägemann schon wenige Monate nach ihrer Eröffnung, Februar 1817, den neuen polnischen Reichstag zu Frankfurt. Andererseits werden auch die Thorheiten des Liberalismus schonungslos gegeißelt, u. A. über den baierischen Landtag von 1819 sehr richtig bemerkt, daß die dort thörichterweise angeregte Beeidigung des Heeres auf die Verfassung sehr unheilvoll auf die Entschließungen Friedrich Wilhelm's III. zurückwirkte. Von diesem Könige wird beiläufig eine wenig bekannte treffliche Cabinetsordre vom Jahre 1804 über die Vortheile einer „anständigen Publicität" mitgetheilt. — Kurz, aber lehrreich sind die Bruchstücke aus der Mappe Metternich's, z. B. die ausführliche Erzählung des Fürsten über das erste Eintreffen der Nachricht von Napoleon's Rückkehr. Die groben und heftigen Ausfälle des Fürsten gegen **den scheinbar** zu Canning's Ideen bekehrten Grafen Münster („ein In**dividuum** nach der Art des Grafen M." u. s. w.) stimmen sehr wenig zu **der** landläufigen Vorstellung **von der** unerschütterlichen höfischen Artig**keit des** Staatskanzlers. In **der** That ist diese Vorstellung unrichtig. **Wer einige der** vertraulichen Briefe des Fürsten kennt, der weiß, daß Metternich seinen politischen Feinden gegenüber den Hofmann oftmals gänzlich verleugnete. Nur freilich entsprang solche Grobheit der Angst, dem Gefühle **der inneren** Unsicherheit, sie hat gar nichts gemein mit der tiefen Leidenschaft eines Stein. — Das Kleinod des Bandes bilden die Briefe von Heine. Mit **Ausnahme** einiger Schreiben, worin ein affectirtes hochtrabendes **Pathos** sich aufbläht **und der** geistvolle Schalt mit hoher sittlicher Entrüstung **über** den unmännlichen Goethe spricht, zählen diese Briefe zu dem **Schönsten**, was Heine geschrieben. Die **munteren** Billets an Friederike **Robert** sind von einer goldenen Dichter**laune durchweht.** Sehr merkwürdig ist ein Brief vom Jahre 1838 über den **Kölner** Bischofsstreit. **Hier** nimmt der Dichter unbedingt Partei **für das gehaßte** Preußen **gegen** seine rheinischen Landsleute. Es war **ihm doch hoher** Ernst mit dem **Kampfe** gegen die Dunkelmänner, um **der Sache willen** vermochte er selbst tief eingewurzelte Abneigungen zu **überwinden.** An jeden anderen Herausgeber würden wir die Frage rich**ten,** warum diese werthvollen Briefe nicht an Adolf Strodtmann für **die** Gesammtausgabe **von** Heine's Werken überlassen worden sind? Fräu**lein** Assing gegenüber wären solche Fragen doch zu naiv. — Den

Schluß des Bandes bilden Briefe von Bettina Arnim, die über das Treiben des Bretano'schen Kreises viel Licht verbreiten — von den Versen an, die das Kind im Kaminloch schreiben mußte, um sich von Bruder Clemens die Befreiung zu erkaufen, bis zu dem kleinen Kriege der alternden Frau wider die Berliner Polizei. Die Bemerkungen Varnhagens dazu zeugen, neben vieler Bosheit, von feiner Menschenntniß.

* * *

Aus dem Jahre 1867.

Nr. 118.

Gervinus, G. G., Geschichte des neunzehnten Jahrhunderts seit den Wiener Verträgen. 8. Band. Leipzig 1866.*)

Wer, wie der Referent, von den landläufigen gedankenlosen Werken über die zeitgenössische Geschichte sich gern und mit Interesse zu dem anregenden Buche von Gervinus wendet, der wird nur mit Bedauern bemerken, wie die Theilnahme der Kritik und des Publicums für das Werk sich von Band zu Band vermindert. Auch der dankbarste Leser kann sich nicht mehr verbergen, daß diese zunehmende Gleichgültigkeit der Welt durch den Verfasser selbst verschuldet ist. Die Darstellung geht fast unübersehbar in die Breite, acht Bände schildern die Geschichte von fünfzehn Jahren, und die Aufgabe, alljährlich einen Band von 8—900 Seiten zu schreiben, übersteigt so sehr das Maaß der menschlichen Arbeitskraft, daß der Werth der Arbeit nothwendig leiden muß. Die Gabe, schön, leicht und anschaulich zu erzählen, war dem Verfasser von jeher versagt, doch allmählich ist seine Neigung zum Reflectiren und Dociren zur Manier geworden, die historischen Thatsachen sind ihm nicht viel mehr als ein Wagen, auf dem er seine eigenen, allerdings immer geistreichen und anregenden Gedanken fortschaffen kann. Auch die Eigenheiten seiner Schreibweise häufen und verhärten sich; ganze Seiten werden durch zehnfach in einander geschachtelte Relativsätze eingenommen. Leider entschädigt uns kein musterhafter Inhalt für die unschöne Form. Der erste Abschnitt dieses Bandes, „geistige Bewegungen in dem dritten Jahrzehnt", ist mit einer Flüchtigkeit gearbeitet, die man gerade auf diesem Gebiete von einer anerkannten Autorität am Wenigsten erwarten sollte. Nicht blos die kirchlichen Dinge, die schon in den früheren Bänden stiefmütterlich behandelt wurden, sind summarisch abgethan: — man vergleiche die Bemerkungen über die evangelische Union — auch von dem Wesen der deutschen historischen Schule wird aus diesem Bande Niemand einen klaren Begriff gewinnen. Und der Leser wird um so weniger geneigt sein, Nachsicht gegen den Verfasser zu üben, da seine alte Neigung zum Schelten und Tadeln hier besonders grell hervortritt. Er versucht nicht einmal, große schöpferische Geister zu verstehen, ihren Eigenheiten liebevoll nachzugehen; seine Weise, einen Lord Byron zu behandeln, wird jedem unverbildeten Leser sehr unliebenswürdig erscheinen.

---

*) [A. a. O., Nummer vom 13. April, Sp. 430; vergl. oben Nummer 103.]

Auch in dem zweiten Abschnitte „die Julirevolution und ihre unmittel=
baren Folgen" scheint uns nur der Eingang — über den Herzog von
Orleans — eines bedeutenden Historikers würdig zu sein. Vortrefflich
und überzeugend werden hier die Prätendentengelüste aufgedeckt, die den
schlauen Fürsten während seines ganzen Lebens nicht verließen. Dagegen
ist die wichtige und noch nirgends genugsam beleuchtete Frage, welchen
Antheil republikanische und namentlich bonapartistische Tendenzen an der
Julirevolution hatten, nur beiläufig berührt. Auf eine wenig anschau=
liche Schilderung der Juli= und Augusttage in Paris und Brüssel folgt
dann ein kurzes Capitel über Deutschland, das uns leider abermals die
schon bei früheren Bänden hervorgehobene Bemerkung aufdrängt, daß die
Abschnitte über Deutschland zu den schwächsten Theilen des Buches ge=
hören. Wir begreifen, daß einem geistreichen Manne das Eingehen auf
diese kleinlichen, zersplitterten Bewegungen widersteht; aber eine so dürre
Notizensammlung, wie sie hier geboten wird, ziemt sich doch mehr für
ein Conversationslexicon oder für die „Gegenwart", „Unsere Zeit" und
ähnliche Sammelwerke, als für ein historisches Werk, welches dauern
will. Auch die Parteigesinnung des Verfassers drängt sich verletzender
und herber denn je hervor. Hundertmal hat Gervinus in den früheren
Bänden mit geographischen und historischen Gründen bewiesen, daß Italien
niemals einen Staat bilden könne. Das vollständige Fehlschlagen aller
seiner Berechnungen hätte ihn doch zu schärferer Selbstprüfung auffor=
dern sollen. Er aber hält nicht nur fest an seinen föderalistischen An=
sichten, er drängt sie auch mit bitteren und gehässigen Worten an den
unpassendsten Stellen dem Leser auf. Von Jacob Grimm versichert der
Verfasser, daß er „den Mißgedanken des Einheitsstaats" mit äußerster
Verachtung bekämpft haben — würde! — eine Behauptung, die schon
durch dies „würde!" hinlänglich gerichtet ist. Darauf folgt ein Ausfall
gegen die unitarische Idee, als gegen ein Zeichen der bodenlosen Ver=
kommenheit der Deutschen, und sodann die im Munde eines Historikers
wahrhaft erstaunliche Versicherung, daß die deutschen Mittelstaaten eine
weit glorreichere Geschichte hätten, als die beiden Großmächte! Sollen
wir wirklich einen Mann wie Gervinus daran erinnern, daß die deutschen
„Stämme" mit den Staaten keineswegs zusammenfallen? Oder meint
er im Ernst, daß Schiller's Gedichte ein Verdienst des Staates Württem=
berg seien? Die allerwunderlichste Verirrung aber, wozu der Parteihaß
den Verfasser verführt, ist die an mehreren Stellen mit vielem Behagen
ausgesponnene Parallele zwischen Polignac und — Bismarck. Da das
oftmals ausgesprochene hochgesteigerte Selbstgefühl des Verfassers den
Bemerkungen der Kritik unzugänglich scheint, so bitten wir ihn nur, von
den Ereignissen zu lernen und jetzt, nach dem deutschen Kriege, seine
Ausfälle nochmals zu prüfen. Sollte er dann finden, daß ein Mann,
der einige Throne über den Haufen warf, mit dem Don Quixote der
Legitimität wenig Aehnlichkeit hat, so wird der Verfasser vielleicht in
Zukunft seine Parteimeinungen nicht mehr an ungehörigen Orten und
mit etwas mehr Achtung gegen die Gegner aussprechen.

Nr. 119.

Heinrich Simon. Ein Gedenkbuch für das deutsche Volk. Herausgegeben von Dr. Joh. Jacoby. 1. Theil. Mit H. Simon's Porträt. 2. Theil. Mit H. Simon's Denkmal. Berlin 1865. *)

Dies Gedenkbuch für das deutsche Volk ist inzwischen bereits in einer zweiten, billigen Ausgabe erschienen. Wer kaltblütig nach den Gründen dieser raschen Verbreitung fragt, findet schlechterdings nur die Antwort, daß eine höchst mittelmäßige Schrift durch die große gegenseitige Ruhmesversicherungsanstalt unserer radicalen Presse zu einer unverdienten Geltung erhoben wurde. Der Verfasser schickt seinem Buche einen Ausspruch seines Helden voraus: „unsere Geschichtschreibung ist erbärmlich, weil es an Biographien fehlt; diese sind componirt statt objectiv. Wenn mir Ein Menschenleben von Tag zu Tag vorliegt in seinem Handeln und Denken, soweit das an äußeren Momenten darstellbar ist, so giebt mir dies eine bessere Einsicht in die Geschichte der Zeit, als die beste allgemeine Darstellung derselben". Das Wort zählt zu jenen dilettantischen Behauptungen, welche durch ihr eigenes Uebermaaß sich selber aufheben, und ist eben deshalb dem Geiste des Herausgebers congenial. Leider hat Herr Jacoby die Vorschrift seines Helden nicht getreu befolgt; er beschenkt uns mehrfach mit den Zuthaten seines eigenen Geistes, die freilich zur Beleuchtung der Zeitgeschichte nichts Wesentliches beitragen, aber dafür mit antiker Unbefangenheit erzählen, daß der große Johann Jacoby „die berechtigten Ansprüche des preußischen Volks in voller Klarheit und Bündigkeit aussprach u. s. w." Erfreulicher als die Betrachtungen des Herausgebers sind die Briefe Heinrich Simon's selber. Freilich den Eindruck einer staatsmännischen Natur hinterläßt sein Wesen keineswegs. Er war ein Jurist von großem Scharfsinn und ehrenhafter Festigkeit des Charakters, gewohnt, die politischen Dinge an dem Maaße des Civilrechts zu messen, nicht gesonnen, seinem Vaterlande durch rasches Handeln und kluge Vermittlung vorwärts zu helfen, sondern zufrieden mit dem unerschütterlichen Festhalten an seiner juristischen Ueberzeugung. Darum ist er, trotz seines Spottes gegen die Männer des Centrums, das Urbild des deutschen Doctrinärs. Darum hat er auch seine eigenen politischen Fehler niemals eingesehen; er hat nie begriffen, daß er es war, der die deutsche Reichsverfassung zur Unmöglichkeit machte, als er die 15 Stimmen seiner Getreuen um den ungeheuren Preis des suspensiven Veto der Erbkaiserpartei zu Gebote stellte. Indeß hielt ihn sein klarer Verstand und jener preußische Stolz, den er nie verleugnet hat, von den Lehren eines ganz bodenlosen Radicalismus fern. Kurz vor seinem Tode stritt er noch tapfer gegen jene epidemische Begriffsverwirrung, welche im Jahre 1859 Süddeutschland heimsuchte, doch gleichzeitig erging er sich in kritikloser Bewunderung der schweizerischen Zustände, ohne sich jemals ernstlich zu fragen, ob das schweizerische Muster sich auf die großen Verhältnisse des preußischen Staatslebens übertragen lasse. Niemand wird dem verstorbenen

---

*) [A. a. O., vom 13. April, Sp. 432.]

v. Treitschke, Aufsätze. IV.   42

Patrioten Hochachtung versagen, aber gegen **die hier** wiederabgedruckte demokratische Kraftphrase, welche das Simon=Denkmal am Wallensee als „das Grütli der Deutschen" bezeichnet, müssen **wir** ernstlich Verwahrung einlegen. **Wenn** wir das Buch aus der Hand legen, gelangweilt durch die Trivialität der Jacoby'schen Geistesblitze, und dann erwägen, daß dieser Schriftsteller lange Zeit ein gefeierter Führer einer zahlreichen Partei war, dann beginnt uns einzuleuchten, warum die Geschichte des deut= schen Radicalismus bisher nichts gewesen ist als eine Kette von Nieder= lagen. Der historische Werth des Buches **ist** sehr geringfügig; selbst über das **innere** Getriebe der deutschen Demokratie erfahren wir nichts Neues.

Nr. 120.

Harnisch, Wilh., Mein **Lebens**morgen. Nachgelassene Schrift. Zur Ge=
schichte der Jahre 1787—1822. Herausgegeben von H. E. Schmieder. Berlin 1865.*)

Der im Jahre **1864** verstorbene Verfasser war ein verdienstvoller Theolog und Schulmann, in Schlesien und Thüringen thätig, von ge= mäßigten Ansichten über politische **und** kirchliche Dinge. Er erzählt die Erlebnisse seiner ersten vierzig Jahre in einfacher, anspruchsloser, **aber** auch nicht sehr unterhaltsamer Darstellung. Dem Pädagogen werden einzelne Abschnitte über den Gymnasialunterricht u. dergl. lehrreich sein. Der Historiker findet keine erhebliche Ausbeute in dem Buche, wie denn z. B. das Körner'sche Gedicht „Wir treten hier im Gotteshaus", das der Verfasser für ungedruckt hält, längst **in der** Streckfuß'schen Ausgabe **von Körner's** Werken enthalten ist. Am interessantesten sind die Mit= theilungen über den alten Jahn und den in Berlin **unter der** franzö= sischen Herrschaft gebildeten „deutschen Bund". Der Verfasser versichert **auf** das bestimmteste, daß in diesem **Kreise von** einem heiligen Reiche **unter** einem habsburgischen Kaiser nie **die Rede** gewesen sei, nur von **einem** starken Preußen in einem mächtigen Deutschland. Dadurch scheint **uns** bewiesen, daß **der** Verfasser entweder nur einem kleinen Theile der Patrioten **persönlich nahe** getreten ist, oder daß sein Gedächtniß ihm untreu ward. **Stein zum** mindesten, auf den er sich beruft, hat die Idee des habsburgischen Kaiserthums bekanntlich erst nach dem Wiener Congresse gänzlich fallen **gelassen.** Auch in einen Conflict mit der Re= gierung wurde der **Verfasser** verwickelt, als man **die** Turnplätze schloß; durchgehends erweist er **sich als ein** fester Charakter, als ein warm= herziger, aber milder und **besonnener** Patriot.

Nr. 121

Schenkel, Dr. Daniel. Ernst Moritz Arndt, ein politischer und religiöser
deutscher Charakter. Elberfeld 1866.**)

Diese Schrift ist nicht geeignet, den Ruf ihres Verfassers zu er= höhen. Ihr wissenschaftlicher Werth **ist** gleich Null; wir haben weder eine unbekannte Thatsache, noch irgend eine neue Beleuchtung des bekannten

---

*) [A. a. O., vom 20. April, Sp. 461.]
**) [A. a. O., vom 20. April, Sp. 463.]

Stoffes darin gefunden. Sollte aber der Verfasser beabsichtigt haben, ein populäres Buch zu schreiben, so müssen wir seine Schrift als gänzlich verfehlt bezeichnen. In matter, farbloser Sprache werden uns die Schicksale des herrlichen Mannes erzählt; kein Zug, kein Wort in dem Buche, das sich tief und unvergeßlich der Seele des Lesers einprägte. Eine eingehende ästhetische Würdigung des Dichters wird nicht einmal versucht und das politische Urtheil bewegt sich in trivialen Gemeinplätzen. Wenn Herr Schenkel als die Absicht seines Helden bezeichnet, „daß die Monarchie aus der freien Entwicklung des Volksgeistes und der Volkskräfte unversiegliche Lebensquellen schöpfe", so kann sich bei solchen vagen Redensarten Jedermann denken, was er will. Auch die Versicherung: „Arndt wünschte, daß im Staatsleben geschehen möge, was unter dem Großherzog Friedrich von Baden durch die neuesten volksthümlichen Verwaltungs- und Gerichtseinrichtungen mit dem erfreulichsten Erfolge verwirklicht worden ist" — giebt sicherlich kein klares Bild von Arndt's politischer Parteistellung. Die Schrift ist nicht nur ärmer an Geist, sondern auch, trotz ihrer Breite, ärmer an thatsächlichem Inhalt, als jener schöne kleine Essay, den R. Haym vor einigen Jahren schrieb. Wie war es nur möglich, ein so frisches, jugendkräftiges Menschenbild dergestalt zu schildern, daß der unbefangene Leser als letzten Eindruck nur das Gefühl ungeheuerer Langeweile davonträgt? Sehr widerwärtig ist uns die an den Haaren herbeigezogene, bissige und boshafte Polemik gegen David Strauß aufgefallen. Obgleich wir allerdings der Meinung sind, daß Arndt's Verse

die Freiheit und das Himmelreich
erringen keine Halben

ganz und gar auf Herrn Schenkel's Theologie passen, so ist doch hier nicht der Ort zu dogmatischem Streite. Nur Eines müssen wir als eine Ueberhebung und eine Ungeschicklichkeit bezeichnen: daß Herr Schenkel seinen Helden seinem eigenen Thun gleichsam als einen Schild vorhält. Wohl möglich, daß der alte Arndt in dem heutigen Streite sich zu Schenkel, nicht zu Strauß halten würde, obgleich der treffliche Mann frei genug dachte, auch pantheistischen Philosophen die Lehrfreiheit nicht zu verkümmern. Aber wenn Arndt sich von den politischen Radicalen „mehr als einmal einen Halben schelten lassen mußte", so ist damit noch keineswegs bewiesen, daß David Strauß, der mit dem religiösen, wie mit dem politischen Radicalismus schlechthin nichts gemein hat, im Unrechte war, als er Herrn Schenkel's „Halbheit" bekämpfte.

Nr. 122.

Stein, Dr. Lor., Die Lehre von der vollziehenden Gewalt, ihr Recht und ihr Organismus. Mit Vergleichung der Rechtszustände von England, Frankreich und Deutschland. Stuttgart 1865. — A. u. d. T.: Die Verwaltungslehre. 1. Theil.*)

Wir haben dies Werk nicht ohne Mißtrauen in die Hand genommen. Wir waren zwar dem Verfasser der französischen Rechtsge-

---

*) [A. a. O., vom 20. April, Sp. 467.]

42*

schichte und der Geschichte der socialen Bewegung in Frankreich für manchen originellen Gedanken, manche Bereicherung unseres Wissens dankbar, aber auch in den früheren Arbeiten des Verfassers waren die Vorzüge eng verflochten mit seltsamen Schrullen. Neuerdings, in seinem „Systeme der Staatswissenschaft", bot er uns seine Gedanken umhüllt von einem solchen Wuste ungenießbarer und unverständlicher Hegel'scher Formeln, daß wir ernstlich fürchteten, der talentvolle Mann werde sich ganz in einer unfruchtbaren, unpraktischen Manier verlieren. Um so mehr freuen wir uns, das vorliegende Buch als ein sehr gehaltreiches und anregendes Werk empfehlen zu können. Auch jetzt freilich hat der Verfasser seine Neigung zu dialectischer Haarspalterei noch nicht gänzlich überwunden; gleich auf den ersten Seiten wird mit dem unglücklichen Worte „organischer Staatsbegriff" ein unerfreulicher Mißbrauch getrieben. Auch das bekannte Selbstgefühl des Verfassers tritt oft sehr verletzend hervor. Aber wenn der Leser die Einleitung überstanden hat, so entdeckt er bald, daß er es mit einem an selbstständigen Gedanken reichen Buche zu thun hat. Eine eingehende Würdigung würde das Zehnfache des uns hier gesteckten Raumes beanspruchen. Wir begnügen uns also, darauf hinzuweisen, daß der Verfasser den ganz neuen Versuch gemacht hat, die Verwaltungsinstitutionen von England, Frankreich und Deutschland zu vergleichen. In dieser mit Fleiß und Scharfsinn durchgeführten Vergleichung liegt unseres Erachtens der beste Vorzug des Buches. Die englische Verwaltung war dem Verfasser durch Gneist's Werke, die französische durch seine eigenen Studien vertraut. Nicht ganz so glücklich ist er in der Darstellung der deutschen Institutionen, obgleich er auch hier sich ernstlich bestrebt, den hergebrachten Schlendrian der statistischen Aufzählung zu verlassen und in dem Chaos der deutschen Dinge die Principien, die gemeinsamen historischen Quellen aufzusuchen. Die vorbildliche Bedeutung der preußischen Verwaltung für die übrigen deutschen Staaten wird keineswegs genugsam gewürdigt; in einer Geschichte der deutschen Verwaltung verdient König Friedrich Wilhelm I. die vornehmste Stelle als der erste Organisator unserer Administration. Auch leidet die lebendige Fülle der historischen Thatsachen manchmal unter der Neigung des Verfassers zum Generalisiren. Daß die alte ständische Vertretung in Deutschland plötzlich mit den Functionen der modernen Repräsentation beauftragt wurde, ist sehr fein bemerkt und trifft auf die älteren Verfassungen der deutschen Kleinstaaten vollkommen zu, aber nicht auf die seit 1848 entstandenen, namentlich nicht auf die preußische Verfassung. Indeß im Ganzen ist die vergleichende Darstellung trefflich gelungen. Sie regt in dem Leser eine Fülle von Fragen an über die Grenzen des Parlamentarismus in Deutschland, und sie wird dazu beitragen, das nationale Selbstgefühl zu heben. Alles in Allem brauchen wir den Vergleich mit der Verwaltung anderer Großstaaten nicht zu scheuen; sehr gut weist Stein nach, daß im Grunde nur Deutschland ein Beamtenthum im höchsten Sinne des Wortes kennt. Andererseits erklärt er durchschlagend, wie in England Presse, Vereine und Petitionen geradezu als Glieder des Verwaltungsorganismus zu betrachten sind. Es gereicht dem Buche zum Vortheile und der Unbefangenheit des Verfassers zur Ehre, daß er Oesterreich aus seinen Parallelen gänzlich hinweggelassen hat. Der kurze Sinn der schwungvollen orakelhaften Worte in der Vorrede geht dahin, daß Oesterreich bisher noch kein moderner Staat war. Freilich begreifen wir nicht, wie sich mit dieser Erkenntniß die großdeutsche Richtung des Verfassers zusammenreimt. — Die Theorie der Verwaltung bei uns steht noch immer der französischen Wissenschaft weit nach, sie hat seit dem alten Malchus nur geringe Fortschritte gemacht; darum sehen wir dem Schlusse dieses trotz aller Mängel dankenswerthen und gescheidten Buches mit Spannung entgegen.

<hr>

Nr. 123.

Ompteda, F. v., Geh. Reg.-R., Die Ueberwältigung Hannovers durch die Franzosen. Eine historisch-politische Studie. 2. Ausg. Hannover 1866. — A. u. d. T.: Zur deutschen Geschichte in dem Jahrzehnt vor den Befreiungskriegen. I.*)

Diese Schrift ist eine neue Ausgabe des im Jahre 1862 erschienenen Werkes „Die Ueberwältigung Hannovers durch die Franzosen" — oder vielmehr keine neue Ausgabe: dem alten Texte und der alten Vorrede ist einfach eine neue Vorrede vorgeklebt worden. Da das Werk bei seinem Erscheinen vielfach besprochen ward und auch das allgemeine Urtheil über das heutzutage im Buchhandel beliebte Manöver der Titelausgaben längst feststeht, so könnten wir uns jedes weitere Wort ersparen, wenn uns nicht die neue Vorrede zu einigen Bemerkungen zwänge. Das Werk erfuhr bekanntlich mehrfache scharfe Beurtheilungen und in der neuesten Auflage von Häusser's deutscher Geschichte eine einschneidende Widerlegung. Wenn der Verfasser jetzt sich nicht einmal zu Maculirung einiger Bogen entschlossen hat und in der neuen Vorrede ohne weitere Beweise selbstgefällig alle seine früheren Behauptungen aufrecht erhält, so ist dies ein Zeichen entweder von ungewöhnlicher Ueberhebung oder von ebenso außerordentlicher Trägheit. Seit Herr v. Ompteda seine Vorrede schrieb, ist das Königreich Hannover der Geschichte anheimgefallen; wir können also unbefangener als der Verfasser unser Urtheil dahin abgeben: das Buch bringt einige brauchbare thatsächliche Beiträge zur Geschichte des Jahres 1803, aber die Parteilichkeit des Verfassers ist tadelswerth und eines Historikers nicht würdig. Während er das Verfahren von Preußen, Frankreich, England, Rußland mit der äußersten Strenge verurtheilt, entschuldigt er jene armselige hannoversche Oligarchie, welche damals unvergeßliche Schmach über eine tapfere deutsche Armee brachte, mit einer liebevollen Nachsicht, die wir nur mit dem unparlamentarischen Ausdrucke „weißbrennen" bezeichnen können. Er geräth dadurch in unlösbaren Widerspruch mit den von ihm selber mitgetheilten Berichten der über die Feigheit der Regierung schwer erbitterten hannoverschen Officiere. Es wird dabei bleiben: die Convention von

<hr>

*) [A. a. O., vom 27. April. Sp. 487.]

Suhlingen bildet ein trauriges Seitenstück zu der Katastrophe von Ulm und den Capitulationen der preußischen Festungen; und wie die Historiker Oesterreichs und Preußens sich längst gewöhnt haben, die Unwürdigkeit jener Tage offen einzugestehen, so sollten auch die Schriftsteller der Kleinstaaten sich endlich entschließen, der Wahrheit die Ehre zu geben. Parteischriften wie die vorliegende, sind wahrlich nicht dazu angethan, die Erinnerung an das verschwundene Welfenreich dem deutschen Volke theurer zu machen.

Nr. 124.

Schmitz, Wilh., Politische Zustände und Personen in Saarbrücken in den Jahren 1813, 1814 und 1815 bis zur Vereinigung des Saarbrücker Landes mit Preußen den 30. November 1815. Saarbrücken 1865.*)

Eine Jubelschrift zur Feier der Vereinigung des Rheinlandes mit dem preußischen Staate. In warmer, anspruchsloser Darstellung werden die patriotischen Anstrengungen geschildert, welche das tapfere Saarland machte, um im zweiten Pariser Frieden die Rückkehr zu Deutschland, die beim ersten Frieden mißlungen war, durchzusetzen. Besonders stattlich erscheint in diesen Händeln der Bergrath Heinrich Böcking, dem später König Ludwig I. eine unfreiwillige Huldigung zollte durch die Worte: „Ach, Sie sind der Mann, der Schuld ist, daß Saarbrücken nicht an Baiern gekommen ist". Die Schrift giebt manchen brauchbaren und für das deutsche Gefühl erfreulichen Beitrag zur Erkenntniß der Volksstimmung in jenen Jahren. Auch die Kriegsgeschichte geht nicht leer aus. Bekanntlich prangt in dem Saalbau des Münchener Schlosses ein schönes Bild, das „die Schlacht" von Saarbrücken am 23. Juni 1815 darstellt. Nichtbaierische Historiker haben freilich schon längst an der Bedeutung dieser Schlacht gezweifelt. Königer, den unser Verfasser übersehen hat, spricht in seiner Geschichte des Jahres 1815 gröblich nur von einem Vorpostengefechte. Die hier mitgetheilten Berichte von Augenzeugen aus Saarbrücken stellen es jetzt außer Zweifel, daß nur ein höchst unbedeutendes Scharmützel mit einem Haufen halbbewaffneter französischer Nationalgarden stattfand. Jenes Prunkgemälde hat also nicht mehr historische Realität als die bekannte Inschrift in den Münchener Arcaden: „Baiern schlagen die Entscheidungsschlacht von Arcis sur Aube".

Nr. 125.

Vertrauliche Mittheilungen vom Preußischen Hofe und aus der preußischen Staatsverwaltung. Berlin 1865.**)

Die gefällige Darstellung, die Anspruchslosigkeit und der ehrenhafte Patriotismus des Verfassers werden dieser kleinen Schrift manche dankbare Leser erwerben, obgleich sie zwar einige neue, aber nicht sehr bedeutsame Mittheilungen bringt. Der erste Aufsatz „Charakterzüge aus

---

*) [A. a. O., vom 4. Mai, Sp. 513.]
**) [A. a. O., vom 4. Mai, Sp. 513.]

dem Leben Friedrich Wilhelm's IV." stellt zumeist bekannte Thatfachen
zusammen. Mehrere unter den folgenden Stücken enthalten ergötzliche,
noch nicht gedruckte und, wie es scheint, authentische Anekdoten von
Friedrich dem Großen. Der Verfasser gehört einer schlesischen Adels-
familie an, die zu dem großen Könige in nahen Beziehungen stand. Der
Abschnitt „das schwarze Buch" giebt Mittheilungen aus dem berühmten
geheimnißvollen Pamphlete jenes Hans von Held, den Varnhagen von
Enfe einst zum Helden einer seiner Biographien wählte. Unser Autor
hat das schwarze Buch gelesen, welches Varnhagen bekanntlich nie zu
fehen bekam, und es ergiebt sich, daß die Schrift sich auf einige unsaubere Details der damaligen südpreußischen Verwaltung bezog und
feinesswegs eine weittragende principielle Bedeutung hatte. Der Abschnitt
„Mordanfälle auf Preußens Könige" bietet wenig; fehr hübsch dagegen
ist der Schlußauffatz über die preußische Flotte, wozu die königlichen
Marinebehörden einiges Material geliefert haben.

Nr. 126.

Walter, Ferd., Aus meinem Leben. Bonn 1865.*)

Diefe Erinnerungen des verdienten Juristen und rührigen Parteimannes waren ursprünglich nur für die Familie des Verfassers bestimmt;
wir freuen uns jedoch, daß sie jetzt auf den Markt hinaustreten. Walter
zeigt sich hier wie immer als ein gescheidter Mann von lebhafter, gewandter Feder; wir erhalten einen lehrreichen Einblick in ein vielseitiges,
freilich mehr compilatorisches als selbstständiges Schaffen. Auf die
Schilderung des französischen Winterfeldzuges, dem Walter als Adjutant
des bekannten russischen Generals Barnekow beiwohnte, und der Heidelberger Studienzeit folgen Berichte über die akademische Lehrerwirksam-
keit in Bonn und den Verkehr mit Niebuhr. Am uninteressantesten sind
die Mittheilungen über des Verfassers Theilnahme an der ultramontanen
Bewegung und die Briefe, die er aus der Berliner Nationalversammlung nach Hause schrieb. Daß Walter's Parteistandpunkt fehr scharf
hervortritt, ist ganz in der Ordnung; namentlich die Urtheile über den
im Grunde fehr uninteressanten Fanatiker Drofte-Vischering, der nun
einmal in der ultramontanen Welt als der Restaurator der deutschen
Kirche gilt, legen ein Zeugniß ab von seltsamer Befangenheit des Geistes.
Solche Aeußerungen werden einen denkenden Leser von abweichender
Gesinnung nicht befremden, zumal, da Walter in seinem öffentlichen Leben
vielen Muth bewiesen hat und auch von den Bestrebungen der Gegner
ein immer lehrreiches, selten ein ungerechtes Bild entwirft. Wirklich
verletzt wird der Leser nur an einzelnen Stellen, wo der Verfasser, bewußt oder unbewußt, die Absichten seiner Partei verdeckt. Es klingt
doch gar zu unschuldig, wenn er versichert, Dahlmann's Wahl in Bonn
fei im Jahre 1848 nur darum verhindert worden, weil man gewußt
habe, daß „akatholische" Wahlbezirke ihn wählen würden. Desgleichen,

*) [A. a. O., vom 4. Mai, Sp. 514]

wenn Walter versichert, seine Ansichten über das Verhältniß des Staates zur Kirche hätten sich nie geändert, so dürfen wir freilich nicht widersprechen, da wir nicht Herzen und Nieren prüfen können; der öffentliche Ausdruck aber, den er seinen Ansichten gab, hat sich allerdings sehr erheblich geändert. An den 13 Auflagen von Walter's Kirchenrecht kann der Historiker das allmähliche Anschwellen des deutschen Ultramontanismus wie an einem Gradmesser ablesen; man verfolgt da schrittweise, wie aus dem wohlberechtigten Kampf gegen kleinliche polizeiliche Bevormundung nach und nach die schrankenlose Herrschsucht, die Gesinnung der Concordate emporwuchs. Sehr auffällig tritt die Selbstgefälligkeit des Verfassers hervor, die manchmal geradezu an das Wort des Pharisäers erinnert. Er schreibt aus der Berliner Nationalversammlung mit vornehmem Mitleide über die zerrüttete Gesundheit seiner politischen Gegner und brüstet sich mit seinem ungestörten Wohlbefinden. Er sieht darin den Segen des reinen Gewissens, wir nur den Segen starker Nerven. Wo es sich um die Bekämpfung des rohen Radicalismus handelt, erscheint seine Haltung sicher, muthig, folgerichtig. Sehr unklar dagegen ist seine Stellung in der Kaiserfrage. Er gesteht zu, daß Oesterreich „sich sehr eigen benommen habe", aber die Politik der Erbkaiserpartei erscheint ihm als „preußischer Schwindel" — wie denn überhaupt seine ultramontane Gesinnung mit dem preußischen Patriotismus, den er auf seine Weise unzweifelhaft besitzt, und mit der persönlichen Verehrung für König Friedrich Wilhelm IV. sich nicht immer vereinigen läßt. Wenn er noch heute sich einbildet, Dahlmann's berühmte Rede über die Steuerbewilligung durch Citate aus Dahlmann's „Politik" widerlegt zu haben, so ist er in einem argen Irrthume befangen: die „Politik" fordert in den allerbestimmtesten Worten das Steuerverweigerungsrecht für den Landtag ohne jeden Vorbehalt. Doch genug der Ausstellungen; die Schrift ist werthvoll, namentlich für die Geschichte der Rheinlande, und verdient auch unter den Gegnern aufmerksame Leser zu finden. Einige Familienbriefe in dem Stile „ei, ei, ei, ei, ei, kleine Frau!" hätten freilich wegbleiben können, ohne das historische Wissen der Nachwelt zu beeinträchtigen.

Druck von A. Th. Engelhardt in Leipzig.